江门年鉴

JIANGMEN YEARBOOK

2015

江门市人民政府地方志办公室　编

方志出版社
Publishing House of Local Records

图书在版编目（CIP）数据

江门年鉴. 2015 / 江门市人民政府地方志办公室编. —
北京：方志出版社，2015.11
ISBN 978-7-5144-1841-5

Ⅰ. ①江… Ⅱ. ①江… Ⅲ. ①江门市－2015－年鉴
Ⅳ. ①Z526.53

中国版本图书馆CIP数据核字（2015）第302559号

江门年鉴（2015）

编　　辑：	江门市人民政府地方志办公室
责任编辑：	冯　松
出 版 人：	冀祥德
出 版 者：	方志出版社
	地址　北京市朝阳区潘家园东里9号（国家方志馆4层）
	邮编　100021
	网址　http://www.fzph.org
发　　行：	方志出版社发行中心
	电话　（010）67110500
经　　销：	各地新华书店
印　　刷：	江门市蓬江区新教彩印有限公司
开　　本：	889mm × 1194mm　1/16
印　　张：	45
字　　数：	900千
版　　次：	2015年11月第1版　2015年11月第1次印刷
印　　数：	001～800册

ISBN　978-7-5144-1841-5　　**定　　价：** 120.00元

编辑说明

一、《江门年鉴》是中共江门市委、江门市人民政府主持，江门市各有关部门共同参与编纂的地方综合年鉴，旨在全面、系统、准确地反映江门市自然、政治、经济、文化、社会等方面的基本情况，为读者了解和研究江门市提供基本资料。

二、《江门年鉴》采用分类编辑法。全书由卷首、百科、卷尾3个基本部分组成；框架结构分编目、类目、分目、条目4个层次。卷首设特载、江门之最、大事记、总述；百科部分设9个篇目，42个类目，149个分目；卷尾设社会经济统计资料、文献法规、附录、索引。全书共1024个条目。

三、《江门年鉴》创刊于1997年，始为两年一鉴，从2001年起，一年一鉴。记述的内容是江门市的大事、要事和新事。从《江门年鉴（2007）》起年号改为刊号。本期年鉴的时间界限为2014年1月1日至2014年12月31日止。全书所设条目，多为常设条目。

四、本年鉴采用的稿件均由江门市各市（区）、各部门、各单位专人撰写，并经领导审阅。凡涉及国民经济和社会发展的统计数据，已经由地方志办公室与统计部门核对。对于统计口径、时限范围不一，条目中有些数字与统计部门的数据不一致的地方，使用时以江门市统计局出版的《江门统计年鉴》数据为准。

五、本年鉴的编辑出版得到全市各级领导机关、各有关单位的大力支持和协助，在此深表谢意。此书在编印出版过程中难免有疏漏之处，如发现错误的地方，敬请批评指正。

江门市地方志编纂委员会

江门年鉴编辑部

目　　录

特　载
SPECIAL OLLECTIONS

江门之最
JIANGMEN'S TOP RECORDS

大事记
A CHRONICLE OF MAJOR EVENTS

总　述
A GENERAL INTRODUCTION OF JIANGMEN

概　况
BRIEF INTRODUCTION

经济社会发展
The Economic and Social Development

政　治
POLITICS

中共江门市委员会
CPC Jiangmen Municipal Committee

江门市人民代表大会
Jiangmen Municipal People's Congress

江门市人民政府
Jiangmen Municipal People's Government

政协江门市委员会
CPPCC Jiangmen Municipal Committee

民主党派·工商联
The Democratic Parties and the Federations of Industry and Commerce

人民团体
People's Organizations

其它团体
Other Groups

政　法
LEGAL SYSTEM

综合治理
Comprehensive Management

武装

ARMED

人民武装

People's armed forces

经 济

ECONOMY

综合经济管理

General Economic Administration

财政·税务
Finance and Taxation

金　融
Banking

民营经济
Privately-run Economy

农　业
Agricultural

工　业
Industry

交通•邮政
Transportation and Postal Service

信息业
Information Industry

城乡建设·环境保护
Urban & Rural Construction and Realestate

商贸流通
Commerce and trade circulation

对外经济贸易
Foreign Economic Relations and Trade

旅 游 业
Tourism Industry

教科文体卫
EDUCATION,SCIENCE,CULTURE,HEALTH AND SPORTS

教 育
Education

科学技术
Science and Technology

文 化
Culture

传播媒体
Media

卫 生
Health

体育
Sports

侨务•港澳台事务
Overseas Chinese Hong Kong, Macao and Taiwan affairs

华侨华人•港澳台同胞
Overseas Chinese and Hong Kong，Macao & Taiwan Compatriot

侨务·港澳台事务
Overseas Chinese affairs of Hongkong and Macao Affairs

社会生活
SOCIAL LIFE

人力资源·社会保障
Human Resources and Social Security

民　政
Civil Affairs

民族·宗教
Nationalities and Religions

人　物
FIGURES

模范人物
Model Person

2014年先进集体和个人名录
Lists of Advanced Collectivities and Persons in 2014

区·县（市）概况

A BRIEF INTRODUCTION OF DISTRICTS AND COUIYTY-LEVEL CITIES

蓬江区
Pengjiang District

高新区（江海区）
Jianghai District

新会区
Xinhui District

台山市
Taishan District

开平市
Kaiping District

鹤山市
Heshan District

恩平市
Enping District

社会经济统计资料

FILES OF SOCLAL AND ECONOMIC STATISTIES

文献法规

documents,laws and regulations

附　录

APPENDIX

索　引

INDEX

江门市地图

江门市行政区划简表

市(区)	镇、街道名称	镇	街道	村委会	居委会	面积(平方千米)	人口(万人)
蓬江区	[illegible]	3	6	58	84	322.0	72.7
江海区	[illegible]	0	5	36	23	109.2	25.7
新会区	[illegible]	10	1	193	31	1354.7	85.6
台山市	[illegible]	16	1	277	37	3294.8	94.6
开平市	[illegible]	13	2	226	41	1657.0	70.1
鹤山市	[illegible]	9	1	112	26	1082.7	49.8
恩平市	[illegible]	10	1	151	23	1693.6	49.6
	合计	61	17	1051	265	9504.0	446.1

江门市国土资源局　广东省地图院　合编　责任编辑：付振华　审校：冯万光　黄斌　李景明　地图编制：张景峰
广东省地图出版社出版、发行　2014年1月第4版 2014年1月第4次印刷 印数：6001-8000　书号:ISBN 978-7-80721-125-9/K·1548 审图号：粤S(2014) 004 号　定价：280元

江门市城区图

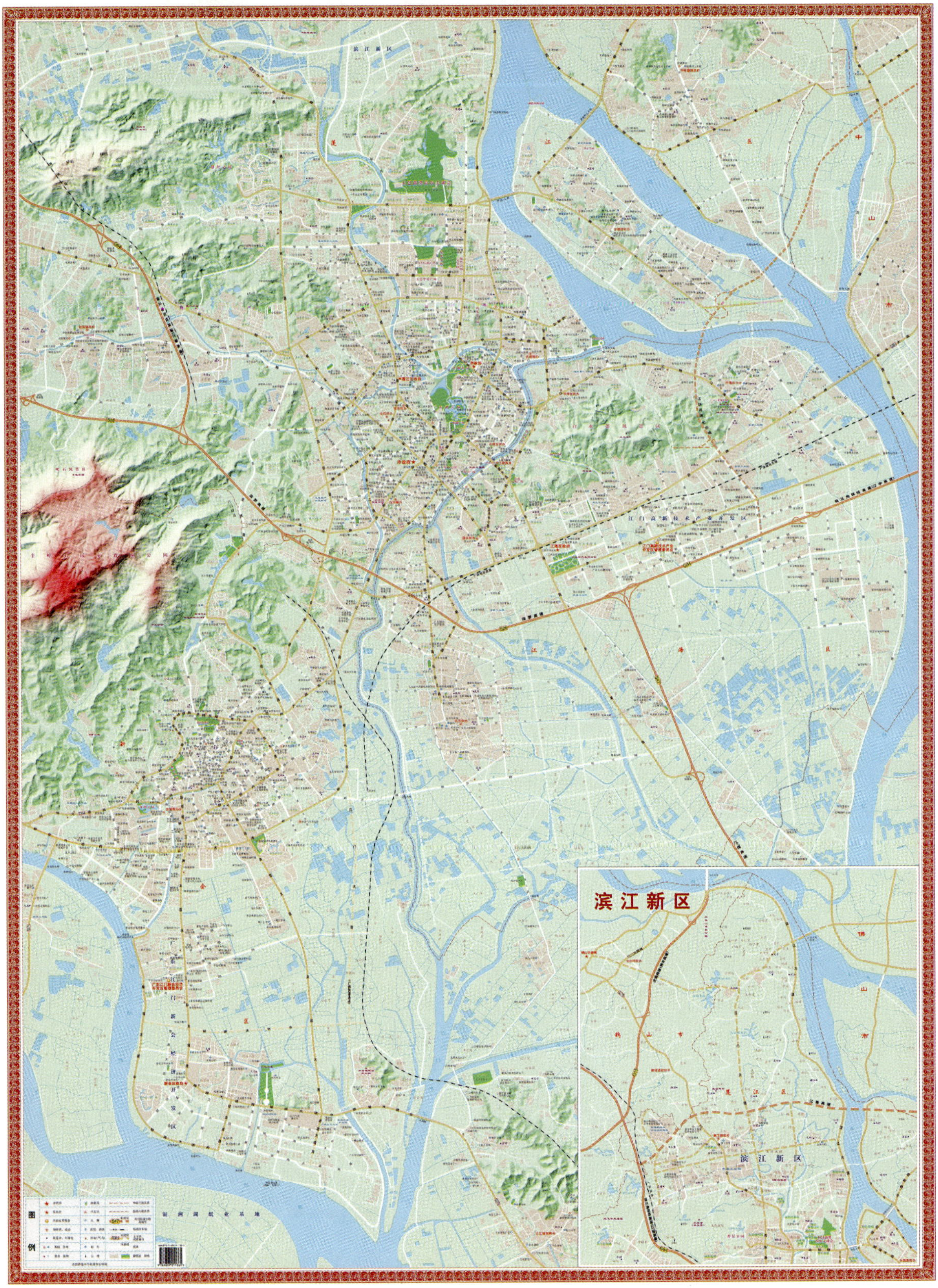

江门市国土资源局　广东省地图院　合编　　策划：付振华　冯万光　　责任编辑：付振华　审图：冯万光　黄斌　李景明
广东省地图出版社出版、发行　2014年5月第5版 2014年5月第6次印刷 印数：5001-6000　书号:ISBN 978-7-80721-136-5/K·1549 审图号：粤S(2014)063号　定价：200元

数字江门 2014

土地面积9505平方公里

年末常住人口451.14万人

年末户籍总人数393.39万人

地区生产总值2082.76亿元

第一产业增加值168.14亿元

第二产业增加值1024.47亿元

第三产业增加值890.15亿元

人均地区生产总值4.62万元

规模以上工业增加值849.81亿元

固定资产投资1111.65亿元

货物周转量168.24亿吨公里

旅客周转量59.6亿人/公里

沿海主要港口货物吞吐量7352.17万吨

邮电通信业务总量（2010年不变价）82.91亿元

数字江门

2014

社会消费品零售总额923.35亿元

居民消费价格指数102.7%

出口总额926.84亿元

进口总额324.91亿元

实际利用外商直接投资8.54亿美元

地方财政一般预算收入177.20亿元

地方财政一般预算支出236.10亿元

国家税收收入230.10亿元

地方税收收入151.04亿元

城乡居民储蓄存款余额2174.17亿元

城镇居民人均可支配收入24976元

城镇居民家庭恩格尔系数 37.1%

高等学校在校学生数3.87万人

医院、卫生院床位数18455张

▲　2014年1月7日，中央组织部组织一局局长张国隆（中）一行到新会，参观党员群众服务街，调研基层党建工作（市委组织部供稿）

◀　2014年3月，许瑞生副省长到长堤历史街区视察。图为市住房和城乡建设局马克烈局长展示长堤历史风貌街整治方案。从左到右分别为市住房城乡建设局局长马克烈、副省长许瑞生、江门市市长庞国梅、市城乡规划局局长林健生（市住房和城乡建设局供稿）

▶　2014年5月21日广东省招玉芳副省长（右）会见江门海关党组书记、关长赵革（左）（黄志刚摄　江门海关供稿）

◀ 2014年5月31日，省长朱小丹率省有关部门负责人到江门市调研，了解广东轨道交通产业园区的发展情况，现场办公研究解决项目发展中遇到的问题。图为朱小丹（左一）一行在市领导刘海（左六）、庞国梅（左四）等陪同下，上车体验江门造CRH6A型城际动车组（周华东 摄）

◀ 2014年6月27日 国家旅游局副局长王志发（左三）一行在自力村参观碉楼（黄宇舰 摄）

▶ 2014年6月29日，省委书记胡春华（中）前往深茂铁路江门段至茂名段开工建设现场调研，看望慰问工程建设者，听取深茂铁路规划建设情况的汇报，并见证项目正式动工（周华东 摄）

◀ 2014年9月9日至11日，省委常委、省纪委书记黄先耀（中）率队到江门市调研基层党风廉政建设情况。图为黄先耀在鹤山雅图仕印刷有限公司调研非公企业廉政风险防控工作（江门纪委供稿）

▶ 2014年11月18日，省委常委、常务副省长徐少华（前排右二）率队前往新台隧道施工现场了解工程进度（叶田 摄）

◀ 2014年7月8日至9日，邓海光副省长(中)深入台山市开展海岛专题调研（市海洋与渔业局供稿）

▶ 2014年9月3日，全国政协副主席何厚铧（中）率澳门考察团，到江门市就大广海湾经济区发展进行调研考察（王亚方 摄）

▲ 2014年10月30日，江门中山、和珠海三地环保部门联合在江门华尔润玻璃有限责任公司码头举行突发环境事件应急演练（市环保局供稿）

▲ 2014年10月13日， 刘海(右二)、邓伟根(右一)会见澳门特别行政区行政长官崔世安（左二），并向崔世安介绍江门近年社会经济发展情况，尤其是大广海湾经济区的规划情况。江澳不断深化各领域合作，取得了显著成效（王亚方）

◀ 江门市牵头联合珠海市、中山市旅游局于苏州举行珠中江旅游推介会，签订旅游合作协议，加强产业投资合作，推动旅游客源互换，实现共同发展。图为珠中江（苏州）旅游推介会（市旅游局供稿）

▲ 2014年12月12日，珠海、中山、江门三市档案局主要领导及相关业务科室工作人员在江门市档案局召开了以“加强合作，推进档案编研开发利用”为主题的2014年珠中江区域性档案合作推进会。三地档案部门领导在会上交流了近年档案编研工作的经验与做法（市档案局供稿）

▲ 第六届“珠中江”环保宣教活动暨“珠中江”三地中学生环保现场绘画比赛于5月24日在江门市第一中学举行。此次活动以“中国梦 环保梦 我的梦”为主题，绘画内容围绕保护环境，弘扬生态文明，促进人与自然和谐为主（市环保局供稿）

◀ 1月，“国家柑橘栽培综合标准化示范区”项目通过了专家评审并获批准立项（市质监局供稿）

▲ 恩平市示范推广马铃薯种植机械化收获（恩平市地志办供稿）

▲ 2014年2月11日，市有关领导到滨江新区调研对新区启动区二期规划、TOD项目、融资、产城融合、壮大新区国有资产和项目建设六项重点工作，并做出了部署（滨江新区管委会供稿）

▲ 2014年4月，江门市举办土地项目推介会（市国土局供稿）

▲ 2014年6月18日，江门大道关键节点项目——龙舟山隧道（原西环路隧道）双线贯通（市交通局供稿）

▲ 2014年6月6日,江门市主动对接广佛经济圈的标志性工程、广东斜拉第 桥——江顺大桥正式合龙（市交通局供稿）

▲ 2014年1月22日，江门市中心城区第一座下沉式立交工程 建设路 迎宾大道下沉式立交主隧道正式通车，此举标志着下沉式立交实现通车，下沉式立交两侧的辅道将于春节后正式动工建设（周华东 摄）

▲ 深茂铁路新台隧道施工现场（市发改局供稿）

▲ 2014年9月1日，国家一类口岸新会港二期码头主体工程通过交工验收，成为目前五邑地区最大的码头（新会志办供稿）

◀ 2014年1月28日，元宝山体育公园二、三期启用，设有滨水活动区、休闲活动区、沙滩戏水活动区、儿童游乐活动区和登山活动区，二、三期的完工标志着元宝山体育公园成为集户外健身、绿色生态、休闲娱乐于一体的综合性体育活动中心（江门日报社供稿）

▼ 2014年9月28日，市区里村大道保障性住房项目举行开工仪式，图为江门市住房和城乡建设局林劲松副局长在致词（张巧娴供稿）

▲ 2014年9月1日，广东省首家大型澳资医疗机构建设项目——广东银葵医院奠基仪式在江门市滨江新区举行（江门市卫计局供稿）

▶ 高新区公共码头举行动工仪式。码头动工后，首先启动首期项目建设，计划工期30个月，争取2016年年底前完工。码头建成后，市内现有的高沙港和外海码头两个货运码头将搬迁或整合，高新区公共码头将成为今后主城港区重点发展的港口作业区（江海志办供稿）

▶ 2014年4月15日至5月5日广交会期间，江门市有关领导视察参展企业大冶摩托的展位现场（市商务局供稿）

▶ 2014年4月16日，江门市农民合作经济组织联合会正式揭牌成立（市农业局供稿）

▶ 2014年11月19日，2014年广东江门（上海）投资洽谈会在上海成功举行，邓伟根市长在上海洽谈会上作推介（市商务局供稿）

▲ 2014年12月18日，全省重大工程领域同步廉政监督工作座谈会在江门召开（市纪委供稿）

▲ 泰国钢铁厂商工会参观华冠钢铁企业（市工商联供稿）

◄ 2014年9月13日，体育局数十名党员义工走进育德社区，积极参加由市直机关第三片组组织的“文明城市幸福生活”党员流动服务站活动，在市育德广场为市民群众免费提供国民体质测试服务（市体育局供稿）

► 2014年11月，广东省、江门市、恩平市三级农工党联合举办送医送药送文化下乡活动（恩平市方志办供稿）

◄ 江门市开展“织围巾送温暖”党员义工服务活动等主要活动（市委组织部供稿）

► 食品药品安全知识大讲堂在杜阮旅游职业技术学校开讲（市药监局供稿）

2014年12月16日，江门市党政代表团在云浮国际石材博览中心考察（刘烁摄）

2014年9月22日，新西兰教育代表团到江门市访问(市教育局供稿)

2014年4月11日至13日，香港工商界人士考察团到江门市访问（江门志办供稿）

▲ 市侨联举行“爱侨助侨，共建幸福侨乡”启动仪式（市侨联供稿）

▲ 江门市海归人员发展联合会第一次会员代表大会。（市侨联供稿）

▲ 图为江门市海归人员发展联合会成立大会暨第一届理事会就职典礼举行（市侨联供稿）

◀ 第四届世界江门青年大会在香港召开（市侨联供稿）

► 广东省第十次归侨侨眷代表大会举行。市代表团合影留念（市侨联供稿）

◀ 江门侨青会举行“爱的抱抱”活动（市侨联供稿）

► 五邑大学举行第三届“国际移民与侨乡研究”国际学术研讨会（五邑大学供稿）

广东银洲湖纸业基地公用工程岛

江门万达广场

江顺大桥

汇悦城

白水带桃花盛开

大西坑群星公园

东湖公园

天福路黄花风铃木成片

◀ 江门市选送节目《爱莲》参加第四届岭南舞蹈大赛并获金奖（市文联供稿）

▶ “李铁夫艺术奖”获奖佳作展出。（市文联供稿）

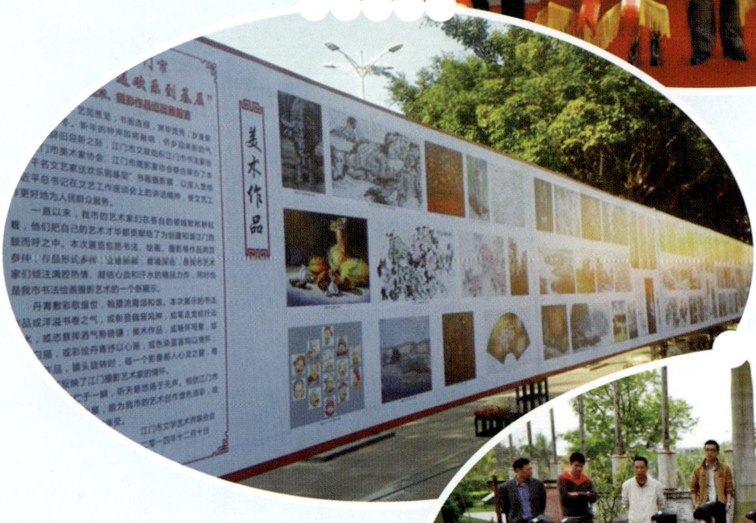

◀ 江门市开展“千名文艺家送欢乐到基层”系列活动（市文联供稿）

▶ 恩平市歇马举人村开笔礼（市旅游局供稿）

◀ 2014年5月16日，中国科协副主席陈章良（前排右四），广东省科协党组书记、常务副主席何真（前排右二）到江门市新会区大鳌镇开展科普惠农兴村计划实施工作调研（市科协供稿）

◀ 江门市科协开展“科普进社区—健康讲堂”系列活动在社区、农村开讲（市科协供稿）

◀ 2014年5月16日，江门市科协联合20多个部门单位举办科技活动月科普集市活动（市科协供稿）

◀ 2014年5月1日，江门市第二届武术大赛暨江海区体彩杯全民健身运动在市体育馆举行，并圆满落幕。广大武术爱好者踊跃报名参加，参赛队伍近50支，参赛运动员达千人（市体育局供稿）

▶ 2014年11月28日，“中国体育彩票杯”江门市第十届农民运动会在恩平市圣堂镇三山村凹口村举行。来自三区四市的30支队伍共300名农民选手参加了抓鸡、锯木头、抗旱提水保苗、削甘蔗、剥花生、搬粮食等项目的比赛（市体育局供稿）

▲ 2014年12月28日，2014-2015赛季中国羽毛球俱乐部超级联赛正式在市体育馆拉开战幕，广东俱乐部主场再次落户江门（市体育局供稿）

▲ 2014年11月1日，第二届江门健走马拉松大赛在滨江大道开赛，近1.4万人组成的健走大军分成全程马拉松、半程马拉松、迷你马拉松三个组别先后出发，奏响了江门这座全国文明城市独特的爱运动、爱健康、爱和谐、爱自然的文明乐章（市体育局供稿）

▲ 2014年4月18日，支队在恩平中队召开基层经常性基础性政治工作规范部署会（江门支队供稿）

▲ 2014年12月6日，支队参与台山市“12.6”武装抓捕行动（江门支队供稿）

▲ 2014年11月18日，支队在机关大院开展第五届军事体育运动会（江门支队供稿）

▲ 2014年9月29日，江门支队在作战室举办第二届十大警营之星颁奖典礼（江门支队供稿）

▲ 2014年1月2日，支队在作战室召开开训动员大会（江门支队供稿）

▲ 2014年3月30日，支队担负跨区增援机动备勤任务（江门支队供稿）

蓬江区

▲ 2014年5月，杜阮凉瓜“国家地理农产品标志”揭牌（蓬江区地志办供稿）

▼ 2014年3月10日，广东省副省长、公安厅厅长李春生（右二）考察蓬江（蓬江区地志办供稿）

▲ 2014年5月13日，区委书记王积俊（左三）为中央政治局委员、省委书记胡春华（右一）讲解江沙示范园区建设情况（蓬江区地志办供稿）

▲ 2014年5月21日，温伟文区长（左二）陪同副省长招玉芳（右四）考察广东金莱特电器股份有限公司（蓬江区地志办供稿）

▲ 2014年10月31日，2014中国（江门）侨乡美食购物节拉开帷幕（蓬江区地志办供稿）

◀ 2014年12月30日，蓬江区建区30周年文艺晚会“蓬江情 中国梦”（蓬江区地志办供稿）

高新区（江海区）

▲ 2014年10月30日，地尔汉宇股份有限公司（地尔汉宇，股票代码300403）在深圳证券交易所挂牌上市（江海区地志办供稿）

▲ 2014年6月2日，五年一度的礼乐龙舟竞渡比赛在睦洲水道礼乐段举行，现场观看人数近12万人（江海区地志办供稿）

▲ 2014年10月18日，江海区青少年宫对外开放运营（江海区地志办供稿）

▲ 2014年6月9日上午，江海区食品药品监督管理局揭牌（洪京华摄）

▲ 2014年12月，江门市开展市（区）党委书记抓基层党建工作述职评议会，各市（区）组织镇（街）党委书记抓基层党建工作述职评议会。图为高新区、江海区举行街道党工委书记抓基层党建述职评议会现场（市委组织部供稿）

新会区

▶ 2014年2月18日，新会区区四套班子领导开展党的群众路线教育实践活动。图为领导在周恩来总理视察五和二社社委会旧址谈体会（新会区地志办供稿）

▶ 2014年8月29日，区领导魏志平、文彦、黄伟民、李惠文等参加新会陈皮村试业庆典（新会区地志办供稿）

◀ 圭峰山绿护桃源景区（新会区地志办供稿）

▶ 2014年12月31日，新会大鳌特大桥试通车。图为建设中的大鳌特大桥（新会区地志办供稿）

新会小鸟天堂（市旅游局供稿）

江门广东南车轨道交通车辆有限公司静态调试车间（新会区地志办供稿）

新会圭峰山（市旅游局供稿）

新会古兜温泉（市旅游局供稿）

台山市

▼ 2014年5月30日，“颐和温泉城杯”龍舟锦标赛

▼2014年11月28日，第四届世界台山籍乡亲代表恳亲大会暨第五批荣誉市民授荣仪式

台山新宁体育馆人防地面工程

开平市

蒸蒸日上的翠山湖（江门日报社供稿）

开平塘口镇自力村
碉楼群（彭伟宗摄）

开平市立园（黄伟良摄）

中国卫浴城（开平地志办供稿）

沙冈工业园（开平地志办供稿）

鹤山市

◀ 2014年2月26–27日，鹤山市第十四届人民代表大会第四次会议在鹤山剧院召开（鹤山市地志办供稿）

◀ 2014年6月30日，富华机械集团鹤山工业园项目签约（鹤山市地志办供稿）

▶ 大雁山仙玉湖（鹤山市地志办供稿）

古劳水乡（鹤山市地志办供稿）

恩平市

▲ 2014年5月27日全国、省、江门及恩平市四级人大代表到金沙时代广场建设工地、锦江公园、锦江国际新城、泉林乐园和恩平产业转移工业园等地，实地了解项目的建设发展情况（恩平市地志办供稿）

▲ 2014年7月25日下午6时，恩平市圣堂大桥顺利合拢（恩平市地志办供稿）

▲ 恩平市委书记李灼冰（中）亲临江门市第四届农业博览会恩平展区指导（恩平市地志办供稿）

▲ 2014年12月23日，恩平市恩城街道办事处第四小学举行“小小红豆粤剧班”创办20周年庆典活动（恩平市地志办供稿）

▲ 恩平市新农村建设日新月异（恩平市地志办供稿）

▲ 示范推广水稻种植遥控飞机施药（恩平市地志办供稿）

▼ 2014年5月29日，中共中央政治局委员、广东省委书记胡春华（中）在恩平园区调研（恩平市地志办供稿）

◀ 2014年10月10日，江门市有关领导到广东宝索机械有限公司调研（恩平市地志办供稿）

▲ 2014年12月3日广东道氏技术股份有限公司在深交所上市，市领导与道氏董事长荣继华合影（恩平市地志办供稿）

◀ 江门融和农商行恩平支行开业仪式（恩平市地志办供稿）

特载

江门年鉴 2015

JIANGMEN YEARBOOK

和挑战。今年政府工作的指导思想是：深入贯彻落实党的十八大、十八届三中、四中全会、中央经济工作会议、省委十一届四次全会和市委十二届五次全会精神，适应新常态，谋划新格局，抢抓新机遇，深化“三边”发展战略，推动“东提西进、同城共融”，落实“区域协同、经济蓄势、城市振兴、民生保障、政府提效”五大任务，实现幸福侨乡建设有新的突破。

综合各方因素，今年全市经济发展的预期目标为生产总值增长8%左右，一般公共预算收入增长10%。

做好今年的政府工作，关键词就是一个“拼”字，各级各部门要拿出拼搏攻坚、狠抓落实的劲头，做好以下重点工作：

一、区域协同

东联西拓。对外抓住国家“一带一路”、省打造珠西先进装备制造产业带、建立自贸区等战略机遇，充分发挥我市东联广佛都市圈、深港澳经济圈两大龙头，西扼省战略西拓的区位优势，围绕加快成为珠三角新增长极目标，做好“传”“接”的“中卫”角色。深化与广佛都市圈的对接，推动“江佛一家”，抓好珠中江区域合作和珠西行动计划的落实。着力推进江港澳开展合作，以大广海湾经济区为主要依托，积极创建国家级区域发展合作的重大平台。

东提西进。对内按照东部一体、西部协同原则，分东西板块统筹制订发展政策，促进资源优化整合，推动区域内交通一体、产业同兴、环境共治、民生共享，实现同城共融。东部通过江门大道连成一体，推动江门高新区与蓬江江沙示范园、滨江新区联动发展、融合提质，建设先进制造业总部集聚区及智慧产业集群区，打造成为创新型城市先导区，力争纳入珠三角国家自主创新示范区；新会作为大广海湾经济区的先行区，全力整合提升银洲湖产业新城，成为江门先进（装备）制造业主力军；鹤山工业城（共和一鹤城一址山）加紧整合提质，成为江门先进制造业的生力军。西部重点突出交通、旅游、农业、环保协同发展，以加快台开快速路规划建设为切入点，重点推动台开同城，促进台山工业新城、开平翠山湖工业园和恩平（米仓-大槐）工业园的加快崛起，做大做强先进装备制造业。

二、经济蓄势

着力推动制造大市向制造强市转变。

落实珠西行动。全市要把珠西行动摆到经济工作举足轻重的战略位置加以推动，积极培育新的经济增长极。以发展先进（装备）制造业为主抓手，全面落实江门珠西行动工作纲要及五大行动计划，积蓄发展能量，为经济起势打下坚实基础。以轨道交通装备、重型载重汽车及零部件、摩托车及零部件、光通信和视像装备、物流运输设备为重点，发挥广东南车、富华重工、大长江、海信、中集等龙头企业的引领作用。实行“六个优先”，激励引导工业企业开展新一轮技术改造，完成技改投资65亿元、增长30%以上。

扩大产业投资。狠抓实体经济发展，紧盯项目产出率，着力推动138项、年度投资331亿元的产业重点项目建设，重点落实33个年度投资超亿元项目。建立市、县两级高效招商协作机制，组建专业招商队伍，开展精准招商、服务招商、环境招商。抓好高端新型电子信息、生物医药、绿色光源、新能源、新材料等战略性新兴产业发展，推动康师傅、李锦记（无限极）、天地壹号、嘉士利、维达、亚太纸业等食品、造纸板块做强做大，加快推动传统产业转型升级，实施智能化改造。支持现有企业增资扩产，发挥其建设周期短、产能见效快、用地制约少的“吹糠见米”效应。

推进创新驱动。鼓励创新创造，开展创新型城市建设和国家知识产权试点城市创建工作，以江门高新区和蓬江区为示范带动，引进一批创新型人才（团队），培育一批创新型企业，建设一批新型研发机构，打造一批新型产业社区，激发大众创业、万众创新新动能。推进市风投基金首期运作，年内成立第二期基金。完善国家半导体光电产品检测重点实验室、广东工业设计城江门基地等建设，培育广东省智能制造示范基地。组织实施100项市级以上重点科技计划项目，新培育35家国家级和市级高新技术企业，开展产学研项目80项，创建10家市级以上企业工程技术研究中心。加快金融、物流、工业设计等生产性服务业发展。深化全国小微企业信用体系试验区建设，加强金融第三方信用评级工作，推动江门粤澳中小微企业金融服务创新试验区建设。支持互联网经济发展，加强对电子商务运营服务企业引进、培育。大力扶持养老服务、健康产业发展。

主抓“一区六园”。对园区平台实行统筹整合、优化调整、错位发展。严格实行节约集约用地，开展“七个一”专项行动，加大对批而未供、供而未用及低效土地整理力度，建立新增建设用地指标分配与盘活存量建设用地挂钩机制，优先保障制造业项目用地。创新江门高新区体制机制，加快科技创新创业园、总部科技园等建设，做好第二期发债。加快发展海洋经济，依规推进广海湾填海工程，完成集中集约用海规划编制，珍惜利用岸线资源，推进“海域使用直通车”试点工作。

优化营商环境。充分发挥各级总商会（工商联）、行业商协会作用，开展企业家培训，推动“邑商再出发”。提供“一门式”便捷企业服务，收费就低不就高、办事就简不就繁、服务就近不就远，特别是对民营经济和中小微企业要高看一眼、多扶一把。探索建立民营融资服务联盟和民营企业“体检中心”。推进多层次资本市场建设，争取今年1－2家企业在境内外上市，10家企业在新三板或股权交易中心挂牌，全力打造“江门板块”。加快外贸转型升级，推动新业态发展，继续推广关检合作“三个一”区域通关一体化改革，稳定提升进出口规模。

着力推动旅游大市向旅游强市转变。编制全域旅游发展规划和实施方案。围绕探索建设国家级旅游产业示范区，打造粤港澳国际旅游休闲目的地，重点以西部旅游联盟为突破，台山重点探索全域旅游，推进滨海和川岛旅游规划编制，年内实现“川岛游一票通”，建设“广东第一步行径”；开平重点发展碉楼及风情古镇旅游，加快赤坎古镇项目建设，开平碉楼与村落力争成功创建国家5A级旅游景区，形成“广东旅游看碉楼”的品牌；恩平重点发展温泉旅游和航空题材；多形式多渠道引导、鼓励建设魅力小镇、生态乡村及“农家乐”示范点。推动东部旅游景点升级改造，华博馆、新会陈皮村、大雁山加快创建国家4A级景区。力争全市旅游总收入增长15%以上，突破300亿元。

着力推动农业大市向农业强市转变。制定实施建设现代农业强市工作纲要（2015－2020年）及行动方案。发展多种形式适度规模经营，新增市级以上农业龙头企业5家，市级示范家庭农场10家，农民专业合作社发展到1500家。完善和扩大农业“政银保”项目。加快开展农村综合改革试点工作，深化农村集体“三资”管理，稳妥推进农村土地承包经营权确权登记工作。加大科技和金融支农力度，大力发展现代种业，提升园艺、冬种和禽畜产业规模化水平。发展农产品现代流通业和农产品加工业，开展“集中屠宰、冷链配送、生鲜上市”工作。加快发展“三品一标一名牌”农产品。加强农村基础设施建设，全面完成29.9万亩和启动新建25.5万亩高标准基本农田建设任务，抓好各级水利设施工程建设。加快推动气象现代化。推进现代渔港建设。

三、城市振兴

启动新一轮规划修编。编制好“十三五”规划。以珠三角全域规划编制为契机，抓好各类总规、重要区域规划、综合交通、产业布局、公共服务等规划编制，以规划引领产城振兴。

启动交通大会战。把江门大道作为“一号

扎实开展绿化大行动，80万人次参加义务植树，植树260万株。全市完成生态景观林带建设48.2公里、碳汇林建设4.56万亩、乡村绿化美化示范村234条，森林覆盖率提高1个百分点，人均公园绿地面积达17.4平方米，成为省林业生态市。潭江流域水环境保护得到加强，完成重点水污染行业和112家禽畜养殖场的综合整治，新建成污水处理厂5座、污水管网161公里，新增污水处理能力6.4万吨/日，全市城镇污水处理率达89.4%。全市城镇生活垃圾无害化处理率达96.3%。加强大气污染防治，完成高污染燃料锅炉整治234台，淘汰“黄标车”及老旧车辆3.31万辆，完成15项火电减排工程。改造提升电机能效功率10.7万千瓦。

五、社会民生稳定发展

全市各级财政民生投入114.4亿元，增长16.8%，十件民生实事全面完成。顺利通过了国家“创文”复检，长效机制逐步健全。

“大民政”建设成效初显，成为全省基本公共服务均等化综合改革试点，底线民生水平明显提升。三区四市城乡居民养老保险基础养老金标准、城乡低保标准、农村五保供养标准、孤儿供养水平、城乡医疗救助水平、低保残疾人生活津贴和重度残疾人护理补贴标准均有提高。建立完善大病保险制度，社会保障面进一步扩大。全市新增养老机构5家、养老床位5031张，居家养老服务网络逐步形成。为2500名残疾人提供“四居”服务。全市共筹慈善捐款1.6亿元。就业形势稳定，全市城镇新增就业4.7万人，失业人员再就业3.2万人，城镇登记失业率2.36%。超额完成省下达的保障房建设任务，解决2794户中低收入、困难群众家庭的住房问题。

各项社会事业不断进步。三区四市全部通过国家义务教育基本均衡督导检查，江海、新会成功创建省推进教育现代化先进区，恩平通过省教育强市督导验收，启动了特殊教育学校扩建工程，挂牌成立了社区大学。江门体育中心建设顺利推进，广东银葵综合医院动工建设。有效防控了禽流感、登革热等疫情，人口计生工作完成省下达目标任务。成功举办了世界江门青年大会。文化下乡、进社区工作扎实推进。平安江门建设得到巩固。各项生产安全事故全面大幅下降。外事、港澳、对台、民族、宗教、双拥、优抚、人防、打私、统计、审计、妇女儿童、新闻、出版、档案、方志、气象、红十字会、应急等工作均有新的进展。

六、政府建设稳步加强

自觉接受人大和政协的监督，办理人大代表建议和政协提案满意率分别达96.3%、100%。认真开展党的群众路线教育实践活动，大力整治“四风”，修改完善和建立相关制度300个。法治政府建设扎实推进。积极发挥市决咨委作用，运用网站、微博、微信等网络问政手段，广集民意、广汇民智。严格贯彻落实中央“八项规定”及领导干部办公用房清理等工作，全市“三公”经费降低18.4%。强化廉政风险防控，坚决查处违法违纪案件。

一年来政府工作中的问题主要有：部分经济指标未能完成预期目标任务；产业发展量小质弱；创新动力不强；资源整合不足、利用效率有待提升，环境约束明显；行政管理层次多、效率低、责权不清的现象依然比较突出。对于这些问题，我们将采取更有力措施加以解决。

各位代表！过去一年政府工作取得的成绩来之不易。在此，我代表市政府，向关心支持江门发展建设的各界人士表示衷心的感谢！

2015年工作安排

今年是深化改革的突破年、狠抓落实的决战年，同时是“十二五”规划的收官年，也是“十三五”规划的谋划年。国家“一带一路”和省珠西行动战略为我们带来了新机遇，新常态对我市经济社会转型提出了前所未有的新要求

政府工作报告

——2015年2月5日在江门市第十四届人民代表大会第五次会议上

江门市代市长 邓伟根

各位代表：

我代表市政府向大会作工作报告，请予审议，并请政协委员和列席人员提出意见。

2014年工作回顾

过去的一年，市政府在省委、省政府和市委的正确领导下，在市人大及其常委会的监督和市政协的支持下，紧抓改革主题和发展主线，继续以“种树、搭桥修路、抓大项目”为抓手统领全局工作，稳增长、调结构、促改革、惠民生等各项举措得到有效落实。

一、经济平稳增长

全市实现生产总值2083亿元，同比增长7.8%，经济总体实现稳中有进。江门产业转移工业园连续三年获评省优。先进（装备）制造业增长13.8%。技改投资大幅增长111.7%。诚信企业绿卡计划得到落实，35家企业被认定为骨干企业。海洋经济增加值增长11.5%，完成大广海湾经济区专项规划编制和市、县两级海洋功能区划修编。中微子实验项目启动建设，成立了市技术交易中心和省科技金融综合服务中心江门分中心。金融信贷增长18%，居珠三角第2，成为广东唯一的国家级小微企业信用体系建设试验区，5家企业在境内外上市，为历年数量最多。旅游总收入279亿元，增长25%。现代农业新增8家市级以上龙头企业，新增农民专业合作社340家，在全省率先推动农业“政银保”试点工作。成功举办上海投洽会、光博会、农博会和锦鲤博览会。

二、基建稳健推进

全市重点项目完成投资500.9亿元，投资完成率达110.6%。江顺大桥完成主跨合龙，江门大道龙舟山隧道实现贯通，凤凰山隧道群、新南路立交、双龙立交、龙湾立交全面铺开。广中江、江罗、新台南延线等高速公路建设进展顺利，中开、鹤开高速完成招标。深茂铁路江门段、江门高新区公共码头项目启动建设。建成李文达大桥、大鳌特大桥、迎宾路立交、新峰路、启超大道、今洲路等一批路桥，完成314公里农村公路建设。全市投入11.2亿元加快宽带网络建设。电网建成110千伏以上线路587公里。全市水利投资完成6亿元，“三防”通讯指挥处置能力提升，新建高标准基本农田34.7万亩，开平和恩平成为中央财政小型农田水利建设重点县。新一轮扶贫“双到”累计筹集帮扶资金2.9亿元。

三、改革稳步深化

确立了东西两大板块区域协同发展战略，分别成立东部三区一市建设发展协调领导小组和西部台开恩协调发展联席会议制度。市、区财权事权改革和企业投资体制改革扎实推进。创新投融资方式，国资整合成果进一步稳固。商事制度改革扎实推进，新发展市场主体3.7万户、注册资本 177.1亿元，同比增长19.6%、56.8%。全市累计清理压减行政审批事项3155项，压减率达41.6%。整合组建市商务局等5个单位，完成食品药品监管体制改革。农村土地承包经营权确权登记试点工作有序开展。社会治理体系改革取得进展，市本级购买服务项目100个、投入资金4600万元，增长32%，统筹超1.1亿元国有资产开展公益创投活动，新增社会组织916个，培育成立民办社工机构71家。

四、环境稳定改善

工程”，按照2018年实现全线（鹤山桃源-新会崖门）通车的目标，力争江门大道蓬江段（五洞-龙湾立交）年底前建成，实现江顺大桥竣工通车。加快广中江、江罗、新台南延线等高速路建设，启动中开、鹤开高速建设，推进佛开高速三堡至水口段扩建前期工作。围绕打造互联互通、快进快出的高快速路网，启动台开快速路前期工作，加快推进325国道鹤山段、篁庄大道西延线、杜阮北路、迎宾西路、冲恩线等改造建设。加快江门高新区公共码头首期项目建设。推进深茂铁路江门段建设和广佛江珠城轨等前期工作。围绕打造全市主要铁路客站和对外交通门户、珠中江都市区地区性铁路综合交通枢纽、珠西与粤西城际铁路网核心枢纽、大型高铁客运站的目标，加快推动江门枢纽站场规划建设。抓好停车场的规划建设。

*启动公园城市大行动。*按照“统一规划、统筹开发、分步实施，属地建设、属地管理”的原则，研究制定全市公园城市建设工作纲要及行动方案，实施公园化战略，推进大地园林化，城市建公园，公园建城市，构建市域公园体系。坚持“抓两头，促中间”，一头抓龙头公园建设，东部主要抓圭峰山、大雁山、龙舟山（婆髻山、席帽山）、白水带，圭峰山着力打造“冈州第一峰”南粤文化名山，西部主要抓石花山、梁金山、鳌峰山（大人山）。另一头抓社区公园建设，今年新建、改建村（社区）公园330个，分期分批逐步推动全市所有村（社区）公园全覆盖。提升镇（街）公园建设水平。做好江门大道等主干道沿线绿化景观建设，继续深入开展种树绿化活动，年内种树250万株。启动慢行系统建设，推动沿江、沿河带状公园建设。有序推进全市饮用水源水库第一重山转为生态林计划。推进江门市植物园规划建设。抓好市属国有林场改革，组建林业集团。

*启动新一轮环境大整治。*严格执行新《环保法》，严格实行环保准入。探索成立专门打击食品药品安全和环境保护违法犯罪行为的执法机构，加大执法监管力度。推进市场化节能减排机制，实行能效“领跑者”制度，完成“十二五”节能减排刚性指标。探索生态控制线划定工作。加大潭江流域水环境综合整治力度，推行“河长制”，明确全市禁养限养区，扎实推进农业面源污染治理。加快建设恩平污水厂二期、开平迳头污水处理厂二期和杜阮、棠下污水处理厂再生水利用工程，完善污水管网，全市城镇污水处理率达到90%，污水处理再生水利用率超过10%。强化饮用水源保护，加快推进应急备用水源建设。加大以PM2.5、工业粉尘和城市扬尘为重点的大气污染防治力度，重点控制工业燃煤锅炉污染，基本淘汰“黄标车”，开展新能源汽车推广应用。向社会公开空气质量和主要河涌水质等环保信息监测情况。抓好城镇生活垃圾无害化处理和管道燃气设施规划建设。大力抓好农村环境卫生综合整治和宜居城乡创建工作，村庄整治覆盖全市80%以上的行政村。推进重点片区“三旧”改造工作。

*启动“中国侨都”建设。*擦亮“中国侨都”的城市名片，打好“侨”牌，组建全市侨务工作协调小组，制定和启动全市侨务工作规划及行动方案。办好华侨华人博物馆和侨乡文化研究中心，加强外事、港澳工作和华侨新生代工作，支持“侨”题材文艺作品创作，推动将侨乡文化作为学校教学内容。加强对华侨建筑历史文化街区和文物的保护，推进我市海上丝绸之路史迹点申遗，做好北京新会会馆保护复建工作。

四、民生保障

加大民生投入，全市安排民生支出120.7亿元，同比增长12%。进一步完善创文长效机制，深化“大民政”工作，继续推进基本公共服务均等化综合改革工作，抓好十件民生实事（见附件3）落实，让广大市民群众得到更多实惠。

精准扶贫。统筹帮扶城乡贫困人群，实施精准脱贫，充分发动社会力量积极参与，努力实现扶贫全覆盖、常态化。试行资源激励型财政奖励政策，鼓励农村积极保护基本农田、公益林和水源地等自然资源，力争年内全面消灭贫困村，使全部村委会集体收入达到10万元以上。东部城镇低保月人均补差达到384元以上，农村达到186元以上；西部城镇低保月人均补差达到374元以上，农村达到172元以上。确保五保供养标准达到上年度农村居民人均纯收入的65%以上。全面建立临时救助制度。实现低保残疾人生活津贴和重度残疾人护理补贴分别提高到1200元／年和1800元／年。进一步提高孤儿供养水平。完成棚户区改造和保障性住房建设2027套。

服务便民。实行“一个平台全覆盖”，在全市所有村（居）建立统一的社区公共服务站，落实103项基本公共服务项目，努力实现服务就在“家门口”。提高公共文化服务水平，深入开展文化下乡、进社区、进校园活动。继续深化社区警务建设，推动便民业务前移到基层所队、社区警务室或社区公共服务站办理。

公交一体。启动实施东部公交一体工作方案，优化调整公交线网，按照“设施一体、标识一体、换乘一体、服务一体”的标准打造公交系统，新增公交车120标台，建设改造100个候车亭，推进东部公交互联互通，为推进西部及全市公交互联互通打下基础。落实产业园区公交首末站、枢纽站、主要旅游点和公园等公共场所上落站的用地和规划建设。积极改善农村交通条件，完成150公里农村公路建设。

就业保障。实施精准化就业帮扶，全面开展“失业保险一站式”服务。加强本地紧缺专业人才培养，鼓励企业充分用好本地劳动力资源。全市城镇新增就业4.5万人以上，城镇失业人员再就业3万人，应届高校毕业生就业率达90%以上。进一步提高社会保险各项待遇，完善全征地农民养老保障政策和社会保险基金预警机制，稳步推进机关事业单位养老制度改革。

以文化人。制定和启动2015-2020年文化强市规划及行动方案。加快推进“四馆”整合提升，年底前完成文化馆和美术馆改造，启动图书馆改造。三区四市公共图书馆、文化馆达到国家一级馆标准，镇（街）综合文化站80%达到省一级站标准。完善“10分钟体育健身圈”设施布局，加快江门体育中心、江门演艺中心建设，打响“四个一”活动品牌，打造“中国舞蹈之城”。加快工艺美术、印刷发行、动漫等文化产业发展。

教育优先。巩固城乡义务教育均衡发展，完善教育布局规划，改善义务教育阶段学位不足状况，规划新建扩建一批中小学校，鼓励扶持优质民办教育，推动教育优质均衡发展。年内基本建立普惠性学前教育体系，做好台山、开平、鹤山申报广东省推进教育现代化先进市（区）工作。巩固提升高等教育发展水平。积极推进校企深度合作，推动校企共建生产性实训基地，建设中等职业教育改革发展示范学校。抓好老干部（老年）大学、社区大学和特殊教育学校的改造建设。

健康惠民。稳步推进县级公立医院综合改革，进一步优化整合市、县两级医疗资源配置。鼓励发展优质民营医疗机构，引导社会养老机构与医疗机构合作。整合镇级计生服务机构与卫生院职能，基本实现农村卫生站全覆盖，提高基层卫生服务水平。建立完善医患纠纷第三方协调处理机制。推进广东银葵医院建设。启动医疗废物处理中心规划建设。确保完成省下达的人口计生任务。

平安江门。牢固树立安全生产的红线意识和底线思维，强化安全生产基层基础建设和企业主体责任落实，坚决遏制较大以上事故发生。着力推进大巡防工作，加强公安指挥中心平台建设。做好综治信访维稳工作。完善公共突发事件应急处置体系建设，提高应急管理能力。

此外，要进一步完善国防动员体系，落实双拥和优抚安置工作。提高城市民族工作水平。继续做好宗教、对台、人防、打私、统计、档案、方志、妇女儿童、红十字会等工作。

五、政府提效

建设法治政府。法治政府是依法治市的重中之重。必须坚持依法行政，加快建设职能科学、权责法定、执法严明、公开公正、廉洁高效、守法诚信的法治政府。主动接受人大监督，认真执行市人大及其常委会各项决议决定，支持政协委员参政议政，提高人大代表议案、建议和政协提案办理水平。建立健全直联制度。继续发挥市决咨委的作用，探索成立“江门智库”。设立政府法律顾问室，推行法律顾问制度。深化商事制度改革，强化商事登记后续监管。严格落实党风廉政建设责任制，严格执行中央“八项规定”。按照省的部署完成公务用车制度改革。做好政府预算及“三公”经费公开，“三公”经费和一般性工作经费支出均压减10%，实现财政供养人员只减不增。抓好政府性资金和投资项目审计监督工作。

建设透明政府。坚持“市场事，市场定；社会事，社会建；政府事，公平办”，制定公布市、县两级政府权责清单，厘清市县镇村权责利关系，市一级重在统筹、监管与协同，县一级和重点产业园区是经济发展的主战场，镇（街）是社会治理的主平台，村（社区）是社会公共服务的末梢与终端。政府行政全面实行“清单管理、阳光行政、社会监督”的运行机制，全面公布“1+3”清单，探索市场准入负面清单，坚持“非禁即可”，鼓励支持社会资本进入公共事业建设领域，继续推进国有资产整合运营，积极发展混合型经济，探索PPP合作模式[30]项目；列明行政审批清单，全面压减行政审批自由裁量权，公布涉企收费目录清单；制定政府监管清单，严格规范公正文明执法，建立健全行政执法案卷评查制度，探索执法公开制度；力求做到禁限清晰、准许标准、监管有力。着力加强政务网站、微博群和微信公众号建设，实行市县镇三级政务微博全覆盖，完善政府新闻发布制度，扩大公众知晓权和参与权。

建设诚信政府。提高政府公信力是“信用江门”建设的立足点和着力点。要抓好诚信政府建设试点工作。大力整治机关工作人员行政“不作为、慢作为、乱作为”现象，严肃查处“吃拿卡要”行为，营造按规矩办事、按规矩用权的政务环境。建立黑名单制度，全面构建社会信用体系。完善提升集政府采购、工程招投标、土地招拍挂、产权交易、物业招租、集体经济交易等功能于一体的市公共资源交易中心建设水平，实现公共资源交易标准化、公平化、规范化。完善投融还体制建设，健全投融资管理机构，确保重大基础设施项目建设资金及时到位、规范使用，将政府债务纳入预算管理，强化风险防范。

建设效率政府。加强队伍建设，着力提升政府执行力。启动智慧江门建设，建立“一张网”“一块屏”“一点通”的统一的政务服务系统。探索推动全市数据统筹机构建设工作，构建全市政务信息数据服务平台。推进办公自动化系统应用和升级，实现市本级与三区四市电子公文交换系统互联互通。做好商事主体信息管理和公示平台、联合征信系统、电子政务云计算中心、地理信息共享平台等一批政务信息化重点项目的建设和完善。加强便民服务平台建设，提高政府服务热线“智能化”建设水平，以大数据服务大民生，推进行政服务标准化、便民化。进一步激发社会组织活力，规范社会组织，发展壮大社工人才队伍，继续推动社区网格化管理试点工作。启动城市建设档案馆规划建设。推进行政服务中心、应急指挥中心资源整合，建立健全对重大突发事件的快速反应和应急机制。

各位代表，同志们，今年的政府工作特别繁重，各级各部门必须勇于负责、勇于担当，善于谋、敢于拼，沉下心来谋实事，沉下身子抓落实，让各项决策落地，让各项举措惠民，努力交出一份得到各位代表和广大市民群众点赞的答卷。

江门市2014年国民经济和社会发展计划执行情况与2015年计划草案的报告

——2015年2月5日在江门市第十四届人民代表大会第五次会议上江门市发展和改革局局长

潘创明

各位代表：

我受市人民政府委托，向大会报告江门市2014年国民经济和社会发展计划执行情况与2015年计划草案，请予审议。

一、2014年我市国民经济和社会发展计划执行情况

2014年，我市按照市委十二届四次全会部署和人大十四届四次会议确定的任务，坚持稳中求进的工作总基调，全力推进改革和发展，产业转型升级稳步推进，重大基础设施加快建设，民生社会事业持续改善，经济发展保持总体平稳。

（一）经济平稳增长

经济运行处于合理区间。全市实现地区生产总值2082.8亿元，增长7.8%；人均地区生产总值增长7.5%左右；规模以上工业增加值849.8亿元，增长11%；固定资产投资1111.7亿元，增长16.8%；社会消费品零售总额1003.4亿元，增长11%；外贸进出口总额203.8亿美元，增长3.3%，其中出口150.9亿美元，增长7.8%；金融机构本外币贷款余额2024.5亿元，增长18%。

质量效益提高。一般公共预算收入177.1亿元，增长12.1%。三次产业比重调整为8.1∶49.2∶42.7。单位生产总值能耗下降完成省下达任务。初步统计，单位建设用地第二、三产业增加值1.7亿元/平方公里，提高2.3%。

企业活力增强。新登记各类市场主体及注册资本金分别增长19.6%、56.8%。规模以上工业经济效益综合指数提高17.6个百分点，全员劳动生产率提高19.4%，工业企业利润增长11.7%，新增年产值超亿元工业企业78家。规模以上民营工业和中小企业增加值分别增长13.5%和14.9%。

发展潜力提升。成功举办上海投资洽谈会和面向社会投资推介会，全年新引进项目122个，总投资448.4亿元，其中超千万美元外资项目35个，超亿元内资项目21个。出台加快项目供地工作意见，开展解决项目“落地难”专项行动。全年232项重点项目完成投资500.9亿元，投资完成率110.6%。

（二）产业水平有效提升

工业转型提质新成效。政策力度增强，出台《江门市发展先进（装备）制造业工作纲要（2014－2020年）》及五大行动方案。重大平台产业集聚加快形成，轨道交通装备、高新区绿色光源、江沙示范园食品产业、恩平产业转移园机械组团、银洲湖纸业基地日益壮大。传统产业改造升级加快，分类实施产业改造提升工程，全年工业技改投资超50亿元，增长111.7%。维达纸业、亚太纸业等一批增资扩产项目建成。高端装备制造、高端电子信息、新材料等新兴产业发展势头良好，广东南车、富华重工、海信光通信模块、鸿特精密等一批项目陆续形成规模产能。江门产业转移工业园连续三年获评省优秀等次。

服务业重点业态新拓展。服务业增加值占生产总值比重提高1.3个百分点。电子商务、会展等新业态发展态势良好，实施“江货网店培育工程”，举办农博会、锦鲤博览会及汽车展、房博会、美食节等45个大型展销会。金融业发展有新突破，全年5家企业成功上市，新增小额贷款公司3家，华兴银行、广州银行先后进驻，金融机构对小微企业贷款新增超100亿元。旅游市场稳步发展，游客数量增长13.4%，旅游总收入增长25%，新增国家4A级、3A级旅游景区各1家，上、下川岛入选广东省“十大美丽海岛”。居民消费保持稳定，住宿餐饮业和批发零售业分别增长6.4%、11.6%，万达广场、汇悦城等城市综合体建成开业。物流运输增长较快，货运量增长23.5%。房地产产业保持稳定。

农业生产经营新进步。全年粮食总产量95.3万吨，农作物和畜禽良种覆盖率分别达97%和95%以上，水稻生产综合机械化水平78%。新型农业经营主体发展壮大，农民专业合作社达1377家，新增市级以上重点农业龙头企业8家，成为全省首个实施示范性家庭农场标准的地级市。搭建农业投融资平台，在全省率先推动农业“政银保”试点，有效缓解农业融资难问题。全市海洋经济增加值328.9亿元，增长11.5%。

科技创新能力新提高。成立市技术交易中心和省科技金融综合服务江门分中心。设立科技金融扶持资金，科技风险投资基金运营顺利。全年新认定国家级高新技术企业31家。预计高新技术产品产值960亿元，占规模以上工业总产值比重28.5%，研发经费支出占生产总值比重提高至1.65%。全年发明专利申请量1935件、授权量304件，分别增长18.4%和11.8%。江门中微子实验站启动建设。

（三）基础设施功能稳步增强

交通网络功能改善。全年交通建设投资53.3亿元。江门大道、江罗高速、广中江高速等高快速路完成投资39亿元，江顺大桥完成主跨合龙，江门大道龙舟山隧道实现贯通，凤凰山隧道群、新南路立交、双龙立交、龙湾立交建设全面铺开。深茂铁路江门段动工。中开、鹤开高速完成招标。高新区公共码头启动建设，天马港二期万吨级码头交工验收。江海综合客运枢纽工程、TOD综合开发等项目加快推进。

能源供给能力提高。全年能源项目投资114亿元。台山核电一期完成主体工程；新会电厂、华电江沙产业园热电联产等项目动工，双水电厂“上大压小”项目获批；省天然气管网二期工程江门段建成；富华重工分布式光伏发电、国华台电5号机组节能改造升级等项目建设顺利。

农田水利保障力增强。新建高标准基本农田34.7万亩，建成市县镇三级农产品检测机构21个。全年完成46宗山塘工程和14宗小型水库工程的除险加固，开平和恩平成为中央财政小型农田水利建设重点县。启动江新联围综合信息化系统及三防会商系统延伸到镇街项目建设。

（四）重点领域改革有序推进

创新区域协同合作机制。设立东部三区一市建设发展协调领导小组和西部台开恩协调发展联席会议制度。珠中江合作不断加强，三市累计签署合作协议64项，17家定点医院纳入互认，共同开拓高铁沿线旅游市场。编制完成大广海湾经济区产业、基础设施及低碳生态三大专项规划。探索设立江门粤澳中小微企业金融服务创新试验区。

行政体制改革有效深化。全市累计清理压减行政审批事项3155项。积极推进行政审批标准化试点，推进网上办事大厅建设。推进新一轮机构改革，商务局等5个部门整合组建，食品药品监管体制改革完成，公共资源交易平台进一步完善。

经济体制改革稳步推进。推进商事登记制度改革及投资管理体制改革。扎实推进市、区财权事权改革。社会信用体系和市场监管体系建设有新进展，出台实施社会信用体系建设规划。国企整合力度加大。稳步推进农村土地承包经营权确权登记试点及新会区“全国农村综合改革示范试点”工作。

（五）城乡环境有力改善

城市宜居功能改善。路网通达性和形象提升，滨江新区启动区路网基本成型，建设路—迎宾路立交、启超大道、大鳌特大桥等道路通车，金瓯路改造等工程基本完成。公交优先得到强化，全市新增公交车212.8标台。“三旧”改造扎实推进，年度投资30.5亿元。实施“创文再出发”行动，顺利通过国家“创文”复检及“国家园林城市”复查验收。全市城镇生活垃圾无害化处理率达96.3%。完成天沙河景观带、白水带景观路等重点园林项目以及多个村（社区）公园建设，推动丰乐公园、群星公园、叱石公园绿化升级，筹建江门市植物园。

乡村生活条件提高。完成314公里农村公路建设。推进778条村进行村容整治，创建市级名村示范村10个、乡村绿化美化示范村234条。全面推行“户集、村收、镇运、县（市）处理”的垃圾处理模式，全市农村生活垃圾无害化处理率达55%。全年“五改”投入1.8亿元，改造农村危房86间，新增自来水户1760户。

环境保护力度加大。扎实开展绿化大行动，全年义务植树260万株。建成生态景观林带48.2公里、碳汇林4.56万亩，人均公园绿地面积达17.4平方米。全市森林覆盖率达45.32%，成为省林业生态市。新建成污水处理厂5座、污水管网161公里，新增污水日处理能力6.4万吨，全市生活污水处理率89.4%。完成潭江流域重点水污染行业和112家禽畜养殖场整治工作。全市城市集中式饮用水源水质100%达标。

资源节约有新成果。完成2014年淘汰落后产能计划。改造提升电机能效功率10.7万千瓦。整治高污染燃料锅炉234台，完成15项火电减排工程。淘汰“黄标车”及老旧车辆3.31万辆，更新和新增清洁能源公交、出租车共277辆。二氧化硫、二氧化氮和PM2.5等主要大气污染物指标平均浓度值达国家二级标准比例均超过80%。新增绿色建筑面积达21.45万平方米。全市盘活存量土地8933亩。

（六）民生事业持续进步

市政府承诺的十件民生实事圆满完成。全年各级财政民生类支出114.4亿元，增长16.8%。全市80条贫困村累计筹集“双到”资金2.9亿元，完成各类帮扶项目超2000个。

社会保障有效提升。城镇新增就业4.7万人，城镇登记失业率2.36%。全年物价涨幅2.7%。“大民政”工作及基本公共服务均等化综合改革试点成效明显。企业退休人员月平均养老金增长15.5%，城乡居民基本养老保险基础养老金标准提高至每人每月80元。城镇和农村低保标准线分别提高到500元和350至500元。建立完善大病保险制度。提前实现高中阶段残疾学生免费教育目标。运用价格调节基金向困难家庭发放1535.5万元临时价格补贴。超额完成省下达的保障房建设任务，住房保障范围达人均14平方米。

社会事业稳步发展。所有市（区）通过国家义务教育基本均衡督导检查，江海及新会区成功创建省推进教育现代化先进区。全面实施义务教育阶段招生“划片就近免试入学”和异地务工人员随迁子女接受教育新政策。推动特殊教育学校扩建，挂牌成立社区大学。实施“四馆”整合提升工程，推进江门体育中心建设。医疗健康事业有新进步，全面实施基本药物制度，人口计生工作完成省下达指标，有效防控禽流感、登革热等疫情。三级居家养老服务网络逐步形成，新增养老床位5031张。

社会治理体系进一步完善。新增社会组织916家，全市具备承接政府职能转移和购买服务资质的社会组织174家。全年共筹慈善捐款

1.6亿元，统筹超1.1亿元国有资产开展公益创投活动。各类生产安全事故大幅下降，平安江门持续巩固。

2014年经济社会发展成绩来之不易。但也要看到，我市经济发展速度未如预期；产业发展量小质弱，创新驱动能力不足；制造业投资比重偏低，发展后劲不强；外贸、消费需求偏软；深化改革、美化环境、改善民生等工作力度有待加大。对此，需要我们高度重视，切实采取有效措施予以解决。

二、2015年国民经济和社会发展计划的安排意见

2015年，我市经济持续健康发展的机遇与挑战共存。从外部看，在国家经济结构调整、省珠西行动新政策的带动下，积极因素较多，但受国际贸易格局调整影响，经济下行压力不容忽视。从内部看，我市重点领域改革的持续深化，交通大会战、区域协同发展计划的实施，将形成经济稳中向好的动力。

做好我市2015年经济社会发展工作，要贯彻落实中央经济工作会议以及省委十一届四次全会精神，按照市委十二届五次全会的部署，落实政府“五大任务”，推进东提西进、同城共融，努力促进经济持续健康发展、社会和谐稳定。

综合考虑外部经济形势和内部发展条件，建议2015年我市主要经济社会发展预期目标如下：

——地区生产总值增长8%；

——人均地区生产总值增长7.5%；

——规模以上工业增加值增长11.5%；

——固定资产投资增长16.5%；

——社会消费品零售总额增长11.5%；

——外贸进出口总额增长3.5%；

——一般公共预算收入增长10%；

——服务业增加值占生产总值比重42%；

——研发经费支出占生产总值比重1.7%；

——城乡居民收入增长与经济增长基本同步；

——居民消费价格涨幅控制在3%以内；

——节能减排约束性指标完成省下达的目标任务。

为实现上述目标，2015年重点做好以下工作：

（一）推动产业提质增效，提升经济发展竞争力

打造制造业强市。全面落实加快发展先进（装备）制造业纲要，集中资源推动亿元以上制造业项目落地。实施龙头企业培育行动，加快推进南车、富华、大长江、海信、中集等重大项目建设，有效延伸和提升产业链，打造轨道交通、专用车、摩托车、智能家电、模块化建筑生产项目和海工装备等具核心竞争优势的产业集群。以康师傅、李锦记（无限极）等企业为龙头，打造产业特色突出的食品产业集群。开展“七个一”产业平台扩能增效行动，推动“一区六园”加快发展。精心谋划东部三区一市、西部台开恩产业园协同发展规划，推进与新加坡裕廊集团等企业合作，推动国际客商参与建设管理产业园。推动传统产业转型升级，激励引导工业企业实施技术改造，优先保障企业原址“零增地”增资扩产，确保全年技改投资完成65亿元。

加快发展现代服务业。加快生产性服务业发展，进一步推动金融服务实体经济能力，争取在A股上市、新三板或天交所挂牌融资有新突破。加大对电子商务运营企业的引进培育，完善绿色光源、水暖卫浴电子商务平台建设。实施促进健康服务业发展行动计划，加快发展养老服务业。编制全域旅游发展规划和实施方案，实施“川岛游一票通”，建设“广东第一步行径”，发展恩平温泉和航空题材旅游，力争开平碉楼与村落成功创建国家5A级旅游景区，大雁山、新会陈皮村、华博馆加快创建国家4A级景区，全年旅游收入超300亿元。

建设现代农业强市。出台实施建设现代农

业强市工作纲要及行动方案，大力培育四大新型农业经营主体，力争新增市级以上农业龙头企业5家。探索开展“企银保”等政策性农业保险。全面完成29.9万亩和启动新建25.5万亩高标准基本农田建设任务。开展家禽“集中屠宰、冷链配送、生鲜上市”工作。持续深化农村综合改革，稳步推进农村土地承包经营权确权登记颁证工作，完成农村财务监管平台建设。

强化创新驱动。继续推动科技金融结合，加快发展知识产权质押融资，扩大科技创业风投基金运作规模。促进产学研协同创新，开展80项产学研项目，创建10家市级以上企业工程技术研究中心，组织实施100项市级以上重点科技计划项目，完善技术交易中心，推动科技成果转化。壮大高新技术产业，办好创新创业大赛，新培育35家国家级和市级高新技术企业。加快建设高新区总部科技园及中微子实验站等工程，完善国家半导体光电产品检测重点实验室、广东工业设计城江门基地等公共服务平台。加强创新团队引进和人才培养。

（二）统筹资源优化利用，提升区域发展协同力

东部一体发展。加快区域内路网建设，力争江顺大桥竣工、江门大道蓬江段建成。改善优化高速公路出入口布局，加快国道G325鹤山过境公路、杜阮北路、迎宾西路、新中公路等建设，打造互联互通、快进快出路网。以区域枢纽、综合交通重大门户的战略高度，加快江门站交通综合枢纽规划建设。统一公交系统设施、标识、换乘及服务，新增公交车120标台，建设改造100个候车亭。加强城市资源对产业区的扩散辐射，尽快实现主城区与临近产业区公共交通、市政、信息网络等基础设施无缝对接。推动江门高新区与蓬江江沙示范园、滨江新区融合发展，建设先进制造业总部集聚区及智慧产业集群区，打造创新型城市先导区，力争纳入珠三角国家自主创新示范区；推进鹤山工业城（共和一鹤城-址山）、银洲湖产业新城等重大产业平台扩能增效。

西部协同发展。以台开快速路建设为核心，推动台开同城，带动台开恩产业协同发展，推动三市在交通一体、产城互动、旅游协调、环境共治、民生共建共享等方面出台具体实施方案。加快S274稔广线台山段、开平段改建工程，推进台恩高速前期工作。谋划西部旅游联盟在线路、资源合作新亮点。联合整治潭江水资源。着力促进台山工业新城、开平翠山湖新区和恩平（米仓-大槐）工业园加快发展。

推进大广海湾经济区建设。完善大广海湾经济区管理体制机制，加快银洲湖先行区产业整合提升。积极创建国家级区域发展合作重大平台。完成集中集约用海规划编制，有效推进“海域使用直通车”试点。积极创建全省“美丽海湾”和海洋生态文明示范区。

（三）深化重点领域改革，提升创新发展驱动力

提升政府行政效能。继续精简行政审批事项，开展县级行政审批标准化试点，全面压减行政审批自由裁量权，全面公布实施“1+3”清单及涉企收费目录清单。完成全市党政机关公务用车和参公事业单位公务用车制度改革。着力推动便民便企措施建立，实现涉企涉民审批与服务便利化，收费就低不就高、办事就简不就繁、服务就近不就远。

纵深推进经济体制改革。加快投资管理体制改革，创新重点领域投融资机制体制，积极探索PPP模式，鼓励社会资本通过特许经营等方式参与城市基础设施投资建设。深化财税体制改革，加快建立健全我市转移支付机制和生态保护补偿机制。继续推进农信社改革和农村普惠金融建设。推进居民用水、用气阶梯价格制度改革。抓好社会信用体系和市场监管体系建设，打造“守信激励、失信惩戒”氛围。继续深化商事制度、国有企业、市属国有林场管理体制等改革。

提升开放合作水平。深化与广佛都市圈的

对接，推动“江佛一家”，抓好珠中江经济圈合作，加强与“一带一路”沿线城市商务交流。推动江港澳深入合作，大力推动国家级江门粤澳中小微企业金融服务创新试验区创建工作。稳定外贸增长，培育外贸综合服务企业，继续推广“三个一”口岸通关模式改革。分工协作加大招商引资力度，积极开展轨道交通装备、重型载重汽车及零部件、电子信息、物流运输设备等产业配套项目招商。

（四）加快重点项目建设，提升产城发展支撑力

以重点项目引领投资。全市安排重点项目283项，年度总投资494.3亿元，其中，交通一体项目59项，产业同兴项目138项，环境共治项目48项，民生共享项目38项。东部三区一市共186项、年度投资311.5亿元，西部台开恩共97项、年度投资182.8亿元。

构建大交通格局。深入开展交通大会战，加快江罗高速、广中江高速、江门大道等高快速公路建设，启动中开、鹤开高速建设，推进佛开高速三堡至水口段扩建前期工作；抓好深茂铁路江门段建设，积极推进深茂铁路江门至深圳段、广佛江珠城际等项目前期工作；加快高新区公共码头、广海湾港区防波堤及进港航道等项目建设进度。

强化保障设施建设。做好能源保障，力争台山核电一期建成投产，省天然气管网二期工程投产运行，加快双水电厂、新会电厂、华电（江沙）等热电联产项目建设，推动一批分布式太阳能光伏项目动工建设。组建全市天然气管网公司，提高全市天然气供应保障能力，完成全市集中供热规划、热电联产规划的编制。提高防灾减灾能力，建设应急备用水源供水设施，完成22宗小型水库及50宗重点山塘除险加固任务，推动潭江干堤综合整治，建设广珠城际重点站场等人防工程。

（五）开展美化城乡行动，提升人文环境吸引力

促进城市面貌文化双提升。巩固“创文”成果。规划建设滨江新区慢行圈，抓好绿道升级和网络延伸。启动金瓯路绿化景观建设。推进江门市植物园规划建设。抓好东部圭峰山、大雁山、龙舟山（婆髻山、席帽山）、白水带及西部石花山、梁金山、鳌峰山（大人山）等公园建设。继续推进四大林业重点生态工程建设，力争完成碳汇林4.11万亩、生态景观林带9公里。继续推动全民植树，全年植树250万株。加快“三旧”改造，建设一批新型产业社区。打造“中国侨都”城市名片，制订和启动全市侨务工作规划及行动方案，推进侨文化发掘整理和华侨历史文化遗迹保护，加快赤坎古镇华侨文化展示旅游项目建设进度。

推进乡村人居环境综合整治。抓好名镇名村、幸福村居建设，新建市名村示范村8个以上。全市累计80%以上的行政村开展村庄整治。完成150公里农村公路建设。积极推进潭江流域（干流、支流）沿线行政村生活污水处理设施建设。抓好农村生活垃圾无害化处理。开展病死畜禽无害化处理长效机制试点。

抓好节能减排和环境保护。推行能效“领跑者”制度。确保完成省下达的“十二五”淘汰落后产能计划。加大水环境综合整治，推行“河长制”。公布全市禽畜禁养限养区，推进农业面源污染治理。加强以PM2.5、工业粉尘、城市扬尘为重点的大气污染防治，加快推动车用油品升级和“黄标车”淘汰。加快推进垃圾处理、污水处理设施及配套管网、大中型燃煤工业锅炉脱硫脱硝等减排工程建设。全市城镇污水处理率达90%，污水处理再生水利用率超过10%。

（六）促进社会事业进步，提升民生民享保障力

抓好十件民生实事。加大民生投入，全市安排民生支出120.7亿元，增长12%。加快政府购买服务步伐，发展壮大社工人才队伍，继续推动社区网格化管理试点，在全市所有村

（居）建立统一的社区公共服务站。

做好就业和社会保障工作。全年城镇新增就业人口4.5万以上，城镇失业人员再就业3万人，应届高校毕业生就业率90%以上，城镇登记失业率控制在3.2%以内。落实低收入群众临时价格补贴与物价上涨联动机制，合理运用价格调控政策，保持物价总水平稳定。完成保障性住房建设和棚户区改造2027套。

保障底线民生。东部城镇低保月人均补差达到384元以上，农村达到186元以上；西部城镇低保月人均补差达到374元以上，农村达到172元以上。五保对象供养标准达到上年度农村居民人均纯收入的65%以上。低保残疾人生活津贴和重度残疾人护理补贴分别提高到1200元/年和1800元/年。精准扶贫，力争年内消灭贫困村，全部村委会集体收入达10万元以上。城乡居民基本养老保险基础养老金标准提高到每人每月100元，城乡居民基本医疗保险财政补助标准提高到每人每年380元。

提升教育文化供给能力。完善教育资源布局，规划新建扩建一批中小学校，扶持优质民资办校。力争全市义务教育阶段学校达到省标准化学校标准，落实异地务工人员随迁子女就学待遇。加快老干部（老年）大学、社区大学和特殊教育学校的改造建设。加强公共文化设施建设，完成文化馆和美术馆改造，启动图书馆改造。完善“10分钟体育健身圈”设施布局，加快江门体育中心和江门演艺中心建设。

改善健康服务水平。推进县级公立医院改革纵深发展，优化整合全市医疗资源配置。完善社区卫生服务体系，年内基本实现农村卫生站全覆盖。鼓励发展优质民营医疗机构。加快银葵医院、新会区养老中心等医疗养老机构建设。启动医疗废物处理中心规划建设。确保完成省下达人口计生任务。做好重大疾病防控工作。

同时，全力做好“十三五”规划编制工作。深化重大问题研究，科学设置指标，加强规划衔接，强化改革创新，高质量编制“十三五”规划纲要和专项规划。

各位代表，做好2015年经济社会发展工作，任务艰巨、意义重大，需要号召全市人民为实现各项目标集智聚力、共同奋斗！

江门市2014年预算执行情况和2015年预算草案的报告

——2015年2月5日在江门市第十四届人民代表大会第五次会议上

江门市财政局局长 汤惠红

各位代表：

受江门市人民政府委托，我向大会报告江门市2014年预算执行情况和2015年预算草案，请予审议。

一、2014年预算执行情况

（一）2014年全市一般公共预算收支执行情况。

据财政快报统计，2014年全市一般公共预算收入完成1770757万元，为代编预算数1761855万元的100.51%，超收8902万元，比2013年收入完成数1579402万元增收191355万元，增长12.12%。

全市一般公共预算支出完成2334447万元，为代编预算数1988874万元的117.38%，比2013年支出完成数2106995万元增加227452万元，增长10.8%。2014年全市一般公共预算收入加上税收返还款和上级补助、结余结转收入、调入资金等，与一般公共预算支出以及上解支出等相抵后，实现收支平衡，略有结余。

全市一般公共预算收支主要特点：

一是财政收入增长平稳。各级次收入增长较为均衡。省、市、县三级一般公共预算收入同比分别增长11.58%、12.07%和12.31%。

二是财政收入结构仍较合理。2014年，全市税收收入完成1326855万元，同比增长9.24%，税收占比为74.93%；非税收入较快增长，非税收入完成443902万元，增幅为21.68%，非税占比为25.07%。我市税收占比在全省21个地级市排第6位，收入质量仍较好。

三是重点支出保障到位。全市教育、医疗、社保、文化、保障性住房等领域的民生类支出增长16.76%。十件民生实事超额完成，2014年全市各级财政拨付省、市十件民生实事资金60亿元，为年度预算106.1%。

（二）2014年市本级一般公共预算收支执行情况。

据财政快报反映，2014年市本级一般公共预算收入完成355258万元，为调整预算数348283万元的102%，超收6975万元，比2013年可比口径增长12.07%。

2014年市本级一般公共预算支出完成427473万元，为调整预算数321364万元的133.02%，比2013年完成数385695万元增支41778万元，增长10.83%。在年度预算执行中，省下达我市地方政府债券转贷资金，以及价格调节基金纳入一般公共预算管理，相应调整2014年市本级一般公共预算收支计划，已按规定报请市人大常委会审批。一般公共预算年度执行超收6975万元安排情况已按规定报告市人大常委会。市本级2014年一般公共预算收支报省批复决算后再向市人大常委会报告。

（三）2014年市本级基金预算收支执行情况。

据财政快报反映，2014年市本级基金预算收入完成488489万元，为年度预算数的135.52%，比2013年完成数389556万元增加98933万元，增长25.4%；2014年市本级基金预算支出完成483832万元，为年度预算数的

134.23%，比2013年完成数378001万元增加105831万元，增长28%。基金预算超收收入安排情况已按规定报告市人大常委会。

（四）2014年市本级国有资本经营预算执行情况。

据国有资本经营预算快报反映，2014年市本级国有资本经营预算收入完成6,154万元，为年度预算5913万元的104.08%。2014年市本级国有资本经营预算支出完成6478万元，为年度预算6913万元的93.71%。

国有资本经营预算上年结余1533万元，2014年收入完成6154万元，支出完成6478万元，年末结余1209万元。

（五）2014年全市社会保险基金预算执行情况。

2014年全市社会保险基金收入1073840万元，完成年度收入预算的112.99%。2014年全市社会保险基金支出1016321万元，完成年度支出预算的119.18%。

2014年全市社会保险基金当期结余57519万元，当期结余加上以前年度结余2014年累计结余1388181万元。

（六）省、市民生实事落实情况。

坚持把办好民生实事作为工作的重中之重，按照省政府和市政府承诺为民办的十件民生实事的部署要求，全市各级财政投入60亿元，全力确保完成了省、市十件民生实事。其中：全市各级财政拨付省十件民生实事资金27.9亿元，为年度预算110.92%；拨付市十件民生实事资金32亿元，完成年度预算的101.85%。

（七）财政管理与改革情况。

2014年，市财政工作突出围绕中心、服务大局，着力提高管理水平，增强保障能力，主要做好以下工作：

1. 积极培植财源，促进经济稳定增长。

一方面，支持转型升级和经济稳定增长，市本级拨付经济发展扶持资金1.1亿元，实施诚信骨干企业绿卡计划、中小企业“政银保”等扶持政策，支持大型骨干企业、企业公共服务平台，稳定进出口增长，扩大消费需求；设立市本级科技金融扶持专项资金，促成科技与金融对接，推动科技型企业创新发展。另一方面，加强收入组织，通过强化涉税信息管理和税收信息资源共享等综合治税措施，提升税收征管水平，做到应收尽收，防止收“过头税”；进一步推进营改增扩围试点工作；落实上级新的减免收费政策，减轻企业负担。

2. 加大民生保障力度，促进社会事业进步。

以推进基本公共服务均等化和省、市十件民生实事为抓手，进一步加大民生投入。一是市本级拨付社会保障和就业资金38228万元，进一步扩大社会保障覆盖面，推动“大民政”工作，支持社会管理创新。二是市本级拨付教育资金45033万元，推进教育“固强创强”工作，支持中小学规范化学校建设，落实中职免学费和助学金补助政策，推动学前教育扩容普及。三是市本级拨付医疗卫生资金23884万元，加强基本公共卫生服务和重大公共卫生服务，落实基层医疗机构经常性收支差补助，进一步提高城乡居民基本医疗保险补助水平至每人每年320元，加强食品安全监管，进一步完善食品安全监管体系。四是市本级拨付文化体育资金5492万元，落实文化场所免费开放保障，抓好重点文化设施建设，保护和利用侨乡文化资源，支持我市“侨批档案”成功入选世界记忆名录。五是市本级拨付农林水资金25479万元，推动城乡统筹发展，落实涉农各项财政补贴政策，改善农村生产生活条件，促进农村稳定发展。六是市本级拨付交通运输资金90553万元，支持优先发展公共交通事业，落实交通运输行业成品油价格补贴，保障公路建设和养护经费。七是市本级拨付公共租赁住房建设资金13261万元，建设市直保障性住房2008套，其中新开工978套，基本建成1030套，切实帮助解决低收入困难群众住房问题。

3. 开展综合改革试点，推进基本公共服务均等化。

根据省政府选取我市作为第二批基本公共服务均等化综合改革试点市的部署，围绕省、市要求，结合江门实际，制定了《江门市全面深化基本公共服务均等化综合改革试点方案（2014—2015年）》。同时，以“东部一体、西部协同、梯度推进、城乡统筹”为原则，以“底线民生”和“底线服务”双落实为基本目标，确定了“全面推进和重点突破相结合”的基本思路和“抓关键式”波次推进的基本路径，通过“清单式”项目管理和工作机制创新等方式方法推进综合改革试点工作。制定了2014—2016年公共服务项目清单，全面推进我市综合改革试点工作。建立完善基本公共服务均等化资金保障机制，制定底线民生的转移支付机制，对东西部分类分档进行补助，提高生态保护地区财力保障水平，缩小城乡基本公共服务差距，促进区域协调发展。

4. 坚持深化改革，改进预算管理。

深入贯彻党的十八届三中全会精神，深化预算管理制度改革，重点推进以下工作：一是落实全口径预算编制，建立健全预算编制征询人大代表意见的机制，进一步改进预算编制管理；深入推进财政资金绩效预算和绩效评价工作，规范建立江门市预算绩效评价专家库，引入第三方专业咨询机构，加大绩效评价结果与预算安排相结合的力度。二是完善财政专项资金管理制度，制定《江门市市级财政专项资金管理办法》，104项市级财政专项资金纳入目录管理，并实施项目库管理，健全专项资金管理体系。三是加强预算执行管理，建立对各市区和预算单位支出考核机制，加大问责力度，切实加快支出进度；激活存量资金，进一步加大结余结转资金清理力度，继续清理压缩结余结转规模，加大统筹力度。四是完善财政体制机制，建立全市统筹发展资金机制，调整完善市区财政管理体制，加大新增财力向区倾斜。五是强化财政监督。深入开展贯彻执行中央八项规定严肃财经纪律和“小金库”专项治理行动，积极做好财政专项资金管理和使用情况的巡查监督和重点抽查、会议费及“三公”经费重点检查的监管。同时，主动接受和配合审计、监察、人大、社会和舆论的监督，中央、省对我市的债务审计、土地审计等专项审计顺利完成，对我市财政管理反馈意见和评价总体情况良好。

5. 规范地方政府性债务管理，防范和化解财政风险。

高度重视政府性债务管理，做好政府性债务规模控制。按照上级部署，完成存量政府债务甄别，做好政府债务分类纳入全口径预算管理基础工作。同时，创新城市建设投融资机制，根据我市区域协调发展战略部署，在政府债务合理规模下，加快广佛江快速干道及配套道路等重大项目的建设。严格按照有关规定，提请市人大常委会研究审议江门大道及配套道路等基础设施建设的议案，经市人大常委会审议批准后，有关债务和还本付息列入各级财政预算。

6. 稳步推进预决算信息公开，打造阳光财政。

一是做好财政预决算信息公开。根据市人大审批的财政预算，落实公开2014年财政总预算，并随同公开“三公”经费预算总额。二是推进部门预决算信息公开，制定印发部门预决信息公开范本，指导各部门按照统一规范要求公开本部门2014年部门预算信息；以及在市人大审议批准2013年财政决算后，各部门按照统一规范公开了本部门2013年部门决算信息和“三公”经费决算信息。三是指导各市、区开展预决算信息公开。目前，各市（区）均已落实财政预决算信息的公开工作，蓬江区、新会区、台山市、开平市和恩平市落实“三公”经费总额的公开工作。

（八）落实市人大预算决议和人大建议有

关情况。

1. 认真研究落实市十四届人大四次会议对预算草案报告的决议和市人大预算委员会的审查意见。

市十四届人大四次会议人大代表在审议预算草案报告的过程中，提出了许多宝贵的审查意见和建议，包括加大对实体经济的支持力度，大力培育财源税源，确保财政收入均衡稳定增长；优化支出结构，保障落实各项改善民生政策支出需要；改进预算编制工作，强化预算约束力，提高预算执行效率；发挥审计监督作用，完善绩效评价机制，加强政府债务管理。对此，市财政部门认真研究，积极采取措施，加强财政科学管理，并在工作中积极落实。一是大力扶持发展实体经济，加强对先进装备制造为核心的实体经济资金支持，转变扶持方式，发挥财政资金引导和杠杆作用。二是着力保障和改善民生，推进基本公共服务均等化。坚持“取之于民，用之于民”，进一步优化财政支出结构，加大民生投入，扎实推进基本公共服务均等化综合试点改革工作，确保人民群众分享改革发展成果。三是改进预算编制工作，继续完善全口径预算编制，提高预算编制完整性。推进项目库建设，扩大部门预算项目库管理改革试点范围，强化预算约束力，提高预算执行效率。四是做好审计查出问题的整改工作，完善绩效评价机制，加大专项资金绩效评价力度，开展第三方评价试点，加强专项资金使用效益跟踪问效。加强政府债务管理，统筹整合资源等多渠道筹集偿债资金，落实债务的资金来源，加大偿债准备金和防范金融风险准备金预算安排力度，加快建立地方政府性债务风险预警机制和偿债准备金机制。

2. 认真研究落实市人大代表意见建议。

2014年，市财政部门共接收会办市十四届人大四次会议代表建议30件。按照市的统一部署要求，市财政部门高度重视，狠抓落实，深入基层一线，走访代表、委员，倾听基层呼声、开展座谈协商，加强交流沟通，共同解决问题和困难，相关建议均已按时办理完毕，并切实提高人大建议的“采纳率”和“落实率”，承担起政府部门对代表委员的承诺，让代表委员满意、让人民群众受益。

2014年，在市委的正确领导下，在市人大的监督支持下，全市各级政府和各部门密切配合、共同努力，预算执行和财政管理工作取得良好成效。但同时也要看到，在财政运行和管理工作中还存在一些问题：一是部分区域财政增收存在困难，个别县市调减人大一般公共预算收入增长目标；二是市与区县（市）的事权与支出责任仍待进一步厘清，东部西部财政体制机制需调整完善；三是财政专项资金使用需更精准、更有效，资源统筹运用有待加强。我们将高度重视这些问题，切实采取有效措施，加以克服和解决。

二、2015年预算草案

（一）2015年预算编制指导思想和总体思路。

2015年是新常态下的财政改革之年，“十二五”规划的收官之年，也是“十三五”规划的谋划之年。我市近年来抓大平台、招大项目，加快基础设施建设，主动承接发达地区产业转移，狠抓园区发展，促进企业转型升级，经济发展的后劲不断增强，为财政增收提供了有利的条件，预计全市和市本级财政收入增长将保持相对稳定。但减收增支压力也较大，结构性减税仍是税改方向，营改增将全面实施，短期内可能给地方财政收入带来较大减收影响；取消、降低行政事业性收费政策，对地方财税收入的影响将继续显现。

编制2015年市本级财政收支预算指导思想是：以邓小平理论、“三个代表”重要思想、科学发展观为指导，全面贯彻党的十八届三中、四中全会、中央经济工作会议、省委十一届四次全会和市委十二届五次全会精神，围绕市委“三边”发展战略和推动“东提西进、同城共融”决策部署，认真贯彻落实新修订的《预算法》和国务院深化财税体制改革的决定，继续实施积极的财政政策，落实稳增长、促改革、调结构、惠民生、防风险各项政策措施，促进经济发展方式转变，依法组织收入，确保收支平衡；坚持民生优先，推进基本公共服务均等化，落实保障和改善民生等各项重点支出；深化财政改革，严肃财经纪律，建立现代财政制度，切实防范财政风险；充分发挥财政职能作用，推动建设制造强市、幸福侨乡。

编制2015年市本级财政收支预算总体思路是：一是大力扶持发展实体经济。围绕落实江门珠西行动纲领和五大行动计划，加强对先进装备制造业为核心的实体经济资金支持。转变扶持方式，发挥财政资金引导和杠杆作用、带动金融资本和社会资金投入。二是推动基本公共服务均等化重点突破。全面推进和重点突破相结合，按照抓关键和“波浪式”推进路径，2015年以实施方案和细则确定的第一波次五个领域作为重点，在公共交通、大民政养老助残和底线民生保障、义务教育、住房保障、精准扶贫等领域取得突破，争取相关指标达到省先进水平。三是提升预算绩效管理水平。加强专项资金管理，加大绩效评价结果与预算安排相结合的力度，强化绩效目标完整性和合理性。四是整合资源统筹运用。通过整合相关扶持资金建立资金池，资金集约使用，推动财政资金投向更精准、更有效，提升财政专项资金投入与产出绩效，加快支出进度。加强资源整合，加强对重大活动和规划经费预算管理，统筹信息化建设资金，各类信息系统平台集约化建设，确保资源合理运用。五是加强政府债务管理和确保重大项目建设。根据上级批准债务限额，把政府债务纳入预算管理，力争发行置换债券和专项债券，确保存量政府债务的风险控制。同时，围绕交通大会战任务目标，做好资金保障，加快推进全市重要交通基础设施建设，推动存量债务项目进行PPP改造；启动城市公园大行动和新一轮环境大整治，做好民生工程的资金保障。六是完善财政体制机制。贯彻落实全面深化财税体制改革的部署要求，全面推进预算管理制度的改革，积极探索东部、西部各级权责支出清单，完善财政体制机制。七是盘活存量资金。落实支出进度与资金安排挂钩机制。同时，落实一般公共预算结余结转资金占一般公共支出的比重只减不增的要求。对于超收和统筹结余资金，除弥补年度预算缺口和必保的刚性增支外，均转入预算稳定调节金。八是落实厉行节约。贯彻落实八项规定，做好财政预决算及“三公”经费公开，“三公”经费和一般性工作经费支出均压减10%。

（二）2015年全市代编一般公共预算。

根据2015年全市国民经济和社会发展计划，2015年全市一般公共预算收入按增长10%安排，预计收入1947833万元。加上转列一般公共预算的政府性基金收入56992万元，全市一般公共预算收入合共为2004825万元。在此基础上，加上省税收返还和上年结余等，减除各项上解款后，预计全市可支配财力为2231844万元。按《预算法》的规定和“量入为出，收支平衡”的原则，2015年全市一般公共预算支出相应安排2231844万元。

（三）2015年市本级一般公共预算草案。

根据我市财政预算总体指导思想，以及市委、市政府确定的经济社会发展总体目标，编制2015年市本级财政收支预算。

1. 2015年一般公共预算收支口径的变化。

根据新修订的《预算法》和上级有关要求以及市与区财政管理体制调整情况，需对2014年收入数进行同口径转换：一是根据《财政部关于完善政府预算体系有关问题的通知》（财预〔2014〕368号），2015年起将政府性基金预算中用于提供基本公共服务以及主要用于人员和机构支出的10项基金转列为一般公共预算收支，继续专项用于相关支出，涉及我市有地方教育费附加、文化事业建设费、残疾人就业保障金、水利建设基金、育林基金、森林植被恢复费、从土地出让收益计提的教育资金和农田水利建设资金等8项基金。二是根据《江门市人民政府关于印发江门市统筹发展资金机制实施方案的通知》（江府〔2014〕4号），市与新会区的税收分成比例从2014年6月1日起调整为20:80，需对2014年前5月的税收收入转换为同口径数据。三是2014年一般公共预算收入超收含一次性因素非税收入6000万元。四是结合“营改增”政策，调整国地税部门电信业“营改增”收入基数。

综合上述因素，市本级2014年一般公共预算收入完成数355258万元，相应的可比口径调整数为372838万元。

2. 市本级一般公共收入预算安排。

按照上述收支口径，2015年市本级一般公共预算按可比口径增长10%安排，收入计划为411722万元。加上转列一般公共预算的8项政府性基金收入15701万元，市本级一般公共预算收入合共为427423万元（按自然口径计算，市本级一般公共预算收入427423万元，比2014年完成数355258万元增加72165万元，增长20.31%）。加上预计省税收返还补助款和上年净结余、全市统筹发展资金、国资收益上缴、调入资金、调入预算稳定调节金等，2015年预计总财力为545986万元。

3. 市本级一般公共支出预算安排。

根据上述收入及财力安排，按照收支平衡的原则，2015年市本级一般公共预算总支出相应安排545986万元。其中：一般公共预算支出378295万元，上级提前下达补助资金支出963万元，转移性支出166728万元（包括上解支出41833万元，对各市、区的一般性转移支付和专项转移支付支出109153万元，全市统筹发展基金安排的底线民生和生态补偿转移支付及相关全市性项目支出等15742万元）。

围绕市委、市政府提出的区域协同、经济蓄势、城市振兴、民生保障、政府提效的总体部署，做好资金保障落实：

（1）加快经济发展，促进产业升级提质。

2015年统筹安排扶持经济发展资金1.91亿元。一是统筹资金安排发展先进（装备）制造业财政专项资金5000万元，打造珠江西岸先进装备制造业带，推动制造大市向制造强市转变。二是整合安排各项经济扶持资金，建立资金池，提高财政资金绩效。按照市政府推进产业发展的部署要求，统筹4000万元安排电子信息产业（LED）发展资金，旅游发展专项资金、扶持企业上市资金、海洋经济发展专项资金、文化产业发展资金等专项资金各1000万元。研究建立市级金融科技产业融合发展基金，对接国家新兴产业创业投资引导基金。三是扶持骨干龙头企业发展，安排诚信骨干企业绿卡计划专项资金500万元，推动我市骨干企业做大做强。四是推动产业转型升级，安排科技发展资金3463万元，支持企业技术改造和创新驱动，统筹安排低碳节能专项资金500万元，促进绿色经济发展。五是加快中小企业培育发展，安排专项资金500万元。六是加快外贸转型升级，安排外贸发展专项资金1300万元。七是安排扶持市区企业外部评级补助资金120万元，推进中小企业信用体系实验区建设。八是推进新能源汽车推广应用，安排新能源汽车应用推广专项资金1183万元。

（2）加大民生投入，推进基本公共服务均等化。

按照我市基本公共服务均等化综合改革试点方案和各专题实施细则，加大投入，全面推进，集中财力，重点突破，逐步提升基本公共服务均等化水平。

一是健全社会保障体系，保障底线民生。2015年安排社会保障投入53209万元（另在基金预算安排市区全征地农民养老保障资金8000万元），按可比口径增长26.6%。大力推进“大民政”工作，整合资源投入“大民政”和底线民生保障，重点围绕提升养老服务和残疾人保障等底线民生水平，构建完善对困难群体、特殊群体和优抚群体的救助制度和优惠政策。其中投入“大民政”资金6897万元，主要包括敬（养）老院和居家养老服务中心建设项目1,049万元，残疾人康复和救助等项目653万元，购买社会工作服务和公益创投项目943万元。加大底线民生保障，按照不低于省调整的新标准，加大对“底线民生”保障力度，主要用于落实省确定的六大类底线民生项目。市本级统筹安排补助各市区“底线民生”资金7,278万元，落实城乡居民基本养老保险提标补助5,128万元，其他底线民生项目安排2,150万元。积极发展社会公益慈善事业，打造侨乡慈善品牌，安排义工服务、扶贫济困和慈善活动等经费217万元；落实优抚安置政策，提高优抚对象和军队退役人员生活水平，安排提高重点优抚对象标准和军队退役人员及失业随军家属生活待遇补助资金1429万元，双拥保障金50万元。落实离退休干部待遇政策，安排市直转制困难企业离休干部困难补助和职级补贴3878万元，提高离退休人员生活水平。落实机关事业单位养老保险制度改革要求，预留改革资金6500万元，推动改革顺利实施。完善公共就业服务体系，安排就业政策补助和就业服务平台专项资金621万元；安排退役士兵职业技能免费培训补助资金275万元，提高退役士兵再就业技能；落实新生代产业工人“圆梦计划”专项经费60万元，提升产业工人就业能力；加强劳动监察，维护劳动者合法权益，安排劳动监察、信访和争议仲裁专项经费120万元。

二是实施精准扶贫，实现扶贫全覆盖、常态化。安排市级精准扶贫与村级公共服务均等化专项资金1300万元（全市各级共统筹安排3300万元）。推进精准脱贫，试行资源激励型财政奖励政策，鼓励农村积极保护基本农田、公益林和水源地等自然资源；力争年内全面消灭贫困村，使全部村委会集体收入达到10万元以上；保障村级社区公共服务站的基本公共服务规范化运作，落实103项基本公共服务项目。推进精准扶贫，统筹扶助城乡贫困户贫困人，全市城镇低保标准由500元统一提高550元；东部三区一市农村低保标准统一提高到550元/月。西部台开恩农村低保统一标准提高到420元/月。继续做好扶贫开发工作，安排上缴市级扶贫基金1500万元（全市扶贫基金统筹安排4472万元），以及安排市直单位“双到”帮扶工作经费120万元，全面完成扶贫开发“双到”工作任务。

三是保障教育优先，加快教育改革发展。2015年安排教育投入51304万元，按可比口径增长15.5%。结合基本公共服务均等化要求，推进均等化教育关键领域支持教育改革发展。促进教育资源均衡配置，安排“三通两平台”建设200万元，落实教师继续教育专项200万元、高考奖200万元；完善教育布局规划，结合市区教育资源布局调整预留资金约5000万元；支持幼教事业发展，安排学前教育专项补助600万元；保障义务教育发展，安排市直城乡免费义务教育补助960万元；促进我市特殊教育事业发展，安排启智学校的建设补助1370万元；加大高中教育投入，结合取消择校费，加大对江门一中等高中学校还贷、建设及设备补助1651万元；发展中职教育，落实市直中等职业学校免学费和助学金补助9187万元；鼓励扶持优质民办教育，按《江门市人民政府办公室转发市教育局关于促进民办教育发展实施意见的通知》（江府办〔2014〕号48号）落实统筹民办教育发展专项资金500万元；支持我市教育创先，结合我市教育现代化先进市申报验收工作，落实教育争先专项资金300万元；巩固提升高等教育发展水平，安排五邑大学经费11067万元，同时调整经费增长拨款方式，促进高校与本地基础教育和文化发展的结合；支持江门职院创建省级示范性高等职业院校，安排专项经费2858万元；支持老干部（老年）大学、社区大学改造建设，安排老干部大学场地补助、江门社区大学成立等专项经费435万元；贯彻执行内地民族班教育管理有关政策，落实内地民族班教职工单列核增津贴600万元。

四是健康惠民，深化医疗卫生改革。不断提高城乡居民医疗卫生服务水平，2015年安排医疗卫生投入38423万元，按可比口径增长17.25%。落实城乡居民基本医疗保险待遇，按基本公共服务均等化城乡一体的要求，落实城乡居民基本医疗保险给予统一标准补助安排资金6603万元。落实基本公共卫生服务经费，2015年人均标准由35元提高到40元市本级安排资金4189万元；落实新医改政策安排2280万元，用于落实基层医疗卫生机构经常性收支补偿1600万元，重大公共卫生服务经费480万元，推进县级公立医院综合改革试点补助经费200万元；推动公立医院和公共卫生单位建设，投入1587万元，为市民群众提供更优质的医疗服务。安排农村已离岗接生员和赤脚医生生活困难补助303万元，保障基层医疗环境稳定。推进全市行政村卫生站全覆盖，落实农村卫生站建设经费650万元。加强食品、药品安全监管和检测能力建设，安排食品、药品、化妆品、餐饮等监管专项经费827万元，医疗器械质量监督检测中心建设经费100万元，保障食品、药品安全。提高人口素质，安排农村计划生育家庭奖励资金438万元，农村计划生育家庭实行节育奖励784万元；落实免费孕前优生健康检查、计划生育家庭特别扶助、出生缺陷干预工程等专项资金531万元，提高人口素质，促进人口长期均衡发展。

五是以文化人，推进公共文化体育服务均等化。2015年公共文化投入6059万元（另在基金预算安排1473万元），按可比口径增长11%。打造“中国侨都”城市名片，统筹安排相关活动经费450万元；加强对华侨建筑历史文化街区和文物的保护，安排历史文化街区保护、甘化厂工业遗产保护、文物征集等专项经费254万元；推进我市海上丝绸之路史迹点申遗，安排专项经费100万元。加快推进“四馆”整合提升，统筹资金文化馆和美术馆改造；安排新工人文化宫建设资金800万元；保障公共文化设施免费开放，图书馆、博物馆、文化馆、美术馆“四馆”运作经费1522万元。提升公共文化服务水平，整合安排促进公共文化发展资金300万元，转变财政资金使用方式，以向社会文化团体购买服务项目方式提供服务，使文化活动更贴近群众、走入基层；安排2131工程（农村放电影）、农村公共文化基础设施建设补助资金311万元，加强农村公共文化服务供给。安排“四个一”文体惠民工程引导性资金110万元，丰富群众性文体生活。完善“创文”长效机制，安排“讲文明 树新风”公益宣传、公民道德素质提升行动经费、未成年人思想道德建设工作系列活动等创文资金379万元。支持文化产业发展，统筹安排文化产业发展专项资金1000万元，扶持我市鼓励优先发展的、有竞争优势的文化产业项目。促进体育事业发展，统筹安排广东省第十四届运动会经费382万元，体育运动学校专项资金323万元，支持体育事业发展；统筹安排全民健身系列活动经费511万元，行政村和社区体育健身工程建设经费185万元，元宝山体育公园经费157万元，市直学校教育资源（体育设施）免费开放维护费30万元，丰富群众体育活动；安排市各项青少年锦标赛、冠军赛、市中小学学生各项比赛、校园足球活动经费260万元，增强青少年体育素质。

六是加大公共交通投入。2015年安排交通运输支出38202万元，推进交通一体化建设。坚持公交优先，安排市区公交发展专项资金3648万元（另三区安排2430万元，合计6078万元），支持优先发展公共交通事业，更新购置公交车，加强公交站场建设，加强公共交通设施建设，方便群众出行。同时，按东部交通一体，将鹤山市公交发展纳入三区一市公交体系，并建立完善相关资金统筹机制，推进东部公交互联互通。启动交通大会战，统筹资金加快江门大道建设，启动全市综合交通规划，推进“三区一市”公交一体化。抓好市区道路、出入口以及重要地段、重点路口的改造升级，改善道路循环，缓解交通拥堵问题。落实国家成品油价格和税费改革政策，安排省返还替代性资金31176万元，专项用于公路建设和养护，进一步改善城乡交通基础设施。

（3）加大“三农”投入力度，推动农业大市向农业强市发展。

2015年安排农林水事务投入21444万元，按可比口径增长12%。加快发展政策性农业保险，安排农业“政银保”项目财政补助资金650万元，扶持资金累计规模达到1500万元；落实上级有关政策性配套资金，统筹安排农村土地承包经营权确权登记颁证专项631万元、政策性农业保险保费补贴市级配套资金756万元、休渔（禁渔）期渔民生活市级补助资金160万元；加强我市农产品流通体系建设，统筹安排农产品产销对接流通体系建设专项资金300万元。落实最急需农村危房改造工作，安排最急需改造的农村危房改造专项资金273万元。构建粮食安全保障体系，安排粮食风险基金2121万元。保障森林防火安全，安排森林保险保费市级财政补贴179万元以及统筹安排中心城区森林消防队伍建设及运行专项资金792万元；加强水利基础设施建设，安排相关水利项目和堤围管护资金8180万元。

（4）加大生态环保力度，启动新一轮环境大整治。

2015年安排生态建设、环境保护和城市绿化美化投入9626万元，建设宜居城乡。加强水源地保护，统筹安排商品林调整为生态公益林项目资金2131万元，实施生态保护补偿；加大对潭江水资源的保护力度，安排专项资金696万元（连同各市区上缴的潭江水资源保护专项资金2831万元，共统筹安排3527万元）；实行最严格水资源管理制度，安排水资源及其开发利用调查评价与专项研究、水功能区达标率考核监测项目等专项资金250万元。开展新一轮绿化大行动，安排市级奖补专项资金915万元，市属国有林场生态公益林效益补偿补助资金94万元。继续开展“森林围城，树林进城”，安排东湖公园管理所设施维修和绿化养护费等685万元；提升城市园林绿化整体水平，安排江门市城市园林绿化规划专项经费371万元,我为城市添新绿活动专项经费10万元；改善城乡人居环境，落实江门市城乡生活垃圾治理以奖代补专项资金326万元，安排宜居城乡建设专项资金150万元和村庄规划整治60万元。推进污染治理和水质、空气、土壤保护，安排环保治污工程专项资金2000万元，落实淘汰黄标车、锅炉改造财政补贴资金，支持节能减排，改善城市环境质量。

（5）加强安全生产监管，保障安全生产投入。

2015年安排安全生产专项资金投入2588万元（另在基金预算安排900万元，共3488万元），增长19.7%。主要包括：安排市安监局安全生产专项资金646万元，用于安全生产宣传和培训、标准化推广、安全生产执法办案专项；安排消防安全专项资金950万元，用于区域战勤保障中心建设经费、清剿火患专项整治活动、公共场所消防专项整治、火灾事故调查等；安排其他安全生产专项资金992万元，用于海上搜救、农林水等行业安全生产及监管等方面。

（6）推动社会管理创新，扩大政府购买服务规模。

2015年，继续扩大政府购买服务规模，建立健全政府购买服务制度体系，继续探索引入竞争性方式安排财政资金。鼓励、扶持民间资本进入公共服务领域。2015年拟对社会公开的政府购买服务项目共120项，比上年对社会公开的100项增长20%，安排资金额约5759万元，比上年的4602万元增长约25.1%。通过开放市场，整合资源，用有限的政府资源撬动社会资源。加强社会组织的培育发展，推进社工人才培养，不断提高政府购买社会服务工作绩效。

（7）加强政府自身建设，提高公共服务管理水平。

2015年安排公共服务管理投入155811万元。加大公共安全投入，安排国防、公检法等公共安全经费支出65251万元，加强公安政法队伍建设，深化“平安江门”创建活动，加强社会治安综合治理，维护社会安定；安排信访相关经费233万元，促进社会和谐稳定。加强市场质量监管，安排市场监管、质量抽样检验、商标品牌战略等专项资金396万元，实施技术战略专项资金100万元，提高质量技术监督和检验检疫水平。启动新一轮规划修编，落实三区一市发展战略及有关规划、“十三五”规划、智慧城市规划、台开恩国家级全域旅游示范区研究等各项规划经费1594万元，以规划引领产城振兴。深化事业单位改革，安排事业单位改革资金2500万元，加快转变政府职能。加快推进国有林场改革，统筹安排市属国有林场分类改革资金3000万元。保障政权运转，安排市直党政机关运转必需经费支出84737万元，履行公共服务职能，提升政府执行力。其中市本级行政事业单位“三公”经费6305万元，比上年减少855万元，下降12%。具体是因公出国（境）支出559万元、公务用车购置及运行维护支出4124万元、公务接待费支出1622万元。

（8）建立健全公共应急体系，维护社会稳定。

围绕江门市应急处置综合能力建设规划，进一步提高有效应对处置各类较大以上突发事件的能力，2015年市本级安排应急和预备资金8054万元，包括安排公共卫生应急资金150万元，环保突发事件应急经费35万元，维稳经费150万元，重大事项和改革调节金3000万元等，以及按规定安排总预备费4042万元。同时，根据我市债务情况和财力实际，2015年安排防范化解金融风险准备金1527万元。

（四）2015年市本级基金收支预算草案。

2015年度纳入市本级基金预算收入的项目共12项，分别是国有土地使用权出让收入、国有土地收益基金收入、农业土地开发资金收入、城市基础设施配套费收入、城市公用事业附加收入、散装水泥专项资金收入、新型墙体材料专项基金收入、彩票公益金收入、政府住房基金收入、港口建设费收入、无线电频率占用费收入、福利彩票发行费。

1. 2015年度市本级基金预算收入计划。

市本级2015年度基金预算收入计划405173万元，按可比口径计算，比2014年预算数340,046万元增加65,127万元，增长19.15%；比2014年完成数472406万元减少67233万元，下降14.23%。

2. 2015年度市本级基金预算支出计划。

按照上级有关规定，基金收入具有专款专用性质。因此，2015年度基金预算收入405173万元，拟全部安排支出，按可比口径，比2014年预算数340046万元增加65127万元，增长19.15%，比2014年完成数470756万元减少65583万元，下降13.93%。

3. 关于市本级2015年度基金预算支出安排情况。

（1）城建借款还本付息资金安排情况。

2015年存量债务还本付息资金需求17.6亿元，财政部门统筹资金确保落实安排，其中基金预算安排7.8亿元，其余9.8亿元通过统筹调度资金和其他渠道落实解决。

（2）重点城建项目支出安排情况。

重点项目方面，按照市交通大会战的部署，2015年重点交通基础设施建设主要围绕江门大道及其配套道路、铁路和高速公路等基础设施建设项目开展。据统计，我市重点交通项目的总投资为699亿元，其中2015年投资额约为60亿元，主要包括江门大道北线工程7.6亿元，江门大道五洞至西环路隧道辅道和西环路隧道至五邑路段主辅道工程7.4亿元，江罗高速江门段14.5亿元，深茂铁路江门段5亿元，广中江高速江门段9亿元。

城市道路和市政园林项目方面，共统筹资金安排11.24亿元，其中融资安排9.46亿元，财政安排资金1.78亿元（土地出让收入1.2亿元，城市基础设施配套费安排0.4亿元，另外在城市基础设施配套费历年结余安排0.18亿元）。根据轻重缓急排序，一是结合高速公路出入口的城市主干道，通过融资安排杜阮北一路、迎宾西路，连海路、南山路等市区主干道建设资金9.46亿元；二是市区沥青路改造和大街小巷修整等安排6248万元，包括市区道路沥青改造3000万元，市区道路维修改造2000万元，金瓯路（江门水道—港澳码头）改造工程348万元，连海北路（江海五路—中华大道）600万元，江海区健乐路新建工程300万元；三是对人大代表和社会各界关切的关系群众出行和创文工作的项目安排4912万元，包括市区公园建设和绿化专项1200万元，市区道路微循环工程500万元、东风大道（双龙大道—育德街）项目1000万元，永盛路改造1000万元，双龙大道与建设路交叉口（水浸黑点）排水改造项目712万元，市区人行天桥建设500万元；四是解决上年由于资金缺口结转至2015年安排的项目3267万元，包括育德街（星河路—胜利北路）1482万元、南环路工程1085万元、胜利大桥500万元、丰乐山公园200万元；五是安排其他维护和市政配套项目2358万元，包括城市地下管线普查（二期）项目500万元、滨江绿道提升改造工程1858万元；六是安排以前年度完工项目东华大桥1000万元。

（3）市区公共租赁住房等保障性住房资金安排情况。

2015年度市区保障性住房支出需求8787万元，主要包括：江海区河南下沙保障性住房建设（一期）100万元，胜利新村房屋解危改造项目2100万元，里村大道西侧公共租赁住房建设项目4027万元，福泽园公共租赁住房装修405万元，回购福泽园一套军转房作为公共租赁住房24.8万元，支付礼乐街道办事处新丰股份合作经济社地块用作保障性住房建设的征地款1640万元，低收入住房困难家庭租赁住房补贴资金支出16.7万元。

对于2015年度保障性住房建设资金需求，主要来源渠道包括：一是2015年度市本级基金预算安排5696万元，其中公积金增值收益中5438万元，公租房租金258万元；二是通过以前年度保障性住房结余资金结余3435万元；三是财政专户公积金增值收益安排55.57万元。上述保障性住房建设可用资金9187万元，除了保障市区保障性住房2015年支出需求8787万元外，还有预留机动资金400万元。

（4）全征地农民养老保险资金安排情况。

根据《江门市人民政府办公室印发关于进一步完善我市完全被征土地农民基本养老保障工作的意见的通知》（江府办〔2013〕64号）要求，落实全征地农民养老保险政策。结合2015年工作推进情况以及2015年的资金测算，从土地出让收入中安排8000万元，保障全征地农民养老保险的资金需求。

（五）2015年市本级国有资本经营预算草案。

2015年国有资本经营预算收入为3396012万元，其中:利润收入为2121512万元，占总收入的62.47%；股利、股息收入为178万元，占总收入的0.52%；转让国有资产及股权收入为12537万元，占总收入的36.92%；其他国有资本经营预算收入为30万元，占总收入的0.09%；加上上年结余1209万元，收入总计为3516912万元。2015年国有资本经营预算支出337359万元。2015年国有资本经营预算结余143322万元。

（六）2015年全市社会保险基金预算草案。

2015年全市社会保险基金预算汇编收入1118237万元，其中：企业职工基本养老保险基金收入567442万元，失业保险基金收入34037万元，城镇职工基本医疗保险基金收入258906万元，工伤保险基金收入13429万元，生育保险基金收入7723万元，城乡居民基本养老保险基金收入102380万元和城乡居民基本医疗保险基金收入134320万元。2015年全市社会保险基金预算汇编支出1110273万元。2015年全市社会保险基金预算汇编当期结余7964万元，当期结余加上以前年度结余累计结余1375554万元。

（七）2015年市本级部门预算草案。

按照编制部门预算的原则和方法，2015年市本级部门预算由90个部门组成，列入部门预算的支出总计为800941万元，其中基本支出288713万元，项目支出494346万元，事业单位经营支出6087万元，对附属单位补助支出、上缴上级支出和结转下年支出11795万元。同时，为保障党政机关正常运作，参照上一年同期的预算支出情况，1月份已拨付部门基本支出、项目支出和上年结转支出等。

各部门的部门预算草案，已一并提交本次会议审议。

（八）关于市人大预算审查意见和建议的修改落实情况。

根据《江门市本级预算决算审查监督工作流程》要求，市财政部门积极配合市人大财经工委组织对2015年预算进行审查，在预算编制过程中，将市本级2015年预算草案报告和市本级各部门的部门预算同步提供给市人大代表和专家咨询组审阅，配合做好集中审查预算工作，并按要求向市人大预算委员会进行汇报，充分沟通和听取人大和专家咨询组的审查意见和建议，组织认真研究，积极采纳相关意见进行修改，做好跟进落实和反馈工作。

1. 加强预算管理方面的意见和建议落实情况。

一是完善预算编制。与市委市政府重点工作相衔接，抓好财政报告的修改完善；会同国资部门、人社部门组织修改完善国有资本金预算和社保基金预算。制定完善相关管理办法，加强财政基础性标准体系建设完善财政标准化管理。

二是加强政府性债务管理，防范债务风险，逐步建立“借、用、还”相统一的地方政府性债务管理机制，统筹整合资源等多渠道筹集偿债资金，落实债务的资金来源，全面推动政府投资项目PPP模式，减轻政府债务压力。

三是提升预算绩效管理。2015年预算要求市级财政专项资金均须申报项目支出绩效目标，进行绩效评审，积极探索预算绩效评价第三方机构选取方式，规范建立江门市预算绩效评价专家库，组建预算绩效评价地方专家库，提升绩效评价工作质量，并加大绩效评价结果与预算安排相结合的力度，强化绩效目标完整性和合理性，加强绩效跟踪结果应用。

四是加强资源整合统筹运用。为促进提高资金的使用效益，对扶持经济资金建立“资金池”，在预算执行中根据相关专项资金分配使用情况和支出进度拨付，并进行总额控制和竞争性分配。加强对重大活动和规划经费预算管理，要求重大活动专项经费应列入年度预算安排，并严格按照预算执行。年中除上级临时安排或经市委、市政府研究决定的大型会议和重要活动外，原则上不予追加。同类规划经费要归并管理，集中资源保障区域统筹发展的重大战略规划编制。

五是建立支出责任考核机制，切实加快支出进度。落实支出进度与资金安排挂钩机制，对10月份底执行率达不到80%的项目，在编制2015度预算时，项目预算金额不得超过上年总额80%。同时，建立预算执行考核问责机制，自2015年起市本级将建立预算支出通报制度，定期通报各市（区）、市直各部门支出情况，并与资金安排挂钩。

2. 调整修改相关项目资金安排情况。

一是调整信息化资金安排方式。针对信息数据资源分割，重复建设问题，对信息化建设专项资金在预算安排总规模，整合现有信息化建设资金，按照市政府研究确定的方向和项目，结合江门市电子政务云计算中心的软硬件基础，进行集约化建设。

二是统筹安排规划经费。指定职能部门对规划编制进行统筹协调，特别是“十三五”规划经费，原则上各部门不单独安排“十三五”规划经费，统筹由职能部门牵头，建立规范的规划体系；同时，抓好各类总规、重要区域规划、综合交通、产业布局、公共服务等规划编制，以规划引领产城振兴，重点保障三区一市融合发展相关规划经费。

三是保障有关民生项目支出经费。落实安排“菜篮子”200万元，推动“菜篮子”产品生产基地建设；统筹安排精准扶贫与村级公共服务均等化专项资金3300万元;加大对有关高中学校资金保障，增加安排学校设施修缮经费100万元等。

三、深化改革，开拓创新，努力完成全年预算任务

2015年，全市各级财政部门将按照市委、市政府的部署，围绕上述预算安排，立足更好地发挥财政职能作用，切实做好以下工作：

（一）贯彻落实新预算法，加快法治财政建设。

贯彻落实党的十八届三中、四中全会精神，增强依法行政依法理财的责任感，以实施新修订的《预算法》为突破口，扎实推进法治财政建设。一是组织开展学习贯彻新预算法的活动，增强各级政府和财政部门依法行政、依法理财观念，以新修订的《预算法》的各项规定作为从事预算管理活动的基本依据，推动各项预算管理工作在法治轨道运行。二是对照新预算法和中央、省财税体制改革总体部署和方案的要求，做好新预算法实施和深化财税改革的协调推进工作，完善我市财政管理制度，以制度引领改革，以改革完善制度。

（二）依法组织财政收入，保障财政平稳运行。

充分认识经济发展新常态，遵循收入预期性原则，做好组织财政收入工作。一是加强财税监测分析，运用大数据战略实施成果，探索数理分析和模型预测应用，提升复杂经济形势下预算执行分析水平，提高分析预测的、前瞻性、准确性。二是适应收入预算从约束性转向预期性的新要求，推进综合治税平台建设，建立财政部门和税务等执收部门信息互通机制，加强对组织收入的监督检查，督促执收部门依法、及时、足额征收，确保财政收入应收尽收。三是抓好清理规范税收等优惠政策有关工作。按照上级有关要求，分类规范税收等优惠政策，加快构建税收等优惠政策管理长效机制，完善配套政策，健全工作机制。全面清理规范各类财税优惠政策，更好地发挥市场在资源配置中的决定性作用。四是严格控制一般性支出，认真贯彻落实八项规定，厉行节约，反对浪费，控制和压减各类会议、节庆活动支出，进一步规范和加强“三公”经费管理，停止新建楼堂馆所建设和超标准装修办公用房经费安排，重点保障民生和各项重点支出，提高财政资金使用效益。五是强化预算约束力，严格按照新预算法的要求，与提高预算编制精准度相适应，明确各部门支出必须以经批准的预算为依据，未列入预算不得支出。减少预算追加，落实支出进度与资金安排挂钩机制；对超收收入和统筹结余资金，原则上用于补充预算稳定调节金，并结合下一年度预算调入作为财力统筹安排。

（三）集中财力支持制造强市，推动经济蓄势发展。

创新财政支持方式，综合运用财税政策，发挥市场在资源配置的决定性作用，着力推动制造大市向制造强市转变，促进经济。一是以发展先进（装备）制造业为主抓手，全面落实江门珠西行动工作纲要及五大行动计划，加强对先进装备制造为核心的实体经济资金支持，做大做强装备产业集群。二是加快建设产业发展大平台，推进核心园区建设，加大财政对一区六园扩能增效扶持力度，支持园区产业招商、基础设施建设、公共服务平台建设；引入产业基金融资方式，加大对先进装备制造业发展及企业技术改造扶持力度；同时，推广“政银保”方式支持入园的先进装备制造企业融资贷款，缓解企业融资难问题。三是推进财政投融资制度改革，构建政府公共资源向各类投资主体公平配置机制，探索开展重点基础设施建设项目政府和社会资本合作（PPP）融资模式试点。四是继续抓好诚信绿卡计划实施，并加强资金整合，集约使用，发挥财政资金引导作用，做大做强大型骨干企业。转变资金支持方式，实行普惠性扶持政策，加快民营和中小企业培育发展，支持优势传统企业转型升级。

（四）坚持民生优先，推进基本公共服务均等化。

2015年是推进基本公共服务均等化的攻坚之年。按照“东部一体、西部协同、梯度推进、城乡统筹”的思路，全面推进和重点突破相结合，通过采用“抓关键式”路径，实现重点突破，波浪式地推进。一是抓住重点。2015年对十个公共服务专题的项目预算资金超过10亿元。其中，优先安排第一波次五个重点突破的五个领域，包括公共交通、大民政和底线保障、义务教育、住房保障、精准扶贫等五个领域共安排6亿元，并集中精力、倾斜财力，争取在相关指标达到省先进水平。二是突出优先确保“底线民生”和“底线服务”，落实保障群众享受基本公共服务权力及保障群众基本生活的目标。以村（居）建立统一的社区公共服务站为抓手，做好底线服务，提高基层组织公共服务水平，实现社区公共服务站“一个平台全覆盖”；确保省确定的六大类底线民生保障项目为重点，落实底线民生项目资金安排，守住底线。三是建立均等化投入稳定增长机制，各市、区编制预算时要结合基本公共服务均等化的支出需求，加大投入，确保基本公共服务支出增长高于一般公共预算收入增长，逐步提高基本公共服务支出所占比重；市本级结合全市统筹资金机制，完善底线均等转移支付机制，建立完善生态保护考核和激励机制，均衡区域财力水平，增强全市基本公共服务薄弱环节和提高底线保障水平，促进区域协调发展。四是创新工作机制，财政资金投向以提供公共服务数量为导向，从“补砖头”转向“补人头”，并引导社会资金参与基本公共服务供给。同时，通过借助信息化手段和资源整合共享等方法，用好用活现有资源，加速推进各专题领域各项指标任务落实。

（五）全面推进财政改革，加快建立现代财政制度。

认真贯彻落实中央、省深化财税体制改革的部署要求，切实推进各项改革工作落实。一是继续改进预算编制管理，完善全口径预算编制，加大政府预算体系统筹力度，按规定落实政府性基金预算、国有资本经营预算调入一般公共预算，促进政府预算体系之间的统筹衔接。细化预算编制。市本级总预算和部门预算全部细化到支出功能分类的项级科目。二是改进预算控制方式，研究建立跨年度预算平衡机制，探索开展实施中期财政规划和三年滚动预算试点。三是加快项目库建设，规范项目库管理，扩大部门预算项目库管理改革试点范围。加强专项资金管理，全面规范设立和制定完善专项资金管理办法，纳入目录的每个专项资金都必须制定相应的专项资金管理办法。四是加快体制机制创新，按照“东提西进、同城共融”思路，加强规划引领，分东西两大板块系统谋划全市空间发展，发挥财政体制机制作用，统筹整合资源，推动区域协调联动发展。进一步完善事权与支出责任相适应的财政体制，明确各级政府事权和支出责任，加大简政放权。五是深入推进财政预决算信息和“三公”经费信息公开工作。按照新预算法关于预算公开的内容和时限要求，全面推进预算信息公开。除涉密信息外，所有使用财政资金的部门必须公开本部门预决算。加强督促检查，督促各地、各部门结合工作实际，切实按照要求和程序公开预决算信息，进一步提高预算透明度。六是加强政府性债务管理，建立健全地方政府性债务风险预警机制和偿债准备金制度。

各位代表，新的一年，我们将认真落实市委十二届五次全会精神，在市委的正确领导下，在市人大的监督指导下，继续拿出拼搏攻坚、狠抓落实的劲头，积极作为，抓好财政工作目标和任务落实，为建设幸福侨乡作出新的贡献。

江门之最

江门年鉴

2015

JIANGMEN YEARBOOK

2014年江门之最

【国家柑橘栽培综合标准示范区】 1月，由江门市新会区质监局组织申报，江门市诺诚农业发展有限公司承担建设的新会区首个国家级农业标准化示范区——“国家柑橘栽培综合标准化示范区”项目通过了专家评审，并正式获国家标准化管理委员会批准立项。

【元宝山体育公园启用】 2014年1月28日，元宝山体育公园二、三期工程圆满完工，并正式对外开放，标志着元宝山体育公园成为集户外健身、绿色生态、休闲娱乐于一体的综合性体育活动中心。该公园不仅是市中心第一个综合型大众化的体育场地，更是全省高标准篮球场数量最多的体育公园之一。元宝山体育公园一期工程建设有15个标准篮球场、1个儿童篮球场、3个五人足球场，还有户外乒乓球台、500米的环跑道、单车径、健步径等体育设施，已于2013年2月1日向广大市民开放。二、三期工程设有滨水活动区、休闲活动区、沙滩戏水活动区、儿童游乐活动区和登山活动区。

【江门首个“国家地震安全示范社区”】 2月，江门市江海区外海街道银泉社区被中国地震局授予“国家地震安全示范社区”称号，成为江门地区首个“国家级”的地震安全示范社区。该社区已被认定为广东省地震安全示范社区。

【广东省首个地级市农业“政银保”项目合作银行】 2014年2月13日，江门融和农商银行与江门市农业局、人保财险江门分公司共同签署江门市市农业“政银保”合作协议，成为广东省首个地级市农业“政银保”项目合作银行。在两年试点期内，江门市财政每年投入1000万元作为扶持专项基金，江门融和农商银行按照1:10的比例安排1亿元贷款规范，支持本地农业经营主体。至年末，江门融和农商银行向24家农业经营主体发放农业“政银保”贷款9550万元，间接帮扶农户16000余户。

【市首个省级反腐倡廉教育基地】 3月11日，2014年江门市反腐倡廉宣传教育工作会议在开平市召开，并在江门市首个省级反腐倡廉教育基地——开平市荻海风采堂举行揭牌仪式。

【区获广东省首个“传统龙舟特色区”称号】 2014年5月30日，大泽镇第十届龙舟锦标赛暨“广东省传统龙舟特色区”授牌仪式在大泽镇牛勒村举行。仪式上，新会区获广东省龙舟协会授予“广东省传统龙舟特色区”称号，成为广东省首个获此称号的地区。新会区有着悠久的龙舟竞渡历史，截至2013年，已成功连续举办十二届“万胜杯”龙舟赛，吸引了各地龙舟好手前来参加；2012年，在圭峰山绿护桃源景区举行龙舟赛，圆了新会人“圭峰山顶扒龙舟”的夙愿。

【举办区第七届葵乡文化艺术节】 2014年4—10月，新会区举办第七届葵乡文化艺术节。此次活动以“美丽中国梦，幸福新葵乡”为主题，由文艺会演暨授荣仪式、艺术展览、文艺作品汇编、产业博览、群众活动周等五大板块组成。9月25日，成功举办新会第七届葵乡文化艺术节文艺演出暨授荣仪式。仪式上，中国楹联学会向新会区颁发“中国楹联文化之乡”牌匾，新会成为全省第三个获此殊荣的市（区）；马观适、霍宗杰，新会陈皮村市场有限公司等11个个人和单位获授“新会文化金葵奖”。艺术节活动期间，举办了艺术展览、创作培训、产业博览、研讨会、舞蹈大赛等110场，编印、出版《冈州情韵》散文集、《艺海扬帆》书法美术摄影精品集，发行首张原创音乐CD专辑《葵乡放歌》，此次活动参与群众近10万人，为历届之最。

【江门高新区公共码头项目正式动工建设】 9月19日，江门高新区公共码头项目在西江石油油库码头平台正式动工建设。公共码头位于高新区9、18号地，总投资25亿元，初步规划为公共码头和物流园区两大部分。其中公共码头占地943亩，拟建11个3000吨多用途泊位，预留5000吨多用途泊位，岸线总长1332米，设计年通过能力为集装箱67.3万标准箱。首期项目用地面积600亩，岸线700米，拟建6个泊位。首期项目将于2016年年底前建成，全部建成后将成为江门地区最大的内河港码头。

【首次举行大型彩跑活动】 2014年10月18日下午，五邑华侨广场热闹非凡，江门首次大型彩色跑活动吸引了约4000人参与。参赛者有的头戴夸张的假发，有人全身涂抹上了缤纷的色彩，吸引了不少人驻足围观。

【首届古典家具木工技能大赛】 2014年11月29日，江门市首届古典家具木工技能大赛总决赛落下帷幕。整个技能大赛聚集了来自新会和台山两地的18支队伍和54名能工巧匠，总共经历了三场预赛和一场总决赛。其中家顺明清古典家具夺得总冠军（金钻奖），俊辉红木和御锦轩古典家具获得金奖，臻珑阁古典家具荣获最佳创意奖，文廷轩古典家具喜得最佳工艺奖。

大事记

江门年鉴 2015

JIANGMEN YEARBOOK

2014年江门大事记

1 月

1 日　2014年伊始，省住建厅下发文件，台山获得“省园林城市”称号，为创园工作画上圆满的句号。

3 日　《江门市城乡居民大病保险实施方案（试行）》和《江门市职工基本医疗保险大病保险（补充医疗保险）实施方案（试行）》（以下简称“大病保险方案”）正式发文，从2014年1月1日起，江门市大病保险方案正式实施。按照方案，城乡医保年度累计最高支付限额达30万元，职工医保的最高支付限额由原来的范围内费用30万元提高至60万元。

10 日　总面积为16000平方米的缤果动漫集团总部大楼启用，同时还举行了哦吼街电子商务平台启动仪式及中央电视台大风车艺术团落户仪式。缤果动漫集团有限公司董事长孔祥林表示，要将哦吼街电子商务平台打造成为中国最大的动漫产品电子平台。

11 日　由中国关心下一代工作委员会、中国社会福利基金会和中国互联网新闻中心等单位联合主办，中国网《时尚中国》承办的“2013首届中国国际文化艺术与城市发展论坛”在北京举行。活动评出“文明工程——2013中国城市文明新形象奖”“文明工程——2013中国影响生活方式的行业品牌”“文明工程——2013中国文化艺术特别贡献奖”等，新富源集团广东省开平市杰奥斯投资发展有限公司申报的“开平碉楼小镇”项目荣获“文明工程——2013中国文化艺术特别贡献奖”。

台湾工商界代表胡莉莉女士一行7人到江门市考察投资环境，就建设光博汇台湾馆、投资新会新马单生态园等项目 进行意向性实地考察，并分别与光博汇、新马单农业发展公司达成初步的合作意向。副市长易中强等出席相关活动。

13 日　省考核组一行对江门市“两建”工作进行为期一天半的实地考核。在2013年度“两建”工作检查汇报会上，市委常委、常务副市长黄悦胜向省考核组汇报了2013年度江门市“两建”工作。

20 日　从市农业局获悉，全国评出145个单位为首批农业部农产品质量安全风险评估试验站，广东省共有7个单位获得此项资质，江门市农产品质量监督检验测试中心名列其中。

21 日　中国人民政治协商会议第十二届江门市委员会第三次会议在江门丽宫国际酒店隆重开幕，为期两天。委员们围绕市委、市政府重大战略决策和人民群众普遍关心的热点、难点问题，积极参政议政，为推动江门市经济建设、政治建设、文化建设、社会建设及生态文明建设发挥积极作用。

22 日　上午9点58分举行小型仪式后，链接新老城区的重要工程、江门市中心城区第一座下沉式立交工程——建设路——迎宾大道下沉式立交的主隧道将正式通车。

22 日　江门市第十四届人民代表大会第四次会议在市委市政府大会堂开幕。

29 日　广东金莱特电器股份有限公司在深交所中小板成功发行上市。这是继科恒股份2012年在深交所创业板上市后，又一家在A股上市的江门企业，也是江门市近年来在深交所上市的第8家企业。市长庞国梅参加了上市挂牌仪式，并拜访了深交所有关负责人。

2 月

4 日　2013年度省级培育发展社会组织专项资金扶持名单已出炉，江门市共有12家社会组织榜上有名。其中，公益服务类6家，学术联谊类、群从生活类2家，业协会类、公证仲裁类4家。按扶持标准，这12家社会组织可以获得共计260万元的资助。

13 日　由政府、银行和保险公司联合启动的农业“政银保”在农业局签约，此举意味着江门市将成为全省唯一一个实施农业“政银保”的地级市试点。

17 日　江海区外海街道银泉社区被中国地震局授予“国家地震安全示范社区”称号，这是江门市第一个“国家级”地震安全示范社区。

27 日　江门市召开全市档案方志工作会议，表彰市档案馆自2008年到2013年连续6年获得“省优秀档案馆”称号，为全省地级市唯一一家综合档案馆。

中国（恩平）第九届麦克风及电声器材国际展销会在广州琶洲会展中心圆满落幕。为期4天的展会吸引客商10万多人次，签订意向订单2400多单，较上届增长24.4%；达成意向贸易金额10.23亿元，较上届增长16.8%。“恩平咪”再次“唱响”广州琶洲展馆，取得历史最好成绩。

28 日　市政府在香港举行新春酒会，香港五邑籍乡亲、五邑社团负责人和香港工商界精英代表、五邑青年代表200余人参加酒会。

3 月

5 日　江门市首例通过水中分娩的产儿于3月5日下午在市妇幼保健院诞生。

6 日　全市“养老•助残”公益创投活动工作会议召开，讨论并通过了江门市“养老•助残”公益创投活动实施方案，方案将安排5大类38个公益创投项目，投入达1000万元。

10 日　住房和城乡建设部公布了第六批中国历史文化名镇名村名单，蓬江区棠下镇良溪村和台山市斗山镇浮石村入榜。

11 日　江门市首个省级反腐倡廉教育基地——开平市荻海风采堂举行揭牌仪式。省纪委宣教室主任杨飞，市委常委、市纪委书记周伟万等出席仪式。

12 日　江海区礼乐围垦庇护所正式建成，这是江门市建成的首个围垦庇护所。江门市的庇护所延伸到了大海边的围垦区。

17 日　江门市大学生创业孵化基地被评为省级创业劳动就业孵化基地。

18 日　江门市首个专业化的涉医调解组

织——蓬江区医疗纠纷诉前联调中心揭牌成立。

28 日　江门市友好城市—美国河滨市新任市长威廉•贝利率代表团一行13人自3月27日起访问江门市。市领导黄悦胜、易中强昨会见了客人。

4　月

16日　深茂铁路项目可行性研究报告获国家发展改革委员会审批通过，江门市新台隧道段，阳江、茂名两市的阳西至马踏段将于5月动工建设，工期4年。深茂铁路东起深圳北，途径深圳、东莞、广州（南沙）、中山、江门、阳江、茂名等7市，终点茂名东站，全长390公里。

17 日　市委全面深化改革领导小组第一次会议召开，研究审议市2014年重要改革任务要点、专项小组名单和“两规划一细则”。会议由市委书记刘海主持。

17 日　市委全面深化改革领导小组第一次会议召开，研究审议市2014年重要改革任务要点、专项小组名单和“两规划一细则”。会议由市委书记刘海主持。

18 日　江门市召开2014年全市食品安全工作会议。会上，市卫计局、市食药监局签订食品安全职能移交协议书；部署全市将分三阶段、九大环节针对食品安全领域中损害群众利益的突出问题和热点问题，开展专项整治。

21 日　江门市召开全市农村工作和人口计生工作会议，分别对农业农村、人口计生、扶贫开发“双到”等工作进行总结和部署。会议由市长庞国梅主持，市委书记刘海作讲话，并印发《印发深化农村改革的实施意见（征求意见稿）》。

21 日　江门市联合省知识产权局在东湖广场举行省、市知识产权联合执法和集中销毁假冒伪劣产品活动暨江门市“4·26”知识产权宣传启动仪式。

23 日　以省政协副主席唐豪为顾问、政协常委卢伟硕为团长的省政协澳门地区委员视察团到江门考察，市长庞国梅、市政协主席赵基耀等参加活动。视察团视察中国（江门）国际绿色光源博览交易中心、市先进制造业江沙示范园区、广东省南车轨道交通车辆有限公司和台山市广海湾等。

24 日　江门市关心下一代工作委员会巩固基层关心下一代工作组织建设成果，出台了《江门市关心下一代工作规划（2014—2018年）》（以下简称《规划》），要求各区（市）关工委配合相关职能部门，着力推进“十百千万”圆梦工程，开创全市关心下一代新局面，为五邑侨乡青少年的健康成长，建设幸福和谐新侨乡做出应有贡献。

26 日　江门市妇联联合市巾帼义工分会在恩平市良西镇举办巾帼义工“慈善大篷车”活动。活动为当地群众带去5000多件衣服、50床被子、100大包板蓝根冲剂和其他物资。有2000多群众入场参加活动。

28 日　江门·同程旅游战略合作新闻发布会在省旅游局举行，江门市旅游局与同程旅游签订战略合作框架协议。按协议，2014年同程旅游将一次性采购价值1亿元的江门旅游产品。

主题为“传承文明·放飞梦想”的2014年全民读书活动启动仪式暨江门文化名家讲坛在五邑大学吕志和礼堂举行。

5　月

1 日　江门市2014年青少年文化节暨全城青年社会组织嘉年华在东湖开幕。活动由团市委、市青年联合会联合主办，为期2天。活动吸引约30个社团进场，共举办7项主题活动，首日入场人数30多万人次。

2014年江门机车动漫嘉年华（缤果总站）在位于缤果动漫总部举行。嘉年华实现动漫与机车的跨界结合，集购物、表演、文化于一体。现场有100台品牌机车展出，有缤果涂鸦秀、哦吼街艺墟、风味小吃、机车特技、cosplay等演出。

8 日　江门市崖门新财富环保电镀基地发水处理中心二期顺利竣工。江门市领导赵基耀、中华环保联合会华南办事处主任曾瑞仪、省环境保护产业协会会长区岳洲等出席仪式。该项目设计规模日处理1万立方米，采用二级沉淀工艺，应用活性砂过滤、MBR膜反应器、超滤、反渗透等先进设备，整体中水回用率60%以上，实现水资源循环利用。

10日至13日　省委书记胡春华带队到珠中江片区检查推进《珠江三角洲地区改革发展规划纲要》“九年大跨越”工作情况。胡春华先后到珠海、中山、江门实地考察三市产业转型升级、重大交通基础设施建设、重大项目和重大平台规划建设等情况，主持召开珠中江片区座谈会，强调要坚定不移把实施规划纲要作为总抓手，确保如期完成规划纲要各项目标任务，推动珠三角地区优化发展。

12 日　中华白海豚保护联盟成立仪式在汕头大学举行。联盟成立后，广东珠江口中华白海豚保护区、厦门珍稀海洋物种保护区、广西合浦儒艮保护区和江门中华白海豚保护区将开展中华白海豚保护宣传科普，在中华白海豚救助方面进行设备、人员、技术的共享，成立中华白海豚保护基金。

15日至19日　中国（深圳）国际文化产业博览交易会于深圳会展中心举行，江门市参展团以“博览与交易”为主题亮相，15家企业参展。

18 日　广东“国际博物馆日”主会场活动在江门市五邑华侨广场举行。省文化厅副厅长杨伟时，省文物局副局长龙家有，省文物考古研究所所长何斌，江门市委常委、宣传部长韩安贵出席开幕式。

20 日　副省长陈云贤到江门市教育局、江门市第一职业技术学校等地实地检查江门市高考准备工作，召开专题工作会议强调高考安全工作。江门市领导庞国梅、易中强参加活动。

22 日　上午召开市委常委扩大会议，会议由市委书记刘海主持，传达省推进珠三角“九年大跨越”工作会议精神，研究落实相关意见。

市公布公办学校义务阶段招生政策和方案，从2014年起市直和蓬江、江海两区公办学校全部取消择校生，实行免试就近入学。

28日至29日　省委书记胡春华到江门市进行专题调研，要求江门加大产业建设力度，重点发展装备制造业，优化产业结构，做大经济增量，提升发展水平。胡春华先后到蓬江、新会、开平、恩平等区（市）考察，深入了解产业转移园区规划建设和企业转型升级等方面情况，对江门近年来产业发展尤其是装备制造业发展取得的成绩给予充分肯定。

6 月

6 日　广东斜拉第一桥——江顺大桥于6月6日实现主桥合龙，成功连接起只有一江之隔的江门与顺德两座城市。

10 日　江门市技术交易中心今日启航，对接《中国硅谷》打通关键环节。

12 日　由市人力资源和社会保障局牵头制订的《江门市社会保障（市民）卡管理办法》已获市政府常务会议审议通过，将于6月26日正式施行。

19 日　副省长刘志庚带领省直有关部门及省交通集团、南粤交通投资建设有限公司、省公路建设有限公司负责人到江门市调研，现场检查督导江门市高速公路项目建设。

24 日　广中江高速（江门段）项目全线在紧张施工，江门境内的现行段已完成下部机构，江门段3座跨西江特大桥已进入主塔施工阶段。

26 日　开平碉楼争创国家5A级景区，国家旅游局副局长王志发希望高质量完成创建。

29 日　省委书记胡春华在中国铁路总公司副总经理彭开宙的陪同下，前往深茂铁路江门段至茂名段开工建设现场调研，看望慰问工程建设者，听取深茂铁路规划建设情况的汇报，并见证项目正式动工。

29 日　根据全国统一安排，全省高速公路“一张网”联网收费正式实施，江门市两个高速公路收费站于6月29日上午8时起停止收费。

7 月

1 日　东湖公园7月1日起免费开放，日均游客多4成，入园游客虽然增多，但秩序井然。

龙湾立交于双龙立交将于明年底建成同车。

1 日　《事业单位人事管理条例》从7月1日起施行，江门市事业单位早已打破“终身制”,6万多名在岗职工已全面实行聘用制。

6 日　陈白沙中学正式揭牌，将被打造城蓬江区乃至江门市特色品牌名校。

16 日　根据广东省援赤道几内亚医疗队派遣十年计划（2010-2020）的安排，江门第26批援非医疗队于7月16日下午载誉归来。

25 日　江门市区义务教育阶段学校首次以电脑派位的形式进行招生。

8 月

15 日　侨乡阅读文化节暨第四届江门侨乡动漫节在五邑华侨广场会议中心正式开幕。

市长庞国梅到高新区、江海区现场办公并寄语两区：大项目招商要与龙头企业培育相结合。

18 日　市长庞国梅专题调研智慧城市建设，指出要高起点、高标准谋划智慧城市建设；她在中国电信江门分公司调研智慧城市建设情况时，该公司相关负责人重点介绍了江门电信与江门日报社共同打造“掌上江门”手机客户端情况。

20 日　市长庞国梅到三区督导创文工作时要求加大工作力度，集中整治顽疾。

20日至21日　省委副书记马兴瑞在江门市调研时强调，推进农村综合改革，让更多农民富起来。

21 月　大鳌特大桥单幅合龙，计划明年元旦前通车。

26 日　江门汇悦城盛装开业，香港巨星张智霖现场助阵，五邑首场国宝级恐龙化石展揭幕。

27 日　建设二路迎宾大道下沉式立交8月27日全面通车，辅道两侧不划停车位。

30 日　“习近平侨务论述”研讨会在江门市举行，来自全国的侨务理论和实务的专家学者齐聚一堂，互相交流和研讨习近平的侨务思想。

9　月

1 日　广东银葵医院奠基，位于滨江新区启动区，投资超40亿元，是医院也是养老院，首期4年后落成。

范罗冈小学滨江小区正式启用，滨江新区教育发展迈出第一步。

7 日　省新型城镇化规划提出珠三角三大都市圈扩容，珠中江“牵手”阳江。

10 日　潮连拟建中心城区最大湿地公园，借鉴杭州西溪湿地公园成功经验。

11 日　江门市召开第十四届人大常委会第二十一次会议，会议要求把大气污染防治作为改善民生的重点任务，加强城市规划，完善机制，加大投入，认真实施《江门市大气污染防治行动计划（2014-2017）》，切实保护好江门空气环境质量这块“金字招牌”。

22 日　江门市推行城市无车日倡导绿色出行，500名市民绿道健步走。

26 日　江门市第十四届人大常委会第二十二次会议全票决定邓伟根为江门市代理市长。

10　月

10 日　江门市加快广佛江快速通道江门段建设，助推区市融合发展，快速路网打通“任督二脉”。

11 日　市文联江门市法院分会在江门市中级人民法院正式成立。

18日　18日，江门首次举行大型彩跑活动。

19 日　2014中国（江门）绿色光源博览会在五邑华侨广场会展中心正式开幕，展会历时三天，组委会举办LED产业高峰论坛、LED灯具创新设计大赛优秀作品展示、招商推介及产业配套对接、产品现场促销等一系列内容丰富的活动。

22 日　　中国农工民主党广东省江门市委员会召开成立六十周年纪念大会，全市农工党员参加会议。

28 日　　江门社区大学在江门市广播电视大学正式挂牌成立。

31 日　　中国导弹火箭控制系统专家、中国科学院院士、江门市杰出乡亲梁思礼到恩平市航天育种基地进行实地视察。

11 月

1 日　　举行第二届江门健走马拉松大赛举行

3 日　　梁启超的小儿子、中国科学院院士、火箭系统控制专家梁思礼与家人到访江门，出席江门一中举行的梁启超铜像揭幕仪式。梁思礼还接受聘请，成为江门一中的荣誉校长。

13 日　　江门市政府召开深茂铁路建设工作会议，并与广东深茂铁路有限责任公司签订深茂铁路江门段征地拆迁框架协议，为加快深茂铁路江门段各项前期工作进行总动员。

15 日　　新会李文达大桥通车，和黄克競大桥成“姐妹桥”并肩跨过潭江。

21 日　　江门市再获“中国锦鲤之乡”称号。第四届江门农博会暨第三届中国（江门）锦鲤博览会开幕。

24 日　　蓬江区法院首次启用远程视频接访系统。为拓宽信访渠道，方便群众申诉信访，减轻群众负担，自今年6月起，最高院推出了远程视频接访模式，以重心下移、公开依法、便民及时为原则，实现了聪走访到远程视频接访的申诉信访模式的转变。

27 日　　第四届世界台山籍乡亲代表恳亲大会举行，60人获授台山“荣誉市民”台山新宁体育馆罗成启用。

12 月

2 日　　翠山湖引来“航母”级大项目，首期投资30亿元，建成药用玻璃生产基地。

5 日　　第四届世界江门青年大会在香港开幕，有来自超过20多个国家和地区近3000人次参加。

11 日　　广东“三大平台”推进粤港澳合作进入快车道，大广海湾成粤澳合作新腹地。

12 日　　珠中江三地合作方式开展档案编研开发，明年起将围绕珠中江地域文化和馆藏档案利用确定研究主题。此次推进会以“加强合作，推进档案编研”为主题，邀请了五邑大学教授刘进作了“档案结合，活化档案，赢得发展空间”的专题发言，为深化珠中江区域性档案合作开拓了思路。

23 日　　中国铁塔股份有限公司江门市分公司在江门市火炬高新技术创业园揭牌成立，这标志着江门市信息通信基础设施建设进入新的发展阶段，将整合3大运营商通信铁塔。

30日　　江门档案馆举办“海上丝绸之路”遗迹遗物展，“海丝”申遗稳步推进。

2014年江门十大新闻

1. 大病保险方案全面实施

从2014年1月1日起，江门市大病保险方案正式实施。城乡居民大病保险设置了起赔标准，标准为1万元。截至2013年底，大病保险覆盖江门市388万人，共有18.4万人次受益。

2. 扎实开展教育实践活动

2014年2月10日启动会议召开后，江门市开展第二批党的群众路线教育实践活动。到10月8日，全市107个单位9000多个基层党组织、20多万名党员进行了一次党性、作风的大洗礼。全市各级领导班子承诺整改问题9365条，已经整改的8765条；压缩精减会议33.4%、文件44.5%、评比达标表彰活动98.5%；查处“吃拿卡要”“庸懒散拖”问题18宗33人。

3. 省委书记胡春华密集调研江门市，寄语江门市重点发展装备制造业

2014年，省委书记胡春华密集到江门市调研。其中5月28日至29日，胡春华在江门市进行专题调研时，要求加大产业建设力度，重点发展装备制造业，优化产业结构，做大经济增量，提升发展水平。2013年12月16日，江门市发布了《江门市发展先进(装备)制造业工作纲要（2014—2020年）》暨五大行动方案大力发展先进装备制造业。

4. 巩固创文成果 完善长效机制

2014年，江门市加大创文工作力度，巩固创文成果，完善创文长效机制。9月15日，江门市出台《领导挂点社区（城中村）创文督导工作方案》，要求市领导和三区领导每月深入挂点社区（城中村）调研督导创文工作。9月至12月，江门市开展了创文惠民成果体验之旅活动，5万多人次市民进行网络报名，1000多位市民亲身参与其中。

5. 大力推进教育改革

2014年 12月25日，三区四市一次性全部通过国家督导检查，江门市成为全省首批全市各市（区）均通过教育均衡县“国检”的地级市之一。其他重大改革事项还包括：市直、两区义务教育阶段公办学校全部取消择校生，实行免试就近入学；江门市出台文件提前实施残疾儿童少年15年免费教育等。

6. 江顺大桥提前6个月合龙

2014年6月6日，江顺大桥提前6个月合龙。江顺大桥及其连接的建设中的江门大道，全程94公里无红绿灯，北接广佛经济圈，南抵崖门海边，通过西部沿海高速公路对接港珠澳大桥，将鹤山、蓬江、江海、新会等区域连在一起，被誉为江门经济发展的“脊梁骨”。

7. 深茂铁路正式动工

贯通粤西地区的深茂铁路于2014年6月28日正式动工。深茂铁路起自广深港客运专线深圳北站，经东莞、广州、中山、江门、阳江，终至广茂铁路茂名东站，线路长度约387公里，总投资约593亿元。其中，江门至茂名段起自江门南站，终于广茂铁路茂名东站，正线全长265.7公里，工程总投资290亿元。线路建成后，广州与茂名之间的铁路运行时间将由原来的5小时以上缩短到2.5小时左右，深圳与茂名将由原来的近7小时缩短到3小时以内。

8. “江门版块”快速壮大 7家江企成功上市

2014年1月24日，松本绿色登陆新三板；1月29日，金莱特登陆深交所；7月31日，台城制药登陆深交所；9月25日，嘉士利集团登陆港交所……A股市场迎来了 IPO重启，全市先后有金莱特、台城制药、地尔汉宇和道氏技术登陆深交所，嘉士利登陆港交所，松本绿色和聚科照明登陆新三板，1年内有7家江企成功上市。2014年12月31日，江门市在境内外各类资本市场上市的企业有19家，上市公司“江门板块”快速壮大。

9. 全省率先试点农业“政银保”

2014年2月13日，由政府、银行和保险公司三方联合启动的农业“政银保”项目正式签约，江门市由此成为全省首个试点农业“政银保”的地级市。农业“政银保”以财政资金投入，撬动金融资金，通过整合政府、银行和保险三方力量，探索建立农业融资创新机制。截至去年底，江门市已至少同意向25家企业进行放贷，涉及资金达1亿元，1万多户农户受惠。

10. 东湖公园免费开放

2014年7月1日起，东湖公园免费开放。免费开放后，市民游客入园数量平日增加超4成，达到1.5万人次；周末增加超5成，近2万人次。另外，江门市公园建设还有一件标志性事件，那就是投资约2700万元的元宝山公园二、三期于1月28日正式启用。

概况

江门年鉴
2015
JIANGMEN YEARBOOK

自然地理

【位置、范围和面积】 江门市位于广东省中南部，珠江三角洲西部，范围在北纬21°27′～22°51′，东经111°59′～113°15′之间。北自鹤山市古劳镇丽水，南至台山市下川镇围夹岛，相距142.2千米；东自新会区大鳌尾，西至恩平市那吉镇蛤坑尾，相距130.68千米。东部与佛山市顺德区、中山市、珠海市斗门区相邻；西部与阳江市阳东县、阳春市接壤；北部与云浮市新兴县、佛山市高明区、南海区相连；南部濒临南海。江门市是广东省海洋大市，土地总面积9505平方千米，全市领海基线以内海域面积2886平方公里；大陆海岸线长414.8公里，占全省的1/10；海岛岸线长约400公里，占全省的1/6；共有大小海岛561个，数量位居全省第二，海岛总面积249.971平方公里。其中，有居民海岛6个，无居民海岛555个。面积大于500平方米的海岛130个，面积大于1平方公里的海岛9个。上川岛面积137.15平方公里，下川岛面积81.07平方公里，分别为全省第二、第六大岛，并双双入选广东省“十大美丽海岛”。

（市国土资源局　市海洋与渔业局）

【地貌和地质】 江门市地貌特征为北西高，以低山丘陵为主；西南部及东南部较低，以河谷冲积平原和少数丘陵为主，地面标高在5～40米之间。全市山地丘陵面积达4400多平方公里，占土地总面积46.8%。境内海拔500米以上山地约占总面积1.77%。800米以上山脉有9座，多为东北——西南走向。全市最高山为西北部的天露山，南北长约100公里，东西宽约40公里；主峰海拔1250米。北部的婆髻顶、皂幕山，东部的镬盖尖和南部的笠帽山、凉帽顶，均山势陡峻，岩石嶙峋，“V”形谷发育。东南沿海的古兜山主峰海拔986米，俯瞰南海，气势雄伟。全市河流冲积平原及三角洲平原面积4880多平方公里，占总面积51.90%，多为良田。

境内地层有震旦纪、寒武纪、奥陶纪、石炭纪、二迭纪、三迭纪、侏罗纪、白垩纪、下第三纪及第四纪等地质年代的地层，尤以第四纪地层分布最广。侵入岩形成期次有加里东期、加里东——海西期、印支期、燕山期，尤以燕山期最为发育，规模最大。境内岩浆岩分布广泛，构造比较发育，构造单元属“东南地洼区”。地质构造以新华夏构造体系为主，大的断裂带有北东向的恩苍大断裂和金鹤大断裂。

（市国土资源局）

【地震设防烈度】 按中华人民共和国国家标准GB18306-2001《中国地震动参数区划图》和《建筑抗震设计规范》GB50011-2010所示，江门市下辖3区4市的抗震设防烈度为：蓬江区、江海区、新会区、台山市的南部和川岛为7度，台山市的北部、开平市、恩平市、鹤山市抗震设防烈度为6度。具体以《中国地震动参数区划图》为准。

（市科技局）

【主要河流】 江门市河流属珠三角水系和粤西沿海诸河二大水系，全市集水面积超过100平方公里的河流共26条。

珠三角水系

潭　江　是珠三角水系的Ⅰ级支流。主流发源于阳江市牛围岭山，自西向东流经恩平、开平、台山、鹤山、新会等市（区），在新会区环城镇附近折向南流，从崖门口出海。沿途汇纳朗底水、莲塘水、蚬冈水、白沙水、镇海水、新昌水、公益水、新桥水、址山水、新会河、江门水道、天沙河、下沙河、虎坑水道及虎跳门水道等支流。流域面积6026平方公里，在江门市境内流域面积5882平方公里。主流全长248公里，上游多高山峻岭，植被良好，雨量充沛，水资源丰富。潭江主流上游建有大㈡型锦江水库，并已建成水沾、江北、恩城、塘洲、东成、江洲、合山等梯级开发的水闸，兼顾发电。潭江流域水力资源理论蕴藏量29.86万千瓦，已建成大、中、小㈡型以上水库421宗[其中大㈡型水库3宗，中型水库19宗，小㈠型水库109宗，小㈡型水库290宗]，控制流域面积2006平方公里。总库容16.86亿立方米，已开发小水电233宗，装机容量12.15万千瓦，年发电量3.26亿千瓦时。

朗底水　　位于潭江上游左岸，属山区性河流，发源于天露山脉的五马巡朝，自北向南流经朗底镇，在朗底镇至大田镇附近汇入主流，流域面积148平方公里，河流全长27公里。上游多崇山峻岭，植被良好，是暴雨高区，水资源丰富，河床比降较陡，多砾石，平均比降13.4‰，现已建小㈠型水库2宗，控制集水面积29.4平方公里，总库容1580万立方米，已开发小水电16宗，装机容量7420千瓦，年发电量1558万千瓦时，水力资源仍有开发潜力。

莲塘水　　位于潭江中游左岸，发源于天露山脉的五马巡朝与燕子尖山之间的老虎坑，向东南流经牛江、沙湖二镇，于沙湖镇浦桥处汇入主流。流域面积252平方公里。河流长度44公里，平均比降4.77‰，上游多山，下游为低丘平原，植被良好，雨量充沛，水资源丰富。上游已建西坑、宝鸭仔2宗中型水库及小㈠型水库2宗，小㈡型水库8宗，控制流域面积121平方公里，总库容1.10亿立方米，现开发小水电16宗，装机容量4880千瓦 ，设计年发电量1422万千瓦时。

蚬冈水　　位于潭江下游的右岸，发源于恩平市五点梅花山，向东流至开平市金鸡镇飞鹅里与金鸡水汇合再折向东北，于蚬冈圩的茅朗附近汇入主流，企山海村以下受潮汐影响，流域面积185平方公里，平均比降1.30‰，主河长34公里。上游已建青南角中型水库1宗以及小㈠型水库9宗，小㈡型水库14宗，控制流域面积53.8平方公里，总库容4710万立方米。已建小水电站4宗，装机容量1725千瓦，年发电量535千瓦时。

白沙水　　位于潭江下游之右岸，发源于流域南部开平市的三两银山，自南向北流经开平市东山镇、赤水镇和台山的白沙镇，在百足尾汇入主流。流域面积383平方公里，河长49公里，平均比降0.77‰，鹤仔朗以下受潮汐影响，上游已建狮山中型水库1宗及小㈠型水库5宗，小㈡型水库25宗，控制集水面积63.1平方公里，总库容6953万立方米，已建小水电站2宗，装机容量825千瓦，设计年发电量195万千瓦时。下游低洼地区已筑堤防洪。河道上游较陡，下游平缓，平均比降为0.77‰。

镇海水　　位于潭江下游左岸，为潭江最大的支流，发源于鹤山将军岭，上游于鹤山境内称宅梧河，自西北向东南汇入双桥水后折向南流，并先后汇入开平水，经沙塘至交流渡，在交流渡分流分别以向东至长沙振华的蟠龙出口和向南交流渡圩出口。流域总面积1203平方公里，河流长度101公里，平均比降0.81‰，其中集水面积100平方公里以上的支流有双桥水、开平水、靖村水、曲水4条，流域内多属丘陵山区，植被良好。镇海水已建大沙河、镇海2宗大㈡型水库和立新、花身蚕2宗中型水库，以及小㈠型水库17宗，小㈡型水库45宗，总库容4.38亿立方米，控制集雨面积459平方公里，苍城镇以下两岸筑有防洪堤围，下游受潮汐影响，建有小水电站30宗，装机容量9915千瓦，年发电量2607万千瓦时。

新昌水　　位于潭江下游右岸，发源于台山市古兜山的狮子尾，向西北流经四九镇至合水汇入五十水，经台城与三合水汇流，在三埠开平氮肥厂附近汇入主流。流域面积576平方公里，河流长度52公里，平均比降1.81‰，其支流集水面积大于100平方公里的有五十水、三合水等2条，流域多属丘陵山地，植被较好，该河流已建塘田、陈坑、老营底3宗中型水库，小㈠

型水库13宗，小㈡型水库39宗，控制集水面积206.2平方公里，总库容1.18亿立方米，已建小水电站22宗，装机容量13800千瓦，年发电量4119万千瓦时。

公益水　　位于潭江下游右岸，发源于台山市古兜山北部的烟斗岗，流经大江镇、与水步支流汇合，于公益镇东头汇入主流。流域面积136平方公里，河流长度28公里，平均比降0.68‰，该河受潮汐影响可达大江镇及水步镇。下游公益围对防洪（潮）起很大作用，但因堤围未达设计标准，须加固。该河建有小㈠型水库4宗，小㈡型水库7宗，控制集水面积23.7平方公里，总库容1808万立方米。

新桥水　　位于潭江下游左岸，发源于鹤山市皂幕山，向南流经水井镇、月山镇，在水口镇汇入主流，流域面积143平方公里，河流长29公里，平均比降3.24‰，下游受潮汐影响，流域属丘陵河流，平原、山区各占50%，现有小㈠型水库3宗，小㈡型水库13宗，控制集水面积17平方公里，总库容754万立方米，兴建小水电站1宗，装机容量250千瓦，年发电量60万千瓦时，河床上游较陡，下游平缓，由于河道弯曲狭窄，下游洪涝灾害时有发生。

址山河　　位于潭江下游左岸，发源于鹤山市皂幕山脉的横岗顶，流经鹤城镇、云乡镇、址山镇等地于新会市司前镇石步至田边附近汇入主流，流域面积204平方公里，河流长度30公里。平均比降3.35‰，现有小㈠型水库2宗，小㈡型水库9宗，控制流域面积32.3平方公里，总库容1003万立方米。已建小水电站6宗，装机容量1185千瓦，年发电量155万千瓦时。

江门水道　　位于潭江流域东部，是连通西江与崖门水道的主要水道，江门水道从北街引入西江水，向西经江门市区，于市区的东炮台和新会区江咀二处，汇集天沙河再折向南流，经大洞口出潭江下游银洲湖，中途于江门市区文昌沙河段分出礼乐河，并于大洞口处汇合出银洲湖，另于新会区上浅口分出会城河，经会城镇会城河口处流入潭江。江门水道流域面积313平方公里，干流全长23公里，1968年6月于北街处出现4.53米洪水位，相应洪流量1040立方米/秒，对江门水道两岸造成严重的洪涝。为此，于1978年建成水利枢纽一座（北街水闸），控制下泄量，保证沿岸的航道、供水和冲淤、冲污，江门市区及下游的防洪排涝。按运行规程：北街水闸在平常情况下，必须下泄流量150～200立方米/秒，以利江门水道的航运和冲淤、冲污。洪水期间，以江门市区钓台路路面2.4米为控制，最大下泄量不超过600立方米/秒，保证市区不受浸。天沙河有排涝要求时，规定市区东炮台水位不得超过2.0米。

天沙河　　位于潭江流域东北部，属江门河支流，发源于鹤山市雅瑶镇的观音障山，流域面积290.6平方公里，干流长度49公里，河床比降1.32‰，流域先后汇集天乡、沙海（雅瑶水）、泥海、桐井和丹灶等水，经鹤山雅瑶镇、新会市棠下镇、杜阮镇与杜阮水汇合至江门市区东炮台（上出口）及新会市江咀（下出口）汇入江门河道。河流上游建有那咀中型水库1宗，小㈠型水库9宗，小㈡型水库14宗，控制集水面积62.50平方公里，总库容5143万立方米。流域上游属山区河流，坡陡，中、下游属平原河流，河床坡降平缓，局部河段出现倒坡现象，河道流经江门市区段枯水期流量偏小，水环境容量小，河道淤积、污染严重，引起江门市政府的关注。经规划，按“疏河、砌堤、环保、绿化”同步进行治理的原则进行整治，于下游二出口处，改建耙冲节制闸，新建白沙节制闸，控制河道水量，并于西江沿岸的各水闸增大引入西江水，规划于篁边地段建抽水泵站，对天沙河进行抽水增流，保证流量，改善水环境。

下沙河　　位于潭江下游右岸，银洲湖西部的双水镇，发源于古兜山的朗头分流山，到木江汇合来自黄梅山的上凌支流经濠冲，再汇合来自锅盖尖的沙富支流，在沙路的沙口流入银洲湖。流域面积143.5平方公里，干流全长23公里，下游受潮汐影响。上游建有万亩、鱼山及曾坑3宗中型水库和小㈠型水库1宗，小㈡型水库3宗，控制集雨面积47.4平方公里，总库容4884万立方米。

沙坪河　是西江下游右岸的Ⅰ级支流，发源于鹤山坑内皂幕山，流域面积328平方公里，主河道长39公里，河床比降0.31‰，主流经金岗、龙口、沙坪出谷埠沙坪水闸汇入西江。流域上游为山丘区，河床坡陡，雨季径流集中，洪水暴涨暴落。下游地势低洼，洪、涝灾害威胁严重。流域已兴建中型工程四堡水库1宗，小㈠型水库4宗，小㈡型水库16宗，控制集水面积57.9平方公里，总库容4486万立方米；已建堤围32宗，长90公里；已建排涝站29座，装机容量8510千瓦，设计流量121.50立方米/秒，其中于河口左岸已建中型沙坪排涝站一座，装机容量2160千瓦，设计排水流量49.50立方米/秒，为防止西江洪水倒流，在沙坪河口已建净宽66米的水闸1座。流域内已建小水电站6宗，装机容量934千瓦，年发电量255万千瓦时。

粤西沿海诸河

大隆洞河　是台山市境内最大的河流，发源于台山阿婆髻山，流经墩寨、海口埠，在三合海汇一级支流斗山河，经烽火角水闸出南海，流域面积709平方公里，河长60公里，河床比降0.8‰，流域上游属丘陵山区，植被良好，雨量充沛，墩寨以下中、下游地势平坦，土地肥沃，宜植水稻、甘蔗、花生等作物，是台山市主要粮产区之一，但因地势低洼，又处沿海，台风暴雨多，洪、涝、旱灾比较严重。台山市防洪（潮）、除涝、灌溉等方面的重点流域上游境内已建大隆洞大型水库1宗，中型水库3宗，小㈠型水库6宗，小㈡型水库24宗，控制流域面积242.6平方公里，库容3.49亿立方米，下游已建堤围11条，堤长47.0公里，已建排涝站119宗，装机容量744千瓦。河流出口广海湾已建挡潮排涝的烽火角水闸1座。本流域已建小水电站11宗，装机容量7070千瓦，年发电量2187万千瓦时。

那扶河　位于台山西南部，发源于开平市鱼潭山，流经横墩、红坎、泗门大、小门处汇合集水面积226平方公里，河流长度36公里的一级支流深井水于横山出口镇海湾，流域面积684平方公里，河长52公里，河床比降0.39‰，其出口于横山附近河面宽3公里。流域上游已建深井，丹竹等2宗中型水库及小㈠型水库8宗，小㈡型水库16宗，控制流域面积112.9平方公里，库容1.44万立方米。建有小水电站5宗，装机容量2720千瓦，年发电量493万千瓦时。

西　江　位于江门市东北部的西江下游干流，属于江门市的过境河流，在鹤山石岩头以上集雨面积约35万平方公里，流经鹤山、江门、新会，与佛山、中山、珠海等河。江门境内西江西海水道多年平均径流量约为1078亿立方米，其中部分流经银洲湖。

表1：　集雨面积100平方公里以上河流特征表

河　名	河流等级	发源地	河口地点	集雨面积（km^2）	河流长度（km^2）	平均比降（‰）
潭　江	干　流	阳江牛围岭	新会崖门	6026	248	0.45
朗底水	一级支流	恩平五马巡朝	恩平大田	148	27	13.4
莲塘水		恩平天露山	恩平蒲桥	252	44	4.77
蚬冈水		恩平五点梅花山	开平茅朗村	185	34	1.30
白沙水		开平三现金银山	开平白足尾	383	49	0.77
镇海水		鹤山将军岭	开平交流渡	1203	101	0.81

续上表：

河　名	河流等级	发源地	河口地点	集雨面积（km^2）	河流长度（km^2）	平均比降（‰）
开平水	二级支流	开平天露山	开平南楼	470	56	2.46
曲　水		恩平白马坑	开平潭壁村	101	2	1.31
新昌水	一级支流	台山狮子尾	开平肥氮厂	576	52	1.81
五十水	二级支流	台山螺塘	台山东华里	101	20	15.50
三合水		台山横排迳	台山员山仔	110	22	0.10
公益水	一级支流	台山烟斗岗	台山公益	136	28	0.68
新桥水		鹤山皂幕山	开平水口	143	29	3.24
址山水		鹤山横岗顶	新会田边村	204	30	3.35
会城河		新会上浅口	新会河口	482	37	
江门水道		江门北街	新会潖祖咀	313	23	
天沙河	二级支流	鹤山观音障	江门东炮台 新会江咀	290.6	49	1.32
天沙河	二级支流	鹤山观音障	江门东炮台 新会江咀	290.6	49	1.32
下沙河	一级支流	新会古兜山	新会沙口	143.5	23	
虎跳门水道		新会狗尾	斗门蠕蛛仔	187	31	8.20
沙坪河	干　流	鹤山皂幕山	鹤山黄宝坑	328	39	0.31
大隆洞河		台山婆髻山	台山烽火角	709	60	0.8
那扶河		开平鱼潭山	台山横山	684	52	0.39
深井水	一级支流	开平鱼潭山	台山船步龙	226	36	1.07
倒流河	二级支流	恩平横陂方洞山	恩平大槐	192.92	28.3	11.7

注：数据引自《江门市江河流域综合规划》

表2：

江门市与广东、全国水资源量比较表

地区		面积（万平方公里）	年均降水量		河川径流量		地下水资源量		水资源总量	
			(毫米)	产水量（亿立方米）	(毫米)	径流量（亿立方米）	径流深（毫米）	资源量（亿立方米）	(毫米)	资源量（亿立方米）
江门市		0.9541	2078	198.26	1271	119.0	290	25.93	1276.0	120.0
广东省		17.67	1760	3110.0	1087	1921.0	264	466.70	1095.6	1936.0
全　国		960.00	648	61889.0	284	27115.0	86.8	8288.0	295.0	28124.0
比　值	广东	5.40	118.07	6.37	116.93	6.20	109.8	5.56	116.5	6.20
	全国	0.099	320.68	0.32	447.53	0.44	334.0	0.31	432.54	0.427

（高厥英　余冬华）

【气候特征】 江门市地处低纬，属于亚热带海洋性季风气候。冬季盛行东北季风，夏季是西南季风，春秋为转换季节。冬短夏长，气候宜人，雨量丰沛，光照充足。无霜期在360天以上，全年无雪。江门市位于西江下游，濒临南海，有漫长的海岸线和众多的岛屿。境内有海拔千米的高山，有广阔的平原，全市地形地貌以丘陵为主。区域气候分为山地温凉区，丘陵温暖区，沿海温热带三级。江门市有海洋季风的调节，气候温和多雨，冬夏分明。太阳辐射较强，有丰富的热力资源。每年大于10℃的积温在8000℃以上，大于15℃的积温亦有6000℃以上。每年3月上旬可以稳定通过日平均气温12℃。气温年际变化不大。各地的年平均气温在22℃左右，上川岛略高。气温具有明显的季节性变化，最冷月（一月）与最热月（七月）相差14℃-15℃。每年3月底—4月初，有南方暖湿气流加强并向北推进，气温明显回升，7月达到最高值。11月开始，北方寒冷干燥的冷空气不断南侵，本地受冷高压脊控制，气温显著下降。一年之中，江门主要的灾害性天气有：暴雨（连续性暴雨和特大暴雨）、台风、干旱、冷害等。每年夏秋季节时有范围小实发性强的雷雨大风、龙卷、冰雹等强对流天气发生，冬季的寒潮，早春的低温阴雨对农业生产和种养殖业亦有一定的影响。每年4—9月是汛期，全年80%以上的降水出现在这段时间里，前汛期雨量与后汛期雨量大致持平，年雨日最多的年份有200天。本市所辖的恩平市由于地形等因素是全国的暴雨中心，年降水量比东部多五成左右。7—9月是台风活动的频发期，影响江门的台风时空分布不均匀，台风多的年份右有4—5个，有的全年无一个影响，如遇在江门沿海或附近地区登陆台风的袭击，常有暴雨到大暴雨甚至特大暴雨和12级大风，造成严重的气象灾害；但台风带来的适量降水能解除旱情。

（市气象局）

【资源物产】 土地资源　截至2014年底，土地总面积95.05万公顷，其中建设用地10.98万公顷，占土地总面积的11.56%；农用地77.53万公顷，占81.57%；未利用土地6.54万公顷，占6.87%。

水资源　江门地表水资源、地下水资源和水资源总量均高于全省、全国平均值，多年平均降雨量2078毫米，是全省均值的1.18倍、全国均值的3.2倍；年均河川径流量119亿立方米，占全省的6.62%、全国的0.44%。地下水的补给主要来源于大气降水，全市地下水资源总量25.93亿立方米，占全省的5.56%、全国的0.31%。水资源总量的主体是河川径流量，江门水资源总量120亿立方米，占全省的6.2%、全国的0.43%。至年末，全市有蓄水工程2349项，其中大型水库4项、中型水库29项、小型水库157项、小型水库414项，总库容24.62亿立方米，灌溉库容15.92亿立方米。全市水力资源理论蕴藏量42.37万千瓦，可开发量15.56万千瓦。全市建成投产的小水电站255座，总装机容量13.18万千瓦。其中，单站装机容量1000千瓦以上的有26项，装机容量6.24万千瓦。多年平均发电量约3亿千瓦•时。大中型水库33项，装机容量3.74千瓦。（市水务局）

海洋资源　江门市海域广阔，岸线延绵曲折，拥有丰富的港口资源、浅海滩涂资源和滨海旅游资源。银洲湖、广海湾、川岛等海域具备建设深水良港的条件，其中乌猪洲可建设30万吨级以上深水码头，崖门航道是西江黄金水道的出海通道；水深小于5米的浅海滩涂面积约140平方公里，适合围填海和发展滩涂养殖业；沿海区域可供旅游开发利用的优质沙滩20多处，约64公里，并拥有奇石山林、渔港风情、文史古迹等多种类型的旅游资源，形成别具风格的亚热带风光的滨海旅游资源。

渔业资源　江门市海域水质好，海洋生物资源丰富，是多种经济鱼、虾、贝、藻类的繁育场，也是省内从事水产捕捞和养殖生产的理想区域。浮游动物在春、秋两季出现有11个类群72种；底栖生物约140科364种，其中软体动物52科129种，甲壳动物28科139种，是全省软体动物和甲壳动物的主要分布区域之一。软体动物的主要种类有近江牡蛎、泥钳、毛钳、棒锥螺、光滑河蓝蛤、壳肌蛤、文蛤、巴非蛤、翡翠贻贝、泥东风螺、鲍等。甲壳动物的主要种类有墨吉对虾、日本对虾、近缘新对虾、刀额新对虾、周氏对虾、锯缘青蟹、远海梭子蟹、锦绣龙虾和日本龙虾等。游泳生物主要以经济鱼类为主，约有98种，分别隶属于10目41科71属。经济价值较高或群体较大的鱼类有红笛鲷、带鱼、鳓鱼、蓝点马鲛、银鲳、长尾大眼鲷、鲐鱼、蓝圆鲹、海鳗、青石斑鱼、梭鱼、金线鱼、黄鳍马面鲀、黄鲫、龙头鱼、黄斑蓝子鱼、斑鳐、灰星鲨、燕鳐鱼、四指马鲅、宝石石斑鱼、短尾大眼鲷、银方头鱼、黄鲷、六齿金线鱼、小公鱼等。（陈岳祯）

矿产资源　2014年矿山年检期间，全市持证矿山企业为86家，应检矿山企业为77家，实检76家。编制《江门市2014年度地级市发证采矿权项目出让计划建议方案》和《江门市2011-2015年矿业权设置方案》。开展“三区两线”废弃旧矿山整治复绿工作，制定《江门市“矿山复绿”行动实施方案》，江门市处在“三区两线”需要复绿的矿山7个，面积约451.05亩。（江门市国土资源局）

动植物资源　江门市野生动植物资源丰富，古兜山有野生植物161科494属924种，有国家重点保护植物紫荆木、白桂木、华南杉、吊皮锥、绣球茜草、海南石梓、粘木、巴戟、火力楠、藤槐等。恩平市七星坑属亚热带次生林区，植物种类735种，其中刺木沙椤等12种属国家级和省级珍稀濒危保护植物，有2种植物形状奇特。境内野生动物有兽类100余种、鸟类400余种、蛇类100多种、昆虫类200多种，其中山猪、小灵猫、山蛤、龟、鹧鸪、鳖、蛇、穿山甲等于西北部山地常见。（谈嘉辉）

森林资源　2014年，全市林业用地44.30万公顷，占国土总面积的47.6%，其中有林地面积38.39万公顷。迹地更新率为100%，森林覆盖率45.32%。在林业用地中，有生态公益林16.14万公顷，占36.4%；商品用材林28.16万公顷，占63.6%。全市活立木总蓄积量2048.2万立方米，森林蓄积2002.4万立方米，林木年总生长量117.2万立方米，活立木总蓄积量年净增长率为6.8%。（杨圣权）

环境质量

【城市空气质量】　2014年江门市区环境空气自动监测系统对市区的大气进行24小时不间断监测，市区空气质量达到二级标准的天数占全年有效天数的比例80.2%，二氧化硫日均值、二氧化氮日均值、可吸入颗粒物日均值、一氧化碳日均值、臭氧最大8小时平均值及细颗粒物日均值达到二级标准的天数占全年有效天数的比例分别为100%、95.5%、96.3%、100%、93.1%、85.6%。降尘年月均值4.21吨/平方公里•月，符合广东省推荐标准，月均值基本与上年持平。

【水环境】　2014年，江门市区周郡、篁边、新沙3个城市集中饮用水源地水质达标率100%。江门市地表水国控、省控、市控监测断面水质类别以Ⅱ～Ⅳ类为主，合计占监测断面的85.7%；监测断面水质达标率为71.4%。全市大江大河水质良好，小江小河有机污染仍较严重。西江干流、西海水道和潭江干流上游水质优，符合《地表水环境质量标准》（GB3838-2002）Ⅱ类水质标准；潭江新会区段水质良好，符合Ⅲ类水质标准；江门河水质轻度污染，为Ⅳ类水体；天沙河水质重度污染，为劣Ⅴ类水体。与上年相比，潭江干流和潭江新会区段水质有所好转。近岸海域水质达标率100%。黄茅海、广海湾、镇海湾、上下川水质优，监测项目年均值均符合《海水水质标准》

（GB3097-1997）二类标准，海宴、铜鼓湾水质良好，监测项目年均值均符合三类标准。

【声环境】 2014年，市区区域环境噪声质量处于轻度污染水平，等效声级平均值达到国家区域环境噪声2类区（居住、商业、工业混杂区）昼间标准。市区交通干线道路两侧区域噪声等效声级平均值达到国家区域环境噪声4类区（城市交通干线两侧区域）昼间标准，质量处于较好水平。江门市区功能区噪声等效声级平均值超标率与上年持平；各功能区等效声级年均值中，除昼间1类区、夜间1类区、夜间4类区外其他功能区均符合相应的标准。

人口•语言

【人口】 至2014年末,全市总户数1197011户，同比增1030户；总人口数3933870人，同比增3895人。总人口中男性1981990人，女性人数1951880人；年内办理出生登记入户39088人，出生率0.99%；年内办理死亡注销29996人，死亡率0.76%。年内迁入41761人，其中省外迁入7138人，省内迁入34623人；迁出46244人，其中迁往省外10295人，迁往省内35949人。至2014年末，全市非农业人口人数2201734人，未落常住户口人数4684人；暂住人口590879人，同比增163132人。 （市公安局）

【语言】 江门各市（区）之间以及广播、电视等领域通用广州话，随着经济发展，人员交流增多，普通话成为较为通用的语言。各市（区）内均使用方言，江门方言属于汉语粤方言中的四邑话，四邑话与广府（广州）话基本相通。同属四邑话，但台山、开平、鹤山、恩平、新会等各市（区）之间的语音、声调、词汇等方面又有差异。鹤山的共和、鹤城，新会的部分山区，台山的赤溪、斗山，开平东北部的水井等地，是客家人聚居地方，使用客家方言。 （市志办）

行政区划和地名管理

【行政区划】 至2014年末，江门市辖3个区，代管4个县级市。全市共有61个镇、17个街道办事处、1051个村民委员会、268个社区居民委员会。 （江门市民政局）

【地名管理】 2014年6月9日，批复同意滨江新区启动区28条道路命名，完善滨江新区地名规划。2014年6月24日，成立地名专家咨询组，完善江门市地名管理工作。2014年11月26日，《江门市蓬江区、江海区地名规划（2012-2020）》通过了地名专家评审组的评审。2014年7月-12月，部署开展江门市第二次全国地名普查工作，完成普查工作的第一阶段任务。为依法规范地名管理，促进地名管理工作的健康发展，2014年11月，开展重新修订《江门市地名管理办法》工作。（市民政局）

表3： 2014年江门市行政区划简表

市（区）	镇、办事处名称	镇数	街道办事处数	村委会数	社区居委会数
蓬江区	镇：荷塘、棠下、杜阮 街道：环市、仓后、堤东、北街、白沙、潮连	3	6	56	85
江海区	街道：外海、礼乐、江南、滘头、滘北	0	5	36	26

续上表：

市（区）	镇、办事处名称	镇数	街道办事处数	村委会数	社区居委会数
新会区	镇：大泽、司前、沙堆、古井、三江、崖门、双水、罗坑、大鳌、睦州 街道：会城	10	1	193	31
台山市	镇：大江、水步、白沙、冲蒌、端芬、都斛、斗山、三合、赤溪、北陡、川岛、海宴、四九、深井、汶村、广海 街道：台城	16	1	277	36
开平市	镇：水口、月山、沙塘、龙胜、马冈、塘口、蚬冈、百合、赤坎、金鸡、苍城、大沙、赤水 街道：长沙、三埠	13	2	226	41
鹤山市	镇：雅瑶、龙口、桃源、古劳、址山、宅梧、双合、鹤城、共和 街道：沙坪	9	1	112	26
鹤山市	镇：雅瑶、龙口、桃源、古劳、址山、宅梧、双合、鹤城、共和 街道：沙坪	9	1	112	26
恩平市	镇：大槐、良西、圣堂、君堂、东成、牛江、大田、沙湖、那吉、横陂 街道：恩城	10	1	151	23
合计		61	17	1051	268

经济社会发展

概述

【经济社会发展平稳增长】　2014年全市实现地区生产总值（GDP）2082.76亿元，比上年增长7.8%。其中，第一产业增加值168.14亿元，增长2.9%；第二产业增加值1024.47亿元，增长9.5%；第三产业增加值890.15亿元，增长6.0%。在第三产业增加值中，交通运输、仓储和邮政业增长9.2%，批发和零售业增长4.0%，住宿和餐饮业增长1.7%，金融业增长13.0%，房地产业增长0.4%。三次产业结构为8.1∶49.1∶42.8。人均地区生产总值46237元，增长7.5%。全年居民消费价格总水平上涨2.7%，其中食品类价格上涨4.6%，居住类价格上涨2.4%。农产品生产者价格上涨2.0%，工业生产者出厂价格下降0.6%，商品零售价格上涨1.8%。年末私营企业3.79万户，注册资金687.37亿元，从业人数35.03万人，分别增长15.5%、34.6%和10.3%；个体工商户17.62万户，注册资金43.92亿元，从业人数34.79万人，分别增长9.7%、19.9%和10.8%。全年城镇新增就业47354人，比上年增加289人。年末城镇失业人员再就业32058人，城镇登记失业率2.36%，比上年上升0.04个百分点。全年开展农村劳动力技能培训22218人，比上年减少3889人；新增转移农村劳动力31075人，增加26人。全年地方公共财政预算收入177.08亿元，比上年增长12.1%；地方公共财政预算支出233.44亿元，增长10.8%。全年税收收入381.14亿元，比上年增长8.1%，其中，国税收入230.10亿元，增长7.7%；地税收入151.04亿元，增长8.7%。

（市统计局）

【交通能源建设】　2014年，江门市以轨道交通建设为抓手，着力建设交通枢纽型城市。加快推进深茂铁路的建设。2014年4月16日，深茂铁路项目可行性研究报告通过国家发改委审批。6月16日至18日，深茂铁路江茂段初步设计通过铁路总公司专家评审。6月28日深茂铁路先行段新台隧道开工建设。9月底，中国铁路总公司批复工程初步设计。11月底，深茂铁路江门段全线动工建设。加快推进广佛江珠城际轨道前期工作。2014年10月15日至16日，广佛江珠城际轨道预可研报告评审会通过中国铁路总公司在珠海召开的专家评审会；启动江门综合交通枢纽规划建设。完成江门南站轨道交通枢纽规划，委托专业机构对江门南站功能定位、场站布置、空间布局、交通流线、站房建筑、道路结构及周边业态等进行统筹规划。2014年，省天然气管网二期工程江门段顺利投产试运行，台山核电一期工程、粤电新会电厂天然气发电项目、华电蓬江江沙热电冷三联供项目进展顺利，双水电厂1×60万千万“上大压小”热电联产机组获国家发改委核准建设；全年备案分布式太阳能光伏64兆瓦，全市集中供热实施方案通过专家评审。

（市发改局）

【农村经济稳定发展】　2014年，江门市第一产业增加值168.14亿元，同比增长2.9%；农村常住居民人均可支配收入12746元，增长10.0%，连续7年实现两位数增幅。实施优质粮工程，推进粮食创高活动，优质稻播种覆盖率达96%以上。2014年，全市粮食作物播种面积286.62万亩，总产95.27万吨；蔬菜、水果和肉类产量分别达125.36万吨、24.92万吨和30.16万吨。在全省首个地级市范围启动农业“政银保”试点，全年政策性水稻9种植保险承保面积252.58万亩，保险面积覆盖率95.87%；启动蔬菜、花生、甘蔗、奶牛、马铃薯等农业项目保险试点，各市（区）结合实际落实1～2项涉农保险补充项目，有效降低农业风险和灾害损失。加快培育新型农业经营主体，全市市级以上重点农业龙头企业达到65家，农民专业合作社达到1377家，农户入社率达30%，组建江门市农民合作经济组织联合会；推动全市6.5万户农村规模经营家庭创建家庭农场，全省首个地级市制定并实施示范性家庭农场标准，建立市级示范性家庭农场21家。2014年，江门市建成各级农业园区17个,园区面积达17.6万亩，其中国家级1个，省级现代农业园区7个。组织参加国家、省农交会，推动杜阮凉瓜、礼乐葡萄和新会陈皮文化节等会展农业发展。新会陈皮村建成集交易、餐饮、休闲、养生、旅游于一体的全国首个大型特色农产品商业文化综合体和“中国（新会）陈皮文化节”场馆；第四届江门市农业博览会参展企业近400家、产品3000多种，现场农产品销售额达1000多万元。2014年全市完成高标准基本农田建设项目面积34.65万亩，在全省综合检查考核中位列第一。“市县镇”三级农产品检测体系逐步完善。组建江门市农产品质量安全协会，推动农产品质量安全追溯体系建设。江门市农产品质量监督检验测试中心具备国家、省级实验室、食品检验机构和省农产品质量安全检测机构等4个省级以上资质，有443个参数通过省级“三合一”计量认证和国家实验室认可，位居全省地级市第二，检测结果被44个国家认可。全市名村示范村、宜居村庄、美丽幸福乡村建设加快推进，全市建成广东名村21个、市级名村19个、市级示范村36个、县级名村示范村294个，台山市创建成为广东省名镇名村示范村建设示范县，恩平市被认定为广东省美丽乡村建设县。（市发改局）

【固定资产投资】 2014年，江门市完成固定资产投资1111.65亿元，增长16.8%。全年增长走势呈“V”字形态势，第一季度末增长17.2%，然后走低，至5月份全年最低，增长12.7%，然后逐月小幅回升。第三产业保持较快增长。江门市第三产业保持较快发展，2014年第三产业完成投资620.09亿元，增长32.0%，比全市投资增速高15.2个百分点，占全市投资比重为55.8%，无论从总量还是增速均已超过第二产业投资，直接带动全市投资的稳定增长。民间投资表现仍然活跃。2014年，全市民间投资完成654.55亿元，增长30.1%，民间投资比整体投资高出13.3个百分点，对整体投资增长的贡献率最大。民间投资活跃，表现出强烈的增长态势，有力拉动投资增长，已经成为拉动投资增长的主力。房地产投资呈逐步回升态势。2014年，全市房地产开发投资增长呈现一定波动，但各月投资增速均较整体投资高，对全市固投增长起到较好的拉动作用。全年房地产投资313.01亿元，增长29.5%，房地产投资保持稳定增长，商品房销售面积、销售额虽然仍然处于负增长，但降幅逐步收窄。技术改造投入力度加大。全年工业技改投资完成50.84亿元，增长111.7%，占工业投资的比重为10.5%，较好地推动江门市产业转型升级。重点项目建设加快推进。2014年，全市安排重点项目共232项，年度计划投资452.8亿元。全市重点项目累计完成投资500.9亿元（比2013年同期完成投资增加66.8亿元），为年度投资计划的110.6%。重大项目完成投资占全市固投的45%。（市发改局）

【财政收入与支出】 2014年，全市一般公共预算收入完成177.08亿元，比2013年增收19.14亿元，增长12.12%，在全省21个地级市中排第11位，在珠三角9市中排第6位。市本级一般公共预算收入完成35.53亿元，比2013年增收3.61亿元，可比口径增长12.07%。财政收入结构合理，全市税收收入完成132.69亿元，税收收入占比为74.93%，在全省21个地级市排第6位。全市一般公共预算支出完成233.44亿元，比2013年增支22.75亿元，增长10.8%；市本级一般公共预算支出完成42.75亿元，比2013年增支4.18亿元，增长10.83%。（谢福座）

【社会事业全面发展】 2014年，全年各级财政民生类支出114.4亿元，增长16.8%。全市80条贫困村累计筹集“双到”（规划到户，责任到人）资金2.9亿元，完成各类帮扶项目超2000个。城镇新增就业4.7万人，城镇登记失业率2.36%。全年物价涨幅2.7%。“大民政”工作及基本公共服务均等化综合改革试点成效明显。企业退休人员月平均养老金增长15.5%，城乡居民基本养老保险基础养老金标准提高至每人每月80元。城镇和农村低保标准线分别提高到500元和350—500元。建立完善大病保险制度。提前实现高中阶段残疾学生免费教育目标。运用价格调节基金向困难家庭发放1535.5万元临时价格补贴。教育、文化、医疗、养老事业稳步发展。所有市（区）通过国家义务教育基本均衡督导检查，江海及新会区成功创建省推进教育现代化先进区。全面实施义务教育阶段招生“划片就近免试入学”和异地务工人员随迁子女接受教育新政策。推动特殊教育学校扩建，挂牌成立社区大学。实施“四馆”整合提升工程，推进江门体育中心建设。医疗健康事业有新进步，全面实施基本药物制度，人口计生工作完成省下达指标，有效防控禽流感、登革热等疫情。三级居家养老服务网络逐步形成，新增养老床位5031张。完善社会治理体系，新增社会组织916家，全市具备承接政府职能转移和购买服务资质的社会组织174家。全年共筹慈善捐款1.6亿元，统筹超1.1亿元国有资产开展公益创投活动。各类生产安全事故大幅下降，平安江门持续巩固。

（市发改局）

【民生福祉】 2014年，江门市城市宜居功能改善。滨江新区启动区路网基本成型，建设路一迎宾路立交、启超大道、大鳌特大桥等道路通车，金瓯路改造等工程基本完成。公交优先得到强化，全市新增公交车212.8标台。“三旧”改造扎实推进，年度投资30.5亿元。实施“创文再出发”行动，顺利通过国家“创文”复检及“国家园林城市”复查验收。全市城镇生活垃圾无害化处理率达96.3%。完成天沙河景观带、白水带景观路等重点园林项目以及多个村（社区）公园建设，推动丰乐公园、群星公园、叱石公园绿化升级，筹建江门市植物园。乡村生活条件提高。完成314公里农村公路建设。推进778条村进行村容整治，创建市级名村示范村10个、乡村绿化美化示范村234条。全面推行“户集、村收、镇运、县（市）处理”的垃圾处理模式，全市农村生活垃圾无害化处理率达55%。全年“五改”投入1.8亿元，改造农村危房86间，新增自来水户1760户。环境保护力度加大。扎实开展绿化大行动，全年义务植树260万株。建成生态景观林带48.2公里、碳汇林4.56万亩，人均公园绿地面积达17.4平方米。全市森林覆盖率达45.32%，成为省林业生态市。新建成污水处理厂5座、污水管网161公里，新增污水日处理能力6.4万吨，全市生活污水处理率89.4%。完成潭江流域重点水污染行业和112家禽畜养殖场整治工作。全市城市集中式饮用水源水质100%达标。（市发改局）

【经济社会发展存在的问题】 2014年，受国内外经济环境不利因素影响，全市经济发展速度未如预期。同时，经济社会发展中存在产业发展量小质弱，创新驱动能力不足；制造业投资比重偏低，发展后劲不强；外贸、消费需求偏软；深化改革、美化环境、改善民生等工作力度有待加大等问题。（市发改局）

体制改革

【国有企业改革】 2014年，在建设城建开发平台方面，按照顶层设计的要求，继续全力开展市属国资整合发展工作。完善资产分类管理工作。结合资产的实际用途等情况，对注入城建开发平台公司、市直行事资产管理中心持有和接管以及继续由市财政部门管理的资产提出分类管理意见，完善相关制度。组织实施企业分类移交管理工作。市直行政事业单位属下127户企业中，除2户因产权关系不清晰未作移交外，其余125户已基本完成移交管理。加大市属国有企业资产整合力度，对市融顺交通投资管理有限公司等多家企业实施公司制改造，并将整体股权注入平台公司。通过资产注入，使市建设集团有限公司和市滨江建设投资有限公司增加运营收入和现金流，为二次发行债券、增加融资能力创造条件。在推动城市建设方面，推进融资工作。加强与金融机构联系沟通，积极推进城投债、中期票据融资，探索发行私募债、“三旧改造”和棚户区改造和项目资产支持计划融资等方式和渠道。2014年市属国资公司洽谈的融资项目共9项，正在办理的有4项，融资额为48.9亿元。重点工程项目建设总体进展顺利。2014年市国资委属下国资公司承担工程项目总投资15.4亿元。迎宾西路（西环路-江鹤高速杜阮出入口）、杜阮北一路（西环路-江肇高速杜阮出入口）、广中江高速杜阮和礼乐出入口连接线、市城际轨道交通TOD项目、棠下镇等污水处理、市区第二水源供水设施建设等重点工程建设项目进展顺利。在推进重点改革项目方面，坚持以发展为导向，推动重点国企改革项目进展。做好江门融浩水业股份有限公司上市前期培育工作，会同市财政局推进市属污水处理资产管网分离工作，调整污水处理企业盈利模式，为今后将污水板块注入融浩公司做好准备继续抓好省七建集团的破产清算工作，对省七建的留守机构和留守人员薪酬进行调整，做好职工集资清退收尾工作和对职工“白条”的审核确认工作。稳妥推进事改企工作，市园林设计室、市质检站、市勘测院、市场物业管理站已完成事改企审批工作。

（市国资委）

【经济体制改革】 2014年，江门市根据中央和省关于深化经济体制改革的部署和要求，推进重点领域改革，发展混合所有制经济。推动国有资本、集体资本、非公有资本相互融合，完成市西江石油有限公司改制，推进市园林设计室、市质检站、市勘测院、市场物业管理站等事改企工作。组织企业参加“2014年第二次广东省国有企业混合所有制项目展示对接活动”，并成功对接3个项目。积极支持非公有制经济发展。设立专项资金，培育骨干企业标杆。推动实施“政银保”贷款，缓解中小微型企业的融资难题。完善中小微企业综合服务体系。补助企业出口，帮助企业开拓国际市场。保障非公有制企业建设用地。深化审批制度改革。编制第三批行政审批制度改革事项目录，市本级共调整审批事项599项，精简幅度达45.7%。印发市本级政府向社会组织转移职能事项目录，转移职能事项48项。7个市（区）调整改革事项2406项，精简比例为38.3%。优化政府监管机制。印发实施《江门市商事登记制度改革后续市场监管实施方案》，加快建立行政审批事中、事后监管标准和机制。建立全市督查督办电子监察系统，实行市直和各市（区）行政审批事项的智能化、信息化管理和电子监察。建设法治化营商环境。出台《江门市建设法治化国际化营商环境实施意见》，开展涉企政策文件、行政事业性收费清理工作，贯彻执行省关于免收部分个体工商户堤围防护费。推进社会信用体系建设。出台《江门市社会信用体系建设规划（2014-2020年）》，搭建社会信用体系建设总框架。推进公共信用信息系统建设，整合各行业、各部门的信用信息。实施诚信绿卡计划，诚信绿卡企业达1160家，企业实力明显增强。完善财政管理制度，推进全口径预算编制，将国有资本经营预算和社会保险基金预算纳入预算草案编制范围。开展项目库改革试点，盘活存量资金，细化预算编制，研究滚动预算编制，优化预算编制管理系统功能。改进预算管理机制，深化绩效预算改革。推进大广海湾发展战略。《广东江门大广海湾经济区发展总体规划（2013-2030年）》获省政府常务会议审议，完成大广海湾经济区产业发展、基础设施建设、低碳生态三个专项规划编制工作。推进大广海湾发展战略，有利于整合和重组珠三角核心区的经济资源，加快产业重构，推动珠三角构建新的战略发展平台，加速发展方式转变进程和对接“21世纪海上丝绸之路”国家战略。推进农村综合改革。稳步推进农村土地承包经营权确权登记试点及新会区“全国农村综合改革示范试点”工作。规范农村集体“三资”管理，目前全市 73个镇（街）建立农村“三资”管理服务中心和资产资源交易中心（平台）。推动工业设计产业转型升级。大力发展工业设计产业，组建蓬江区创新创意产业群，为产业聚集内众多大、中、小、微企业提供工业设计和咨询策划等多端服务。制定《江门市贯彻〈关于推广三资融合建设模式促进我省民营科技园发展的意见〉工作方案》，积极推进三资融合。完善多层次资本市场。推动企业上市融资，积极构建多层级资本市场体系。推进金融、科技、产业融合创新发展，打造科技型中小企业融资专业平台。成立科技小额贷款公司，重点服务市区的科技企业。（市发改局）

【财政制度改革】 2014年，贯彻落实深化财税改革的部署，推进财政体制改革。健全政府预算和报告体系，加强政府预算体系统筹。继续完善全口径预算编制，将一般公共预算、政府性基金预算、国有资本经营预算和社保基金预算“四本账”纳入预算草案编制，提高财政预算编制完整性。加大政府性基金预算、国有资本经营预算调入一般公共预算力度。细化预算编制，提交人大审议的财政报告全部细化到项级科目。加强财政专项资金管理，制定《江门市市级财政专项资金管理办法》，规范财政专项资金的设立、使用管理。加强预算执行管理，落实支出进度与资金安排挂钩机制，盘活存量资金，加大结余结转资金统筹力度。推进预决算信息公开。市本级公开财政总预算和总决算以及“三公”经费情况；市直部门按照统一规范要求公开部门预决算信息以及“三公”经费信息。编制权责发生制政府综合财务报告，试编2013年度市本级权责发生制政府综合财务报告。（陈友发）

【医药卫生体制改革】 2014年新增台山市、开平市为县级公立医院综合改革试点，全市累计有4个改革试点、13家试点医院，县级公立医院综合改革试点实现100%覆盖。4个试点根据省医改精神，成立县级公立医院改革领导小组，制定《县级公立医院综合改革实施方案》和《县级公立医院综合改革工作推进方案》。其中首批试点单位恩平市、鹤山市的4家试点医院已按省县级公立医院综合改革要求，推进各项医改工作，落实调整医疗服务价格，全面取消药品加成，实施零差率销售，构建多元化办医格局，引进大型民营医院。2014年9月，总投资达40亿元的银葵医院奠基，计划2016年首期投入使用，2019年全部建设完成；扶持鼓励社区诊所发展，印发《江门市加快民营医疗机构发展实施方案》和《关于鼓励和支持名（中）医、高级医疗专家进社区开办诊所试点工作实施方案》。截至2014年12月底，全市基本医疗保险参保人数为388.71万人，其中城镇职工基本医疗保险119.09万人，城乡居民基本医疗保险269.62万人。2014年城镇职工医疗保险住院年度内累计最高支付限额由2010年的30万元提高到60万元，报销比例提高到85%左右，城乡医疗保险住院年度内累计最高支付限额由2010年的8万元提高到30万元，报销比例提高到70%左右，全面实施城乡居民与职工基本医疗保险大病保险制度，并通过引入商业保险公司承保江门市大病保险。大病保险承保公司人力资源，为参保人提供“一站式”即时结算服务，全市有18.41万人次享受大病保险待遇，大病保险资金合共赔付大病保险费用21523.7万元。推进异地就医多向联网结算，完善异地就医结算管理服务。推进省内异地就医即时结算服务。全市异地就医联网结算医疗机构21家，实现与省异地就医结算平台连接的医疗机构信息共享、跨区域对接。实施基本药物管理制度，二级以上医院优先配备使用基药。全市23家县级以上公立医院基本药物使用比例达38.7%，其中4家公立三级医院基本药物使用比例达34.3%，19家公立二级医院基本药物使用比例达44.2%；全市所有政府办基层医疗卫生机构均已实施基本药物制度，61个乡镇卫生院和20个社区卫生服务中心及其下属分院和社区卫生服务站统一配备和使用基本药物，统一网上集中采购，统一集中配送，对国家确定的520种基本药物和省增补的467种药物全部实行零差率销售；村卫生站全面实施基本药物制度，全市共有965间村卫生站实施基本药物制度，加强平价医疗服务体系建设。推进“三平”医疗服务建设，让老百姓“大病不致贫，中病常规治，小病靠平价”。

全市设立7家平价医院；28家二级以上公立医院中，已开设平价诊室的医院有22家，平价诊室占门诊资源数10.87%；全市所有政府办乡镇卫生院(或社区卫生服务中心)均已使用平价药包，使用率达100%。（市卫计局）

【食品药品监管体制改革】 2014年，江门市食品药品监督管理局分别与市卫生局、工商局、质监局、经济和信息化局等部门完成职能交接工作。食品、保健食品、药品、医疗器械和化妆品等产品从生产、流通到消费使用等全链条统一由食品药品监管部门承担。全市各地均在原来食品药品监管机构的基础上，重新组建食品药品监管机构；蓬江区、江海区结束无食品药品监管机构的历史，新设立监管机构；全市78个镇（街）以相近相邻及合理调配监管资源为原则，因地制宜地分片设置30个食品药品监督管理所，形成食品药品三级监管机构。

（市食品药品监督管理局）

【农村经济体制改革】 2014年，江门市加快推进新会区国家农村综合改革示范试点，出台《江门市农村土地承包经营权确权登记颁证工作方案》，推进农村土地承包经营权确权登记颁证工作。全市专项财政预算安排1901万元，选定13个镇100个经济合作社开展确权工作，完成实地测量耕地面积4255.98亩。完善农村土地承包经营纠纷调处机制，初步建立“镇村调解、区市仲裁、司法保障”的农村土地承包经营纠纷调处体系，完善调解仲裁工作制度。建设农村“三资”（资金、资产、资源）监管服务平台，全市实施农村“三资”监管“九有”（有牌子、有班子、有印章、有办公地点、有队伍、有制度、有平台、有对接、有统一监管）模式，77个镇（街）全部建立农村“三资”管理服务中心和资产资源交易中心（平台），农村集体财务“组账镇管”制度覆盖面达98%。全市有13880宗农村集体资产资源进入中心交易，交易总金额44.11亿元，比没有进入平台交易承包金额增加15.48亿元，增值额达54%。（许伟强）

【体制改革中存在的问题】 2014年，江门市经济体制改革成效明显，但由于市场经济高速发展，社会转型加快，深层次问题日益明显，经济体制改革中存在亟待研究和解决的问题：一是推进混合所有制改革亟须防止国有资产流失问题。二是行政审批制度改革推进难度加大。随着改革深入，地方的改革空间越来越狭窄，对于通过法律、行政法规甚至部门规章、文件设置的审批事项，地方清理难度加大。三是社会体制改革机制亟待完善。社区基层服务体系建设，特别是养老助残服务体系仍然处于起步阶段；镇（街）公共服务中心的工作机制没有完全理顺，影响公共服务的质量和效率；在培育和发展社会组织方面，虽然实现“量”的飞跃，但大部分社会组织成立的时间短，内部管理不规范，服务水平薄弱。

（市发改局）

精神文明建设

【文明城市建设管理】 完善测评机制，采取政府购买的方式引入社工机构每季度一次开展公共文明指数和未成年工作测评。完善问责机制，印发出台《江门市文明城市建设工作问责实施办法》，保障各项创文工作落到实处。建立领导挂点社区（城中村）督导创文工作新机制，采取由市、区一名领导联系一个单位，挂点到一个社区开展创文督导的方式，把整治社区环境、完善社区设施、营造创文氛围、加强志愿服务工作、加强未成年人工作等创建目标进行细化，帮助社区群众解决实际困难。策划开展创文惠民成果体验之旅，共设计了发展之旅、惠民之旅、生态之旅等9条线路，免费招募了300多名市民亲身体现创文所带来的实惠与便利。推动创文活动常态化。推动文明城市群出现规模，开平市被评为广东省文明城市，台山市被为广东省文明城市创建工作先进单位，计划2015年争创广东省文明城市。鹤山市、恩平市已制定具体工作方案和分步实施计划，2015年审评广东省文明城市创建工作先进单位。

【公民道德教育】 6月12日，承办爱国敬业诚信友善—全国道德模范与身边好人现场交流活动，广东省文明办常务副主任柯文仲，市委常委、常务副市长黄悦胜等领导出席该活动，共有50名道德模范和身边好人代表参与现场交流活动。该交流活动采取播放事迹视频，主持人与嘉宾、网友互动交流的形式进行。全年共有4人荣登“中国好人榜”，3人获评“广东好人”称号，认定40位“江门好人”。制定出台《江门市帮扶生活困难道德模范（身边好人）实施办法》，对困难道德模范（身边好人）的帮扶资金，被纳入每年的公益慈善万人行或“扶贫济困日”活动定向捐助项目。精选出历届各级道德模范和身边好人共67位，对其事迹进行收集、编辑，以文图结合编印成《最美江门人》一书，分发到相关单位和市民手中。组织开展道德模范、身边好人进社区、进学校活动。通过情景报告会、宣讲、交流、文艺小品等方式，向群众讲述身边的好人好事，传递道德能量，市文明办组织一场全市性道德模范、身边好人进社区活动，举办3场道德模范进校园活动。编印《我爱我家——江门》市民手册1万册，分成“惠民工程”“市民行动”“道德品牌活动”三篇，配上各类公益广告词，向市民宣传文明礼仪和创文成果。成立江门市文明旅游工作联席会议制度，印发《2014年江门市文明旅游活动方案》。7月13日，在五邑华侨广场国际会议中心，举办全市文明旅游活动启动仪式暨文明旅游论坛活动。下发《江门市开展节俭养德全民节约行动实施方案》，在全市部署开展节俭节约教育实践活动。举办“创文再出发、清盘在行动”纪实摄影大赛与巡回展览，倡导节俭养德。印发《江门市诚信“红黑榜”发布制度》，从8月29日起，每两个月定期发布工商、质监、文广新、食品药品监督局、中级人民法院等有关部门的“红黑榜”信息。江门市文明办先后印发了《2014年江门市推进诚信建设制度化工作方案》《江门市开展“诚信行业”创建活动的实施方案》《江门市创建“诚信示范街、示范店”活动评选办法》。将新会区中心南路作为2014年江门市“诚信示范街、示范店”创建示范点，举办推进诚信建设制度化工作座谈会。

【未成年人思想道德建设】 通过网上活动

与网下实践相结合的方式，组织节日主题活动。启动以“悦读‘圣贤书’，同圆‘中国梦’”为主题的全市“国学经典读诵学习工程”。举办“践行社会主义核心价值观-道德模范进校园”活动36场，组织道德模范走进大中小学校，举办情景报告会、事迹报告会、座谈交流等学习宣传活动。落实中央文明办的要求，组织开展全市十年未成年人思想道德建设工作调研，并形成报告上报。组织开展第三届优秀童谣征集、评选活动，并将优秀作品编印成册，在校园中开展传唱活动。成立新校外未成年人心理健康辅导中心，依托第三人民医院和心理协会专家、医生和志愿者队伍，通过电话、网站、面谈等方式，对未成年人进行心理健康教育、辅导和治疗。建成84所乡村（城市）学校少年宫，实现所有乡镇中心小学少年宫全覆盖，联合开展乡村学校少年宫检查、指导。组织做好全市未成年人思想道德建设工作见证材料收集整理等测评迎检工作，顺利通过全国文明城市复评。

【志愿服务工作】 建立社区志愿服务常态化制度，出台《关于推进社区志愿服务制度化的实施意见》《江门市社区志愿服务工作方案》《关于推进社会工作者和志愿者联动工作的实施方案》等政策性文件，促进社区志愿服务站发展。推动社区志愿服务实现品牌化，蓬江区大力推行“志愿楼长”工作，取得较好成效，新会区组织开展“让•行”微公益交通劝导、“万胜星火计划”关爱留守儿童等特色项目，擦亮义工服务品牌，江海区通过与企业签订文明创建战略合作协议，发动企业工会加入志愿服务组织，壮大志愿服务团队力量。开展公共文明引导志愿者行动，在市区范围内公开招募首批公共文明引导志愿者400名，采取政府购买的形式设定四类工作岗位，在市区主要道路、商业街、公共场所提供交通劝导、环境巡查、公交站点引导、社区文明监督等志愿服务活动，实现定人定时定岗定责，推进志愿服务常态化。建设一批志愿服务驿站，在东湖广场、青年广场、江门汽车总站、白水带公园、新会圭峰广场等人流较为密集的公共场所建成首期5个志愿服务驿站，依托愿服务团队因地制宜组织开展各类便民服务活动，成为市推广志愿服务品牌的重要平台。

【群众性精神文明创建活动】 做好全国文明单位推荐复评工作，推荐江门出入境检验检疫局、中国移动江门分公司、江门市行政服务中心等三个单位申报第四届全国文明单位，鹤山市五星村、鹤山市黄洞村、恩平市成平村等三个村为全国文明村申报单位。组织对已获得全国文明单位称号的6个单位，获得全国文明村镇称号的4个村镇进行复查，文明创建实现动态化管理。继续抓好基层精神文明创建活动，年内共计评出“江门市标兵文明村”10条、“江门市生态文明村”26条、“江门市文明镇（街）”7个、“江门市文明单位”43个、“江门市文明窗口”17个、“江门市文明社区”13个、“江门市精神文明建设工作先进个人”40人。

（市文明局）

政治

江门年鉴

2015

JIANGMEN YEARBOOK

中共江门市委员会

思想工作

【作风建设】　立案调查开平市政协原副主席冯润深严重违反组织人事纪律等违纪案。查处违反中央八项规定精神21宗，4名处级干部因顶风违纪被立案查处。查处市美术馆借外出考察学习之名用公款购买旅游消费卡等顶风违纪案件。抓住元旦、春节、中秋、国庆等重要节点开展明察暗访，查处不作为、乱作为等案件49宗，问责处理57人。加大行政投诉调处力度,集中开展收送“红包”礼金、庸懒散奢、公车私用、“吃拿卡要”等专项治理行动，曝光典型案例38宗，重点查处江海区外海工商所原所长区惟富“吃拿卡要”典型案件。

【惩治腐败】　全市纪检监察机关受理信访举报1452件（次），同比增长33.1%；立案525件，同比增长37.4%；结案461件，同比增长41%；给予党纪政纪处分429人。全市查处处级干部14人，重点查处恩平市原副市长陈培根受贿案、台山市台城街道办原党工委书记甄确（副处级）违纪案等一批大案要案。全市镇（街）立案272件，同比增长38.1%，连续七年实现镇（街）办案100%的目标。发挥派驻机构职能作用，派驻市直机关工委、教育局、国资委、公安局、农业局等纪检组（纪工委）自办案件共6宗。解决发生在群众身边的腐败问题，查处蓬江区教育系统系列案等，重点查处恩平市阳江核电线路工程补偿系列案，处分22名镇村干部，6名公职人员受到刑事追究。查处农村基层违纪违法案277件。严查事故背后的失职渎职问题，追究责任13人。加大信访举报初核力度，畅通信访举报渠道，对4宗案件的8名实名举报有功人员进行奖励。

【廉政教育】　连续6年举办重点岗位廉政勤政建设培训班，组织93名新提任副处级领导干部开展集体廉政教育活动。推进市县两级廉政教育基地的升级改造，组织党员领导干部到省反腐倡廉教育基地、开平获海风采堂等基地接受教育。举办第六届“五邑廉洁清风”先进事迹报告会，宣传勤廉兼优先进典型。加大党风廉政宣传力度，拍摄《碧海清风》《希望的田野》等廉政专题片，开展反腐倡廉公益广告宣传与节日廉政提醒，升级改版“江门廉政网”。抓好农村党风廉政建设，督促完善农村“三资”监管和财务管理，完善两个平台建设，查处涉及“三资”违纪案件80宗。抓好重点工作和重点项目的行政监察和效能监察，深化电子监察综合平台应用。开展重大工程项目风险评估抽查试点工作，组织异地专家对下沙保障房等4个项目进行风险评估，强化对职能部门监管重大工程项目履职情况的行政监察。

【改革创新】　探索推动党的纪律检查工作双重领导体制，落实查办腐败案件以上级纪委领导为主，建立健全线索管理上报和案件查处督导机制，向省纪委报告线索处置情况5条、案件查办情况1件，各市（区）纪委向市纪委报告线索处置情况50条、案件查办情况3件；蓬江、台山等地推行部门纪检组组长、镇（街）纪委书记提名和考察以上级纪委会同组织部门为主。落实党风廉政建设责任制，督查各市（区）和12个市直部门“两个责任”落实情况。落实“一案双查”，对党委主体责任落实不到位的7 个领导班子进行责任追究，针对恩平法院2013年爆发的系统窝案，立案查处其原院长、原副院长在任职期间的失职行为。开展党委（党组）主要负责人向上级纪委全会述责述德述廉工作，探索在镇、村开展“三述”活动。市纪委监察局牵头或参与的议事协调机构由185个精简至13个。市纪委调整内设机构，整合成立组织部、宣传部、调研室、党风政风监督室、干部监督室，纪检监察室由2个增至5个，执纪监督人员占机关总人数近70%。

【干部队伍建设】 做好干部的培训和交流轮岗工作，选送343名纪检监察干部到中央纪委、省纪委参加培训，对镇（街）纪委书记和专职副书记进行全员轮训，提升基层纪委履职能力。开展镇（街）纪委规范化建设年活动，全市78个镇（街）纪委配强人员，设立专门办公场所（62个镇（街）专门设立谈话室），提前半年完成省纪委两个“六有”工作要求。2014年11月，全省镇（街）纪委规范化建设工作推进会专门介绍江门市工作经验。加强内部监督制约机制建设，对纪检监察干部履行职责和廉洁自律情况进行监督检查。（市纪委办）

组织工作

【团基层组织建设】 团市委与市委组织部联合发文推动全市1051个村和269个社区的团组织顺利换届。开展“两进三同四争先”活动，解决基层青年问题67个。做好领地拓展工作，全年共新建非公团组织100家、乡镇直属团组织195家、农村专业合作社团组织33家，成立合作社县域团工委6个。依托全市100个“城乡青年中心”，组织发动全市78个镇（街）团委开展“科技文化活动月”和“青春建功庆新春”活动，共组织举办文娱体育、民俗节庆、培训引导、帮扶创业等各类活动共286场，覆盖服务团员青年7335人。注重抓好队伍建设，由团市委牵头组织，各市（区）团委单独承办，全年共举办基层团干知识培训班9场次，参与团干部达1322人次。

【青年就业创业工作】 2014年，团市委与邮储银行合作开展“邮青时贷”等项目活动，针对全市符合条件的创业青年进行低息发放贷款达100笔，合计金额1170万元。9月份，举办“邮储杯”青年涉农产业创业创富大赛（江门赛区）晋级赛，共收到全市超过300个创业项目的网上报名，经过初赛和晋级赛，最终评出3个优秀项目并推荐参加省的决赛，其中，太空蔬菜项目在省的决赛中获得银奖。11月份，组织江门各市（区）团组织负责人、部分镇（街）团委书记和青年电商代表45人到揭阳、汕头两市开展电子商务参观学习。（市委组织部）

宣传工作

【理论学习】 学习贯彻落实中共十八大、十八届三中、四中全会精神，全年组织市委中心组集中学习18次。制定《江门市县（处）级以上党委（党组）中心组2014年度理论学习意见》和每个季度的学习计划，继续完善各党委（党组）中心组集中学习情况报送制度，每个季度对处级党委（党组）中心组的学习情况进行通报。9月下旬，确定江门市人民政府办公室机关党委等10个党组织为全市首批学习型党组织建设示范点。推进理论下基层。组织开展学习贯彻党的十八大精神“走基层”“共筑中国梦”、十八届三中全会精神宣讲活动。宣讲党的十八届三中、四中全会和习近平系列重要讲话精神。完成《梁启超民族复兴梦研究》等12个课题研究，举办“培育和践行社会主义核心价值观”理论研讨会，组织13期“五邑文化讲坛”。挖掘江门侨乡历史文化内涵，推进海上丝绸之路申报世界遗产工作。加强社科建设，组织评选2012年-2013年度优秀社科成果和第四届优秀社科专家，组织对2012年、2013年度部分江门市哲学社会科学课题规划结题项目进行审核，受理市社科规划申报课题140项，评审31个立项资助项目和44个自筹经费项目。

（张镇就）

【新闻宣传】 组织协调中央、省、市及境外媒体，落实各时期宣传任务。组织全面深化改革宣传报道，把十八届三中全会精神与江门市经济社会建设进展结合，宣传江门市贯彻落实中央、省市有关深化改革工作的决策精神。宣传推动实体经济发展，加快转变经济发展方式；宣传加快推进江顺大桥、深茂铁路、江门大道、万达广场等大项目建设成效和亮点；反映江门市狠抓工业园区平台建设促招商引资，开展“诚信绿卡”、大广海湾建设规划等工作成效等。开展生态文明和民生宣传。报道江门市良好生态环境，反映各级实施各项惠民工程，宣传种好民生“大树”、着力加强“大民政”建设情况。组织好培育和践行社会主义核心价值观、创文复评以及开展党的群众路线教育实践活动宣传报道工作。配合江门市安全生产、食品安全、计生、平安江门、扶贫等工作开展宣传。召开全市新闻舆论会议暨五邑新闻奖评选颁奖活动，部署2014 年新闻舆论工作，提出加强和改进新闻舆论工作要求，表彰了一批优秀稿件和个人。指导市直媒体加强马克思主义新闻观教育培训，增强新闻单位和从业人员的责任意识和能力。 （谢智雄）

【舆论引导】 做好市区出租车司机罢驶、玉圭园业主集体抗议、登革热防控等突发事件和公共危机事件的新闻应对工作。利用新媒体，依托江门发布微博、微信平台，组织4期微访谈。加大对国内主要网站、本地时政网站、论坛、微博和微信的监测分析，及时掌握涉及江门市网上舆情动向，做好“江门新闻早报”、《网络舆情周报》《舆情信息快报》编辑上报工作。加强对全市各主要时政网站和论坛的日常监管。做好网络评论引导工作，开展网络文化活动，举办江门市第四届互联网行业论坛。

（龚勇安）

【对外宣传】 2014年，围绕市委市政府中心工作，邀请中央、省级和香港媒体主流媒体到江门采访，报道江门经济社会发展情况，内容包括诚信建设、江顺大桥合龙、发展先进（装备）制造业、世青大会、农博会等，《人民日报》以半个版面作了《江门 信用评级助小微逆袭》报道并配发评论；同中央电视台合作，以侨乡题材、侨乡场景，开拍播出多个节目，包括《北美江门人》《寻找最美花园-开平立园》《江门月侨乡味》等电视专题片；新媒体建设大跨步，新浪微博、人民微博@江门发布（后更名为中国侨都-江门发布），腾讯微信公众号“江门发布”上线。利用新媒体助力江门创文迎检宣传，依托江门发布微博、微信平台，联合新浪广东举办“拍好江门•亮出文明”系列网络宣传活动，组织新浪达人文明江门行，发起“创文加油”“拍好江门”两大话题，累计阅读量达到1067万人次，参加网上文明讨论微博近5000条。编辑出版《今日江门》。完善新闻发布制度，举办2期新闻发言人培训班。 （卓国雄）

【宣传阵地建设】 《江门日报》、江门广播电视台高密度刊播有关公益广告。组织在城市主干道、广场公园、社区、学校、车站码头、公共交通工具、建筑围栏等位置广泛宣传“24字”内容。组织、推动江门市“善行义举榜”工作开展，全市范围内设置“善行义举榜”1000多个。加强践行社会主义核心价值观示范点建设。新会区会城街道北门社区被评为广东省培育和践行社会主义核心价值观示范点。

（谢智雄）

【国防教育】 对江门市国防教育长廊进行图片更新、维护。安排专人参加征兵宣传，完成各项征兵宣传任务。联合军分区政治部开展第二期“我骄傲，我是一名军人”征文工作。联合市教育局举办2014年江门市“南粤长城杯”青少年学生演讲比赛活动，推荐江海区礼乐中学杜明洪和新会葵城中学李漪琳同学代表市参加全省总决赛，分别获得高中组一等奖、初中组一等奖。完成省爱国主义教育基地检查组对江门市省级爱国主义教育基地的复评及申报省级教育基地初评工作，江门五邑华侨华人博物馆获评省级爱国主义教育基地称号。

（谢智雄）

【企业政工职称评定】 2014年江门市全市参加政工专业岗位培训人数415人，参加职称外语考试的人员共34人，其中高级11人，中级23人。专业职务评定和考核认定人数为109人，其中高级政工师30人，政工师38人，助理政工师40人，政工员1人。（陈博苑）

【文化活动】 以“百姓健康舞”为抓手，丰富充实群众文化生活。协调安排重大节庆期间文化活动。元旦、春节期间全市的文化活动近200场。举办“百歌颂中华”歌咏活动。15支合唱团和60多位歌手分别参加合唱、个唱比赛，选拔出1支优秀的队伍和2名歌手参加省的比赛。配合做好“光耀神州50年”焦裕禄专题展览，并培训、安排义工讲解员进行义务讲解，展览持续16天，观展党员群众达116批次共6800人。先后与美国、加拿大举办各种书画作品展等活动。承接省群众文化精品巡演活动。组织队伍参加2014广东珠三角咸水歌邀请赛。组织开展全民读书活动各项工作。制定《江门市2014年全民读书活动方案》，启动2014年全民读书活动。举办“2014侨乡阅读文化节书展暨第四届江门侨乡动漫节”，共有100多家动漫企业参与，上万册图书、40多家学校参展；共由书展、动漫文化展会、教育特色成果展、名家读书论坛、“星星点灯”社会捐书活动、小记者书香采风活动、图书“交换阅读”等12个活动项目组成。全年举办13期“岭南大讲坛•五邑文化讲坛”。分别邀请市委党校张忠林校长、五邑大学凤群教授、省社科联（广东禅文化研究会副会长）林有能副主席等学者深入江门市基层社区、企业送“提高执行力　共圆‘中国梦’”“莫言的文学世界”主题讲座、广东“禅宗与广东人的文化性格”等内容为主题的讲坛，参与活动的干部群众累计近4000人次。（卢家祥、谢智雄、蔡俊彬）

【文化事业和文化体制改革】 推动“中国舞蹈之城”的筹备工作。11月底，江门市已获批“中国舞蹈之城”称号。出版《美丽江门》，对江门历史文化和旅游资源进行集中挖掘、梳理、记录和呈现以图文之美来展现江门之美。传达学习贯彻“习总书记在文艺工作座谈会上的讲话精神”。协调各市区、各相关部门深入开展“深入生活、扎根人民”主题实践活动。完成“江门市文艺精品创作扶持资金”项目评审及资金拨付工作。配合策划“四个一”文体惠民工程，制定以“舞一舞，舞动江门”“唱一唱，唱响江门”“走一走，健步江门”“踢一踢，毽跃江门”为主题的“四个一”文体惠民工程实施方案，并组织召开两次部门协调会议。组织音乐剧《华侨历史组歌》、小舞剧《爱莲》以及反映五邑华侨抗日题材的广播剧创作、纪实文学创作等；其中小舞剧《爱莲》在第四节岭南舞蹈大赛中一举囊括业余组编导金奖、表演银奖及舞美、灯光等四项大奖。组织参与“同饮一江水”2014年广东农民工歌唱大赛；举办第十一届精神文明建设“五个一工程”暨优秀文艺家评审。本届评审共收到参评作品共164件，送评优秀文艺家候选评审材料33份。评出第十一届精神文明建设“五个一工程”优秀作品奖25件，入围作品28件；授予开平市委宣传部等三个单位组织工作奖；授予邓荣宗等十三位成绩突出的文艺家为2011-2013年度江门市优秀文艺家称号。组织江门市文艺家进行文艺创作，向省委宣传部选送6件优秀文艺作品。完成江门市原创文艺作品推广计划，已经完成“李卓见书法展”、开平民歌专场演出等专场。制定《江门市深化文化体制改革实施方案》。推进新闻单位的体制机制改革。配合省广电网络公司加快推进县区广电网络整合工作。加快促进江门日报社的经营规模做大做强。加快新华书店改革，推进县区书店的重组。推进公益性文化单位的人事分配制度改革。完善粤剧团、电影公司的管理，结合送电影下乡、送戏下乡等文化惠民活动，利用政府购买服务的形式支持粤剧团、电影公司的发展。（卢家祥）

统战工作

【党外人士的政治和实职安排】 截至2014年年底，全市厅局级党外干部7名，占全市厅局级干部19.4%。江门市七个民主党派（民革、民盟、民建、民进、农工党、致公党、九三学社）市委会主委均安排进入市领导班子任职，其中，担任市人大常委会副主任2名，副市长1名，市政协副主席4名。

全市县处级党外干部共有71人，占全市县处级干部的7.6%，其中，在市人大专委会担任领导2名，市政协担任副秘书长1名；市级31个政府工作部门中，共有县处级党外干部18名，其中，经信局、教育局、科技局、司法局、社保基金管理局、住建局、城管局、交通局、林业和园林局、商贸局、卫计局、审计局、国资委等13个部门的领导班子配备党外干部；所辖市（区）人大、政府、政协领导班子基本都按规定安排党外干部，其中，进入人大领导班子7名、政府领导班子7名、政协领导班子17名。五邑大学和江门职业技术学院领导班子中分别配备1名党外干部。江门市第十四届人大代表总数374名，其中，非中共人士137名，占全体代表36.6%；人大常委36名，其中，非中共人士6名，占全体常委16.7%。政协第十二届江门市委员会委员总数396名，其中，非中共人士264名，占全体委员66.7%；常委108名，其中，非中共人士74名，占全体常委68.5%。

【服务侨乡经济建设】 成立“企业上市服务中心”，促成嘉士利集团在香港主板市场上市、地尔汉宇在深交所创业板挂牌上市，另储备10多家会员企业，由专业团队对它们进行筹备上市前的规划和培育。组建“特约社管专员”队伍，285名“特约社管专员”直接参与协调的矛盾纠纷及群体事件达102起。举办专场招聘会，组织106家会员企业进场招聘，设置各类招聘岗位650个，计划招收企管、技工、普工等各类人员2400人，近4000人踊跃进场应聘。成立小额贷款公司，由市民营企业投资商会牵头的江门高新区汇盈科技小额贷款有限公司于11月成立。促进会员服务中心建设，升级会员服务中心职能，专门聘请专业人才，为会员企业提供法律援助和法律指导、金融资产运营和策划、资本市场思考及营运、企业财富管理、企业上市知识咨询和协助企业与政府相关部门的工作。

【加强非公有制经济领域统战工作】 以党建促商建，开展非公党建工作。深化“种子工程”，通过“先培土再育种”和“先育种再培土”的方式推动非公党建工作，为江门市福建商会发展6名党员，被确定为全市“两新”党建典型案例进行推广；为江门市江艺实业有限公司成功培养首批6名预备党员。江门市福建商会、江西商会等7个直属商会成立党支部。鹤山市工商联被评为全国“五好”县级工商联建设示范点，蓬江和新会两区工商联被评为省“五好”创建对象；推动境外异地商会建设，首个境外商会——澳大利亚江门总商会成立，会长被江门市总商会聘任为名誉会长；发挥行业商协会作用，到南海、顺德等地学习取经，组建行业联盟，推动企业抱团发展；筹建总商会大厦，兼具行政、商务、金融、会议、培训等多种功能。牵头与市经济和信息化局、市人力资源和社会保障局、市工商局、市工商联联合成立江门市第四届全国非公有制经济人士优秀中国特色社会主义事业建设者推荐评选工作领导小组。推荐邱德厚为大中型企业人选，陈志华为小微企业人选，谢英珠为个体户人选，李阳为自由择业知识分子人选。

【加强和改善党对多党合作和政治协商的领导】 2014年初，向市委提交《关于2013年我市各民主党派参政议政情况的报告》。报告从不同角度指出阻碍参政议政工作开展的突出问题，并向市委提出完善党内党外两支队伍的教育培训机制，建立规范“党委出题，党派调研”的工作机制，完善建言献策反馈工作机制，指导有关单位完善合作共事的机制，健全落实对口联系工作的机制，完善参政议政的激励机制等建议。2014年初，市委召开“党外人士情况通报座谈会”后，将会上各党外代表人士提出的意见建议整理汇总，向市委作专题报告并提请市领导批示。下发《市领导同志批办事项办理通知书》（江办督字〔2014〕2号），针对党外人士在通报会上提出的意见建议，分解为24项专项工作任务，具体督办到27个政府部门。按文件要求涉及的有关政府部门向市委统战部报送具体措施办法和落实情况，并由市委办督查室进行跟踪协调，向各民主党派、工商联和有关社会团体反馈办理落实情况。探索推进建立党外人士民主协商的长效工作机制，草拟《关于进一步做好党外人士情况通报会相关工作的通知》，市党外人士民主协商工作纳入规范化、常态化和制度化的工作轨道。

【海外联谊工作】 坚持“走出去、请进来”，到香港、澳门听取乡亲意见，将他们意见建议反馈市委、市政府。邀请市政协委员、五邑海外联谊会的首长、理事回江门考察，举办联谊座谈。年初，邀请海联会名誉会长香港吴荣治和副会长澳门麦瑞权、徐伟坤等，分别率港澳政商界代表人士组团来江门考察交流，了解江门市发展的战略布局和重点项目。其间，负责接待的市有关部门与参访团相互交流学习，了解学习港澳地区在城市建设、社会管理、民生工作等方面的先进经验。推动港澳及海外代表人士考察江门、推荐江门，为交流合作搭建平台，共创商机。全年“走出去”拜访社团首长及重点人士46次，邀请并接待港澳社团首长、知名人士、著名侨领、投资实业家等组团到江门参观访问，进行联谊活动28次。做好港澳新生代工作，壮大爱国爱港爱澳力量。推动海外人士回乡开展慈善公益活动，美国侨领谢建明带领深圳狮子会与市残联合作，捐资24万元，为江门市600例贫困白内障患者施行复明手术。澳大利亚悉尼江门五邑青年联合会会长吴锐谋，向鹤山市妇幼保健院捐赠110万元医疗设备，提高该院医疗检验检测水平。举办首期海联会国情研修班。研修班47名学员以海联会港澳及海外执行副会长、副会长、副理事长为主体，都是有关国家和地区的侨领以及代表人士，来自美国、加拿大、法国等10个国家和地区的五邑籍侨领参加学习活动。12月，江门五邑海外联谊会举行第五届理事会第一次增补理事会议。增补后，理事数由432人增加至489人，理事旅居世界29个国家和地区，现港澳台海外理事共有366人，比例为74%；国内理事127人，比例为26%。这次增补，香港由158人增加至161人；澳门由68人增加至73名；海外由95人增加至129人。增加的理事涉及22个国家和地区，分布在世界各大洲，理事代表性强、层次高、年龄结构合理。

市直机关党务工作

【党的群众路线教育实践活动】 参加第二批群众路线教育实践活动。结合工作职能，在实践活动第一环节结束后，公开向市直机关各级党组织和广大党员发出“反对‘四风’争当表率”倡议书，要求做到“八个自觉”。5月份，工委通过群众意见“会诊”和干部建言献策，出台《厉行节约十八条》，并在《江门日报》上率先刊登，倡导机关勤俭节约新风尚。组织“践行群众路线，服务侨乡发展”演讲比赛和“践行群众路线”书画、摄影大赛及优秀作品展览。演讲比赛共有78个单位86名选手参赛，市四套班子领导亲临比赛现场指导。加强帮扶检查，抓好软弱涣散党组织整顿工作，研究确定市直机关24个整顿对象，并逐一分析原因、登记造册、建立台账，通过销号管理做好整顿转化工作。已完成整改党组织16个，正在进行整改党组织8个，对活动期间基层党组织专题组织生活会和民主评议党员工作进行抽查指导。

【党员流动服务站】 打造“党员流动服务站”，引导市直机关各单位结合单位职能，围绕中心工作、社会所需、群众所求，组织党员主动走进基层、深入群众，通过定期上门走访、与企业或社区联动设点办公等形式，开展业务咨询、政策宣传、扶贫帮困、治安维稳、就学就医、法律援助等各类党员服务活动，帮助基层排忧解难。建立服务登记、首问负责和情况反馈制度。到2014年底，市直机关92个单位均设立党员流动服务分站，全年共开展活动近1000场次；帮助群众解决问题1460多个，受益对象达285000多人次。

【党建工作目标化管理】 实施党建工作“插旗亮牌”激励机制。将市直机关92个党组织按单位性质分成四个类别，实施每季度一次的动态考核和“插旗亮牌”通报机制，对在同一类别中考核排名前两位的党组织插红旗，考核排名末两位的党组织亮黄牌。优化电子党务管理平台。对9大模块14项内容进行优化升级，新增“插旗亮牌”动态考核、党员流动服务站、发展党员备案、资料上报等4大栏目，使平台更趋完善稳定，规范日常党务工作。抓好专职副书记的配备与管理。市直29个机关党委中共有14个配备专职副书记。继续推进“双直选”工作。指导督促市直机关到期换届和新成立的党组织以“双直选”方式选举产生领导班子。加强对市直机关党建工作的宣传。《“三步棋”走出党建品牌建设新天地 江门市直机关开展“活力党建”品牌创建工作》等二十多篇信息、经验类文章先后被《中直党建》《紫光阁》《跨越》等党建媒体刊发。

【机关作风建设与管理创新】 以“三服务”（服务企业、服务基层、服务群众）典型案例评选活动为抓手，抓好作风建设。修改完善作风建设考评体系。根据作风建设领导小组成员会议要求，对作风建设考评体系的考评对象、分值权重、考评内容修改完善。将136条群众反馈意见原汁原味反馈给市直58个单位，并督促整改，将58个单位的整改措施发布在江门政务之窗网站，接受群众监督。重点整改各涉企涉民部门在工作作风上存在的突出问题。开展全方位满意度测评。通过发放测评表、网上测评等方式，邀请上下级对口机关、基层单位以及群众代表、“两代表一委员”、机关代表、企业代表等近万名群众对机关单位的服务满意度进行测评，提升群众满意度。组织作风建设平时评议。全年不定时到市直50个窗口单位开展常态化测评，对窗口单位服务态度、办事效率、依法依规、党风廉政四个方面进行评议。开展“‘三服务’典型案例”评选活动。年底市委组织部“牵头抓总搭平台 量体裁衣助发展”等10个项目获评十大典型案例。开展“管理创新奖”评选活动，85个市直单位申报了91个项目，年终52个项目参加评选，29个项目参加中期评估。经过专家评审、现场评审、网上评议、领导小组票决，市财政局“首创城建投融资规划　引领重大基础设施投融资创新”，市金融局“创新中小微企业外部信用评级新模式”，市中级人民法院机关“‘民告官、跨区审’——行政案件跨区审判新模式”，市社工委、市民政局、市残联“开展公益创投 做实底线民生”，江门检验检疫局“发挥产业集群优势 打造‘江门制造’区域品牌”等五个项目获得2014年管理创新奖项目。

（市直机关工委）

党校工作

【简述】　市委党校全年共举办主体班次24期，培训轮训学员5797人（次）。常规主体班次13期，大规模专题研讨班2期，换届后村（社区）党组织书记和村（居）委会主任培训班4期，新进村“两委”大学生村官培训班1期，各民主党派市委委员暨机关干部培训班1期。接待外来培训班287期，承接外来主体班现场教学活动40多期。市委党校发挥资源优势，全年完成市委交办的重要接待任务2次，为市直127个部门单位提供办班办会等服务。全年组织教职工参加各类学习培训82人（次），制定《青年教师传帮带计划》，加强年轻教师培养，并建立主体班班主任培养机制。制定人才引进计划，参加全市组织的公开招聘教师工作2次，组成招博小分队，分赴武汉、兰州、四川等地高校，现场招聘应届博士毕业生。基础设施及信息化建设方面，完成对礼堂、图书馆、致远楼、端明楼等处排水系统的改善处理；新安装了礼堂的防雷设备；重新装修闲置用房3间；改造学苑楼十楼多功能会议室消防设施。完成校园网站改版、科研管理系统、干部教育培训管理系统和信息化综合平台等4个平台的整体验收和学苑楼10楼多功能厅电教平台重建；完成校园一卡通项目改造验收工作；实现信息化应用培训新突破，校园网带宽由原20M扩容到80M，提高网络应用的安全性。开展以“为民务实清廉”为主题的党的群众路线教育实践活动。在实践活动中，校委班子带头学习，先后组织9次集中学习；共征集到原始意见和建议73条，确立问题清单2个，并针对具体问题制定相应的整改措施，全部交由相关科室进行立行立改；确立“废、立、改”方案，新建立制度5个，修订制度11个，全方位完善和强化各项管理制度。市委党校助力全市教育实践活动，为全市机关企事业单位提供宣讲近90场次；编印《党的群众路线教育实践活动学习读本》《习近平总书记系列讲话辑要》《反“四风”案例汇编》等3本读本；在《江门日报》等媒体发表理论文章共25篇，并在《人民网》理论版、《广东党建》等刊物上发表理论文章多篇；组织教师在《江门日报》发表十八届四中全会精神学习体会文章5篇；派出三位骨干，分别作为市委教育实践活动督导组成员和办公室工作人员。

【教学改革】　更新教学内容，教学布局科学合理。创新教学方式，教学方法灵活多样。在处级班坚持以学员“两个带来”为主要内容的互动研讨，在中青班开设学员论坛和结构化研讨，在党外中青班开展建言献策交流活动，引领学员针对理论和现实问题，深入思考和交流。2014年，新开辟现场教学基地7个，新开发现场教学课程5个，教学覆盖所有主体班次，内容涉及经济转型升级、新型城镇化建设、企业文化、社会治理等多方面。在处级班新开发领导干部场景讲话实训课程，在中青一班创新编写工作案例教学方式，组织学员到中级法院旁听庭审，并与行政庭法官互动交流，邀请行政庭法官到培训班授课，在《以人为核心，推进江门新型城镇化建设》和《以侨文化推进江门经济发展》两门课程教学中采用了“半天现场教学”加“半天专题讲授”的形式。

【科研工作】 全年教研人员公开发表理论文章47篇，提交理论研讨文章14篇，组织教师参加各类研讨会7次，在“培育和践行社会主义核心价值观”征文中，2篇论文获二等奖、1篇获三等奖，1篇论文在“中国梦与中国共产党——学习习近平总书记系列重要讲话专题研讨会”征文中获三等奖，2篇论文入选“邓小平理论与广东深化改革新实践”理论研讨会。2篇论文获2012-2013 年度江门市哲学社会科学优秀成果三等奖。新立项研究课题13个，各类课题结项20项。编印内部刊物《侨乡论坛》6期，编辑出版了《学习与思考文集（2013）》，编辑《研究动态》2期，编辑发行《信息参考》23期，形成《关于江门承东启西打造珠江西岸新经济增长点的几点思考》《发展工业机器人产业助推我市装备制造业》等多篇调研报告，为市委市政府提供决策参考。与市中级人民法院共同签约建立“依法行政教育实践基地”，与市应急办开展应急管理项目合作，提升党校服务政府部门工作的能力。 （市党校）

江门市人民代表大会

市人大工作

【简述】 2014年，市人大常委会深入贯彻党的十八大，十八届三中、四中全会精神，认真落实市委决策部署，紧紧抓住改革这一主题和发展这一主线。一年来，听取“一府两院”专项工作报告11项，开展执法检查2项，依法做出决议决定6项，依法任免国家机关工作人员44人次。 （骆阳平）

【市人民代表大会会议】 市十四届人大四次会议于2014年1月22日—23日在江门市召开，会议应到代表387人，实到368人。会议听取和审议江门市人民政府市长庞国梅所作的政府工作报告、市人大常委会常务副主任梁清兆所作的市人民代表大会常务委员会工作报告、市中级人民法院院长叶柳东所作的市中级人民法院工作报告、市人民检察院检察长向斌所作的市人民检察院工作报告，审议《江门市2013年国民经济和社会发展计划执行情况与2014年计划草案的报告》《江门市2013年预算执行情况和2014年预算草案的报告及2014年预算草案》。会议表决通过《关于江门市人民政府工作报告的决议》《关于江门市2013年国民经济和社会发展计划执行情况与2014年计划草案报告的决议》《关于江门市2013年预算执行情况和2014年预算草案报告的决议》《关于江门市人民代表大会常务委员会工作报告的决议》《关于江门市中级人民法院工作报告的决议》和《关于江门市人民检察院工作报告的决议》。会议增（补）选龙家建、江月明、罗职安、廖振明为江门市第十四届人民代表大会常务委员会委员。 （钟文明）

【市人大常委会会议】 2014年，江门市十四届人大常委会举行第十七至二十四次会议。会议主要听取和审议关于江门市2013年财政决算草案报告、江门市社会保险基金2013年决算情况的报告、江门市2014年上半年预算执行情况的报告、江门市2014年上半年国民经济和社会发展计划执行情况的报告、江门市2013年度本级预算执行和其他财政收支的审计工作报告、关于江门市贯彻实施《中华人民共和国科学技术进步法》情况的报告、关于新一轮扶贫开发“规划到户责任到人”工作情况的报告、关于行政审批制度改革工作情况报告、关于市十四届人大四次会议及闭会期间代表建议办理工作情况报告、关于2014年市本级公共财政预算调整方案的报告以及关于加快江门大道及配套道路等基础设施建设的议案。会议听取和审议市人大常委会执法检查组关于检查全市贯彻实施《中华人民共和国大气污染防治法》情况的报告、市人民检察院推进行政执法与刑事司法衔接工作情况的报告、市人大常委会代表资格审查委员会关于代表资格的审查报告，确认387名江门市第十四届人民代表大会代表的代表资格有效。会议批准江门市本级2013年财政决算，通过关于批准2014年市本级财政预算调整方案的决议，通过关于加快江门大道及配套道路等基础设施建设议案的决议。会议接受个别市人大常委会委员辞职事项以及审议人事任免事项。 （钟文明）

【人大监督】 2014年，市人大常委会认真听取和审议市人民政府关于《中华人民共和国科技进步法》实施情况的报告，关于扶贫开发“规划到户、责任到人”工作落实情况的报告，关于行政审批制度改革情况的报告，关于办理市十四届人大四次会议及其闭会期间代表意见、建议工作情况的报告和市人民检察院关于行政执法与刑事司法相衔接工作情况的报告。强化财政预决算监督，听取和审议市政府关于江门市2014年上半年国民经济和社会发展计划执行情况的报告、江门市2013年财政决算草案的报告、江门市2014年上半年预算执行情况的报告、江门市社会保险基金2013年决算和2014年上半年预算执行情况的报告、江门市2013年度本级预算执行和其它财政收支的审计工作报告。以治理潭江水环境、加强江门市区山体水域保护和利用为抓手，开展《中华人民共和国大气污染防治法》实施情况的执法检查。市人大常委会把创文工作作为常委会的重点监督工作之一，通过听取代表意见、实地视察、明察暗访等形式着力推进江门市文明城市复评迎检工作。市人大常委会加强对市政府规范性文件及下一级人大常委会的决定、决议的备案审查工作。全年共收到市政府报送的规范性文件备案报告11件，按相关要求进行审查处理。加强对市委市政府2014年承诺的民生实事项目中涉及加强公共服务、提高住房保障水平、改善农村基础生产生活条件、推进防灾减灾重点工程建设部分的第11－18、21－23、25、26项内容（共13项）的跟踪督办。市人大常委会围绕江门市大广海湾专项规划、重大基础设施建设、重大项目落地推进及口岸建设、华侨农场改革发展、财政专项资金绩效等经济建设情况，围绕 “大民政”建设、市区公共交通、城市“三旧”改造、小区物业管理等社会建设情况，围绕村镇规划建设、气象减灾防灾、生态公益林建设、潭江水环境保护等生态文明建设情况，围绕市侨乡文化挖掘与保护利用、职业教育工作等文化教育建设情况，围绕对市中级人民法院创新执行工作机制工作的法制建设情况开展监督工作，进行专题调研和视察。 （邢超群）

【人大代表约见市长座谈会】 2014年7月，市人大常委会组织十位市人大代表针对公交车和出租车的运营管理、农贸市场改造升级、学校周边食品安全、教育资源整合、“五小场所”消防整治、停车场规划建设、旧社区改造等创文工作难点约见庞国梅市长。座谈会上，代表们积极向市长提出意见建议，建言献策，推动政府加强城市管理，办好民生实事，使市民能共享创文成果。 （周婉晗）

【人大代表培训】 2014年4月和7月分两期组织江门市选出的省人大代表到省委党校进行人大代表学习培训，帮助省人大代表提高依法履职能力。1月，在市十四届人大四次会议期间举办市人大代表学习培训班，邀请江门市连任的省人大代表俞雪花作如何审议政府工作报告的学习辅导，帮助代表更准确、更到位地对政府工作报告进行审议。5月，市人大常委会选联任工委前往江海区就代表如何更好提出代表建议专题进行培训授课。6月，组织市人大代表小组长到全国人大培训基地进行人大知识系统学习。 （周婉晗）

【人大代表视察活动】 组织代表开展视察活动。组织生活、居住在江门市的全国人大代表和江门市选出的省人大代表开展调研视察活动。7月，围绕“水资源保护”“农贸市场规划建设监督管理”“中职教育发展”三个专题进行专题调研，并向省人大汇报了专题调研的情况；12月，围绕“旅游资源整合、保护、开发和利用情况”“新一轮‘扶贫双到’工作情况”以及“社会养老体系建设情况”等三个专题开展集中视察，为开好省十二届人大三次会议做准备。二是组织市人大代表开展视察活动。市人大常委会委托各市、区人大常委会结合当地的具体实际，围绕江门市经济、社会发展情况以及人民群众普遍关注的其他社会热点、难点问题，特别是市十四届人大四次会议

决定决议执行情况，市的重大决策部署和政府承诺的十项民生实事落实等情况，组织市人大代表进行视察。（周婉晗）

【督办议案和建议】 市十四届人大四次会议和闭会期间共收到代表建议116件。其中交由党群等系统主办的5件，占4.3%；交由政府系统主办111件，占95.7%。选取张中强代表提出的《关于深化我市行政审批制度改革的建议》和曾晖代表提出的《关于深化行政审批改革，加快推动实体经济发展的建议》合并作为2014年市人大常委会重点督办的代表建议，交市政府重点组织办理。截至12月31日，除1件尚在办理外，其余均已在规定时限内办结并答复代表，代表满意率和基本满意率为96.5%。健全工委督办建议制度，组织代表与承办单位“面对面”沟通，对口督促检查代表建议办理工作，加强代表对办理答复表示“不满意”建议的督办力度。结合群众路线教育活动，选取若干条往年的B类建议进行跟踪督办。市人大常委会第二十四次会议听取和审议市政府关于市十四届人大四次会议及闭会期间代表建议办理工作情况报告。2014年，选出的省人大代表在省十二届人大二次会议上提出了65条建议。（梁朝爵）

【理论研究与宣传】 2014年上半年，组织全市人大工作者及市人大制度研究会理事围绕“人大工作与时俱进”主题撰写研讨会论文，共收到46篇论文，经过筛选，推荐5篇优秀作品参加省的评选，其中，研究室主任江月明撰写的《试析镇级人大弱化现象与成因——以江门市镇街人大建设现状为例》入选省人大制度研究会第25次研讨会并作大会发言。7月起，市人大制度研究会、市人大常委会研究室筹备开展江门市纪念全国人民代表大会成立60周年暨市人大常委会设立35周年征文活动。发动研究会理事、人大代表、人大工作者以及各级机关工作人员、高校学者、党校教师撰写论文，截至10月底，共收到论文59篇。共有31篇论文入选，其中一等奖3篇、二等奖5篇、三等奖8篇、优秀奖15篇。11月24日，召开江门市纪念全国人民代表大会成立60周年暨市人大常委会设立35周年座谈会。2014年4月，研究室组织筛选推荐出4篇人大制度优秀新闻作品参加省人大第23届“广东人大新闻奖”评选，有2件新闻作品获奖，分别是：江门日报的《农村生活垃圾分类处理势在必行》（作者：赵可义、张雷、曾枫、谢晴惠）获通讯作品三等奖；江门电视台的《江门：人大代表心系民生实事首次约见市长建言献策》（作者：陈伟文、王达超）获得电视作品三等奖。由市人大常委会研究室协助省电视台拍摄宣传江门市人大代表约见市长活动的电视作品《代表约见市长共商民生大计》（2013年8月3日在广东电视台新闻频道《人大代表》专题栏目播出，作者：黄伟忠、董婉茹、陈向丽、舒顺龙、李克、刘鹏、辛鹏，编辑：刘鹏）获一等奖。进行“江门人大网”的改版，加强网站的建设与维护，加快更新速度，丰富市人大常委会办公室腾讯和新浪微博内容。健全新闻发言人制度，组织召开市十四届人大四次会议新闻发布会。加强与新闻媒体的沟通联系，策划报道好市人代会、市人大常委会会议和代表视察、专题调研、执法检查等活动。（邢超群）

【依法治市工作】 2014年3月20日，依法治市工作领导小组第十八次（扩大）会议召开。会议审议通过《江门市2013年依法治市工作总结》和《江门市2014年依法治市工作要点》，总结、部署全面推进依法治市工作。市长庞国梅代表市依法行政领导小组作了《2013年度依法行政工作报告》。会前，增补市编办、市总工会、团市委、市妇联主要领导为市依法治市工作领导小组成员。根据《江门市2014年依法治市工作要点》的统一部署，围绕《法治广东建设五年规划（2011-2015年》，开展“阳光法治•法治惠民”主题实践活动，把“推动法治社会建设”列入《江门市2014年重要改革要点》，推进法治城市、法治县（市、区）、法治镇（街）创建活动。10月24日，市依法治市办与市普法办在新会区大泽镇召开江门市深入开展法治镇（街）创建工作现场会，总结推广新会区开展法治镇（街）创建工作的经验，推动各市、区每年完成三分之一法治镇（街）达标。蓬江区、新会区、台山市荣获第三批“全省法治县（市、区）创建活动先进单位”。蓬江区被省推荐为“全国法治城市、法治县（区）创建活动先进单位”。推进“按法治框架解决基层矛盾”试点工作。5月21日至5月27日在市直及各市、区组织了8场全市领导干部《信访条例》宣讲会。确定蓬江区、恩平市为省“按法治框架解决基层矛盾”试点单位，恩平市同时为贯彻落实广东省《信访条例》试点市。推进“阳光法治•法治惠民”主题实践活动。实施市重点督办“法治惠民”实事工程项目31项，每季度举办一期主题实践活动学习交流会，总结推广市农业局、市质量技术监督管理局、市司法局和蓬江区堤东街道开展“阳光法治•法治惠民”主题实践活动的工作经验。江门市“争创法治惠民示范市”工作经验在全省法治惠民工作经验交流会上介绍推广，被中国社科院法学研究所向全国推荐。蓬江区法院和新会区梁启超故居被省依法治省工作领导小组授予“广东省法治文化建设示范点”称号。

（林国安）

【人大信访工作】 推进《广东省信访条例》试点工作，初步探索出符合江门实际、便民高效的运用法治方式解决信访突出问题的长效机制。2014年1至12月共受理群众来信来访来电231件（批）/186人次。其中，处理群众来信（含来电）153件，接待群众来访78批/186人次，均按规定转交有关部门依法处理。

（李健壮）

【友好往来】 2014年9月13日至20日，由市人大常委会副主任黎兆元率领的江门市人大常委会访问团一行5人，对印度尼西亚和泰国进行友好访问。访问团在印尼泗水市议会受到副议长Ratih Retnowati女士及议会各党派议员的热情接待，双方就地方议会及其制度建设、经贸、教育、文化等方面进行会谈。访问团还先后拜访了印尼中华总商会的东爪哇分会和巴厘分会、泗水广肇会馆、巴厘广肇会馆，泰国钢铁厂商公会、泰国中国和平统一促进会总会等华人社团，并与社团的侨领和侨商开展了广泛交流，推介江门的投资环境和产业发展方向，引导他们关注家乡的经济建设，关注江门在新一轮产业调整中的投资商机。 （邓海平）

附：2014年市人大常委会主任、副主任名录

主　任：刘　海（2012.1.10～）
副主任：梁清兆（2012.1.10～）
陈敏标（2012.1.10～）
黎兆元（2012.1.10～）
叶一鸣（2012.1.10～）
秦有朋（2012.1.10～）
宋　波（2012.1.10～）

江门市人民政府

概述

【市政府主要会议】 市政府全体会议于2014年2月19日召开。会议通报2013年政府考核目标完成情况，部署2014年工作目标和任务。市长庞国梅提出“三个攻坚”即改革攻坚、项目攻坚和效能攻坚，“四个落实”即目标倒逼抓落实、领导带头抓落实、转变作风抓落实、创新方法抓落实。市委书记刘海出席会议并讲话，强调一要敢于担当，二要注重调研，三要突出重点，四要善于创新。

全市外经贸工作会议 于2014年4月10日召开，主要任务是贯彻落实全省商务工作会议精神，总结2013年、部署2014年全市外经贸和招商引资工作，动员各级各部门积极创新、狠抓落实，推动全市外经贸和招商引资工作再上新水平、新台阶。市长庞国梅要求，一是紧抓经济工作的生命线，增强责任感，完成好今年外经贸和招商引资目标任务；二是深化改革，创新外经贸工作体制机制；三是突出重点，推动招商引资工作再上新台阶；四是推动外贸转型升级，切实提高进出口规模效益。市委书记刘海参加会议并讲话。

全市深化基本公共服务均等化综合改革试点动员会议 于2014年6月17日召开，主要任务是深入贯彻落实省推进基本公共服务均等化综合改革工作的精神，研究部署和全面启动江门市试点工作。庞国梅市长提出要着力建立五个机制，一要建立资金投入保障机制，二要建立公共资源均等配置机制，三要建立多元供给机制，四要建立绩效考评和监督机制，五要建立民主决策机制。广东省财政厅曾志权厅长、市委书记刘海参加会议并讲话。

财富“可持续发展”峰会暨2014年广东江门（上海）投资洽谈会 于2014年11月19日召开，在投洽会上，江门市公布64个招商项目，投资总额近500亿元；公布各类投资优惠政策41条。邓伟根市长作了“How to Come TRUE——从可持续发展看‘希望之城’江门的未来”的主旨演讲，从“江、海、园、林、侨、邑”六个方面介绍了江门市一座充满希望、区位优势明显的城市，提出江门要围绕“TRUE”发展，T（Traffic Integration）是交通一体，R(Resource Integration)是资源整合，U(United Development)是融合发展，E(Environment Optimization)是环境优化。省商务厅和来自上海市和长三角地区的世界500强、央企、跨国公司、知名民企代表，境内外商会、协会代表，投资促进机构、中介招商机构、投资公司代表等近400人参加会议。

全市加快先进装备制造业发展工作会议 于2014年12月18日召开，会议传达珠江西岸先进装备制造产业带建设“六市一区”工作会议精神，下发《江门市发展先进（装备）制造业工作纲要》及有关行动方案的说明，市委书记刘海围绕如何在思想上、行动上落实这个纲要和行动方案作重要讲话并提出具体的要求。邓伟根市长主持会议并提出，要破解问题，要突出抓好三个方面，一是抓工业投资，二是抓“1+6”园区的配套建设，三是抓年度考核。

全市扶贫开发工作会议 于2014年12月18日召开，会议总结几年来的扶贫工作，并对新的扶贫方案和新的探索作说明，市委书记刘海围绕扶贫方案作解读。市长邓伟根主持会议并提出“精准脱贫、精准扶贫、精准保障”。在抓好工作落实上，邓市长提出，一要加强对边远、艰苦农村地区的建设，二是所有扶贫的集体经济要纳入公有资产管理，三是注意抓好机关干部的锻炼，四是鼓励大胆探索创新。

【决策会议】 2014年，江门市人民政府召开常务会议21次，议题见下表。

2014年江门市政府常务会议议题

会 议	主要议题
十四届四十六次	讨论并原则同意《政府工作报告（送审稿）》，审议并原则同意《江门市2014年重点建设项目计划（草案）》，审议并原则同意《江门市区2014年城市建设项目计划（草案）》，审议并原则同意《江门市2013年国民经济和社会发展计划执行情况与2014年计划草案的报告（送审稿）》，审议并原则同意《江门市2013年预算执行情况和2014年预算草案的报告（送审稿）》，审议并原则同意《江门市本级2014年综合预算草案（送审稿）》，听取《关于新增土地储备融资解决江沙示范园区资金的情况报告》。
十四届四十七次	传达中央、省有关外事工作文件精神，听取2013年全国文明城市测评工作情况的分析报告，研究并原则同意《关于江门市滨江城镇投资有限公司申请南粤银行（中融信托）股权增资融资的请示（送审稿）》，研究部署有关工作。
十四届四十八次	审议并同意《江门市国有建设用地使用权和矿业权网上挂牌交易规则》。
十四届四十九次	审议并同意《江门市价格调节基金管理办法》。
十四届五十次	审议并原则同意《2014年市政府重要工作任务分解表（送审稿）》，审议并原则同意《2014年领导责任项目(送审稿)》。
十四届五十一次	审议并同意《关于修改〈关于市区户籍管理制度改革的实施意见〉的请示，审议并同意《江门市2014年度政府规范性文件制定计划》，审议并原则同意《江门市商事登记制度改革实施方案（送审稿）》。
十四届五十二次	审议并同意《关于滨江建设公司退出政府融资平台有关问题的请示》。
十四届五十三次	审议并同意《2014年土地储备及融资计划》。
十四届五十四次	学习《广东省城市绿化条例》，审议并同意《关于江门市高新技术工业园公司申报发行二期债券有关问题的请示》。
十四届五十五次	学习《中华人民共和国税收征收管理法》，审议并同意《江门市社会保障（市民）卡管理办法》。

十四届五十六次	研究并原则同意《2014年市本级政府性融资计划（送审稿）》，听取关于进一步规范义务教育阶段学校办学行为情况的报告，研究部署“5.9”强降雨防御救灾工作。
十四届五十八次	听取贯彻落实省“扫黄打非”工作部署的情况汇报，审议并同意《江门市交通运输局、江门市财政局关于对撤销外海大桥等3个经营性路桥收费项目进行补偿的请示》。
十四届五十九次	审议并同意《关于降低我市企业职工基本养老保险单位缴费比例的请示》。
十四届六十次	审议并同意《江门市人民政府行政审批制度改革项目目录（第三批）（送审稿）》。
十四届六十一次	学习《中华人民共和国专利法》，审议并同意《江门市突发事件应急征用和补偿暂行办法》，审议并原则同意《江门市文化产业发展规划（2014-2020）（送审稿）》。
十四届六十二次	审议并原则同意《江门市人民政府党组党的群众路线教育实践活动整改方案》，审议并同意《江门市人民政府工作规则（送审稿）》。
十四届六十三次	审议并同意《台山核电厂规划限制区安全保障与环境管理规定》，审议并同意《关于江门市滨江建设投资管理有限公司发债需市政府出具相关支持文件的请示》。
十四届六十四次	学习新修订通过的《中华人民共和国环境保护法》，审议并原则同意《广东江门大广海湾经济区产业发展专项规划（2014-2030）》、《广东江门大广海湾经济区基础设施建设专项规划（2014-2030年）》和《广东江门大广海湾经济区低碳生态专项规划（2014-2030年）》，审议并原则同意《关于江门市2014年重点建设项目计划调整的请示》，同意对《关于印发江门市区“三旧”改造实施意见（试行）的意见》。
十四届六十五次	审议并同意《江门市契税征管实施细则》。
十四届六十六次	审议并同意《关于实施建行私募债融资方案的请示》。
十四届六十七次	审议并原则同意《关于呈批<2014年市本级公共财政预算调整方案的报告>的请示》。

（肖锋）

【办理议案与提案】 2014年，江门市十四届人大四次会议及市政协十二届三次会议以来，市政府先后接办市人大代表建议111件，市政协提案165件。所有建议提案均已通过“江门建议提案在线”网上交办。截至12月底，总共276份建议提案均已答复代表委员。代表委员对办理工作满意或基本满意达98.6%。（阮文波）

【市政府重要工作任务】 2014年市政府重要工作任务共168项，其中：政府工作报告分解任务142项，完成（或按进度完成）129项，完成率91%；民生实事工作26项已全部完成。22项市领导责任项目总体进展顺利，按照预期建设目标完成。2013年江门（上海）投资洽谈会和面向社会投资重大项目推介会专项督办项目（以下简称招商督办项目）共24个，按进度完成19个，完成率79%。（彭辉）

【“三旧”改造工作】 2014年，江门市政府继续推进实施旧城镇、旧厂房、旧村庄(以下简称“三旧”)改造工作，全市办理“三旧”改造项目认定37宗，认定面积1745亩；办理“三旧”改造方案审批15宗，面积321亩；办理“三旧”改造项目供地35宗，供地面积1091亩。全市已完成改造项目38个、面积1516亩，正在改造项目57个、面积3494亩；正在开展和完成改造的项目总投入资金30.47亿元，占2013年江门市固定资产投资3.52%。2014年蓬江、江海两区已完成“三旧”改造出让地块20宗，面积918亩，土地出让收入总额24.26亿元，占两区出让地块出让金总额的53%，为历年最高。全年通过“三旧”改造共节约土地946亩，节地率达85.51%。（林杰聪）

附件：2014年江门市人民政府市长、副市长名单

市　　长：庞国梅（1-9月）
　　　　　邓伟根（9-12月）
常务副市长：黄悦胜
副　市　长：钟军（女）、易中强、
　　　　　陈佳林、蓝华、吴国杰

人事工作

【公务员招录及培训】 2014年全市公开招考公务员830名（其中乡镇机关招录265人，含面向本地人招考86人；从农村、社区正职干部中招录28人），14776人报名参加笔试，通过资格审核、体测进入面试2116人，进入体检830人，最终录用审批817人。2014年公务员招考工作进行多项创新：组织全市有空编的乡镇机关拿出60%以上空缺编制用于本乡镇招录公务员，共招考265人。2014年江门市乡镇机关设置86个岗位面向本地人招考，录用后需在乡镇机关服务5年方可流动，缓解乡镇机关公务员过度流失问题。完成考生异地交流面试工作。按照省的统一部署，江门市承办湛江、茂名两市2177名考生的面试组织工作。首次对体测职位采取扩大审核和体测范围的做法，最大限度确保进入面试人数。首次列明考官严禁行为，细化考试工作人员违纪处理办法，狠抓考纪考风；首次将面试考官考核频率改为每天一次，采用科学数据模型对面试考官当天的评分情况进行全面分析，对评分偏差率超出正常范围的考官进行淘汰。

【人才引进】 通过企业博士后工作站、博士后创新实践基地、创业孵化基地、工程中心、政府购买服务机构等载体，采取技术合作开发、课题招标、项目协作等方式，重点引进硕士、博士等人才。通过引进高层次人才“一站式”服务窗口，为引进高层次人才工作开通“绿色通道”，提供海外高层次留学人才界定、高级专业技术资格确认、学历学位认证、人才落户、人才公寓租赁、子女入学、配偶就业、税收减免等24项服务，2014年共向17人发放高层次人才补贴，补贴金额达62.35万元，其中安置费1.15万元，住房补贴61.2万元，并帮助2名高层次人才解决其子女入学难问题。积极开展赴外招才活动：2月，组织金羚电器、雅图仕印刷有限公司、广东嘉士利食品集团有限公司等知名企业赴赴肇庆和韶关两市开展赴外招聘活动；5月，组织嘉宝莉化工、万丰摩轮、海螺水泥、耀皮玻璃等18家本市名优企业，参加广西贺州市2014年贺州学院夏季毕业生暨民营企业招聘周招聘活动，并与当地相关重点院校、技工学校签订校企合作协议；10月至11月期间，先后组织本市15家知名企业，分赴南京、武汉、长沙、长春、成都等地参加高校校园招聘活动，提供招聘岗位109个，企业初步与256名毕业生达成就业意向。2014年，市直事业单位共引进高层次人才21人，均为博士，其中1人同时具有正高级职称；指导江门职业技术学院按照《江门市直机关雇员及事业单位职员队伍紧缺人才认定及聘用管理试行办法》规定的程序，引进副高职称紧缺人才1名。

【人力资源市场建设】 全市共建立县级以上人力资源市场8个，2014年度市场建设投入经费达318.37万元，已建成服务场地达2.56万平方米，办公场地占地面积1.32万平方米，实有工作人员123人，其中具有职业介绍从业资格证38人，开展服务项目包括：职业介绍、职业指导、现场招聘会、视频面试、网络招聘、就业和失业登记管理、涉外就业管理、劳务派遣、档案管理、人事劳动保障事务代理、职业培训、职业技能鉴定等。

【人才公共服务能力建设】 面向社会各类人才、单位和组织开展人事人才政策、法规宣传和咨询服务；建立江门人才网信息网络平台，整合资源，面向社会各类人才、单位和组织开放信息资源，提供人事人才公共信息服务；提供流动人员档案管理和人事代理服务，管理流动人员档案，出具相关人事证明等有关人事服务业务；组织用人单位赴外参加人才招聘会和全国重点高校校园招聘会活动；完善高校毕业生就业见习基地、大学生创业孵化基地建设，提升高校毕业生的就业和创业能力。

【高校毕业生创业就业】 2014年，全市高校毕业生报到15792人，实现就业14734人，就业率93.3%，14名双困生全部实现就业，同时，接收高校毕业生档案13863份，办理高校毕业生人事代理322人，办理人员调动手续717人，办理人才引进入户65人。完成30名“三支一扶”高校毕业生的派遣落实工作，其中开平市9人，恩平市21人。江门市大学生创业孵化基地创新开展创业孵化服务：建立第三方机构合作帮扶孵化企业机制，邀请企业投资帮扶团队上门对接，并吸引其他社会机构或企业前来投资；组建江门市创业导师团，建立“政府+企业+创业导师团”的创业基地合作管理模式，2014年5月，首批30名创业导师正式获聘；实施财税代理服务补贴制度，给予孵化企业财税代理服务费用补贴，补贴标准为每月实际支付记账代理费用的50%且不超过200元/月， 2014年，大学生创业孵化基地共有14家企业享受财税代理补贴，累计为企业补贴7700元。截至2014年底，江门市大学生创业孵化基地入孵团队77个，成功转化创业团队65个，其中注册公司44家，个体工商户21家，直接带动就业312人，并被认定为“省级创业带动就业孵化基地”和“市级科技孵化器”。

【专业技术人员继续教育管理】 按照省的统一部署，贯彻落实《广东省专业技术人员继续教育条例》要求，认真组织开展专业技术人员继续教育工作，2014年，全市共60716名专业技术人员参加继续教育学习。

【专业技术资格评审】 2014年全市共受理申报高级专业技术资格883人（其中正高级121人，副高级762人）；受理申报中级专业技术资格658人，经评审核准获得中级专业技术资格489人，占74.32%；受理申报初级专业技术资格662人，经评审核准获得初级专业技术资格643人，占97.13%；初次专业技术资格考核认定2301人，其中中级71人，初级2230人。

【人事考试】 2014年，市人力资源社会保障局顺利完成广东省公务员招录（江门考区）、市直事业单位职员和政府雇员招聘、大学生村官选拔、军转安置考试及50多项专业技术（执业）资格考试报名及考试考务工作，其中，专业技术（执业）资格考试报名人次超过4.6万；全国专业技术人员计算机应用能力考试报名13707个模块；全国职称外语等级考试报名5186人；广东省公务员招录笔试考试（江门考区）报名14595人，完成面试考生人数2177名（湛江市和茂名市考生）；市直事业单位职员和政府雇员招聘笔试考试报名5486人，参加面试2200人；大学生村官选拔笔试报名1469人。人事考试方式有新的突破，在上、下半年事业单位的招聘考试中实行卫生系统分科考试，按照岗位求及专业条件，将考试范围划分为医学综合、临床、中医、中西医、公共卫生等6大类；继续在蓬江区的教师招聘考试中推行分科考试，将考试内容按语文、数学等学科分类，提高测试的针对性；根据用人单位或主管部门提出的要求，在市气象局的转岗考试中运用胜任力模型测试，受到用人单位和考生的好评；在市教育系统赴外招聘中首次实行“教师胜任特征能力”测评，使考评更具有系统性、科学性和针对性。

【工资福利】 2014年，市直各类事业单位分别研究草拟本系统奖励性绩效工资的分配办法，制定相关考核办法，大部分部门系统都兑现奖励性绩效工资。各市、区方面，开平、江海、鹤山、恩平、蓬江等市（区）相继制定本地区的其他事业单位绩效工资实施办法，报市人力资源和社会保障局、市财政局批准后，已逐步推行。调整公共卫生与基层医疗卫生事业单位收支结余可用于奖励性绩效工资分配的提取比例，明确收支结余中可统筹用于奖励性绩效工资分配的资金提取比例由20%提高到30%，增强相关单位收入分配的灵活性。按照省的部署，向偏远乡镇卫生院工作人员发放岗位补贴。完善市直机关雇员的工资福利管理，实施《关于进一步完善江门市直机关普通雇员管理办法的意见》（江人社发〔2014〕6号），指导各单位做好机关雇员新旧两种模式衔接工作，完成市直机关及参照公务员管理事业单位356名雇员的岗位类别级别套改手续，其中套入专业技术岗位的有53人、辅助管理岗位的有280人、工勤岗位有23人，并全面兑现到位。实施机关事业单位离退休人员生活待遇正常增长机制，在2014年1月起正常调整离退休人员生活待遇。

【事业单位人事管理】 2014年，举办市直事业单位集中公开招聘2次、专场招聘4次，共提供招聘岗位1114个，确定录用对象886人。5月至9月期间，组织江海区、台山市、恩平市和鹤山市71家乡镇事业单位参加全省统一组织的2014年粤东西北地区乡镇事业单位专项公开招聘，提供招聘岗位211个，确定录用对象137人。实施《关于公立医院医生聘任社区家庭医生人事管理办法（暂行）》，探索和鼓励公立医院符合资格条件医护人员从事市组织的家庭医生试点服务，截至2014年底，江门中心医院、五邑中医院、江门人民医院已有8名医生、5名护士获聘家庭医生和护士。2014年12月，组织市直有关事业单位到广州高校开展现场招聘，提供招聘岗位18个，确定录用对象18人。印发《关于加强新入职事业单位职员和机关雇员试用期考核工作的通知》（江人社发

〔2014〕344号），充分发挥试用期考核制度的作用，客观评价新入职事业单位职员和机关雇员岗位胜任力，加强新入职人员试用期管理，2014年共受理200多名新招聘入职人员试用期考核备案手续。印发《江门市直事业单位绩效考核指导意见》，明确考核主体和考核对象，深化事业单位人事制度改革，建立以完成公益性任务为目标的事业单位绩效评价机制。

【军队专业干部安置工作】 2014年，全市共接收44名军转干部，其中计划分配37名,自主择业7名。计划分配的37名军转干部中，正团职3名，副团职5名，营职20名，连排职5名，技术干部4名（其中技术9级3名），100%安置在机关或参公单位（其中中直、省直单位6名，县（市、区）以上机关29名，乡镇（街道）一级人民政府2名）。6名随调家属全部根据原工作单位性质给予对口安置。

【机关雇员招聘与管理】 2014年，组织市直机关开展统一招聘雇员2次，指导并监督市直机关单位自主招聘工勤岗位普通雇员5场次，推出岗位48个，确定录用37人。为调动市直机关雇员的工作积极性，2014年1月，组织实施《关于进一步完善江门市直机关普通雇员管理办法的意见》（江人社发〔2014〕6号），指导各单位做好机关雇员新旧两种模式衔接工作，完成市直机关及参照公务员管理事业单位356名雇员的岗位类别级别套改手续。为提高雇员的工作服务水平和素质能力，2014年6月，组织江门市机关雇员制度建立以来的首届雇员职业培训，市直111名上年度优秀等次的雇员参加培训。

【人事代理服务】 2014年，办理人事代理390人，接收各类个人档案15317份，其中毕业生档案3383份，现存人事档案份8617份；办理毕业生转正定级360人；办理干部调入248人，干部调出163人。

【外籍人士管理】 2014年，全市新办及延期外国专家证231人次（其中经济类166人次，文教类65人次），同比增长13.2%；办理外国专家来华工作许可102人次，同比增长8.5%。全年度共组织4次外国专家联谊活动，参加活动的外国专家及家属代表累计600多人次。2014年，全市共办理外国人就业证501人，台港澳人员就业证352人。（市人社局）

外事工作

【外事接待与对外交流合作】 2014年全年共接待外宾36批，458人。分别来自美国、俄罗斯、加拿大、新西兰、西班牙、葡萄牙、日本、斐济、菲律宾、越南等国家。接待中“迎来送往”向“统筹谋划”转变，开展各领域对外友好交流与合作。

2014年5月7日，日本贸易振兴机构广州代表处所长塚田裕之一行到访江门。市外侨局局长梁富鸣及市外经贸局、新会区领导会见客人，向客人介绍江门的投资环境及招商引资政策，邀请代表处组织日本企业参加江门市主办的会展活动，并就以崖门电镀基地为载体，与日本共建产业园区的设想与客人进行探讨。客人此行还出席崖门电镀基地二期工程竣工庆典。

2014年5月13日，市外侨局抓住印尼广肇总会访问团来访的契机，与江门广播电视台联合举办“他乡五邑人与21世纪海上丝绸之路经贸文化论坛”，邀请省侨办巡视员陈仰豪，市领导韩安贵、易中强，以及印尼驻穗总领事萨迪卡等出席。印尼广肇总会访问团与江门的企业代表共200多人参加。与会嘉宾就加强江门与印尼合作，推进“海上丝绸之路”建设进行讨论对接。世青会联络总部与广肇总会青年会、双方企业在会上签订合作协议。

2014年10月14日，中南美洲华裔前驻华高级外交官访问团一行10人在国侨办林旭副司长的陪同下到访江门市，参观市规划馆和新会南车。副市长易中强向客人介绍江门市发展情况，并希望双方加强沟通，推动江门市与中南美的交流合作。

2014年10月21日，中美国际文化交流协会一行8人在会长黎少兰的带领下到访江门，与市农业局、市妇幼保健院和五邑中医院等进行交流。市外侨局梁富鸣局长会见客人，向其推介世界江门青年大会，并希望该会多组织五邑籍专业人士到访江门，共谋发展。客人一行还将赴新会、开平等地参观。

2014年12月3日，印尼泗水市媒体访问团一行47人在印尼广肇总会副总主席胡建章的陪同下到访江门，与江门广播电视台和江门幼师进行交流，增进两市友谊，推动双方友好关系发展。

【因公出（国）境管理】 2015年，江门市共审批因公出国、赴港澳人员3460人次，2606批次。其中赴港澳3215人次，2531批次；出国245人次，75批次。出访的国家主要有美国、加拿大、墨西哥、英国、法国、德国、瑞士、俄罗斯、澳大利亚、新西兰、新加坡、印度尼西亚、巴西、秘鲁、智利等北美洲、欧洲、大洋洲、亚洲、南美洲和非洲国家。

【友城友协工作】 2014年3月27日至30日，河滨市市长威廉•贝利一行到江门市访问。市领导黄悦胜、易中强等会见代表团一行，与代表团就深化在经贸、教育、卫生、文化等领域合作进行洽谈，并见证五邑大学经管学院与加州大学河滨分校商学院合作签约。两市共同在东湖公园种下“友谊树”。访问期间，代表团还与相关部门及部分企业代表进行交流，并参观五邑大学、江门一中等。4月6日，河滨市市长威廉•贝利致信黄悦胜常务副市长，对他在其访问江门期间的热情招待表示感谢。10月12日，“江门•河滨印象”书画展在市青少宫拉开序幕，市委宣传部、市外侨局、团市委领导莅临参观。这是江门市与美国友城河滨市连续第四年在两地举办的活动，双方通过互寄优秀青少年画作的方式，推动当地青少年的文化艺术交流。2014年2月20日，江门市与美国奥克兰市（又称屋仑市）正式缔结为友好城市，这是自1997年与河滨市以来第二个与江门市结好的城市。2014年4月，市政府党组成员容福华率团访问加拿大万锦市，双方签订《加强友好交流备忘录》，并出席万锦市“江门大道”标识揭牌仪式，为两市止式建立友好城市奠定良好的基础。2014年6月，葡中企业平台主席周一平先生携葡萄牙马亚市市长致庞市长的信函再次访问江门市，转达马亚市市长希望与江门加强交流与合作的意愿，双方就贸易、旅游、体育等领域的合作及建立友城关系的可能性进行探讨。2014年9月，市人大常委会副主任黎兆元率团访问印尼泗水市，与泗水市政府及市议会进行交流，推动友好关系发展。2014年10月，斐济—中国贸易委员会主席司徒伟强到访江门，就江门市与斐济首都苏瓦市建立友城关系进行探讨。2014年12月，葡中企业平台主席周一平先生再次访问江门，向江门市推介葡萄牙华人工商联合会推出的“中葡国际农副产品商贸城”项目，并就明年两市领导互访事宜与市外侨局领导进行商谈。

【外国人管理和服务工作】 完成外国人到华《邀请确认函》审核工作。2014年全年共受理审核外国人来粤《邀请确认函》300批次，370人次，其中申请就业签证的达146人次。开展外国人在江门工作生活情况调研活动。市外侨局从2014年4月开始，历时近一年，通过实地走访、发放问卷、随机采访等形式，会同教育、公安、人社、旅游、商务等部门，对目前在江门工作、生活的外籍人士的相关情况进行调研。组织形式多样的交流活动。2014年7月31日，市外侨局青年代表与来自多伦多江门五邑青年联合会、加拿大桂冠国际学校逾20名外籍友人的外籍友人进行联谊交流，一起参观江门市华侨华人博物馆并骑自行车畅游滨江新区绿道。通过竞赛的方式，鼓励外国友人利用在江门的时间，寻找翻译不当的标识，用手机拍摄收集下来，逐一指出问题并提出参考意见。2014年9月5日，市外侨局举办2014“相约中秋”外国友人联谊酒会，150多名在江工作生活的外国友人参加。市外侨局局长梁富鸣向出席酒会的各国来宾致以节日祝愿，向所有为江门市发展做出贡献的各国友人表示感谢，并表示江门市将继续提高对外开放水平、推进与各国朋友合作共赢。

【领事工作】 2月28日-3月1日，越南驻穗总领事苏国俊一行在省外办苏才芳副主任的陪同下访问江门。市委常委旷仁山会见客人，双方就促进江门市与越南的交流与合作，推进“21世纪海上丝绸之路”建设进行洽谈。代表团还参观市规划馆、新会南车和健威家具，并与市发改局、外经贸局、农业局、旅游局、教育局、外侨局等单位进行座谈。3月5日，西班牙特佳集团副总裁巴达萨诺先生在西班牙驻穗总领馆商务领事方少龙的陪同下到访江门市环保局，就开平特佳水龙头有限公司的环保问题进行洽谈。市环保局局长及市外侨局、开平市政府、开平市环保局相关负责人出席座谈。7月8日，市外侨局领导出席益华百货韩国特色商品文化节开幕活动，与韩国驻穗总领馆商务领事等官员交流，增进友谊，推动与韩国经贸往来。7月18日，外国驻广州领馆签证官业务交流团和参加业务交流的广东省边检系统的业务骨干一行共35人到访江门。市外侨局局长梁富鸣向客人介绍江门市社会经济发展情况，重点推介规划建设中的大广海湾经济区，并希望各领馆多了解江门，继续支持江门的对外交流合作。9月22日，新西兰驻广州总领事陈立恩女士、新西兰教育部驻中国华南区负责人、新西兰基督城教育委员会官员等一行27人到访江门市，副市长易中强会见代表团一行。客人与江门市教育系统代表和外事部门代表进行座谈交流，并实地考察多所学校，推动两地教育合作。12月10日，“第二届各国驻穗领事官员广东民企行”活动在江门举行。来自20多个国家的40多位驻穗总领馆官员与来自全省50多个民营企业的代表进行互动交流。活动展示江门民营经济发展成就，为江门市民企与各国驻穗总领馆搭建合作平台。省工商联主席陈丹、省外办副主任李坚，市领导邓伟根、易中强等出席活动。（市外侨局）

政协江门市委员会

市政协工作

【概况】 2014年，市政协向市委市政府提交15份调研报告和建议案；通过主席会议成员与市委主要领导专题协商、召开常委会议专题议政等方式，围绕“大民政”工作向市委建言献策；召开“委员约见市长”座谈会，组织委员就大广海湾经济区的规划建设、智慧城市建设课题与市长面对面协商交流；向市政府交办提案158件，办复率和满意率均达100%；通过《市政协委员重要建议“直通车”》、《江门市政协信息》共反映社情民意信息76条；市委市政府领导批示专项视察、调研报告和社情民意信息28件次，批示率和成果转化率明显上升；围绕市委、市政府2014年承诺重点解决的13个民生实事项目，主席会议成员分工负责，牵头每季度开展一次民主监督，推动各项惠民政策落到实处；开展挂点社区督导创文工作、联系重点项目工作、扶贫开发“双到”工作、扶困助学和“政协义工林”植树等推进幸福侨乡建设的活动。

【市政协全体委员会议】 2014年1月21—23日，中国人民政治协商会议第十二届江门市委员会第三次会议在江门市区召开。中共江门市委书记刘海，市委副书记、市长庞国梅，市人大常委会常务副主任梁清兆，市委、市政府、江门军分区领导，市中级人民法院、市检察院，各民主党派市委会、市工商联主要负责，历届市政协主席等到会祝贺。赵基耀代表政协第十二届江门市委员会常务委员会向大会作工作报告。报告从四个方面总结市政协2013年的工作：一是加强民主协商实践，通过高层协商、委员约见市长、常委会议和主席会议专题协商、界别协商和对口协商等，提出意见和建议，助力全市科学发展；二是关注民生，通过督办民生实事倒逼项目，围绕落实惠民政策、农村卫生、学前教育、社会养老、社工服务等开展专题视察，以及通过扶贫助学、支持公益事业、反映社情民意等途径，推动幸福侨乡建设；三是坚持民主和团结两大主题，通过加强与党派团体的沟通联络，加强江港澳的联谊交往，加强与上下级以及兄弟市政协的团结合作；四是注重发挥委员的主体作用，注重加强政协宣传工作，注重打造学习型、创新性、服务型、和谐型机关。2014年，重点推进政治协商、民主监督、参政议政制度化、规范化、程序化，探索拓展协商民主形式，提高协商成效，围绕全市深化改革的目标任务主动履职。伍劲华代表市政协常委会向大会作十二届二次会议以来提案工作情况的报告。2013年，广大政协委员、政协各参加单位和各专门委员会共提交提案151件，经审查，立案147件。提案所提问题已经得到解决或落实的有104件，正在解决或列入计划解决的22件，因条件限制或其他原因需要以后逐步解决的21件。与会委员列席江门市十四届人大四次会议，听取和讨论《政府工作报告》和其他报告。会议期间，与会港澳委员还参加市委、市政府召开的市政协港澳委员座谈会，就大广海湾经济区的规划建设以及江门市各项事业发展建言献策。会议表彰2013年度市政协优秀提案、优秀调研报告和优秀社情民意，审议通过《政协第十二届江门市委员会提案委员会关于十二届三次会议期间提案审查情况的报告》，表决通过《中国人民政治协商会议第十二届江门市委员会第三次会议决议》。会议期间举行选举大会，增补李平、杨少景、钟志杰3人为政协第十二届江门市委员会常务委员会委员。

【市政协主席会议】 2014年，市政协共召开12次主席会议。1月13日召开十二届二十五次主席会议，会议审议通过《常委会工作报告》《提案工作报告》《政协江门市委员会关于表彰2013年度优秀提案、优秀调研报告和优秀社情民意的决定》，审议《政协第十二届江门市委员会第三次会议选举办法（草案）》《政协第十二届江门市委员会第三次会议选举大会总监票员、监票员名单（草案）》《增补政协第十二届江门市委员会常务委员会委员候选人建议名单》。2月25日召开十二届二十六次主席会议，会议审议通过2014年市政协工作计划表、2014年专职常委组和各专门委员会重点调研课题，研究确定2014年重点提案和“一号提案”，通报市政协副秘书长分工调整及机关部分干部岗位调整的安排。3月31日召开十二届二十七次主席会议，会议围绕“整合资源，加快重点工业园区建设”专题议政建言，并现场视察鹤山国际物流港，以及位于江门先进制造业示范园江沙食品产业园的东望洋食品有限公司、康师傅顶津车间、天地壹号饮料股份有限公司。会后形成《加强资源整合推动江沙食品产业园加快发展的建议》送市委、市政府参考。4月29日召开十二届二十八次主席会议。会议现场视察江门市博物馆、文化馆、美术馆、图书馆（简称“四馆”）整合提升项目的进展情况，听取市文广新局关于“四馆”整合、“陈白沙纪念馆”和“陈少白故居”申报国家级文物保护单位工作进展情况的汇报。会后形成《关于加快推进陈白沙纪念馆申报国家级文物保护单位工作的建议》送市委、市政府参考。5月23日召开十二届二十九次主席会议，会议审议通过市政协十二届十次常委（扩大）会议的召开方案、2014年全市政协主席座谈会召开方案；研究2014年常委会专题议政课题；审议通过2014年市政协委员约见市长方案。6月27日召开十二届三十次主席会议，会议听取专职常委组、各专委会上半年工作情况的汇报，研究下半年工作安排；研究十二届十次常委（扩大）会议改期召开的有关事宜。7月25日召开十二届三十一次主席会议，会议传达学习市委工作会议精神；研究市政协领导联系重点项目工作和市政协督办2014年民生实事项目工作；研究2014年全市政协主席座谈会有关安排；研究2012年“一号提案”关于历史文化街区保护开发的跟踪督办工作。8月18日召开十二届三十二次主席会议，联合蓬江区、江海区、新会区政协一同督查创文“迎检复评”工作，并为推进“创文”工作建言献策。现场视察蓬江区东风乡春华苑小区的环境卫生情况、江海区麻二市场和新会区濠桥市场的环境秩序情况、沿途的交通秩序、道路卫生保洁和公益广告宣传情况。听取市文明城市工作局关于江门市2014年以来“创文”工作情况通报。9月28日召开十二届三十三次主席会议，主席会议成员集体督办2014年“一号提案”《关于切实抓好我市农业面污染源治理，建设美好家园的建议》，视察蓬江区棠下镇润威养殖场沼气池粪污处理建设项目、鹤山市共和镇来苏村垃圾处理项目、鹤山市鹤城镇五星村污水处理项目以及开平市新洲畜牧场和新会区罗坑镇山水奶牛场，并听取市农业局张景卓局长汇报2014年“一号提案”《关于切实抓好我市农业面污染源治理，建设美好家园的建议》的办理情况以及蓬江区、新会区、开平市、鹤山市政府的会办情况。会议研究确定市政协十二届十一次常委会议的议程安排，研究有关人事安排。10月24日召开十二届三十四次主席会议，会议传达学习十八届四中全会精神，审议《政协江门市委员会全体会议工作规则》《政协江门市委员会常务委员会工作规则》《政协江门市委员会专门委员会组织通则》《政协江门市委员会主席会议工作规则》《政协江门市委员会联络组活动细则》《政协江门市委员会关于规范市政协委员参加会议活动的规定》《江门市政协委员重要建议“直通车”工作制度》《江门市政协关于加强专题调研工作的意见》《政协江门市委员会提案审查和处理工作细则（试行）》等9项履职制度；研究2014年民生实事项目的民主监督工作、亿元项目的联系工作和挂点社区的“创文”督导工作。11月7日召开十二届三十五次主席会议，会议传达市委常委会议精神，研究市政协十二届四次会议的筹备工作，审议通过《江门市政协十二届四次会议筹备处组织机构和工作任务》，审议市政协十二届四次会议大会发言课题。12月15日召开十二届三十六次主席会议，会议审议通过市政协十二届十二次常委会议召开方案；审议提交市政协十二届十二次常委会议审议通过的文件；审议通过市政协十二届四次会议的有关事项；审议通过《2014年度优秀提案、优秀调研报告和优秀社情民意评选方案》；审议专职常委组、各专门委员会2014年工作总结；研究2015年市政协重点调研课题；酝酿增补市政协委员的建议名单。

【市政协常委会议】 2014年，市政协共召开4次常委会议。1月2日召开十二届九次常委会议，会议审议通过政协第十二届江门市委员会第三次会议选举办法（草案），审议通过政协第十二届江门市委员会第三次会议选举大会总监票员、监票员名单（草案），审议通过增补政协第十二届江门市委员会常务委员会委员候选人建议名单，审议通过政协第十二届江门市委员会第三次会议决议（草案）。7月18日召开十二届十次常委（扩大）会议，会议通报市政协党组专题民主生活会准备和召开的情况，通报批评与自我批评查找出来的班子和个人在遵守党的政治纪律、贯彻落实中央八项规定以及“四风”方面存在的突出问题。9月29日召开十二届十一次常委会议，会议围绕加快推进江门市“大民政”工作开展专题议政，推进“大民政”工作要加快政府职能转变，整合社会资源。12月30日召开十二届十二次常委会议，会议听取市政府通报2014年江门市经济社会发展情况和2015年发展思路，以及政府部门办理市政协十二届三次会议以来的提案工作情况。听取市纪委（监察局）、“两院”工作情况通报；审议通过召开市政协十二届四次会议有关事项，会议定于2015年2月4至6日在江门召开；审议通过市政协有关履职制度和其他事项。

【调研与视察】 2014年，市政协以常委会议专题议政、主席会议专题视察、专门委员会专题调研等方式开展调研视察活动，分别形成《创新思维 科学规划 合力种好民生大树——推进“大民政”保障体系建设的建议》1份常委会专题建议案、《加强资源整合推动江沙食品产业园加快发展的建议》《关于加快推进陈白沙纪念馆申报国家级文物保护单位工作的建议》2份主席会议专题建议案和《广悦电化技改及搬迁工作的建议》《江门市县级公立医院综合改革试点工作的调研报告》《关于扶持我市民办学前教育健康发展的建议》《关于整合资源加快农村养老事业发展的建议》《关于统筹解决群众反映问题楼盘的建议》《积极改善金融服务，支持实体经济发展》《关于加强水库饮用水资源保护与利用的建议》《关爱农村留守儿童的建议》《加强环境综合治理，为文明城市加分调研报告》《关于加快佛开高速新会司前段公路拓宽工程推动司前革命老区经济发展的建议》《抓住港珠澳大桥开通机遇，推动我市大广海湾经济区建设发展》《关于江门市农村联谊会建设的调查报告》《规划布局好农贸市场，提高城市品位》《关于尽快落实江门历史文化街区的保护和开发工作的建议》《创新社区管理模式，构建家庭服务中心》《关于整治滨江大道周边环境污染问题的建议》《关于将市体校地下训练馆搬出地面的建议》《关于非物质文化遗产的保护与开发的建议》等专题调研报告，供市委、市政府和有关部门决策参考。

【协商议政】 9月5日，市委书记刘海围绕如何更好地推进“大民政”工作，与市政协主席会议成员进行专题协商。市政协主席会议成员先后围绕养老、助残、社会组织培育三大突破口，对推进“大民政”工作提出有针对性的意见建议。2014年，市政协以“委员之家”网络互动平台为载体，积极组织委员参与话题讨论，畅通和拓宽委员意见建议表达渠道，先后推出 “江门如何打造珠江西岸先进装备制造业产业带”“如何推进江门‘大民政’保障体系建设”等界别话题，组织委员提出意见和建议。江门市政协网络互动平台全年共有1100多人次登录平台浏览、发帖、跟帖，相关数据排名全省前列，并获得省政协的肯定。

【委员约见市长座谈会】 2014年，共举行两次“政协委员约见市长座谈会”。1月21日，在市政协十二届三次会议召开期间，“政协委员约见市长座谈会”与港澳委员座谈会合并举行，围绕大广海湾经济区建设课题，港澳区委员与庞国梅市长及有关部门开展专题协商。9月17日上午，市府办与市政协办联合举办“政协委员约见市长座谈会”，委员们与庞国梅市长及有关部门负责人围绕“智慧城市”专题进行面对面协商。

【民主监督】 围绕市委、市政府2014年承诺重点解决的民生实事项目，制定《市政协视察2014年民生实事项目工作方案》，由各分管副主席牵头、专职常委组和各专门委员会具体负责，每个季度组织政协委员以专题座谈会、现场视察等方式，对2014年民生实事项目中的提高城乡低保和农村五保供养标准、提高残疾人津补贴标准、提高城乡居民养老保险待遇标准、实施就业优先、提高社保卡覆盖面，基本实现社会保障卡户籍人口全覆盖、提高城乡医疗补助标准、提高渔民参加渔业政策性保险覆盖面、解决山区和农村边远地区义务教育学校教师岗位津贴，按省定发放标准发放到位；城乡免费义务教育生均共用经费补助标准小学提高到950元、初中提高到1550元；落实符合条件的进城务工人员随迁子女在江门市参加高职招生考试工作、提高基层医疗卫生机构服务水平、提高特殊人群医疗服务水平、建设公共交通导盲系统、推进扶贫开发“双到”工作；落实低收入群众临时价格补贴与物价上涨联动机制，给低收入群体及困难群众5.7万人（次）发放一次性临时价格补贴等共13项内容开展民主监督，促使这13项“民生实事”按年初确定的进度要求按时、按质完成。为加快推进重点项目建设，市政协专门制定《市政协联系重点项目分工方案》，由主席、副主席分别率专职常委组、专门委员会通过专题调研、视察、现场办公等方式，协调解决分工联系的广东台城制药股份有限公司药品生产项目、维达扩建（新会三江厂区）、广东百富林实业有限公司新型装饰材料塑复合板产业化项目、江门新会冠达纺织增资项目、广东富盛润丰精密制造科技有限公司散热器项目、开平市高美空调设备有限公司特种中央空调项目（二、三期）、广东威立雅环保拆船项目（新会区）、鹤山市德兴环球电缆有限公司电线电缆项目等8个亿元在建重点项目发展过程中存在的问题，确保项目按进度推进。为促进江门市创文整改工作的落实，根据市委的统一部署，市政协领导班子成员深入所联系的堤东街道浮石社区、环市街道天龙社区、白沙街道羊桥社区、仓后街道石湾社区、堤东街道江边社区、堤东街道美景社区、仓后街道圩顶社区、滘头街道正南社区、新会区会城街道永安村共9个社区开展创文督导工作，帮助所联系社区解决居民楼公共平台路灯失修、消防栓长年破损、社区青少年活动场所设施不足等一批老大难问题，推进创文工作深入开展。为发挥政协的民主监督作用，市政协大力支持委员担任“五员”（特邀监督员、人民监督员、行风监督员、人民陪审员、民情信息员），其中余松健委员担任市转变政府职能决策咨询委员会成员，罗兆权、劳仲平委员担任江门市社会保险监督委员会委员，李芳、陈亦文、吴捷、穆晓敏、袁振鹏委员担任市直政风行风民主评议员，胡帆委员担任江门监狱执法监督员，黄少芳、梁正雄、罗兆权、李跃楷委员担任2013-2014年依法行政考评工作组成员。

【提案工作】 市政协十二届三次会议以来，广大政协委员紧紧围绕市委、市政府中心工作履职建言，收到书面建议167件，立案165件，经并案处理后共向市政府交办158件。在立案的提案中，参与提案委员237人次。其中委员提案112件，占67.9%；各民主党派、工商联、人民团体及联络组的集体提案53件，占32.1%。按类划分，经济建设类31件；城市规划、建设、管理、环境保护类65件；教育、科技、文化、医疗卫生、体育类39件；政法、统一战线和其他类30件。这165件提案分别由79个单位承办，已于2014年底前全部办复，并实现办复率及委员满意和基本满意率两个100%。其中，《关于切实抓好我市农业面污染源治理，建设美好家园的建议》被评为2014年“一号提案”；《打造大江门旅游产业，形成江门经济新增长点》等18件提案被评为市政协2014年度优秀提案。是年，市政协继续实施主席会议集体督办“一号提案”机制，坚持由主席会议成员分别牵头督办10件重点提案，并开展重点提案办理“回头看”活动。

【反映社情民意】 2014年，市政协社情民意调查中心编印《江门市政协信息》11期，报送《市政协委员重要建议“直通车”》7份，反映社情民意信息76条，内容包括推动大广海湾经济区发展规划、加强食品安全风险监测、加强校外托管机构管理、加强旅游资源宣传、解决市区环境问题、规范江门市政府购买服务、关注弱势群众等。恩平市政协委员反映委内瑞拉恩平籍乡亲因委国政局不稳造成办理国内寄养儿童签证难的问题，得到市领导和有关职能部门的高度重视，出台便民措施解决这一难题，温暖侨心和民心；民建市委会反映的《关于改进东华二路与潮江路交界处红绿灯指引的建议》、市政协蓬江区联络组反映的《关于减少道路监控闪光灯的建议》、民进市委会反映的《关于推进我市教育发展的建议》等建议得到市领导的批示和肯定。专职常委组反映的委员重要建议“直通车”《关于统筹解决群众反映问题楼盘的建议》、恩平政协委员薛家诚反映的《关于帮助旅委内瑞拉恩平籍乡亲办理儿童寄养签证的建议》、农工党市委会反映的《加强校外托管机构管理的建议》等8条信息被评为市政协2014年度优秀社情民意。

【文史工作】 2014年，市政协开展两项文史方面的工作。征集出版《江门文史》第47辑：本期《江门文史》共辑录原广东省委党校教授何锦洲提供的史料34篇，近7万字，全部是人物小传，分为岁月留痕、革命先锋、教坛春色、白衣天使、报业风云、艺术精英、肝胆相照、侨界之光、名门望族、民国人物等10个类别。完成省政协《敢为人先——广东改革开放一千个全国第一》专题文史资料征集任务：省政协于2013年11月向各地市政协布置这一任务，征集广东省改革开放以来（1978—2013）在全国领先的各项建设成就的文史资料。市政协向三区四市进行广泛征集，最后选出54篇上报省政协，其中21篇被录用。

【宣传工作】 2014年，市政协出版12期《江门画报》、开通政协官方微博，《江门画报》出版第477—488期，每期发行6000份。以图片新闻为主要形式，内容反映江门市2014年市委、市政府重点工作和市人大、市政协重要活动，江门市经济、社会、政治、文化等方面的建设成就，对外友好往来和侨务工作，港澳台同胞和海外侨胞爱国爱乡重要活动，江门五邑侨乡风土人情等。继续设置“委员风采”专栏，宣传江门市政协委员履行职责的成绩和在各自领域做出的贡献。2014年，市政协开通腾讯、新浪两个官方微博，通过微博及时向社会发布市政协重要活动信息。完善政协网站，以图文并茂的形式全面、及时报道市政协十二届三次会议、常委会议、主席会议等重要会议，以及开展党的群众路线教育实践、调研视察、建议献策、关注民生等活动。

【联谊活动】 1月4-5日，市政协有关领导前往港澳召开委员座谈会，通报江门市2013年经济社会发展情况及听取委员对市政协十二届三次会议常委会工作报告和提案工作报告的意见。在会上传递《江门大广海湾经济区发展总体规划》获省审议通过的喜讯，号召委员们要充分发挥好作用，多出谋划策，推动港澳与江门的合作，宣传江门的投资环境。3月12-13日，应市政协赵基耀主席之邀，由澳门政、商界人士组成的考察团一行11人到访江门市，了解江门市大广海湾经济区发展总体规划，探索江澳两地合作与空间互补。考察团先后考察江门市先进制造业江沙示范园区、滨江新区、广海湾香港惰性拆建物料台山处置区、银湖湾和新财富崖门环保电镀基地等，并举行座谈会与有关部门负责人进行交流。4月23-25日，省政协副主席唐豪率澳门地区省政协委员视察团一行37人到江门市围绕“加强粤澳合作，促进江门地区优化发展”开展专题视察。视察团先后在市区、新会、台山等地考察江门市“光博汇”、江门市先进制造业江沙示范园区、广东南车轨道交通车辆有限公司、梁启超故居、江门市澳新食品有限公司、新会双水发电厂有限公司、江门市新财富崖门环保电镀基地、新会银湖湾、台山广海湾香港惰性拆建物料台山处置区、台澳铝业有限公司等项目。并召开座谈会，听取江门市发改局负责人介绍江门市经济社会发展情况、港珠澳大桥建成后与澳门对接的规划和设想，江门市外经贸局负责人介绍澳门在江门市投资的企业发展情况。6月16-17日，广东省政协党组成员、原副主席覃卫东率省政协委员第四视察团在江门市开展“珠三角城市群城市矿产资源综合利用情况”专题视察。赵基耀主席，谭继祖、赵树培、林锦清副主席出席相关活动。7月14-15日，省政协唐豪副主席率调研组到江门市围绕“进一步发挥港澳委员‘双重积极作用’”开展专题调研，赵基耀主席、马跃敏副主席参加相关活动。8月7-8日，市政协有关领导前往港澳召开委员座谈会，向委员通报江门市上半年经济社会发展情况和市政协上半年工作情况以及下半年工作安排，听取委员对市政协下半年工作的意见和建议，并与委员们围绕如何促进江门市经济社会加快发展进行讨论。8月26日上午，市政协赵基耀主席、林锦清副主席及港澳台侨外事委赵洁英主任等会见到访的菲律宾棉兰老岛国首领谢理夫一行，并就双方建立友好城市进行交流。9月18-20日，市政协组织港澳区委员专题视察江门市重点交通建设项目和台山川岛旅游项目，增进港澳委员对江门市交通基础设施建设和海洋经济发展情况的了解，更好地为江门市承接港澳地区产业转移、加强江港澳三地的合作发展建言献策。9月24-25日，全国政协副主席王钦敏率调研组到江门市围绕“大力支持中小微企业技术创新”开展专题调研。赵基耀主席、赵树培副主席、赵崇柏秘书长参加相关活动。9月26日，为庆祝中华人民共和国、中国人民政治协商会议成立65周年和全国人民代表大会成立60周年，市人大·政协书画摄影作品联展在江门市政协书画院开幕。参展作者涵盖工作、生活在江门市及各市（区）的全国、省、市、区四级人大代表和政协委员，特邀领导和嘉宾，人大、政协在职工作人员、离退休干部和书画摄影爱好者，共展出书画摄影作品190件。10月21日，市政协马跃敏副主席召集市政协港澳台侨外事委员会、市委统战部、市外宣办、市外侨局、市侨联等单位与香港《文汇报》对接，研究布置利用好《文汇报》的平台宣传报道江门市情况和港澳委员、港澳乡亲、知名人士支持家乡建设及特区建设，并组织部分委员在《文汇报》人民政协专栏对香港出现的占中行动发声。11月25-27日，谭继祖副主席陪同省政协副主席刘日知一行到开平市和恩平市就“全省县级政协组织建设基本情况”专题开展调研。11月27-28日，澳门中华总商会考察团一行64人到江门市考察，先后考察大广海湾综合发展经济区银湖湾起步区、新财富崖门环保电镀基地、广东南车轨道交通产业园项目基地、新会陈皮村、滨江新区、江门市先进制造业江沙示范园区等。市政协领导谭继祖、林锦清、马跃敏等陪同考察团。为纪念澳门回归祖国十五周年，市政协与澳门特别行政区社会文化司、澳门江门同乡会、北京广东五邑侨乡海外联谊会、江门五邑海外联谊会联合在江澳两地举办庆祝澳门回归十五周年国礼“盛世莲花”创作回顾展暨郭宝寨艺术展。12月12—18日，展览在江门市五邑华侨广场李铁夫美术馆展出。12月28—31日，展览移师澳门综艺馆开展。此次展览展出澳门回归十五周年国礼“盛世莲花”的作者郭宝寨教授的国画和雕塑作品63件，以及国礼“盛世莲花”的创作手稿、候选模型、成品模型和图片、视频等珍贵资料20件。

【关爱社会】 2014年，市政协继续开展扶贫开发“双到”工作、扶困助学活动和“政协义工林”植树活动。扶贫开发“双到”工作：按照《江门市政协扶贫小组2013-2015年扶贫开发“双到”工作规划》的安排部署，2014年继续对开平市金鸡镇大同村委会开展扶贫开发“双到”工作，牵头帮扶单位筹集330万元资金帮扶大同村发展集体经济、修建生产生活设施以及对贫困户开展产业帮扶、农技培训，解决当地群众饮水难、行路难、发展产业难等问题。发放第八批扶困助学金：10月29日下午，市政协在江门职业技术学院举行第八批扶困助学金发放仪式，向该院242名五邑籍贫困生共发放65万元的助学金。市政协扶困助学金共资助该院2010名学生，资助金额达452万多元。“政协义工林”植树活动：4月15日，市政协、江海区政协联合在江海区渔山公园开展“政协义工林”植树活动，近百名政协委员和机关干部种下约200棵桂花树。

附：【2014年江门市政协主席、副主席名录】

主　席：赵基耀

副主席：谭继祖　李　旭　赵树培

伍劲华　吴　森　赵翠玲

林锦清　马跃敏

民主党派·工商联

民主党派和工商联

【简述】　至2014年底，江门市有民革、民盟、民建、民进、农工党、致公党、九三学社等7个民主党派地方组织，13个县级委员会，221个基层组织，成员总数3300人（其中：民革268人、民盟979人、民建400人、民进434人、农工党752人、致公党328人、九三学社139人），全年发展新成员123人，发展率为3.83%。是年，各民主党派围绕市委、市政府的中心工作，履行参政议政职能。各民主党派市委会和成员向各级人大、政协提交的提案、建议、专题调研报告等428篇，其中人大议案类42篇、政协提案类295篇、社情民意类78篇、调研报告类13篇。

表4：　江门市各民主党派组织情况表

名　　称	基层组织（个）	成员总数（人）	年度发展新成员（人）
民革江门市委会	22	268	14
民盟江门市委会	62	979	23
民建江门市委会	26	400	10
民进江门市委会	37	434	9
农工党江门市委会	41	752	43
致公党江门市委会	28	328	8
九三学社江门市委会	5	139	16

【民革江门市委员会】　参政议政　开展多项重要调研视察活动，就“弘扬传统文化、助推文明城市建设”主题分别与市文明办、党校、教育局、文广新局等单位交流座谈，并赴中山市学习取经；分别赴恩平、鹤山、蓬江区等地开展农村联谊会建设情况的调研，推动农村统战工作发展；针对环境保护和生态建设情况，与市环保局、新会区环保局交流座谈，了解江门市在水资源、大气污染方面情况，深入纺织企业、玻璃厂等传统高污染企业视察污水循环利用技术及清洁能源使用等；调动党内法律界党员专业力量，针对社区矫正工作，深入社区一线，开展社会法制领域专题调研；学习台湾地区先进的农业发展模式和农业“生产、生活、生态”三结合的良好经验，市委会与市委统战部组成专题调研组，前往台湾地区开展相关调研。各基层委员会发挥自身特色，开展各种调研：职院支部深入江门市各中小企业就高等职业教育问题进行调研；江海总支就“打造白水带旅游文化，促进江海区经济发展”和大广海湾滨海旅游经济开展调研；综合总支就中小微企业发展情况进行调研；五邑大学总支开展环境保护方面调研等。2014年市委会向各级人大、政协提交提案、建议共49份。其中：

省人大10份；市人大4份、市政协14份；区人大2份、区政协19份。向省委会提供社情民意5篇，向市政协提供社情民意11篇，向统战部提供4篇。在2014年市两会期间，作题为《创新扶贫方式，构建对口扶贫有效机制》大会发言。《充分发挥社会组织作用，加快农业产业化发展》被评为上年度优秀提案；《建议先配套完善智能交通系统再罚款》被评为上年度优秀社情民意；提交的提案、建议都得到有关部门的重视，其中《创新扶贫方式，构建对口扶贫有效机制》《打造大江门旅游产业，形成江门经济新增长点》被市政协定位重点督办提案；新会区委会提案《关于在会城城区推行“公共自行车”的建议》被新会区选为2014年主席督办的重点提案。至年底，市委会担任省人大代表1人，市人大代表5人（常委1人），市政协委员6人（副主席1人，常委2人），区人大代表2人（常委1人），区政协委员16人（副主席1人，常委4人）。

党务活动 开展党员培训工作，6月召开组织工作会议，传达省组织工作会议精神；10月开展新党员及党内骨干培训；机关干部参加省民革专干培训班等；党员欧阳能被选派到省社院参加省2014年党外县处级领导干部培训班；林命彬被选派参加2014年江门市党外中青年干部培训班并获得“优秀学员”称号。开展各种党务活动，新春探访活动、三八妇女节活动、年中总结大会、年末总结大会，响应省委会助力云浮市振兴发展活动，组织民革企业家参与云浮招商引资活动；民革广东省委会在江门举办“纪念陈少白诞辰145周年”座谈会，江门民革作为承办单位，全力配合做好工作并出版《陈少白传略、诗词、书法》及《江门民革—纪念陈少白诞辰145周年专刊》等。开展交流活动，分别赴中山、茂名、韶关等地就机关建设、高科技高增值农业培育等方面展开交流。加强交流联系，与市台办结为对口联系工作单位，及时互通信息；分别与三区统战部、五邑大学、江门职业技术学院统战部定期举行联系会议，通报情况，商讨对策。

社会服务 响应省民革助力云浮市振兴发展活动，资助云浮市两名贫困学生3年的学费；李旭主委代表民革为新会永安村改造周边环境捐资5000元；医卫、蓬江总支为开平市玲珑医院捐款12000元；企业家界别党员在各项活动中捐资共达3万元。

祖统工作 刘夏林副主委参加民革广东省委会台情报告会，并向各基层组织传达会议精神；与江门市台办、市台胞台属联谊会定期召开对台工作联系会议；赴台湾地区学习先进的农业发展模式和农业“生产、生活、生态”三结合的良好经验并撰写调研报告送市委市政府。

（民革市委会）

【民盟江门市委员会】 *自身建设* 举办“2014年民盟江门市委委员培训班”。加强领导班子建设，增补盟市委副主委1名。对《江门盟讯》进行改版，实行彩版印刷，寄送全市九百多位盟员、各有关部门以及兄弟盟组织。民盟开平市委会、恩平市委会被评为“民盟广东省宣传工作先进集体”。结合“基层组织建设年”活动强化组织建设，幼师支部被评为“民盟中央先进基层组织”；民盟新会区委会、文化支部、鹤山支部、台山一中支部被评为“民盟广东省基层组织建设先进基层组织”。机关建设高效化，公开招录办公室科员1名，重新修订《民盟江门市委会机关办公室工作人员岗位职责》。

参政议政 在政协江门市十二届三次会议上，作题为《加强乡村绿化，推进新农村、新型城镇化建设》的大会发言；提交的提案《关于切实抓好我市农业面污染源治理，建设美好家园的建议》被定为政协“一号”提案。《以城市综合体建设为引擎，加速第三产业发展》被评为江门市政协2013年度优秀提案。“两会”期间，盟市委、盟员人大代表和政协

委员积极参政议政，共提交人大建议7份、政协提案20篇。加强反映信息和社情民意工作，向市政协提交社情民意信息6篇。《关于确保居民住宅区和住宅楼消防通道畅通的建议》《关于加强对西江水厂取水点周边环境监测的建议》被评为江门市政协2013年度优秀社情民意。

服务社会　参与民盟广东省委的“小蜜蜂”公益助学活动，发动全市盟员征集适合小学生阅读图书1000多本。民盟江门市委会、恩平市委会组织江门一中的盟员教师赴郁文中学开展“农村教育烛光行动”，送教下乡。由民盟广东书画院、民盟江门市委会主办的“民盟广东书画院特聘书画家（湖南、贵州）四人作品展”在江门市群众艺术馆举行。先后举办“民盟江门市委会2014年送文化进警营书画挥毫活动”“民盟江门书画院赴台山市少年宫文化下基层书画挥毫活动”“民盟江门市委会、开平市委会赴赤坎镇书画挥毫活动”，送文化下基层。（赵兰芳）

【民建江门市委员会】　参政议政工作　参与市委统战部组织的各民主党派联合调研活动；联合市政协港澳台联络委员会开展“规划布局好农贸市场 提高城市品位”的调研活动；对江门市城市化建设资金不足等问题开展“建立我市新型城市化建设投资基金”调研，提出构建江门市新型城市化建设投资基金的主题思想；就畜牧及水产品安全问题开展调研工作；就如何抢抓机遇，大力发展江门市装备制造业问题联合市多部门进行调研，并向市政协提交建议意见；组成调研组赴温州等地调研海洋经济发展情况并提出建议意见；开展“大广海湾产业发展定位”“民建市委会近年的提案工作情况研究分析”等理论课题的研究工作，向省民建递交1份理论课题报告。各基层组织组成课题组，分别就“促进农村经合组织发展”“完善高新区城市功能区建设”“助推江门市古典家具行业健康发展”“巩固和壮大水口卫浴产业发展”“多渠道多形式治理污水排放”等专题开展调研活动，并提交相关提案建议。在江门市“两会”召开期间，共向市政协提交集体提案4份，委员个人提案14份，区（县市）人大建议和政协提案27份，其中《加大潭江河流域治污力度，打造我市良好生态环境》提案被确定为市政协领导2014年重点督办提案，《整合资源，加快普惠式学前教育发展，增强人民幸福感》被评为优秀提案。2014年共向民建省委会、市委统战部、市政协等部门提交调研报告3份，社情民意17份。至2014年底，江门市委会当选省人大代表1人，市人大代表2人（人大常委会副主任1人），担任市政协委员8人（常委3人），当选区（县市）人大代表3人（人大常委会副主任2人、常委1人），担任区（县市）政协委员20人（当选政协副主席1人，常委4人），市级各级特邀职务10人次。

组织建设工作　2014年，市委会领导参加市委统战部举办的2014年江门市党外干部培训班；市委会班子成员及专干参加省民建举办的自身能力建设培训班；组织机关干部及骨干会员参加市委统战部举办的专题培训班；市委会多次组织会员学习中共十八届四中全会、民建中央全国组织工作会议、民建省委八届三中全会精神和民建省委主委李心到江门调研的讲话精神。2014年共举办新会员、骨干会员学习培训班和企业家会员经济讲座二期，参加会员约160多人次；完成会员后备干部的推荐工作；机关干部2人获得职务晋升；完善全国民建组织管理信息系统资料等。2014年全市新吸收会员10人，发展率为2.2%，其中经济界人士9人，本科学历7人、大专学历2人，具有高级职称1人、中级职称1人、初级职称3人，平均年龄37.2岁；至2014年底，市委会共有市直10个支部（1个小组），2个总支部（5个支部），2个区县级基层委员会，全市400名会员（其中市直会员230名），经济界别327人，占81.8%，会员平均年龄53.8岁；享受国家级政府特殊津贴1人。

社会服务工作　　慰问市儿童福利院，捐赠儿童纸尿片价值约3万元；响应民建省委会开展“助力阳江”活动，市委会主要领导筹集2万元，资助阳江革命老区阳东县大八镇龙心村用于扶贫经济项目的开展。发动会员，捐助贫困学生10人共2万元；是年，会员企业吸纳劳动力人数400多人次，培训各类学员约600名；组织会员参加非公论坛和招商推介会19人次，组织会员开展各项考察活动140多人次。

宣传工作　　出版江门民建刊物——《广东民建•江门》2期 ，向省民建、市政协、市委统战部提共交信息52份。

其他工作　　慰问老会员、患病会员及离逝会员家属38人次，走访会员企业22人次；主办民建机关中西片组织活动，组织“粤珠中江”民建羽毛球和乒乓球的联谊赛，举办全市乒乓球、羽毛球、“拖拉机”“锄大D”等系列文体比赛。

获殊情况　　2014年会员获得各项奖励43人次，其中获全国部级奖励1人，江门市级奖励2人次，会内奖励40人次。　（民建委员会）

【民进江门市委员会】　　思想建设　　搭建学习宣传交流平台，运用多个宣传阵地及时反映会务动态报送信息、通讯稿约300多篇；反映会务状况、会员的思想动态、心得体会文章100多篇,其中五邑大学副教授胡帆会员报送的《携同舟风雨，促民主前行》被省委会选送参加庆祝建国和人民政协成立65周年理论研究座谈会；配合纪念民进江门市委会成立30周年活动精心编辑出版画册、历年议政提案文集各一本。

参政议政　　1月代民进省委拟提案一篇《全力打造广东江门大广海湾综合发展经济区》，作为省委会提案提交省政协，民进在市政协大会上作《加快启动市区应急备用水源工程建设》大会发言，共向市政协十二届三次大会提交集体提案8篇；个人提案8篇；在省十二届人大二次会议上提交人大建议2篇；在蓬江区、江海区、新会区、台山市召开的两会上共提交个人人大建议1篇，集体提案14篇，个人提案6篇。其中《为推进教师交流和教育均衡发展鼓与呼》《加快启动市区应急备用水源工程建设》被市政协定为2014年十件重点督办提案其中的两件。全年民进交省委会、市政协的社情民意共14篇。全会确定五个市级重点课题和三个一般课题；有两条课题市选送省委会作为省调研课题选题，其中《加快环珠经济带的发展，缩小珠三角中心城市之间差距》（后题目改为《关于珠三角次区域发展的建议》）定为省重点议政课题。全年市委会领导中共江门市委召开年度两次党外人士座谈会，围绕教育、经济、民生等方面提出建议。民进部分会员还参加党群众路线教育活动、蓬江区党代表接待日等议政活动，履行民主监督、参政议政职能。全年江门民进有多个提案（建议）得到市有关部门采纳：市委会代省委会撰写的省政协提案《关于全力打造广东江门大广海湾综合发展的提案》，省发改委牵头制定《关于科学家推进重大区域发展平台规划建设的指导意见》，加速大广海湾经济区的发展与建设。《关于引入商业保险拓展我市医疗救助新模式的建议》提案被采纳，市民政局探索引入商业保险的新模式，运用市场机制实现行政救助与商业保险的合理嫁接，构建多层次的综合性社会救助体系。提案《整合我市食品药品监管职能 加强基层机构建设》大部分建议得到采纳和落实。

组织工作　　全会创新组织发展模式，江门民进隆重召开座谈会，庆祝市委会成立30周年。会领导先后参加各类培训班加强自身建设，提高管理层的组织工作水平；市委会和各级基层组织全年共举办（参加）多种形式的专题培训班、研讨班、异地培训、人大代表政协委员学习培训达20余次，近200人次参加学习。

社会服务　　民进2013年共筹得136000

元，这部分“爱心款”用于资助蓬江区部分贫困学生“爱心午餐”（1000元/人/年）。“爱心午餐”活动计划将继续三年。江海区总支主委陈昌钢带领企业界会员联合江海区康复门诊到外海街道中东村开展送医进社区活动，受惠群众近200人。新会区委会义工服务队，前往会城星光老人院和崖门福利院开展重阳节敬老活动。在“民进开明慈善会”捐款活动中支部和会员共捐款45990元，市直及三区的会员积极参加慈善公益万人行捐款活动，共捐款10000元。

（民进市委会）

【农工党江门市委员会】 参政议政 2014年，农工党江门市委会有各级人大代表18人，政协委员46人，特约人员27人。向各级人大、政协提交的提案、建议、专题调研报告等55篇，其中人大议案类3篇、政协提案类40篇、社情民意类10篇、调研报告类2篇。围绕扶贫、助残、农村联谊会建设、滨海旅游开发、文化软实力建设等问题开展调研，撰写《江门市滨海旅游业发展报告》《关于我市农村联谊会建设的几点意见和建议》调研报告。《激发社会组织活力 推动和谐社会治理》和《关于加强江门市基层医疗卫生建设的建议》获市政协颁发“优秀提案”，《建议加强监管校外托管中心》获市政协颁发“优秀社情民意”，《江门市滨海旅游业发展报告》获江门市海洋经济发展理论征文比赛“二等奖”。

社会服务 定点帮扶台山市上川中学，为台山市上川中学毕业到台城求学的9名贫困学子送去助学款共1.5万元。发动党员一起共出资1.5万多元购买24个不锈钢储物柜捐赠台山市上川中学。与农工党恩平市委会联合扶助当地4户贫困户，为他们送上扶贫金4000元。与江门市利民社工机构“爱心交换抱抱团”社会公益项目对接，发动市直各支部捐资帮扶，为堤东街道18岁以下残障儿童及青少年提供“圆梦服务”。联合农工党广东省委会妇委会、农工党恩平市委会，到恩平沙湖镇开展第二十六届中国“国际科学与和平周”送医送药送文化下乡活动，共派发免费药品3000多元，受益人数达800多人次。

（农工党市委会）

【致公党江门市委员会】 组织建设 是年，基层组织28个，共发展新党员8名，年末共有党员328人，党员平均年龄54岁，中上层人士占67%。成员中担任省人大代表1人，省政协委员1人，担任市人大代表4 人，担任市政协委员9人，担任县级市（区）人大代表8人，担任县级市（区）政协委员25人，有5人被聘为市级“特约人员”。

参政议政 “两会”期间，向各级人大、政协提交的议案、提案、建议共49件，《关于加快推进市区社区卫生服务工作的建议》在市政协大会发言；向市政协提供社情民意12件，向致公党省委、中共江门市委统战部提供信息8篇次；编辑出版《参政议政集》（2014年卷），出版内部刊物《同舟报》两期。开展“市区车辆停放管理”“居家养老”“华侨新生代情况”“中小企业融资”“民办学前教育”“环境综合治理”等专题调研。

海外联谊 做好对外联系与沟通工作，通过多种方式保持联系，接待古巴、英国、美国等海外洪门团体十多个，参与市侨联启动的“为侨服务”活动，协助海外华侨寻根问祖。

社会服务 先后在开平市大沙镇和恩平市良西镇区村村开展“送医送药送法”暨捐资助学活动；党员赴边远山区河源市龙川县开展支援教育，集资捐赠了部分文具给月乐堂小学；开展拥军慰问活动。

参与公益事业 参加慈善公益活动，党员在各自单位捐款捐物；开展法律援助，参与妇女维权活动；进行义工活动多次。 （陈东辉）

【九三学社江门市委员会】 2014年，九三学社由原来的五个支社调整为一个基层委员会

（下设三个支社）和四个支社，社市委全年共发展社员16人，主要分布在企业、高校和政府部门等，其中高级职称3人，中级职称5人，现有社员总人数139人。社市委会荣获社中央2014年“九三学社组织建设先进集体”称号。

参政议政　在江门市“两会”期间，社市委员会共提交人大建议2件，政协提案8件，其中在市政协大会发言《加快市医药和食品行业发展，打造千亿级支柱产业》提案被列为市政协重点跟踪提案；提案《关于建设江门古商城，打造江门文化新品牌的建议》对挖掘江门市历史文化，打造蓬江上河图有较高的参考价值；《提升我市工业设计能力，推动产业优化升级》荣获市政协十二届二次会议优秀提案奖；《建议采取措施为生命让出绿色通道》荣获市政协2013年度优秀社情民意奖。是年，社市委会向市政协提交政协信息3篇，全部得到采用。11月，社中央和社会服务部率专家学者考察团莅临江门指导工作。是年，社成员在科技创新工作中屡创佳绩。尹荔松获江门市第六批拔尖中青年专家和优秀人才称号；陈永航在第七届“省长杯”工业设计大赛获鼓励奖两项，入选“文化部文化产业创业创意人才库”，并获得“中国优秀青年设计师”称号；社员8人获得2013年度江门市科学奖，其中2人一等奖，1人二等奖，5人三等奖；梁姚顺撰写的《全大豆和脱脂大豆酿造酱油的差异化研究》在2014年全国调味品行业“安琪酵母抽提物”杯科学技术论文大赛中获一等奖，并获得两项专利授权；新会电视台对李海全的科技创新活动做全面报道；新会电视台还以“我的梦，中国梦”为主题对罗小勇致力于国产传感器技术和产业发展进行专题报道；温涛主持开发得实公司的第一台条码打印机——《一种条码打印机用热敏打印头的定位结构》和《一种碳带双拨轮传动的条码打印机》获得国家专利授权。在2014年迎春总结暨表彰先进社员大会上，梁姚顺等5位社员喜获“科技贡献特别奖”。

社会服务　社员周小松主动报名去粤东地区五华县开展支教活动一年；社市委会组织外籍教师赴恩平郁文中学开展支教助学活动，赠送文具一批。（冯惠群）

【江门市工商业联合会】　2014年，江门市工商联全市会员总数13660个，新发展成员729个，有7个县（区）级组织，17个异地商会、6个行业协会。全市78个镇（街道）中，已建立镇级商会76个，覆盖率达97.4%以上。

参政议政　全市各级工商联组织共向各级人大、政协提交建议37份、提案89份，其中重点提案或优秀提案15份；向党政部门提出建议88份，被采纳或引起重视的42份；参与本地政策法规文件起草和制定16件，其中对涉及非公有制经济发展的政策文件提出意见建议6份。

服务企业　加强企业上市服务平台建设，发挥“企业上市服务中心”的作用，促成嘉士利集团成功在香港主板市场上市。加强“特约社管专员”服务平台建设，285名“特约社管专员”直接参与协调的矛盾纠纷及群体事件达102起。加强企业招工服务平台建设，举办专场招聘会，组织106家会员企业进场招聘，设置各类招聘岗位650个，招收企管、技工、普工等各类人员2400人。加强企业融资服务平台建设，如市民营企业投资商会成立的江门高新区汇盈科技小额贷款有限公司，蓬江区工商联分别与18家银行、6家小额贷款公司、3家担保公司建立合作关系，恩平市工商联与顺德农商行恩平支行进行战略合作签约，协助会员企业贷款达1.2亿元。加强会员培训服务平台建设。2014年，全市各级工商联组织举办讲座、研讨会103场（次），参加人员5505人，举办各种培训班82期，参加人员8205人。

非公党建　深化“种子工程”，通过“先培土再育种”和“先育种再培土”两种方式推动非公党建工作突破前行。已为江门市福建商会发展6名党员，使福建商会拥有自己的党支部，该工程被确定为全市“两新”党建典型案例进行推广；为会员企业—江门市江艺实业有限公司成功培养首批6名预备党员；机关14名党员挂点直属22个商会进行指导。有江门市福建商会、江西商会等7个直属商会成立党支部。

走出去与引进来　推动境外异地商会建设，首个境外商会——澳大利亚江门总商会成立。加强与各地工商联和境内外商会、社团联系，2014年，全市工商联组织和会员企业出访组团62个共1379人次，达成投资协议超1100万元；接待国外、境外访问团30个636人次，与13个境内外工商社团建立友好关系，举办活动11场230人次。组织会员参加商务考察、贸易洽谈、展销会等经贸活动832人次，签定各种投资项目、协议34个，到位资金6000万元。

宣传教育　与宣传部、电视台合作，推出大型高清励志类系列节目《商道》，20多个商会会长轮流作客江门市电视台，讲述个人创业奋斗史、商会发展史，宣扬正能量，开通江门市工商联（总商会）微平台，每天第一时间推送企业所需的经贸、法制、商会活动等有价值的信息，纵向打通市、县、镇三级商会，横向20多个行业和异地商会，有近1.3万会员参与互动。

慈善公益　引导和组织各级商会和企业参与光彩事业，参与投资、实施项目16个，到位资金2328万元；捐助兴建学校、医院14所，到位资金757万元；参与各类社会公益、赈灾扶贫捐赠金额超5710万元。（市工商联）

人民团体

江门市总工会

【综述】 2014年，江门市总工会机关内设办公室、基层建设部、保障工作部、经济工作部、宣传教育部、经费审查委员会办公室、财务部等7个部室；下辖江门市工人文化宫、江门市职工帮扶中心等2个事业单位；另设有广东省职工保障互助会江门代办处。2014年，江门市各级工会紧紧围绕改革与发展的工作大局，以党的群众路线教育实践活动为契机，建平台、打基础、广服务，圆满完成市委、省总工会交办的任务和市总工会十四届三次全委（扩大）会议提出的目标任务。

【实施“五个一万工程”】 超额完成帮扶万名困难职工的目标任务。全市各级工会共帮扶困难职工2.9万多人，发放帮扶救助金1049万多元，帮扶人数与上年相比增长2.5倍。超额完成助学万名困难职工读书子女的目标任务。全市各级工会共助学1.9万多人，助学金额达1581万多元，助学人数与上年相比增长2.4倍。超额完成培训万名在职职工的目标任务。全市参加工会各类培训的职工达3.8万人次，其中参加技能提升培训的2.3万多人，参加技能提升培训的人数与上年相比，增长3.28倍。超额完成发动万名职工参加新开展的住院医疗综合互助保障活动（简称“住院二次医保”）的目标任务。全市共发动1.9万多名职工参保，有272名患病住院职工获二次报销40.77万元。做好传统的省职工医疗互助保障计划、女职工安康互助保障计划的新保、续保工作，这两个计划从2003年至今历年累计发动参保人数近45万人次，收取保费4194万多元，累计帮扶患大病职工1512人，发放互助保障金2212万多元。超额完成组织万名职工开展“技行五邑”技能竞赛的目标任务。共组织569个单位4万多名职工参加技能比赛项目共101个，参加人数为上年的4倍多。

【依法维护职工合法权益】 依法维护职工的组织权，重点推进企业依法组建工会和规范已建工会组织。全市基层工会委员会数、涵盖法人单位数、工会会员数分别比上年净增长9%、8.2%、9.6%；其中，全市具备法人条件的企业基层工会从2013年8月的613家跃升到2014年底的2777家，增长3.53倍。依法推进工资集体协商工作。全市签订工资专项集体合同2076份，覆盖企业1.4万多家，覆盖率77%，受惠职工约74万人。依法加强劳动争议预防预警和调处。推动全市4000多家企业依法建立劳动争议调解委员会；地、县两级总工会共处理职工信访221宗（含群体性劳资纠纷），涉及职工4344人次，与上年相比，分别增长了38.1%和472.3%，结案率保持98%。在各企业工会中广泛开展以提高企业安全生产水平和职工安全意识为宗旨的“安康杯”竞赛活动。参赛企业、职工分别达1800多家和29万多人，比2013年分别增长13.5%和10.7%。发挥工会律师团成员的作用，为上门求助的职工提供免费法律援助服务。

【创新工会服务职工的载体与平台】 打造职工服务中心升级版，先后在有关工业园区培育15家具有示范效应的职工服务中心（站），为职工提供 “超市式”的公共文化、娱乐、体育项目等服务。整合社会资源壮大工会助学实力，市总工会发挥社会组织作用，牵头与有关企业、社会组织共同出资，设立面向各特殊群体职工子女助学金15个，专项资金总额达215万元，带动各级工会积极筹措资金、超额地完成助学万名职工子女的任务。建设职工文化阵地，江门市工人文化宫迁建工程实现主体建筑竣工的目标。扩大市总工会在《江门日报》的《侨乡工人》专版，每月从原来1个专版扩大到2个；开通江门工会微博、微信。培育一批文体服务类职工的社会组织，广泛开展各种文体活动。开展“牵手侨乡，快乐有约”未婚青年职工联谊交活动共40场、服务职工4400多人。

【以优秀劳动文化引领职工】 在釜山公园兴建劳动广场三期工程，建成市级劳模光荣册台，收录江门市自1997年以来的553名市级劳动模范和1993年以来的124名广东省五一劳动奖章获得者的芳名。组织部分老劳模和工会前辈口述历史，为筹建“江门工运博物馆”征集史料。继续实施劳动文化进校园活动，兴建劳动文化为主题的江门技师学院技能广场，启动五邑大学金石园建设项目。

【发挥劳动模范的示范带动作用】 选树劳模，评选出全国五一劳动奖章获得者3人，全国工人先锋号集体1个，广东省五一劳动奖章获得者6人，广东省五一劳动奖状获得集体3个，广东省工人先锋号集体4个。开展创建劳模（技能人才、职工）创新工作室活动，共建成创新工作室38个，与2013年底相比新增26个。组织劳模事迹报告巡回演讲，在各大媒体刊登劳模事迹。组织开展劳动竞赛，全市开展劳动竞赛的企业工会达1500多家，参加职工达33万人次。

【提高部级劳动模范和江门市劳动模范荣誉津贴】 从2014年1月1日起，将2000年及以前受表彰并在世的部级劳动模范、先进工作者和全国五一劳动奖章获得者的荣誉津贴，从每人每月150元提高到每人每月200元；将2001年及以前受表彰并在世的江门市劳动模范、先进工作者和广东省五一劳动奖章获得者的荣誉津贴，从每人每月50元提高到每人每月100元。

（周慧剑）

中国共产主义青年团江门市委员会

【枢纽型组织建设】 全市各级团组织直接联系青年社会组织118家，新建青年社会组织孵化培育基地5个，孵化培育青年社会组织35家，推动28家青年社会组织注册登记。新建“亲青家园”12家，共有“亲青家园”39家。新成立团属社工机构6家，在全市范围内评选出10家市级“亲青伙伴”和35家县级“亲青伙伴”，培育一批具有规模和竞争力的团属青年社会组织。推动青年社会组织承接政府购买服务49项，总额408.4万元；共青团购买青年社会组织服务26项，总额61.79万元。举办各类青年社会组织骨干培训37期，共培训5060人次。起草撰写青年社会组织调研报告5篇，其中地市级1篇，县级4篇。成立新会、开平、恩平等3家县级青年社会组织联合会。

【青少年交流活动】 以港澳台地区为重点多层次、全方位地开展青少年交流活动。协助成立“香港五邑青年总会”，支持推动“江港青年交流促进会”顺利换届，打造凝聚服务香港青年精英的联络平台。开展“寻找家乡的故事”香港青少年返粤寻根问祖百人团活动4场，共组织香港6个社团的160名青少年回江门参观访问、学习交流。与澳门江门青年会共同举办“澳门青年社区服务研习班”2期，培训澳门青年100多人。推进“江港IT专才职训计划”，在五邑大学和江门职院设立培训基地，为江门市大学生免费提供IT专业授课和实践训练。全年共开展各类涉外青少年交流活动16次，拜访友好社团19家，接触青少年1400人次；接待国外和港澳台地区青少年访问团25批约1250人次。

【青联统战工作】 执行《广东青联属地召集人制度》等规章制度，做好市青联的换届筹备工作。举办“2014年江门市青少年文化节”，组织40家青年社会组织共同参与，吸引5万人次青少年入场观看。全市各级青联组织举办学习培训、交流联谊、慈善公益等青联活动105场，参与的青联委员达2830人次。加强与世界各国和港澳台地区青年社团的沟通交流，与市外侨局等部门共同承办“第四届世界江门青年大会”，吸引33个国家和地区的55个社团共1000多名青年精英参与，增进海内外华人华侨（特别是五邑籍）新生代的理解与信任。活动期间，市青联与多伦多江门五邑青年联合会等6个海外青年社团签订协议，结为友好社团拓展江门青联对外统战工作的领域和阵地。先后组织青联委员赴波兰、瑞典等国家及地区开展各类交流活动24次，拜访波兰华侨华人青年联合会等26个友好社团；接待巴拿马江门五邑青年联合总会等社团和组织的来访嘉宾25批共1300多人次，推进江门市青年统战工作向更深层次发展。配合团省委开展2014“培育计划”组织民族地区团干部到经济相对发达地区挂职锻炼工作，安排好来自广西和新疆的两名挂职干部在江门的食宿和工作。支持江门市培英高中和江门幼儿师范学院做好新疆班和西藏班学生的教育服务工作。

【成人宣誓系列教育活动】 2014年10月18日是江门市人大立法通过的第18个“江门成人宣誓日”，团市委、市教育局、市精神文明办、市学联举办以“点亮青春 、超越梦想”为主题的成人宣誓日系列教育活动，全市各地共有5万名18岁青年面对国旗，庄严宣誓。主办单位组织18岁的青年学生参加义扫、义卖、义务献血等，以实际的行动服务他人，奉献社会。

【福彩爱心育苗班】 团市委、市福彩中心与市青少年宫共同开设“福彩爱心育苗班”，活动计划每年招募300名学生，与学校学年两个学期的时间同步，每周周六或周日上课，市青少年宫将用最好的资源向他们提供服务，通过开设唱歌舞蹈、美术、篮球、英语等艺术培训与丰富多彩的活动，鼓励更多的孩子放飞自己的梦想，让这些孩子们享受同样幸福的童年。

【关爱留守儿童】 团市委、市福彩中心、市少工委于2014年8月在江门市区举行“我的中国梦•青春七彩梦”广东省第五届留守少年儿童“福彩夏令营”—江门圆梦活动，共有300名江门地区的留守儿童参加活动。推进关爱留守少年儿童的阵地建设，江门市建立2所省级“希望家园”，开展“青春情暖”“爱在希望家园”“月圆人团圆——爱心月饼捐赠”等活动。

【青年就业创业工作】 2014年，团市委全力推动“启航计划”，组建市级青年创业导师团，受聘导师超过60人，扎实推进“展翅计划”暑期实践活动，为大学生提供近1万个实习见习岗位；面向全市青年发放贷款共100笔，总额达794万元；带动青年就业、创业人数1120人；建立“青年就业创业见习基地”49家，提供见习岗位700多个。举办青年就业创业培训班40多期，线上线下培训青年超过10万人次。举办“江门青年•创业故事汇”、青年电商培训和青年创新创业大赛等活动。在刚闭幕的第十三届“挑战杯”广东大学生课外学术科技作品竞赛中，江门市“挑战杯”参赛项目共30项，入围26项，其中特等奖5项，一等奖7项，二等奖11项，三等奖6项。在“攀登计划”——广东大学生科技创新培育专项资金项目中，江门市大学生申报项目共35项，获得资助项目29项，获得资助资金62.5万元。

（共青团江门市委员会）

江门市妇女联合会

【概况】 2014年，召开江门市妇女第十三次代表大会；已实施三年的妇女维权与信息服务站项目通过省督导组验收收官，成为省第二批项目点；推动家政服务工程、平安家园侨乡反家暴、贫困母亲心灵关怀、困境儿童帮扶计划、家庭教育大讲堂及亲子日活动等项目纳入政府购买服务序列；新妇女儿童活动中心在江门市北新区黄金地段建起来。

【实施妇女儿童发展规划】 2014年，召开全市妇儿工委委员扩大会议，总结新规划实施情况，着重部署推进规划重难点指标达标、推动“八大示范性工程”实施工作。市妇儿工委办建立健全督导通报制度和重难点指标预警机制，提升妇女儿童工作效能，推动规划重难点问题解决。加强示范指导，抓好新会（国家“两纲”示范区）和鹤山（广东省“两个规划”示范县）重点项目实施工作，恩平市全面完成省农村妇女“两癌”检查试点项目；制定印发《江门市地中海贫血防治工作实施方案》，从难点入手推进“八大示范性工程”落到实处。加强规划宣传，推动以儿童独处、交通安全、防拐、防性侵为主题的儿童安全公益广告在江门电视台8个频道轮播，5个市（区）电视台转播；承办5场“童心共筑中国梦”广东省儿童发展规划巡演活动，优化儿童发展的社会氛围。加强学习培训和调查研究，举办全市村级女性“一把手”培训班，并就女村官“一把手”情况进行立项调研；开展早期教育服务机构现状调查、操纵乞讨违法犯罪问题调研，及市（区）及镇（街）党政领导班子正职女干部、村“两委”女性后备培养对象调查摸底工作；牵头三区四市政府和市民政局、市教育局等单位，做好“关于关爱江门弱势儿童的建议”提案办理工作。2014年监测数据显示，在两个规划92项可比量化指标中，已有58项提前达到2020年终期目标要求，25项不达标，9项指标数据空缺，总达标率为63.04%。

【“巾帼建功”活动】 开展职业道德教育、岗位技术练兵、巾帼文明岗创建交流等深化巾帼建功活动。共创建全国“巾帼文明岗”5个、省级“巾帼文明岗”24个、市级“巾帼文明岗”35个。江门市中心医院重症医学科、江门市妇幼保健院儿童保健中心、新会海关通关科、新会区国家税务局办税服务厅、鹤山市地方税务局办税服务厅5个岗组评为“全国巾帼文明岗”；鹤山市龙口镇雄盛种养基地荣获“全国巾帼建功先进集体”荣誉称号；李爱东荣获“全国三八红旗手”荣誉称号；周惠红、陈惠娇2位荣获“全国巾帼建功标兵”荣誉称号；江门市社会福利院、台山市妇幼保健院荣获“广东省三八红旗集体”荣誉称号；谭金花、邝健梅、莫红辉、郑妙群4位荣获“广东省三八红旗手”荣誉称号。

【增收致富支持行动】 各级妇联将妇女创业小额担保财政贴息贷款项目被列入2014年民生实事中全力推进，实行“妇联+银行+妇女”的贷款模式，加大项目宣传和政策解读，全年成功发放财政贴息贷款131笔共773万元，回收贷款132户共919万元，回收率达100%。联合市农业局、林业局和海洋与渔业局制定下发《江门市创建“巾帼创业示范基地”“巾帼专业合作示范社”实施方案》；指导恩平市祥兴养殖专业合作社申报发展项目成功获得中央农民专业合作组织发展扶持资金20万元；组织江门市巾帼创业示范基地负责人、女致富带头人等参加省妇联、省农业厅举办的培训班，前往广州、河源等地开展现代农业管理实地培训，提高现代农业科学管理、经营的技能。依托江门市妇女就业服务中心打造“巾帼家政”品牌，争取市财政40万元资金支持，开展家政服务技能培训，全年共开展家政服务员、月嫂、护理员等免费技能培训12期，受惠妇女812名，推荐城乡妇女从事家庭服务业上岗就业近1020人次。依托“妇女之家”成立妇女互助协会、工作坊，盘活活动场地、空置厂房、闲置铺位等场所，带动妇女“家门口就业”。其中，鹤山沙云村“妇女之家”开展“农村留守妇女家门口就业项目”作为全国妇联改革创新案例，被《中国妇女报》作为基层妇联组织改革创新案例在头版刊登。

【枢纽型组织工作】 市妇联以构建枢纽型组织为切入点，推动市及各市（区）建立妇联枢纽型社会组织总部和妇女儿童类社会组织孵化基地，截至2014年底，江门三区四市均建立枢纽型社会组织总部和社会组织孵化基地（妇女儿童类），成立155个妇女儿童类社会组织（其中正式注册的145个）、1800多个民间微组织等纳入妇联联系指导范畴。2014年，再次组织带领全市32个社会组织60个项目参与省“集思公益 幸福广东”支持妇女计划第二期项目投票竞标，江门市共有10个机构的17个项目获得资助，项目获助数量位居全省第二，获助总金额达114.13万；在省“集思公益 幸福广东”第一期计划项目中，江门市获资助机构13个项目已全部结项，其中有7个项目被省项目办评为优质管理项目；市妇联将家政服务工程、贫困母亲心灵关怀、困境儿童帮助计划3个项目纳入政府购买服务序列，获得财政资金支持达65万元，并以公开招标的方式让社会组织承办，解决了部分社会组织资金匮乏的燃眉之急，使其工作呈现常态化、系统化的稳定趋势。

【维护妇女儿童合法权益】 以项目为抓手推动平安家庭创建。实施“家庭零暴力 幸福千万家”项目，深入村（社区）开展文艺宣传咨询活动、面向干警举办反暴专题培训，承办“全省妇联反对家庭暴力立法研讨会”，召开项目总结推广会暨反家暴论坛。全年共处理家暴求助案件132宗，深度个案跟踪21宗，伤情认定6宗，为4名受家暴伤害的妇女提供入住临时庇护站服务。项目顺利通过省考核验收并获评省优秀项目奖，同时获得省集思广益幸福广东项目，开展“阳光伴你行反家暴社区宣传”“雨后阳光妇女互助会”等反家暴项目。在全市开展“法律温暖·家庭幸福”为主题的“三八”维权周系列宣传活动，组织全市妇女收看大型电视公益节目——“不让毒品进我家”，联合市有关部门开展世界艾滋病日系列宣传活动，3次走进《民生热线》等节目宣传保障妇女权益的法律知识。全市开展妇女普法宣传活动200多场，媒体宣传100多次，法律培训100多期，派发宣传资料及宣传品10万多份。开展主席接听12338妇女热线活动、妇女小组活动、民生座谈会。全市妇联系统共接待处理妇女信访1750宗，为80名困难妇女提供了法律援助和法律指导服务，对50个典型信访个案进行跟踪服务。侨乡妇女法律服务中心被评为市直机关作风建设优秀服务窗口。以新会区为先行点推进农村土地确权中妇女权益保障工作。

【家庭教育工作】 联合文明办、教育局、团委等部门对未成年人家庭教育工作进行调研督查，加强各级各类家长学校和家庭教育讲师团能力建设。指导各市（区）组织家庭教育研讨会，持续推进家庭教育大讲堂进社区（乡村）民生项目。全市组织家庭教育大讲堂614场次，20多万家长直接受惠，并通过微信、微博、网页、Q群等多媒体平台传播家庭教育理念知识方法。加强93个“儿童友好示范社区（村）创建，2015年新创建20个。其中江海区外海街道银泉社区和新会区崖门镇南合村创建广东省“儿童友好社区”示范点。引导向日葵家庭指导中心，儿童福利会、恒爱社工等社会组织实施“妈妈互助团”“侨乡妈咪读书会”“巧手妈妈变为宝”“大家庭亲子日”4个家庭教育服务类项目。“妈妈互助团”项目被评为省优质管理项目。联系市红十字会、市巾帼义工分会等部门和社会组织在全市留守（流动）儿童工作点开展72场“守护生命安全”关爱留守（流动）儿童家庭教育大讲堂。抓“六一”节日契机，联系社会组织开展“幸福宝宝全能大赛”和童心向党歌咏表演等健康向上、家长儿童喜闻乐见的家庭教育主题实践活动。

【家庭文明建设】 推进开展江门市寻找“最美家庭”活动。《江门日报》上专栏刊登20多期“最美家庭”故事；在中国江门网上设置专题网站，在江门电视台播出公益宣传短片等，增进群众互动；各级妇联、各地“妇女之家”晒出优秀家庭照片8000多张，举办家风家训评议会、故事会、座谈会等400多场，发放各类宣传资料1万多等；评选出江门市十大“最美家庭”、江门市十大现代家庭好角色(慈母、贤妻、孝女)等一批先进典型家庭，以及一批优秀家庭摄影作品、优秀家规家训等。台山市培英职业技术学校学生陈凤英获评为“广东十大现代孝女”；鹤山市龙口镇冯仪家庭荣获“第九届全国五好文明家庭”荣誉称号。评选江门市“十大书香家庭”，带动广大家庭成员爱读书、读好书。开展“巾帼林”创建活动，3000多名妇女干部、妇女群众种植近5000棵树苗，共建绿色、低碳、文明家园。举办第二届“千人相亲会”，为广大单身青年搭建交友联谊的平台，打造“温情江门、浪漫侨乡”品牌项目。支持市巾帼义工分会、市区离退休女干部联谊会等妇女社团深入乡镇、社区开展“慈善大篷车”、家庭文明社区行等活动，市区离退休女干部联谊会下属的侨乡婆婆合唱团赴昆明参加全国老年合唱邀请赛荣获金奖。

【帮扶困难妇女儿童】 摸查困境妇女儿童情况，完善数据库信息，实行动态跟踪；制定《江门市“困难妇女儿童帮扶项目”捐赠资金管理办法》，提升帮扶项目管理科学化水平。新春之际，启动新春慰问为200户困境妇女儿童家庭送温暖；“三八”节期间，举办第三届“关爱母亲•温暖儿童”慈善夜活动，通过拍卖、募捐等方式筹集帮扶资金359.35万元；争取香港又一村狮子会、香港麦罗武慈善基金捐赠港币70万元，帮扶江门市60名患“两癌”的贫困妇女和263名贫困家庭学生， 11月1—3日举办援助金发放仪式、上门探访等活动；通过项目承接、服务指导、信息支持等引导社会组织为贫困母亲家庭、困境儿童家庭提供心理支持、家教指导等；开展“爱心父母”牵手“困境儿童”大联盟行动，组织15名散居孤儿赴港参加省妇女儿童基金会和香港女童军总会联合举办的“温暖行动•励志人生”——2014年夏令营活动。2014年，全市妇联系统共筹集善款554.4万元帮扶困境妇女，其中289.74万元援建单亲特困母亲安居房38间，向127名患“两癌”及重大疾病的贫困妇女提供62.99万元医疗帮扶；广泛招募社会各界“爱心父母”集体262个和个人4400多名，筹集资金661.66万元结对帮扶全市4807名儿童。

【妇联组织建设】 召开江门市妇女第十三次代表大会，共有217名代表参加会议，会议选举产生市妇联第十三届执委会委员和妇联新一届妇联领导班子，刘展红再次当选为市妇联主席，苏慧芬、林琼笑当选为副主席，汤惠红、赖燕芬等八名代表当选为常务委员；推进全市1316个村居“妇女之家”以及蓬江区北街街道甘化社区等三个星级“妇女儿童之家”创建点的工作，再创建21个省级、10个市级“妇女之家”示范点；各级妇联以“妇女之家”的项目化运作方式积极指导部分条件成熟的镇、村（居）建立关爱妇女儿童协会、妇女儿童事业促进会等社会组织，开启“社团+企业+妇女主任”共同管理的新格局；恩平市恩城街道石联村、江门市安诺特炊具有限公司被省妇联评为第一期广东省“妇女之家”优秀示范点。

（市妇联）

江门市科学技术协会

【简述】 江门市科学技术协会现为第九届委员会，委员69人，常委33人，领导组成人员：主席赵树培，副主席叶一鸣、狄剑锋、王义、潘皓炫、李健群、程学斌、林英才、张兴。地方科协、市级学会、院校和厂企科协组织有44个，其中县级（市、区）科协7个，市级学会33个，院校科协2个，厂企科协2个。全市80个乡镇（街道办事处）设立科协组织机构，形成全市科协组织工作的三级网络。

【开展学术交流活动】 江门市科协以及所属各市级学会、协会举办各类学术交流28场次（其中省级以上的学术交流5场次），科技工作者参加活动近万人次。江门市科协联合中山市科协、珠海市科协举办第四届珠中江科协论坛暨生态文明与经济发展交流会，组织三地环境领域专家300多人，邀请著名专家教授作主题报告。市医学会开展“省医学学术直通车-心血管病学江门行”活动、举办2014年粤港澳微创外科技术高峰论坛，其学科专业分会的放射学、肾脏学、糖尿病、心血管等诸多专科分会也积极开展学术交流活动，将江门医学论坛办得有声有色。市药学会、市病媒生物防制协会、市防痨协会、市心理卫生协会、市质量检验协会、市机械工程学会、市农学会等都结合自身行业和专业特点开展各类学术活动，促进科技创新与发展。

【开展基层科技服务】 依托相关学会已建立的26个学会科技服务站（其中3个省级），引导和组织科技工作者开展一系列科技服务行动。市畜牧兽医学会在共和镇、鹤城举办畜牧养殖技术培训班。市农学会在新会、开平、恩平开展农业技术培训、技术推广、技术咨询、生产疑难解答等科技服务。市医学会在蓬江、新会、恩平、开平、台山、鹤山等地基层卫生院展开技术指导、专业培训和医疗会诊等科技服务。市病媒生物防制协会分别在蓬江、新会、开平、鹤山、台山等5个站开展服务，派遣科技人员举办“病媒生物控制国家新标准”等内容的专业培训，提供除四害管理工作方案，指导开展除四害爱国卫生活动。学会科技服务深入广泛开展，推动科技与生产结合。

【实施科学素质纲要】 组织开展主题科普活动，积极落实《江门市全民科学素质行动计划纲要实施方案（2011-2015年）》和配合党委政府开展的巩固全国文明城市成果活动等，牵头组织举办多场大型主题科普集市活动。3月24日，联合江海区科协，组织市水利学会、市气象学会、市防痨协会以及相关单位，在江海区礼乐街道礼堂广场举办2014年纪念世界水日、世界气象日、世界防治结核病日科普进社区活动，当地居民群众近2000人参加。5月16日，市科协联合市农业局，围绕“节约能源资源、保护生态环境、保障安全健康、建设幸福侨乡”主题，在新会区三江镇举办江门市科技卫生文化“三下乡”大型科普集市活动，组织参加单位22个、科技专家和科普志愿者120多人，参与群众近3000人次。6月19日，市科协联合蓬江区科协组织市区学会和相关单位18个，在蓬江区堤东街美景社区市民健身广场举办科普进社区集市活动，向2000多名社区群众宣传“科学生活、创新驱动”的科学理念。9月20日，联合新会区委宣传部、区科协、区教育局等有关单位，在新会区现代农业基地举办“全国科普日”活动启动仪式暨科普游园活动。推进健康讲堂广泛开展，围绕“树立正确健康观念，提升全民健康素养”主题，充分发挥科技团体的社会组织主力军作用，按照“设计有序、内容完善、突出实效”的要求，组织市医学会、市中医药学会、市预防医学会、市心理卫生协会等医疗卫生单位的专家人才，开展江门市2014年“科普进社区-健康讲堂”巡讲活动。举办“中医药的养生与保健”“老年人饮食与健康”“高血压的中医药防治”“好睡眠，好健康”“四季养生”“饮用水卫生安全知识”“高血压防治方法”“中医体质辨识及饮食适宜”等28项内容。相关市级学会联合蓬江、江海、新会区科协举办健康讲堂67场，近3300多名社区群众参加讲座现场聆听。上下联动深入开展科普宣传。蓬江区科协开展科普电影进社区，播放各类科普电影达15场，受众达2000多人次。江海区科协联合政府相关部门积极开展“送科技下乡”、水产养殖技术培训、推广专利宣传活动、防灾知识安全等科普宣传咨询活动等系列群众性的科普活动，参与民众1万多人次。礼乐街道科协配合有关部门开展“垃圾分一分，环境美十分”垃圾分类的大型宣传活动。开平市科协、恩平市科协联合政府相关部门分别组织举办2014年“防灾减灾日”宣传周科普活动，向市民群众宣传灾害自救互救知识。新会区科协组织医疗小队，深入社区、农村为居民群众举办健康讲座5场次，受益群众近500多人。

【开展青少年科技教育活动】 联合教育、科技等相关部门开展多种形式的科普活动和社会实践。全市开展青少年科技教育活动80多场次，在校师生3万多人次参与。3月17-21日，市科协邀请中国科学院8名老科学家，联合各市区科协、教育局在江门市中小学开展“大手拉小手-科普报告希望行”活动，举办科普讲座58场，参与学生1.5万人次。市科协联合广东科学馆和各市、区科协开展“科普大篷车进校园”巡展活动，为10所中小学在校师生提供一个亲近科学、体验科学、学习科学的平台。市科协联合教育部门组织学生参加省第14届青少年机器人竞赛和首届广东科技模型模拟飞行比赛都喜获佳绩。市科协联合江门日报社举办江门市“假如我是科学家”小学生科普征文大赛。此外，蓬江区紫茶小学、白沙小学，江门市第一中学，开平市吴汉良理工学校和恩平市冯如纪念中学等省市级科普示范学校。新会（广东）桥梁博物馆、新会区青少年宫和新会现代农业基地等全国、省级科普教育基地也利用儿童节的契机，举办青少年科普知识宣传和科普课程培训，把科技教育氛围推向新的高度，全面提升江门市未成年人的科学素质水平。

（市科协）

江门市社会科学界联合会

【学术研究和交流】 组织江门市有关专家学者对《江门海上丝绸之路文化研究》《广东（江门）华侨华人居住区建设研究》《江门市招商引资落地难问题研究》等16个课题项目进行研究；编印《江门中心城市辐射能力和范围研究》《江门市产业转型升级对策研究》《借鉴舟山群岛经验的川山群岛旅游发展战略研究》等10期《专报》呈市委市政府领导作决策参考。与市委宣传部、市教育局、市海洋与渔业局和五邑大学经济管理学院等联合举办“江门市加强未成年人思想道德建设”“培育和践行社会主义核心价值观”“江门市海洋经济发展”等理论研讨会，并分别编印论文集。9月3日，召开江门市社科界学习贯彻《习近平总书记系列重要讲话读本》座谈会。市委常委、宣传部长柯文仲、市社科联有关领导以及来自各区委宣传部、各社科学会（协会、研究会）、省社科院江门分院下属各研究所（中心）的40多位专家学者参加座谈会。

【社科普及与宣传】 宣传贯彻《广东省社会科学普及条例》，《条例》在省十二届人大常委会第九次会议表决通过，并从2014年9月1日起正式施行。9月19日，举办《广东省社会科学普及条例》宣传贯彻座谈会。举办社科普及周，10月18日，与市委宣传部在东湖广场联合举办以“中国梦·侨乡情”为主题的义务咨询活动，揭开江门市第十届社会科学普及周活动的序幕。来自各部门各行业的22个学会（协会、研究会）参加活动，为市民开展有关传统文化、收藏鉴赏、税务、供电等知识宣传，赠送《广东省社会科学普及条例》等社科书刊和宣传资料，提供现场卫生保健、义务书画等服务，参与咨询活动的市民达到500多人次。市社科联向29个社科普及基地赠送价值4万余元的社科读物；市直单位举办社科讲座18场次、研讨活动13场次；市（区）单位开展社科知识进社区进农村活动61场次。此外还有专家电视访谈、社科图书展销会等。扩大社科基地覆盖面。在原有27个人文社科普及基地的基础上，2014年采取“主动调研，择优创建”的方式新建开平市大沙文博馆市级人文社科普及基地1个。创建恩平市冯如教育基地及省级社科普及基地1个。至此，全市的国家、省、市人文社科普及基地达到29个。编印社科刊物，整理校对2013年11位专家学者的讲稿，编印《岭南大讲坛•五邑文化讲坛》第四辑；创办《江门社科动态》，已编印《江门社科动态》4期、《经济参考》4期。

【学会建设与管理】 加大对各级社科组织的支持力度，2014年用于资助学会（协会、研究会）、社科普及基地和有关社科组织的经费累计达20.59万元。资助江门五邑炎黄文化研究会、市陈白沙思想研究会、市老年学学会等13个学会（协会、研究会）共计3.04万元用于开展社科普及活动；资助市档案学会5.5千元开展“国际档案日”宣传活动；资助五邑大学侨乡文化研究所1.5万元召开五邑银信研讨会；资助蓬江区范罗岗社区、新会区南园社区、台山市图书馆等3个基地各2000元用于开展社科普及活动；资助恩平、江海2个区（市）委宣传部各2万元，新会区江咀村、蓬江区范罗岗社区2个基地各1万元，开平市大沙文博馆6000元，恩平市冯如教育基地8000元用于完善社科普及基地的硬(软)件建设；资助五邑大学侨乡文化研究所、蓬江区委宣传部、市终身教育研究学会(原名广播电视教育理论研究学会)各1.5万元，市老干部大学、恩平市委宣传部、五邑大学（社科普及基地）各1万元用于举办社科讲座。加强对所属学会（协会、研究会）的调研和业务指导。到市哲学学会进行调研，了解学会运作存在的困难，协助学会办理更换法人、年审等手续以及协助其召开“江门市哲学学会2014年座谈会”；协助市经济学会组织8篇征文参与广东经济学会等主办的以“市场经济与全面深化改革”为主题的2014年岭南经济论坛征文活动。组织有关社科组织参加会议，10月22日至25日，组织有关社科单位到云南省保山市参加全国大中城市社科联第二十五次工作会议。市公路局思想政治工作研究会、市会计学会和市职业技术教育学会均获评为“全国大中城市先进社科组织”，市公路局思想政治工作研究会名誉会长许春绵、市会计师学会年度总理事庞雪梅、市职业技术教育学会会长程文海3位同志均获评为“全国大中城市社科工作先进个人”。组织编印《江门市社科系统通讯录》，市社科联（江门分院）收集汇总下属各研究所（中心）、学会（协会、研究会）、社科普及基地以及四市三区宣传部的联系方式，编印下发《江门市社科系统通讯录(2014年4月)》。更新社科专家人才库，与市委宣传部联合对江门市社会科学专家库人选进行更新，确定70名专家入选更新后的首批专家库。 （市社科联）

江门市文学艺术界联合会

【文联组织建设】 开展文艺界核心价值观学习实践活动，利用多种形式广泛开展学习习近平总书记在文艺工作座谈会上的重要讲话精神，开展文艺界核心价值观学习实践活动。借省文联、省作协及市领导进行工作调研活动之机以及本单位开展践行群众路线的教育活动，开展对文艺家践行群众路线的教育和引导，为文联的发展集思广益。完善属下十二个协会自身建设，完善协会管理制度，推动协会工作的常态化和规范化；完善下属分会的建设，鼓励各协会在条件成熟的情况下，成立二级艺术协会。先后推出协会财务管理、信息报送、项目申报等相关制度，规范协会的日常管理工作。先后成立法院文联、江门市舞蹈家协会群众舞蹈分会和江门市合唱协会。一级协会达到13个。二级协会5个。行业文联3个。加大加强文联信息员队伍建设、文联网建设力度，建立信息报送制度，加强江门文艺网、《白沙》杂志、文艺信息平台的建设。作协的《江门作家》、书协的《江门书坛》，美协的《江门美术》等继续发挥其各自优势，在培养人才、推介作品、反映协会工作方面发挥重要作用。

【文艺创作】 组织实施江门市原创优秀文艺作品推广计划，推广计划自2009实施，至今已经5年，共推出39场。2014年已经推出的有苏以美术展、李卓见“茅龙追梦”茅龙笔书法作品展、《开平民歌》原创作品暨CD专辑首发式音乐会、黄文婷《缘来结识你》文学作品研讨会四场，另有四场将跨年度陆续推广。策划组织各种主题性文艺创作活动，其中作协《大广海湾之恋》报告文学集和美协的《五邑乡村之美》美术作品集已纳入市委宣传部的重点文艺扶持项目。音乐家协会积极参与南粤幸福周系列活动，开展华侨历史组歌的组织创作等。推动对优秀文艺作品和重点题材作品的文艺批评及推介包装，扶持江门市优秀文艺家及其作品参加国内、省内的各种文艺赛事和展演活动，在第十二届全国美展江门市共有5幅作品入选：黄远明的水彩《西江•船》（获奖提名作品）、李富强的水彩《同行》、周敏的年画《南粤侨都水乡和乐曲》、严宾连的漆画《远古》、张艳霞的漆画《渔歌子》。寇雁鸣的版画《战友》入选“春天的故事——全国版画艺术精品展”。易少英的中国画《无忧》入选中国美协主办“八荒通神——哈尔滨美术双年展”。黄驱胜、钟东方、李少强、李富强、潘东强、易少英、林佩佩等画家的作品入选建国六十五周年广东省美术作品展。在广东省第25届摄影展览评选中，江门市共有7件作品获奖，其中1金、3银、3铜、32入选和2个本土奖。纪录类：金奖1件李国英《村民选举》（组照）；铜奖两件廖智辉《葵艺》（组照）和周家亮《老街-生活》（组照）；其中李国英《村民选举》（组照）和廖智辉《葵艺》（组照）还获得本土奖；艺术类获得3个银奖：分别是关炳辉《工地素描》和《遐思的岁月》、陈立松《风云变幻》商业类；1个铜奖：黎锦昌《透视》。戏剧曲艺方面，冯如孟的戏剧小品《雨中》获广东省群众文艺作品评选三等奖；高原编导的科技小品《第二张照片》在第二届广东省科普剧大赛中获金奖；邓荣宗的微电影剧本《清清西江水》获广东省电影家协会举办的“新外滩”杯微电影大赛优秀奖、《寻梦》（快板）获2013年度广东省群众文艺创作省一等奖、《最牛补习中心》（相声）获2013年度广东省群众文艺创作省二等奖。音乐方面，李高泽作曲的《凉茶之乡》在广东省群众文艺作品评选中荣获三等奖。书法方面，书协会员共 4人次入展中国书协主办的展览。在第二届全国海关书法美术作品展中，海关文联共计6幅作品分别获得美术一等奖、三等奖、优秀奖和书法二等奖、入围奖，并于中国海关博物馆展出。文学创作方面，作协会员出版一批个人专著：如协会的尹继红主席的长篇小说《南枝向暖北枝寒》，岳勇的《十三宗罪》《诡罪案》及小小说集《任何时候都不要绝望》；吴迪安诗集《天性》，张驰散文集《流水能西》，朱池德诗集《鲜血素养的爱情》，谢莹散文集《素心若兰》，许江亭历史小说《芥子》，梁诗伟、易成功编著《周家五虎全传》；何耀超散文集《透过你的眼睛》、凤群文学评论集《绿风景：侨乡民国电影人与当代作家》等；另外，市文联主编的《江门美文》，市评论家协会主编的《侨乡文坛的诗性回响——江门五邑文艺评论集》，新会区文联主编的新会作者优秀散文集《冈州情韵》等先后出版。另有商河、岳勇、程厚云等10多位会员在《人民文学》《花城》《广州文艺》等省级以上刊物上发表作品二十多篇。梁小恩的南楼抗日题材长篇创作选题从众多竞争者中脱颖而出，入选2014年广东省重大题材创作项目。谭法宁荣获2013年度广东省优秀音乐家奖。在2014年第四届广东省岭南舞蹈大赛中，由林俐等创编的小舞剧《爱莲》荣获编导金奖、舞美金奖和表演银奖的三项殊荣；舞蹈《爱莲颂》获得广东省大学生艺术展演一等奖；舞蹈《笔墨龙粤》获得广东省大中专舞蹈大赛一等奖；在“首届广东省中老年舞蹈大赛”中，李晓波创编的舞蹈《奔腾》荣获表演铜奖；邱菁萍创作的群舞《木棉花开》获得“首届广东省中老年舞蹈大赛”创作、表演双银奖和“广东省第六届群众音乐舞蹈花会”铜奖。黄卫红带队参加广东省第9届青少年国际标准舞锦标赛，获大赛团体总分第一名，创下江门市少儿拉丁舞在省锦赛中的最佳成绩。

【文艺活动】 市书协组织书法家举办多场“中国书法进万家”活动。“中国书法进万家”活动是中国书协、省书协开展的一项品牌活动。剧协余阳丽举办个人《艺高情真美名扬——国家一级演员余阳丽戏迷见面会》专场晚会，并由广东电视台岭南戏曲频道独家电视录播。在东湖影剧院成功举办“江门市迎新年戏剧精品会演”活动。组织参与江门市新春大型联欢舞会；坚持党的群众路线，密切联系群众，文艺晚会；唱响中国梦，颂歌献给党，江门市迎“七一”文艺晚会；2014南粤幸福周系列活动；广东省“百歌颂中华”歌咏比赛江门赛区；江门市迎国庆文艺晚会等大型活动。摄影家协会以季度为单位，在江门市五邑图书馆举办影友沙龙聚会活动。举办《西江能见度》——珠中江三市摄影联展在江门展出，举办“摄影大篷车下基层”活动，举办江门市摄影家协会成立30周年纪念活动暨第七届五邑影友嘉年华活动，同时进行《江门摄影30年》会员作品集首发式，并在江门市美术馆A馆上、下两个展厅，展出30周年纪念会员作品展和“光大银行杯”江门市第27届摄影作品展，召开江门摄协2014年年会和举行 “越达杯”第七届五邑影友嘉年华摄影比赛，以及评选出2014年度江门市摄影十杰（第四届），动漫协会举办江门机车动漫嘉年华“潮人TELENT SHOW”大型活动，组织参加由缤果动漫主办的哦吼街艺墟。配合完成第四届江门侨乡动漫节的举办。

【文艺队伍的建设】 2014年市文联鼓励支持各协会举办文艺培训活动，邀请专家对江门市骨干文艺家进行指导。市作协与省作协联合举办 “文学进基层——名家讲座”活动，省作协副主席郭小东、省文学院院长熊育群前往江门为会员讲课。舞协举办 “2014年江门市舞蹈创作编导培训班”，邀请中山市舞协主席朱东黎前往授课，舞协约150名的会员参加讲授“少儿舞蹈创作”的基本概念，探讨当今少儿舞蹈发展的形势以及介绍个人作品的创作理念。在台山,连续组织举办8期的舞蹈免费培训班。江海区在10-12月每周面向群众开设两次舞蹈培训。蓬江区全年开展公益免费“全健排舞培训班”“体育舞蹈培训班”“民族舞蹈班”等。书法家协会举行年会，建造会员交流的平台。举办中国书协培训中心江门临帖班；举办李守银书法创作研修班，举办江门市第三届新人新作书法展、第八届临书展，培养书坛新生力量。与江门市书法进修学校合作，开展书法培训。摄影家协会邀请广东省知名摄影家蔡焕松在市五邑图书馆举办《我的多元摄影观》摄影讲座。在白沙艺苑展出蔡焕松和久保田博二的《到访·还乡》摄影作品展。于摄影家协会成立30周年纪念活动期间，邀请我国著名自由摄影家张新民在江门市五邑图书馆举办“摄影的自由表达” 摄影讲座。市戏剧家协会邀请顺德新领域曲艺社的骨干社员来江门市开展联谊活动。举办 “我和春天有个约会”作家座谈会，落实开展江门作家走进大广海湾采风创作的主题文艺实践活动。作协、评协组织部分会员与湖南常德文联进行一次互访交流活动，活动宣传五邑侨乡文学艺术近些年来取得的辉煌成果。书协组织书法家到江苏徐州参观“大道无极——李守银书法展”，赴澳门参加亚太地区创意文化博览会并与澳门豫园书画会进行艺术交流。（市文联）

其他团体

江门市残疾人联合会

【残疾人康复工作】 蓬江区残疾人服务中心、鹤山市残疾人康复中心完成规划和立项，江海区残疾人托养中心正进行装修。各级残联依托现有镇街养老机构，设置残疾人托养床位，全市共有16家养老、精神病专科机构接收托养重度残疾人208人。全市残疾儿童康复教育机构7家，收训残疾儿童334名。其中市特殊儿童康复教育中心收训180名，成功转介23名儿童到普幼和普小就读，听障儿童入普率达83%；带动基层和民办特殊儿童康复教育机构规范化建设，继恩平市之后，新会、台山、开平等市、区残疾儿童康复教育项目通过公开招标实行社会化运营。继续实施白内障复明工程，争取深圳狮子会捐资24万元，通过狮子会赞助一点，残联资助一点，新会新希望眼科医院减免一点的方式，资助600名白内障患者免费施行复明手术。购买市心理卫生协会精神康复专业委员会服务，实施精神健康服务计划。是年，全市共为33708名残疾人提供康复训练、康复治疗、辅助器具适配等各类康复服务，其中11878名贫困残疾人得到康复救助。

【残疾人特殊教育】 实施残疾学生十五年免费教育，出台实施高中阶段残疾学生免费教育政策。全市235名残疾儿童享受学前三年免费教育，1979名义务教育阶段贫困残疾人家庭学生享受50元/月生活费补贴，111人享受高中阶段免费教育，48人享受高等教育助学金。市残联通过购买服务，依托社会组织为重度未入学残疾儿童开展“送教助残服务试点计划”。全市243名在册义务阶段重度残疾儿童接受送教上门服务。理顺中央电大残疾人远程教育江门教学点管理，将教学点放回江门电大，由其统筹招生、教学、管理等各项工作。

【助残解困】 将低保残疾人生活津贴和重度残疾人护理补贴的标准分别提高到600元/年和1200元/年。全市享受两项津补贴的残疾人共计40083人，发放资金3957.7万元。修订残疾人托养和残疾人康复服务资助政策。全市投入50万元帮助102户农村贫困残疾人家庭进行危房改造。建设公共交通导盲系统，推进视力残疾人出行无障碍。为市区20条线路200辆公共汽车安装车载导盲系统，向269名视力残疾人发放导盲终端机和手机导盲软件，并将资助贫困视力残疾人导盲终端机列入辅助器具资助范围。五邑慈善会连续两年向全市低保一级听力、视力、言语、肢体残疾人，给予每人每年500元的生活补贴，1119人受惠。在春节、助残日等期间，全市投入约141万元，救助慰问困难残疾人4621人次。市残联争取联通和电信营运商的支持，给予残疾人手机通讯和宽带上网资费半价优惠；国际残疾人日之际，组织200名残疾人及亲属，前往新会石涧公园和新会陈皮村，感受创文带来绿色生态和经济发展成果。

【残疾人文体宣传】 在韩国仁川亚残运会上，江门市田径运动员刘辅梁、乒乓球运动员熊桂艳收获2金1铜。创编小品被评为全市“五个一工程”优秀作品，在全省残疾人曲艺大赛、艺术作品大赛、盲人诗歌散文朗诵比赛和盲人声乐器乐大赛中获得5个二等奖和5个三等奖。举办全市第六届残疾人运动会，组队参加全省残疾人射箭、羽毛球、乒乓球比赛均获较好成绩。江门市肢体残疾人坐式排球队代表广东省参加全国第九届残疾人运动会，在省肢残人运动邀请赛上获得第一名。举办第二届全市康园中心展能活动和第三届残疾人职业技能竞赛，在全省残疾人职业技能竞赛中，荣获团体第二名和“优秀组织奖”，邓活棠获“网络编辑员（网页制作）”项目第一名、邓天长获“水彩画”项目第一名、龙秀婷获“美甲师”项目第二名，4名优秀选手获得2015年全国残疾人职业技能竞赛参赛资格。承办广东省第五届全国自强模范事迹报告会暨全省残疾人艺术团巡演活动，市恒爱社工机构负责人梁健玲荣获全国助残先进个人称号，市残联综合科科长阮美兰、市肢残协会主席梁丽珠，以及市特殊儿童康复教育中心和市利民社工综合服务中心分别获广东省残联系统先进工作者、自强模范、“残疾人之家”和扶残助残先进集体称号，市残疾人劳动就业中心和市特殊儿童康复教育中心获江门巾帼文明岗称号。

【残疾人社区和居家服务】 探索“政府推动、社会组织承接、项目运作、社会化服务”的残疾人服务工作模式，健全以机构服务为示范、社区服务为主体、居家服务为基础的残疾人服务体系，把残疾人基本需求解决在社区（村居）。全市投入1800多万元购买52个社会组织（其中社工机构25个）和公益企事业单位服务，为残疾人提供生活照料、康复教育、就业托养、文化体育等专业化、个性化服务。2014年，市残联投入160万元，参与江门市“养老•助残”公益创投活动，推进养老、助残机构和服务的资源整合。搭建社区服务平台，积极参与全市“大民政”建设和“养老•助残”公益创投活动，将残疾人服务融入到社区综合服务中去，将残疾人社区康园中心、社区康复站等服务设施纳入镇（街）家庭综合服务中心、居家养老中心整体建设规划。探索农村残疾人社区服务模式，蓬江区在棠下镇周郡村建设农村残疾人服务中心，引入社会组织管理，为残疾人提供康复训练、就业培训、日间照料、文体康乐、无障碍体验、家属支援等综合服务；鹤山市依托社工机构在沙坪楼冲村成立该市首个农村残障人士家居及社区支持服务点。市残联通过购买社会组织服务，对全市58家社区康园中心进行业务培训和督导。全市有900多名成年智力、精神和重度残疾人在社区康园中心接受服务，10家社区康园中心引入社工机构营运管理。利用残联“康复救助”、社保“家庭病床”等政策，通过购买服务方式，由医疗机构和社工机构等上门为重度残疾人提供居家康复、居家养护、居家无障碍改造、居家职业训练等“四居”服务。全市投入893.7万元，共有2762名重度残疾人受惠。新会区规范购买服务的管理和监督，提前于2014年进行服务资格招标，引入3家社会机构承接2015—2017年居家服务项目；恩平市作为全省农村残疾人居家康复示范区培育点，在恩城新塘、圣堂三山、大槐大朗设立三个社区康复站点，形成以市康复中心为中枢、三个社区康复站为支撑点辐射所有镇（街）的残疾人居家康复服务网络。2014年12月，省残联在恩平召开了全省农村残疾人居家康复现场会，推广江门市的做法和经验。

【残疾人组织建设】 开展基础管理建设年活动，组织残疾人基本服务状况和需求专项调查，全市培训调查人员3268名。完善志愿助残服务网络，各市、区均成立了助残志愿者服务大队，镇（街）建立助残志愿者服务中队29支，有注册助残志愿者1843名，培育了两个省级和市级“志愿在康园示范基地”。对江门市残联信息管理系统进行升级，优化康复救助审批流程，增加托养服务网上审批模块及津补贴发放、教育资助等业务管理模块。市残疾人各专门协会开展盲人歌咏比赛、精神残疾人趣味运动会、聋人登山健身、智力残疾人体验3D电影、为肢体残疾人送服务等活动。

【残疾人就业及职业培训工作】 扶持残疾人扶贫就业培训基地建设，全市建立残疾人扶贫就业培训基地17个，700多人通过基地直接或转介实现就业。开办盲人保健按摩、电子商务淘宝、家政服务、种养殖技术等培训班28期，免费培训残疾人1060人。举办残疾人专场招聘会7场。对37家超比例安排残疾人就业的用人单位给予社会保险费资助，220多家用人单位提供残疾人沟通和服务技巧培训。全市1694家用人单位按比例安排3581名残疾人就业，全年新增残疾人就业729人。市残联通过提供场地及“种子资金”，引入社会力量资本投入和营运，建立集培训、实践、就业创业为一体的残疾人电子商务平台。江海区依托晨光社工中心搭建残疾人创业扶持4H品牌服务站。残疾人就业和职业培训状况实名制管理工作得到中残联专项检查组的充分肯定。（市残联）

【江门市红十字会】 与媒体合作开展“一元爱心”5周年系列宣传。8-9月，开展“2014年世界急救日”网络知识竞赛有奖活动。全省率先开通微信公众平台，微信公众账号（江门红会）于3月正式开通，省红十字会专门发来表扬信。开展“红十字开放日”活动，4－5月，先后迎来了中国红十字会总会亚欧国家红会人道工作能力建设研修班学员和五邑大学红十字会、农林社区等学生、居民代表参观。与高校合作进行理论研究，委托五邑大学对“一元爱心”活动以来的5年历程进行全方位研究，为下一阶段工作提出合理化建议；在五邑大学举行了“一元爱心”慈善文化沙龙。全年共举办师资班2期培训师资94人、应急救护员培训班28期1460人参加培训、应急救护培训讲座14期1630多人参加。开展“救护进校园”活动，先后在江门幼师、市一中等6间学校开展11期初级急救员培训班，培训师生817人。“急救知识进社区”为居民开展了超过50 场的活动，通过购买服务的方式委托社会组织在五邑碧桂园社区开展应急救护知识普及。7月，台风“威马逊”登陆次日按照省红会要求，迅速调拨车辆于当天上午将300个家庭，转运至茂名市红十字会。8月，云南省昭通市鲁甸县发生6.5级地震。截至2014年9月底，全市共接收社会各界捐款物451635.8元，其中市本级67174.3元，全部款物已上划省红十字会。截至年底，“一元爱心”累计共成功救治258名先心病儿童和11名风湿性心脏病患者；联合市卫生计生局开展拓展 “一元爱心日”救助范围专项调研。全市各级红十字会共筹集款物108.29万元，在春节前后开展“红十字博爱送万家”活动，共有3742户贫困家庭约1.1万人受益。

【江门市台湾同胞台属联谊会】 江门现有定居台胞60余人，台属5万余人，分布在文化教育、科技卫生等各行各业。1月至10月，参加党的群众路线教育实践活动；7月，会长陈小华参加省台联赴芬兰、丹麦、瑞典为期十天的与当地台胞访问交流活动；6月至9月，台联干部曾琳娜参加会计证岗位培训等，并多次组织台联理事及专职干部对台政策学习座谈会。办好会刊《江门台讯》，把对台政策、两岸动态、台联活动及台胞台属喜闻乐见之事及时送到每个台胞台属手中，起到“家书”的作用。2014年，市台联会通过各项联谊活动，开展节日落户慰问活动，春节及中秋前夕，市台联走访慰问了熊恒等40余户年老困难台胞台属。组织“江门市台胞台属春节团拜会”“江门市台胞台属中秋茶话会”等台胞台属大型联谊活动，加强与岛内台胞、五邑内外台胞台属及兄弟台联的联系交流。1月14日，组织市台联会荣誉会长及常务理事一行11人，赴开平台企裕茂农场调研。3月、4月分别接待了省台联来江调研和顾问考察活动。3月、6月分别接待了台湾亚太创意技术学院和台湾大叶大学到江访问交流。9月，选派会长陈小华、副会长林维忠参加了省海峡两岸交流促进会赴台交流活动。 2014年，市台联以乡情、亲情和友情广泛联系台胞台属，深入台胞台属、台资企业调研，要求台胞台属积极发动在台亲友回乡投资办厂，宣传江门，主动为政府招商引资牵线搭桥，同时协助台办做好服务台商工作。（曾琳娜）

政法

江门年鉴 2015

JIANGMEN YEARBOOK

综合治理

概述

【维护社会稳定工作】 2014年，全市形势总体稳定，秩序良好，没有发生社会重大影响的维稳案（事）件。群体性事件明显下降。开展主动谋划、主动排查、主动研判、主动化解、主动预防等一系列主动治理工作。如开展专题性维稳形势研判36次，印发《江门维稳专报》57期；介入中东西村、嘉悦名都、出租车司机罢驶等一系列重点案（事）件的督导、协调、化解工作；协助有关市（区）和部门开展对江门港新会港区崖南成品油码头扩建工程、新会黄克兢大桥改造加固工程、医疗卫生器械垃圾处理厂、鹤开高速、中开高速、国道G325线鹤山段等重大项目的社会风险评估工作，确保深茂铁路江门段、江门大广海湾经济区建设等重大规划项目成功落地；实现与经济同步增长，为江门市创建文明城市打下坚实基础。省委维稳办主任陈文敏对江门市“社会矛盾化解年”工作给予充分肯定：“江门的工作比较扎实，处理重大问题摆得上台面。”2014年，全市267宗突出矛盾问题已化解255宗，总化解率95.51%，其中报省的重大疑难案件化解率达到96.55%，全省排名靠前；信访形势总体平稳，全市发生的不稳定因素同比下降36.1%，集体访81批1218人次，同比分别下降47.4%和40.6%，到省上访批次、人数同比下降60.3%和92.3%。

【社会治安综合治理】 2014年，全市接报刑事治安警情51491起，同比下降2.9%，命案、伤害等暴力性案件和“两抢一盗”等可防性案件分别下降21.4%、23%和17%；全市没有影响恶劣的治安问题和治安混乱的严重地区。综治基层基础不断夯实，全市镇（街）综治信访维稳中心和村（社区）综治信访维稳工作站全部完成改造，在完善“六联”工作机制基础上，增加公共法律服务、基层行政服务、便民服务功能；实现全市一村（社区）一法律顾问工作100%全覆盖；村（社区）网格化管理覆盖率超过65%。开展平安细胞创建活动，开展平安市（区）、平安镇（街）、平安村（居）、平安市场、平安企业、平安学校、平安医院、平安家庭等创建活动。推进以基层平安创建为载体的“平安细胞工作”建设。制定《江门市“平安细胞”示范点命名工作方案》，确定196个创建示范点，全市“平安细胞”覆盖率达65%。开展平安江门宣传工作，印发《关于加强创建平安江门宣传工作的通知》，围绕“平安江门”创建主题，开展形式多样的宣传活动。制作“你我的努力·平安江门”广告形象片、300多个护栏广告、620个宣传栏、挂画和4万多份宣传小册子、广告扇子、购物袋等。专项工作成效明显，江门市铁路护路联防工作在2014年度省考评中获优秀等次；新会区在特殊人群服务管理特别是在严重精神障碍患者救助管理方面的工作经验得到中央和省综治办的肯定和推广。

【执法监督】 通过实地走访、查阅卷宗、材料核实、协调政法部门按时完成各项督查督办工作，及时把交办案件的情况向上级反映汇报。在全省首创公开建立网上监督平台，平台正常有序运行，陆续收到涉及公安、法院、检察院的监督投诉信及工作建议8宗。坚持把“两法衔接”工作纳入全市政法工作同谋划同部署，扩大 “两法衔接”成员单位（共214家），实现全市所有行政单位均纳入“两法衔接”工作机制的目标，全市四市三区建立并逐步完善“两法衔接”信息共享平台。全市行政执法机关在平台上的备案案件达660件，同比上升5.5倍。协调推动政法各部门紧紧围绕信访案件“入口、处理、退出”三个重点环节，建立和完善涉法涉诉信访运行处理机制，规范诉访分离制度。

【创新社会管理】 制定《关于进一步加强维护社会稳定领导责任制落实的工作意见》，健全和完善“一把手”维稳领导责任制落实的监督长效机制；出台《江门市举报邪教违法犯罪活动奖励办法》，调动社会公众检举揭发邪教违法犯罪活动线索的积极性；建立市委政法委网上监督平台，加大对全市政法干警违法违纪问题的监督力度；建立江门市政法干部培训基地，近70名政法干部学员参加第一期学习培训班；加强法制宣传，组织开展“百名法学家百场报告会”法治宣讲活动和法学理论研讨会；在《南方日报·江门观察》开设《问题解决在基层》栏目；开设《江门政法动态·调研专刊》栏目。（市委政法委）

法治政府建设

【政府参谋、助手和法律顾问】 2014年，全年为市政府及其部门涉法事务出具法律意见166份，审查市政府及其部门与企业签订的合作合同、协议13份，办理人大建议2份、政协提案2份，处理信访案件2宗；履行法制协调功能，全年局主要领导列席市政府常务会议和市长办公会议共17次，参加市政府其他会议95次，共派员参加行政部门协调会48次；承办省有关立法、立规调研工作，全年共对省条例、规章或部门规范性文件提出书面修改意见31份，提出修改意见100余条，派员参加省立法调研会议12人次。

【规范性文件管理】 2014年，继续做好规范性文件“立、改、废”工作。制定《江门市2014年度政府规范性文件制定计划》，确定2014年度市政府立规项目10个，其中新制定项目7个、修订项目3个。另共审查完成部门规范性文件14份；做好市政府规范性文件备案及对各市、区政府规范性文件的备案审查工作，全年向省政府、市人大报送备案江门市政府规范性文件各10份，备案审查各市、区政府规范性文件23份；加强规范性文件清理工作，对江门市市场经济活动中存在地区封锁的系列文件进行清理，并将结果及时上报省商务厅和省法制办，并从11月份开始对现行有效的政府、部门规范性文件进行全面清理。

【办理市政府行政复议及行政应诉案件】 2014年，共收到行政复议申请26宗，其中，受理14宗，不予受理1宗，其他处理11宗；共审结行政复议案件14宗（含2013年结转4宗），未审结4宗；在已审结案件中，维持6宗，经协调申请人自动撤回申请而终止5宗，驳回申请2宗，行政复议机关主持调解结案1宗。行政应诉工作稳步推进。组织办理5宗市政府一、二审行政诉讼案件，均胜诉。

【监督、协调和指导行政执法】 2014年3月10日，协调迎接了李春生副省长带队的省依法行政考核组对江门市2013年度依法行政工作的考核，协助市政府取得全省没有立法权地级市上游成绩；12月3日—9日，全面对市直执法单位、各市、区政府依法行政情况进行实地考评。自3月份起，相继制定了年度依法行政工作要点、重大行政决策程序规定等文件。5月份，成功组织一场共计482人的考试。全年共办理申领、年审或注销“行政执法证”共计3344个；办理逾期年审申请解锁证件70个；审核办理开户或变更开户29个。8月份，牵头联合市府办、市监察局组成专题调研组，在分管副市长的带

领下，分别深入到市烟草专卖局、市环保局及市盐业专卖局，了解各执法部门依法行政工作情况，强化执法监管工作。（市法制局）

法院

【简述】 2014年，全院受理各类案件6337件，审结6105件，法定审限内结案率为97.65%。

【刑事审判】 2014年，全年市中院共受理各类刑事案件462件，审结446件。其中刑一庭审结282件，刑二庭审结154件。加强大要案审理，做好未成年人犯罪案件的审判，在全市法院铺开未成年人犯罪记录封存工作，落实合适成年人参与未成年人刑事诉讼制度，指导基层法院创新少审模式，与市检察院、市看守所达成共识，规范理顺羁押换押交接工作，确保提审换押顺畅开展。加强基层业务指导，通过旁听庭审、审阅案卷材料、分析发改原因，对基层法院出现的法律适用难题进行跟踪指导，统一裁判尺度。

【民商事审判】 2014年，市中院共受理各类民商事案件3128件，审结2947件，调撤率19%，解决标的金额27.9亿元。其中民一庭审结698件，民二庭审结376件，民三庭审结950件，民四庭审结558件。共审结知识产权行政案件1件，刑事案件4件。审结涉外商事案件36件，一年半以上长期未结案件全部审结。加强与市劳动人事争议仲裁委员会的沟通，形成会议纪要，统一全市裁审标准。全年劳动争议案件三年来首次出现下降，同比降幅达42.52%。

【行政审判】 2014年，市中院共受理各类行政案件151件，审结145件。加大行政案件集中管辖试点改革力度，在原有一审行政案件“七归三”相对集中管辖的基础上，推进一审行政案件管辖“七归一”，实现行政案件的司法管辖与行政区划的彻底分离，试点工作开展获得最高法院的表扬。与市委党校共建依法行政教育实践基地，成功举办现场教学课，派出资深法官到党校上课，邀请行政机关观摩庭审，提升干部依法行政水平。健全行政首长出庭应诉制度，推动市法制局出台《江门市行政应诉工作规则》，规范行政机关负责人出庭应诉工作。全市14件行政案件由机关负责人出庭应诉，其中“一把手”出庭为3人。

【审判监督】 2014年，市中院共审结各类案件2045件，其中审判监督案件58件、减刑假释案件1987件。狠抓再审案件质效，规范再审案件审判、合议、审批环节，对省院指令再审和可能改判的再审案件提交审判委员会讨论决定，确保案件质量。强化审限意识，采取缩短调卷时间、尽快开庭合议等多种方式缩短审理周期，防止新的积案发生，实现案件审理的良性循环，存案仅剩6件。加大减刑假释公开力度，制定《减刑假释案件公示规定》，推行裁前、庭审、裁判结果网上公示。规范减刑假释案件审理，制定《减刑假释案件开庭审理程序规范》，首创由中院院长担任审判员、人民陪审员参与减刑假释案件审理和邀请代表委员旁听案件的“三合一”审判模式，召开减刑假释新闻发布会，不断提高减刑假释案件审判透明度。

【执行工作】 2014年，市中院共受理各类执行案件443件，执结420件，执结率94.7%，执行到位标的5亿元。加强大要案督办，通过汇总案情、列时间表、定期汇报等方式督办案件执行，顺利执结东亚银行申请与开平爱颖纺织公司执行案、东方广场系列执行异议等重大案件。开展涉民生案件集中执行活动，全市共清理113件涉民生案，到位563.894万元，到位率66.01%。完善“点对点”网络执行查控机制，积极参与诚信绿卡计划，与市发改局建立失信被执行人信息共享机制，部署全市法院与本级住建、国土、公安、工商部门之间的执行网络查控专线建设，形成全面覆盖的执行查控网络。集中曝光失信被执行人，将1132名被执行人纳入失信被执行人名单库，利用媒体、官方网站、官方微博及商业广场LED屏公布276名失信被执行人名单，促使37名被执行人主动履行，履行标的额724.75万元。

【诉讼调解工作】 2014年，全市法院加强诉讼调解工作，化解社会矛盾纠纷。坚持“调解优先,调判结合”原则，不断完善诉调对接工作机制，发挥人民法院在构建大调解工作体系中的作用。各类民商事案件3128件，审结2947件，调撤率19%，妥善审理社保、医疗、教育、物业服务等纠纷案件，维护当事人合法权益；妥善审理婚姻家庭、抚养赡养纠纷案件，保护妇老幼残者合法权益；全年接待群众来访459次789人，处理群众来信157件，其中，院长接访群众14批21人次。贯彻落实《广东信访条例》做好解决问题与疏导教育的结合，妥善处置肖夏媛、焦应富等疑难缠访闹访案。

【指导基层法院工作】 2014年，市中院深入开展基层法院工作指导。建立发改案件两级法院双向反馈机制，妥善处理纠正错误裁判与维护司法权威的关系。重新赋予人民法庭执行权，强化执行权的规范与制约，加强对法庭执行款物的专项管理。完善院领导、市中院相关部门联系基层法院、人民法庭的制度，加大对基层法院领导班子的协管力度，加强业务指导，加强与当地党委政府沟通，立足解决问题，提高基层法院司法为民公正司法的水平，实现争创“四个一”（一个全省优秀法院、一个全省模范法院、一个全国优秀法院、一个全国模范法院）阶段性目标。

【司法为民】 2014年，打造“一站式”诉讼服务，开辟门户网站案件信息查询平台。开展对刑事被害人及其家属、困难执行申请人的司法救助，发放司法救助金18万元，对经济确有困难的当事人依法缓减免收诉讼费36.9万元。统筹司法公开工作，制定三大平台建设实施细则，举行法院开放日活动，督促落实好裁判文书上网工作，法律规定应当公开裁判文书100%上网公开。创新接访方式，推动远程视频接访室的建设，实现四级信访视频互联互通。开通 “12368”人工诉讼信息服务平台，诉讼服务热线，利用实时语音、留言信箱为群众提供“一对一”的诉讼咨询服务。规范办理流程，专人跟踪督办来电、留言内容，共办结来电事项995个。在《江门日报》开辟“微庭审”专栏，提高公众法律意识。与电视台达成合作协议，定期报道法院各项工作。召开4场新闻发布会，开通法院微信订阅号，做好舆情应对工作，扩宽信息发布渠道。借助“电影下乡”平台开展送法下乡活动，在全市1045个行政村播放法院公益宣传片2090场。

【法官队伍建设】 2014年，全市法院加强法院文化建设。按照“照镜子、正衣冠、洗洗澡、治治病”总要求推进群众路线教育，制订方案，开展集中学习和实地教育等多种学习，强化干警宗旨意识；召开5次中心组理论学习会和20多场部门组织生活会，深入对照检查，批评与自我批评，提高院领导班子、部门领导班子凝聚力战斗力；邀请蓬江区委、鹤城镇政府“一把手”为全院干警上群众路线教育课、组织观看八部先进党员干部典型影片、到廉政基地参观学习，举行重温入党誓词和法官誓词仪式，强化干警为民意识；以座谈会、发函征求意见等方式，征求基层法院、群众、律师、代表委员等对法院工作的意见建议，查找出7个方面30个问题、57条具体意见的问题清单；召开群众意见建议“会诊会”，剖析“四风”问题典型案例，查摆领导班子自身存在的“四风”问题，着力整治人民群众反映集中的“六难三案”问题，确定10项重点整治项目，动真碰硬解决群众关切问题。加强制度建设，在司法作风、队伍建设、司法廉洁等方面出台各类规范性文件25份。开展党建工作，推动全市法院党建“书记项目”。以支部为单位成立了19个党员流动服务站，各支部组织党员主动走进基层法院、走进机关、走进企业、走进社区、深入群众，为群众提供全方位服务。一年来，中院集体受到省级表彰奖励2次，个人受到省级以上表彰奖励3人次，另有96人次受到本院及江门市党政机关的表彰奖励，培树 “个人一等功”及“全省优秀法官”谢建华、“全国法院少年法庭工作先进个人”朱迎春等突出模范典型。

（市中级人民法院）

检察

【简述】 2014年，江门市检察机关深入贯彻党的十八大历次全会和习近平总书记系列重要讲话精神，围绕“民生检察”工作主题，以党的群众路线教育实践活动为契机，以案件质量为主线，以专项工作为抓手，忠实履行法律监督职能。

【依法打击刑事犯罪】 依法惩治各类刑事犯罪，批准逮捕各类刑事案件2857件4200人，提起公诉3960件5647人。依法严厉打击严重刑事犯罪，批准逮捕涉黑、涉毒、严重暴力犯罪类案件482件655人，起诉607件896人。突出打击群众反映强烈的重大案件，批准逮捕非法传销、破坏环境资源、生产销售伪劣商品类案件138件192人，起诉201件412人。积极打击新型犯罪案件，批准逮捕通过网络开设赌场、非法倒卖土地使用权等案件5件17人，起诉10件35人，筑牢社会安全新防线。

【查办与预防职务犯罪】 立案查处贪污贿赂犯罪案件69件104人、渎职侵权犯罪案件26件29人，追缴赃款和非法所得人民币2696万元，为国家挽回经济损失折合人民币3623.24万元。深入查办系统腐败窝案。查办教育系统案件17件24人（含非国家工作人员5人）、工商系统案件6件7人（含非国家工作人员1人）。开展“查办和预防发生在群众身边、损害群众利益职务犯罪”和“查办危害生态环境职务犯罪”两大专项工作，查办此类案件共49件79人。深入开展职务犯罪预防工作。坚持将检察专业预防与社会预防相结合、以专业预防推进社会预防的工作思路，广泛开展职务犯罪预防工作。深入开展农村、社区“两委”换届选举法律监督和法律服务工作，对全市农村、社区的新任“两委”干部进行专题预防教育和法制宣传。开展“优化投资创业环境，整治‘吃、拿、卡、要’”专项行动，优化投资创业环境。推进检察官“进机关、进企业、进乡村、进学校、进社区”活动制度化、常态化和规范化，与市武警支队联合开展“检察官进警营”专项预防活动。认真分析党政干部职务犯罪案件特点，报送专题调研报告，为市委市政府提供决策依据；针对市人力资源和社会保障系统的职务犯罪案件情况撰写调研报告，获省检察院和最高检察院肯定和推广。

【强化诉讼监督】 开展违法侦查活动监督，发出检察建议64份，书面提出纠正意见108件。深化量刑程序改革，加大刑事抗诉力度，书面提出量刑建议3363件4562人，提出刑事抗诉15件。受理民事行政执行监督案件390件，发送执行检察建议15份，全部获法院采纳。稳妥开展行政执法监督工作，共受理行政机关不当履职监督案件110件，发送检察建议76份，采纳率100%。强化刑罚变更执行和监管活动监督。深入开展减刑、假释、暂予监外执行专项检察活动，组织对保外就医的“三类罪犯”重新体检。规范减刑、假释案件办理、开庭审理和检察监督工作，依法审查监管场所提请减刑、假释、暂予监外执行案件1994件，办理罪犯减刑、假释庭审案件54件，同步出具检察意见2006件（含积存）。依托派驻镇（街）检察室创新开展社区矫正监督工作取得成功经验，获全省推行。加大对已决犯不及时交付执行情况的法律监督，依法纠正25件被判处监禁刑的未羁押罪犯不及时执行收押的违法行为，获省检察院充分肯定并推动全省、全国开展专项清理活动。

【推进“阳光检务”】 2014年3月在全省范围内率先向市人大常委会专题报告江门市检察机关推进“两法衔接”工作的情况，制定《关于进一步推进行政执法与刑事司法衔接的工作方案》，完善信息共享、案情通报和案件移送制度，推动部分市、区将“两法衔接”工作纳入机关绩效考核评价体系。2014年，全市共推动214个行政执法部门加入“两法衔接”信息共享平台，全年录入备案行政执法案件合计900件、移送公安机关刑事立案案件140件。邀请人大代表视察检察工作、参加群众路线教育实践活动会议、参加案件听证和观摩庭审，认真办理人大代表议案和转办案件15件。落实人民监督员制度，对18件拟作不起诉、撤销的案件进行民监督员监督评议。选聘1291名政治素质高、群众口碑好、热心协助检察工作的社会人士作为 “阳光检务”联络员。实行案件信息网上公开，已公开案件程序性信息3185条、公开法律文书880份，接待律师阅卷1067人次，接受律师和当事人查询5129次，切实保障人民群众知情权、参与权和监督权。

【派驻镇（街）检察室建设】 贯彻落实市委十二届四次全会重要工作部署，着力提升派驻镇（街）检察室服务水平，解决基层群众“诉讼难”“执行难”等问题。健全内部衔接工作机制，规范业务部门与检察室的协作内容及流程。检察室与法庭、司法所、综治维稳中心等基层职能部门沟通协调共计933次，出台规范性文件11个，建立完善解决基层群众“诉讼难”“执行难”长效机制。收集和发现民事行政法律监督线索67条，办理或协助办理执行监督案件和督促行政机关正确履职等共计223件。江门市检察室工作的社会知名度为57.79%，群众满意度为88.76%。

【检察队伍建设】 加强检察队伍专业化、职业化建设。深入开展党的群众路线教育实践活动和社会主义核心价值观教育，强化领导班子建设、队伍思想政治和纪律作风建设，坚定理想信念，坚决反对“四风”，严格执行“八项规定”，切实加强党风廉政建设，认真落实“两个责任”，坚持将党风廉政建设工作与检察业务工作同部署、同检查、同考核。搭建职务犯罪侦查、刑事案件办理、政务综合保障三大平台，着力加强队伍专业化建设。组织全体检察人员进行素质能力提升培训；举办“优秀公诉人”“民行业务能手”等专题竞赛；积极参加省检察业务培训和比赛；运用远程教育培训系统组织全市检察人员参加省检察院专题网络教育培训16批次，有效提升检察人员业务水平。

（市检察院）

公　安

【简述】 2014年，年内排查发现不稳定隐患361起，同比下降了31.6%；加强应急处突工作，在鹤山、恩平及江门市区举行应急机动队紧急集结和实战演练，提升应急处突的能力和水平；坚持“以打开路”，通过开展“六大专项”（指打击整治涉毒、涉黄赌、涉食药假、涉电信诈骗及银行卡、涉车、涉枪等六类突出违法犯罪）打击整治行动，全力打击各类突出违法犯罪，全市接报刑事治安警情51491起，同比下降2.9%，立刑事案件35988宗，下降12.3%、破案14069宗，上升20.2%，逮捕嫌疑人4150名，上升2.0%；完善机关民警参与街面巡防、交巡警协作、巡警与边防联勤等巡防机制，建设立体化治安防控体系；坚持民意主导警务，下放部分审批权限、证照办理等30项便民利民措施；开展消防安全、交通秩序专项治理活动，年内全市没有发生重特大安全事故。

【大案、要案侦破】 2014年，年内全市现行命案立39宗破38宗，蓬江破获命案积案1宗；十类重特大案件（包括命案、抢劫、伤害、强奸、放火、爆炸、劫持、绑架、拐卖妇女儿童、涉枪案件）立1548宗破897宗，破案率为57.9%；及时侦破“9·2”新会会城持枪绑架案、“11·8”台山市台城碎尸两人案等一大批重特大案件。

【打击经济领域犯罪】 2014年，全市公安机关经侦部门结合地区经济形势，发挥“打击、参谋、服务”三大职能，先后开展打击制假售假、银行卡犯罪以及“猎狐2014”等专项行动，全市公安机关共受理各类经济犯罪案件832宗，立案776宗，破案554宗，抓获犯罪嫌疑人771名，总涉案金额18292.065万元。

【“六大专项”工作】 2014年，开展“六大专项”行动，通过“以打开路”，强化情报导侦、“网上作战”等手段综合运用，提升对涉毒、涉枪、涉黄赌、涉食药假、涉车、涉电信诈骗犯罪的打击效能。全市侦破毒品案件1230起，抓获涉毒嫌疑人1380人，及时侦破了恩平“1·21”“9·15”特大制贩毒品案等一批省目标案件；破获涉枪案件242宗，抓获涉枪逃犯65名；逮捕涉黄人员197人，逮捕涉赌人员240人；重拳打击食药假违法犯罪活动，发起打假全国、全省集群战役3起，破获生产销售“毒豆芽”、病死猪肉、假烟、假冒名牌皮具等案件371宗，逮捕296人；侦破“两车”（电动车，摩托车）案件3675起，抓获督捕逃犯26名；侦破电信诈骗案件556宗，成功侦破了月投注额近2亿元的部督网络赌博案、涉嫌非法套现金额达2亿多元的新会区某强非法经营案等一批大要案件。

【禁毒工作】 2014年，江门市公安机关以“雷霆扫毒”等专项行动为抓手，推动禁毒工作的开展。年内，全市共破获毒品案件1195宗，抓获犯罪嫌疑人1352人，破案总量列全省第15名；破获“1·21”案和“9·15”特大制毒案，捣毁制毒窝点2个，打掉涉毒犯罪团伙45个，缴获各类毒品700多千克；查处吸毒人员8675人，强制隔离戒毒6393人，收戒总量列全省第2名；入组美沙酮药物维护治疗1995人，综合考核排名全省第一；开展“履行禁毒、参与禁毒斗争”为主题的宣传活动，在市禁毒教育基地举行公开销毁毒品现场会，集中销毁13多千克的毒品及精神药品、麻醉药品；深化全民禁毒预防宣传教育；推进社区戒毒和社区康复就业安置工作。实行社区戒毒863人，社区康复22人，建立安置基地1个，集中康复就业安置17人，建立就业安置点52个，推荐就业安置4432人。

【“大巡防”工作】 2014年，江门市公安机关调整市区“大巡防”警力配置，1月20日起，市局启动全警上路“大巡防”，每批抽调民警30名，开展为期1个月的巡逻工作。城区按点、线、面相结合的原则规范警力布置，市局机关民警巡大街大巷，巡警部门巡小街小巷，派出所巡内街内巷，实行覆盖式巡防。实行巡警与武警、边防部队联合执勤常态化，将联勤警力重点部署在车站、广场、大型商贸场所，医院、学校等重点区域。巡警支队与特警支队配合，实行24小时武备勤。市直实行交巡警协作，实现“一警多能”和勤务效应最大化。合理设置城际卡口和城区临时卡点，实现大巡防工作由点、线向面的延伸。2014年，蓬江区、江海区、新会区刑事案件警情同比分别下降0.3%、7.8%、11.8%；蓬江、江海两区“双抢”案件发案数同比下降30.8%，盗窃案件发案数同比下降12.5%，全市巡警共破获案件2148宗，抓获嫌疑人6262名，其中刑事案件908宗869人，共处置紧急治安事件488起。

【社会治安管理】 2014年，江门市公安机关加强民爆物品管理，从1月1日起，将爆破作业项目许可审批工作委托下放给四市三区公安机关，严格按照《江门市爆破作业项目安全管理实施细则》落实民爆项目的监管工作；强化枪支弹药的安全管理，开展公务用枪安全大检查和建档工作，开展缉枪治爆专项行动；加强剧毒化学品的监管，现有剧毒化学品生产企业1家，销售企业5家，使用企业128家，在市局备案的省外销售企业23家；加强印章业管理，稳步推进印章管理系统的推广布建工作；强化旅馆业管理，全市共有旅馆业802家，其中800家安装使用旅业系统，覆盖率为99.8%，通过旅馆治安系统抓获网上逃犯190人，查控吸毒人员953人、查处治安案件321起、破获各类刑事案件74起，协助破案229起，抓获违法犯罪嫌疑人1005人；规范废品回收行业经营秩序，开展废品回收行业专项整治行动，推动筹建成立废品回收行业协会；加强寄递行业的监管，制定《江门市公安机关加强寄递渠道治安管理工作实施办法（暂行）》；加强“三电”设施保卫工作。年内，全市公安机关共立涉“三电”案件119宗，涉案经济损失443.2万元，破获涉“三电”刑事案件21宗，刑事拘留21人；做好管制刀具、仿真枪的收缴工作，制定《江门市群众举报涉枪涉爆违法犯罪奖励办法》，鼓励群众举报涉枪涉爆涉刀违法犯罪活动，全市共收缴各类管制刀具472把、仿真枪131支；做好大型活动安保工作，年内，除了做好重大节假日的安全保卫外，还完成了万人行、摩博会、健走马拉松比赛等13场次的大型活动的安保工作，出动警力约8000人次；制定《江门市公安机关关于进一步加强火车站（轻轨站）安全防范工作实施方案》，加强火车站（轻轨站）等人员密集场所的安全防范工作；深入开展“护校安园”工作，加强人防与技防的措施，全市1095所中小学、幼儿园，共配备保安员2470人，安装技防设备998套，在校园周边安装一键报警装置387套，设立校园警务室11个，设立“护校岗”548个；加强金融机构管理工作及重点单位安保工作，开展各类检查98次，发现安全隐患43处，已整改43处；以蓬江全区及四市二区各1个派出所为全市试点，开展社区警务平台系统的建设和标准地址库的建设应用，推进社区警务建设工作。

【出入境管理】 2014年，从今年5月份起至8月底，逢星期二、四派出民警到恩平市驻点办公，方便当地群众办理委内瑞拉籍儿童寄养的问题；与市邮政速递公司联合推出外国人签证VIP专项服务；设置自助填表机、自助缴费机和回执自助打印机，免除群众手工填写申请表格和取号、申请、缴费、打印回执等均需排队的麻烦。5月20日启用签发电子往来港澳通行证工作；从7月18日起，推出全市单位登记备案人员赴港澳地区个人游网上申请业务。年内，全市公安入境管理部门共签发各类证件、签注及签证2328913件次，同比增长9.6%，其中护照88784本，前往港澳通行证5276本，往来港澳通行证351638本，大陆居民往来台湾通行证9598本，护照加注13014枚，往来港澳签注1834853枚，大陆居民往来台湾签注8912枚，赴台加注139枚，中华人民共和国出入境通行证442枚，台湾居民来往大陆签注742枚，外国人签证8552枚，外国人居留许可6963枚。查处“三非”外国人案件323宗，破获50宗毗邻国家人员非法入境非法就业案件，查获187人，组织遣送“三非”越南人4批117人次；成功侦破两宗代号分别为“2·26”“2·15”特大组织他人偷越国边（境）案件，其中“2·26”案件被公安部边防局列为精品案件。

【户政管理】 2014年，推行流动人口服务管理“一证通”制度，推广流动人口信息自助申报平台的应用，开展出租屋门禁系统试点工作，全年制发居住证132818张，全市有2852间企业、1.3万间出租屋主使用了自助申报平台，共录入流动人口数据信息25万条；从6月1日起，市区门（楼）牌管理权限下放蓬江、江海两区公安分局；年内全市共办理市外迁入9836人，市内迁移41815人，项目变更197086人，发放户口簿48933本，受理并制发居民身份证141893张，指纹采集率为100%，临时身份证47826张；推进户口登记管理专项清理整顿工作，全市共清理违法违规办理的户口593人，累计清理应销未销户口2401人，其中死亡未注销户口818人，服现役未注销户口93人，出国（境）定居或入籍未注销户口1437人，清理纠正户口登记项目306项；推广人像比对系统的应用，全年共完成5049人的人像比对任务，完成率为97.9%，比对出双重户口461人，并全部办理注销户口手续。

【交通安全管理】 2014年，全市共发生一般以上道路交通事故3259宗，死亡345人，受伤4094人，直接经济损失700.1万元，同比分别上升7.7%、下降5.5%、上升8.3%和上升6.6%，发生较大交通事故2宗，完成了上级公安机关下达的控制指标任务。

【消防安全管理】 2014年，市公安消防部门制定的《城市消防专项规划（2012-2020）》经市委、市政府多次消防专题会议研究得到批复实施；先后开展家庭作坊、红木傢俬、出租屋、火灾隐患重点地区等专项整治行动10个，排查生产储存经营场所和家庭作坊14399家，实行技防改造2195家，三停或查封23家，迁出违规住宿人员2417人，排查出重大火灾隐患57家，提请市区政府挂牌督办32家，提请省政府挂牌督办1家，联合媒体集中曝光18个；深化“网格化”管理工作，与移动、电信等运营商联合研发并应用“消防安全网格化巡查系统”；扎实推进“户籍化”管理工作，全市100%的重点单位“户籍化”管理工作达标；全市新增市政消火栓580个、铺设消防管道11000多米；严格落实“月演练、月会操”制度，加强攻坚组、专业队、综合应急救援“三支队伍”建设，开展支队级业务技能会操8次，灭火实战演练302次。全年全市共发生火灾947起，死亡2人，受伤0人，经济损失3597.6万元，共接警3664起，出动车辆6176辆，出动警力34399人，抢救被困人员546人，圆满完成了“1·18”江门中顺纸业、“3·04”恩平华新纺织厂以及抗击“威马逊”“海鸥”台风等急难险重任务。

【信息化建设】 2014年，江门市公安机关开展部门间共享与服务平台建设，已完成了服务门户、服务监控、统计分析、节点管理和监控、信息管理和发布、服务定制、数据交换服务等功能模块的开发。加大移动警务应用本地化开发，完成本地化数据资源查询和警务智能搜索等应用研发；开发案事件现场场景（图片）上报模块，利用移动警务手持终端拍照功能，可实时将案事件现场场景回传；完善社区警务移动端功能，提高系统实用性和操作便捷性。人像平台应用取得实效，各级公安机关在日常工作中加强人像比对平台的应用。完成虚拟服务器部署工作，通过将以往运行在PC机和服务器上的应用以虚拟机的形式运行在一组高配置高安全性的虚拟服务器上，解决服务器资源不足的难题。开展公网信息采集链路建设、完善边界接入平台，解决了互联网信息实时导入公安网的难题。继续推进全市350兆数字集群系统建设，在台山核电站内安装一套350兆发射基站，并接入全市350兆数字集群网；新增采购了175台数字终端，提高一线实战民警无线数字终端配备率。利用无人机和340兆无线图传系统，搭建立体化、可视化通信保障平台。整合信息资源，数据资源达97类、数据量达10亿条，智能搜索系统实现与广州、佛山等地资源共享查询服务。

【微博问政】 2014年，江门公安微博以“关注民生、服务群众、树立形象”为着力点，增强公安微博的传播力和影响力。年内，“江门公安”新浪微博和“平安江门”腾讯微博粉丝量已分别逾23万和28万，共发布微博19000多条，与网友互动评论18600多条，回复“粉丝”的咨询和意见建议、解决各类合理诉求6000多条。2014年1月，江门公安微博团队的“微博献真情，服务无界限”从参评的97个项目中脱颖而出，获得江门市政府“管理创新奖”。

【森林公安工作】 2014年，江门市森林公安机关以执法办案为中心，先后开展“天网行动”“治爆缉枪”“利剑行动”等一系列严打整治专项行动，对违法犯罪保持严打高压态势，对乱砍滥伐、乱捕滥猎、乱采滥挖、采挖稀土等涉林违法犯罪活动进行严厉打击。年内，全市森林公安机关共受理森林和野生动物刑事、行政案件194起，查处146起，其中立刑事案件78起，破案38起；受理林业行政案件116起，查处108起，处理156人次，其中罚88人次96.92万元，责令补种50人次，其他18人次，有力地打击了各类破坏森林资源违法犯罪行为。

司法行政

【监狱和强制隔离戒毒管理】 江门监狱连续11年、市强制隔离戒毒所连续12年实现“四无”（无逃跑、无所内作案、无非正常死亡、无重大安全生产事故）安全目标，教育改造质量不断提高，强制隔离戒毒取得明显成效。高度重视狱（所）情分析会，充分利用分析会的平台，每月定期召开狱所情分析会议，完善狱所内情常态分析排查制度。结合黑龙江省延寿县看守所杀警脱逃、韶关北江监狱脱逃等事件，加大对场所的安全检查力度，查找监管安全漏洞。配合检察机关对江门监狱减刑、假释、暂予监外执行的人员情况进行核查。贯彻“首要标准”，加强职业技术培训教育。江门监狱组织458人参加文化扫盲班，开展服刑人员技能鉴定32批次，1159人获得职业技能证书；市强戒所举办中式面点师和电工培训班，帮助100多名学员参加培训获得职业技能资格。加大信息化建设投入，江门监狱完成AB门人脸识别和门禁系统升级改造工程，市强戒所开通办公OA系统，积极推进“视频监控安全防护系统项目”工程。

【人民调解】 2014年，全市司法行政系统和各级调解组织共排查调解各类矛盾纠纷12360件，调解成功12308件，成功率为99.6%。开展“社会矛盾化解年”专项工作，把工作重点放在影响农村稳定、农业生产、农民生活的问题上，切实维护农村的和谐稳定。在全面总结鹤城镇和大泽镇大调解工作的成功做法和有益经验基础上，4月份在新会区铺开全市人民调解中心建设工作。探索建立专业性行业性人民调解组织，已建立行业性专业性人民调解组织270个，其中，500人以上企业43个，500人以下企业15个，工业园区19个；学校调解室28个；其他行业调解室18个；交通道路事故纠纷调解室11个；驻法院（法庭）调解室35个；传统模式医疗纠纷调解室6个；劳动争议调解室81个，物业管理调解室6个，派出所调解室8个。

【安置帮教】 2014年，全市接收释解人员1693人，帮教率99%，安置率98.3%，累计共建过渡性安置实体265个，安置刑释解教人员184人。是年，认真做好刑释解教人员衔接管控工作，确保江门市没有发生两类重点人员脱管失控、参与群体性事件和越级上访。加强与市工商联沟通联系，推进刑释解教人员（更新）就业服务中心建设。全市各级安置帮教组织采取“一帮一”“二帮一”等形式，对刑释解教人员开展跟踪帮教工作，防止重新违法犯罪。

【社区矫正】 2014年，全市累计接收社区服刑人员6290人，其中在册矫正1518人，95%以上的社区服刑人员表现良好，解除矫正人员顺利融入社会。在全市范围内启动江门社区矫正智能管理系统，通过手机终端对全市社区矫正人员实施实时定位监控。江门社区矫正智能管理系统是广东地级市中首个衔接广东省社区矫正管理信息系统的监控系统。根据工作需要对社区矫正工作中非执法类工作实行政府购买服务，购买服务资金共37万元，其中江门市本级财政投入32万元，蓬江区投入5万元。加强与市公安局出入境管理部门的沟通联系，把新增加的社区矫正人员名单到同级公安机关出入境管理部门进行核查，发现持有相关证件的，实行扣留保管，解矫后退还本人。

【基层法律服务】 2014年，基层法律服务所通过解答法律咨询、代写法律文书、担任法律顾问、办理法律见证、协办公证、组织开展法制宣传和协助司法所指导开展人民调解工作，积极参与民事和经济代理，为当地公民、法人提供法律服务和法律保障。全市基层法律服务所担任法律顾问910多家；代理诉讼事务604件；代理非诉讼事务1764件；解答法律询问2.1万人/次；办理征地事项、土地承包事项共190件；办理交通工伤事故等事项50件；共挽回经济损失874.3万元。

【法制宣传教育】 2014年，深入推动“法律六进”活动，有针对性地加强领导干部、青少年学生、村（居）“两委”、外来务工人员、企事业经营管理人员等重点地区、重点人群、重点行业的普法工作。继续开展全市公职人员在线学法考试，全市公职人员近10万人通过网络完成在线学法考试。中学生在线学法考试工作正式启动，全市近20万在校中学生首次参与在线学法考试；开展中学生法治漫画大赛，以漫画的形式，宣传法制文化，弘扬法治精神。围绕村（社区）“两委”换届选举工作，集中举办村（社区）“两委”班子成员法制培训和送法下乡活动。创新载体，拓宽法制宣传阵地。升级改造江门普法网，以图文并茂的形式，及时对外宣传国家有关政策法规和法制宣传工作动态。录制青少年学法视频，结合身边真实的案例，以深入浅出的方式，用通俗易懂的语言，对学生眼中抽象而枯燥的法律条文进行解读，用直观、贴合学生学习习惯的PPT教案形式，搭配卡通人物和法律条文演绎教学内容。结合“社会矛盾化解年”专项工作，细化法治城市、法治县（市、区）和民主法治示范村创建标准及要求，加强对各市（区）开展法治创建督导活动。印发《江门市贯彻实施〈法治五年规划〉评估参照标准及责任分工表》，从80个方面明确和细化全市53个部门在法治创建工作中的责任分工。2014年，推荐蓬江区 、新会区、台山市为“全省法治县（市、区）创建活动先进单位” 创建单位。

【公证工作】 2014年，全市办理公证总数131406件，其中，国内民事类33984件，国内经济类672件，涉外类89300件，涉港澳6949件，涉台472件。紧密围绕政府中心工作、重大项目建设和社会民生，在拆建补偿、征地、法律文书强制执行等方面发挥公证职能。上半年，召开江门市公证员协会第五次会员大会暨公证员协会第五届理事会选举大会。根据《公证法》

的规定，经会员大会表决通过并经民政社团管理部门登记备案，江门市公证员协会正式更名为江门市公证协会。继续开辟公证绿色通道，推行周末及节假日值班制度，为老年人、残疾人及其他有需要的当事人提供上门办证服务，对符合法律援助条件的实行减、免收费。

【律师工作】 2014年，全市共有律师所64家。其中，社会律师所48家，社会律师433名；公职律师所8家，公职律师27名；法律援助处8家，法律援助律师32名。全市律师共担任法律顾问1402家，代理诉讼事务8820件，代理非诉讼事务838件。深入开展一村（社区）一法律顾问工作，以市委办、市府办名义下发《江门市关于开展一村（社区）一法律顾问工作的实施意见》。市政府落实财政补贴经费941.5万元，加上省财政转移支付的377.5万元，全市1319个村（社区）法律顾问经济补贴经费全部落实。截至12月底，全市1319个村（社区）与54家律师事务所签订法律顾问协议，聘请社会执业律师336名担任法律顾问，实现全市一村（社区）一法律顾问工作100%全覆盖。大力拓展公共法律服务范围，律师公益法律服务工作室全面进驻市人民医院、五邑中医院、市妇幼保健院。公职所积极维护社会和谐稳定，共承办行政诉讼案5件；民事纠纷案26件，审理合同15份。积极参与信访维稳工作，共处理市信访局转交案件4宗，其中3宗办结。

【法律援助】 2014年，全市办理法律援助案件1765件，其中刑事案件983件，农民工法律援助案309宗，接待群众咨询近2.1万人次。法律援助工作实现两个100%，即公安、检察和法院的指定辩护受理率达100%、符合条件的申请案件受理率达100%。在全市法律援助机构建立法律援助案件质量管理体系，出台《江门市法律援助案件质量评估办法》，将农民工、残疾人、零就业家庭、未成年人等列为重点援助对象，畅通农民工法律援助“绿色通道”。坚持“调解优先”原则，简化程序，推行预约服务，坚持首问责任制、服务承诺制、一次性告知制和限时办结制。在江门看守所、新会看守所成立法律援助工作站，为看守所在押人员及其亲属提供免费的法律服务。

【公共法律服务】 积极构建公共法律服务体系，大力加强公共法律实体服务平台的建设。通过整合江门市和蓬江区两级司法行政资源，江门市司法局会同蓬江区司法局共同建设公共法律服务实体平台——江门市、江门市蓬江区公共法律服务中心，中心办公面积约1200平方米。打造集法制宣传、法律咨询、法律援助、人民调解、社区矫正、安置帮教、律师公证、司法鉴定业务等一站式公共法律服务平台。中心集合司法行政人员、社会律师、法律志愿者和义工3支队伍，为广大人民群众提供优质高效便利的公益法律服务。中心于2014年10月27日投入使用，至年底共受理法律援助案件78宗，接受12348法律服务热线382人次，上门来访779人次，入矫人员45人，解矫人员27人，司法鉴定1宗，办理公证419宗，充分发挥江门市公共法律服务中心的辐射带动作用，在各市区分别建立市（区）公共法律服务中心，镇（街）公共服务中心和村（社区）公共法律服务站，构建市、市（区）、镇（街）、村（社区）四级公共法律服务实体网络，打造半小时公共法律服务圈。蓬江区四级公共法律服务实体平台完成搭建。

（市司法局）

武装

人民武装

武警江门市支队

【思想政治】 深入学习习总书记系列重要讲话、全军政治工作会议精神，“战斗力标准大讨论”“三战”工作、“两支队伍”建设等工作做法被总队推广，1人被总队评为十佳“四会”优秀政治教员。1人在参加“强军风采”系列文化活动评比美术作品比赛中获得一等奖，政治工作量化排名列总队第三，新闻报道工作排名在对外宣传方面列总队第二，在内部网络宣传方面列总队排名第一。政治处被总队表彰为先进政治处。推动基层建设接续创新发展，蹲点帮建和下连当兵绩效明显，支队抓一线指挥部做法在总队《纲要》培训时作了交流，五中队紧贴任务实际谋划新年度工作做法被总队转发。妥善安置6名转业干部，支队干部专题教育做法被总队转发。《基层经常性基础性政治工作规范手册》被总队推广，“三帮一提高”开展扎实，直属大队被总队表彰为先进大队，三中队、新会中队、台山中队和勤务中队被总队表彰为先进。坚持党要管党、从严治党，全面加强部队党的建设，第二批党的群众路线教育实践活动成效明显，贯彻民主集中制自觉，党委团结奋进坚强有力。支队党委被总部表彰为“党建带团建先进党委”，1党课被列入武警部队《基层党课教育参考教材》。

【军事业务】 着眼提升遂行多样化任务能力，基础训练、勤训轮换、对抗训练、比武竞赛和各类培训扎实，新训成绩优异，执勤隐患治理彻底，AB门建设推进有力，装备配备和人装结合训练不断加强。完成跨区增援、奔袭捕歼、抢险救灾、应急备勤等临时勤务233起。是年，先后有60多名个人被总队、支队评为“训练尖子”，2人被武警部队表彰为“标兵教练员”和“优秀教练员”。 支队勤训轮换做法被总队转发。全年成功处置妨碍目标安全事件5起。参加市联合演练被表扬为“距离最远，装备最全、用时最少、精神最好”，从3月份开始城市武装巡逻也多次受到市领导表扬，跨区增援茂名处突、夜间参加台山抗洪、快速备勤越战老兵上访、台山市“12·6”武装搜捕等勤务。军事工作量化排名列总队第三。司令部被总队表彰为先进司令部。支队被总队表彰为“正规化执勤优秀单位”。坚持依法从严治警，公用手机和在外人员管理有力，督查检查严格，部队四个秩序更加正规。以安全隐患大排查为牵引，紧盯重点时段在外人员管理、不请假外出、内部关系等问题，把安全工作逐步向安全发展拓展，“大事不出，小事也不出”的目标基本实现。支队被总队表彰为“安全工作先进单位”，被武警部队表彰为“连续17年预防事故案件工作先进单位”。

【后勤保障】 扎实推进现代后勤建设，召开后勤规范化管理现场会，应急战备保障能力不断提高，在赴茂名担负跨区增援任务中经受了实战的检验，“一组五队”5月份参加“卫士—14”演习和7月份总队应急保障分队综合演练，军人保障卡有序推进，投入60余万元完善基本设施，7月份在江门中队召开后勤规范化管理现场会，科学落实“勤俭节约年”和“伙食质量年”活动实效。台山中队和台山核电中队新营房建设完工，教导队和五中队新营房建设积极推进。

【拥政爱民】 按照双拥共建在基层的要

求，支队积极响应建设“幸福侨乡”号召，以创建“全国文明城市”为契机，深入发动官兵为驻地经济建设和维护社会安全稳定做贡献。组织官兵开展“学雷锋活动月”“主题党团日活动”、义务植树和义务献血等为民、便民、利民的活动，主动参与“公益慈善万人行”和“道德模范颁奖典礼”等，担负武装巡逻、江门轻轨站春运执勤以及扑救鹤山大雁山山火等任务。支队所属四中队、台山中队常年资助10名贫困学生。特别是直属大队二中队一班全班战士传承中队“帮助别人成长自己”的“好家风”，21年爱心接力尽心帮助驻地贫困群众殷日东一家脱贫解困的感人事迹再次被《人民武警报》、CCTV-2等媒体宣传表彰。重视警民关系，制定“预防警民纠纷基层主官责任制”，设立两部举报电话，聘请20多名转业干部和地方党员担任监督员，坚持“有理、有利、有节”的原则，密切警政警民关系，扩大群众用户支持。（武警江门市支队）

人民防空

【简述】 2014年，江门市人民防空办公室紧紧围绕提高基于信息化体系防护能力、融合式发展水平、改革创新质量效益，深化拓展军事斗争人防应急准备。坚持“强队伍、促发展、建和谐”的思路，以人防“四个一工程”建设为牵引，以指挥通信体系和防护工程体系建设为重点，推进人防各项工作全面发展，在建设“战备人防、效益人防、和谐人防”上取得新的成效。2014年，在全省人防工作目标管理考核中，被评为“达标标兵单位”；在全市精神文明建设中被授予“文明单位”称号。

【人民防空指挥体系建设】 2014年，全市各级人民防空指挥体系建设继续提升，形成科学、顺畅的指挥关系和指挥程序。完成市人防机动指挥所卫星通信系统建设和人防警报系统升级改造；增设多媒体警报器和电声警报器，城区警报音响覆盖率达100%；完善人防各体系数据库建设；提高人防组织指挥整体能力和参与城市应急指挥能力。结合绿道建设积极推进鹤山市鹤城镇、开平市水口镇、月山镇人口疏散地域建设，完善公共设施建设和定期组织培训、人口疏散演练。编制完成人口疏散方案和接收方案，各村委均加挂“人防疏散地域”牌子。坚持每季度一次野外训练，提高队伍的综合素质和实战能力。推动区域联动，2014年9月18日与珠海市、中山市同步举行“9·18”防空警报试鸣演练；5月27-30日，与珠海市、中山市、云浮市、肇庆市联合开展人防机动指挥所区域协同支援训练，充分检验人防机动指挥所区域协同支援、快速反应、通信保障和指挥控制能力，提升人防队伍技能水平；全年组织人防机动指挥演练及应急支援行动演练4次，参加广东省人防机动指挥所区域协同支援训练1次。

【人民防空防护体系建设】 坚持人防建设与城市建设融合发展的原则和“规划先行”“优化升级”的思路，完善防护工程体系建设。坚持“以建为主、以收促建”的原则，依法落实人防“结建”政策，加大防空地下室建设力度，人防工程体系建设实现快速发展，人防报建率达100%。推进人防“窗口”工程建设，全市共有厂期工程（其中3期已完成）。通过“差额补助”或“等价置换”等形式，推进医疗救护、电力抢修、通信抢修、物资储备等人防专业队工程建设，实现人员掩蔽工程和专业队工程的面积同步增长，建成市本级五邑中医院、第二人民医院和妇幼保健院医疗救护工程，中心医院医疗救护工程建设工作正稳步推进。加大人防执法力度，提升维护管理质量，全年市人防办组织举办专业培训班3期，培训150人次。组织行政执法检查，全年共组织人防行政执法检查125人次。

【人民防空宣传教育】 市人防办探索和创新人防法制宣传教育的新途径，推进人防法制宣传教育“进机关、进学校、进企业、进社区、进家庭”的五进活动；利用电台、电视台、报纸等大众媒体和人防多媒体警报设备开展人防宣传；加大全市中学生和市民人防知识宣传教育力度。开展人防知识“五个一”进社区工作，结合党的群众路线教育实践活动和创建文明城市活动，在江门市蓬江区杏苑社区和美景社区开展人防知识宣传教育进社区基础性工作，拟制《江门市人防知识教育进社区基础性工作试点工作方案》，在试点社区内建设LED屏、宣传栏，加装人防地下室指引牌，并派发人防应急包。开展人防师资培训工作，7月11日与市教育局联合举办江门市人防教育师资培训班，来自全市教育、人防系统的干部以及市直有关学校的教师代表共60多人参加培训。印制《江门市人防知识教育读本》和人防宣传单，向全市企事业单位、机关、学校和市民发放；办好人防网站和人防刊物，营造人防发展的良好社会氛围；加强宣传载体建设，利用市区狗山 “三防”宣传教育基地开展人防宣传教育，每周三和周四免费向市民开放，接待参观学习人员共计1000多人次；结合防空警报试鸣活动，组织学生开展人防“三防”知识演练，加强防灾减灾知识教育。全年共编发各种宣传栏20栏，编制《江门人防动态》4期，人防宣传电子屏和LED多媒体警报器播放人防宣传资料共计14400小时。 （市人防办）

经济

江门年鉴

2015

JIANGMEN YEARBOOK

综合经济管理

计划管理

【经济动员工作】 2014年，抓好“十二五”规划的组织实施工作，落实好动员需求任务，推进动员中心建设，抓好动员潜力调查，加强规范化建设，完善各项管理制度，按“能打仗、打胜仗”的要求做好军事斗争准备。4月，省军区后勤部长范德军大校对江门市开平2家“给养应急保障动员企业”进行检查；范部长对江门市动员企业重视衔接做好应急、应战转产工作和不断完善动员预案的做法给予充分肯定。5月，协调省经济动员办公室与鹤山市通达户外用品有限公司签订华南地区（广东）野营帐篷动员中心合同书，明确企业贯彻国防需求应履行的动员工作职责。6月，召开江门市经济动员潜力调查工作会议，根据省、市国动委的部署开展国民经济动员专业保障队伍建设情况调查和动员潜力调查工作。年内，与江门军分区后勤部一起先后对开平市春浩食品公司和恩平市七星坑山泉水有限公司进行专题调研考察，并为公司颁发军民产品动员企业匾牌。同时，对鹤山市的东古调味品有限公司、万威客食品有限公司、龙堡食品（广东）有限公司等动员项目企业进行调研检查；对江门沿海的主要渔港设施建设情况进行摸底调研。2014年，根据省国动委海上维权的部署和安排，协调配合江门军分区做好经济动员专项行动任务工作。协调军分区后勤部门紧急筹措动员保障专用物资和专项经费；为全省顺利地完成该次专项行动任务提供较好的装备、物资保障条件。

国有资产监督管理

【简述】 2014年江门市属国有资产收益预算安排收入5913万元，实际收入6154万元，完成预算104.08%，预算安排支出6913万元，实际支出6478万元，完成预算93.71%。2014年市属国有企业营业收入477354.22万元，利润总额70032.04万元，净利润65378.53万元，上缴税费15530.67万元。其中，市属各资产营运机构直接管理的企业实现营业收入412933.41万元，实现利润总额22007.71万元，实现盘活资产收入9853.87万元。2014年市国资委以保值增值为核心，强化国资监管工作。完善国有资本经营预算管理。与市财政局共同研究制定《江门市市本级国有资本经营预算试行办法》，完善市属资产营运机构负责人薪酬考核办法，参照周边城市的经验做法，结合江门市的具体情况，按照“一企一案、一年一定”的原则，制定市属资产营运机构负责人2014年薪酬考核方案。加强国资监管制度建设，制订和完善《江门市属委托管理企业监督管理暂行实施细则》《江门市国资委监管公司董事会工作报告制度（试行）》等多项监管制度。加强审计监督，完成2013年度市区公共交通发展专项资金使用情况的审计及绩效考核工作，对市企业资产经营公司、市行事资产管理公司、市滨江建设投资管理公司等多家企业的领导人员进行经济责任审计。 （国资委）

物价管理

【简述】 2014年，加强价格调控监管，大力推进价格改革，承接和放开一批政府定价项目，开展重大节日市场价格巡查，减轻企业和群众负担，提高价格服务水平。全年全市物价水平保持平稳，居民消费价格指数上升2.7%，低于年初市政府预期的居民消费价格指数控3.5%的目标。

【稳价惠民】　2014年利用省市两级价格调节基金1071万元扶持三项建设的发展，其中增加蔬菜基地大棚面积168亩、标准冷库60000立方米、田头冷库1314立方米和4个配送中心，扩大江门市蔬菜生产基地、冷库储备、配送中心、平价商店等网络，增强三项建设保供给能力。同时搭建主要农副产品生产、流通和销售综合管理平台，制定监测、报价、考核、退出等机制，2014年全市平价商店销售量2.8亿元，优惠让利群众达2300万元。全市共17个省级价格调节基金扶持的蔬菜基地项目，种植面积1.7万亩，年供应蔬菜量达7.8万吨，冷库设施库容达9.36万立方米，家常肉菜等主要农产品储备量达4500多吨。为落实稳价惠民资金来源，先后修定了《江门市价格调节基金管理办法》和制定了《江门市价格调节基金制定征收管理实施细则》，完善调节基金征管征收、管理和使用制度，全市每年能征收价格调节基金3000多万元。2014年全市向低收入群体及困难群众19.44万人次发放一次性临时价格补贴（现金和物品）共1535.47万元。其中市区受惠人数7.95万人次，发放补贴755.93万元，四市受惠人数11.49万人次，发放补贴779.54万元。比如中秋、国庆期间，在市区价格调节基金中安排252.57万元资金，对市区22507人、16375户低收入群众发放补贴现金和每户60元物品（5公斤米、1.8升食用油）。

【价格改革】　2014年，落实居民阶梯式电价、宗教场所优惠电价政策，理顺横江水闸优惠电价，完成信义玻璃光伏发电、台山紫罗山风能发电上网电价的报批和落实开平两禽业企业享受农业电价政策，指导台山、新会继续落实农村饮水安全工程优惠电价。通过发挥电价杠杆作用，每年为企业节约用电成本达100万元。加强液化气价格管理，及时调整瓶装液化气和小区瓶组站液化价格。落实特困户和养老机构用水、用电、用气、固话月租等价格优惠政策，2014年减负300万元。推进污水处理费改革，创新引入第三方进行成本监审，完成市区污水处理费调整的前期工作。为理顺碧源公司污水处理资产及盈利模式，促进市碧源污水治理企业化运作，聘请第三方中介机构对碧源公司的运营成本进行审核，在此基础上核定碧源公司生活污水处理服务单价为1.06元/立方米和污泥外运、处置招标最高限价为340元／吨。

【价格监督检查】　2014年，全市共查处价格违法案件20宗，实施经济制裁金额47.213万元，其中没收违法所得10.899万元，退还消费者10.618万元，罚款25.696万元。全市共受理价格举报投诉案件921件，办结率100%，挽回群众经济损失16.344万元。2014年，组织开展客运票价、殡葬服务收费、教育收费、行政事业单位涉企收费和商业银行收费等价费专项检查工作共8项，重点查处了公办学校乱收费的问题和7家交通运输单位不按规定明码标价的违法行为。先后查处1家电商涉嫌价格欺诈的违法行为，纠正11家电讯门店网上标价中存在的问题，规范幼儿园收费、高速公路拯救收费、医疗服务收费，以及出租车行业等价格行为，有效地保障和维护消费者合法权益。结合“两建”和“创文”的工作要求，为14个农贸市场免费派发各式标价牌3000多个，向商家免费派发600多份价格宣传资料和近8000个商品标价签，全年对农贸市场、大型商场（超市）、电器卖场、酒店、停车场等近千家单位的市场价格行为进行巡查和检查，规范经营者的价格行为。

【价格监测和成本监审】　2014年5月，“江门市家常菜价格指数平台”开始试运行。指数平台数据采集自江门四市三区的21个农贸市场，共八大类121个品种，全面涵盖江门市民日常购买最多的食物品种。根据市民购买的频次、地区的消费水平、人均收入水平等多种因素，生成各地、各类、各品种的权重值，科学合理地反映江门市家常菜的价格指数以及日常生活消费的现状、特征和趋势，弥补了传统

CPI消费物价指数的缺陷和不足，为政府采取有效措施应对价格异动和制定低收入家庭补贴政策提供参考依据。拓宽菜篮子价格信息发布渠道,在江门电视台的民生新闻栏目《新闻共同睇》开设《今日菜价》板块，提供市区各种肉菜的报价以及行情小结，并通过表格形式字幕列出各种肉菜的报价；开设《菜篮子报价》板块，向广大市民提供四市三区的各种肉菜报价以及价格动态分析。开展成本监审工作，开展并完成“幼儿园教育培养成本监审”“生活污水处理成本监审”“小学午后和课后托管成本监审”“江门一中等3所中职学校住宿成本”“食盐生产经营成本”“城市管道燃气定价成本”“整合路桥收费站委托高速公路代收通行次票成本”共7项成本监审工作，送审成本共3.24亿元，审减0.57亿元，核减率达17.59%。

审计

【审计成果】 2014年，江门市审计机关完成审计项目222个，查出主要问题金额66.62亿元，其中违规金额1.64亿元、损失浪费金额54万元、管理不规范金额64.97亿元；损益（收支）不实9.43亿元；审计促进增收节支3365万元；移送司法机关、纪检监察机关和有关部门处理事项3件。出具审计报告和专项审计调查报告341篇；提出审计建议504条。江门市审计局向社会公告审计结果14篇。

【财政审计】 对本级财政及9个部门的预算执行情况实施审计，将财政存量资金、地方政府性债务、“三公”经费等纳入审计重点，查出少列公共财政预算收入、预算支出进度不均衡、部门预决算编制不够完整等问题。开展税收征管情况审计，抽查企业65个，重点关注房产税、契税、企业所得税、土地增值税的缴纳情况，查出逾期未缴税费6785.19 万元，违规自行代收契税277.70万元。按照审计署统一部署，抽调全市45名审计人员分赴广州市、佛山市开展土地出让收支和耕地保护情况审计。

【经济责任审计】 对14名领导干部实施离任审计，并重点完成了省审计厅组织的对韶关南雄市、江门新会区党政主要领导干部的经济责任同步审计，把贯彻落实中央八项规定、国务院“约法三章”等相关要求，以及中央、省各项经济工作方针政策和决策部署情况，政府性债务举借、管理、使用和财政金融风险防范等作为审计重点，促进履职尽责和廉政建设。2014年，全市审计机关共审计领导干部117人，查出主要问题金额34.24亿元，出具审计报告和审计结果报告234篇，提出审计建议288条。

【专项审计】 对社保、“三农”、教育、扶贫、环保等资金和项目进行监督，审计专项资金34项9.11亿元，查出主要问题金额8334万元。主要完成体育彩票公益金、农村环境综合整治、住宅专项维修资金、住房公积金、保障性安居工程等审计项目，揭露存在部分资金被挤占、增值收益不高、滞留闲置等问题；根据广东省审计厅统一部署，抽调全市10名审计人员赴东莞市参加社会抚养费专项审计。

【固定资产投资审计】 完成西环路隧道BT工程回购价款阶段性审计，揭示基建财务管理、建设项目管理、拆迁补偿资金评估等方面的问题；对荷塘镇生活污水处理厂、大洞虎坑路桥、南门路桥项目实施审计，重点核查项目建设、运行成本及债务情况，为政府决策提供参考；与江门市纪律检查委员会等单位联合探索重大工程项目廉政风险防控，对滨江新区体育东路等4个政府投资重大项目开展风险评估。

（市审计局）

国土资源管理

【简述】 2014年7月，江门市政府荣获“广东省2013年度耕地保护目标责任履行情况考核三等奖”以及“广东省2013年度三旧改造考核三等奖”。2014年12月，江海区获得广东省市县土地执法监察考核二等奖，获省奖励用地指标300亩。2014年，江门市国土资源局被国土资源部评为“全国土地市场动态监测与监管工作先进单位”，被江门市评为“省产业转移目标责任考评工作先进单位”“涉税信息工作优秀单位”“重点项目建设先进单位”“成绩突出的督查工作单位”等。

【节约集约用地】 举办2014年江门市（蓬江、江海）土地项目推介会，邀请100多家知名房地产企业参加，对列入2014年度出让计划的16宗土地项目进行推介，促进土地出让工作。全市盘活存量土地8963亩。加强土地利用计划管理，提高用地审批效率。抓好重大项目用地报批工作，完成海信项目、富华铸锻、三江维达纸业、广佛江快速通道江门段等用地征转用手续。建设用地报件上报省国土资源厅131宗22620亩。全市有75宗建设用地报件已经省厅批准，批准面积17675亩。市本级供应用地86宗7550亩。全市正在开展的“三旧”改造项目59个 3360亩。完成“三旧”改造项目6个452.08亩。办理蓬江、江海两区“三旧”改造项目认定5宗189亩，办理改造方案审批5宗172.7亩，办理项目供地12宗，供地面积598.33亩，包括江门纸厂、广东春燕纺织、东风旧村旧厂改造、联合化纤等项目。

【土地整治规划和高标准基本农田建设】 完成《江门市土地整治规划（2011-2015年）》的编制。推进高标准基本农田建设。2014年11月，广东省人民政府办公厅通报全省2012年度高标准基本农田建设任务完成情况，江门市完成2012年度高标准基本农田34.65万亩建设任务，2014年度用地指标获省奖励1250亩。2013年度高标准基本农田29.84万亩任务完成立项、规划设计及预算方案的编制、专家评审、招投标等工作。

【耕地保护】 落实国土资源部及省国土资源厅最严格耕地保护制度，上报国家、省、地级以上市的用地预审和报批中涉及建设占用耕地的，按照“占优补优、占水田补水田、占水浇地补水浇地”要求，进行耕地占补平衡审查，确保占优补优。落实耕地保护责任制度。2013年耕地保护责任目标履行情况考核工作顺利通过省的考核，并荣获综合三等奖。

【地籍管理】 抓好土地登记发证工作。2014年全市办理“国有土地使用证”61337本，集体土地使用证11858本，他项证2280本。协助市中级人民法院等依法办理查封、解封、土地使用权过户等案件100宗。完善地籍管理信息化建设，各市、区建成城乡一体化的土地登记系统，大部分已上线运行并采用新土地登记表格。完成土地登记信息监管系统试运行工作。

【矿产资源管理】 加强矿政管理，加强矿山企业年检工作，2014年矿山年检期间，全市持证矿山企业为86家，应检矿山企业为77家，实检76家。编制《江门市2014年度地级市发证采矿权项目出让计划建议方案》和《江门市2011-2015年矿业权设置方案》。开展“三区两线”废弃旧矿山整治复绿工作，制定《江门市“矿山复绿”行动实施方案》，江门市处在“三区两线”需要复绿的矿山7个，面积约451.05亩。

【地质灾害防治】 开展地质灾害隐患点排查与整治专项工作。按照省、市十件民生实事的工作部署中关于“珠三角地区地质灾害隐患点搬迁和治理的比例不低于15%”的要求，下达到江门市2014年的搬迁和治理任务为5处。全市有地质灾害隐患点共30处，已完成5处地质灾害隐患点的治理，实现地质灾害隐患点搬迁和治理的比例为16%。

【测绘管理】 开展第一次全国地理国情普

查各项工作。成立江门市第一次地理国情普查领导小组，落实普查经费3189.59万元，通过政府采购确定广东省国土资源测绘院为项目承担单位，开展正射影像图生产和外业采集工作。完成编制出版《江门市地图》《江门市城区图》双全开挂图各1000份，全开丝绸图各200份，并提供市政府和相关部门使用。组织开展数字县（区）和“一村一镇一地图”项目。新会区作为江门市数字县（区）试点，数字新会项目已经全部完成，进入测试和调试阶段。各市数字县（区）和“一村一镇一地图”建设经费已经落实，正开展项目调研、项目技术设计书编写等前期工作。

【土地执法监察】 做好年度卫星图片执法检查和违法违规用地集中查处整治工作。全年立案查处违法用地413宗，作出行政处罚340宗，收缴罚没款100宗538.26万元，没收建筑物39宗13.66万平方米，拆除建筑物78宗105.50亩5.99万平方米，追究党纪政纪责任3人，追究刑事责任2人。打击非法开采矿产资源行为。从2013年12月上旬起，在全市范围统一开展为期近半年的打击非法开采矿产资源行为专项清查行动，清查出非法开采矿产资源行为53宗，立案查处45宗，其中行政处罚20宗，收缴罚款94.5万元；申请强制执行1宗，罚款10万元；移送司法机关25宗，追究刑事责任人18人（其中4人为国家公职人员）。加强信访维稳工作，受理涉土、涉矿问题来信来访211宗，接访人数达84批290人次，其中集体访22批153人次，已办结207宗，办结率为98%。另外，受理12336专线举报电话15宗，已办结14宗，办结率为93.3%；受理门户网站信访25宗，已办结21宗，办结率为84%；受理政府热线12345 2宗，办结率为100%；受理省厅民生热线14宗，已办结12宗，办结率为85.7%；受理信访复查10宗、信访复核5宗。 （殷华清　黄海文）

工商行政管理

【简述】 2014年，全市新发展市场主体40523户，同比增长17.46 %；注册资本181.96亿元，同比增长43.89%；截至12月底，全市市场主体已达22.98万户。立足职能，强化市场监管，做好过渡期流通领域食品安全监管工作；开展“两建”工作，推动构建“严管”后续监管体系；发挥“网格化”监管平台作用，开展打击傍名牌、商业贿赂、商标侵权等违法行为专项行动，查处各类经济违法案件3410宗，全市“查无”综治工作连续6年在全省考评中名列前茅。健全消费维权网络，打击制售假冒伪劣商品等侵害消费者权益的违法行为，“12315”热线平台连续7年被评为“政府服务热线先进平台单位”。做好工商行政管理体制调整的前期准备工作，抓好“四风”问题和“庸懒散奢”等专项整治，开展民主评议政风行风活动，江门市工商局被确定为全市第二批学习型党组织示范点，连续14年被评为机关作风建设满意（优秀）单位，连续两年在全市“两法衔接”工作会议上作经验介绍，财务决算工作连续11年获省工商局通报表彰，政务信息工作连续5年被国家工商总局、连续10年被省工商局、连续11年被市委市政府评为先进单位，并作为唯一汇报单位在全市政府信息公开培训班上做经验介绍。2014年，江门市工商局获得地市级以上荣誉12项。 （徐洪业）

【企业和个体工商户登记注册】 2014年，牵头推开商事制度改革。研究制定《江门市商事登记制度改革实施方案》，该方案于2月26日以市府办名义正式印发执行，从改革商事登记审批流程、放宽商事登记条件、强化后续监管、健全信用约束机制等4个方面明确14项改革措施，即8项涉及“宽进”的改革措施包括：精简和规范商事登记审批事项，实施商事主体登记与经营项目审批相分离，推进商事登记及相关审批标准化建设，实行商事登记“双告知”制度，完善联合审批，改革公司注册资本登记，改革经营范围登记，改革住所（经营场所、营业场所）登记；6项涉及“严管”的改革措施包括：改革年检（验照）方式，科学划分和厘清部门监管职责，完善协同监管机制，强化司法救济和刑事惩治，建立和完善商事主体管理和信息公示平台，完善信用约束机制。制定《江门市推进商事登记制度改革工作任务分解表》，细化分解任务，推动改革全面深入开展。加强商改信息化建设，制定印发《江门市商事主体信息管理公示平台运行管理规则》，统一商事主体信息平台建设数据标准、建设规范和日常管理。在全省率先实现通过商事管理平台和手机短信告知商事主体和行政许可部门的“双告知”功能，基本建成集工商登记、行政许可、行政处罚和信用信息为一体、并向社会公示的商事主体信息管理和公示平台，实现部门间互联互通、信息共享。截至12月底，平台共向有关行政部门推送数据124480条，各市、区及市直相关单位共接收数据114405条，接收率达91.91%。全面落实“宽进严管”，实行注册资本认缴登记制，启用新版营业执照，放宽经营住所限制，实施商事主体登记与经营项目审批相分离制度，将108项前置审批改为后置审批，仅保留13项前置审批。推进工商登记便利化，继续实行“网上登记、双向快递”，探索电子营业执照，推广登记“双轨制”和企业名称自助查询，开展“同城通办”登记管理模式前期调研并草拟实施方案，建设“企业登记一站通”工程，推进工商、税务、质监、公安四部门并联审批和“一照三证联办”登记和试点餐饮业标准化审批。全市共办理网上登记业务47599宗，占全省系统网上登记业务总量34.3%。改革后续监管制度，出台《江门市商事登记许可审批监管目录》和《江门市商事主体住所（经营场所）审批监管目录》等监管清单，实行年度报告制度、经营异常名录制度和“黑名单”制度。改革实施以来，初步形成工商便利化登记、审批提速、协同监管“三位一体”的制度体系。3月至12月，全市新发展市场主体36688户，同比增长19.56%；注册资本177.08亿元，同比增长56.78%。截至12月底，江门市各类市场经营主体期末实有户数22.98万户，与去年相比增长10.81%。其中，外资企业4820户，同比增长2.75%；内资企业7736户，同比增长4.75%；私营企业38098户，同比增长15.79%；农民专业合作社1410户，同比增长18.19%；个体户176764户，同比增长10.25%。2014年江门市新发展各类企业40523户，其中，外资企业220户，同比增长30.18%；内资企业601户，同比增长32.67%；私营企业6515户，同比增长22.42%；个体户32962户，同比增长19.25%；农民专业合作社225户，同比下降75.33%。（许月宜）

【商品交易市场监管】 2014年，组织全市系统开展春季农资打假、红盾护农保夏播秋收等专项治理行动，加大流通领域化肥质量监测力度，打击不履行经营管理制度、外包装标识弄虚作假、内在质量不合格等违法行为。全年组织监测化肥258个，合格率94.1%。配合省工商局对台山、开平、新会三地化肥批发零售企业门店经销的复合（混）肥、掺混肥、有机肥等农业用肥进行春秋两季集中抽检，组织抽检化肥品种105个，合格率91.4%，组织异议抽检化肥10个，合格率90%，并先后8次下发农资监测通报，组织对省局监测不合格化肥进行全面清查。6月开始，委托广州质检院对江门市流通领域肥料商品进行抽样检验，抽检区域覆盖四市三区，抽检化肥143个，合格率94.4%。全年立案查处农资违法案件192件，案值103.65万元，罚没金额157.84万元，没收问题化肥54.96吨。联合市供销社组织开展“江门市农资放心示范店”公示活动，公示首批“农资放心示范店”9户。开展红盾网剑专项行动，共网上检查网站（店）1162个，实地检查网络经营者

769个，立案查处网络交易违法案件131宗，案值74万多元，罚没金额147.22万元，责令整改网站87个，删除违法商品信息25条。

（黄妙玲）

【合同管理】 2014年，开展消费领域合同格式条款整治工作，梳理分析消费投诉趋势和特点，重点组织对家用电子电器、生活和社会服务、交通工具等10类行业开展专项整治，开展电信业、银行业格式条款整治工作，共立案查处合同违法案件21宗，涉案金额92.12万元。其中，查处银行业违法格式条款案件4宗，公用服务领域格式条款整治取得零的突破。组织开展2013年度“守合同重信用”公示活动，2014年公示2013年度“守重”企业972家，同比增长1.6%，其中连续十年以上“守重”企业178家，首次公示“守重”企业113家，公示“守重”企业数量位居全省前列。（黄妙玲）

【商标管理】 2014年，以驰名商标、涉外商标、地理标志商标、著名商标为重点，开展打击侵犯知识产权和制售假冒伪劣商品专项行动、互联网侵犯知识产权和制售假冒伪劣商品专项行动、第二届夏季青年奥林匹克运动会标志专项行动等。截至12月15日，全市系统查处各类商标违法案件347件，案值422.62万元。其中，商标一般违法案件40件，案值130.67万元；商标侵权假冒案件307件，案值291.95万元，没收、销毁侵权商品35471件，开展商标品牌战略，开展知识产权宣传周活动，在《江门日报》、江门广播电视台、江门红盾网等平台上开辟商标战略宣传专栏，开展新《商标法》宣传及亮点解读，介绍江门市知名企业实施商标品牌经验，上门走访企业开展商标方面行政指导，联合有关部门分别在新会大泽红木家具城、台山市工商局举办《增强商标意识、助推企业发展》商标知识系列讲座活动，参与讲座的新会区、台山市红木家具企业代表近300名，促进新会区大泽镇和台山市大江镇的红木家具产业发展。做好著名商标申报指导工作，江门市全年申请省著名商标30件，其中，新申请11件、延续申请19件。培育发展农产品地理标志商标，做好“杜阮凉瓜”“马冈鹅”等地理标志商标申报材料指导工作。（李保军）

【广告管理】 2014年，强化广告市场监管，健全完善市、县（区）、所三级广告监管工作机制，深化整治虚假违法广告；开展主流媒体广告发布审查联合检查行动，督促主流媒体落实《大众传播媒介广告发布审查规定》。加强广告监测，上半年广告监测重点是根据省工商局广告监测工作规定和广告监测工作计划进行，重点对江门市电视、广播、报纸、期刊四大媒体以及省局指定相关网站发布的药品、医疗服务、医疗器械、保健食品、普通食品、房地产、旅游、收藏品（人民币）、其他金融服务（集资）和广播电视购物等10类别广告进行抽查监测；下半年广告监测重点包括：利用国家广告数据中心全方位、全天候、全覆盖地对主流媒体监测下派案件线索进行监测；利用省局网络市场监管综合信息平台网络广告监管模块进行网络广告监测；通过不定时对主要媒体、网站发布的药品、医疗服务、医疗器械、保健食品、普通食品等类别广告进行抽查监测。全年共监测各类广告近5万条，严厉查处医疗、药品和保健食品等典型违法广告案件180宗，罚没金额109.20万元。扎实推进广告战略实施，按照《关于促进江门市广告业发展的实施意见》《江门市广告业发展阶段性（2013-2016年）目标及配套措施》开展工作，将广告业纳入文化产业发展专项基金扶持范围进行支持，重点从财税扶持、产业发展、规范引导等方面促进广告业发展。指导市广告协会成功举办2014年“广告人”节活动。2014年，全市有广告经营单位1297户，同比增加153户，增长13.37%；广告从业人员7660人，同比增加646人，增长9.21%；广告经营额56513.70万元，同比增加2050.96万元，增长3.77%；纳税额

3202.90万元，同比减少35.66万元，下降1.10%。 （陈锡洪）

【企业监督管理】 2014年，以建立完善与江门市商事制度改革相适应的市场监管模式为导向，会同市编办起草《江门市商事制度改革后续市场监管实施方案（暂行）》并报市政府印发实施，按照“谁负责审批、谁负责监管”与行业监管有机结合的原则，明确各部门监管职责，推动构建“严管”的后续监管体系，根据《江门市工商局企业信用分类监管暂行规定》，实现对全市470个监管网格分类监管、规范监管，促进履职到位，深化企业信用分类监管。全年全市系统累计制定各类检查计划4236条（个），巡查监管数据录入38万多条次，发现并及时处理违法违章业户1.2万户次，巡查监管数据录入20万多条次，居全省前茅。完善协同监管机制，加强跨部门间的协调、通报，全年本部门处理相关无照经营情况通报函5个，向有关部门发出情况通报函178份，通报相关部门违法经营户1619户次。以加快构建信用监管体系为主线，制定《江门市工商系统商事主体“黑名单”管理实施办法（试行）》，定期发布企业和个人信用“红黑榜”，配合开展诚信绿卡企业信用评级工作。做好企业征信服务工作，全年协助有关部门对240多家企业信用状况进行核查，开具企业信用证明48份。加大企业信用信息公示制度宣传，开通年报业务咨询专线，提高企业年报社会认知度。落实安全生产监管各项工作任务，建立健全企业安全生产监管长效机制，针对烟花爆竹、危险化学品市场、农资市场等开展专项整治。全市系统共出动执法人员4.9万人次，出动执法车辆1.05万台次，检查经营主体约12万户，配合地方政府和相关职能部门开展安全生产联合行动100余次，发现安全隐患6272户，其中立案查处1830户次，引导办照4442户次。 （尹磊）

【公平交易执法】 2014年，全市系统根据省工商局有关工作部署，以建设统一开放、竞争有序的市场体系为目标，切实发挥工商部门在市场竞争监管中的职能作用，打击和整治不正当竞争突出行为，全年全市系统查处竞争执法和经济检查执法案件386宗，同比增加30.4%，案值293.8万元，罚没款471.21万元。其中，查处不正当竞争案件316宗，非法进口商品案件17宗，非法卫星电视地面接收设施案件1宗，其他案件52宗。 （詹斌）

【消费者权益保护】 2014年，江门市各级消委会紧紧围绕“新消法 新权益 新责任”年主题，全年受理消费者投诉1406件，成功调解1196件，解决率达85%，为消费者挽回经济损失392万多元。按性质划分，投诉前三位分别是：质量问题713件、售后服务问题203件、合同问题175件，分别占投诉总量的50.71%、14.44%、12.45%；按类型划分，投诉前三位分别是：家用电子电器类556件，生活、社会服务类172件，交通工具类153件，分别占投诉总量的39.54%、12.23%、10.88%。推进消费维权进商场、进超市、进市场、进企业、进景区“五进”工作，抓好“消费维权服务站”建立工作， 12315中心全年共受理12345政府服务热线转办17250件，为消费者挽回经济损失493.17万元。满意率、办结率继续保持两个100%。

（许世庞、冯景榆）

【流通环节商品质量】 2014年，全市系统履行流通领域商品质量监管职能，打击制售假冒伪劣商品行为，建立规范有序的市场经济秩序，营造放心消费的市场环境。按照《广东省流通领域商品质量监测工作规范》要求，配合省工商局做好流通领域商品质量监测工作，全年共抽检成品油、冰箱、空调、装饰建材、手机及其配件等14种商品共372批次。加强对实施“12315”“五进”工作的商场、超市、市场以及定点监管对象的宣传和指导，指导经营者建立并对外公示质量安全承诺制度。建立重点商品经营者监管档案标注制度，完善重点商品定点监管对象名录，全市共标注手机、手机配件经营户361个，建立手机、手机配件定点监管对象239个，以及标注胶粘剂及鞋类经营户596个。组织对流通领域监测不合格商品进行检查和处置，做好商品质量监测的后续处理，全市系统共处置下架冰箱、空调器、节能灯、润滑油、电线电缆、鞋类等商品，立案50宗。

（詹斌）

【查处取缔无证无照经营】 2014年，充分发挥“查无办”牵头协调作用，做好“查无”迎检考核工作，在2013年全省无证无照综合治理考评中位列全省第二，并连续六年在全省考评中名列前茅。1月6日，易中强副市长在市“查无”办2013年呈报市政府的《关于“查无”专题调研的报告》上做出专题批示。结合商事制度改革，印发《江门市2014年度查处取缔无证无照经营行为专项行动实施方案》，组织协调全市和工商系统的“查无”工作，明确着重在小食品作坊、学前教育机构等行业开展调研。加强对重点区域和重点行业监管，扎实开展无照经营专项整治行动。全年全市系统共出动执法人员40583人次，执法车辆12845车次，检查市场主体98577户次，查处取缔无照经营户1414户，其中重点行业167户，存在安全隐患97户，责令停业户数610户，立案查处户数1352户；查处取缔“黑网吧”户数30户，没收用于经营的电脑371台，其中查处取缔农村黑网吧20户，通知网络接入服务商终至接入服务8户。（尹磊）

【打击传销规范直销】 2014年，全市出动执法人员4980人次，执法车辆2201台次，检查各类场所3086个次，做好直销企业经营活动监管，对符合“诚信绿卡企业”条件的直销企业转变检查模式，采用抽查方式对其直销活动进行检查。全年共检、抽查直销企业直销活动185场次。截至12月底，在江门地区从事直销经营活动的有无限极（中国）有限公司、安利（中国）日用品有限公司、雅芳（中国）有限公司、完美（中国）日用品有限公司、新时代健康产业（集团）有限公司广东分公司和玫琳凯（中国）化妆品有限公司等6家直销企业以及1家直销企业生产基地（无限极）、1家直销企业分支机构（安利）、89个服务网点。

（詹斌）

【“两建”工作】 2014年，制定《江门市加强社会信用体系建设实施意见》《江门市市场监管体系建设规划（2013－2016年）实施意见》《江门市市场监管体系建设各子体系建设工作方案》和《2014年江门市市场监管体系建设工作实施方案》等，坚持重点项目重点突破、关键领域加快建设、建设任务稳步推进的工作思路，注重创新性和系统性，加强体系、机制和制度等顶层设计，科学规划江门市“两建”工作方向。围绕“两建”工作总体目标，制定《责任分工表》，加强统筹协调力度，确保全面实现建设目标。抓好全省“两建”迎检迎考工作，细化分解考核指标，指导审核各地、各成员单位准备迎检材料，圆满完成迎检任务，受到市政府和省考核组的充分肯定，在年初全省“两建”考核中获得第二名。加强“两建”舆论宣传和信息报送力度，编发“两建”简报191期、发布信息报道1394条次、相关新闻报道460余次、利用户外广告滚动播放宣传标语和有关信息128000多条次、印发传单18800多张、发送公益短信232100余条；启动“道德讲堂”“五邑文化讲坛”宣讲活动600多个，5000多场次；举行现场大型宣传咨询、征文、专家理论研讨会活动15场。（尹磊）

【江门市消费者委员会】 2014年，全市有市级消委会1个、县级消委会7个、基层投诉站70个。市消委会联合市广播电视台、市装饰建材行业协会在五邑华侨广场举行2014年江门市“3·15”国际消费者权益日现场宣传咨询活动，共有20个单位和近40家名优企业参加，同时组织市装饰行业协会50多家会员单位代表现场开展“诚信经营”集体宣誓仪式。活动当日，江门市消委会及有关职能部门共向群众发放宣传资料12000多份，接受1800多人次咨询，现场登记受理群众投诉30多宗。到中国人寿保险股份有限公司等多家企业开展“送法进企业”活动，举办新《消法》宣传培训活动，引导企业规范开展营销活动。立足江门消费维权网，借助江门电视台、《江门日报》等市知名媒体，并上线“民生热线”节目，多渠道开展《消法》宣传和解答群众咨询以及消费投诉问题。落实律师轮值和律师参与重大投诉案件调解工作制度，及时高效处理消费投诉；开展商品比较试验活动，强化对商品质量监督。加强澳、珠、中、江消费维权工作的联系与合作，发挥四地消委会消费维权一体化的联动作用。

（许世庞）

【个体劳动者协会和私营企业协会】 2014年，江门市个体劳动者协会、江门市私营企业协会管辖4市3区7个县级个私协会。全市个私协会基层协会共74个，会员小组666个，工会61个；个体工商户会员中，建立党总支5个，党支部106个，党员人数1318人；私营企业会员中，建立党总支22个，党支部307个，党员人数4240人。组织政治思想宣传教育学习22次，参加人数21727人；骨干培训10次，人数605人；聘请律师32人，全市受理、处理维权服务共37次；组织参加展会3次，参加户数360户，成交金额3万元；组织融资贷款1次，受益509户，融资金额3624万元。通过信息平台向会员发送“创文”活动短信38000多条和防控登革热知识短信20.83万条，并开展走访活动，配合做好创文工作和预防登革热防控工作。配合开展商事制度改革工作，先后两次组织会员单位200多人参加“工商登记制度改革及企业信息公示暂行条例培训宣讲会”。配合市委市政府及市有关部门开展“两新组织”党建工作，结合党的群众路线教育实践活动的开展，分别与中共江门市锦隆实业有限公司党支部、中共新会区个私协会三江办事处党支部开展“帮扶结对”活动。 开展帮扶济困拥军优属活动，走访慰问困难个私会员及偏远基层办事处3家，慰问拥军单位2家，慰问金额10万元，全市各级协会慰问困难会员153户，发放慰问金6万元。组织会员单位100多人参加江门市“2014年慈善公益万人行”活动。全年共有833家企业会员为扶贫、救灾、支教、助学等社会公益事业捐款，总金额16.98万元。

（陈仲雅）

【市经纪人协会】 截至2014年12月底，协会共有会员1414个，其中单位会员73个、个人会员1341人（其中市直505人、蓬江16人、江海31人、新会353人、台山65人、开平195人、恩平95人、鹤山81人）。7月31日，召开第三届二次常务理事会议，会议决定由常务理事轮流组织一月一次的常务理事聚会。12月15日，第三届三次常务理事会议决定：林学良和刘少华副会长辞去协会副会长职务，补选两名常务理事成员，会议讨论决定提名杨东卉为副会长候选人和赵坚辉为常务理事候选人，并递交协会第三届三次理事大会投票通过。继续全面开展“小金库”及违规使用专项资金自查自纠工作，没有发现违法违规行为。（黄月瑶）

表5： 2014年江门市个体工商户情况

行业代码	项目	2014年	2013年	增减变化情况	
				绝对数	增减%
	户数（户）	176764	160324	16440	10.25%
	资金数额（万元）（人民币）	443019.22	371673.53	71345.69	19.20%
	按行业分类（户）				
A	农、林、牧、渔业	1394	1110	284	25.59%
B	采矿业	33	31	2	6.45%
C	制造业	27683	25190	2493	9.90%
D	电力、热力、燃气及水生产和供应业	38	33	5	15.15%
E	建筑业	2228	1845	383	20.76%
F	批发和零售业	102764	95671	7093	7.41%
G	交通运输、仓储和邮政业	4205	3801	404	10.63%
H	住宿和餐饮业	14677	11190	3487	31.16%
I	信息传输、软件和信息技术服务业	438	470	-32	-6.81%
J	金融业	0	7	-7	-100.00%
K	房地产业	472	418	54	12.92%
L	租赁和商务服务业	3097	2615	482	18.43%
M	科学研究和技术服务业	751	753	-2	-0.27%
N	水利、环境和公共设施管理业	51	46	5	10.87%
O	居民服务、修理和其他服务业	17312	15563	1749	11.24%
P	教育	196	139	57	41.01%
Q	卫生和社会工作	164	150	14	9.33%
R	文化、体育和娱乐业	1255	1285	-30	-2.33%
	其他	6	7	-1	-14.29%
				16440	10.25%

（徐静怡）

表6： 2014年江门市私营企业情况

行业代码	项目	2014年	2013年	增减变化情况	
				绝对数	增减%
	户数（户）	38098	32904	5194	15.79%
	注册资本（金）（万元）（人民币）	6878119.21	5812773.64	1065345.57	18.33%
	按行业分类（户）				
A	农、林、牧、渔业	550	419	131	31.26%
B	采矿业	87	74	13	17.57%
C	制造业	15466	13964	1502	10.76%
D	电力、热力、燃气及水生产和供应业	164	156	8	5.13%
E	建筑业	1497	1250	247	19.76%
F	批发和零售业	10942	9435	1507	15.97%
G	交通运输、仓储和邮政业	740	615	125	20.33%
H	住宿和餐饮业	524	421	103	24.47%
I	信息传输、软件和信息技术服务业	653	527	126	23.91%
J	金融业	156	117	39	33.33%
K	房地产业	1568	1457	111	7.62%
L	租赁和商务服务业	3137	2463	674	27.37%
M	科学研究和技术服务业	1247	916	331	36.14%
N	水利、环境和公共设施管理业	127	105	22	20.95%
O	居民服务、修理和其他服务业	837	675	162	24.00%
P	教育	57	39	18	46.15%
Q	卫生和社会工作	13	9	4	44.44%
R	文化、体育和娱乐业	296	223	73	32.74%
	其他	37	39	-2	-5.13%

（徐静怡）

表7：　　2014年江门市内资企业情况

行业代码	项目	2014年	2013年	增减变化情况	
				绝对数	增减%
	户数（户）	7736	7385	351	4.75%
	注册资本（金）（万元）（人民币）	5608319.33	5398701.46	209617.87	3.88%
	按行业分类（户）				
A	农、林、牧、渔业	116	108	8	7.41%
B	采矿业	5	6	-1	-16.67%
C	制造业	753	744	9	1.21%
D	电力、热力、燃气及水生产和供应业	204	203	1	0.49%
E	建筑业	361	351	10	2.85%
F	批发和零售业	2450	2345	105	4.48%
G	交通运输、仓储和邮政业	405	381	24	6.30%
H	住宿和餐饮业	106	78	28	35.90%
I	信息传输、软件和信息技术服务业	257	264	-7	-2.65%
J	金融业	1209	1168	41	3.51%
K	房地产业	520	499	21	4.21%
L	租赁和商务服务业	730	649	81	12.48%
M	科学研究和技术服务业	162	147	15	10.20%
N	水利、环境和公共设施管理业	103	101	2	1.98%
O	居民服务、修理和其他服务业	236	228	8	3.51%
P	教育	12	11	1	9.09%
Q	卫生和社会工作	6	5	1	20.00%
R	文化、体育和娱乐业	58	54	4	7.41%
	其他	43	43	0	0.00%

（许月宜）

表8： 2014年江门市外商投资企业情况

2014年期末实有数		2013年期末实有数		2014年12月与2013年期末实有对比(%)		2014年新发展数		2013年新发展数		2014年与2013年同期新发展数对比(%)	
户数	注册资本（万元）（美元）	户数	注册资本（万元）（美元）	户数增减(%)	注册资本增减(%)	户数	注册资本（万元）（美元）	户数	注册资本（万元）（美元）	户数增减(%)	注册资本增减(%)
4820	1667454.91	4691	1642827.6	2.75%	1.5%	220	35939.72	169	17262.7	30.18%	108.19%

（杜磊）

表9： 2014年江门市农民专业合作社情况

2014年期末实有数		2013年期末实有数		2014年12月与2013年期末实有对比(%)		2014年新发展数		2013年新发展数		2014年与2013年同期新发展数对比(%)	
户数	注册资本（万元）（美元）	户数	注册资本（万元）（美元）	户数增减(%)	注册资本增减(%)	户数	注册资本（万元）（美元）	户数	注册资本（万元）（美元）	户数增减(%)	注册资本增减(%)
1410	171437.31	1193	90535.71	18.19%	89.36%	225	81229.22	912	76886.83	-75.33%	5.65%

（许月宜）

表10： 2014年江门市获广东省著名商标名录

序号	商标注册人	商标名称	认定时间	核定使用商品名称
1	江门市金羚排气扇制造有限公司、	金羚	2014年4月24日	排风扇
	江门市金羚风扇制造有限公司（延续）			
2	江门市制漆厂有限公司（延续）	蓬江	2014年4月24日	油漆，铝涂料，木器涂料
3	广东嘉宝莉化工有限公司（延续）	嘉宝莉	2014年4月24日	聚脂家具漆，聚脂树脂
4	广东彩艳股份有限公司（延续）	大有	2014年4月24日	干果，蜜饯
5	台山市奥达电器有限公司（延续）	绿岛风	2014年4月24日	换气扇，电风扇
6	鹤山市华山泉食品饮料有限公司（延续）	华山泉	2014年4月24日	矿泉水
7	广东建成机械设备有限公司公司（延续）	久远	2014年4月24日	液化气汽车槽车

续表：

序号	商标注册人	商标名称	认定时间	核定使用商品名称
8	开平广中皇食品有限公司（延续）	广中皇	2014年4月24日	腐乳
9	广东华冠钢铁有限公司（延续）	HGS	2014年4月24日	钢板，镀锌钢板，烤漆钢板
10	江门市瑞荣泵业有限公司（延续）	IIIASTRA	2014年4月24日	水泵（潜水电泵）
11	鹤山市德塑实业有限公司（延续）	德塑	2014年4月24日	塑料管，管子接头
12	陈展新（延续）	ZHANYI	2014年4月24日	刺绣机（电脑绣花机）
13	广东邦民制药厂有限公司（延续）	邦民制药	2014年4月24日	人用药（注射用头孢地嗪钠、阿莫西林胶囊、心脉通片）
14	江门市四方精细化工有限公司（延续）	四方威凯	2014年4月24日	油漆（摩托车、工程机械），银涂料（汽车轮毂），清漆
15	江门市兴江转向器有限公司（延续）	图形	2014年4月24日	整体式动力转向器
16	广东开兰面粉有限公司（延续）	开兰	2014年4月24日	面粉（糕点粉）
17	鹤山市威诗柏胶粘制品有限公司（延续）	威诗柏	2014年4月24日	不干胶纸（广告不干胶纸）
18	广东台城制药股份有限公司（延续）	特一 宁城	2014年4月24日	人用药（至咳宝片，金匮肾气片，红霉素肠溶片）
19	台山钟神音响科技有限公司（延续）	钟神	2014年4月24日	功放机
20	广东红日星实业有限公司	红日星	2014年4月24日	工业用洗净剂，电镀电解溶液，磨料用辅助液
21	广东雅图化工有限公司	图形	2014年4月24日	油漆（汽车修补漆）
22	广东伟强铜业科技有限公司	伟强	2014年4月24日	铜，未加工或半加工铜，未加工或半加工黄铜
23	鹤山市鸿图铁艺实业有限公司	图形	2014年4月24日	金属楼梯基（楼梯间部件），金属围篱，窗用铁制品
24	鹤山市广明源照明电器有限公司	广明源	2014年4月24日	弧光灯（卤钨灯、卤素灯）
25	鹤山市新红阳实业有限公司	图形	2014年4月24日	家具
26	江门市得实计算机外部设备有限公司	得实	2014年4月24日	电子计算机及其外部设备（打印机）
27	广东彩洲卫浴实业有限公司	CAIZHOU	2014年4月24日	水龙头，浴室装置，淋浴器
28	恩平市奕马企业有限公司	3MR	2014年4月24日	无纺布
29	天地壹号饮料股份有限公司	天地壹号	2014年4月24日	无酒精饮料（醋饮料）
30	广东色色婚纱摄影有限公司	色色	2014年4月24日	摄影

表11：　　2014年江门市获中国驰名商标名录

序号	商标注册人	商标名称	认定时间	核定使用商品名称
1	鹤山市东古调味食品有限公司	东古及图（指定颜色）	2014年1月13日	酱油、醋
2	鹤山市明可达实业有限公司	明可达	2014年1月18日	照明器
3	鹤山市新红阳实业有限公司	新悦	2014年9月4日	家具、茶几、电视机架
4	广东百强陶瓷有限公司	欧莱克	2014年12月29日	瓷砖

质量技术监督

【质量强市】　2014年，印发《关于调整江门市质量强市活动领导小组及其办公室组成人员名单的通知》和《关于征求江门市质量强市建设2014-2015年行动计划（征求意见稿）意见的函》，加强质量强市活动的领导；召开全市质量强市工作会议，向获得2013年广东省名牌产品16家企业颁发牌匾；组织20家企业21个产品参加今年省名牌产品评审；通过多种渠道将市政府质量奖申报的相关内容向社会公开，做好企业的咨询答复工作。

【产品质量监督】　2014年，国家监督抽查江门113家企业，113批次产品，其中不合格15批次，不合格产品发现率为13.27%；省级监督抽查共抽查江门企业762家，931批次产品，其中不合格123批次，不合格产品发现率为13.21%；市定期监督检验共抽查2436批次产品，其中不合格195批次，不合格产品发现率为8%。为提高质量监管工作的有效性，结合产品质量监督抽查绩效评估报告，加大对监督抽查不合格产品生产企业的后处理力度，落实企业质量安全主体责任。举办质量分析会9次，共对93家企业，93名企业负责人进行产品质量监督抽查后处理和产品质量监督检查等方面的质量知识宣传；向辖区内（3区4市）不合格产品生产企业共发放整改通知书249份，并已按照法定程序对不合格产品生产企业进行后处理工作，后处理到位率100%；移交稽查机构进行查处的质量案件18宗，其中涉嫌无证生产的17宗，有严重质量问题的1宗；根据监督抽查中发现的质量问题，及时向相关市（区）政府发出警示通报，发出质量警示3份，对开平市水嘴产品、鹤山市水嘴产品和恩平市电声产品进行预警。

【标准化监督管理】　2014年全市完成标准备案718项，企业执行标准登记788项；新增14个联盟组织，发布16项联盟标准；79个产品进行采标确认。推动科研创新成果转化。全年已帮助2家培育企业将专利及科技成果转化为3项国家标准、1项行业标准，3家培育企业主导制修订2项国家标准及4项行业标准。抓好大广海湾海洋经济生态发展标准化战略规划。向市委市政府提出《江门市大广海湾海洋经济生态发展标准化战略规划》的设想，得到市委市政府的高度重视，将其列入市政府的“十三五”规划前期研究工作。探索农业带动二三产发展模式，协助申请成立“广东省陈皮及相关产品标准化技术委员会”（省TC），推动建设“智能仓储先进标准体系试点”，勾勒出一个以新会陈皮为中心，从一产农业辐射延伸到二产加工制造业和三产服务业的区域性新兴产业集群。

【计量监督管理】　全年核发计量标准证书13宗62项，其中，核发公用计量标准证书42项，核发4家企业计量标准20项。颁发二级计量保证体系确认证书2个，三级计量保证体系确认证书54个，组织258家单位向社会公开做出“诚信计量自我承诺”，推进民生计量。今年全市完成强检计量器具208078台（件），共检定“民用三表”65415只，合格率在99%以上。规范机动车安检机构行为。全年出动检查人员140人次，检查全市28家安检机构，40条摩托车线和16条汽车线。

【质量监督检验检测平台建设】 2014年，市质监局完成中小型电机、家具、纺织化纤3个产业状况及检测市场的调研报告工作；国家摩托车检验中心新增机动车喇叭、机动车回复反射器、摩托车轮胎、摩托车发动机等实验室检测项目，并通过国家中心实验室三合一监督评审。全年完成委托检验及执法检验3372批次，对全省51个摩托车整车厂开展省定期监督检验任务。

【特种设备安全监察】 2014年，检查特种设备使用单位1513家，发现并完成整改隐患1280项，整改率达100%；考核作业人员5741人（次）；检验各种特种设备2.36万台（次），压力管道65.2公里，锅炉能效测试193台；对297台重点监控特种设备定期开展专项检查，对全市40家气瓶充装单位、13家气瓶检验单位和62家特种设备生产单位开展监督检查，全市特种设备安全形势继续保持平稳态势。

【质监执法】 开展液化石油气、建筑材料和产品、珠宝玉石行业、农资打假、查处无证生产行为、强制性认证产品等多个专项行动。完善投诉举报网络，共受理举报投诉案件258宗，办结率100%；加大行政执法力度，推出以“专项行动和联合办案”为突破口的新模式，开展农资打假、查处无证生产行为、强制性认证产品等多项专项行动，共出动执法人员2952人次，检查生产销售企业492家，立案案件101宗。

【实施名牌战略】 2014年，与市企业质量发展促进会联手合作，发动30家企业34个目录产品进行2014年名牌的预目录申报，并通过与卓越品牌研究院的协调沟通成功地为江门地区的企业争取2个新增目录。全年上报20家企业21个产品，配合省名牌评价中心做好2014年的省名牌现场审查工作，并协助企业顺利通过专家的现场评审。在“3·15”“质量月”以及进社区等专项服务活动中，为品牌企业和产品宣传搭建平台，提供机会，加强名牌宣传，提升名牌声誉，利用报纸、电视、网络等媒体，宣传品牌，有效扩大名牌产品的社会影响力。今年全市新增工业类省名牌产品10个，复评8个。

（市质监局）

食品药品监督管理

【食品安全综合协调】 2014年，全市各级食品安全委员会办公室通过抓突出问题、强监管能力、建长效机制、聚共治合力，确保全市没有发生系统性、区域性、大面积的食品安全事故，查办一批食品安全典型案件，如鹤山市在2014年保健食品“打四非”成效明显，移送公安机关案件8起，落实7起案件的刑事责任；开平市通过发挥基层信息员作用，查办假冒红牛饮料案；新会区查办“病死猪肉”案，打击多处无证生产腐竹作坊；蓬江区公安部门查办毒豆芽案等。

【食品生产安全监管】 截至2014年底，全市已获得食品生产许可证的企业935家，食品生产许可证书数1237张，产品类别涵盖除特殊膳食食品外的所有产品类别。依据食品生产加工行业的实际，全市食品药品监管部门狠抓白酒、食品添加剂、食用明胶、外海面、米粉制品、肉制品、食用植物油等企业的日常监管，加强巡查，排查隐患，全年共巡查食品生产企业1249家次，下达责令整改通知书73份。

【食品市场安全监管】 2014年，全市取得《食品流通许可证》的经营户36312户，其中食品批发户478户、零售29441户、批发兼零售6393户。乳制品经营许可单位16468户（含婴幼儿配方乳粉5653户）。在强化市场监管同时，全市各级食品药品监管部门认真贯彻落实《关于婴幼儿配方乳粉销售的监督管理办法》，选取36家药店试点婴幼儿配方奶粉销售专项柜管理，在全市城乡开展创建“食品安全示范店”活动。全年共检查各类市场616个，各类经营主体13708户，吊销食品流通许可证2张，取缔无证食品经营户22户，捣毁制假窝点6个。

【餐饮服务食品安全监管】 截至2014年底，全市有各类持证餐饮服务单位14237家。2014年共检查各类餐饮单位13013家次，检查覆盖率达到91.4%，完成量化分级评定11634家，完成率为81.7%，其中向省申报食品安全餐饮服务A级单位75家，成功创建省级餐饮服务食品安全示范学校食堂51家。全市完成大米、面粉、食用油、鲜肉（含冻肉）、奶茶、食用醋、中秋月饼、熟肉制品、餐饮具、包装消毒餐具、冰淇淋、生食水产品等品种共1916个批次的抽验任务，抽检范围涵盖辖区各类型餐饮服务单位，共检出不合格食品77批次，合格率96%。

【药品生产质量监管】 2014年，组织开展中药制剂和中药饮片生产专项检查，抓好基本药物质量监管、新版GMP实施、高风险药品生产企业和特殊药品监管、加强药品不良反应监测等主要工作，规范药品生产秩序，构建药品生产安全监管机制。全市药品不良反应监测工作受到全省通报表扬，并在全省《药包材监督管理实施办法》宣传贯彻暨培训会议上，作主题经验交流。全年有5家药品生产企业通过新版GMP现场认证并取得GMP证书，提前完成江门市2014年度实施22个法治惠民实事工程重点督办项目之“全市17家药品生产企业30%以上通过新版药品GMP认证”的工作目标。

【药品流通监管】 截至2014年底，全市有药品批发企业29家、零售连锁企业11家、零售药店1774家。药品批发、零售企业日常检查率达到100%，累计完成药品零售企业GSP认证886家次，强化基本药物配送企业的日常监管，加强特殊药品的销售管理。继续推行药品批发、零售企业信用等级动态管理，加大违法广告监测力度，推进农村药品“两网”建设和社区用药安全保障体系建设，供应网和监督网覆盖率达到100%。

【医疗器械监管】 2014年，全市共有医疗器械生产企业47家、经营企业（批发）113家、零售610家。全市各级食品药品监管部门继续强化医疗器械质量监管，部署开展第一类医疗器械注册工作专项自查和贴敷类医疗器械注册专项检查回头看行动，集中精力对辖区内一次性使用无菌和骨科植入物医疗器械生产企业进行监督检查。督促和指导医疗器械使用单位认真开展自查工作和不良事件监测工作，全市共上报医疗器械不良事件811例，位居全省前列。严格组织开展医疗器械“五整治”专项行动，检查医疗器械生产企业30家，经营企业（批发）70家，经营企业（门店）368家，医疗器械使用单位273家，检查城乡接合部圩市16个，立案调查37宗，共计罚没金额361551.8元。

【保健食品监管】 2014年，全市有保健食品生产企业7家，批发企业25家。全年对生产企业日常检查覆盖率100%，批发企业日常检查覆盖率达到92%。受委托对2家共6个保健食品品种注册现场核查抽样，协助完成2家保健食品生产企业增项现场验收及GMP认证整改项目落实情况检查。开展保健食品经营企业分类分级试点管理工作，保健食品领域打“四非”专项行动获全省食品药品监管系统“A级”单位。

【化妆品监管】 2014年，全市有化妆品生产企业28家。日常检查覆盖率达到100%，并配合上级部门完成6家企业“化妆品生产企业卫生许可证”行政许可现场验收，受委托对3家化妆品生产企业9个品种申报特殊用途化妆品抽样，共完成非特殊用途化妆品网上备案品种208个，对12家化妆品生产企业117个非特殊用途化妆品品种开展备案后监督检查。在流通环节，组织开展化妆品安全专项整治行动和美容美发行业专项整治行动，出动执法1077人次，检查化妆品经营单位354家次，约谈企业2家次。

【专项整治行动】 2014年，以“江门市创建全国文明城市三个百日专项整治行动”为统领，坚持整顿和规范并举、治标与治本并重。在食品药品领域，先后组织开展食品安全“三打两整治”、农村食品市场“四打击四规范”专项行动、中药饮片、疫苗、血液制品生产专项整治以及互联网药品信息和交易服务专项整治，医疗器械“五整治”专项行动以及化妆品违法添加和违规标签标识专项整治等一系列专项行动。立案查处案件722宗，涉案货值金额90多万元，移送公安机关案件83宗，成功追刑48人。2014年重点食品抽检合格率达97.77%，药品评价性抽检合格率达99.14%，保健食品、化妆品、医疗器械抽验合格率分别为98.87%、97.53%、95.24%。

【食品药品监管体制改革】 2014年，市食品药品监督管理局分别与市卫生局、工商局、质监局、经济和信息化局等部门完成职能交接工作。食品、保健食品、药品、医疗器械和化妆品等产品从生产、流通到消费使用等全链条统一由食品药品监管部门承担。全市各地均在原来食品药品监管机构的基础上，重新组建食品药品监管机构；蓬江区、江海区结束无食品药品监管机构的历史，新设立监管机构；全市78个镇（街）以相近相邻及合理调配监管资源为原则，因地制宜地分片设置30个食品药品监督管理所，形成食品药品三级监管机构。

（市食品药品监督局）

安全生产监督管理

【简述】 2014年，树立安全生产“红线意识”“底线思维”和“首位要求”，围绕事故控制指标，严防各类生产安全事故尤其是较大以上事故发生，事故指标控制全程处于时间进度内，是2014年全省11个各项指标正常的地区之一。全市工矿商贸企业、生产经营性道路交通事故死亡人数分别为14人、70人，较大事故2宗，分别占年度控制指标的51.9%、97.2%、33.3%。工矿商贸、生产经营性道路交通、生产经营性火灾事故、渔业船舶、铁路交通、房屋建筑和市政工程建设事故死亡人数和较大事故起数均处于省下达给江门市的控制指标范围内。

【落实安全生产责任制】 2014年，落实责任书签订，在全市安全生产工作会议上，常务副市长黄悦胜代表市委、市政府与各市（区）政府、14个负有重要监管职责的部门签订2014年安全生产责任书，明确各地、各部门的安全生产工作目标和责任。督促各市（区）与各镇（街）、各镇（街）与各村（居）、属地企业签订安全生产责任书，筑牢安全生产责任体系。组织开展对各市、区党政领导班子和领导干部2013年安全生产责任制考核，落实安全生产责任制。强化行业部门监管力，以市安委办的名义召开 “加强安全生产监管体系建设暨安委会专责小组工作座谈会”，深入研究全市建立行业主管部门发挥专业监管作用与安全监管部门加强综合监管工作相结合的工作机制问题；在原有10个安全专责小组的基础上，增加海洋渔业、职业健康、油气输送管道安全专责小组，调整和补充部分其他党政部门（单位）为专责小组组成单位，构建安全生产齐抓共管工作格局。

【危险化学品安全监管】　2014年，全市有危险化学品生产企业170家，经营企业（批发、零售）276家，加油站371家，剧毒品经营（甲证）4家。开展危险化学品行业领域安全检查督查，抓好安全隐患整治，查处违法违规行为，主动配合市商事登记制度改革，推进落实行政审批制度改革工作；抓好危化品领域重点地区、重点企业的安全隐患排查整治，尤其对涉及“两重点一重大”（重点监管的危险化工工艺、重点监管的危险化学品和重大危险源的监管）的企业加大安全督查力度和频次；抓好危化品企业安全生产标准化创建工作，开展提升危险化学品领域安全水平专项行动；突出抓好防雷、防火防爆、防风防汛、防高温的“四防”工作；开展新《安全生产法》等一系列法律法规及规章制度的宣传贯彻工作；开展石油天然气输送管道安全生产专项检查；持续加大安全教育以提高危险化学品从业人员素质。是年，危险化学品领域继续保持“零死亡”，保障全市危险化学品安全生产形势的持续稳定。

【非煤矿山安全监管】　2014年，全市持有效安全生产许可证的非煤矿山企业22家（不含正在实施“三同时”手续的企业），其中露天矿山企业16家，瓷泥场5家,页岩砖厂1家。强化各级政府安全监管责任和企业安全生产主体责任的落实，推进夯实基层基础建设，确保非煤矿山行业安全生产形势有序稳定。推进安全生产标准化建设工作，重点对事故易发部位等基础设施条件，实行重点监控监测，并对各类档案资料实行精细化管理，强制推广自上而下分台阶（分层）开采、中深孔爆破等先进开采方式，深化落实企业安全生产主体责任；开展非煤矿山应急“双盲”演练。学习宣传贯彻和普及新安法，从严监管，督促完善各项安全生产规章制度、操作规程；建章立制，修订完善《江门市非煤矿生产安全事故应急预案》，健全完善应急响应预警长效机制；强化部门协调联动，创新机制，提高矿山安全监管工作水平；持续深入开展矿山日常安全监督检查；推进金属非金属矿山整顿关闭工作；抓好非煤矿山领域安全生产“打非治违”专项行动，切实做到“四个一律”。

【烟花爆竹安全监管】　2014年，全市有烟花爆竹批发单位7家，零售网点600家。市安全监管局切实加强全市烟花爆竹经营安全监管工作，规范烟花爆竹安全经营秩序。做好新标准《烟花爆竹安全与质量》（GB10631-2013）宣传贯彻工作，规范购销、储存、流向等各环节安全管理；做好烟花爆竹流向管理信息系统应用工作；抓好烟花爆竹批发零售单位夏季“四防”工作，落实仓库防雷、防火、防爆、防静电设施等安全保障措施；加强重要时段安全监督检查，开展安全生产联合执法专项检查，打击非法违法销售、储存烟花爆竹行为，加强对合法经营烟花爆竹行为的安全监管，确保行业领域安全生产形势的持续稳定。

【工作场所职业卫生监管】　2014年，市作业场所职业卫生监管职能由卫生行政主管部门向安监部门正式移交。做好新《职业病防治法》及其配套文件的实施和宣传贯彻；加强职业病危害项目网上申报工作，摸清全市职业病危害企业底数；加强职业卫生监管人员、企业负责人和职业卫生管理者专业知识的培训，约3590多人培训；以“职业病防治法宣传周”和“安全生产月”为契机，编印2万本《职业卫生监管常用法律、法规》和《职业卫生管理手册》等学习资料发送至有职业危害的企业；市安全监管局联合市人社、卫计、公安、质监、工商等部门组成的督查组对各市（区）开展粘胶剂生产使用企业的职业病危害隐患大排查情况进行督查；推动职业病危害专项整治，重点深化水泥制造、石材加工、宝石加工、陶瓷生产、船舶修造、电池制造和五金电镀七类行业工作场所粉尘、毒物危害专项整治督查治理企业273家；加强执法力度，全面开展“工作场所职业卫生监督执法年”活动，全市共检查用人单位2005家；严格落实建设项目职业卫生“三同时”审批制度，研究制定《建设项目职业卫生“三同时”审核、审查、竣工验收和备案操作规程》；落实职业卫生日常监督检查工作；强化安全教育提高职业卫生管理人员素质；全市8家企业列入首批“工作场所职业卫生管理示范企业”称号；加强职业健康监管，妥善处置各类职业病危害的投诉工作。是年，市职业卫生监管工作在全省工作场所职业卫生监管工作开展情况综合排名上升到第5位。

【安全生产行政执法监察】 2014年，实行“季度分析和季度通报”，推进全市执法监察工作开展；落实1.2万元经费为基层配备工具书，创新题型，深化执法监察培训工作；深入开展打非治违，利用专家协查方式，提升执法效能；根据时节特点开展专题检查和回头检查；坚持复查制度，正确使用自由裁量权，规范严谨执法；加强信息统计分析，夯实执法监察基础。是年，全市三级安监部门共实施行政处罚597宗、罚款394.85万元，同比分别上升10.8%、4.3%，具体是：预防性处罚575宗（含非经济处罚185宗）、罚款227.93万元，与2013年相比，宗数上升10.8%，罚款额下降1.9%；事故性处罚22宗、罚款166.92万元，同比分别上升10.0%、14.2%。

【安全法制建设】 2014年，市安全监管局推行《江门市安全生产隐患排查治理工作机制》，把隐患排查治理作为超前预防事故的有效手段，坚持把隐患排查治理与“打非治违”专项行动、重点行业领域安全专项整治、安全生产标准化建设紧密结合起来，统筹兼顾，贯穿于安全生产工作始终。出台《江门市鼓励企业开展二级以上安全生产标准化达标创建工作方案》，扎实推进安全生产标准化建设。重新修订《江门市安全生产重点监控企业（部位）监督管理办法》，加强对全市存在重大危险因素的企业和部位实行科学化、规范化的重点监控。印发《江门市安全生产事故信息响应办法》《江门市危险化学物品运输车辆交通事故现场处置应急预案》，完善安全生产应急管理制度，健全工作机制，加强安全生产应急工作，提升应急处置能力。

【应急救援】 2014年，加强应急预案管理，调动各方力量开展应急“双盲”演练，落实各项应急管理措施，提升应急管理工作水平。加强安全生产应急救援指挥系统的应用研究；认真制（修）订部门综合、专项应急预案，健全落实应对突发事件应急处置机制；立足预防为主、预防与应急相结合的原则，强化对生产过程中关键部位、危险岗位的监测监控，推进安全生产突发事件风险隐患评估及排查整改工作；创新应急救援演练方式方法，开展非煤矿山应急救援“双盲”演练，强化安全生产应急预案演练工作；加大对全市危险化学品重大危险源的监督检查频次，提升危化品重大危险源安全监管工作水平；健全安全生产应急值班值守响应机制。

【安全生产宣传教育】 2014年，市安全监管局紧密围绕“强化红线意识，促进安全发展”的活动主题，通过9大专题活动（安全生产月启动仪式、安全生产信息发布、安全生产宣传咨询日、安全生产事故警示、安全生产应急预案演练、交通和消防安全、校园和幼儿安全教育、安全生产知识竞赛、安全生产信息报道）组织开展“安全生产月”活动。创新安全生产宣传教育手段，在腾讯网和新浪网正式注册开通 “江门安监”政务微博，及时发布安全生产工作信息和日常安全知识。与江门广播电视台从2014年4月21日起，每天在江门电台FM93.3和FM100.2两大频道滚动播放安全生产公益宣传广告；充分使用全市公交视频系统，在170多辆公共汽车上播放安全生产教育视频。参与江门电台“民生热线”节目，宣传普及安全生产法律法规和安全知识。推进《安全生产法》宣贯活动。全国人大常委会于2014年8月31日通过关于修改《安全生产法》的决定后，制订方案，通过组织领导学法、实地宣讲、送法进企业等多种活动，迅速将新《安全生产法》的宣传贯彻推向高潮。全市各级共派发《安全生产法》宣传贯彻材料数5万余份，组织全市超过10000余名安监人员以及企业管理人员参加新《安全生产法》专题学习宣传贯彻培训。

【安全生产标准化】 2014年，市各级、各部门以“全面推进、保证质量、提升水平”为主线，推进企业安全生产标准化建设。各级政府高度重视，将安全生产标准化列入考核的重点内容甚至列入“一票否决”内容，各级安监部门和大部分镇（街）继续保持领导班子分片包干制度，有效解决“老、大、难”问题。各级编制多种宣传资料，通过广播电视、宣传栏、横额标语和安全生产月活动等多种形之有效的方式方法，发动广大企业开展安全生产标准化建设。出台《江门市促进企业安全生产标准化建设规定》《江门市鼓励企业开展二级以上安全生产标准化达标创建工作方案》，市本级财政投入150万元，作为安全生产标准化建设专项扶持资金，各市（区）持续加大奖励扶持力度，调动企业创建一级、二级标准化的积极性。制定规模以下企业、制衣企业、红木家具制造企业的安全生产标准化创建办法。组织开展对已完成标准化创建企业进行“回头看”检查督查行动，督促企业分类建立安全生产档案，及时整改评审报告指出的隐患问题，逐步构建安全生产管理长效机制。全市冶金等工贸行业企业全面完成安全生产标准化达标建设，创建达标率全省排名第一；一级和二级创建企业数量均为全省第二。（市安监局）

海关

【简述】 2014年，江门海关税收净入库45亿元，顺利完成海关总署下达的税收任务；监管进出口货运量1308.4万吨，货值178.4亿美元；打私战果丰硕，缉私立案191宗，案值约5.8亿元，其中走私案件立案53宗，案值达到4.78亿元，查获案值千万元以上案件4宗。参与撰写的4篇专题报告，获得李克强、张高丽、汪洋等中央领导及朱小丹、招玉芳等广东省领导的批示。截至2014年底，江门海关共设副厅级机构1个（缉私局），正处级机构26个，副处级机构1个，正科级机构162个，干部职工1276人。

【海关监管】 优化海关监管服务，推广通关作业无纸化改革，关检合作“三个一”（注：一次申报、一次查验、一次放行）年内覆盖至关区所有通关现场和所有法检商品。启动广东省内区域通关一体化模式，拓宽“属地申报、口岸验放”应用范围。实施分类分流查验作业，优先使用H986进行非侵入式查验。延长卡口、船勤清关时间，推行卡口和小型船舶24小时预约清关制度。科学规划监管场所建设，支持配合江门高新区公共码头建设，关区监管场所增至20家。加强物流监控系统化建设，水运进出境舱单管理系统、国际航行船舶进出境运输工具动态管理系统在关区全面上线应用。强化固体废物监管、香港惰性拆建物料等正面监管，加大查禁毒品、反宣品等走私行为力度和H7N9禽流感防控工作。加强食品安全工作，严厉打击农产品走私行为。

【综合治税】 2014年，江门海关税收净入库451560万元，下降16.6%，其中关税72086万元，进口环节税379474万元。探索税收征管作业模式，对减免税工作实施集约化管理，全年减免税审批货值37355.1万美元，审批减免税款36181.2万元。加快推进集中汇总征税改革，对高资信企业实行“留样放行”化验送检模式，促进贸易便利化。税收质量保持较高水平，减免税审批差错率保持为零，全年审价补税3481.3万元，归类税款510.7万元，批量复审补税434.8万元。支持扩大进口，为企业用好用足税收优惠政策提供优质服务，全年江门口岸共有2343票进口货物享受优惠税率，受惠货值28872.1万美元，享受税款优惠15071.4万元。

【打击走私】 深入开展“绿风”行动，行动期间查获涉及农产品走私案件11宗，案值1.8亿元，查获冻品527.5吨，查扣涉嫌走私动物饲料400吨。成功破获“9·24”走私进口动物饲料案，初步查证案值约1.7亿元，偷逃税款4000万元，被海关总署缉私局列为一级挂牌督办案件。开展“守卫者”专项行动，查获“503”走私珍贵动物制品案，查证走私犀牛角3775克、象牙手镯50个。打击成品油走私成效突出，查获“508”走私成品油案，涉案走私柴油6497吨，案值4900万元，涉嫌偷逃税款1300万元。探索水上缉私工作新模式，水上缉私改革过程中连续查获3宗成品油案件，查获涉嫌走私成品油6400多吨。打击货运渠道走私，查办“4·22”低报价格走私专案，货值约1亿元，偷逃税款662.3万元。部署开展打击毒品走私“紫光”专项行动，年内破获毒品案件2起，查扣毒品2243克。

【加工贸易及保税监管】 落实加工贸易行政审批改革，取消加工贸易6项审批。推进上海自贸区监管创新制度复制推广工作，7项制度的复制推广工作有序推进。落实广东省内海关保税加工监管改革，成功启动加工贸易电子化手册“参数判别、分类作业”审核改革试点。推进署省合作备忘录实施，促进地方加工贸易转型升级，全年内销征税1.46亿元。促进地方保税物流发展，支持江门市申建海关特殊监管区域，优化关区保税物流布局，全年保税仓库入库货物8.05万吨，货值1.97亿美元。

【支持促进地方经济发展】 落实中央和总署促进外贸稳定增长的意见措施，促进地方经济社会发展。出台《江门海关支持外贸稳定增长若干措施》，并细化为10个方面36项具体措施。支持新兴贸易业态发展，推动快件分拣清关中心建设，江门首家跨境电商企业完成海关注册备案手续，研发跨境贸易电子商务清单汇总申报平台，年内跨境电子商务出口邮件汇总申报4.18亿元。支持地方物流发展，推动关区新造集装箱配货出口。江门电子口岸物流服务平台一期上线运行，实现江门电子口岸“由虚转实”。制订高资信企业倍增培育计划，完成首批7家企业通过中美海关C-TPAT联合验证。深化简政放权，简化报关企业注册登记许可、取消报关员资格核准等。年内，关区新注册企业425家，增加44.6%。密切关企合作，建立企业协调员工作制度。加大政策宣讲力度，拓宽“12360”服务热线、微博和网页等线上互动渠道，年内举办外经贸信息发布会132期，发布信息1300多条，服务热线受理咨询3594条，增长25%，回访满意率100%。

【队伍建设】 根据中央和总署统一部署，统筹开展第二批党的群众路线教育实践活动和第一批活动回头看，推动改进作风制度化、常态化建设。深入开展党的十八届四中全会精神的学习宣传，推动法治海关建设，年内江门海关获评为全国“六五”普法中期“先进单位”荣誉称号。组织特色鲜明的海关文化活动，年内举办“送欢乐下基层”活动12场，举办各类文体活动36次，举办心理辅导讨论及咨询8次，举行迎国庆升旗仪式。推进民生工程建设，落实干部生活福利待遇，健全完善员工关爱机制。

【新会海关】 2014年，新会海关共监管进出口货物172.77万吨，货值28.46亿美元；监管进出境船舶1607艘次。征收关税及进口环节税8.84亿元；查获违规案件24宗，案值578.2万元。2014年末，该关设副处级机构1个，科室10个，干部职工161人。

【鹤山海关】 2014年，鹤山海关共监管进出口货物40万吨，货值15.8亿美元；监管进出境船舶1807艘次（货运船舶1094艘次；客运船舶713艘次），进出境汽车10302辆次。征收关税及进口环节税3.02亿元；查获违规案件11宗，案值804.83万元。2014年末，该关设科室8个，干部职工119人。

【开平海关】 2014年，开平海关共监管进出口货物61.3万吨，货值17.1亿美元；监管进出境船舶992艘次。征收关税及进口环节税1.2亿元；查获违规案件5宗，案值171.95万元。2014年末，该关设科室8个，干部职工77人。

【台山海关】 2014年，台山海关共监管进出口货物44.8万吨，货值11.3亿美元；监管进出境船舶482艘次。征收关税及进口环节税3.2亿元；查获违规案件11宗，案值140 万元。2014年末，该关设科室8个，干部职工86人。

【恩平海关】 2014年，恩平海关共监管进出口货物6.2万吨，货值1.03亿美元；监管进出境船舶2艘次。征收关税及进口环节税749万元；查获违规案件1宗，案值45.9万元。2014年末，该关设科室4个，干部职工31人。

【阳江海关】 2014年，阳江海关共监管进出口货物669万吨，货值15.4亿美元；监管进出境船舶334艘次。征收关税及进口环节税14.38亿元；查获违规案件13宗，案值6080万元。2014年末，该关设处级机构1个（缉私分局），科室12个，干部职工90人。

（江门海关）

出入境检验检疫

江门出入境检验检疫情况

【简况】 江门检验检疫局共检验检疫货物4.81万批，货值29.15亿美元，检出进出口不合格货物4803批次，货值47827万美元，不合格检出率分别为9.99%和16.41%；进境植物截获害虫242种类7287种次；检疫出入境人员21.29万人次，疾病监测发现病例2555例；签发各类产地证书3.23万份，签证金额10.20亿美元。

【执法把关】 进境不合格产品检出2989批，检出率27.34%，同比上升346%。其中进口机电设备不合格率大幅上升，批次检出同比激增11.85倍，货值检出同比激增24.24倍；进口轻纺消费品货物检出率22.7%，获广东省出入境检验检疫局通报表扬。在同一批19名出境劳务人员传染病监测体检中，高密度检出HIV及丙肝、乙肝阳性感染病例11例，创广东检验检疫局口岸检出新高，江门市委书记刘海批示跟进处理。进境植物疫情截获综合评价在广东系统排名第三，全局截获害虫211种类4878种次，分别增长34%、293%，其中双棘长蠹（非中国种）、毛额奸狡长蠹、榕树粉蚧、红肾圆盾蚧、脂松碎木长蠹为江门检验检疫局首次检出。在入境普通邮寄物中截获象牙制品1批次，为江门口岸首次。针对“福喜肉”事件，组织辖区肉制品出口加工企业专项执法检查，未发现使用过期肉类原料和违法使用（滥用）食品添加剂的情况。辖区出口食品没有接到进口国的不合格通报。加强口岸疫情防控，与边检部门合作举办埃博拉疫情防控主题讲座，加强体温监测和医学巡查。强化口岸技术指导，应急处置一起船员非传染病突发卫生事件。落实供港澳活禽、活猪注册养殖场的防疫监管，产品的安全足量和稳定供应。共输港活猪6.59万头，活鸡、鸡苗32.29万只，出口合格率达到100%。拓展出口品种，主动帮扶全省最大供港乌鸡养殖场迁址江门，10月，首批江门养殖的乌鸡顺利供港。是年，获得质检总局颁发的“全国质检系统首批依法行政示范单位”称号。实施行政处罚21宗，处罚金额7.4万元。开出自国家认监委《质量管理体系认证规则》实施以来，广东局系统首份认证机构行政处罚单，对上海一认证机构违反《认证认可条例》做出警告处罚。

【质量监管】 实施进口消费品差别化监管。以风险管理为基础，分“高、较高、一般”三个风险等级实施差别化通关放行和检验监管，达成“源头可溯、风险可控、质量可靠、责任可究”目标。建设跨境电商监管“单一窗口”。关检达成统一共识，推进跨境电商监管“单一窗口”“一机两屏双控”新模式的建设，促使“井喷式”发展，9月单月入境快件是1-5月份总数10.2倍，并截获全国首例象牙制品，共计10批次。加强行业宏观质量监管。建设摩托车出口质量示范区。协助大长江集团出口免验续延、扩项申请，“豪爵”品牌68个型号出口摩托车全部获得免验资格。建成“国家级”示范区。在建成广东检验检疫局首个出口工业产品（摩托车）省级质量安全示范区基础上，通过质检总局专家评审，建成“国家级”质量安全示范区，在近两年国内重庆、浙江两大板块出口下滑的情况下，实现逆势增长10.8%。加强科技建设提升检测实力。获得江门市政府财政支持，以购买检验技术服务的形式，每年拨款300万元。新增345项CNAS认可项目，新增扩项检测产品39类。获得质检总局科研立项1个、广东检验检疫局立项4个、江门市立项3个，创广东检验检疫系统在地方科研立项的历史新高。优化公共技术服务平台功能。重新谋划LED新兴产业与周边城市错位发展战略思路，突出发挥LED国家重点检测实验室产业发展“助推器”和企业产品标准研制、自主创新“孵化器”的技术品牌优势，促进产业聚集，2013年LED出口逆势倍增，助推江门外贸总量创历史新高，2014年LED出口再次实现高位增长，增幅为38.22%。

【服务外贸发展】 全面贯彻执行免收进出口检验检疫费相关惠企减负政策，2013年优惠减负3亿元，2014年再为外贸企业优惠减负近3.3亿元。9月24日，全国政协副主席、全国工商联主席、中国民间商会会长王钦敏率全国政协经济委员会调研组一行21人到江门调研时，对江门检验检疫局改革惠企、服务地方的做法给予高度肯定。加强口岸联动，升级服务质量，弥补辖区“非直航”口岸的硬件短板，提升口岸竞争力和活跃度，进口木材、废物原料同比分别增长58.3%、65.3%，暂停10多年的进口新鲜水果重新登陆江门。江门市外海口岸的进口吞吐量（吨）增长115.2%；鹤山、台山口岸的进出口集装箱（柜数）分别增长21%、23%。推进服务产业优化升级，保障中法两国能源领域最大合作项目台山核电的安全建设。确保进口设备通关便捷和100%质量安全。截止到2014年10月，该项目共进口设备19.56亿美元。目前项目1期工程1号机组顺利进入安装调试阶段。保障天地壹号棠下增资扩产项目建设。解决进口饮料灌装生产线设备“滞港”问题，力促项目按期建设。帮扶水产养殖业扩产出口。提早部署，送养殖技术培训到农户、到田头，保障台山鳗苗投养10倍增量的养殖安全，推进台山的全国鳗鱼出口质量安全示范区建设，活鳗、烤鳗出口分别增长11.5%、63.3%。完善水产养殖日常监管，技术指导种鱼、鱼苗繁育场注册整改工作，供港活鱼增长10.9%，14.3万尾“东升石斑鱼苗”顺利出口新加坡。主动融入海上丝绸之路建设。用好政策享优惠。指导企业用好东盟自贸区原产地证优惠政策，为企业减免关税约2680万美元。加强管理保安全。基于风险管理，针对输非和输中东工业产品特点，科学设置重点检测项目，确保产品质量安全。创新模式促增效。实施装运前检验分类管理快速通关模式，优质诚信企业通关提速40%，通关成本降低20%。（江门出入境检验检疫局）

财政 · 税务

财政

【简述】 2014年，全市一般公共预算收入完成177.08亿元，比2013年增收19.14亿元，增长12.12%，在全省21个地级市中排第11位，在珠三角9市中排第6位。市本级一般公共预算收入完成35.53亿元，比2013年增收3.61亿元，可比口径增长12.07%。财政收入结构合理，全市税收收入完成132.69亿元，税收收入占比为74.93%，在全省21个地级市排第6位，收入质量较好。全市一般公共预算支出完成233.44亿元，比2013年增支22.75亿元，增长10.8%；市本级一般公共预算支出完成42.75亿元，比2013年增支4.18亿元，增长10.83%。贯彻落实深化财税改革的部署，推进财政体制改革。健全政府预算和报告体系，加强政府预算体系统筹。完善全口径预算编制，将一般公共预算、政府性基金预算、国有资本经营预算和社保基金预算“四本账”纳入预算草案编制，提高财政预算编制完整性。加大政府性基金预算、国有资本经营预算调入一般公共预算力度。细化预算编制，提交人大审议的财政报告全部细化到项级科目。加强财政专项资金管理，制定《江门市市级财政专项资金管理办法》，规范财政专项资金的设立、使用管理。加强预算执行管理，落实支出进度与资金安排挂钩机制，盘活存量资金，结余结转资金统筹力度。推进预决算信息公开。市本级公开财政总预算和总决算以及“三公”经费情况；市直部门按照统一规范要求公开部门预决算信息以及“三公”经费信息。编制权责发生制政府综合财务报告，试编2013年度市本级权责发生制政府综合财务报告。（谢福座、陈友发）

【推进基本公共服务均等化综合改革试点工作】 2014年，江门市被省委、省政府列为全省基本公共服务均等化综合改革第二批试点市。全市基本公共服务均等化共投入资金60.2亿元，其中，生活保障领域共投入资金11.7亿元，重点保障“大民政”工作和底线民生项目的加速推进和持续扩面；公共交通领域共投入资金2.8亿元，以优化提升交通格局，实现公共交通均等化为“触点”。（郭丽）

【民生保障支出】 2014年，全市各级以推进基本公共服务均等化和省、市十件民生实事为抓手，加大民生保障的力度，推动城乡教育、“三农”、医疗、社会保障、就业、公共交通等体系逐步完善，全市民生投入114亿元，同比增长17%。其中：推动城乡统筹发展，全市各级财政“三农”投入77亿元，落实涉农各项财政补贴政策，扩大社会保障覆盖面，全市拨付社会保障和就业资金34.16亿元，推动“大民政”工作，支持社会管理创新。推进教育“固强争先”工作，全市拨付教育资金57.8亿元，支持中小学规范化学校建设，落实中职免学费和助学金补助政策，推动学前教育扩容普及。加强基本公共卫生服务和重大公共卫生服务，全市拨付医疗卫生资金24.42亿元，落实基层医疗机构经常性收支差补助，提高城乡居民基本医疗保险补助水平。（李莹新）

【深化财权事权改革】 2014年，贯彻落实市政府完善事权财权、调整市与区财政管理体制等有关文件精神，研究制定具体操作文件，保障事权财政体制调整的顺利推行。推动市区财政体制调整工作，落实下放事权的经费保障。制定《关于市本级与蓬江区财政管理体制调整的有关事项的通知》和《关于市本级与江海区财政管理体制调整的有关事项的通知》，从2014年4月起，市与蓬江区已实现按57.7:42.3、市与江海区按33:67税收分成比例入库，落实下放事权的财力划转工作。实现高新区企业税收直缴高新区国库，落实高新区一级财政管理权限。制定《江门高新技术产业开发区财政管理体制实施细则》，推进高新区国库设立和缴库工作，实现高新区企业税收直缴高新区国库，市本级与高新区已实现按3:7税收分成比例入库，高新区财政体制顺利实施。建立全市统筹发展资金，促进区域协调发展。根据《江门市人民政府关于印发江门市统筹发展资金机制实施方案的通知》（江府〔2014〕4号），制定《江门市统筹发展资金机制实施细则》等相关文件，落实全市统筹发展资金机制。（苏女好）

【创新扶持经济专项资金使用办法】 实施诚信骨干企业绿卡计划。2014年市本级设立诚信骨干企业绿卡计划专项资金1500万元，构建骨干企业诚信与政策扶持挂钩机制，催生良好政策带动效应，增强企业信用风险防范意识，鼓励支柱型企业做大做强。推动实施“政银保”贷款，以政府资金为引导，设立2014年市本级“政银保”贷款专项资金1000万元作为担保风险资金池，放大财政资金乘数效应，撬动3亿元贷款资金，由合作银行向符合贷款条件的企业提供贷款，引入保险资金分担风险，切实发挥金融机构和财政资金在“助发展、调结构、促和谐、扩效应”上的重要作用。促成科技与金融对接，2014年设立市本级科技金融扶持资金800万元，将科技发展与金融支持对接，推动政府、银行与企业之间的合作交流，帮扶科技类企业发展，支持企业创新和科研成果转化，扩大和加深财政科技资金的引导、扶持作用。支持发展绿色光源（LED）产业。为推动江门市战略性新兴产业（绿色光源）加快发展，按照“突破上游、做大中游、扩大应用”的发展思路，继续鼓励LED项目的投资，提高企业创新能力，打造自主品牌，做大做强市LED产业，2014年市本级安排江门市LED产业发展专项资金1000万元，主要从用地保障、增资扩产、自主创新、创建名牌、申请专利、服务体系建设等方面对LED产业给予支持，推动江门市战略性新兴产业（绿色光源）发展。（林敏子）

【重大基础设施投融资创新】 以投融资规划为引领，以资本运营为手段，成功策划200亿元的重大基础设施项目的一揽子融资解决方案，推动江门市重大基础设施的投融资创新、政府融资平台的转型发展，以及政府性债务空间的适度增长和债务指标的安全运行，实现2014年投融资工作“四个突破”：实现管理理念突破。在全国地级市率先引入投融资规划理念，探索建立“借、用、还”相统一的政府投融资机制。通过科学安排实现规划、城建、土地、国资、财政良性互动，初步奠定“大国资、大财政、大土储”的格局。实现融资思路突破。市本级首次试编年度融资计划，规范融资条件，简化决策程序，提升融资效率。全年与金融机构签署融资合同120亿元，实现提款91.5亿元，创下单笔城建融资规模和期限两个新高。以江门大道及配套道路为核心，重点突破，市本级首次统筹各市区重大项目融资，同步推进城投债、中票、项目贷款以及央企投融资建设。推动调整“三旧”改造国资公司禁入的政策限制，放宽市场准入，拓宽业务空间。紧扣“优质资产”和“强现金流”两大关键，加大财政资金统筹力度。推动国资公司同步开展标准化和非标准化融资，在融资产品、期限、成本上得到优化。实现债务管控突破。通过投融资创新，延长债务年限，平滑偿债高峰期，债务指标回到安全区间。推动广佛江快速通道江门段、广中江高速公路等三个项目纳入省财政厅首批向财政部推荐实施PPP改造项目，

为削减政府债务打下基础。（谭昕力）

【推进政府购买社会服务】 2014年，加强政府购买社会服务制度体系建设。增设“政府购买社会服务”电子采购平台，在公开、公平竞争的前提下简化自行采购程序。核定市本级各有关部门实行政府购买服务转移事项；逐步扩大政府购买社会服务项目实施范围。切实履行政府购买服务牵头责任，加强对市直单位和各市（区）政府购买服务指导，督促相关部门按照推进政府职能转移和“去行政化”的要求，对部门预算项目进行梳理，根据项目实质内容分析研究，对符合政府购买服务内容的，一律纳入政府购买服务范围，执行部门预算中符合条件的逐步纳入政府购买服务范围。整合资源，加大对社会组织培育的扶持力度。2014年整合各市区资源筹集1000万元，实施第一届公益创投。市区联动，做好养老助残网格化项目资金对接。（刘英）

【盘活财政存量资金】 采取措施清理压缩结余结转资金，盘活财政存量资金，减轻财政预算安排压力，保障民生和重点支出。2014年，市本级继续加大清理盘活存量资金力度，共盘活存量资金67326万元，主要用于安排发展先进装备制造业扶持资金、事权财权调整资金、预留深化改革机动资金、消化以前年度的城建支出和还本付息支出以及补充预算稳定调节基金等。通过对单位自有结余结转状况的核查，掌握和摸清有关部门的自有资金存量情况以及历史遗留问题，为统筹部门结余结转资金工作提供参考依据。（邓坤林）

【推进预算绩效管理改革】 2014年，建立江门市财政绩效评价专家库和公开招选第三方评价机构。在江门市政府采购专家库基础上，通过在《江门日报》《南方日报》、江门市政府采购网、江门市政务网等主流新闻媒体公开招聘30多名财政绩效评价专家，通过公开招标的形式，选取广州市中大管理咨询有限公司、广东省技术经济研究发展中心、广东诚安信会计师事务所有限公司、广东省公共事务与社会治理研究会、广东省南方绩效评价中心、中水珠江规划勘测设计有限公司、江门市恒生会计师事务所有限公司、江门市江源会计师事务所有限公司等8家作为2014年江门市本级财政开展绩效评价工作的服务机构。开展好2015年度市本级预算绩效目标审核工作。2015年预算单位已申报绩效目标项目213个，涉及金额13.45亿元。拟纳入专家评审的有173个项目，比2014年增加110个，涉及金额11.95亿元，比2014年增加7.55亿元。做好2013年度市本级预算单位绩效自评工作。为加强对今年市本级财政支出项目和以前年度同一项目的绩效跟踪评价工作，聘请第三方中介机构对2013年、2014年部分项目开展绩效跟踪工作。（柯翔）

税务

【简况】 2014年，全系统始终坚持抓早、抓紧、抓实、抓出成效的工作思路，积极应对外部经济下行和内部减税让利所造成的双重压力，通过精细的测算和措施的谋划，综合协调省局收入任务和地方政府收入目标的完成。市局根据形势的变化召开税收收入调度会、分析会，及时调整思路，制定加大分析、稽查、评估、反避税“四个力度”的组织收入预案，先后组织两次较大规模的税源调查工作，对部分重点税源企业进行专项检查，摸清税源底数，提高税源收入预测能力。加强与党政领导的沟通、协调，取得他们对税收工作的理解和支持，掌握组织收入工作的主动权。2014年4月，国税、地税联合组成税源调研组，走访全市重点税源户，摸清税源动向。争取免抵调库指标377600万元。2014年，中央级、省级、市本级收入任务全线飘红，共组织工商税收收入

2301026万元，同比增收163626万元，增长7.66%。其中，国内税收收入2048277万元，首破200亿元大关，位居全省第8，同比增收226991万元，增长12.46%，完成省局下达任务的104.24%，超收83277万元；全年国内税收中央级收入1468158万元，同比增长11.91%；市本级收入71533万元，同比增长17.1%，完成市政府下达的14%增长目标。

【纳税服务与落实税收优惠政策】 “便民办税春风行动”全面推开，实施《全国县级税务机关纳税服务规范》，下放出口退（免）税审核审批权限到全系统，公开87项税务行政审批事项，取消29项进户执法项目和26个涉税文书报表，简政放权解决纳税服务“最后一公里”问题，纳税人平均办税环节、办税时间、等候时间分别减少30%、78%和52%。先后推出5类23项涉税业务“同城通办”、车购税自助终端办税和委托代征、出口退税网上预审、自助终端发票发售、手机应用程序查验发票真伪、“免填单”等服务，完善纳税服务综合管理系统、电子税务综合服务平台以及纳税人学校的管理，开通微信、微博宣传，开展税收宣传，税法宣讲首次进入市政府常务会议“学法计划”，国地税首次举办纳税人联合大走访。为小微企业减免增值税13234.87万元，减免企业所得税4268万元；落实简并增值税征收率政策，减税675.94万元；及时足额办理出口退税71.7亿元，减免车购税789.24万元，免征发票工本费600万元。

【依法治税】 采取“摸底、号脉、设限”三步走方式规范税务行政处罚裁量权，以蓬江区局为首个试点掀起全系统建设法治税务示范基地的热潮，坚持巡视检查、执法监察、督察内审联合监督检查机制，逐条逐户核查疑点数据，执法正确率达99.98%。以大案要案查处为重点，以行业专项检查和发票专项整治为主要手段，以非金属矿采选业及地方商业银行为重点切入行业，打击涉税违法行为；扩大稽查案件回访范围，运用“两法衔接”信息共享平台，提高稽查执法质效。一年来共检查企业1902户，查补总额32060万元，其中立案查处100万元以上大要案20宗，500万元以上大要案5宗，立案查补总额8348万元；查处非法发票2514份，查补总额1062.2万元。以“黑名单”曝光税收违法案件5宗，以纳税信用等级评定、“诚信绿卡”计划树立诚信典型，推进社会信用体系建设。

【征收管理】 推进金税三期工程优化版试点工作，全系统采取“日+夜、5+2”的方式集中4个月奋战攻坚，做足双轨试运行的各项测试工作，确保金三单轨顺利上线运行。试运行期间的业务量接近7万笔，工作强度位列全省第2。继续深化征管改革，理顺大企业税收管理人员设置，配备12名人员专职对27户市级列名大企业进行税收风险管理专项工作。市一级组建风险监控中心和管理团队，完善风险指标库98项指标，开发风控管理平台，县一级推行集中纳税评估模式，专项性和综合性相结合加强纳税评估，税款入库4007.9万元。小市区实现税收征管属地化，市局直属分局管辖企业划归蓬江、江海区局管理，优化税收征管方式。高新区局、第一稽查局正式成立，落实税制改革，铁路运输、邮政业和电信业“营改增”试点顺利扩围，“营改增”实施以来，7141户纳税人确认纳入试点范围，共实现6.29亿元结构性减税；开展消费税政策调研，向省局提供消费税税制改革建议11条。推进信息管税，开发运用“江门国税数据分析应用平台”，在全省国税系统内率先构建起企业所得税预警监控管理新模式；研发生产企业免抵退税无纸化辅助审核系统，应用稽查选案分析支持系统，深化出口退税评估监控系统运用，实行车购税档案电子化管理，建立微信群进行业务讨论和学习。切实加强税源管理，国地税通过联合调研，统一全市分行业应税所得率预警值，完善企业所得税管理模式；构建管理、服务、调查三位一体的国际税收工作体系，反避税补税入库376.98万元，组织非居民企业税收33405.6万元。

表12：　2014年江门市国家税务收入情况

单位：万元

项　目	2013年	2014年	同比（%）
一、税收收入总计	2137400	2301026	7.66
（一）国内税收收入	1821286	2048277	12.46
1.国内增值税	1250033	1407687	12.62
2.国内消费税	41497	45155	8.82
3.企业所得税	457534	510091	11.49
其中：内资企业	233682	266304	
外资企业	224052	243787	
4.证券交易印花税			
5.储蓄存款利息个人所得税	61	4	-93.44
6.车辆购置税	72161	85340	18.26
7.其他			
（二）海关代征税收收入	316114	252749	-20.04
二、出口产品退税	-1042494	-1088597	4.42

（市国税局）

【地方税务】　概况　2014年，全市地税组织税费总收入262.57亿元，同比增长8.45%，增收20.46亿元。组织税收收入151.04亿元，同比增长8.74%。组织社保费收入93.78亿元，同比增长7.53%，增收6.56亿元；征收教育费附加、地方教育附加、文化事业建设费、堤围防护费、残疾人就业保障金、工会费等其他规费收入17.75亿元，同比增长11%，增收1.76亿元。

【征管改革】　推进涉税信息交换与共享工作。全市共交换涉税信息约34.21万条，利用有关信息增加税收收入约2.8亿元。新会、江海、开平等地税部门先后与当地相关单位实现信息交换。创新管理关联企业管理，通过深入查找关联企业税收管理中存在的问题，着重建立重点关联企业认定制度、税收分析制度、信息共享制度、问题发现制度、工作经验交流制度等“五项制度”。强化土地增值税管理，组织开展土地增值税知识竞赛，加强培训辅导，贯彻落实省局新的《土地增值税清算管理规程》。全市预征土地增值税入库8.58亿元，比上年同期下降5.25%；开展土地增值税清算，清算入库土增税1.59亿元,比上年同期增加103.4%。推进纳税评估专业化，规范纳税评估内部工作流程，制定《纳税评估工作指引》，对疑点选户和结果认定实施集体审议。全市累计完成纳税评估收入8.81亿元，占全市地方税收收入的5.84%。加强数据分析应用，成立市、县（市、区）两级地税机关数据分析监控中心，制定完善数据监控管理相关制度，利用内部申报征收数据，开展全市房土两税申报异常数据指标分析，辅导疑点业户自查补缴税款1969.70万元。

抓好金税三期系统上线运行工作，实现全国税务系统征管软件的统一。

【纳税服务】 整合服务资源，发挥12366服务热线、电子办税服务厅、24小时自助办税机的作用，方便纳税人办理涉税事项。24小时自助办税系统荣获全市机关作风建设创新管理奖。全市共有自助办税终端81台，建有24小时办税厅（点）22个。开展便民办税春风行动，推出336项便民办税措施，简化办税流程87项；推行首问责任制和一次性告知制度，将落实情况纳入日常考核与年度考核。蓬江棠下分局与各村委会合作，开展农村摩托车减免税服务下乡活动。做好税收宣传工作，编印《江门地税》小报，发送给党政部门领导、人大代表、政协委员和重点纳税户，2013年编辑12期，印制60000份。以税收宣传月活动为契机，开展送税法进校园活动，召开全市青年企业家代表座谈会；加强与《江门日报》、江门电视台、电台等本土主流媒体的合作，在相关媒体设立税收宣传专栏。加强部门合作，在市行政服务中心，蓬江、江海区局纳入一个窗口办理“一照三证”服务模式。

【规范费金管理】 推进社保费地税、社保、财政三方对帐平台的建设和应用。从8月7日起三方对账平台实行新旧系统双轨运行，于10月17日成功单轨运行，实现与社保费数据及时交换、问题高效处理、部门准确对账、基金安全运行。联合制定社保费欠缴案件办理规程，与市人社、社保部门共同制定《江门市社会保险费欠缴案件办理规程》，规范社会保险费欠缴案件办理业务流程。从8月开始代征价格调节基金，全市累计有951户申报，基金收入669.7万元，入库率达98.2%。

【税收调控】 坚持做到优惠政策宣传、服务、管理、审批“四个到位”落实各项税收优惠政策， 2014年，全市地税为40余万户（次）纳税人办理各项减免税7.5亿元。其中：2736户执行小型微利企业税收优惠政策，落实企业所得税优惠1209万元；63户执行高新技术企业税收优惠政策，落实企业所得税优惠5161万元。按照政策规定，将堤围防护费征收率下调20%，免征省级堤围防护费收入，月营业额不超过2万元中小微企业、未达起征点的个体户免征围防护费和文化事业建设费。

【依法治税】 开展税收专项检查，涉及的行业有房地产及建筑安装业，股权转让交易的企业和个人。去年立案检查户数17户，组织企业自查户数255户，查补税款入库13879.79万元。打击发票违法犯罪活动，开展打击假发票“买方市场”，组织开展企业发票专项检查，对商家拒绝为消费者开发票的行为进行严肃查处。全市检查企业户数177户，其中64户企业涉嫌非法用票，查处非法发票份数2040份，查补税款、罚款和滞纳金合计入库50.86万元。开展税收联合执法督察，针对税收征管工作存在的薄弱环节和风险隐患，组织开展系统性漏洞排查，对营业税零申报异常数据、双定户异常数据、契税征管、土地增值税清算、行政处罚执行情况等内容进行督察。制定《江门市地方税务局行政处罚裁量权基准》，促进规范行使税收执法中的自由裁量权。加大欠税清理力度，制定欠税管理工作办法，对重点欠税户逐户建档管理，探索建立欠税管理内控预警机制；去年全市共清理往年陈欠税款4001万元。

表13：　2014年江门市地方税务税费收入情况表

单位：万元

项　目	2013年	2014年	同比（%）
税费收入	2203376	2625722	19.17
一、税收收入合计（不含两税）	1111755	1341709	20.68
营业税	408659	469881	14.98
企业所得税	144096	184923	28.33
个人所得税	152146	174562	14.73
资源税	5561	5947	6.94
城市维护建设税	99389	120854	21.60
房产税	59627	86999	45.91
印花税	20032	26227	30.93
城镇土地使用税	94203	116842	24.03
土地增值税	110861	134296	21.14
车船税	17181	21178	23.26
二、社会保险费收入	824671	937796	13.72
三、教育费附加、文化事业建设费及其他收入(含契耕两税）	266950	346217	29.69

（市地方税务局）

金融

概述

【简述】 2014年，中国人民银行江门市中心支行（以下简称“人行江门中支”）贯彻执行货币政策，维护辖区金融稳定，提升金融服务水平，推进珠三角金融圈建设。截至2014年末，江门市金融机构本外币各项存款余额3587.64亿元，比2014年初增长7.57%；本外币各项贷款余额2024.51亿元，比2014年初增长18.01%。

【执行货币政策】 2014年，贯彻执行国家稳健货币政策，改善货币政策的传导机制。加强利率管理，在利率市场化日渐明朗的形势下，指导金融机构完善利率定价机制，充分考虑自身资产负债、经营成本、市场策略和地区差异等因素，按照风险原则合理确定存贷款利率水平，提高定价能力。做好信贷规划调控，保持贷款合理适度增长。辅导辖区各法人金融机构及时根据经济形势的变化，合理测算信贷总量，适时调整信贷结构。在控制好投放节奏的前提下，引导辖区各法人金融机构加大信贷投放力度，特别是对涉农和小微企业的信贷投放。开办支农、支小、再贴现业务，引导金融机构加大对涉农、小微企业贷款投放力度。

【维护辖区金融稳定】 2014年，开展金融风险监测评估，完善金融稳定工作长效机制，深入研究金融领域发生的新情况和新问题，加强系统性、区域性金融风险防范，推动辖内全面建成金融稳定协调机制。人行江门中支指导辖内各县市支行与当地银监、金融办、经信、公安等部门签订金融稳定与监管协调合作备忘录，推动江门辖内全面建成金融稳定协调机制。拓宽综合评估结果运用渠道。密切与江门市住房公积金管理中心的合作，推动《江门市住房公积金业务受托金融机构管理办法》修订，将对辖区开业满一年的市区一级银行业分支机构和辖区法人银行机构的综合评估结果列入辖区住房公积金受托金融机构准入、退出的条件。

【提供金融服务】 2014年，引入市场竞争机制和强化工作措施，将中国建设银行江门市分行、广发银行江门分行、工商银行江门分行、中国银行江门分行加入助农取款承办机构行列；实现持卡人在部分服务点可免费办理跨行提取发放到社会保障卡金融账户上的退休金等政府待遇和补贴，村民足不出村即可享受社会保险（放心保）基本业务服务。截至2014年底，助农取款服务点累计发生查询笔数97984笔，取款交易笔数126224笔，取款金额3037.03万元，转账、刷卡金额6067.32万元。推广电子商业汇票业务。截至2014年底，江门全辖发生电票承兑金额265927.42万元，贴现金额214728.08万元，比2013年增长78.78%和110.23%。加强对江门市人民币流通管理，提高“现金流通环境社会满意度”。推进银行机构自动柜员机10元券取现、冠字号码查询的便民工程。自动柜员机10元券取现稳步推进：2014年5月23日，人行江门中支辖区首批3台提供取零（10元券）ATM在工商银行江门分行成功投入使用。截至12月31日，人行江门中支辖区实现冠字号码记录查询的取款机有788台，完成比例为100%，实现冠字号码记录和查询功能的存取款一体机有1803台，完成比例为100%，实现冠字号码记录和查询功能的网点有859个，完成比例为99.31%。推进假币专项治理工作向纵深发展，实现假币“零容忍”工作目标。2014年4月，根据“一级财政、一级国库”的财政体制模式，国家金库江门高新技术产业开发区支库正式成立,纳入高新区行政区域的2000多家企业税收收纳、报解、退付业务以及财政预算支出由高新区支库正式办理，实现江门市江海区、高新区财政体制改革后各级次税收收入缴库、退付业务顺利过渡。创办《江门国库信息》专刊。人行江门中支利用国库对预算资金收入、支出、库存信息“全、准、快”的突出优势，创办《江门国库信息》。2014年，江门融和农商银行与市交通运输局、出租车公司通力合作，推出集支持磁条卡、金融IC卡接触式及非接触式支付方式于一身的车载POS，能够受理金融IC卡闪付和联机交易，兼容纯磁条卡刷卡交易。2014年12月8日，江门融和农商银行举办江门市出租车车载POS启动仪式暨新闻发布会，标志着江门市成为广东省首个实现“金融IC卡打车闪付”的城市。推进及指导国家外汇管理局江门市中心支局辖区银行实施直接投资外汇管理改革及外商投资企业外汇资本金结汇管理方式改革，促进和便利企业跨境投资资金运作。推进跨境人民币业务。2014年，江门市跨境人民币结算金额705.49亿元，同比增长78.54%。贯彻落实外汇管理改革和跨境人民币简化政策，简化各项业务流程，便利企业、个人办理跨境收付结算。加强对国家外汇管理局江门市中心支局辖区银行、企业的“窗口指导”落实货物贸易名录企业分类管理。打击各种外汇违法、违规行为，维护国家外汇管理局江门市中心支局辖区外汇金融秩序。

【推进金融消费权益保护工作】 2014年，完善以“社会组织模式”深入推进金融消费权益保护的工作机制，推进金融消费权益保护工作（以下简称“金融消保工作”）。2014年4月，广东省政府《关于2013年度全省“两建”工作考核情况的通报》将江门金融消保工作列入“重点领域建设工作亮点”，指出“江门市成立了全国首个金融消费权益保护联合会，创造良好金融消费环境”。人行江门中支率先在全国以“社会组织模式”开展金融消费保护评价工作，创建了金融消保“四评”工作体系。完善机制，健全体制，妥善化解金融消费纠纷。开展非诉调解，引导金融机构和金融消费者实现沟通调解。截至2014年末，江门金融消费权益保护联合会“12363热线”全部投诉均已得到妥善处理。开展“金融教育进课堂”专项教育活动。与鹤山市第三中学签订长期合作协议，通过编写教材、教案、教学PPT，并组织辖区金融系统资深、专业人员组成讲师团队，对500多名中小学生进行跟踪授课和金融知识能力测试（成绩纳入学生素质教育评价指标体系），将金融教育纳入中小学生素质教育；落实与五邑大学签订的大学生信用知识教育合作协议，在大学校园常年开设征信管理讲座。在《江门日报》创建每周“12363金融消保热线”专栏；举办金融消保学术交流、“互联网金融”知识讲座、“‘3·15’金融消费者权益日”等多项大型金融消保宣传活动。

【推进社会信用体系建设】 2014年3月，中国人民银行下发《关于加快小微企业和农村信用体系建设的意见》，明确江门市为全国小微企业信用体系建设试验区。推进辖内中小企业信用体系试验区建设，推进中小企业和农户信息征集与更新工作，建立信息收集和更新的长效机制。推动行业性的征信网建设。建立和完善中小企业综合融资平台“信融通”，建立起中小企业的融资通道。加强对“行市共建”信用体系模式的业务指导，推动落实中国人民银行广州分行与江门市政府合作框架协议。截至2014年末,已落实2013年《协议》现场签约授信中的257亿元，带动全市固定资产投资突破1000亿元，GDP突破2000亿元。探索以信用建设助推小微企业发展、农村金融服务和社会管理的新经验和新路径。推广“公司+农户”“农户产业链+征信+信贷”的金融创新；将征信体系建设与货币信贷政策相结合，增加金融扶贫小额贷款额度。以恩平市为试点，深化恩平市征信中心建设。设立合作农业贷款担保基金300万元，建立涉农金融机构信用贷款风险补偿机制；出台惠农贷款举措。作为广东省首个地级市试点，江门市创新地方政府与金融机构合作服务“三农”的模式，以政府、银行、保险公司三方风险共担为基础开展农业“政银保”业务。

【规范和培育信用服务市场】 依托企业征信系统，推进银行与政府部门间信息共享。截至2014年末，江门市共采集公积金缴存、法院信息、环保信息、工商信息等10类非银行信用信息；江门市金融机构累计查询31554家企业在政府部门的信用信息，批准贷款企业30554家。制定《江门市社会信用体系建设规划（2014-2020年）》《江门市公共联合征信系统建设方案》，推广与行业、部门和地方信用建设相关的系统规范在本辖区的使用，建立江门市企业信用信息综合管理系统，推进全市统一的信用信息公开共享平台的建设工作。推动征信市场发展，2014年9月出台《关于在行政管理事项中使用信用记录和信用报告的暂行办法》，并于2014年10月1日在广东省内率先施行。推进征信机构准入工作。2014年，江门市共成立3家评级机构。江门市在广东省内率先开展对担保公司、小额贷款公司信用评级工作。

【金融业发展】 对金融机构实行“开业管理、营业管理；综合执法、综合评价”。银行业金融机构种类、数量稳步上升。2014年，新会新华村镇银行、广州银行江门分行、华兴银行江门分行相继落户江门。截至2014年末，江门共有各类银行业金融分支机构29家，法人机构8家。定向简化开业管理工作流程。简化新设同城一级分支机构申请加入人民银行金融服务与管理体系的有关手续，指导新会新华村镇银行、招商银行新会支行等6家新设银行业机构加入人民银行金融服务系统。推动辖区台山农信联社、鹤山农信联社、开平农信联社开展增资扩股工作，促使辖区农信社向改制为农商行迈进。

【反洗钱工作】 推动“风险为本”的监管体系，建立科学有效的金融机构监管模式。实施差别化的分类监管措施。履行非现场监管职能，强化风险为本的反洗钱监管体系，通过完善监管考核指标，合理引导金融机构反洗钱工作。开展反洗钱执法检查。对反洗钱执法检查中发现金融机构在开展反洗钱工作中存在的问题与不足，提出相应的整改意见，提高金融机构反洗钱意识。深入推进案件分析和调查工作。

【外汇管理工作】 2014年，创新服务手段，推动外汇管理改革。完成跨境收支监测分析系统的推广以及国际收支新旧涉外收支编码切换工作，引入个人本外币兑换特许机构，推广跨国公司外汇资金集中运营试点企业。提升监管能力，查找异常外汇资金流动线索，加强对地下钱庄、网络炒汇等外汇违法行为的打击力度，防范跨境资金流动风险。强化监测分析工作，提升跨境资金流动监管成效。以《国际收支手册（第六版）》最新统计原则实施为契机，开展“推制度，谋创新，深化金融服务促发展”主题活动，提高江门市外汇业务数据质量。加强银行贸易融资管理，防范虚假贸易等套利行为发生。关注国际经济金融的发展态势和人民币国际化进程，多角度开展信息调研工作。加强管理，加快转变管理方式。完善制度，加强思想政治建设，严格执行中央八项规定。

（人行江门中心支行）

【银行监管】 2014年末，各项存款余额

3522.98亿元，比年初增加245.72亿元，增长7.50%，比去年同期减少6.98个百分点；各项贷款余额2024.81亿元，比年初增加309.48亿元，增长18.04%，比去年同期下降1.09个百分点。辖内银行机构资产总额3967.20亿元，比年初增长24.83%；负债总额3808.85亿元，比年初增长24.18%。

支持实体经济　按照国家产业政策和银监会《中国银监会关于银行业服务实体经济的指导意见》等文件要求指导辖内银行业信贷支持实体经济，江门辖内银行机构投入除房地产、金融以外行业的贷款余额占各项贷款余额比例超过90%。贯彻《国务院关于化解产能严重过剩矛盾的指导意见》和2014年银行业监管会议部署，将推动化解产能过剩作为当前和今后一个时期银行业转型发展和推进产业结构调整的工作重点。完善差别化信贷支持安排；完善差异化监管政策。督促银行业加强小微企业金融服务。采取措施引导银行机构降低小微企业融资成本，推动小微企业发展，完善和创新小微企业服务。强化宣传，2014年5 至6月督促银行业金融机构开展第三届小微企业金融服务宣传月活动。参加宣传月活动的银行业网点772个，报刊、网站刊登相关报道31篇，举办各类活动超过60项，累计投入人员1288人次，参与企业1019户，银行机构与企业签署业务笔数926笔，合计金额11.71亿元。加强监测和引导。截至2014年末，银行业金融机构小微企业贷款余额合计804.78亿元，比年初增加134.48亿元；小微企业贷款比年初增长20.06%，贷款增速高于全辖各项贷款增速（18.04%）。拓展小微企业金融服务思路。支持农村普惠金融建设，完善网点覆盖，引导银行机构尤其是农村金融机构向乡、镇、村下沉网点和服务，提升便民服务点和自主服务终端的覆盖面。支持江门融和、新会农商行到恩平市跨区域设立分支机构，两家农商行2014年全年共增设4个分支机构（含2个异地支行），增加自助服务设备81台。推进“三大工程”，督促农村金融机构深化乡镇基础金融服务。加大对普惠金融和农村金融服务“村村通”工作的指导。截至2014年9月末，辖区各项涉农贷款702.42亿元，比年初增加87.14亿元，比去年同期增长13.9%。

防控金融风险　关注重点领域信贷风险。2014年8月江门银监分局召开全辖银行机构工作会议，要求银行机构采取措施认真贯彻落实银行业监管工作会议精神，并对产能过剩等行业信用风险、贸易融资风险、互联互保、地方融资平台等几个重点领域的信贷风险进行自查并将有关情况报告江门市银监分局。防范贷款集中度风险。强化法人银行机构集中度持续监测工作，督促贷款集中度超标机构按照已经制定的集中度压降方案，加快股权改造，充实资本金，加大压降力度，争取尽快达标。重点关注非信贷风险。按照银监会银行业监管要点，对各银行机构开展表外信贷业务、同业新规执行情况现场检查。督促银行机构按照有关规定开展同业业务，加强表外业务风险防范，加强个别多头授信、境内外关联交易的大额授信企业的风险管控。推进化解房地产行业信贷风险。加强对房地产信贷风险的监控，每月定期监测房地产贷款以及市区房地产市场数据的变化情况，并对江门市房地产数据进行及时的分析和监测，向有关部门和机构报送房地产风险数据，做好房地产贷款风险预警工作。加强房地产贷款风险监管，督促各机构加强房地产市场风险研判，强化对资产负债率高、多头授信的房地产企业的风险管理，严防房地产贷款风险。组织辖内银行机构开展房地产贷款压力测试为监管工作决策提供有力参考，从测试结果来看，在轻度压力情况下，江门辖内房地产贷款不良率依然低于辖内不良贷款率，贷款质量未出现恶化。

【推动金融改革】 推动法人银行机构明确发展战略，加强资本约束，提升内控水平。通过审慎监管会谈（12次）、监管走访以及加强指标监测等措施，引导农金机构加快建立现代农村金融企业制度，制定聚焦“三农”的客户、产品、渠道战略，以及配套的战略支撑体系。完善适合“小法人”特点的治理结构和治理机制。督促树立全面风险管理理念，强化资本约束、风险约束和财务约束，落实全面风险管理机制建设要求。推动农村商业机构股权改造升级。借鉴江门融和、新会农商行改制的成功经验，引导开平农信社、台山农信社、鹤山农信社3家联社争取通过地方政府注入资产的方式压降涉政不良贷款，启动股权改造工作。截至2014年末，3家联社已启动增资扩股工作，开平农信社、台山农信社已按照核准的募股方案及募股计划开展募股工作，鹤山联社已制定募股方案。鼓励和支持新机构进驻江门，指导华兴银行江门分行、江门新会新华村镇银行开展筹建开业工作。截至2014年末，辖区银行机构数量已由2004年银监分局成立时的12家增至29家。做好回复人大建议、政协提案、处置金融服务信访投诉工作。2014年，江门银监分局接办人大建议3项、政协提案14项，除1项尚在处理中、尚未到期外，其他建议提案已经办结。对辖内银行机构开展服务价格暗访现场核查，要求各银行机构对服务价格进行全面梳理检查，杜绝附加不合理贷款条件和收取不合理费用的行为。开展“走基层、送服务、惠民生”活动。为深入贯彻党的群众路线，全面推进银监会关于持续推进支农服务“三大工程”“送金融知识下乡”“促监管政策进基层行”等有关活动，督促辖内农村中小金融机构深化“三农”、小微企业金融服务，召集辖内农村中小金融机构开展“走基层、促监管、惠民生”活动，通过将分局干部派驻到各农村中小金融机构，宣讲监管政策，参与到各机构“三农”、小微企业服务中去，并组织分局青年干部，与各农村中小金融机构一起“走乡、入户、进社区”。协调做好2014年江门银行业创文迎检工作。指导江门市银行同业公会多次召开江门银行业创文工作会议。江门银监分局对人民群众普遍关心的化解不良信贷、防范金融诈骗、破解中小企业融资难、普惠金融、促进消费等方面课题进行调查研究，先后形成并向银监会、江门市政府报送调研报告12篇。

（江门银监分局）

银行业

【广发银行股份有限公司江门分行】 2014年，分行全辖共有20个分支机构（含江门市区、台山、新会、开平、鹤山），在册职工人数547人。全年资产规模整体呈稳定的增长态势，存、贷款规模较年初均有大幅增长，业务结构不断优化，运营效率迈上一个新台阶。本外币日均存款137.4亿元，较上年增幅14%，本外币日均贷款54亿元，较上年增幅32%；实现营业收入5.4亿元，较上年增幅16%；净利润2.3亿元，较上年增幅12.7%。全年安全运营，无案件发生。2014年，与政府合作，推出有效解决中小企业融资难题的“政银保”业务；与人社局、中心医院成功签约《江门市中心医院社保诊疗“一卡通”项目》，开创“政银医”合作新模式。支持重点产业建设，全年支持通信电子行业、电气机械及器材制造业、食品制造业、造纸及纸制品业和纺织服装制造业五类重点行业的总贷款余额为2.38亿元。支持小微企业发展，支持实体经济及地方支柱产业的优质小企业客群，针对江门市红木制品、水暖卫浴、制鞋、医药零售等特色行业办理批量授信专案，推进“好融通”“快融通”“市场贷”等产品营销。获“2014年最具社会责任感金融企业”“2014年最佳中小企业服务金融企业”“2014年度江门最受欢迎信用卡”“2014年度江门最具成长性银行”“江门市金融消费者权益保护工作先进单位”等多项荣誉。

【江门融和农村商业银行股份有限公司】 2014年，江门融和农商银行资产规模273亿元，存款总额209亿元，贷款总额150亿元；分别较2013年末增长13.41%、11.60%和14.61%。2014年实现净利润43457万元，同比增长26.04%。2014年末，资本充足率为13.94%；核心一级资本充足率及一级资本充足率为12.80%，不良贷款率为1.23%，拨备覆盖率为272.58%；拥有营业网点64个，职工832名，并在广东、山东、河北等地发起设立6家村镇银行。2014年2月13日，江门融和农商银行与江门市农业局、人保财险江门分公司共同签署江门市农业“政银保”合作协议，成为广东省首个地级市农业“政银保”项目唯一合作银行。在两年试点期内，江门市财政每年投入1000万元作为扶持专项基金，江门融和农商银行按照1:10的比例安排1亿元贷款规模，支持本地农业经营主体。至年末，江门融和农商银行向24家农业经营主体发放农业“政银保”贷款9550万元，间接帮扶农户16000余户。

民营经济

概述

【民营经济情况】 2014年，全市规模以上民营企业工业增加值达347.41亿元，增长13.5%；民营企业3.80 万户，新增5182家，增长15.79%，注册资金687.81亿元，增长18.33%；个体工商户17.62万户，新增15580户，注册资金43.92亿元，增长19.9%。民营企业固定资产投入654.55亿元，增长30.1%，外贸出口61亿美元，增长13.2%；民营企业贷款余额1062亿元，增长14.7% 。

【健全中小微企业信用担保体系】 全市有融资性担保机构8家，其中本地法人机构7家，分支机构1家，资产总额8.72亿元。2014年，全市担保机构担保业务收入3603万元，担保业务利润3168万元，净利润总额410万元。担保业务期末余额为17.37亿元，担保户数631家，其中中小微企业611家；发生代偿金额4826万元，年度融资性担保代偿率为1.52%。中盈融资担保公司获得2014年中央财政中小企业发展专项资金改善融资环境项目拨款80万元，并获得免征营业税资格。2014年，市政府安排1000万元作为担保基金，由市经济和信息化局与广发银行、中保财险公司签订协议，正式启动江门市中小企业“政银保”项目；其后，省中小企业局按照省、市1:1的比例安排市配套资金1000万元，用于扩大“政银保”项目资金池规模。

【完善中小微企业综合服务体系】 江门市中小企业综合窗口服务平台、江门市环保产业集群窗口服务平台、江门市LED产业集群窗口服务平台三个国家级中小企业服务平台开展企业服务对接工作，2014年，开展各类对接各类服务近800项，涉及人才培育、融资担保、管理咨询、节能环保、技术创新、市场开拓和信息化等多方面。江门市的政企通信息平台注册企业及机构超过20000家，全面覆盖全市规模以上企业，平均每月发送涉企政策信息超过20万条。2014年，政企通微信和微博平台正式启用，与“12345”政府服务热线深度融合。市中小企业综合服务大厅已有20家专业服务机构进驻，并安排专人为企业提供点对点的一站式窗口服务，组建起企业管理培训、政企综合资讯和在线融资服务等三大子平台。

【应关注的问题】 民营经济发展的制约因素体现在外部和内部两个方面。企业外部方面，一是整体市场不景气，需求不足。二是一些经营领域对民营企业设置较高的准入门槛，例如能源、金融、交通等行业。三是针对民营企业的法律法规还未够完善。企业内部方面，一是民营企业多数生产的产品种类单一、技术含量低，贴牌和代工的比例较大，抗风险能力较弱。二是对科研投入不够重视，技术改造投入少，缺乏核心竞争力。三是企业人员流动性较大，缺乏企业长远发展的人才支撑。

（市科技局）

民营科技

【一区多园】 根据《江门市人民政府办公室关于印发江门高新区实施“一区多园”意见（试行）的通知》（江府办〔2013〕47号）要求，2014年将江门先进制造业江沙示范园区、鹤山工业城和龙湾工业园等条件成熟的园区纳入高新区的管理范围，并统一冠名，初步形成

“一区多园”国家级高新区架构，并引导符合条件的其他园区申请纳入该模式，借助高新区品牌效应助力自身发展。2014年经多方的努力，江门高新区逐渐理顺管理体制，完善管理措施，建立江门高新区“一区多园”工作联席会议制度和《江门高新区“一区多园”建设工作实施方案》《江门高新区“一区多园”认定与管理办法》和《江门高新区“一区多园”考核办法》等文件。实现对各园区工作的“五个统一”：统一指导管理、统一产业规划、统一组织招商、统一考核评价、统一品牌塑造。核心园区重点发展以绿色光源（LED）为代表的高新技术产业，江沙示范园重点发展电子电器制造业，鹤山工业园重点发展新材料产业等。通过完善园区管理机制、优化要素配置、提高资源利用水平，推进产业集聚，把江门高新区打造成为全市培育发展战略性新兴产业和高新技术产业的核心载体、引领江门产业转型升级的重要引擎。

（市科技局）

农业

概述

【市农村工作会议】 2014年4月21日，召开全市农村、扶贫工作会议，总结2013年农村工作情况，部署2014年工作任务。市委书记刘海、市长庞国梅、市委常委冯立坚、市人大常委会副主任陈敏标、副市长陈佳林、市政协副主席赵树培、市政府党组成员容福华等市领导出席会议，市直有关单位主要负责人，各市（区）主要领导、分管领导及农业、扶贫部门负责人，各镇（街）主要负责同志等250人参加会议。会议由市长庞国梅主持，刘海书记作重要讲话，市政府党组成员容福华传达全省农村工作会议和扶贫开发“双到”工作现场座谈会精神，总结2013年江门市农业农村工作，并对2014年农业农村工作作部署。

【农业生产情况】 2014年，克服低温、台风暴雨袭击、人感染H7N9禽流感等不利因素影响，全市实际完成粮食播种面积286.73万亩，粮食总产量95.27万吨；水果种植面积30.07万亩，24.92万吨；花卉种植面积11.21万亩；蔬菜播种面积88.87万亩，亩产1410公斤，总产125.36万吨。全市肉类总产量39.72万吨，其中猪肉25.55万吨，家禽肉2.96万吨，分别比同期增-5.76%、-0.84%和－11.98%，生猪、家禽业逐步走出市场低谷，全年量减价升。

【社会主义新农村建设（名村示范村建设）】 以农村环境综合整治、乡村景观改造提升、农村管理优化创新等重点项目建设为突破口，抓好幸福村居、名村示范村建设，创建市级示范村10条和县级名村示范村81条。截至2014年底，全市建成广东名村21个、市级名村19个、市级示范村36个、县级名村示范村294个。

【农村耕地流转】 全市建立土地流转服务中心83个，推进土地流转工作规范有序管理，成立土地纠纷仲裁机构，积极调解农村土地承包经营纠纷。通过出租、转包、转让、互换、入股等形式，引导承包地有序向规模经营主体流转，面积49.1万亩，其中100亩以上连片753宗。

【农业产业化经营】 2014年，全市市级以上重点农业龙头企业65家，其中新增8家；农民专业合作社1473家，农户入社率30%。全省首个地级市制定并实施示范性家庭农场标准，建立市级示范性家庭农场21家。开平市国家现代农业示范区落实省级财政项目资金6000万元，广东省粤台（江门）农业合作试验区落实省级资金2000万元；落实中央连续三年财政资金共6000万元，推进优质稻产业带建设；全市建成各级农业园区17个,其中国家级1个，省级现代农业园区7个。推进农业社会化服务，引导发展各类行业协会、农业服务公司、服务性农民合作社等服务主体，如全市成立全省首家地级农民合作经济组织联合会，拥有单位会员102名；引导农业服务组织开展涵盖科研推广、农业培训、信息咨询、检验检疫、市场促销、金融保险等公益性与经营性相结合的全程综合配套服务。如鹤山市合兴农机合作社开展包耕、包种、包收、包运和作业需求、价格行情、天气、油料、维修等服务，年作业服务面积超3万亩，服务农户7650多户。扶持如广东皓阳农业科技有限公司等服务组织提升服务能力，从台湾引进国内规模最大的水稻育秧自动化生产线，为农户开展统育统供配送服务。

【调整优化农业结构】　全市实施优质粮工程，推进粮食创高活动，水稻良种覆盖率达98%以上。发展特色优势产业，马冈鹅、冲蒌黑皮冬瓜、牛江马铃薯等特色农产品规模化、区域化发展格局初步形成。加快发展冬季农业，全市冬种生产面积60多万亩，其中马铃薯近7万亩，江门市成为全省第二大冬种马铃薯产业基地，恩平市被列入国家马铃薯产业示范区。推进畜禽禁养区、限养区和适养区划分和畜禽规模化、标准化、产业化养殖，引导发展白鸽、鹧鸪、山鸡等特色珍禽养殖和黑山羊等草食畜牧业。

【农业科技发展】　全市深化与农业部“四大院”合作，加强与农业部“四大院”的技术交流合作。引进良种良法，开展试验示范推广，全市农作物和畜禽良种覆盖率分别达到97%和95%以上。推进基层农业技术推广体系建设，全市农村遴选科技示范户3310户，辐射带动周边农户3.7万户。培育现代种业，广东鲜美种苗、江门种业、高华种业和广三保种猪场等种业企业发展势头良好，广东鲜美种苗有限公司发展在全省处于领先水平。全市农机总动力达187.2万千瓦，农作物机械化水平达到53.65%，高出全省平均水平12个百分点，其中水稻生产综合机械化水平达到77.57%，水稻育插秧机械化水平达到35.5%。

【无公害农产品基地建设】　推进省“菜篮子”基地和省、市级标准化示范区建设，建成省级“菜篮子”基地（培育）22个和省、市级农业标准化示范区(基地)51个；实施国家畜禽标准化项目19个，累计落实各级财政投入3161万元；新会区大鳌镇的省级农业标准化示范区——《水稻新品种标准化示范区》通过省考核验收。全市有效期内国家有机食品认证的企业3家，产品有15个；绿色食品认证企业15家，产品38个；无公害农产品认证企业148家，产品205个；农产品地理标志认证主体2个，产品2个；有效期内的省名牌产品（农业类）26个。江门市组织“墟岗黄鸡”“基龙凤山鸡”“珍香牌丝苗米”“址山贡粮”“优之名马冈鹅”等5个农业名牌产品参选由省农业厅等9个省级部门发起的广东省十大名牌系列农产品评选推介活动，“优之名马冈鹅”被评为省十大名牌农产品50强。

【农业信息网建设】　2014年，开通江门扶贫信息网、江门市农业技术服务中心网站和江门农业网手机版，开通江门农业新浪微博、腾讯微博和微信，82条扶贫村村委会安装触屏机。江门农业信息网建有江门市农业技术服务中心、江门市动物疫病预防控制中心、江门市畜牧兽医技术推广站、江门植物保护网、江门市农产品质检信息网、江门市禽业协会等子网站。依托“江门市农村信息直通车”网站，开发完善农村信息直通车触摸屏系统、农村信息直通车信息展示系统、农产品质量安全监管展示平台、动物产品溯源公众查询系统、农业生产经营企业诚信信息档案系统、涉农财政补贴信息服务系统、“12316”“三农”热线服务系统、农业专业技术人员继续教育培训系统等便民服务系统。“12316”“三农”服务热线与“12345”政府热线并线，市、县、镇、村四级1600多个信息员通过该系统查看涉农财政补贴信息并报送涉农信息数据，热线办理程序更加规范，接听办理电话500多个。2014年，江门农业信息网、江门市农村信息直通车系统、江门农业微信、微博等提供“三农”服务信息2万多条，发布农业信息8447条(不含农产品价格信息11390条)，上传图片近3000张，本地新闻源信息487条；在省农业信息网发布新闻信息1417条，比上一年935条增长51.6%，连续两年在全省地级市排名第一。

【农产品质量安全监测】　2014年，加强“市县镇”三级农产品检测体系建设，建成乡镇农产品检测站16个，新会区镇级检测站实现全覆盖。制定《2014年江门市农产品质量安全监测方案》《2014年江门市农产品质量监督抽查工作方案》《2014年江门市农业环境监测方案》《2014年江门市饲料质量安全监测方案》和《2014年度江门市农产品质量安全专项整治工作方案》等文件，细化监测品种、数量、抽样方法、监测结果处理等事项，对农产品质量安全监管事前、事中、事后工作均作出具体明确的规定，加强日常监管、例行监测、监督抽查和专项整治，开展蔬菜、畜禽、稻谷、茶叶、食用菌等产品风险监测，全市蔬果农药残留检测合格率为99.57%，“瘦肉精”残留检测合格率达到100%。

【扶持老区和贫困地区发展】　2014年，全市各级农业部门落实中央和省有关扶持革命老区建设的精神，把扶贫开发工作与年轻干部培养锻炼密切联系起来，派出由219名驻村干部组成的80个工作组驻村开展帮扶工作；制定实施《关于统筹推进江门市城乡扶贫开发工作方案》，在全国率先开展城乡贫困人群统筹帮扶工作，实施精准帮扶，把全市城乡有劳动能力且有劳动意愿的贫困家庭纳入帮扶对象，探索实施资源激励型财政奖励政策，把推进基本公共服务均等化纳入扶贫工作的重要内容，财政奖励资金全部用于村（居）公共服务，在全市所有村（居）建立统一的社区公共服务站，实行“一个平台全覆盖”，落实103项基本公共服务项目，力争2015年内全面消灭贫困村。截至2014年底，全市80条贫困村累计筹集资金3.41亿元，平均每村426.8万元；80条重点扶贫村开通信息服务终端查询系统。三年计划实施基础设施、产业、就业、教育、医疗等民生帮扶项目2973个，已完成各类帮扶项目2487个，完成率83.65%。

【财政金融支农】　2014年，全市落实省级以上支农财政资金约10.14亿元。在全省首个地级市范围启动农业“政银保”试点，通过整合财政支农专项资金1000万元，放大撬动银行1亿元免抵押低息贷款，保险企业实行风险担保，搭建农业投融资平台，缓解农业融资难、融资贵问题。全市审批同意向27家农业企业放贷，涉及资金1亿元，项目试点成效获得国家、省有关部门单位的充分肯定和新闻媒体的高度关注报道。全年政策性水稻种植保险承保面积252.58万亩，保险面积覆盖率95.87%；启动蔬菜、花生、甘蔗、奶牛、马铃薯等农业项目保险试点，各市（区）结合实际落实1～2项涉农保险补充项目，有效地降低农业风险和灾害损失。

【农业新兴产业发展】　2014年，组织参加国家、省农交会，推动杜阮凉瓜、礼乐葡萄和新会陈皮文化节等会展农业发展。新会陈皮村总投资3.5亿元，建成集交易、餐饮、休闲、养生、旅游于一体的全国首个大型特色农产品商业文化综合体和“中国（新会）陈皮文化节”场馆；第四届江门市农业博览会参展企业近400家、产品3000多种，入场参观购物超50万人次，现场农产品销售额达1000多万元，擦亮“江门农博会”名片。

【农产品、农资产品监管、执法】　2014年，制定实施《江门市农业局关于农资和农产品监管“黑名单”管理办法（试行）》，通过曝光违法违规行为促进规范管理；推动高毒、限用农药定点经营示范点和放心农资经营示范点建设，强化农业行政执法。全市核发饲料企业许可证66家，出动执法人员近2万人次，检查农资经营企业4189家次、动物场所2476家次，查处案件102宗，查处假冒伪劣肥料、农药、饲料和兽药共32.3吨。

【农业面源污染治理】 2014年，继续实施世界银行贷款广东农业面源污染治理项目，全市 6774户农户参与环境友好型种植业子项目，低毒高效（生物）农药、配方肥、控（缓）肥施用面积33294亩；15家养殖场列入牲畜废弃物治理子项目，计划投资3240万元，40个规模化畜禽养殖场治理项目通过国家环保部核查；推广应用水稻测土配方施肥278万亩，水稻病虫害专业化统防统治面积3.03万亩，肥料利用率提高10%，农药使用量减少20%，秸秆还田率达45%；加强畜禽养殖业污染减排重点项目督查，全市出动监督巡查6.5万人次，检查养殖场、池塘、河涌等5.1万场次（处），全市2800个畜禽养殖场建造病死畜禽无害化处理设施，无害化处理牲畜5.8万头，家禽4.2万只，有效降低病死畜禽对环境的污染。推动畜禽养殖废弃物综合利用，全市累计建成421个沼气池，容积近7.3万立方米，生态农业规模达10万亩，沼气综合利用水平处于全省前列。（许伟强）

粮食生产

【粮食生产情况】 2014年，全市实际完成粮食播种面积286.73万亩，粮食总产量95.27万吨。落实粮食考评工作责任制。层级分解粮食工作任务，强化层级考核机制，明确各级政府及有关部门的工作职责。贯彻落实中央和省各项强农惠农政策，宣传和贯彻落实农资综合直补、种粮直补、良种补贴等惠农政策，层级落实配套资金，及时发放各项粮食补贴资金。2014年全市共发放种粮补贴资金26699.78万元，其中农资综合直补资金20358.79万元，种粮直补资金2200.95万元，中央农作物良种补贴资金4140.04万元。全面落实粮食生产各项措施，开展粮食高产创建活动。2014年全市共落实粮食高产示范点75个，其中水稻73个，单季示范面积14.3万亩。大面积推广粤晶丝苗2号、合丰占、五山丝苗、华航31等水稻高产优质品种，全方位实施测土配方施肥，推广机械化插秧，推广水稻统防统治，保证粮食高产示范点粮食产量，辐射带动农户种植高产优质水稻品种，促进粮食单产提高，稳定全市粮食产量。推广各项适用技术。全市机插面积达到92.13万亩，机插率为35.5%，比上年提高近3.5%，水稻生产耕种收综合机械化水平达77.57%。全市推广应用水稻“测土配方施肥”278万亩，实现测土配方施肥技术全覆盖；水稻病虫害专业化统防统治达3万亩；推广一批高产优质粮食品种，如粤晶丝苗2号、华航31、合丰占、五山丝苗、黄莉占等水稻品种；新美夏珍、金茂甜6号等玉米品种；荷兰15、大西洋等马铃薯品种，粮食良种覆盖率达98%以上。落实好防灾减灾措施，2014年5月初，江门市部分地区遭受强降雨，造成严重的洪涝灾害，全年水稻受灾面积13.93万亩，理赔支出达1824.65万元，赔付率达36.12%，比上年增长13%，其他主要生产季节自然生产条件良好，无台风正面吹袭、晚稻抽穗扬花期间没有寒露风影响，早晚稻生长中后期光照足，禾苗长势大面积平衡，病虫害发生中等，各项管理措施落实到位。开展科技指导服务，实施国家、省、市农业科技项目，推进科技下乡进村入户。全市举办各类农民培训班310场（次），培训人员8万多人（次）；科技下乡达6000多人（次），推广新品种136个、新技术78项。抓好冬种马铃薯生产，恩平市牛江镇和良西镇分别建立国家级马铃薯万亩高产示范片，开平市和恩平市建立市级冬种马铃薯生产示范点。冬种生产期间，各级召开冬种及农机化生产现场会，各地办好示范点以带动群众发展冬种生产，制定扶持与激励措施，扩大冬种粮食生产规模。2014年春收马铃薯面积增加，产量保持稳定，收购价格高，冬种马铃薯生产取得较好的经济效益。做好病虫害预测预报防控工作。推广绿色防控技术，重点抓好迁飞性害虫稻飞虱、稻纵卷叶螟和流行性病害水稻纹枯病、稻瘟病等病虫及其他常规性重要病虫的监测预警，推进病虫害预报信息在网络、电视、报纸、农讯通等媒体发布。

【推广良种及新技术】 2014年，江门市水稻继续以粤晶丝苗2号为当家品种，大力推广“华航31”“五山丝苗”“合丰占”“黄莉占”和“金农丝苗”等优良品种，全市水稻良种覆盖率达98%以上。马铃薯主要推广优良品种有粤引85-38，大西洋等；番薯品种有广薯111、广紫薯2号、广薯62等，玉米品种有粤甜9号、金茂甜6号、金茂3号等。种植面积较多的蔬菜品种有东莞黑皮冬瓜、黑优1号冬瓜、四九菜心19、油绿粗苔菜心、江科1号苦瓜、新星101番茄，粤椒90辣椒等。大力推广水稻机械插秧、机械收割、稻草回田、测土配方施肥、冬种马铃薯增肥改土、马铃薯黑膜覆盖、水稻病虫害统防统治等技术，测土配方施肥实现全市覆盖。

【现代标准农田建设】 2014年度，完成高标准基本农田建设项目81个，面积34.65万亩，投入资金41584.93万元，在全省综合检查考核中位列第一，并获得省奖励年度用地指标1250亩。在建项目70个项目，面积为29.86万亩，投入35983.16万元。通过高标准基本农田建设，优化土地利用结构，完善田间基础设施，改善农田生态环境，增强抵御自然灾害能力，提高粮食综合生产能力。 （文锡富）

经济和园艺作物生产

【简述】 2014年，全市经济、园艺作物播种面积181.86万亩，其中水果种植面积30.07万亩，花卉种植面积11.21万亩、蔬菜播种面积88.87万亩。

【蔬菜　水果】 2014年，全市蔬菜播种面积88.87万亩，亩产1410公斤，总产125.36万吨；水果面积30.07万亩，总产24.92万吨，其中柑橘橙总产7.33万吨，香（大）蕉10.52万吨，荔枝2.08万吨，龙眼2.04万吨。

【甘蔗】 2014年，全市甘蔗播种面积5.48万亩，亩产6193公斤，总产量33.96万吨。其中糖蔗面积2.83万亩，亩产6282公斤，总产量17.79万吨；果蔗面积2.65万亩，亩产6097公斤，总产量16.17万吨。

【花生　茶叶】 2014年，全市花生播种面积18.49万亩，亩产165公斤，总产3.07万吨；茶叶种植面积8347亩，总产量404吨。

【花卉】 2014年，全市花卉种植面积11.2万亩，销售额6.55亿元。

表14： 2014年全市水果种植情况表

种　类	面积(亩)	总产(吨)
水果总面积	300681	249199
1. 柑	30827	37914
2. 桔	16547	28302
3. 橘	8180	7095
4. 香(大)蕉	60877	105233
5. 菠萝	1550	910
6. 荔枝	88893	20840
7. 龙眼	58554	20490
8. 梨		
9. 柿子	103	78
10. 李子	322	29
11. 番石榴	8753	10505
12. 杧果	2536	1397
13. 柚子		
14. 旸桃	1151	674
15. 其他杂果	22388	15732

（表中数据主要来源于统计调整数）　　（文锡富）

畜牧业

【简述】 2014年，全市加强动物疫病防控，畜牧业实现“保安全、保供给、保生态、促发展”预期目标，继续保持平稳，全市无重大动物疫情发生。全市肉类总产量39.72万吨，其中猪肉25.55万吨，家禽肉2.96万吨，分别比同期增-5.76%、-0.84%和－11.98%，有效地保障市场稳定供给。饲料生产企业数量保持平稳，全市饲料生产厂83家，生产各种饲料357万吨，比上年增加5%，饲料质量有所提高。

【生猪生产】 2014年，贯彻落实扶持规模养殖场进行标准化建设等政策，推动生猪养殖向规模化、标准化方向发展。全市有23家生猪养殖场被列入省级重点规模生猪养殖场，8家生猪养殖场被列入国家标准化示范场，500头以上生猪养殖规模场的出栏量占全市出栏量的59.7%。全市生猪出栏319万头，年末存栏193万头，分别比上年同期增-3.05%和-0.57%；全市生猪销售形势基本平稳，但猪价保持低位运行，从年初的瘦肉型平均13.6元/公斤、土杂猪12元/公斤，到四月跌至全年最低位瘦肉型11元/公斤、土杂猪50元/公斤，五月份猪价大幅反弹至瘦肉型15.2元/公斤后逐步回调，从六月到年底基本保持瘦肉型13.6～14.4元/公斤，土杂猪13元/公斤左右。猪价基本维持在成本价附近，大型猪只有微利，散养户基本亏损100～200元每头。

【“三鸟”、珍禽生产】 2014年，全市拥有国家标准化示范家禽养殖场4家，20多家农业龙头企业发挥资金、技术和市场优势，以“公司＋农户”模式带动农户发展健康养殖业。马冈鹅、参皇鸡、潮连白鸽、鹌鹑等特色畜禽已形成规模养殖，分别集中分布在开平市马冈镇、月山镇，蓬江区潮连街和新会区罗坑镇、崖门镇等地。由于人感染甲型H7N9流感的持续影响，养禽业深受打击,价格暴跌，销量锐减，甚至濒临破产。年初禽鸟价格出现历史性最低状态，快大型鸡2—3月份最低，0.95-1.45元/公斤。针对养禽严峻生产形势，市农业局采取各项措施，疏通家禽流通，争取各方资金支持，其中效果最显著的是创新“政银保”政策，扶持18家市级以上畜禽农业龙头企业，贷款资金7200万元，帮助家禽企业渡过困境。3月份后，家禽价格出现反弹，至6月初快大型鸡价格提高至3.95元/公斤，之后逐步平稳下滑，到年底回调至2.5元/公斤。受市场影响，致使全年家禽饲养量下降，年出栏9407万只,年底存栏3016万只,同比分别增长-15.32%和-4.25%。

【动物防疫检疫】 2014年，全市共投入包括重大动物疫病免疫疫苗经费1305万元，其中市本级200万元、各市（区）1105万元。全市动物防疫检疫各项关键措施到位，全年累计使用高致病性禽流感疫苗1.52亿羽份，猪口蹄疫疫苗781.345万头份，高致病性猪蓝耳病疫苗593.825万头份，猪瘟疫苗1297.802万头份，四大病种的平均免疫密度均达到100%以上，全年没有发生重大动物疫情。抓好动物疫病监测和疫情预警预报，全市动物疫病监测样品45771份，其中病原学监测数量为16104份，抗体监测数量为29667份。禽流感H5、猪口蹄疫、猪瘟、猪高致病性蓝耳病等动物疫病免疫抗体合格率都达到70%以上的国家要求。加强检疫与病死畜禽无害化处理工作，继续在全市实行防疫监督巡查制度，全年畜禽检疫数量同比明显上升，全市产地检疫生猪356.53万头，禽类9830.38万只。生猪产地检疫率达100%，家禽产地检疫率达85.47%。屠宰检疫生猪213.73万头，禽类1861.06万只。累计监督无害化处理病、死生猪6.4289万头，禽类4.8777万羽，肉制品30.4059吨。动物及动物产品检疫率达100%。狠抓屠宰环节“瘦肉精”企业自检，动监部门抽检工作。全市屠宰牲畜142万多头，企业自检牲畜尿液样本48848份，占屠宰量的3.44%；动监部门屠宰环节监测牲畜尿液样本46150份，占屠宰量的3.25%，全市62个生猪定点屠宰场未检出“瘦肉精”阳性个案。全市各地加强突发事件的应急管理和应急物资的储备，全市共储备应急禽流感疫苗797.6万羽份，应急口蹄疫疫苗49.04万头份，消毒药26.7吨，防护服4034套以及消毒器械89台等防疫物资一批。

【良种培育与推广】 2014年，全市推广畜牧业优良品种，家禽基本实现良种养殖，生猪良种覆盖率为95%以上，推广草地畜牧业发展。家禽主要良种为三黄鸡、麻黄鸡、广西草鸡、石岐杂配套系、樱桃谷鸭、澳白圣鸭、马岗鹅等；珍禽良种为美国皇鸽、鹧鸪、珍珠鸡、山鸡、鹌鹑等；生猪良种为长白、大白、杜洛克等配套系。改善肉食结构，丰富群众菜篮子，近年来市畜牧技术推广站积极推广草食动物优质黑山羊养殖技术，现累计推广农户128户，饲养量达到60000多头。加大对奶牛、肉牛、鹅等草食动物的推广扶持力度。（缪开源）

林业

【简述】 2014年，全市贯彻落实省委、省政府新一轮绿化广东大行动和市委、市政府“生态优先，民生优先”发展战略，以建设生态江门，美丽侨乡为奋斗目标，按照市绿色行动统一部署，抓好林业生态重点工程、城乡生态园林一体化工作，严格落实森林资源保护与发展目标责任制，加强林政管理，坚持依法治林、科技兴林，扎实推进江门市生态景观林带、森林碳汇、森林进城围城、乡村绿化美化四大重点林业生态工程建设进程，是年超额完成生态景观林带建设和乡村绿化美化任务；江门市获省政府授予“广东省林业生态市”称号。

【森林资源】 2014年，全市林业用地44.30万公顷，占国土总面积的47.6%，其中有林地面积38.39万公顷。迹地更新率为100%，森林覆盖率45.32%。在林业用地中，有生态公益林16.14万公顷，占36.4%；商品用材林28.16万公顷，占63.6%。全市活立木总蓄积量2048.2万立方米，森林蓄积2002.4万立方米，林木年总生长量117.2万立方米，活立木总蓄积量年净增长率为6.8%。 （杨圣权）

【动植物资源】 江门市野生动植物资源丰富。古兜山有野生植物161科494属924种，有国家重点保护植物紫荆木、白桂木、华南杉、吊皮锥、绣球茜草、海南石梓、粘木、巴戟、火力楠、藤槐等。恩平市七星坑属亚热带次生林区，经专家考察鉴定，植物种类有735种，其中，刺木沙椤等12种，属国家级和省级珍稀濒危保护植物，有2种植物形状奇特。全市境内野生动物有兽类100余种、鸟类400余种、蛇类100多种、昆虫类200多种，其中山猪、小灵猫、山蛤、龟、鹧鸪、鳖、蛇、穿山甲等于西北部山地常见。 （谈嘉辉）

【营造林】 2014年，全市完成造林18.97万亩，占计划任务的104%；完成中幼林抚育41.29万亩，占计划任务的100.4%；完成封山育林0.65万亩，占计划任务的100%。造林树种主要为桉树、杂交松、相思、樟树、火力楠、荷木、紫荆等。 （张昌凤）

【义务植树】 2014年，江门市在滨江新区核心水系植树点进行种树。植树节植树树种包括黄花风铃木为主调树种、黄槐、红花紫荆、仪花、鸡蛋花、腊肠树、樟树、小叶榄仁等辅助观花赏叶树种共20多个品种乔木，同时种植大茶花、勒杜鹃、小叶紫薇等近10个品种灌木，共种植乔灌木2000多棵。同时全年组织财政林、护士林、青年林、入党积极分子林、劳动林，军分区、记者林等一大批认种林的种植，组织1500多人次，投入100多万元，栽植树木12000多棵。 （赵真庆）

【四大重点生态工程建设】 生态景观林带工程。江门市建设生态景观林带，完成建设里程48.2公里，占计划任务的101%，其中新会区完成建设里程8.2公里，台山市完成建设里程40公里。森林碳汇工程。全年江门市碳汇工程建设任务4.56万亩，其中造林面积3.91万亩，封山育林0.65万亩。森林进城围城工程。2014年，全市计划新增森林公园8个，新增湿地公园2个。至年底，完成新增8个森林公园的任务，其中，蓬江区1个，台山市4个，开平市2个，恩平市1个；鹤山市及恩平市新增的2个湿地公园仍在建设中。乡村绿化美化，2014年全市计划建设乡村绿化美化示范村210条，完成建设乡村绿化美化示范村234条，占计划的111%。 （张昌凤、杨晓氚）

【生态公益林建设】 实施饮用水源水库第一重山周边商品林调整改造工作，完成商品林调整为市县级生态公益林1.04万亩，其中市本级0.36万亩、台山市0.52万亩、开平市0.16万亩。根据新一轮绿化广东大行动的要求，江门市要在2016-2017年完成新增53.5万亩省级生态公益林的建设任务。2014年，将市属河排林场、台山市、恩平市等地回收改造成功的2万亩市县级生态公益林向省政府申报省级生态公益林。启动编制江门市77个饮用水源水库第一重山商品林调整为生态公益林实施方案。 （张昌凤）

【自然保护区建设】 台山上川岛猕猴省级自然保护区2014年完成办公楼、宣教中心、职工饭堂、派出所、配电房防雷设施整改安装工程和职工饭堂供电系统以及对职工饭堂墙壁、门窗等进行整修和更新的工程建设。成立共管委员会，和飞东村委会、大洲村委会签订管护协议书，聘请社区居民参与管护工作，每年召开两次保护区和社区管护的工作会议逐步开放。江门古兜山省级自然保护区科普教育基地，利用科普经费2万元在休闲长廊基础上添加科普宣传的内容，恩平七星坑省级自然保护区通过专项资金的申报，批复70万元专项建设资金，确定在上冲建设一座护林站及其配套设施。基本完成有关立项、招投标工作。

【湿地红树林管护】 全市现有红树林总面积26970亩，主要分布在镇海湾、广海湾和银湖湾，包括台山、恩平、新会三地沿海，其中台山市21000亩、恩平市5000亩、新会区970亩，以桐花树群落、秋茄群落和海漆群落为主。新会区银湖湾管委会围绕发展生态旅游的总体目标，结合自身生态环境特点，充分利用围堤内外滩涂湿地资源，营造“绿色生态廊道”；台山、恩平两地聘请专业人员进行管理，加强对现有红树林的封育管护，巩固红树林建设成果。（谈嘉辉）

【依法治林】 2014年，全市各级森林公安机关发挥职能作用，开展“天网行动”“治爆缉枪”“利剑行动”等专项行动，全年共办理各类案件194起，其中刑事案件78起，林业行政案件116起，处理156人次，处罚88人次96.92万元；2名民警分别记个人二等功和三等功。全力推进信息化建设工作，共投入资金67.3万元，全市15个森林公安机关全部接入公安网，民警数字证书配备率为100%，建成信息采集室的单位有10个，13个单位完成执法办案场所规范化建设及视频监控系数建设任务；2014年12月江门市古斗林场和江门市四堡林场均被江门市创建平安江门工作领导小组办公室评为“江门市平安创建示范点”“平安江门”创建工作成效显著。（邓志敏）

【林政管理】 2014年全市森林采伐量为104.4万立方米，生产木材67.4万立方米，未超出年省下达江门市108万立方米的林木采伐指标。既满足各市（区）林木生产的基本需求，又保证省政府下达的“双增”任务（森林覆盖率44.6%，森林蓄积1915.2万立方米）的完成。2014年，江门市共办理征占用林地38宗，面积263公顷，完成多项省、市重点项目的林地手续申报任务，如江门大道、江沙工业示范园区、深茂铁路、开平工业转移园等。控制在省下达林地转为非林地276公顷指标以内。（杨圣权）

【森林防火】 2014年4月11日市政府印发《江门市人民政府办公室关于印发组建江门市森林消防队伍的实施方案的通知》（江府办函[2014]82号），江门市中心城区森林消防大队组建工作正式启动。5月8日开始招聘第一批队员，并陆续配置森林消防水车、水泵等必须的扑火装备；大队营房、营区设在市林科所内，将所内林化楼和组培楼改造为营房并在9月28日开始施工。9月26日市大队参加由市森林防火指挥部办公室和新会区森林防火指挥部联合在新会区大泽镇开展的森林火灾应急处置“双盲”演练；12月17日，市中心城区森林消防大队当天连续出警处置两起火情，上午前往蓬江棠下镇处理火情，下午16时继续前往恩平良西镇协助开展火灾扑救，并持续在火场一线战斗至18日中午。（吴柏）

【森林病虫害防治】 江门市主要的林业有害生物有马尾松毛虫、松茸毒蛾、松突圆蚧、湿地松粉蚧、黄脊竹蝗、桉树尺蛾、桉树毒蛾、桉树青枯病、桉树枝瘿姬小蜂以及薇甘菊等。2014年全市林业有害生物应施监测面积2438.69万亩次，监测面积2517.42万亩次，监测覆盖率为103%；病虫害发生面积13.04万亩，预测发生面积14.96万亩，测报准确率为87%；防治作业面积10.49万亩，其中防治面积9.23万亩、预防面积1.257万亩，无公害防治率为100%，全年做到有虫不成灾。

【省际间林业植物调运检疫业务】 根据《广东省林业有害生物防治检疫管理办公室关于委托全省森检机构承办省际间林业植物调运检疫业务的通知》（粤林防检〔2014〕11号）要求，2014年8月1日起，江门市各县级森防检疫机构全面承接省委托的省际间林业植物调运检疫业务。（张昌凤）

【林业科技】 2014年，江门市以市林业高新示范园为依托，加强林业科技建设。完成示范园180亩杂交相思示范推广林种植，完成省创新项目200亩湿加松试验林、850亩桉树试验林等进行全面抚育管理，加强林业高新示范园项目管理和科研成果转化。成功申报2014年江门市科技计划项目《杂交相思扦插繁殖育苗技术研究》；与中国林科院林业所签订了国家林木种质资源平台（2013年度）运行服务奖励补助经费协议书，按计划开展项目，新整理整合158份种质资源；与中国林科院林业所签订在示范园实施的《外来树种收集保存与示范基地建设合作协议书》，现按计划开展筹备工作；同省林科院沟通并达成共识，签定科技合作项目《红锥优良家系试验林营建》。（张昌凤）

【林业产业】 2014年，江门市林业总产值280.8亿元，其中第一产业31.2亿元，第二产业210.4亿元，第三产业39.2亿元。第一产业、第二产业、第三产比2013分别增加了6.8亿元、5.4亿元、22.6亿元。（黄惠青）

海洋与渔业

【海洋综合管理和开发】 2014年，贯彻江门市委、市政府规划建设大广海湾经济区的战略部署，出台《江门市海岸保护与利用规划》，完成市、县两级海洋功能区划修编，启动集中集约用海规划编制工作。大力推进新会区银湖湾和台山市广海湾集中集约用海区开发建设，银湖湾有关项目用海报批工作稳步推进，广海湾累计处置香港惰性拆建物料7358万吨、填海造地9190亩，总投资600亿元的华电LNG综合开发利用项目等一批项目落户广海湾。组团参加2014中国海洋经济博览会。是年，江门市海洋经济总产值857.95亿元，同比增长7.85%；海洋经济增加值326.42亿元，同比增长10.64%，占全市生产总值（GDP）的15.76%。（钟树年）

【海域使用管理】 2014年，江门市各级海洋主管部门认真贯彻执行海域使用管理法律法规和制度，把好项目用海审批关，做好重点建设项目用海服务保障工作，确保项目顺利进行和海洋经济持续发展。是年，全市确权海域137宗，面积约5705.95公顷，征收海域使用金约175.68万元。大力推进“海域使用直通车”试点工作，积极探索用海项目凭海域使用权证融资贷款渠道，工商银行江门分行向台山市广海湾工业园区提供8亿元的用海项目贷款额度，成为全省海域使用权证大额贷款的首例。（钟树年）

【海岛保护与开发利用】 2014年，江门市各级海洋主管部门加强海岛保护管理，完成台山市围夹岛领海基点维护项目，并通过项目验收；台山市下川岛综合整治修复项目取得用海预审意见和海洋环境影响评价核准意见。上川岛和下川岛同时入选广东省“十大美丽海岛”，分别获得第三、第四名的好成绩。（钟树年）

【海洋与渔业资源环境保护】 2014年，江门市各级渔业主管部门充分利用休（禁）渔期，在沿海、沿江地区组织开展渔业资源增殖放流活动8场，共投入资金165.5万元，放流鱼虾苗4935.8万尾。完成台山市海洋牧场示范区建设，并通过项目验收。组织开展水生野生动物保护科普宣传月活动。（陈岳祯）

【渔业捕捞】 2014年，江门市共有捕捞生产渔船3858艘，总功率159508千瓦，捕捞总产量117350吨，同比减少2.5%，捕捞总产值16.19亿元，同比增加12.7%。其中，海洋捕捞生产渔船2818艘，总功率149217千瓦，产量107621吨，产值14.53亿元；淡水捕捞生产渔船1040艘，总功率10291千瓦，产量9729吨，产值1.66亿元。

是年，江门市各级渔业主管部门积极争取上级的政策、项目和资金扶持，加快渔船更新改造步伐，推动南沙渔业和中深海捕捞业发展壮大。据统计，全市共投入资金约2.3亿元，新造大功率钢质渔船25艘，其中南沙生产骨干渔船10艘、大功率拖网渔船15艘。（赵善和）

【水产养殖】 2014年，江门市水产养殖面积66229公顷，养殖总产量628548吨，同比增加3.5%，养殖总产值110.12亿元，同比增加11.9%。其中，海水养殖面积24199公顷，产量228768吨，产值19.98亿元；淡水养殖面积42030公顷，产量399780吨，产值90.14亿元。水产养殖面积在全省排名第二，淡水养殖面积在全省排名第一，淡水养殖产量在全省排名第二。

是年，推动水产养殖业向规模化、标准化、工厂化方向发展。全市标准化整治低产鱼塘（咸围）2万多亩；新建南美白对虾、河豚鱼、台湾泥鳅等规模养殖基地5个；工厂化养殖取得突破，台山市阿波罗水产养殖有限公司从新加坡引进先进的水循环系统先进技术，在全省乃至全国处于领先地位。

扶持锦鲤产业发展。2014年11月20日，江门市顺利通过“中国锦鲤之乡”命名复审，并与中国渔业协会签署合作框架协议，继续合作举办三届中国（江门）锦鲤博览会。11月21日至23日，江门市政府会同中国渔业协会在江门市五邑华侨广场会展中心举办第三届中国（江门）锦鲤博览会，吸引全国各地120多家锦鲤养殖场及相关企业参展，60多家外省采购商到场采购，交易额超过1亿元。（赵善和）

【水产品加工】 2014年，江门市共有水产品加工企业94家，年加工能力111705吨，拥有大小水产冷库50座，日冷冻能力937吨。全年水产品加工量56663吨，加工产值10.83亿元，同比分别增长4.5%和1.6%。（赵善和）

【水产品质量安全管理】 2014年，江门市各级渔业主管部门狠抓水产品质量安全监管，共举办水产品质量安全培训班12期，培训从业人员962人次；抽检苗种、成品鱼样品650个，苗种抽检合格率达93.33 %，成品鱼抽检合格率达97.21%；检查苗种场、养殖场808家次，对6家抽检不合格的苗种场、养殖场进行依法处理，责令整改3家，立案查处3家；完成全市水产养殖单位普查和登记备案，建立养殖单位动态管理数据库，在全市已领取苗种生产许可证的苗种场、养殖企业、养殖合作社成员单位和50亩以上养殖场中实行追溯码管理制度，探索建立鲜活水产品产地溯源机制。

（赵善和、谢美灵）

【安全生产与应急管理】 2014年，吸取“9·29”事件的深刻教训，狠抓渔业安全生产和应急管理工作。成立海洋渔业安全专责小组，出台《关于加强渔船安全监管工作的意见》，健全渔业安全生产培训宣教、检查督查和渔船跟帮生产三项工作指南，推进渔船安全生产基层组织化建设，完善渔业安全监管工作机制；完成西南沙渔船安全专项整治，解决西南沙渔船携带汽油出海生产、超航区生产等安全隐患；完成渔业安全生产通信指挥系统升级改造及船载终端配备工作，344艘200匹以上海洋渔船配备了北斗卫星定位系统，781艘60匹以上海洋渔船配备了AIS避碰设备，配备率达100%；举办船东船长安全生产培训班和应急演练5期、渔业船员上岗资格培训班22期，培训从业人员4000多人次；开展全市渔业安全生产大检查，共检查渔船5123艘，排查整治安全隐患291宗；开展全市渔港消防安全调研及隐患整治，完成横山渔港消防设施改造工程。2014年全市发生渔业安全生产事故2宗，死亡2人。组织开展全市海洋与渔业突发事件风险隐患排查，建立健全三沙生产渔船防御热带气旋等7个应急预案、处置水生动物死亡事件工作规程以及应急值班室防风工作指南，举办渔港渔船火灾处置应急演练和赤潮灾害应急演练。

（谭晓华、杜良彪、黄升）

【海洋执法监察】 2014年，江门市各级海监队伍共组织开展海上巡航173次，陆上巡查144次，查获各类海洋违法违规案件10宗，立案10宗，结案6宗，收缴罚款44.49万元。

（陈嘉俊）

【渔业执法检查】 2014年，江门市各级渔政队伍加大渔业执法检查力度，共查处非法捕捞案件236宗，罚款219.54万元；查处水产品质量安全违法违规案件3宗，罚款2.3万元。

（杜良彪）

【水产技术推广】 2014年8月22日，江门市编办批复了广东省水产养殖技术推广总站江门市中心站的机构改革方案，广东省水产养殖技术推广总站江门市中心站更名为江门市水生动物防疫检疫站，加挂江门市海洋与渔业技术推广站和江门市水产品质量检验中心两块牌子，为公益一类事业单位，核定人员编制12名。是年，该站加强基础设施建设，实施水产苗种产地检疫制度，开展锦鲤精品繁育研究、四大家鱼等病害防治试验研究以及缩骨鳙鱼等商品鱼良种良法、高品质健康养殖试验示范，推进"智慧渔业"示范单位建设。 （陈明波）

【海洋与渔业环境监测】 2014年8月22日，江门市编办批复江门市海洋与渔业环境监测站的机构改革方案，江门市海洋与渔业环境监测站加挂江门市海域使用动态监视监测中心牌子，为公益一类事业单位，核定人员编制12名。是年，该站组织开展近岸海域环境质量现状和趋势监测、陆源入海排污口监测、飞沙滩海水浴场环境监测、海水养殖区监测、上下川岛中国龙虾国家级水产种质资源保护区监测、江门中华白海豚省级自然保护区监测等10项监测任务，并针对台山核电站即将投产运行，开展海上放射性核素本底调查，为下一步开展海上核辐射监测工作奠定基础。是年，该站被评为"2014年全省海洋环境监测工作优秀集体"。 （谢美灵）

【广东江门中华白海豚省级自然保护区】 2014年，广东江门中华白海豚省级自然保护区管理处加强自身建设，新造一艘小型科研调查船，完成保护区数字化监测与管理平台建设，积极开展科研、宣教、管护、巡航等工作，并参与发起成立中华白海豚保护联盟，加强与其它保护区的合作与交流，提升保护区的管护水平。 （蔡卓宇）

【海洋防灾减灾】 2014年，江门市各级海洋主管部门开展了海洋防灾减灾宣传周活动，完成海平面变化影响调查评估，为海洋防灾减灾和海洋领域应对气候变化提供基础数据和决策依据。 (陈岳祯)

【执法装备建设】 2014年，江门渔政支队

完成江门市海洋与渔业执法暨应急救援码头项目和100吨内陆渔政船项目的验收，提升执法和应急救援能力。（杜良彪）

【支渔惠渔】 2014年，江门市各级渔业主管部门落实各项支渔惠渔政策，完成2013年休（禁）渔补贴共415.48万元的发放工作，受惠渔船673艘、渔业船员2238人；组织实施渔民安居工程6户；提高渔民、渔船参加政策性渔业保险覆盖面，全市参保渔民9270人，参保渔船980艘，保费921.73万元，各级财政补贴205.29万元，超额完成省下达的任务。

（黄升）

【海洋经济合作与发展】 2014年，江门渔政支队依据《珠中江海洋与渔业行政执法协作协议》，深化珠中江海洋与渔业执法合作。海洋执法方面，先后10多次联合珠海、中山海监部门开展珠江口海砂开采监管和联合执法、交叉执法行动；渔业执法方面，打击珠中江交界水域非法捕捞行为，共查获电鱼船12艘。通过跨区域联合执法，有效遏制了海洋与渔业违法违规行为。（陈绪卫）

水利事业

【简述】 2014年，全市完成水利投资6.26亿元，其中中央投资1.52亿元、省级投资1.04亿元、市级投资0.75亿元、县级投资1.99亿元、乡镇及群众自筹0.965亿元。完成土方436.94万立方米，石方57.9万立方米，砼方21.2万立方米，改善灌溉面积1.917万公顷，改善治洪（涝）面积1.341万公顷，江海堤围维修加固20.4公里，渠道维修90.53公里。是年，全市征收水资源费5751.93万元，其中市级代收水资源费1177.87万元。

【水利基础建设】 “双千工程”建设 全市列入“双千工程”建设项目的7宗海堤加固达标工程完成初步设计，其中4宗开工，累计完成投资1473万元，2宗完成招标工作，1宗正在办理报批立项手续。全市列入水利部中小河流治理规划的小河流治理工程11宗，其中鹤山市沙坪河下游河道治理工程已竣工验收；2宗已完工，3宗已开工；1宗已完成施工招标。其余5宗正在开展前期工作。列入千宗治洪治涝保安工程的病险水库有中型水库1宗，小型水库44宗。新会区曾坑水库（中型）正在进行施工招标；44宗小型水库已完成初步设计审批。其中恩平市8宗重点小型水库已全部完工；14宗一般小型水库（台山市9宗、恩平5宗）主体工程已完工；19宗一般小型水库（开平市11宗、台山7宗、新会1宗）已开工建设，新会区其余3宗工程正在进行施工招投标工作。全市列入计划的病险水闸加固工程7宗，其中大型水闸4宗，中型水闸3宗。恩平的恩城、江洲和塘洲水闸，台山的北斗水闸、略尾水闸，开平的交流渡水闸初步设计已报省发改委立项。江门市合山水闸加固工程开工建设。潭江河流治理工程列入主要江河防洪工程规划。该项目按照省的要求并结合本市水利“十二五”规划分期逐步实施。

村村通自来水工程 江门市纳入《广东省村村通自来水工程建设规划（2011-2020年）》有台山、鹤山、恩平3个市，完成总体规划编制，批复总投资5.06亿元（水源地到行政村）。鹤山市和台山市启动村村通自来水工程，恩平市正在开展前期工作。

中小型灌区改造 全市有32宗灌区列入《广东省中型灌区续建配套与节水改造工程规划（2011-2020年）》，另有大隆洞灌区农业综合开发项目1宗。已开工的有3宗，其中开平市镇海灌区和台山市大隆洞中型灌区农业综合开发项目已基本完工，台山市深井灌区正在建设实施。

小型农田水利工程 鹤山、台山、开平、恩平四个市列入小农水重点县建设名单。

其中，鹤山市为中央财政第四批小型农田水利重点县，实施年度为2012—2014年，每年可获中央、省补助1600万元， 2012年、2013年项目已完成建设任务，2014年度项正在实施；台山市为中央财政第五批小型农田水利重点县，实施年度为2013—2015年，每年可获中央、省补助2000万元，2013年度项目已完成建设任务，2014年度项目正在实施，2015年度正在编制初步设计。开平、恩平为中央财政第六批小型农田水利重点县,2014-2016年度可争取到国家和省级补助资金1.2亿元。

中小河流治理重点县试点　江门市蓬江区和鹤山市列入中小河流治理重点县综合整治及水系连通试点，其中蓬江区中小河流治理重点县综合整治及水系连通试点规划划分5个项目区，鹤山市中小河流治理重点县综合整治及水系连通试点规划划分10个项目区。第一批项目共7个项目区，其中蓬江区杜阮镇-1项目区、杜阮镇-2项目区，鹤山市桃源项目区、雅瑶项目区、共和项目区开工建设。

山塘除险加固工程　江门市有108宗山塘列入江门市山塘工程除险加固计划，江门市本级财政安排扶贫专项补助资金3年共计3000万元。其中，2013年度的46宗工程项目全部完成建设任务，2014年度工程项目开工建设。

机电排灌建设和小水电管理　2014年，鹤山市沙坪联围泵站更新改造工程完工，工程总投资1.83亿元，其中：中央补助323万元，省级补助资金3658万元。主体工程全部完工并投入使用；南渠工程由于征地困难变更为二级泵站。安排215万元全市治涝规划编制工作，完成总报告初稿的编制，正在进行校审和修改。江门市有涝区36个，涝片111个，涝区总面积881.78平方公里。是年，水利部中央和省下达江门市农村水电增效扩容改造计划的项目42宗，改造后总装机容量50560千瓦，总投资9956.57万元，可申请中央及省补助资金约4634.84万元。42宗项目完成投资4117.45万元，其中鹤山完工1宗。10月，南方能源监管局和省水利厅联合发文暂停江门市佛仔迳等7宗电站并网运行。江门市在2014年10月由县级举办全市农村电站安全生产责任人培训。

水库移民后期扶持工作　2014年，省下达江门市水库移民专项资金8186.015万元，全市下达各类水库移民后期扶持项目计划总投资5257.55万元，其中中央资金4876.32万元、省资金226.78万元、江门市本级资金154.45万元，主要包括水库移民5961户23201人每人每年600元“直补到人”资金以及181宗移民村（区）基础设施项目建设资金等。

对口支援三峡库区工作　是年，江门市援助重庆市巫山县100万元，援建重庆市巫山县高唐街道朝云社区公共服务中心项目（新建）。

【水利工程管理】　2014年，完成15宗工程的水行政许可。完成江新联围江海堤段横海南砂场、滨江新区大亨砂石堆放场规划设置工作。完成2015年度江门市级许可发证河道河砂可采区禁采区的划定和公告工作。开展全市大型水库大坝注册登记和复查换证。完成江新联围礼东围堤段（桩号：35+402～36+170）灌浆防渗工程设计、江新联围棠下堤段（桩号2+230～3+330）更换护坡草皮工程设计等13项工程的批复。

【水资源管理】　2014年，高质量通过省政府对江门市实行最严格水资源管理制度2013年度考核和2011-2013年中期考核工作，考核成绩全省排名第7位。完成江门市对所辖各市、区实行最严格水资源管理制度2013年度及中期考核工作。完善全市取水户台账建设工作，调查复核392个取水户的用水总量统计方案。完成台山市自来水公司端芬水厂取水工程、新会区双水镇自来水公司取水工程等25个项目的水资源论证工作。

【“三防”工作】 2014年，全市年降雨量为1679.8毫米，同比偏少2-3成，属于偏枯水年；西江、潭江等主要河流未出现较大洪水（较大水情有：3月下旬末潭江洪水、5月上旬末潭江洪水、5月下旬初和6月上旬末龙舟水期间西北江洪水，均属于小洪水）；江门北街水文站最高水（潮）位1.92米，未达到警戒水位；潭江长沙潮位站最高水（潮）位1.83米，未达到警戒水位；崖门水道官冲潮位站最高水（潮）位1.83米，略超警戒水位0.03米。至年底，全市水利工程蓄水总量10.07亿立方米，比多年同期平均值减少约7.3%。33宗大中型水库均处于汛限水位以下运行。是年，全市共组织出海船只10047艘次、船上人员25201人次及时回港避风或就近避风，安全转移海上作业人员726人次、危险地带人员23025人次，妥善安置17144名旅客。向社会发布暴雨预警信息682条，在防御“0509”强降雨、第9号超强台风“威马逊”、第15号台风“海鸥”过程中，市三防指挥部先后启动防汛Ⅳ级应急响应1次，防风Ⅳ级应急响应1次、Ⅲ级应急响应2次。全市洪涝灾害受灾人口8.2311万人，直接经济总损失2.131亿元。加快易涝区治理，近三年，全市累计投入资金4000万元，推进江门市汛期发布系统、江新联围综合信息化系统及三防会商系统延伸到镇街等信息化项目；及时完善《江门市防汛防旱防风防冻应急预案》，加大基层三防知识培训力度，共组织7场次的三防知识培训。

【水行政执法】 2014年，市水政监察支队抓获 “粤英德货8298”和“庆顺678”违法采砂船。为加强与相邻地级市的水政执法协作，5月7日和15日，江门市分别与中山市、佛山市签订《西江干流行政区域交界河段河道采砂联合执法协议》，对两市交界河段进行巡查和执法，解决一河两岸、上下游交界河段存在的“管理难、执法难”等问题。全年全市办理水事案件131宗（河道案74宗、水资源案10宗、水工程案11宗、水保案36宗），处理群众来信来访等水事纠纷信访10宗，办结率100%。是年，举办以“爱岗敬业练精兵，依法治水树新风”为主题的2014年首届江门市水政监察队伍执法技能比武竞赛活动。

【供水管理】 2014年，委托江门市疾病预防控制中心完成对蓬江、江海两区供水企业的水源水、出厂水、管网末梢水以及40个设有二次供水设施的供水单位水质检测。收集、上报三区四市水质监测情况，并对存在问题的供水厂下发整改通知，限期整改，保障各市区供水安全。开展供水应急管理能力建设，组织水源水污染应急演练、供水管网突发事故应急抢修、氯气库泄露抢险等演练。制定《江门市城市供水应急处理体系方案》，整合供水应急资源，形成城市供水应急管理体系，明确各成员单位职责、应急联动工作原则、应急机械物资储备、应急信息体系管理和应急管理人员等，加强对应急事故的处理和应对能力。2014年江门市区城市市政公共消火栓共4812个，其中蓬江区3251个，江海区1561个。是年，市区公共消火栓维护管理职能已下放蓬江、江海两区。督促蓬江、江海两区城管局加强维护市政消火栓设施，落实每季度一次的定期检查和随机抽查制度。在重大节日和大型活动期间，加强对市政公共消火栓的专项检查，确保城市市政公共消火栓的安全使用。

【排水与污水管理】 排水设施管理 2014年，全年共开泵729小时，抽水387万立方米，市区没有发生较大水浸事件。加强排水设施的改造和日常维护，针对市区水浸区域，向市财政申请373.25万元的水浸整改专项资金，委托市市政设施维修处完成江北路、堤东路、港口二路等18条路段的排水设施实施改造。在维护资金有限情况下，按照先急后缓的原则，合理安排排水维护管理资金，逐月合理安排维护工程项目，2014年共安排180多万元维护费，对迎宾路、胜利路等排水不畅道路进行整改，减少市区水浸现象的发生，解决上述地段的水浸问题。加强排水设施的清疏管理，每月初要求市政设施维修处上报上月排水的清疏情况，并要求做好排水管道季度清疏计划。3月底前，集中力量对市区水浸黑点的路段进行一次全面的下水道疏通，尤其是对市区中心路段的沙井逐个打开，清理四防装置及井口垃圾，确保渠道畅通。对市区主要道路安装的圆检查井盖导轨装置进行检查和维护，发现损坏的井盖导轨装置及时维修更换，确保安全使用。

城镇生活污水处理　2014年底，江门市已建成并正式运营的城镇生活污水处理厂共33座，其中镇级污水处理厂21座，总处理能力81.8万吨/日，建成配套污水管网260.68公里。2014年全市处理污水26546.39万吨，全市污水处理厂综合运营负荷率89.02%，污水排放达标率100%，全市城镇污水处理率89.65%，完成珠三角规划纲要2014年城镇污水处理率89%的考核目标。（市水务局）

农业机械化

【农业机械化发展】　2014年，全市农机总动力189.54万千瓦，比上年增长2.52%。其中拖拉机混合拥有量达3.9268万台，比上年增长3.4%；水稻插秧机2525台，比上年增长10%；联合收割机4072台，比上年增长5%；分别比上年增加1293台、231台、202台。水稻机耕面积16.987万公顷，机耕率为98.2%；水稻机插秧面积6.142万公顷，机插率35.5%；水稻机收面积15.938万公顷，机收率为92.13%；水稻生产综合机械化水平达到77.57%。分别比上年增长0.33%、3.57%、2.33%、2%。

【农机服务】　2014年，全市农机专业合作社年末机构数183个，从业人员3285人；农机户年末机构数达51941个，人数73390人；农机跨区作业面积1.7548万公顷；培训各类农机人员6372人次。

表15：　2014年全市主要农业机械拥有量情况

市、区	农业机械总动力（千瓦）	耕作机械（台）	农田排灌机械（台）	收获机械（台）	渔业机械（台）
合　计	1895443	39268	86778	4072	49978
蓬江区	152196	238	0	0	0
江海区	44360	180	1600	0	1965
新会区	359700	7206	13450	746	20720
台山市	615051	14703	26200	2031	9910
开平市	363951	8955	15290	766	5238
鹤山市	175179	4554	26601	185	10516
恩平市	185006	3432	3637	344	1629

（赵琳）

气象事业

【简述】　2014年，江门市气象局按照“一流装备、一流技术、一流人才、一流台站”的目标，把发展现代气象事业作为建设“和谐江门、幸福侨乡”的具体表现，提升气象服务三农和气象防灾减灾能力。全市气象部门大力推进气象现代化建设工作，力争到2015年底，基本建成满足江门地方需求和广东气象事业发展要求的气象现代化体系，全面实现气象现代化。

【全年气候特点】　2014年江门市天气总体平稳，但异常天气气候事件仍频发。主要气候特点：年平均气温正常，而月气温距较大，夏秋季气温持续偏高明显；年降水量偏少近两成，但时空分布不均，其中3月、5月和12月降水显著偏多；年日照时数正常。年内共有2个台风影响，造成的灾害程度偏轻；冰雹、雷雨大风、短时强降水等强对流天气频发；高温日数明显偏多，高温出现时间早；雾霾时空分布不均匀，开平灰霾日数达历史最多。总体评价2014年江门市气候灾害影响属偏轻年景。

表16：　2014年全市平均气温、降雨量、日照情况

市、区	年平均气温（摄氏度）	年降雨量（毫米）	年日照量（小时）
	2014年	2014年	2014年
江门市（大市）	22.8	1688.9	1851.9
新会区	22.8	1542.3	1708.7
台山市	23	1654.6	2149.5
开平市	22.7	1421.9	1687.7
鹤山市	23.1	1659.8	1710.3
恩平市	21.9	1773.8	1723.9

注：全市数据包括川岛数据。

【灾害性天气】　3月29日至4月3日，受高空短波槽和切变线影响，江门市出现范围大、强度强的暴雨和强对流天气过程。全市各市（区）陆续出现暴雨，局部大暴雨。3月30日至4月2日，全市共出现9站次冰雹，具体为：①3月30日01：45到02:00左右，开平市苍城、月山两镇北部地区出现短时冰雹天气。②3月30日下午15时30分左右，鹤山市宅梧镇出现冰雹；16时左右，开平市马冈镇出现短时冰雹天气。③3月31日8时48分左右，恩平市市区、那吉镇、东成镇、横陂镇均出现短时冰雹天气，冰雹直径基本上为1～2厘米，冰雹持续约5分钟；09：10-09：20，开平市赤水镇、金鸡镇出现短时冰雹天气；9时30分台山市端芬镇出现冰雹。④ 4月1日10时左右，开平市苍城镇镇海水库一带出现短时冰雹天气，据镇海水库工作人员反映，冰雹比花生米大一些，冰雹降落时较密集，持续时间不足10分钟。⑤4月2日3时左右，开平市苍城镇、龙胜镇、月山镇出现冰雹，由于是夜间，故冰雹大小不太清楚，有的约有大拇指大小；3时30分左右，新会区双水镇出现冰雹，冰雹有硬币大小，持续时间10分钟左右。另外，多地出现8级或以上雷雨大风，其中3月30日鹤山宅梧镇出现最大阵风26.2米/秒

（10级）。5月8日至11日，受西南暖湿气流和低压槽影响，江门市出现大范围大暴雨到特大暴雨，局地伴有短时雷雨大风等强对流天气，8日08时至12日08时累积雨量有20站超过400毫米，11站超过500毫米，有7站超过600毫米，最大为台山端芬镇隆文村834.2毫米。恩平横陂镇10日17时录得最大1小时雨量达132毫米。9月15至17日，受台风“海鸥”环流及残余云系影响，全市出现大到暴雨局部大暴雨降水过程。其中，16日08时至17日08时，全市共有6个站录得大暴雨降水，57个站录得暴雨降水，44个站录得大雨降水，其中最大雨量出现在开平大沙为126.5毫米。江门市沿海出现11至13级大风，川岛镇山咀站录得37.7米/秒（13级）大风，上川海傍站32.7米/秒（12级）、下川东湾36.4米/秒（12级）大风，陆地各市出现8至9级大风；全市普降暴雨局部大暴雨降水。

表17：　2014年影响江门的热带气旋简况

编号和名称	生成		登陆		登陆最大风力（级）	本地极大风力（级）	本地最大日雨量（毫米）
	时间	地点	时间	地点			
1409威马逊	12/7	西太平洋	18/7	徐闻	17 级	10 级	29.9
1415海鸥	12/9	西太平洋	16/9	徐闻	13 级	13 级	69.8

【气象业务建设】　2014年1月1日起，恩平国家气象站正式投入业务运行，鹤山国家气象站开始新旧址的对比观测，是年新型站设备、软件运行正常；2014年12月31日20时后，鹤山气象站新址观测场正式启用，旧观测场将改为区域自动站使用。截至2014年10月，全市国家级自动站传输及时率全省第三（2013年全省第五），全市区域自动气象站资料传输及时率全省第六（2013年全省第五），其中广东省2014年度地面气象观测质量综合指数统计中，恩平站和上川岛站位列全省86个台站的第三和第六。以恩平、开平为试点，开展农村大喇叭建设，由中央三农专项资金、恩平地方财政资金和市局自有资金支持，共安装178套预警大喇叭、57套预警小喇叭，其中恩平实现了151个行政村100%覆盖预警大喇叭，农村大喇叭气象广播服务已正式启动，每日播放天气预报信息、气象科普知识等。江门市环保局和江门市气象局联合印发《江门市大气重污染监测预警方案》，江门市环境监测站和江门市气象台也联合制订《江门市大气重污染应急监测预警实施细则》，建立重污染天气联合会商、产品联合制作和信息联合发布机制，建立环境空气质量和气象数据的共享制度，双方通过网页的方式实时共享数据。继2014年为农业、林业、交通、国土、水利等部门提供针对性气象服务、合作开展面向大众的农业气象、林业气象、交通气象、地质灾害预警预报服务，2014年与市政局联合开发“江门市暴雨强度公式的推导与研究”，与海洋渔业局联合开展南海西南沙海域台风防御工作，与海上搜救中心联合开展近海天气预报服务，依靠部门联动，共同推进气象灾害防御工作。

【气象信息服务】　2014年，市气象局拓宽气象信息传播方式，有《侨乡气象》电视天气节目、广播电台天气、天气短信用户、“12121”电话、气象快报、报纸天气预报、气象应急信息员、气象信息电子显示屏等传统的媒介传播；开通新浪和腾讯的“江门天气”官方微博，微信、“江门气象网”等互联网渠道；开展“侨乡天气”视频点播贴近生活的天气节目。开展城市积涝、地质灾害、带电作业、川岛航线等精细化预报预警服务，承担突发气象灾害预警信息发布。开展春运专题服务，开通上下班天气短信服务，开通“田园天气”和“海洋天气”，开播《宾果讲天气》漫画版电视天气。

【气象现代化】 2014年，贯彻落实《广东省人民政府办公厅关于印发广东省率先基本实施气象现代化考核评价办法的通知》（粤办函〔2012〕814号）文件精神，发挥考核评价的导向、激励和约束作用，在政策、资金、项目等多方面扶持气象事业发展，2014年度江门市气象现代化评估得分为81.57分，较2013年度评估得分74.40分提高，全市气象现代化水平从“现代化初级阶段”提升到“基本实现现代化阶段”。

【防雷减灾】

表18： 2014年防雷业务统计表

业务名称	业务量	备注
防雷装置	470个单位，共1792幢建筑物	其中易燃易爆及危化品场所190个，工矿企事业单位236个，人员密集公共场所18个
定期检测	145个单位，共425幢建（构）筑物	
防雷装置	223宗，共759幢建筑物	
竣工检测	44宗	
防雷装置设计		
技术评价		
雷击风险评估		

（市气象局）

工业

概述

【工业生产稳定发展】 2014年，全市实现规模以上工业增加值849.81亿元，同比增长11%，比全省平均水平高2.6个百分点。全市工业品内销额达2575.13亿元，占全部工业销售产值的75.17%。民营经济实现工业增加值347.41亿元，同比增长13.5%。

【产业结构优化调整】 2014年，先进制造业增加值增长10.1%，其中，装备制造业增加值增长14.4%，汽车制造业增长36.2%。江沙食品工业园2014年被评为国家新型工业化示范基地。组织实施一批优势产业重点技术改造专题项目，从“设备换人”、生产系统与生产线改造、重点技术改造等方面提升优势产业生产效率、信息技术应用水平。推进智能制造基地认定工作，江沙示范园已成功认定为2014年省市共建战略性新兴产业（智能制造示范）基地。

【战略性新兴产业】 大力发展LED、高端电子信息、高端装备制造、智能制造等战略性新兴产业。2014年全市LED工业总产值达271.75亿元，同比增长19.5%，近三年来保持20%左右的增长速度。全市从事LED产业生产的企业已超过1000家，引进西铁城、德力西、台湾一诠等著名企业，培育一批有竞争力的本地企业，形成从外延-芯片-封装-应用的由上游到下游一条龙的完备产业链。建立国家半导体光电产品检测重点实验室、中国（江门）国际绿色光源博览交易中心等公共平台，成立江门市LED行业协会、江门市照明电器行业协会、江门市LED产业标准联盟等服务机构。江门获得 “国家火炬计划江门半导体照明特色产业基地”“广东省火炬计划半导体绿色照明特色产业基地”“广东省战略性新兴产业（江门绿色光源）基地”“广东省LED产业化基地”“广东省（江门）绿色（半导体）光源产业基地”等称号。高端电子信息产业发展迅速，其中海信江门基地电视、宽带、通信、空调等项目已投产，配套的海信生活研发区项目进展顺利。广东海信电子有限公司计划投资10亿元，主要生产平板智能电视机，2014年产量约250万台，产值50多亿元。高端装备制造业方面，抓住广东南车落户江门的契机，全力打造以城际动车组为主的轨道交通装备制造全链条产业集群基地。截至2014年12月，广东轨道交通产业园已安排用地指标3868亩，累计完成投资42.27亿元，其中广东南车公司完成投资约12.8亿元，已落户园区的格兰达精密数控、中车空调、广东南奥、广润轨道、恒之源等5家配套企业完成投资约11亿元。广东南车中标珠三角城际首批城际动车组车辆、东莞R2线地铁和深圳地铁3号线增购等项目，订单量约45亿元。智能制造方面，江沙示范园顺利通过省市共建战略性新兴产业（智能制造示范）基地认定，成为全省七大智能制造示范基地之一，广东科杰机械自动化有限公司获得“广东省战略性新兴产业（智能制造）骨干企业”称号。

【传统产业】 包括食品、纺织服装、机电、造纸及纸制品、计算机通信及其他电子设备制造、建材等六大产业，2014年，六大优势传统产业实现规模以上工业增加值610.48亿元，同比增长14.82%，增长贡献率达到91.3%，拉动全市工业增长10.05个百分点。实现规模以上工业总产值2611.08亿元，同比增长12.5%，占全市规模以上工业总产值的71.94%。

【发展循环经济】　2014年，崖门定点电镀循环经济产业基地被列入第四批省市共建循环经济产业基地。推进园区循环改造工作，印发《江门市推进园区循环化改造工作方案》。抓好资源综合利用工作，全年有9家企业产品被省认定为资源综合利用产品。

【工业企业技术改造】　2014年，全市工业企业技术改造投资导向计划项目165项，计划总投资120.41亿元，2014年实际完成投资59亿元，项目预计投产首年新增销售收入304.95亿元，新增利润20.23亿元，新增税收14.73亿元。

【节能降耗】　2014年，在节能降耗方面突出抓好以下工作：落实节能目标责任制，对各市、区政府开展2013年节能目标责任评价现场考核，并通报考核结果。推进电机能效提升，印发《江门市电机能效提升工作实施方案》《江门市电机能效提升补贴实施细则》等政策文件，举办3场大型电机能效提升培训推广会，300多家重点用能企业代表参加培训。加快“三能”体系建设，推进能源管理体系、能源管理中心和能效对标“三能”体系建设，公布两批21家已建设能源管理体系企业名单，14家企业能源管理中心与市本级能管中心对接，组织信义玻璃等企业参加省相关协会开展的能效对标活动。持续开展清洁生产，全市有15家企业通过清洁生产审核验收，其中13家企业被认定为“广东省清洁生产企业”，2家企业被认定为“江门市清洁生产企业”。继续与香港合作推进“清洁生产伙伴计划”，截至2014年底全市共有149个项目获港方资助，累计获得资助538.5万港元。组织举办节能宣传活动，制定《2014年江门市节能宣传月活动方案》，围绕“携手节能低碳，共建绿色广东”主题，举办首届江门市节能先锋评选活动等多种形式节能宣传活动。

【产业园区建设】　江门市在2014年提出“一市区一核心园区、一核心园区一重点产业”的发展方向，从市一级的高度对全市产业园进行谋划，确立江门国家高新区、江门滨江新城、新会银洲湖新城、鹤山工业城、台山工业新城、开平翠山湖科技产业园、恩平工业园七大产业园区的规划布局以及功能定位。为贯彻落实省委省政府推进“珠江西岸先进装备制造产业带”发展的重大决策部署，制定《江门市产业平台扩能增效行动方案》，提出产业园扩能增效的“七个一”专项行动，即清理一批闲置土地（项目）、规划“一张蓝图”、配建一套标准设施、推行“一条龙”服务、建设一批重点项目、打造一支专业队伍、实施一套分类考核办法。江门产业转移工业园在2013年度全省产业转移目标责任考核中再次获得优秀等级，位列全省示范产业园第三名，这是园区连续第三年荣获优秀等次。园区累计引进项目285个，计划投资额559亿元，实现规模以上工业总产值153亿元。

【企业服务与发展】　2014年，举办企业家素质提升工程、中小企业成长工程、政策宣讲等各类服务活动10多场，培训企业超过1000家次，推动企业向精益生产、科学管理发展，促进企业提高管理水平、降低经营成本、实现转型升级。组织40多家企业参加第十一届中博会，共100个展位展示水暖卫浴和五金不锈钢产业产品，打造“江门市五金机械产品名优产品工业馆”，并以轨道交通产业为主题在广东馆展区参展，展示江门市在“南车”项目的发展优势和前景，支持中小企业开拓国内外市场，推动中小企业与国内外中小企业的交流与合作，促进民营企业升级转型和产业结构调整优化。

【主要问题和困难】 2014年，全市工业经济继续实现平稳增长，但外部不景气对经济发展的不良影响显现，工业经济增长的动力不足，经济运行面临着巨大的下行压力。大项目效益未能完全显现，工业经济主要依靠传统支柱产业支撑，新兴产业对全市工业经济的拉动作用不明显。另外，土地、环保、融资等因素继续制约着本市工业发展。

电子工业

【简述】 作为江门市六大支柱产业之一的电子信息产业，现有企业2000多家，其中规模以上企业300多家。主要优势领域为家用电器、电子信息机电产品、电子元件、半导体光电器件（LED）、电子信息材料和计算机外部设备制造等领域。LED产业逐渐成为代表全市产业水平的特色产业，从事LED产业生产的企业已超过1000家。

【电子信息产品制造业】 2014年，江门市电子信息制造业工业总产值562.12亿元，同比增长12.31%；工业增加值125.38亿元，同比增长13.13%。全市电子信息产业主要优势领域为家用电器、电子信息机电产品、电子元件、半导体光电器件（LED）、电子信息材料和计算机外部设备制造等领域。其中以半导体照明（LED）为代表的绿色（半导体）光源产业已经形成了从外延—芯片—封装—应用的由上游到下游一条龙的半导体照明产业链。上中游外延芯片产量和技术水平在国内处于领先水平，下游封装和应用企业已经形成了一定的集聚效应。全市电子信息制造业拥有一批产品特色鲜明、企业知名度高、竞争力强、行业影响力大的骨干龙头企业。得实集团是国内数一数二的针式打印机研发及制造商，为国内自主品牌市场占有率第一。江门市科恒实业股份有限公司是国内最大的稀土荧光粉生产商，国内市场占有率达到15%～20%，公司为灯用稀土荧光粉国家标准起草单位。建滔集团，为全球最大覆铜面板生产商，全中国最大印刷线路板制造商。广东江粉磁材股份有限公司是国内最大的铁氧体生产基地，在铁氧体永磁和软磁的高特性材料开发方面处于国内前沿技术水平，并于2011年在中小板上市。江门市芳源环境科技开发有限公司是一家以二次电池的环保回收与综合利用、电池材料的生产与销售为经营主业的省级高新技术企业，技术和工程水平在国内同行业中处于领先地位。鹤山市世逸电子科技有限公司以生产先进触摸产品、数码光学及照明产品、数字放声设备、便携式微型计算机、新型电子元器件等产品为主，是世界领先的EMS/ODM/OBM电子制造服务和电子开发服务提供商。

【仪器仪表制造业】 2014年，全市仪器仪表制造业完成工业总产值0.47亿元，同比下降11.35%；完成规模以上工业增加值0.19亿元，同比下降11.55%。

表19： 2014年全市电子系统主要产品产量表

产品名称	计量单位	产量	增幅（%）
原电池及原电池组	万只	73165.1	-2.6
打印机	万台	110.22	8.3
印制电路板	万平方米	265.50	9.0

机械设备及金属制品业

【简述】 2014年，江门市机电工业共完成规模以上工业总产值1228.25亿元，同比增长14.40%；完成规模以上工业增加值271.81亿元，同比增长16.8%，对全市规模以上工业增加值的增长贡献率达到44.99%，拉动增长点数4.95个百分点。

【金属制品业】 2014年，江门市金属制品业完成规模以上工业总产值448.69亿元，同比增长17.08%；完成规模以上工业增加值100.57亿元，增长17.40%。江门市金属制品业主要分布在蓬江区、新会区、台山市和开平市。开平市水口镇被中国五金制品协会命名为“中国水龙头生产基地”，水暖卫浴产品在国内市场的占有率达45%以上，是我国三大水暖卫浴生产基地之一。另外，蓬江区杜阮镇、鹤山市址山镇也是主要的五金卫浴产业基地。新会区司前镇主要生产五金不锈钢制品，产品出口遍及欧美、亚非等90多个国家和地区。

【交通运输设备制造业】 2015年，江门市铁路、船舶、航空航天和其他运输设备制造业完成规模以上工业总产值272.38亿元，同比增长6.75%；完成规模以上工业增加值45.50亿元，同比增长6.24%。

【摩托车制造业】 2014年，江门市摩托车制造业完成规模以上工业总产值210.18亿元，同比增长2.91%；完成规模以上工业增加值34.89亿元，同比增长2.9%；摩托车整车产量326.28万辆，同比增长1.6%。江门市作为全国最大的摩托车制造基地之一，全市经由国家发展改革委公告的摩托车及整车生产企业16家，零部件及相关配套生产企业300多家，具备年产400万辆摩托车的生产能力，以及较强的摩托车零部件生产能力，主要生产的零部件包括发动机、轮毂、轮胎、车架、轴承、车座、塑料件等。江门市摩托车产业主要集中在蓬江、江海、新会三区和鹤山市，并形成较为完整的产业链，大部分零部件生产企业均集聚围绕分布整车生产企业周边，可随时为整车生产企业提供摩托车装配零部件。在2014年全国摩托车销量前50名企业中，江门市大长江集团有限公司、广东大冶摩托车技术有限公司、鹤山国机南联摩托车工业有限公司等3家企业榜上有名。其中，江门市大长江集团有限公司连续12年全国同行业产销量排名第一。

【汽车零配件制造业】 2014年，江门市汽车制造业完成规模以上工业总产值达到54.57亿元，同比增长8.67%；规模以上工业增加值12.13亿元，同比增长8.98%。目前，全市拥有各类汽车零部件生产企业60多家，其中规模较大的企业包括广东富华重工制造有限公司、江门市天丞铝轮毂有限公司、江门市天丞车轮有限公司、台山富城铝业有限公司、台山国际交通器材配件有限公司等。主要产品有汽车轮毂、汽车音响、雨刮器、车载千斤顶、车载便携式平板DVD、动力转向器、等速万向节、后视镜、灯具、滤清器、曲轴、微电机用磁性元件以及汽车地毯、座椅等。

【船舶工业】 2014年，江门市船舶及相关装置制造业实现规模以上工业总产值56.10亿元，同比增长26.78%；实现规模工业增加值8.96亿元，同比增长26.76%。全市共有各类船舶修造企业48家，其中造船企业25家，修船企业15家，专业船舶配套企业8家；根据《船舶生产企业生产条件基本要求及评价办法》划分，一级企业3家，二级企业8家，三级企业1家。产品主要有：3.25万吨散货船、油船、工程船、LPG、客轮、拖轮、30-130英尺豪华游艇。2014年，江门市 船舶及相关装置制造业完成规模以上工业产值56.10亿元，同比增长26.78%；完成规模以上工业增加值为8.96亿元，同比增长26.76%。多年来江门市船舶工业产值在全省排名第二，仅次于广州市。

表20： 2014年全市机械设备及金属制品主要产品产量表

产品名称	计量单位	产量	增幅（%）
摩托车	万辆	326.28	1.6
日用不锈钢制品	万吨	15.99	15.1
金属集装箱	万立方米	512.89	56.8

化工产业

【简述】 化工产业作为江门市重要支柱产业之一，在促进全市经济发展方面发挥着重要作用。主要化工产品有：高效低毒农药、涂料、印刷油墨、明胶、食品添加剂、水处理剂、金属表面处理和防锈剂、醋酸酯类溶剂、CMC、荧光粉、胶粘剂等产品。

【化学原料及化学制品制造业】 2014年，全市化学原料及化学制品制造业完成规模以上工业总产值256.23亿元，同比增长3.82%；完成规模以上工业增加值43.14亿元，同比增长7.33%。全市在化学原料及化学制品制造业有一批成长性较好的企业。如江门东洋油墨有限公司生产的印铁、印铝、塑料薄膜及丝网印刷系列油墨，其生产设备、技术水平及产品质量均属国内先进水平。量子高科的高纯度羧甲基纤维素纳，年产能力达到4500吨，是目前国内该产品生产规模最大的企业。赫克力士化工（江门）有限公司是美国全资企业，生产的CMC在全国同行业约占80%。江门市谦信化工发展有限公司是目前全国最大的酯类生产企业。

【涂料工业】 2014年，江门市涂料、油墨、颜料及类似产品制造业共完成工业总产值70.83亿元，增长4.13%；完成规模以上工业增加值16.03亿元，同比增长4.1%。广东嘉宝莉化工有限公司是全市最大的涂料生产企业，其生产的嘉宝莉牌建筑涂料是中国名牌产品，是涂料行业内首获“中国名牌产品”称号的企业。

表21： 2014年全市化学系统主要产品产量表

产品名称	计量单位	产量	增幅（%）
涂料	万吨	28.51	2.0
塑料制品	万吨	47.28	-8.7

建材产业

【简述】 2014年，全市建材工业（非金属矿物制品业）共完成规模以上工业总产值214.23亿元，同比增长4.56%；完成规模以上工业增加值48.79亿元，同比增长6.57%，增长贡献率达3.68%，拉动增长点数0.4个百分点。

【玻璃产业】 2014年，江门市玻璃制造业完成规模以上工业总产值30.95亿元，同比下降0.56%；完成规模以上工业增加值6.93亿元，同比下降0.66%。玻璃制品制造业完成规模以上工业总产值10.58亿元，同比增长11.14%；完成规模以上工业增加值3.12亿元，同比下降11.16%。玻璃产业的代表企业有：信义环保特种玻璃（江门）有限公司、江门华尔润玻璃有限责任公司。

【水泥制造业】 主要集中在恩平市和新会区。代表企业有江门海螺水泥有限公司、华新水泥（恩平）有限公司等。2014年，全市水泥、石灰和石膏制造业实现规模以上工业总产值23.88亿元，同比增长1.72%；实现规模以上工业增加值5.51亿元，同比增长1.7%。恩平具有丰富的石灰石和黏土资源，其中石灰石蕴藏量为10亿吨以上，发展水泥熟料生产得天独厚，因此恩平素有“水泥之乡”的美名。

表22：　2014年全市建材工业主要产品产量表

产品名称	计量单位	产量	增幅（%）
水泥	万吨	385.76	-17.6
平板玻璃	万重量箱	3082.85	-4.5

电力工业

【简述】 江门供电局是广东电网有限责任公司直属的大型一类供电企业，负责江门电网规划建设、运行维护、电力供应，服务的客户有227万户，其中315千伏安以上大用户3867户。2014年完成供电量226.04亿千瓦时，售电量216.34亿千瓦时。均位列全省第七。

【安全生产】 安全生产局面持续保持平稳，实现连续10年安全生产零事故纪录，年度生产技术指标综合排名位居全省供电系统前列。着眼江门地处沿海易受台风侵袭的情况，投资近3亿元专项资金，系统打造了江门电网防风加固基地，成为整个南方电网的样板，成功应对了“威马逊”“海鸥”等强台风的袭击。

【电力供应】 2013年江门市电力供需基本保持平衡，电量保持稳步增长。累计完成供电量226.04亿千瓦时，同比增长9.04%；完成售电量216.34亿千瓦时，增长9.41%。最高负荷382万千瓦，增长13.15%。累计报装总容量为147.25万千伏安，比2013年同期的185.75万千伏安减少了20.73%，主要原因是新报装的大工业用电同比大幅减少42.16%。

【电网建设】 完善江门电网目标网架和差异化建设策略，分层分级推进电网发展。充分结合全市城市和经济发展规划，完成台山市清洁能源装备产业园等7项电力专题规划。全年完成投资11.9亿元，建成投产110千伏及以上输电线路587千米、主变容量31万千伏安。江门电网整体供电能力充足，500千伏、220千伏和110千伏容载比分别达到1.86、1.94和3.06，均拥有约两倍的冗余容量。电网结构方面，110千伏及以上线路“N-1”比例达98.2%，10千伏环网率达82%，配网可转供率80%，均处于领先水平，抗风险能力得到前所未有的提升。可靠性方面，连续四年入选全国供电可靠性金牌企业，可靠性水平跻身全国前10。全口径用户平均停电时间1.29小时，综合电压合格率99.996%，均达国内领先水平。

轻工业

【简述】 2014年，江门市轻工业实现规模以上工业增加值436.41亿元，同比增长12.9%。

【食品工业】 作为江门市六大支柱产业之一的食品工业，对全市工业产经济发展发挥着举足轻重的作用。全市共有各类食品生产企业300多家（包括：农副食品加工业、食品制造业、饮料制造业）。2014年，全市食品工业实现规模以上工业总产值431.77亿元，同比增长17.39%；实现规模以上工业增加值120.78亿元，同比增长20.21%，增长贡献率为22.77个百分点，拉动增长2.5个百分点。其中，农副食品加工业完成规模以上工业总产值140.4亿元，同比增长13.22%，完成规模以上工业增加值11.26亿元，同比增长15%。食品制造业完成规模以上工业总产值269.66亿元，同比增长20.8%；完成规模以上工业增加值99.21亿元，同比增长22.49%；酒、饮料和精制茶制造业完成规模以上工业总产值21.71亿元，同比增长7.31%，完成规模以上工业增加值10.3亿元，同比增长7.33%。

【造纸及纸制品业】 2014年，全市规模以上造纸和纸制品业实现工业总产值131.18亿元，同比增长9.96%；实现工业增加值29.16亿元，同比增长12.26%。2014年全市机制纸及纸板产量达124.43万吨，同比增长13%。

【印刷业】 2014年，江门市印刷和记录媒介复制业完成规模以上工业总产值达44.82亿元，同比增长4.57%；完成规模以上工业增加值16.89亿元，同比增长3.89%。印刷业主要以雅图仕公司为代表，主要产品包括精装书、儿童益智书、立体书、贺卡、礼盒、纸袋等，产品出口远销欧、美、澳及亚洲等世界各地。

【家具制造业】 2014年，江门市家具制造业完成规模以上工业总产值66.21亿元，同比增长12.24%；完成规模以上工业增加值12.93亿元，同比增长12.09%，家具产量767.02万件，同比下降12.0%。

【家用电器业】 2014年，江门市房间空调器产量32.18万台，同比增长11.9%；电风扇产量为1163.25万台，同比增长4.3%；家用洗衣机104.89 万台，同比下降5.3%；灯具946.95万只，同比下降22.9%。 （市经信局）

【市城镇集体企业联社】 2014年，开展党的群众路线教育实践活动，加强机关作风建设；坚持开拓创新、科学发展，加大对集体资产保值增值力度。加强资产经营状况的监管，做好资产经营的统计分析评价工作；规范和完善资产营运管理，使资产管理工作走上规范化、程序化的轨道；加强和改善经营管理，盘活闲置资产，做好有关债权资产包的后续处置工作。联社属下企业电镀厂按照“三旧”改造政策成功转型升级，通过和国家级高新企业合作把原厂区改造成粤西地区最大规模的物流汽配城，该汽配城首期于2014年5月成功开业。坚持每月定时、定点、定领导接访职工群众的做法，做好改制企业职工的思想疏导工作。在省内率先成立城镇集体企业职工服务中心，完善改制企业职工档案的管理，为职工查找档案和解决有关困难。2014年通过中心为453名改制职工解决历史遗留问题，支付各类安置费用63.2万元，接待来访人员381人次。发挥好服务管理职能，指导、协调市工艺美术协会促进江门市工艺美术事业显著发展。创新人才培养机制。开展职称评审填补行业空白，开展技能鉴定拓宽人才培养渠道。至2014年11月，已评出中、初工艺美术师47名。联社以及协会加强和市人社局以及有关院校的合作，通过开展技能鉴定解决江门市工艺美术从业人员因学历低、社保限定而无法获得职称的难题。推荐行业人才申报大师称号。2014年联社和协会通过申报，江门市有三人被评为第四届“广东省工艺美术大师”。加大宣传推广力度，举办四期“中国（侨乡）工艺美术大讲堂”活动，公益性普及工艺美术文化知识。组织设立“江门工艺美术”独立展位首次现身深圳文博会。组织参加“2014首届珠三角工艺美术作品邀请展”。提升服务管理平台，市工艺美术协会获评5A社会组织等级。配合市人大对工艺美术行业进行调研，在江门市文化“四馆整合”规划设计中争设工艺美术展厅。筹建江门市工艺美术产业信息系统。（市城镇联社）

纺织服装业

【简述】 2014年，江门市纺织服装业实现规模以上工业总产值376.37亿元，同比增长10.12%；完成规模以上工业增加值90.49亿元，同比增长12.98%，增长贡献率为12.01%，拉动增长点数1.32个百分点。江门市作为广东纺织服装业的重要基地，在中上游产品上具有举足轻重的地位。江门市的纺织服装产品种类繁多，已形成涤纶（PT）、锦纶（PA）、丙纶（PP）、色母粒、拉舍尔毛毯、牛仔布及服装、无纺布全面发展的生产格局，其中锦纶切片、涤纶长丝、拉舍尔毛毯销量居全国前列。

【化学纤维制造业】 2014年，全市化学纤维制造业完成工业总产值25.35亿元，同比下降6.47%；完成规模以上工业增加值3.73亿元，同比下降5.75%，化学纤维总产量为16.71万吨，下降5.8%。江门是广东省乃至全国的重点化纤生产基地，也是国内最早开始化纤生产的地区之一。主要化纤企业有广东新会美达锦纶股份有限公司、广东泰宝聚合物有限公司、广东彩艳股份有限公司等。

【纺织服装、服饰业】 2014年，全市纺织服装、服饰业完成规模以上工业总产值130.85亿元，同比增长27.06%；完成规模以上工业增加值41.09亿元，同比增长28.18%。2014年，全市服装产量14649.4万件，同比增长8.3%。开平是广东省重要的牛仔布和牛仔服装生产和出口基地，现有牛仔服装生产企业约230多家，年产牛仔服装近1.2亿件，牛仔布的年产量和出口量均占广东省的三分之一，是全国五大牛仔休闲服装专业生产基地之一。

表23：　　2014年全市纺织服装主要产品产量表

产品名称	计量单位	产量	增幅（%）
化学纤维	万吨	16.71	-5.8
布	万米	80194.10	-10.8
服装	万件	14649.40	8.3

粮油加工业

【简述】 2014年全市纳入粮油工业统计的企业有74家，其中大米加工企业39家，小麦粉加工企业2家，粮食食品加工企业6家，饲料生产企业27家。日处理原料100吨以下的企业41家，日处理原料100～200吨（含200吨）的企业9家，日处理原料200～400吨（含400吨）的企业12家，日处理原料400吨以上的企业12家。全年工业总产值118.93亿元，产品销售收入115.99亿元，实现利税总额4.56亿元。

【大米加工】 全市大米加工企业大部分为非国有粮食企业，全年加工产量13.23万吨，同比增加8.65%。现行大米工业总产值8.06亿元，同比下降1%；销售收入7.92亿元，同比下降1.6%。

【小麦粉加工】 全市有2家小麦粉加工企业均为非国有粮食企业。全年加工小麦粉产量23.66万吨，同比下降13.4%。小麦粉工业总产值3.86亿元，同比下降6%；销售收入4.76亿元，同比增加2.5%。

【获评放心粮油企业】 2014年，江门市有3家企业13个产品授予广东省“放心粮油”称号，其中分别是江门市新会区小冈粮食储备加工公司冈丰牌精制油黏米（一级）、长香黏米（一级），江门市树记粮食加工有限公司树记牌纯正小农黏米（一级籼米）、家乡靓米（一级籼米）、米中之皇米（一级籼米）、马贝小黏米（一级籼米）、树记香米（一级籼米）、油黏皇（一级籼米）、树凤黏米（一级籼米）、新会正宗小农黏（一级籼米），鹤山市彩虹岭天然食品有限公司粮油分公司彩虹岭牌食用调和油（调和油）、喜三元牌食用调和油（调和油）、御师傅牌食用调和油（调和油）；同年，台山市粮食购销总公司的“珍香”牌丝苗米和广东新粮实业有限公司面粉厂的“白菊”牌低筋小麦粉荣获2014年第十三届中国国际粮油展金奖；台山市粮食购销总公司、广东开兰面粉有限公司、广东新粮实业有限公司面粉厂荣获广东省粮食行业协会“2014年广东省最具竞争力粮食企业”；广东开兰面粉有限公司董事长叶润棠荣获广东省粮食行业协会“2014广东省粮食改革创新领军人”。

（市粮食行业协会）

交通·邮政

概述

【交通市场管理】 加强对江顺大桥、江门大道、大鳌大桥等重点工程质量监督检查。抓好招标投标等建设领域规范化管理，针对交通基建程序查摆廉政风险点和风险主体，部署风险防控措施，加强与检察院合作制定预防职务犯罪实施方案；加强打击非法营运，全市共出动执法人员4.9万人次、执法车（船）1.7万辆次，查处违法案件6224宗。开发邮政管理移动执法系统；组织《广东省道路运输条例》宣贯培训；开展全市道路运输企业质量信誉考核；大力整治危险货物运输，邀请专家为企业讲授危运应急操作。做好迎接文明城市复核。建立智能引航系统，完成《江门港港口章程》修编，加强水运监管。

【交通运输行业安全生产】 强化安全常态化管理，开展行业“八打八治”打非治违、平安交通、安全生产月、安全生产大检查等专项行动。组织安全生产与应急管理培训班、安全生产“一岗双责”暨新《安全生产法》宣贯会，提升行业安全管理水平；开展公交行业安全防恐培训，指导公汽公司、客运站反恐演练。推进标准化创建，完成174家水陆普货、维修企业标准化考评。顺利完成2014年春运工作，全市安全发送旅客370万人次。做好重大节日、汛期和台风季节安全防范，及时做好公路水毁现场抢险救灾。

【交通规划】 《珠中江交通基础设施一体化规划》已于2014年7月30日经市规划委员会审议通过。《江门港总体规划》已获省政府批复。《大广海湾交通专项规划》《江门市公路运输枢纽布局规划》已基本编制完成，征询相关政府、部门意见。广佛江快速通道二期（新会会城至崖门段）被列入2014年省重点项目。

（市交通运输局）

交通基础设施建设

【简述】 全年交通建设完成53.5亿元。其中高速公路完成26.05亿元，市区交通项目完成14.8亿元，国省道及站场建设完成5.22亿元，县乡村道完成4.4亿元，港口航道完成3.03亿元。 全年争取上级资金补助4.07亿元；争取省政府提高全市国、省道补助标准，并把台山、开平、恩平纳入东西两翼范围，在国省道建设补助政策上享受东西两翼补助标准。

【交通一体化建设】 外海大桥、江沙公路、G325开平路段3个经营性路桥收费项目撤销后续处置工作进展顺利，收费项目的路产路权已全部办理完移交手续。对站距不足的G325国道恩平收费站实施单边收费；按时撤销省道S272线龙口收费站，人员遣散工作已完成。全市车辆通行费（年票）征收33698.37万元，完成年度计划的98.84%。

【高速公路建设】 2014年，江门市高速公路建设共完成投资26.05亿元，高速公路通车里程达379公里。江罗高速征地拆迁基本完成，完成投资约12.25亿元，完成年度计划的 122.5%。广中江高速完成投资12.15亿元，完成年度计划101.3%。新台南延线全线征地拆迁已完成，完成投资1.65亿元，完成年度计划103.3%。中开高速和鹤开高速前期工作有序推进。

【市区重点交通工程建设】 江顺大桥于6月6日完成主跨合龙,完成投资7.03亿元，完成年度计划的100.4%。江门大道北线工程完成投资7.01亿元，完成年度计划的100.1%，龙舟山隧道项目实现双线贯通。江门大道中线工程初步设计已获批复，施工图设计已完成，项目控制性工程双龙跨线桥、龙湾立交已正式动工。9月19日，江门高新区公共码头首期项目启动建设，新会天马港二期万吨级码头主体工程完成施工。江海综合客运枢纽工程开展基础施工。

（市交通运输局）

公路运输

【简述】 全市道路客运企业20家，共有营运客车1529辆，59731座；客运班车1290辆，48899座；旅游包车239辆，10832座。全市1053个行政村，达到安全通行条件943个。全市已定级客运站共有27个，其中一级站4个，二级站2个，三级站5个，四级站3个，五级站1个，简易站12个，44个招呼站，1164个农村客运候车亭。客运线路覆盖全市乡镇，辐射全省各地，跨越周边省区。全市现有危险货物运输企业73家，危运车辆1111辆（其中挂车174辆，汽油、柴油专用运输槽罐车80辆）；全市现有普货营运车36337辆186800吨。危货运输从业人员2080人（其中驾驶员1036人、押运员1044人）。全市机动车维修业户共3398户，其中汽车维修1891户。一、二类汽车维修企业225家；三类汽车维修业户1666家；摩托车维修1507户；综合性能检测站7家。全市现有驾驶培训企业32家，教练车1493辆，从业教练员1819人。

【春运】 2014年春运，全市共发送旅客约370.6万人次，同比上升0.39%。其中公路发送旅客约332.7万人次，同比下降0.61%；水路发送旅客约13.1万人次，同比上升17.3%；城轨江门站、新会站共发送旅客24.7万人次，共802班，同比上升7.3%。

（市交通运输局）

城市公共交通

【简述】 开展新能源公交车推广工作，购置116辆150.8标台气电混动力新能源公交车；新建公交候车亭120个，数字电子站牌59个；市区公交线路171条，其中20条线路共200辆车安装导盲系统，公交出行分担率23.05%；公交智能系统全面覆盖蓬江、江海区，并在新会区推进。

【公共汽车管理】 江门市公交车保有量为1503.9标台，其中清洁能源公交车774标台（LNG公交车500辆，气电混合动力公交车146辆，油电混合动力公交车53辆），占车辆总数的51%。其中市区公交车957辆1041.3标台，每万人拥有公交车辆为10.6标台。“岭南通•五邑通”公交IC卡在全省互通，江门市区、鹤山、开平、台山已投入使用，设有6个客服中心，197家充值售卡网点，截止2014年底，五邑通公交IC卡发放67.59万多张，其中老人长者IC卡28.11万多张，学生卡17.57万张，低保卡751张，优抚卡9738张，普通卡20.85万多张。

【出租车行业管理】 2014年全市共有1177辆出租车，其中714辆为混合动力出租车（油气混合），出租车驾驶员2418人，出租车企业20家，个体出租车35户，主要的经营模式为经济责任承包制和个体经营制。2014年，市区出租车载客车次总数约为1817.3万车次，客运量约为3773.9万人次，营运里程约为15927.6万公里，其中载客里程约为9447.4万公里。

表24：　　2014年全市出租车行业企业一览表

序号	单位名称	联系电话
1	江门市新联汽车贸易发展有限公司	0750-3168938
2	江门市蓬江区捷康汽车配件总汇	0750-3568383
3	江门市南安小汽车出租有限公司	0750-3509033
4	江门市华荣汽车贸易有限公司	0750-3219908
5	广东省江门市汽运集团有限公司出租车分公司	0750-3680101
6	江门市新会区三侨出租小汽车有限公司	0750-6321398
7	江门市新会区东安汽车运输有限公司	0750-6105333
8	台山市祥安汽车运输有限公司	0750-5568802
9	台山市交通运输有限公司	0750-5670204
10	台山市交通运输有限公司的士出租第一分公司	0750-5670204
11	台山市交通运输有限公司的士出租第二分公司	0750-5670204
12	台山市海宁出租车有限公司	0750-5550005
13	开平市捷安汽车出租有限公司	0750-2227606
14	开平市大众汽车出租有限公司	0750-2252387
15	广东省三埠港客货运输联合公司	0750-2292242
16	广东省江门市汽运集团有限公司开平汽车总站	0750-2336520
17	鹤山市成功小汽车出租有限公司	0750-8878038
18	广东省江门市汽运集团有限公司鹤山汽车总站	0750-8878018
19	恩平市恒顺小汽车出租有限公司	0750-7713785
20	恩平市京湖运输有限公司	0750-7181088

（市交通运输局）

港航管理

【简述】 2014年，全市共有水路运输企业63家（其中个体13家），水路运输服务业28家。营业性运输船舶599艘（其中航行港澳线船舶79艘，客船28艘、3154客位）、总载重吨68.80万吨，净载重吨25.69万吨，功率22.70万千瓦。经营航线有港澳航线、沿海航线和内河航线。2014年,全市完成水路货运量3931万吨，货物周转量690801.44万吨公里，分别同比增长11.93%和8.43%；完成水路客运量220.77万人次，客运周转量5732.62万人公里，分别同比增长12.43%和4.40%。全市货物港务费完成1679.113万元，同比增长9.91%。

【港澳运输】 货运船舶78艘，11.70万载重吨，43906.5千瓦；客运船舶1艘，354客位，2970千瓦。2014年度完成货运量520.77万吨，货运周转量85065.89万吨公里。完成客运量10.44万人次，客运周转量1494.22万人公里。

【沿海运输】 货运船舶70艘，14.79万载重吨，37695千瓦；客运船舶27艘，2797客位，15701千瓦。2014年度完成货运量726.89万吨，货运周转量338472.15万吨公里。完成客运量210.32万人次，客运周转量4238.40万人公里。

【内河运输】 货运船舶450艘（个体13艘），42.21万载重吨，126716千瓦。2014年度完成货运量2683.34万吨，货运周转量267263.40万吨公里。

【港口经营】 江门港七大港区已领取港口经营许可证的港口经营企业共132家，其中从事危险货物港口作业资质的43家。2014年，全市拥有生产用码头泊位307个，其中万吨级以上泊位3个，泊位最大靠泊能力达5万吨级，泊位总延长18573米，年通过能力散货4159.7万吨、集装箱168万TEU。全市完成港口货物吞吐量7352.17万吨，同比增长9.13%，其中：完成外贸货物吞吐量597.22万吨，同比减少33.24%，内贸货物吞吐量6754.95万吨，同比增长15.62%，完成集装箱吞吐量113.03万TEU，同比增长21.06%。

交通行政执法

【简述】 2014年，全市交通执法部门共出动执法人员49905人次、执法车（船）17189辆次，查处各类违法案件5575宗，罚没款2271.53万元。其中，运政执法方面，查处运政违法经营案件2747宗，罚没款521.42万元；治超执法方面，查处超限超载车辆2633辆次，卸载货物6.27万吨，罚没款1732.91万元；路政执法方面，查处案件189宗，罚没款1.3万元；水路执法方面，查处水路违法经营案件6宗，罚没款15.9万元。

【道路运政执法】 交通运输执法部门联合公安交警、巡警、质监、城管等部门，采取集中整治与日常监管的方式，先后开展打击非法营运黑车、大客车、出租车、危运车等多次专项整治行动，对江门汽车总站、轻轨江门站、中心医院等重点区域进行重点整治，全面整顿客货运输市场秩序。针对出租车违规经营行为，采取“制服”和“便衣”相结合的方式，明察暗访，开展夜间执法行动，严厉查处出租车议价、拒载、绕路等违规经营行为。配合市公安交警部门在全市范围内开展打击泥头车违法运输专项行动。2014年全市查处各类运政违法案件3387宗，其中非法营运车辆117宗，非法营运“摩的”228宗，班车、包车客运1126宗、出租车客运133宗、危险货物运输63宗。

【公路路政执法】 建立超限违法车辆通报制度，对违法车辆进行登记、抄报和处理。联合公安交警部门开展治超专项行动，在辖区流动治超路段开展治超执法，同时加强夜间执法，对利用深夜时间违法超限运输的车辆给予有力打击，保护公路设施和桥梁安全。2014年全市治超执法查处超限超载车辆2633辆次，卸载货物6.27万吨，罚没款1732.91万元。开展公路及两侧有关违法行为专项整治，联合佛开高速路政大队成功拆除位于佛开高速公路K34+065M处跨线桥两侧的巨型违建广告牌，面积约700平方米。2014年，全市路政执法队伍共巡查里程达67855多公里，清理公路路障、堆积物3243立方米，清拆违章广告牌2270平方米，拆除违法构筑物1806平方米。

【水路运政执法】 全年组织执法巡查航道850公里，查处纠正各类航道违章作业行为17宗，其中立案处罚4宗。以危险品货物码头为重点，组织力量加大对各类港经营企业及沿岸营运船舶的现场执法检查。全年组织港航执法检查60次，检查各类船舶65艘次，港口码头82宗次，立案处罚2宗。

表25：　2014年江门至香港、澳门水路客运票价

单位：人民币（元）

等级	平日		节假日	
	香港	澳门	香港	澳门
贵宾房	250	——	250	——
头等	230	——	230	——
普通	210	——	210	——
套票（含往返）	300	——	340	——

表26：　2014年全市社会客货运输、港口吞吐量情况

项目	货运量（万吨）	货运周转量（万吨/千米）	客运量（万人）	客运周转量（万人/千米）	港口吞吐量		
					旅客（万人）	货物（万吨）	集装箱（万TEU）
合计	13926.1	1682397.99	9545.78	596095.03	15.20	7352.17	113.03
陆运	9995.10	991596.55	9325.01	590362.41	——	——	——
水运	3931.00	690801.44	220.77	5732.62	15.20	7352.17	113.03

（市交通运输局）

航道管理

【简述】　江门航道局辖区航道维护里程1013公里。其中内河航道915公里，沿海航道98公里；维护标志共计994座（盏）。主要航道西江下游、虎跳门水道、崖门水道、崖门出海航道、劳龙虎水道、潭江等，是全国内河航道规划“两横”和珠江三角洲“三纵三横三线”高等级骨干航道网组成部分。

【航道建设】　那扶河及镇海湾出海航道整治工程可行性报告通过省交通运输厅的审查，进入工可修编及有关专题的研究评审阶段。该项目投资约5亿元，被省交通厅列为珠三角“九年大跨越”港航重点项目，要求2015年10月开工，2017年底完工，完工后可单向通航3000吨级船舶。配合推动崖门10000吨级航道整治工程项目开展可行性研究报告编制的前期工作，已完成航道东东线比选方案的审查工作。潭江至崖门航道文明样板航道创建工作于2014年10月底顺利完成，于12月10日通过省交通运输厅组织的验收。

【航道养护】　加强航道巡查、探测和扫床，做好辖区主要航道滩段日常水情报送和网上公布工作。全年对西江下游、潭江、江门水道、虎跳门水道、劳龙虎水道、崖门出海航道等335公里进行扫床探测，组织实施并完成辖区维护疏浚工程共5.1万立方米，处理航道内发生的船舶搁浅、沉船、碰船等突发事件10宗，辖区各项保通航措施落实到位，航道水深保证率达到100%。全年更新安装航标灯器43座次，更换浮标标架25座次，日常检测及维修各类灯器900余盏次。做好变异航标恢复工作，全年辖区航标因被过往船舶碰撞、受台风影响漂移、电

池被盗等客观原因而失常合计25座次，均及时得到恢复处理。推广航标科技成果，在崖门出海航道新增35座沿海标安装使用遥控遥测终端，辖区包括潭江水道、劳龙虎水道、崖门水道、川岛沿海、崖门出海航道中共计196座航标灯安装使用了遥控遥测系统终端，基本正常使用。全年辖区航标维护正常率达到100%，航道安全畅通。

【航道行政管理】 重点抓好四项航道行政审批工作，推行政务公开、服务承诺制、首问责任制和限时办结制，推动航道行政执法和社会服务有机结合，行政审批事项全部纳入市电子监察范围，接受社会监督。全年完成跨（过）、临、拦河建筑物建设审批26宗，通航水域水上水下施工作业审批24宗，专用航标审批6宗。坚持审批与监管两手抓方针，增强与综合执法部门的工作互动，加大审批事项监督力度，抓好审批项目施工监线等各项工作，全年开展航道巡查里程35981公里，实施辖区项目监管38宗，及时移交12宗涉航违法行为到地方交通综合执法部门处理。（江门航道局）

海事管理

【简述】 2014年，江门港船舶进出港186342艘次、港口货物吞吐量11741万吨。全年江门海事局辖区共发生一般等级以上事故2宗，死亡0人，沉船0艘，经济损失9.58万元，四项指标同比（2013年事故宗数3宗，死亡0人，沉船2艘，经济损失67万元）事故宗数下降33.3%、死亡人数持平、沉船艘数下降100%、直接经济损失下降85.7%，事故四项指标三降一平，完成广东海事局和市委市政府下达的各项工作任务。未发生因海事监管责任引发的水上交通安全事故。开通并运行“江门海事”腾讯微博、微信以及新浪微博等新网络媒体；创新“六个办”（网络办、精简办、就近办、诚信办、立即办和加班办）思路，出台多项便民利民措施，提出“八个一点”（微笑甜一点，脑筋活一点，度量大一点，做事勤一点，业务精一点，效率高一点，理由少一点，奉献多一点）文明服务，创建并申报江门市“优秀服务窗口”。

【水上安全监管】 2014年，江门海事局探索创新针对辖区四类重点船舶（客船、危险品船、砂石船和易流态固体散装货物运输船舶）的现场监管新举措；开展辖区渡口渡船安全隐患整改工作，完成《内河渡口渡船安全管理规定》宣传实施，建设渡口智能化系统，开展新中渡口“安全文明示范渡口”创建活动；编制《废钢船安全监管工作指南》和《符合中央财政补贴船舶拆解监管工作程序》，扶持拆船业转型升级；修订完成《广东海事局海运易流态化固体散装货物监管工作指引》；开展水上危险化学品运输安全专项整治活动，共检查化学品船160艘次；检查危险货物码头22个，开箱检查9TEU，防污染作业现场检查37单；支持广中江高速北街特大桥等涉水重点项目建设；完成“安全生产月”等各项水上安全生产专项行动，排查治理事故隐患。是年，江门海事局还与安监、航道、渔政部门合作研究提出《江门市涉渔三无船及捕捞网具号灯号型使用指南》；联合交通等部门开通川岛水域陆岛运输车渡航线；解决恩平圣堂大桥桥梁倒塌导致村民过“江”“海”“河”难的问题。全年共完成巡航里程61664海里，巡航时间7033小时，出动船艇（车辆）2725艘次，执法人员7433人次。全年行政处罚848宗；共查处超载船舶256艘次。

【应急管理】 2014年，江门海事局开展鹤山点溢油应急设备库建设和三埠点溢油应急车采购，完成睦洲点、三埠点、鹤山点溢油应急物资采购储备工作；聘用搜救协调员，增强海上搜救应急处置力量；推动地方政府研究制订江门市海上险情应急预案。全年江门海上搜救分中心共接收水上险情报告56宗，开展水上搜救52次，遇险人数384人，成功救助379人，搜救成功率98.7%。

【船员管理】 2014年，实现海船船员适任证书、培训合格证申请及海船船员调档无纸化申报；开展西江流域海事服务升级研究工作，参与修订两广（广东、广西）内河船舶最低安全配员标准；组织实施珠江口船舶船员业务协同专项整治、《2006年海事劳工公约》符合性检查和辖区船员履职能力检查等专项检查工作，提升江门辖区船员队伍质素。是年开展各类船员培训考试112期，参加培训船员3434人次，审批核发各类船员证书2375本。

【船舶检验】 2014年，共检验船舶1139艘次，总吨位866077吨，主机总功率515418.15千瓦，其中新建（含改建）船舶20艘次，总吨位5268，主机总功率5372.20千瓦，共审批图纸14套。按照广东海事局文件规定自5月1日起实施新的船检机构工作模式并启用新印章，同时船检业务旧章一律停用并统一回收至广东海事局。年内承办完成广东海事局2014年课题研究任务，进行《内河船舶法定检验技术规则》（2014年修改通报）和《国内航行海船法定检验技术规则》（2014年修改通报）等船检技术法规报批前的审定工作；并应邀派员赴欧伦（大连）船业有限公司协助对江门市海防与打击走私办公室巡逻艇进行监造。

【港口国管理】 2014年，继续推进PSC（港口国监督检查）授权准备工作，全面开展PSC试运行，实施PSC检查50多艘次；多次选派人员参加安检员培训及交流；完成PSC授权所需的图书资料，完善安检员所需装备、办公设备及各项规章制度；已提交授权申请相关材料，争取尽快通过正式验收并取得港口国监督检查授权。

表27： 2014年江门辖区船舶进出港和查验情况

项　目	总数（艘数）	同比去年（%）
办理港澳线船舶进出港	15784	-11.5%
办理废钢船进港	43	-53.8%
办理定期签证	60617	+8.3%
审批国际航行船舶进口岸(含香港籍)	108	-60.7%
审批船舶装运危险货物进出港申报	3728	-14.3%
审批船舶油污水接收	337	-64%

表28： 2014年江门辖区船舶登记情况船舶证书名称

船舶证书名称	单位	数量
船舶所有权登记	宗	112
国籍登记	宗	275
抵押权登记	宗	76
注销登记	宗	163
最低安全配员证书	份	253

表29：2014年江门辖区船员证书签发情况

船员证书名称	单位	数量
船员注册及服务簿	份	388
内河船员适任证书	份	1207
海船船员适任证书	份	28
海船船员培训合格证书	份	598
内河船舶船员基本安全培训合格证书	份	136
内河船舶船员特殊培训合格证书	份	18

（江门海事局）

邮政

【简述】 2014年是江门邮政“五年规划”的第一年，围绕“谋发展、调结构；强管控、严执行；夯基础、增能力；转作风、树形象；重培训、提素质；建制度、重民生”开展各项工作，全面达成江门邮政各项重点经济目标。2014年江门邮政三大板块业务共创收7.98亿元，同比增长12%。

【经营管理】 推进部室改革，强化用工管理与人才队伍建设；实施“赢在支局”工程，提高网点产能；改革收支预算下达，激发县域发展活力。强化经营管控，促进目标达成；严抓工程、网运、服务工作，增强服务与支撑能力；扎实推进财务管控工作。推进薪酬增长与管控机制，提升员工福利；尊重贡献、尊重人才，设立优秀中青年奖励补贴；突出贡献，规范开展“劳转聘”工作；抓好党的群众路线教育实践活动，提升服务群众能力；推进职工小家建设，惠及员工生活；落实员工帮扶救助措施，解员工燃眉之急。

【基础设施建设】 2014年，江门全市共设邮政服务网点137个，邮政信箱(筒)394个，邮政报刊亭处58处；配备邮运车辆46辆，单程汽车邮路总长度达3023.1公里；城市投递段道195条，农村投递段道227条，投递邮路单程总长度达28658.3公里。投入80万资金改造中心局“两包”作业场地，安装邮件皮带传输设备等；投入资金250万元，完成远程集中监控中心的升级改造。推行异地值守代替网点人员晚上值守，减轻网点人员思想及工作压力。

【邮政业务】 全市代理金融余额增长20.74%，排名全省第2；金融大理财加速发展，完成省公司保费目标的150%，排名全省第1。网点产能逐步提升，点均同比增长70.14%。调整策略，大力发展“两包”业务。两包业务成为增长新引擎，国内小包业务量实现同比增长32.32%，国际小包业务量实现同比增幅76.1%。传统邮政业务转型发展实现新突破，报刊业务逆流而上，大收订任务完成省公司目标103.08%，增幅全省排名第4。

【服务民生】 2014年共装修整治24个金融网点，增加助农取款点，增设网点周六日营业时间等提升客户体验的感知度。

表30： 2014年全市邮政主要经营指标

项　目	单　位	实　绩	同比增减（%）
邮政业务总量	万元	34971	7.7
邮务类			
国内函件	万件	4640.9	15.88%
国际及港澳台函件	万件	121.29	39.52%
普通包裹	万件	9.9	-18.74%
订销报纸杂志流转额	万元	5912.5	-35.08%
速递物流			
国内特快专递	万件	33.4	-8.12%
国际特快专递	万件	0.8	-18.58%
国际及港澳台包裹	万件	1.96	-5.12%
金　融			
汇兑	万笔	28.39	-35.46%
邮政储蓄年末储蓄余额	亿元	114.53	20.48%

（市邮政公司）

信息业

信息化建设

【简述】 2014年，推进信息化建设，在电子政务、信息化和工业化融合、农村信息化、社会各领域信息化等方面取得成效。推进广东省网上办事大厅江门分厅的建设和应用，总体上网办理率由年初的5%提高到72%；广东嘉士利食品集团有限公司等5家企业被省经信委评为2014年广东省“两化”融合管理体系贯标试点企业；根据《江门市农村信息化行动计划（2013-2015年）》，协助有关单位共同推进全市农村信息化建设，缩小城乡“数字鸿沟”。

【信息基础设施建设】 全市电信网、互联网和广电网全覆盖。已形成一个覆盖江门市区及四市三区的光纤高速传输系统。全市光缆线路长度达7.76万公里；全市互联网出口带宽达735G。全市光纤覆盖用户达199.8万户，光纤接入用户达37万户。建成广电双向环形宽带综合接入网和宽带多媒体综合信息网，有线电视覆盖率达100%。

【信息化和工业化融合】 2014年，加快“两化”深度融合，推进产业转型升级。出台“两化”深度融合实施方案，编制《江门市大力发展智能制造推进“两化”深度融合加快产业转型升级专项行动计划实施方案（2014—2015年）》，围绕利用信息技术改造提升主导产业、建设智能制造示范基地、培育和发展新业态等方面推进市两化融合工作；推进智能制造基地建设，组织上报智能制造成套装备和系统应用示范基地，申请纳入2014年省市共建战略性新兴产业基地计划；推进物联网发展，组织有关单位申报2014年“省级信息产业发展专项资金”和“省物联网专项资金”，并择优推荐广东侍卫长卫星应用安全公司《基于北斗精准定位和物联网技术的物流车辆监管调度云平台》、江门市妇幼保健院《基于物联网的临床移动医疗解决方案》等6个项目；建成市中小企业CAD公共服务平台和“工业云”服务平台；推进大数据建设，制定《2014年江门市企业情况综合工作实施方案》，累计采集6144家企业情况综合数据，是全省提前完成省下达任务的四个地级市之一。

【信息资源共享】 2014年，推进信息资源共享，建立“江门市政务服务中心”。推进市行政服务中心、市应急指挥中心资源整合。推动网上办事大厅与部门业务系统的对接。由于市级部门业务系统的建设时间、技术路线、软件开发商不同，对接技术较复杂，目前涉及对接部门业务系统的事项687个，已完成263 个，还需对接的事项424个。统筹协调，选择服务量大面广、条件成熟的业务系统，分期分批实现对接。整合涉民、涉企信息化平台。充分发挥网上办事大厅、政企通公共服务平台的作用，加强涉民、涉企信息化系统的整合工作。

【网上办事大厅】 2014年，江门市网上办事大厅的事项实现省、市、县三级同步一致，实现省、市、县（市、区）、镇四级网上办事大厅互联互通。全市进驻网上办事大厅的行政审批事项共4838项，社会服务事项共223项。其中，市本级已进驻网上办事大厅的行政审批事项共678项，除国家、省垂直系统事项138个外，达到一级网上深化率540项，占100%；达到二级488项，占90%；达到三级361项，占67%。

社会服务事项共76项，除垂直系统事项37个外，100%达到一级网上深化率。除垂直系统事项外，总体上网办理率达72%。各市、区应进驻网上办事大厅的行政审批事项共4160项，除垂直系统事项495个外，达到一级网上深化率3640项，占99.32%；达到二级3150项，占85.95%；达到三级1894项，占51.68%。社会服务事项共147项，除垂直系统事项16个外，100%达到一级网上深化率。除垂直系统事项外，总体上网办理率达43%。

无线电事业

【简述】 2014年，坚持“管资源、管台站、管秩序，服务经济社会发展、服务国防建设、服务党政机关，突出做好重点无线电安全保障工作”的基本要求，在做好无线电台站和设备管理、加强打击非法设置无线电台、开展网格化无线电监测网建设、保障无线电安全、强化人才队伍建设、统筹协调军地无线电管理工作、加强无线电宣传、服务经济社会发展方面取得明显的成效。

【无线电台站管理】 2014年全市共新核发无线电台（站）执照68个，检测设备72个，受理无线电干扰申诉24宗，查处16宗。开展打击非法设置无线电台（站）专项治理活动，会同公安、电信、广电等部门，共侦破“伪基站”和非法广播电台案件各1宗，送省无线电监测站完成“伪基站”设备鉴定12套。引导业余无线电爱好者有序开展活动，完成对全市649名业余无线电爱好者资料核对工作，办理换发新版“业余无线电操作证书”59宗；完成业余无线电台（站）设置使用审批事项17件。

【无线电监测和设施建设】 2014年，全市进行各类监测84次，查找无线电干扰5起，圆满完成春运、两会、三防、高考等重大节日、重要活动和重要会议的无线电安全保障工作。加快无线电监测基础设施建设，开展全市“十三五”无线电技术设施建设和网格化监测网建设规划调研；珠中江无线电监测网联网建设项目已完成专家论证工作和进入招标阶段；无线电监测中心项目建筑主体工程通过竣工验收，大楼内部装修进入招标阶段。

【无线城市建设】 全力推动实施《江门市无线城市建设方案》。全市WLAN网络基本按需实现重点和热点区域覆盖，建成WLAN热点3802个。3G/4G网络覆盖率进一步提高，3G/4G（第三代/第四代移动通信）基站达11916个。

【预备役电磁频谱监测站建设】 加强中国人民解放军广东预备役电磁频谱管理大队江门监测站建设，推进军地统筹融合。结合市无线电监测中心项目，组织实施应急指挥中心信息化项目建设，提高监管服务效率和处置突发事件的应急指挥保障能力。组织现役预备役官兵参加广东预备役电磁频谱管理大队组织的军事活动3次。 （市经信局）

通信业

【中国联合网络通信有限公司江门市分公司】 2014年完成主营收入5.55亿元，同比增长7.6%；收入市场份额达12.66%，提升0.51个百分点；新增收入市场份额达120%。移动用户市场份额提升2.14个百分点；固网业务通服收入完成率115.5%。2014年，江门联通白石营业厅被广东省总工会授予“广东省工人先锋号”荣誉称号，白石营业厅还被评为中国联通集团百强门店。客户服务部的《降低3G客户资料差错率》荣获江门市QC成果一等奖，并获得广东省质量管理协会颁发2014年“南粤之星”银奖。2014年开通3G基站84个，室分60 个，LTE基站

181个，LTE室分22个，并完成LTE所有簇优化。3G网络重点改善城区和市场拓展重点区域的深度覆盖，完成骨头站点16个，投诉热点4个,16个大型小区的综合覆盖，本年度所有建设的小区都进行不同程度的综合覆盖；通过综合覆盖方案改善江门上城骏园、江门帝豪居、恩平锦绣家园等大型小区的3G网络覆盖。重点推进大型小区及重点建筑物的综合覆盖，使2014年室分的综合覆盖率达到50%；开通江门上城骏园、江门翡翠华府、新会名苑华庭、新会卫生局、经信局等历年骨头点，使得核心城区3G覆盖得到有效改善。LTE网重点覆盖区域江门核心市区、新会、台山铜鼓战略营服以及蓬江、江海、新会旗舰营业厅、五星级酒店及五邑大学、江门职业潮连技术学院等重点校园。

（联通江门分公司）

【中国电信江门分公司】 在江门五邑地区所有78个镇及街道办事处设有104个网格化分支机构。旗下拥有“天翼宽带”“天翼4G”业务品牌、“天翼领航”“天翼e家”“天翼飞Young”等著名客户品牌、以及“号码百事通”“翼支付”等多个知名产品品牌。截至2014年底，年收入规模超过17亿元人民币，用户总规模超过335万户，其中宽带互联网接入用户规模超过90万户，移动用户规模120万户，固定电话用户规模约127万户。推进江门市人民政府与中国电信广东公司签署《“加快转型发展、建设幸福侨乡”十二五信息化战略合作框架协议》，围绕“智慧政务、智慧产业、智慧民生”三大领域，4年来投资超20亿元，提供15大主题、36项成熟的智慧应用，荣获“江门市2014年度重点项目建设工作先进单位”称号。中国电信江门分公司拥有全市规模最大、遍布全市的宽带互联网络和技术领先的4G移动通信网络，主力推进“宽带中国•光网城市”建设。面对移动互联网蓬勃发展的新趋势，努力打造客户可识别、网络可管理、业务可区分、流量可控制的智能网络，提供高度融合、功能强大、公平开放的综合能力平台，全力支撑内容应用类产品的运营。2014年6月，江门获批准开展4G-LTE混合组网试验，持续推进4G网络建设，搭建“4G、3G、宽带”天地一体化精品网络，打造全场景网络优势，为市民提供更快更好的服务体验。截至2014年底，50M以上大带宽覆盖用户能力超150万户，城市宽带平均接入能力达到50M，互联网出口带宽达到460G，居江门通信运营商首位。（中国电信江门分公司）

城乡建设·环境保护

城乡建设概述

【市区重点工程项目】 2014年，江门市有重点建设项目70项，其中道路工程38项，桥梁工程2项，宜居生态工程6项，社会事业工程7项。项目年度计划投资32.3亿元，实际完成投资29.3亿元。育才路与北安路连接线、潮兴路与圭阳路连接线、2014年城区可绿化用地及9个市区社区公园改造工程、清澜路（46号地段）道路及排水工程、横海南路（6号地）道路及排水工程、东堤四路路灯工程、新峰路二期（新会大道延伸线二期）、连海路污水管干管、滨江新区弓湾围小学北路、万达广场南侧市政道路及10KV配电工程、广场环路污水管网工程、育德街（星河路－院士路）、广珠城轨江门站人防工程（一期）、2014年市区绿化专项、江门市污泥处理工程、2012年城市绿道、荷塘污水处理厂二期及污水收集管网工程、完善提升市区重点景区专类园区建设工程、立体绿化试点建设、白水带景观路绿化建设、东炮台桥扩建、潮连嘉和路污水管网、杜阮污水厂厂区工程、棠下污水厂首期工程共24项城市公共基础设施全面完成；育才路与北安路连接线潮兴路与圭阳路连接线、2014年城区可绿化用地及9个市区社区公园改造工程、清澜路（46号地段）道路及排水工程、横海南路（6号地）道路及排水工程、东堤四路路灯工程、新峰路二期（新会大道延伸线二期）、连海路污水管干管、滨江新区弓湾围小学北路、万达广场南侧市政道路及10KV配电工程、广场环路污水管网工程、育德街（星河路－院士路）、广珠城轨江门站人防工程（一期）、2014年市区绿化专项、江门市污泥处理工程、2012年城市绿道、荷塘污水处理厂二期及污水收集管网工程、提升市区重点景区专类园区建设工程、立体绿化试点建设、白水带景观路绿化建设、东炮台桥扩建、潮连嘉和路污水管网、杜阮污水厂厂区工程、棠下污水厂首期工程等30个项目正在建设中；滨江新区弓湾围鹅蛋山南新建道路、四馆整合项目甘棠路（江北路-发展大道）、滨江新区篁庄考场中心路、滨江新区丰盛大道（滨江大道－江沙路）、滨江新区汇康路、滨江新区陈垣路、滨江新区盛新路、滨江新区观湖路、滨江新区侨顺路（丰盛大道－新南路）、市区应急备用水源供水设施建设工程、植物园、篁庄考场环湖路和天沙河桥等14项工程开展项目前期工作，未完成建设的项目全部结转2015年实施。

（江门市住建局）

【宜居城乡建设】 2014年，江门市抓好新会区大泽镇等3个镇和蓬江区新昌村委会等14条村庄开展宜居城镇、宜居村庄试点创建工作，全年投入2579.9万元用于完善基础设施建设，投入7581.6万元用于整治城镇街道立面、整治卫生死角、河涌综合治理、清理垃圾等城镇环境面貌整治工作。至2014年底，全市累计创建“江门市宜居城镇”27个、“江门市宜居村庄”70个、“江门市宜居社区”106个。

表31：2014年江门市宜居城镇、宜居村庄列表

市　别	宜居城镇	宜居村庄
蓬江区	—	棠下镇新昌村委会、荷塘镇高村村委会
江海区	—	礼乐街道办雄乡村委会、外海街道办麻一村委会
新会区	大泽镇	双水镇龙脊村委会、罗坑镇下沙村委会
台山市	水步镇	斗山镇那洲村委会美南村、海宴镇东联村委会迎禄村
开平市	—	龙胜镇梧村村委会、月山镇大岗村委会
鹤山市	—	桃源镇三富村委会、古劳镇大埠村委会
恩平市	良西镇	东成镇横岗头村委会、恩城街道办石青村委会潭冲村

是年，鹤山市雅瑶镇、台山市四九镇获得“广东省宜居示范镇”称号，蓬江区棠下镇良溪村、杜阮镇长乔村、江海区外海街道麻二村、江海区礼乐街道武东村、台山市斗山镇八坊村、开平市大沙镇蕉园村、恩平市君堂镇石潭村等7条村庄获得 “广东省宜居示范村庄”称号。至2014年底，全市累计共有鹤山市共和镇等14个镇被评为“广东省宜居示范城镇”、独联村等34条村被评为“广东省宜居示范村庄”、怡康社区等71个社区被评为“广东省宜居社区”。　　（江门市住建局）

【滨江新区建设】　市规委会审议通过启动区二期详细性控制规划；编制《滨江新区启动区慢行系统规划》，提出启动区慢行空间策略、建设规划及管理措施，重点推进新区至大西坑绿道规划建设；完成甲山生态旅游区概念规划，推进新区北部区域的综合保护与开发；编制完善新区人防工程、水系和消防等专项规划，做好配套基础设施专项规划工作。加快土地整理，重点抓好土地整理出让和重大项目土地整理，加快开展启动区一期已征未收土地的收地工作，协调市规划、国土部门办理被征地村留用地办证工作。配合完成银葵医院项目用地清理移交，推进新会花园闲置土地处置工作。突破产业招商，推进产城融合。加快滨江新区产业规划编制，有针对性地培育信息、金融、生态旅游、物流等现代服务业发展，推进总部经济建设。在启动区一期规划金融商务区，带动一批具有投资意向的证券公司区域总部、银行机构、贵金属交易市场以及上市公司研发基地等项目建设。通过粤港澳合作的契机，推进江澳跨境人民币结算服务试验区的工作，委托广东金融学院编制试验区工作方案。有序推进重点项目，2014年市委、市政府下达实施的工程项目有15个，其中续建项目4个，新建项目11个，计划投资93260万元。截至12月底，15个项目累计完成投资75983万元。其中，体育中心项目完成投资约40000万元，完成项目场地平整、会展中心及游泳馆桩基础，体育馆、体育场等桩基础及展览馆、游泳馆等区域地下室正在施工，完成总工程量约40%。

（市滨江新区管委会）

【重点项目建设】　2014年，省重点项目全年实际投资完成率132.3%，位列全省第三。市重点项目年度投资计划完成率为110.6%。从行业情况看，产业园区、现代产业、能源保障、宜居环境、交通运输类项目建设进度较快，年度投资计划完成率均超过100%。江门大道项目完成投资32.6亿元，江顺大桥主体工程已完工，将于2015年6月底建成通车。广中江高速、

江罗高速、新台高速南延线项目加快推进，高新区公共码头、深茂铁路江门段动工建设，省天然气管网二期工程机械完工，新会双水电厂“上大压小”项目、新会天然气热电联产项目加快推进，交通能源基础设施加强。海信电子、嘉宝莉杜阮厂区首期项目、星辉纸业、维达扩建等一批产业项目建成投产。滨江新区建设加快推进，江门体育中心建设进展顺利，汇悦城、万达广场等一批综合体建成使用。

（江门市发展改革局）

【社会主义新农村建设】 全市以农村环境综合整治、乡村景观改造提升、农村管理优化创新等重点项目建设为突破口，抓好幸福村居、名村示范村建设，创建市级示范村10条和县级名村示范村81条。截至2014年底，全市建成广东名村21个、市级名村19个、市级示范村36个、县级名村示范村294个。（江门市农业局）

城乡规划

【简述】 全年受理各类城乡规划业务案件2070宗，承办城乡规划类人大建议、政协提案82件，12345政府服务热线办理120宗，受理有效信访事项174宗。

【规划编制】 2014年，编制完成《江门市城市空间发展战略规划研究》《江门市城乡总体规划充实完善》《江门市三区协调规划研究》《江门市区生态线规划》《江门市综合管廊专项规划》《江门市快速路网系统规划》《江门市蓬江区、江海区养老设施布局专项规划（2013-2020）》《主城区高速公路出入口详细规划》《滨江新区公园概念规划》《北新区慢行系统详细规划》《健步马拉松广场规划》《杜阮及江会路片区排水专项规划》，启动《江门市城市总体规划强制性内容研究》《江门市主城区政府可控土地调查研究》《江门市主城区公共设施专项规划》《江门市江海区排水竖向规划》等编制工作，开展《广珠城际轨道江门站周边用地规划研究》《江门植物园用地控制研究》《迎宾路立交、东华路人行天桥交通研究》《滨江新区与先进制造业园区交通联系研究》《建设路沿线交通设施改善研究》等重点项目建设规划研究工作，编制完成《江门市杜阮南路周边地段控制性详细规划》《江门市甘化片区控制性详细规划修改》《滨江新区启动区体育中心（PJ01-K）地段》《蓬江区石头地段控制性详细规划修改》《蓬江区石滘地段控制性详细规划修改》《蓬江区周郡地段控制性详细规划修改》《江海区府西小区地段控制性详细规划修改》《江海区滘头地段控制性详细规划修改》等多项控规工作，主城区已批准控规面积约为90平方公里，主城区控规覆盖率达60%。启动“规划一张图”建设工作。完善镇街村庄规划修编工作。年内新增82条村庄整治规划的目标，全市累计编制946条行政村整治规划，占总行政村数的90%。

【建设用地规划管理】 协调江顺大桥规划用地、江门大道用地选址、广中江高速、深茂铁路（江门南至茂名段）等重点工程的规划工作，完成迎宾西路、杜阮北一路、篁庄大道西延线、胜利南路南延线、迎宾路立交、北环路扩建、丰乐路人行道改造、金瓯路、育德街等市政项目的规划审批，开展妇女儿童活动中心、市“四馆”整合、滨江绿道起步公园、江门体育中心、演艺中心等公共设施项目的规划管理工作。办理方直珑湖湾、里村大道保障性住房、松仔山地块小区、柏力科技园厂区规划、岭南印象住宅小区、原兰花食品厂改造规划、江海新城、高尔夫周边地块规划调整、保利国际广场、江海演艺中心修改方案、金丰家园小区、龙溪新城等多项目规划方案审查。全年核发建设用地规划许可证57项，办理规划选址意见书30项，出具规划条件53项，审核修建性详细规划方案的94项，规划公示项目37项。

【建设工程规划管理】 完善《江门市城乡规划技术管理规定》，规范规划行政审批、土地开发强度控制、建筑退线、公共设施配置等规划管理实务。健全规划验收制度，8月11日起取消核发《江门市建设项目竣工规划验收合格通知书》，改为核发《江门市建设工程规划条件核实通知书》。推进地下管线信息化建设，外业普查地下管线约6000千米。按照市规定全年核收城市基础设施配套费2.81亿元。起草《江门市规划监督测量管理规定》《蓬江、江海区村民住宅拆旧建新规划管理规定》《江门市容积率计算办法》等规范性文件。推进建筑单体电子报批软件的应用，在应用中提出改善意见，提高设计图纸审查的精确度，提高规划管理的效率。全年核发建设工程规划许可证168项，审查建设工程建筑类方案272项，市政类方案290项，完成规划验收项目127项。

【城乡规划指引与监管】 落实国家和省城乡规划督察员制度，配合部派督察员开展规划督察图斑核查，配合省派督察员按照“五督查一受理”为主要工作内容的巡察工作。开展城乡规划监督员聘请工作，公开选聘规划监督员5名。举办利用遥感监测辅助城乡规划稽查执法工作专题培训班。开展规划宣传工作，规划网站共发布信息712条。

【历史文化遗产保护】 江门市开展历史街区专辑编撰、历史建筑普查、三普文物点划定等工作。完成《江门市蓬江、江海中心城区工业遗产保护规划》，把28个工业遗存作为重点研究对象，从历史价值、科学技术价值、社会文化价值、艺术审美价值、经济利用价值和遗存规模质量及完好程度进行综合评估，对城市发展产生有重大影响工业遗产的5处工业遗产和23处工业遗存提出保护及利用措施以及规划管理的指导意见。 （市城乡规划局）

城市管理

【市区市政公用设施管理】 全年维修砼路面69392.35平方米、沥青路面19001.64平方米、人行道砖9991.1平方米、导盲带2584米、侧石1680平方米、挡车柱250条、河堤栏杆121米、清理小斜坡125个、维修下水道347.4米、沙井套259套、清理淤泥挖渣等障碍物3150平方米；维修路灯7204盏，维修灯饰225处，路灯年平均亮灯率达99.4%。江顺大桥完成主跨合龙，江门大道龙舟山隧道实现贯通，凤凰山隧道群、新南路立交、双龙立交、龙湾立交全面铺开。

【城乡生活垃圾治理】 2014年，江门市城镇生活垃圾无害化处理率已达96.3%，其中，蓬江区、江海区城镇生活垃圾无害化处理率达100%，新会区达92.5%，台山市、开平市、鹤山市和恩平市等城区生活垃圾无害化处理率达100%。加快生活垃圾处理设施建设，完成旗杆石生活垃圾卫生填埋场二期（北侧）工程（包括北侧填埋区和环场道路）主体工程、旗杆石生活垃圾卫生填埋场一期工程环保验收工作以及大推车山生活垃圾填埋场渗滤液调节池加盖及气体收集导排工程建设。加快推进生活垃圾收运体系建设，至2014年底，“一镇一站”建设除台山市海宴镇因村民上访进度滞后外，其余61各建制已建成转运站；全市10830个自然全部设有生活垃圾转运站。各市、区住建（城管）部门结合实际，均制定本辖区县域农村生活垃圾收运处理工作方案，建立统一高效、各司其职的县域农村生活垃圾收运处理体系，全面推行“户收集、村集中、镇转运、县处理”的农村生活垃圾收运处理模式。截至2014年底，蓬江区、江海区、新会区（除个边边远的岛村外）的生活垃圾已实行统筹运送到旗杆石生活垃圾卫生填埋场进行无害化处置。鹤山市所有建制镇实现生活垃圾无害化处理，台山市已统筹12个镇、开平市已统筹12个镇和翠山湖管区、恩平市已统筹4个镇的生活垃圾进行无害化处理。

【城镇生活污水处理】 2014年底，全市已建成并正式运营的城镇生活污水处理厂共33座，其中镇级污水处理厂21座，总处理能力81.8万吨/日，共建成配套污水管网260.68公里。2014年全市共处理污水26546.39万吨，全市污水处理厂综合运营负荷率89.02%，污水排放达标率100%，全市城镇污水处理率89.65%，顺利完成珠三角规划纲要2014年城镇污水处理率89%的考核目标。（市水务局）

【排水设施管理】 2014年，落实城市防洪排涝工作任务，贯彻“安全第一，以防为主”的方针，全年开泵729小时，抽水387万立方米，市区没有发生较大水浸事件；加强排水设施的改造和日常维护，针对市区水浸区域，申请373.25万元的水浸整改专项资金，委托市市政设施维修处完成了江北路、堤东路、港口二路等18条路段的排水设施实施改造。安排排水维护管理资金，逐月安排维护工程项目，2014年共安排180多万元维护费，对迎宾路、胜利路等排水不畅道路进行整改。加强排水设施的清疏管理，每月初要求市政设施维修处上报上月排水的清疏情况，并要求做好排水管道季度清疏计划。3月底前，集中力量对市区水浸黑点的路段进行一次全面的下水道疏通，尤其是对市区中心路段的沙井逐个打开，清理四防装置及井口垃圾，确保渠道畅通。对市区主要道路安装的圆检查井盖导轨装置进行检查和维护，发现损坏的井盖导轨装置及时维修更换，确保安全使用。（市水务局）

【市容环境卫生管理】 2014年，抓好市容环境卫生行业管理，成立江门市环境卫生协会，编制《第二届江门市“侨乡环卫杯”竞赛活动方案》，制定环境卫生考核标准，开展江门市第二届“侨乡环卫杯”竞赛活动，通过评比的方式落实环境卫生管理长效机制，表彰5个环卫工作先进单位和40位先进个人，激励环卫部门和环卫工人的积极性，促进环卫事业的健康发展。

【燃气管理】 2014年，江门市建成市政管网天然气管道394公里，建成汽车加气站8座，其中新铺设市政燃气管116公里；新装管道燃气用户11182户；安装天然气用户70182万户，天然气供气量8559万立方米。2014年10月至12月，市住建局组织燃气安全专责小组成员（市消防局、工商局、质监局、安监局、供电局）及市燃气协会等，对江门市五邑地区29家燃气企业进行燃气企业安全生产标准化认证工作，发现安全隐患127处，通过安全生产标准化评定，A类企业5家、B类企业18家、C类企业6家。

【户外广告和景观设置管理】 2014年，江门市市区大型户外广告（包括路灯杆广告）经营和收入移交江门市滨江建设投资有限公司收取，由其承担大型户外广告牌及路灯杆广告牌的管理职责。大型户外广告、路灯杆广告经营权进入市公共资源交易中心，通过公开拍卖方式进行出让。是年4月22日，“公共交通工具外表广告设置核准”审批权下放给蓬江区、江海区城管部门，由两区城管部门按照公共交通工具登记所在地进行属地管理与审批。全年受理户外广告设置申请92宗，节日灯饰投入资金254.65万元，完成跃进路、桥南大道、东海路、迎宾大道、广场环路、白石大道、江睦路灯杆景观灯饰工程以及东湖广场景观改造、堤东平台、元宝山公园、陈白沙纪念馆等景观亮化工程。《江门市主城区城市照明专项规划》通过江门市规委会审核。

【城市综合管理行政执法】 开展市容环境秩序整治行动，全年查处乱拉挂、乱张贴、乱涂写167082宗，查处店外占道经营37322宗，清理小贩摆摊57139档，查处乱倒淤泥垃圾3074宗，清理乱堆放6429宗，查处运输车辆泄漏沙石泥污染路面2919宗，查处违法设置户外广告7223宗、拆除违规户外广告10925平方米。违法占道治理，围绕落实《江门市区商铺店外占道经营专项整治和规范管理工作方案》，制定实施《市区农贸市场长效管理实施方案》，继续采取“疏堵结合”方式，在市区设置临时疏导点和便民服务点，统一划定位置和标识，定时经营，督促经营者遵守市容环境管理法规。制定《整治城市“牛皮癣”工作方案》，重点运用“城管语音告知系统”，对不整改的当事人实施行政处罚，责令乱张贴行为人清洗牛皮癣123万宗（次），实施行政处罚362宗，实施停机处理168宗。与市区7家通讯（电视）运营单位签订《治理城市牛皮癣责任书》，建立城管与公安联动机制，组织巡查现场抓捕违法张贴行为人，依法从严打击。2014年抓获处理“贴癣”行为人200多人次。制定《关于开展市区道路扬尘专项整治工作的通知》，协调交警部门开展对泥头车违规运输以及辖区大型建筑工地专项执法整治，在工地出入口安装18个视频监控，从源头上加强对“泥头车”的监管。

【城管综合执法】 联合城管、公安、工商、交警等多部门开展整治市容环境，蓬江区组建城市管理巡逻综合执法队伍。探索申请法院强制执法新路子。建立市、区两级法院和城管部门的联动机制，完善利用视频取证查案工作机制。综合利用市智能交通、数字城管视频监控系统以及日常巡查视频取证等手段，实施对机动车司乘人员乱扔垃圾、乱吐痰，车辆行驶中撒漏以及商铺向店外扫（倒）垃圾等违法行为立案查处。全年立案查处29宗。数字城管运行管理，制定实施《数字城管视频管理使用规定》《城市部件普查项目数据更新办法》，扩大数字城管信息采集和上报案件覆盖面，全年受理案件76744宗，办结76707宗，办结率99.95%。（市住建局）

建筑业

【简述】 2014年，按照《江门市帮扶建筑业企业发展的工作方案》，继续实施“振兴江门建筑业”帮扶计划。全市有资质的建筑业企业累计完成建筑业总产值约225亿元，同比增长18.4%。全市有6家企业提升资质等级，其中，广东金辉华集团有限公司获得房屋建筑工程施工总承包特级资质和建筑行业人防工程设计甲级资质，实现江门市特级企业、人防工程设计单位“零”的突破。至年底，全市有资质的建筑业施工企业共339家，有特级资质企业1家，一级资质企业37家，二级资质企业106家，三级资质企业180家，不分等级资质企业15，其中，劳务分包企业44家，设计与施工一体化企业25家。全市有工程监理企业12家，其中甲级5家，乙级6家，丙级1家。已注册一、二级建造师人数共2498人，其中一级注册建造师663人，二级注册建造师1835人。全市大中型工程项目的项目经理均由有注册执业资格的建造师担任。2014年，全市有8家建筑业企业获江门市政府表彰。

表32：　　2014年江门市建筑业生产情况表

地区	报送信息企业（个）	建筑业总产值（千元）	其中：			按构成分		
			装饰装修产值（千元）	在省内其他地级以上市完成的产值（千元）	在外省完成的产值（千元）	建筑工程产值（千元）	安装工程产值（千元）	其他产值（千元）
市辖区	19	897936	28489	121191	172000	781611	79751	36574
蓬江区	31	2016249	35148	298222	6670	1746791	181397	88061
江海区	11	642330	6987	50268		630136	11281	913
新会区	36	1406430	6760			1059389	260029	41955
台山市	21	2405686	41500	432799		2215879	176786	13021
开平市	39	12150447	916695	3613558	2058440	11000516	450798	553600
鹤山市	32	1936322				1518381	158225	19162
恩平市	14	1044708	4990	525820	9710	526338	135193	383177
合　计	203	22500108	1040569	5041858	2246820	19479041	1453460	1136463

表33：　　2014年度江门市建筑业突出贡献奖获奖情况

表彰项目	表彰企业	取得成绩
江门市建筑业企业晋级奖	广东金辉华集团有限公司	建筑施工总承包一级资质晋升为特级资质。
江门市建筑施工科技创新先进企业	广东耀南建筑工程有限公司	房屋施工总承包一级企业，2014年获国家级工法2项。
	广东开平骏建有限公司	房屋施工总承包二级企业，2014年获中国建筑金砖奖。
	广东开平市三建集团有限公司	房屋施工总承包一级企业，2014年获省级工法1项。
	广东建邦兴业集团有限公司	房屋施工总承包一级企业，2014年获省级工法1项、省级科技进步奖1项。
江门市产值首次超5亿元建筑业企业	广东聚源建设有限公司	房屋施工总承包二级企业，2014年建筑业总产值5.01亿元。
江门市纳税首次超4000万元建筑业企业	开平住宅建筑工程集团有限公司	房屋施工总承包一级企业，2014年缴纳地方税收4895万元。
江门市纳税首次超1000万元建筑业企业	江门市雨禾建筑工程有限公司	房屋施工总承包三级企业，2014年缴纳地方税收1087万元。

【建筑工程质量】 2014年，江门市纳入监管的房屋建筑和市政基础工程项目有3051项，总造价455.13亿元，其中建筑工程总面积3083.44万平方米，同比增长19.9%，市政工程总长度186103.56延米，同比增长-13.8%。全年办理竣工验收备案项目894项，一次验收合格率达100%。全市建筑工程质量水平不断提高，全市通过省优质工程奖评审的项目4项，通过省双优工地奖评审的项目3项；通过市优良样板工程奖22项（其中五邑杯5项）。

【建筑施工安全】 2014年，江门市发生建筑施工安全事故1起，死亡1人，事故死亡人数控制在省住建厅、市政府下达的安全事故指标以内。至年末，全市累计有45171名施工从业人员通过安全教育和考核获得“平安卡”，有6343人参加特种作业人员培训。办理产权备案的建筑起重机械共3727台，其中塔吊565台，施工升降机307台，物料提升机2855台。全市获广东省房屋市政工程安全生产文明施工示范工地5项，分别是：江门保利中宇花园一期、白石地段4号地块5#、6#楼住宅、江门市奕聪花园1-1～1-3及2-1～2-3幢、江门万达广场二区甲级写字楼1、2号、江门市地方税务局办税业务用房、数据处理综合服务业务用房工程。获市安全生产文明施工示范工地28项，分别是：江门市妇幼保健院北新区新院特殊科室装修项目之洁净系统、消毒供应中心及检验中心工程、（江门）保利中宇花园1#、4#、江门•时代广场项目、月珑湾商住小区T11、地下车库、白石地段4号地块5#、6#楼住宅、范罗岗小学滨江校区建设工程（一期）教学综合楼、教学楼、宿舍楼、江门江海供电局生产综合楼、江门高新区科技创新创业园项目1#、2#、3#、7#、8#配套宿舍、江门市奕聪花园1-1、1-2、1-3及2-1、2-2、2-3幢、（江海区人民法院）审判大楼、司前名爵华府C1~C3栋楼、（台山）敬老楼（二期）、（台山）富都新邨四期尚品壹号一座1、2号、二座3、4号、三座5、6号、四座7、8号、地下车库、江门昌泰汽车专营店一期（台山）、（开平）港口小学综合楼、（恩平）锦绣嘉园18-23、25-26座、（恩平）江南富湾高层（一期）、鹤山翡翠绿洲住宅小区12、13、15、16、17、18、19座住宅楼、江门市地方税务局业务用房、数据处理综合服务业务用房工程、金瓯路（江门水道--港澳码头）改造工程、江门万达广场二区甲级写字楼1、2号、灏昌园F幢高层住宅、江门新会星汇广场建设工程、益丞帝豪国际公寓（商业、办公）、江门市住建大厦副楼三楼改造及四楼补强工程、聚贤苑9#楼、幼儿园工程、综合联检楼、礼乐片区污水管网建设（首期）项目——顶管工程。

【建设工程招投标】 2014年，全年纳入市直、各市（区）建设工程招投标监督管理的项目601项，中标价121.26亿元，标底价124.84亿元，节约工程投资3.58亿元，下浮2.87%。其中，进入江门市公共资源交易中心的工程项目共173项，中标价50.79亿元，标底价51.67亿元，节约投资0.88亿元，下浮1.70%。

【建筑市场管理】 2014年，推进建筑业企业信用体系建设工作，截至年末，全市共有558家建筑业企业领取《信用手册》，其中本地企业188家，外地企业370家；全年新增82家建筑业企业领取《信用手册》，其中本地企业4家，外地企业78家；2014年，共录入建筑业企业信用评价信息1662条，其中，良好行为信息1263条，信用加分2432分，不良行为信息399条，信用扣分2265.5分。

【勘察设计】 2014年，江门市共有勘察设计单位73家，勘察设计行业从业人员共4130人，具有技术职称的人员1748人，勘察设计行业完成合同额3.21亿元。在市备案的外地建筑勘察设计单位有86家，完成项目250项，完成施工图建筑面积949万平方米。

【建设科技】 2014年，台山核电厂一期工程淡水水源工程、江门东华大桥（省道S272肇珠线江门市区复线东华大桥工程）获第六届广东省土木工程詹天佑故乡杯奖；广东金辉华集团有限公司“基坑支护与降水的施工技术研究和应用”科学技术成果获江门市科学技术三等奖。全市有58家新型墙材生产企业，生产能力超过460万m³/年，基本满足建设工程项目对新型墙体材料的需求。其中广东松本绿色新材有限公司，是目前行业产品中在国际上获得多个国家及地区环保标志认证的全球品牌企业之一。全市建筑节能审查率达100%；贯彻落实《建筑节能工程施工质量验收规范》，市直工程已基本全部执行建筑节能规范。

房地产业

【简述】 2014年，江门市房地产行业跟随全国房地产市场走势，从快速增长转向平稳增长、理性调整阶段，在国民经济中仍发挥着重要的作用。江门市房地产业调整较为理性，呈现增速下滑、结构调整、库存攀升、区域分化等新特征，全年量价整体保持稳定，风险可控，各项主要指标仍处于大致合理的区间。

【房地产市场投资与销售】 2014年，江门市房地产完成开发投资303.6亿元，同比增长23.6%，其中住宅投资208.3亿元，同比增长24.1%，小幅高于同期固定资产投资增速，企业投资意愿回归理性。地区之间投资额的增速分化明显，新会和鹤山的增速居前，台山和恩平为负增长。是年，江门市商品房新开工面积711.22万平方米，同比下降22.2%。施工面积2537.27万平方米，同比增长12.1%。竣工面积508.73万平方米，同比下降0.4%。批准预售面积662.68万平方米，同比增长5.0%。

表34： 2014年江门市房地产投资情况表

地区	合计（亿元）		其中住宅		完成投资合计占全市比例（%）
	完成投资（亿元）	同比（%）	完成投资（亿元）	同比（%）	
全市	303.55	23.6	208.31	24.1	100
市区	184.22	31.3	117.16	45.0	60.7
东部（三区一市）	231.24	34.5	152.39	41.3	76.1
西部（三市）	72.31	-3.2	55.92	-6.8	23.9
蓬江江海	127.97	22.6	69.06	28.1	42.2
新会	56.25	56.8	48.10	78.9	18.5
鹤山	47.02	53.1	35.23	30.3	15.4
开平	31.72	22.4	22.46	30.1	10.4
恩平	24.83	-18.2	20.67	-23.6	8.2
台山	15.76	-14.5	12.79	-18.3	5.2

表35：　　2014年江门市商品房建设与供应情况表

地区	新开工面积（万平方米）	同比（%）	施工面积（万平方米）	同比（%）	竣工面积（万平方米）	批准预售面积（万平方米）	同比（%）
全市	711.22	-22.2	2537.27	12.1	508.73	662.68	5.0
市区	404.89	-23.6	1381.28	18.4	299.56	303.28	-4.8
东部（三区一市）	509.05	-16.1	1679.58	19.5	378.50	391.24	-1.5
西部（三市）	202.17	-34.3	857.69	0	130.23	271.44	16.2
蓬江江海	321.36	-22.5	1065.07	24.1	245.98	221.36	-3.3
鹤山	104.16	35.4	298.30	25.1	78.94	87.96	11.7
新会	85.53	-27.5	316.21	2.3	53.58	81.92	-8.7
开平	121.39	18.0	337.51	24.2	59.34	87.15	-23.0
恩平	43.12	-75.2	313.99	-3.6	45.16	81.09	32.5
台山	37.66	20.9	206.19	-20.5	25.73	103.2	74.0

【住房保障】　2014年，广东省政府下达给江门市政府的住房保障工作目标是：新开工保障性住房1845套，华侨农场改造187套，新增廉租住房补贴137户，基本建成公共租赁住房2637套，华侨农场危房改造完成227套。截至年末，江门市新开工保障性住房1845套，基本建成保障性住房2902套，新增廉租住房补贴户数270户，华侨农场危房改造新开工187套，华侨农场危房改造完工227套，超额完成省下达的住房保障目标任务。是年，江门市保障性住房建设投入资金2.89亿元。在资金筹集方面，除各级财政资金外，中央下达江门市补助公共租赁住房专项资金0.44亿元、公共租赁住房省级专项资金0.1亿元，公积金贷款支持保障性住房建设资金2.65亿元，社会力量和其他资金0.75亿元。江门市住房保障范围已由低收入家庭扩展到城市中等偏下收入家庭、新就业职工和外来务工人员。江门市住房保障范围人均住房面积14平方米，其中，江门市区、鹤山市为人均15平方米。组织保障性住房公开摇珠活动31次，分配公共租赁住房2370套，其中廉租住房386套。

【住房公积金】　2014年，全市共归集住房公积金36.96亿元，住房公积金新开户单位465个，职工61023人。全年共发放个人住房贷款5800笔，金额14.84 亿元。发放保障性住房贷款5笔，金额1.6亿元。全年实现住房公积金增值收益1.8亿元。

【住宅专项维修资金】　2014年，江门市住宅专项维修资金新增交存9363.68万元，提取使用34.79万元，利息收入98.98万元。至2014年末，住宅专项维修资金余额33116.74万元，累计交存12.5万户，交存面积1216.07万平方米。

【物业管理】　2014年，江门市物业管理项目287个，物业管理建筑面积2873.51万平方米。至2014年末，江门市共有物业服务三级资质企业188家、二级资质企业1家，在江门市提供服务的外来物业企业21家，江门市物业从业人员约有10500人。

【主城区区房地产市场】 2014年，江门市主城区（蓬江区、江海区）商品房累计完成开发投资128亿元，同比增长22.6%；施工面积1065万平方米，同比增长24.1%；新开工面积321万平方米，同比减少22.5%；竣工面积246万平方米，同比增加78.3%；批准预售面积221万平方米，同比减少3.3%；销售面积167万平方米，同比减少3.2%；销售金额118亿元，同比减少4.3%。新建商品住房成交均价6503元/平方米，同比下降0.4%。存量房成交面积72万平方米，同比减少36.2%。

【房地产交易与权属登记】 2014年，江门市商品房销售面积366.11万平方米，同比减少14.0%，销售金额230.06亿元，同比减少12.5%，存量房成交面积271.19万平方米，同比减少15.5%。其中新会、开平和恩平的成交量减少较为明显。市区和鹤山的新建住宅成交均价同比出现负增长。

表36： 2014年江门市房地产交易情况表

地区	商品房成交						存量房成交	
	金额（亿元）	同比（%）	面积（万平方米）	同比（%）	住宅均价（元/平方米）	同比（%）	面积（万平方米）	同比（%）
全市	230.06	-12.5	366.11	-14.0			271.19	-15.5
市区	147.25	-14.0	212.84	-13.6			135.67	-26.5
蓬江江海	118.44	-4.3	166.51	-3.2	6502	-0.4	72.31	-36.2
新会	28.81	-39.4	46.33	-37.6	5946	-4.5	63.36	-11.1
鹤山	36.69	-6.5	64.55	5.4	5077	-11.0	35.99	28.3
台山	18.36	-12.0	37.40	-17.0	4577	4.2	43.99	-13.2
开平	14.57	-11.7	27.84	-26.1	4566	3.4	44.00	2.5
恩平	13.19	-18.0	23.48	-33.0	4096	9.0	11.54	-20.0

【房地产管理信息系统】 2014年，江门市住房和城乡建设局规划建设了房地产交易登记一体化系统，于2015年元旦正式投入使用，提高房地产交易管理工作的效率，加强对市场监管的力度。

【房地产开发企业】 至2014年末，江门市有房地产开发资质的企业625家，其中，二级资质5家、三级资质48家、四级及暂定资质572家。市区有房地产开发资质的企业有284家，其中，二级资质4家、三级资质23家、四级及暂定资质257家。

【市区问题楼盘处置】 2014年，完成港口路178、180号首、二、三层房屋实测，并按规定进行公示，下一步将核发权属证明书进入办证工作；范罗岗花园4幢已完成房屋实测工作，计划进入确权阶段；江会路67号之一完成供电，之二继续进行加固补强工作，之三已申请房屋实测工作，逐步进入确权阶段；迎宾大道西34、40号已送地税部门审核，在12月完成办证工作。“矛盾化解年”所涉五项房地产开发项目年内化解率60%，基本达到预期的目标。

（市住建局）

环境保护

【建设项目环评审批】 2014年，全力服务重点项目建设，建立倒逼工作机制，为贴“绿标”的项目开辟环评审批“绿色通道”。完成江门港江海作业区高新区码头项目、江门大道及辅道工程、保利城市综合体等项目的环评审批工作，做好指导与跟踪服务。加强规划环评和部门联动，完成江门市矿产资源规划的环评工作，江门市热电冷联产规划环评工作也正在开展。在受理交通、热电联产、风电、矿产资源开采等项目环评时，把落实规划环评作为前提条件，使环保部门与发改、交通、国土、旅游等部门间的沟通协调更加有效。与市商务局建立信息互通长效工作机制，提前介入项目招商，及时提出意见和建议，促进项目招商与环保工作的协调开展。2014年全市共审批建设项目1908项，其中报告书项目76项，报告表900项，登记表932项。审批项目总投资577.2亿元,其中环保投资9.2亿元。劝退一批化工石化、配套电镀等重污染项目。通过严格把关和强化服务，促进本市经济结构调整和发展方式转变。

【污染物总量减排】 围绕“调结构、控新增、减存量”的指导思想，推进减排重点工程。针对畜禽养殖业污染减排工作，出台《江门市人民政府办公室关于加强畜禽养殖业污染减排重点项目督查管理工作的通知》，落实全市畜禽养殖业污染减排责任，建立项目调度、联合巡查和督查制度；面向养殖场主举办专题培训会。截至至12月底，全市完成年度重点减排工程项目155项，其中污水处理厂及配套管网工程8项、火电厂脱硫脱硝工程15项、结构减排项目6项、规模化畜禽养殖场减排工程112项、工业治理工程14项。争取省下达江门市“以奖促减”减排奖励资金2061.6万元，做好环保电价数据审核工作，确保台山电厂、双水电厂500万千瓦燃煤机组、新会双水电厂30万千瓦燃煤机组获环保电价补贴。

【水环境整治】 2014年，推进潭江流域水环境整治工作，成立市潭江流域水环境综合整治领导小组。全市各级各部门以潭江流域工业、农业和生活污染整治为重点，推进水环境综合整治工作。开展工业污染源整治，依法查处超标、超总量排放企业，围绕群众反映强烈的重点环境问题开展专项检查整治和后督察，完成七个重点水污染行业企业排查和达标整治工作。推进城镇生活污水处理设施及配套管网建设，2014年新增污水处理能力1000吨/日,新增管网161公里，全市已建成运行的城镇生活污水处理厂共33座，总处理能力81.8万吨/日，城镇生活污水处理率超过89%。推进农业面源污染综合防治，开展规模化畜禽养殖执法检查和污染治理工作，完善病死畜禽无害化处理设施，降低农业环境污染。2014年，潭江干流水质总体保持在Ⅲ类水平，城镇饮用水源水质稳定达标，城乡饮用水状况总体安全。

【大气环境整治】 2014年，推进大气污染防治工作，完成燃煤机组高效除尘工程12项、高污染燃料小锅炉的淘汰或改造284台、淘汰落后水泥熟料产能60万吨、典型行业企业的挥发性有机物治理35家，以及6家储油库、318家加油站和36辆油罐车的油气回收治理任务。加大机动车排气污染防治力度，全年累计淘汰“黄标车”和老旧车3.3万辆，116辆新能源公交车投入使用，在全市全面供应符合国V标准的车用汽油和符合国Ⅳ标准的车用柴油，划定“黄标车”限行区，开展机动车尾气道路抽检和“黄标车”限行执法，24.5万辆汽车开展环保检测，新增核发汽车环保标志30万个。完成市区高污染燃料禁燃区调整工作，禁燃区范围扩大为市区建成区。2014年，市区空气质量达到二级标准的天数占全年天数的比例为80.2%，在全国74个重点城市排位靠前，列第4-28位之间。

【城市噪声治理】 2014年，加强城市噪声治理工作，严格执行《中华人民共和国噪声污染防治法》，加大工业企业和建设施工工地噪声的监管整治，纠正和查处违法施工单位，改善市区声环境质量。做好群众举报和投诉处理工作，对夜间施工的建筑工地严加监督和处置，确保群众举报投诉办结率100%。2014年，市区区域环境噪声等效声级平均值55.5分贝，达到国家区域环境噪声2类区昼间标准；市区道路交通噪声等效声级平均值69.1分贝，优于国家区域环境噪声4类区昼间标准，城市环境噪声质量处于较好水平。

【环境监管】 2014年，全市各级环保部门共出动执法人员30976人次，立案查处环境违法行为592宗，申请强制执行269宗，停产企业86家，限期治理企业7家，限期整改企业671家；联合公安机关开展专项执法行动12次，移送司法机关涉嫌环境污染犯罪案件19宗，比2013年增长36%。铁腕整治市级挂牌督办重点环境问题。结合潭江流域污染整治，市环保局、市监察局联合对新会区3家造纸企业、台山市和恩平市6家电镀企业、开平市4家皮革企业和2家电镀企业以及鹤山市1家化工企业等14家企业的重点环境问题进行挂牌督办，解决一批影响科学发展和损害群众健康的突出环境问题。是年，建立社会化环境应急物资储备体系。依托本地企业专业力量构建社会化环境应急物资储备体系，以购买社会服务形式在协议企业仓库基地储备各项常用环境应急物资，建立定额储备、专业管理、保障急需、服从调度的环境应急物资代储备联动协作机制。

【核与辐射环境管理】 2014年，审批核与辐射项目34个，验收项目19个，核发辐射安全许可证9个，万成辐射安全许可证延续或换证手续43项，完成许可证注销2起，推动辐射环境基础管理工作的开展。组织开展辐射专项检查，全年共出动执法人员 247人次，检查全市涉源和射线装置单位124家（次），发出责令改正通知书6份；处理电磁辐射信访投诉案件44件。全年组织开展辐射工作人员上岗培训两次，共计培训辐射工作人员450余名。

【环境宣传与教育】 开展“让环保绿化心灵，用法治保护环境”为主题的系列新环保法贯宣活动。在市政府常务会议、市委理论学习中心组专题宣讲新环保法，组织市区的各镇街经济部门和重点企业进行新《环保法》培训讲座，向市四套班子、机关单位、重点厂企赠送新《环保法》单行本，在《江门日报》、江门电视台和电台对新环保法进行专题宣传和深入解读，编辑宣传短信发送手机用户，把新《环保法》纳入公务员学法考试的范围等。在世界环境日向新闻媒体发布2013年江门市环境质量状况和2014年环保中心工作，介绍公众关注热点PM2.5监测情况和市污染减排、环境综合整治等环保中心工作的完成情况。组织第18届“六五”环境宣传教育月系列活动，开展绿色学校、绿色社区、环境教育基地、环境文化橱窗等建设。

表37：2014年环境空气质量情况表

年份	达到二级标准天数	全年有效天数	比例
2014	284	354	80.2%

表38：2014年江门市区空气主要指标监测表表

年份	达到二级标准的天数占全年有效天数的比例					
	二氧化硫	二氧化氮	可吸入颗粒物	一氧化碳	臭氧最大8小时平均值	细颗粒物
2014	100%	95.5%	96.3%	100%	93.1%	85.6%

表39： 2014年江门市区环境噪声统计表单位：分贝

年份	区域环境噪声均值	交通干线噪声均值
2014	55.8	69.6

表40： 江门市省级以上自然保护区

序号	地方命名	级别
1	圭峰山国家森林公园森林公园	国家级
2	北峰山森林公园森林公园	国家级
3	江门古兜山自然保护区自然保护区	省级
4	上川岛猕猴自然保护区自然保护区	省级
5	恩平七星坑自然保护区自然保护区	省级
6	江门中华白海豚自然保护区自然保护区	省级
7	潜龙湾森林公园森林公园	省级
8	河排森林公园森林公园	省级
9	大雁山森林公园森林公园	省级
10	圭峰山风景名胜区风景名胜区	省级

（市环保局）

商贸流通

概述

【物流业】 2014年，全市交通运输、仓储和邮政业增加值为83.21亿元，同比增长9.2%，其中完成货运量为13949万吨，增长23.5%；货物周转量为1683187万吨公里，增长21.7%；港口货物吞吐量为7354万吨，增长9.2%；邮政业务总量3.28亿元，增长13.9%。物流业与制造业“两业”联动意识增强，融合发展加快。2014年，江门市安捷物流有限公司和广东嘉宝莉化工集团股份有限公司被认定为第二批广东省制造业与物流业联动发展示范企业。中小物流企业信息化提升工程的实施，促进了全市中小物流企业信息化发展。（市经信局）

粮食供销

【简述】 2014年全市纳入粮食流通统计范围的粮食经营企业有248家。其中：国有粮食经营企业9家，占总数的3.6%；非国有粮食经营企业239家，占总数的96.4%。粮食总收入354.9万吨（贸易粮，下同），其中：国有粮食经营企业粮食总收入33.7万吨，占粮食总收入9.5%；粮食总支出349.6万吨，其中：国有粮食经营企业粮食总支出32万吨，占粮食总支出9.2%。

【粮食收购】 各级粮食部门严格按照国务院和省规定的最低保护价敞开收购农户余粮。2014年，全市粮食经营企业在本市收购粮食15万吨，其中国有粮食经营企业收购稻谷7.9万吨，占全市稻谷总收购的 52.7%。

【粮食销售】 目前社会上从事粮食销售活动的基本是非国有粮食企业，国有粮食经营企业的销售份额较少。2014年全市粮食总销售85.2万吨，其中：国有粮食经营企业销售26.2万吨，非国有粮食经营企业销售59万吨。国有粮食经营企业占粮食总销售的30.8%。

【粮食储存】 为建立粮食仓储设施保护制度，推进依法治粮和信息化管粮进程，更好地服务于国家粮食安全新战略，2014年国家开展“全国粮食仓储设施专项调查”工作。全市规模以上调查单位86家，总仓容达87.6万吨，其中民营企业仓容42.58万吨，通过这次专项调查全面摸清全市粮食仓储设施基本情况，为实施“粮安工程”、新增储备任务建设、“危仓老库”维修改造、粮食行业“十三五”规划编制和粮食宏观调控等提供基础信息支持。是年4-5月，江门市组织属下各市（区）粮食局对属地范围内的国有粮食库存开展普查。在各市（区）粮食局督促属地范围内国有粮食企业自查的基础上，由江门市粮食局牵头，组织江门市发改、财政、农发行等有关部门，按照“有仓必到、有粮必查、有账必核、查必彻底”的原则，对全市纳入检查范围的国有粮食库存进行一次全面的普查，历时6天，共普查粮食库点55个。国有粮食库存账账相符、账实相符，粮食储藏情况良好。省粮食局在《关于2014年全省粮食库存检查情况的通报》中表扬粮食库存检查工作。

【依法管粮】 2014年的夏粮及秋粮收购期间，由江门市粮食局牵头，以江门市粮食流通市场监管联合执法联席会议办公室的名义，联合江门市发改、食药监、工商、农业等部门组成联合执法小组，对全市的粮食流通市场进行两次的联合执法专项行动。联合执法共抽检39家单位，其中粮食加工企业25家，粮食批发零售企业5家，学校企业饭堂9家。抽取24个样品送检化验，检验结果显示江门市粮食总体质量卫生状况良好。（市粮食局）

供销合作社

【简述】 2014年，江门市供销社系统经营总额同比增长14.79%；其中商品总购进32.06亿元，同比增长19.02%；商品总销售34.28亿元，同比增长14.43%；直属企业经营总值同比增长12.5%；实现利润同比增长51.13%，资产负债率同比下降1.01个百分点。

【流通服务网络】 2014年，推进农超对接和产销对接，以现代流通服务方式，改造和完善原有流通服务网络，推动以农业生产资料、农副产品、日用消费品和再生资源为主的“新网工程”建设。是年全市系统完善农产品配送中心1家，完善农副产品连锁终端网点15家，目前全市系统累计已发展各类县域配送中心22家，发展连锁配送网络终端3960个，已建立农资、日用消费品等各类经营网点1244个，基本形成覆盖城乡的新农村现代流通服务网络。

【农民专业合作经济组织】 2014年，加大对农民专业合作社的扶持力度，完善和新建“农超对接”农民专业合作社9家，累计已建成各类农民专业合作社148家，其中农副产品专业合作社111家，已实施农超对接的合作社71家；入社农户共6903户，带动农户31205户，2014年助农增收3.74亿元；另外，累计已建立村级综合服务社82家。根据农业部等九部门联合下发《关于公布国家农民专业合作社示范社名单的通知》（农经发〔2014〕10号）精神，是年开平市联光农产品种植专业合作社、开平农心养殖专业合作社、江门市新会区双水合富水果专业合作社、江门市（新会区）广蜂养蜂专业合作社这四家合作社还被认定为国家农民专业合作社示范社。

【烟花爆竹安全经营和管理】 2014年，各级供销社按照省、市安全生产的工作部署，加强对烟花爆竹仓库和经营网点、人员密集场所、易燃易爆企业的安全检查，排查整治安全隐患，并配合公安等相关部门，规范烟花爆竹市场的管理秩序，确保经营安全。是年全市系统开展烟花爆竹安全生产应急演练2次，烟花爆竹销售额达9748万元，同比增长16.3%。全市系统累计已建立烟花爆竹经营点498个。

【废旧物资回收经营和管理】 2014年，全市系统再生资源销售额1.65亿元，同比增长5%；新发展再生资源网点1家。1月初，江门市新供销天保再生资源回收利用有限公司正式举行揭牌仪式，该公司的成立标志着省、市系统四大经营公司的业务对接已全面完成。

【农业生产资料供应】 2014年，全市系统农资销售额10.29亿元，同比增长11.9%，其中供应化肥30.16万吨、农药8865吨，供应量约占全市市场总量的59%。联合市工商、质监等部门深入开展创建“江门市放心农资店”公示活动。新创建“放心农资示范店”9家。全市系统累计已创建131家放心农资店，基本实现 “覆盖城乡、一镇一店”的创建目标。

【农超对接平价商店】 2014年，各市（区）供销社按照省政府和江门市政府的工作要求，推进“农超对接”和平价商店建设，全市系统共建设平价商店51家，2014年销售额达7480万元，其中销售各类农副产品共为市民让利374万元，平均让利幅度5%以上。

（市粮食局）

其他商业

【盐产品的生产及销售】 2014年盐产品购进累计150306吨，同比减少3.19%；盐产品销售共计165211吨，同比下降3.19%；2014年江门市的碘盐覆盖率99.29%，碘盐合格率97.07%，碘盐食用率96.39%。（刘礼洁）

经贸活动

【2014年澳门·江门名品展】 于12月5日至7日在江门市五邑华侨广场会展中心由澳门贸易投资促进局和江门市商务局联合举行。该展会展出面积达13000平方米，共212个展位，分为澳门展区与江门展区，其中，澳门81家企业共86个展位，江门65家企业共126个展位。展销产品包括家庭用品、家用电子、箱包服饰、鞋类、食品等商品。在展会上，市民除了选购两地的特色产品外，还可欣赏到独具特色的澳门风情表演，领略澳门中西交融的文化。为期3天的展会吸引超过10万人次前往参观选购。展会期间，还举办江澳两地商务配对活动，协助参展企业寻找合作伙伴、开拓市场。

（江门市商务局）

【财富“可持续发展”峰会暨2014年广东江门（上海）投资洽谈会】 2014年11月19日，江门市政府在上海锦江饭店举行财富“可持续发展”峰会暨2014广东江门（上海）投资洽谈会。公布64个招商项目，投资总额近500亿元；公布各类投资优惠政策41条。邓伟根市长作了“How to Come TRUE——从可持续发展看‘希望之城’江门的未来”的主旨演讲，从“江、海、园、林、侨、邑”六个方面介绍江门是一座充满希望、区位优势明显的城市，提出江门要围绕“TRUE”发展，T（Traffic Integration）是交通一体，R(Resource Integration)是资源整合，U(United Development)是融合发展，E(Environment Optimization)是环境优化。省商务厅和来自上海市和长三角地区的世界500强、央企、跨国公司、知名民企代表，境内外商会、协会代表，投资促进机构、中介招商机构、投资公司代表等近400人参加会议。（市府办）

【广交会参展】 组织企业参加中国进出口商品交易会开拓国际市场。第115届、116届广交会，江门市均有240多家企业参加，分布在34个展区，总成交额达7.34亿美元。参展产品以家电、电子消费品、摩托车、卫浴、餐厨用具、家居用品等为主，自主品牌和创新产品成为新亮点。为引导企业加强自主创新，培养以技术、品牌、质量、服务为核心的出口竞争新优势，发动企业参加第116届广交会举办的第二届出口产品设计奖（CF奖）评选，开平欧标水暖器材有限公司、鹤山国机南联摩托车工业有限公司和江门市汇林贸易有限公司3家企业荣获CF奖。

【江门消费促进月—2014江门家居文化节】 2014年，江门市利用“五一”“十一”两个黄金时段，分别在5月和9月举办两次家居文化节。2014江门家居文化节暨“消费促进月”活动，涵盖汽车、家电、家居、建材、装饰等众多行业，范围广、时间长、力度大，商家大力促销，市民消费热情高涨。（市商务局）

对外经济贸易

对外贸易

【简述】 2014年，全市进出口总额203.75亿美元，增长3.25%，其中，出口总额150.88亿美元，增长7.77%；进口总额52.87亿美元，下降7.78%。进出口、出口和进口额在珠三角九市中均位列第8位。

【开拓国际市场】 2014年，开拓多元化国际市场，尤其是新兴市场成效显著。江门市对美国、日本和欧盟出口分别增长5.82%、8.02%和8.33%，对中国香港、美国、欧盟、日本、澳大利亚、加拿大等六大传统市场以外的新兴市场出口增长11.49%，对新兴市场出口占全市出口总额的比重由2013年的34.47%提高至35.66%。组织江门市企业参加中国进出口商品交易会，参加美国、欧盟、中国香港等传统市场，以及非洲、南美、东南亚、中东等新兴市场举办的展销会、展览会30多场。加强区域品牌宣传，提升产业知名度。做好摩托车、水暖卫浴、家居用品、箱包皮具、麦克风等五大“江门出口基地”品牌宣传，组织企业“抱团”参加意大利米兰摩托车展、美国芝加哥家居用品展等知名专业展会，并统一使用“Jiangmen Made”为核心的五大产业出口品牌Logo，打造江门区域出口知名品牌。拓展外贸推广渠道，加强与香港贸易发展局的合作，开展展览、杂志、网站、移动媒体“四合一”外贸推广模式；联合“广贸天下”“中国诚商网”等电子商务平台，制定适合江门市企业的推广方案，帮助企业利用电子商务平台开拓国际市场。

【推动外经贸转型升级】 2014年，推动外贸创新驱动发展，促进江门市外经贸加快转型升级。打造区域集群品牌。如委托嘉权商标事务所代理申请将“JIANGMEN MOTORCYCLE+图型”（江门摩托+图型）在国内、欧盟和非盟进行集体商标注册，加大“江门摩托”区域品牌宣传力度。推进江门摩托车及零部件外贸转型升级示范基地建设。江门市摩托车基地成功申报国家级质量安全示范区。通过示范区的建设，使江门摩托车产业集聚区的整体质量意识、质量控制能力、出口产品价格和外贸订单量都得到不同程度的提升，龙头标杆企业形成质量、品牌和创新“三轮驱动”的良好局面。推动创意设计发展。成立“江门市创意设计中心”，整合设计资源，将“五邑杯工业设计大赛”升级为“启超杯创意设计大赛”。搭建外贸转型升级服务平台，为外贸企业提供“一篮子”公共服务，包括：产品设计平台、公共认证及注册服务平台、市场营销服务平台、国际孵化器平台、公共展示平台、公共信息平台、公共培训平台、公共供应链管理服务平台等。

【江门市贸促会】 中国国际贸易促进委员会江门市委员会（挂靠市商务局）以服务企业为宗旨，开展出证认证、组织展览、对外联络和商事法律服务等各项业务。2014年江门市贸促会组织企业参加一系列的国际展览及市场考察活动，如澳门国际环保展、海峡两岸食品展、澳门国际品牌连锁加盟展、中国商品（巴西）展览会、广州国际食品食材展览会、2014香港美食博览会、2014香港国际建筑材料及五金展、第十二届中国商品印度（孟买）展等，并组织企业于德国柏林国际电子消费品及家电展览会期间到当地进行商贸配对和市场考察。研究丰富贸促会商事法律服务项目。先后赴东莞、潮州、梅州、佛山、河北、江苏和浙江等几个设立调解中心或商事法律业务开展得较好的分支会开展业务调研，探索开拓新服务项目，向上级贸促机构申请成立广东省国际商事服务中心江门办事处。开展出证认证工作。2014年共签发原产地证明书14105份，签发国际商事证明书3102份，代办领事认证477份，签发区域性优惠原产地证明书303份，代办外国人入境邀请函42份。

吸收外资和港资

2014年，新批设立外商直接投资项目168个，增长0.6%；合同外资金额13.01亿美元，增长6.83%；实际吸收外资金额8.54亿美元，下降7.5%。香港是江门市吸收外资主要来源地。来自香港地区的合同外资金额8.43亿美元，下降4.26%，占全市总量的64.84%；实际吸收外资金额4.4亿美元，增长3.22%，占全市总量的51.59%。实际吸收外资金额前五位的国家和地区依次为我国香港地区、法国、新加坡、英属维尔京群岛、投资性公司投资，占总量比例分别为51.59%、16.01%、13.79%、5.64%和5.36%。外商独资是江门市外商投资的主要形式。全市审批外商独资企业139个，占新批外商投资企业总量的82.74%；合同外资金额9.29亿美元，占全市总量的71.45%，实际吸收外资金额4.69亿美元，占全市总量的54.91%。外商独资企业是江门市外商投资企业的主要形式。中外合资企业实际吸收外资金额3.52亿美元，占全市总量的41.19%；中外合作企业实际吸收外资金额0.2亿美元，仅占全市总量的2.34%，第三产业合同外资快速增长。江门市第一产业合同外资金额0.11亿美元，增长313.19%；实际吸收外资金额0.02亿美元，增长154.44%。第二产业合同外资金额9.73亿美元，下降13.03%；实际吸收外资金额7.47亿美元，下降4.78%。而第三产业（服务业）却大幅增长，第三产业合同外资金额3.16亿美元，增长230.7%；实际吸收外资金额1.04亿美元，下降24.16%。第三产业合同外资大幅增长，主要是交通运输、仓储和邮政业合同外资增长1920.9%，批发和零售业增长737.5%，租赁和商务服务业增长459.23%。全市合同外资金额13.01亿美元，其中，增资项目合同外资金额9.02亿美元，占比69.36%。2014年有两家世界500强企业实现增资扩产，分别是江门华润燃气有限公司和江门星辉造纸有限公司。2014年，全市新设（增资）投资总额1000万美元以上的大项目35个，投资总额15.09亿美元；合同外资金额5.26亿美元，占全市合同外资总金额的40.44%。其中，投资总额3000万美元以上的大项目15个，合同外资金额3.68亿美元。吸收外资项目平均规模达到774万美元。2014年，新批（增资）投资总额较大的外商投资和港资项目有：

1. 信义环保特种玻璃(江门)有限公司，投资总额增加21000万美元。

2. 维达纸业(中国)有限公司，投资总额增加18003万美元。

3. 江门市合礼汽车销售服务有限公司，投资总额增加11079万美元。

4. 嘉士利（香港）有限公司投资10727万美元设立广东嘉士利食品集团有限公司。

5. 江门华润燃气有限公司，投资总额增加7839万美元。

口岸

【简述】 2014年，全市共有一类港口口岸5个，二类港口口岸10个，进出境货运车辆检查场6个，其中，运作中的货运口岸码头14个，往来香港营运中的客运码头2个。全市口岸在使用码头总长4057米，泊位64个，其中，集装箱泊位21个，最大可靠泊6.5万吨货轮（煤船）；仓库面积13.05万平方米，堆场面积50.1万平方米，各类装卸运输机械设备近400台（套），最大起重能力50吨。

【口岸基础设施建设】 江门市规划面积较大口岸港区—江门高新区公共码头于9月开始动工建设。江门电子口岸物流服务公共平台初步建成，于9月22日组织举行了该公共平台的上线运行仪式，江门电子口岸开始进入实体平台建设；驻市口岸的海关与检验检疫部门开展关检合作“三个一”（一次申报，一次查验，一次放行）通关模式改革，推广到全市口岸有法检商品的所有查验通关现场，有关货物通关时效加快50%。开展共建文明和谐口岸活动。将大型共建活动扩展到全市口岸系统，举办首届全市口岸杯足球赛和首届全市口岸系统书法摄影作品展。2014年，江门市口岸水运集装箱达70.38万标箱，增长12.7%；全市口岸综合货运量607.87万吨，下降38.3%；进出境货柜车辆3.64万车次，下降20.4%；进出境旅客11.93万人次，下降6.9%。

【江门市直口岸】 2014年，江门市直口岸有江门客运港和高沙、外海、荷塘3个货运码头，以及江门进出境货运车辆检查场。其中，外海和高沙均是全地区口岸三个超百万吨货运量的主要货运港之一，外海货运港年货运量约135.3万吨，居全地区口岸单个码头年实际货运量之首；客运港拥有高速豪华客轮1艘，客位354个，每天有一进一出2个航班往返香港，该港与珠海斗门港挂港联运。规划面积较大，将来外海和高沙两港将分步搬迁的江门高新区公共码头港区，于9月18日动工，进行基础建设；江门海关与江门检验检疫局关检合作“三个一”通关模式改革，推广到所辖8个口岸查验通关现场，有关货物通关时效加快50%。2014年，市直口岸进出口货物254.76万吨，下降19.1%；水运进出口集装箱46.27万个标箱，增长14.1%；进出境货柜车辆1.73万车次，下降17.2%；出入境旅客8.04万人次，下降12.9%。

【新会口岸】 2014年，新会口岸有新会港口岸的天马货运港区及宜大化工、双水电厂、银湖船舶等专用码头，河口装卸点属下的大鳌集装箱等码头，牛牯岭易燃品专用码头和新会车检场。天马货运港区自身年货运量与江门外海码头不相上下，年实际货运量约130万吨。新会口岸在银洲湖区域，协同天马港举办口岸、船务与造纸产业对接会谈，搭建合作桥梁，落实多家企业在该港进口造纸原材料，并协调采取“一船一报”等联检方式，支持解决超等级外轮进靠天马港区装卸作业、南洋船厂新造船查验出口、拆船企业进口废钢船联检等口岸服务事项。2014年，新会口岸进出口货物177.46万吨，下降25.7%；水运进出口集装箱7.57万个标箱，下降7.8%；进出境货柜车辆0.7万车次，增长3.2%。

【台山口岸】 2014年，台山口岸有公益货运港、国华台山电厂专用码头和台山进出境货运车辆检查场。台山口岸在广海湾区域，继续积极协调核电厂设备进口、香港惰性物料运入卸于填海工程、荣德船厂新船出口等多项口岸服务，并引导公益港增加装备提升吞吐能力，促货运增长。国华台山电厂专用码头进口煤因市场变化、国煤替代而锐减约270万吨，是年进口煤仅13万吨。2014年，台山口岸进出口货物68.71万吨，下降79.7%；水运进出口集装箱4.1万个标箱，增长16.7%；进出境货柜车辆0.55万车次,下降28.6%。

【开平口岸】 2014年，开平口岸在运作的有三埠货运港和开平车检场。是年，位于三埠港的开平联检大楼主体工程完成。2014年，开平口岸进出口货物61.31万吨，增长12.%；水运进出口集装箱5.5万个标箱，增长12.3%；进出境货柜车辆0.25万车次，下降13.4%。

【鹤山口岸】 2014年，鹤山口岸有鹤山客运港、货运码头和进出境货运车辆检查场。客运港与邻近的高明口岸客运港挂港联运，由高明港客轮联运每天一进一出2个航班往返鹤山至香港。2014年，鹤山口岸进出口货物39.58万吨，增长16.3%；水运进出口集装箱6.91万个标箱，增长32.5%；进出境货柜车辆0.28万车次，下降53.2%；出入境旅客3.89万人次，增长8.6%。

【恩平口岸】 2014年，恩平口岸有横板货运码头和进出境货运车辆检查场。恩平车检场的迁建，正在推进中。2014年，恩平口岸进出口货物6.05万吨，增长116.8%；进出境货柜车辆0.12万车次，下降4.8%。 （市外经贸局）

旅游业

旅游业新发展

【简述】 2014年，全市旅游行业认真贯彻落实市委市政府《关于进一步加快旅游业发展的意见》精神，推进旅游大项目、大宣传、大合作，加快产业转型升级，取得显著的经济效益和社会效益，旅游总收入在全省排名跃至第五位。

【旅游接待与收入】 2014年，全市旅游接待人数3790.14万人次，同比增长13.41%，其中过夜游客1601.77万人次，同比增长13.6%，一日游游客2188.37万人次，同比增长13.27%。全市旅游收入279亿元，同比增长24.96%，其中，国内旅游收入 227.19亿元，同比增长30.6%，旅游外汇收入84318.28万美元，同比增长5.7%。

【旅游市场开拓】 市旅游局与国内大电商同程旅游签订战略合作协议，通过同程旅游强大的网络平台，开展 “江门万人游风暴”等系列网上营销活动推销江门旅游产品，组织全国各地游客来江门旅游。与全国排名第一的上海春秋国旅签订包机组团到江门旅游的合作协议；牵头联合珠海市和中山市旅游局分别在苏州、无锡、常州举行了“最美珠江西岸”珠中江旅游推介会。在苏州，珠海、中山、江门与苏州、无锡、常州签订六市旅游合作协议，开启长三角旅游游客重返珠三角旅游的序幕。参加国内外大型旅游促销活动拓展海内外旅游市场。参加第九届莫斯科国际旅游交易会，针对俄罗斯旅游市场，专门推出滨海度假和世界文化遗产精品旅游线路，并制作英俄文版的旅游宣传资料及手册；市旅游局和市旅游协会参加第四届世界江门青年大会，举办“江门旅游风光图片展”和江门旅游专题论坛，推介江门旅游投资项目。建立微营销体系提升江门旅游知名度。建立 “江门旅游”微信公众号、改版“江门旅游网”，与多个本地知名网络品牌“潮叹江门”“汇声汇色”等建立合作关系。引导全市旅游企业开通微信公众号和微博，加强网上营销。

【旅游市场规范】 规范行政审批行为，共办理非行政许可审批事项10项，其中旅行社分社备案登记1项，旅行社设立网点备案8项，国内游组团社升级国际游组团社审核1项，按时办结率达到100%。开展市场执法检查，市旅游部门联合公安、工商、质监等涉旅职能部门，针对“春节”“五•一”“十一”等重大节日和汛期等重要时段，对全市有关旅游单位进行节前的旅游安全、旅游企业市场经营情况进行检查，重点对无许可证从事旅行社业务经营、无导游证从事导游业务活动、旅行社出租、出借旅行社业务经营许可行为，旅行社订立及履行合同行为，A级旅游景区规范经营等内容的检查。全年共开展行业检查12次，出动车辆30余台次，出动执法人员60余人次。

【旅游质量监督管理】 全年受理旅游投诉案件74起，结案74起，结案率为100%。旅游投诉中涉及旅行社61起，占投诉总量的82.4%；涉及景区9起，占投诉总量的12.2%，涉及酒店1起，占投诉总量的1.4%，涉及其他3起，占投诉总量的4.0%。已结案的旅游投诉为旅游消费者理赔金额达42011.20元。

【旅游教育培训】 与团市委、红十字会分别在4月和10月联合举办两期导游心理辅导及应急救助培训班，对全市一线导游人员进行培训并颁发培训证书；邀请浙江、江苏等地名校专家为全市旅游企业管理人员、导游人员分别举办两期旅游名师大讲堂专题培训活动，内容包括：《乡村旅游创新推进》《导游应该如此优秀》；组织旅游企业参加省局举办的行业培训活动，如酒店星评培训、导游考评员培训等；组织开展两次全国导游考试工作，参加人数603人，比去年增加30%；举办两期政务导游培训活动、一次年终考核。做好全市导游人员继续教育培训平台的维护。市旅游局与电大共建和完善全市导游人员继续教育培训平台，委托电大对学习考试资料进行更新、对网络进行完善，增加微课堂视频内容。（市旅游局）

表41：江门市旅行社名录

（截至2014年12月）

序号	旅行社名称	类别	地址	电话	传真
1	江门市大方旅游国际旅行社	入境、境内、出境	江门市白沙大道西6号101首层	3502888	3502880
2	江门市中国旅行社有限公司	入境、境内、出境	江门市跃进路长乐里28号一至四楼	3288880	3288886
3	江门市国旅国际旅行社有限公司	入境、境内、出境	江门市白沙大道西2号	3066333	3062555
4	江门市飞扬国际旅行社有限公司	入境、境内、出境	江门市建设路49号之10-115	3271122	3507600
5	江门市教育旅行社有限公司	入境、境内	江门市白沙大道西16号	3322999	3316622
6	江门市交通旅行社有限公司	入境、境内	江门市建设路42号	3270288	3270280
7	江门广之旅旅行社有限公司	入境、境内	江门市白沙大道西23号	3501888	3502333
8	江门市青年旅行社有限责任公司	入境、境内	江门市建设路30号首层	3276688	
9	江门市欢乐旅行社有限责任公司	入境、境内	江门市蓬莱路28号	3338133	3338223
10	江门市白云旅行社有限公司	入境、境内	江门市跃进路100号首层	3271788	3271780
11	江门市假日旅行社有限公司	入境、境内	江门市美景路9号101	3084488	3081126
12	江门市四海国际旅行社有限公司	入境、境内	江门市白沙大道西32号之一	3098702	3098677
13	广东中旅（江门）旅行社有限公司	入境、境内	江门市白沙大道西5号	3502288	3502290
14	江门市山水国际旅行社有限公司	入境、境内	江门市蓬江区聚德街34栋首层8-12 A-C轴	3222816	3321877
15	江门市中青旅行社有限公司	入境、境内	江门市蓬江区聚德街22幢首层1-2 A-C轴	3912623	3912263
16	江门市侨乡国际旅行社有限公司	入境、境内	江门市江海区礼乐文昌花园118栋3号铺	3618196	3618673
17	中国国旅（广东江门）国际旅行社有限公司	入境、境内	江门市蓬江区白沙大道西2号202	3086333	3062555
18	江门市汇侨旅行社有限公司	入境、境内	江门市江海区礼乐新民一路18号1楼117A	3986622	3986622
19	江门市蓬江区星辰国际旅行社有限公司	入境、境内	江门市建设三路113号15座二层	3316638	3316621
20	江门市邦程旅行社有限公司	入境、境内	江门市蓬江区侧贤里37号4-11二层	3117777	3111065
21	江门市春秋国际旅行社有限公司	入境、境内、出境	江门市新会区会城侨光北路28号127	6333333	6333335
22	江门市新浪旅行社有限公司	入境、境内	江门市新会区会城冈州大道中52号107	6969700	6966883
23	江门市新会区海外旅游有限公司	入境、境内	江门市新会区冈州大道中60号	6666668	6612803
24	江门市新会区金辉旅行社有限公司	入境、境内	江门市新会区会城中心南路40号110	6668888	6622669

续上表：

序号	旅行社名称	类别	地址	电话	传真
25	江门市开心国际旅行社有限公司	入境、境内	江门市新会区会城冈州大道中71号	6622777	6622700
26	江门市时尚国际旅行社有限公司	入境、境内	江门市新会区会城明兴路18号1座109	6109199	6109177
27	江门市阳光假期国际旅行社有限公司	入境、境内	江门市新会区会城募兴路20号	6654555	6654661
28	江门市风光假期国际旅行社有限公司	入境、境内	江门市新会区会城冈州大道中50号101	6662333	6609992
29	江门市新会方健旅行社有限公司	入境、境内	江门市新会区会城东庆北路5号3座101	6962222	6962233
30	江门市新会理想国际旅行社有限公司	入境、境内	江门市新会区会城侨兴北路2号101	6337777	6337339
31	江门市华厦国际旅行社有限公司	入境、境内	江门市新会区会城圭峰路3号	6171111	6197489
32	江门市孔雀国际旅行社有限公司	入境、境内	江门市新会区会城田心路6号106	6661555	6661122
33	江门市新会区华航国际旅行社有限公司	入境、境内	江门市新会区会城东庆北路7号天悦酒店一楼	6960005	6960086
34	江门市康怡国际旅行社有限公司	入境、境内	江门市新会区冈州大道中6号103	6969996	6969898
35	江门市新会区永健国际旅行社有限公司	入境、境内	江门市新会区会城同德二路35号108	6962222	6962233
36	江门市新会区浪漫国际旅行社有限公司	入境、境内	江门市新会区会城中心南路37号117-5铺	6965996	6965991
37	台山市旅游公司	入境、境内	台山市台城环北大道石花华侨新村19-20号	5525695	5529999
38	台山市中国旅行社	入境、境内	台山市台城通济路1号	5528788	5522241
39	台山市川岛国际旅行社有限公司	入境、境内	台山市台城镇平湖路2号	5555511	5553229
40	台山市中侨旅行社有限公司	入境、境内	台山市台城南门路117号首层	5528555	5539888
41	台山市乐途旅行社有限公司	入境、境内	台山市台城镇石花路科学馆内	5557666	7051221
42	台山市乐行旅行社有限公司	入境、境内	台山市台城石花公园路26号首层	5552666	5552668
43	台山市创兴国际旅行社有限公司	入境、境内	台山市台城镇海园华侨新村47号101铺	5559997	5550689
44	台山市枫叶国际旅行社有限公司	入境、境内	台山市台城镇桔园路3号	5512111	5579977
45	台山市粤游旅行社有限公司	入境、境内	台山市台城东城大道2号103	5552992	5552990
46	台山市侨城国际旅行社有限公司	入境、境内	台山市台城桔园路3号副楼	5515111	5659777
47	台山市金铧国际旅行社有限公司	入境、境内	台山市台城健康路7号102	8512138	5555300
48	台山市名峰国际旅行社有限公司	入境、境内	台山市台城环北大道49号102	5555581	5555580
49	开平市广旅国际旅行社有限公司	入境、境内	开平市长沙东路3号	2277111	2366911
50	开平市中国旅行社有限公司	入境、境内	开平市长沙文新路1号	2233355	2212819
51	开平市印象碉楼旅行社有限公司	入境、境内	开平市长沙曙光东路城市广场110-112号	2225111	2280808
52	开平市乐行旅行社有限公司	入境、境内	开平市长沙区幕沙路63号首层102号铺	2277111	2236911
53	恩平恩之旅旅行社有限公司	入境、境内	恩平市东门广场商业城B座七号之一	7733033	7733198
54	恩平市中国旅行社	入境、境内	恩平市河南西堤路33号	7728638	7728228
55	恩平市锦江旅行社有限公司	入境、境内	恩平市东门路18号	7736308	7736708
56	恩平市星晖旅行社有限公司	入境、境内	恩平市恩城飞鹅路经委飞鹅新村6幢首层2卡	7187558	7116518
57	恩平市泉之旅旅行社有限公司	入境、境内	恩平市桥峰路48号金汇豪庭1栋1号铺	7738877	7738977

续上表：

序号	旅行社名称	类别	地址	电话	传真
58	恩平市锦泉假期旅行社有限责任公司	入境、境内	恩平市美华东路52号中澳豪庭B区401-402	7772999	7731222
59	鹤山市鹤汽卓越旅行社有限公司	入境、境内、出境	鹤山市沙坪镇新风路27号之三、之四	8998733	8901733
60	鹤山市春秋假日旅行社有限公司	入境、境内	鹤山市沙坪镇前进路28号首层	8833168	8889258
61	鹤山市中国旅行社	入境、境内	鹤山市沙坪镇北湖路1号	8833168	8889258
62	鹤山市八方商旅旅行社有限公司	入境、境内	鹤山市沙坪镇东升路37号	8977031	8977039

表42：　　2014年全市旅游星级饭店一览表

序号	酒店名称	星级	地址	前台电话
1	江门市逸豪酒店	五	江门市迎宾大道中118号	0750-3928888
2	江门丽宫国际酒店	五	江门市东华二路18-28号	0750- 8233388
3	江门名冠金凯悦酒店	五	江门市北新区发展大道188号	0750-3938888
4	台山碧桂园凤凰酒店	五	台山市台城镇沙岗湖开发区	0750-5688688
5	开平潭江半岛酒店	五	开平市中银路2号	0750-2333333
6	鹤山碧桂园凤凰酒店	五	鹤山市鹤山大道623号	0750-8866388
7	江门市银晶国际酒店	四	江门市港口路22号	0750-3163888
8	新会龙泉度假酒店	四	江门市新会区会城圭峰山龙潭景区内	0750-6182222
9	江门市荷塘园林大酒店	三	江门市荷塘镇瑞丰路11号	0750-3737888
10	新会冈州宾馆	三	江门市新会区圭峰路9号	0750-6178888
11	新会新金田酒店	三	江门市新会区会城镇中心路15号	0750-6622228
12	新会爱依华酒店	三	江门市新会区会城镇冈州大道西6号	0750-6703333
13	台山市下川王府洲别墅度假村	三	台山市下川岛王府洲度假区	0750-5756183
14	台山市桂园酒店	三	台山市下川王府洲度假区	0750-5757628
15	台山市帝苑别墅度假村	三	台山市下川王府洲度假区	0750-5757828
16	台山锦江大酒店	三	台山市下川王府洲度假区	0750-5751888
17	台山市海角城大酒店	三	台山市赤溪镇田头铜鼓渔塘湾	0750-5272288
18	台山下川岛汇景湾大酒店	三	台山市下川岛王府洲	0750-5756888
19	开平三埠海景酒店	三	开平市三埠新昌潭江西路15号	0750-2388888
20	开平雅致酒店	三	开平市长沙曙光东路178号2幢	0750-2290788
21	鹤山市北湖宾馆	三	鹤山市沙坪镇北湖路1号	0750-8883488
22	鹤山市叠翠山庄	三	鹤山市大雁山风景游览区内	0750-8877088
23	鹤山君威酒店	三	鹤山市桃源镇325国道旁	0750-8212228
24	月亮酒店	二	开平市水口镇新南路13号一幢	0750-2728888
25	开平市华侨大厦	二	开平市长沙西郊路5号	0750-2223318

注：富尔文华酒店已于2014年12月取消星级资格，华侨大厦已停业2年。

教科文体卫

江门年鉴

2015

JIANGMEN YEARBOOK

教育

概述

【教育经费投入】 2014年，公共财政预算教育经费投入62.36亿元，比上年增长9.47亿元，增幅17.9%，依法落实教育经费的“三个增长”，落实2014年教育支出占财政支出比例达到25.75%，优先满足教育的需要，切实增加财政对教育的投入，发挥财政投入的主渠道作用。

【教育“创现”“创强”成果】 2014年，江海区、新会区建成“广东省推进教育现代化先进区”，恩平市成功建成“广东省教育强市”，7县区均通过“全国义务教育发展基本均衡县”国家督导验收，2个镇建成“广东省教育强镇”，9个镇完成“广东省教育强镇”复评。恩平市于12月顺利通过广东省教育强市的督导验收，江门市全面实现教育强县全覆盖。恩城街道、牛江镇成功创建广东省教育强镇，最后两个创建对象镇沙湖镇、君堂镇于12月顺利通过广东省教育强镇督前检查。台山市、鹤山市、恩平市共有9个教育强镇已全部完成强镇复评工作。6月省教育厅授予江海区广东省推进教育现代化先进区的称号；12月新会区通过广东省创建推进教育现代化先进区的督导验收，并于2015年1月授牌。制定《关于深入推进我市义务教育优质均衡发展的意见》，全市7个区（市）均顺利通过全国义务教育发展基本均衡县（市、区）的国家督导验收，成为全省各县（市、区）都通过国检的四个地级市之一。

【教育信息化】 江门市“三通两平台”建设进展顺利，“校校通”完成100%，“班班通”完成96%。江门市教育资源公共服务平台二期建成并投入使用，启动教育资源平台三期和教育管理平台一期的建设。开展教育视频网的建设工作，全市500所中小学完成教育视频网安装，100%完成建设目标。开展第三批江门市教育信息化示范学校创建工作，有6所学校通过督导验收。

【师资队伍建设】 贯彻落实《关于印发江门市人民政府加强中小学高素质专业化教师队伍建设的实施意见的通知》（江教发字〔2013〕12号），印发《关于印发江门市基础教育名师工程推进方案的通知》（江教发字〔2014〕11号）和《印发〈关于促进义务教育教师队伍均衡发展的实施意见〉的通知》（江教发字〔2014〕28号）。全市有中小学、幼儿园1007所，教职工51341人，其中：专任教师42538人。有省级名校长2人、名教师5人、名班主任7人；省级校长工作室主持人1人、教师工作室主持人7人、班主任工作室主持人2人；特级教师36人；江门社科专家3人；地市级名校长26人、名教师52人、名班主任27人、学科带头人96人；县级名校长78人、名教师363人、学科带头人1486人；县级教育专家2人。参加广东省基础教育系统第一、二批“百千万人才工程”及省级骨干教师、校长培养项目共133人，地市级五邑教育专家、名校长、名教师、名班主任培养对象873人，县区级的名校长、名教师培养对象744人。2014年实行校长及教师交流制度，参加交流教师共1745人，占总人数6%。其中参与交流的校长共177人，参与交流的骨干教师共344人。在全市遴选15名优秀教师前往梅州五华县进行支教帮扶。

【教育教学研究】 深入市直、四市三区高

中学校听课调研，做好课堂教学分析与评价，开设专题讲座，并根据各学校的实际情况作具体的指导。倡导学校开展集体备课，通过完善学校集体备课制度，加强校本教研，提高教师素质。印发《江门市2014-2015学年度普通高中课程开设指导意见》和《江门市2014年普通高中物理、化学、生物实验操作考查工作方案》。推进艺术教育课程改革，举行“江门市美术高考趋势分析与备考策略专题讲座”，全市200多位艺术骨干老师参加了观摩研讨。全程跟踪高考备考，提高上线质量。先后组织或参与组织系列化的高考备考工作，包括：2014年高考模拟考试，对全市各市、区，各学校的情况进行分析诊断，及时分学科举行质量分析反馈会；到各市（区）与市直高中进行深入细致的高考备考听课指导工作；各学科教研员全程收集整理高考备考信息并及时提供教学参考。2014年江门市高考又创佳绩，本科入围人数创历史新高。全市本科入围人数突破12000人大关，达到12045人，比2013年增加875人。其中市直增加239人，鹤山市增加236人。其中重点本科入围人数达2266人，比2013年净增447人，增加幅度历年最大。本科入围率创历史新高，达到42.67%，高出省10.3个百分点。组织中考各学科“江门市2014年初中毕业生学业水平调研测试”。在全市教育系统广大干部、中小学幼儿园师生中，全面启动“国学经典读诵学习工程”（简称“国学读书工程”）。制定《江门市教育系统国学读书工程实施方案》，通过“专家讲座”“竞赛活动”“教学评比”“特色校建设”等途径，先后组织江门市首届“国学小达人”竞赛，江门市首届国学教育艺术节目展演比赛，并于7月11日邀请国学读书工程特聘首席顾问吴鸿清教授主讲《如何用中华文化落实以人为本的素质教育》的专题讲座，全市教育主管部门和中小学校长约500 多人参加。完成《江门五邑历史》乡土教材的编写工作，并于6月13日将《江门五邑历史》教材书样上报广东省教育厅审定，待省教育厅审定后就可以进入课堂，计划免费提供给全市50000多初中一年级学生使用。修订并印发《江门市2014年高中阶段教育质量评价方案》加强全市普通高中教学质量监控；举行“江门市基础教育质量监测和评价体系”第二阶段工作会议暨管理员培训活动。贯彻《江门市“十二五”期间中小学优质课比赛规划方案》，举行小学、初中和高中三个学段15个学科课堂教学比赛。2014年5月16日举办2014年江门市初中化学实验教师（实验管理员）实验操作与创新技能竞赛活动。组织江门市近十个学科“名师大讲堂”系列活动，邀请本地区多位省市名师亲自上示范课、说课和讲课。在全市开展中小学青年教师基本功比赛，近3000名教师积极参加比赛。 举办全市义务教育阶段八个学科教材研讨培训活动，近4000名教师参加培训。组织初中教研员到开平市大沙中学进行扶贫支教活动，开展初中毕业班课堂教学专题教研活动。组织教师到广州、佛山、深圳、东莞、中山、肇庆等地观摩优质课比赛学习和参加新课程教学研讨培训等活动，利用珠中江三地教研联盟平台，邀请两市的名师、骨干教师到江门市进行现场上课，通过跨地域同行教师的同课异构、评课议课、思维碰撞等形式，引导教师探索新课标理念下的方法和模式。

【扶困助学】 落实对农村人均年纯收入低于1500元以下的贫困家庭子女义务教育阶段学生给予生活费补助制度。2014年全市有18660名（小学生13063人、初中生5597人）学生列入省“一补”（补助生活费）对象，补助资金共513万元。对中等职业学校全日制正式学籍一、二、三年级在校生中所有农村（含县镇）学生、城市涉农专业学生和家庭经济困难学生免除学费（艺术类相关表演专业学生除外），2013-2014学年全市约有36000名学生受惠，免学费补助资金约1.25亿万元。2014-2015学年共资助高中阶段家庭困难学生1154人，补助资金92.6万元。2013-2014学年资助全市普通高中在校生中家庭经济困难学生约8232人，发放助学金约1234.8万元。2014年资助家庭经济困难学前儿童、孤儿和残疾儿童共5384人次，发放资助资金124.62万元。引导和鼓励企业、个人、社会团体等面向各级各类学校依法设立奖学金、助学金，收到叶氏化工高考助学奖学金、五邑慈善会奖助学金等捐资共133.4万元，资助中小学生892人。

【民办教育】 2014年全市共有民办教育学校（机构）427所。其中，高等职业院校1所，中学24所（含中外合作办学机构1所），中等职业技术学校2所，小学7所，幼儿园319所，各类培训机构73个（不含人力资源社会保障局审批的培训学校）。在校（园）生约19.5万人。其中，全市民办学校（学历教育）在校生人数为66727人。其中，幼儿园77352人，小学31721人，初中19981人，普通高中5539人，中职学校1286人，高等职业院校8240人。各类民办培训机构共设有718个教学班（点），注册学生数59520人，结业生数57008人。

【开办新疆高中、西藏幼师班】 江门市培英高级中学承接第10批4个内地新疆高中班学生计划166名，实际到校158名学生，来自新疆各地市（州）。现有内地新疆高中班13个，在校学生425人。第六届内地新疆高中班毕业生有64名，本科入围率达到98.44%，比全国平均水平高出8个百分点。江门幼儿师范学校内地西藏中职班在校学生数达177人，其中男生38名，女生139人，藏族学生171名，汉族学生6名。分别来自日喀则、昌都、山南、拉萨、林芝、那曲、阿里等七个地区。培养79位毕业生，毕业后都返回西藏7个地区从事幼教工作。

幼儿教育

【简述】 2014年，全市共有幼儿园480所，在园幼儿13.29万人，适龄幼儿学前三年入园率97.22%。共有专任教师8581人，其中大专及以上学历5567人。

【幼儿园管理】 依法加强幼儿园管理，建立健全管理制度，促进学前教育健康发展。逐步加大普惠性幼儿园扶持力度。推动规范化幼儿园和优质幼儿园建设，提升办园整体水平。

表43： 2014年全市幼儿园基本情况

幼儿园数（所）	班数（个）	招生数（人）	在园生（人）	毕业生（人）	教职工		园舍占地面积（万平方米）	园舍建筑面积（万平方米）
					合计（人）	专任教师（人）		
480	4486	51195	132581	41961	13863	7780	154.70	98.22

普通中小学教育

【九年义务教育】 2014年，全市义务教育阶段学校483所，其中，小学313所，九年一贯制学校44所，初级中学96所，完全中学30所。民办学校31所。全市义务教育阶段学校普通在校学生为44.06万人，其中，小学29.93万人、初中14.13万人。民办学校在校生为5.17万人。小学学龄儿童入学率100%，五年保留率100.51%；小学毕业生升学率100%。初中阶段教育毛入学率为131.39%，初中三年保留率95%，初中毕业生升学率为97.83%。小学辍学率为0.0024%，初中辍学率为0.60%。

【高中阶段教育】 2014年，全市高中阶段教育学校共68所，其中，普通高中学校45所（含完全中学30所），中等职业技术学校23所。在校学生数共14.38万人，其中,普通高中在校生为8.17万人，中等职业学校在校生为6.21万人。全市高中阶段教育毛入学为97.78%。

【特殊教育】 2014年，全市有特殊学校6所。三残儿童在校学生共1375人，三残儿童入学率为97.17%。已建有40个随班就读资源教室，不断完善特殊教育服务体系。制定实施《江门市特殊教育提升计划（2014-2016）》，推进全纳教育。组织送教上门服务，保障残疾程度较重、无法进入学校就读的义务教育阶段适龄残疾儿童少年接受合适的教育。

表44： 2014年全市中、小学校基本情况

项目	学校数	教学班数	招生人数	在校生数	毕业生数	教职工数		校舍占地面积	校舍建筑面积
						合计	专任教师		
合　　计	504	11427	125158	523649	124254	34958	32656	1487.30	563.71
普通中学	185	4583	72242	222952	77673	17803	16434	903.42	359.96
其中：初中	140	3009	45454	141250	50263	11460	10602	589.54	195.60
高中	45	1574	26788	81702	27410	6343	5832	313.88	164.36
小　　学	313	6784	52625	299322	46502	17008	16084	580.64	202.17
特殊教育	6	60	291	1375	79	147	138	3.24	1.58

【规范收费管理】 按照市治理教育乱收费局际办的工作部署与要求，全市各级各类学校展开教育收费的自查自纠工作。各市区共组成检查小组40个，共检查小学185所、初中85所、高中36所、幼儿园128所。上半年江门市治理教育乱收费局际办组织四个检查组，到所辖四市三区和市直学校开展检查工作，每到一个市、区，都抽查幼儿园、小学、初中、高中各1所，所抽学校部分是带案下访，到抽查点后直接查资料，并随访学生了解情况。

【基础设施建设】 积极做好中小学校舍基本建设工作， 2014年全市投入基本建设资金28782.3万元，其中财政拨款24121万元，单位自筹2409.1万元，无偿捐赠2082.2万元，其他170万元。完成建筑面积152025平方米，其中教学及辅助用房73446平方米，行政办公用房5033平方米，生活服务用房60000平方米，其他用房13546平方米。2014年新开工建筑面积161558平方米。

【教师继续教育】 做好幼儿园教师攻读大专以上学历、高（职）中教师攻读硕士研究生学历的发动工作，全市近500名高中以及其他类别教师报读硕士学位研究生，近600名小学、初中教师报读本科学历，近800名幼儿教师报读大专学历班。幼儿园专任教师大专以上学历比例已达62.65%；小学专任教师本科以上学历比例

已达57.2%；初中专任教师本科以上学历比例已达88.56%；普通高中专任教师研究生以上学历比例已达8.13%；中职学校专任教师研究生以上学历比例已达6.88%。组织教师参加“国培”“省培”“市培”等远程全员培训项目，覆盖达22978人次；组织名教师、骨干教师参加高端研修，全年共425位“名师”培养对象以及学科骨干教师，参加北京大学、北京师大、华东师大和东北师大等院校的高级研修班；组织幼儿园骨干教师、特别是欠发达地区幼儿园骨干教师参加任职资格和能力培训，人数达248人；举办农村紧缺学科的骨干教师专项培训，参加培训的农村教师达400多人。

【名师工程】 2014年完成“名师”队伍的建档入库工作，建立江门市“名师”培养对象库，形成省、市、县、校四级培养阶梯，通过自下而上的推荐遴选现已入选市级名师培养对象库的校长、教师已达873人。各级教育部门全力打造“名师大讲堂”，邀请市内、省内外和境外、国外名师到江门市开展各类专题讲座、教育教学科研活动，发挥“名师辐射”功能，举办15场名师大讲堂。参加讲座、讲堂的名校长、名师培养对象以及骨干教师等已接近4000人次。

【德育工作】 全市学校共有专职专业心理教师114人，兼职教师2497人，已接受广东省中小学心理健康教育A、B、C证培训的教师共28111人，教师持证率占全市教师的79.1%。开展生命教育课题研究。在生命教育课题获得省立项的基础上，组织市级子课题的研究工作，通过生命教育的实践研究，破解开展生命教育的难题，拓宽生命教育多样化实践途径，组织优秀课例征集活动。加强心理教师培训，举办心理健康教育骨干人员培训班，邀请专家授课，举办公开课展示活动和学术研讨活动；举办发展性心理健康教育讲座，传达“从关注问题解决到促进学生发展”的理念，指导学校开展发展性心理健康教育。拓展心理健康教育外延。依托未成年人心理辅导站开展“小手牵大手”——亲子户外拓展活动，为28户单亲家庭打造亲子活动的平台，增进父母与孩子之间的感情交流。组织“心理专家进校园”活动，邀请心理专家深入学校一线办讲座、搞活动，为师生和家长进行辅导和危机干预24场，受惠人数逾5000人次。

【体卫艺教育】 加强传染病防控，重点加强流行性感冒、感染性腹泻、手足口病以及登革热等传染病的防控，制定《中小学及托幼机构防控流感工作指引》《手足口病预防短信》及《学校预防登革热工作指引》，指导学校进行科学防控。加强食品安全管理，培训食品安全管理人员和从业人员1700多人次；开展食品安全宣传周活动，通过食堂开放日、专题讲座、主题班会等形式普及食品安全知识；部署开展省食品安全示范学校食堂创建活动。加强健康教育，开展青春期教育、口腔卫生教育、控烟教育、儿童安全步行教育活动、高中生应急救护知识培训、预防艾滋病健康教育等一系列专题教育活动。

【安全教育】 2014年，重新制定《江门市中小学校安全专责小组工作制度（2014年版）》，下发《关于印发〈江门市台风暴雨极端天气学校停课工作联动方案〉的通知》，健全全市基础教育系统安全管理工作机制。通过专题讲座、安全知识进校园活动、防震减灾日等专项活动，加强师生安全教育。全市各学校累计出安全板报、墙报、专栏等6000多期，发放《致家长的一封信》140多万封、宣传资料70多万份，发布短信息280多万条，张贴警示宣传标语1200多条，举办大型培训班6期，累计培训各类人员2556人次，组织开展应急疏散演练3846场次，组织开展4次安全生产大检查和6次安全专项督查，出动检查组 320个，共1280人次，累计发现安全隐患416项，落实整改416项。

中等职业技术教育

【简述】 2014年全市有中等职业学校24所（含普通中专、成人中专、职业高中和技工学校），在校生62143人；其中，国家级重点中等职业学校12所，省级重点中等职业学校2所，市级重点中等职业学校2所。2所学校被教育部确认为制造业和现代服务业技能型紧缺人才培养培训工程任务学校；全国数控技术职业教育实训基地1个，3所学校成为创建国家中等职业教育改革发展示范性建设项目学校（其中1所学校已被认定确认为国家示范校，1所学校已通过国家验收），广东省示范性中等职业技术学校4所，全国高技能人才（机电项目）培养基地1个。

【专业结构】 江门市中等职业教育已形成农林牧渔类、土木水利类、加工制造类、轻纺食品类、交通运输类、信息技术类、医药卫生类、休闲与保健类、财经商贸类、旅游服务类、文化艺术类、体育与健身类、教育类等13大类专业群,共开设了113多个专业。有国家级重点建设专业（点）1个，广东省中等职业学校重点建设专业（点）25个。

表45： 2014年全市中等职业教育基本情况（含技工学校）

中职学校	专业数	招生数	在校生	毕业生	教职工		校舍占地面积（平方米）	校舍建筑面积（平方米）
					合计	专任教师		
24		22911	62143	19426	3031	2658	2492735.5	1032806.17

职业技术培训

【成人高考】 通过高等教育到企业的订单式培养、高等教育到中职的横向联合办学等方式，加大招生考试宣传。2014年全市报考人数为8979人，其中专升本2949人，大专6030人。其中共录取了7491人，其中，专升本2405人，大专5086人，总录取率为83.4%，其中，专升本81.6%，大专为84.3%。2014年江门电大院校录取开放教育生2147人，其中，本科362人，专科1785人。

【农村成人教育】 2014年全市农村成人文化技术学校共有67所。依托社区教育大力促进农村成人教育的发展，出台《江门市推进社区教育工作实施意见》，并挂牌成立社区大学，以江门社区大学为核心，探索“大学+系统+平台”的终身教育服务模式，搭建全市终身教育平台。是年，全市共有3个广东省社区教育实验区、13所省级示范乡镇成人文化技术学校、50所市级示范乡镇成人文化技术学校，有7个单位荣获广东省成人教育先进集体、8人荣获广东省成人教育先进工作者称号。

【自学考试】 2014年江门市共开考1月、4月、7月、和10月共4次自学考试和2次中英合作管理段证书考试，开考专业130个，其中本科专业68个，专科专业62个。开考类型有面向社会的自学考试大考、独立办班自学考试和高职高专相沟通自学考试。江门市自学考试全年合计报考人数13552人。6月和12月审核办理自学考试毕业证书两批，合计毕业生人数789人。

高等教育

【五邑大学】 简况 2014年，学校设有17个教学院（系、部），拥有工、理、经、管、文、法、艺术等7个学科门类，43个本科专业，6个一级学科硕士学位授权点，27个硕士点，2个硕士专业学位类别。各类在籍学生24000余人，其中全日制本科生18000余人，研究生近300人。共招收研究生48名，本科生4617名，其中普通高考新生4309名（本市生源1355名），专升本学生308名。教职工近1000人，其中专任教师800余人，在专任教师中，正高职称98人，副高职称221人，博士196人，硕士326人。教学科研仪器设备总值14300多万元，一般图书152多万册，电子图书132多万册。

教育教学 新增百胜、中山网商会2个“综合实验班”合作企业；与叶氏化工、奔力达、维达纸业合作，新建3个从一年级开始的“综合实验班”，联合组建“顺德研究生培养基地”，并新建“江门火炬园”“新会维达纸业”两个研究生培养基地。学校人才培养模式多样化改革涉及专业（含方向）33个，学校承办第二届广东省校企协同育人交流会；《大学》杂志“学术聚焦”栏目围绕人才培养模式的改革与创新推出一组文章，与学者们共同探索以“综合实验班”为龙头的校企协同人才培养模式在高校中的运用情况；《中国教育报》《中国高等教育》等刊载五邑大学组建综合实验班，创立“双主体”协同培养模式实践与探索的文章。学校新增光电信息科学与工程、产品设计2个本科专业，本科专业总数达到43个。重点建设10门精品课程共享课和15门专业核心课程。立项推进PBL教学模式改革试点和基于MOOC理念的混合式教学模式改革试点工作。学校共获得省质量工程项目10大类22项，教学改革项目16项。省专业综合改革项目3个、精品资源共享课6门、省大学生实践教学基地4个、省人才培养模式创新实验区1个、省卓越人才培养计划1个、省教学团队1个、省应用型人才培养示范基地1个、省战略新兴产业特色专业1个、省应用型人才培养示范专业1个、省实验教学示范中心项目3个。完成5个校级重点学科建设届中考核和3个省级重点学科建设阶段考核工作，各重点学科基本上完成或超过了预订建设目标。其中，省级重点学科侨乡文化与遗产，校级重点学科侨乡文化、纺织科学与工程、管理科学与工程考核优秀。硕士点学科结构进一步优化，新增教育硕士、工程硕士建筑与土木工程专业领域2个学位授权点。

科学研究 学校共有5个科研平台获得省市建设项目支持。其中，“侨乡文化与遗产协同创新发展中心”被认定为首批广东省协同创新平台20个之一，同年获批省级重点提升平台（人文社科类），“广东高校江门市LED研究院”获省教育厅工程中心立项，“工业生产自动化技术研究开发中心”“江门市图像分析与机器视觉工程应用研发中心”“半导体绿色光源研究开发中心”获得江门市工程中心建设项目支持。学校在已有的青年科研基金基础上首次设立“青年科研团队”项目，艺术设计学院的“江门工艺美术历史与现代应用研究”团队和应用物理与材料学院的“金属氧化物光电材料的制备与应用”团队分别获得学校30万元与50万元项目资助。年度科研总经费为4620万元。其中，科研项目总经费为3112万元，科技服务经费为1508万元。科研项目立项351项。其中，纵向课题174项，横向课题177项，横纵项立项数均为历史新高。其中，共获批国家自然科学基金5项（包括1项合作项目），教育部人文社科项目1项；省自然科学基金13项，其中，杰出青年基金2项，自由申请5项，博士启动6项；省哲学社会科学“十二五”规划共建项目13项，省教育科学“十二五”规划研究项目8项，共获各类省级项目46项，市厅级各类项目123项。学校首次获得省杰出青年基金，并为全省同类高校中唯一获此项目的学校；获得省博士启动项目数量在全省同类高校中名列第一。

获得省环保厅“广东省环境保护科学技术奖”三等奖1项，江门市科学技术奖1项，江门市哲学社会科学成果奖18项。截止到11月，全校共发表论文535篇，三大索引158篇次，其中SCI收录58篇；核心期刊论文163篇；学校资助出版专著8部。全年共申请专利98项，获批专利29项，超过2012和2013年专利申请的总和，也是学校历史上获批专利最多的一年；转让发明专利3项，连续7年保持有专利转让。

人才培养　全校应届研究毕业生123名，就业率100%。应届本科毕业生2564人，初次就业率保持稳定，达到95.09%，比全省本科平均就业率(93.52%)高1.57%，高于全省平均水平。其中47名同学考上中山大学等国内高校研究生，3人报名参加三支一扶，1人参加西部计划，8人到农村任村官。参与省级以上各类竞赛获奖165项，获奖学生达541人次。其中，《江门市金佣网有限公司》项目获第九届“挑战杯”大学生创业计划竞赛金奖；原创舞蹈《茅龙魂》获江门市第十一届精神文明建设“五个一工程”优秀作品奖；学生艺术团首次应邀参加澳门舞蹈协会举办的海峡两岸及港澳舞蹈精英荟萃活动，是此次活动内地的唯一一支代表团队；省一等奖舞蹈作品《爱莲颂》参加2014年广东省高校反腐倡廉文艺会演；网球队在2014年全国大学生网球锦标赛中，勇夺男双亚军、男团和女双季军，再次实现三个项目同时迈进全国体育单项赛前三名的目标。2014年，共录取村官438人，学校对报考成人高等学校的江门市农村基层干部（村官）进行专门考前培训，参加考前培训的人通过率为95%。

对外交流　学校积极拓宽与欧美、亚太地区高校交流合作渠道，并与澳洲西悉尼大学、美国加州大学河滨分校正式签订了合作协议或备忘录。同时，台湾、澳洲等地高校代表团来访探讨交流合作事宜。全年共聘请来自美国、加拿大、日本等长短期外教10人到校执教，共接待外宾、港澳台同胞共90批864人次，共派出35名教师到美国，以及香港和台湾培训，32名老师到国（境）外开展学术交流，123名学生到境外培训学习及交流，接受长短期留学生25名。

立德育人　通过校报、校园网、宣传橱窗等多种形式对党的十八届三中、四中全会等精神进行集中宣传，发放《习近平总书记系列重要讲话读本》《习近平谈治国理政》、十八届四中全会精神解读等书籍和学习材料；召开思政理论课教师专题研讨会，研讨“进教材、进课堂、进头脑”的方式方法，及时地把党的十八大以来马克思主义中国化最新成果写进教学大纲和教案，积极开发和利用五邑侨乡丰富的思想理论教学资源；发挥党团组织的主导作用，深入开展丰富多彩的科技文化活动，围绕弘扬和践行“社会主义核心价值观”，实现中华民族伟大复兴的“中国梦”等主题开展理想信念教育活动，举办邑大论坛4期、组织“与信仰对话”主题教育实践、深入开展“青马工程”培训班，举办大型专题思想教育讲座多达239场；加强创新创业教育和就业指导服务，着力完善学生帮扶、服务和管理体系。

【江门职业技术学院】　简况　2014年，学院开设有材料技术系、电子与信息技术系、经济管理系、机电技术系、教育与教育技术系、外语系、艺术设计系和思想政治理论课教学部等8个教学单位。专业设置涉及应用化工技术、高分子材料应用技术、复合材料加工与应用技术、供用电技术、工程造价、机械设计与制造、数控技术、模具设计与制造、计算机辅助设计与制造、机电一体化技术、电气自动化技术、汽车检测与维修技术、汽车技术服务与营销、计算机应用技术、计算机网络技术、计算机信息管理、应用电子技术、电子工艺与管理、智能产品开发、染整技术、表面精饰工艺、食品分析与检验、金融管理与实物、会计电算化、国际商务、营销与策划、工商企业管理、物流管理、康复治疗技术、旅游管理、酒店管理、社会工作、应用英语、商务英语、文秘、语文教育（师）、英语教育（师）、美术教育（师）、思想政治教育（师）、初等教育（师）、学前教育（师）、艺术设计、电脑艺术设计、珠宝首饰工艺及鉴定、室内装饰设计等45个专业（89个方向）。全院有教职工720人，其中专任教师588人，具有副教授以上高级职称的134人，讲师、工程师273人，另有一支由专家、学者和企业高级工程技术人员组成的一百多人的校外兼职教师队伍。在校生16618人，其中全日制专科生12705人，成人专科业余生3597人，五年一贯制全日制（中职段）学生316人。应届专科毕业生3698人。招收全日制大专生4256人。继续教育培训18895人。实施《国务院关于加快发展现代职业教育的决定》，深化产教融合、校企合作，通过省级示范校建设中期检查验收，举办建校三十周年校友活动月系列活动，整理建校以来936个班级的基础资料，并编印《江门职业技术学院班级联系名册》，编写《校企合作篇》《捐赠篇》两本校友活动月特刊图册。召开第二次党代会，选举产生新一届党委领导班子和纪律检查委员会成员，颁发《中共江门职业技术学院委员会关于加强自身建设的意见》。学院贯彻落实《关于坚持和完善普通高等学校党委领导下的校长负责制实施意见》。抓好基层党组织生活会制度落实和党建的研究组织工作，“书记项目”获省立项1项，高校党建研究课题立项2项。学院按照《党政领导干部任用工作条例》等有关规定，通过竞争选拔，顺利完成了全院副科级以上干部选拔任用工作。认真做好干部的教育培训工作，全年组织151人次参加学院干部培训，组织37人次参加省（市）学习培训。完成意见台账114条工作项目。组织召开民主生活会，成立民主生活会工作小组，召开11场各类人员代表座谈会。学院加强建章立制工作，按照“废止、沿用、修订、新增”的类别列出工作台账，梳理学院组建以来365个制度，完成修订和新制定包括教学、科研和管理共42个制度，其中学院《章程（修订稿）》《教学事故认定及处理办法》《行政责任事故认定及处理办法》送教代会审议通过。加强信息公开工作，开设信息公开专题网页，新出台的规章制度安排在学院信息公开网上公布。重视教代会工作，召开第二届教职工代表暨工会会员代表大会。

教育教学改革　2014年9月通过省教育厅示范校中期检查验收。学院编制《创新强校工程（2014－2016年）建设规划》。2014年9月召开江门市职业教育联合会第二次会议，会员单位增加至128家，创新“政校园企侨”协同联动，“一会两平台”办学体制机制，通过调整江门市职教联合会的组织架构与主要职能，搭建“政校园企侨”协同育人平台与协同服务平台，建立起“政校园企侨”协同联动的战略联盟关系，完善和规范协同办学的育人工作流程。优化专业结构，新增数控技术等6个专业，新增6个省级重点建设专业立项；完善“学-工-学多循环”等多样化的人才培养模式，构建基于工作过程系统化的课程体系，新增6门省级精品资源共享课立项，2个省级财政支持的高职教育实训基地，启动南车实训基地项目建设；立项4门院级精品资源共享课程，3门院级精品视频公开课程，8门工学结合优质核心课程，完善3个专业的教学资源库，组织编写9门课程的校企合作开发教材；举行“新生入学专业教育方案比赛”，开展创业课程教学。加强人才培养工作，学院毕业生初次就业率由2013届的98.19%提高到2014届的98.77%，总体就业率达到99.75%。2014年学院组织学生参加市级以上各类专业技能竞赛33项，共获得国家级奖项20人次，省级奖项281人次，市级奖项14人次。在“挑战杯——创青春”全国大学生创业大赛中荣获国家级铜奖1个，荣获省级1金4银10铜，

总分在全省高职院校中排名第一；在“挑战杯——彩虹人生”全国职业学校创新创效创业大赛中荣获国家级一等奖1个、二等奖1个，省级1个特等奖、6个一等奖、6个二等奖、5个三等奖，学院获评“优秀组织奖”。2014年，组织学生参加全国职业院校技能大赛，参加英语口语、模具制造、茶艺、化工检验、会计技能、计算机网络等分赛项目，共有16项次获奖（二等奖4个，三等奖14个）。在2014年广东省大中专学生“三下乡”社会实践活动中，支教团队被评为全国重点团队，获得全省优秀组织单位。2014年录取新生4890人，报到4256人，报到率达90.23%。做好“五年一贯制”招生工作、“自主招生”工作以及“三二分段”中高职衔接试点招生工作，完成数控技术、模具设计与制造、机电一体化及学前教育专业三二分段中高职衔接专断考核招生工作。

科学研究与学术交流　2014年立项各级各类科研项目74项，其中包括广东省自然科学基金面上项目和广东省哲学社会科学“十二五”规划2014年度地方历史文化特色项目，其中连续两年获得省自然科学基金资助。横向合作项目共55项，全年为社会提供科研服务的到账额为236.25万元。获得授权专利3项，核心期刊论文70篇。学院教师荣获江门市科学技术奖三等奖1项。这是学院连续两年获得江门市科学技术奖。获得2014年度江门市人文社会科学研究成果奖（论文类）三等奖1项。2项省深化教育领域综合改革试点项目立项，建设资金共计45万元。4项省教育研究院项目获立项，其中1项为重点项目。1项全国高职高职校长联席会课题获立项。质量工程项目方面，6项教学改革项目、2项大学生校外实践教育基地项目、4门精品资源共享课项目、4项大学生创新创业训练项目获立项。在国际合作与交流方面，2014年分别与台湾亚太创意技术学院、台湾南荣科技大学等两所境外高校签订了合作协议书。

思想政治工作　丰富“艺术节”和“技术节”系列活动内容，创新开展“经典诵读比赛”“微书评比赛”“精品图书展”等活动，深化“经典诵读”“道德讲堂”和“与企业家面对面”等品牌内涵。突出侨乡特色，完善校园标识系统，修改校徽校旗，校名字体采用梁启超书法文稿的集字，使校名的标准字更加具有人文内涵；改造原文化长廊，丰富侨乡文化元素，营造立德树人的育人氛围。建设法治文化长廊，在新华廊的每根柱子上悬挂法治木雕宣传长幅，加强法治理念和法治精神教育，大力推进精神文明建设，学院精神文明建设工作获得省委省政府表彰。在省市媒体报道154篇次，其中在江门日报整版或大篇幅报道6次，在央视《华人频道》报道2次，在广东省教育厅网报道30条，成功开办学院“微江职”微信公共平台。在全国、全省校报评比中，院报获一、二、三等奖共10项。完成学院宣传片制作。提升学生队伍管理服务水平，1名老师获得2014年广东高校辅导员年度人物”提名奖，1名老师获得广东省“高校学生工作先进个人”的称号，1名老师在第四届广东省高校辅导员职业能力竞赛中获优秀奖。

师资队伍建设　以“双向双岗轮动”模式构建为目标，推进师资队伍建设工作，通过示范校师资队伍建设项目中期验收；开展“创新强校”工程—师资队伍建设工作。

学院全年引进高级职称教师2名，博士学历教师2名；1名教师被评为省级“教学名师”；1名教师被评为“千百十人才培养工程”省级培养对象；8人入选江门市社科专家库；通过教授专业技术资格评审教师1名，副教授专业技术资格评审教师9名，讲师专业技术资格教师11名；新培养“双师素质”教师30人，新增省级优秀教学团队2个，并对2个教学团队进行优化调整；建立企业教师工作站2个，校内专家工作室1个；全年教师参加各类培训共计190人次，其中54名教师参加境外培训。教师在参加广东省“职业院校信息化教学大赛”中，获一、二等奖各1人、三等奖2人；在参加广东省第二届高校青年教师教学大赛中，获三等奖1人。开展“传承侨乡文化，倡导师德师风”为主题的师德教育月活动；开展文明家庭、好丈夫、好妻子、好媳妇评选活动，评选8个文明家庭；开展“学生喜爱的教师”评选活动，评选出28位师德师风正、教学能力强的老师作为榜样；学院教师邓复群、宋旭民等撰写了《五邑侨乡文化读本》和《悦读梁启超》两本具有侨乡特色文化的师德教育教材。2014年全年社会培训人数有18895人，培训内容包括：专业技术人员的公需课培训、一市三区的会计从业人员培训、江门市教师专业课培训、首次举办全市700多人的档案人员岗位培训等。2014年技能鉴定2800多人，首次完成社会培训考证680人。

扶困助学　　完成学生奖助勤贷工作，2014年全年发放奖学金268.75万元，受奖学生2358人次；助学金648.2万元，受助学生2289人次；国家助学贷款34.08万元，贷款学生61人。

表46：　　学院基本情况表

<table>
<tr><th>年度</th><th>教职工（人）</th><th>在校学生（人）</th><th>招生（人）</th><th>毕业生（人）</th><th>建筑面积（万平方米）</th><th>教学设备（万元）</th><th>图书（万册）</th><th>实验室（间）</th><th>专业设置（个）</th></tr>
<tr><td>2014大专部</td><td rowspan="2">720</td><td>12705</td><td>4256</td><td>3698</td><td rowspan="2">27.2</td><td rowspan="2">6028.44</td><td rowspan="2">64.72（另有电子图书63万册）</td><td rowspan="2">142</td><td rowspan="2">45个专业（89个方向）</td></tr>
<tr><td>五年一贯制（中职段）</td><td>316</td><td>91</td><td></td></tr>
</table>

【江门市广播电视大学】

简况　　江门电大成立35周年，国家开放大学残疾人教育学院江门教学点建立10周年。江门市广播电视大学成功获评“广东省成人教育先进集体”，中职教育获评“招生先进单位”。在开放教育方面开设有法学、会计学、工商管理、行政管理、市场营销、社会工作、土木工程（建筑管理）、学前教育（学前教师教育方向）等8个本科专业，原有学前教育、电子商务、计算机网络技术、广告（制作与设计）、数字媒体、数控技术应用、旅游专业、室内设计15个大专专业。在中职教育方面，设有会计、计算机应用、工商行政管理事务、模具制造、数控技术、影像与影视技术、市场营销、室内设计与制作、商务英语、学前教育、物流服务与管理、汽车运用与维修、平面广告设计与制作等16个中专专业。各类学历教育招生共3401人，其中开放教育招生人数：2163人（春季招收810人，全省排名第四；秋季招收1353人，连续2年秋季实现招生双第一）；中山大学网络教育42人；奥鹏教育167人；残疾人学院19人；业余中职73人，全日制中职招生937人。在2014年广东电大系统中职教育年会中获评“招生先进单位”荣誉称号，2012年秋季中职接轨开放教育 454人，接轨率达91%。2014秋季在校生人数8137人，其中开放教育5622人（教学点1089人、校政校企合作约961人、大中专接轨568人），中职1795人（工贸1131人、电中558人、业余中职106人），网络教育（奥鹏、中大）720人。学校有教职工60人，其中专任教师41人，高级职称10人，中级职称34人。在校生5622人，招生数2129人，毕业生1890人。属下5所电大共有教职工176人，其中专任教师133人，高级职称25人，中级职称83人，在校生6925人，招生数2436人，毕业生2811人。

教学质量　是年，开展科研课题研究:完成江门市哲学社会科学规划课题《江门市社区教育发展研究》。承担省电大远教基金课题2个，市终身教育研究资金项目课题4个，工贸学校校本课题6个，组织相关教师承担江门市旅游局基于移动学习的导游继续教育课题1个。

教育教学研究　是年，校“江门市广播电视教育理论研究学会”更名为“江门市终身教育研究学会”。在原有五邑地区6所电大的基础上新加入了老干部大学、蓬江区社区学院、江海区社区学院、江门电子商务行业协会和奔力达电路有限公司等会员单位。12月举办江门市终身教育研究学2014年年会暨第二十五次研讨会，以“基层电大转型发展与终身教育体系构建”为主题开展研讨，共收到论文72篇，教学资源作品26个。学校与上海蓝卓教育信息科技有限公司达成合作，引进蓝卓“微课堂”移动学习平台。截止到2014年12月25日，共上传课程资源76门，课件数270件，习题数639件，学生安装手机客户端数达1900人，教师安装手机客户端达28人，课件下载数达到11500个。申报国家数字化教育资源中心江门分中心。

学术交流　是年，组织教师参加各类竞赛活动，推荐2项参加教育部和国家开大举办的“全国多媒体课件大赛”；推荐3门课程参加广东开大网络教学奖活动，工贸学校老师获得市级以上各类竞赛奖项32个。本学期共派遣教师20人次参加省开大计算机等9个专业的课程培训和交流会议。有3名教师参加广东开放大学4个教学团队，有4位教师分别担任教育管理、学前教育本科和专科4门课程的责任教师，有2位教师参与省开大相关课程的建设。学校针对一体化建设也组建多个教学团队。共派遣教师20人次参加省电大计算机、英语、法学、行政管理、电子商务、广告、学前教育、中文、经济管理等专业、课程的培训和交流会议。

思想政治工作　是年，围绕“照镜子、正衣冠、洗洗澡、治治病”的总要求，制定《教育实践活动实施方案》，以“为民务实清廉”为主题，聚焦“四风”问题。组织党员干部学习党的十八大及三中、四中全会精神和习近平总书记的系列讲话精神，到周恩来总理新会纪念馆参观学习，到市党员服务中心开展“三个一”活动，观看《基石》等多部教育专题片，到开平大沙镇五村扶贫点现场体验学习活动。多种渠道听取广大师生群众意见，制定出“两个问题”清单。查摆“四风”问题，党委班子成员写好对照检查材料，召开专题民主生活会和各支部专题组织生活会，深入开展批评与自我批评。制定整改方案，逐项落实整改措施，建章立制。完善和制定如《考勤办法》等一系列制度，建立领导班子联系点制度。加强对工会妇委会组织领导。妇委会和工会先后顺利换届。

师资队伍建设　是年，探索人才管理模式创新，统筹编制内外人员的管理，建立科学的用人机制，激活部分编制，通过公开招聘方式引进人才，缓解人才断层问题。重点启动工贸学校的首次入编工作，有24位教职工将正式入编，电大也入编3人。　（市教育局）

科学技术

概述

【简述】 2014年，江门市科技工作以深入开展党的群众路线教育实践活动为契机，贯彻落实国家、省、市科技工作会议精神，在市委、市政府的正确领导下，在省科技厅、省知识产权局、省地震局的大力支持下，按照市委十二届四次全会和市政府工作部署，围绕建设创新型江门这个总目标，实施创新驱动战略，推动高新技术产业和战略性新兴产业快速发展，强化科技服务民生，全市科技工作继续保持良好的发展势头，为支撑全市经济转型升级注入新活力。

【技术创新平台建设】 2014年，受理科技创新平台类科技计划项目19个（不含市级工程中心项目），其中：“孵化器及公共服务平台建设”项目5个、“行业技术创新平台建设”项目10个和“科技服务能力平台建设”项目4个。根据专家评审意见并结合项目实际情况进行综合考虑，有11个项目给予立项，安排资金725万元，包括江门市大长江集团有限公司的“摩托车技术创新平台”；江门市崖门新财富环保工业有限公司的“江门市电镀行业技术创新平台”；江门市高新技术产业促进会的“江门市技术交易中心建设”等。

【科技成果鉴定】 2014年，全市有50项科技成果通过市级以上鉴定，其中无限极（中国有限公司）的“中草药活性多糖快速筛选、制备关键技术及产业化应用”，江门佳利华实业有限公司的“自动高效节能环保中餐燃气炒菜灶开发及其产业化”，李锦记（新会）食品有限公司的“酱油企业新型能源的利用与综合“节能减碳”模式示范”3个项目通过省级鉴定，永坚精机（江门）有限公司的“光伏暨高效节能泵及灌溉系统的研发”等48个项目通过市级鉴定（详见《2014年科技成果鉴定一览表》）。

表47： 2014年科技成果鉴定一览表(51项，其中省级3项、市级48项)

序号	成果名称	第一完成单位	级别
1	中草药活性多糖快速筛选、制备关键技术及产业化应用	无限极（中国）有限公司	省级
2	自动高效节能环保中餐燃气炒菜灶开发及其产业化	江门佳利华实业有限公司	省级
3	酱油企业新型能源的利用与综合“节能减碳”模式示范	李锦记（新会）食品有限公司	省级
4	光伏暨高效节能泵及灌溉系统的研发	永坚精机（江门）有限公司	市级
5	江门市市区园林绿地植物群落及其生态效益研究	江门市市区绿化管理所	市级
6	构建非直属附属医院教学、科研体系的技术路线图与实践探索	江门市新会区人民医院	市级
7	NICU极低出生体重儿个案管理研究	江门市新会区妇女儿童医院	市级
8	涤纶异型丝用色母粒的研发	广东彩艳股份有限公司	市级
9	水稻“三控”技术在江门地区的推广应用	江门市农业科学研究所	市级
10	一种老陈醋饮品的技术研究及开发	天地壹号饮料股份有限公司	市级
11	液态深层发酵苹果醋的技术研究及开发	天地壹号饮料股份有限公司	市级

续表：

序号	成果名称	第一完成单位	级别
12	一种发酵型植物山楂醋饮料的技术研究及开发	天地壹号饮料股份有限公司	市级
13	高活力果糖基转移酶的菌种选育及生产工艺优化研究	量子高科（中国）生物股份有限公司	市级
14	高折射率贴片LED芯片封装硅胶的研制及产业化	广东万木新材料科技有限公司	市级
15	改性多壁碳钠米管在痕量组分固想萃取中的应用研究	新会出入境检验检疫局综合技术服务中心	市级
16	特种工程塑料聚亚苯基砜PPSU工业化生产技术	江门市优巨新材料有限公司	市级
17	认知行为治疗对首发精神分裂症干预及追踪调查研究	江门市第三人民医院	市级
18	腹腔镜、硬性胆道镜结合开腹胆道器械胆总管切开取石	江门市人民医院	市级
19	临床应用研究	江门市人民医院	市级
20	失效模式与效应分析法在护理质量控制中的应用	江门市人民医院	市级
21	脑震荡患者血清中神经元特异性烯醇化酶与心理状况的相关性研究	江门市人民医院	市级
22	精囊镜应用于中青年男性下尿路症状诊治的临床研究	江门市人民医院	市级
23	乳腺癌术后患者的健康管理与生活质量研究	江门市人民医院	市级
24	静脉吗啡滴定对重度癌痛治疗的临床研究	江门市人民医院	市级
25	糖尿病患者个体化管理模式及依从性研究	江门市五邑中医院	市级
26	“复聪香”吸入结合刺灸穴位注射干预血管性痴呆机制研究	江门市五邑中医院	市级
27	丹参酮ⅡA磺酸钠对2型DM大鼠心功能及心肌TNF-α mRNA表达的影响	江门市五邑中医院	市级
28	补肾利水活血法治疗肾病综合征激素维持阶段的研究	江门市五邑中医院	市级
29	全髋关节翻修中骨缺损的处理及其疗效分析	江门市五邑中医院	市级
30	持续颅内压监护在自发性脑出血破入脑室中的应用价值	江门市五邑中医院	市级
31	NK细胞对髓系白血病微小残留病灶的体外杀伤研究	江门市中心医院	市级
32	前路跳跃式椎体次全切除减压治疗四节段脊髓型颈椎病的临床研究	江门市中心医院	市级
33	转移性脑脊膜癌的MRI诊断研究	江门市中心医院	市级
34	不同术式治疗股骨转子间骨折的对比研究	江门市中心医院	市级
35	儿童腹腔镜术后多模式镇痛的临床研究	江门市中心医院	市级
36	负性协同刺激分子PD-1对原因不明习惯性流产患者T细胞免疫功能影响的研究	江门市中心医院	市级
37	糖尿病视网膜病变的综合防治	江门市人民医院	市级
38	负压封闭引流术在预防足踝骨折术后伤口感染的临床研究	江门市人民医院	市级
39	女性心脏病防治问答	江门市妇幼保健院	市级
40	孕早期胎儿绒毛染色体检查在产前诊断中的作用	江门市中心医院	市级
41	不同血液净化方式对维持性血透患者细胞免疫功能的影响	江门市中心医院	市级
42	高血压对循环内皮祖细胞及血管内皮功能影响的研究	江门市中心医院	市级
43	波生坦对肺间质纤维化干预治疗的研究	江门市中心医院	市级
44	肺小结节术前CT引导下亚甲蓝定位的临床应用	江门市中心医院	市级

续上表：

序号	成果名称	第一完成单位	级别
45	2010-2012年子宫内膜息肉的流行病学状况调查	江门市妇幼保健院	市级
46	IL-7及其受体对中国HIV/HCV共感染者免疫功能影响	江门市中心医院	市级
47	应用H-MRS技术探讨人尿激肽原酶对急性脑梗死患者的疗效及作用机制	江门市中心医院	市级
48	颈椎推拿的作用机理和优化研究：基于有限元分析技术和临床对照试验研究	江门市中心医院	市级
49	卫生村创建与公共卫生、疾病控制关系调查分析	江门市疾病预防控制中心	市级
50	认知行为治疗对首发精神分裂症干预及追踪调查研究	江门市第三人民医院	市级
51	无铬铝材表面处理关键技术研究及产业化	江门市蓬江区善长五金制品有限公司	市级

【创建省、市级工程技术研究开发中心】 对原《江门市工程技术研究开发中心管理办法（试行）》进行修订，适应衔接省科技厅的《广东省工程技术研究中心建设的管理办法》，2014年新增培育市级工程技术研究中心20家，连同之前认定的11家市级工程中心（未安排经费），全年共安排支持经费155万元。帮扶广东南车轨道交通车辆有限公司组建成为省级工程技术研究中心，协助无限极（中国）有限公司申报组建“国家中药保健食品工程技术研究中心”，推荐全市16家企业申报创建省级工程中心，获得认定7家。累计省级工程技术研究中心数达62家，市级工程技术研究中心数达181家。

【专业镇转型升级工作】 实施江门市专业镇转型升级示范计划，新培育江海区外海街道办事处为广东省半导体照明科技创新专业镇。全市有21个省级专业镇、13个市级专业镇。设立专业镇转型升级示范专项，重点推动司前镇等示范性专业镇的转型升级发展。加强产学研合作及技术成果引进，引进中科院金属研究所的“抗菌不锈钢”“冷精锻铸”等多项技术成果到新会区司前镇，推动院企达成合作加快成果产业化。抓好摩托车产业向大排量、运动休闲、重承载等方向发展，促进摩托车产业与江门市的海洋经济、旅游经济、文化经济的结合。

【科技重点项目】 以市政府的名义与省科技厅签订工作框架协议，按照“密切协同、优势互补、资源整合”的原则，共同推动可见光通信技术及标准光组件、智能工业机器人、新能源汽车电池及动力系统、增材制造（3D打印）4个重大科技专项实施，推动一批重大成果转化和产业化，建设一批社会服务平台，推动一批行业（产业）应用示范，建设一批产业集群和产业基地，不断促进江门市产业升级发展。

【科技合作与交流】 加强港澳台科技合作与交流，支持江门高新区与香港科研机构合作，探索科技创新资源和产业发展新模式。组织企业开展粤港关键领域重点突破项目联合招标。支持本市企业联合香港、澳门有关科研机构、企业、高校开展产学研合作。鼓励扶持港澳企业在江门市申报科技计划项目。加强两地知识产权合作，定期进行知识产权交流沟通，支持鼓励知识产权中介服务机构开展交流活动。成立科技风险投资基金。与广东省粤科风险集团开展战略合作，成立江门市科技创业风险投资基金，总规模为10亿元人民币，首期出资2亿元人民币，已完成投资项目5项（搏牛文化、铂亚信息、朗天科技、浩远电子、润天智数字设备），总投资额10510万元左右。另其他基本确定投资项目3项，预计2015年内完成首期基金的投资。

【防震减灾】 江门市地震监测中心通过事业单位公开招考方式，分两批招录6名事业编制人员，增强地震工作机构和人员队伍。“三网一员”网络延伸至行政村，人数超2100人。重新调整江门市科技局防震抗震救灾工作领导小组成员。基本建成江门市地震监测中心及其监测系统，机房的监测设施投入使用。继续完善地震应急指挥系统，深入各市区的地震监测和观测站点，开展地震监测设施及观测环境巡查保护工作。修订《江门市地震应急预案》。根据各单位人事变动情况调整了江门市防震抗震救灾工作领导小组成员。积极组织地震应急演练。组织全市地震应急通讯模拟演练。联合江门市民政局、江门市卫生和计划生育局、江门职业技术学院、江门市公安消防局和江门市义工联等单位举办江门市地震应急救援综合演练。积极参加每月进行1次的省市地震应急指挥系统联调和应急演练。

科技管理

【科技型中小企业技术创新基金项目】 2014年江门市科技型中小企业技术创新资金项目与市科技创新创业大赛参赛项目对接，实现两个科技专项的联动，收到企业项目申报材料92项，根据大赛获奖和专家评审结果，从高到低依次考虑，有18个项目获得立项，合共支持经费300万元。

【农业科技计划项目】 开展省市级农业项目的组织实施。2014年，组织实施市级农业攻关项目13项，扶持资金共150万元，主要支持企业在生物农业、粮食储备安全、海洋经济、健康农业技术的科技攻关与示范推广，支持特色农业品种的复壮提纯及农业技术的示范推广。支持和指导恩平市“特色茶规模种植技术及名茶产品示范推广”项目申报国家农业富民强县计划并获得立项，立项资金95万元。强化农业科技创新载体建设，发展农业战略性新兴产业，支持无限极（中国）有限公司完善企业内部科技管理，支持其联合华南理工大学、南方医科大学、中国农业大学、华南农业大学等高校及科研院所组建省部院产学研结合研发基地、省级工程研究开发中心。支持江门市杰士植物营养有限公司、江门市鲜美种业有限公司等新兴产业公司组建省部院企业科技特派员工作站、工程技术研究开发中心。邀请华南农业大学、省农科院、市农科所，在恩平市恩城顶冲村举办“农业春耕科技下乡扶贫活动”。活动现场进行“凉粉草高效安全生产示范基地”揭牌仪式，并向顶冲村村委会赠送有机化肥、《凉粉草高效安全种植小册子》、优良蔬菜种子。全市已经建立农村信息直通车行动示范点（服务站）500多个，构建覆盖三区四市功能强大、内容丰富的农村信息网络平台。引进高校、农科院所的130名农业科技特派员到基层开展科研服务工作。

【专利行政管理】 制定印发《江门市贯彻〈2014年全国专利事业发展战略推进计划〉组织实施方案》《江门市创建国家知识产权试点城市工作方案》《江门市创建国家知识产权试点城市2014年推进计划》和《2014年江门市实施知识产权战略纲要工作方案》等文件。完成国内发明专利申请量1935件，比增18.42%；发明专利授权量307件，比增12.87%；有效发明专利拥有量1282件，比增20.83%；百万人发明专利申请量426件，万人发明专利拥有量2.8件。PCT申请30件。新增江门市大长江集团有限公司、鹤山市世逸电子科技有限公司2家企业为省知识产权优势企业，新增天地壹号饮料股份有限公司、广东大冶摩托车技术有限公司、江门市长优实业有限公司等10家龙头、骨干企业为市知识产权示范企业。组织推荐企业申报省专利技术实施计划项目，其中新会中集的“轻质重载折叠式特种货物运输装备的研究开发”项目获得省局立项。实现知识产权质押融资。实现知识产权质押融资零的突破，两家企业以11项专利获得质押融资贷款1200万元。开展专利导航工作。江门市电声专利联盟与粤高专利代理公司合作申报的“重点出口产品专利预警分析项目”得到省局立项。开展贯标试点工作。以实施“江门市贯彻企业知识产权管理规范试点工作”和举办“企业知识产权管理规范培训沙龙”为标志，启动江门市的企业知识产权“贯标”工作，江门市地尔汉宇电器股份有限公司和鹤山市广明源照明电器有限公司2家企业为江门市第一批企业知识产权管理规范试点项目单位，已开展贯标辅导工作。立案查处假冒专利案件6宗，立案调处专利侵权纠纷案件20宗。举行省市知识产权联合执法和集中销毁假冒伪劣产品活动暨江门市“4·26”知识产权宣传周启动仪式，现场销毁假冒专利、商标产品、盗版光碟和非法出版物等一批违法物品，开展省市两级知识产权执法人员联合专项检查。对江门市中小学开展知识产权教育试点学校认定工作，经各市（区）知识产权局、教育局等四部门推荐，市知识产权局、教育局等4部门审核同意，认定2014年市中小学知识产权教育试点学校2所，分别是江门市范罗岗小学和开平市世界谭氏中学，由市知识产权局资助每所学校2万元，支持有关学校开展知识产权教育的各项工作。第30届江门市青少年科技创新大赛设立“青少年创新作品专利资助”活动项目，评选出前5名学生作品，并全额资助其申请发明专利和实用新型专利。其中前三项青少年专利作品选送参加第30届广东省青少年科技创新大赛获两个二等奖，一个三等奖。江门市“青少年创新作品专利资助”活动项目累计已有4项作品获得实用新型专利授权，分别有5项和2项作品获得实用新型专利和发明专利申请受理。

【产学研结合】 联合江门市重点企业和高校科研院所组建“广东省水性涂料产业技术创新及知识产权保护战略联盟”和“电子废弃物循环利用产业技术创新联盟”，部署2014年省重大科技专项和协同创新平台建设。深入产业园区及企业调研，建设全市科技创新重大重点项目库。组织凝练重大重点平台建设项目30项，向省科技厅申报争取省市联动共同发展。共获得包括2013年的省产学研类科技立项项目18项，获立项资金2200万元，本年度公示拟下达项目资金1840万元。实施企业科技特派员计划，新增20名高校教授专家与江门市企业签订意向协议，全市拥有企业科技特派员共180名。支持高校科研院所在相关企业建设科技特派员工作站，通过科技特派员，组成研发团队，攻关战略性新兴产业核心关键技术。

高新技术产业

【高新技术企业】 开展2014年高新技术企业复审和认定工作，组织200多名企业管理人员参加2014年高新技术企业认定（重新认定）和复审工作培训班，向企业解读国家级高新技术企业有关申报程序手续和政策优惠文件。实地指导企业规范科研项目申报与管理，引导企业加强和改善技术创新方法，提高科技管理水平。2014年，组织41家企业申报国家级高新技术企业，复审22家。推荐2家企业申报国家火炬计划重点高新技术企业，308个产品申报2014年广东省高新技术产品。受理2014年度市级高新技术企业认定22家、复审33家。截至2014年，通过国家高企认定31家，复审通过18家，累计173家；市级高企认定、复审通过42家，累计96家。据2014年统计，国家高新技术企业工业总产值约917亿元，增长19%；研发投入29.7亿元，比上年增长8%，占工业总产值的3.24%；上缴税金61.8亿元，比上年增长28.6%。（附：2014年江门市通过认定的高新技术企业名录）

表48：

广东省2014年高新技术企业通过认定名单
（江门市部分）

发证日期：2014年10月10日

序号	企业名称	证书编号	地区
1.	江门市制漆厂有限公司	GR201444000069	蓬江区
2.	广东江粉磁材股份有限公司	GR201444000782	
3.	嘉宝莉化工集团股份有限公司	GR201444000794	
4.	江门市银狐美容美发设备有限公司	GR201444000882	
5.	江门创源环保有限公司	GR201444000585	高新区
6.	广东酷柏光电股份有限公司	GR201444000701	
7.	江门市地尔汉宇电器股份有限公司	GR201444000785	
8.	江门市鸿裕达电机电器制造有限公司	GR201444001175	
9.	江门科隆生物技术股份有限公司	GR201444001297	
10.	江门崇达电路技术有限公司	GR201444001311	
11.	广东威铝铝业股份有限公司	GR201444001339	
12.	江门市杰士植物营养有限公司	GR201444000609	新会区
13.	维达纸业（中国）有限公司	GR201444000617	
14.	新会江裕信息产业有限公司	GR201444000808	
15.	无限极（中国）有限公司	GR201444000815	
16.	新会康宇测控仪器仪表工程有限公司	GR201444000946	
17.	江门耀皮工程玻璃有限公司	GR201444000995	
18.	江门市芳源环境科技开发有限公司	GR201444001106	
19.	江门市长河化工实业集团有限公司	GR201444001221	
20.	新会双水发电（B厂）有限公司	GR201444001301	
21.	广东华泰纸业有限公司	GR201444001409	
22.	鹤山市科盈自动化设备有限公司	GR201444000504	鹤山市
23.	鹤山丽得电子实业有限公司	GR201444000517	
24.	江门海大饲料有限公司	GR201444000599	台山市
25.	台山美环健芦荟制品有限公司	GR201444001146	
26.	开平市宝来塑胶制品有限公司	GR201444000012	开平市
27.	广东彼迪药业有限公司	GR201444000369	
28.	广东海鸿变压器有限公司	GR201444000487	
29.	广东金辉华集团有限公司	GR201444001253	
30	广东德康化工实业有限公司	GR201444001379	开平市
31	广东集雅电器有限公司	Gr201444000829	恩平市

表49： **广东省2014年通过复审高新技术企业名单**

（江门市部分）

发证日期：2014年10月9日

序号	企业名称	证书编号	地区
1.	江门市力源电子有限公司	GF201444000065	蓬江区
2.	江门市宝德利水溶性塑料有限公司	GF201444000080	
3.	快意（江门）压缩机有限公司	GF201444000168	
4.	江门市彩立方光电科技有限公司	GF201444000194	
5.	江门安磁电子有限公司	GF201444000001	高新区
6.	广东侍卫长卫星应用安全股份公司	GF201444000062	
7.	江门市安诺特炊具制造有限公司	GF201444000086	
8.	江门市江海区嘉诺化工发展有限公司	GF201444000272	
9.	江门市得实计算机外部设备有限公司	GF201444000413	
10.	广东德鑫制药有限公司	GF201444000022	新会区
11.	广东新会美达锦纶股份有限公司	GF201444000063	
12.	江门富祥电子材料有限公司	GF201444000092	
13.	台山平安五金制品有限公司	GF201444000005	台山市
14.	广东富华重工制造有限公司	GF201444000357	
15.	开平太平洋绝缘材料有限公司	GF201444000263	开平市
16.	开平柏斯高卫浴有限公司	GF201444000328	
17.	开平依利安达电子第三有限公司	GF201444000377	
18.	开平帛汉电子有限公司	Gf201444000422	

表50： **2014年认定的江门市高新技术企业名单**

序号	市、区	企业名称
1	蓬江区	江门今科机床有限公司
2		江门市德山复合材料科技有限公司
3		江门市前通粉末冶金厂有限公司
4		江门市新力冷气技术有限公司
5		江门市蓬江区荷塘镇诚信精细化工厂
6		江门市康之源医疗设备科技有限公司
7		江门市科泰能源科技有限公司

续上表：

序号	市、区	企业名称
8	江海区	江门市携成机械有限公司
9		广东酷柏光电股份有限公司
10		江门崇达电路技术有限公司
11		广东威铝铝业股份有限公司
12		江门市骏达光电科技有限公司
13	开平市	开平市宝来塑胶制品有限公司
14	恩平市	江门佳利华实业有限公司

表51：　2014年通过复审的江门市高新技术企业名单

序号	市、区	企业名称
1	蓬江区	江门市鸿豪生物科技有限公司
2		江门市普日智能设备工程有限公司
3		江门市奥威斯电子有限公司
4		江门市冠虹照明科技有限公司
5		广东友人网络科技有限公司
6		江门市安易网络科技有限公司
7		江门市英合创展电子有限公司
8		江门市力森科技有限公司
9		江门市福斯特金属表面处理技术发展有限公司
10		中烟摩迪（江门）纸业有限公司
11		江门市汉正工业产品设计有限公司
12		江门市高正电脑系统有限公司
13		江门市杰马科技有限公司
14		江门市蓬江区盈通塑胶制品有限公司
15		江门市东鸿金属制造有限公司
16		广东缤果动漫集团有限公司
17		江门市楚材科技有限公司
18		江门市远大发光材料有限公司
19		江门市蓬江区伟生机械有限公司
20		江门市硕普科技开发有限公司
21		江门市长华凯特威摩托车有限公司
22		江门市中达环保科技有限公司

续上表：

序号	市、区	企业名称
23	江海区	江门市高翔自动化设备有限公司
24		江门市联创发展有限公司
25		江门天风墙体材料有限公司
26		江门市江艺实业有限公司
27	台山市	台山市三顺环保装备有限公司
28	恩平市	恩平市超达音响器材设备有限公司

【高新技术开发及产业发展】 制定《江门市贯彻〈关于推广三资融合建设模式促进我省民营科技园发展的意见〉工作方案》，扶持在高新区以“三资融合”模式建设总部科技园，持续推进高新区实施“一区多园”管理模式，3个园区纳入“一区多园”管理，组织到高新区开展实施科技创新环境建设项目调研与政策引导，协助企业申报高新技术企业，组建省、市级工程技术研究中心。举办高新技术企业认定（重新认定）和复审网上评审工作培训班，解读国家级高新技术企业有关申报程序手续和政策优惠文件，至年底，全市国家级高企173家，市级高企96家。广东省级工程技术研究中心62家，江门市工程技术研究中心181家。推动科技企业“孵化器”与平台建设。2014年新培育认定江门市大学生创业孵化基地为江门市科技企业孵化器，使全市科技企业孵化器达7个。打造“江门市高新技术产业公共服务平台”。举办科技创新创业大赛。本届大赛共106家企业和团队参与，江门市优巨新材料有限公司获得金奖100万。组织本市企业参加第三届中国创新创业大赛及第三届中国创新创业大赛（广东赛区）暨第二届“珠江天使杯”科技创新创业大赛，江门市2家企业入围全国前50强，被授予“全国创新创业大赛优秀企业”的荣誉。开展科技金融扶持资金贷款贴息。受理江门市级科技金融扶持资金贷款贴息项目备案申请项目66项，涉及项目资金12.4亿元，科技贷款7.5亿元。确定两批共52个项目为2014年江门市科技金融扶持资金贷款贴息备案项目，通过备案的贷款规模为4.7亿元。对22家符合条件的企业进行科技贷款利息补贴，补贴金额约300万元。帮助企业落实财税扶持政策，协助企业办理企业研究开发税前加计扣除项目评审工作，协助高新技术企业落实税收扶持政策。组织企业研究开发项目税前加计扣除项目专家评审3批，完成项目评审301项，涉及项目研发费用总计9.92亿元，为全市企业运用研发费用税前加计扣除政策直接减免超1.24亿元。通过培育高新技术企业，建立科研机构等手段，推进人才建设。是年，高新技术企业中研究生约680人，博士生约60人，具高级职称的约500人。

【孵化器建设】 2014年认定江门市大学生创业孵化基地为江门市科技企业孵化器，使江门市科技企业孵化器达7个。通过财政资金引导、政策优惠、创业辅导等措施，推动蓬江区火炬高新技术创业园“国家级孵化器”建设，扶持高新区、恩平市高新技术创业服务中心建设，推动五邑大学科技产业园、新会创意产业园、开平翠山湖新区高新产业服务中心的建设。完善市科技创业中心和虚拟研究开发中心的建设；推动新会今古洲开发区和台山新宁民营科技园创办科技孵化器。江门建成的孵化器面积超18万平方米，在孵企业约300家。其中蓬江区火炬高新技术创业园孵化场地面积8.4万平方米，入孵企业150家，中介服务机构8家，在孵企业实现技工贸总收5.7亿元，研发投入

4458万元。

【特色产业基地建设】 江门有3个国家特色产业基地（国家火炬计划江门半导体照明特色产业基地、国家火炬计划江门新材料产业基地、国家火炬计划江门纺织化纤产业基地），3个省级基地（广东省火炬计划纺织新材料特色产业基地、广东省火炬计划麦克风特色产业基地（江门市）、广东省火炬计划光机电特色产业基地(江门)。通过提升产业竞争力，鼓励基地企业承担各级科技项目，建立科研中心，开展产学研合作和构建共性技术研发平台等多种手段，加强高新技术与特色产业的有机结合。2014年，基地企业数1845家，产值达924亿元，总收入895亿元，创汇46亿美元，上缴税费42亿。

表52: 2014年新认定江门市市级以上工程技术研究开发中心

序号	程中心名称	依托企业	备注
1	广东省轨道交通车辆工程技术研究中心	广东南车轨道交通车辆有限公司	省级
2	江门市彩格印花新材料工程技术研究中心	广东彩格科技有限公司	市级
3	江门市LED绿色环保照明工程技术研究中心	江门市三泰照明制品有限公司	市级
4	江门市高能效电机工程技术研究中心	江门市力丰电机有限公司	市级
5	江门市高舒适度、高性能美容美发设备工程技术研究中心	江门市银狐美容美发设备有限公司	市级
6	江门市高性能硬质合金材料及产品工程技术研究中心	江门市楚材科技有限公司	市级
7	江门市空气压缩机工程技术研究中心	快意（江门）压缩机有限公司	市级
8	江门市金属管类家具自动化柔性制造工程技术研究中心	江门市利华实业有限公司	市级
9	江门市半导体绿色光源工程技术研究中心	五邑大学LED研究院	市级
10	江门市工业生产自动化工程技术研究中心	五邑大学信息工程学院	市级
11	江门市图像分析与机器视觉工程应用工程技术研究中心	五邑大学计算机学院	市级
12	江门市高亮度LED外延芯片工程技术研究中心	广东德力光电有限公司	市级
13	江门市LED封装材料工程技术研究中心	广东万木新材料科技有限公司	市级
14	江门市铝镁合金工程技术研究中心	广东威铝铝业股份有限公司	市级
15	江门市溶剂清洁工艺工程技术研究中心	江门天诚溶剂制品有限公司	市级
16	江门市焊接与切割设备工程技术研究中心	江门市保值久机电有限公司	市级
17	江门市通风设备工程技术研究中心	广东绿岛风室内空气系统科技有限公司	市级
18	江门市数字传声系统工程技术研究中心	恩平市西特尔电子科技有限公司	市级
19	江门市智能配电网系统工程技术研究中心	广东集雅电器有限公司	市级
20	江门市数字音频处理、无线传输工程技术研究中心	恩平市上格电子有限公司	市级
21	江门市环境友好型固化剂工程技术研究中心	广东东旭化学工业制造有限公司	市级

重大科研成果选介

【获2014年度广东省科技奖项目】 2014年，省科技奖的组织申报重点推荐新材料、新能源、电子信息、节能环保和生物医药等战略性新兴产业项目的优秀科技成果，其中获2014年度省科技奖项目8项，一等奖1项（第七

完成单位），二等奖2项（第一完成单位和第五完成单位），三等奖5项（第一完成单位）。　（详见附表）

表53：　　2014年度江门市获广东省科学技术奖项目名单

奖项	项目名称	承担单位	主要完成人
一等（1项）	包装饮用水微生物污染和消毒副产物溴酸盐控制新技术	广东省微生物研究所 广东环凯微生物科技有限公司 中国饮料工业协会 华润怡宝饮料（中国）有限公司 深圳市景田食品饮料有限公司 广东鼎湖山泉有限公司 鹤山市华山泉食品饮料有限公司 珠海市清华源水处理技术开发有限公司	吴清平、张菊梅、郭伟鹏、阙绍辉、康永璞、任　莉、郝利年、吴木生、程铭晖、刘　荡、蔡芷荷、邓金花、张健伟、陈　维、蔡淑珍
二等（2项）	陶瓷喷墨打印装饰颜料与油墨的关键技术研发与产业化	广东道氏技术股份有限公司 华南理工大学 中山大学 佛山市质量计量监督检测中心 珠海保税区天然宝杰数码科技材料有限公司 广州晶绘实业有限公司 广东东鹏陶瓷股份有限公司	张　翼、吴建青、王小妹、区卓琨、田永中、钟保民、黄惠宁、陈　奕、石教艺、陈晓红
	广东柑桔加工品质评价与高值化利用技术研究及产业化	广东省农业科学院蚕业与农产品加工研究所 广东宝桑园健康食品有限公司 华中农业大学 华南农业大学 江门市新会陈皮村市场有限公司 广东佳宝集团有限公司	徐玉娟、肖更生、陈于陇、温靖、林　羡、吴继军、施英傅曼琴、陈卫东、张　岩、
三等（5项）	高优多抗鲜食加工兼用型甜玉米新品种繁育高技术产业化示范工程	广东鲜美种苗发展有限公司 广东省农业良种示范推广中心 广东省开平市农业科学研究所 开平裕茂农业开发有限公司 江门市农产品质量监督检验测试中心	叶元林、罗哲喜、周继勇、蔡信典、劳栋添、马　群、叶汉权
	固定化酶法生产高纯度粉状低聚果糖的研究与开发	量子高科（中国）生物股份有限公司	陈子健、陈振鹏、宋景深、曾昭政、郑海源、张海花、彭辉跃
	轻质重载折叠式特种货物运输装备的研究开发	广东新会中集特种运输设备有限公司	孔河清、李升奇、赵建刚、伍国权、张前先、陈德志、郭权东
	电动汽车专用镍氢动力电池正极材料研发与产业化及报废电池的回用	江门市长优实业有限公司	田吉平、王　强、孟　欢、肖义兵、朱　晖、刘华力、刘澧浦
	废塑料破碎清洗和应用水分选成套设备的研发及产业化	广东致顺化工环保设备有限公司 五邑大学	冯愚斌、孔凡国、王炼石袁丽娜、刘　杰、李　琴

【获2014年度江门市科学技术奖项目】2014年，按照《江门市科学技术奖励实施办法》及实施细则的有关规定，经过形式审查、学科（专业）评审、评审委员会综合评审，以及网上公示和异议处理等程序，择优评选出80项优秀科技成果,拟授予这批科技成果2014年度江门市科学技术奖，其中特等奖1项，一等奖5项，二等奖23项，三等奖51项（详见附表）。

表54： 2014年度江门市科学技术奖获奖名单

奖项	项目名称	承担单位	主要完成人
特等（1项）	中草药活性多糖快速筛选、制备关键技术及产业化应用	无限极（中国）有限公司、华南理工大学、中国科学院上海药物研究所、广州中医药大学	马忠华、赵谋明、丁侃、周联、姚松君、游丽君、唐健、林恋竹、李捷、李德灵、马方励、黄生权、徐晓飞、胡明华、陈霞、沈孝坤、董燕
一等（5项）	液态深层发酵苹果醋的技术研究及开发	天地壹号饮料股份有限公司	熊贤平、曾彬、麦玉芬、蔡艳军、周英柯、冯雪红、王隆斌
	轻质重载折叠式特种货物运输装备的研究开发	广东新会中集特种运输设备有限公司	孔河清、李升奇、赵建刚、伍国权、张前先、陈德志、郭权东、张娴玲、郭光荣、陈惠玲
一等（5项）	水性氟硅丙烯酸树脂合成及其建筑“双疏”拒污涂料	嘉宝莉化工集团股份有限公司、中山大学	刘薇薇、王小妹、未友国、伍雪芬、区英强、李建明、胡恒志、杨翰
	高活力果糖基转移酶的菌种选育及生产工艺优化研究	量子高科(中国)生物股份有限公司	黄敏、肖桂秋、邓宝浣、彭辉跃、谢志龙、曾宪纲、宋景深
	波生坦对肺间质纤维化干预治疗的研究	江门市中心医院	左万里、赵洁敏、黄积雄、周伟、雷泽洪、黄炎明、黄艳芬
二等（23项）	水稻“三控”技术在江门地区的推广应用	江门市农业科学研究所	冯锦乾、陈仕军、刘朝东、黄健超、钟旭华、黄爱政、肖仕楼
	江门市市区园林绿地植物群落及其生态效益研究	江门市市区绿化管理所、华南农业大学	王祥林、苏志尧、张璐、何广林、梁永桓、邓健欢、赖燕梅
	风电专用组合式变压器	海鸿电气有限公司	郭献清、许凯旋、梁庆宁、谭恒志、谢洪凯、叶锐全

续表：

奖项	项目名称	承担单位	主要完成人
二等（23项）	高速重载滚柱直线导轨副关键技术研究及产品研发	广东高新凯特精密机械股份有限公司、五邑大学	赵美玲、康献民、冯健文、曹鹏杰、王大承、陈伟就、杨炫召
	铁路运输用LNG罐式集装箱	广东建成机械设备有限公司	梁健灵、甄沛权、关汝辑、张春锋、梁海俊、余柏健
	针对大功率LED光源散热工艺技术的改良研发与产业化	广东聚科照明股份有限公司	周建华、王俊华、易巨荣
	映美FP-538K打印机研发及产业化	新会江裕信息产业有限公司	李国育、林丽娟、古丽洁、成亚雄、卢国钊、冯家力、谢昭衡
	COB模组用LED荧光粉的研制	江门市科恒实业股份有限公司	冯荣标、陈伟、陈涛、万国江、王文雄、关曜宗
	一种制备宽带激发光谱的白光LED荧光粉的方法	江门市远大发光材料有限公司、五邑大学	黎广才、张梅、王焕城、何鑫、林静涛、曾庆光
	高效制备和包覆球形氢氧化镍的反应设备	江门市长优实业有限公司	田吉平、刘澧浦、刘华力、舒长红、唐植祥、谭英伟、袁水源
	多孔超细旦聚酰胺纤维技术开发	广东新会美达锦纶股份有限公司	宋明、郑文祥、黎明、陈欣、陈社任、赵维钊、禤健华
	原位插层改性制备高性能PET柔性扁平线缆（FFC）热封膜	江门新时代胶粘科技有限公司、北京理工大学	任耀彬、穆晓敏、矫庆泽、赵芸、王学刚、高才
	新型磁性纳米材料在重金属离子检测前处理中的应用	新会出入境检验检疫局综合技术服务中心、广东工业大学、广东检验检疫局技术中心	庞晋山、毛凌波、邓爱华、曹标、陈明、彭晓俊、朱杰
	利用新闻纸造纸污泥生产环保再生纱管原纸的研发	广东华泰纸业有限公司	聂仁政、隋金明、刘国平、赵鲲鹏
	改进的三相紊流筒脱硫除尘装置（WLT）研发	江门市同力环保科技有限公司	温超强、刘海峰、周景堂、胡满深、刘洪波、徐锦旺、谭国雄
	高血压对循环内皮祖细胞及血管内皮功能影响的研究	江门市中心医院	张高星、刘星、陶军、刘金学、高伟栋、张学芳
	NK细胞对髓系白血病微小残留病灶的体外杀伤研究	江门市五邑中医院	曾英坚、李忠平、范佳鑫、李章球、李元明、吴建伟、郑绮眉

续表：

奖项	项目名称	承担单位	主要完成人
	腹腔镜、硬性胆道镜结合开腹胆道器械胆总管切开取石临床应用研究	江门市人民医院	吕小亮、余尚贞、石青、王文同、黄任锋、陈杰明、陈荣浩
	“复聪香”吸入结合刺灸穴位注射干预血管性痴呆机制研究	江门市五邑中医院	甄沛林、何纲、丁佩佩、吴兴柳、胡长征、谭雁冰、刘翠珍
二等（23项）	IL-7及其受体对中国HIV/HCV共感染者免疫功能影响	江门市中心医院	周毅、杜春花、郑军、叶青马少锋、张惠英、刘俊英、
	江门市城乡居民住院病人死亡原因调查分析及相关对策的研究	江门市中心医院	何伟东、许鸿灏、杨明明、黄新宇、容锡沧、许国华
	负压封闭引流术在预防足踝骨折术后伤口感染的临床研究	江门市人民医院	唐兴荣、马春成、宋理萍、孔庆活、关文峰、谭金华
	补肾利水活血法治疗肾病综合征激素维持阶段的研究	江门市五邑中医院	
	江门市（合并蓬江区、江海区）测土配方施肥补贴项目	江门市农业科技推广中心	黎庆刚、蔡志鑫、李惠珠、陶计叁、林树庭
二等（23项）	耐热优质鲜食与加工兼用型甜玉米新品种新美甜608的示范推广及标准化生产技术集成	广东鲜美种苗发展有限公司、广东省农业良种示范推广中心、江门市农产品质量监督检验测试中心、开平裕茂农业开发有限公司、江门市杰士植物营养有限公司、广东省开平市农业科学研究所、徐闻县迈陈镇老洪种子店有限公司、茂名才华种子中心、博罗县福鑫种苗有限公司、广西万禾种业有限公司	罗哲喜、袁泰斗、许伟强、周继勇、叶灏
三等（51项）	功能性彩椒新品种引进、选育与示范推广	江门新美农业科技有限公司、中国热带农业科学院热带作物品种资源研究所、广东鲜美种苗发展有限公司、江门市杰士植物营养有限公司、广东省开平市农业科学研究所、江门市农产品质量监督检验测试中心、徐闻县迈陈镇老洪种子店有限公司、恩平市蓝海农业科技有限公司、江门市农业技术服务中心	叶元林、曹振木、黄美莲、罗哲喜、梁玮瑜
	美加富及其免疫技术在水稻中的应用推广	广东杰士农业科技有限公司、江门市农业科技推广中心	吴家强、郑小红、陈仕军、钟海英、李惠珠

续表：

奖项	项目名称	承担单位	主要完成人
三等（51项）	塑料成型设备新型加热节能技术的研究与应用	江门市大光明电力设备厂有限公司	何健华、谢立中、林彩麟、谭振豪、刘军
	高承载摩托车的研究与开发	江门气派摩托车有限公司	梁志福、梁林成、李斌、赵汝斌、容志斌
	会议智能中控系统	恩平市海天电子科技有限公司	张佳尧、石发家
	便携式迷你路由器用变压器开发与应用	开平帛汉电子有限公司	崔卓斌、潘文贵、王智盘、许汉源
	大功率、高效率LED路灯关键技术的研发	鹤山丽得电子实业有限公司	樊邦扬、刘超权、刘厚洪
	一种宽温低损耗MnZn铁氧体材料及其制造方法	江门安磁电子有限公司	豆小明、黄爱萍、谭福清
	调味酱及酱油生产安全检测与风险控制技术研究及产业化	李锦记（新会）食品有限公司，华南农业大学食品学院	孙胜枚、王弘、孙远明、卢健瑜、杨金易
	带无线功能落地式摇摆麦克风的研发	恩平金百灵音响器材有限公司	梁武彬、卢才帮、李验
	智能型多功能自动揉面机	江门市竞晖电器实业有限公司	陈智勇、王得隆、黄锦祥、陈雪强
	无线4K 3D摄像机控制系统	江门市圆美道科技有限公司	严文骏、许顺尧、张涛
	具有清醛功能的醇酸树脂	嘉宝莉化工集团股份有限公司	莘建忠、何燚鹏、钟永贤、杨岳森
	水性室温交联丙烯酸乳液研究及应用技术	广东德康化工实业有限公司	彭文表、简维德、方翔、彭琳琳、罗丽华
	改性橡胶高性能增韧剂的研究及其应用	江门市德山复合材料科技有限公司	吴德山、陆宗术、张琦、黄伟强
	一种新型脱色剂及制备方法	江门市中达环保科技有限公司	董申伟、白国鑫、张道红、刘中华
	医用织物包装清洗专用PVA膜材加工技术	江门市宝德利水溶性塑料有限公司	莫雄勋、李先笔
	自动高效节能环保中餐燃气炒菜灶	江门佳利华实业有限公司、五邑大学	杨锡奇、曾达洲、姜少华、曾栋尧、吴晓锋
	室内环境空气质量安全设备成本控制	江门市腾飞环保科技有限公司、江门职业技术学院	方春风、程养林、肖刚

续表：

奖项	项目名称	承担单位	主要完成人
三等（51项）	鹭鸟扁弯口吸虫病防控技术	江门市蓬江区丰昇野生动物驯养繁育实验场、江门市畜牧兽医技术推广站	冯开容、陈修邓、李劲丰、谢东、关建新
	一种老公根茶的制作方法	恩平市金山温泉茶厂	李玩庆、谭乾开、梁杏存、李辽东、李民欢
	船舶克令吊现场大型法兰平面测量器与磨削机的研制	江门市南洋船舶工程有限公司	杨祥裕、鄢浩、何祥林、陈亚文
	一种制造点对点印花纸巾的设备研究开发	维达纸业(中国)有限公司	刘伟安、陈连岳、梁健强、张健、李志林
	高强度制动底板后桥壳	广东富华重工制造有限公司	吴志强、李春光、赵常斌、徐力山、郑明
	一种PCB蚀刻废液萃取分离铜的方法	江门市蓬江区大盈机电设备有限公司	王万春、王晓波、刘增华、陈文波、龚建彪
	一种小型薄壁腔体冷却循环泵产业化开发	江门市保值久机电有限公司	翁良轩、李德顺
	5050B高光亮铝合金抛光型材的研发与应用	台澳铝业（台山）有限公司	许栩达、尹泽、曾鸿俊
	液相微萃取技术在进出口农产品农药残留分析中的应用研究	新会出入境检验检疫局综合技术服务中心	彭晓俊、庞晋山、梁伟华、彭梅、秦汉
	双密闭燃烧结构节能燃气炒炉研发	江门市五秒旺节能技术开发有限公司	曾文洲、吴永帮、蒋原伟、黎荣生、曾力
	一种替代水洗牛仔浮石的环保生物粗花酶制剂研究及其应用	江门市宝发纺织服饰制造有限公司	李国锋
	基坑支护与降水的施工技术研究和应用	广东金辉华集团有限公司、广东天竟建设有限公司	张国胜、盛克亚、何瑞容、梁列明、张旭毅
	高白无杂质高档复印纸的研发	亚太森博(广东)纸业有限公司	许正茂、王乐祥、李情兰、韦克、方桦
	静脉吗啡滴定对重度癌痛治疗的临床研究	江门市人民医院	管静、余泽洪、陈耀成、廖亚勇、陈素红
	颈椎推拿的作用机理和优化研究：基于有限元分析技术和临床对照试验研究	江门市中心医院	邬黎平、梁伯进、潘贤、黄远翘、钟世镇
	女性心脏病防治问答及研究	江门市人民医院	陈林祥、赖建生、余泽洪、陈小林、廖亚勇

续表：

奖项	项目名称	承担单位	主要完成人
三等（51项）	肺小结节术前CT引导下亚甲蓝定位的临床应用	江门市中心医院	林志潮、伍硕允、张春来、林坚、叶敏
	全髋关节翻修中骨缺损的处理及其疗效分析	江门市五邑中医院	陈述祥、区文欢、韦红英、刘秋红、黄志彬
	前路跳跃式椎体次全切除减压治疗四节段脊髓型颈椎病临床研究	江门市中心医院	陈忠羡、付朝华、谢清华、薛忠林、梁胜根
	NICU 极低出生体重儿个案管理研究	江门市新会区妇女儿童医院	胡玉转、郭小芳、关爱民、李丽仪、张丽范
	经尿道双极等离子剜除术治疗重度前列腺增生患者的临床研究	江门市中心医院	吴荣海、程洲平、黄黎明、廖勇彬、余新立
	负性协同刺激分子PD-1对URSA患者T细胞免疫功能影响的研究	江门市中心医院	伍金华、车小群、谢志威、岑瑛群、陈建勇
	流式细胞法检测非小细胞肺癌术中肋骨采集骨髓微转移的意义	广东医学院附属医院	卢珠明、伍硕允、梁伯进、李秀娟、叶敏
	儿童腹腔镜术后多模式镇痛的临床研究	江门市中心医院	黄俊伟、黄漫、王远胜、陈江谊、伍淑韫
	乳腺癌术后患者的健康管理与生活质量研究	江门市人民医院	林英权、马蕊、陈素红、姚金娥、赖建生
	不同术式治疗股骨转子间骨折的对比研究	江门市中心医院	李钰军、黄远翘、殷文珍、张敏、郭云峰
	脑震荡患者血清中神经元特异性烯醇化酶与心理状况的相关性研究	江门市人民医院	赵鹏洲、吴敬伦、罗江兵、欧英雄、杨本生
	糖尿病患者个体化管理模式及依从性研究	江门市人民医院	赵凡、梁焯辉、梁彩莲、区转焕、李粮
	卫生村创建与公共卫生、疾病控制关系调查分析	江门市疾病预防控制中心	尹本康、刘鹰航、谢广龙、郑南才、钟瑞美
	丹参酮ⅡA磺酸钠对2型DM大鼠心功能及心肌TNF-α mRNA表达的影响	江门市五邑中医院	杨海玉、于涛、廖晓春、李筱颖、杨爱成

（市科技局）

文化

文化事业

【非物质文化遗产保护】 2014年，省级“非遗”项目“开平民歌”的保护单位开平市文化馆入选第二批广东省非物质文化遗产传承基地。公布开平民歌的张巨山、新会古典家具制作技艺的李炳祺和林伟华、茶坑石雕刻技艺的郑丽莲和林志明、小冈香制作技艺的戴华进共6名“非遗”项目传承人为江门市第三批非物质文化遗产项目代表性传承人，其中开平民歌的张巨山和茶坑石雕刻技艺的林志明进入第四批省级非遗代表性传承人名单。至此，全市共有省级“非遗”传承人22名，市级“非遗”传承人33名。新会葵艺等8个“非遗”项目参加深圳文博会。“新会葵艺”代表性传承人廖惠林参加深圳文博会分会场的“中华巧艺——中国（深圳）非物质文化遗产百项技艺联展”、在文化遗产日参加省文化厅举办的优秀“非遗”项目展示活动以及山东潍坊举办的“海峡两岸非物质文化遗产联展”。“文化遗产日”期间，各级文化部门组织举办非物质文化遗产图片展览、民歌文艺汇演和龙舟竞渡等活动，并通过报刊、网络等渠道广泛宣传非物质文化遗产的保护工作。

【塑造文化品牌】 2014年，成功举办江门市2014年“南粤幸福活动周”启动仪式暨建国65周年精品展演文艺晚会、第四届曲艺节、第五届陈白沙文化节、蓬江区陈白沙诞辰586周年纪念活动、江海区第三届文化艺术节、新会区第七届葵乡艺术节、台山市第四届台山籍恳亲大会暨荣誉市民授荣仪式文艺晚会、开平市第四届乡土文化艺术节、鹤山市“五一”文艺汇演、恩平市冯如诞辰130周年纪念活动等大型文化活动。成功承办“同饮一江水”2014年广东打工者歌唱大赛江门赛区海选、海选复赛、周赛、月赛，获“优秀组织奖”。推动高雅音乐进工厂、进校园，举办三场交响音乐进工厂、进校园活动。成功举办“李铁夫艺术奖——2013江门市优秀美术、书法作品展”“戏•水——陈秀莪、胡钜湛、胡赤骏水彩油画作品展”“全省国画大赛作品展”（新会区）、“江门画院作品展”（开平市）等大型美术展览。

【文化惠民工程】 2014年，推进农村电影公益放映和广播电视“户户通”以及县（市、区）、镇多厅数字影院建设、数字农家书屋、数字文化等工程建设。完成农村电影放映工作，保证全市1045条行政村每村每月放映一场农村电影。全市安排公益放映电影总场次14141场，其中农村电影12933场、服务外来工送电影进工厂1025场、市区东湖广场、五邑华侨广场和青年文化广场共放映电影183场。落实本市4047户广播电视“户户通”工程，完成全市广播电视入户率100%。实现县级现代多厅数字影院全覆盖。启动数字农家书屋工程建设，建成数字书屋359个；全市公共图书馆、文化馆、博物馆、美术馆加大免费开放力度，全市公共图书馆全年接待读者271.8万人次，举办各类讲座215次，读书活动328场；全市文化馆举办各类文艺活动509场，观众36.29万人次；举办训练班507次，展览101次，公益性讲座98次。市华博馆、陈白沙纪念馆成功申报省级爱国主义教育基地。加强文化志愿服务队伍建设，全市文化志愿者达1805人，成立江门市文化志愿者艺术团。

【文化基础设施建设】 2014年，“四馆”改造升级项目进展顺利，全市基本建成市、县、镇、村四级公共文化服务设施网络。市文化馆、美术馆改造项目完成工程立项及设计方案编制，市图书馆项目完成立项；江海区完成文化馆一期修缮；开平市博物馆迁建完成前期工作；鹤山市新“三馆”（图书馆、博物馆、文化馆）项目完成规划设计；恩平市文化馆新馆完成整体工程；五邑图书馆数字图书馆已完成建设并投入使用。全市拥有公共文化馆8个，总面积3.2万平方米，其中国家一级馆5个，国家二级馆1个，国家三级馆1个；共有乡镇（街道）综合文化站80间，总面积11.5万平方米，其中特级站13间、一级站20间、二级站31间；全市1316个行政村、社区均建有文化室，总面积39万平方米，已实现“五有”文化室976间。全市公共图书馆6间，均为国家一级馆，总藏书量215万册；公共美术馆2间，总面积1.7万平方米。博物馆6间，博物馆收藏品近60000件（套）。

【群众性文化活动】 2014年，举办“2014江门新春音乐会”，由本市本土交响乐团、合唱团及本地歌唱家联袂表演经典名曲。举办“让梦想飞翔——2014蔡朝阳作品音乐会”和“情声飞扬•回荡侨乡——李飞驰演唱会”，举办本市群众舞蹈的一个盛宴——“2014年江门市新春联欢舞会”，由喜爱舞蹈的群众担主角。在元旦春节期间广泛开展“我们的中国梦”文化进万家活动，满足广大基层群众元旦春节期间的精神文化需求。举办“2014江门市文化惠民送戏下乡启动仪式暨江门市文化志愿者成立仪式”，开展江门市第三届优秀童谣征集活动，收到2000多件参评作品。举办江门市“迎五一”文艺晚会，承办“同饮一江水”2014广东打工者歌唱大赛并获得优秀组织奖，组织2014年广东省群众文化精品巡演活动，为全市5个镇、街的群众送上多个获得国家、省级奖项的节目。策划和参与“南粤幸福周”活动，举办“江门市2014年‘南粤幸福活动周’启动仪式暨建国65周年精品展演文艺晚会”以及系列文化活动。举办“文化进工厂”大型活动——西江映月交响音乐会以及2014江门市“交响乐进校园”音乐会（江门市第一中学专场和教育专场），组织年度江门市群众文艺作品评选，共收到105件参评作品。组织侨类题材写意话剧《中国梦》，给群众生动地展现中华传统文化的独特魅力。举办“2015年新年音乐会”，特邀德国广播交响乐团献演经典曲目，营造浓厚的节日气氛。

【文化交流】 2014年，在江门市美术馆举办“‘神秘匠心’ 2014•江门•朝鲜美术作品展及保真拍卖会”“‘艺术献祖国•共圆中国梦’中（国）新（西兰）文化交流区本书画展”，在新会学宫举办“我是谁？——加拿大不列颠哥伦比亚省巴克维尔古镇历史图片巡回展”，在台山市书画院举办旅美乡亲、当代岭南画派著名画家陈健群先生中国画作品展览，在台山市博物馆举办《我是谁？飞越太平洋——广东巴克维尔建虹桥》巡回展。市文广新局八人赴港、澳进行人才培训交流，广东省文物局、市文广新局、市博物馆（江门五邑华侨华人博物馆）联合举办“2014年度广东‘国际博物馆日’主会场活动”，澳门文化艺术学会、澳门书法家协会一行5人到恩平市开展文化交流活动等；以演出团体走出去为纽带，江门市粤剧团两赴香港进行文化交流演出活动，台山市红丝带艺术团赴港参加“香港台山同乡总会第四届理监事会就职典礼”文艺演出等，开拓境外演出市场；以演出活动为载体，德国广播交响乐团来江门市东湖影剧院演出“2015年江门市新年音乐会”，联合市金融工作局、北京市朝阳区归国华侨联合会、江门融和农村商业银行股份有限公司、上海戏剧学院成功举办侨类题材写意话剧《中国梦》。台山市文化馆小剧场上演“2014年香港台山文化交流音乐会”，成功承办“同饮一江水”2014年广东打工者歌唱大赛江门赛区海选、海选复赛、周赛、月赛等，加强与珠三角地区城市的文化交流。

【文化信息资源共享工程】 2014年，五邑图书馆完成数字图书馆工程硬件设备安装调试工作，实现与国家图书馆、省立中山图书馆电子资源共享；继续开展文化站（室）公共电子阅览室建设，建成电子阅览室635间。开展“网上博物馆”建设工作，上半年组织项目公开招标工作，于10月完成第一期上线调试阶段任务。

【文化市场综合执法】 2014年，全市文化执法队伍出动执法人员23279人次，检查各类文化市场经营单位5822家次，责令改正239家次，办理举报31宗，先后开展71次专项执法行动、58次联合执法行动，对62家违规经营单位作出行政处罚，配合相关部门查处取缔112个非法地摊游商、9家无证照网吧和6家无证照歌舞娱乐场所，收缴各类非法出版物68069万件，为公安机关查处侵犯著作权罪作出鉴定材料55宗。全年无“扫黄打非”重大案件，无文化市场安全生产重大责任事故，确保全市文化市场持续繁荣和社会稳定。（江门市文广新局）

【江门市美术馆】 2014年，江门市美术馆共举办《李铁夫艺术奖——2013江门市优秀美术、书法作品展》《水墨三人行戴国顺、梁江、李劲堃作品联展》《戏•水——陈秀莪、胡钜湛、胡赤骏水彩油画作品展》等30余场高水平的美术展览，免费接待参观人员11万人次。通过社会捐赠、以展促藏等方式收集作品22件，涵盖油画、国画、速写、水彩等画种。组织编辑大型系列美术文史丛书《江门五邑美术名家文史丛书》（卷一），撰写重要美术名家，编列学术专题正稿，五邑美术名家主要活动年表等。原址进行升级改建，4月完成立项。开展第二轮江门市城市文化雕塑设计稿件的评选活动并经过评审，评出2件入选作品。

【江门市博物馆】 2014年，江门以及新会、台山、鹤山、恩平等5家博物馆被评为广东省达标博物馆，江门市博物馆被评为国家二级博物馆，新会区、台山市博物馆被评为国家三级博物馆。市文广新局与省考古所共建的科技考古基地正式挂牌。举办潮惠高速公路考古挖掘成果展、2014年度广东“国际博物馆日”主会场活动。根据2014年“国际博物馆日”的主题“博物馆藏品架起沟通的桥梁”，组织邀请粤港澳三地30多家文博单位前来设立摊位，活动包括：活动启动仪式、粤港澳博物馆镇馆之宝图片展、广东省第一次全国可移动文物普查图片展、粤港澳三地博物馆摊位宣传展示、现场文物修复及互动、童趣话剧“金山梦——回家路”、粤港澳各馆才艺展示和免费鉴宝等。江门五邑华侨华人博物馆在活动当日提供12场免费讲解服务活动。

【江门市粤剧团】 2014年，市粤剧团新排《女儿国招亲》《相府千金三拜堂》《党的群众路线教育》粤剧精品小戏一台等三套新剧目，完成年度排练新剧目的指标任务。市粤剧团通过购买文化方式在五邑地区完成15场送戏进乡村、进社区、进学校惠民演出活动。联合广东粤剧院二团举办2014年江门市“粤剧进万家”惠民演出，与曲艺社、私伙局等进行粤曲演唱互动活动，完成在潮连文化广场、新会名人广场、外海五大祠等地的“南粤幸福周”演出3场。特邀国家一级编剧何笃忠根据近年现实生活中的典型事例新编六个题材不一、风格各异、反映党的群众路线教育实践活动的粤剧小戏小品6个，分别在江门三区、四市演出16场，约4万观众观赏演出，《中国文化报》《广东文化网》《江门日报》均对此进行报道。两度赴港分别举办“省港精英经典戏曲晚会”和“红船声动五邑情——江门市粤剧团重建35周年艺术精品展演”活动；前往广西进行“非凡粤韵两广情”艺术专场演出。

【五邑图书馆】 2014年，五邑图书馆新增纸质图书58000多册，电子图书26万种，订阅报刊1400多种，在全国参考咨询联盟平台为网上读者解答咨询20048例，在企业中首批创建“五邑图书馆企业信息服务站”4间。五邑图书馆分馆和流动图书馆合计61 所(其中2014年新增7所)，全年总馆及各分馆年外借图书41万册，举办各类讲座110场，读书活动405场，展览50场，接待读者超过100万人次。“五邑图书馆改扩建项目”启动前期准备工作并在年底完成立项。

表55： 2014年江门市各市(区)图书馆情况

图书馆名称	级别	编制（人）	馆舍面积（平方米）	馆藏纸质文献（万册）	电子图书（万种）	等级
江门市五邑图书馆	地市级	36	9836	74.3	40	国家一级
新会区景堂图书馆	县级	30	6510	51	54	国家一级
鹤山市图书馆	县级	9	2000	23	11.5	国家一级

表56： 2014年五邑图书馆社区分馆情况

序号	分 馆 名 称	馆舍地址
1	白沙街道幸福社区图书分馆	蓬江区幸福新村117号地下
2	白沙街道岭梅社区图书分馆	蓬江区白沙街汲芳里5号
3	白沙街道白沙社区图书分馆	蓬江区白沙大地里173号之一
4	仓后街道范罗岗社区图书分馆	蓬江区范罗岗花园11幢首层
5	仓后街道象山社区图书分馆	蓬江区象山新村48号地下
6	仓后街道农林社区流动图书馆	蓬江区农林新村32号101
7	仓后街道丰乐社区图书分馆	蓬江区丰乐里104号101
8	北街街道良化西社区图书分馆	蓬江区良化西54号地下
9	北街街道良化北社区图书分馆	蓬江区良化北40号二楼
10	北街街道甘化社区图书分馆	蓬江区甘化社区服务中心人工湖侧
11	外海街道图书分馆	江海区外海街道中华路3号
12	外海街道麻三村图书分馆	江海区麻三村元山里130号
13	外海街道前进村流动图书馆	江海区外海前进村委会三楼
14	环市街道育德社区图书分馆	蓬江区建德街31幢二楼
15	江南街道新中社区图书分馆	江海区新南里118号首层
16	江南街道桥南社区图书分馆	江海区桥南新村6号侧二楼

续表：

序号	分馆名称	馆舍地址
17	荷塘镇高村图书分馆	蓬江区荷塘镇高村大王庙
18	潮连街道坦边社区图书分馆	蓬江区潮连坦边巷头街50号
19	潮连街道富冈社区图书分馆	蓬江区潮连富冈直街12号
20	礼乐街道新丰村图书分馆	江海区礼乐街道新丰三福里34号
21	礼乐街道跨龙社区图书分馆	江海区礼乐街道跨农村委会
22	礼乐街道镇龙村流动图书馆	江海区礼乐街道办事处镇龙村扳龙里294号
23	礼乐街道丰盛村流动图书馆	江海区礼乐街道丰盛里一巷一号
24	杜阮街道金朗社区图书分馆	蓬江区杜阮镇金朗花园7幢首层
25	滘头街道图书分馆	江海区滘头西京里98号侧祠堂内
26	滘北街道富横图书分馆	江海区滘北田心里47号2楼
27	堤东街道盛华社区图书分馆	蓬江区盛华直街6号
28	堤东街道侧贤社区分馆	蓬江区凤阳街26号
29	棠下镇周郡村图书分馆	蓬江区棠下镇周郡村老协会
30	智荟城图书分馆	蓬江区建设三路75号智荟城6楼623室

文化产业

【印刷业】 2014年，全市各类印刷企业1372家，其中出版物印刷企业19家，包装装潢印刷品印刷企业910家，排版、制版、装订专项企业8家，其他印刷品印刷企业435家，从业人员近5万人，年生产总产值超100亿元，印刷品出口额达5亿美元。江门印刷业整体实力较强，产业聚集效应明显，拥有一批设备先进、技术领先的上规模企业，如外商投资印刷企业鹤山雅图仕印刷有限公司累计投资额达24.23亿元人民币，员工近2万人，近年来年总产值约25亿～30亿元人民币，荣获全国毕昇印刷杰出成就奖、广东省首届十大最具竞争力印刷企业和广东省十大诚信印刷企业等多个分量颇重的荣誉称号；鸿兴印刷（鹤山）有限公司投资额达5亿港币，近年来年总产值约3亿～4亿元人民币。此外，投资额超亿港币的鹤山精联印刷有限公司、广东印刷100强企业鹤山市佳达柯色印刷有限公司等也是江门市外商投资印刷企业中的佼佼者。

【图书发行业】 2014年，全市出版物发行单位有409家，其中批发单位5家、零售单位404家，为群众提供各类图书，满足市民的阅读需求，推动市民阅读，促进文化产业发展和文化名市建设。

【动漫影视演艺业】 2014年，为期4天的第四届侨乡动漫节在江门市会展中心举办。参展企业达120多家，展位达到207个。其中著名动漫企业20个特装展位，销售周边产品商家120多个展位，各社团30多个展位，还设有动漫美食20个展位。游客人数达6万人次，现场销售额约320万元，取得新的突破。

【广播电视行业管理】 2014年，市文广新局确保“十八届四中全会”、元旦、春节、国庆等重要活动、节假日等敏感期广播电视安全播出，实现无责任事故，无技术事故，错播率为零，较好完成广播电视安全播出各项任务。

在全市开展广播影视系统安全播出和安全生产大检查督查行动，堵塞安全监管漏洞，强化安全播出和安全生产措施。办理社会和群众对全市播出机构的各类投诉，加强对全市播出机构的监督管理。贯彻落实省局和市有关办理投诉的要求，对群众的举报投诉，及时转发到相关播出机构办理，并认真进行核查跟踪办理结果；接待来访群众，做好上访人的解释工作，处理好各种投诉案件。

文物博物

【文物保护和管理】 2014年，完成第七批省级文保单位（林氏家庙、冯如故居、恩平县立中学）“四有”建设工作。推进梁启超故居、开平碉楼与村落、陈少白故居、陈白沙祠、新宁铁路北街站旧址、陈白沙墓、台城县立中学、赤坎旧镇近代建筑群、崖门炮台、浮月洋楼等10处文保单位的保护规划制定工作和中山纪念堂、钓台旧址等2处文保单位的保护规划编制。组织文物安全检查4次，开展消防、汛期、安全生产等专题安全检查3次。向省文物局争取50万元维修司谏进士坊，向市财政调整安排15万元抢修钓台故址。先后组织对开平碉楼（昌庐等8座）修缮工程设计方案、自力村三座传统民居修缮工程设计方案、开平碉楼安防工程设计方案、台山一中新体育馆重建工程方案、新会学宫棂星门修缮工程方案、开平碉楼与村落锦江里、马降龙、三门里村落及方氏灯楼安全防范系统设计方案、风采堂围墙勘察报告和修缮方案、开平碉楼（昌庐等8座）修缮工程勘察设计方案、“外海文化碑林”设计方案、自力村改造污水处理工程方案、江门白水带一水月宫修缮设计方案、开平碉楼——澜生居庐修缮设计方案等12个文物保护维修工程项目方案审核，并按保护级别报审批工作。

【开平碉楼与村落保护】 2014年，加强对开平碉楼与村落文物史迹的维修保养工作。中央、省、市和县各级财政共计投入4529万元开展维修工作，其中维修碉楼140多座，民居50间，并开展一系列遗产地环境整治工程，改善开平碉楼安全状况，使文物建筑焕发新生命力。

【江门五邑华侨华人博物馆】 2014年，市华博馆开展“书信及英文单（之一）”等一批文物藏品、“金山总领事馆署发给黄华饶的护照”等一批文物藏品、“台城太平支付凭证簿”等一批馆藏纸质文物、“股份簿”等一批纸质文物保护修复。结合博物馆评估升级工作的深入推进，重点强化博物馆的免费开放服务，通过开展博物馆志愿者活动，组织各类展览、规范公示开放时间和要求、更新文明参观标识、强调参观秩序、开展未成年人主题教育活动等等，探索完善博物馆的配套服务功能。

【考古发掘工作】 2014年，广东省文物考古研究所对广佛江快速通道江门段辅道工程鹤山段、蓬江段（西环路隧道-五邑路）、蓬江段（五洞-西环路隧道）新会段文物开展考古调查、勘探，并出具工作报告。为配合市海上丝绸之路史迹申报世界文化遗产工作，新会区委托广东省文物考古研究所开展官冲窑址考古勘探调查；台山市委托广东省文物考古研究所开展川岛大洲湾遗址、新地村天主堂遗址、石笋、方济各墓园，以及广海城墙遗址、烽火台等史迹考古勘探调查。

表57：　　2014年获全国系统表彰的先进单位、先进个人名录

序号	受表彰单位（个人）名称	性别	工作单位	职务	授荣时间	授荣单位	称号
1	胡尚明	男	馆长	江门市五邑图书馆	2014年12月	国家文化部	全国文化系统先进工作者
2	江门市文广新局综合执法分局	——	——	——	2014年6月	国家版权局	2013年度查处侵权盗版案件有功单位三等奖
3	开平市文广新局	——	——	——	2014年12月	国家文化部	全国文化先进单位（文化先进县、市、区）
4	袁梅梅	女	馆长	新会区景堂图书馆	2014年10月	国家文化部	全国古籍保护工作先进个人
5	台山市文广新局	——	——	——	1991年（2004年、2009年、2014年，3年复查合格，继续保留该荣誉称号）	国家文化部	全国文化先进单位（文化先进县、市、区）国发[2006]18号

文学艺术

【文学】　1月份，作协召开第一季度理事会，讨论和制定2014年的新计划和新任务。1月16日，省作协党组成员、专职副主席张建瑜、省作协文学院副院长廖华强等6位领导到江门市召开调研座谈会，江门作协领导及骨干会员近40人参加会议。4月27日，与广东省作协举办“文学进基层——名家讲座”活动，广东省作协副主席郭小东、广东省文学院院长熊育群为会员讲课。江门五邑地区百余名作协会员及文学爱好者到会聆听讲座。5月8日，江门市文联、江门市作协在江门市委党校举行2014年“我和春天有个约会”作家座谈会。8月份，作协组织二十多名作家开展“走进大广海湾”主题创作活动。9月27日，江门市原创优秀文艺作品推广计划之黄文婷《缘来结识你》研讨会在五邑大学举行，江门文联、作协领导以及江门文艺界近百人士参加此次作品研讨会。2014年度《江门作家》按季度出版，每期10多万字的容量，《江门作家》发表小说42篇、散文132篇、诗歌108首，以及报告文学、杂文、传记、书评等。台山作协出版的园地刊物《台山文学报》和文学期刊《台山人》杂志，鹤山作协的《西江潮》杂志、恩平作协的《山稔花》也按季度出版。作协会员出版文著15部：尹继红的长篇小说《南枝向暖北枝寒》出版；岳勇的小小说集《任何时候都不要绝望》《十三宗罪》《诡命计》由敦煌文艺出版社出版；许金远、黎胜华编撰的《冯如研究》和《恩平文史》出版；吴迪安诗集《天性》由现代出版社出版；张驰散文集《流水能西》由中国戏剧出版社出版，朱池德诗集《鲜血素养的爱情》由羊城晚报出版社出版；谢莹散文集《素心若兰》由中国文联出版社出版；许江亭历史短篇小说集《芥子》出版；梁诗伟、易成功编著的《周家五虎全传》由广东经济出版社出版；何耀超的散文集《透过你的眼睛》出版；另外由江门市文联策划，江门市文艺评论家协会主席凤群、副主席白少玉主编的《侨乡文坛的诗性回响——江门五邑文艺评论集》由花城出版社出版；新会作者优秀散文集《冈州情韵》于中国文联出版社出版。另有商河、岳勇、程厚云等10多位会员在《人民文学》《花城》《黄金时代》《广州文艺》等省级以上刊物上发表作品

二十多篇。获省级以上文学大赛奖有4篇：杨晓的散文《金色的中国梦》荣获由《民族文学》杂志社和中国少数民族作家学会举办的中国少数民族作家“我的中国梦”征文三等奖；程厚云《打工嫂邓大姐的梦想》在《羊城晚报》“梦圆南粤——我的中国梦”征文中获得二等奖；蔼琳的散文《关于榨菜那些飘香的记忆》继获得重庆涪陵榨菜文化节金奖后，再获重庆乡情散文大赛二等奖；钟瑞华的《家风沐浴我成长》获得江西省妇联主办的“赞美家风”征文比赛一等奖。荣获江门市第十一届“五个一工程”奖的有郑炜强的散文《佛人佛事》、商河的小说《短篇两题》、熊正红的散文《碉楼美如斯》获得文艺单篇优秀作品奖，剪伯象的诗集《坚守十一种维度》、谭月韶的长篇小说《女记者厉冰冰》、凤群的剧本集《蓝蝴蝶》获文艺类图书优秀作品奖，另有林子间的散文《哗啦啦青河的水》、刘利元的散文《西沙窝》、张启雄的报告文学《林兄，你做了一件了不起的事》、吴迪安的诗集《天性》、邱建海的长篇小说《官样年华》、张碧云的长篇小说《生如夏花》获入围作品奖。广东省作协2014年重大题材创作选题签约仪式中，梁小恩的南楼抗日题材长篇创作选题入选2014年广东省重大题材创作项目。江门市作家协会的报告文学集《大广海湾之恋》（重大题材）、郭晓晔的人物传记《冯如传》、张启雄的长篇小说《一路狂奔》、李金桂（蔼琳）的长篇小说《宛若新生》、刘利元的散文集《西沙窝》、梁小恩的长篇散文《天下碉楼》、郭卫东（野湖川）的散文随笔集《我的角落我生活》等7部文学作品，入选今年江门市文艺精品创作扶持资金项目。

【戏剧】 组织发动会员报送作品参加各类戏剧大赛和评比活动，如参加 “中国梦题材”“五个一工程”“群众文艺作品”等评比活动；送戏到篁庄、礼乐、五邑大学等社区和校园；完成剧协的开设银行帐户、法人登记证、机构代码证年检、会员名册重新整理等各项重要工作；剧协主席余阳丽举办个人《艺高情真美名扬--国家一级演员余阳丽戏迷见面会》 专场晚会，江门市文化广电新闻出版局和江门市粤剧团大力支持，并由广东电视台岭南戏曲频道独家电视录播。江门市粤剧团成立35周年“红船声动五邑情”精品剧目演出，倪惠英、梁建忠、何笃忠、麦玉清等专家到场祝贺，倪惠英在第二日举行艺术研讨会。广东电视台岭南戏曲频道、南方二台“越唱越好戏”节目、珠江台“粤韵风华”节目均作录制、播放和相关报道；江门市戏剧家协会、江门市粤剧团于2014年12月23日晚邀请顺德新领域曲艺社的骨干社员前来开展联谊活动；12月26日晚，由江门市文联主办，江门市戏剧家协会承办，江门市粤剧团协办的“江门市迎新年戏剧精品汇演”活动在东湖影剧院举行，广东省戏剧家协会主席倪惠英、广东省粤剧名家郭凤女、江门市人大常委会副主任黎兆元、江门市政协副主席李旭等专家、领导到现场观看和指导；剧协分别到恩平沙湖影剧院、台山北陡广场、开平大沙镇广场、开平市人民公园、新会名人广场等地演出。到基层戏剧曲艺社团交流指导，分别到恩平戏曲协会、北郊曲艺社、礼乐（乐陶）曲艺社一起联欢。省级获奖作品：冯如孟的戏剧小品《雨中》获广东省群众文艺作品评选三等奖；高原编导的科技小品《第二张照片》在第二届广东省科普剧大赛中获金奖。邓荣宗的《寻梦》获广东省群众文艺作品评选一等奖；邓荣宗的微电影剧本《清清西江水》获广东省电影家协会举办的“新外滩”杯微电影大赛优秀奖。

【音乐】 与各种媒体合作，广泛展开各类音乐活动，协会先后4次召开常务理事会会议，通过短信平台与理事及会员加强沟通和联系，完善组织机构，优化理事会成员。加强与周边市音协的沟通和联系，吸纳优秀的音乐工作者以及对音乐事业执着爱好者加入到协会中，全年，发展新会员人数为50人，推荐6名会员加入省音协。市音协参加的活动有2014年度江门市音乐家协会会员大会、市政府和文化部门举办的各种慈善演出活动、江门市新春大型联欢舞会、“坚持党的群众路线，密切联系群众”文艺晚会、“唱响中国梦，颂歌献给党”江门市迎“七一”文艺晚会、2014南粤幸福周系列活动、广东省“百歌颂中华”歌咏比赛江门赛区、江门市迎国庆文艺晚会、组织会员参加迎中秋江门市文艺家中秋联谊会活动、广东省“同饮一江水”农民工歌唱大赛江门赛区、江门市文艺家义工服务队成立暨江门市原创作品五邑行活动启动仪式、江门市千名文艺家送欢乐到基层系列文化活动。加强会员专业培训，组织有关会员开展学习交流活动，发动音乐创作骨干，深入基层，体验生活。

【舞蹈】 第四届岭南舞蹈大赛于11月24日在江门举行开幕，此第四届岭南舞蹈大赛的小舞剧专场，是江门市今年承办的最高级别的舞蹈赛事，获得优秀组织奖。台山市举行 “翩翩起舞贺中秋活动”“台山梅花舞蹈队成立两周年志庆广场舞蹈邀请赛”；鹤山市举办第二届百姓健康舞比赛；10月18日成立群众舞蹈二级分会：经过“申报、审批、投票、选举”等一系列正规程序，评选出第一届班子成员（会长1名、副会长3名、秘书长1名、理事9名）。 现已接受47支舞蹈团体加入协会的申请，人数达到1500人。中国舞蹈家协会在11月15日下发江门市创建“中国舞蹈之城”的批复，是我国目前仅有的一座城市。2014年第四届广东省岭南舞蹈大赛，由林俐等创编的小舞剧《爱莲》荣获编导金奖、舞美金奖和表演银奖的三项殊荣；舞蹈《爱莲颂》获得广东省大学生艺术展演一等奖；舞蹈《笔墨龙粤》获得广东省大中专舞蹈大赛一等奖；江门市老干局的健身秧歌队、太迪球、柔力球、健身舞队在“广东省第八届老年人运动会”得到全省团体一等奖；“首届广东省中老年舞蹈大赛”李晓波创编的舞蹈《奔腾》荣获表演铜奖；邱菁萍创作的群舞《木棉花开》获得“首届广东省中老年舞蹈大赛”创作、表演双银奖和“广东省第六届群众音乐舞蹈花会”铜奖；恩平市舞蹈《打喜饼》获得江门市第十一届精神文明建设“五个一工程”入围奖；蓬江区少儿群舞《新会柑》、当代群舞《放心去飞》获江门市第十一届精神文明建设五个一工程奖“优秀作品奖”；蓬江区组织队伍参加江门市第九套广播体操获得“二等奖”；在拉丁舞方面，黄卫红带领选手们参加广东省文联主办，广东省国际标准舞总会承办的广东省第9届青少年国际标准舞锦标赛，获大赛团体总分第一名，创下江门市少儿拉丁舞在省锦赛中的最佳成绩。

【美术】 发挥美协南村艺术基地的作用，邀请漆画专家对市漆画作者进行创作辅导，2014年美协与南村基地多次举办大型艺术展览、学术讲座、研讨、写生创作交流等活动。建成东湖公园“白沙艺苑”，协助市文联在东湖白沙艺苑举办展览。发挥美协人才资源的优势，联合市文联、市美术馆、市文化馆等有关部门及社会的资源举办各类型展览活动十多个。各市区美协相继各自举办各种展览、采风、学术交流活动。 2014年3月，在新会林缉光艺术博物馆举办艺海同舟广州市白云区——江门市新会区美术作品联展； 2014年5月，新会区美协与广州越秀区美协在广州举办美术交流展；2014年6月，组织作者参加第十二届全国美展。2014年1月18日至3月2日，在美术馆、美国西吉尔画廊分别举办《Kaiping: American Perspectives中美画家画开平》，展出20位著名的中美画家近200幅作品，内容丰富，画作细腻地描绘开平富有特色的侨乡风土人情；省第六届美术作品大展共有11幅作品入选，第十二届全国美展有6幅作品入选，其中严宾连的漆画《远古》、张艳霞的漆画《渔歌子》、周敏的年画作品《南粤侨都水乡和乐曲》、何伟才的国画(工笔)作品《窗外的风好像停了》、李富强的水粉作品《同行》入选、黄远明的水彩作品《西江·船》评为获奖提名（进京作品）展。借助报刊媒体推介五邑籍美术家，共十多篇在江门日报百家艺廊刊登，不定期出版《江门美术》杂志。

【书法】 举办江门市第三届新人新作书法展、李卓见茅龙笔书法作品展、茅龙笔书法精品展、李守银书法作品展、江门市2014年“南粤幸福活动周”书画邀请展、江门市第九届临书展。组织书法家到江苏徐州参观“大道无极——李守银书法展”，赴澳门参加亚太地区创意文化博览会并与澳门豫园书画会进行艺术交流。组织书法家举办多场“中国书法进万家”活动。分别联系五邑大学、范罗冈小学、发展小学、江门边检站、江门边防局、鹤山边检站等，组织书法家前往挥毫献艺。4月，举办中国书协培训中心江门临帖班，学员90多人；9月,举办李守银书法创作研修班,学员近30人。与江门市书法进修学校合作，开展书法培训。一些骨干会员还受聘于全市的大专院校、中小学校，以及社会上的培训班，担任书法教员。举办市第八届临书展。借助江门电视台、江门电台、江门日报社、部分省级报刊驻江门记者站等新闻媒介，宣传江门书坛活动信息。编印《江门书坛》，举办多场义务挥春赠联活动。2014年会员有2人加入中国书协，12人加入省书协，1人取得加入中国书协条件，4人次入展中国书协主办的展览。

【摄影】 举办首届《珠海、中山、江门三市摄影联展》，并于6月13日在江门市白沙艺苑成功展出。广东省文联巡视员廖曙辉、省摄影家协会副主席钟荣健等出席开幕仪式。珠海、中山两市摄影家协会的主席和副主席聚首江门，共商“珠、中、江联展”今后的发展路向，并决定以后每两年举办一届。6月13-14日，举办广东省摄影家协会摄影大篷车走进江门活动。在市五邑图书馆举办摄影讲座及影赛评选。前往台山市的沿海进行大广海湾专题摄影采风活动。发动全市的影友前往新会、台山、恩平拍摄相关的照片（划入大广海湾区域的共有18个镇、街，分别是台山市9个，新会区8个，恩平市1个）。邀请省知名摄影家蔡焕松于7月12日在市五邑图书馆举办《我的多元摄影观》摄影讲座。在白沙艺苑展出蔡焕松和久保田博二的《到访·还乡》摄影作品。组织全市作者选送作品，参加“仁化杯”广东省第25届摄影展览，并在该展览中获得1金、3银、3铜、32入选和2个本土奖的成绩。举办江门市摄影家协会成立30周年纪念活动暨第七届五邑影友嘉年华活动，同时进行《江门摄影30年》会员作品集首发式，并在江门市美术馆A馆上、下两个展厅展出30周年纪念会员作品展和“光大银行杯”江门市第27届摄影作品展，召开江门摄协2014年年会和举行 “越达杯”第七届五邑影友嘉年华摄影比赛，评选出2014年度江门市摄影十杰（第四届）。与江海区礼乐镇联合举办《甜蜜的事业》甘蔗专题摄影大赛。协助新会区摄影协会申报广东省摄影之乡。邀请我国著名自由摄影家张新民，于12月13日江门市摄影家协会成立30周年纪念活动期间，在江门市五邑图书馆举办“摄影的自由表达” 摄影讲座。

【曲艺】 各市区的曲协一年来组织演出共约2000多场次，开平举办第十一届“金秋曲艺敬老活动月”活动，邀请各市区的曲艺精英献艺展演、新会区举办每月一次的石戏台粤曲表演，举办第七届葵乡文化艺术节“红豆发新枝”少儿组、“颂新会”团体组和个人组粤曲大赛，台山举行别开生面的《台山广东音乐传承基地成果展演》专场，蓬江区开展文艺服务基层（曲艺篇）活动，江海区举办曲艺大赛并开展曲艺长廊等活动。9月25日组织节目并承办广东省第三届广东省曲艺大赛（江门、阳江）分赛区选拔赛。李树芬纪念中学是台山曲协的重点培训基地，该校有民乐班6个班，每年保持学员300余人。开平曲协、新会曲协、蓬江曲协、江海区都举办有关曲艺创作、表演的培训班。

表58：　　2014年曲艺创作、表演荣获省及国家级各类奖项

序言	获奖节目和等次	获奖人	获奖时间	备注
1	表演唱《老年乐》 省第三届曲艺大赛非职业组节目组一等奖	曾小洁	2014.9	
2	表演唱《竹升睇女仔》 省第三届曲艺大赛非职业组节目组一等奖	刘英翘	2014.9	
3	相声《最牛补习中心》 广东省群众文艺作品曲艺类银奖	李道强	2014.4	
4	粤曲《崖门奇石壮烈歌》 广东曲艺新作创作优秀奖	朱英俊	2014.2	
5	粤曲《崖门悲歌》 广东曲艺新作创作优秀奖	邓荣忠	2014.2	
6	粤曲《侨胞情》 广东省群众文艺作品评选中获二等奖。	曾小洁	2014.2	
7	省第三届曲艺大赛非职业组乐师组二等奖	梁惠琴	2014.9	
8	省第三届曲艺大赛非职业组表演奖三等奖	陈建清	2014.9	
9	省第三届曲艺大赛非职业组表演奖三等奖	何亮华	2014.9	
10	省第三届曲艺大赛非职业组表演奖三等奖	梁宝海	2014.9	
11	《竹笛演奏》获第四届全国小金钟银奖。	彭雪玲	2014.9	
12	《笛子演奏》获第八届广东省曲艺“明日之星”一等奖	李焜成	2014.11	
13	《山村又闻读书声》获第八届广东省曲艺“明日之星”二等奖	黎燕芬	2014.11	
14	第八届广东省曲艺“明日之星”三等奖	林玉莹	2014.11	
15	《扬琴演奏》获第八届广东省曲艺“明日之星”优秀奖	温晓燕	2014.11	
16	第八届广东省曲艺“明日之星”园丁奖	关福祯	2014.11	
17	第八届广东省曲艺“明日之星”园丁奖	刘英翘	2014.11	
18	第八届广东省曲艺“明日之星”园丁奖	黄惠国	2014.11	
19	中国曲协“创建中国曲艺之乡先进个人”称号	李悦忠	2014.10	
20	中国曲协“创建中国曲艺之乡优秀曲艺工作者”	李天龙	2014.10	
21	中国曲协“创建中国曲艺之乡优秀曲艺工作者”	关福祯	2014.10	
22	中国曲协“创建中国曲艺之乡优秀曲艺工作者”	刘英翘	2014.10	

续表：

序言	获奖节目和等次	获奖人	获奖时间	备注
23	省曲协优秀会员竹笛演奏	曾小洁	2014.3.21	
24	省曲协优秀会员	李小娟	2014.3.21	
25	被省曲协评为“特殊贡献奖”	李剑昌	2014.3.21	
26	被省曲协评为“优秀惠民活动工作者”	廖卫民	2014.3.21	

【民间文艺】 本年度共召开理事会两次（4月和8月）、会员代表大会一次（12月）以及五邑民间剪纸研讨会（10月）、五邑诗词楹联学术沙龙（11月）各一次。组织理事以及重点作者去佛山、顺德地区参观岭南剪纸艺术。会员2014年度有30多人获得各类艺术赛事奖项40多项。其中张瑞亨的茅龙笔制作技术、廖惠林的新会葵艺制作、李群英的岭南剪纸、李达维的灰雕艺术、李兆灿的石刻艺术、关炳辉的摄影、谭金花的碉楼建筑艺术研究等，在全国、省、市各类比赛中发表和获奖，开平作者关炳辉的纪实组照《260年楼冈网圩》获得联合国教科文组织的奖项。2014年，江门市民间文艺家协会响应市委市政府关于“千名文艺家下基层”的号召，组织多次惠民利民的文艺活动。和江门市蓬江区仓后街道办事处合作，举行“春联下乡”“书画送那南，文艺到农村”等慈善公益活动，《江门日报》、江门电台、《五邑乡情》等新闻媒体先后予以报道。本会按照省民协的类别分组办法，分成非遗艺术、诗词楹联、民间文艺、剪纸艺术、雕刻艺术等10个专门委员会，定期召开对口艺术家的艺术研讨会，针对诗词楹联等国学日渐式微状况，派出专家学者深入江门市外海中学等，开展诗词楹联的公益课堂，培养一批有志于诗词楹联创作的文学爱好者。派出专家学者到开平市吴汉良理工学校、江门市一中景贤学校等开设“我们身边的民间宝贝”“江门五邑丰富多彩的民间艺术”等民间艺术普及讲座。

【文艺评论】 2014年10月，本协会配合“江门市原创文艺精品推介”活动，与五邑大学文学院联合主办 “黄文婷作品研讨会”。落实文联对协会成员的名册清理和协会理事名册清理工作。凤群、白少玉、翦伯象还参与由尹继红主席主持的“侨乡组歌”的编创工作。与湖南常德文联进行了一次互访交流活动。凤群、白少玉老师主编的五邑本土作家作品评论集《侨乡文坛的诗意回响》，由花城出版社正式出版；凤群老师的文学评论集《绿风景：侨乡民国电影人与当代作家》由新华出版社正式出版；周颖、王则蒿、成慧芳、翦伯象等编写的洛夫诗歌评论集《走进诗魔的意象世界》由湖南文艺出版社正式出版。此外，成慧芳的论文《论伍可娉小说的“原生态叙事”》在《五邑大学学报》发表；成慧芳参与创作的大型岭南民俗舞剧的文学剧本在《侨时代》发表。王则蒿、翦伯象等人的小说、诗歌作品在《白沙》上发表。凤群获得江门市哲学社会科学成果二等奖。周颖获得江门市哲学社会科学成果论文类三等奖。凤群的电影文学剧本集《蓝蝴蝶》与翦伯象的诗集《坚守十一种维度》，获得“江门市五个一工程奖”。

【动漫】 由江门市动漫协会主办，江门市蓬江区人民政府、江门市文化广电新闻出版局、江门市旅游局等单位支持举办的江门机车动漫嘉年华“潮人TELENT SHOW”大型活动于5月1-3日在宏达路及缤果动漫总部举行。此次嘉年华有机车展示、机车特技表演、缤果涂鸦秀、哦吼街艺墟、COSPLAY、机动游戏、街舞表演、风味小吃等活动，以机车文化与动漫文化的混搭碰撞，展现动漫潮流文化。6月1—2日，组织参加由缤果动漫主办的哦吼街艺墟。艺墟四十多位摊主展示自己原创的创意商品。配合完成第四届江门侨乡动漫节有关筹备工作，本届动漫节于8月15日—17日，在江门市会展中心举办，由江门日报新文化发展公司负责承办。配合完成第四届江门侨乡动漫节的举办工作，组织会员参加相关的侨乡动漫节展会及主题活动。

【影视】 暑假期间免费送电影到社区，在育德、杜阮、群星、侧贤等12个社区，对外公开征集“幸福一家人”微电影大赛，并由色色婚纱公司承办预计3月底全部完成。会员单位开平影视文化协会协办“中国梦”侨乡系列剧微电影大赛。协助鹤山市文联和鹤山市建设局举办的文明城市的微电影大赛。组织业内专家多名到台山敬修学校影视专业讲授影视拍摄制作课程，并计划在台山吸收一个影视协会会员单位。（市文联）

档案工作

【简述】 2014年，江门市档案馆连续第七年（2008——2014年）被评为全省优秀档案馆；档案馆新增科室1个、增加编制3名，主办《丝绸之路江门遗存遗址展》，成为全省第一家接入“110”报警中心并实现实时报警处警的档案馆，聘请七名学者担任档案方志编研专家。是年，全市新增“社会主义新农村建设档案工作示范镇”4个、“社会主义新农村建设档案工作示范村”12个。全市共举办档案岗位培训班及其他各类专题培训班10期。

（市档案局办公室）

【档案馆业务建设】 2014年，江门市档案馆连续第七年经省评估认定为国家综合档案馆年度评估优秀等次。全年接收文书档案共32204件。完成档案1562卷、37734件，资料250多册的消毒入库工作。开展馆藏纸质档案数字化加工工作，全年数字化加工档案3688卷、30.2万页。开展档案鉴定，对新中国成立后至1980年2963卷已开放档案进行重新审查。是年，共接待来馆利用档案资料人数823人次，提供档案资料3361卷（册）和274件，复印档案资料2976多页；接待各界人士共三批876人次前往参观“海上丝绸之路江门遗迹遗物展”“海邦剩馥——广东侨批档案图片展”。是年，对馆内的消防系统进行更新改造，将原有的库房1301气体灭火系统重新更新改造为七氟丙烷气体灭火系统。根据省档案局《关于加强国家综合档案馆视频监控系统建设的通知》“以资源整合和联网共享应用为基础，以高智慧、大视野、全天候为核心的社会治安视频监控系统建设”的要求，在档案馆内安装视频监控系统，整合视频图像采集资源，并接入公安视频报警监控中心。（市档案局管理科）

【基层单位档案管理】 2014年，开展档案目标管理，对全市与民生关系密切的10大重大建设项目重点跟踪对象进行指导服务工作，完成对江门海螺水泥有限公司专业码头工程项目、江门裕大管桩有限公司出运码头项目档案的验收工作。到近150个单位进行工作指导和文书立卷归档质量检查验收。全年新增蓬江区杜阮镇、台山市市三合镇、开平市蚬岗镇、恩平市大槐镇共4个“示范镇”，蓬江区荷塘镇南村村、棠下镇周郡村、新会区会城街道永安村、沙堆镇独联村、古井镇管咀村、三江镇洋美村、双水镇塘河村、司前镇石乔村、崖门镇龙旺村、台山市三合镇温泉村、开平市蚬岗镇长乐村、恩平市大槐镇石及村共12个“示范村”。截至2014年底，全市共有6个镇、13个村委会创建为社会主义新农村档案工作示范镇、示范村。（市档案局指导科）

【档案执法宣传与专业教育】 2014年，开展档案法法律法规的宣传教育工作。6月9日在东湖广场举办“走进档案”主题宣传活动，通过现场派发小册子、摆设咨询摊位等形式，宣传档案工作法律法规、档案查阅和信息利用方式等内容。10月29日，参加中国江门网“法治在线”节目录制，围绕“江门市档案公共服务”主题，讲解江门市档案馆在提升档案公共服务方面的情况和举措。年底，将《档案法》、《广东省档案条例》《档案管理违法违纪行为处分规定》纳入2014年度江门市公职人员在线学法考试。是年，启动档案人员业务培训管理新模式，为基层单位服务。2月份举办江门市首期民营企业档案工作培训班，3月份首次主动为民营企业免费提供档案培训服务，两次参加培训的人数共228人。8至9月份在市直、开平举办两期档案人员岗位培训班和1期档案信息化实操培训，参加人数共387人，对基层村委会、居委会档案工作人员减免其全部培训费，将“为民惠民”真正落到实处。创新档案培训模式，依托江门职院网络教育平台，开展免费的民营企业档案工作和社会主义新农村档案工作网络培训，使档案培训教育经由网络延伸至村一级及企业内部。（市档案局指导科）

【信息化建设】 2014年，完成市政协十二届三次会议提案《关于提高我市档案信息化建设水平的建议》（第2014—055号）；建设智能消防系统，并将监控接入公安“110”报警中心视频联网系统，成为全省第一家接入“110”报警中心并实现实时报警处警的档案馆；完成市督办“完善电子文件中心建设”的倒逼工作任务，完善电子文件中心相关制度，公布主动公开政府信息共23354份，与相关部门一致商定：依托广东省网上办事大厅江门分厅政务公开电子文件中心（市政府信息公开查阅中心）、市电子公文交换系统和市政务交流平台，主动公开政府信息的移交、接收和管理工作；完成市政府信息公开查阅中心的工作，除可上网和实地查阅主动公开政府信息外，增设信函代查、电话预约等便民服务，新增政府信息934条、公布文件82份；依托局相关网站及时向社会各界公布局主动公开政府信息和党务、政务活动的工作动态，按省地方志办要求完成江门地情网的改版，在省网上办事大厅江门分厅将档案局4项行政审批上网，方便单位、群众在网上申办，在局相关网站上公布可公开的信息有225条，上传挂网《江门年鉴2013》、四期《江门档案方志》等刊物，收集整理55位江门籍名人资料并上传到地情网，在档案信息网增挂《海邦剩馥》《五邑华侨与辛亥革命》两个展览；创新开办档案业务网络培训，依托江门职院网络教育平台，免费为市500多家民营企业和1400多家村委会（社区）举办档案工作业务上岗培训，使档案培训教育通过网络延伸到村一级及企业内部；完成本局信息化设备的更新、升级、安全和运维工作，按国家信息安全等级保护标准建设本局信息内容安全保密防护体系，严格执行安全保密制度，升级OA办公系统，在市电子政务的云系统中设置服务器；与电脑公司联系恢复旧OA系统数据；完成数据的安全、备份工作，将本馆已数据化加工档案数据分多种介质储存备份，用高品质档案级DVD盘备份，并保存在专门的库房和防磁设备中；于7月份正式开通官方认证的政务微博；完成30万页纸质档案数字化加工，对档案数字化加工的数据进行检查、验收、挂接和备份，开展数字档案馆（室）的前期谋划和调研工作。是年，各市、区档案局继续开展档案数字化加工工作。蓬江区完成档案目录中心的建设。台山市向财政争取到50万元信息化建设经费。恩平市投入38万元对电子文档数据中心系统进行升级改造，并举办电子文件数据中心系统培训班。

（市档案局信息科）

地方志工作

【地方志编纂】 2014年，完成《广东地方志纪事》江门地区稿件的组稿及报送工作。全面开展地方志年报工作，其中江门市2014年的年报资料收集2013年、2001-2006年的年报资料；其他市区则结合本地实际，尝试“先易后难、便于追溯、逐年增加收集范围”等办法来破解年报工作中的难题。蓬江区收集2013年的资料；江海区收集范围为2013年、2005-2008年的资料（第二轮修志下限为2004年）；新会区收集2013年、2007-2011年的资料，开平市收集的范围是2010-2012年；鹤山市收集的范围是2013年、1994-2000年；恩平市2014年收集范围是2011-2013年。指导《潮连镇志》《杜阮镇志》编辑出版工作。

【年鉴编纂】 2014年，出版《江门年鉴（2014）》《珠江三角洲城市群年鉴（2014）》，实现当年编辑当年出版；各市区综合年鉴编纂任务如期推进”。

【地情书编研】 蓬江区出版《古风·棠下》《陈白沙传》两本地情书；江海区的《外海太虚拳发展情况研究》完成初稿；新会区编纂出版了《新会百年大事回眸》，编辑出版《新会古今》画册。 （市地方志办）

传播媒体

报刊 · 网络

【江门日报】 2014年，报社党组以“改革创新年”为抓手，全年完成经营总收入10930万元，同比增长0.60%。重视全媒体融合报道，江门日报微信公众号成为江门地区最权威、最有影响力的公众号之一，居全省纸媒公号前五，跻身全国纸媒公号20强。“掌上江门”手机客户端每天活跃用户达3万人次左右。抓好新闻创优、文本创新，推进改进新闻评论、改进图片报道、加强镇街（社区）新闻报道、增加鲜活新闻和改进报网互动五项“攻坚克难”工作。6件作品获广东省好新闻奖，其中一等奖1件，二等奖2件，三等奖3件；28件作品获全国地市报好新闻奖，其中，一等奖2件，二等奖5件，三等奖9件，优秀奖12件。报业集团组建工作有序推进，东湖电影公司正式划归报社，推进经营部门公司化改造，成立江门日报新时空文化传播有限公司和江门市江门网传播有限公司。整合“一报一网三屏”“打包”招商，变“单媒”营销为“多核心”“多动力”营销，变报纸版面营销为活动营销。发行公司努力创新发行渠道，发行中心荣获“全国报纸自办发行先进集体”称号。新文化发展公司着力打造文化策划、文化培训和新项目培育三张牌。新时空公司捆绑销售、活动策划等多种形式相结合，提高公司的品牌效应，阅报栏广告同比增长50%。加强内部管理，合理调整全员福利待遇，适度提高社保缴费标准，公积金缴存实现全覆盖。继续实施“健康行动”“温暖计划”和“读书行动”，职工互助金累计超过20万元，患病职工得到及时救助。

广播 · 电视

【简述】 2014年，围绕市委市政府中心工作开展宣传，坚持正确舆论导向，加快媒体融合发展，做大做强广电产业，精品创优实现荣获广东省广播电视节目奖“十二连冠”的新突破；电视综合频道全天平均收视、黄金时段收视两项指标，在江门地区全部可收看到的频道中排名第三；广播两个自办频率收听率继续高居江门本地前两位，占本地广播市场份额60%以上，其中FM100.2新闻综合频率获得2013年度全国城市电台新闻类频率综合收听率前10名的殊荣。

【广播】 2014年，江门电台FM100.2新闻综合频率获得2013年度全国城市电台新闻类频率综合收听率前10名的殊荣；品牌栏目《路况直击》《民生热线》《美食双声导》《健仔音乐杂志》等赢得较高的美誉度和忠诚度；《一周亮点》《今日话晒事》《第一资讯》等新栏目获众多听众的肯定；2014年1月1日，江门电台FM1002、FM933两个频率全新改版，新增加《第一资讯》《今日话晒事》《一周亮点》《爱车一路爽》《一路畅游》等栏目。《路况直击》栏目成为市民掌握道路交通实时状况的首选渠道，总体播报情况良好，并于下半年推出微信公众号，增加一个报料的渠道和一个发布信息的平台。贴近本地社会热点，《民生热线》在“两会”举行前邀请人大代表和政协委员谈对“两会”的期待，倾听市民诉求；“两会”后邀请市发改局等为听众解读新一年政府工作报告的亮点项目，畅谈民生实事的重点投入；《一周亮点》分别推出《关注两会，各界期待》《“两会召开”，经济领跑全局》两期专题，深入宣传“两会”精神。江门电台FM100.2及FM93.3于6月6日对江顺大桥合龙进行同步直播、深入报道，并推出特别节目《新跨越 新机遇 新生活——江顺大桥合龙》。顺利直播全国道德模范与身边好人（广东•江门）现场交流活动、转播省台《民声热线》节目以及成功连续三天直播首届国际车展。

【电视】 2014年，策划《装备制造业 江门再出发》《走群众路线，树优良作风》等专题和系列报道；全力做好创文宣传，每月播出创文稿件达70多条；从2014年1月1日起，品牌栏目《江门新闻联播》改版为《江门新时空》，节目时长由20分钟增加至30分钟，收视率环比升高30%；9月份又对《新闻共同睇》全新改版，由40分钟延长到60分钟，收视率环比升幅达31%。《社区发言人》栏目通过公开选拔服务公益热心人的形式，发动群众参与社区事务，调解家庭邻里纷争。传统广电节目通过改版进行立体推广。采编播业务流程再造和技术升级。2014年，全媒体新闻中心举办的“社区发言人”选拔大赛和总编室组织的“共建文明社区，品评优秀剧集”等系列活动，引导普通群众积极参与社区公共事务，取得 “小社区，大和谐”的社会效应。全年圆满完成第二届“2014中国江门杜阮凉瓜文化节”、江海区礼乐龙舟竞渡全媒体现场直播、举行珠超联赛7场赛事直播，开办高清励志类节目《商道》等。通过适时举办各种类型的活动，创新广告经营模式，如“贺年”广告、“315”评选、年末“最具价值品牌”评选等活动成为江门广播电视台知名活动品牌， “科技创新创业大赛”“健康产业博览会”“中国好声音演唱会”“广电小主持人夏令营”等都受到市民欢迎，全年活动收益约400万元。

【事业建设】 确保十八届四中全会、APEC会议、重大节假日等重要保障期的安全播出。利用电视播出的卫星接收机、音频光端机等设备，把卫星广播信号接入到两频率直播室，已作为转播节目的主信号使用，提高转播节目的播出质量。为丰富电视新闻采编播方式，对新闻直播车进行系统改造，车内设备充分利用包括切换台、调音台、硬盘录像机、信号变换器等现有设备，另外增购部分信号处理设备以实现车内信号回传至台内的功能。改装后的采访车还可以与现正使用的电视转播车互相配合，形成多信道、多功能的使用组合。2014年，媒体融合发展拓展新阵地，将原新闻中心和新媒体部整体合并组成全媒体新闻中心，整合资源寻求采编播业务的流程再造和技术升级，完成全媒体新闻中心录制设备的搬迁整合。 除了传统广电和移动网络，江门广播电视台的媒体融合还开始布局车载电视等其他渠道。6月6日，江门广播电视台与江门市公交公司签订战略协议，利用双方优势和新媒体技术打造公交电视频道，丰富市民出行体验。江门广播电视台的广电、互联网、移动互联网、车载电视联动，逐步形成媒体矩阵，增强宣传的影响力。解决多年来困扰广电发展的大楼产权问题，11月3日，市政府批复市国资委《关于回购融和银行大厦有关问题的请示》，决定由市企业资产经营有限公司整体回购江门市发展大道178号融合银行大厦资产。

【项目实施】 与苏州广电合作，签署协议正式加入全国城市信息云平台（CICI）联盟建设“城市信息云平台-江门”项目，实现一个平台（城市信息云平台）、二项应用（“无线江门”移动应用客户端和大数据积累分析拓展）、三屏（电视屏、手机屏、电脑屏）互动、四网（互联网、物联网、通讯网、广电网）融合、五大系统（新闻资讯、公共文化、生活服务、应急信息和电子商务五个信息发布系统）发布。11月上旬，江门市政府批复同意将该项目列为江门市“智慧城市”建设十三五规划的重点项目加以推进，并建议项目充分利用江门市现有各类信息资源，作为市网上办事大厅的延伸和补充。2014年7月江门广播电视台决定继续推进“绿蒲葵”计划，确定《江门广播电视台组织纲领》和《绿蒲葵行动：江门广播电视台2014-2017年组织文化落地建设纲要》两份纲领性文件，完成江门广电组织文化成果发布暨落地启动，结合江门广电的使命、愿景、核心价值观和经营理念，就近期江门广电亟待解决的有关节目创新、商业模式变革、创新机制建设等问题进行专题研讨并确定方案。

借助大型系列纪录片《他乡五邑人》在广东国际频道完整播出的契机，2014年5月13日江门广播电视台与市外事侨务局联合举办“他乡五邑人与21世纪海上丝绸之路经贸文化论坛”，印尼驻广州总领事馆总领事阿里特·萨迪卡以及众多来自印度尼西亚的华人华侨和江门本地企业代表深入探讨如何将侨务资源和海洋优势与“21世纪海上丝绸之路”这一国家战略结合起来，推动两地经贸文化发展。活动中，印尼广肇总会青年会与世界江门青年大会联络总部还签订友好合作框架协议。

表59：　　2014年江门广播电视台获省级以上奖励作品

作品名称	作者	获奖名称	获奖等级
广播文艺栏目《侨乡风采》	刘芳、张洁玲、吴丹、施耀宗	2014年度广东省广播影视奖广播文艺奖	一等奖
2014的行装--江门异地务工人员春运返乡见闻	苏伟城、陈连生、梁伟雄、林琳、徐鸿彬、王娟娟	2014年度广东省广播影视奖广播新闻奖	二等奖
广播对象性节目一个音乐家族的百年回响	何庆庭、张洁玲、刘芳、吴丹	2014年度广东省广播影视奖广播专题奖	二等奖
广播音乐节目 音乐作品《天露春早》赏析	刘芳、张晨露	2014年度广东省广播影视奖广播文艺奖	二等奖
广播短消息《“广东斜拉第一桥”——江顺大桥今天顺利主跨合龙》	陈姝、潘开亮	2014年度广东省广播影视奖广播新闻奖	三等奖
广播新闻专题　坚强与爱的延续……	徐鸿彬、林筱岚、张洁	2014年度广东省广播影视奖广播新闻奖	三等奖
电视短消息江顺大桥今天合龙“牵手”江佛两地	王芬芳、何晓鹏、余永达、胡醒月	2014年度广东省广播影视奖电视新闻奖	三等奖
电视消息　群众路线“开平模式”打开便民绿色通道	欧阳华、李锐杰、谢萍萍、余永达	2014年度广东省广播影视奖电视新闻奖	三等奖
电视纪录片小漆：我的大学	成硕、梁宗鸣、陈嘉敏、纪嵩山	2014年度广东省广播影视奖电视专题奖	三等奖

（江门广播电视台）

卫生

概述

【简述】 2014年，江门市医疗机构总计1716家，其中医院39家，基层医疗卫生机构1570家，公共卫生机构105家，其他卫生机构2家。全市拥有病床数18455张，每千常住人口拥有病床数约4.09张。全市卫生工作人员28416人，卫生技术人员23157人，全市每千常住人口拥有卫技人员约5.13人。三级甲等医院3间，三级甲等中医院1间，二级甲等医院16间。全市公立医疗机构完成门诊量3036.8万人次，出院病人64.07万人。

【卫生系统行风建设】 全市医疗卫生单位查处回扣问题2件4人，涉及金额20万元，查找存在问题405个，制定整改措施463条，建立完善制度285个。开展医疗乱收费专项治理，医疗机构自查纠正问题197个，涉及金额 45.29万元。开展非法行医专项治理，全市取缔诊疗场所168间次，立案59宗；推进廉洁医院建设，重新修订轮岗制度，加强医疗卫生单位重点岗位人员管理。协调解决专项经费210万元。加大科技防腐力度，投入经费50多万元，对22家医院安装防统方软件进行补贴。医务人员廉洁行医意识增强，拒收红包回扣6334 人（次），金额141.05万元。市卫生计生局行风建设工作得到行评团的肯定，行评成绩在市直10个参评单位中名列第一，被评为满意单位。加强廉政教育，组织直属单位领导和药剂、设备、总务、财务等重点岗位工作人员近50人到广东省反腐倡廉教育基地接受廉政警示教育。注重正面示范教育，开展“五邑廉洁清风”推荐对象选拔活动，市妇幼保健院陈艳娟当选为2014年“五邑廉洁清风”勤廉兼优先进个人。

【药品、医用耗材招标采购】 药品第三方交易平台采购工作自2013年10月正式实施以来，新的模式有很多新的要求，在药品交易过程中出现未及时签订合同、未按规定结算药款、企业不供货、不及时足量供货等问题。为解决上述问题，召开医疗机构药品交易工作座谈会，草拟《关于报送医疗机构开展药品交易工作相关问题的报告》（江卫〔2014〕254号），请示省卫生计生委协调解决相关问题。催促医疗机构按有关规定补签采购合同，所有医疗机构均按规定全部完成合同的签订工作。

【卫生信息化】 完成建设江门市预约诊疗平台公开投标。首期四大医院（市中心医院、市五邑中医院、市人民医院、市妇幼保健院）2014年12月29日投入使用。市民可通过多种途径、多种形式（医疗机构门诊自助机、网站、微信、手机App、电话114等）进行预约挂号，随时了解四大医院的专家及门诊的号源信息，2015年起将逐步推广到全市二级以上医院使用。

【卫生宣传教育】 建设卫生计生三栏（公开栏、宣传栏、读报栏）、健康教育基地、《江门卫生计生》行业报、“江门卫生计生”政务微博、江门卫生计生信息网、“12320”热线、宣传工作简报等多个宣传阵地，策划和组织专题报道、系列报道、深度报道，形成卫生宣传教育品牌效应和规模效应，在电台、电视台、报刊等媒体上先后开办《侨乡卫生计生》《健康周刊》《中医话养生》《妇幼保健专题•女人坊》等专栏，推出《基层医院发展巡礼》系列报道以及医改成效、社会办医现状等深度报道。台山市“中医药文化长廊”被广东省卫生计生委评为广东省卫生计生宣传示范基地。

医疗 • 卫生

【农村卫生】 全市有乡镇卫生院65个，其中中心卫生院19个、一般卫生院46个，全市共有行政村1052条，建立农村卫生站的行政村824条，建卫生站936个，卫生站服务基本覆盖所有行政村。市本级财政安排125.9万元专项资金继续对村卫生站医务人员实行“一村一站一万元”财政补贴。对经济欠发达地区乡镇卫生院装备“五个一”设备，即一辆救护车、一台全自动生化仪、一台心电图仪、一台X光机（中心卫生院DR）、一台B超仪（中心卫生院彩超）。全市拟需装备“五个一”设备155台，合计金额2585万元。开展设备招标采购工作。创新资金分配模式，联合市财政局制定并实施《2014年农村卫生专项资金竞争性分配评审工作方案》，通过竞争性评审方式，分配农村卫生专项资金150万元。是年，新会区被确定为全省农村乡村医生家庭医生式服务试点联系地区。

【社区卫生】 至年底，全市共设置社区卫生服务机构42个，其中社区卫生服务中心20个，社区卫生服务站22个，城市社区卫生服务基本覆盖所有城镇居民。继续开展三甲医院对口支援社区卫生服务机构工作，试点社区卫生服务中心提升和完善基本医疗服务、公共卫生服务、人才培养、设备环境等各方面。蓬江区被确定为全省城市社区家庭医生式服务试点联系地区，江海区被确定为江门市城市社区家庭医生式服务试点联系地区。

【中医工作】 加强县级中医院标准化建设，完成二级甲等中医医院复审，继续深入推进基层中医药服务能力提升工程。坚持打造中医特色专科，加强中医药人才培养，开展基层医务人员中医适宜技术培训，注重中医特色人才引进，制定激励措施，各地制定相应的方案措施，鼓励社会力量在基层举办中医医疗机构。健全全民医保体系中医药诊疗项目。加强中医药文化建设，推进中医药科普工作。加强三级中医院对县级中医医院的帮扶。加强重点（特色）专科建设、发挥中医药在常见病、多发病诊治中的优势和作用，推广和运用中医特色治疗项目，开展中医预防保健和“治未病”服务。

【医政工作】 推进县级公立医院综合改革，发展壮大民营医疗机构。提高医疗服务能力，开展疾病诊疗知识培训活动，开展白内障复明工程，免费救治贫困白内障患者6734人；积极救治家庭困难精神病患者；认真落实艾滋病防治“四免一关怀”政策，对艾滋病机会性感染病人实施医疗救助。推进基层中医药服务能力提升和医疗纠纷人民调解机制建设。加强阳光用药制度建设。开展全市医疗机构规范医疗服务检查。联合举办首次珠海、中山、江门三地“天使的故事”微电影大赛。2014年4月底，珠中江首次以卫生题材的微电影大赛——“天使的故事”在三地数十家医疗卫生单位正式启动。

【医学教育与科研】 推进全科医师培养工作，组织25人参加西医全科医师培训，4人参加中医全科医师转岗培训。江门市中心医院被认定为第一批住院医师规范化培训基地；江门市五邑中医院被认定为中医住院医师规范化培训基地、中医类别全科医生规范化培养基地（临床培养基地）。修改完善《江门市卫生计生局科研项目和新技术新项目推广应用项目管理规定》，建立由155名具有高级职称的专业技术人员组成的项目评审专家库，规范科研立项的申报、评审以及中后期管理工作。全市卫生计生系统共获得2014年度江门市科学技术奖26项，其中一等奖1项，二等奖8项，三等奖17项；与2013年相比增加10项。2014年度获得医药卫生计生科研项目465项，其中省部级科研立项4项，市厅级科研立项283项，市卫生计生局立项178项。

【无偿献血】 2014年，各市、区人民政府要认真贯彻落实《中华人民共和国献血法》的有关规定，切实加强对辖区无偿献血工作的领导，做好统筹安排，充分发挥传统媒体和新媒体的作用，广泛宣传献血的意义，广泛宣扬“科学献血、无损健康”的科学理念，积极组织和动员18岁至55岁（曾参加过献血的，可延至60岁）适龄公民参加无偿献血。同时加强对辖区内医疗机构临床用血的监督管理，定期对本行政区域内医疗机构临床用血情况进行督导检查，全市献血量累计10903515毫升（含机采），41263人次（含机采）参加无偿献血，分别比2013年下降1.65%和0.20%，合计完成全年采血目标量的92.23%。全市累计临床用血9855600毫升，合格采血量与临床用血量相差123810毫升，通过与省内血站之间血液调配，基本满足临床用血需求。2014年度，全市单采血小板4178人份，2870人次参加了机采献血，与2013年相比分别下降9.43%和11.34%。临床用血小板4090人份，比2013年下降8.68%。本年度血小板采集基本满足临床使用需求。其中团体献血占57.54%，献血屋献血占30.04%，街头献血占12.42%。

公共卫生

【卫生应急】 制订印发《关于进一步加强突发事件医疗卫生救援信息和重大传染病疫情信息报告工作的通知》，发挥H7N9防控工作牵头单位作用，以市政府名义成立江门市防控人感染H7N9禽流感疫情工作领导小组，开展联防联控工作，落实“1110”即“一日清洗消毒、一周一大扫除、一月一休市和活禽零存栏”措施，对病人实行集中收治、早用“达菲”等治疗策略，加强全市人感染H7N9禽流感卫生应急处置工作。全市动员开展登革热防控工作，多次召开全市登革热防控工作会议，投入登革热防控资金（包括政府财政、部门、镇街等）1400多万元。统筹全市各级政府、各有关部门开展埃博拉防控应急准备工作，成立江门市埃博拉出血热联防联控工作机制，开展联防联控工作和突发公共卫生事件应急指挥视频交换平台建设。加强应急演练，开展危化品车辆交通事故救援“双盲”演练、江门市防空警报试鸣演练、地震应急救援综合演练、珠中江（中山）综合演练等。

【疾病预防与控制】 全市连续22年无脊灰病例报告，26年半无白喉病例报告、21年半无乙脑病例报告。全市重性精神疾病患者检出率为5.43‰，患者管理率为83.92%，江门市皮肤医院荣获“广东省性病麻风病综合防治先进单位”称号。开平市玲珑医院荣获“广东省优美麻风病医院”称号。启动艾滋病防治综合防治城市示范区的工作，开展为期五年的示范区建设。与去年同期相比，累计治疗人数及在治人数分别增加35.4%、37.8%。是年，无甲类传染病发病、死亡报告。乙类传染病中传染性非典型肺炎、脊髓灰质炎、乙脑、炭疽、流脑、百日咳、白喉、钩体病、血吸虫病均无发病、死亡报告。

【妇幼保健】 全市有妇幼保健机构6间，在职人员1995人，江门市妇幼保健院和鹤山市妇幼保健院先后完成新院整体搬迁，两院共新增床位约500张，可满足年门诊量150万人次，满足年分娩量约1万例。开展“妇幼健康服务年”各项活动，联合市总工会组织开展江门市妇幼健康技能竞赛，选拔8名优秀队员参加全国妇幼健康技能竞赛广东省选拔赛，获得全省个人二等奖5个、优秀奖2个，单项奖8个，同时荣获团体二等奖。开展爱婴医院复核工作，加强妇幼卫生信息监测预警，制定《江门市孕产妇管理工作规范》，根据孕产妇情况和助产机构的情况，实行分级管理。继续实施0-6岁儿童健康管理、孕产妇健康管理、农村妇女免费补服叶酸、妇女免费乳腺癌和宫颈癌检查、预防艾滋病梅毒和乙肝母婴传播等妇幼基本和重大公共卫生服务项目。是年，全市孕产妇艾滋病、梅毒、乙肝检测率分别为99.98%、99.83%、99.93%。HIV抗体阳性产妇服药率为88.89%，其分娩的婴儿服药率为96.30%，梅毒感染产妇服药率为85.39%，乙肝感染产妇分娩婴儿乙肝免疫球蛋白接种率为99.30%。市中心医院、市妇幼保健院通过省卫生计生委组织的夫精人工授精技术和体外授精-胚胎移植及其衍生技术现场校验、产前诊断技术现场评审。

【卫生监督】 强化医疗机构监管，对全市医疗机构的违法违规行为立案查处56宗，其中警告17户次，罚款47户次，罚款金额68.4万元，没收违法所得9.8万元，吊销“医疗机构执业许可证”1家；打击非法行医，对无证行医个体或人员违法违规行为立案处理62宗，取缔未取得“医疗机构执业许可证”的诊疗场所332间次，罚款27.8万元，没收违法所得11.2万元，涉嫌犯罪移送公安机关5宗并追究3名非法行医者刑事责任。全年出动执法人员2326人次，出动执法车辆580车次。整治放射诊疗专项，对171间放射诊疗机构进行监督检查，出动1448人次，车辆455驾次，发出《卫生监督意见书》171份，行政处罚14宗。全市总体目标完成情况如下：日常卫生监督检查率100%；放射诊疗许可率为94.15%；放射工作人员持证率97.51%；放射工作人员培训率100%；放射工作人员个人剂量计佩戴率99.97%；职业健康体检率100%；建档率100%；放射工作场所及设备检测率100%；建设项目卫生审查率（预评价审查和竣工验收）分别为71.42%和81.25%，总体目标达到整治任务要求。

【爱国卫生】 组织爱国卫生月活动，全市举办各类宣传活动80多场次，参加人数超过5万人（次）；印发各类健康教育资料40多万份，清理卫生死角1.5万处，处理“四害”孳生地1.81万处，清理淤泥垃圾杂草杂物1.1万多吨，清理“牛皮癣”3.2万多张。开展病媒生物防治，登革热防控期间，全市统一灭蚊行动58次，发动群众清理幼蚊虫滋生地18万处，入户调查790000户次，环境整治面积31288万平方米，灭蚊面积33409万平方米，使用灭蚊药物100多吨。强化防控登革热工作督导，先后组织开展专项督导413次。在报纸、电视、广播刊播防蚊灭蚊专题节目3600多次；派发各类宣传单张160000份。

【巩固国家卫生城市创建成果】 根据《江门市国家卫生城市卫生管理巡查制度》要求，组织巡查暗访地点达90多处。各市参照江门市区做法建立省卫生城市管理制度，形成市县两级卫生城市管理巡查制度，将工作重心下移，提升国家和省卫生城市管理力度，推进国家和省卫生城市长效机制建设。根据《关于印发〈江门市健康村工程试点建设实施方案〉的通知》，健康村工程试点村村容、生态、生活、社会环境质量得到全面提升和改善。

【创建卫生村镇】 截至2014年底，全市新创建成省卫生镇2个，复审合格省卫生镇2个，创建省卫生村64个，市卫生村149个；新建改建农村卫生户厕10170户，其中，蓬江区500户，江海区400户，新会区2000户，台山市2650户，开平市2000户，鹤山市1320户，恩平市1300户。

【全民健康教育】 开展“健康知识进万家”系列宣传活动。开展“暑期疾病防控知识”“登革热防控知识”“元旦春节期间健康知识”3期专题宣传活动，在全市范围内举办120多场宣传咨询义诊活动，参加群众达36000多人次，发放宣传海报、折页、小册子、传单等各类资料近20万份，送出知识问答小礼品近10000份。开展广东省“无烟单位”创建活动。建立市、县（区）两级控烟工作网络，形成无烟单位创建长效工作机制，组织全市卫生计生机构、学校、机关在事业单位、工厂企业、酒店、餐厅等单位、部门开展无烟单位创建工作。完成氛围营造、方案制订、落实分工、暗访督导、评审检查、组织申报等工作，是年制作一套统一标准的医疗卫生计生系统控烟标识牌，累计发放禁烟标志80000多个；编印5种禁烟宣传海报，累计发放近10000份；设计8种禁烟宣传折页，累计发放100000多份。

（市卫生局）

体育

体育事业

【简述】 推动公共体育服务体系建设，新增14个镇街全民健身工程，全市镇街全民健身广场达53个，镇街覆盖率达86.8%。全市总计体育面积达到1121万平方米，人均体育面积达2.49平方米，推动公共体育场馆和有条件的学校体育场地对外开放。举办第二届江门健走马拉松大赛、第三届千村（居）篮球赛。承办2013-2014中国羽超联赛广东主场、“映美杯”2014年中国国际象棋甲级联赛。新会区被授予“广东省传统龙舟特色区”称号。成立江门市（省级）社会体育指导员上岗服务试点10个，全市各镇街社会体育指导员服务站达到全覆盖，拥有11430名社会体育指导员，占总人口数的25.4/万。建立6个体质测定与运动健身指导站，开展常态化测试指导服务。苏海航荣获韩国仁川亚运会现代五项男子团体金牌，钟秀婷荣获南京青奥会现代五项金牌。新会五和青少体育俱乐部和荷塘三良青少年体育俱乐部新评为省级青少年体育俱乐部。全市体育彩票年销售总额达3.84亿元，同比增长33.17%，再创历史新高。

【群众体育】 开展第六次全国体育场地普查，完成全市体育场地测量，登记表审核和实地核查等工作。全市总计体育面积达到1121万平方米，人均体育面积达2.49平方米，居广东省人均体育面积上游水平。新增14个镇街全民健身工程，全市镇街全民健身广场达53个，镇街覆盖率达86.8%。元宝山体育公园二、三期工程全面完工并对外开放，协助推进江门体育中心建设，台山新宁体育馆顺利完工并开放使用。配合城建部门加快推进社区体育公园、闲置土地及小区场地设施的建设，江海区江南体育公园建设进度达到70%。推动公共体育场馆和有条件的学校体育场地对外开放。举办第二届江门健走马拉松大赛，来自省内外及海外华侨近13800人参与，承办“映美杯”2014年中国国际象棋甲级联赛、2014年国际网联青少年（U18）巡回赛、“京山杯”全国小学生趣味网球赛(江门站)、广东省五人足球争霸赛江门城市赛、广东省三八门球赛、2014年广东省健身气功站点联赛（江门站）等赛事。开展第三届千村（居）篮球赛、市第十届农民运动会、市第十八届体育舞蹈晚会、2014年迎新春三人篮球赛、“羽林争霸”2014红牛城市羽毛球赛、第四届“挑战十万步”健步走马拉松等赛事，新会区被授予“广东省传统龙舟特色区”称号，该区“万胜杯”龙舟赛已连续举办15届。组队参加第五届广东省少数民族传统体育运动会共获得金牌5块，银牌3块，铜牌5块，总分排第6名，并获优秀组织奖和体育道德风尚奖。选拔市体育场健身气功站点、蓬江区风貌街健身气功站点参加2014年广东省健身气功站点联赛获集体项目一等奖1个，二等奖1个。试行政府体育职能部门向体育协会组织购买服务的机制，推进体育社会组织管理制度改革。建立市级协会孵化基地。推动各市、区成立体育总会，新成立市社会体育指导员协会、市健美操协会、市蔡李佛拳协会和市小型足球协会，全市单项体育协会数110个（江门市直34个）。成立江门市（省级）社会体育指导员上岗服务试点10个，全市各镇街社会体育指导员服务站达到全覆盖。培训各级社会体育指导员1441人。各市、区有11430名社会体育指导员，占总人口数的25.4/万。组织开展国民体质监测活动，全市共测试4280人。建立1个市级体质测定与运动健身指导站，5个县级体质测定与运动健身指导站（新会、开平、台山、鹤山、恩平市），开展常态化测试指导服务。在市妇幼保健院建立国民体质监测点，专门开展针对0-6岁儿童的体质测试工作。

【竞技体育】 苏海航荣获韩国仁川亚运会现代五项男子团体金牌，钟秀婷荣获南京青奥会现代五项金牌。在亚洲残疾人运动会上，刘辅梁获得男子跳远金牌，熊桂艳获得T9/T10级女子乒乓球团体赛金牌和个人铜牌。组织市237名运动员到肇庆市体育局注册，顺利完成第十四届省运会前的最后一次注册工作。推进体教结合，完善青少年体育和学校体育竞赛制度，通过竞赛杠杆推动青少年体育工作。设置网球、举重、篮球、田径等23个项目的市青少年及传统项目学校组各锦标赛，约1900多名运动员参加，创下参赛人数新高，其中田径比赛有4项市纪录被刷新。加强竞技体育后备人才培养体系建设和传统校师资培训工作，对全市36所“体育传统项目学校”分别划拨1万元扶持资金。新会五和青少体育俱乐部和荷塘三良青少年体育俱乐部新评为省级青少年体育俱乐部。江门市现有国家级青少年体育俱乐部13所、省级青少年体育俱乐部16所。组织参加国家体育总局和省体育局举办的各项目教练员培训班、学习班达60多人次。多次组织裁判员参加省体育局举办的各类一级裁判员培训班和市裁判员业务培训。全年共审核批准二级裁判员253名。在2014年广东省锦标赛上，江门市获得金牌10枚，银牌16枚和铜牌36枚，奖牌总数共计62枚，取得前八名的运动员有216人。其中，蹦床获得团体总分99分，列全省第二名，田径获得团体总分443分，列全省第三名，是近二十多年来取得的最好成绩。

【体育产业】 开展体育产业工作调研，向市委市政府提交《关于我市体育产业发展情况的调研报告》和《关于〈江门市体育运动学校五年发展规划纲要（2015—2019年）〉的报告》。组织多家体育用品制造企业参与第十五届中国（广东）国际体育用品博览会暨第十一届粤港澳国际体育用品博览会。落实体育彩票“三级管理、三级分配”改革，拓宽营销渠道，市体育彩票年销售总额达3.84亿元，同比增长33.17%。市属体育场馆完善配套设施，采取多样化的经营方式，全面盘活场馆资源。严格高危体育项目的准入，将高危险性体育项目许可审批监督权委托给三区四市的体育行政部门，加强游泳市场的监管。全年举办九期游泳救生员培训班，参加培训的学员有491人次，排在广东省前列。2014年11月1日，主题为“同建文明城市、共享健康生活”的第二届江门健走马拉松大赛在滨江大道绿道开赛。4月12日上午，“映美杯”2014年中国国际象棋甲级联赛正式在开平市自力村拉开帷幕。

【元宝山体育公园启用】 2014年1月28日，元宝山体育公园二、三期工程完工并开放。元宝山体育公园总规划建设用地约23万平方米，建设资金来自森基（澳门）发展有限公司董事长肖德雄捐赠的5000万元。元宝山体育公园一期工程建设有15个标准篮球场、1个儿童篮球场、3个五人足球场、户外乒乓球台、500米的环跑道、单车径、健步径等体育设施，已于2013年2月1日向广大市民开放。二、三期工程设有滨水活动区、休闲活动区、沙滩戏水活动区、儿童游乐活动区和登山活动区。公园开放时间为早上8时至晚上11时，采取有偿服务与无偿服务相结合方式管理运作，除南部地面停车场、3个五人制足球场和15个标准篮球场要收费外，其他健身设施、项目均免费开放。

（市体育局）

侨务·港澳台事务

华侨华人·港澳台同胞

概述

【简述】　截至2014年底，全市接收海外侨胞捐资赠物折合70.7亿港元；全市侨资企业累计登记数3991家，累计投资金额约合196.59亿美元。

【捐赠公益事业】　2014年11月，国务院侨办举办“2014中央媒体广东侨乡行”活动，组织《人民日报》、中央电视台、中国国际广播电台等中央媒体到市采访报道华侨捐赠情况。2014年11月，祖籍开平的加拿大侨领方君学先生、祖籍台山的香港同胞陈中伟先生获颁发“2014南方•华人慈善盛典”的“慈善人物奖”。

【服务侨乡经济】　2014年11月，举办首次“江门市荣誉市民代表考察活动”。来自加拿大，我国香港、台湾、澳门地区以及内地城市的方君学、叶子轩、谭炳立、陈明国、刘朝盛、冯式忠等18位江门市荣誉市民代表应邀参加产业园区考察活动和市政府座谈会。2014年12月，依托广东省大学生创业孵化基地，成立江门市侨青创业孵化中心，打造海外高层次人才到江门创新创业孵化平台。

【市侨商总会】　2014年8月，中央人民广播电台华夏之声频道《港澳企业在内地》专题节目，采访报道江门市侨商总会会长企业——江门谦信化工发展有限公司、鹤山雅图仕印刷有限公司。2014年11月，江门市侨商总会举办侨商与政府部门座谈会，市发改、科技、人社、地税、安监、环保和五邑大学、中国银行等部门应邀出席，推介市投资优惠新措施，与会员互动交流。2014年11月，江门市侨商总会举办“拓内销•育人才”沙龙，以“聚焦国内市场，部署人才战略”为主题，邀请英国密德萨斯大学实践学习研究中心工商管理博士司徒志文先生、麦基尔国际顾问有限公司主任顾问及亚太区总经理蔡惠琴太平绅士现场授课，与江门市110多名侨资企业家互动交流，分享经验。

（市外侨局）

归侨群众团体

【江门市归国华侨联合会】　协助美国西雅图中华商会代表团到访江门，推动西雅图中华商会与市浙江商会会长冯式忠签署开展经贸技术合作交流框架协议。组织海外青年侨商考察大广海湾经济区规划发展项目。2014年全市侨联共处理来信来访来电500多件（次），其中市侨联60多件（次）。2014年元旦、春节前夕，全市各级侨联共慰问困难归侨侨眷100多户，发放慰问金近20万元。协助广东亚太纸业公司到新会双水资助40多名贫困学生，连续五年累计30多万元。发动香港又一村狮子会、香港麦罗武慈善基金在江门市举行“关爱母亲•温暖儿童”活动，为60名患“两癌”的贫困妇女每人送上5000元医疗援助金，为263名贫困家庭学生尤其是单亲特困家庭学生、贫困侨眷家庭学生每人送上人民币1000元助学金，捐赠合计70万元港元。推进免费送医送药服务，联合市人民医院为基层侨界群众开展医疗义诊、健康咨询、送医送药、侨法宣传等活动，受益群众逾300人。邀请新西兰中华文化艺术学院院长区本在江门举办“艺术献祖国 共圆中国梦”的书画展。接待160多名中国侨联海外顾问、委员访问团。市侨联随市政府代表团访问加拿大多伦多、温哥华、美国西雅图等，与万锦市签订

《加强友好交流备忘录》。随同省侨联代表团访问非洲南非、马达加斯加等。2014年各级侨联接待回乡观光联谊、探亲访友、寻根祭祖、商务考察海外、港澳社团共400多批次，9000多人次。其中市侨联共接待海外社团、侨领，以及国内社团等71批次，共900人。2014年11月7日，召开江门市海归人员发展联合会成立大会暨第一届理事会就职典礼，林宜龙先生当选为首届会长。12月5—7日，第四届世界江门青年大会在香港召开，来自33个国家和地区逾千名青年精英代表参加。市侨联邀请14个国家及地区100多名海外嘉宾、21个社团代表出席。市侨联向市长办公室和有关部门提交《关于创建“江门（巴西）经贸发展信息平台”的建议》。2014年全市华侨华人、港澳同胞捐赠兴办公益事业达50多项，共1.12亿元人民币，其中捐赠数额较多的是台山7034.78万元，开平1800多万元，恩平1900多万元。市侨联组织归侨侨眷参与“江门市2014年慈善公益万人行”活动。（市侨联）

【江门侨界青年联合会】 2014年3月，组织会员参加市妇联“关爱母亲、温暖儿童”慈善夜活动。参与江港青年交流促进会举办的“溏心风暴”之石鼓洲之行。5月，组织考察大广海湾经济项目，30多名世界各地侨青参加。6月，开平市侨联与印尼泗水小太阳三语国民学校举办“中国开平，印尼泗水”2014年夏令营活动，江门侨青会在开营仪式中开展“爱的抱抱”活动。7月，本会首席会长陈杰恒先生组织侨青会首长赴成都参观汶川灾后重建工作。11月、12月，协助台山市、开平市侨联成立“侨青会”。协助美国西雅图中华商会会长马建宁带领由西雅图教育和商界10位领袖组成的代表团到访江门，推动西雅图中华商会与市浙江商会会长冯式忠签署开展经贸技术合作交流框架协议。完成“两个拓展”（拓展海外工作、拓展新侨工作），参与筹备12月在香港举行的第四届世界江门青年大会，邀请14个国家及地区100多名海外嘉宾、21个社团代表出席。牵头世青会会歌创作及文娱节目设计工作。在港澳、海外成立江门五邑青年联合会。参与慈善公益，定期开展“爱的抱抱”活动。2014年参加“爱的抱抱”活动累计300多人次，投放资金20多万元。联合市侨联主办“爱侨助侨，共建幸福侨乡”为侨服务启动仪式，现场开设义诊、义测视力、义剪、义修小家电、法律咨询、居家养老咨询等服务摊位。发动香港又一村狮子会、香港麦罗武慈善基金举行“关爱母亲•温暖儿童”活动，为60名患“两癌”的贫困妇女每人送上5000元医疗援助金，为263名贫困家庭学生尤其是单亲特困家庭学生、贫困侨眷家庭学生每人送上人民币1000元助学金，捐赠合计70万元港元。是年，举办“江门侨青网”和《侨青之友》刊物，拓宽侨青工作渠道。12月召开的广东省第十次归侨侨眷代表大会期间，江门侨青会荣获“广东省侨界贡献奖”。（市侨联）

【江门市印尼归侨联谊会】 联合蓬江区侨联，协调解决印尼归侨李炳南、李炳安兄弟2人廉租房问题。1月12日，组织举办印尼归侨春节联欢会，向2013年考上大学本科的3名印尼归侨子女颁发奖学金，向17名80岁以上印尼归侨发放慰问金。2月14日，配合市侨联组织归侨参与“江门市2014年慈善公益万人行”活动。3月22日，组织20多名会员及归侨侨眷参加市侨联2014年为侨服务活动启动仪式。9月14日，举行“2014年印尼归侨联谊会贺中秋、迎国庆联欢晚会”，200多名印尼归侨侨眷欢聚一堂。开展对外交流联谊，密切与珠海印尼归侨联谊会、中山印尼归侨联谊会、印尼广肇总会、香港广西印尼归侨联谊总会、澳门印尼归侨协会、广州艺术学院等沟通联系，互通信息，加强合作。帮助印尼华人在蓬江区寻根问祖，找寻到祖屋及宗亲。先后召开五次全体理事会议，讨论会务工作，筹备理事会换届事宜。做好参政议政工作，组织本会市侨联委员参加市侨联六届四次常委会议，本会理事陈津江参加广东省第十次归侨侨眷代表大会。本会副会长、市人大代表周兆祥，副会长、市政协委员黄抵江等撰写提案、议案。（市侨联）

【江门市越柬老归侨联谊会】 1月，春节前夕组织上门慰问多户困难归侨侨眷。2月，围绕市侨联工作中心，组织参与“江门市2014年慈善公益万人行”活动。3月，组织10多名会员及归侨侨眷参加市侨联2014年为侨服务活动启动仪式。组织越南、柬埔寨、老挝、缅甸、新加坡、马来西亚、泰国等国归侨侨眷开展联欢联谊、送“文艺”下基层等活动。组织本会市侨联委员参加市侨联六届四次常委会议，本会副会长杨子云出席广东省第十次归侨侨眷代表大会。拓展对外联谊，实施“走出去，请进来”，接待越南、香港等社团侨领，推介江门市优良的投资环境和人文环境。引导海内外侨胞了解江门，到江门参观旅游，投资兴业。

侨务·港澳台事务

国内侨务工作

【华侨农场改革发展】 制定实施《华侨农场改革发展总体工作方案》，围绕深化改革、促进发展、改善民生三个重点全面推进各项工作。危房改造工作顺利推进，全年新开工187户、建成使用227户。优化产业结构，推进大槐侨场六家松工业园扩园工作，新增工业用地指标2200亩，当年引进和增资扩产项目各2个，投资额2亿多元，3个在建项目进展顺利。推进合成侨场现代农业规范园区建设，海宴侨场传统农业改造取得阶段性成果，规模化现代蔬菜种植已开发2000多亩。

【依法护侨】 2014年，加强理论研究，创新涉侨信访处理方式方法，加大多部门协作解决群体性上访事件，上下结合做好老信访人工作，处理信访积案，总体涉侨信访量呈下降趋势，全市全年共计处理来信来访1052件，办结率达95%，特别是合成华侨农场改制漏报职工社保遗留问题已基本解决。

【社区侨务】 社区侨务工作取得新的成绩，鹤山古劳社区被国侨办评为“‘侨爱工程——暖侨敬老行动’联系示范区”联系示范区，台山都斛镇莘村社区荣获“全国社区侨务工作明星社区”称号。

【为侨服务】 2014年以来，在各市、区开展“关爱工程”，全市统一组织开展两次节日慰问、两次助学、一次敬老、一次集中临时救助，受益归难侨及归侨子女共698个归侨家庭、归侨子女、三无老人，发放资金达140余万元，慰问品一批，协助省侨办开展义诊服务活动一次。共受理217人，批准189人。审核办理普通高考“三侨生”48人。

境外侨务工作

【第四届世界江门青年大会】 大会于2014年12月5—7日在香港和江门两地先后举办，多个海外社团、青年精英和江门市政府代表团合共1000余人出席，世青（香港）论坛、信息科技业分论坛、金融业分论坛、旅游服务业分论坛、物流运输业分论坛联合来自世界各地不同行业的青年精英共同探讨发展大计；评选世青“十大杰出青年”；开展工业产品及旅游风光图片展；集体创作世青会会歌《使命与光荣》。推动印尼广肇总会、墨西哥西北区华商总会、巴拿马江门五邑青年联合会与江门市国际商会签订《江门市国际商务交流合作协议书》；香港五邑青年总会、澳门江门青年会、澳大利亚悉尼江门五邑青年联合会与江门市旅游协会签订《江门旅游信息推广处合作协议书》。

【对外交往】 完成市委市政府港澳新春拜访活动，市委市政府于2014年2月27日到3月1日在港澳举行新春活动。香港酒会邀请250多人，澳门140多人，并拜访重点乡亲六名。完成港澳及海外社团会庆的活动。2014年港澳及海外社团、公司举办会庆及各种活动60多场。

【联谊活动】 完成来访团组的接待工作。全年共接待来访团组56批1116人。

【侨刊乡讯】 参加市出版刊物审读小组，对全市80多种侨刊的每期刊物进行审读，提出整改意见，11月10日组织侨刊乡讯培训班，全市侨刊乡讯社近80人参加培训班。落实市政府对侨刊乡讯的扶持力度。支持《中国侨都》杂志社共4期，1680册邮寄到海外社团，费用共6万多元。支持《广东侨乡文化研究中心》《炎黄天地》各5000元。

【侨务宣传】 建立世青会全媒体平台，并在第四届世界江门青年大会开幕式上举行启用仪式。世青会全媒体平台通过网络、微博、微信等各种先进的即时通信手段及时发布侨乡咨询和世青会动态；按专业、行业、兴趣等细分的交流群组，促进世青会会员的商贸、文化沟通，常态化往来的新交流机制的形成。

【文化宣传和华文教育】 组织澳门青年在党校举办培训班。2014年3月15-16日，3月22-23日，10月11-12日，10月25-26日，一共四期的澳门青年社区服务研习班分别在市委党校开班，澳门江门青年会先后合共120人在党校学习社区服务等相关课程，并与市青企进行交流，参观华博馆、新会北门社区和恩平市产业转移园区等。组织、推荐教师参加海外华文支教，经过省侨办的考核和培训，有五位教师分别被选到印尼、菲律宾、荷属库拉索任教。

港澳事务

【政务及高层交流】 2014年7月16日上午，2014年粤澳合作联席会议在澳门举行，广东省省长朱小丹与澳门特别行政区行政长官崔世安共同主持会议并作主题发言。市长庞国梅参加会议，并就努力打造粤澳合作新平台，加快推进大广海湾经济区合作发展做书面发言。这是江门市首次有议题列入粤澳联席会议，标志着江门市与澳门的合作已纳入粤澳官方高层双方共同推进的范围。为落实粤澳合作联席会议精神，2014年 11月刘海书记与澳门特区政府高层会见，双方就江澳合作问题深入交换意见，初步达成两点共识：一是按照将澳门产业多元化发展需求与江门市资源优势相结合的思路，两地政府携手合作，从金融、旅游合作为突破口，共同争取将大广海湾区打造成为国家级粤澳合作新平台；二是共建金融服务创新试验区。

【文化与经济交流】 探索研究建设江门粤澳中小微企业金融服务创新试验区，试验对两地的中小微企业开展形式多样的金融服务创新，重点试验在江门与澳门之间的跨境人民币投融资业务。推进崖门电镀基地、李锦记、雅图仕、银葵医院、光博汇、南粤汽车拆解生态城、台山惰性物料填埋场等设港澳重点项目的建设发展，银葵医院是澳门在华南地区投资的大型医院，项目纳入2014年江门市委、市政府考核倒逼项目。2014年9月1日该项目奠基仪式隆重举行，澳门特别行政区特首崔世安、省人大常委会副主任雷于蓝及省港澳办的领导出席奠基仪式。开展“十三五”规划前期课题研究。总结与港澳合作的现状、存在问题研究和面临的挑战，提出 “十三五”期间进一步加强与港澳合作的总体思路、战略重点和主要任务。

（市外侨局）

台湾工作

【对台宣传与涉台教育】 2014年以《广东台务信息》《粤台视窗》《台湾工作通讯》《江门台务信息》等四大内部刊物，以及江门日报社、江门广播电视台、粤台视窗网、中国台湾网等网络和媒体为平台，开展中央对台方针政策、法律法规、台海形势、台湾舆论动向和江门市对台工作动态等涉台宣传。全年编印台务信息54期1500余份，《江门台湾工作通讯》4期。通过台协网站、会刊等平台向台资企业发布出台的优惠政策、扶持信息与台商依法经营典型事例，提供良好的政策信息服务，实现对台工作宣传全覆盖。

【涉台服务】 2014年，全市各级台办强化“台商有难，台办有助”的服务理念，以熟悉台情、把握政策、依法处事开展对台服务工作，努力让来江台商政策“无风险”，投资“无障碍”，创业“无干扰”，生活“无烦恼”。2014年，全市受理各类涉台求助事项87件，做到“事事有回音，件件有落实”，受理率达100%，解决台商、台胞、台属在江生产、就业、上学、就医、生活等后顾之忧，维护台湾同胞的合法权益。

【对台招商引资】 2014年，全市共新引进台资企业 9家，投资总额 2522.78万美元；台资企业增资扩产3家，投资总额1056.84万美元。全年全市累计台资企业1399家，累计利用台资投资总额47.077亿美元。动态掌握台企投资动向，确保全程跟进服务工作，如推进“茶花园•名卉谷”项目，突出茶文化，建造客家文化馆、知青文化陈列室、茶文化室、婚纱摄影基地以及儿童乐园等，争取打造成珠三角地区最大的茶花及名卉基地。同时跟进一铨科技（中国）有限公司LED支架一期工程项目，该公司已累计完成投资7000万元人民币，投资完成率140%；加快推进泉景园林投资2亿元人民币，占地面积900亩的“龟谷”金钱龟项目；协助广东光博汇投资发展有限公司与“中华LED照明协会”签定永久战略合作伙伴协议书，该协会旗下的60多家LED企业将入驻正在建设的中国(江门)国际绿色光源博览交易中心。2014年台湾两岸照明联谊会、台湾云林县粤澳基层农业交流参访团、台湾高雄粤澳参访团到江门市考察交流，就LED、农业等产业项目表明投资意向。

【对台交往交流】 2014年，江门台办充分发挥侨乡文化优势，以地缘相近、民俗相亲为纽带，结合“请进来、走出去”的方式，开展经贸、城市管理、教育、卫生、体育等多领域双向交往。2014年6月由五邑大学邀请台湾大叶大学、台湾医学大学、台湾东南大学、台湾中山医学大学等高等院校参加“当代管理论坛”。2014年，全市共办理公务商务赴台交流考察共46批363人次；其中公务人员赴台考察交流8批60人次，企业赴台商务考察29批56 人次，学术交流9批247人次。

【江门五邑台资企业协会】 2014年建立“台企联络员”制度，邀请全市237名台企骨干作为“台企联络员”，负责日常台企与台办、台协的联系和沟通工作，畅通政企沟通渠道，搭建政府及台商之间的双向平台。同时联合市地税局、市中小企业局等有关部门举办政策宣讲会，开展台二代青年台商座谈会，畅谈成功经验，共享发展信息。协助开展台商接访工作，收集整理台商台胞的意见和建议，及时反馈至市政府及相关部门。引导会员企业履行社会责任，如与台企签消防安全生产责任书，增强台资企业的安全意识，确保安全生产责任落到实处。

（市委台办）

社会生活

江门年鉴 2015

JIANGMEN YEARBOOK

人口和计划生育

【概述】 2014年度江门市常住人口出生率为9.15‰，低于省下达江门市的人口计划任务1.45个点；自然增长率为3.11‰，低于人口计划任务1.89个点，完成省下达任务。

【人口计生目标管理】 2014年，江门市人口计生目标管理责任制省考核达标；开平市评先进单位；蓬江区、江海区评为表扬单位；新会区、台山市、鹤山市考核达标；恩平市考核不达标，省给予“黄牌警告”。市人口计生考核办组织人员先后对全市42个镇、街进行现场考核或重点数据质量督查，评估37个镇、街；市人口计生领导小组办公室对16个市人口计生兼职单位进行考评，经综合考评情况如下：蓬江区：潮连街、仓后街、北街街、环市街、堤东街；江海区：滘北街、滘头街、礼乐街；新会区：会城街、大泽镇；台山市：水步镇、冲蒌镇、大江镇；开平市：长沙街、赤坎镇、蚬冈镇；鹤山市：龙口镇、雅瑶镇；恩平市：大槐镇。全面完成人口计生目标管理责任制指标，位于全市先进行列，由市政府通报表扬。开平市龙胜镇、恩平市横坡镇、台山市赤溪镇、新会区司前镇人口计生目标管理责任制考核存在较多问题，由市政府通报批评。市教育局、市财政局、市经济和信息化局、市公安局、市农业局全面完成人口计生综合治理职责，成绩显著，由市政府通报表扬。其余镇、街和市有关单位2014年度人口与计划生育目标管理责任制考评达标。

【完善计划生育利益导向机制】 落实农村部分计划生育家庭奖励、城镇独生子女父母奖励、节育奖励、计划生育特殊困难家庭扶助“四项制度”，自2014年1月1日起，全市农村部分计划生育家庭奖励标准由原来的每人每月80元提高到120元；独生子女死亡未有生育或收养子女的特殊困难家庭夫妻，扶助标准由原来每人每月200元提高到800元，独生子女伤残未有生育或收养子女的夫妻扶助标准由原来每人每月150元提高到500元，从2014年1月1日起开始执行。“四项制度”，市本级财政对蓬江、江海两区按实际配套进行定额补助。农村部分计划生育家庭奖励，补助各市以及新会区10%；城镇独生子女父母奖励补助新会区10%；节育奖补助新会区10%，补助开平、鹤山市20%，补助台山、恩平市30%；计划生育特殊困难家庭扶助补助各市以及新会区20%。2014年，市本级划拨农村部分计划生育家庭奖励、城镇独生子女父母奖励、节育奖励、计划生育特别扶助奖励共1146.18万元。全市共有12.5万多人享受计划生育各类奖励、扶助，奖励资金达8574.22万元。各类奖励扶助资金落实率和发放及时率均达到100%。

【综合治理出生人口性别比】 开展打击“两非”专项行动。成立由市分管领导担任组长，纪检监察、公安、财政、卫生计生、食品药监等部门的分管领导担任成员的“综合治理出生人口性别比偏高问题工作领导小组”。制定《江门市打击“两非”有奖举报制度》，建立专项举报奖励资金，市本级对查证属实的“两非”（非医学需要的胎儿性别鉴定，非医学需要的选择性别人工终止妊娠）案件举报人给予5000至15000的奖励，推动出生人口性别比综合治理工作。2014年，市本级查处“两非”案件4宗，没收非法所得及罚款91963元。加强中期以上人工终止妊娠手术管理。医疗机构在开展终止妊娠手术时实行严格的计生审批和管理制度。

【关爱计生贫困家庭】 2014年全市参加保险计生家庭79283户，参保人数259592人，保费总额455万元（其中财政拨款208万元、个人缴费247万元），保费同比有较大增长；全市2014年创建国家级计划生育基层群众自治示范村4个，省级计划生育基层群众自治示范村24个，江海区成为省五个创建计划生育基层群众自治示范县（区）之一，得到省下拨10万元资金支持；自2008年开展“一元爱心”活动以来至2014年12月底全市累计接收捐款1800万元，成功救治256名计生家庭先天性心脏病患儿、5名风湿性心脏病患者。

【流动人口计生服务与管理】 元旦、春节期间开展流动人口卫生计生关怀关爱专项活动工作，慰问留守流动人口妇女、儿童、老人，流动人口计划生育家庭、困难人员等。组织并完成2014年全国流动人口卫生计生动态监测调查工作，在省的调查数据质量通报中，江门市调查数据质量在全省参加调查的20个地市中，加权差错率最低，总排名全省第一；在67个县（区、市）中，全市有5个县（区、市）排名前10名，其中开平市、新会区排名第一和第二。布置2014年全省统一开展的流动人口计划生育服务管理专项活动，并完成活动情况和数据汇总、评估报告撰写等工作。指导基层开展经常性业务工作，使基层运用信息系统，加强综合应用，推动流动人口信息化建设。定期巡查信息系统，对省内和跨省流动人口情况进行及时的跟踪，保证有关项目的数据质量，据省的通报，所涉及的四项主要指标通报住处接收率、通报接收信息及时率、协查信息反馈率、协查信息反馈及时率均高于全省平均水平。与财政局联合发文《关于印发江门市流动人口卫生和计划生育基本公共服务均等化试点方案的通知》（江卫〔2014〕248号），并组织贯彻落实此项工作，蓬江区被选定为省级和市级的试点单位。

【人口计生宣传教育】 规范建设人口计生宣传教育阵地。建设卫生计生三栏一校（公开栏、宣传栏、读报栏、计生婚育学校）、人口文化园、《江门卫生计生》行业报、“江门卫生计生”政务微博、江门卫生计生信息网、“12320”热线、宣传工作简报等多个宣传阵地，宣传计划生育惠民政策、优生优育、生殖健康、婚育新风等政策及保健知识。主动策划和组织专题报道、系列报道、深度报道，形成卫生宣传教育品牌效应和规模效应，在电台、电视台、报刊等媒体上先后开办《侨乡卫生计生》等专栏，推出“单独两孩”政策解读系列报道。江门市“微文化工程 传播正能量”被广东省卫生计生委评为2014年度全省卫生计生宣传创新项目。江门市卫生计生局获得2014年度《中国人口报》新闻宣传工作先进单位、2013-2014年度《青春期健康》杂志人口文化通讯报道工作市级先进单位（全省两个单位获奖）荣誉称号。

【单独两孩政策实施】 江门市于2014年3月27日起正式启动实施“单独两孩”政策。制定系列措施，明确申请和审批要求，做到快接快审快批。解决独生子女身份核实难题，维护群众合法权益。推行申请对象承诺制，引导群众依法申请，政策推进平稳有序。始终把“坚持计划生育基本国策不动摇”作为全市做好人口计生工作的主线。依法、稳妥、有序推进“单独两孩”政策落实。2014年5月，《“单独两孩”政策推进中的问题及对策》政务信息获省委办公厅采用，并印发全省各地学习。2014年7月，市“单独两孩”审批工作在2014年全省卫生计生专题研讨会上作经验介绍。2014年全市共受理单独两孩申请7973例，已发证7855例。其中已怀孕尚未生育的为795人，已出生498人。

（市卫计局）

人力资源 · 社会保障

劳动就业

【扩大与促进就业】 2014年，江门市城镇新增就业47354人，安置城镇失业人员再就业32058人，其中就业困难人员实现就业2647人，扶创业带就业实现创业4409人，新增转移农村劳动力31075人；城镇登记失业率为2.36%。全市各级公共就业服务机构结合开展南粤春暖行动、春风行动、“一企一岗 互济共赢”高校毕业生就业服务活动等开展专项就业服务活动，举办现场招聘会493场，入场企业14871家，提供岗位305970个，服务求职者204357人，达成意向102559人，成功就业54324人。

【职业技能培训】 全市拥有技工院校3所，高技能人才公共实训基地3家，其中，省级高技能人才公共实训基地1家。建立各类定点职业培训机构46家，开展培训工种165个，全市通过组织技工院校与三家省级产业园区、江沙工业园区、高新区、南车轨道交通园区共30余家企业建立“共建实训基地、订单式培养、校企双制联合办学、在职员工技能培训、奖学助学”等多形式的校企合作关系。是年，江门市职业训练指导中心被中华全国总工会授予“全国职工教育培训优秀示范点”称号，全市新增高技能人才10105人。全市经省人力资源社会保障厅认定创业培训定点机构8家，创业定点培训机构共组织创业培训班67期1933人。自5月起江门市全面落实省劳动力技能晋升培训新政策，截至年底，全市共有1314人成功申领技能晋升培训补贴。

【协调劳动关系】 开展江门市人力资源市场供求状况分析工作，每季度向全社会发布《江门市人力资源市场供求状况分析报告》。根据省2014年公布的企业工资指导线发布了本市2014年企业工资指导线。全市16514家企业参与创建和谐劳动关系示范区工程，占企业总量的50.3%，建立示范点73个，达标以上示范点34个，达标示范点比例达46.6%；全市各类企业劳动合同签订率为93.9%；已建工会涵盖企业17758家，已建工会企业集体合同签订率80.3%。统一规范劳务派遣行政许可审批流程，严格执行公示制度，获得行政许可的劳务派遣机构36家，同意备案的劳务派遣分支机构10家。制定《江门市企业劳动保障信用评级管理办法》，对企业在劳动保障方面实行信用等级评定，建立企业劳动保障诚信档案，并实行分级、分类监管进行规范。

【劳动者权益保障】 全市处理劳动保障监察案件3579宗，其中拖欠工资案件1986宗，涉及劳动者9273人，追回被拖欠工资11672万元；全市处理突发事件155宗，涉及劳动者11680人；全市劳动人事争议仲裁机构受理案件7407宗，结案7430宗（含2013年余案344宗），累计结案率为95.86%，其中调解和撤诉3571宗，调撤率为48.21%，涉案金额10348.55万元。全市各镇（街、开发区）劳动争议调解室共受理劳动争议1121宗，调解962宗，成功调解率85.82%，上报不稳定因素59宗。市人力资源社会保障局与市地税局、社保局联合制定《江门市社会保险费欠缴案件办理规程》；落实抓捕欠薪逃匿人员有功部门及个人的奖励制度，做好拒不支付劳动报酬行为涉嫌犯罪案件的调查、移送工作，严厉打击恶意欠薪行为，是年，江门市各级人力资源社会保障部门向公安机关移送涉嫌拒不支付劳动报酬罪案件29宗，涉及金额1743.95万元，其中已立案25宗。

【完善就业促进机制】 2014年，江门市出台《转发〈关于明确广东省省级促进就业专项资金补贴项目申请和核发有关事项的通知〉的通知》（江人社发〔2014〕666号），围绕《关于印发〈广东省省级促进就业专项资金使用管理办法〉的通知》（粤财社〔2014〕188号）和《关于明确广东省省级促进就业专项资金补贴项目申请和核发有关事项的通知》（粤人社发〔2014〕213号）进行补充，明确补贴的标准，完善就业创业扶持政策体系。

社会保障

【简述】 2014年，全市企业职工养老、城乡（镇）基本医疗、失业、工伤、生育保险参保人数分别为186.19万人、388.71万人、73.79万人、76.97万人、73.83万人；城乡居民社会养老保险参保人数为149.02万人，参保率达99.95%。全市申领社会保障卡人数375.72万人，全市249个定点医疗机构和1126家定点零售药店已开通社会保障卡刷卡服务，累计刷卡交易笔数已超过1421万笔。通过政府补贴方式建立社会保障卡农村服务点，就近为村民免费提供社会保障卡小额取款、余额查询等服务，至年底，全市共361家社保卡农村服务试点商户正式启用。

【城镇职工基本养老保险】 建立企业职工养老保险缴费年限津贴，全市共228817人参与，人缴费年限23年，人均月增92元；缴费年限津贴从2013年10月起发放，累计全市一次性补发缴费年限津贴1.26亿元。江门市于2014年4月完成企业退休人员养老保险待遇第十次调整，全市232100人参与调整，调整后全市月人均养老金水平达1642.63元，对全市满32817名满75周岁以上企业退休人员每人一次性发放960元养老金，一次性支出总额达31504320元。

【城乡居民社会养老保险】 全市城乡居保参保人数149.02万，参保率达99.95%。60周岁以上领取待遇人数46.89万，参保率达100%。已缴费人数98.57万，缴费率96%。从7月起，江门市城乡居民基本养老保险础养老金最低标准从每人每月65元提高至95元。其中，新会区提高至每人每月110元。政府对参保人缴费补贴每人每年30元调整为：对选择低档次标准（每年360元及以下）缴费的，补贴标准不低于每人每年30元，对选择较高档次标准（每年480元及以上）缴费的，补贴标准不低于每人每年60元。

【完全被征土地农民基本养老保障】 2014年，继续在蓬江区和江海区扩大全征地农民养老保障工作试点范围，出台实施《全征地农民养老保障财政补贴申请、拨付工作办法》（江人社发〔2014〕110号）等配套性文件。至年底，全市实施全征地农民基本养老保障政策试点的行政村（社区）22个，已认定全征地农民32189人，已纳入养老保障范围15312人。其中，领取全征地农民市基础养老金949人；享受参保补贴6974人；领取城镇职基本养老保险待遇7389人（含一次性趸缴保费4933人）。

【医疗保险】 全市基本医疗保险参保人数388.71万人，参保覆盖率达98.42%。城乡居民基本医疗保险普通门诊累计支付最高限额提高至每人每年150元，基金支付比例提高至55%。全面实施职工基本医疗保险大病保险和城乡居民大病保险制度，城乡医保和职工医保住院医疗费用年度累计最高支付限额由原来的20万元和30万元分别提高到30万元和60万元，并实现大病保险实时联网结算。

【失业保险】 启动低收入人群临时价格补

贴和保障标准与价格上涨联动机制，于2014年春节、中秋、国庆期间发放失业金领取人员临时价格补贴。继续抓好失业保险参保工作，至年底，全市失业保险参保人数73.79万人。

【工伤保险】 制定《江门市人力资源和社会保障局关于江门市工伤保险定点医疗机构及就医管理暂行办法》，于2015年1月1日起实施。全市工伤定点医疗机构111家，职工发生工伤需到工伤定点医疗机构进行治疗，在出院前被认定为工伤的职工可实现工伤医疗费用实时结算报销。《暂行办法》首次明确，在国外及港、澳、台地区因工受伤而进行急救、抢救治疗的费用纳入报销范畴，有利于减轻用人单位及工伤职工的经济负担。

【生育保险】 2014年，全市生育保险参保人数达73.83万人。 （江门市人社局）

民政

社会福利

【社会福利机构和养老服务体系建设】 为推进“大民政”体系建设，市政府出台《江门市建立多元化社会养老服务体系实施方案》。提出把养老、助残和社会组织培育作为“大民政”工作的突破口，把“新增养老床位5000张”列入2014年度十件民生实事项目进行考核。开发养老和助残服务信息管理系统（一期），先行在蓬江、江海两区开展网格化试点服务，收集老人、残疾人基本信息10.9万条次。制定《关于印发实施全市敬老院改造转型升级工程指导意见的通知》，提出引入优质社工机构参与敬老院管理运营。蓬江、江海联合编制以及新会区的养老设施布局专项规划已经评审专家组和城乡规划委员会审议通过。江门市社会福利院和开平市福利院分别被评为省特级、省二级社会福利机构。2014年全市各级投入社会养老服务体系建设财政资金6448万元、福利彩票公益金4523万元，吸引社会资本投入4689万元。全年新设养老机构5家，建成县级居家养老示范中心4个、农村幸福院103个、日间照料中心30个，新增养老床位5031张，共设有养老床位16630张，每千名老人拥有养老床位25张。已领取养老机构设立许可证的养老机构共89家，其中社会福利院5家。市、区两级拨付运营补助和新增床位补助资金共303.6万元。全市组织458人参加养老护理员培训。建有城市居家养老服务点473个，覆盖率94%；农村居家养老服务点2826个，覆盖率88%。

【社会福利企业】 2014年，江门市社会福利企业共8家，职工总人数2177人，安置残疾人846名，残疾职工月均收入2100元。

【福利彩票公益金筹集与使用】 2014年，安排使用市本级福利彩票公益金1050万元用于社会福利和社会公益事业发展，资助项目41个。其中资助社区建设项目21个，老人福利和儿童福利项目14个，扶持社会组织发展项目1个，殡葬事业发展项目3个，其他社会福利事务类项目2个，为市社会福利和社会事务工作发展提供资金保障。

【福利彩票发行工作】 2014年，全市共销售福利彩票6.7亿元，比2013年增长7348万元，增幅为12.3%。其中电脑票5.32亿元，同比增长9.0%；刮刮乐即开票7734万元，同比增长27.6%；中福在线6067万元，同比增长26.5%。共为江门市筹集福彩公益金6975万元，代征个人偶然所得税1376万元。

【慈善事业】 2014年，推动市、县（区）、镇（街）三级慈善体系建设。蓬江区、江海区、台山市、鹤山市已建立市（区）—镇（街）—村（居）三级慈善体系。2月14日，顺利举行2014年“慈善公益万人行”活动起步仪式，全市共接收捐款人民币1.38亿元。6月30日，有序组织举行江门市2014年“扶贫济困日”活动启动仪式，全市共认捐善款人民币2682万元。

社会事务

【社会组织登记管理】 至2014年底，全市民政部门依法登记社会组织3451个，其中社会团体2559个、民办非企业单位890个、基金会

2个，本年度新增社会组织916个。印发《江门市社会工作类民办非企业单位等级评估评分细则（试行）》，并在全市推动社会组织等级评估工作。本年度全市共有77家社会组织申报等级评估，经各级民政部门审核评定，获得3A以上等级（含3A）的有33家（其中5A级2家、4A级11家、3A级20家），3A以下等级的有44家。市民政局审核认定第二批27家江门市市本级具备承接政府职能转移和购买服务资质的社会组织目录，加上第一批的57家，到年底共有84家全市性社会组织纳入目录，作为政府选择社会组织承接职能转移和购买社会组织服务的资质依据。

【婚姻登记】 2014年，全市民政部门婚姻登记机关共办理结婚登记34524对，其中办理国内结婚登记32290对，涉外、港澳台、华侨结婚登记2234对。在民政部门婚姻登记机关办理离婚登记7197对，其中国内离婚登记6914对，涉外、港澳台、华侨离婚登记283对。

【流浪乞讨人员救助】 贯彻落实《城市生活无着的流浪乞讨人员救助管理办法》和《广东省城市生活无着的流浪乞讨人员救助管理规定》，按照“日常救助、街头主动救助和集中救助相结合，突出街头集中救助”的工作要求，开展接送流浪孩子回家专项行动，全方位重实效开展救助管理工作。2014年，市本级、新会区、台山市、开平市、鹤山市5间救助管理站及蓬江区、江海区、恩平市3个救助点共救助求助对象5707人次，协助他们返乡或解决衣、食、住、医、通讯等临时困难。其中，救助保护流浪未成年人90人次。

【殡葬管理】 2014年，全市8个殡葬管理机构实现政事分开、馆所分设；全市除台山市上、下川岛土葬改革区土葬遗体174具外，火化率保持100%；全年为市特殊群体免除殡葬费用192.72万元，推动各市、区实施户籍人口殡葬基本服务免费政策，蓬江区和江海区于2014年7月完成户籍人口殡葬基本服务免费工作；发展绿色殡葬工作，第六次全市性骨灰免费海葬活动顺利举办，建立常态化海葬活动咨询和报名机制；坚持实行“六公开”制度，持续开展优质殡葬服务，举办全市首个“殡仪馆和经营性公墓开放日”活动，推动“阳光殡葬”。

社会工作

【社工人才队伍建设】 2014年，相继出台《关于推进社会工作人才队伍建设的实施意见》（江社委发〔2014〕1号）、《江门市社会工作专业岗位设置及社会工作专业人员薪酬待遇试行办法》（江民社〔2014〕7号）和《关于推进社会工作者与志愿者联动工作的实施方案》（江社委发〔2014〕4号）等文件；全市共有2432人报名参加全国社会工作者职业水平考试，496人通过，增幅达94%。至2014年底，全市取得社会工作者职业水平证书的人数1022人，其中助理社会工作师882人，社会工作师140人。

【社工机构培育】 至2014年底，全市共成立社工机构76家，比2013年底新增37家；市本级和蓬江区、开平市、新会区相继成立社会工作协会。涌现一批初具品牌服务特色的社工机构，其中有利民的残疾人康复服务，恒爱的居家养老服务，祥光、鹤山乐善的家庭综合服务，晴海天的婚姻咨询服务，晨光的婚姻家庭咨询及外来人员服务，以及愉和的老年人、青少年院舍服务，新会彩虹的“社工+义工”服务模式等。

【社工服务标准化建设】 在全国首批社会工作服务标准化建设示范创建活动中，蓬江区被评为首批全国社会工作服务标准化建设示范地区，蓬江区环市街碧桂园社区被评为首批全国社会工作服务标准化建设示范社区，江门市利民社会工作综合服务中心、江门市恒爱社会工作综合服务中心、江门市江海区晨光社会工作综合服务中心被评为首批全国社会社会工作服务标准化建设示范单位。

基层政权与社区建设

【村（居）民自治】 2014年，全市1051个村委会和264个社区完成 “两委”换届选举工作。新一届村、社区的党组织书记和村（居）委会主任“一肩挑”比例保持在90%以上；村、社区“两委”交叉任职比例保持在90%以上。全省第四批村（居）务公开民主管理示范单位创建率稳步提高。2014年，全市共有143个村、42个社区成功创建。至此，全市累计完成创建达标的村委会742个，创建率达70.6%；累计完成创建达标的社区居委会208个，创建率达77.6%。

【城乡社区建设】 2014年，江门市在蓬江、江海、新会三区推行社区网格化管理试点工作，将社区管理、社区服务和社区自治纳入“网格”。蓬江区把试点扩展到环市街道17个社区，共划分为222个网格管理。育德社区建立起“人进户、户进楼、楼进格、格进社区”的社区网格化信息平台。江海区将滘北街道富横、北湾两个社区划分成16个网格进行管理，制定滘北街道富横社区网格化服务管理工作图、社区网格化管理工作制度、网格化管理制度。新会区在完善北门社区网格化管理试点的基础上，把试点扩展到会城街道16个社区，共划分网格202个，“社区网格员信息公示栏”统一制定，共安装“信息栏”3756个。完善村（社区）公务服务站相关工作制度，明确公共服务站的三大任务（开展公共服务、培育发展社会组织、化解社会矛盾）和四大服务功能（直接办理、代办、约请办理、指导咨询）。市公共服务站建设被评为“2013年全省基层治理创新优秀项目”，成为全省24个入选项目之一。全市建有17个家庭服务中心，覆盖江门市100%的街道。各个家庭服务中心建设运营较为规范，服务项目根据社区居民的实际需要出发，通过政府购买服务、“社工+义工”联动的服务模式，为有需要的个人、家庭、社区提供专业的特色社会服务。

“双拥”和优抚安置

【双拥工作】 2014年，全市各级在元旦春节、“八一”建军节期间开展拥军优属活动，共组织1997个慰问团（组）分赴部队进行慰问，召开2196场各类座谈会，投入2125.66万元拥军优属慰问资金，慰问18079户优抚对象。各级财政增加安排部队专项经费、生活补助、部队建设等多项经费，节日期间帮助部队解决实际困难65件、解决实际问题资金123.5万元。开展“双拥在基层”“双百拥军行”活动，发动部队与地方更多单位和社会组织参与双拥共建工作，引导大型民营科技企业参加科技拥军、智力拥军和社会化拥军活动， 2014年在“双百拥军行”及“双拥在基层”活动中，地方向驻军部队赠书共计3400余册，赠送部队慰问金和慰问品折款合计513.3万元，全市驻军机关共迎来社会组织慰问团（组）170个，举行53场活动。

【安置退役士兵安置及军队离休退休人员】 2014年全市共接收退役士兵1054人，其中城镇退役士兵194人，农村退役士兵836人，转业士官15人，服役10年以上复员士官8人，1至6级患精神病义务兵1人。选择自主就业1039人，政府安排工作14人，自谋职业1人，安置率100%，全市发放一次性安置补助金约3087万元。2014年接收安置军队退休干部1人，安置在市本级；无军籍退休职工12人，其中新会区8人，台山市4人。

【抚恤优待】 2014年，全市共有享受抚恤补助的优抚对象23885人（其中残疾军人935人，“三属”327人，在乡复员军人1085人，带病回乡退伍军人2094人，享受老年生活补助的农村籍退役人员10033人、“五老”人员367人）。全年抚恤补助总开支约13249万元（含伤残抚恤金），其中中央和省财政拨款约6952万元，地方财政配套资金约6297万元。烈属抚恤金月平均标准城镇1744元，农村1286元；因公牺牲军人遗属抚恤金月平均标准城镇1524元，农村1262元；病故军人遗属抚恤金月平均标准城镇1439元，农村1185元；在乡复员军人生活补助月平均标准859元；带病回乡退伍军人生活补助月平均标准569元；“五老”人员月平均标准448元。2014年全市兑现优待军属户数2044户，总兑现金额约1811万元。

老龄工作

【老年文体活动】 2014年10月16日，在东湖影剧院组织举办“江门市第六届老年文艺汇演”，四市三区、市老干活动中心、市退管会欢乐合唱团等9个老年文艺团体参加演出。10月18日，在东湖广场举办以“贯彻老年法，造福老年人”为主题的敬老文艺晚会，市离退休妇女干部联谊会等11个老年文艺团体参加活动。10月20日，组织承办“珠、中、江”三地老年人体育交流联谊活动。

【老年人协会建设】 老年人协会是最基层的老龄工作机构。2014年底，全市老年人协会共1441个，参加人数41.80万多人，其中村（居）老年人协会1282个，参加人数33.11万人；其他老年社团、基金会159个，参加人数0.44万人。

救灾和救助

【救灾救济】 2014年，江门市部分地区相继遭受风雹、洪涝和“海鸥”强台风等自然灾害。全市共有8.28万人受灾，倒塌房屋50户、57间，损坏房屋139户、477间，直接经济损失22243万元，无因灾伤亡人员。灾后，市本级下拨重建资金25万元，资助50户困难全倒户每户5000元，各市、区配套重建资金每户5000元以上。市慈善会2014年安排24万元资助困难全倒户重建住房。至2014年年底，全市50户全倒户已完成倒房重建工作，灾区情况稳定。5月10日—5月16日开展了“防灾减灾宣传周”活动。2014年，全市增创综合减灾示范社区10个，8个社区获得2014年“全国综合减灾示范社区”称号。至此，全市已有90个社区完成创建“全国综合减灾示范社区”的各项工作，37个社区获得“全国综合减灾示范社区”称号。

【城乡居民最低生活保障】 江门市实施低保提标，提标后城镇低保标准达到500元，农村低保标准达到350～500元。蓬江区城乡低保一体化。截至2014年12月，全市共计支出低保资金16135.3万元，比上年增加了668.4万元，增幅为4.3%；享受最低生活保障的家庭共28770户、61648人，约占全市户籍总人口的1.8%；城镇低保月人均补差376元，比2013年提高118元；农村低保月人均补差192元，比2013年提高46元。

【五保供养】 2014年，各市、区的五保供养标准全部达到当地上年度农村居民人均纯收入60%以上。全市共供养五保对象7370人，五保集中供养标准达到7485元/年，分散供养标准达到6604元/年。全市全年共安排五保供养资金4981万元，比上年增加了459万元。至年底，全市共有敬老院69间，设置床位6059张。

【完善医疗救助制度】 2014年，各市、区完成医疗救助办法的修订，对基本医疗保险政策范围内医疗费用的自付部分，农村五保户、城镇“三无人员”实行全额救助；城乡低保对象住院救助比例均提高到70%以上。全市累计支出医疗救助金3229.29万元，救助困难群众85969万人次，其中基本医疗救助金支出901.37万元，救助17238人次；发放特定病种医疗救助金支出1836.38万元，救助7973人次；列支专项资金491.54万元，为60758名低保、五保对象参加城乡基本医疗保险提供资助。

（市民政局）

民族·宗教

民族事务

【简述】 江门市现有常住人口数为4450703人，其中少数民族常住人口数为90760人，占总人口的2.04%。江门市含汉族在内共46个民族成分，其中：200人以上的少数民族有18个，分别是壮族49613人，土家族11011人，苗族10993人，瑶族8987人，侗族1659人，布依族1372人，彝族1163人，仫佬族1081人，回族793人，土族635人，黎族461人，白族374人，毛南族286人，藏族278人，蒙古族266人，维吾尔族262人，满族254人，仡佬族227人。

【民族工作】 严格落实重要节日和敏感节点期间24小时值班制度，及时化解发生在少数民族群众和当地群众之间的矛盾纠纷。组织开展民族团结进步宣传月活动。在《江门日报》和江门电视台开设专题专栏，宣传党的民族理论、民族政策、民族法律法规、民族基本知识。宣传月期间，《江门日报》在“民族团结看侨乡”专栏刊登5条民族团结宣传信息，江门电视台播放4辑民族团结进步宣传活动节目，在广告中插播民族团结宣传标语；向全市各级各单位发放一批宣传资料，包括《民族基本知识》《民族宗教工作》（广东伊斯兰知识增刊）共5000册。通过手机和网络平台向干部群众每周发送1条有关民族团结进步方面的信息，共计发放手机短信20000多条；通过《江门日报》宣传一批江门市民族团结进步模范社区创建示范点。通过各级各类学校对全市在校学生进行民族团结宣传教育。推进民族团结进步创建活动。2014年，嘉宝莉化工集团股份有限公司被国务院授予“全国民族团结进步模范集体”称号，鹤山雅图仕印刷有限公司被国家民委命名为第二批“全国民族团结进步创建活动示范单位”，鹤山市雅图仕印刷有限公司董事长冯广源被评为“全国民族团结进步模范个人”，江门市民族宗教事务局和鹤山市龙口镇人民政府被省政府命名为“广东省民族团结进步模范单位”，江门市住房和城乡建设局执法监察分局副局长邓宝丰和开平市委统战部副部长刘爱仲被省政府命名为“广东省民族团结进步模范个人”。各级民族工作部门启动了第二批共8个社区（蓬江区堤东街道侧贤社区、江海区外海街道银泉社区、新会区会城街道办事处明翠社区、台山市台城街道园田社区、开平市三埠街道办荻海社区、开平市长沙街道办幕沙社区、鹤山市沙坪镇南工业城、恩平市恩城街道办新塘社区）民族团结进步模范社区示范点创建工作。这8个社区被命名为江门市开展民族团结进步创建活动的示范社区。

2014年，市民族宗教局会同市司法局抓好省民族宗教委和省司法厅联合下发的《关于做好少数民族法律援助工作的意见》的贯彻落实，推动各市区设立少数民族法律援助站。开展在企业中建立民族工作联络员制度工作，各级民族部门定期走访外来少数民族务工经商的场所，召开少数民族代表座谈会，举办新疆内高班和西藏高职班，加强与少数民族骨干人员的联系沟通，帮助协调解决他们在生产生活中遇到的困难。2014年，全市共受理23宗更改民族成分的行政审批事项，帮助解决8宗少数民族子女入学问题，受理了40多宗民族政策咨询，共有99名少数民族学生享受高中阶段学校招生降10分录取政策。2014年，江门市组织体育代表团参加在惠州举办的省第五届少数民族传统体育运动会。在经费、政策上给予了很大支持。2014年2月12日成立了以陈佳林副市长为团长的江门市代表团，多次召开动员会和工作推进会。本届运动会江门市共派出来自16个少数民族的127名运动员，市代表团共获得金牌5块，银牌3块，铜牌5块，总分排23个参赛地级市(单位)第6名，取得江门市代表团自参加省少数民族传统体育运动会以来的最好成绩，还获得优秀组织奖和体育道德风尚奖。

【宗教工作】 各级宗教工作部门利用春节、中秋等重大节日，召开宗教界代表座谈会。全年共打击取缔境外宗教非法传教组织4个。建立宗教团体、宗教活动场所和教职人员信息库，完善台账资料。加强宗教团体组织建设。指导市基督教两会顺利圆满完成换届工作；做好省基督教第十次代表会议代表、委员、常委候选人和省道协第五次代表会议代表、理事、常务理事候选人的推荐、考察工作；指导召开江门市天主教爱国会召开第三次代表会议。加强宗教政策法规的宣传学习。开展以“发挥正能量，共筑中国梦”为主题的“宗教政策法规学习月”活动。5月30日，举办江门市2014年“宗教政策法规学习月”报告会，邀请省民族宗教研究院博士、研究员陈晓毅作学习辅导报告；组织宗教人士及信众参加宗教政策法规知识答题竞赛活动。举办宗教界人士专题培训班。以省社会主义学院为依托，于11月10至21日分两批对来自全市佛教、道教、天主教、基督教四个宗教团体骨干、宗教教职人员共200余人进行了专题培训，邀请中山大学、华南农业大学、省社院的专家学者为宗教界人士讲授宗教概况、法律政策、国内外形势、中国近代史、周边安全形势等内容，并组织学员到黄埔军校旧址、辛亥革命纪念馆和宗教活动场所进行实地教学，强化宗教界人士爱国爱教和遵纪守法意识。2月份组织市佛教、天主教、基督教团体共200多人组成三个方队参与江门市2014年慈善公益万人行活动起步仪式，共筹集善款200多万元；组织全市宗教界130余人参加植树护林活动，种植树苗470棵，共投入资金约3500元；引导宗教界参与“广东扶贫济困日”“宗教慈善周”“休渔放生”等公益活动。宗教界通过举行法会、慈善晚会、扶贫助学、发动信徒捐款等多种形式开展宗教慈善活动，全市宗教界共募捐善款572100元。

（市民族宗教局）

人物

江门年鉴 2015

JIANGMEN YEARBOOK

模范人物

2014年全国五一劳动奖章获得者

徐耀斌

男，广东台山人，1969年12月，中共党员，1990年7月毕业于华南理工大学化学工程系，1990年7月参加工作，现任罗赛洛（广东）明胶有限公司投资发展部经理，负责公司投资项目的实施管理。徐耀斌负责罗赛洛中国区主要投资项目的管理工作，对每一个项目的实施，事先均做大量认真的调研、方案的优化、设备的选型、供应商的遴选和跟进监督，以确保项目的安全、高效实施，保证项目的实施质量和降低项目的实施成本。作为项目负责人，近年主要完成的项目有明胶蒸发系统的改造（每年可节约蒸汽约3万吨，折人民币约510万元，同时可减排约50吨SO_2）；明胶干燥空调系统改造（干燥机提高了17%的干燥能力）；明胶闪蒸系统改造（每年可节约蒸汽约1.3万吨）；工艺排水回收系统（每天减少排放污水约2000吨）；国内第一家按GMP标准设计的明胶包装间；明胶挤胶机改造（投资仅数万元，该机产能可提高40%）；自主完成立式叶滤机自控系统的设计和实现（减少近30万元投资和降低劳动强度）等，先后三次获得开平市科学技术进步三等奖和三次获得开平市科学技术进步二等奖；2008年荣获得“开平市劳动模范”荣誉称号，2010年获广东省五一劳动奖章，2012年成功申报一项实用新型专利，为企业的迅速发展壮大，成为全国同行业的龙头企业做出了卓越的贡献。

许勇

男，湖北大冶人，1986年2月出生，共青团员，2008年12月正式进入广东省江门市南洋船舶工程有限公司质量部工作。他初时负责LB系列32500T散货船JNS603电气检验工作，每一个检验项目都犹如面临着巨大的挑战和测试。许勇将书本上的理论知识尽量的联系到实践中，不断学习检验流程，报验程序，实验大纲，熟悉各项检验收尾，船舶建造规范，将各船东关注点分类归纳总结。经过长年各方面的积累，苦练内功，许勇已成为为船舶检查的行家。由于船舶建造环境本来就不好，大坞阶段环境就更差。例如像电缆拉放敷设这样的项目，一般的电气检验员都是避而远之。但是许勇，主动要求承担此检验任务，检验过程一丝不苟。由于许勇的工作出色，得到船东的信任。正是因为船东对许勇的信任，使得各项检验项目顺利进行，并且报验收尾同比大幅减少；从而缩短检验时间，一定程度上缩短船舶的建造时间，为公司节约了大量的人工和时间成本。许勇的工作得到了肯定，两次分别荣获江门市南洋船舶工程有限公司优秀员工称号和质量管理先进个人称号；并同时获得江门市“同是侨乡建设者”优秀务工人员称号。2013年升任技术部主管助理。

杨炫召

杨炫召，男，广东新会人，1971年5月出生，中共党员，1994年8月参加工作，现为广东高新凯特精密机械股份有限公司研发中心主任设计师，高级工程师。杨炫召爱岗敬业、刻苦钻研、勇于创新，坚持不懈地开展滚动直线导轨副精度检测和性能测试技术研究工作，为企业的自主创新和技术进步做出了重大贡献。他不断学习创新，促进公司检测技术的升级换代。二十年如一日地坚持开展技术革新工作，通过他的努力，公司检测技术实现从手工到自动化、从传统到信息化、从低效到高效的升级，他研发的导轨副综合精度测量仪、导轨副刚度试验机、非接触式导轨运动精度测量机、导轨副动摩擦力测量机等检测设备为国内首创，技术水平达到国际先进水平，填补国内滚动直线导轨副精度检测和性能测试设备的空白，这些设备的应用，使公司的检测效率和准确性得到突破性提高，检测效率提高数十倍以上，促进企业生产效率和产品质量的大幅度提升。他积极参与企业科技项目研究和行业标准的制定工作，为企业及行业的技术进步做出重要贡献。近年来，他作为主要研究人员全部参与公司承担的国家、省、市、区科技项目10多项，起草国家行业标准2份，发表技术论文2篇。他模范带领员工,推动企业的技术提升。2013年，杨炫召牵头在公司组建高新凯特劳模创新工作室，以其劳模精神鼓励和带动全体研发人员积极投入到研发工作中，为公司开展各项科技工作发挥着重要作用。

全国公安系统二级英雄模范

——开平市公安局巡警大队邝允任

邝允任，男，汉族， 1974年1月出生，开平市人，大专学历，1996年3月参加公安工作，现任开平市公安局巡警大队副大队长。邝允任一直奋战在街面巡逻和维稳处突工作第一线，忠于职守、爱岗敬业，不畏艰险、勇挑重担，严厉打击各类违法犯罪活动，多次冒着生命危险抓捕犯罪嫌疑人，不顾个人安危救群众于危难，为维护一方平安做出突出贡献。从警以来，他先后荣立个人三等功、二等功各1次；2002年被评为广东省优秀人民警察；2005年赴海地维和被联合国授予“和平勋章”；2007年被评为“全省公安机关特警攻坚能手”。邝允任面对危险时始终冲在最前，为保护群众的利益，将个人的生死置之度外。2013年2月16日，邝允任在处理村民引爆煤气瓶自杀事件中，不怕牺牲、冲锋在前，在煤气爆燃、手持盾牌被火烧融的情况下，强忍身体被高温灼伤的剧痛，坚持继续抢救并最终成功救人，自己却被重度烧伤。充分展现人民警察心系人民、英勇善战的卫士风采，树立了共产党员模范带头、无私奉献的光辉形象。2014年3月被公安部评为全国公安系统二级英雄模范。

（市公安局）

2014年全国和广东省五一劳动奖状、奖章、“工人先锋号”名单

全国五一劳动奖章(3名)

徐耀斌　罗赛洛(广东)明胶有限公司投资发展部经理

杨炫召　广东高新凯特精密机械股份有限公司研发中心主任设计师

许　勇　江门市南洋船舶工程有限公司技术部主管助理

全国工人先锋号(1个)

广东恒健制药有限公司科研开发部

广东省五一劳动奖状(3个)

江门市安诺特炊具制造有限公司

江门市新会机电职业技术学校

台山核电合营有限公司

广东省五一劳动奖章(6名)

谭国明　台山市心华药用包装有限公司设计员

李光荣　广东松本绿色新材股份有限公司防火板车间主任

罗珍瑞(女)　鹤山市市政环卫管理所工人

曾继忠　天地壹号饮料股份有限公司电气工程师

李爱东(女)　江门市第一幼儿园园长

刘志斌　中国电信股份有限公司江门分公司总经理、党组书记

广东省工人先锋号(4个)

中烟摩迪（江门）纸业有限公司生产部(CP)卷烟纸生产线

中国移动通信集团广东有限公司恩平分公司集客中心

鹤山市明鹤电力建设有限公司线路配电部施工一班

江门市技师学院数控专业实训部

表60：　2014年获全国系统表彰的先进单位、先进个人名录

奖项	获奖名称	序号	获奖集体（个人）	性别	工作单位及职务
省、部级表彰	“六五”中期先进集体	1	江门海关	——	——
	集体三等功	1	江门海关综合治税有功集体	——	——
省、部级组织单项业务表彰	集体嘉奖	2	江门海关“国门之盾”行动领导小组办公室	——	——
	集体嘉奖	3	江门海关“11.12”走私鱼翅案专案组	——	——
	第十届全国法制动漫作品优秀奖	4	法规处	——	——
	个人一等功	5	莫启智	男	时任江门海关缉私局法制处二科科长
	个人三等功	6	许维贞	女	时任江门海关驻外海办事处通关一科科长
	个人嘉奖	7	谢丽明	女	江门海关督察内审处副调研员
	个人嘉奖	8	李慧荃	女	江门海关财务处税费综合科主任科员兼副科长
	海关总署主题征文一等奖	9	贺进（《穿越海关时空的中国梦》）	男	新会海关副主任科员
	海关总署主题征文三等奖	10	刘剑云（《坚守信念，共圆中国梦》）	女	新会海关主任科员
	海关总署主题征文三等奖	11	肖蔚然（《我的海关生涯，我的中国梦》）	女	新会海关科员
省级青年文明号	广东海关系统省级青年文明号	1	鹤山海关通关科	——	——
	广东省内海关系统省级青年岗位能手	2	林锦朗	男	江门海关综合统计处副科长
	2013年度海关系统省级青年文明号	3	新会海关驻港办事处	——	——

区·县（市）概况

蓬江区

概述

【行政区划】 蓬江区是江门市辖区,县级建制区，是江门市的中心城区，是江门市政治、经济、文化的中心。辖棠下、荷塘、杜阮3个镇和环市、潮连、北街、堤东、仓后、白沙6个街道办事处，56个村民委员会，85个社区居民委员会。

【位置 面积】 蓬江区地处北纬22°56′～22°79′，东经112°47′～113°15′之间，位于珠江三角洲西翼,江门市区蓬江河以北，北、东北分别与佛山南海区、顺德区隔江相邻，东南与中山古镇隔江相望，南与江海区、新会区相连，西与鹤山市沙坪、雅瑶接壤。辖区面积324.3平方公里。

【气候 河流】 蓬江区地处北回归线以南，属亚热带海洋性季风气候。冬短夏长，气候宜人，雨量充沛，光照充足。无霜期在360天以上，全年无雪。蓬江区境内河流纵横，河涌密布，主要过境河流有西江、江门河、天沙河，2014年蓬江区风情、雨情、水情均比较平稳，全区未出现超警戒洪水位。

【人口 民族】 2014年蓬江区家庭户159410户，户籍总人口482471人。其中：男性人口239478人；女性人口242993人。出生人口5184人，人口出生率10.7‰，出生人口男女婴儿性别比为108：95。人口死亡率5.8‰，人口自然增长率 4.9‰。全区约有30个民族，其中汉族人口最多。

【华侨 港澳台同胞】 2014年，蓬江区籍华侨、港澳台同胞约有256860人。其中：华侨93404人，港澳同胞162066人，台湾同胞1390人。华侨分布在亚洲、欧洲、美洲、大洋洲、非洲五大洲44个国家和地区。亚洲最多，主要是马来西亚、新加坡、泰国、印度尼西亚、越南。其次是美洲，主要是美国、加拿大。大洋洲主要是澳大利亚和新西兰。

社会经济发展状况

【简述】 2014年全区实现地区生产总值（GDP）475.57亿元，同比增长11%。其中，第一产业增加值9.01亿元，下降1%；第二产业增加值246.05亿元，同比上升13.7%；第三产业增加值220.51亿元，同比增长7.27%。三次产业结构为1.89：51.74：46.37。在第三产业增加值中，批发和零售业增长6.14%，住宿和餐饮业下降2.47%，金融业增长11.81%，房地产业增长6.92%。人均GDP64942元，增长4.17%。

【工业】 2014年，全区累计完成规模以上工业总产值862.72亿元，同比增长25.81%。规模以上工业增加值192.25亿元，同比增长17.1%。随着江门市先进制造业江沙示范园区、骑龙山工业基地、化工专区三大工业载体的建设，以及引进海信、康师傅、天地壹号、东望洋、华电能源等知名品牌大型项目，蓬江区逐渐形成以康师傅、天地壹号、东望洋为龙头的健康食品产业，以海信电子为龙头的智能家电制造业，传统五大产业得到的提升。

摩托车及汽车配件产业 摩托车及汽车配件产业是蓬江区第一大产业，2014年完成工业产值173.74亿元，占规模以上工业总产值比重的20.14%，同比增长10.88%；出口交货值2.51亿元，同比增长7.17%；用电量18373.76万千瓦小时，同比增长9.67%。

五金卫浴产业　2014年，五金卫浴产业完成工业产值78.11亿元，占规模以上工业总产值比重的9.05%，同比增长31.97%；出口交货值23.92亿元，同比增长22.83%；用电量26473.93万千瓦小时，同比增长44.95%。

纺织服装产业　2014年，纺织服装产业完成工业产值64.8亿元，占规模以上工业总产值比重的7.51%，同比增长30.38%；出口交货值7.63亿元，同比增长48.54%；用电量13625.14万千瓦小时，同比增长60.17%。

电子信息产业　2014年电子信息产业完成工业产值113.28亿元，同比增长42.16%，占规模以上工业总产值比重的13.13%，在规模以上企业的地位逐渐突显；出口交货值39.97亿元，同比增长48.37%；用电量17189.7万千瓦小时，同比增长42.24%。

化工制品产业　2014年，化工制品产业全年完成工业产值112.86亿元，占规模以上工业总产值比重的13.08%，同比增长31.76%；出口交货值3.7亿元，同比增长58.6%；用电量19490.96万千万小时，同比增长44.05%。

【农业】　农业总产值17.9亿元，同比增长-0.01%。畜牧业总产值10.184亿元，同比上升1.23%，其中生猪产值8.92亿元，同比下降4.19%；家禽（鸡、鹅、鸭）产值0.357亿元，同比上升25.26%。乳鸽产值0.907亿元，同比上升97.17%。生猪存栏24.76万头，同比上升10.98%，生猪出栏量55.75万头，同比下降4.19%，饲养量80.51万头，与去年持平；家禽（鸡、鹅、鸭）存栏45.3万只，同比上升6.58%，家禽出栏量198.33万只，同比上升4.24%，饲养量243.63万只，同比上升4.67%；产鸽存栏48.8万对，同比增长10.91%，乳鸽上市824万羽，同比增长39.9%。全区水产养殖面积40563亩，与去年持平；水产品产量19107吨，同比增长0.8%；2014年全区水产品产值3.49亿元，同比增长1.2%。农业种植面积2.3314万亩，产值1.81亿元，同比上升7.66%。

【旅游业】　2014年，蓬江区组织策划“蓬江区文明旅游启动仪式”“文明旅游 你我同行”一系列文明旅游活动，通过报纸、电视、电台、网络、“蓬江之窗”微信平台等媒体，宣传推广文明旅游。举办2014中国（江门）杜阮凉瓜文化节活动，推介休闲、观光、购物、美食等旅游资源；打响杜阮凉瓜美食品牌，提升蓬江区旅游资源的知名度和美誉度。

【个体私营经济】　2014年，蓬江区实有市场主体总数60451户（含外资、股份公司），比2013年同期增长14.6%。其中私营企业实有13727户，从业人员107941人，注册资金1961915.23万元,分别较去年同期增长16.9%、16.7%、37.2%。私营企业中有个人独资企业2868户，合伙企业98户，有限责任公司10741户；个体工商户43347户，从业人员74022人，注册资金92202.97万元，分别较去年同期增长14.5%、23.7%、33.5%。

【固定资产投资】　2014年，蓬江区固定资产投资 209.48亿元，比上年增长26.1%。分经济类型看，国有、集体经济投资43.64亿元，下降8.84%；外资经济投资22.7亿元，增长31.21%；民营经济投资143.14亿元，增长32.73%；分产业看，第一产业投资0.07亿元；第二产业投资46.51亿元，增长72.84%；第三产业投资162.9亿元，增长15.36%。全区房地产开发投资89.85亿元，比上年增长8.02%。商品房施工面积714.39万平方米，增长31.63%；商品房竣工面积101.55万平方米，增长24.04%。商品房销售面积101.53万平方米，增长1.71%；商品房销售金额71.05亿元，下降0.83%。商品房待售面积56.85万平方米，增长24.81%。

【建筑业】 2014年，蓬江区房地产项目新建成面积102.0万平方米，工业项目新建成面积达53.6万平方米，新建成商贸项目面积101.2万平方米。建筑工程招投标项目共55项，其中邀请招标31项，公开招标24项，招标率100%，总中标价为18.11亿元，最高限价为19.21亿元，下浮率5.73%。全年1项工程通过省级优良样板工程评审，2项工程通过市级优良样板工程评审。

【商业】 2014年，蓬江区实现社会消费品零售总额达到203.88亿元，同比增长16.2%，重点推进大型商业综合体建设，全年商业竣工面积101万平方米。继汇悦城、万达广场大型城市综合体项目开业营运后，蓬江区将继续推进另一巨型城市综合体奥园益丞国际广场的建设，打造北新区巨型商业圈。借鉴国际最先进的产业及环境规划理念，规划建设新江沙国际汽车城，与新建成的江门车行世界汽配城，共同构筑以车城为主的“众星拱月”的市场布局。全年针对生猪屠宰专项整顿治理和酒类专卖执法检查共出动执法人员230多人次，查获私宰猪案件1宗，现场缴获已宰生猪2头，待宰生猪10头；检查酒类经营企业100多家次，立案查处售卖假冒伪劣酒类产品案件2宗，涉案货值 3.8万余元。完成年度报告拍卖企业20家，典当企业10家。

【对外经济贸易】 2014年，蓬江区进出口贸易额50.88亿美元，比去年增长11.96%。其中出口39.56亿美元，同比增长8.53%；进口11.32亿美元，同比增长25.86%。主要出口商品方面，机电产品出口是区主要的出口产品，电视机出口3.1亿美元，同比增长151.58%；摩托车出口3.48亿美元，同比增长0.17%，而家具及其零件出口2.98亿美元，服装及衣着附件出口2.87亿美元，灯具、照明装置及类似品出口1.62亿美元，分别同比增长13.5%、2.87%、13.69%。主要进口商品方面，未锻造的铜及铜材进口2.38亿美元，同比增长87.94%，未锻轧锌进口1.21亿美元，同比下降19.68%。集成电路进口0.37亿美元，较上年增长511.5%。利用各种载体、平台、媒体、工具，宣传外经贸政策促进进出口，落实各种帮扶企业措施，全年兑现扶持资金2180多万元，受惠企业483家。

【财政】 2014年全区地方公共财政预算收入189253万元，为调整预算188320万元的100.50%，比上年增收34580万元,增长12.55%。全区地方公共财政预算支出238943万元，为调整预算232317万元的102.85%，比上年增支40734万元。地方公共财政预算收入加上税收返还、上级补助64310万元、调入资金530万元和上年结余7220万元（上年结转6629万元、净结余591万元），减上解支出6346万元、出口退税7215万元、安排预算周转金300万元、安排预算稳定调节基金1300万元，收支相抵结余7209万元（结转下年6227万元、净结余892万元）。

【税务】 国税 2014年，区国税局共组织国内税收收入451,596万元（含原市国税局直属征收分局移交的企业），同比增长14.77%，增收58,104万元。其中中央级收入320,003万元，同比增长13.61%，完成市局下达任务100.44%；其中：增值税收入291,881万元，同比增长18.35%，增收45,252万元；消费税收入42,591万元，同比增长23.26%，增收8,008万元；企业所得税收入117,124万元，同比增长4.32%，增收4,845万元。组织区库收入41,449万元，同比增长17.08%，完成区政府下达一般预算任务的100.07%。

地税　2014年，蓬江区税费收入79.33亿，同比增长14.95%，增收10.32亿。其中税收收入（含契耕两税）484958万元，同比增长16.35%（剔除“营改增”因素增长17.58%），增收68135万元，税收规模约占全市的32%，比上年提高2个百分点；市本级收入155933万元，同比增长10.38%（剔除营改增因素增长12.03%），增收14661万元，完成任务的100.32%；区库收入114315万元，同比增长10.38%（剔除营改增因素增长12.42%），增收10748万元，完成任务的100.38%。

【金融】　2014年，蓬江区金融机构人民币存款余额207.16亿元，较上年同期增长11.38%，其中企业存款余额58.69亿元，较上年同期增长3.49%，城乡居民储蓄存款余额129.78亿元，较上年同期增长12.76%。金融机构人民币贷款余额148.44亿元，较上年同期增长16.63%，其中短期贷款余额89.29亿元，较上年同期增长38.57%；中长期贷款余额59.14亿元，较上年同期下降5.88%。

【外事侨务】　2014年，蓬江区华侨华人、港澳同胞捐赠兴办公益事业达20项，共624.79万元，其中，捐赠用于教育事业8万元；捐助生产生活设施24万元；卫生事业184.3万元；捐助文体事业20万元；捐助慈善事业322.685万元，捐赠基金65.8万元。落实困难归侨“三项措施”和“一对一”帮扶，开展对全区困难归侨侨眷生产生活情况开展专题调研，全年共走访、慰问、扶贫、助学等活动55次，资金慰问困难归侨17户59人次，共5.6万元；物资慰问14户29人次，共1.46万元；资助困难归侨子女4人，助学金0.8万元。

【科技】　2014年，蓬江区全年地方财政科学技术支出6629万元，比上年增长53.13%。全区有科学研究开发机构50家，高新技术企业77家。国家火炬计划项目1项，省级农业攻关项目3项，科技攻关计划项目11项。专利申请量1870件；其中发明专利336件。专利授权量1342件；其中发明专利授权量84件。荷塘镇获得第二轮江门市科普示范镇项目扶持资金2万元，堤东街道侧贤社区获得国家科普益民计划——国家级科普示范社区建设奖励资金20万元。

【教育】　2014年，蓬江区中小学66所（公办中小学60所，民办学校6所），幼儿园87所。中小学生76840人、在园幼儿18901人，中小学在岗在编教师4578人，幼儿园专任教师2634人。其中，广东省国家级示范性普通高中1所，国家重点职中1所，省重点职中1所。市一级以上学校44所，公办义务教育阶段规范化学校100%，优质学位达88%。小学学龄儿童入学率 100 %，小学升学率100%，初中适龄少年入学率100%，初中升学率100%，普通高中升学率77.4%。蓬江区加强义务教育阶段规范化、标准化学校建设，大力促进义务教育城乡、校际间均衡发展，创建“全国义务教育发展基本均衡区”，蓬江区以41个县（市、区）接受“国检”第一名的高分通过“全国义务教育发展基本均衡区”评估认定。推进入学招生权利公平、机会公平、规则公平，对义务教育招生工作进行改革，“免试就近入学”原则，采取“人户一致，就近入学，人户不一致，统筹安排”的学位分配办法。除政策性照顾生、特长生外，不能跨地段安排择校生。

【文化】　2014年，打造“百姓文化大舞台”文化平台，全年在各镇街和社区、村举办文体表演、娱乐健身、政策宣传、社区服务、学习教育等1000多场次类型各异的文化体育活动。面向社会开展文化人才招募、文体社团登记、优秀文艺节目征集工作，对文化资源进行台账式管理，为“百姓文化大舞台”活动开展建立基础人才库；以“讲文明 树新风”为主题举办蓬江区青年歌手大赛、青年舞蹈大赛、表演艺术大赛，推动优秀文艺节目创作，为“百姓文化大舞台”活动服务；以“唱响蓬江、舞动蓬江、魅力蓬江、多彩蓬江”四大板块为载体，举办“今天我唱主角”“我们的中国梦摄影大赛”“颂歌献给党”“飞越蓬江三十年摄影大赛”“百场电影进社区”等群众文艺展演活动；区宣传部、区政法委、区公安分局共同打造“平安文化”进社区活动，将优秀的曲艺节目送到各个镇街和社区。11月，在陈白沙中学举行纪念陈白沙诞辰586周年暨陈白沙书法节活动，100多名青少年书法爱好者挥毫泼墨，共书“中国梦”，共叙白沙情。

【体育】 2014年，推进群众体育健身运动和中小学生竞技体育运动：举办的“中国体育彩票大乐透杯”蓬江区机关职工运动会，举办“中国体育彩票杯”第二届江门市蓬江区体育舞蹈精英公开赛，举办“中国体育彩票杯”蓬江区第九届中小学生田径运动会。开展三级社会体育指导员培训班，160人为三级社会体育指导员。7月份，蓬江区体育彩票管理中心成立。

【卫生】 2014年，蓬江区有医疗卫生机构86个，其中：综合性医院1所，镇、街卫生院8所，专科医院1所，综合性门诊部2所，其他74所。是年，全区床位数1298张；卫生技术人员1406人，其中执业医师352人、执业助理医师109人、注册护士591 人、药剂人员100人、检验人员36人、其他人员218人。卫生技术人员高级职称69人、中级182人。北街、仓后街道社区卫生服务中心开展家庭医生式服务，与居民签订《蓬江区社区卫生服务机构家庭医生式服务协议书》5812户、17949人。杜阮镇卫生院新建住院楼投入使用。市第二人民医院老年医学科通过市卫生计生局验收，被评定为江门市临床重点专科。

【城乡建设】 2014年，蓬江区建设宜居城乡，对荷塘镇高村、棠下镇新昌村开展市宜居村庄试点创建工作，督促村、镇加强项目库建设，抓好配套设施建设和环境整治。加大村庄改水、改厕、改路、改灶、改房整治力度，新增杜阮镇双楼村、棠下镇虎岭村和横江村开展村庄整治，开展村庄整治总数达41条村。

【市区环境卫生管理】 2014年，蓬江区（不含荷塘镇、棠下镇、杜阮镇和潮连街道）环卫从业人员1600多人，负责辖区内清扫保洁面积约1000万平方米，上门收集12.58万居民户生活垃圾，负责12个管理区（村改居）的卫生清扫保洁，管理公厕65座，垃圾中转站（台）57座。生活垃圾统收统运，日产日清，全年清运垃圾约14.5万吨，处理粪便约1.33万吨。加强道路清洗工作，清洗道路用水约10万吨。全区有环卫作业车辆75台，其中扫路车14台，垃圾压缩车11台，拉臂运输车12台，多功能车3台，洒水车6台，吸粪车3台，自卸车15台，流动公厕车1台，小货车及装载车等10台。

【人民生活】 2014年，农村居民人均纯收入16844.8元，增长11.1%。城镇居民人均可支配收31263.9元，增长11%。城乡最低生活保障对象3076人；发放低保救济金 1032.4万元，增长21.3%。发放医疗救助金325.4万元，增长76.2%；共计救助1664人，增加1152人。全区五保供养人数111人，减少7人；全年落实供养经费116.4万元，增长4%。

【社会保险】 2014年，蓬江区城镇职工养老、职工医疗、失业、工伤、生育保险参保单位分别为3.71万户、6.95万户、1.52万户、1.52万户、1.52万户。全区参加基本养老保险

47.25万人（其中，城镇职工基本养老保险（含离退休人数）38.39万人、城乡居民基本养老保险8.03万人），基本医疗保险53.76万人（其中城镇职工基本医疗保险31.21万人、城乡居民基本医疗保险22.55万人），失业保险20.49万人，工伤保险20.70万人，生育保险19.70万人。全区7项社会保险基金收入248051万元，其中城镇职工基本养老保险基金总收入154396万元，城乡居民基本养老保险基金总收入4265万元，城镇职工医疗保险基金总收入64371万元，城乡居民基本医疗保险基金总收入8981万元，工伤保险基金总收入4191万元，失业保险基金总收入9816万元，生育保险基金总收入2031万元。蓬江区建立基层劳动就业和社会保障服务平台的乡镇3个，占全部乡镇的100%；蓬江区建立劳动保障工作机构的街道6个，占全部街道的100%。基层农村社会保障金融合作服务点14个，占全部农村的26.93%。

【工业园（区）建设】 江门市先进制造业江沙示范园区 江门市先进制造业江沙示范园区（简称江沙示范园区）位于蓬江区棠下镇，是江门市国家级高新技术和发展“一区三园”的重要组成园区。园区总规划面积11580亩，重点发展智能制造和健康食品产业。北园区3200亩土地已完成土方平整，主要道路完成水泥路面建设和路灯安装，污水管网已经建成。南园区平整土地约1800亩，丰盛大道北侧长1.7公里和金桐三路南段约1公里已经建成。江沙示范园区已有28个项目签约入园，总投资超150亿元，其中海信电视机、海信宽带、海信空调、顶津饮料、东望洋食品等14个项目已建成投产，天地壹号增资扩产、顶益方便面等7个项目已动工建设。通过将园区纳入江门国家高新区“一区多园”的管理，争取国家级园区的优惠扶持，成功获批为广东省智能制造示范基地，把江沙示范园区建设成为产业特色鲜明的先进制造业集聚区、“江门市工业经济增长极”以及“珠三角制造业技术创新基地”。

骑龙山工业基地 地处杜阮镇西南面，占地面积1620.97亩，扣除道路面积和公园绿化面积后可招商的土地面积约860亩。园区开发总投资达1.75亿元，目前园区已签订项目意向书的企业共16个，总用地面积860亩，投资额18亿元，所有企业发成总产值50亿元。

【重点建设项目】 2014年，蓬江区列入市的重点项目18项，计划总投资283.04亿元，至2013年年底累计完成投资63.47亿元，2014年计划投资57.8亿元，1-10月累计完成投资54.97亿元，年度投资完成率为95.1%，比时间进度快11.77%。第二产业主要有海信电子南方基地、江沙示范园区、康师傅、天地壹号、大长江摩托车研发中心、东望洋食品等项目，第三产业主要有万达广场、汇悦城等项目。

【信息化建设】 2014年，蓬江区启用电子公文交换系统，系统范围覆盖全区各区直部门、各镇街。系统发文件数量已达6万多份。发挥电子公文交换系统作用，区级电子公文交换系统与市级对接工作，拓展应用范围。推动建设养老助残服务管理网格化，建立区老年人、残疾人基础信息数据库。开展养老助残及社区网格化管理平台建设，选取仓后街范罗岗社区、北街街甘化社区为试点，将“网格化”理念嵌入社区养老助残服务，构建全区统一的社区网格化管理体系，形成“横到边、纵到底、全覆盖、无缝隙”的“大城市、小网格”服务管理网格，把社会服务管理各项工作落实到基层。完善蓬江区网上办事大厅，加强行政审批和社会事务服务事项标准化及业务流程优化工作。区进驻行政审批事项376项，其中一、二、三级深化率分别达100%、92%、50%。全年网上办事大厅总体上网办理率达82%，全市排名第一。建成区政府信息公开指南、政府信息公开目录、政府信息公开年度报告、政府信息依申请公开系统、政府信息公开意见箱五大功能模块。完成9个镇街网上办事站、141个村居网上办事点规范性建设工作，网上办事大厅延伸到镇街，将辖区56条村委ADSL网络全面升级为光纤网格，在全市范围内率先实现村（居）委会光纤全覆盖。

【重大庆典活动】 蓬江区困难群众救助服务中心挂牌成立　5月4日，蓬江区困难群众救助服务中心挂牌成立。救助服务中心“一门受理，协同办理”，民政、残联、慈善会一起联动，以最低生活保障为基础，在养老、医疗、读书等方面为有需要群众提供服务。开通24小时救助热线，并连接居家养老服务平安钟平台，使服务更及时有效。发挥社会力量参与平台，社会热心人士通过平台给予爱心帮扶。服务中心连接9个镇街84个社区、56个村的民政办事窗口，方便困难群众的求助。

2014年中国(江门)杜阮凉瓜文化节活动

6月7日， 2014年中国(江门)杜阮凉瓜文化节活动开幕式暨万人杜阮凉瓜宴活动举行。广东省农业厅党组成员蔡树淦、广东省农产品质量安全中心主任徐小明，江门市委副书记聂党权，副市长钟军，江门市农业局长张景卓，区委副书记、区长温伟文出席开幕式。凉瓜文化节活动的主题为“吃健康美食，游美丽蓬江”，活动内容丰富多彩，包括杜阮凉瓜文化节微信短文征集比赛、驴友城市定向活动、餐饮住宿优惠活动、杜阮凉瓜绘画大赛、叱石宗教祈福文化活动、“百姓文化大舞台”等，突出绿色、生态、健康、品味的理念，包含吃、游、玩、种、卖等五种元素。

范罗冈小学滨江校区开学典礼暨启用仪式

9月1日，范罗冈小学滨江校区开学典礼暨启用仪式在范罗冈小学滨江校区举行。江门市教育局局长赖燕芬，区人大常委会主任、区委书记王积俊，区委副书记、区长温伟文等市、区领导在范罗冈小学滨江校区开学典礼上，栽下一棵寓意“百年树人”的老树。

2014年中国（江门）侨乡美食购物节

10月31日，2014年中国（江门）侨乡美食购物节在义乌小商品城广场拉开帷幕，为期5天。江门市副市长易中强，区人大常委会主任、区委书记王积俊等出席当天的开幕仪式。活动现场设置美食摊位、文化旅游宣传栏、“蓬江之窗”微信扫描区、美食知识长廊、游乐互动、趣味游戏、旅游企业服务等区域，通过不同的活动形式，充分展示江门的特色文化、旅游、美食资源。

2014年蓬江区纪念陈白沙诞辰586年暨陈白沙书法节　11月29日，2014年蓬江区纪念陈白沙诞辰586周年暨陈白沙书法节活动在陈白沙中学举行，多名省内外名书法名家及蓬江区青少年书法爱好者现场挥毫泼墨，共书“中国梦•白沙情”。江门市委常委、宣传部部长柯文仲，江门市人大常委会副主任秦有朋，区人大常委会主任、区委书记王积俊，区委副书记、区长温伟文等区四套领导班子，中国书法家协会前副主席、广东省书法家协会前会长、中华诗教学会会长陈永正，国务院参事室中华诗词研究院常务副院长、一级作家蔡世平等50多位省内外书法名家出席当天活动。

庆祝2015年元旦暨纪念蓬江区建区三十周年文艺晚会　12月30日，区委、区政府在范罗冈小学滨江校区演艺厅举办庆祝2015年元旦暨纪念蓬江区建区三十周年文艺晚会。晚会以“欢庆我们的节日，共建美丽新蓬江”为主题，本着“喜庆、热烈、节俭”的原则，以歌舞、小品、舞蹈、朗诵等多种形式回顾建区三十年的风雨历程，展示建区以来取得的辉煌成就。江门市政协主席赵基耀，江门市委常委、宣传部部长柯文仲，区人大常委会主任、区委书记王积俊，区委副书记、区长温伟文等市、区领导以及尹珍胜、张有荣、廖群盛、林迎光、梁荣照、张秀萍、梁荣坚等原区四套班子主要负责同志出席晚会。区人大常委会主任、区委书记王积俊率区党政领导班子表演朗诵节目《蓬江情，中国梦》。

（供稿人：熊秀明）

附：蓬江区四套班子成员名录

中共江门市蓬江区委员会

书　记：王积俊
副书记：温伟文
　　　　卢永权（——2014.02）
　　　　冼国良（2014.02——）
常　委：赵　全
　　　　杨　蕾（女）
　　　　徐　伟
　　　　李云龙
　　　　冼国良（——2014.02）
　　　　雷治灿
　　　　叶石健
　　　　何　莲（2014.02——）（女）
　　　　林建中（2014.01——）
　　　　刘少龙（2014.02——）挂职

蓬江区人大常委会

主　任：王积俊
副主任：黄柏林　（——2014.11）
　　　　黄锡炎
　　　　伍厚德
　　　　张长齐（女）
　　　　何瑞鹏
　　　　郭其庆（2014.01——）

蓬江区人民政府

区　长：温伟文
副区长：赵　全
　　　　姚　亮（——2014.09）
　　　　亢雁直
　　　　李达成
　　　　林建中（——2014.01）
　　　　文　丽（女）
　　　　朱辉荣（2014.09——）
　　　　张沃芬（2014.01——）

政协蓬江区委员会

主　席：李永安
副主席：陈志松（——2014.01）
　　　　原炳祺
　　　　申景亮
　　　　赵洪辉（2014.01——）
　　　　谢雁平（女）
　　　　陈锦旋
　　　　吕国荣

表61：　　2014年蓬江区国民经济发展情况表：

项　目	单 位	2014年	比上年增长（%）
人口	人	482471	1.01
土地面积	平方公里	324.3	_
国内生产总值	亿元	475.57	11
人均国内生产总值	元	64942	4.17
工业总产值	亿元	862.72	25.81
农业总产值	亿元	17.9	-0.01
全社会固定资产投资	亿元	209.48	26.1
外贸出口总额	亿美元	39.56	8.53
实际利用外资	亿美元	1.7	5.1
地方财政一般预算收入	亿元	18.93	12.55
社会消费品零售总额	亿元	203.88	16.2
城乡居民储蓄存款余额	亿元	129.78	12.76

表62：　　2014年蓬江区基本情况简表

项　目		单 位	2014年
基本建设	高速公路营业里程	公里	
	公路通车里程	公里	
	港口泊位	个	
	航运通航里程	公里	
	发电装机容量	万千瓦时	
	年末固定电话用户	万户	
教育	中等专业学校	所	2
	在校学生	人	957
	普通中学学校	所	20
	在校学生	人	23566
	小学学校	所	44
	在校学生	人	53995
	在园幼儿	人	18901
	小学学龄儿童入学率	%	100
	医院	所	2
医疗文化体育	其中：县级医院	所	1
	等级医院	所	1
	卫生机构医院床位数	张	1298
	平均每千人拥有床位	张	8.71
	影剧院（纯放映，无舞台）	间	9
	体育馆（有管辖权）	座	

（熊秀明）

高新区（江海区）

概 述

【行政区划】 江海区是江门市辖县级建制区，与江门高新区合署办公。下辖外海、礼乐、江南、滘头和滘北5个街道，设社区居民委员会26个、村民委员会36个。（文霞）

【位置·面积】 高新区、江海区地处江门市东南部，东邻中山，南接新会区，北连蓬江区，面积109.16平方千米。（郑亿强）

【人口·民族】 常住人口260200人，年末户籍人口161203人；出生人口1710人，人口出生率10.63‰；自然增长人口716人，自然增长率4.45‰。大部分为汉族。（文霞）

【华侨华人·港澳台同胞】 旅居海外华侨、华人、港澳台同胞7.3万多人，其中华侨、华人4470人，香港同胞5.8万人，澳门同胞1万人，台湾同胞530人。华侨、华人主要分布在美国、加拿大、新加坡、马来西亚、越南、英国等29个国家和地区。（文霞）

【气候·河流】 位于北回归线以南，近临南海，属亚热带海洋性季风气候，夏季常吹西南季风，冬季以东北季风居多。全年气候温和，夏无酷暑，冬无严寒，夏长冬短，阳光充足，雨量充沛，无霜期长，四季常青。日平均气温21.8℃～23.2℃，年降雨量1600～2700毫米之间。西江干流经江海区段全长13.23千米。

（吴嘉慧）

社会经济发展状况

【简述】 高新区、江海区是江门重要的制造业基地，相继获得“国家电子信息产业基地”“广东省LED产业化基地”“国家火炬计划江门半导体照明特色产业基地”“省市共建广东（江门）汽车零部件产业专业园”等称号。高新区、江海区紧紧围绕“提升科技创新能力、加速经济发展、加快城市化进程”三大主要发展任务，重点发展以LED绿色光源产业和生物技术为主的战略性新兴产业，以电子信息、机电制造、汽车零部件、精细化工等为主的高附加值先进制造业，以现代物流、电子商务、总部经济、科技服务、商住配套及金融服务等为主的现代服务业等三大主打产业，经济社会转入快速发展轨道。（黄镜华）

【工业】 工业总产值375.77亿元，增长13.10%；规模以上工业总产值352.21亿元，增长13.5%；规模以上工业增加值73.74亿元，增长13.3%，增幅排全市第2；工业销售产值282.42亿元，增长7.10%。支柱产业和新兴产业发展较快，机电、电子和化工三大支柱产业产值225.5亿元，增长13.96%；先进制造业产值175亿元，增长10.89%，高技术产业产值79.6亿元，增长25.91%。龙头企业增长稳定，其中崇达电路、建滔电子、绿色巨农分别增长108.96%、103.23%、80.46%。LED产业基本形成完整产业链，新增投产MOCVD机10台，LED博览交易中心C、D区基本完工。绿色光源产业产值增长9.6%，增幅提高23个百分点。项目引进和推进步伐加快，60项区重点项目累计完成投资65.26亿元，其中28项市级重点项目投资完成率111.5%，排名全市前三。区一号工程高新区公共码头首期水工启动施工。德力光电、量子高科微生态健康产业基地首期、路思拓一期及宇辉西厨增资扩产项目投产；银帆—巴斯夫环保汽车涂料、一诠科技等项目即将试产。新业态招商取得突破性进展，中国网库“江门电商谷”、阿里巴巴江门产业带平台等两个国内前三强电商企业项目落户高新区电子商务产业园。累计盘活闲置厂房超过16万平方米，引进投资额超5000万元的项目6个。全区10宗共248.5亩闲置土地进入全面动工建设阶段。

（吴嘉慧）

【农业】 农业总产值8.27亿元，增长5.75%；种植业产值2.02亿元，完成粮食播种面积0.36万亩，蔬菜播种面积3.22万亩，经济作物播种面积0.85万亩，水果种植面积0.2万亩。畜牧业产值1.647亿元，下降13.5%。备案畜禽养殖场570户，生猪饲养量12.1万头，上市量9.9万头；家禽饲养量23.5万只，上市量12.8万只；禽蛋产量30万只。从事水产养殖750户，水产养殖面积1.8万亩。主导品种南美白对虾、桂花鱼养殖面积逐渐减少，其中对虾养殖面积5200亩、桂花鱼养殖面积3000亩，而笋壳鱼、锦鲤、花锦鳝、巴鱼等新品种养殖面积增至2500亩。开展高标准基本农田建设，完成2012年度项目的验收、结算和复核工作，开展项目审计和决算，推进2013年度项目的建设。开展农业土地开发项目，礼乐东岸堤加高加固工程、礼乐中沙围机耕路整治工程等项目竣工。加强农产品质量安全监管，抽检蔬菜样品809个，合格率99.5%。检查畜牧、水产养殖场450家次，饲料兽药样本60份，肉品样本 40份，合格率100%。做好土壤重金属污染普查采样工作。经过调查摸底和基础资料的整理上报，按照省核实的GPS点，采集、制作并上报共233个土壤样本。落实支农惠农政策。上半年补贴水稻797.66亩，补贴玉米13亩，发放中央农作物良种补贴1.21万元，发放农资综合直补5.9万元，发放种粮直补0.64万元。办理早、晚造634.9亩水稻保险投保工作，投保率100%，总保费1.27万元。完成989.4亩甘蔗的投保工作，总保费3.22万元。农机购置补贴资金10万元，受理申请增氧机、喷雾器、喷灌机等210台，办理落实购置补贴资金8.3万元。开展基层农技推广体系建设与改革补助项目，按计划开展新品种新技术的示范推广，组织全区102名示范户和31名指导员开展技术培训，培育壮大示范基地。依托本项目，铁皮石斛、红肉火龙果、礼乐大红柑等新名优农产品生产初具规模，成为农业新的亮点和增长点。（吴嘉慧）

【个体私营经济】 新登记市场主体3470户，增长29%；在新发展内资企业类型中，有限公司发展迅猛，占新登记企业总数的95%。新登记企业注册资本14.55亿元，增长125%。两区市场主体15936户。加大对中小微型企业扶持力度，落实“诚信绿卡”企业服务工作责任制；积极鼓励企业冠省名以及集团化经营，新增冠省名企业27户，引导个体工商户转型升级为企业29户，办理企业出质登记30户，动产抵押登记50宗，助企融资约27065.22万元。

（廖晓莹）

【固定资产投资】 全区固定资产投资完成74.58亿元，增长23.21%，完成市下达目标的100.99%。工业投资拉动作用增强，全年累计完成投资28.44亿元，增长49.84%。基础设施投资保持平稳较快增长，在区内路网、高新区园区建设等项目推动下，全年基础设施投资12.43亿元，增长31.67%。房地产开发投资持续调整，受宏观调控政策影响，开发商市场预期越趋保守，全年房地产投资26.2亿元，增长2.18%。

（吴嘉慧）

【商业】 社会消费品零售总额36.86亿元，增长16.20%。按行业分：批发零售业零售额32.75亿元，增长18.18%，其中汽车类增长38.42%，石油类增长7.78%，住宿餐饮业增长2.51%。 （吴嘉慧）

【对外经济贸易】 对外贸易总额26.00亿美元，增长16.87%按贸易方式区分，一般贸易出口11.14亿美元，增长36.16%；加工贸易出口6.85亿美元，增长7.87%。按企业性质区分，国有企业出口0.085亿美元，下降6.68%；三资企业出口9.24亿美元，增长5.08%；民营企业出口9.19亿美元，增长59.2%。全区实际利用外资0.59亿美元，下降50.64%。 （吴嘉慧）

【财政 税务】 工商税收总额27.86亿元，增长15.79%，其中国税税收16.21亿元，增长18.15%，地税税收11.64亿元，增长12.65%。地方公共财政预算收入9.01亿元，增长15.19%，地方公共财政预算支出11.42亿元，增长32.18%，其中对交通运输、城乡社区事务、科学技术、文化体育与传媒、社会保障和就业等事务支出增长621.51%、338.13%、116.02%、85.74%、56%。 （吴嘉慧）

【金融】 地尔汉宇在A股上市，聚科照明成为全市首家挂牌“新三板”的LED企业，区内培育上市企业上升到6家，居全市首位。区域性股权交易市场有新突破，引进广东金融高新区股权交易中心、深圳前海股权交易中心和广州股权交易中心在区内设立江门分中心，年内共有6家企业成功在交易中心挂牌。出台“政银保”合作方案，通过政府投入超赔风险资金，撬动银行20倍的企业贷款额。新增1家科技小额贷款公司，融和农商行和建行高新科技支行成功办理首笔知识产权质押贷款。 （廖晓莹）

【科技】 科技载体建设加快，加速器、孵化器在建12万平方米，科技创新创业园一期竣工、二期完成基础建设，火炬大厦竣工。建立企业与高校产学研合作战略联盟，新增1家博士后创新实践基地。全年申请专利1138件，其中发明专利申请量和拥有量分别为428件、313件，居全市前列。市科技杯创新创业大赛中，优巨新材料公司获全市唯一金奖，2家公司获银奖和铜奖。新增国家高新技术企业7家。

（廖晓莹）

【信息化建设】 提升全区信息化水平，互联网普及率达到75%，家庭宽带普及率70%，电信、移动均在区内成熟小区内推进光纤到户工程。3G已经全区覆盖，主要公共场所均有中国移动的4G网络，区内新增免费Wifi热点150个。网上办事大厅江海分厅建设全面完成。所有部门413个审批事项纳入网上办事大厅，其中407个事项可网上办理，办理率99%，二级办理率82%，三级办理率45%。系统了与市级网上办事大厅的无缝对接，完成网上办事服务质量星级评定系统。5个街道办事处完成网上办事大厅镇街专栏建设，150个办事事项纳入办事大厅，其中可网上办理135个，办理率90%。全区59个村、居委会的办事点完成设置。政府信息公开目录、政府信息依申请公开、政府信息公开意见箱完成建设。经常性开展安全检查，主要对各种攻击、安全隐患、系统访问权限和网页篡改先等情况等进行监管，做好系统安全日记，及时对系统和软件进行更新，对重要文件、信息资源做到及时备份，数据恢复。 （廖晓莹）

【工业园（区）建设】 出台“一区多园”建设工作实施方案、认定与管理办法和考核办法，完成各分园统计衔接，促进高新区与各分园区协同发展。基础设施建设进展顺利，区域“十纵六横”路网顺利推进，胜利南路延长线、广中江高速江海段加紧施工，金瓯路改造工程基本完成，江睦路、连海北路推进顺利。

高新区工业污水处理厂投入运营，江海生活污水处理厂二期截污工程及礼乐片区污水管网二期工程建设加快。新增2个临时公交首末站，新增、调整、延伸公交线路15条。（廖晓莹）

【建筑业】 完成鹿茵酒店主楼工程，完成商业裙楼正在做设计方案调整等前期工作；完成奕聪花园二期工程，完成三期投资的三分之一；完成渔山小区的主体结构；新建公租房项目江门市阿鲁米尼照明有限公司综合楼封顶，完成本年度新增公租房目标任务的230%；江门市雷斯诺照明有限公司宿舍楼竣工验收并入住；共发放建筑工程施工许可证144项，建筑面积115.78万平方米，办理工程竣工备案53项，建筑面积131.28万平方米，对外来施工、监理、设计等企业进行登记备案57项。审查新建、改建、扩建等建筑工程215单项，建筑总面积约144万平方米。完成建筑节能备案116宗，民用建筑节能节水备案率达100%。全区新报建房地产项目面积59.82万平方米，商品房完成投资22.28亿元，销售面积25.73万平方米，销售金额15.53亿元，平均住房价格每平方米6011元；发动辖区7个楼盘参加江门市2014年房博会，完成民房、厂房的房地产权登记、初复审481宗。（郑亿强）

【城乡建设】 完成金瓯路（江门水道-港澳码头）改造工程全线征地拆迁工作；基本完成江睦路（五邑路-金瓯路）工程道路红线范围内征地拆迁工作；推动南冲电排站工程建设，解决礼乐礼西围洪涝灾害问题；开展礼西围、礼东围穿堤水闸除险加固工程，解决二沘水闸底板渗漏问题；安排专项资金105万元补助农村基层小型农田水利基础设施建设；区级和街道完成三防信息接收应急保障系统建设，36个村委会、23个居委会共802名三防责任人的信息全部登记录入；在防汛防风期间，发布防风应急响应3次，累计组织督查28次，巡查堤防68次，检查水闸24座，电排站9座，堤围58公里，有效防御“0509”强降雨、台风“海贝思”及“海鸥”的袭击，全年全区无一水利工程出险、无一防汛安全责任事故发生；组织58名三防应急抢险人员在西江水域开展抢险实操演练，举办并组织全区三防系统的水利干部和职工共50多人参加全区三防知识及泵站运行工实操培训班，24名电排站一线管理维护工作人员取得泵站运行工职业资格证书；制订《江海区节水减排实施方案》，严格控制用水总量，全区现有取水企业16家，1-10月份征收水资源费71.8万元；全年审核新增公共租赁住房保障资格申请户81户，年审符合资料的续租户193户，实物配租35户，发放租金补贴共73户、136人次、2.5万元；对辖区24家物业服务企业开展专项检查整治行动，指导华茵堡、君悦居等小区成立业主委员会，处理物业纠纷投诉21宗；出台《高新区江海区推进城市化城建工作方案》。

（郑亿强）

【交通运输】 麻园路D段（东环路-雪峰寺路）完成工程量的35%；龙溪路雨水管施工完成工程量的63%；大牛山隧道完成20%；实施江海一路人行道盲道、江翠路路面、桥南桥东新村花圃路面等道路改造工程2832平方米；整治外海化工路、礼乐江礼一路水侵黑点两处；改造江翠路与南苑一街路口、中沙2号门前严重积水路段两处；在奕聪花园规划一路安装LED灯46盏；共维修沥青路面415.38平方米、混凝土路面2694.53平方米。（郑亿强）

【环境保护】 江海生活污水处理厂配套截污管工程（二期）和礼乐片区污水管网建设按计划推进；探索河道保洁社会化模式，对区内8条主要河道共25公里进行专业化日常保洁管理；全面推广垃圾分类，新建垃圾中转站3座、果皮箱400个，城镇生活垃圾无害化处理率达100%，全区城乡垃圾收集、运输、处理全覆盖；每月清扫、收集、运输生活垃圾7300余吨；开展社区垃圾定点投放工作，购置各类垃圾收集桶1050个、可移动式车用垃圾箱4个；推广垃圾分类试点工作，设置有害垃圾分类收集专用桶200个；配合、协调外海街道完成茶庵寺临时垃圾压缩性建设工作；完成辖区各街道生活垃圾储运模式升级改造方案的设计及论证工作，并协调推进各街道“牛皮癣”清理的社会化工作，外海、礼乐、滘头、滘北4个街道从8月份开展社会化运作，江南街道交由辖区的环卫承包企业负责清洗；开展专项整治100余次，清理流动摊档6200余档，整治占道经营4100余宗，清理横幅800余条；发现违规建筑垃圾运输车辆6宗；拍照取证通信类广告500宗，行政处罚违规拉挂通信类广告10宗；拆除临时建筑构筑物400平方米，拆除雨篷、棚架950平方米；查处私自设置、批准设置未续期或设置不合理不美观的户外广告570宗，拆除面积达1150平方米；麻三、丰盛村整治按计划开展，投入整治资金341.3万元；6条村庄整治规划编制已完成；实施龙光塔至茶庵寺道路两侧绿化、白水带茶花园和桃花园完善工程；完成高新区绿化总体规划设计稿；绿化升级社区公园竣工7个；投入资金约150多万元种植香樟、凤凰木、火焰木、秋枫等名贵树木3000多棵；投资300万元开展区政府周边绿化改造工程；厂企绿化升级改造、绿色生态示范街、绿色生态示范村（居）基本完成；出台《高新区江海区2014年深入推进“森林围城、树林进城”绿色行动实施方案》，大力推进绿化建设。（郑亿强）

【重点建设项目】 按照“四个一”（一个项目一个领导带一套人马一抓到底）的要求推进重点项目建设。2014年高新区、江海区60项重点项目累计完成投资额65.26亿元，完成率95.1%。其中，列入市重点项目范围的项目28项，年度投资额40.15亿元，累计完成投资额44.77亿元，完成率111.5%，超时间进度11.5个百分点，全市排名第三。进度较快的工业（含技术改造）项目有10个：德力光电LED外延片生产项目、江门市地尔汉宇电器股份有限公司家用电器排水泵技术改造项目、量子高科（中国）生物股份有限公司微生态健康产业基地首期建设项目、江门市路思拓电机电器有限公司、江门市国晶光电有限公司项目、江门市宇辉西厨酒店用品有限公司不锈钢酒店餐厨用品项目、广东银帆化学有限公司与德国巴斯夫公司合作生产环保汽车涂料项目、江粉磁材高性能稀土永磁技术改造项目、广东恒健制药有限公司头孢菌素车间扩产项目、广东大冶摩托车技术有限公司岛式柔性机器人自动化焊接系统项目。基建、“三旧”项目的建设步伐较快，如胜利南路（五邑路-金瓯路）完成路基建设，超额完成年度任务目标；胜利南路延长线（金瓯路－南环路）完成征地工作并动工建设；兰花味精厂“三旧”项目超时间进度16.25个百分点，首期商业街部分完成地上物拆除工作，现正开展主体建设；滘头银星“三旧”项目（康城广场）完成地下车库建设以及销售部装修；江门纸厂“三旧”项目取得突破性进展，签订土地出让合同，首期土地出让金及税费缴入专户，投资完成率165%。（刘杰）

【外事侨务】 接待海峡两岸工商代表一行，洽谈光博汇项目合作；接待越南驻广州总领事一行，推介中越在海防市建立的工业园项目；印尼广肇总会、香港五邑青年总会、香港广东社团总会和香港工程师协会等社团先后到访。高新区（江海区）在香港举办高新区（江海区）2014年香港新春招商活动；在2014年度香港工程师学会大会上，外海籍乡亲陈普森获得“特别成就大奖”。（文霞）

【卫生】 共有各级各类医疗、卫生机构57家，其中区综合医院1家，区中西医结合医院1家，社区卫生服务中心5家，普通专科门诊部

1家，普通诊所4家。各级、各类医疗卫生机构共有卫生技术人员594人，平均每千人口卫技人员数1.89人，卫生机构医院床位289张，平均每千人拥有床位1.12张。卫生事业单位人员总编制数439人，实际在岗卫生从业人员561人，其中在编数310人，临聘人员251人。卫生技术人员中执业（助理）医师200人（其中高级职称23人，中级职称78人，分别占医师总人数的11.5%和39%），注册护士226人（其中高级职称1人，中级职称22人，分别占注册护士总人数的0.4%和9.7%）。滘北街道通过市级和省级评估，启动国家卫生镇创建工作。外海街道墟镇社区和银泉社区创建省卫生村，礼乐街道镇龙村创建市卫生村。礼乐新华村成为江门市首批健康村的创建试点单位。完成卫生户厕新建、改建400户的全年任务。投入16.86万元在辖区公共环境下水道口安装“四防装置”1862个。全区居民健康档案建档230225人份，其中城市居民和农村居民建档率分别达到87.06%和91.32%；规范化电子建档率分别达到80.28%和68.36%。加强预防接种和0-6岁儿童健康管理，儿童计划免疫建证率100%，适龄儿童一类疫苗预防接种率均达96%以上；0-6岁儿童健康管理率96.09%。有效加强孕产妇健康管理，免费为738对新婚夫妇进行孕前优生健康检查，检查人数占初婚人数的61.81%，完成全年任务数的112%，对检查发现的156名地中海贫血、45名G6PD缺乏症患者予以指导性治疗。增补叶酸预防神经管缺陷项目服食叶酸1428人，超额完成全年1200人的工作任务。婴儿死亡率2.59‰。预防艾滋病母婴传播检测610人，检测率100%。全年没有艾滋病、梅毒感染孕产妇及其所生婴儿，乙肝感染孕产妇所生婴儿共33人，接受免费干预服务31人，比例93.94%，超额完成80%的省目标要求。孕产妇保健健康管理率99.40%，没有孕产妇死亡。开展打击非法行医和打击“两非”专项行动，联合市卫生监督所及相关部门开展打击非法行医活动2次，依法取缔非法行医窝点2个，收缴药械一批。（文霞）

【人民生活】 城镇居民人均可支配收入28190元，增长10.10%。城镇新增就业人数5451人，城镇失业人员再就业4416人，就业困难人员再就业364人，城镇登记失业率2.36%；农村劳动力转移就业1172人。全年保障城乡低保对象1109户2540人，其中城镇低保对象365户692人，农村低保对象744户1848人，发放低保资金649.14万元。2014年7月1日起，城镇低保标准由每人每月380元提高至500元，农村低保标准由每人每月300元提高至400元，月人均补差水平分别为346元和172元。（文霞）

【社会保险】 企业养老保险缴费76780人，医疗保险缴费115242人，工伤保险缴费83611人，失业保险缴费82298人，生育保险缴费81201人，累计征收企业养老保险基金61976万元，完成目标任务144.13%。参加城乡居民基本医疗保险91795人。参加养老金调整17217人，调整后平均养老金每人1811.03元，人均增加178.27元。全年发放企业职工养老金212300人次，发放金额365348010.60元。新农保参保登记人数52141人，参保率99.9%。全年实际参保人数48922人，发放养老待遇184519人次，发放金额1925.73万元。（文霞）

【旅游业】 举办“活力高新、魅力江海”万人游暨礼乐首届“葡萄生态旅游节”以及2014“高新•江海美食节”，接待游客（含自驾游）2.3万人次，旅游总收入200多万元，增长21.5%。（陈诗卉）

【教育】 2014年5月，顺利通过“广东省推进教育现代化先进区暨义务教育发展基本均衡区”省级督导验收评估，是江门市第二个通过“广东省推进教育现代化先进区”验收、第一个通过“全国义务教育发展基本均衡县（市、区）”省检的区。12月，以全省最高分95分，全市第一批通过“全国义务教育发展基本均衡县（市、区）”国家验收。江海区机关幼儿园被评为省一级幼儿园，全区省一级幼儿园零的突破。1089名考生参加高考，其中普高考生747人，入围674人，入围率90.2%；本科入围人数197人，入围率26.4%。中考成绩同比进步较大，除12人保送江门一中，35人保送外海中学，62人保送礼乐中学外，还有73人考上江门一中。共投入1155万元进行礼乐第二初中教学楼建设、滘头小学新校区改造和礼乐中学图书馆、外海中学宿舍楼建设。投入100万元完成新联小学等5所中小学的厨房改造，投入100万元完成全区21所公办中小学的校园监控工程。实施免费义务教育，全年实施免收书杂费入学，共有51977名学生先后受惠。公开招聘研究生学历高中教师10名，江海区高中教师研究生率19.9%。建立校长轮岗机制，实施薄弱学校和优质学校干部交流、区内教师轮岗交流制度，促进师资队伍均衡、健康发展。建立3个省级名师工作室江海分站，借助省级名师力量推动江海区名校长、名教师培养工程。（陈诗卉）

【文化】 新增25间公共电子阅览室，送电影下基层434场和送戏下乡46场，受惠群众累计60万人次。原创曲艺表演唱《老年乐》获广东省第三届曲艺大赛金奖，原创群舞《木棉花开》获广东省第六届群众音乐舞蹈花会总决赛铜奖和首届广东省中老年舞蹈大赛银奖。获集体省级奖项3个、市级奖项11个以及个人省级奖项5个和市级奖项12个。完成区文联换届、首届陈少白文学艺术奖评选、文艺精品创作以及全国体育场地普查、高危体育项目和国民体质监测重点等工作任务。举办第三届高新•江海区文化艺术节、高新•江海合署办公周年文化惠民汇演、慈善万人行等30多场系列大型文体活动。协助区内文化企业“走出去”的同时争取到省市文化扶持资金220万元。（陈诗卉）

【体育】 举办52场“体彩杯”社区趣味运动会、JBA篮球赛和校园足球赛。活动现场同步进行即开型体育彩票销售，共计40场。2014年体育彩票销售增长40%以上。投入20多万对江南文化广场进行升级改造。投入体彩公益金30万元，维修健身器材65件，新增器材124件。建立市级社会体育指导员服务站5个；区龙狮武术协会成为省级社会体育指导员服务站。创新理念，采取政府购买服务的方式，为区跆拳道协会300多人提供体育指导员培训。（陈诗卉）

【重大庆典活动】 6月9日，江海区食品药品监督管理局挂牌成立，与江门高新区、江海区市场安监局合署办公。主要负责本区域内食品药品、医疗器械、化妆品、保健品从生产到消费环节的监管管理，拟订适用于本区域内食品药品安全科技发展规划并组织实施，推动食品药品电子监管追溯体系和信息化建设。

9月19日，江门高新区公共码头项目在西江石油油库码头平台正式动工建设。公共码头位于高新区9、18号地，总投资25亿元，初步规划为公共码头和物流园区两大部分。其中公共码头占地943亩，拟建11个3000吨多用途泊位，预留5000吨多用途泊位，岸线总长1332米，设计年通过能力为集装箱67.3万标准箱。首期项目用地面积600亩，岸线700米，拟建6个泊位。首期项目将于2016年年底前建成，全部建成后将成为江门地区最大的内河港码头。

10月18日，江海区青少年宫举行揭牌仪式。青少年宫围绕青少年的兴趣、特长、爱好，以提升青少年综合素质为目标，开设语数英学习进阶、音乐舞蹈、书法美术、棋艺、语言艺术等7大类、24项培训课程，并且提供超过500个公益免费学位，每天可为2000多人次提供教育培训。共接受学生报名1000人次。

12月18日，广东省科技金融综合服务中心江门高新区分中心在（江门）港澳码头挂牌成立。吸收银行、证券、保险、股权交易中心、科技小贷、担保、知识产权中介等近30家金融、中介机构成为会员。分中心将为企业提供科技金融服务，包括政策服务、科技投融资服务、股权交易及上市辅导、中介服务、担保保险及知识产权服务、信用评级服务等，区内科技资源和金融资源的对接和共享。（温馨）

新会区

概述

【行政区划】 2014年，新会区辖大泽、司前、罗坑、双水、崖门、沙堆、古井、三江、睦州、大鳌10个镇和会城街道、经济开发区、圭峰管委会、银湖湾管委会4个派出机构。

【位置　面积】 地处北纬22°5′15″—22°35′01″、东经112°46′55″—113°15′43″之间。位于广东省南部，珠江三角洲西南部，西江、潭江下游。东西最大相距48.8公里，南北最大相距54.5公里，大陆海岸线长87.56公里。北与江门市蓬江区、江海区接壤，东与中山市相连，东南与珠海市斗门区相邻，西南与台山市交界，西与开平市接界，西北与鹤山市相接。全区面积1354.71平方公里。

【气候　河流】 位于北回归线以南，属亚热带海洋性季风气候，温和湿润，雨量充沛，热量充足，无霜期长。2014年，年平均气温22.8℃，比常年平均偏高0.4℃，为正常略偏高年景；最高气温36.3℃，最低气温4.2℃。总降雨量1542.3毫米，比常年偏少266毫米；主要集中在3-9月，其中5月最多，达383.1毫米。日照时数1708.7小时，比常年偏少。影响区域的台风有2个，分别是1409号台风“威马逊”和1415号台风“海鸥”。雷电主要集中在5月和7月，雷暴日数68天；其中高温日数14天，较常年平均偏多5天。冷空气活动频繁，主要有10次较明显冷空气过程。境内河流属珠江流域珠江三角洲水系，河道纵横交错。西江、潭江两大干流穿境而过。境内河流集雨面积在50平方公里以上的有双水下沙河、崖门甜水坑；集雨面积10～50平方公里的有天等河、天湖水、田边冲、古兜冲、古井冲、火筒滘、横水坑、沙堆冲等8条。

【人口　民族】 至2014年末，全区户籍人口75.53万人，出生人口7827人，死亡人口6081人。人口出生率10.36‰，自然增长率2.31‰。年末人口主要构成：男性占49.8%，女性占50.2%；0—17岁占15.9%，18—60岁占64.8%，60岁及以上占19.3%。全区以汉族为主，有壮族、瑶族、土家族、苗族、蒙古族等35个少数民族。各镇均有少数民族人口，境内没有少数民族人口相对聚居点。

【华侨华人、港澳台同胞】 至2014年末，全区有华侨华人、港澳台同胞约70万人，主要分布在世界57个国家和地区。其中，华侨华人约31万人，港澳台同胞约39万人。

社会经济发展状况

【简述】 2014年，全区生产总值505.51亿元，增长9.2%；规模以上工业增加值231.13亿元，增长11%；公共财政预算收入40.63亿元，增长16.2%；固定资产投资214.33亿元，增长11%；社会消费品零售总额202.89亿元，增长11%；出口总值32.43亿美元，增长8.6%。各项事业全面进步，城乡面貌不断改善，发展成果惠及群众，社会大局和谐稳定。是年全国百强区排名保持第62位。

【工业】 2014年，全区规模以上工业总产值872.13亿元，增长16.12%；规模以上工业增加值231.13亿元，增长11%；规模以上先进制造业和高技术产业增加值分别为64.94亿元和3.45亿元，占规模以上工业增加值的比重分别为28.1%和1.5%。规模以上工业销售产值830.05亿元，增长15.6%；产品销售率95.2%；出口交货值168.95亿元，增长12.1%；利润总额59.6亿元，增长23.8%。七大支柱产业规模以上工业增加值中，装备制造业增长2.3%，纸及纸制品业增长12.6%，纺织服装业增长0.9%，食品业增长28.8%，建筑材料业增长8.1%，精细化工业减少10.3%，金属制品业减少6.9%。是年，古典家具业发展加快，行业实现产值超50亿元，生产、加工、销售及配套企业近3000家，从业人员约10万人。

【农业】 2014年，全区农业总产值66.04亿元，增长3.9%；其中农业17.77亿元，渔业34.64亿元，牧业12.15亿元，林业0.66亿元，农林牧渔服务业0.82亿元。粮食播种面积47.13万亩，总产量15.66万吨，增长3.2%，完成江门市下达的粮食面积和产量考评任务。生猪生产稳步增长，饲养量73.65万头，上市量44.97万头，分别增长14.7%和27.5%；禽鸟生产总体稳定，三鸟饲养量2014万只、增长13.8%，上市量1417万只、减少0.2%；珍禽饲养量1159万只，上市量909万只，分别增长35.0%和45.5%。农业机械化水平不断提高，农业机械总动力35.97万千瓦，增长1.8%，水稻耕种收综合机械化水平78%，增加1.5个百分点。联合收割机拥有量746台，插秧机拥有量441台，手扶拖拉机拥有量7126台，大中拖拥有量80台。机械化种植水平有新提高，水稻机耕率99%、机插率34%、机收率94%。特色农业长足发展，新会柑及陈皮产业产值10亿元，增长25%。启动农村综合改革，出台农村综合改革示范试点实施方案，86条村开展土地承包经营权确权试点工作。新型农业经营主体不断发展，农民专业合作社增至281家，带动农户2.2万户。

【财政】 2014年，全区公共财政预算收入40.63亿元，增长16.2%；其中区级公共财政预算收入18亿元，增长23.8%；镇级公共财政预算收入22.63亿元，增长10.8%。全区公共财政预算支出46.92亿元，增长9.1%；其中区级公共财政预算支出29.29亿元，增长7.7%；镇级公共财政预算支出17.63亿元，增长11.6%。

【税务】 国税 2014年，组织工商税收收入68.15亿元，增收2.87亿元，增长4.4%；国内税收收入首次突破60亿元，实现60.8亿元，增长12.4%。推动税务体制改革，选取罗坑税务分局开展分局职能部门化改革试点，初步实现分局扁平化管理和“一站式”办税服务。实行企业所得税量化管控，累计汇缴补缴企业所得税款1.3亿元，增长188%。是年，新会国税局政策法规股被评为“广东省国税系统先进集体”，三江税务分局荣获“广东省青年文明号”称号。

地税 2014年，组织税费收入54.7亿元，增长3.2%，其中税收收入（含两税）29.7亿元，增长1.61%；社保基金收入20.6亿元，增长3.6%，收缴率超过98%；其他费金收入4.37亿元，增长12.4%。加强重点税源和重点税种管理，开展欠税清理和疑点数据核查，积极开展“金税三期”税收征管系统上线前期工作。加大税务稽查力度，查补入库税费1165.8万元。落实税收优惠和扶持政策，全年为企业减免税费3318万元。开展“便民办税春风行动”，加强办税服务厅软、硬件建设，开展一次性告知、二次优先、网上预约等便民服务。

【金融】 2014年，全区金融运行总体平稳。银行类金融机构存款余额685亿元，增长8.7%；贷款余额343亿元，增长8.9%；存贷比53.2%，减少1.3个百分点；广发证券、华林证券、光大证券、广州证券4家证券公司A股和基金交易额达1388亿元，增长47%；中国人寿、中国人保、平安财险3家大型保险公司保费收入6.5亿元；信盈、金和2家小额贷款公司贷款余额4.92亿元；中盈、信利2家融资性担保公司在保余额8.1亿元。区政府与中国建设银行新会支行继续合作开展“助保贷”业务，累计发放贷款4770万元。全区银行机构增至15家，其中农业银行新会第二支行、招商银行新会支行、新会新华村镇银行开业。政策性农业保险顺利推进，其中农村住房保险续保参保农户13.28万户，续保参保率100%；晚造水稻保险承保面积1.47万亩，保费293.67万元。

【固定资产投资】 2014年，全区固定资产投资规模稳步增长。全年完成投资214.33亿元，增长11%；其中第一产业0.94亿元，增长195%；第二产业86.05亿元，减少16.24%；第三产业127.35亿元，增长41.48%，其中房地产78亿元，增长75.6%。

【个体私营经济】 至2014年末，全区个体工商户37911户，从业人员73251人，资金数额9.73亿元。其中，农、林、牧、渔业236户，采矿业2户，制造业8186户，电力、热力、燃气及水生产和供应业5户，建筑业420户，交通运输、仓储和邮政业289户，信息传输、软件和信息技术服务业70户，批发和零售业20936户，住宿和餐饮业2936户，房地产业62户，租赁和商务服务业764户，科学研究和技术服务业113户，水利、环境和公共设施管理业8户，居民服务、修理和其他服务业3664户，教育47户，卫生和社会工作10户，文化、体育和娱乐业162户，其他1户。至2014年末，私营企业7099户，从业人员59833人，注册资本（金）109.11亿元。其中农、林、牧、渔业93户，采矿业12户，制造业3289户，电力、热力、燃气及水生产和供应业23户，建筑业283户，交通运输、仓储和邮政业190户，信息传输、软件和信息技术服务业98户，批发和零售业2091户，住宿和餐饮业45户，金融业24户，房地产业285户，租赁和商务服务业396户，科学研究和技术服务业121户，水利、环境和公共设施管理业18户，居民服务、修理和其他服务业114户，教育3户，卫生和社会工作1户，文化、体育和娱乐业12户，其他1户。

【建筑业】 2014年，全区有建筑安装企业32家，其中二级资质企业10家，三级资质企业22家，从业人员5000人。全年完成建安产值13.94亿元，增长66%；建筑工程竣工备案面积128.6万平方米。办理招标文件备案79宗，预算价10.57亿元，中标价10.07亿元，节约投资额5054.14万元。加强合同造价备案管理，办理施工合同备案181宗，造价30.2亿元。推广使用节能新型墙材，建筑节能验收使用新型墙材建筑工程207项，建筑面积166.5万平方米，新型墙材使用率达98.4%以上；建筑节能备案255项，建筑节能设计报审备案率100%。全年建筑工程创优活动中，获评广东省质量优良样板工程1项、江门市安全生产文明施工示范工地2项、新会区工程质量优良样板工程8项。

【商业】 2014年，全区商贸流通持续畅旺，商品销售总额稳中有升，市场供需总体平衡。在册登记的商贸企业3367家、商贸个体户2.8万户，其中限额以上企业206家；注册资金120多亿元，从业人员20万多人。大润发、华商百货、华润万家、盛新百货、永利、壹加壹、麦德龙、国美电器、苏宁电器、大洋电器等主要商场超市营业总额7.66亿元，增长6%；水果食品批发市场、江门厨具市场、五邑机电五金城、汽车和摩托车交易市场等专业批发市场交易总额59.53亿元，增长13.1%。拍卖企业7家，全年开拍82场，成交额1.3亿元；典当企业4家，典当总额1.63亿元；物流企业390多家，其中规模较大的物流企业有正平物流中心、大昌行物流园、高宝隆物流基地、新会港国际码头、华贸物流、仁科海运、大诚船运等7家，营业额合计约7.08亿元。成功举办“2014（第十一届）全国百强县市汽车巡展新会站”和“2014年新会（国际）汽车展”。

【旅游业】 2014年，全年接待游客1133.02万人次，增长25.5%；旅游总收入64亿元，增长21.9%。成功举办第十一届圭峰之春文化庙会、新会陈皮美食旅游节、第二届崖门古兜水蟹节、第八届国母诞、2014新会葵乡欢乐旅游节、新会区南瓜美食旅游节暨湖南长沙高铁首发团欢迎仪式、崖门甜水萝卜节暨粤港万人游新会、第十三届“万胜杯”龙舟赛等。积极对外推介新会旅游资源，成功举办2014新会区旅游线路推介会、武汉•新会旅游线路推介会、湖南长沙—新会旅游线路推介会、新会首届旅游发展博览会等，圭峰山免收门票。旅游设施建设加快。新会龙泉酒店二期开业，新会现代农业科普基地建成太阳能光伏电站和“水帘式”智能温室，古兜温泉综合度假区“月泉湾”养生酒店封顶完工。加强旅游人才培训，成功举办新会区导游职业技能大赛；与五邑大学旅游学院合作，建立五邑大学产学研合作教育基地，培养高素质旅游人才。

【对外经济贸易】 2014年，全区合同外资2.34亿美元，增长76.7%；实际利用外资1.7亿美元，增长0.4%；进出口总值48.51亿美元，减少4.8%，其中出口总值32.43亿美元，增长8.6%，进口总值16.08亿美元，减少23.7%。口岸进出口货运量177.5亿吨，减少24.4%；集装箱进出口货运量58.6万吨，下降5.9%。加大招商引资力度，引入超亿元项目15个，总投资42亿元；全年收集招商线索项目43个，计划投资总额469.48亿元。落实企业扶持措施，组织天马货运码头参加“广东21世纪海上丝绸之路国际博览会”航运物流展；全面开展ECO（电子原产地证）业务，企业申请、审核、签证实现电子化；协调企业办理出口验放手续。

【外事侨务】 2014年，开展首届粤籍青年华人华侨大会参会人员推荐工作，整理完善第三届江门世界青年大会新会籍华人新生代资料库。拍摄《四面八方新会人》系列电视节目片，大力宣传海外新会人。是年，全区接待海外及港澳等地团组22批、280多人次；受理因公出国、赴港澳165批、219人次，受理外国人入境申请42批、44人次；办理确认华侨身份73宗，受理华侨申请回国定居11宗、港澳同胞入粤安葬5宗，解决江门政府热线保护华侨权益1宗。

【交通运输】 至2014年末，全区公路通车里程1321公里，公路密度每百平方公里89.9公里。全区有高速公路53公里，等级公路1268公里，其中一级公路213.5公里、二级公路115公里、三级公路500.3公里、四级公路439.2公里；公路桥梁347座21814延米，其中大桥27座14653延米。全年公路运输客运量1750万人，增长5.1%，客运周转量95568万人千米，增长5.9%；公路、水路货物运输量2431万吨，货物周转量167867万吨千米，分别增长5.6%和13.2%；港口码头吞吐量2780万吨，增长9%；集装箱33.9万TEU，增长25.6%。全年交通基础设施完成投资7.01亿元，增长58%。重大交通项目建设加快，其中李文达大桥通车，大鳌特大桥试通车，深茂铁路新台隧道动工，江门大道新会段（广佛江快速通道江门段五邑路至三江段、银鹭大桥西岸至崖门段）完成投融资加施工总承包招标，银鹭大桥、无限极大桥、小冈大桥扩建、会七线改造、新中一级公路三江睦洲段等工程进展顺利。航道及港口码头建设顺利推进，东东线（崖门水道至高栏港航道）技术可行性专题研究报告通过专家评审，天马港二期万吨级码头、良发粮食码头主体工程通过交工验收，亨源石油气化工、海螺水泥、宜大化工等一批重点码头完成档案和竣工验收。全区新建公交候车亭13个，改建候车亭6个；拥有公共汽车319辆，其中新型清洁能源车167辆；设公交线路77条，年客运量约2057万人次。

【邮政】 2014年，全区邮政业务（含邮政企业、邮储银行和速递物流）总收入1亿元，邮政业务量分别为函件281.89万件、包件0.53万件、特快专递50.7万件。全区有邮政网点19个、一星级投递部6个、四星级投递部1个；邮路总长度5432公里，乡村通邮率100%，其中农村投递路线40条3554公里、城市投递段道35条2367公里。建有福农站135个，村邮站100个，基本实现全覆盖。成功发行《广航四局》、《新会妇联爱心项目个性化纪念邮票》邮册；联合区委宣传部、区教育局举办以“百善孝为先”为主题的第十届中小学生书信比赛活动。

【通信】 至2014年末，全区有电话用户121.7万户，其中固定电话22.9万户，移动电话98.8万户；ADSL（宽带）容量15万端口，互联网普及率72.5%，家庭宽带普及率68%，光纤入户率19.5%；广播人口覆盖率100%，电视人口覆盖率100%；移动通信3G信号覆盖面达99%，其中城区3G信号覆盖面达100%；移动通信4G信号覆盖面达20%，其中城区4G信号覆盖面达65%；每百人互联网网上购物人数48人。

【教育】 至2014年末，全区中小学校108所，其中国家级重点职校3所、省一级普通高中（完中）8所（含国家级示范性普通高中2所）；义务教育阶段学校103所，其中公办96所，民办7所，全部为义务教育标准化学校。幼儿园102所，上等级的62所，占60.8%；其中省一级3所、市一级34所、区一级25所。中小学教职工编制6422名，其中小学2854名、初中1998名、普高1488名、中职86名；幼儿园专任教师1325人。是年，全区中高考成绩喜人。高考上线人数5529人，其中重点线上线人数536人、本科上线人数2624人，均位居江门市首位；中考成绩保持稳中有进，各学科平均分、尖子生人数、一分三率等指标继续处于全市领先位置。教育现代化建设迈上新台阶，通过全国义务教育发展基本均衡区和广东省推进教育现代化先进区督导验收。学校办学条件不断改善，李文达中学综合楼、梁启超纪念中学体艺综合楼、红卫五显小学综合楼、尚雅学校初中部教学楼投入使用，全区所有中小学校接入基础教育专网。

【科技】 2014年，新会区科技工作取得成效。全社会科技研发（R&D）投入占GDP比重提高至1.75%，技改项目投入资金10.7亿元，增长12%。是年，专利申请量1358件，增长4.5%；获广东省科学技术奖项目2项、江门市科学技术奖项目15项、新会区优秀科技成果奖项目36项；纳入各级各类科技计划项目73项，其中省级5项、市级34项、区级34项，江门市新会区兴旺农业科技有限公司的“华晚无籽沙塘橘引种与推广”、江门市新会区农村信息化综合服务中心的“新会区农村党员现代远程教育网络服务站信息员培训体系建设”两个项目，被列入省级星火计划；开展科普下乡4次、举办科普文艺晚会2场、科普讲座13场，惠及群众2.8万人次。至是年末，全区有国家高新技术企业26家，省级工程技术研究开发中心14家，市级工程技术研究开发中心35家，创新中心创新平台4家，国家、省和市级科普（科技）教育基地10个，全国科普示范社区1个，广东省科普示范社区3个，江门市农村科普示范镇2个，江门市农村科普示范基地3个，江门市青少年科普示范学校2所，新会区青少年科普示范学校1所，新会区科普示范镇5个。

【文化】 2014年，景堂图书馆建成省内首批基层图书馆古籍修复室之一，完成新会学宫蹈和殿、尊经阁、林氏家庙附祠修缮工程，古井镇官冲窑址列入江门海上丝绸之路史迹申报世界文化遗产申报点，开展梁启超故居保护规划编制前期工作，冈州古琴艺术被列为区第4批非保项目，成功举办以“美丽中国梦，幸福新葵乡”为主题的“第七届葵乡文化艺术节”，与五邑大学创作舞蹈诗《新会传奇》，出版散文集《冈州情韵》、书法美术摄影精品集《艺海扬帆》和新会本地首张原创歌曲CD碟《葵乡放歌》。是年，举办元旦、春节等大型文艺晚会7场、群众文化艺术展览54场，开展送文化下乡活动80场、送电影下乡2268场；31件作品在省以上比赛中获奖，53件作品在市、区“五个一工程”评比中获奖。至是年末，全区有区级文艺协会10个，镇级文联12个，业余文艺会社100多个；各门类国家级会员33人，省级会员170人，区级会员1500多人；拥有国家级文保单位1处，省级文保单位6处，市（区）级文保单位41处；国家级非遗项目3个，省级非遗项目8个，市级非遗项目16个，区级非遗项目23个；建有特级文化站3个，一级文化站4个，二级文化站5个；全区文化娱乐场所121家，印刷复制企业347家，出版物零售单位150多家。

【卫生】 至2014年末，全区有各级各类医疗机构291家，其中公立医疗卫生机构22家，民营医院3家；病床3900张；执业医师1636人，执业助理409人，护士2427人。医疗设施日益完善。新会人民医院综合住院大楼投入使用，大泽镇卫生院综合楼楼面封顶，三江镇卫生院门诊大楼完成改建工程，双水镇卫生院康复综合楼六层封顶。深入实施医药卫生体制改革，区卫生局和区人口计生局整合，组建区卫生和计划生育局；全区基层医疗卫生单位全部使用基本药物，实行药品零差价销售，药品零差价让利群众1047.68万元。落实平价医疗政策，经济开发区平价医院和全区23间平价诊室减免病人门诊费用156.6万元。家庭医生式服务试点工作顺利开展，新会区成为省家庭医生式服务试点单位，罗坑镇中心卫生院、崖门镇卫生院成为家庭医生式服务试点医院，会城街道社区卫生服务中心、第二人民医院及其他镇卫生院以“三无”老人、残疾人、低保老人、精神病人等弱势群体为重点服务对象，同步开展家庭医生式服务。区人民医院、中医院、妇女儿童医院、第二人民医院、司前人民医院等5家二甲医院分别和区内各乡镇卫生院、会城社区卫生服务中心签订“对口支援”协议书。疾控工作稳步推进，全年累计发现登革热病例41例，治愈率100%；发现H7N9禽流感病例2例，其中本地病例1例（患者已死亡）、输出病例1例（患者已康复）。是年，新会区获评“2014年度江门市严重精神障碍管理工作优秀市（区）”；崖门镇通过省爱卫办考核评估，获授“广东省卫生镇”称号；新希望眼科医院发表国家级论文2篇，白内障专科纳入江门市重点专科建设并通过验收。

【体育】 2014年，竞技体育取得新成绩，新会运动员参加省级以上体育竞赛获得14金、12银、22铜，其中钟秀婷荣获第二届青奥会女子现代五项个人金牌，游荣珍荣获全国蹦床冠军赛女子团体金牌；组织324名运动员参加江门市2014年青少年锦标赛田径、游泳、举重等15大项目比赛，获得158金、139银、97铜，位居江门市各市（区）首位。挖掘和培养体育运动人才，全年向上级输送体育苗子12人。举办各类体育赛事，举办第十六届“千色花杯”迎春足球赛、美国篮球巨星挑战赛、第十三届“万胜杯”龙舟赛、2014新会篮球中心揭幕仪式暨“中国体育彩票杯”男子篮球对抗赛、第一届职工运动会、第二届“红牛杯”男子篮球邀请赛等活动21项，承办江门市青少年游泳锦标赛、江门市青少年举重锦标赛、江门市青少年足球锦标赛等赛事。成立11个社会体育指导员服务站，建成5000平方米以上的全民健身广场2个，新会电大等5所学校体育设施向社会开放，建设乡镇标准篮球场100多个。是年，新会区荣获“广东省传统龙舟特色区”称号，新会平山小学、大泽五和小学荣获广东省体育传统项目学校称号（2013—2015年度）；全区共有体育馆13个、游泳馆1个、综合房12个、篮球房3个、羽毛球房16个、乒乓球房44个、武术房2个、跆拳道房1个、健身房8个、棋牌房8个、台球房6个、体育场4个、田径场6个、小运动场86个、足球场11个、篮球场1049个、排球场10个、羽毛球场167个、网球场20个、室外乒乓球场162个、轮滑场1个、室外游泳池40个、室外跳水池1个、卡丁车赛车场1个、天然游泳场1个、城市建设步道11条、登山步道3条、全民健身路径313条、其他类体育场地27个。

【城乡建设】 2014年，新会区主城区建成区面积37.9平方公里，建制镇建成区面积36.6平方公里，城镇化水平62.8%。房地产业健康发展，全年完成房地产开发投资78亿元，新开工面积89.6万平方米，商品房竣工面积53.58万平方米。城区交通基础设施建设加快，投入6亿元完善城区路网，新增市政道路15公里，新峰路二期等9条道路通车，内环路东段等3条道路动工，菱东人防工程地下停车场投入使用，人民球场地下停车场开工建设。高端商贸服务项目建设顺利，龙泉酒店二期投入运营，美吉特、星汇广场等商业综合体加快建设。生态环境不断优化，投入1.1亿元，推进“森林围城，树林进城”绿色行动和“75321”生态工程；开展十大最美乡村等“五个十”评选活动；完成造林作业面积2.4万亩，造林成活率96%以上；完成西部沿海防护林带建设里程8.2公里，建设乡村绿化美化示范点53个。升级改造城区中心园林区，启动人民会堂周边、盆趣园片区改造工程，荔枝山公园首期配套、石涧二期、玉湖环境升级改造等工程加紧推进，圭峰茶花园项目动工，新（改）建城乡社区公园176个，新增城区绿地34.7万平方米。小城镇建设卓有成效，小城镇扩容提质工程完成投资40.6亿元，新增建设面积167万平方米；建立镇级城管中队、绿化养护队、卫生保洁队，强化墟镇管理；“五改六有七提高”幸福新农村建设投入资金2.73亿元，完成60个村改造任务。是年，司前镇、双水镇成为全国重点镇，崖门镇获评省级卫生镇，大泽镇获评江门市宜居镇，罗坑镇下沙村、双水镇龙脊村获评江门市宜居村庄，会城街道河南社区、浐湾社区、城东社区获评江门市宜居社区。

【环境保护】 2014年，新会区环境质量良好。城区空气降尘量符合广东省通用标准，PM2.5达标率90.3%，PM10达标率98.5%。区内主要江河西江水系基本保持Ⅱ－Ⅲ类水质，潭江干流总体基本保持Ⅲ类水质。城区声环境和道路交通声环境质量保持稳定水平。推进污染企业转型升级，落实《新会区八大行业减排和优化工作方案》，对114家重点污染企业进行优化升级整治；其中10家造纸企业通过废水治理设施升级改造工程环保验收，5家企业对废水进行集中深度处理；搬迁、淘汰、关停电镀企业17家；崖门环保电镀基地36家签约企业通过环保验收；7家企业通过清洁生产审核验收。加大行政执法力度。深入开展环保为民“六大行动计划”，出动检查人员6000多人次，检查企业3000多家，做出行政处罚决定71宗，58家企业和个体工商户被责令停止生产或使用经营场所，申请法院强制执行29宗，行政复议2宗，处理群众信访案件2101宗、处理率达100%。积极开展“两法”衔接工作，向公安机关移送涉嫌环境污染犯罪案件6宗，大泽镇无证经营天那水提炼案件成为新会区首例成功入刑的污染环境刑事案。是年，全区发放汽车环保标志5.32万个，换发“广东省排污许可证”163个、变更68个；顺利完成新会区2013年环境统计工作；区环境监测站顺利通过专家评审复查及扩项现场评审。

【人民生活】 2014年，民生支出28.9亿元，占财政预算支出69%。城乡居民人均可支配收入2.15万元，增长9.9%；最低工资标准上调至1130元/月；城乡医保年住院报销上限提高至30万元；城镇低保月标准由380元提高至500元，农村低保月标准由300元提高至400元，五保供养月标准由650元提高到730元；新增城镇就业7668人，城镇登记失业率2.35%。民生实事顺利推进，区养老中心完成施工设计；区康怡颐养院、区莲花山养老院、区幸福寿星安老之家二期等3家民办养老机构投入使用，新增养老床位1201张；开展养老助残公益创投项目3个，新建长者食堂、老人日间照料中心各5个，实施百岁以上老人免费医疗；保障性住房首期三和苑投入使用，二期工程封顶，并通过摇珠分房，350户家庭获配租公共租赁住房（含廉租房）；新建保障房100套；建成公共租赁住房305套。扶贫济困成效显著，区慈善会安排1000万元，用于助学、助困、助残、助孤老、助病、助爱心屋援建、助公益七大慈善救助项目。

【社会保险】 2014年，全区城镇基本养老保险（含离退休）参保人数66.01万人，其中企业养老保险参保人数39.81万人，城乡居民养老保险参保人数26.2万人。城乡居民养老保险待遇标准提高到每人每月95元。城镇基本医疗保险参保人数76.46万人，其中城镇职工基本医疗保险参保人数28.97万人，城乡居民基本医疗保险参保人数47.49万人。医疗保险统筹基金收入7.85亿元，统筹基金支出9.1亿元。全区公务员和参照公务员管理人员纳入工伤保险范围，工伤保险参保人数16.07万人，基金收入2942万元，支出2375万元。生育保险参保人数16.09万人，基金收入1831万元，支出646万元。失业保险参保人数15.72万人，基金收入7454万元，支出1678万元。

【工业园（区）建设】 至2014年末，全区有新会经济开发区1个省级工业园区和广东轨道交通产业园、广东银洲湖纸业基地、崖门环保电镀基地3个专业性产业园，22个镇级工业集中点。工业园区（集中点）总规划面积15.63万亩，已开发面积6.91万亩，进园区企业1202家，园区工业总产值657.51亿元。是年，广东轨道交通产业园完成投资9.7亿元，主要道路管线完成铺设，南奥项目投产；广东银洲湖纸业基地总产能提高至228万吨/年，配套设施完成工程量的60%；崖门环保电镀基地被认定为省市共建循环经济产业基地，污水处理厂二期投入运营。

【信息化建设】 2014年，全区信息化发展指数为98%。升级区政府门户网站，新增重点领域信息公开专栏，以及政府信息公开意见箱、信息公开目录系统、依申请公开等板块。完善网上办事大厅，完成统一业务咨询、结果查询、星级评价、服务投诉等功能开发，实现新会分厅办事过程和结果数据与省、市同步。启动数字电视整体转换工程，以“数模同传”模式传播电视信号。加强应急管理平台建设，建立专业应急指挥平台8个，应急管理信息实现互联共享。强化科技安保措施，治安盲点、偏僻重点部位等安装的临时视频监控点全部与公安指挥中心联网，全面提高视频监控覆盖率。

【重点建设项目】 2014年，新会区建立“一竿子”插到底工作机制，加快推进重点项目建设。7个省正式重点建设项目累计完成投资25.35亿元，完成年度计划133.41%；33个市重点建设项目累计完成投资73.48亿元，完成年度计划的125.3%；80个区重点建设项目累计完成投资111.61亿元，完成年度计划的107.71%。其中，完成年度投资计划的项目65项，占项目总数的81.25%；动工项目69项，动工率86.25%；竣工或投（试）产项目14项，占项目总数的

17.5%。联成金属、星辉纸业、三江维达三期、三木化工、华源管桩、南奥交通设备等项目顺利进入投（试）产阶段。

【重大庆典活动】 李文达大桥建成通车 2014年11月15日，李文达大桥建成通车。大桥于2012年7月18日动工建设，工程总投资7506.63万元，其中李文达先生及李锦记集团捐资3400万元。项目路线全长约1.29公里，其中桥长617.54米，桥宽13米；大桥位于黄克競大桥上游约2米处，与黄克競大桥构成双向四车道的一级公路，设计速度80公里/小时，设计车辆荷载等级为公路Ⅰ级，桥梁最大主跨70米，通航孔净高8米。

大鳌特大桥顺利试通车 2014年12月31日，大鳌特大桥顺利试通车。大鳌特大桥与在建的新中一级公路三江、睦洲段相接，连通睦洲、大鳌两镇，工程总投资约2.79亿元，其中建安费约2.15亿元。项目路线总长约2.18公里，其中大桥长1638.24米；全线采用双向四车道一级公路技术标准建设，设计速度100公里/小时，路基宽25.5米；主跨宽145米，为内河Ⅰ级航道，可通航3000吨级海轮，通航孔下底宽120米，上底宽96米，净高22米。工程于2009年12月动工建设，历时5年。

区获广东省首个“传统龙舟特色区”称号 2014年5月30日，大泽镇第十届龙舟锦标赛暨“广东省传统龙舟特色区”授牌仪式在大泽镇牛勒村举行。新会区获广东省龙舟协会授予“广东省传统龙舟特色区”称号，成为广东省首个获此称号的地区。新会区截至2013年，已成功连续举办十二届“万胜杯”龙舟赛。

举办区第七届葵乡文化艺术节 2014年4—10月，举办第七届葵乡文化艺术节。本次活动以“美丽中国梦，幸福新葵乡”为主题，由文艺会演暨授荣仪式、艺术展览、文艺作品汇编、产业博览、群众活动周等五大板块组成。9月25日，举办新会第七届葵乡文化艺术节文艺演出暨授荣仪式。中国楹联学会向新会区颁发“中国楹联文化之乡”牌匾，新会成为全省第三个获此殊荣的市（区）；马观适、霍宗杰、新会陈皮村市场有限公司等11个个人和单位获授“新会文化金葵奖”。艺术节活动期间，举办艺术展览、创作培训、产业博览、研讨会、舞蹈大赛等110场，编印、出版《冈州情韵》散文集、《艺海扬帆》书法美术摄影精品集，发行首张原创音乐CD专辑《葵乡放歌》，此次活动参与群众近10万人，为历届之最。

附：

1．2014年四套领导班子成员名录

中共江门市新会区委员会

书　记：魏志平

副书记：文　彦

　　　　李广义

常　委：魏志平

　　　　文　彦

　　　　李广义

　　　　邹　强

　　　　黄淑质（女）

　　　　梁明建

　　　　林社攸（-2014.11.24）

　　　　孙少明

　　　　何国俊

　　　　黄伟民

　　　　黄锐楼（-2014.02.24）

　　　　彭永亮（挂职）（-2014.02.24）

　　　　李惠文（2014.02.24-）

江门市新会区人大常委会

主　任：魏志平

副主任：刘建民

　　　　张莲友（女）（2014.01.16 -）

　　　　叶剑敏

　　　　邹达明

　　　　李健驰

　　　　聂加伟

江门市新会区人民政府

区　长：文　彦（2014.01.16-）

副区长：文　彦（-2014.01.16）（代理区长）

林社攸（-2014.12.10）

程学斌

梁远球

谢惠雯(女)

施国亨

罗海华（挂职）（-2014.03.10）

李惠文（-2014.02.26）

黄锐楼（2014.02.26-）

谢　清（挂职）（2014.03.10-）

政协江门市新会区委员会

主　席：梁树祥

副主席：陈社胜

林炳焕

李炳鸿

刘建新

钟景贤

邓佩兰（女）

表63：　　新会区2014年国民经济发展情况表

项　目	单 位	2014年	比上年增长（%）
人口	人	755301	0.01
土地面积	平方公里	1354.71	——
国内生产总值	亿元	505.51	9.2
人均国内生产总值	元	66930	9.1
工业总产值	亿元	982.19	13.32
农业总产值	亿元	66.44	4.0
全社会固定资产投资	亿元	214.33	11.02
外贸出口总额	亿美元	32.43	8.6
实际利用外资	亿美元	1.7	0.35
公共财政预算收入	亿元	40.63	16.18
社会消费品零售总额	亿元	202.89	11.04
城乡居民储蓄存款余额	亿元	502.88	9.77

表64：　　新会区2014年基本情况简表

	项目	单位	2014年
基本建设	高速公路营业里程	千米	53
	公路通车里程	千米	1321
	港口泊位	个	93
	航运通航里程	千米	365
	发电装机容量	万千瓦	37.04
	年末固定电话用户	万户	22.9

续表：

项目		单位	2014年
教育	中等专业学校	所	4
	（中专）在校学生	人	10615
	普通中学学校	所	39
	（普中）在校学生	人	46643
	小学学校	所	65
	（小学）在校学生	人	60307
	在园幼儿	人	20467
	小学学龄儿童入学率	%	100
医疗文化体育	医院	所	22
	其中：县级医院	所	5
	等级医院	所	15
	卫生机构医院床位数	张	3900
	平均每千人拥有床位	张	4.25
	影剧院	间	5
	体育馆	座	1

表65： 2014年新会区获全国性表彰的先进单位和个人名录

单　　位	获誉时间	获誉名称	授誉机关
新会区	2014.7	中国楹联文化之乡	中国楹联学会
新会区经济信息和商务局	2014.12	2014年度全国百强县市汽车巡展十佳合作伙伴	中国汽车报社、中国汽车新闻工作者协会
新会尚雅学校	2014.10	全国优秀家长学校实验基地	教育部关工委

2014年新会区获全国荣誉称号个人名录

姓名	获誉时间	获誉时工作单位	获誉名称	授誉机关
李悦忠	2014.10	新会区文化广电新闻出版局	创建中国曲艺之乡工作先进个人	中国曲艺家协会
李天龙	2014.10	新会青年粤剧团	创建中国曲艺之乡优秀曲艺工作者	中国曲艺家协会
袁梅梅	2014.10	新会区景堂图书馆	全国古籍保护工作先进个人	文化部
梁远榕	2014.4	江门市新会机电职业技术学校	全国职业教育先进个人	教育部、国家发展改革委、财政部、人力资源社会保障部、农业部、国务院扶贫办
陈燕旭	2014.11	江门市中盈融资担保有限公司	希望工程25年•杰出贡献奖	中国青少年发展基金会

（李锦庆）

台 山 市

概述

【行政区划】 2014年末，台山市辖台城街道和大江、水步、四九、白沙、三合、冲蒌、斗山、都斛、赤溪、端芬、广海、海宴、汶村、深井、北陡、川岛16个镇及海宴华侨农场。年末，全市有村民委员会277个，居民委员会36个。

【位置·面积】 台山市位于广东省珠江三角洲西南部，北纬21°34′～22°27′，东经112°18′～113°03′之间。南濒南海，北靠潭江，东北与新会区相连，西北与开平市为邻，西南部与恩平、阳江两市毗邻，东南隔崖门海口、黄茅海与珠海市斗门区相望。南北相距91.35公里，东西相距73.5公里。沿海海岸线长314.8公里，岛岸线长355.93公里。陆地总面积3284.83平方公里，其中海岛面积251.12平方公里。面积在500平方米以上的岛屿有96个，上川岛面积最大，为137.16平方公里。其次是下川岛、大襟岛、漭洲和乌猪洲。其他小岛星罗棋布，统称"川山群岛"。上川岛、下川岛并列位于南海中，上川岛居东，下川岛居西，两岛隔3.9公里的黄麖门和王景门两条水道，上川岛东北角距赤溪半岛9公里，下川岛北端距海宴镇神头角6.25公里。

【气候特征】 台山市位于北回归线以南，属于亚热带海洋性季风气候。夏季不酷热，冬季不严寒。常年温和湿润，雨量充沛，光照充足，无霜期长。2014年，台山市平均气温23.0℃，偏高0.7℃，极端最高气温37.0℃（8月1日），极端最低气温4.3℃（2月12日），年降雨量1654.6毫米，偏少近2成，年日照时数2149.5小时。3月29日开汛，提前半个月。年内受1409号台风"威马逊"和1415号台风"海鸥"的环流影响。

【主要河流】 台山境内河流分属两个流域，北部河流由东南向西北流归潭江，属珠江流域水系河流；南部和西南部河流从北向南注入南海，属粤西沿海诸小河水系河流。全市集雨面积100平方千米以上的河流10条，主河道总长334.4公里。其中属珠江水系河流有潭江、新昌水、五十水、三合水、公益水和白沙水6条，属粤西沿海诸小河水系河流有大隆洞河、斗山河、那扶河和深井河4条。集雨面积小于100平方千米直接流入南海的河流7条，其中南部有东滘河、赤溪河、曹冲河、大马河，西部有海宴河、汶村河和那琴河。

【人口·民族】 2014年末，全市户籍总人口98.28万人，比上年减少2045人。其中男性49.94万人，女性48.34万人，非农业人口25.83万人。全市人口出生率8.47‰，死亡率9.05‰，自然增长率下降0.58‰。全市有百岁寿星92人，其中，男14人，女78人。水步镇茅莲村委会永华村汤媚初（女性）年龄最大，为112岁。根据第六次全国人口普查，全市有民族33个，其中汉族占总人口的99.07%，少数民族占总人口的0.93%。少数民族主要以壮族、瑶族、苗族、土家族居多，其中壮族人口占少数民族76.03%。

【华侨华人·港澳台同胞】 台山是全国著名侨乡，2014年，旅居海外华侨、华人、港澳台同胞共计130多万人，分布在世界五大洲91个国家和地区（包括港、澳、台地区）。

社会经济发展状况

【简　述】　2014年全市生产总值325.74亿元，比上年增长6.5%。其中：第一产业增加值55.14亿元，同比增长3.5%；第二产业增加值180.63亿元，同比增长7.1%；第三产业增加值89.96亿元，同比增长5.8%。在第三产业增加值中：交通运输、仓储和邮政业增长9.1%，批发和零售业下降6.1%，住宿和餐饮业增长2.9%，金融业增长14.2%，房地产业下降9.8%，营利性服务业增长7.0%，非营利性服务业增长18.9%。人均生产总值3.44万元，比上年增长6.36%。三次产业结构比例为16.93：55.45：27.62。

全年地方公共财政预算收入22.71亿元，比上年增长11.75%，地方公共财政预算支出37.78亿元，比上年增长6.37%；完成固定资产投资195.54亿元，比上年增长4.5%；社会消费品零售总额181.46亿元，比上年增长10.0%；全年外贸进出口总额21.35亿美元，比上年下降3.02%；农民人均纯收入12317元，比上年增长9.1%；城镇居民可支配收入19466元，比上年增长8.5%；城镇居民人均住房面积37.85平方米，比上年增长3.64%。

【工　业】　2014年，台山市全年实现工业总产值600亿元，比上年增长9.63%，其中规模以上工业总产值506.83亿元，比上年增长12.9%，规模以上工业增加值比上年增长17.1%。工业生产按经济类型分：国有及国有控股企业同比下降11.5%；股份制企业同比增长4.6%；外商及港澳台商投资企业同比增长24.9%。全市十大支柱产业产值中：农副食品加工业同比增长21.7%；纺织服装、服饰业同比下降4.0%；皮革、毛皮、羽毛及其制品和制鞋业同比增长36.8%；橡胶和塑料制品业同比下降15.3%；黑色金属冶炼和压延加工业同比下降6.0%；金属制品业同比增长49.6%；汽车制造业同比增长12.1%；电气机械和器材制造业同比增长21.2%；计算机、通信和其他电子设备制造业同比增长17.7%；电力、热力生产和供应业同比下降11.7%。

【农　业】　2014年，台山市农林牧渔业总产值101.04亿元，比上年增长5.0%。其中：种植业产值25.18亿元，同比增长6.2%；林业产值1.28亿元，同比下降20.2%；牧业产值9.33亿元，同比增长3.1%；渔业产值63.45亿元，同比增长4.6%。全年粮食播种面积154.27万亩，比上年增加10.2万亩；甘蔗种植面积1.52万亩，同比减少0.3万亩；花生种植面积8.39万亩，比上年增加0.87万亩；蔬菜种植面积21.03万亩，比上年增加1.16万亩；水果种植面积8.01万亩，比上年减少0.49万亩。全年粮食总产量40.81万吨，比上年减少0.49万吨；甘蔗产量8.35万吨，比上年减少1.49万吨；花生产量1.26万吨，比上年增加0.14万吨；蔬菜产量26.18万吨，比上年增加0.74万吨；水果产量2.91万吨，比上年增加0.06万吨。全年完成人工造林面积0.41万亩，幼林抚育作业面积9万亩，成林抚育面积13万亩。全市森林覆盖率达47.64%，比上年提高0.52个百分点。全年肉类总产量3.69万吨，比上年减少0.42万吨，其中：猪肉产量2.33万吨，同比减少0.26万吨；禽肉产量1.31万吨，比上年减少0.16万吨。全年水产品总产量38.21万吨，其中：海水产品产量27.46万吨，比上年减少0.15万吨；淡水产品产量10.75万吨，比上年增加0.57万吨。年末全市农业机械总动力48.6万千瓦，比上年增加0.11万千瓦；化肥施用量（折纯）4.39万吨，比上年减少0.23万吨。

【财　政】　2014年，台山市以“保工资、保运转、保民生”为工作重心，千方百计抓收控支，全力推进财政改革、强化财政监督，圆完成市人大通过的财政收支预算。全年实现地方公共财政预算收入22.71亿元，比上年增长11.75%，地方公共财政预算支出37.78亿元，比上年增长6.37%。台山市本级财政对民生投入17.14亿元，比上年增长13.02%。

【税　务】　国税　2014年，台山市国家税务局组织工商税收收入322639万元，比上年增长6.52%。其中，国内税收收入298184万元，比上年增长16.25%，增收41687万元，完成年度任务的107.73%，超收21384万元；海关代征收入24455万元，减少47.29%，减收21943万元。台山电厂入库税款154995万元，比上年增收9248万元，增长6.35%。

地税　2014年，台山市地方税费总收入290929万元，比上年增长0.44%，增收1276万元。其中，税收收入159415万元，比上年增长0.64%，增收1021万元；社会保险费收入111004万元，比上年下降0.9%；其他收入20510万元，增长6.58%，增收1266万元。

【金　融】　2014年末，台山市金融机构各项存款余额451.98亿元，比上年末增长6.59%。其中：单位存款余额83.61亿元，比上年末增长3.7%；个人存款余额358.02亿元，比上年末增长7.03%。年末各项贷款余额218.63亿元，比上年末增长12.3%，在各项贷款中：短期贷款66.52亿元，比上年末下降2.19%；中长期贷款149.46亿元，比上年末增长20.25%。

【固定资产投资】　2014年，台山市全社会完成固定资产投资195.54亿元，比上年增长4.5%。从登记注册类型来看，内资167.03亿元，比上年下降0.5%；港澳台商投资13.87亿元，比上年增长138.9%；外商投资14.64亿元，比上年增长8.8%。从产业划分来看，第一产业投资1.87亿元，比上年下降59.8%；第二产业投资142.62亿元，比上年下降3.1%；第三产业投资51.05亿元，比上年增长44.8%。

全市房地产开发投资20.74亿元，比上年增长2%；商品房施工面积245.02万平方米，比上年增长5.42%；商品房销售面积38.21万平方米，比上年下降34.2%。

【个体私营经济】　2014年，台山市有规模以上民营工业企业85家，实现工业增加值26.58亿元，比上年增长11.5 %。工业产值超亿元企业有广东台城制药有限公司、金桥铝型材厂有限公司、台山市江口电器制造有限公司等14家；获广东省著名商标有广东台城制药有限公司“特一”“宁城”、台山电缆厂“富华牌”、江口电器 “JIANGKOU”、台山化学制药“三台牌”、钟神音响“钟神”等6个商标。全市共有个体工商户26069户，私营企业2891家，外资企业578家。是年7月，台城制药正式在深交所中小企业板挂牌上市，成为台山首家上市公司。

【建 筑 业】　2014年末，台山市持有资质等级的建筑企业29家，全年自行完成施工产值23.4亿元，比上年增长30.43%；竣工产值17.5亿元，比上年增长31.16%；全年房屋建筑施工面积411.40万平方米，比上年增长16.98%；房屋建筑竣工面积142.89万平方米，比上年增长34.2%。建筑工程竣工验收合格率100%。

【商 业】　2014年，台山市全年实现社会消费品零售总额181.46亿元，比2013年增长10.0%。按地域划分，城镇零售额实现88亿元，比2013年增长10.23%；农村零售额实现93.46亿元，比2013年增长9.62%。按行业划分，批发零售贸易业零售额实现160.53亿元，比2013年增长10.08%；住宿和餐饮业零售额实现20.93亿元，比2013年增长8.71%。在限额以上贸易企业商品销售额中，全年农、林、牧产品销售额比2013年下降2.58%；体育、娱乐用品类销售额比

2013年增长31.71%；书报杂志类销售额比2013年增长75.21%；文化办公用品类销售额比2013年下降27.24%；家具类销售额比2013年增长66.71%；金属材料类销售额比2013年增长7858.35%；建筑及装潢材料类销售额比2013年下降92.36%；其他类销售额比2013年下降27.07%。

【旅 游 业】 2014年年末，台山市有旅游景区（点）27个，其中4A旅游景区3个；旅游饭店132家，其中五星级1家，三星级6家。旅行社12家，营业部2家，全市旅游从业人员1.65万人。是年，旅游基础设施建设有新进展，上川岛飞沙滩景区改造工程完成，下川岛王府洲情侣路延伸扩建，那琴半岛地质海洋公园新开业；区域合作有新举措，旅游电子商务战略合作迈出首步；举办多个大型旅游推介活动，推动台山旅游业的全面发展。全年台山市共接待游客总计720.2万人次，比上年增长7.49%，其中接待过夜旅游者人数318.46万人次，比上年增长5.4%，全年旅游总收入50.2亿元，比上年增长16.2%。是年12月5日，广东省旅游竞争力评价研究中心、广东智慧旅游发展中心发布《广东省县(市)域旅游综合竞争力研究报告(2013—2014)》，评选出广东省2013—2014年度“旅游综合竞争力十强县(市)”，台山市位列第五。从2011年起实现连续四年上榜。

【对外经济贸易】 2014年，台山市外贸进出口总额21.35亿美元，比上年下降3.02%。其中：出口额13.63亿美元，比上年增长0.17%；进口额7.72亿美元，比上年下降8.19%。实现贸易顺差5.91亿美元，比上年增加0.71亿美元。按出口企业类别分，外贸企业出口1.99亿美元，比上年增长6.96%；三资企业出口11.65亿美元，比上年下降0.91%。按出口商品类别分，机电产品出口7.47亿美元，比上年增长2.57%；铝型材及铝制品出口1.39亿美元，比上年增长20.76%；纺织品出口0.96亿美元，比上年下降17.25%.按主要出口商品国别分，对美国出口6.07亿美元，比上年下降4.62%；对香港出口1.95亿美元，比上年增长1.67%；对澳大利亚出口0.75亿美元，比上年下降8.8%；对加拿大出口0.68亿美元，比上年增长32.47%。全年共批准外资项目29个，其中新批项目21个；合同外资金额2.34亿美元，比上年下降6.87%；实际利用外资1.81亿美元，比上年增长14.78%。

【外 事】 2014年，台山市办理因公出境报批224批307人次，其中，办理因公出国证照2批，8人；港澳通行证222批，299人次，审批发出外国人入境邀请确认函26份。9月20日至29日，市长张磊，副市长、工业新城管委会主任余中华等组成的访问团出访欧洲，先后访问了法国的巴黎、布列塔尼、里昂，瑞士的苏黎世，德国的汉诺威、法兰克福等城市，推介台山投资环境，特别是台山工业新城和广海湾工业园的情况。全年共接待重点社团及嘉宾59批次1145人次，包括接待姐妹城市澳大利亚亚拉腊市以市长霍珀为团长的政府代表团、加拿大驻广州总领事艾伟敦、古巴驻广州总领事菲利克斯以及法国人民援助会会长代表科琳娜·马科夫斯基女士一行等。

【侨 务】 *海外交流联谊* 2014年，台山市参与和协助海外各社团举办的恳亲大会有：11月28日，第四届世界台山籍乡亲代表恳亲大会暨第五批荣誉市民授荣仪式在台山新宁体育馆举行，获得授荣的人士，以及港澳政协委员、海外侨领、国内台山籍乡亲代表、新宁体育馆捐赠者等1500多名海内外乡亲齐聚。协助海外李氏宗亲总会等海外社团在家乡举办恳亲会。另外还协助江门外事侨务局做好第四届世界江门青年大会在香港的举办。年内，台山市政府接待的海外重点社团有：澳大利亚亚拉腊市金山博物馆一行13人、驻美中华总会馆代表团一行23人；以旅美乡亲陈麦洁明女士为代表的美国纽约斗山同乡总会一行；港澳印尼归侨情系广东侨乡交流访问团一行80多人；旅墨西哥乡亲、房产大亨吴庭杨先生及家人一行13人；江门市政协常委、香港区联络组副组长吴荣治先生率领的香港政、商及教育文化界要员一行13人；美国檀香山四邑会馆一行13人等。加强台山与港澳地区的联系，参加港澳多个有关社团的春茗和换届就职典礼。11月26日，台山侨界青年联合会在台城正式成立，台山市旅港乡亲叶仕杰当选第一届会长，旅港乡亲刘祥来、陈耀雄分别为首届理监事长。

对外宣传　是年，台山市35家侨刊乡讯正常出版，共出版74期，发行21.6万册，对外18万册。《新宁杂志》出版4期，发行3.2万册，对外2.6万册。8月下旬，市外侨局、侨联会、新宁杂志社配合协助省侨办完成海外20家主要华文媒体到台山参加“2014海外华媒看广东—海上丝绸之路广东历史文化行”活动，为台山“海上丝调之路”申遗助力。8月15日，新宁杂志社、市侨刊乡讯联谊会联合举办台山市侨刊乡讯采编人员培训班，11月29日，台山市第五届侨刊乡讯“梅健行奖”颁发，奖励过去两年台山市优秀侨刊乡讯及其采编人员。

捐赠管理　是年，台山市接受华侨港澳同胞公益事业捐赠116宗，捐赠总额7034.78万元。主要项目有：大江文体中心建设用地一块面积20.96亩的捐赠，价值1240万元；建设李楷文生活中心957万元；建设台山新宁体育馆600万元；建设鹏权中学生活配套楼450万元；建设斗山曾玩棠体育馆200万元；建设文海中学运动场176万元；旅港台山陈氏家族联合会捐赠150万元建设台山陈颖川纪念馆；香港台山商会捐赠120万元建设端芬镇卫生院新住院楼（第二期）；建设锦荣桥、锦荣大道120万元等。

【交通运输】　2014年末，台山市公路通车里程2808公里。各种运输方式完成货运周转量132763万吨公里，比上年增长4.05%，其中：公路货运周转量36726万吨公里，比上年增长9.71%；水路货运周转量96037万吨公里，比上年增长2.04%。完成客运周转量93606万人公里，比上年增长22.17%，其中：公路客运周转量89360万人公里，比上年增长23.0%；水路客运周转量4246万人公里，比上年增长6.98%。港口货物吞吐量1139万吨，比上年增长2.24%；其中集装箱218万吨，比上年增长142.22%；港口旅客吞吐量421万人，比上年增长7.12%。

【邮政通信】　2014年，台山市完成邮电业务总量30541万元，比上年增长1.61%。年末全市共设邮政局(所)35处，其中支局16处；电话交换机装机总容量30万门，全市固定电话用户23万户；移动电话用户89.65万户；互联网用户13.26万户。

【教　育】　2014年年末，台山市有独立设置的幼儿园63所，在园幼儿2.34万人；全市共有小学52所，在校学生4.81万人；初中30所，在校学生2.35万人；高中7所，在校学生1.61万人；中等职业学校7所，在校学生共0.96万人。特殊教育学校1所，在校学生212人。全市普通高中和职业高中高考升学人数5024人，高中升学率78.76%。全市小学学龄儿童入学率100%，初中学龄人口入学率100%，初中毕业生升学率97.03%。预算内教育经费拨款9.73亿元，比上年增加0.19亿元，增长2%，占市财政总支出的25.2%；华侨港澳同胞为兴建校舍、增添设备和奖教奖学助学，捐资2274万元。是年，台山市通过义务教育发展基本均衡县“国检”。

【科　技】　2014年，台山市拥有县级以上科研机构2个，科技活动机构经费使用总额4.51亿元。年末全市共拥有专业技术职称人员25819人，其中获中级以上职称8842人。市科技部门组织实施省级火炬计划2项，组织实施星火计划2项。推广重点科技成果11项。全年获市（地）级以上科技成果进步奖2项。年末全市累计认定市（地）以上民营科技企业59家。年末全市拥有市（地）级以上高新技术企业43家，其中省级15家。累计认定高新技术产品210种。全年高新技术产品产值118亿元。

【文　化】　2014年年末，台山市拥有电影放映单位3个，文化站18个，博物馆1个，公共图书馆1个。公共图书馆藏书量29万册。县级广播电台和电视台各1座，广播电视转播台2座，卫星电视地面站11座，电视人口覆盖率100%，有线电视用户18.44万户。

【卫　生】　2014年年末，台山市共有医疗卫生机构454个，其中，市直医院4个，专业公共卫生机构5个，镇卫生院19个，社区卫生服务机构5个，医学教育机构1个，村卫生站303个，民营医院1个，门诊部4个，个体诊所109个；床位3017张，卫生技术人员4054人，其中：执业医师1044人。其中：综合医院2个，床位970张，卫生技术人员1278人；中医院1个，床位360张，卫生技术人员447人；眼科医院1个，床位20张，卫生技术人员32人；基层医疗卫生机构426个，床位1454张，卫生技术人员1778人；专业公共卫生机构23个，床位213张，卫生技术人员501人；医学在职培训机构1个，卫生技术人员18人。全市每千人口拥有卫技人员4.03人，每千人口病床数3.18张。全市277条行政村设有卫生站251个，乡村医生311人，应建卫生站覆盖率100%，达到一村委会一乡医的要求。全市三级医疗卫生保健网已形成，是国家实施初级卫生保健的基本达标市。全年辖区医疗卫生机构门诊诊疗人数361.3万人次，比上年基本持平；出院病人15.4万人次，比上年基本持平。县域内住院率90.1%，名列全省第3位。

【体　育】　2014年，台山市共投入体育活动经费300万元，举办全市性群众体育竞赛活动9项，参加竞赛活动4万多人。全市人均体育场地设施面积2.2平方米。经常参加各类体育活动的人数占全市总人口的53%。是年，台山市体育健儿参加广东省青少年排球锦标赛获得男子第一名、女子第三名；参加广东省体育传统项目学校排球比赛台山一中获得男、女子第一名；参加江门市青少年排球锦标赛获得男、女子第一名；参加江门市各项目青少年锦标赛获得田径乙组团体总分第一名，游泳举重等项目团体总分第三名。

【城乡建设】　2014年，台山市完成东区控制性详细规划编制完成，城市总体规划修编工作稳步推进。开展创建“省文明城市”和“国家园林城市”工作，完成石花山林相改造第三期工程、4个城区出入口绿化、26个社区小公园和台城河一河两岸灯饰亮化带建设等一批城市绿化美化亮化工程。完成总长4.37公里的18条城区道路改造、3.4万平方米城区道路维修。时代广场、英皇广场等城市综合体加快建设。南、北新区开发深入推进，主干路网进一步完善，新宁体育馆投入使用，石花北公园景观概念规划顺利完成。城市交通运营提质，新投放130辆清洁能源出租汽车和20辆清洁能源公交车；建成52个乡村绿化美化示范点，其中省级示范点12个。斗山、广海获评“省宜居示范城镇”，2个村委会获评“省宜居示范村”，6条自然村获评“广东名村”。斗山浮石村获评“中国历史文化名村”，并入选中国传统文化村落名录。新整治村庄17条。建成镇级生活垃圾压缩转运站19座，实现自然村垃圾收集设施“一村一点”。新建卫生户厕2650户，创建省级卫生镇1个、省级卫生村18个。实施农业面源污染治理超万亩。

【环境保护】　2014年，市区空气环境质量良好，达到国家大气环境质量二级标准：二氧化硫年平均值为0.018毫克/立方米，二氧化氮年平均值为0.019毫克/立方米。饮用水源水质达标率100%；城市水域功能水质达标率100%，跨市河流交接断面水质达标率100%；区域环境噪声平均值和交通干线噪声平均值分别为55.6分贝和68.9分贝，达到国家考核标准。全年审批环保建设项目285项，“三同时”（建设项目中防治污染的设施，应与主体工程同时设计、同时施工、同时投产使用）建设项目总投资33404万元，“三同时”建设项目环保投资873万元。全市现有环境监测站1个，环境监测人员24人。建立烟尘控制区1个，烟尘控制面积21.3平方公里。建有污水处理厂6座，城镇污水处理厂集中处理率91.72%。工业废水处理排放达标率95.7%；工业烟尘去除率86.92%；工业二氧化硫去除率58.49%；工业固体废物综合利用率100%。

【人民生活】 2014年，台山市城镇新增就业4544人，年末城镇失业人员再就业3881人，年末城镇实有登记失业人员4920人，城镇登记失业率2.35%。全年开展农村劳动力技能培训双转移就业2836人。年末全市有各类社会福利院22个，床位3529张，完成社会福利院敬老楼二期工程建设，增加养老床位225个。全市享受最低生活保障待遇人数1.88万人，全年发放低保补助费4598万元。农民人均纯收入12317元，比上年增长9.1%；城镇居民可支配收入19466元，比上年增长8.5%。城镇居民人均住房面积37.85平方米，比上年增长3.64%。

全年新增保障性住房279套，其中新增开工建设公共租赁住房（含廉租住房）241套，农村危房改造38套。竣工保障性住房449套，其中竣工公共租赁住房（含廉租住房）381套，完成农村危房改造60套。新增发放廉租住房租赁补贴15户共34万元，全年完成保障性住房建设投资2680万元。至2014年末，全市累计正在实施住房保障1178户，其中租赁补贴86户，廉租住房实物配租165户，公共租赁住房实物配租893户，经济适用住房34户。

【社会保险】 2014年末，台山市参加社会基本养老保险59.24万人次，其中：城乡居民养老保险47.91万人次。参加失业保险7.95万人次。参加工伤保险8.99万人次。参加基本医疗保险89.22万人次，其中：参加城镇职工基本医疗保险12.87万人次。参加生育保险7.81万人次。年末全市共有18.71万人离退休人员享受社会养老保险待遇，其中：城乡居民养老13.78万人。全年保费收入17.44亿元，全年保费支出18.72亿元。

【工业园（区）建设】 2014年，台山市工业新城完成固定资产投资5.02亿元，同比增长67.0%。园区水、电、路网进一步完善。新图美、富通包装等20个项目正加紧建设，龙电门业、冠兴金属等17个项目投产，新签约总投资162亿元的中航富华、雷迅科技等 21个优质项目。广海湾园区总体规划3项重要规划取得初步成果。华电LNG、安托山、港口航道工程、鱼塘港物流区护岸建设工程等项目前期工作进展顺利。香港惰性拆建物料处置工程累计填出陆域面积超9000亩。“海域使用直通车”试点工作扎实推进。

【信息化建设】 2014年，台山市互联网用户13.26万户，比上年减少0.87万户，互联网普及率72.3%，家庭宽带普及率68%，无线宽带网络覆盖率77%；固定电话用户23万户，比上年减少0.06万户；移动电话用户89.65万户，减少14.44万户。是年，初步完成市信用体系平台建设市信用体系平台初步建成，该平台提供诚信政策法规查询、相关动态、信用信息查询、设立重点诚信人群公开、企业信用信息管理系统查询窗口等内容，有效促进市社会信用体系建设。完成“台山市外来工网络指引平台”建设。推广OA系统应用，市卫计局、安监局、财政局、川岛镇OA系统建成。

【重点建设项目】 2014年，台山市重点建设项目为56项，年度计划投资1301839.11万元。至12月份止，完成投资额为1320522.11万元，完成年度计划的101.44%。其中：江门市重点项目28项，年度投资计划1130158万元，完成年度投资额为1257960万元，完成年度计划的111.3%。省重点项目6项，年度投资计划574000万元，完成年度投资额为946313万元，完成年度计划的165%。

【重大庆典活动】 颐和温泉城杯”龙舟锦标赛 2014年5月30日，由台山市人民政府主办、市体育局承办的台山市“颐和温泉城杯”龙舟锦标赛在台城通济河拉开帷幕，此次比赛有16支男队、7支女队，共有650名运动员参赛。经过预赛、复赛、半决赛、决赛共15轮的激烈争夺。男子组政法、大江镇、水务局分获1～3名。女子组赤溪镇、汶村镇、城市管理局分获1～3名。

第四届世界台山籍乡亲代表恳亲大会 2014年11月28日，第四届世界台山籍乡亲代表恳亲大会暨第五批荣誉市民授荣仪式在台山新宁体育馆举行，获得授荣的人士，以及港澳政协委员、海外侨领、国内台山籍乡亲代表、新宁体育馆捐赠者等1500多名海内外乡亲齐聚。

表66： 2014年台山市国民经济发展情况

项　　目	单　位	2014年	比上年增长（%）
人口	万人	98.28	-0.21
土地面积	平方公里	3286.3	0
国内生产总值	亿元	323.28	6.3
人均国内生产总值	万元	3.41	6.2
工业总产值	亿元	596.33	9.7
农业总产值	亿元	101.04	5.0
全社会固定资产投资	亿元	195.54	-0.6
外贸出口总额	亿美元	21.35	-3.02
实际利用外资	亿美元	22.71	14.78
地方财政一般预算收入	亿元	22.71	11.71
社会消费品零售总额	亿元	181.46	9.92
城乡居民储蓄存款余额	亿元	355.09	6.15

表67： 台山市基本情况

	项　　目	单位	2014年
基本建设	高速公路营业里程	公里	132.5
	公路通车里程	公里	2808
	港口泊位	个	51
	航运维护里程	公里	441
	发电装机容量	万千瓦	531.295
	年末固定电话用户	万户	23

续表：

项目		单位	2014年
教育	中等专业学校	所	7
	在校学生	万人	0.96
	普通中学学校	所	37
	在校学生	万人	3.96
	小学学校	所	52
	在校学生	万人	4.81
	在园幼儿	万人	2.34
	小学学龄儿童入学率	%	100
医疗文化体育	医院	所	27
	其中：县级医院	所	4
	等级医院	所	23
	卫生机构医院床位数	张	3214
	平均每千人拥有床位	张	3.28
	影剧院	间	1
	体育馆	座	2

附1：2014年台山市四套班子领导成员名录

市委书记：谢伯欣

副 书 记：张磊

李健慈

林伟勤（挂职，任至2014.2）

常　　委：何国航

李新潮

叶荣超

肖道龙（任至2014.4）

伍仲晃

邝俊杰

马品高

梁小青（女，2013.7～）

郭海平(2014.4～)

罗海华（挂职，2014.2～）

市　　长：张磊

副市长：伍仲晃

方国韶

黄国忠（任至2014.12）

陈翠芹（女）

吴年积（2014.12～）

余中华

谭良伟

刘家强（任至2014.1）

市人大常委会

主　任：谢伯欣

副主任：黄伟红（女）

谭伟豪（任至2014.8）

关泽锋（任至2014.8）

温建强（任至2014.8）

黄新伟（2014.1～）

市　政　协

主　席：谭康乐

副主席：蔡红珍（女）

刘志方

程怀远

郑大有

吴强盛

雷国斌（任至2014.5）

2014年获全国性表彰的先进单位和先进个人名录

一、先进单位

国华粤电台山发电有限公司，中华全国总工会、国家安全生产监督管理总局2014年4月授予其全国“安康杯”优胜企业。

台山供电局四九供电所，中华全国总工会、国家安全生产监督管理总局2014年4月授予其全国“安康杯”优胜班组。

冲蒌供销合作，中华全国供销合作总社2014年12月授予其中华其全国供销合作总社2014年基层社标杆社。

斗山镇浮石村，选入建设部和国家文物局于2014年3月11日评选的第六批中国历史文化名村。

二、先进个人

甄翠爱，女，广海镇中心小心班主任，教育部2014年8月29日授予其“2014年全国优秀教师”称号。

陈凤英，女，培英职业技术学校学生，全国敬老爱老助老主题教育活动组委会2014年授予其“全国孝亲敬老之星”称号。

开平市

概述

【行政区划】2014年，全市共辖三埠、长沙2个街道办事处，月山、水口、沙塘、苍城、大沙、马冈、龙胜、赤坎、塘口、百合、蚬冈、金鸡、赤水13个镇。全市有42个社区居民委员会，226个村民委员会。

【位置 面积】 开平市位于广东省中南部、珠江三角洲西南面，地跨北纬21° 56′～22° 39′，东经112° 13′～112° 48′；东北连新会，正北靠鹤山，东南近台山，西南接恩平，西北邻新兴。全市总面积1659平方千米，境内南北西部多低山丘陵，东、中部多丘陵平原，潭江自西向东横贯市腹，地势自南北两面向潭江河谷地带倾斜，海拔50米以下的平原面积占全市面积的69%，丘陵面积占29%，山地面积占2%。

【气候 河流】 2014年，平均气温22.7℃，年最高气温36.8℃（8月1日），年最低气温2.9℃（2月20日）；年总雨量1421.9mm；年日照时数1687.7小时。全年平均气温正常，但部分月份气温异常，主要是6月、9月和11月分别偏高1.1℃、0.8℃和0.7℃，2月和12月偏低1.7℃和2.4℃，其余月份正常；全年共出现18天高温，分别是6月2天、7月11天、8月3天、9月2天；全年共出现6天低温，分别是1月1天、2月4天和12月1天。全年共出现5天暴雨，2天大暴雨，其中5月8日136.3mm为本年最大日雨量；全年共出现5天8级以上的大风天气，14天雾。3月30日到4月2日，全市连续4天出现冰雹天气，主要在苍城、月山、马冈、赤水、金鸡等镇。年内有2个热带气旋影响本地，分别是1409号台风“威马逊”和1415号台风“海鸥”。2014年全市降水偏少，气温正常。

【人口 民族】 2014年末户籍总人口68.52万人，其中男性34.23万人，人口密度为每平方公里413人，非农业人口24.18万人，占总人口的33.83%。全年出生人数6820人，出生率9.95‰。死亡人口5056人，死亡率7.38‰。自然增长率2.57‰。（以公安数据为参考）全市民族以汉族为主，占全市总人口98.11%（2010年人口普查数据），其余主要少数民族有苗族、壮族、土家族。

开平市是全国著名侨乡。至2014年底止，旅居海外的华侨、华人、港澳台同胞共75万人，分布在世界上67个国家和地区。

【华侨华人、港澳同胞】 开平市是全国著名侨乡。至2014年底止，旅居海外的华侨、华人、港澳台同胞共75万人，分布在世界上67个国家和地区。

社会经济发展情况

【工业】 全市规模以上工业企业245家，累计完成工业总产值416.68亿元，增长18.99 %，其中纺织、水暖、食品三大支柱产业实现规模以上工业总产值210.26亿元，增长17.95%。按企业经济类型分：外商及港澳台商投资企业累计完成259.14亿元，比上年增长16.80%；国有企业累计完成1.19亿元，比上年下降17.62%；集体企业完成2.50亿元，比上年增长27.79%；股份制企业完成135.23亿元，比上年增长19.76%；其他经济类型完成18.63亿元，比上年增长55.22%。 （开平市统计局）

【农业】 2014年，全市农业总产值47.38亿元，综合发展速度为100.01%；农村经济总收入达290.2亿元，增长8%；农民人均纯收入达12539.93元，增10.2%。全市农作物播种面积105万亩，增1.5万亩；粮食收获面积71万亩、总产23.2万吨，同比增1.5万亩、总产增1.2万吨。其中水稻全年收获面积62.9万亩，同比增2万亩，稻谷总产21.6万吨，同比增1.4万吨，亩产344公斤，增11公斤。蔬菜全年收获面积22.6万亩，同比增6000亩，总产29.7万吨，同比增1.0万吨。水果总产3.8万吨增1000吨，其中荔枝、龙眼增幅较大。受生猪市场价格波动、人感染禽流感和家禽休市等因素影响，全市畜禽出栏量同比下降。生猪出栏56.48万头，同比减少8.7%；家禽出栏4263万只，同比减少22.8%。目前存栏生猪31.59万头，家禽1388万只。全市淡水渔业养殖面积12.45万亩，其中精养池塘面积约7万亩。全年水产品总产量达4.9万吨，其中淡水养殖产量约4.6万吨，同比增长7%。2014年全市农机总动力37.3万千瓦，同比增长5.6%。全市拖拉机拥有量9000台，同比增长3%，其中：大中型拖拉机235台，手扶拖拉机、微耕机等8768台；联合收割机拥有量760台，同比增加30台，增长4%。插秧机拥有量540台，同比增加55台，增长11%。全市拥有粮食烘干机44台，烘干能力386吨。2014年水稻机耕面积62万亩,机耕率99%，提高1个百分点；水稻机收面积60.76万亩，机割率98%，增加3%；水稻机插面积25万亩，机插率40.3%，同比增长7.3%；2014年水稻综合机械化水平83.5%,提高4.4%，农作物机械化综合水平60%，提高3.5%，位全省前列。强农惠农政策力度加大，全市发放3项种粮补贴资金6104万元，水稻参保面积62万亩，覆盖率达100%，受益农户达8.6万户。落实全年参保面积62万亩，参保率达100%。实施其他农业保险工作，完成587头奶牛和2180亩马铃薯的政策性保险工作。全年受理通过农机购置补贴申请318份，受益农户210户，补贴机具1298台，中央财政总补贴资金571.55万元。推进“以船为家渔民上岸安居工程”项目，确定赤坎、三埠两个渔业队共6户渔民纳入2014年安居工程计划；落实渔业政策型保险投保工作，有298艘渔船的527船员参加了渔业互保，渔船参保率达92%；确定一事一议财政奖补第一批项目75个，总投资2699.8万元，其中，农民筹资筹劳1640万元，整合其他财政资金239.8万元，申请财政奖补资金820万元。国家现代农业示范区建设稳步推进。2014年，争取获批上级项目11个，获批资金3350万元。开平市启动农业“政银保”合作贷款项目，撬动银行5000万元对农业经营主体实行免抵押贷款，有效缓解农业经营主体融资难问题。探索开发性金融支持现代农业新模式，开平市国家现代农业示范区获得农信社授信10亿元支持。推进现代种业发展，引入了鲜美种业、广三保、温氏种鸭、瑞银科技等优质种业企业。核心区苍城联和农业科技园、海峡两岸农业合作示范园、健之源绿色循环农业园、沙塘镇良种猪场被认定为省级现代农业园区，18个重点园区累计投资超10亿元，园区建设成效显著。农业产业化和品牌化建设成效显著。2014年，新增江门市级重点农业龙头企业1家，新发展开平县级重点农业龙头企业1家，全市有农业龙头企业25家，其中省级以上4家、江门市级以上17家、县级以上25家；全市共有5个家庭农场申报确认为江门市级示范性家庭农场；新成立37家农民专业合作社，新增国家级示范社2家，新增江门市级示范社1家，全市合作社达到306家，农户入社率稳步增长。新增3个产品获无公害认证，2个产品获有机食品认证，全市现有“三品一标”（无公害农产品、绿食食品、有机农产品，农产品地理标志）认证农产品65个。农业面源污染治理有新成效，2014年世行贷款农业面源污染治理项目总投资240多万元，涉及潭碧、城西、六合、下湾、楼田5个行政村，参加农户2866户，共整治农田9320多亩，其中参加水稻病虫害专业化统防统治1278户、3982亩。在苍城镇举办科学施肥、施药培训班18期，培训农户1300多人次。新一轮扶贫开发“双到”工作开局良好。2014年，开平市21条江门市级重点帮扶村、7条开平市级重点帮扶村，726户贫困户全部落实帮扶措施，累计投入帮扶资金7049万元，实施帮扶项目629个；修建村道硬底化工程9.1公里，解决2018户群众的饮水问题，完成13998多亩农田水利灌溉工程，带动1404户农户发展生产。幸福新农村建设成效显著。完成15条示范村、5条名村和2条江门市级示范村创建工作。2014年，开平市进入农村集体资产管理交易平台成功交易的集体资产宗数为915宗，原承包总价6392万元，标底总价26078万元，成交总价35343万元。成交总价比原承包价提高28951万元，增值453%，比标底总价提高9265万元，提高36%。（司徒重诗）

【财政】 2014年，开平市地方公共财政预算收入193528万元，完成经调整预算的100.67%，比上年增加5059万元，增长2.68%。全市地方公共财政预算支出实现282335万元，完成108.11%，比上年增加15978万元，比上年增长6%。全市民生支出达到200780万元，比上年增长10.02%。积极深化各项财政改革，推行预算项目绩效评价试点改革，完善国库财务核算信息集中监管机制和预算执行动态监控管理机制，全面实行镇级政府采购，行政事业单位国有资产由财政部门集中统一管理等，提高财政管理水平。

【税务】 国税　2014年，开平市国家税务局累计组织工商税收收入179080万元，其中：国内税收收入169879万元，海关代征收入9201万元。此外，办理出口货物退增值税96000万元。为支持该市经济持续健康发展和政府改善民生做出积极贡献。

地税　2014年全市地税系统共组织税费收入31.81亿元，同比增长3.40%，增收1.04亿元。其中：税收收入18.72亿元（含“契、耕”两税），同比增长4.10%。中央库收入3.55亿元，同比增长11.20%，完成江门市局下达年度税收任务的101%；共享省库收入4.22亿元，同比增长2.60%；固定省库收入0.72亿元，同比增长54.50%；开平市库收入（含“契、耕”两税）10.22亿元，同比增长0.10%，完成开平市府下达年度税收任务的104.20%；费类收入实现13.09亿元，同比增长2.40%，其中社保费收入11.36亿元，同比增长2%。

【金融】 至年末，全市有金融机构9家（银行类），其中国有商业银行4家，股份制商业银行2家，政策性银行1家，邮政储蓄银行1家，农信联社1家。至2014年12月末，人民币各项存款余额 446.32 亿元，比年初增加30.04 亿元，增长7.22%；人民币各项贷款余额为194.19亿元，较年初增加34.86亿元，增长21.88%。全市外汇收入20.08亿美元，同比增长12.97%，外汇支出 4.17亿美元，同比增长18.63%，外汇收支顺差15.90亿美元，同比增长11.58%；银行结汇收入12.97亿美元，同比增长12.16%，售汇支出2.30亿美元，同比增长30.72%，结售汇顺差10.67亿美元，同比增长8.82%。

【固定资产投资】 2014年，开平市全市固定资产投资总额172.6亿元，比上年增长23.23%。其中：房地产完成投资29.73亿元，增长18.38%。全社会投资中，第一产业完成投资2.6亿元，比上年增长-0.45%；第二产业完成投资76.8亿元，比上年增长8.3%；第三产业完成投资93.2亿元，比上年增长66.77%。

【个体私营经济】 2014年，全市共有内资企业1056户，其中：国有企业82户，注册资金39705.18万元；集体企业427户，注册资金46049.18万元；公司489户，注册资本

269848.39万元；其他企业58户，注册资金11115.11万元。共有私营企业3296户，注册资金697654.55万元；个体工商户24856户，资金数额64941.68万元。实有外商投资企业593户。

【建筑业】 引导建筑企业优化资质结构、创新经营管理模式、加强企业内部管理，不断提高建筑企业市场综合竞争力，营造规范有序的建筑市场环境，促进了建筑业持续健康发展，重振“建筑之乡”雄风工作取得了重大突破，为经济发展做出了积极贡献。2014年，广东金辉华集团有限公司成为全省首家特级资质民营建筑企业，全年建筑业实现产值115.73亿元，同比增长10.07%；新接工程476项造价135.43亿元，同比下降26.09%；在建工程466项造价127.59亿元，同比增长52.30%；建安房地产完成地税收入9.72亿元，同比增长2.24%，占开平地税总收入的51.92%（其中,建筑安装业完成地税收入3.63亿元 ，同比增长32.55%；房地产业完成地税收入6.09亿元,同比下降10.07%）。

【商业】 2014年，开平市商业除烟草、盐业、烟花爆竹、民爆器材等涉及国计民生和安全的行业仍继续由国有、集体企业专营外，其他行业已全面放开，由企业按市场行为进行经营。至年末，全市在册登记从事商品批发、零售的商业企业和个体商户共16026户，其中商业企业1292户，同比增长13.23%、个体商户14734户，同比增长3.91%；全市从事商品交易的市场51个，其中专业批发市场5个，农贸市场46个。2014年2月24日，开平市水口水暖卫浴市场集群被广东省人民政府评定为广东水暖卫浴国际采购中心。2014年开平市成品油市场进行了19次价格调整，相较2013年调价15次增加了27%，成为2009年以来调价最多的年份，汽油调整幅度为每吨下调2120元，柴油调整幅度为每吨下调2295元，价格下调幅度成自2009年以来之最。2014年，全市实现社会消费品零售总额155.59亿元，同比增长7.22%，其中，批发业12.19亿元，同比增长7.75%；零售业124.98亿元，同比增长7.15%；住宿业1.19亿元，同比下降18.73%；餐饮业17.22亿元，同比增长9.45%。

【对外经济贸易】 2014年，经三埠港货运码头装卸点进出口货物61.31万吨，同比增长12.0%，其中进口23.33万吨，同比减少5.5%；出口37.98万吨，同比增长26.4%；进出口集装箱54810标准箱，同比增长了10.69%；进出境货运车辆2554车次，同比减少了12.1%。是年，开平市实现进出口总值265675万美元，同比增长7.35%。其中，出口总值213425万美元，同比增长13.31%；进口总值为52251万美元，同比下降11.63%。主要出口市场包括我国香港地区，欧洲、美国以及拉美等国家和地区，主要出口产品包括机电产品、服装纺织品、塑料及其制品等。是年开平市新批设立外商直接投资企业16家，增资项目11个；全年合同外资10111万美元，同比下降17.08%；全年实际吸收外资6052万美元，同比增长9.84%。新批、增资项目合同外资超100万美元的有14个，主要投资仍是我国香港地区，其次是加拿大；投资的行业有服装、卫浴、食品等，其中投资最大的项目“广东嘉士利食品集团有限公司”，由香港名彩投资有限公司股权并购，再由嘉士利（香港）有限公司独资经营。2014年外资入资较大的企业2家，即：开平中业房地产有限公司投入1532万美元；广东嘉士利食品集团有限公司2014年入资超3000万美元。两家大型企业共投入占全市实际外资汇入金额的80%。

【外事侨务】 2014年，开平市全年政审和办证共上报批件284批；办理出境签注280人次；办理外国人入境22批24人次。全市接受华侨、港澳台同胞捐赠折合人民币总值1855.76万元，兴办教育、卫生、慈善、文化和福利等公益事业。全年共接待海外侨胞4328人次。全市

21种侨刊乡讯出版65期，对外发行16万多册。向上一级侨网、报纸媒体等发稿，一年来，被《中国侨网》采用20多篇，同时，被《中国新闻网》《中国日报》等网站转载稿件20多篇；被《广东侨网》采用稿件64篇；被《广东侨联网》采用稿件87篇，被《江门外事侨务网》采用稿件100篇；被《中共开平市委市人民政府公众网》采用稿件23篇；在《江门日报》《江门侨联通讯》《江门画报》《开平侨乡报》等报刊刊登的信息60多篇。全年受理侨务来信来访共计101件，已办结89件，结案率88%。

【交通运输】 2014年，全市交通基础设施建设完成投资1.17亿元（不含上级投资）。“三高一铁”（江罗高速公路、中开高速公路、鹤开高速和深茂铁路）跨区域重点项目建设加快推进，江罗高速公路开平段全面完成交地任务，路基桥梁施工完成60%的工程量；鹤开高速公路和中开高速公路正在进行前期设计工作；深茂铁路开平段进入征地拆迁阶段，施工单位已进场施工。环城公路南环段施工进展顺利，基本完成路基工程；东环大桥工程于1月20日开工建设。国道325线开平段、省道冲恩线等路面改造工程项目前期工作加快推进，完成县道大圣线马冈至登山段、县道台蚬线沙洲至春山段、县道马稔线和乡道马石线等路面大修和改建工程共14.2公里。新农村公路硬底化工程建设完成25.33公里。截至2014年底，全市公路通车里程达1775.03公里，公路密度达到106.97公里/百平方公里，其中境内高速公路30公里。全市营运客货车6000多辆。全市航运通航里程104公里，港口泊位19个。

【邮政】 围绕省市公司提出的“三个定位、三大战略、四大改革”思想和“赢在支局”的经营方针，按照“谋发展、调结构，强管控、严执行；夯基础、增能力；转作风、树形象；重培训、提素质；建制度、重民生”这一经营思路各项经营工作。邮政代理金融方面，走与商业银行差异化的发展道路，加大代理寿险业务发展力度，做大做强财险业务，大力发展国际汇款业务，发展外币存款和理财业务。邮务方面，创新项目策划，加大重点行业、社会热点、节庆题材及侨乡特色题材产品开发，以“两包一封片”、功能性账单、房地产商函、中小企业直邮等项目为突破口，切实稳定无名址函件的发展，创建BIU直邮团队，完善架构，实现专业化经营。基础建设方面，全市设邮政局（所）18处，其中支局12处，城区营业处6处，开办邮政代办点三个，分别是大沙、振华、簕冲代办所；整治金鸡、赤水、赤坎、塘口等4个金融网点，完成水口、龙头、新昌等3个VIP室的改造，增设网点周六日营业时间，提升客户体验的感知度。精神文明建设方面，以行风评议活动为契机提升邮政良好的社会形象。

【通信】 中国电信开平分公司2014年围绕“创新和服务双领先，规模和质量效益双提升”的经营主线，深化网格承包、划小经营工作，实现宽带、移动业务的保存和发展，提升收入和市场份额，量质并重加快规模和价值双突破，促进社会效益和企业效益同步增长。2014年实现全业务收入2.36亿元。截至2014年底，拥有固定电话用户17.2万户，天翼宽带用户11.9万户，天翼手机用户12.2万户。推进光网宽带建设，加快C网网络优化力度。根据“宽带中国”的战略要求，深入开展光纤宽带大会战，提升宽带竞争力，保持宽带绝对领先市场地位，实现“光网超常规发展，规模价值双提升”的发展目标。中国电信的光纤网络覆盖开平全境，通达全市所有乡镇及行政村，光纤总长8.5万纤芯公里。2014年12月17日，中国工信部批准再扩大中国电信LTE混合组网试验范围，江门成为该批次入选的15个城市之一，开平电信加快4G网络布局和建设步伐。

【教育】 全市共有中小学89所，其中完（高、职）中11所，独立初中19所，小学56所，九年一贯制学校3所，另有广播电视大学和特殊教育学校各1所。其中国家级示范性普通高中2所，国家级重点中等职业学校暨广东省示范性中等职业学校2所，全国示范性基层电大1所，广东省一级学校10所，江门市一级学校57所，开平市一级学校19所。全市共有幼儿园77所，其中市级公办幼儿园3所，镇级公办幼儿园20所，民办幼儿园54所。全市在校中小学生共103400人，其中小学生54069人，初中生27675人，普通高中生16313人，职业高中生5343人；小学适龄儿童入学率保持100%，辍学率为0，毕业率100%，初中毛入学率100%，辍学率0.47%。在园幼儿总数25612人，学前三年入园率97%。全市在读适龄残疾儿童206人，其中在特殊学校就读有119人，随班就读有87人。全市公办教职工6851人（含公办幼儿园），其中在职特级教师2人，高级教师499人，中级教师4583人；专任教师5931人，其中普通高中1099人，中职学校421人，初中1817人，小学2495人，幼儿园99人；全年新聘教师55人，其中引进硕士研究生20人、本科毕业生25人，外市调入优秀教师10人。普通高中专任教师学历达标率98.7%，研究生程度占7.2%；中等职业学校专任教师学历达标率93.8%，研究生程度占6.2%，“双师型”教师占66.1%；初中专任教师学历达标率100%，本科率94.6%；小学专任教师学历达标率100%，大专率92.8%，本科率54.8%；全市幼儿园专任教师大专以上学历的比例达52.3%，公办幼儿园专任教师学历达标率100%。2014年，开侨中学余妙霞老师被评为“全国优秀教师”，龙胜白村小学吴瑞萍老师被评为“全国模范教师”，共有351位教师被评为开平市优秀班主任或优秀教师。推进创建“广东省推进教育现代化先进市”工作。3月，市政府成立创建“全国义务教育发展基本均衡县”工作领导小组。至9月底，三埠街道办事处、金鸡镇、蚬冈镇、百合镇、赤坎镇、塘口镇、马冈镇、苍城镇、沙塘镇、月山镇等10个镇（街道）顺利通过广东省教育强镇（街道）复评。按时上报创建“广东省推进教育现代化先进市”的申报材料，12月，收到省教育督导室的整改意见，市政府召开多部门联席会议，迅速落实整改。12月24日至25日，顺利通过“全国义务教育发展基本均衡县”督导检查。全年通过政府采购共投入3887.1万元购置教学设备设施，其中投入739万元，增加（升级）6个电脑室和1803台电脑；投入849.8万元，增加（升级）电教平台324个；投入96.3万元，增加网络和办公自动化设备一批；投入198.7万元，增加（升级）校园广播系统及电器设备；投入354.6万元，添置常规教学仪器；投入335.8万元，补充新书20.8万册，并对图书重新编目；投入67.8万元，添置体育设备设施；投入826.2万元，添置其他教学设备；争取上级专项资金418.9万元，用于改善中职学校办学条件。全年全市城乡义务教育免书杂费总额为10641万元，发放义务教育阶段农村困难家庭学生资助金54万元，全市没有一个学生因家庭经济困难而辍学。投入1300多万元，新建设校舍面积9400多平方米。全市义务教育阶段规范化学校100%，“普九”五率连续25年达到国家和省规定的标准要求。全市初中毕业生9941人，升学人数9821人，升学率达98.8%，超额完成计划升学率98.7%的任务。全市共有6029人参加普通高考，第一批（重点本科）入围人数达384人，第二批（普通本科）入围人数达2098人，第三批（专科）入围人数达2752人；本科入围总人数达2482人，居江门各市（区）第二，创历史上最好成绩；教育局获“江门市2014年高中阶段教育质量管理一等奖”，开侨中学、教伦中学获“江门市2014年高中阶段教育质量先进学校一等奖”。全市中职学校毕业生1938人，均获得职业技术资格证和学历证，就业率达100%，首次就业在本地达94%以上；8月，市机电学校顺利通过“国家中等职业教育改革发展示范学校”终期验收；吴汉良理工学校的计算机动漫与游戏制作、中餐烹饪两个专业向省申报竞争性分配资金，获得省财政奖补资金400万元。全市高中阶段优质学位达100%。

附：开平市基本情况

教育	中等职业学校	2所
	在校学生	5343人
	普通中学学校	8所
	在校学生	16313人
	小学学校	56所
	在校学生	54069人
	在园幼儿	25612人
	小学学龄儿童入学率	100%

【科技】 2014年开平市专利申请量达2072件及授权量达1108件以上，其中发明专利申请量为493件、实用新型专利申请量436件、外观设计申请量为1143件。专利申请量和发明专利申请量居江门各市区之首。其中2014年开平市通过复审和重新认定的国家高新技术企业共9家，而嘉士利技术中心通过第14批广东省省级企业技术中心认定。2014年开平市企业开展产学研合作项目达32项，被列入省、江门市的各类科技计划共有23个项目。文化基础设施建设进一步完善。完成金鸡、赤水、大沙、赤坎、马冈、塘口、月山、蚬冈等8个镇级综合文化站升级改造，全市完成47间文化室达标建设。推进博物馆迁建工作，已修改完善博物馆设计方案，全面完成了动工前的各项准备工作。

【文化】 2014年，全市各项演出活动达140多场次。精心组织具有侨乡特色的文化品牌活动，先后举办春节系列文体活动、“幸福开平•文化惠民”送戏下乡活动、“我们的节日”主题系列晚会、第四届乡土文化艺术节、“金秋曲艺敬老周”、《开平民歌》原创作品暨CD专辑首发式音乐会等。组织周末艺术小剧场活动，全年共举办了22场次。继续开展艺术天地系列活动，举办了2014年“艺术天地”之龚耀年音乐创作讲座、郑秋枫音乐讲座、董丹弟、秦川编剧讲座、开平市第五届暑期少儿公益艺术培训班、春季成年人公益文化艺术培训班等。文化展览档次提升，举办书画摄影展览30多场次，先后举办了刘立民刘立新二人作品展、江门市画院作品展、开平市国画会精品展、开平学生美术书法大赛作品展等。积极开展岭南流动书香车送书下乡惠民活动，全年送书2.6万多册次。农村电影放映2830场次。全市共有100多件文艺作品获得了国家、省、市各级奖励，有300多件作品在国家、省、市各类刊物上发表。在江门市第十一届“五个一工程”文艺作品评比中，获得喜人成绩。在推选参评的19件作品中，11件获得奖励，占了江门市53件总获奖作品的1/5，获奖数量位居江门各市（区）首位，连续第六届获评“组织工作奖”。在曲艺方面。冯永胜被授予“创建中国曲艺之乡工作先进个人”荣誉称号。由市文化馆选送，梁苏盈演唱的《宝玉哭晴雯》获第二届广东省粤曲私伙局大赛银奖；开平市曲艺团参加第三届广东省曲艺大赛，梁宝海获得了乐师奖二等奖，彭雪玲获得了表演奖三等奖。在广东省青少年曲艺大赛中，曾文茵获得二等奖。在演唱方面，谭艳芳获2013年广东农民工歌唱大赛年度总决赛季军；曾文茵演唱的《潭江小唱》获广东省第九届少儿艺术花会个人才艺大赛铜奖；市合唱团参加江门市第十一届“百歌颂中华”合唱比赛并获得了银奖、“依啰喂”组合获歌手大赛铜奖。在音乐方面，由李日明作词、谭发宁作曲的《根连家国》获得江门“五个一工程”奖；天使乐坊录制节目广东音乐《天露春早》参加广东省第六届群众音乐舞蹈花会比赛。《梅丽榄坑》获第六届省群众音乐舞蹈花会铜奖。在文学方面，李日明创作40万字的开平碉楼文化探源丛书《碉楼与土匪》《楼名与对联》《碉楼往事》（三本）7月正式出版，为开平市世界文化遗产文献研究工作添上了厚重的一笔。市作家协会主席梁小恩的碉楼抗日题材长篇创作选题入选2014年广东省重大题材创作项目签约作家，实现了开平市省重大题材创作签约项目零的突破。作家张碧云完成10万字的开平籍著名画家《胡钜湛传记》（初稿）。在摄影方面，开平摄影家协会的会员努力创作，积极参与中国摄协的各类比赛，成绩斐然。如黎武扬的摄影作品《蓝天下怒放的郁金香》荣获首届中国国家地理自然影像大赛银奖。10月，中国摄影家协会在安徽黄山市召开大会，开平再次被授予“中国摄影之乡”荣誉称号，全国仅评出6个。2014年，文化市场综合执法队共出动执法人员4580人次，检查各类文化经营单位938家次，其中检查网吧396家次，游戏机室21家次，歌舞娱乐场所89家次，印刷企业278家次，取缔兜售非法出版物的无证照店档和游商地摊85家次。共立案查办案件16宗，其中查处非法出版物案件7宗，擅自从事娱乐场所经营活动案件3宗，印刷企业违规经营案件2宗，网吧接纳未成年人案件2宗，黑网吧1宗，擅自从事互联网视听节目服务1宗，移交公安部门的两法衔接案件4宗，刑事拘留3人。联合公安、工商等部门开展专项行动23次。全年依法查缴盗版音像制品2924张，六合彩报及非法博彩书31235份（本），非法政治出版物265本。开展开平碉楼维修保护工作，全年共维修碉楼23座，遗产地民居、房屋共5间。扎实开展第一次全国可移动文物普查工作，全面完成国有文物收藏单位信息登录，完成文物认定工作。精心组织博物馆日、文化遗产日系列活动，举办“开平市不可移动文物”图片展、《裁出梨园秀色——杨文生作粤剧名伶剪纸》展览、“我是谁？”——加拿大不列颠哥伦比亚省巴克维尔古镇历史图片巡回展等。完成《开平碉楼与村落保护规划》《风采堂保护规划》《赤坎旧镇近代建筑群保护规划》等编制工作。举行了《开平民歌》原创作品暨CD专辑首发式音乐会和举办开平民歌的传承与发展学术研讨会。省级非遗项目“开平民歌”第五代传承人张巨山成功申请为第四批省级非遗项目代表性传承人。

【卫生】 2014年3月14日，原开平市卫生局和原开平市人口和计划生育局合并组建为开平市卫生和计划生育局，正式挂牌成立。全市卫生计生工作以民生为重点，深入推进医药卫生体制改革，强化计生服务管理，各项卫生计生工作持续发展。全市有医疗卫生机构253间（个），开放病床2424张，每千人口有病床3.46张，每千人口有医生2.01人，每千人口有护士2.11人。所有二级以上公立医院列为县级医院综合改革试点单位，对取消药品加成和调整医疗服务价格进行多次测算，进一步完善基层卫生院绩效考核，全市公立医院门诊人数193.32万人、住院人数63266人，分别增长5.33%和17.19%；塘口卫生院、马冈卫生院新大楼建成并投入使用，日赤水卫生院新建门诊大楼于2014年11月19奠基，三埠医院•三埠余铨针医院综合大楼于2014年12月26日奠基动工，开平市中医院新门诊大楼工程于2014年12月18日奠基动工，开平南华医院获得机构设置许可。2014年开平市基本公共卫生服务经费达到人均

35元，截至2014年年底，全市共建立居民健康纸质档案638390份，建档率92.45%，建立居民电子健康档案591852份，建档率85.71%；全市无甲类传染病病例，乙类传染病1161例，丙类传染病5721例，突发公共卫生事件3起，突发疫情11起；全年无孕产妇死亡，婴儿死亡率、五岁以下儿童死亡率均控制在合理区间，孕期地贫初筛率93.8%，地贫干预率达100%，开平市妇幼保健院成为省危重新生儿护理与急救中心开平分中心，加入“粤西妇科互助联盟”；开展各类卫生监督专项行动23次，出动执法车辆730车次，监督员2413人次，检查各级各类管理相对人1658户次；完成无害化卫生厕所改造公厕34座，家庭户厕2000户，创建省市卫生村80条；累计献血6647人次，献血总量132.94万毫升，机采血小板239人份。2014年，开平市顺利通过2014年省人口计生目标考核，全市出生6609人，符合政策生育率为93.54%，比2013年同期提高2.94个百分点；出生率和自然增长率分别为9.52‰、2.78‰，均控制在省和江门市下达的指标范围内；落实“四术”（结扎、放环、皮下埋植、补救措施）5280例，其中结扎1360例，上环3357例，补救措施562例；参与“三查”（查环、查孕、查病）活动6.44万人次，检查率达到95.2%以上；全市享受农村部分计划生育家庭奖励4895人，发放奖励金601560元；享受农村部分计划生育家庭节育奖4968人，发放奖励金255700元；享受城镇部分独生子女父母奖2846人，发放奖励金2481460元；领取广东省计划生育家庭特别扶助金82人，发放补助金约15550元。

【体育】 全年共举办群众体育活动14次，如元旦自行车骑游活动、“全民健身日活动”、男子篮球联赛等；推进沙塘镇、龙胜镇、塘口镇、百合镇全民健身广场建设，并大力支持36条自然村体育场地建设，其中支持篮球架22副、乒乓球台28张、健身器材15站件。完善体育服务体系，切实让群众体育服务群众。7月下旬，举办了一期三级社会体育指导员培训班，全市乡镇文体中心、村（居）文体协管员约300人参加了培训，并顺利通过考核成为三级社会体育指导员；8月份，挂牌成立了15个全民健身指导服务站，遍及全市各个镇（街）。并于10月下旬组织国民体质监测工作组到蚬冈镇、金鸡镇为648名幼儿、中小学生及农民群众开展体质监测。刘辅梁在2014年亚洲残疾人运动会上以6米73的成绩获得男子跳远金牌；李卓新参加全国沙滩排球锦标赛获得第一名并代表中国队参加世界沙滩排球巡回赛获得第五名的佳绩；彭健烽参加全国跳水冠军赛获得男子3米跳板第二名及男子1米跳板第三名；张汉荣、黄绮晴、殷嘉欣参加广东省锦标赛分别获得男子标枪、女子标枪、4X400米接力金牌。开平市花炮队在9月16日至21日期间，代表江门市参加了省民族传统体育运动会取得第四名的佳绩。江门市锦标赛开平市取得39块金牌的优异成绩，其中田径项目团体总分历史性跃进第二名。举办中小学生田径运动会、第二届校园足球赛、第三届“侨心杯”智力运动会等共9次校园体育活动。开平市运动员有1人在国家队，有2人在省队，有2人在省集训，有52人在江门市集训，有41人在开平市业余体校集训。全年体育彩票销售量5143.46万元，比上年同期增长45.53%，增幅居江门四市三区之首，其中电脑型彩票4802.81万元，即开型彩票340.65万元。加强对全市高危体育项目经营场所的安全生产管理，尤其是上岗人员培训、考证工作。积极组织、举办游泳救生员培训班，为高危体育产业的发展提供安全保障。

【城乡建设】 2014年，市政配套工程报建共50项，市政管线工程报建共27项。完成宝堤东路长堤改造工程、长振桥桥面铺装、长沙东郊新村12幢小区路面修复及下水道改造、风采堂东堤路道路改造、新昌新迳路和中和路排污渠清淤等工程。组织金山公园景观改造工程和沿江西道路长堤维护改建工程等跨年度工程的开工建设，并启动生活垃圾无害化焚烧处理项目及梁金山生活垃圾卫生填埋场整治工程的前期工作。

【环境保护】 全年建设项目环评审批280项，建设项目竣工环保验收75项。全年完成污染减排项目62个，包括生活污水厂及工业治理项目9项，农业源项目53项，并通过国家污染减排核查组的认定。建成大沙镇生活污水处理厂，并正式投入运行。开展大沙河水库周边畜禽养殖业整治，再拆除了一期整治区内12家畜禽养殖场。是年，全市大气污染防治各项工作全面铺开，划定高污染燃料禁燃区和第二阶段“黄标车”限行区域，开展燃煤锅炉整治工作。到目前，已完成燃煤锅炉整治或淘汰52台，累计淘汰黄标车5649辆。

全年开展多次环境执法专项行动，全年共出动执法人员310多人次，检查企业160多家次，及时对存在问题的企业责令限期整改。全年共立案查处环境违法行为69宗，对逾期不履行行政处罚的9宗违法行为，申请法院强制执行。宣传方面，在“6·5”世界环境日前后，通过举办现场咨询、知识问答、展示环保新法规、宣传低碳生活小秘方、派发环保法律法规宣传手册和环保生活用品等方式，向市民宣传环保知识。重点围绕宣传学习新《环境保护法》，在全市普及环保法制意识。除组织镇街、部门学习环保法外，还组织全市近100家企业参加在开平市和江门市举办的两期环保法培训班。

【人民生活】 全年城乡居民储蓄存款350.19亿元，年末人均储蓄余额51108元。全市非私营城镇职工年平均工资收入45472元，比上年增长7.4%；农村居民可支配收入13698元，比上年增长9.0%。居民住宅条件进一步改善。全年竣工住宅面积41.95万平方米；住宅销售面积47.51万平方米。 （统计局）

【社会保障】 2014年全市城镇基本养老保险、城镇（乡）基本医疗保险、失业保险、工伤保险、生育保险、城乡居民养老保险参保人数分别为240113人、640398人、77667人、81065人、80573人、297964人。各项社保待遇均依时足额发放，2014年开平市全市离退休人员40216人，享受城乡居保待遇90115人，领取失业保险金5436人次，享受工伤保险待遇449人，生育保险待遇1310人，办理基本医疗住院报销69552人次，特定病种门诊结算247889人次，普通门诊结算248081人次。全市支付各项社保待遇14.12亿元，其中养老保险金81359万元（含城乡居保养老金8620万元），基本医疗保险待遇55165万元，公务员医疗补助2699万元，失业保险待遇661万元，工伤保险待遇1073万元，生育保险待遇282万元。2014年各项社会保险基金收入14.69亿元，其中：城镇基本养老保险为76229万元、城镇（乡）基本医疗保险48891万元、公务员医疗补助3109万元、失业保险3438万元、工伤保险1249万元、生育保险846万元、城乡居民养老保险13136万元。各项社会保险基金结余22.29亿元。2014年开平市正式实施城乡居民和职工基本医疗保险大病保险制度。全市共有城乡居民4440人次、职工14062人次享受了大病医保待遇，城乡居民和职工大病保险基金分别支付1463.92万元、1264.46万元。

【工业园（区）建设】 翠山湖新区自2009年7月被认定为省示范性产业转移工业园以来，连续2011、2012、2013、2014年在全省产业园考核中被评为优秀等次，2012、2014年更是名列全省第一名；2014年被评为广东省工业园五星级服务园区。全年新区经济保持强势发展势头，地方财政一般预算收入5796万元，比增48.27%；规模以上工业增加值72084万元，比增31.41%；固定资产投资62.3875亿元，比增19.04%；外贸出口5960万美元，比增27.35%；外商直接投资498.17万美元。翠山湖新区全年投入2.51亿元，确保每项工程高标准建设、高速度推进。完成6条交通主干道工程：翠山湖大道西延线、翠湖一路、翠湖二路、城东一路、城东二路、城南二路，打通园区环形大路网，打通园区与沙塘镇的连接通道。完成8个配套项目：社区医疗服务中心、体育馆、巡回法庭、地税翠山湖组、国税翠山湖办税点、国汇员工食堂、垃圾压缩处理站、物流园，以及其他7项基础配套工程。翠山湖新区通过“区域招商、展会招商、中介招商、以商引商、异地招商”5大措施，主动出击招商。全年共拜访及接待客商800多人次，先后在广州、顺德、开平、上海举办大型招商推介会4次，参与企业近400家。通过多项措施，全年成功签订投资意向性协议17个（超5亿元项目3个），协议资金53.98亿元。截至2014年，园区投（试）产企业达到32家、在建项目16个。举办2场大型招聘会，举办企业讲座及培训班20场，与市交通集团达成协议园区公交车辆每天增至56班次，员工公寓一至二期宿舍楼实现封闭式管理，员工公寓公共实训基地完成建设并投入使用。通过为入园企业项目解决各种困难和问题，全力塑造“亲商、安商、富商”的翠山湖品牌形象。

【信息化建设】 网上办事大厅建设方面，2014年4月28日，开平市印发了《关于印发2014年拓展完善广东省网上办事大厅江门市开平分厅工作方案的通知》。同年5月，市经信局根据需求在网上办事大厅部署了企业投资项目并联审批、政府性资金投资项目并联审批、私人住宅建设工程并联审批和商事登记并联审批等4个并联审批流程。2014年6月16日上午，2014年广东省网上办事大厅江门分厅建设现场会在开平市的行政服务中心召开；在电子政务方面，开平市科工商务局与市委办、市府办、市委组织部、市机关工委、市财政局和市监察局等部门进行协商，推出市政府效能考核网络平台，通过信息化手段加强政府绩效管理；两化融合方面，2014年6月份，嘉士利食品集团有限公司和帛汉电子有限公司申报广东省“两化融合管理体系贯标试点企业”，并成功入选。

表68： 开平市国民经济发展情况

项　目	单　位	2014年	比上年增长（%）
人口	人	685208	0.08
土地面积	平方公里	1658.6	
国内生产总值	亿元	270.14	6.7
人均国内生产总值	元	38329	3.51
农业总产值	亿元	48.43	1.3
全社会固定资产投资	亿元	172.60	23.23
外贸出口总额	亿美元	21.34	13.31
实际利用外资	亿美元	0.58	10.19
地方公共财政预算收入	亿元	19.35	2.68
社会消费品零售总额	亿元	155.59	7.22
城乡居民储蓄存款余额	亿元	350.19	8.58

表69：　　开平市基本情况简表

项　目		单　位	2014年
基本建设	高速公路营业里程	公里	
	公路通车里程	公里	
	港口泊位	个	
	航运通航里程	公里	
	年末固定电话用户	万户	17.69
教育	中等专业学校	所	3
	在校学生	人	5343
	普通中学学校	所	30
	在校学生	人	43988
	小学学校	所	56
	在校学生	人	54069
	在园幼儿	人	25612
医疗文化体育	小学学龄儿童入学率	%	100
	医院	所	6
	其中：县级医院	所	6
	卫生机构医院床位数	张	2799
	平均每千人拥有床位	张	4.08
	影剧院	间	4
	体育馆	座	1

附件：四套班子领导成员名录（2014年）

市委书记：黄耀雄
副 书 记：余雪俊
谢超武（—2014.8）
李沃华（2014.8—）
常　　委：黄耀雄
余雪俊
谢超武
李沃华（2014.8—）
谢鸿猷（2014.2—，挂职副书记）
莫健文
陈　靖(—2014.11)
陈伟成
蔡　凌
凌华威（2014.11—）
叶锐箭
梁民跃
颜海娜（女）
朱金治（2013.3—2014.2，挂职）
何武健
简锦聪（2014.2—，挂职）
市人大常委会主任：黄耀雄
副主任：张星杰
李宝贞（女）
黄旭征
邝业礼
吴年积（—2014.11）
余荣深
黄婉慈（2014.11—）
市　长：余雪俊（2014.1——）
副市长：陈伟成

黄跃波
莫劲锋
林国宁
凌华威（—2014.11）
陈杰文
黄力奔（女）
许大俭（2013.4—2014.3 挂职）
黄国忠（2014.11—）
市政协主席：吴平超
副　主　席：黄继烨（—2014.9）
梁和平（2014.1——）
关位湛
吴松安
关开宗
杜海英（女）
吉喆（女）

注：许大俭2013年4月18日市人大常委通过任命，2014年1月回广西，待3月市人大通过辞职。

鹤山市

综述

【行政区划】 辖沙坪街道和雅瑶、龙口、古劳、桃源、共和、址山、鹤城、宅梧、双合9个镇，26个社区居民委员会，112个村民委员会，10个三峡库区移民村。市人民政府驻沙坪街道。

【位置·面积】 位于广东省中南部，珠江三角洲西翼，北邻高明区，东北与佛山市南海区隔西江相望，东南毗邻江门市蓬江区、新会区，西南与开平市交界，西北接新兴县，总面积1082.73平方公里。325国道、江鹤高速公路、江肇高速公路、佛开高速公路和江肇公路纵横贯穿全市，客货船经西江水路可达香港、澳门，水陆交通通畅便利。

【气候·水文】 地处北回归线以南，属南亚热带季风区，具有海洋气候特征。夏长冬暖，雨热同季，雨量充沛，光照充足。夏秋多台风暴雨，冬春有冷空气侵袭和偶有奇寒，无霜期长。全年总降雨量1659.7mm，比上年减少177.6mm，最大日降雨量128.7mm（3月30日）；年平均气温23.1℃，最高气温37.5℃（8月1日），最低气温4.6℃（2月13日、2月20日）；年日照时数1710.3小时。鹤山紧靠西江，境内河流众多，主要河流有7条，全长共187.8公里，流域面积1003.28平方公里，除沙坪河属西江支流外，其余均属潭江水系。

【人口·民族】 全市户籍人口总户数106669户，年末户籍总人口366454人，平均每户3.44人，其中沙坪街道户籍人口111832人。全年出生人口入户3723人，人口出生率为10.16‰；死亡注销人口2763人。全市常住人口50.15万人。全市人口以汉族为主，有壮族、土家族、苗族等29个少数民族。

【华侨华人·港澳台同胞】 有旅居海外的华侨、华人和港澳台同胞36万多人，分布于50多个国家和地区，是全国著名侨乡之一。

社会经济发展状况

【简述】 落实稳增长、促改革、调结构、促转型、惠民生一系列政策措施，围绕“造平台、畅交通、建新城、护生态、惠民生、强作风”六大核心任务，加快推进发展方式转变，经济社会保持良好发展态势，民生保障持续改善，各项事业取得新进步，全年实现地区生产总值230.76亿元，同比增长6.9%，较好地完成各项目标任务。

【工业】 工业经济稳步增长，新增产值5亿元以上企业13家，10亿元以上企业3家，全市规模以上工业企业306家，其中亿元产值企业100家，年产值超10亿元企业6家。规模以上工业增加值112.05亿元，同比（下同）增长10.3%。规模以上工业总产值473.00亿元，增长12.5%，其中民营工业产值252.76亿元，增长27.9%。按轻重工分，轻工业产值280.94亿元，增长14.3%；重工业产值192.06亿元，增长9.8%。按经济类型分，股份制企业245.80亿元，增长28.1%；外商及港澳台商企业产值217.81亿元，下降1.4%；其他经济类型9.39亿元，增长18.1%。工业销售产值423.11亿元，增长5.7%。工业产销率89.49%，下降1.7个百分点。规模以上重大行业中，金属制品业产值

72.70亿元，增长29.6%，占总产值比重为15.4%；电气机械及器材制造业产值56.57亿元，增长37.7%，占总产值比重为12.0%；计算机通信和其他电子设备制造业产值44.87亿元，下降9.4%，占总产值比重为9.5%；印刷和记录媒介复制业产值34.49亿元，增长11.0%；橡胶和塑料制品业产值31.88亿元，增长2.0%；化学原料及化学制品制造业产值29.61亿元，增长33.8%。

【农业】 现代农业稳步发展，龙口花卉示范区建成集花卉产销于一体的大观园，新增农业龙头企业2家，农民专业合作社22家。生猪饲养量125.59万头，连续六年获得“全国生猪调出大县”称号。落实各项强农惠农政策措施，扶持各专项资金1.41亿元。全年实现农业总产值33.15亿元，同比（下同）增长10.9%。按行业分，种植业产值13.78亿元，增长1.7%；林业产值1.08亿元，增长11.1%；畜牧业产值12.06亿元，增长6.8%；渔业产值5.83亿元；农林牧渔服务业产值0.39亿元，下降15.1%。全市粮食种植面积23.80万亩，总产量10.56万吨，增长27.5%。其中水稻种植面积20.93万亩，与上年基本持平，总产量7.19万吨，下降2.2%；蔬菜复种面积18.69万亩，增长5.7%，总产量30.73万吨，增长13.7%；花生种植面积1.79万亩，总产量0.51万吨，增长6.2%；水果产量1.95万吨，增长47.73%；水产品产量5.16万吨，增长27.1%；肉类产量5.58万吨，增长2.4%，其中猪肉产量4.77万吨，增长7.2%。

【财政】 坚持把组织收入放在首位，财政收支规模突破20亿大关。协同税务部门强化重点项目、重点行业、重点企业等税源监控，跟踪检查税收征收进度；及早分解镇级收入目标任务，完善收入目标考核激励机制，开展镇级财政专题调研，形成镇级分税制财政管理体制方案，调动各镇（街）征收积极性；加大正税清费力度，将非税收入纳入预算管理，稳步推进信息化建设，落实源头管控、以票控收，提高非税收入缴库效率。全市地方公共财政预算收入21.44亿元，同比（下同）增长13.6%。其中增值税增长20.4%，营业税下降7.1%，企业所得税增长0.9%，个人所得税增长4.4%。全市镇(街)财政收入12.88亿元，增长17.5%，占全市财政一般预算收入的比重为60.1%。全部镇（街）财政收入超千万元，沙坪、雅瑶、共和、古劳、桃源、址山6个镇财政收入超亿元。地方公共财政预算支出23.42亿元，增长7.88%。

【税务】 国内税收收入24.42亿元，同比（下同）增长15.5%，增收3.27亿元，完成江门市局下达的年度税收收入任务。其中增值税直接收入9.94亿元，增长9.45%；免抵调库收入9.59亿元，增长32.64%；企业所得税收入4.10亿元，减少3.13%，车辆购置税收入7723万元，增长30.54%；国内消费税收入143万元，增长9.1%。组织市本级收入5.68亿元，增长16.26%。地税组织各项税费收入30.47亿元，增长7.38%，增收20935万元。其中税收收入（含两税）17.5亿元，增长9.9%，增收1.58亿元，完成江门下达任务的102.5%；其他费金收入12.98亿元，增长14.16%，增收1.4亿元，其中社保费收入9.62亿元，增长4.15%，增收5168万元。

【金融】 推动鹤山农信社基本达到改制农商行条件。全市金融机构人民币各项存款余额307.42亿元，比年初增长6.5%。其中:城乡居民储蓄存款余额209.70亿元，比年初增长5.1%；单位存款87.71亿元，比年初增长8.2%。金融机构各项贷款余额205.39亿元，比年初增长16.6%。其中：短期贷款余额87.42亿元，比年初增长11.1%；中长期贷款余额110.65亿元，比年初增长19.6%。

【固定资产投资】 全社会固定资产投资

133.52亿元，同比（下同）增长15.0%。按投资结构分类：基础设施投资27.00亿元，下降41.6%；房地产投资50.59亿元，增长60.1%；其他投资55.93亿元，增长46.1%。按产业分类：第一产业投资1.36亿元；第二产业投资49.23亿元，下降28.0%，其中制造业投资42.72亿元，增长34.3%；第三产业投资82.94亿元，增长75.5%。

【个体私营经济】 年末全市私营企业4223户，注册资金116.91亿元，同比（下同）分别增长15.2%和46.7%。个体工商户19583户，注册资金7.91亿元，分别增长12.4%和增长25.3%。全市民营规模以上工业企业203家，占规模以上工业企业数66.34%；实现产值252.76亿元，增长27.9%，占规模以上工业总产值53.4%。

【建筑业】 全市资质等级以上建筑企业19个，实现建筑业增加值6.75亿元，同比（下同）增长4.4%。房屋建筑施工面积360.72万平方米，增长7.1%；房屋竣工面积102.62万平方米，增长4.7%。全年房地产投资50.59亿元，增长60.1%。商品房施工面积367.72万平方米，增长50.6%；商品房竣工面积84.52万平方米，增长1.14倍；商品房销售面积57.04万平方米，下降6.5%，商品房销售额34.33亿元，下降14.0%；商品房待售面积30.94万平方米，增长78.5%。

【商业】 电子商务业蓬勃发展，启动新红阳电子商务项目，3家企业入选“江货网店培育工程”，址山镇东溪村成为江门地区首家“淘宝村”。坚美商业中心封顶。全市实现社会消费品零售总额143.56亿元，同比（下同）增长9.3%。按行业分类：贸易批发业零售额11.80亿元，增长8.9%；贸易零售业108.42亿元，增长9.4%，以上两者占全市社会消费品零售总额的83.7%；住宿业零售额0.61亿元，下降2.2%；餐饮业零售额22.73亿元，增长8.9%。按所在地分类：城市消费品市场零售额87.67亿元，增长9.8%；农村消费品市场零售额55.89亿元，增长8.4%。

【旅游业】 开展《鹤山市旅游发展总体规划》编制工作，做好全市总体规划及主要旅游组团详细控规。启动A级景区创建，制定大雁山创建国家4A景区工作规划，推进大雁山资源整合改造和景观提升工程，完成仙玉湖环湖和烧烤村至仙玉湖绿道景观改造。发展乡村旅游，双合镇举办“爸爸去哪儿?周末双合去收割”“冬暖洋洋双合游暨首届双合美食节”等系列活动，吸引来自广佛、深圳、肇庆、珠海、中山等地上万名游客参与。举办市首届美食旅游文化节、市首届芙蓉花节、乐跑大雁山和大雁山千只“熊猫”巡回展等活动。做好鹤山旅游宣传推广工作，对鹤山旅游网、大雁山网站等进行改版升级，为网民游客提供官方资讯。配合各大媒体到市选材拍摄《美食导报》、TVB《吾淑吾食》、“美人美景美食行”特辑，通过电视、报纸及车载电视等媒体渠道播放。全年旅游接待游客人数350万人次，同比增长8.4%；旅游总收入26.75亿元，同比增长16.2%。经市口岸出入境游客3.89万人次，其中出境1.97万人次，入境1.92万人次。全市住宿设施接待过夜游客153.62万人次，海外游客(含港澳台)人数33.38万人次。全市有名胜风景区3个，星级饭店4个，星级饭店客房总数433间。

【对外经济贸易】 全市外贸出口总值21.94亿美元，同比（下同）下降6.2%。按贸易性质分类：一般贸易出口9.92亿美元，下降9.0%；加工贸易出口12.02亿美元，下降3.7%。按企业性质分类：民营企业出口6.70亿美元，下降5.7%；三资企业出口15.24亿美元，下降6.4%。主要出口商品中，机电产品出口总值9.62亿美元，下降12.2%；印刷品出口总值3.77亿美元，增长7.4%；纺织品出口总值

2.86亿美元，下降14.9%；鞋类出口总值0.61亿美元，下降36.3%。主要出口地区中，美国出口总值5.36亿美元，下降3.9%；欧盟出口总值5.05亿美元，增长4.0%；香港出口总值4.41亿美元，下降9.9%。全年外贸进口总值4.09亿美元，下降8.7%。全年实际利用外资1.47亿美元，增长5.3%。合同利用外资金额1.51亿美元，增长28.9%。

【外事侨务】 加强联谊，派出36批次访问团，参加香港冯氏宗亲会、香港鹤山同乡会、澳门鹤山同乡会和旅港鹤山龙溪同乡会等社团会庆活动，拜访李国麟、李鋈麟、杨俊文、杨明标、吴亮星等港澳知名乡亲。市政府侨情考察团出访智利圣地亚哥、巴西圣保罗，拜访智京中华会馆、巴西广东同乡总会。做好海外重点乡亲和社团回乡的服务工作，接待24批次，1400多人次。支持海外侨团弘扬传统文化，为巴拿马鹤山公所新成立的醒狮团赠送1对醒狮。召开全市港澳台侨资企业座谈会，做好侨资企业服务工作。赴港澳发动乡亲和社团参与“2014年扶贫济困日”捐款活动，筹得善款301.92万元。做好华侨捐赠监督管理工作，全市华侨捐赠资542.6万元，涉及22个公益项目。开展归侨侨眷关爱工作，春节、中秋期间慰问困难归侨眷128户3万多元。对92户贫困归侨发放专项扶贫资金37万多元。开展依法维权护侨工作，受理来信来访59件，其中来信16件，来访来电43件，信访办结率98%。推进合成华侨农场危房改造工作，完成80户危房改造任务。解决合成华侨农场改制社保遗留问题，第一批171人职工身份得到核实并兑现相关待遇。启动华侨回国定居办理工作，受理华侨回国定居申请14宗，办理回国手续11人。推动侨务工作进社区、进基层，选择古劳镇古劳村委会（社区）作为试点开展“暖侨敬老行动”，古劳镇古劳村委会（社区）被推选为“全国暖侨敬老行动示范单位”。做好因公出国申报工作，办理外国商人入境邀请确认函35人次，办理因公赴港澳签证84批95人次，办理民营企业人员APEC商务旅行卡3批4人次。做好“我是谁——加拿大巴克维尔古镇华侨历史图片巡回展”，促进鹤山市民了解加拿大华工早期历史。发挥侨刊主导宣传作用，出版印发《鹤山乡讯》4期1.2万册。

【交通运输】 交通网络建设不断完善，全年完成投资12.24亿元，同比增长66.8%。重启国道G325线鹤山过境公路建设。广中江高速、江罗高速、江门大道鹤山连接线等重点项目进展顺利。鹤山港至广珠铁路鹤山站公路（竹朗平交至S272路段）、江肇高速桃源互通G325国道改造工程主线桥建成通车。完成城区4个道路交叉口渠化改造工程。新增农村客运候车亭7个。投资4356.12万元，新建、改建、扩建农村公路72公里。全市公路通车里程1750.79公里，其中：一级公路168.98公里，每百平方公里公路密度161.7公里。高速公路通车里程70.6公里。全年道路运输客运量686.49万人，客运周转量34112.5万人公里；货运量515.1万吨，货运周转量30897.35万吨公里。水路运输货运量238.15万吨。港口客运量40405人次。港口货物吞吐量923.71万吨，港口集装箱吞吐量55807个标准箱。

【邮政通信】 全年邮政业务总量3639万元，同比（下同）增长2.9%；邮政业务收入4695万元，增长4.7%；邮路长度2920公里，年末邮政所14所。全市电话用户75.38万户，增长3.12%，其中固定电话12.38万户；移动电话63万户，增长3.28%。全市国际互联网用户10.29万户，增长13.08%。

【教育】 全市地方公共财政预算教育支出5.34亿元。市通过全国义务教育发展基本均衡县督导验收，全部镇(街)通过“广东省教育强镇”督导验收。全面实施九年免费义务教育，全市义务教育补助资金5867万元，受惠学生4.65万人。落实“小升初”免试就近入学政策，小学阶段各镇（街）按照户籍所在地就近免试入学。全市1.44万名外来务工人员随迁子女在市就读，占义务教育阶段学生数的31.3%，其中97.9%安排在公办学校就读。落实农村边远地区教师岗位津贴。开展学前教育资助等11项助学活动，资助金额超1000万元，资助贫困学生4705人次。推进重点基建项目，鹤山一中配电房、鹤山二中综合楼、鹤山职校运动场、双合镇合成小学食堂、龙口协华小学运动场、雅瑶镇宝瑶小学综合楼和运动场7项工程竣工，共投入1410万元。教育装备水平不断提升，全年组织26所学校118个教育设备设施项目采购，投入资金1567万元，新增或更新计算机室3间(173台计算机)、多媒体教学平台82套、教师办公电脑130台等。全市生机比9：1，教师用机配备率基本达100%，普通教室教学平台配备率100%。教育质量稳步提高，高考、中考成绩继续保持江门市前列，普通高考报考入围率，重点本科入围率，每万人口本科入围率、录取率等主要数据连续十多年位居江门市榜首。特色办学成果显著，鹤山一中在“中国汉字听写大会”夺得广东省总决赛一等奖，鹤华中学“体艺见长，飞行员摇篮”办学特色彰显，纪元中学和鹤山二中体育艺术类高考成绩取得新突破，鹤山一中、鹤华中学、纪元中学被授予“江门市教育质量先进学校一等奖”。职业成人教育创新发展，市高级职业中学高考参考入围率100%，连续十一年居江门市同类学校第一，大幅高于全省平均水平。依托鹤山电大资源优势，广泛开展各类继续教育、学历教育和培训项目，全年完成各级各类培训超过15000人次。沙坪、桃源、古劳、鹤城4个镇(街)成功创建江门市级示范乡镇成人文化技术学校，实现示范乡镇成人文化技术学校全覆盖。严格落实民办教育机构登记注册制度和年审公示制度,依法取缔5所无证学前教育机构，对全市74所民办教育机构进行年检并通报结果。加强幼儿园规范促优工作,全市规范化幼儿园100%。民办小学雅瑶新蕾学校顺利开办。提升德育工作实效，全年没有发生校园恶性事件，学生违法率保持在万分之0.2以下，师生犯罪率保持为0。出台《鹤山市基础教育名师工程推进方案》，形成名师培养的激励、评价机制。创新校车服务模式，实施“政府购买服务，专业公司运营”校车服务模式。

【科技】 创新驱动能力增强，全年完成技改投资15.06亿元，同比增长17%；投入科技三项经费近90万元。申报省科技计划项目10项、江门市级18项，组织实施鹤山市科技计划项目13项。全市累计国家级高新技术企业18家，新增国家高新技术企业2家、省级科技型中小企业技术创新基金项目5项、省产学研项目1项，新建省级工程中心4家，创建江门市级工程技术研究开发中心1家。全年专利申请受理量1050项，专利申请授权量748项，其中发明24项，发明专利授权21件，增长31%。创建中国驰名商标3个、广东省著名商标6个、广东省名牌产品4个，6家企业参与9项国家标准修订。世逸电子科技有限公司被认定为“广东省知识产权优势企业”。

【文化】 落实基本公共服务均等化改革试点工作，加强村（社区）文化室建设，提升农家书屋工程建设，为51家建设点购置配送书籍近2.5万册，新建数字农家书屋56家。推进城乡数字电视整转，完成整转5万多户，城区用户基本用上数字电视，宅梧、鹤城、址山、桃源4镇进行乡镇整转试点工作。落实文化惠民政策。开展流动书香车送书下乡活动20车次，农村公益电影放映1738场次，观众36万人次；市图书馆信息资源共享工程支中心接待读者1.8万人次，提供免费上网1.6万小时；举办各类展览、讲座、培训等免费服务活动80多场次，其中市图书馆举办书画作品展，市博物馆举办专家现场免费鉴宝活动和各类展览活动，市文化馆举办音乐创作讲座、作曲音乐知识讲座和暑期免费文艺培训班。推动文化志愿者队伍建设，新增文化志愿者60多人。推进文化旅游项目，做好梁赞故居的托管、改造等工作。加强文化遗产保护工作，完善“鹤山咏春拳”“鹤山狮艺”等项目资料，为申报国家级非保项目打下基础。开展全国第一次可移动文物普查工作，推进馆藏文物保护；开展珍贵文物数据采集、合成录入、上报工作，完成省文物调查数据库管理系统建设项目。完成铁夫画阁修缮工程。全年举办综合性文化活动70多场次，如组织书法家开展下乡挥春活动；举办迎春歌舞专场和戏曲专场，“五一”文艺会演和“打工者之梦”巡演等；各镇（街）中小学举办“明德尚法，梦想起航”法制文艺表演活动；举办市美食旅游文化节、百姓健康舞比赛和文艺汇演；组织“和谐邻里、幸福鹤山”文化进社区活动，开展社区联谊、讲座、游园等活动；举办《东亚画坛巨擘李铁夫暨弟子温少曼画展》《艺海同航——四地书画巡回大展》《鹤山非物质文化遗产成果展》《馆藏任伯年、李国墉先生绘画作品展》等展览。文艺精品创作成果丰硕，组织创作《文明花开》《画坛巨擘——李铁夫之歌》等歌曲；上送文艺作品200余件，省级以上获奖30件，其中美术作品《西江•船》获第十二届全国美术作品展提名作品奖和广东省艺术节优秀美术作品展优秀奖，摄影作品《锅耳屋》获全国摄影艺术大展优秀收藏奖，歌曲《凉茶之乡》荣获广东省群众创作歌曲三等奖，长篇小说《不期而遇》入选江门市文艺精品推广计划。

【卫生】 加强公共卫生服务体系建设，市新妇幼保健院建成启用，市中医院通过二级中医医院评审并加入国家中医药管理基层中医药适宜技术推广视频平台。推进县级公立医院改革试点，所有试点医院取消药品加成，基本药物使用比例达50%以上。完善基本公共卫生服务均等化，按人均35元标准保障基本公共卫生服务经费，确保11项基本公共卫生服务均等化项目实施。做好慢性病综合防控工作，开展老年人免费健康体检和健康管理工作，免费体检1万多人次。开展平价医疗服务体系建设。全市有平价医院1家，平价诊室12间，全年平价医院诊疗7万多人次，减少病人费用438.8万元；平价诊室向农村五保户、城市特困户、最低生活保障户等困难群体提供平价医疗服务，接诊患者1937人次，减少病人费用15.6万元；全部镇级卫生院和社区卫生服务中心均提供平价药包，发放“平价药包”总数量4.5万个，优惠金额达67.5万元。继续推进“健康鹤山”工程，全面开展适龄妇女宫颈癌、乳腺癌免费筛查工作，累计筛查16042人。配合“大民政”工作改革，推进老年人医养结合模式，以共和镇卫生院作为医养结合养老模式试点，沙坪街道卫生院养老服务综合楼工程建设完工。扎实开展爱国卫生运动，创建4条省卫生村和12条江门市卫生村；推进农村改厕工作，新建（改造）无害化卫生户厕1320间；组织开展10次全市统一防蚊灭蚊大行动。全年参加爱国卫生运动13.6万人次，清理卫生死角8500处4万多平方米，处理积水2.65万处6500平方米，有效控制登革热蔓延和改善城乡环境卫生面貌。加强重大疾病防治防控能力，做好手足口病、人感染H7N9禽流感、登革热、埃博拉等重大传染病疫情的防控工作，防止疫情流行；做好肺结核病、艾滋病、性病、麻风病的防治工作；做好重性精神疾病管治工作，推广“医院、社区一体化”精神疾病防治康复工作模式，免费治疗5199人次，转送肇事肇祸精神病患者强制住院治疗6人。加大卫生监督执法力度，检查医疗机构450间次，记分处理医疗机构23家，取缔“黑诊所”“黑牙科”28家次，立案查处非法行医案件30宗，行政处罚27宗，涉嫌刑事犯罪移送公安机关3宗；监督检查公共场所1417间次，查处违法经营行为36宗。

【体育】 推进公共体育设施建设，雅瑶、桃源两个镇建成全民健身广场。做好城区8个社区体育健身公园的建设工作。完善村级农民健身场地设施，完成江门市下达“25个村委会建有1个篮球场和2张户外乒乓球台”的工作任务。积极推动全民健身运动，组织开展形式多样的群众体育活动。春节期间举办全市性的乒乓球赛、羽毛球赛、篮球赛、老年人门球赛等；全民健身活动日前，举办全市拔河比赛；举办“彩骑行动”自行车骑行活动、南狮比赛、百姓健康舞比赛和“乐跑”活动等。各镇（街）举办机关篮球赛、“畔山花园杯”篮球赛、“古林山泉杯”足球赛等。足球协会举办“爱琴湾杯”足球联赛，篮球协会举办首届“篮协杯”篮球赛，乒乓球协会邀请国家残疾人乒乓球女队到市交流并与市男子乒乓球队进行对抗赛，体育舞蹈协会举办“传文艺校杯”泛珠三角体育舞蹈比赛暨鹤山市第四届体育舞蹈比赛，汽车摩托车运动协会举办全国汽车场地赛和泛珠三角山地自行车赛等。各学校举办中小学生跑操比赛、园丁杯篮球赛、全市中小学生田径运动会等。加强体育组织建设，成立市体育总会和市社会体育指导员协会，完善镇（街）社会体育指导员服务站建设。发展社会体育指导员队伍，举办2期社会体育指导员培训班，培养发展200名社会体育指导员，全市社会体育指导员1200名，拥有率超过千分之二。全年举办各类运动会23次，参赛运动员3.8万人次。竞技体育成绩显著：鹤城籍运动员苏海航参加韩国仁川亚运会获现代五项男子团体金牌；鹤山籍运动员86人次代表江门市参加省各项青少年锦标赛中取得2金、2银、7铜的成绩；市360多名运动员参加江门市青少年锦标赛，在田径、举重、游泳、乒乓球、跆拳道五个大项比赛中获得第一名108项、第二名80项、第三名65项。市多支武馆代表队参加佛山市南海区举办的第二届“罗村叶问杯”世界咏春拳大赛获得5金5银5铜的成绩。

【城乡建设】 启动滨江新区和西部城区控规调整，完成东部城区局部地块控规调整编制和报审工作。启动城区“三大片区”建设，8个社区公园和新华路改造工程动工。完成一批重点农田水利工程。启动村村通自来水工程，完成供水管网西环线新环路段2.5公里新建和旧城区1.2公里改造，市第二水厂扩建工程、四堡水库应急水厂及配套管网工程前期工作进展顺利。完成沙坪联围泵站更新改造工程，沙坪河河道治理工程（二期）加快建设，全国中小河流治理重点县第一批项目完成前期工作。电网建设投资1.47亿元。省天然气管网二期工程鹤山段主管工程基本建成。启动新一轮绿化大行动，稳步提升宜居城乡品质，升级改造生态景观林带6.5公里，建成24条乡村绿化美化示范村。完成39项绿化提升工程，建成沙坪河南岸公园、共和镇级森林公园，全市森林覆盖率48.8%，获“广东省园林城市”称号。完成垃圾转运站“一镇一站”建设，实施城乡垃圾治理“以奖代补”政策，全市生活垃圾无害化处理率98.8%。推进潭江流域水环境整治，完成14个规模化养殖场减排工程。启动四堡水库商品林调整为生态公益林工作。完成沙坪河水系综合整治工程可研编制。启动小城镇扩容提质和幸福新农村建设工程，完成11条行政村的整治规划编制和7条村的整治工作，创建省和江门市卫生村16条，共和镇获“广东名镇”称号，鹤城镇五星村获“广东省文明村”称号。

【环境保护】 实施地块出让前环保审查，提高项目环保准入条件，从源头控制工业污染。出台《鹤山市环境保护行政执法程序制度》，建立“执法分层”制度，采取“立案前约谈”新做法，实施“阳光案审”新程序。强化环境监督管理，立案查处环境违法企业136家，责令整改企业542家。开展潭江流域专项整治、环境风险源专项排查、涉重金属企业检查、生产化学品企业环境情况调查、放射源安全管理检查、安全生产环境大检查，饮用水水源保护区专项检查和燃煤锅炉专项治理等专项行动，查处46家环境违法企业。加强重点污染源监察管理，完善在线监控系统，强化对国控、省控和重点污染源企业在线监控设施的运行管理，完善12家在线监控企业设备数据传输。加强城镇生活污水处理厂的运营监管，推进管网配套建设工作，市第二污水处理厂新建配套管网项目投入运行，桃源镇污水处理厂新建配套管网项目（二期）完成，城镇生活污水处理率73.1%。出台《鹤山市潭江流域水环境综合整治实施方案（2014—2020年）》，推进潭江流域水环境综合整治，址山镇先行先试，在东溪河建设水质综合整治示范工程。出台《鹤山市畜禽养殖污染防治管理办法》，规范辖区内禽畜养殖业发展，14个规模化畜禽养殖场完成治理工程建设。开展环保进企业、进校园、进电台“三进”行动，推动社会公众关注环保，参与环保。全市大气环境质量良好，市区空气质量达标天数比例为88.32%。主要河流水质良好，西江干流水质达到Ⅱ类标准。各级饮用水源得到有效保护，市区饮用水源水质达标率为100%。

【人民生活】 全面落实民生实事，不断改善民生福祉。市财政民生投入13.07亿元，占财政预算支出的55.9%，同比增长4.4%。全市居民年人均可支配收入18869.3元，比上年增长9.8%；城镇常住居民年人均可支配收入23459.5元，比上年增长9.6%；农村常住居民年人均可支配收入12539.5元，比上年增长10.1%。城镇新增就业6350人，城镇登记失业率2.37%。做好异地务工人员积分制入户工作，全年763人入户城镇。城镇登记失业人员1763人，城镇登记失业率2.37%。转移劳动力技能培训人数4107人，新增转移就业人数4002人，城镇新增就业6350人。实施农村饮水安全工程6宗，受益人口3000多人。

【社会保障】 推进“大民政”建设，着力保障和改善民生，初步建立以居家养老为特色的多元化养老体系，启动首届“养老•助残”公益创投活动，建成市居家养老服务中心和2家医养结合的养老综合服务中心，完成3个镇级敬老院升级改造，建成5个农村居家养老服务站，全市新增养老床位520张。全市村居、社区100%建立“一站式”救助服务窗口。实行城乡居民医疗大病保险和职工医疗大病保险政策，城乡居民养老保险和基本医疗保险参保率分别为99.95%和97.33%。新开工建设公租房286套，竣工396 套，分配入住702套，完成84户农村危房改造。社会救助水平得到提高，城乡低保标准分别提高到500元/月和400元/月，五保供养标准提高到7260元/年，低保对象住院救助标准调高到70%。做好双拥和老龄工作，优抚标准平均提高10%，发放高龄津贴金685万元。慈善事业健康发展，全年接受社会各界捐款1700多万元，发放金额1580多万元。全面开展适龄妇女“两癌筛查”工作，累计筛查1.6万多人。年末离休、退休人员共22280人，其中机关事业4427人。全市参加基本养老保险职工198796人，失业保险97797人，基本医疗保险职工133702人，工伤保险职工99761人，生育保险职工100079人，城乡居民基本医疗保险250864人。全市敬老院10间，社会福利院1间，床位数854张，收养人员321人。社区服务设施228个。散居供养699人。集体供养资金132.86万元。全市农村居民最低生活保障对象3214户6752人，城镇居民最低生活保障已保人数785人。落实保障资金2015万元。

【鹤山工业城（园区）】 位于鹤山市中部，江鹤高速公路、佛开高速公路和325国道交汇其中，与广州、佛山、中山、珠海、顺德、肇庆等城市形成一小时都市生活圈。园区规划为工业发展区、商业服务区、科研教育区、员工生活区、公共活动区、高尔夫俱乐部6大功能区。园区总规划用地1255.01公顷。园区以先进装备制造、电子电器、新材料产业为主导产业，依托共和、鹤城两镇的发展基础，打造产城融合的生态示范园。园区主要企业有鹤山市世逸电子科技有限公司、鹤山银雨灯饰有限公司、江门市美商环球铝业有限公司、江门市美商环球铝业有限公司、騰达印刷（鹤山）有限公司、志豪家具有限公司、德和燃具有限公司、广东鸿业家具制造有限公司、广东明星窗帘制品有限公司等。是年，签约落户园区3个大项目，其中富华机械集团鹤山工业园项目计划总投资15亿元；博盈焊接项目计划投资2亿元；广东东鹏控股股份有限公司智能环保家居项目计划总投资超15亿元。工业城（园区）有企业52家，规模以上企业7个，工业总产值10.26亿元，比上年增长24.65%；园区财政收入1096万元，比上年增长22.48%。

【信息化建设】 加强电子政务建设，推进网上审批事项流程优化，对236项事项流程重新调整审批表单，选取系统应用基础条件较好的部门开设网上办事自助服务区；完善实名制认证系统建设和投资审批流程，在网上办事大厅投资审批栏目公布并做好相关事项的关联；建设完善政务公开系统，基本完成政府信息公开指南、政府信息公开、工作年度报告、政府信息依申请公开、政府信息公开意见箱等5个子系统建设；建设镇（街）、村（居）两级网上办事站（点），初步梳理501项事项，其中行政审批事项341项，社会服务事项160项，可在线办理447项，完成镇（街）办事站、村（居）办事点网页栏目建设工作；推进效能监察系统建设，完善和试运行市网上办事大厅效能监察系统。推进“诚信鹤山”建设，实现“诚信鹤山”信息平台发布和查询市企事业单位、重点人群、社会组织的信用记录。深化农村信息管理系统的推广和应用，涵盖村委会人口管理、党群管理、计生管理、社会事务、治安管理、民政事务、社保管理、村委公开、村民住房等多种日常管理事务，构建“电子村委”，提高村委会的管理和服务水平。是年，实现互联网普及率72.5%，比上年提高4.3个百分点；光纤入户率18%，比上年提高3.9个百分点。

【重点建设项目】 全市列入江门市重点项目30项，年度计划投资28.7亿元,实际完成投资31.9亿元。其中：鹤山市保障性住房项目年度完成投资3405万元，投资完成率100%，6个公共租赁住房项目396套竣工验收，完成年度基本建成公共租赁住房考核任务的110%；鹤山市小型农田水利重点县项目年度完成投资2250万元，投资完成率150%，工程基本完工，龙口项目区完成，址山项目区基本完成，两个项目区完成渠道衬砌48公里；鹤山市德万实业有限公司电机生产项目年度完成投资5000万元，投资完成率100%，完成3栋厂房建设；鹤山宇红南方金属纳米材料孵化基地有限公司金属纳米粉体材料项目年度完成投资7000万元，投资完成率100%，1#、2#孵化厂房、4#转化厂房完成主体建设；广东联塑领尚橱柜有限公司高档组合橱柜生产项目建设完成，年度完成投资3500万元，投资完成率100%；普洛斯鹤山国际物流园项目年度完成投资15200万元，投资完成率101.3%，首期351亩收储基本完成；鹤山国际物流港项目年度完成投资30150万元，投资完成率100.5%，广珠铁路鹤山站货场初期建成；喜来登酒店项目年度完成投资30000万元，投资完成率100%，装修工作完成；江门市科蓝环保设备有限公司环保科技设备项目年度完成投资3000万元，投资完成率100%，一期主体完成，项目开始投产；坚美商业中心项目工程完成，年度完成投资19000万元，投资完成率100%；中国男鞋生产基地鹤山主园区首期工程项目年度完成投资5500万元，投资完成率100%，首期

50亩土地完成设计，新增99亩土地进行土地平整； 江门市顺富城印务科技有限公司印刷品项目在施工建设，年度完成投资5000万元，投资完成率100%；广东雅图化工有限公司三期项目年度完成投资11500万元，投资完成率100%，项目建筑主体工程完成，进入建筑内部装修阶段，办公大楼及研发中心大楼在建；广东中迅新型材料有限公司人造石板材、石英石板材生产项目在施工建设，年度完成投资13100万元，投资完成率260%；鹤山市正和有色金属有限公司白云地铅锌矿建设项目矿山公路在建，年度完成投资10000万元，投资完成率100%；鹤山市德兴环球电缆有限公司电线电缆项目年度完成投资14000万元，投资完成率100%，大楼建成，部分生产线试产；广东新尚汇印刷包装有限公司纸品生产项目年度完成投资10000万元，投资完成率100%，一号厂房竣工，二、三号厂房及宿舍楼在建；鹤山市中富电路有限公司电路板建设项目年度完成投资27000万元，投资完成率150%，正进行内部装修及设备安装；广东华鳌不锈钢制品有限公司合金母材项目年度完成投资11700万元，投资完成率180%，厂房基本完成；东江环保股份有限公司工业废物综合利用项目年度完成投资20360万元，投资完成率101.8%，一期试产，二期封顶；鹤山市永丰泰包装有限公司箱板纸板生产项目建成投产，年度完成投资2200万元，投资完成率100%；鹤山市泰利诺电子有限公司电路板生产项目厂房在建，年度完成投资7500万元，投资完成率100%；广东戴美斯塑胶科技制造有限公司塑料制品生产项目土建基础工程进场施工，年度完成投资3000万元，投资完成率100%；鹤山市方菱冷热设备有限公司空调部件生产项目在施工建设，年度完成投资2500万元，投资完成率100%；广东格锐电器有限公司应急灯、LED封装及LED照明系列产品生产项目土建工程在施工建设，年度完成投资5000万元，投资完成率100%；广东港丰现代塑胶管道工程有限公司塑胶管道生产项目一期厂房主体建成，年度完成投资9000万元，投资完成率100%；鹤山市威多福电器有限公司家用电器生产项目年度完成投资6500万元，投资完成率260%，部分生产线试产；江门市朗达锂电池有限公司新能源电池生产项目年度完成投资5500万元，投资完成率275%，首期1、2、3号厂房主体工程以及2号宿舍楼和办公楼基本完成；亚洲厨卫商城项目年度完成投资30000万元，投资完成率100%，一期内中石化高压电缆工程迁改完成；广东汉特科技有限公司陶瓷密封数控电动阀技术改造项目完成，年度完成投资1150万元，投资完成率135.3%。

【重大庆典活动】 市水暖卫浴五金行业协会成立　1月8日，市水暖卫浴五金行业协会成立庆典在银业雁山酒店举行。中国五矿化工进口商会会长陈锋，鹤山市领导伍培进、叶永雄、陈常岷、叶芳华等及各（商会）协会企业代表500多人出席成立大会。陈常岷在大会上致辞表示，希望协会加强交流合作，把市水暖卫浴五金行业做好做强。 新当选水暖卫浴五金行业协会会长阮伟光在大会上承诺，将会努力把行业协会建设成为推动行业发展的中坚力量，打造出中国水暖卫浴的鹤山品牌。鹤山水暖卫浴五金产业企业聚集镇——址山镇分别被中国五金制品协会、中国五矿化进出口商会授予“中国水暖卫浴五金产业基地”“中国水暖卫浴五金出口基地”。

广东人民抗日解放军成立旧址展览馆开馆　6月30日，广东人民抗日解放军成立旧址展览馆开馆暨广东省中共党史教育基地挂牌仪式在宅梧镇举行。江门市委常委邹家军，鹤山市领导谢锦波、陆黛云、张学东，市档案局、宅梧镇等负责人出席挂牌仪式。省、江门、中山、新兴、开平、高明、恩平、新会、台山等党史部门工作人员应邀参加。谢锦波市长在挂牌仪式上致辞表示，广东人民抗日解放军成立旧址展览馆的落成与广东省中共党史教育基地挂牌体现广东人民抗日解放军成立旧址的重要历史意义，广大党员干部要以革命先辈在抗日斗争中的英勇事迹与不屈不挠的意志为榜样，为实现“中国梦”努力奋斗。

注：本资料主要数据采用市统计局统计公报的有关数据。

2014年鹤山市四套班子领导成员名录

市　委

书　记：伍培进

副书记：谢锦波

周国光（　——2014.03）

卢永权（2014.03——　）

常　委：伍培进

谢锦波

周国光（　——2014.03）

陈常岷

陆黛云（女）（　——2014.12）

叶永雄

甄荣毅

涂阳运

张学东

邱文健

李启明

王　钊（挂任，——2014.01）

叶芳华（女）（挂任，——2014.03）

何　渝（挂任，2014.03——　）

招文娟（女）（2014.11——　）

市人大常委会

主任候选人：伍培进（　——2014.02）

主　任：伍培进（2014.02——　）

副主任：陈绍忠

张子峰

冯伟华（　——2014.02）

方长江（　——2014.06）

林慧梅（女）

周国光（2014.02——　）

梁暖勋（2014.02——　）

市政府

代市长：谢锦波（　——2014.02）

市　长：谢锦波（2014.02——　）

常务副市长：陈常岷

副市长：王　钊（挂职，——2014.03）

郑　才（——2014.04）

吕嘉琪（女）

李健中

杨海泉

吴健明（2014.04——　）

陈　文（2014.07——　）

市政协

主　席：蔡卫建（　——2014.02）

冯伟华（2014.02——　）

副主席：陈民军

杨衍泽

邓祺伟

黄建华

陈桂梅（女）

冯细就（2014.02——　）

表70:

鹤山市国民经济发展情况表

项 目	单 位	2014年	同比增长(%)
年末户籍总人口	万人	36.65	0.19%
土地面积	平方公里	1082.73	——
地区生产总值	亿元	230.76	6.05%
人均地区生产总值	万元	6.30	5.88%(按户籍人口计)
规模以上工业总产值	亿元	473.00	12.5%
农业总产值	亿元	33.15	10.9%
全社会固定资产投资	亿元	133.52	15.0%
外贸出口总值	亿美元	21.94	-6.2%
实际利用外资	亿美元	1.47	5.3%
地方财政一般预算收入	亿元	21.44	13.6%
社会消费品零售总额	亿元	143.56	9.3%
城乡居民储蓄存款余额	亿元	209.70	5.1%(比年初)

表71:

鹤山市基本情况表

项 目		单 位	2014年
基本建设	高速公路营业里程	公里	70.6
	公路通车里程	公里	1750.79
	港口泊位	个	20
	航运通航里程	公里	26.9
	年末电话用户	万户	75.38
教育	电视大学在校学生	人	1704
	职业中学在校学生	人	3036
	普通中学	所	16
	在校学生	人	22755
	小学学校	所	41
	在校学生	人	32634
	幼儿园	间	70
	在园幼儿	人	19114
	小学学龄儿童入学率	%	100
医疗文化体育	医院、卫生院	所	15
	县级医院	所	3
	等级医院	所	12
	卫生机构床位	张	1244
	平均每千人拥有床位	张	3.39
	电影院	间	3
	体育馆	座	8

鹤山市档案局地方志办

恩平市

概述

【行政区域】　2015年，恩平市辖恩城街道办事处以及沙湖、牛江、君堂、圣堂、良西、东成、大田、横陂、大槐、那吉等10个镇，共174个村（居）委会。

【位置·面积】　恩平市地处广东省南部，地跨北纬21°54′31″~22°29′44″，东经111°31′23″。市境周界265.5公里，东至开平市、台山市，南邻阳东市，西接阳春市，北接新兴县，全市土地面积1693.60平方公里，其中耕地面积59.4万亩。

【气候·河流】　恩平市地处北回归线以南，属亚热带季风气候，主要特点是季风明显，气温较高，日照充足，雨量充沛，干湿季明显。春季气候宜人，但时有湿冷天气出现，夏季炎热多雨而漫长，秋季清凉干燥，没有气候意义上的冬季。2014年，恩平市气候属正常年景，平均气温21.9℃，较常年偏低；全年总降雨量1773.8毫米，较常年偏少3成左右；年日照时数正常。全年气候突出特点是冬季气温低、入汛急、夏秋降水少。3月底，出现强降水和局地短时大风、冰雹与强对流天气，月降水显著偏多1倍左右；8月份，广东没有受台风影响，这是1951年以来少见；9月16-17日，受台风“海鸥”环流影响，恩平出现大风和暴雨天气过程；进入12月，冷空气活动频繁，大部分时间天气持续寒冷。境内主要河流有锦江河、那吉河、良西河、沙湖河等。锦江河自西向东贯穿境内中部，流至沙湖蒲桥与沙湖河（莲塘水）汇合，汇入开平市潭江。

【人口·民族】　2014年，全市户籍人口500474人，增长0.22%。人口以汉族为主，占99%；少数民族26个，人口最多的是壮族2800多人，其次瑶族250人，蒙古族230人。

【华侨·港澳台同胞】　恩平市是全国著名侨乡。2014年有旅外华侨（华人）、港澳台同胞共52万多人，分布全球58个国家和地区，其中港澳台同胞12万多人；委内瑞拉是恩平人主要移民地之一，恩平籍在委国的华侨（华人）有20多万人，占委国华侨（华人）近8成。鉴于委国国内形势的变化，市外侨局在委国建立起一支24人的旅委华侨信息联系网络，时刻关注委国的最新动态和旅委侨胞的生活情况，同时制订应急预案，确保及时给侨胞提供协助，保障旅委侨胞的合法权益。

社会经济发展状况

【概况】　2014年，恩平市坚持以科学发展观为指导，坚持发展“三大经济”（园区、城市、旅游经济），实施“四项工程”（富民、民生、文化、社会管理工程）锐意进取，攻坚克难，经济社会保持平稳较快发展。全市实现生产总值141.9亿元，比2013年（下同）增长6.5%；规模以上工业增加值33.67亿元，增长17%；地方公共财政预算收入9.53亿元，增长13.1%；固定资产投资90.1亿元，增长22.9%；社会消费品零售总额79.1亿元，增长9.7%；外贸出口总额3.5亿美元，增长8.2%。经济实力稳步提升，社会事业全面发展，改革工作开局良好。推进政府职能转变，重新组建市食品药品监督管理局，组建市卫生和计划生育局和市科工商务局，成立市公共资源交易中心。深化行政审批制度改革，调整行政审批事项448项，改革率为55%，率先完成省提出“2015年前必须压减40%的行政审批事项”的任务。成立“马上办”，网上办事大厅实现与省、江门市的互联互通，并联审批、工程建设项目竣工联合验收等工作加快推进，营商环境明显改善。商事登记制度改革初见成效，全市新发展市场主体2242户，增长65.95%；全力抓好综治信访维稳工作，积极开展“社会矛盾化解年”活动，深入推进平安恩平建设，严密构筑社会治安防控系统，社会大局和谐稳定。

【工业】 全市工业总产值219.18亿元，增长14.36%。其中规模以上工业总产值146.19亿元，增长16.1%；规上工业增加值33.67亿元，增长17%，其中陶瓷行业规上企业实现工业总产值87.94亿元，增长18.38%；纺织服装行业规上企业实现工业总产值24.84亿元，增长12.75%；麦克风电声行业规上企业实现工业总产值12.02亿元，增长11.2%。全年工业增资扩产项目61个，已完成建设49个，总投入14.72亿元；淘汰落后产能工作取得新成绩，列入2013—2015年淘汰落后水泥生产能力工作计划的相关水泥企业，至2014年3月已全部拆除相关生产线设备，提前一年完成市“十二五”淘汰落后产能任务；节能减排工作有新进展，全市12家重点用能企业实际完成节能量7677.71吨标准煤，年度目标完成率236%。争取上级扶持资金有新突破。全年共向上报扶持资金工业项目31个，争取中央和省、江门市扶持资金2600多万元，其中恩城麦克风基地被评为广东外资转型升级示范基地，获批外贸转型升级示范基地建设资金500万元。

【农业】 全年农业经济总收入171.6亿元，增长12.5%，农业总产值34.15亿元，增长6.2%。全年粮食种植面积42.22万亩，总产13.34万吨。其中水稻种植面积37.19万亩，总产量12.13万吨；春收马铃薯4.3万亩，总产9.16万吨，产值1.6亿多元；畜牧业稳步增长，全市肉类总产量4.1万吨，增长5%；生猪饲养量、存栏量、上市量分别为62.4万头、25.9万头和36.5万头，分别增长5%、4%和5%；禽类饲养量、存栏量、上市量分别为877万只、224万只、653万只，分别增长4%、3%、5%；全市海岸线长21公里，海域面积约10平方公里，水产资源约有46种，其中经济价值较高的有20种。全年全市水产养殖总面积95345亩，海洋渔业总产量42935吨，增长8%，海洋渔业总产值96781万元，增长12%；到2014年年末止，全市承包、租赁、开发鱼塘面积50亩以上的水产养殖户有150多户，全市鱼塘总面积42526亩，占淡水养殖总面积84550亩的50.2%，全年海水养殖面积10995亩，产量11965吨，产值55413万元；狠抓浅海滩涂的开发利用，到2014年年末止，全市滩涂开发总面积8000亩，养殖品种主要是牡蛎（蚝）、青口螺等。农业产业化发展进程加快。2014年，市蓝海农业科技有限公司、丰江农业专业合作社成功申报为江门市重点龙头企业。至2014年年末止，恩平拥有国家级农业企业合作社示范社1家，省级示范社4家，江门市级示范社7家，省级农业龙头企业3家，江门市级农业龙头企业4家；农业品牌建设步伐加快，全市拥有“三品一标”农产品30个，其中，绿色食品认证2个，无公害农产品25个，有机农产品3个，省级农业品牌产品1个，广东省菜篮子基地3个。航天育种技术、冬种马铃薯产业、山泉系列大米、茨菇、深山茗茶等品种享誉省内外。积极推进世行贷款农业面源防染项目实施工作，环境友好型种植示范工程项目在牛江镇实施，实施面积12925.81亩，参与农户2110户，推广水稻应用配方肥12925.81亩，推广马铃薯应用配方肥3825.6亩，推广水稻病虫害综合防治12925.81亩，开展项目培训17期，培训1227人次。

【财政】 全市地方公共财政预算收入95283万元，同比增收10997万元，增长13.05%，完成年度预算的100.04%；出台实施《恩平市2014—2016年镇级财政管理实施方案》及两个园区封闭运行管理方案，落实有关激励措施、深化财力与事权相匹配的管理体制改革，做好财力保障，调动镇级园区生财、聚财、理财、管财的积极性。2014年，全市镇级公共财政预算收入65285万元，同比增收9704万元，增长17.46%。镇级公共财政预算收入占全市比重为68.52%，比上年提高2.58个百分点。修订完善《恩平市财政性资金支出审批权限规定》，加强“三公”经费支出和财政性资金管理。全年全市地方公共财政预算支出完成20.10亿元，增长9.57%，完成年度预算的140.2%，财政总收支相抵，结余8510万元。其中，结转2015年支出8257万元，净结余253万元，财政收入实现平衡，略有结余。

【税务】 市国家税务局　恩平市国税局通过加强重点税源监控、强化主要企业管理等一系列强力措施，大力组织收入，国内税收收入58827万元，增长3.04%；市库收入12497万元，增长2.06%。出台《恩平市国家税务局关于进一步深化税收征管改革实施方案（试行）》，7月11日起，在恩平市行政服务中心设立税务登记窗口，全市纳税人均可在该窗口办理税务登记业务；8月1日起，在全市范围内推行部分税收业务全城通办，业务范围包括税务登记、申报、征收、发票、纳税证明5大类23项，让纳税人在恩平市范围内不受营业地点和所属税务机关的限制，自主选择异地办税服务厅办理有关涉税事项。继续推进落实稽查绩效考核标准，全年查补收入1034.98万元，其中自查收入553.39万元。

市地方税务局　全年共组织税费收入145416万元，增长15.73%，增收19768万元。其中税收收入（含契税、耕地占用税）90002万元，增长14.41%，增收11337万元。其中中央级收入8814万元，增长21.86%，增收1581万元；省级共享收入18255万元，同比下降7.45%，减收1470万元；省级固定收入2351万元，增长2574.74%，增收2446万元（2013年-95元）；市（县）级收入（含两税）60582万元，增长16.95%，增收8780万元；契税和耕地占用税收入15574万元，增长10.87%，增收1527万元；社保费收入48287万元，增长18.78%，增收7632万元。其中养老保险收入33074万元，增长22.87%，增收6136万元。征管信息化建设进一步加强，全市所有房产类型交易系统已全面上线，全年共评估核价1816宗房产交易，评估调增交易金额5654万元，调增税款490万元，调增幅度达19.9%。推广运用“三业”评估模型，加强纳税评估工作，将建筑安装、房地产开发、电子企业、陶瓷企业等重点企业列入评估对象，建立“三业”评估模型，有效规范企业日常管理，全年实现纳税评估税收收入4969.62万元，占税收收入总额的5.11%。

【金融】 至2014年年末，全市金融机构本外币各项存款总额209.52亿元，比年初增加18.75亿元，增长9.83%；本外币各项贷款余额51.16亿元，比年初增加15.26亿元，增长42.5%。中国人民银行恩平支行积极引导银行机构不断调整和优化信贷结构，促使各银行机构在做大资产业务的同时，降低信贷风险，提高资产质量。至12月末，全市不良贷款率仅为0.27%。新设立的江门融和农商行和新会农商行恩平支行顺利开业，两家新设机构信贷投放规模单独考核；通过加强政策宣传，提高微小企业对跨境人民币结算的认知度，全辖区已开展跨境人民币结算业务的微小企业有29家，增长52%，跨境人民币结算量8900万元，增长16.19%；推进信用体系建设，工商银行、中国银行等7家银行机构实现征信网络共享，并参考征信系统成功放款716笔，金额20.2亿元，形成了信息采集、授信、信贷的良性机制。华林证券恩平营业部新增资产2000万元，新增客户535户，融资融券新开户230户，流失客户111户，流失资产508万元；全年证券交易量102.03亿元，同比增加47.25亿元，增长86.25%；托管资产总额11.48亿元，增加3.65亿元，增长44.95%；实现营业收入1692.03万元，增加727.11万元，增长75.35%。中国人民财产保险股份有限公司恩平支公司经营险种400多种，财产保险业务收入持续稳步增长。2014年实现保费收入4555.1万元，增长15.94%；中国人寿保险股份有限公司恩平支公司从业人员370多人，2014年实现保费收入19156万元，同比下降19.7%，其中寿险首年保费8202万元，下降22.3%；寿险首年期交保费3741万元，增长101%；短期险保费838万元，增长6.2%；意外险保费562万元，增长3.9%。全年保险赔款支出604万元，增长1.4%；医疗保险给付622万元，增长72.6%；保险满期给付6253万元，下降38.19%；年金给付641万元，增长1.03%。广东道氏技术股份有限公司（道氏技术300409），12月3日成功在深交所挂牌上市，是恩平首个上市的本土企业。道氏技术此次公开发行1625万股，发行价17.30元/股。

【固定资产投资】 全市立项审批项目484项，固定资产投资完成实绩901047万元，增长22.9%；其中江门产业转移园恩平园区固定资产投资25.3亿元，增长33%；房地产商品房新开工面积43.12万平方米，投资额24.83亿元，竣工面积45.16万平方米。预售商品房面积81.08万平方米，商品房（含商铺）销售面积23.48万平方公里，销售金额13.19亿元，住宅销售均价4096元/平方米。

【个体私营经济】 出台《恩平市商事登记许可审批监管目录》和《恩平市商事主体住所（经营场所）审批监管目录》，允许“住改商”和“一址多照”“一照多址”同时放宽注册资本等级条件。全年新发展商事主体（个体、私营企业）2763户，增长59.8%，新增注册资本6.9亿元，增长73.2%。全市利用民资项目156个，投入到位资金63.43亿元。

【建筑业】 全市现有建筑企业8家，其中一级企业1家、二级企业2家、三级企业5家，设计单位1家；全市建筑企业拥有专业技术职称的人员1059人，其中工程类高级职称人员19人、中级职称169人、初级职称人员871人；取得一级注册建筑师资格17人、二级注册建筑师77人，小型项目负责人90人；全市施工企业机械设备总台数2426台（件），净值11748万元，其中各类起重机械（载人施工电梯、井字架、塔吊）249台、运输车辆101辆、搅拌设备567台、挖掘机45台。全年在建工程总面积365.1万平方米，增长53.3%，建筑业完成总产值12.15亿元，增长20.1%；全年进入交易中心招标投标的各类工程项目86项，中标价53763.50万元，比最高限价节约资金1831.30万元；小型工程项目交易41项，中标价2725.46万元，比最高限价节约资金115.28万元；全年办理建筑施工许可证382项，面积123万平方米，工程造价13.97亿元，查处违法建筑案件62宗，作出行政处罚决定书63份、处罚金额140.34万元。

【商业】 全社会消费品零售总额79.11亿元，增长9.7%，其中批零业零售额69.82亿元，增长10.3%；住餐业零售额9.29亿元，增长4.9%。全年全市生猪定点屠宰量216592头，肉品供应基本满足市场需求；全市供销商业系统在职员工142人，全市供销系统全年的购销总额3.11亿元，增长24.5%，其中总购进1.55亿元，增长28.1%；总销售1.56亿元，增长21.5%。整合全系统资源，推进经营网络建设，建立完善农资配送中心1家、供销社农资直营店11家、农资分支机构116家、农资放心店33家（其中农资放心示范店1家）；建设“农超对接”平价商店6家；布设安全规范化烟花爆竹经营网点65家；组建农资流通协会1家、烟花爆竹流通协会1家；全市供销系统组织供应各种化肥、农药2.6万吨，增长8.4%。粮食商业稳步向前发展，落实地方粮食储备10700吨（原粮），落实地方食用植物油（花生油）储备225吨，分别完成江门市下达任务的100%；粮食风险基金实际到位资金905.87万元，完成江门市下达任务的194%;全年轮换地方储备粮任务4378吨，至6月中旬100%完成轮换出库任务。烟草专卖全年累计销售99176.82万支，增长4.41%；销售收入45038.70万元，增长9.25%，实现税利10952万元，增长13.72%；年内，益华百货、侨星国际、金沙时代广场、鳌峰世纪广场四大新建大型商业综合体相继拔地而起，其中两个项目年底前已竣工。

【旅游业】 组织旅游企业参加“美丽中国之旅”港澳主题宣传推广、第六届中国国际旅游商品博览会、第28届香港国际旅游展、2014中国（广东）国际旅游交易会、广东及海上丝绸之路国际博览会、内蒙古兴安盟旅游推广会、上海投资洽谈会和苏锡常旅游推广会等等大型展销交易会，推广宣传恩平旅游特色和品牌；各旅游企业结合自身特点，开展主题特色促销活动，如锦江温泉举办簕菜文化节，山泉湾温泉举办“小手拉大手”亲子游活动，歇马举人村举办“游古村、摘火龙果、快乐开笔礼”以及火龙果美食节等一系列丰富多彩的主题活动；恒大泉都、泉林度假区等重点旅游项目建设步伐加快，全市全年接待游客451.8万人次，增长6.91%；旅游产业链总收入22.47亿元，增长11.36%，连续两年被评为广东省县（市）域旅游综合竞争力“十强”。

【对外经济贸易】 由宝高隆基地物流有限公司投资建设和承包经营的恩平港外运码头升级改造步伐加快，口岸环境进一步改善；鼓励大型陶瓷企业采用“属地报关、口岸验放”模式报关出口，全年新办进出口企业15家；2014广东省江门（上海）投资洽谈会恩平专场推介会成功举办，宣传推介恩平特色产业。全市新批外商投资企业7家、增资扩产企业11家，合同利用外资金额10850万美元，增长7.62%，实际吸收外资6562万美元，增长5.15%；全年外贸进出口总值4.4亿美元，增长8.12%。其中，出口总值3.5亿美元，增长8.2%；进口总值0.94亿美元，增长8%。

【外事侨务】 全年共办理221批、265人次的团组出访报批手续。其中一次性出国（境）考察团组3批、13人次；半年多次性往返香港14批14人次；3月2次往返香港83批97人次；3月2次澳门46批、49人次；3月1次香港38批、47人次；3月1次澳门37批45人次，促进市对外交流合作和经济发展。年内，全市有3批、13人次分别赴澳大利亚、法国、瑞士、委内瑞拉等国考察，了解侨情联络乡情；全年先后接待华侨和港澳同胞500多人次，其中有香港同胞吴年乐、澳门青年会会长郑安庭、澳大利亚悉尼江门五邑青年联合会会长吴锐谋、委国全国华侨华人联合总会青年协会会长梁国锐、新加坡恩平会馆会长岑康平、夏威夷四邑会馆会长骆健波、夏威夷以义堂会长陈富等；接待社团有香港五邑工商总会、恩平黎塘旅港同乡会、侨港恩平同乡会、新加坡恩平会馆、夏威夷四邑会馆及以义堂、香港工商总会北区分会等。3月24日，古巴国驻广州总领事馆总领事菲利克斯、总领事夫人安娜，在世界儒商会哥国分会会长、香港孔教学院名誉院长甄国财等陪同下到访恩平，受到薛卫东、董照杰等市领导的热情接待并开展合作会谈。以东成镇为试点，开展侨情调查，进一步完善侨情资料库，涵养侨务资源。通过调查，摸清东成镇的侨情情况。到2014年12月底止，东成镇有海外华侨（华人）、港澳台同胞12000多人，主要分布在委内瑞拉、墨西哥、加拿大、美国等国家和中国香港地区。重要侨领有墨西哥西北地区华侨联合总会主席、墨西哥西北地区中国统一促进会会长、墨西哥蒂华纳华侨协会主席梁权暖，委内瑞拉加拉加斯商会会长、委国侨报副社长梁志海，香港世界和平统一联盟名誉主席、江门侨商会青年会会长张均华等14人。

【交通运输】 投入1.4亿元推动交通设施建设；中开和鹤开高速恩平段前期工作积极开展；完成中良线（良西段）、圣堂大桥建设，城市快速路（一期）动工建设，新增城区公交线路2条；镇海湾航道疏浚、恩平港省级改造、马稔线、区龙线、君黄线等公路项目建设按计划顺利推进；成功优化深茂铁路市产业转移园区段和大槐段线路走向和站场设计调整方案，铁路沿线征地拆迁顺利开展；积极推进冯如通用机场申报工作，被列入省布局规划；投入3206万元用于地方公路桥梁建设，新建、改建公路5.775公里；新建、改建桥梁2座323延米；投入3796万元用于公路养护。其中，新铺水泥路5.775公里，地方公路好路率达95%，优良路况里程128.826公里，良好路面里程597.199公里。全市有营运车辆2577辆、9201.79吨位，客车217辆、7812座位，全市有客运班线152条，其中跨省1条、跨地市58条，市区跨县27条，市内通镇92条。全年运输企业完成货运量2550万吨，货运周转量71000万吨/公里，客运量600万人次，客运周转量46000万人/公里。2014年，恩平港完成货物吞吐量18.9万吨，完成集装箱吞吐量82个标准箱。

【邮政】 恩平市邮政局（含储蓄银行、邮政速递物流）实现收入11040万元，增长8.54%，其中邮政业务实现收入6570万元，增长8.77%；邮储银行实现收入4080万元，增长11.8%；邮政速递物流实现收入390万元。2014年邮政新增业务有专送涵、网信、代理腾讯广告、速汇金、银星速汇、免填单系统、个人汽车消费贷款、代发工资贷款、家庭农场（专业大户）贷款、再就业小额担保贷款、流水贷贷款、烟草贷款、企业林权抵押贷款、快捷贷、转期贷等。

【通信】 中国电信恩平分公司2014年年末固定电话用户10.3万户，移动用户7.8万户、宽带用户6.7万户，6月，“营改增”工作顺利平稳过渡，全年业务收入11084万元。中国联通恩平分公司2014年年末用户总数126644户，其中新增用户13236户。在用户总数中，固网用户数18532户、移动用户104046户、固定电话用户4066户。全年业务总收入5591.06万元，增长14.99%。中国移动恩平分公司2014年年末用户总数30.7万户，其中2014年新增0.9万户，全年业务总收入2.55亿元，同比略有增长。

【教育】 创建省教育强市，顺利通过全国义务教育基本均衡县督导验收，全市11个镇（街）有9个成功创建省教育强镇（街）；2014年高考全市总入围率80.5%，同比提高9.29个百分点，比江门市平均增幅高出6个百分点，增幅居江门四市三区第一；中考成绩明显进步，750份以上考生48人，同比多33人，700分以上432人，同比增加160人，全市平均成绩484分，同比整体提高120分，与江门市全年平均成绩差距缩小40分；市职教中心投入2000万元，加强硬件建设，增设11个专业，招生1030人，超出招生计划230人；全市评出名师、名班主任、学科带头人、教坛新秀68人，培养对象106名；社会捐资兴教兴学热潮高涨，全市大大小小的奖教奖学基金项目有20多个。其中，澳门同胞冯活灵设立总额达3000万元的高考专项奖励基金，奖励2015~2020年6年间考取北京大学、清华大学的考生及相关教职人员，每年奖金总额500万元；恩平市金港房地产开发有限公司和广东康盛投资有限公司共同设立恩平市金港·康盛高考奖励金，共同奖励2015～2019年间恩平高考优秀学子和优秀教师团队，平均每年奖励达300万元，5年合计奖金达4500万元。

【科技】 获国家级科技富民强县项目立项1项、省级科技计划立项3项、江门市级科技计划项目立项6项；认定江门市级工程中心3家、认定国家级高新技术企业1家、江门市级1家；获批高新技术产品6个；获颁广东省和江门市2014年度科技成果三等奖4项。其中，广东道氏制釉股份有限公司的“陶瓷喷墨打印装饰颜料与油墨的关键技术研究与产业化”项目获广东省2014年度科技成果三等奖；佳利华公司的“自动高效节能环保中餐燃气炒菜灶”科技成果获2014年度江门市科技金融签约暨“科技杯”创新创业大赛活动创新奖和15万元资金扶持，该科技成果通过省级科技鉴定，其整体技术被认定已达到国内领先水平。全市专利申请量282件，其中发明专利申请37件、实用新型专利申请116件、外观设计专利申请129件；授权量296件，其中发明专利9件，实用新型专利99件、外观设计专利188件。

【文化】 实施文化惠民工程，完成1个文化站、20个村（居）委会电子阅览室、66个村文化室、34家农家书屋设备配套工作；组织广场文艺演出55场、放映农村公益电影1826场，送图书下乡8000多册；分别举办冯如诞辰130周年纪念活动、“我们的中国梦”文化进万家活动、全民读书活动、“南粤幸福活动周”活动、党的群众路线教育实践活动专题文艺下乡活动以及庆“五一”“七一”“十一”“中秋”文艺晚会等大型节庆活动，营造了“和谐、文化、健康、幸福”的社会文化氛围；组织参加江门市第十一届“百歌颂中华”歌咏活动广场歌会和歌手比赛，荣获两个金奖和一个组织奖；组织作品参加江门市“五个一工程”文艺作品和优秀文艺工作者评选，2件作品获文艺精品奖，3件作品获入围奖，张永涛获评“江门市优秀文艺工作者”称号；组织歌手参加“同饮一江水”2014广东打工者歌唱大赛获年度总决赛季军；组织作品参加群众文艺作品评选，1件作品获省一等奖，1件作品获江门市一等奖、2件作品获江门市三等奖；成功申报重点非物质文化遗产项目江门市级代表性传承人2人，省级代表性传承人1人，获得补助资金。

【卫生】 成立“恩平市国家基本药物制度实施工作领导小组”，全年共召开35次医药卫生体制改革会议，研究全面实施《恩平市乡镇卫生院管理体制改革实施方案》，核定总编制904个，其中乡镇卫生院705个，社区199个。沙湖镇东岸村委会东岸村、乌石村委会乌石莳村，牛江镇马龙塘村委会马龙塘村成功创建“江门市卫生村”；沙湖镇高园村委会高园村、扁冲村村委会安东村、仁和村，南闸村委会土岭村成功创建“广东省卫生村”；全市户厕改厕投入资金325万元，完成改厕任务1300户，完成率100%。全年城市居民健康档案建档152822人，建档率89.3%，其中规范化电子档案建档129570人，建档率75.7%；农村居民健康档案建档262391人，建档率81.6%，其中规范化电子档案建档248199人，建档率77.2%；全市共有3208人次参加无偿献血，献血总量达64.17万毫升，可100%满足临床用血需要。

【体育】 恩平市第七届运动会举行，共设足球、篮球、乒乓球、羽毛球、中国象棋、健身舞、田径和门球等八大项目，来自全市镇（街）、各部门的21个代表团、3538名运动员、教练员参加角逐，共产生146枚金牌，打破3项中学生田径记录；开展全国第六次体育场地普查，摸清全市有体育场地总面积1051413.19平方米，人均场地面积2.12平方米；组队参加江门市青少年锦标赛，共获金牌17面、银牌18面、铜牌18面，其中独醒中学初中组，参加江门市体育传统项目足球赛，荣获冠军，代表江门市参加广东省“市长杯”足球赛，取得较好成绩；全市向江门市输送运动员17名，共有6名恩平籍运动员在省专业队训练。

【城乡建设】 围绕“一山（鳌峰山）、一江（锦江河）、一中心、多片区”的思路，突出得天独厚的山水优势，按照城市总体规划和控制性详细规划的要求，重点推进鳌峰公园、锦江河岸升级改造，建设生态宜居城市，全年市政建设投入5700多万元，城区多条交通主干道相继建成通车，进一步贯通了城区的交通脉络；鳌峰公园的升级改造投入资金达840多万元，其中建成占地面积2.9万平方米东门登山广场；新种桃花1000多棵，春节期间呈现桃花盛放的美景；按照“点缀成线、线汇成圈、圈带成面”的城市美化工程规划，推进“民心灯”工程，完成吉祥南路住宅区、金刚小区、长安南路、水头坪小区等街道路灯1000多盏的安装工作以及完成古塔公园牌楼、熙春塔、飞马广场、市政广场、荣誉市民市大道国税局路段和鳌峰公园等景点灯饰升级改造。

名村示范村创建和美丽乡村试点建设顺利推进，完成6条名村示范村的创建，全市名村示范村建设41条；恩平列入全省5个美丽乡村试点县之一，沙湖镇大院村、恩城街道办潭冲村开展美丽乡村试点建设工作；良西镇获江门市文明镇和江门市宜居城镇称号；东成横岗村和恩城潭冲村获江门市宜居村庄称号，恩城新塘社区获省级宜居社区称号；投入1954.72万元，开展农村生活垃圾处理，农村生活垃圾收运实现全覆盖。

【环境保护】 全市环境质量总体保持稳定，空气质量优良率100%；市环保局顺利通过国家环境监察标准化建设和环境监测站标准化建设达标验收；完成市污水处理厂氨氮在线监控系统安装，并与江门市环保局在线监控平台联网；全市重点排污企业95%以上安装使用自助监控设备，安装使用率位于江门市前列；全市有11家陶瓷企业开展清洁生产审核，其中3家顺利通过验收；拆除4条水泥立窑、40万吨/年产能。至此，恩平水泥产业结构减排工作圆满完成。存在问题：织染、化工、电镀、造纸等高排放企业，地域分散，集中治污能力低；清洁生产水平不高，稳定达标难度较大；一些企业不正常使用污染治理设施，偷排、漏排、超标排放污染物的现象时有发生；执法能力、监督监测能力和科技支撑能力薄弱，环境监测设施和现场环境监察人手不足问题日趋突出。

【人民生活】 全市实施“一事一议”奖补项目151个，投资金额2242.3万元，其中村集体投入338.3万元，社会捐赠539.56万元，村民筹资581.75万元，各级财政奖补730万元；新一轮扶贫开发“双到”工作扎实推进，紧密依靠江门市直和新会区帮扶单位，大力实施“五大扶贫工程”（基础设施扶贫、产业扶贫、教育和就业扶贫、信息兴农扶贫、社会保障扶贫），全市投入扶贫资金6005.7万元，开展363个项目建设。其中农田水利建设项目32个、投入资金2291.8万元；改水项目17个，投入资金514.8万元；村道建设44个，投入资金748.2万元；教育、文化、卫生等项目90个，投入资金785.9万元；发展经济建设项目34个，投入资金743.6万元，其他项目146个，投入资金921.4万元；全市农民人均年纯收入8884元，增长13.3%；城镇新增就业人数6200人，城镇失业人员再就业人数3700人，就业困难人员实现就业人数320人，扶创业带就业人数320人，新增转移农村富余劳动力8500人，均100%完成江门市下达的目标任务；城镇登记失业率为2.35%，控制在江门市考核目标的3.2%以下；城乡居民人均可支配收入13784.3元，增长9.5%；农村居民人均可支配收入9968.5元，增长10.2%；城镇居民年均可支配收入16899.87元，增长9.1%；根据支付宝公布的数据，2014年，恩平人网购跻身支付宝百强县，位列全国第98位，全市人均支出金额达23327元，全省排名第二，人均购物金额11374元，全省排名第一。

【社会保险】 全市企业职工养老保险月均缴费46352人，职工基本医疗保险缴费66455人，失业保险缴费40129人，工伤保险缴费45198人，生育保险缴费39986人，企业职工“五险”缴费人数超额完成江门下达的任务；城乡居民社会养老保险参保人数187962人，参保率99.97%；缴费人数113765人，缴费率92.15%；城乡居民基本医疗保险参保缴费人数372015人，参保率102.5%；全年各项社保基金征缴收入5.37亿元，同比增长17.76%，总支出8.45亿元，增长42.98%。其中企业职工养老基金征缴收入3.30亿元，增长22.6%，支出4.59亿元，增长32.27%；实施大病医疗保险制度，城乡居民医疗保险年内住院费用累计赔付限额提高至30万元。全年落实政策性水稻保险面积43.3万亩，参保金额866.14万元，参保农户11.63万户；落实政策性甘蔗、玉米保险参保面积4868.7亩，参保金额15.81万亩，参保农户116户。

【工业园（区）建设】 江门产业转移园恩平园区　规划总面积414.97公顷，至2014年年末，园区开发面积达85%以上，入园项目121个，其中投产项目58个，在建项目49个，筹建项目14个，合共投资总额124.5亿元。2014年，实现工业总产值42.97亿元，增长20%，其中规模以上企业实现工业总产值30.11亿元，增长20.6%，工业增加值6.8亿元，增长27.2%；税收收入（全口径）2.13亿元，增长43%；完成工业项目固定资产投资21.2亿元，增长42.9%，2013年度全省示范产业园年度考核中，获优秀等次，受到省人民政府的通报表彰奖励。

沙湖新型建材工业城（基地）　规划开发面积1.2万亩，至2014年年末已开发6500亩，已引进15家大型陶瓷企业，计划总投资100亿元，已投入82.06亿元，已建成陶瓷生产线79条，14家企业生产成品，1家企业只生产砖坯（半成品）。2014年，实现工业产值63.8亿元，增长2.24%；创税收1.87亿元，其中列入沙湖镇收入部分，占全镇一般财政预算收入的95%。

横陂临港新型建材产业园　设计年产200万吨的市重点工业项目华新水泥项目，1月处点火试产，10月份正式投产，日产成品、熟料各2000吨；占地600亩的晶鹏陶瓷有限公司2014年累计投入8800多万元，首期砖坯生产线3月份建成投产，第二条生产及抛光生产线也基本建成；祥达、新安马、翔鹰、汇雄化工等园区企业生产形势良好。园区工业总产值17.57亿元，增长49.15%，工业增加值4.14亿，增长56.23%。

【信息化建设】 完善市政务基础网络建设，完成16家卫生医疗机构的接入及多条贫困村的网络升级，市政务交流平台注册人数已达3000人；通过网上办事大厅审批系统办理审批事项达9600多件；推进“万户宽带进农家工程”和“农民学电脑”工作，全市新装宽带7000户和组织7000户农民学电脑；互联网普及率为73%，光纤入户率19%，行政审批事项网上办理率100%，社会事务服务事项网上办理率100%。

【重点建设项目】 列入江门市2014年重点建设项目10个，计划总投资154.99亿元，2014年计划投资21.87亿元，至12月底，已落实建设资金24.46亿元，累计完成投资24.1亿元，完成计划投资的110.2%，比时间进度快10.2个百分点；总投资47亿元的恩平工业园区机械组团38个项目中，进场动工31个，其中已投产项目3个，已进入设备安装阶段项目7个，道氏公司成功上市，华新水泥顺利投产。

【重大庆典活动】 庆“七一”暨群众路线教育实践活动文艺晚会。7月1日，由市委宣传部、组织部、市文广新局主办，市教育局、恩平广播电视台、市文化馆协办的恩平市纪念中国共产党成立93周年暨党的群众路线教育实践活动文艺晚会在市委市政府礼堂举办。晚会以“党群心连心，共筑中国梦”为主题，分为《党群情》《正气歌》《中国梦》三个篇章。晚会以歌舞诗、诗朗诵、小品、民歌剧、快板、三句半等节目形式，讴歌党的丰功伟绩，歌颂改革开放的伟大成就，展示全市人民团结奋进的精神风貌、表达全市人民永远跟党走的坚定决心，抒发全市人民对党、对祖国和家乡的热爱之情。

庆国庆暨南粤幸福活动周文艺晚会。9月29日，由市社工委、市委宣传部、市文广新局主办，市教育局、恩平广播电视台、市文联、市文化馆协办的庆祝中华人民共和国成立65周年暨“南粤幸福活动周”启动仪式文艺晚会在恩城大地数字影院举行。市委副书记、政法委书记、市社工委主任郑少强，市委常委、宣传部长李润娇，市人大常委会副主任白云梅，副市长董照杰，副市长、公安局局长陈百浓，市政协副主席梁水长，各镇（街）和市直单位领导班子成员、干部代表以及各界群众6000多人观看了文艺演出。

第九届广东（江门）国际温泉旅游节暨恩平温泉欢乐节。11月13日，在山泉湾温泉城举行开幕式。本届欢乐节组织全市旅游景区（点）举办9项特色主题活动，推出16项旅游惠民措施。广东省旅游局副巡视员甘达坚、广东温泉行业协会会长李皓、世界温泉及气候养生联合会副主席乔瓦尼，恩平市市长薛卫东、江门市旅游局局长邵建，恩平市副市长郑将统，以及广东省旅游协会、广东省温泉行业协会，江门各区（市）旅游局、旅游协会和企业负责人，粤港澳旅行社负责人，旅游产品采购商等共500多人出席开幕式。

表72： **恩平市国民经济发展情况**

项 目	单位	2013年	同比%
人口	人	500474	0.22
土地面积	平方千米	1693.60	
国内生产总值	亿元	140.26	6.5
人均国内生产总值	元	28154	4.9
工业总产值	亿元	219.18	14.26
农业总产值	亿元	34.15	6.2
全社会固定资产投资	亿元	90.10	22.9
外贸出口总额	亿美元	3.5	8.2
实际利用外资	亿美元	0.66	-11.12
地方财政一般预算收入	亿元	9.53	13
社会消费品零售总额	亿元	79.11	9.7
城乡居民储蓄存款余额	亿元	168.84	9.13

表73： 恩平市基本情况

	项　目	单 位	2014年
基本建设	高速公路营业里程	千米	51
	公路通车里程	千米	1605
	港口泊位	个	5
	航运通航里程	千米	44.5
	发电装机容量	万千瓦时	7.65（其中小水电5.32/192台机组）
	中等专业学校	所	2
教育	在校学生	人	2939
	普通中学学校	所	25
	在校人数	人	22655
	小学学校	所	40
	在校学生	人	28575
	在园幼儿	人	12188（27所）
	小学学龄儿童入学	%	100
医疗文化体育	医院	所	17
	其中县级医院	所	3
	等级医院	所	17
	卫生机构医院床位数	张	1219
	平均每千人拥有位数	张	2.44
	影剧院	间	7
	体育馆	座	1

附：2014年恩平市四套班子成员名录

中共恩平市委员会

书　　记：李灼冰

副 书 记：薛卫东

郑少强

常　　委：李灼冰

薛卫东

郑少强

李健忠

李润娇（女）

禤缵灵

叶士钦

罗时勇

赵晓斌

何焕仍

吴月波

恩平市人大常委会

主任：李灼冰

常务副主任：冯惠平（ -2014.10）

副主任：吴润富

白云梅

吴雅静

冯国暖

罗帜雄（2014.1- ）

恩平市人民政府

市长：薛卫东

常务副市长：李健忠

副市长：董照杰

陈百浓

吴彩堂（女）

吴沧海（挂职）

郑将统

郑成博

政协恩平市委员会

主　　席：卢国壮

副 主 席：许就才（ -2014.6）

吴运作

冯锡培

叶婵娟

颜裕昌

梁水长

（恩平市市志办公室）

社会经济统计资料

江门年鉴

2015

JIANGMEN YEARBOOK

2014年江门市国民经济和社会发展统计公报

江门市统计局　国家统计局江门调查队

2014年，全市人民在市委、市政府的正确领导下，牢牢把握“种树、搭桥修路、抓大项目”的主题主线，积极推进“东提西进 同城共融”战略，主动适应经济发展新常态，坚持科学发展，着力调结构、促发展、惠民生，经济质量稳步提升，各项事业持续健康发展。

一、综合

初步核算，2014年全市实现地区生产总值（GDP）2082.76亿元，比上年增长7.8%。其中，第一产业增加值168.14亿元，增长2.9%；第二产业增加值1024.47亿元，增长9.5%；第三产业增加值890.15亿元，增长6.0%。在第三产业增加值中，交通运输、仓储和邮政业增长9.2%，批发和零售业增长4.0%，住宿和餐饮业增长1.7%，金融业增长13.0%，房地产业增长0.4%。三次产业结构为8.1∶49.1∶42.8。人均地区生产总值46237元，增长7.5%。

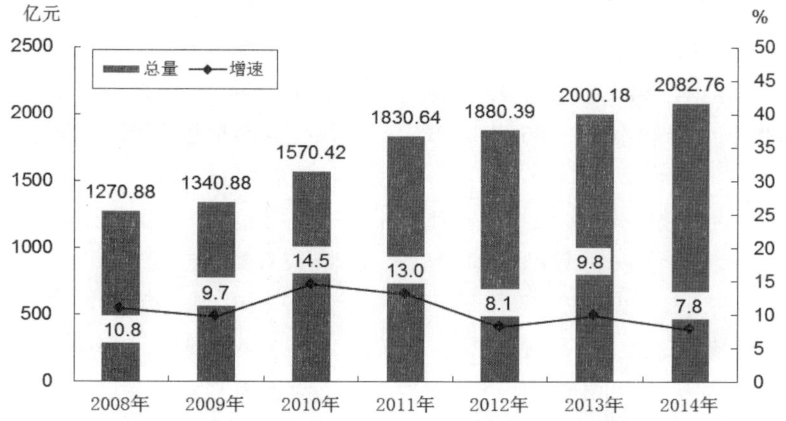

图1：2008-2014年地区生产总值及其增长速度

全年居民消费价格总水平上涨2.7%，其中食品类价格上涨4.6%，居住类价格上涨2.4%。农产品生产者价格上涨2.0%，工业生产者出厂价格下降0.6%，商品零售价格上涨1.8%。

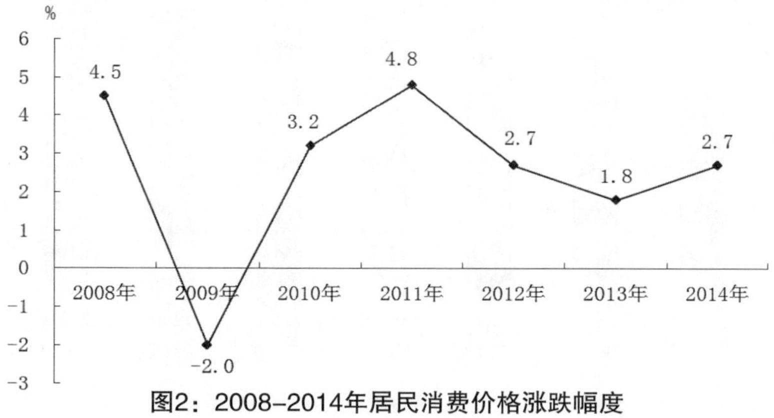

图2：2008-2014年居民消费价格涨跌幅度

表74： 2014年居民消费价格指数

指标	价格指数（上年=100）	比上年涨跌幅度（%）
居民消费价格	102.7	2.7
消费品价格	102.4	2.4
其中：一、食品类	104.6	4.6
二、烟酒类	100.4	0.4
三、衣着类	101.3	1.3
四、家庭设备用品及维修服务类	100.7	0.7
五、医疗保健和个人用品类	101.0	1.0
六、交通和通信类	100.9	0.9
七、娱乐教育文化用品及服务类	103.3	3.3
八、居住类	102.4	2.4

年末私营企业3.79万户，注册资金687.37亿元，从业人数35.03万人，分别增长15.5%、34.6%和10.3%；个体工商户17.62万户，注册资金43.92亿元，从业人数34.79万人，分别增长9.7%、19.9%和10.8%。

全年城镇新增就业47354人，比上年增加289人。年末城镇失业人员再就业32058人，城镇登记失业率2.36%，比上年上升0.04个百分点。全年开展农村劳动力技能培训22218人，比上年减少3889人；新增转移农村劳动力31075人，增加26人。

全年地方公共财政预算收入177.08亿元，比上年增长12.1%；地方公共财政预算支出233.44亿元，增长10.8%。

全年税收收入381.14亿元，比上年增长8.1%，其中，国税收入230.10亿元，增长7.7%；地税收入151.04亿元，增长8.7%。

二、农　业

全年粮食作物播种面积286.62万亩，比上年下降0.04%；糖蔗种植面积2.83万亩，下降8.4%；油料种植面积18.50万亩，增长1.1%；蔬菜种植面积88.87万亩，增长0.7%。

全年粮食产量95.27万吨，增长2.8%；糖蔗产量17.79万吨，下降3.3%；油料产量3.07万吨，增长6.2%；蔬菜产量125.36万吨，下降1.1%；水果产量24.92万吨，下降0.7%。

全年肉类总产量30.16万吨，增长3.0%。其中，猪肉产量21.66万吨，增长10.4%；禽肉产

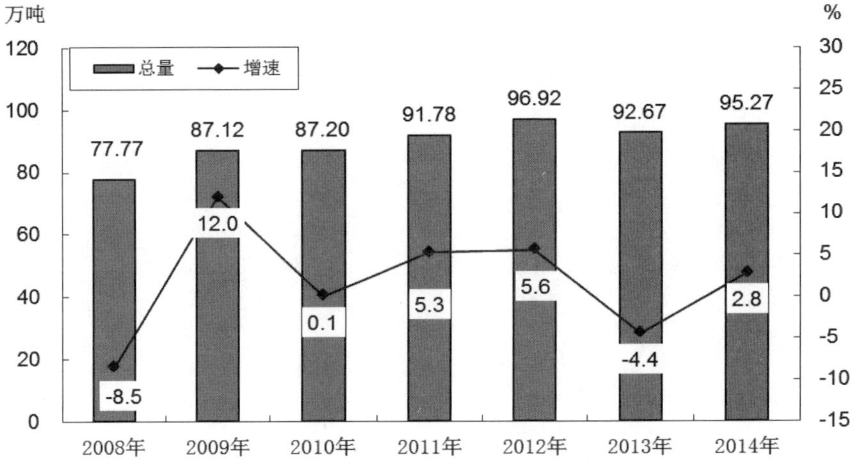

图3：2008-2014年粮食产量及其增长速度

量8.21万吨，下降12.5%。全年水产品产量74.59万吨，增长2.5%。其中，海水产品33.64万吨，增长0.4%；淡水产品40.95万吨，增长4.4%。

三、工业和建筑业

全年全部工业增加值比上年增长9.7%。规模以上工业增加值增长11.0%，其中，国有及国有控股企业下降0.4%，民营企业增长13.5%，外商及港澳台投资企业增长11.6%，股份制企业增长10.3%，集体企业下降6.5%。分轻重工业看，轻工业增长12.9%，重工业增长9.1%。分企业规模看，大型企业增长8.8%，中型企业增长9.1%，小型企业增长17.0%。

高技术制造业增加值增长8.2%，其中，医药制造业增长9.1%，电子及通信设备制造业增长8.9%，信息化学品制造业增长1.7%，医疗设备及仪器仪表制造业下降0.2%，电子计算机及办公设备制造业下降0.3%。

先进制造业增加值增长10.1%，其中，装备制造业增长14.1%，钢铁冶炼及加工业增长5.4%，石油及化学行业增长1.7%。

装备制造业中，汽车制造业、船舶制造业、环境污染防治专用设备制造业分别增长6.7%、26.6%和320.3%；钢铁冶炼及加工业中，钢压延加工增长7.2%，铁合金冶炼下降9.6%；石油及化学行业中，橡胶制品业增长7.2%，化学原料及化学制品制造业增长3.8%，石油加工、炼焦及核燃料加工业下降20.9%。

优势传统产业增加值增长13.4%，其中，纺织服装业增长10.8%，食品饮料业增长17.3%，家具制造业增长12.3%，建筑材料业增长7.1%，金属制品业增长16.3%，家用电力器具制造业增长14.1%。

六大高耗能行业增加值增长2.4%，其中，有色金属冶炼及压延加工业增长12.9%，化学原料和化学制品制造业增长7.3%，非金属矿物制品业增长6.6%，黑色金属冶炼及压延加工业增长2.1%，电力、热力生产和供应业下降1.5%，石油加工、炼焦和核燃料加工业下降19.3%。

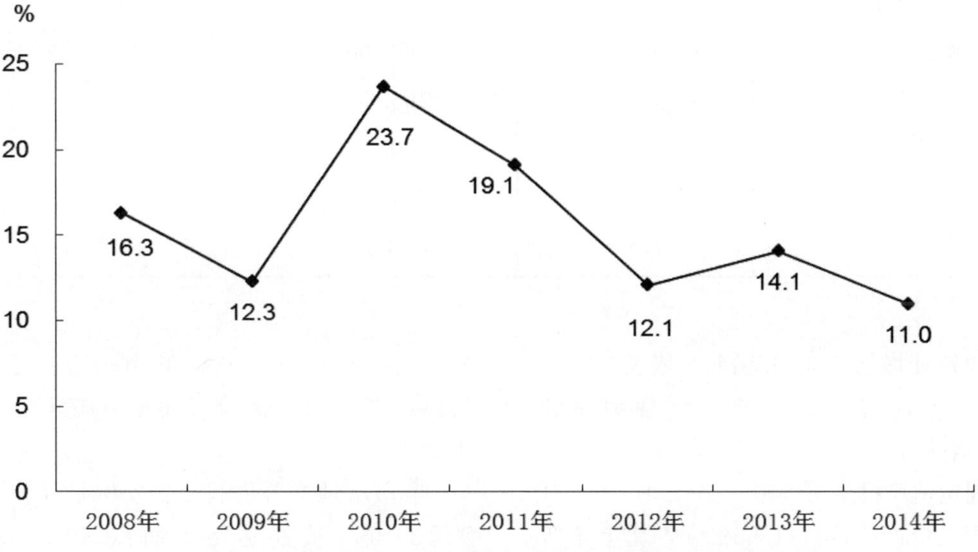

图4：2008-2014年规模以上工业增加值增长速度

规模以上工业实现利润总额169.15亿元，增长11.7%。亏损企业亏损总额21.1亿元，增长94.5%。资产贡献率11.4%，资产负债率56.2%，流动资产周转次数2.11次，成本费用利润率5.5%，全员劳动生产率17.49万元/人年，产品销售率94.4%。

表75: 2014年主要工业产品产量情况

产品名称	计量单位	产量	比上年增长（%）
饲料	万吨	221.91	16.6
布	万米	80194.1	-10.8
服装	万件	14649.4	8.3
家具	万件	767.02	12.0
机制纸及纸板	万吨	124.43	13.0
涂料	万吨	28.51	2.0
化学纤维	万吨	16.71	-5.8
塑料制品	万吨	47.28	-8.7
水泥	万吨	385.76	-17.6
平板玻璃	万重量箱	3082.85	-4.5
铝材	万吨	14.09	16.5
金属集装箱	万立方米	512.89	56.8
日用不锈钢制品	万吨	15.99	15.1
摩托车	万辆	326.28	1.6
原电池及原电池组	万只	71365.1	-2.6
房间空调器	万台	36.5	13.4
电风扇	万台	1590.96	8.0
家用洗衣机	万台	105.84	0.9
打印机	万台	110.22	8.3
印制电路板	万平方米	265.5	9.0
灯具	万只	3071.67	25.8

全年建筑业增加值56.67亿元，增长7.6%。资质等级以上建筑企业162个，实现利润额8.66亿元，增长5.1%。

四、固定资产投资

全年固定资产投资1111.65亿元，比上年增长16.8%。分经济类型看，国有经济投资283.02亿元，下降9.4%；三资经济投资158.41亿元，增长27.0%；民营经济投资654.55亿元，增长30.1%。分产业看，第一产业投资8.02亿元，增长3.1%；第二产业投资483.54亿元，增长1.6%，其中制造业投资增长18.2%；第三产业投资620.09亿元，增长32.0%。

全市房地产开发投资313.01亿元，比上年增长29.5%。商品房施工面积2407.30万平方米，增长20.7%；竣工面积405.71万平方米，增长26.0%。商品房销售面积360.59万平方米，下降15.5%；商品房销售额214.55亿元，下降15.6%。

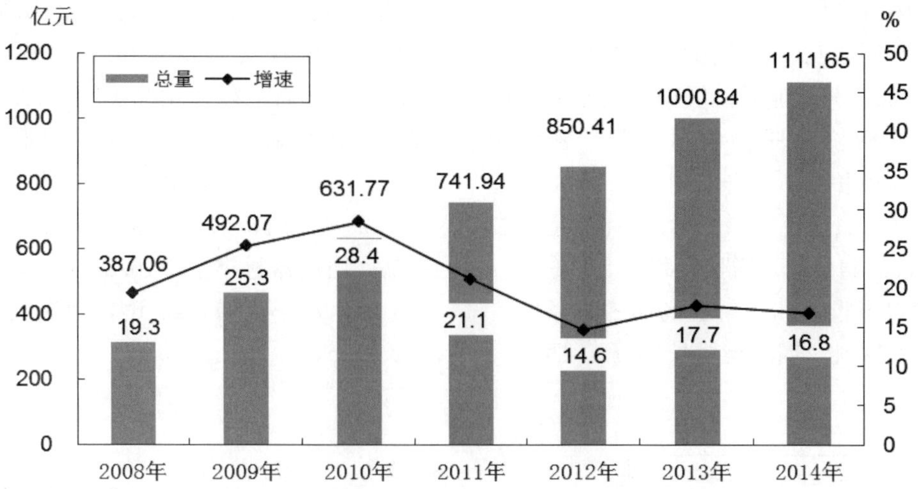

图5：2008-2014年固定资产及其增长速度

表76：　2014年分行业固定资产投资情况

行　业	投资额（亿元）	比上年增长（%）
固定资产投资	1111.65	16.8
农、林、牧、渔业	8.02	3.1
采矿业	3.53	1037.1
制造业	336.48	18.2
电力、燃气及水的生产和供应业	143.52	-24.7
建筑业	0	0
交通运输、仓储和邮政业	73.65	2.2
信息传输、计算机服务和软件业	13.65	20.8
批发和零售业	51.64	94.7
住宿和餐饮业	32.20	-1.0
金融业	1.11	----
房地产业	334.95	3.5
租赁和商务服务业	5.90	353.1
科学研究、技术服务和地质勘查业	2.83	265.9
水利、环境和公共设施管理业	74.48	42.8
居民服务和其他服务业	1.85	200.0
教育	5.75	-4.5
卫生、社会保障和社会福利业	5.48	134.0
文化、体育和娱乐业	13.34	55.8
公共管理和社会组织	3.27	1.4

五、国内贸易

全年社会消费品零售总额1003.35亿元，比上年增长11.0%。分地域看，城镇消费品零售额742.16亿元，增长11.5%；农村消费品零售额261.19亿元，增长9.8%。分行业看，批发和零售业零售额894.91亿元，增长11.6%；住宿和餐饮业零售额108.44亿元，增长6.4%。

在限额以上批发和零售业商品零售额中，粮油、食品、饮料、烟酒类增长15.1%，服装、鞋帽、针纺织品类增长20.0%，化妆品类增长8.1%，金银珠宝类增长14.2%，日用品类增长123.9%，体育、娱乐用品类增长12.3%，电子出版物及音像制品类增长4.8%，书报杂志类增长21.9%，家用电器和音像器材类增长11.8%，中西药品类增长15.6%，文化办公用品类增长1.7%，通信器材类下降16.3%，石油及制品类增长3.2%，汽车类增长24.6%，建筑及装潢材料类增长31.5%。

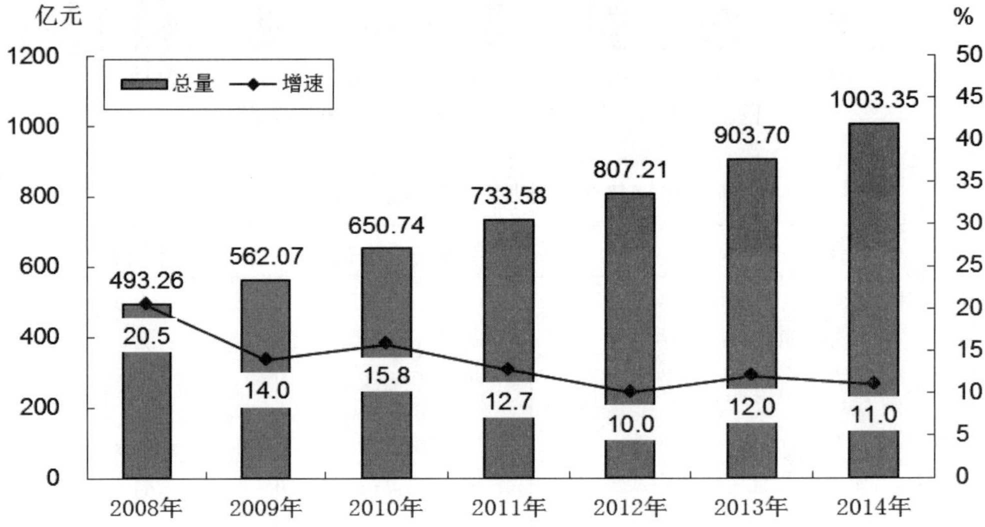

图6：2008-2014年社会消费品零售总额及其增长速度

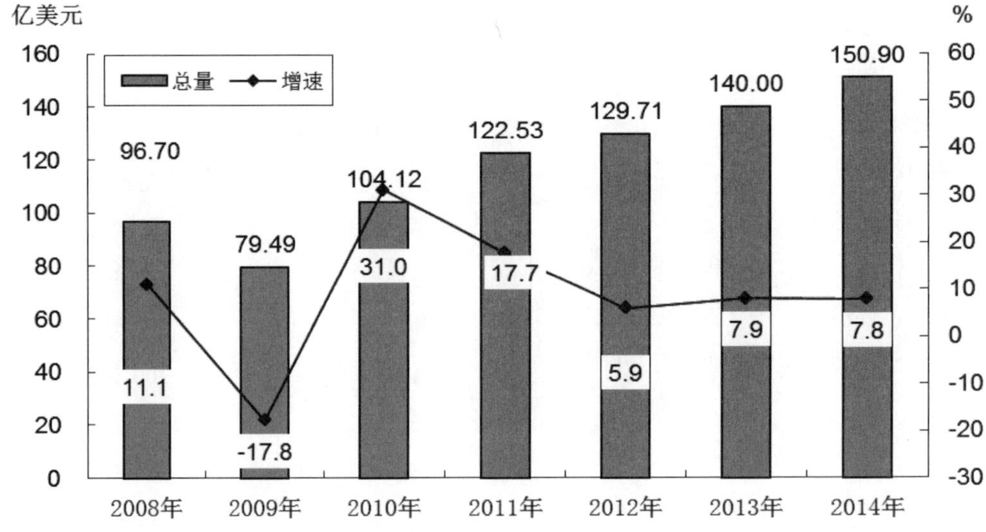

图7：2008-2014年海关出口总额及其增长速度

六、对外经济

全年海关进出口总额203.8亿美元，比上年增长3.3%，其中，进口总额52.9亿美元，下降7.7%；出口总额150.9亿美元，增长7.8%。分贸易方式看，一般贸易出口89.3亿美元，增长7.1%；加工贸易出口60.5亿美元，增长7.7%。分企业性质看，国有企业出口1.1亿美元，下降5.9%；三资企业出口88.8亿美元，增长4.5%；私营企业出口61.0亿美元，增长13.2%。

全年合同利用外商直接投资13.01亿美元，比上年增长6.8%。实际利用外商直接投资8.54亿美元，下降7.5%。分产业类型看,制造业下降6.6%，电力、燃气及水的生产和供应业增长2.8%，批发和零售业下降10.9%，房地产业下降27.1%。分国别看，来源于香港为4.40亿美元，增长3.2%；来源于法国为1.37亿美元，下降3.1%；来源于新加坡为1.18亿美元，增长54.5%。

七、交通、邮电和旅游

全年水陆货运量13753万吨，比上年增长21.8%；货运周转量167.6亿吨公里，增长21.2%。水陆客运量9546万人，下降6.1%；客运周转量59.61亿人公里，下降3.3%。港口货物吞吐量7354万吨，增长9.2%。

年末公路通车里程10008公里，其中高速公路378公里，一级公路727公里。

年末民用汽车保有量45.7万辆，比上年末增长11.5%，其中私人汽车40.1万辆，增长14.4%。民用轿车保有量26.25万辆，增长16.8%，其中私人轿车24.85万辆，增长18.6%。摩托车保有量221.38万辆，增长4.2%；其中私人摩托车保有量220.49万辆，增长4.3%。

全年邮电通信业务总量82.91亿元（2010年不变价，下同），比上年增长18.3%，其中，邮政业务总量9.02亿元，增长17.6%；通信业务总量73.89亿元，增长18.4%。年末固定电话用户115.2万户，移动电话用户595.24万户。

全年旅游住宿设施接待游客1594.98万人次，比上年增长13.1%，其中，国际游客171.93万人次，增长1.4%；国内游客1423.05万人次，增长14.7%。全年旅游宾馆客房出租率63.0%。旅行社组织境内游51.84万人次，下降5%；组织出境游10.68万人次，下降17.2%。旅游总收入279.00亿元，增长25.0%，其中，国际旅游收入8.43亿美元，增长5.7%；国内旅游收入227.19亿元，增长30.6%。

八、金融和保险

年末金融机构人民币存款余额3461.22亿元，比上年末增长7.9%，其中，城乡居民储蓄存款余额2174.17亿元，增长7.1%；单位存款余额1084.90亿元，增长5.9%；财政性存款余额58.88亿元，增长9.1%。金融机构人民币贷款余额1879.41亿元，增长20.2%，其中，短期贷款余额709.27亿元，增长12.8%；中长期贷款余额1119.24亿元，增长24.4%。

年末各类保险公司49家，保险中介机构(含分支机构)61家。全年保费收入73.56亿元，比上年增长26.0%，其中，寿险业务保费收入49.17亿元，增长28.4%；财产险业务保费收入24.39亿元，增长21.3%。共支付各项赔款24.44亿元，增长1.3%，其中，寿险业务给付13亿元，下降5.9%；财产险业务赔款11.44亿元，增长10.9%。

九、教育和科学技术

全年高等教育(含成人教育)招生1.65万人，在校学生4.88万人，毕业生0.97万人。中等职业技术学校招生2.29万人，在校学生6.21万人，毕业生1.94万人。普通高中招生2.68万人，在校学生8.17万人，毕业生2.74万人。初中招生4.55万人，在校学生14.13万人，毕业生5.03万人。小学招生5.26万人，在校学生29.93万人，毕业生4.65万人。幼儿园入园儿童5.12万人，在园幼儿13.26万人。小学学龄儿童入学率100%，小学升学率100%，初中适龄少年入学率100%，初中升学率97.8%，高中升学率89.2%。

全年地方财政科学技术支出51532万元，比上年增长5.7%。累计国家级高新技术企业173家；国家火炬计划项目2项，省级以上农业攻关项目9项，省级科技攻关计划项目84项。专利申请量8345件，其中发明专利1935件；专利授权量5534件，其中发明专利304件。全市拥有各类专业技术人数17.24万人，其中中级职称以上6.94万人。

十、文化、卫生和体育

年末拥有群众文化艺术馆8个，文化站80个，剧场、影剧院1个，体育场馆32个。全市公共图书馆7座，公共图书馆藏书量192万册，图书馆全年流通人数260万人次，图书外借数80万册次，图书馆阅览室座席数2598个。拥有博物馆6个，博物馆文物藏品6.87万件，其中一级藏品5件。拥有地级市广播电视台1座，县级广播电视台5座。广播人口综合覆盖率100%，电视人口综合覆盖率100%，有线广播电视入户率80.7%。

年末卫生机构(含各类门诊，下同)1715个，其中医院114个。卫生机构床位18455张，其中医院17803张。卫生机构人员28414人，其中卫生技术人员22978人。卫生技术人员中医生7729人，执业护士9168人，药剂人员1602人，检验人员817人。

江门籍体育健儿在国际赛事中，获得1项冠军；在亚洲赛事中，获得3项冠军；在全省赛事中，获得10项冠军。成功举办第二届江门健走马拉松大赛、第三届千村（居）篮球赛；成功承办2013-2014中国羽超联赛广东主场、“映美杯”2014年中国国际象棋甲级联赛。2014年江门市体育彩票年销售总额达3.84亿元，同比增长33.2%。

十一、人民生活、社会保障和安全生产

全年江门居民人均可支配收入20586元，比上年增长9.4%。

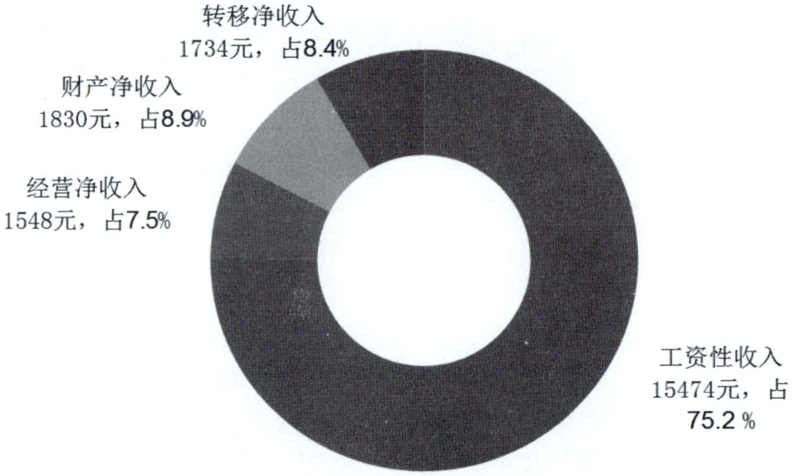

图8：2014年江门居民收入结构

全年农村常住居民人均可支配收入12746元，比上年增长10.0%；其中工资性收入为8766元，占全部可支配收入的68.8%。生活消费支出中教育文化娱乐服务支出占比为9.0%。农村居民现住房建筑面积人均27平方米。

全年城镇常住居民人均可支配收入24976元，比上年增长9.2%；其中工资性收入为19137元，占全部可支配收入的76.6%。生活消费支出中教育文化娱乐服务支出占比为11.1%。城镇居民现住房建筑面积人均34.6平方米。

年末城乡最低生活保障对象6.16万人；全年共发放低保救济金16135.28万元，比上年增

长34.1%。发放基本医疗救助金3229.29万元，增长76.4%；共计救助8.60万人次。全市五保供养人数7370人；全年落实供养经费4981.18万元，增长10.2%。

全年社会保险基金收入107.70亿元，比上年增长7.1%。城镇职工养老保险参保人数186.19万人，增加4.99万人；城乡基本医疗保险参保人数388.71万人，增加3.43万人；失业保险参保人数74万人，增加2.76万人；工伤保险参保人数76.97万人，增加3.11万人；生育保险参保人数73.83万人，增加2.9万人。

年末社会福利院6家，福利院床位2130张，收寄养人数1181人；敬老院69家，敬老院床位4181张，收寄养人数1295人；社区服务设施3262个。

全年共发生各类事故4192宗，比上年增长11.7%；死亡361人，下降5.5%；受伤4097人，增长8.2%；经济损失5553.8万元，增长72.3%。其中，工矿企业职工伤亡事故13宗，下降23.5%；经济损失1337万元，增长10.0%。道路交通事故3259宗，增长7.7%；经济损失700.1万元，增长6.6%。火灾事故920宗，增长29.8%；经济损失3516.7万元，增长160.4%。亿元地区生产总值生产安全事故死亡率为0.17，道路交通万车死亡率为1.29。

十二、人口、资源和环境

年末常住人口451.14万人，其中城镇人口289.68万人，占常住人口的64.2%；农村人口161.46万人，占常住人口的35.8%。

年末公安户籍人口393.39万人，其中非农业人口220.17万人，农业人口173.22万人。人口密度414人/平方公里(户籍口径)。

年末全市海域面积2886平方公里，拥有岛屿561个，海岛面积249.97平方公里，岛屿岸线414.8公里。全市森林蓄积量1990.5万立方米，森林面积421.51千公顷，森林覆盖率45.3%；人均公园绿地面积17.4平方米。

全市年平均气温22.8摄氏度，与上年持平；年降雨量1688.9毫米，减少546.5毫米；年日照时数1851.9小时，增加185.9小时。

全年农作物受灾面积27437公顷，其中台风灾害2926公顷。自然灾害受灾8.28万人次，自然灾害直接经济损失22243万元。

全年新建成污水处理厂5座、污水管网161公里，新增污水处理能力6.4万吨/日，生活污水处理率89.7%。建成镇级生活垃圾转运站61座，城镇生活垃圾无害化处理率达96.3%。

全年规模以上工业综合能源消费量786.28万吨标准煤，比上年下降8.4%。单位工业增加值能耗下降17.5%。全年全社会用电量227.87亿千瓦时，增长9.9%，其中第一产业用电量11.34亿千瓦时，增长13.4%；第二产业用电量161.09亿千瓦时，增长8.3%，其中工业用电量增长8.0%；第三产业用电量26.5亿千瓦时，增长10.8%。城乡居民用电量28.93亿千瓦时，增长17.4%。

全市大气环境质量良好，市区空气质量达标率为80.2%。全市主要河流水质良好，西江干流水质达到Ⅱ类和Ⅲ类标准，潭江干流水质基本达到Ⅲ类标准。全市各级饮用水源得到有效保护，市区饮用水源水质达标率为100%。城市区域环境噪声平均值为55.8分贝，交通干线两侧噪声平均值为69.3分贝，优于国家城市区域环境噪声相应标准。

表77：　2014年全市及各市（区）户籍人口数

单位：万人

市、区	户籍人口
全市	**393.39**
蓬江	48.25
江海	16.12
新会	75.53
台山	98.28
开平	68.52
鹤山	36.65
恩平	50.05

注：1.本公报中2014年数据为初步统计数，统计图中2008-2013年数据为年报数。

2.从2011年起，规模以上工业统计口径由500万元调整为2000万元及以上；固定资产投资项目统计起点由计划总投资50万元提高到500万元，增速为可比口径。从2012年起，“地方一般预算收入”更名为“地方公共财政预算收入”。2012年四季度，国家统计局实施了城乡一体化住户调查改革。2014年按照新的调查口径对外发布城乡一体的居民人均可支配收入和分城镇、农村常住居民人均可支配收入数据。由于新老调查方案在调查范围、调查对象、城乡划分标准、样本抽选、计算和汇总方式、指标口径等方面变化较大，改革后新口径数据和旧口径数据存在不可比的差异。

3.地区生产总值、各产业增加值绝对数按现价计算，增长速度按可比价计算。

4.先进制造业包括装备制造业、钢铁冶炼及加工业、石油及化学制造业。高技术制造业包括核燃料加工业、信息化学品制造业、医药制造业、航空航天器制造业、电子通信设备制造业、计算机制造业、医疗仪器设备制造业。六大高耗能行业包括石油加工炼焦及核燃料加工业、化学原料及化学制品制造业、非金属矿物制品业、黑色金属冶炼及压延加工业、有色金属冶炼及压延加工业、电力热力的生产和供应业。

5.年末五种保险基金是指城镇职工养老保险、城乡（镇）基本医疗保险、失业、工伤、生育保险，不含城乡居民养老保险。基本医疗保险包括新农合参保人。

6.2012年以前空气质量优良率统计为3项污染物的API指数；2014年开始空气质量统计6项污染物的AQI指数。

附表： 2014年江门市经济社会发展主要指标

指标名称	单位	绝对值	比上年增长（%）
常住人口	万人	451.14	0.3
地区生产总值	亿元	2082.76	7.8
其中：第一产业增加值	亿元	168.14	2.9
第二产业增加值	亿元	1024.47	9.5
第三产业增加值	亿元	890.15	6.0
粮食产量	万吨	95.27	2.8
固定资产投资	亿元	1111.65	16.8
社会消费品零售总额	亿元	1003.35	11.0
海关进出口总额	亿美元	203.80	3.3
其中：出口总额	亿美元	150.90	7.8
进口总额	亿美元	52.90	-7.7
外商直接投资额	亿美元	8.54	-7.5
地方公共财政预算收入	亿元	177.08	12.1
地方公共财政预算支出	亿元	233.44	10.8
税收收入	亿元	381.14	8.1
其中：国税	亿元	230.10	7.7
地税	亿元	151.04	8.7
城乡居民人民币存款余额	亿元	2174.17	7.1
旅游收入	亿元	279.00	25.0
江门居民人均人均可支配收入	元	20586.0	9.4
农村常住居民人均可支配收入	元	12746.0	10.0
城镇常住居民人均可支配收入	元	24976.0	9.2

2014年社会经济统计资料

表78：

2014年经济和社会发展情况表（一）

指　　标	2013年	2014年
土地面积（平方公里）	9505.42	9505.42
年末常住人口（万人）	449.76	451.14
年末户籍人口（万人）	393.00	393.39
其中：非农业人口（万人）	220.11	220.17
年末从业人员（万人）	244.30	243.24
第一产业（万人）	78.91	80.86
第二产业（万人）	99.74	96.15
第三产业（万人）	65.65	66.23
生产总值（亿元）	2000.18	2082.76
第一产业（亿元）	158.81	168.02
第二产业（亿元）	1013.03	1021.62
# 工业（亿元）	964.01	965.28
第三产业（亿元）	828.34	893.12
人均生产总值（元）	44546	46237
生产总值增速（%）	9.8	7.8
第一产业增速（%）	3.0	3.0
第二产业增速（%）	12.6	9.0
# 工业增速（%）	13.0	9.2
第三产业增速（%）	6.8	6.8
人均生产总值增速（%）	9.4	7.5
农业总产值（亿元）	286.48	308.21
农业总产值增速（%）	2.6	3.2
粮食总产量（万吨）	92.67	95.27
全部工业企业单位数（个）	33002	38182
全部工业总产值（亿元）	3619.70	4207.87
# 规模以上（亿元）	3107.86	3625.49
规模以上工业增加值（亿元）	696.91	847.29
规模以上工业增加值增速（%）	14.1	11.0
规模以上工业利润总额（亿元）	256.90	170.84
规模以上工业利润总额增速（%）	28.7	11.7
工业综合经济效益指数（%）	191.86	208.51

注：生产总值、工业及农业总产值均为现行价，增长速度按可比价计算。

表79：

表2：2014年经济和社会发展情况表（二）

指　　标	2013年	2014年
固定资产投资额（亿元）	1000.84	1111.65
#城镇（亿元）	742.74	---
农村（亿元）	258.10	---
房地产开发（亿元）	241.79	313.01
客运量（万人）	20102	9545
货运量（万吨）	9999	13926
单位GDP能耗（吨标煤/万元）	0.557	0.505
单位GDP能耗（上升或下降%）	-4.5	-3.0
社会消费品零售总额（亿元）	831.49	923.35
海关进出口总额（亿元）	197.3	1251.75
#进口总额（亿元）	57.3	324.91
出口总额（亿元）	140.0	926.84
实际外商直接投资（亿美元）	9.23	8.54
税收总额（亿元）	352.64	381.14
#国税（亿元）	213.74	230.10
地税（亿元）	138.90	151.04
地方公共财政预算收入（亿元）	158.03	177.20
地方公共财政预算支出（亿元）	212.61	236.10
人民币存款余额（亿元）	3207.33	3461.22
#城乡居民人民币存款余额(亿元)	2029.88	2174.17
人均储蓄存款余额（元）	45133	48193
人民币贷款余额（亿元）	1563.15	1879.41
在岗职工年平均工资（元）	42851	48168
城镇常住居民人均可支配收入（元）	29772	24976
农村常住居民人均可支配收入（元）	12684	12746
居民消费价格总指数（%）	101.8	102.7
高等院校在校学生（万人）	3.43	3.87
中等职业在校学生（万人）	6.74	6.21
小学在校学生（万人）	29.57	29.93
卫生机构病床数（张）	16795	18455
卫生技术人员数（人）	22851	23155

注：2013年海关进出口数据单位为亿美元。

表80：

2014年各市（区）生产总值结构

单位：万元

指　标	全 市	蓬江	江海	新会	台山	开平	鹤山	恩平
生产总值	20827636	4993755	1343276	5055074	3232849	2671772	2307847	1408445
第一产业	1680161	82617	42836	368639	554179	267815	174365	189708
第二产业	10216236	2353217	842903	3299348	1775382	1332234	1246830	519388
第三产业	8931239	2557921	457537	1387087	903288	1071723	886652	699349

表81：

2014年各市（区）人口、土地面积和人口密度

单位：人、户

年份	年末总人口	按性别分		按农业、非农业分		年　末总户数
		男	女	非农业人口	农业人口	
全市	3933870	1981990	1951880	2201734	1732136	1197011
蓬江	482471	239478	242993	482471	0	159410
江海	161203	80032	81171	161203	0	51498
新会	755301	375928	379373	755301	0	235829
台山	982769	499365	483404	258291	724478	284202
开平	685208	342287	342921	231784	453424	201701
鹤山	366454	183188	183266	104059	262395	106669
恩平	500464	261712	238752	208625	291839	157702

表82：

2014年各市（区）年末户籍迁移人口

单位：人

年份	迁入		迁出		净迁移
	省内迁入	省外迁入	迁往省内	迁往省外	
全市	34623	7138	35949	10295	-4483
蓬江	14891	1964	13848	2348	659
江海	1358	575	1449	629	-145
新会	1539	937	1918	2252	-1694
台山	3587	1442	4419	2158	-1548
开平	3742	938	4101	1482	-903
鹤山	6767	813	6779	843	-42
恩平	2739	469	3435	583	-810

表83：

各市（区）年末从业人员数

单位：人

市　别	2011年	2012年	2013年	2014年
全　　市	2530286	2483392	2443034	2432433
市　　区	1042525	1024367	1006596	1000616
蓬 江 区	387298	386365	387389	387887
江 海 区	150139	148854	144241	142808
新 会 区	505088	489148	474966	469921
台 山 市	553576	545301	548995	537899
开 平 市	395869	396089	396568	403250
鹤 山 市	287043	279835	278993	277852
恩 平 市	251273	237800	211882	212816

注：2011-2010年全社会从业人员根据第六次全国人口普查数据进行平滑调整。

表84：

2014年江门市在岗职工年末人数

单位：人

市、区别	合计	国有单位	集体单位	其他单位
全市	571299	132615	19889	418795
蓬江	158625	35432	920	122273
江海	52328	4024	1147	47157
新会	98657	20994	3185	74478
台山	71548	24062	9548	37938
开平	79598	20206	2162	57230
鹤山	73259	13928	1886	57445
恩平	37284	13969	1041	22274

表85：

2014年城镇就业和失业变化情况

单位：人

	本年失业人员总数			本年失业人员安排就业人数		本年末尚有失业人员数		城镇登记失业率（%）
	合计	本年新增失业人员						
		小计	其中由就业转失业	合计	其中女性	合计	其中女性	
全　市	62373	37545	13493	32058	15397	24833	11610	2.36
蓬江区	13183	6403	4507	5540	2621	7446	3656	2.35
江海区	6826	4397	1927	4416	1847	2160	1024	2.36
新会区	12415	6406	5178	5376	2406	5513	2534	2.35
台山市	8271	4920	681	3881	1741	3298	1311	2.35
开平市	8326	5073	169	4857	2579	3352	1513	2.35
鹤山市	8126	6420	184	4207	2502	1763	987	2.37
恩平市	5226	3926	847	3781	1701	1301	585	2.35

表86：

按各种分组的全市从业人员数

单位：人

分类	2009年	2010年	2011年	2012年	2013年	2014年
总　　　计	2431084	2495463	2530286	2483392	2443034	2432433
一、按登记注册类型分组						
1.国有经济	137651	139890	138788	141335	135795	138585
2.集体经济	905199	874506	823858	803605	822889	845158
3.股份合作企业	5799	4881	5298	3777	3919	3900
4.联营企业	2105	2046	2135	1916	1778	1794
5.有限责任公司	170173	189066	198814	220169	208421	199777
6.股份有限公司	33706	34075	35402	36152	36035	38185
7.外商投资企业	98915	99050	102615	104263	107968	107365
8. 港、澳、台商投资企业	279011	280534	306951	300693	287732	257446
9.私营企业	440877	481748	514350	490542	487494	438977
10.个体经济	332849	363981	371490	348452	319953	349792
11.其他经济	24801	25686	30585	32488	31050	51454
二、按 行 业 分 组						
1.第一产业	853576	775305	765328	763149	789502	809048
农林牧副渔业	853576	775305	765328	763149	789502	809048
2.第二产业	948851	1058844	1103727	1047045	997431	961586
(1)工业	867240	952487	988268	928036	893160	861836
采　掘　业	4213	3343	4596	4303	3775	3806
制　造　业	851333	936759	970035	909819	876396	845755
电力、煤气及水供应业	11694	12385	13637	13914	12989	12275
(2)建　筑　业	81611	106357	115459	119009	104271	99750
3.第三产业	628660	661314	661231	673198	656101	661799
(1)交通运输、仓储及邮政业	25075	31947	33430	31036	265694	31603
(2)信息传输、计算机服务和软件业	9790	9949	11438	11863	31978	84985
(3)批发与零售业	235500	251119	250338	261495	89459	11660
(4)住宿和饮食业	93918	92020	97422	94321	11563	19029
(5)金融业	19591	16872	17137	18262	18571	22829
(6)房地产业	12724	15575	15926	15754	20193	23424
(7)租赁与商务服务业	15698	14419	14564	14818	18753	8164
(8)科学研究、技术服务与地质勘探业	3451	4238	4337	4825	5931	8489
(9)水利、环境和公共设施管理业	6613	9092	9246	10009	8937	50750
(10)居民服务和其他服务业	76909	78749	71831	67540	50239	48045
(11)教育	46391	49672	48302	50781	48594	26670
(12)卫生、社会保障和社会福利业	23486	24489	24669	25188	24963	7959
(13)文化、体育与娱乐业	7453	7969	7874	8265	7989	53772
(14)公共管理与社会组织	52061	55204	54717	59041	53237	31603
(15)国际组织						

表87：

江门市工业企业单位数

单位：个

指　　标	2011年	2012年	2013年	2014年
全部工业企业数	23105	23250	33002	38182
一、规模以上工业企业	2766	1851	2007	1961
1.国有企业	10	10	3	2
2.集体企业	34	14	8	4
3.股份合作企业	6	2		1
4.股份制企业	497	387	1051	1104
5.“三资”企业	1056	791	810	745
6.联营企业	5	2	2	1
7.私营企业	1095	596	641	627
8.其他企业	63	49	21	19
国有及国有控股企业	21	26	28	23
二、规模以下工业企业	20339	21399	30995	36221
总计中：1.大型企业	62	41	44	41
2.中型企业	464	360	346	371
3.小微企业	22579	22849	32612	37770

表88：

江门市工业总产值

单位：万元

指　　标	2011年	2012年	2013年	2014年
全社会工业总产值	51268572	30308477	36197031	42078716
一、规模以上	46712004	25194715	31078570	36254924
1.国有企业	2239081	2548474	1597852	7741
2.集体企业	765221	247474	205120	191661
3.股份合作	48364	7167		2583
4.股份制企业	8861232	5010451	12431922	16875300
5.三资企业	22585516	13094952	16054599	18347187
6.联营企业	32792	3072	7289	3294
7.私营企业	11363796	4011757	5193229	6628699
8.其他企业	816002	271368	170636	125082
国有及控股	2401059	2711260	3202340	3194210
二、规模以下	4556568	5113762	5118461	5823792
总计中：1.大型企业	11579909	8108663	9525569	10400941
2.中型企业	12221291	8409896	9873681	12352925
3.小微企业	27467372	13789918	16797779	19324850
出口产品产值	8186595	6244116	7272102	8234365

注：2012年为网上直报数据。

表89：

2014年江门市主要工业产品产量

产品名称	单位	生产量	产品名称	单位	生产量
硫酸	吨	5665	打印机	台	1102194
盐酸	吨	114540	激光视盘机	台	10132
烧碱	吨	80561	组合音响	台	409871
化肥（折纯）	吨	3072	发电量	万千瓦小时	2589043
小麦粉	吨	240307	其中：火电	万千瓦小时	2535946
化学纤维	吨	167130	水电	万千瓦小时	5214
塑料制品	吨	472789	风电	万千瓦小时	46877
水泥	万吨	385.76	太阳能发电	万千瓦小时	1006
平板玻璃	万重量箱	3082.85	涂料	吨	285091
日用玻璃制品	吨	26634	饲料	吨	2219059
瓷质砖	万平方米	11152.51	糖	吨	10479
铝材	吨	140930	酱油	吨	913800
金属集装箱	万立方米	512.89	方便面	吨	2345
日用不锈钢制品	吨	159887	软饮料	吨	366737
小型拖拉机	台	8331	纱	吨	40696
摩托车	万辆	326.28	布	万米	80194
低压开关板	面	1181661	服装	万件	14649
电池	万只	71365	皮鞋	万双	530
家用洗衣机	台	1058443	家具	万件	767.02
电风扇	万台	1590.96	机制纸及纸板	吨	1244299
集成电路	万块	107858	光电子器件	万只	3337
空调器	台	364970	灯具	万只	3071.67

表90：

2014年各市（区）全社会工业企业单位数

单位:个

指 标 名 称	全 市	江门市区				台 山	开 平	鹤 山	恩 平
		合 计	蓬江区	江海区	新会区				
全 部 工 业 总 计	**38182**	**21726**	**7228**	**4067**	**10431**	**3120**	**5311**	**5835**	**2190**
一、规模以上企业	**1961**	**1063**	**413**	**204**	**446**	**193**	**261**	**337**	**107**
1、轻工业	1079	582	247	99	236	103	131	218	45
2、重工业	882	481	166	105	210	90	130	119	62
二、规模以下企业									
按工商登记类型分	36221	20663	6815	3863	9985	2927	5050	5498	2083
1、非个体工业	16361	10440	3802	2544	4094	1003	1690	2125	1103
2、个体工业	19860	10223	3013	1319	5891	1924	3360	3373	980

表91：

2014年各市（区）全社会工业总产值

单位:万元

指 标 名 称	全市	江门市区		
		合计	蓬江区	江海区
全部工业总计	**42078716**	**23151408**	**9462981**	**3823036**
一、规模以上企业				
1、轻工业	36254924	21053439	8701225	3587388
2、重工业	18517543	11331091	4822701	1581456
二、规模以下企业	**17737382**	**9722347**	**3878524**	**2005932**
按工商登记类型分	5823792	2097969	761756	235648
1、非个体工业				
2、个体工业				

续上表：

指标名称	新会区	台山	开平	鹤山	恩平
全部工业总计	9865391	5963344	5262910	5538265	2162790
一、规模以上企业	8764826	5026362	4209579	4532692	1432852
1、轻工业	4926934	1819745	2070592	2885230	410884
2、重工业	3837892	3206617	2138987	1647462	1021968
二、规模以下企业	1100565	936982	1053331	1005573	729938
按工商登记类型分					
1、非个体工业					
2、个体工业					

表92：

2014年各市（区）农业总产值

单位：亿元

市、区	合计	种植业	林业	牧业	渔业	农林牧渔服务业
全市	308.21	98.68	7.86	70.41	126.27	4.99
蓬江	16.85	2.21	0.16	9.39	4.94	0.14
江海	8.14	2.02	0.01	1.65	4.26	0.20
新会	66.44	19.17	0.66	12.15	33.64	0.82
台山	101.04	25.18	1.28	9.33	63.45	1.79
开平	48.43	21.25	2.85	18.65	5.19	0.5
鹤山	33.15	13.78	1.08	12.06	5.83	0.39
恩平	34.15	15.0	1.82	7.17	8.96	1.14

表93：

2014年主要农作物播种面积和产量（一）

面积：亩
亩产：公斤/亩
总产量：吨

市、区	农作物播种总面积	粮食作物（全年）		
		播种面积	亩产	总产量
全市	4263766	2866243	332	952698
蓬江	62667	16020	287	4605
江海	51826	3585	334	1199
新会	618752	471260	332	156601
台山	1430188	1036477	337	349650
开平	1008904	679005	332	225221
鹤山	482582	238037	338	80559
恩平	608847	421859	320	134863

续上表：

市、区别	（一）稻谷			①夏秋		
	播种面积	亩产	总产量	播种面积	亩产	总产量
全市	2578777	343	884747	1233598	354	436803
蓬江	9461	337	3186	5120	337	1724
江海	3181	341	1085	1581	332	525
新会	404511	348	140741	203311	384	78041
台山	976941	344	336375	433439	353	152975
开平	603567	345	208106	303705	349	105906
鹤山	209318	344	71912	96680	345	33390
恩平	371798	332	123342	189762	339	64242

续上表：

市、区别	②秋收			（二）玉米		
	播种面积	亩产	总产量	播种面积	亩产	总产量
全　市	1345179	333	447944	48053	294	14127
蓬　江	4341	337	1462	2034	327	666
江　海	1600	350	560	115	356	41
新　会	201200	312	62700	12099	296	3580
台　山	543502	337	183400	8637	299	2580
开　平	299862	341	102200	17560	292	5125
鹤　山	112638	342	38522	5312	274	1459
恩　平	182036	325	59100	2296	294	676

续上表：

市、区别	（三）薯类			大豆		
	播种面积	亩产	总产量	播种面积	亩产	总产量
全　市	181874	1184	215415	34493	171	5898
蓬　江	2599	781	2030	555	209	116
江　海	269	1171	315	20	500	10
新　会	41472	1165	48305	4710	222	1047
台　山	38714	1078	41715	9717	159	1545
开　平	44807	1112	49825	10384	151	1568
鹤　山	20057	1563	31365	1319	241	318
恩　平	33956	1233	41860	7788	166	1294

表94：

2014年主要农作物播种面积和产量（二）

面积：亩
亩产：公斤/亩
总产量：吨

市、区别	甘蔗			其中：糖蔗		
	播种面积	亩产	总产量	播种面积	亩产	总产量
全　　市	54840	6193	339606	28318	6282	177898
蓬　　江						
江　　海	8450	7200	60840			
新　　会	8006	4795	38389	1559	3094	4824
台　　山	15172	5504	83507	11383	5885	66991
开　　平	5539	3652	20228	1950	2722	5308
鹤　　山	163	4208	686			
恩　　平	17510	7725	135256	13426	7505	100775

续表：

市、区别	油料作物			其中：花生		
	播种面积	亩产	总产量	播种面积	亩产	总产量
全　　市	185022	166	30705	184898	166	30691
蓬　　江	1158	195	226	1150	195	224
江　　海						
新　　会	4900	255	1250	4784	259	1238
台　　山	83870	150	12603	83870	150	12603
开　　平	40836	145	5916	40836	145	5916
鹤　　山	17908	286	5115	17908	286	5115
恩　　平	36350	154	5595	36350	154	5595

续表:

市、区别	烟　叶			木　薯		
	播种面积	亩产	总产量	播种面积	亩产	总产量
全　市	0	0	0	38060	1505	57313
蓬　江				5	1400	7
江　海						
新　会				1215	1271	1544
台　山				7268	1529	11113
开　平				12264	1265	15520
鹤　山				1020	1510	1540
恩　平				16288	1694	27589

续表:

市、区别	油　料　作　物			其 中: 花　生		
	播种面积	亩产	总产量	播种面积	亩产	总产量
全　市	888720	1411	1253570	22852	1895	43296
蓬　江	42408	1329	56359	138	1949	269
江　海	32234	1071	34526	4022	863	3472
新　会	105880	1465	155120	120	2025	243
台　山	211289	1242	262386	14796	2330	34477
开　平	225799	1299	293474	470	1085	510
鹤　山	186870	1645	307372	3105	1364	4238
恩　平	84240	1713	144333	201	1104	222

表95：

2014年主要水果种植面积和产量

单位：亩

总产量：吨

市、区别	水　果　合　计		柑、桔、橙		香（大）蕉		菠　萝	
	年末实有面积	总产量	年末实有面积	总产量	年末实有面积	总产量	年末实有面积	总产量
全　市	300681	249199	55554	73311	60877	105233	1550	910
蓬　江	1123	1775	25	25	835	1586		
江　海	2101	2638	224	208	1149	1723		
新　会	58785	82011	26587	41724	12788	25299	163	223
台　山	80148	37349	6801	4385	8372	15773		
开　平	59008	37129	8728	8124	11142	17007		
鹤　山	29172	19549	2675	2784	2526	5547	1367	667
恩　平	70344	68751	10514	15998	24065	38298	20	20

续表：

市、区别	水　果　合　计		柑、桔、橙		香（大）蕉		菠　萝	
	年末实有面积	总产量	年末实有面积	总产量	年末实有面积	总产量	年末实有面积	总产量
全　市	88893	20840	58554	20490	8757	10505	2536	1397
蓬　江	105	52	86	57	12	7	52	30
江　海			1	1	6	9	38	46
新　会	11341	4356	4019	2375	518	885	357	368
台　山	47527	7459	11980	5324			373	467
开　平	14155	1737	12486	1797	4849	6525	672	206
鹤　山	6904	2668	4642	1507	3368	3078	1044	280
恩　平	8861	4568	25340	9429				

表96：

2014年各市（区）水产养殖面积

单位：亩

市、区	合　计	海水养殖	淡水养殖
全　市	993435	362985	630450
蓬　江	40305	0	40305
江　海	18000	0	18000
新　会	161040	20040	141000
台　山	476940	331950	144990
开　平	123000	0	123000
鹤　山	78600	0	78600
恩　平	95550	10995	84555

表97：

2014年各市（区）水产品产量

单位：亩

市、区	合　计	其中：淡水产品
全　市	745898	409509
蓬　江	18655	18655
江　海	24587	24587
新　会	175957	126321
台　山	382093	107495
开　平	50035	50035
鹤　山	51636	51636
恩　平	42935	30780

表98： 2014年各市（区）畜牧业生产情况

单位：头、只、吨

市、区	年末牛实有数	年末羊实有数	年末生猪存栏量	全年肉猪出栏量	三鸟出售（万只）	禽蛋产量
全市	49590	15486	1654245	2962611	68976446	32772
蓬江	250		276987	522833	8001996	20
江海	85		44397	111859	326055	515
新会	463	896	286767	449695	17755280	766
台山	17528	5557	205395	342712	9493432	7346
开平	10655	6093	270247	590144	22305345	12335
鹤山	7380	776	404800	672980	6342595	2010
恩平	13229	2164	165652	272388	4751743	9780

表99： 2013年各市（区）肉类产量

单位：吨

市、区	合计	牛肉	羊肉	猪肉	禽肉	兔肉
全市	301553	1217	307	216625	82121	180
蓬江	44678	15		40368	4294	1
江海	8246	4		8065	177	
新会	54114		10	32599	21478	7
台山	38634	468	76	25287	12791	12
开平	72496	197	125	42610	28655	155
鹤山	55821	271	61	47721	7608	5
恩平	27564	262	35	19975	7118	

表100: **江门市固定资产投资主要构成**

项　　目	2009年	2010年	2011年	2012年	2013年	2014年
投资完成额(万元)	4920698	6317680	7419441	8504108	10008418	11116497
按城乡分						
城镇	3527482	4651290	5621732	6201328	7427425	-
农村	1393216	1666390	1797709	2302780	2580993	-
按登记注册类型分						
内资	3734674	5138060	6008759	6928833	8704814	9532420
#国有	1449428	2323725	1992188	2593642	3328473	2830234
#集体	70029	130807	176241	187502	219800	417055
港澳台投资	645414	682093	857834	793752	662741	880418
外商投资	540610	497527	552848	781523	640863	703659
民间投资	2160244	2521007	3925353	4345864	5265944	6545478
#私营个体	1249504	1468060	1787251	2284414	2882232	3219881
按构成分						
建筑安装工程	2223014	3089599	3781272	4531761	5376548	6731671
设备工具器具购置	2016252	2449687	2589662	2940127	2924696	2443624
其他费用	681432	778394	1048507	1032220	1707174	1941202
按三次产业分						
第一产业	21300	35178	46106	58572	93381	80172
第二产业	2897258	3857348	4560414	5074446	5068781	4835371
第三产业	2002140	2425154	2812921	3371090	4846256	6200954
按财务拨贷款合计	5812976	7362798	8787031	9726135	12308925	12398250
国家预算内资金	117163	69537	38049	135214	228302	335789
国内贷款	766457	1156283	1448201	1914862	2729419	2240003
利用外资	510525	576550	671231	635921	418687	234195
自筹资金	2825948	4193617	5091212	5443624	6308655	7318698
其他资金	1592883	1366811	1538338	1596514	2623862	2269565
房屋建筑面积(万平方米)						
施工面积	2172.69	2388.23	2758.52	2840.65	3434.78	4226.76
竣工面积	753.61	835.62	1033.32	883.29	858.00	946.60
实际销售商品房屋面积	349.64	382.52	321.63	351.12	426.81	360.59
#住宅	323.37	360.48	300.49	329.97	387.67	327.77

表101：

各市（区）固定资产投资

单位：万元

项目	2009年	2010年	2011年	2012年	2013年	2014年
全　市	4920698	6317680	7419441	8504108	10008418	11116497
蓬江区	683719	903877	1130329	1363290	1730118	2094788
江海区	332866	437169	512477	553971	625336	745758
新会区	1101948	1366383	1606140	1819313	2016145	2143375
台山市	1157751	1601379	1714742	1786762	1967225	1955449
开平市	582893	770584	976722	1178024	1466758	1725971
鹤山市	683408	847707	912811	990407	1209345	1335217
恩平市	232838	352129	474398	617252	768668	901047

注：因投资不分区部分数据不划分入各市、区统计，固定资产投资全市数不等于各市、区合计数。

表102：

各市（区）工业投资总额

单位：万元

市、区	工业合计	#采掘业	#制造业	#电力、燃气及水的生产和供应业
全　市	4835371	35297	3364827	1435247
蓬江区	474101	0	411527	62574
江海区	287957	0	270582	17375
新会区	860473	13000	698192	149281
台山市	1426187	3351	342529	1080307
开平市	767782	0	716017	51765
鹤山市	492262	16138	427225	48899
恩平市	501563	2808	498755	0

表103：

2014年房地产开发投资情况

分类	单位	全市	蓬江	江海	新会	台 山	开 平	鹤山	恩 平
房地产投资	万元	3130059	898460	261956	780212	207409	297276	505932	178814
其中：　土地购置费	万元	584122	161470	23391	220258	6083	23814	131671	17435
按工程用途分：									
其中：住宅	万元	2430959	689985	169126	644272	161840	211845	399150	154741
办公楼写字楼	万元	25273	14482	2000	4829	3172	636	154	0
商业营业用房	万元	371716	91681	52922	92287	13951	42165	62034	16676
其他	万元	302111	102312	37908	38824	28446	42630	44594	7397
商品房屋建筑施工面积	万m²	2407.3	714.39	242.75	333.46	245.02	308.04	367.72	195.93
商品房屋建筑竣工面积	万m²	405.71	101.55	31.36	49.92	50.75	45.32	84.52	42.29
商品房实际销售面积	万m²	360.59	101.53	35.18	58.19	38.21	51.22	57.04	19.22
其中：住宅	万m²	327.77	89.64	33.17	51.62	36.0	47.51	51.45	18.37
商品房竣工房屋价值	万元	1108207	283397	103399	167709	152665	97292	220329	83416
商品房实际销售额	万元	2145482	710482	204271	352419	186689	255523	343342	92756
其中：住宅	万元	1889094	605677	194432	304849	172860	222544	302968	85764
房地产开发企业	个	368	88	33	69	57	50	45	26

表104：

2014年全市分行业固定资产投资

单位：万元

分　　类	固定资产投资额
合　　计	11116497
一、 按建设性质分	
1、新建	8909303
2、扩建	1356031
3、改建和技术改造	547665
4、其他	303498
二、按行业分	
1、农、业、牧、渔业	80172
2、采掘业	35297
3、制造业	3364827
4、电力及水的生产和供应业	1435247
5、建筑业	0
6、交通运输、仓储和邮政业	736441
7、信息传输、计算机服务和软件业	136447
8、批发和零售业	516440
9、住宿餐饮业	322005
10、金融业	11140
11、房地产业	3349527
12、租赁和商务服务业	58982
13、科研、技术服务和地质勘察业	28269
14、水利、环境和公共设施管理业	744837
15、居民服务和其他服务业	18460
16、教育	57490
17、卫生、社会保障和社会福利业	54809
18、文化、体育和娱乐业	133444
19、公共管理和社会组织	32663
20、国际组织	0

表105：

江门市建筑业基本情况

单位：万元

分　　类	全市	蓬江	江海	新会	台山	开平	鹤山	恩平
一．企业个数（个）	162	48	10	25	28	21	19	11
二．建筑业合同情况(亿元)	438.7	50.0	7.7	23.3	51.1	243.3	40.3	23.0
签订的合同额								
1．上年结转合同额	160.7	19.7	1.6	12.0	24.4	60.7	25.8	16.6
2．本年新签合同额	278.0	30.2	6.2	11.3	26.7	182.7	14.6	6.4
三．承包工程完成情况(亿元)								
1、直接从建设单位承揽工程完成的产值	211.2	27.6	4.4	12.2	23.4	115.3	16.2	12.2
①自行完成施工产值	211.2	27.6	4.4	12.2	23.4	115.3	16.2	12.2
②分包出去工程的产值	0	0	0	0	0	0	0	0
2、从建设单位以外承揽工程完成的产值	1.1	0.6	0	0	0.5	0	0	0
四．建筑业总产值（亿元）	212.4	28.2	4.4	12.2	23.9	115.3	16.2	12.2
其中：装饰装修产值	4.8	2.7	0.0	0.4	1.4	0.3	0.0	0.0
在外省完成的产值	18.4	0.1	0.1	0.0	0.0	18.1	0.0	0.1
1、建筑工程产值	194.1	24.1	4.0	9.6	20.4	112.9	15.3	7.7
2、安装工程产值	12.2	2.9	0.1	2.1	2.3	1.7	0.9	2.2
3、其他产值	6.0	1.2	0.3	0.5	1.2	0.6	0.0	2.3
五．竣工产值(亿元)	129.5	8.7	3.1	9.2	17.5	65.9	13.4	11.6
六．房屋建筑施工面积(万平方米)	2611.2	201.3	44.4	144.7	411.4	1265.1	360.7	183.5
其中：本年新开工面积	1093.6	74.0	19.4	67.5	135.0	636.1	116.7	44.9
七．从业人员情况（人）								
计算劳动生产率的平均人数	72315	7929	2266	5004	16007	29463	7324	4322
年末从业人数	70201	8223	2021	5025	15031	27628	7333	4940
其中：工程技术人员	14964	2812	868	3518	2375	2707	1713	971

注：以上数据的统计范围为资质以上建筑企业。

表106：

江门市市运输邮电业发展情况

单位：万元

指　标	单位	2009年	2010年	2011年	2012年	2013年	2014年
机动车辆总数	**万辆**	**175.32**	**197.93**	**218.64**	**236.68**	**253.61**	**267.33**
其中：汽车	万辆	23.67	27.88	31.97	36.12	41.01	45.70
# 轿车	万辆	11.26	13.86	16.42	19.07	26.25	26.25
摩托车	万辆	151.42	169.8	186.41	200.32	212.36	221.38
货 运 量	**万吨**	**6691**	**7458**	**8180**	**8996**	**9999**	**13926**
其中：公路运输	万吨	4060	4401	5246	5760	6487	9995
水运运输	万吨	2631	3057	2934	3236	3512	3931
货 物 周 转 量	**万吨公里**	**756934**	**1125467**	**1071885**	**1152885**	**1350682**	**1682398**
其中：公路运输	万吨公里	492633	518351	581242	622407	713574	991596
水运运输	万吨公里	264301	607116	490643	530478	637108	690801
客 运 量	**万人**	**17607**	**18096**	**19052**	**19578**	**20102**	**9545**
其中：公路运输	万人	17440	17926	18870	19379	19906	9324
水运运输	万人	167	170	182	199	196	221
客运周转量	万人公里	540945	589934	605515	644636	673124	596095
其中：公路运输	万人公里	534052	584395	600131	639069	667633	590362
水运运输	万人公里	6893	5539	5384	5567	5491	5733
货物吞吐量	**万吨**	**4170.33**	**4964.63**	**5914.17**	**6210.67**	**6737.08**	**7352.17**
邮电业务总量	万元	1195128	1350771	233053	538270	600664	829559
固定电话用户数	万户	144.82	131.62	134.6	134.8	138.27	144.87
固定电话机总量	万部	144.82	131.62	134.6	134.8	138.27	144.87
移动电话机用户数	万户	391	443.3	512.41	592.93	599.26	600.86
固定电话普及率	部/百人	33.2	29.6	30.1	30.1	30.7	32.11

表107：

江门市机动车辆拥有量对比情况

类别	单位	总计			其中：私人		
		2014年	2013年	同比增长（%）	2014年	2013年	同比增长（%）
机动车总计	**辆**	**2673337**	**2536095**	**5.8**	**2606740**	**2465679**	**6.1**
一、汽车	**辆**	**457034**	**410066**	**11.3**	**401017**	**350391**	**14.1**
1、载客汽车	辆	377114	327037	15.0	345068	291925	17.8
载客量	客位	2208510	1980694	11.3			
其中：大型	辆	3834	3832	-0.5	128	146	-13.0
载客量	客位	133939	134264	-1.1			
小型	辆	362238	309824	16.6	335778	280814	19.1
其中：轿车	辆	262502	224802	16.4	248480	209557	18.2
2、载货汽车	辆	77916	80874	-3.2	55217	57743	-4.2
载重量	吨位	217902	211226	45.7			
其中：重型	辆	8917	8445	5.3	4563	4169	7.3
载重量	吨位	64068	58086	9.9			
轻型	辆	60200	62910	-2.3	44657	46219	-3.0
其中：普通载货	辆	26043	31381	-16.2	18390	22914	-18.9
3、其他汽车	辆	2004	2155	-7.0	732	723	1.0
二、拖拉机	**辆**						
其中：大中型	辆						
三、摩托车	**辆**	**2213816**	**2123598**	**4.7**	**2204870**	**2114416**	**4.8**
四、挂车	**辆**	**2482**	**2190**	**12.3**	**852**	**670**	**23.8**
五、其他类型车	**辆**	**5**	**5**	**0**	**1**	**1**	**0**

表108：

江门市民用运输船舶拥有量

指　标	单位	总计	企业	私人
一、机动船	**艘**	**599**	**587**	**12**
载客量	客位	3151	3151	0
净载重量	吨位	256888	254042	2846
总功率	千瓦	226989	224641	2348
1、客船	艘	28	28	0
净载重量	吨位	1039	1039	0
载客量	客位	3151	3151	0
2、货船	艘	571	559	12
净载重量	吨位	255849	253003	2846
3、拖船	艘	0	0	0
功　率	千瓦	0	0	0
二、驳船	**艘**	**0**	**0**	**0**
载客量	客位	0	0	0
净载重量	吨	0	0	0

表109：

江门市邮政业基本情况

（2014年）

指标名称	单位	全市	蓬江江海	新会	台山	开平	鹤山	恩平
邮政生产用房面积	平方米	**44772**	14729	5064	6108	6393	4857	7621
非生产用房面积	平方米	**153391**	32534	26306	33471	27134	19222	14724
邮政局所	处	**121**	23	15	34	21	14	14
邮路长度（单程）	公里	**3035**	1469	10	674	590	423	592
邮政业务总量（2000年不变价）	万元	**34025**	11148	4118	4207	5155	3990	5407
国内函件合计	万件	**4394**	3282	276	103	290	187	256
国际函件合计	万件	**119.4**	3.3	6.1	9.6	99.1	0.8	0.5
国内包件合计	万件	**2.7**	1.3	0.5	0.6	0.1	0.1	0.1
国际包件合计	万件	**1.9**	0.2	0.2	1.0	0.4	0.04	0.1
国内汇票合计	万张	**28.5**	3.9	5.4	8.1	3.8	5.3	2.0
报刊累计份数	万份	**5313**	1437	685	1014	894	641	642
国内特快专递合计	万件	**33.3**	12.4	4.7	6.4	4.4	3.5	1.9
国际特快专递合计	万件	**0.81**	0.12	0.08	0.36	0.17	0.05	0.03
邮政储蓄平均收储余额	万元	**1020266**	99277	164107	167393	158764	151955	278770
全员劳动生产率	万元/人	**16.60**	18.51	15.05	12.96	15.18	20.58	23.70

注：2010年开始，全员劳动生产率不包括邮政储蓄银行和速递业务。

表110：

江门市通信业基本情况

指 标 名 称	单位	2014年
通信业务总量	亿元	73.89
年末固定电话交换机总容量（含接入网容量）	万门	222.7
年末移动电话交换机总容量	万门	891
年末固定电话机用户	万户	144.87
年末固定电话机总数	万部	144.87
年末移动电话用户	万户	600.86
固定电话普及率	%	32.11
移动电话普及率	%	133.19
互联网用户数	万户	329.33
互联网用户普及率	%	73

注：1、固定电话用户数包括小灵通用户。2、数据来源于市经济和信息化局。3、普及率用调整后的常住人口数。

表111：

江门市公路基本情况

（2014年）

指标名称	单位	全市	蓬江	新会	江海	台山	开平	鹤山	恩平
通车里程	公里	**10008.25**	604.69	265.43	1841.97	2750.17	1751.85	1186.34	1607.79
公路密度	公里/百平方公里	**105.31**	187.79	243.07	135.97	83.72	105.73	109.57	94.93
按技术等级分									
1、等级公路	公里	**8142.86**	523.69	239.39	1278.49	2735.33	1228.81	1186.34	950.81
高速公路	公里	**378.00**	23.36	34.98	37.29	130.58	30.09	67.24	54.47
一级	公里	**727.38**	97.14	41.59	189.16	74.61	132.65	127.51	64.72
二级	公里	**809.52**	24.95	6.89	113.41	274.71	140.66	154.03	94.87
三级	公里	**1484.85**	165.40	69.35	500.77	269.47	249.00	78.32	152.55
四级	公里	**4743.11**	212.85	86.59	437.87	1985.95	676.41	759.26	584.20
2、等外里程	公里	**1865.39**	81.00	26.04	563.48	14.85	523.04	0.00	656.98

表112：

江门市居民消费价格指数（一）

（以上年为100）　　单位：%

项　目	2008年	2009年	2010年	2011年	2012年	2013年	2014年
居民消费价格总指数	**104.5**	**98.0**	**103.2**	**104.8**	**102.7**	**101.8**	**102.7**
非食品价格指数	101.9	97.3	101.6	103.0	101.6	101.6	101.8
服务项目价格指数	100.8	96.8	102.1	103.8	101.6	102.1	103.6
消费品价格指数	**105.8**	**98.4**	**103.7**	**105.2**	**103.2**	**101.7**	**102.4**
一、食品	**109.4**	**99.4**	**106.8**	**108.5**	**105.0**	**102.2**	**102.4**
1、粮食	106.5	101.4	106.4	112.3	104.7	102.9	101.6
（1）大米	106.6	103.2	107.0	112.3	105.7	104.1	101.7
（2）面粉	104.8	94.3	98.5	106.5	105.5	102.2	100.5
2、淀粉	105.6	102.3	100.2	106.0	104.3	102.1	100.0
3、干豆类及豆制品	107.0	101.6	110.8	102.3	99.3	101.8	106.8
4、油脂	109.0	94.1	102.7	103.8	108.2	101.6	95.4
5、肉禽及其制品	113.5	92.5	101.6	114.8	100.5	98.9	104.6
（1）猪肉	113.0	83.6	96.7	122.2	96.1	96.2	99.4
（2）牛肉	131.8	110.0	99.2	96.5	126.2	120.9	107.6
（3）鸡	107.5	98.1	110.3	109.8	102.5	99.1	116.0
6、蛋	108.1	100	115.6	114.3	96.3	104.1	110.2
7、水产品	107.7	99.3	104.8	108.0	106.7	101	107.9
8、菜	112.4	103.1	119.4	99.3	117.1	108.6	99.4
（1）鲜菜	112.7	102.8	120.0	98.3	119.1	109	98.8
（2）干菜及菜制品	116.6	101.0	110.3	108.1	104.0	106.1	105.9
9、调味品	104.1	99.2	100.1	100.8	101.5	100.1	105.0
10、糖	100.1	96.2	107.3	110.1	99.5	102.3	98.9

表113：

江门市居民消费价格指数（二）

（以上年为100）　　单位：%

项　目	2008年	2009年	2010年	2011年	2012年	2013年	2014年
（1）食糖	99.7	85.2	121.0	133.8	95.3	95	98.4
（2）糖果	100.8	99.6	99.8	97.7	103.2	104.1	100.6
11、茶及饮料	100.7	99.7	103.3	101.8	100.4	101.6	100.8
12、干鲜瓜果	103.8	102.5	120.3	113.5	97.6	108.2	119.3
（1）鲜果	103.4	103.5	123.9	112.1	96.1	109.4	121.9
（2）干果	105.4	97.7	103.9	121.4	105.4	102.3	106.3
13、糕点饼干面包	106.6	100.6	98.7	103.9	106.7	103.1	101.8
14、液体乳及乳制品	107.6	101.8	109.4	102.6	101.4	100.3	104.3
15、在外用膳食品	110.7	103.8	103.0	105.9	108.5	101.9	103.3
（1）主食	107.8	103.9	104.0	112.4	111.9	101.1	103.7
（2）地方小吃	110.4	105.5	103.6	97.9	104.3	103.7	106.7
16、其他食品	103.1	98.9	98.7	112.6	114.7	99.9	99.6
二、烟酒及用品	**100.9**	**102.6**	**101.8**	**102.3**	**103.1**	**99.7**	**100.4**
1、烟草	100.6	103.5	101.4	101.5	101.1	99.1	99.4
2、酒	101.7	102.2	102.9	103.9	106.8	100.7	102.3
三、衣着	**98.4**	**95.5**	**95.0**	**100.3**	**101.1**	**102.4**	**101.3**
1、服装	97.9	94.1	93.3	101.8	103.5	103.7	101.8
2、衣着材料	101.1	100.6	101.7	98.1	98.7	100.2	100.9
（1）棉布	100.1	100.1	107.0	98.7	98.4	100.5	102.0
（2）棉混纺布	100.2	100.9					
（3）化纤布	100.1	101.2	100.0	97.5	98.7	100.0	100.2
（4）毛线	103.9	100.3	100.0	100.0	100.0	100.0	100.0

表114：

江门市居民消费价格指数（三）

（以上年为100）　　单位：%

项　目	2008年	2009年	2010年	2011年	2012年	2013年	2014年
3、鞋袜帽	98.8	98.6	98.6	95.9	94.2	98.3	99.5
（1）鞋	98.3	98.2	98.2	95.3	93.6	98.6	100.6
（2）袜子	101.1	100.6	99.8	101.3	97.8	96.3	93.6
（3）帽子	100.8	100.0	100.0	87.6	96.0	100.8	96.4
4、衣着加工服务	101.8	99.9	100.1	102.1	98.0	100.0	102.3
四、家庭设备用品及维修服务	**102.5**	**99.7**	**99.4**	**101.9**	**105.3**	**100.9**	**100.7**
1、耐用消费品	102.3	99.2	97.6	97.5	97.9	101.4	101.0
（1）家具	102.9	99.1	98.0	97.2	94.1	102.6	102.3
（2）家庭设备	101.9	99.3	97.4	97.7	100.0	100.8	100.2
2、室内装饰品	102.1	100.5	100.3	109.3	102.4	100.0	100.5
3、床上用品	102.1	99.7	97.2	101.3	102.7	104.1	100.6
4、家庭日用杂品	102.3	99.8	101.1	105.6	107.7	99.9	100.5
5、家庭服务及加工维修服务	104.0	101.5	104.2	105.7	120.8	100.1	100.4
五、医疗保健和个人用品	**103.0**	**100.6**	**104.5**	**107.5**	**102.9**	**102.1**	**101.0**
1、医疗保健	103.3	101.0	105.7	109.3	102.5	103.7	99.5
（1）中药材及中成药	108.3	101.5	118.0	123.5	101.5	108.1	104.3
（2）西药	101.5	101.2	101.8	105.7	105.4	102.2	94.1
（3）医疗保健服务	100.4	100.0	100.0	100.0	99.0	98.6	100.0
2、个人用品及服务	102.5	99.9	102.1	103.9	103.7	98.8	104.2
（1）化妆美容用品	101.4	100.4	101.4	100.6	99.3	99.7	99.4
（2）个人饰品	101.3	100.5	103.7	108.7	106.9	96.6	96.0
（3）个人服务	105.9	99.3	101.7	103.7	103.7	95.5	123.4

表115：

江门市居民消费价格指数（四）

（以上年为100）　　　　单位：%

项　目	2008年	2009年	2010年	2011年	2012年	2013年	2014年
六、交通和通信	**100.8**	**98.5**	**99.8**	**101.0**	**100.6**	**100.6**	**100.9**
1、交通	101.8	98.5	101.4	102.1	101.6	101	100.9
（1）交通工具	101.2	99.7	97.5	97.4	99.8	101.1	103.3
（2）车用燃料及零配件	110.3	91.4	109.4	109.8	102.6	99.2	98.6
（3）市区公共交通费	100.0	100.0	100.0	100.1	102.5	105.0	100.0
2、通信	99.8	98.4	98.1	99.6	99.4	100.0	100.9
（1）通信工具	98.7	91.3	88.4	97.6	95.9	100.0	106.1
（2）通信服务	100.0	100.0	100.0	100.0	100.0	100.0	100.0
七、娱乐教育文化用品及服务	**100.0**	**98.1**	**100.4**	**104.0**	**100.0**	**100.4**	**103.3**
1、文娱用耐用消费品及服务	98.6	96.1	94.3	97.0	101.8	99.4	99.4
2、教育	99.9	100.2	101.8	101.7	100.7	100.5	101.0
（1）教材及参考书	100.1	102.0	104.5	100.2	100.5	101.6	100.1
（2）教育服务	99.9	100.0	101.4	102.0	100.7	100.3	101.1
3、文化娱乐类	100.3	100.9	100.9	103.5	101.6	100.5	100.0
（1）文化娱乐用品	100.8	100.3	102.5	101.2	100.7	100.7	100.0
（2）书报杂志	100.1	102.2	100.6	101.3	100.0	100.8	100.0
（3）文娱费	100.1	100.3	99.6	107.8	103.7	100	100.0
4、旅游	101.7	91.8	102.1	112.9	97.0	100.8	111.3
八、居住	**104.3**	**93.3**	**105.1**	**103.0**	**101.1**	**103.0**	**102.4**
1、建房及装修材料	104.9	101.5	101.0	101.7	100.6	100.3	100.8
2、住房租金	99.7	99.4	99.3	105.2	100.3	106.1	105.9
3、自有住房	103.0	83.2	108.3	104.2	100.9	105.4	104.5
4、水、电、燃料	106.1	91.9	107.1	101.7	101.8	100.3	99.4

表116：

2014年社会消费品零售总额

单位：万元

市、区	社会消费品零售总额	增长（%）	按行业分		
			批发业	零售业	住宿和餐饮业
全　市	9233509	11.0	728477	7507102	997930
蓬江区	1876248	16.2	97447	1643399	135402
江海区	338870	16.2	53458	249355	36057
新会区	1867016	11.0	287559	1409561	169896
台山市	1670342	10.0	61581	1417474	191287
开平市	1432117	7.2	112220	1151762	168135
鹤山市	1321315	9.3	108675	999299	213341
恩平市	727601	9.6	7537	636252	83812

表117：

江门市能源消费基本情况

指　　标	单　位	2010年	2011年	2012年	2013年	2014年
一、全社会综合能源消费总量	万吨标准煤	925.57	1052.62	1045.56	1097.06	1147.08
二、规上工业能源消费情况						
综合能源消费量	万吨标准煤	701.38	811.61	748.31	852.46	786.28
其中：电力消费量	亿千瓦时	112.84	116.45	108.35	114.37	119.55
万元工业产值能源消费量	吨标准煤	0.18	0.17	0.25	0.28	0.22
万元工业产值电力消费量	千瓦时	292.06	239.47	357.48	371.8	329.74
节能量	万吨标准煤	140.48	48.63	-233.06	-92.97	218.42
节电量	万千瓦时	122658	255731	-357661	-44056	152466
三、用电情况						
全市用电量	亿千瓦时	165.21	187.68	196.14	207.30	227.87
其中：工业用电	亿千瓦时	115.63	133.12	136.62	148.26	159.16
居民生活用电	亿千瓦时	19.78	21.72	23.53	24.12	28.93
其中：乡村用电	亿千瓦时	7.19	8.89	9.56	9.23	18.14
城市用电	亿千瓦时	12.59	12.83	13.97	14.89	10.79
四、主要物资消费量						
原煤	万吨	1220.73	1408.28	1315.07	1508.39	1327.75
燃料油	万吨	26.97	31.18	19.9	20.69	18.53

备注：根据第三次全国经济普查结果对能耗总量自2010年度起进行修正。

表118：

2014年海关进出口总额（按贸易方式分）

单位：万美元

项　目	进出口总额	进口总额	出口总额
总　计	**12517496**	**3249113**	**9268384**
一般贸易	7262426	1778421	5484005
来料加工装配贸易	719856	311346	408511
进料加工贸易	4312190	1005469	3306721
加工贸易进口设备	15250	15250	
外商投资企业作为投资进口的设备、物品	16017	16017	
保税仓库进出境货物	191183	122037	69146
其他	573	572	1

表119：

2014海关进出口总额（分市、区）

单位：万美元

市、区别	进出口总额	进口总额	出口总额
全　市	**12517496**	**3249113**	**9268384**
蓬江、江海	4723571	1156163	3567408
新　会	2979782	987505	1992277
台　山	1312203	474816	1310750
开　平	1632217	321467	1347663
鹤　山	1599002	251339	837388
恩　平	270721	474816	212899

表120：

2014年海关进出口总额（按企业性质分）

单位：万美元

项　　目	进出口总额	进口总额	出口总额
总 计	**12517496**	**3249113**	**9268384**
1. 国有企业	109858	41688	68170
2. 中外合作企业	235643	48187	187456
3. 中外合资企业	2216845	765529	1451316
4. 外商独资企业	5220176	1404466	3815710
5. 集体企业	55935	8347	47578
6. 私营企业	4651868	954169	3697698
7. 其他	27171	26727	456

表121：

江门市海关出口情况

单位：万元

项　　目	进出口总额	增长（%）
总　　计	**9268384**	**6.7**
一、 按贸易方式统计		
1. 一般贸易出口	5484005	6.0
2. 加工贸易出口	3715232	6.6
其中：来料加工	408511	-11.5
3. 其他贸易出口	69147	139.7
二、 按企业性质统计		
1. 国有企业出口	68170	-6.8
2. 三资企业出口	5454481	3.5
3. 其他企业出口	3745732	12.0

表122: 2014年各市（区）外商直接投资情况

市、区别	项目个数（个）	合同利用外资金额（万美元）	实际利用外资金额（万美元）
全　市	**168**	**130077**	**85377**
蓬　江	60	25286	17027
江　海	17	21962	5933
新　会	30	23437	17008
台　山	21	23371	18089
开　平	16	10111	6052
鹤　山	17	15060	14706
恩　平	7	10850	6562

表123: 2014年各市（区）批准外商直接投资增减项目情况

单位: 个、万美元

市、区别	增资项目		减资项目	
	个数	合同外资金额	个数	合同外资金额
全　市	**129**	**90224**	**34**	**8922**
蓬　江	26	10197	6	1381
江　海	19	13864	4	1188
新　会	38	28393	15	5082
台　山	12	13187	3	121
开　平	13	8277	2	347
鹤　山	10	10117	0	0
恩　平	11	6189	4	803

表124：

江门市旅游发展情况

指　标	计算单位	2000年	2005年	2011年	2012年	2013年	2014年
旅游机构	个	64	90	162	158	168	172
旅游机构职工人数	人	7275	7900	8219	8108	7997	8305
旅游宾馆	家	47	58	470	473	493	822
按星级分：　五星	家	1	1	6	6	6	6
四星	家	4	4	3	2	2	2
三星	家	6	20	21	17	18	15
二星	家	13	6	2	2	2	2
旅游宾馆客房	间	7033	9302	33989	34590	35390	40138
旅游宾馆床位	张	14969	16922	58830	60030	61030	61534
旅游宾馆客房出租率	%	37.92	54.6	61.62	61.85	61.2	63.1
旅游收入合计	亿元	37.45	49.7	154.43	185.28	223.28	279.00
国际旅游收入	万美元	8295	10500	60167	69917	79767	84318
1、商品性收入	万美元	3019	3824	15643	18956	19064	20152
2、劳务性收入	万美元	5275	6676	44524	50962	60703	64166
国内旅游收入	亿元	30.59	41	115.33	141.16	173.89	227.19
旅游景点	处	23	30	62	62	62	64

注：1、2009年开始旅游宾馆数据包括所有住宿设施。2、2010年以前的旅游景点数据统计不齐。

表125： 2014年各市（区）涉外宾馆（酒店）接待旅游者情况

单位：人次

单 位	合 计	海外旅游者	1、外国人	2、香港同胞	3、澳门同胞	4、台湾同胞	国内旅游者
全 市	16017654	1787169	405068	722078	528353	131670	14230485
蓬 江	3704846	289048	63557	113894	82818	28779	3415761
江 海	926211	72261	15889	28473	20704	7195	853941
新 会	1861380	402317	28162	241390	120695	12070	1459063
台 山	3184635	183295	76345	41539	33638	31773	3001340
开 平	2723209	483101	94656	184968	166267	37210	2240108
鹤 山	1568653	180653	29000	63500	83553	4600	1388000
恩 平	2048766	176494	97459	48314	20678	10043	1872272

表126： 各市（区）地方财政预算收支情况表

单位：亿元

市、区别	2013年		2014年	
	公共财政预算收入	公共财政预算支出	公共财政预算收入	公共财政预算支出
全 市	2013	2013	2014	2014
市本级	158.03	212.61	177.20	236.10
蓬江区	31.72	38.93	35.60	43.43
江海区	15.47	19.82	18.93	23.89
新会区	6.07	8.64	9.01	11.47
台山市	38.30	43.01	40.63	46.92
开平市	20.33	35.52	22.71	39.43
鹤山市	18.85	26.64	19.35	27.07
恩平市	18.88	21.71	21.44	23.77
	8.43	18.35	9.53	20.10

表127：

银行信贷储蓄基本情况

单位：亿元

	2014年				2013年			
	人民币存款余额	人民币贷款余额	城乡居民储蓄存款余额	人均储蓄年末余额（元）	人民币存款余额	人民币贷款余额	城乡居民储蓄存款余额	人均储蓄年末余额（元）
全　市	3461.22	1879.41	2174.17	48193	3207.33	1563.15	2029.88	45133
市　区	2057.12	1209.08	1099.38	59237	1907.54	998.16	1030.85	55761
台山市	437.22	210.46	345.62	36416	403.34	186.99	321.93	33962
开平市	446.32	194.19	350.19	49609	416.28	159.33	322.52	45832
鹤山市	307.42	204.79	209.70	41815	288.78	176.11	199.54	39916
恩平市	206.35	51.16	168.84	33836	187.84	35.88	154.71	31104

注：人均储蓄年末余额用常住人口计算。

表128：

2014年各市（区）保险业务基本情况

单位：亿元

	保费收入	
	财产保险公司业务	人身保险公司业务
全　市	24.39	49.17
蓬江区、江海区	10.88	28.48
新会区	5.19	5.26
台山市	2.33	3.90
开平市	2.95	4.18
鹤山市	1.78	4.12
恩平市	1.26	3.23

表129：

2014年园林绿化情况

指　　标	单　位	全 市	市 区	台 山	开 平	鹤 山	恩 平
城区面积	平方公里	920.40	566.00	33.00	152.00	81.40	88.00
其中:建成区	平方公里	299.36	158.50	28.60	49.97	26.06	36.23
建成区绿化覆盖率	%	37.94	43.68	36.35	28.66	29.38	33.01
建成区绿地率	%	35.05	41.71	32.45	25.44	27.87	26.33
绿化覆盖面积	公顷	16985.3	11864.48	1668.90		784.63	1235
其中：建成区	公顷	11356.60	6923.21	1039.50	1432.26	765.63	1196
园林绿地面积	公顷	16318.47	11539.62	1806.42		735.28	966
其中：建成区	公顷	10491.21	6611.73	928.05	1271.15	726.28	954
公园绿地面积	公顷	3505.93	2353.86	359.32	335	178.75	279
人均公园绿地面积	平方米	16.73	17.60	19.17	13.80	12.31	15.27
公园个数	个	134	93	14	9	10	8
公园面积	公顷	3260.32	2317.62	257.7	246	159	280

表130：

2014年江门市环境保护情况

指　　标	计量单位	2014年
可吸入颗粒物浓度年均值	毫克/立方米	0.064
二氧化硫浓度年均值	毫克/立方米	0.024
二氧化氮浓度年均值	毫克/立方米	0.032
集中式饮用水水源地水质达标率	%	100
地表水功能区水质达标率	%	80.6
近岸海域功能区水质达标率	%	100
区域环境噪声平均值	dB(A)	55.8
交通干线噪声平均值	dB(A)	69.3
工业废水排放量	亿立方米	17284
工业二氧化硫产生量	吨	174934
工业二氧化硫排放量	吨	52000
工业烟（粉）尘去除量	吨	1370895
工业烟（粉）尘排放量	吨	17723
一般工业固体废物综合利用率	%	90.48
危险废物处置率	%	35.29
污水集中处理率	%	89.55
生活垃圾无害化处理率	%	100
空气质量达标天数比例	天	80.2

表131：

2014年江门市社会保险情况

项　目	单位	2014年
社会保险基金收入	万元	1076969
其中：基本医疗保险	万元	256137
企业养老保险	万元	581827
城镇职工基本养老保险参保人数	人	1861874
农村社会养老保险参保人数	人	1424777
城乡基本医疗保险参保人数	人	3887146
失业保险参保人数	人	739990
工伤保险参保人数	人	769738
生育保险参保人数	人	738330
年末领取养老金的离休、退休人数	人	718085
城镇居民最低生活保障标准	元	500
农村居民最低生活保障标准	元	350-500

表132：

2014年江门市社会福利情况

项　目	单位	2014年
社会福利院	间	6
社会福利院床位数	张	2130
社区服务设施数	个	3262
福利院入住人数	人	1181
敬老院	间	69
敬老院供养人数	人	1295
敬老院床位数	张	4181
年末低保对象户数	户	28770
其中：城镇	户	4727
年末低保对象人数	人	61648
其中：城镇	人	9150
离退休人员	人	394

表133：　　2014年江门市文化、教育、卫生发展情况

指　　标	单位	2000年	2009年	2010年	2011年	2012年	2013年	2014年
一、文化、广播、电视								
艺术表演团体	个	9	12	12	8	8	7	
其中：粤剧团	个	8	11	11	7	7	6	
艺术表演场次	场	1892	1040	862	763	834		
艺术表演观众人数	万人次	247	148	133	103	197		
广播电视台数	个	6	6	6	6	6	6	6
广播覆盖率	%	99.2	100	100	100	100	100	100
无线电视覆盖率	%	97.9	100	100	100	100	100	100
公共图书馆藏书量	万册	127.54	160	166	196	215	221	193
文化站	间	106	81	81	80	80	80	80
博物馆收藏品数	万件	1.50	5.83	6.06	5.92	6.20	6.45	6.87
二、教育								
高等院校在校学生数	人	6055	21667	23289	26624	30699	34345	38722
中等职业教育学校在校学生数	人	51570	71868	72807	64940	72451	67371	62143
普通中学在校学生数	万人	23.59	26.97	26.39	25.31	24.19	23.43	22.30
小学在校学生数	万人	42.73	31.66	30.24	29.47	29.13	29.57	29.93
初中升学率	%	81.02	96.46	97.29	96.85	97.78	97.83	97.80
高中升学率	%	64.82	77.69	86.43	84.20	88.31	84.94	89.24
三、卫生								
卫生机构数	个	535	1774	1676	1687	1677	1730	1715
其中：医院、卫生院	个	131	126	120	116	113	111	108
卫生机构床位数	张	8255	11734	12603	14247	15627	16795	18455
其中：医院、卫生院	张	8151	11658	12366	13931	15127	16309	16822
卫生技术人员数	人	14076	17923	17299	20164	21886	22851	23155
其中：医生	人	5617	6600	6643	7136	7590	7891	7729

注：　2007年后，卫生机构包括卫生站数。

表134：

2014年各市（区）文化事业发展情况

项　目	单位	全市	蓬江江海	新会	台山	开平	鹤山	恩平
一、　广播电视台数	**个**	**6**	**1**	**1**	**1**	**1**	**1**	**1**
广播电台节目套数	套	7	2	1	1	1	1	1
广播全年播出时间	时	46939	13140	6990	6570	6569	7100	6570
广播覆盖率	%	100	100	100	100	100	100	100
电视台节目套数	套	9	3	2	1	1	1	1
电视全年播放时间	时	39950	18973	4615	1996	6043	6580	1743
无线电视覆盖率	%	100	100	100	100	100	100	100
二、　公共图书馆	**间**	**7**	**2**	**1**	**1**	**1**	**1**	**1**
公共图书馆藏书	万册	192.5	66	47.0	22.0	19.8	22.0	15.7
图书流通人数	万人次	260	109	80	17	16	18	20
图书外借册次	万册次	80	44	12	1	8	9	6
阅览室座席数	个	2598	678	637	328	395	294	266
群众文化艺术馆	间	8	3	1	1	1	1	1
文化站	个	80	14	12	18	15	10	11
三、　博物馆	**个**	**6**	**1**	**1**	**1**	**1**	**1**	**1**
收藏品件数	件	68660	46831	5269	6026	3057	2443	5034
其中：一级品	件	5	1	4	0	0	0	0

表135：

2014年江门市各类学校情况（一）

项　　目	单位	全市	蓬江江海	新会	台山	开平	鹤山	恩平
一、普通中学								
学校数	所	185	38	39	37	30	16	25
在校学生数	人	222952	47349	46643	39562	43988	22755	22655
教职工人数	人	19924	4527	4270	3697	3506	1788	2136
其中：专任教师	人	18229	4041	3956	3299	3290	1619	2024
二、 小学								
学校数	所	313	59	65	52	56	41	40
在校学生数	人	299322	75448	60307	48140	54069	32634	28724
教职工人数	人	14887	3051	2894	2621	2808	1538	1975
其中：专任教师	人	14289	3028	2847	2395	2672	1476	1871
三、 幼儿教育								
学校数	所	480	141	102	63	77	70	27
在校学生数	人	132623	32060	20467	23410	25384	19114	12188
教职工人数	人	13863	4399	2509	1973	2010	2250	722
其中：专任教师	人	7780	2248	1325	1277	1249	1154	527
四、升学率、入学率								
小学学龄儿童入学率	%	100	100	100	100	100	100	100
小学升学率	%	100	100	100	100	100	100	100
初中适龄少年入学率	%	100	100	100	100	100	100	100
初中升学率	%	97.8	99.6	98.5	97.0	98.8	97.1	94.1
高中升学率	%	89.2	89.6	89.6	84.4	89.6	99.9	77.9

表136：

2014年江门市各类学校情况（二）

单位：所、人

项　　目	单位	全市	蓬江江海	新会	台山	开平	鹤山	恩平
一、高等院校（全日制）								
学校数	所	3	3					
在校学生数	人	38722	38722					
教职工人数	人	13373	13373					
其中：专任教师	人	6974	6974					
二、中等职业教育学校								
学校数	所	24	10	3	5	3	1	2
在校学生数	人	62143	32601	11929	8087	5343	3036	1147
教职工人数	人	3206	1202	716	477	491	195	125
其中：专任教师	人	2660	995	539	431	401	180	114
1、普通中等专业学校			0					
学校数	所	8	6		2			
在校学生数	人	17522	15403		2119			
教职工人数	人	635	528		107			
其中：专任教师	人	482	389		93			
2、成人中等专业学校			0					
学校数	所	1	0	1				
在校学生数	人	4719	0	4719				
教职工人数	人	353	0	353				
其中：专任教师	人	236	0	236				
3、技工学校			0					
学校数	所	3	1	1	1			
在校学生数	人	16018	9325	4508	2185			
教职工人数	人	508	222	180	106			
其中：专任教师	人	420	181	144	95			
4、职业高中			0					
学校数	所	12	3	1	2	3	1	2
在校学生数	人	23884	7873	2702	3783	5343	3036	1147
教职工人数	人	1710	452	183	264	491	195	125
其中：专任教师	人	1522	425	159	243	401	180	114

表137：

2014年江门市卫生事业发展情况

单位：个/张/人

指　　标	全市	市区	# 新会	台山	开平	鹤山	恩平
一、卫生机构数	1715	280	260	454	248	226	247
#医院、卫生院	108	18	19	23	21	12	15
二、卫生机构床位数	18455	6636	3621	3017	2660	1366	1155
#医院、卫生院	16822	5913	3264	2772	2560	1275	1038
三、卫生机构人员数	28414	9918	5693	4899	3773	2238	1893
#医院、卫生院	21191	7305	4388	3593	3174	1489	1242
#卫生技术人员	23155	8166	4624	4054	3024	1815	1472
其中：医生	7729	2636	1323	1462	1032	666	610
#执业医师	6239	2400	1057	1044	841	518	379
#执业助理医师	1490	236	266	418	191	148	231
护士	9168	3500	1554	1606	1295	688	525
药剂人员	1602	501	325	217	248	156	155
检验人员	817	284	148	123	109	85	68
其他	3839	1245	1274	646	340	220	114

文献法规

江门年鉴

2015

JIANGMEN YEARBOOK

文献法规专载

江门市人民政府办公室关于印发进一步完善和规范县镇事权调整若干意见的通知

江府办〔2014〕2号

各市、区人民政府，市有关单位：

经市人民政府同意，现将《江门市关于进一步完善和规范县镇事权调整的若干意见》印发给你们。请各地、各单位结合实际贯彻落实，工作中遇到的问题，请径向市编办反映。

江门市人民政府办公室

2014年1月6日

江门市关于进一步完善和规范县镇事权调整的若干意见

我市实施简政强镇事权改革和行政审批制度改革以来，各市、区积极探索向镇（街）下放行政审批管理事权，赋予镇（街）与其经济社会发展相适应的行政管理权，取得了较好的成效，为进一步深化改革，根据《广东省县镇事权改革若干规定（试行）》（省政府令第58号）、省编委《印发关于进一步深化简政强镇事权改革的意见的通知》（粤机编〔2011〕23号）有关规定，现就进一步完善和规范县镇事权调整，提出如下意见：

一、指导思想

以邓小平理论、“三个代表”重要思想、科学发展观为指导，坚持统筹城乡发展，按照责权一致原则，以强化县镇公共服务和管理职能为重点，着力转变职能、理顺关系，充分向镇（街）下放事权，科学规范调整县镇两级政府间的权责关系，形成权责一致、分工合理、运转高效、监督有力的县镇行政管理体制机制，为推进新型城镇化建设提供体制机制保障。

二、基本原则

（一）依法合规的原则。在法律法规的框架下，切实简政放权，扩大镇（街）行政管理职权，健全体制机制，规范县镇权力的行使。

（二）权责统一的原则。以转变职能、理顺关系为重点，确保基层政府权责统一，切实增强基层政府履行社会管理能力和公共服务能力。

（三）因地制宜的原则。结合区域主体功能区规划，科学定位镇（街）职责重点，因地制宜下放事权，使镇（街）充分拥有与其经济社会发展水平相适应的行政管理职权。

三、进一步完善和规范县镇事权调整机制

本《意见》所称行政管理职权，主要包括行政许可、非行政许可类审批、行政处罚等职权以及社会管理和公共服务等方面的事权。

（一）县镇事权调整的范围。

1. 调整给镇（街）行政管理职权范围。按照应放尽放原则，以下几方面事权应调整给镇（街）：一是法律法规明确赋予乡镇人民政府（包括街道办事处，下同）行使的职权。二是政策法规明确授权特大镇、中心镇人民政府行使的行政管理职权，赋予特大镇、中心镇在经济发展、市场监管、社会管理、公共服务、民生事业等方面部分县级经济社会管理权限。落实省委、省政府赋予中心镇在投资项目、建设管理、建设用地、财政等方面所享有的相应管理权限。三是根据各市、区主体功能规划及各镇（街）分类，分别向镇（街）下放有利于促进经济社会发展的事权。

2. 各市、区政府统筹协调和综合平衡的事项。对各市、区政府统筹协调和综合平衡的事项不宜下放，包括涉及各市、区城乡总体布局、土地总体规划利用、财政体制的事项；跨镇（街）事项和重大基础设施、重大产业布局、重大监管事项；涉及本市、区综合平衡的社会民生事项；各市、区人民政府指定的其他事项。

3. 下列行政管理职权不得调整由乡镇人民政府行使：（一）限制人身自由的行政处罚权；（二）涉及公民、法人或者其他组织资格资质的行政许可；（三）法律、行政法规规定由行政机关或者专业技术组织实施的、需要通过检验、检测、检疫等方式对直接关系公共安全、人身健康、生命财产安全的设备、设施、产品、物品进行审定的行政许可；（四）省人民政府认为不得调整由乡镇人民政府行使的其他行政管理职权。

（二）县镇事权调整的方式和程序。

1. 县镇事权调整的方式。主要有四种方式：一是依法授权。法律法规明确赋予乡镇人民政府行使的职权，应依法由乡镇人民政府行使。政策法规明确授权特大镇、中心镇人民政府行使的行政管理职权，依法由特大镇、中心镇人民政府行使。二是委托放权。法律、法规、规章和国务院部委、省人民政府及其所属部门规范性文件规定由市、区人民政府及其部门行使的行政管理事项，可采取委托方式下放乡镇人民政府行使。三是直接放权。对市人民政府及其部门规范性文件规定由各市、区人民政府及其部门行使的行政管理事项，采取直接放权方式调整给乡镇人民政府行使。四是调整内部管理权限方式放权。县级政府部门在镇（街）设有派出机构的，采取调整内部管理权限方式，将县级行政管理职权调整给镇（街）派出机构行使。

2. 县镇事权调整的程序。对于各市、区人民政府下放给乡镇人民政府的行政管理职权，由各市、区机构编制部门根据各部门提出的下放意见会同发展改革、监察、法制等部门制定调整目录，报同级人民政府同意后公布实施。对于乡镇人民政府申请下放的事权，由各市、区机构编制部门经征求有关部门的意见后会同发展改革、监察、法制等部门制定调整目录，报同级人民政府同意后公布实施。

3. 县镇调整事权的交接。行政管理职权调整目录公布后，乡镇人民政府应当依照法律、法规和规章规定的程序行使调整由其行使的行政管理职权，提高行政管理和服务水平，增强基层社会管理和公共服务能力。对于授权方式调整的行政管理职权，各市、区政府部门和乡镇人民政府应按要求在规定时限内完成行政管理职权调整交接手续，各市、区政府部门对调整行政管理职权制定统一的法律文书、办事指南和规范流程供乡镇人民政府使用，并报本级机构编制部门、法制部门备案。通过委托方式调整事权的，各市、区政府部门应当与受委托的乡镇人民政府签订委托授权书，并将有关事项予以公告，提供相应的法律文书，有关委托授权书和法律文书报本级机构编制部门、法制部门备案。

（三）建立县镇事权动态调整机制。

下放的事权统一对外公布实施后，应加强动态评估和管理。对不能适应社会发展需要的事权，下放后不利于统筹管理和综合平衡、不利于准确高效执行的事权，以及仍需进一步下放的事权，要按照规定程序及时予以清理、调整和公布。

（四）明晰县镇事权的责任关系。

1．明确调整事权的责任主体。以法律授权方式调整实施行政管理职权的，乡镇人民政府应当以自己的名义实施行政管理职权，并就授权范围内实施的具体行政行为承担相应的法律责任。以委托方式调整实施行政管理职权的，乡镇人民政府应当在委托权限范围内，以委托机关名义实施行政管理职权，在受委托权限范围内实施行政管理职权而产生行政诉讼、行政复议、行政赔偿的，由委托机关承担出庭应诉、复议答复、支付赔偿等法律责任。对直接放权方式调整实施行政管理职权的，乡镇人民政府就其行政行为承担相应的行政和法律责任。实行县级政府部门管理为主的派出机构，派出机构以其派出机关的名义实施行政管理职权，并由县级政府相关部门就派出机构实施的具体行政行为承担相应的法律责任。

2．加强调整事权的监督检查。各市、区人民政府部门要对乡镇人民政府行使下放事权加强指导和监督，对下放事权制定统一的办事指南和操作规程，明确技术指标和管理规范，清晰界定权责关系。要建立健全下放事权监督检查的工作制度和机制，建立健全日常检查制度和备案制度，通过日常网上在线监督、纸质材料备案和定期、不定期检查、抽查等方法，对下放事权切实加强监管。承接单位要规范行使下放事权，对承接的审批事权要按“谁审批，谁负责”的原则，切实履行行政审批的后续监管职责。

3．强化责任追究。乡镇人民政府承接上级下放的管理事权后，应依法依规行使下放事权，并依法承担相应的责任。在行使行政权力中产生行政诉讼、行政复议的，乡镇人民政府应按规定承办行政应诉、复议答辩等具体事务，依法承担相应责任。监察机关要对违法违规行使下放事权，不正确履行或不履行行政管理职责的行为实施责任追究。

四、完善事权调整相关配套措施

事权下放后，乡镇人民政府承担行政管理职权、社会管理和公共服务需求相应增加，各市、区应按照权责统一的原则及“人、事、财”相匹配的要求，进一步完善相关的配备制度。一是要按照“财随事转”的原则，进一步完善县镇财政管理体制，加大对乡镇人民政府财政支持力度，构建财力与事权相匹配的乡镇财政管理体制。二是各市、区组织人事、机构编制部门要根据镇（街）在事权承接中需要加强的岗位和相关人员需求，适当调整县镇两级人员和编制配备，保障放权授权有效落实。实行派驻管理的县级政府部门应根据事权调整工作量，切实调整和增加派驻镇（街）机构的人员力量。

五、工作要求

（一）加强组织领导。规范调整县镇权责关系工作政策性强、涉及面广，市人民政府指导各市、区规范调整县镇权责关系工作，各市、区人民政府统一领导、组织、协调本行政区内规范调整县镇权责关系工作，依法推进简政强镇事权改革。机构编制部门负责规范调整县镇权责关系的具体实施工作。发展改革、监察、财政、法制等部门按照各自职责做好相关协调工作，其他各职能部门负责本部门的事权调整和监管工作。各级、各部门要进一步提高思想认识，树立大局观念，把规范调整县镇权责关系工作列入重要议事日程，坚持党政主要领导亲自抓，切实加强组织领导，强力推进。要认真制定工作方案，精心组织，周密部署，狠抓落实。

（二）加大简政扩权的力度。各级、各部门要在推进简政强镇事权改革工作的总体要求下，抓好规范调整县镇权责关系各项工作任务的衔接和落实。结合行政审批制度改革，认真调研评估，根据本《意见》提出的放权原则、范围、方式和程序，对下放不到位、不规范或下放后不利于管理的事权，按要求认真清理调整，对乡镇人民政府提出仍有必要进一步下放的事权，经审核后符合下放范围的，切实下放到位。县级人民政府及其部门和镇级人民政府应当密切配合、互相协作，做好职权交接和职责对接工作。

（三）强化监督指导。各级、各部门要上下联动，加强指导服务，及时研究解决工作中遇到的新情况、新问题。有关部门要通力协作，加强配合，建立完善信息报送制度，及时掌握改革情况，适时组织开展专项督查。

江门市人民政府关于印发江门市全面深化基本公共服务均等化综合改革试点方案（2014-2015年）的通知

江府办〔2014〕2号

各市、区人民政府，市各有关单位：

现将《江门市全面深化基本公共服务均等化综合改革试点方案（2014-2015年）》印发给你们，请认真贯彻执行。执行过程中遇到的问题，请径向市财政局反映。□

□

江门市人民政府

2014年6月17日

江门市全面深化基本公共服务均等化综合改革试点方案（2014-2015年）

根据省政府办公厅《印发深入推进基本公共服务均等化综合改革工作方案（2012-2014年）的通知》（粤府办〔2012〕30号）和省财政厅印发《广东省基本公共服务均等化规划纲要（2009-2020年）（修编版）》，为深入推进我市基本公共服务均等化综合改革试点工作，制定本试点方案。

一、指导思想

高举中国特色社会主义伟大旗帜，坚持以邓小平理论、“三个代表”重要思想、科学发展观为指导，深入贯彻党的十八大、十八届三中全会、习近平总书记系列重要讲话精神和省委十一届三次全会、市委十一届四次全会决策部署，坚持解放思想、改革攻坚、创新创造，以实现城乡、区域和群体间基本公共服务均等化为目标，以省规划纲要公共服务基本标准为基础，以我市“大民政”改革和优先保障底线民生为着力点，加大财政投入，健全公共服务体制，完善推进基本公共服务均等化的体制保障和配套措施，促进形成政府主导、覆盖城乡、功能完善、分布合理、管理有效、可持续的基本公共服务体系，使基本公共服务全面、平等地惠及全市居民，建设幸福侨乡。

二、总体要求

在前一阶段我市实施基本公共服务均等化综合改革工作的基础上，按照省深化和扩大基本公共服务均等化试点综合改革的部署要求，继续全面深化改革，以“守住底线、突出重点、覆盖城乡、标准提高、差距缩小、机制创新”为总体要求，结合“十二五”规划，对接修编后的《广东省基本公共服务均等化规划纲要（2009-2020年）》，用两年的时间，到2015年底，全面完成省规划纲要第一阶段的目标任务，各项指标达到全省平均水平，关键指标达到全省先进水平，为下一阶段率先实现基本公共服务均等化夯实基础。

（一）突出重点，底线优先。

坚持公平优先，保障居民平等享有基本公共服务民生政策。优先解决人均生活水平平均线以下的底线民生问题，适度集中力量妥善解决群众最关心、最迫切的民生事项，逐年提高供给水平，保障困难群体的基本生活，实现底线公平。

（二）覆盖城乡，全民保障。

坚持统筹兼顾、整体推进，实现公共教育、公共卫生、公共文化体育、公共交通、公共安全、生活保障、住房保障、就业保障、医疗保障、生态环保等基本公共服务在城乡间、区域间和群体间的全覆盖，为城乡居民提供保障有力、全民共享、机会均等的基本公共服务。

（三）水平提升，差距缩小。

城乡、区域和群体间的基本公共服务在资源投入、硬件与软件配置、服务能力和服务质量等方面差距进一步缩小，基本公共服务标准进一步提高，均等化程度处于全省较高水平。基本公共服务支出增长适当高于公共财政预算收入增长，逐步提高基本公共服务支出所占比重，完善基本公共服务投入稳定增长机制。基本公共服务各个领域相关指标达到全省平均水平，关键指标达到全省先进水平。

（四）深化改革，机制创新。

进一步深化事业单位改革、户籍制度改革、国有资产优化调整、社会管理创新、政府职能转变等综合配套改革，为实现基本公共服务均等化提供机制保障。在基本公共服务需求反映、资源配置、生产供给、分配消费、评估反馈等环节进行全方位的探索与创新，尽快建立健全资金投入保障机制、公共资源均衡配置机制、多元参与供给机制、绩效考评监督机制、民主决策机制，着力构建运行高效、可持续的基本公共服务均等化体制机制。

三、目标任务

合理配置公共资源，完善城乡基本公共服务体系，实现城乡基本公共服务制度对接，缩小城乡之间基本公共服务差距，明显提升均等化水平。

（一）公共教育。

到2015年，公共教育服务在区域、城乡、校际间的差距明显缩小，建立利用信息化手段扩大优质教育资源覆盖面的有效机制，形成健全的家庭经济困难学生资助体系；实现城乡义务教育资源均衡配置，各市、区基本普及学前到高中阶段教育，基本实现县域义务教育均衡发展；特殊教育发展加快，残疾人教育水平明显提高；加快推进教育现代化。

1.建立教育资源城乡共享机制，发挥现有信息基础，利用校校通、班班通、人人通，整合教育资源平台，大力发展现代远程教育，建立同步课堂、名师讲堂，大力推进教育优质资源城乡共享。

2.基本建立普惠性学前教育体系。到2015年，基本普及学前教育，学前三年毛入园率达到93%。建立政府主导、社会参与、公办民办并举的办园体制，构建覆盖城乡、布局合理的学前教育公共服务体系，充分考虑异地务工人员随迁子女接受学前教育的需求，逐步完善县、乡、村学前教育网络，为家庭经济困难儿童、孤儿提供学前教育资助，加强幼儿教师队伍建设。

3.推进九年义务教育均衡发展。到2015年，义务教育质量和水平全面提高，统筹解决非户籍常住人口子女平等接受义务教育问题，小学适龄儿童入学率达到100%，初中生年辍学率在1.2%以下。逐步实施县域内义务教育均衡优质标准化建设，利用信息化手段扩大优质教育资源覆盖面，逐步缩小区域、城乡、校际差距。

4.促进普通高中和中等职业教育协调发展。到2015年，实现普通高中教育和中等职业技术教育（含技工教育）在校生规模大体相等，高中阶段教育毛入学率达到93%；开展各类职业技术培训。推动普通高中优质、多样、特色发展，深化普通高中课程改革，促进办学体制多元化。完善普通高中家庭经济困难学生国家资助制度，落实中等职业教育免学费三年全补政策。

5.加快提升高等教育发展水平。实行对高等学校科学定位和分类指导。全面提高本专科教育质量和水平，深入实施高等教育创新强校工程和“强师工程”，加强专业、课程、教师队伍建设和实践教学，实现人才培养与经济社会科学发展相适应。

6.初步形成面向全民的终身教育体系。开展从业人员继续教育。加强统筹协调，推进学历教育和非学历教育协调发展、职业教育和普通教育相互沟通、职前教育和职后教育有效衔接，推进从业人员继续教育规范化制度化，推进教育资源社会共享，大力发展现代远程教育。

7.建立和完善残疾人教育服务体系。适龄残疾儿童少年接受义务教育率逐年提高，达到或超过全省平均水平。为残疾儿童提供学前三年免费教育，实施残疾学生高中阶段免学费政策。到2015年，建成一所集教育（从学前教育到职业技能培训）、康复、托养于一体的规范化、标准化特殊教育学校，作为特殊教育的实验基地、指导中心、培训中心和教学研究中心。

8.建立完善教育经费多元投入体制。义务教育全面纳入财政保障范围。非义务教育实行政府投入、受教育者合理分担、其他渠道筹措经费的机制。完善非义务教育培养成本分担机制，根据经济发展状况、培养成本和群众承受能力，调整学费标准。健全政府补贴、政府购买服务、助学贷款、基金奖励、捐资激励等制度，鼓励社会力量兴办教育。〔牵头单位：市教育局，责任单位：各市（区）政府、市残联、市人力资源社会保障局〕

（二）公共卫生。

到2015年，形成健全的网络化城乡基层医疗卫生服务运行机制，实现区域公共卫生服务资源有效整合；政府为居民免费提供广覆盖、多形式的基本公共卫生服务。建立科学的医疗绩效评价机制，完善适应行业特点的人才培养、人事薪酬制度；全面实施基本药物制度，公众安全用药得到保障。全面建立人口和计划生育基本服务制度，为城乡居民提供计划生育、优生优育、生殖健康以及人口和计划生育信息服务；建立完善的人口和计划生育技术服务网络体系；实现计划生育服务流动人口全覆盖；建立和完善与经济社会发展相适应的人口计划生育奖励和扶助制度、对失独家庭的养老扶助制度。

1.统筹推进公共卫生改革，提升城乡公共卫生资源均等化水平。健全网络化城乡基层医疗卫生服务运行机制，加强区域公共卫生服务资源有效整合，建立以县级医院为龙头、乡镇卫生院为骨干、村卫生站为基础的农村医疗卫生服务网络。实施三甲医院对口支援社区卫生服务机构、名医挂职帮扶机制，让城乡共享优质医疗资源。到2015年，基本医疗卫生服务更加公平可及，服务水平和效率明显提高，居民20分钟到达医疗的医疗卫生机构比例达95%。

2.加强医疗服务体系能力建设，提升医疗服务水平。建立科学的医疗绩效评价机制，完善适应行业特点的人才培养、人事薪酬制度，提高医疗资源配置效率。实施公共卫生服务体系建设工程、医疗服务体系建设工程，全面实施基本药物制度。大力推动“名中医工作室”建设，提高镇级卫生院中药房规范化水平，提升基层中药服务能力。推动“平价医院、平价诊室、平价药包”建设。鼓励“名医进社区”开诊所，提升基层社区医疗卫生服务水平。加强贫困和重度精神疾病患者收养和治疗服务。实施人口健康信息化建设工程。实施全科医生培养计划，结合“大民政”养老服务体系建设要求，大力推动建立家庭医生服务制度。到2015年，居民主要健康指标稳步提升，人均期望寿命达到76.8岁，婴儿死亡率降低到6‰以下，孕产妇死亡率降低到15/10万以下。

3.创新人口服务管理，提升计划生育服务水平。推动部门间、区域间经济社会发展政策与人口发展政策的有机衔接和良性互动。推行人口计生工作综合改革，完善计生管理工作机制体制。实施优生健康惠民工程，全面实施孕前地中海贫血等出生缺陷干预项目。实施人口和计划生育服务体系建设工程、实施人口和计划生育服务体系建设工程、生殖健康筛查示范、实施再生育关怀项目，提高出生人口素质，提升计划生育服务水平。保障流动人口计划生育服务。到2015年，基本建成完善的人口和计划生育服务体系，实现所有育龄人群100%免费享有避孕节育和孕前优生健康检查服务，常见妇女病普查防治率达80%；免费孕前优生健康检查目标人群覆盖率达80%以上。实现所有育龄人群100%免费享有国家规定的节育术前医学检查。

4.完善计划生育配套制度，提升奖励帮扶服务水平。建立帮扶计划生育特殊困难家庭、解决节育手术并发症等救济保障制度，加强社会“普惠”政策与计划生育利益导向政策的衔接；完善与经济社会发展相适应的奖励和扶助标准动态调整机制。积极探索建立城乡一体化的奖励扶助政策，实现城乡计划生育家庭居民在权利和义务上的平等。到2015年，农村部分计划生育家庭奖励制度、“节育奖”制度、城镇独生子女父母计划生育奖励和计划生育家庭特别扶助制度等四项制度得到全面落实；全面实施计划生育家庭在招工、生产扶助、安排宅基地、扶贫救济等方面优先照顾的政策。

5. 到2015年，使用全员人口综合服务管理平台，实现流动人口网上政策咨询等日常管理服务工作。〔牵头单位：市卫生计生局，责任单位：各市（区）政府〕

（三）公共文化体育。

到2015年，基本建立结构合理、发展平衡、网络健全、运行有效、惠及全民的公共文化体育服务体系，实现基础文化体育设施全覆盖。公共文化体育产品和服务的供给能力明显提升，广播电视、电影、图书、报刊、版权、演艺节目等主要公共文化产品和服务基本能满足城乡群众需求。加强全民健身四大网络建设，提升群众体育城乡区域协调发展水平。

1.实现基础文化设施全覆盖。到2015年，市、县图书馆、文化馆、博物馆、乡镇综合文化站、行政村（社区）文化设施全部达标，实施乡镇综合文化站和基层文化阵地建设工程，加强村文化活动室、社区文化中心建设，实现农村电影固定放映点全覆盖，实现广播电视户户通，县（市、区）有线电视网络完成数字化、双向化改造，地市级建成地面数字电视无线覆盖网，形成调频、中波、有线数字电视、地面数字电视等多种手段的应急广播综合传输覆盖网。

2.提高公共文化产品和服务供给能力。到2015年，力争实现人均拥有1册以上公共藏书、每月观看1场以上电影、每季度观赏1场以上文艺演出和参与1次以上群众文化活动，每半年参观1个以上文化展览的目标。实施文化信息资源共享工程和公共文化流动服务工程；实施文化上网工程，加快推进公共数字文化服务；推进各级博物馆（纪念馆）、公共图书馆、文化馆、美术馆、文化站免费向社会开放；优化文化资源配置，将市博物馆、市文化馆、市美术馆、市图书馆进行“四馆整合”；筹建江门大剧院，实现文化惠民；加大文化和自然遗产、非物质文化遗产保护力度，加强世界文化遗产开平碉楼与村落的保护，保护和利用侨乡文化资源，做好我市世界记忆名录“侨批档案”的开发利用；实施文化遗产展示向未成年人、老年人、现役军人、残疾人、低收入人群减免门票，逐步提高面向公众开放、展示的水平；加强公共文化服务体系的标准化建设。

3. 完善公共体育场地设施。到2015年，人均体育场地面积达到2.2平方米以上，地市级建有体育馆、体育场、游泳池和2万平方米以上的全民健身广场（公园）；建设一所规划用地面积40公顷，总建筑面积20.25万平方米的覆盖全市、功能配套完善的体育中心；实施乡镇农民体育健身工程和社区多功能公共运动场建设，乡镇普遍建有3000平方米以上的全民健身广场，并拥有能开展篮球、足球、游泳、田径等项目的活动场所；行政村建有一个篮球场、两张以上室外乒乓球台，社区和有条件的自然村建有便捷、实用的体育健身设施。

4. 进一步提高城乡居民身体素质。经常参加体育锻炼的人数比例达到45%以上，城乡居民达到《国民体质测定标准》的合格水平以上人数比例超过90%，其中达到良好以上水平的人数占45%以上。在校学生达到《国家学生体质健康标准》的合格水平以上人数比例超过90%，其中达到优秀标准的人数占25%以上，耐力、力量、速度等体能素质明显提高。

5. 健全全民健身组织网络。各县（市、区）普遍建有体育总会、单项体育协会、行业体育协会及相关人群体育协会。各类健身俱乐部、健身活动站（点）和青少年体育俱乐部有较大发展。机关、企事业单位普遍建有体育组织。90%以上的乡镇（街道）建有体育组织，80%以上的农村（社区）建有体育健身站（点）。

6. 逐步实现异地务工人员无差别享受公共文化体育服务。把异地务工人员纳入城市公共文化体育服务体系，推动城乡各类公共文体设施免费或优惠向异地务工人员开放。〔牵头单位：市文广新局；责任单位：各市（区）政府、市体育局、市档案局、市城乡规划局、市建设集团有限公司、市滨江建设投资有限公司〕

（四）公共交通。

到2015年，基本确立公共交通在城市交通体系中的主体地位，农村公路网络进一步完善，初步建立相对完整的农村客运网络体系。

1. 建立多层次、差别化的公共交通服务网络，形成便捷、高效、智能、环保的城市公交系统。加快建设以公共电汽车为主体的一公共交通服务网络，中心城区公共交通站点500米覆盖率分别不低于75%，万人公交车辆拥有量达到10标台。2015年底前完成中心城区慢行系统规划、城市综合交通规划和城市公共交通专项规划的编制或修编工作。

2. 完善农村公路网，建立农村公路养护体系。每年完成新农村公路路面硬化任务，加快已建成农村公路通行条件改造，完善农村公路安保设施，逐步消除行政村班车通达盲点。

3. 完善农村客运系统，积极推进农村客运线路公交化改造。确保“三个百分百”（100%乡镇有客运站、有通客运班车条件的行政村100%通客车和100%有候车亭），逐步完成乡镇客运站（亭）升级改造。

4. 完善公交出行信息服务标准。实现公交一卡通，实现三级及以上客运站售票联网、联程售票。〔牵头单位：市交通运输局；责任单位：各市（区）政府、市公路局、市城乡规划局〕

（五）公共安全。

到2015年，党委领导、政府负责、社会协同、公众参与、法制健全的社会管理格局基本形成；运用法治思维和法治方式化解社会矛盾，科学治理、依法治理、综合治理、源头治理、应急处置相结合的社会管理机制基本形成；维护社会稳定长效机制基本健全；维护公共安全能力明显提升。影响社会稳定和公共安全的突出问题得到较好整治。人民群众安全感明显增强。公共法律服务体系初步建成。统一权威的食品药品安全监管机构进一步完善。最严格的覆盖全过程的食品药品安全监管制度和食品原产地可追溯制度和质量标识制度基本建立。安全生产管理体制改革继续深化，重特大安全事故得到有效遏制，企业安全保障能力和政府安全监管能力得到明显提升，安全生产管理体系更加完善。

1. 建立有效的公共安全防控体系。一是初步构建集“打、防、管、控、整治、服务”于一体的立体化防控体系。完善视频监控系统，基本实现全市道路主干道、重点场所（部位）、治安复杂点的视频监控全覆盖。加强维稳和社会治安形势分析、研判。各市、区公安（分）局和派出所建成立体化治安防控体系。二是基本建成“全面创安”体系，基本建成“专群结合”的全面创安体系，群防群治水平明显提升。加强治安防控体系建设，建立预防为主的治安工作考核评价导向机制；全面推动政法干警和律师进村（居）、社区工作。加强对流动人口的管理服务工作。扩大流动人口服务管理居住证制度的使用范围。建立完善行政执法和刑事司法衔接机制，全面推行社会稳定风险评估。三是初步建成反恐怖社会预防体系，反恐怖工作机制、体制进一步完善。党政统一领导、部门分工负责、社会密切协同、群众广泛参与的反恐怖工作格局基本形成。

2. 建立覆盖城乡的公共法律服务体系，进一步完善未成年人的法律保护。在司法程序、安置帮教、社区矫正等方面给予未成年人特殊帮助和指导。基本实现未成年人轻微刑事案件前科封存，初步建成未成年人社区帮教体系；建成一批青少年法律与权益保护研究基地。全面推动政法干警和律师进村居、社区工作，力争实现“一村居一律师”，各市（区）实现城区网格化管理覆盖率超过80%。法律服务行业服务资源有效增长，困难群众的基本法律服务需求得到满足，实现法律援助应援尽援。探索公共法律服务信息化网络平台建设。

3. 道路交通安全和消防安全状况进一步改善。推动“智能交能系统”的深化应用，推进实施交通勤务网络化管理模式。道路交通全部达到良好管理以上水平。社会消防安全环境切实改善；综合应急救援能力明显提升；重特大火灾事故得到有效遏制。

4. 社区矫正帮困扶助机制初步建立。就业、生活有困难的社区矫正人员得到普遍救济。社区矫正人员接受监管、教育矫正率均达到国家要求。

5. 全民公共安全知识进一步普及。完善市、县、镇、村（社区）级宣传网络，完善市、县、镇、村（社区）四级的“全民创安”宣传网络，充分提高人民群众参与“平安江门”创建的积极性与知晓率，“平安江门”、“法治江门”平台建设覆盖率达到100%。

6. 建立食品药品安全监管技术支撑体系，提升食品药品监管能力。一是技术支撑能力明显提升，食品药品检验检测机构的检验检测实验室基础设施建设和检验检测仪器装备力争达到国家配置标准的80%。二是建立完善的监测网络和食品安全追溯系统。建立覆盖市、县并逐步延伸至镇、村的从农田到餐桌的食品安全风险监测网络和数据库；建立食品污染物和有害物质（因素）监测网络。三是提升监管能力，完善食品药品监管体系，加强监管队伍，保障监管执法条件，提高监管水平，食品药品安全事故起数和死亡人数以及重大以上事故得到有效遏制。四是加强药品、医疗器械产品生产规范管理。五是进一步完善农村药品安全“两网”建设，到2015年，农村药品供应网和药品安全监督网能100%覆盖到村级，农村药品经营100%符合《药品经营质量管理规范》，农村新开办零售药店均配备执业药师。

7. 提高科学预防和有效处置突发事件能

力。突发事件预防和应急准备、监测预警、应急处置、应急救援和应急保障等综合应急能力显著提高，重大基础设施抗灾、城乡防灾、食品药品安全事故等应急管理基础能力明显增强。

8.企业安全保障能力和政府安全监管能力得到明显提升。各行业（领域）安全生产状况全面改善，安全生产管理体系更加完善，公众安全素质明显增强；事故总量、死亡人数持续下降，较大以上事故得到有效遏制；工矿商贸就业人员的伤残率及职业病发病率得到有效控制。〔牵头单位：市委政法委；责任单位：各市（区）政府、市公安局、市司法局、市中级法院、市检察院、团市委、市食品药品监管局、市安全监管局、市政府应急办、市公安消防局、市水务局、市农业局、市林业局、市海洋渔业局、市气象局〕

（六）生活保障。

结合我市"大民政"和提高底线民生保障水平有关工作要求，到2015年，城乡居民养老保险基本实现全覆盖，养老保险待遇水平逐步提高，区域间养老保险缴费负担和待遇差距不断缩小，形成城乡统筹、覆盖城乡居民的生活保障体系。根据城乡经济社会发展的特点和不同人群的保障需求，实行分类指导，实现不同保障制度之间的可衔接、可转换。加快建立社会养老服务体系和发展老年服务产业。农村留守儿童、妇女、老年人关爱服务体系更加健全，残疾人权益保障制度更加完善。残疾人社会保障体系建设加快建立。

1.完善社会保险制度，养老保障实现全覆盖。加强养老保险扩面征缴，完善基本养老保险关系转移接续办法，进一步完善城乡居民养老保险制度。鼓励和引导全征地农民参加企业职工基本养老保险，从制度上实现全征地农民养老保障，提高养老保障水平。探索建立基本养老金年度正常调整机制。发展企业年金，推动多层次养老保险体系建设。完善工伤保险制度体系，增强工伤保险综合保障能力。加强生育保险制度体系建设。探索建立城镇老年居民与企业退休人员社会化管理服务工作的衔接机制，初步形成覆盖全体城镇老年居民的社会化管理服务工作体系。

2.建立综合型社会救助体系，切实保障困难群众的生活。一是完善城乡居民最低生活保障制度。建立救助申请家庭经济状况核对机制，健全低保标准动态调整机制。实现应保尽保，动态管理，确保城乡低保对象生活水平与经济社会发展同步。加强城乡低保、农村五保与失业保险、住房保障和扶贫开发等政策的衔接。2014年全市低保标准线统一提高到城镇500元，农村不低于350元，并逐步建立稳定增长机制，在蓬江区率先实现城乡一体化的基础上，扩大城乡实施一体化范围。二是2015年起达到农村五保供养标准不低于当地上年度农村人均纯收入65%，逐步提高困难群体的社会保障水平。三是完善临时救助制度，健全自然灾害应急救助体系。加强医疗救助与基本医疗保险制度的衔接，实现医疗救助"一站式"即时结算服务，健全重特大疾病医疗救助制度，逐步降低或取消医疗救助起付线。继续实施为贫困精神病人免费送药项目。加强城市生活无着的乞讨人员救助管理，加大流浪未成年人保护力度。四是建立健全孤儿保障体系。落实孤儿基本生活保障最低养育标准，并按照城乡居民人均消费性支出增长幅度实现自然增长。推进儿童福利机构建设，继续实施"蓝天计划""救助孤儿行动""明天计划"等项目，提高孤儿保障水平。五是合理整合利用各种社会救资源，建立全市社会救助信息共享平台，通过社会保障卡实现低保金、临时救助、医疗救助等"一卡通"。

3.建立多元化的养老服务体系，大幅提升老年人幸福水平。结合"大民政"养老服务体系建设和社会管理体系建设的要求，加大居家养老服务建设，充分调动各种社会资源兴办养老服务设施。推动医养融合。采取政府购买社会服务、公益创投等形式大力培育养老服务社会组织，鼓励和支持民办养老机构发展，构建以居家为基础、社区为依托、机构为支撑的社会养老服务体系。建立“平安通”综合服务平台，提高居家养老服务水平。到2015年，建立与人口老龄化进程相适应、与经济社会发展水平相协调社会养老服务体系，基本实现90%的老年人在社会保障体系和服务体系支持下通过家庭照顾养老；6%左右的老年人可由社区提供日间照料和托老服务，4%老年人可入住养老机构。提高老年人优待水平。全面建立80岁以上高龄津贴制度。

4. 健全残疾人社会保障体系和服务体系，明显改善残疾人生产生活状况。残疾人的生活、医疗、康复、教育、就业、托养等需求得到制度性保障，生活质量明显提高。为残疾人提供基本康复服务，初步实现残疾人“人人享有基本康复服务”的目标；为残疾人提供社区和居家托养服务；社会力量（资源）提供社区托养、居家安养服务覆盖面达到60%以上。扩大新增就业残疾人口，为有就业培训需求的残疾人提供技能培训；扶持残疾人个体创业。帮助农村贫困残疾人增加收入，扶助农村贫困残疾人接受实用技术培训，带动残疾人脱贫。加大扶持农村残疾人发展生产工作力度。

5. 建立功能完善的社区综合服务体系，提高城乡社会管理水平。创新社会管理方式，逐步推行“网格化”社区管理；建设社区综合服务平台，积极引入社工机构服务，与“平安通”平台相衔接，提升社区综合服务能力；拓展社区服务范畴，增强社区自治功能，完善社区服务设施，为社区居民提供更高水平的公益便民利民社区服务。健全自然监测预警、评估调查、信息发布、应急救援和应急物资储备库及综合应急避难场所等建设，加强社区减灾工作。加强贫困和重度精神疾病患者收养和治疗服务。推行基本殡葬服务均等化。加快实施免费地名公共服务。

6. 建立健全优抚安置服务保障体系，创新构建高效顺畅管理体制。实现“优待优惠原则得以体现、保障水平与经济社会发展水平协调推进”的新格局。完善抚恤补助标准和义务兵家庭优待金标准自然增长机制，健全新型优抚医疗保障制度。〔牵头单位：市人力资源社会保障局；责任单位：各市（区）政府、市民政局、市社保局、市残联〕

（七）住房保障。

到2015年，全面推行以公租房为供给主体、可持续、能循环的新型住房保障制度，城镇中等偏下和低收入家庭住房困难问题得到基本解决，新就业职工住房困难问题得到有效缓解，异地务工人员居住条件得到明显改善。

1. 全面推行以公租房为主要保障方式的住房保障制度，2014年解决人均住房建筑面积14㎡以下、2015年解决人均住房建筑面积15㎡以下的城镇中等偏下收入住房困难家庭的住房保障问题，将新就业无房职工和城镇稳定就业的外来务工人员逐步纳入住房保障范围，研究扩大公租房保障范围，解决高层次人才等人群住房困难，充分发挥公租房的保障功能。

2. 完成符合条件的棚户区居民住房改造，使棚户区群众的居住条件得到明显改善。

3. 开展旧住宅小区综合整治，加快推进基础设施简陋、建筑密度大、集中连片的城镇危旧住宅区综合整治，改善基础设施条件，完善居住功能。

4. 加大农村住房保障工作力度，力争完成农村低收入住房困难户住房改造任务。

5. 推行政策性农房保险，农房100%纳入政策性保险范畴。〔牵头单位：市住房城乡建设局；责任单位：各市（区）政府、市金融局、市扶贫办〕

（八）就业保障。

到2015年，建立健全劳动力资源调查和失业统计制度，完善城乡平等的就业援助制度以及创业促进就业服务体系，统一人力资源市场管理制度。进一步增强政府公共就业服务供给能力；继续加强职业技能培训，完善职业技能评价体系，完善职业培训公共服务平台，建立职业技能开发评价及政府公共就业服务绩效评价机制，构建劳动者终身职业培训体系。创新劳动关系协调机制，建立企业薪酬调查和信息发布制度，逐步健全最低工资和工资指导线制度，推进创建和谐劳动关系示范区工程。扩大工资集体协商覆盖面。促进以高校毕业生为重点的青年就业和农村转移劳动力、城镇困难人员、退役军人就业。

1.健全普惠城乡劳动者的就业政策体系，完善城乡平等的就业援助制度和促进就业创业服务体系，统筹推进区域就业和重点群体就业，鼓励创业带动就业。就业规模继续扩大，就业结构更加优化。到2015年，全市城镇累计新增就业13.5万人以上，城镇登记失业率控制在3.2%以内；劳动力转移就业9万人；组织转移劳动力技能培训6万人。

2.基本建立统一规范灵活的人力资源市场体系，公共就业服务体系进一步健全。镇（街）、村（居）劳动就业服务平台实现全覆盖，就业服务信息化、网络化水平进一步提高。继续实施“千企扶千村”“就业扶贫”，推广利用信息平台“视频招工”，建立城乡一体的就业信息服务网络。依托“企业用工及人力资源服务平台一体化服务平台”，将全市有就业意愿的城乡劳动者纳入就业实名制系统。到2015年，市、县（市、区）、镇（街）、村（居、社区）四级覆盖城乡的公共人力资源服务平台基本建成，镇（街）、社区劳动就业服务平台信息网络覆盖分别达到100%、90%。

3.建成覆盖城乡劳动者的职业技能培训公共服务体系和职业技能开发评价公共服务体系，职业技能培训与鉴定服务更加完善。扩大职业资格鉴定“一试双证”行业范围，推行企业职工技能等级现场评价。

4.和谐劳动关系建设进一步加强，劳动人事争议调解和仲裁体系。劳动监察体系进一步健全。就业者实现体面劳动。到2015年，企业劳动合同签订率达到93%；已建工会企业集体合同签订率达到80%；劳动保障监察网格化、网络化管理覆盖率达到100%；劳动人事争议仲裁结案率达到95%以上。构建“全方位、多层次、广覆盖”的劳动人事争议预防调解工作体系，全面推动企事业单位、行业协会商会劳动人事争议调解组织建设，加强乡镇（街）、村（居、社区）劳动人事争议预防调解工作，力争70%以上的劳动人事争议通过案外调解解决。

5.探索建立就业困难人员网上认定、流转享受就业援助服务制度，实现对有就业愿望的困难人员就业援助全覆盖。机关、事业单位的公益性岗位招聘要通过公共就业服务机构公开发布，并按照不低于本单位公益性岗位30%的比例招用本市就业困难人员。每年开展对未就业人员信息的调查摸底工作，对有就业意愿和帮扶意愿的就业困难人员、征地失业农民和未就业高校毕业生开展“一对一”就业帮扶服务，实现零就业家庭动态归零。

6.异地务工人员稳定有序就业；薪酬、社会保障、工作时间、休息休假和劳动保护、职业病防治等合法权益得到切实保障。

7.建立20个各类残疾人就业、扶贫和个体创业基地；城镇新增就业残疾人600名，农村稳定在业残疾人6000名；为500名有就业培训需求的残疾人提供技能培训；扶持100名残疾人个体创业和发展生产。〔牵头部门：市人力资源社会保障局；责任单位：各市（区）政府，市残联〕

（九）医疗保障。

到2015年，全面建立城乡一体化的基本医疗保险制度和医疗救助制度，探索建立重特大疾病保障制度。全面建立统一的基本医疗保险制度和医疗救助制度。

1.基本医疗覆盖面扩大。到2015年实现基本医疗保障参保率达98%。

2.居民医保补助标准进一步提高。到

2015年，各级财政对居民医保的补助标准达到国家和省的要求。

3. 医疗保险待遇水平稳步提高。职工和居民医保政策范围内住院费用支付比例分别达到国家和省规定的医疗体制改革的要求，年度基金最高支付限额分别提高到当地职工平均工资的8倍左右和当地居民年人均可支配收入的8倍左右；且分别不低于30万元和20万元，明显缩小与实际住院费用支付比例之间的差距。全面推进门诊统筹，将门诊常见病、多发病纳入保障范围。居民医保门诊统筹支付比例达到国家和省规定的医疗体制改革的要求。通过职工医保个人账户调整等方式，全面建立并完善职工医保门诊统筹。

4. 统一城乡居民个人缴费、财政补助、待遇水平和服务管理，全面建立统一的城乡居民医疗保险制度。

5. 完善医保关系转移接续和异地就医结算机制。贯彻广东省流动就业人员基本医疗保险关系转移接续暂行办法，实现缴费年限省内互认，累计计算。积极探索职工医保与城乡居民医保的衔接互通机制。深化医疗保险支付制度改革。结合基本医疗保险基金预算管理的全面施行。开展基本医疗保险基金付费总额控制。建立异地就医结算机制。全面实行省内异地医疗费用即时结算；推进医疗费用异地即时结算工作。

6. 做好基本医疗保险和医疗救助的衔接。建立全市医疗救助和医疗保险同步结算平台，救助对象在定点医疗机构看病就医时，实现基本医疗保险、医疗救助同步结算、即时救助的“一站式”服务。进一步减轻城乡困难群众就医压力，保障困难群众有病及时治疗。

7. 继续完善城乡居民医保大病保险制度，建立持续、稳定、有效的工作机制。提高报销比例，降低个人负担，开展城乡居民健康预防保障（家庭医生）试点；建立住院医保代表制度，加强医疗费用监管，建立更加均衡、可持续医疗保障制度。

8. 拓展社会保障卡功能，加快推进政府公共服务“一卡通”。加快向所有人群发放社会保障卡，2015年底全市持卡率达92%。具有基金管理、费用结算与控制、医疗行为管理与监督等复合功能的医保信息系统加快建立，实现与定点医疗机构信息系统的对接，对医疗服务实时监控。积极推进社会保障卡医保就医“一卡通”，将社会保障卡应用于医疗保险登记、查询、缴费、待遇发放，以及医疗挂号、结算、电子病历、电子健康档案等领域。〔牵头单位：市人力资源社会保障局；责任单位：各市（区）政府、市卫生计生局、市民政局、市社保局〕

（十）生态环保。

加强环境保护和生态文明建设，推进绿色、循环、低碳发展，建设美丽侨都，基本解决影响人民群众健康和可持续发展的突出环境问题，为建设环境友好型社会奠定扎实基础。

1. 着力改善环境质量，提升人民群众生活品质。坚持源头预防和全过程控制综合推进，注重从工业、生活和农业全方位挖掘减排潜力，提高工程减排质量，加强海洋环境污染防治，加强农业面源污染防治，全面深化环境污染防治，构建完善区域污染联防联控机制，促进环境质量持续改善。到2015年，实现主要污染物排放总量持续削减，二氧化硫排放量、化学需氧量排放量、氮氧化物排放量和氨氮排放量均控制在省下达指标内；环境综合整治取得明显成效，环境安全得到有效保障，城市空气质量达二级天数占全年比例≥65%；主要大江大河水质维持良好，局部有所改善，城市集中式饮用水源水质达标率≥95%，近岸海域环境功能区水质达标率≥90%，推进江门市应急备用水源项目建设。

2. 环境安全水平得到显著提升。加强危害环境与健康的各种环境风险控制，持续推进工业固废、核与辐射的污染防治，加强重金属、危险废物、持久性有机污染物和危险化学品的污染防治，提高生活垃圾无害化处置水平；建立完善环境风险防范体系。环境监管能力显著提高，县级环境监测站标准化建设硬件达标率达100%以上。到2015年，城镇生活污水处理率达85%以上；固体废物资源化利用水平大幅提高，工业固体废物综合利用率达85%以上；城镇生活垃圾无害化处理率达90%以上；放射性废源（废物）和重点监管单位危险废物全部得到安全处置。

3.加强生态建设与保护。大力实施生态景观林带、森林碳汇等林业重点生态工程，加大森林资源保护力度。全力推进“森林围城、树林进城”绿色行动，推动园林下乡绿化工作。到2015年，完成森林碳汇重点生态工程建设任务；建成443公里生态景观林带；森林覆盖率达45.77%，建成区绿化覆盖率达37%，建成区绿地率达34%，城市人均公园绿地面积达13.5平方米，抓好市区大公园建设,完成“一社区一公园”目标，形成立体绿化模式。

4.加强城乡人居生态环境建设。加快城乡人居生态环境建设，大力开展“宜居城镇”“宜居村庄”“宜居社区”创建活动，促进人与自然和谐发展，构建资源节约型、环境友好型的宜居城乡环境。统等优化城乡生产、居住、生态和基础设施的空间布局，加快村镇规划编制。到2015年，实现所有建制镇的总体规划全覆盖，80%以上村庄完成规划编制。

5.建立健全绿色发展服务体系。加快美丽江门建设步伐，按照绿色低碳的发展理念，着力打造绿色发展服务体系，以绿色出行、绿色消费、绿色居住为代表的低碳绿色生活方式和消费模式初步形成。〔牵头部门：市环保局；责任单位：各市（区）政府、市林业局、市园林局、市城管局、市住房城乡建设局、市城乡规划局、市农业局、市海洋渔业局〕

四、体制机制创新

认真贯彻落实中央及省委、市委全面深化改革的决策部署，坚持解放思想、改革攻坚、创新创造，突出问题导向，找准江门深化基本公共服务均等化综合改革的突破口和着力点，着力破解制约基本公共服务均等化的体制机制障碍，探索建立基本公共服务的资金投入保障机制、公共资源均衡配置机制、多元化供给机制、民主决策机制、绩效考评监督价机制。

（一）资金投入保障机制。

1.建立事权与支出责任相适应制度。明确各级政府基本公共服务事权和支出责任，优化财政支出结构，确保市、县（市、区）基本公共服务支出增长适当高于公共财政预算收入增长，逐步提高基本公共服务支出所占比重，完善基本公共服务投入稳定增长机制。

2. 统筹建立底线均等保障机制。确定底线均等保障项目，建立全市统筹资金机制和转移支付机制，各县市（区）在每年公共财政预算收入增量中按一定比例安排专项上解到市级统筹，市本级每年统筹安排不少于1亿元，结合“大民政”和底线民生保障建立全市统一标准底线均等项目的转移支付制度，加强全市基本公共服务薄弱环节和提高底线保障水平。

3.整合盘活存量资金。打破行政壁垒和财力固化的格局，统筹资源，盘活存量，整合各类专项资金重点投入基本公共服务领域。进一步加强专项资金管理，加大部门结余结转资金清理力度，整合归并性质类似、用途相近的专项资金，在一定时期集中投向基本公共服务项目。

4.发挥财政资金杠杆作用。积极运用财政贴息、补助及奖励等方式，引导社会资金投入基本公共服务领域。利用基本公共服务平台吸引社会捐赠，拓宽社会公益事业资金来源。〔牵头单位：市财政局、各市（区）政府；配合单位：各有关部门〕

（二）公共资源均衡配置机制。

1.完善欠发达地区转移支付制度。加强县（市、区）、乡（镇）基本财力保障，财政资金分配进一步向农村和欠发达地区倾斜，建立激励环境保护和生态建设的财政转移支付制度，以财力分配促进城乡、区域间基本公共服务供给水平均衡。〔牵头单位：市财政局；配合单位：市发展改革局、市环保局〕

2.促进要素流转和资源共享。推进教育、卫生、医疗等社会事业资源自由流转，缩小城乡间、区域间社会事业资源的差距。引导教师、医护人员等人力资本在城乡、县区间定期交流，并把交流作为绩效考核、职务升迁考察的重要内容。调整优化国有资产存量配置结构，有效压缩行政类国有资产规模，释放部分全部配置到教育、医疗、社会保障、社会组织等领域。〔牵头单位：市人力资源社会保障局、市国资委；配合单位：市财政局，市民政局，市教育局、市卫生计生局〕

3.促进农业农村发展。加快发展政策性农业保险，探索建立农业投融资平台，实施农业“政银保”项目。鼓励社会资本投向“三农”，在农村兴办各类事业。〔牵头单位：市农业局；配合单位：市金融局、市财政局、市扶贫办〕

（三）多元化供给机制。

1.深化事业单位改革。加大向社会简政放权力度，制订并公布政府向社会转移职能目录，依法将行业管理与协调、社会微观事务服务与管理、技术和市场服务等职能转移给具有资质条件的社会组织。推进事业单位改革，建立现代事业单位治理结构，提高事业单位公共产品和服务供给效率。改变财政供给方式，变按“人头”核算经费为按事业规模核算经费，实现从“以费养人”向“以费养事”转变。〔牵头单位：市编办；配合单位：市人力资源社会保障局、市财政局〕

2.推进政府购买服务。营造社会组织提供优质公共服务的竞争环境，优化政府提供基本公共服务的机制和方式，采取政府购买服务、公益创投、合同委托、服务承包等多种方式培育、扶持社会组织，促使社会组织成为提供基本公共服务的重要力量。创新财政资金安排方式，政府购买服务引入竞争机制，在民生和社会服务资金范畴加大向社会组织购买服务力度。〔牵头单位：市财政局；配合单位：市民政局、市社工委〕

3.积极探索竞争性分配方式。在基本公共服务供给主体具有选择性的民生领域，积极探索实行竞争性分配方式，通过设置科学合理的竞争程序，优质的公共服务项目优先建设，优胜的供给主体优先得到财政资金支持，以引导资源合理配置，实现更高的资金效益水平。〔牵头单位：市财政局、各市（区）政府；配合单位：各有关部门〕

4. 建立市场供给机制。充分发挥市场在公共服务中的作用，放宽公共服务领域投资准入限制，鼓励企业投资教育、医疗、文化、交通、环保和保障性住房等领域。建立政府对公共服务提供者和不同群体消费者实行差异化补贴到人的制度。〔牵头单位：市发展改革局、市民政局；配合单位：市财政局、市人力资源社会保障局〕

（四）绩效考评和监督机制。

1.建立科学考评体系。依照《广东省基本公共服务均等化绩效考评办法》，建立江门市基本公共服务均等化评估指标体系，正确运用评估指标、等级标准，发挥其导向引领、规范和约束作用，突出对基本公共服务均等化过程及其结果和综合绩效的管理。〔牵头单位：市财政局〕

2.强化行政监督。加大行政监督力度，把基本公共服务均等化纳入到市（区）党政领导班子、各职能部门主要负责人政绩考核范围。〔牵头单位：市委组织部、市直机关工委〕

3.引入社会监督。坚持改革过程公开、透明，建立社会监督常态化机制。引入第三方机构对基本公共服务专项资金使用效益、社会效益和公众满意度等进行绩效评价。〔牵头单

位：市基本公共服务均等化综合改革试点工作领导小组办公室〕

（五）民主决策机制。

应对社会公众参与政府基本公共服务决策及实施的权益诉求，建立多渠道、多层次的社会公众参与改革的平台和机制，积极探索在重大民生政策和项目决策、实施过程中引入征询社会公众意见机制，主动接受社会监督，提高社会公众对政府提供基本公共服务的认可度和满意度。〔牵头单位：市基本公共服务均等化综合改革试点工作领导小组办公室；配合单位：各均等化领域责任单位〕

（六）深化综合配套改革。

1.加快转变政府职能。打造公共服务型政府，按照“大社会、好社会，小政府、强政府”的要求，适应社会公共需求，有效转变政府职能，明确县（市、区）政府公共服务基本职能。推进政府机构改革，制定政府部门权责清单，深化行政审批制度改革，优化政府监管机制。〔牵头单位：市编办、各县（市、区）政府，配合单位：市发展改革局、市财政局、市监察局、市法制局〕

2.推进城乡一体发展综合改革。着力打破城乡二元体制，促进公共服务资源在城乡之间均衡配置。一是推进农业转移人口市民化。放开建制镇和小城市落户限制，提高吸纳人口聚集承载力。健全异地务工人员子女教育、住房保障、城乡社会保险制度衔接等方面的配套政策，研究制定异地务工人员享受基本公共服务的办法，推动基本公共服务逐步覆盖全部常住人口，促进异地务工人员融入城镇。加快推进新型城镇化，支持农村劳动力技能培训和转移就业，促进区域内人口的自由流动，提高城乡居民总体收入水平。二是积极稳妥推进户籍管理制度改革。进一步放宽中小城镇人口准入条件，逐步建立城乡统一的户口登记管理制度，加快制定和完善教育、卫生、就业、住房、社会保障、计划生育等方面配套政策，稳步推进农业人口和非农业人口一体化管理服务。〔牵头单位：市发展改革局、市公安局；配合单位：市城乡规划局、市民政局、市财政局、市人力资源社会保障局、市住房城乡建设局、市教育局、市卫生计生局〕

五、组织实施

解放思想，锐意创新，把推进基本公共服务均等化综合改革试点工作作为今明两年的重要工作，精心组织实施，扎实推进。

（一）加强组织领导。

成立江门市推进基本公共服务均等化综合改革试点工作领导小组，由市政府主要领导任组长，分管领导任副组长，各县（市、区）政府和市直有关职能部门主要负责人为成员，统筹组织试点工作。领导小组日常工作由市财政局承担。

（二）强化责任落实。

各牵头部门要会同配合部门制定专题实施细则。专题实施细则应明确目标任务、细化工作措施、落实责任主体、测算资金需求等。领导小组办公室要制订详细的综合改革试点工作进度安排表，加强监督检查，建立目标倒逼机制，完善考核和问责机制，不定期向社会公布各专题工作进展情况，确保综合改革扎实推进、取得实效。

（三）明确步骤安排。

按照省的部署要求，结合江门实际，提出以下步骤安排和各阶段重点工作。

1.准备动员（2014年6月）。成立市深化综合改革试点工作领导小组。召开全市试点工作动员大会，印发实施方案。各牵头部门按照实施方案制定专题实施细则和配套措施，正式启动综合改革试点工作。

2.全面实施（2014年7月起）。各县（市、区）、各职能部门按照本实施方案和专题实施细则，全面推进基本公共服务均等化综合改革试点各项工作。市基本公共服务均等化综合改革试点工作领导小组办公室做好组织协调指导工作。成立市试点工作督查组，定期进行督促检查抓落实。

3. 中期评估（2014年12月）。组织以专业人员为主的试点工作中期评估小组，对前一阶段试点工作情况和绩效进行评估，对本年度试点工作进行检查评估验收，发现并研究解决存在的问题和不足，分析总结经验教训，指导下一步试点工作。

4. 深化提升（2015年）。继续按实施方案的要求推进各项试点工作，深化各项配套改革，着力完善体制机制，全面提升全市基本公共服务均等化水平，全面实现试点工作目标。基本建立起符合江门实际、既有创新性又有可行性的基本公共服务均等化体制机制，为全省综合改革试点探索经验。

江门市人民政府办公室转发市教育局关于进一步规范义务教育阶段学校办学行为意见的通知

江府办〔2014〕12号

各市、区人民政府，市有关单位：

《江门市教育局关于进一步规范义务教育阶段学校办学行为的意见》已经市人民政府同意，现转发给你们，请认真贯彻执行。执行中遇到的问题，请径向市教育局反映。

江门市人民政府办公室

2014年4月30日

江门市教育局关于进一步规范义务教育阶段学校办学行为的意见

为维护适龄儿童少年接受义务教育的合法权益，根据《中华人民共和国义务教育法》《中共中央关于全面深化改革若干重大问题的决定》（2013年11月12日）、《国务院关于深入推进义务教育均衡发展的意见》（国发〔2012〕48号）、《关于进一步做好小学升入初中免试就近入学工作的实施意见》（教基一〔2014〕1号）和《广东省人民政府办公厅转发省教育厅关于深入推进义务教育均衡优质标准化发展意见的通知》（粤府办〔2013〕32号）等法规政策，结合我市实际，现就进一步规范我市义务教育阶段学校办学行为提出以下意见。

一、推进义务教育均衡优质标准化发展，促进教育公平

1. 把深入推进义务教育均衡优质标准化发展摆到重要位置，作为当前和今后一段时期的重大任务。教育公平是社会公平的重要基础，教育公平的根本内涵是教育均衡发展。学校分布的不平衡、教育力量的不平衡、教育质量的不平衡等等，都影响着教育公平。党的十八大提出“大力促进教育公平，合理配置教育资源”的要求，我们必须认真贯彻落实党的十八大精神，充分认识推进义务教育均衡优质标准化发展的重要性和紧迫性，以促进教育公平为宗旨，以创建义务教育发展基本均衡县（市、区）及教育“创强争先”为切入点，想方设法排除当前的困难和阻力，进一步推进义务教育学校标准化建设，合理统筹配置区域校舍、教师、设备等教育资源，办好每一所义务教育阶段学校，整体提高义务教育办学水平和教育质量，依法保障适龄儿童少年公平享受义务教育公共资源。

2.坚持“以县为主”义务教育管理体制，落实政府办学责任。各市（区）政府要对推进本区域义务教育均衡发展负主要责任，要制订发展规划和具体实施方案。坚决执行《中共中央关于全面深化改革若干重大问题的决定》中关于“大力促进教育公平，健全家庭经济困难学生资助体系，构建利用信息化手段扩大优质教育资源覆盖面的有效机制，逐步缩小区域、城乡、校际差距。统筹城乡义务教育资源均衡配置，实行公办学校标准化建设和校长教师交流轮岗，不设重点学校重点班，破解择校难题，标本兼治减轻学生课业负担”的要求，加大力度推进义务教育均衡优质标准化发展，构筑实现教育公平的基石。要以党的群众路线教育实践活动为落脚点，把党密切联系群众的优势转化为推动教育加快发展的强大动力，树为民务实清廉新风，进一步规范义务教育学校办学行为，着力解决人民群众高度关注的教育问题，把惠及民生的教育政策落到实处。结合实际，立行立改，针对学校招生方式、学位分配、教育收费等问题，研究和采取切实可行的解决办法，不断推进教育公平，造福于民，造福于社会。

二、规范义务教育阶段学校办学行为，办人民满意的教育

3.规范招生管理，坚持免试就近入学。小学生入学和小学升入初中招生工作要公开透明，公办学校不得采取考试方式选拔新生；招收体育和艺术特长生的学校需经省级教育行政部门批准，并按批准项目招生；加强对民办学校招生工作指导与管理，依法落实民办学校招生和办学自主权，民办学校可以根据办学特色与需要自主、合理设置招生范围，根据实际情况，改革创新招生方式，选择符合学校办学特色的学生；切实做好异地务工人员随迁子女招生工作，将随迁子女纳入当地义务教育招生计划，随迁子女特别集中的地方，要扩大公办学校容量，鼓励社会力量办学，购买民办学校服务，满足随迁子女入学需求。

4.规范办校办班，坚持常态化管理。对义务教育阶段学校一视同仁，加快标准化学校建设，不得以任何名义变相将学校分为重点学校和非重点学校。义务教育学校门口不再悬挂等级学校牌匾，不得进行等级学校宣传。学校实行随机均衡编班，不得设置或变相设置重点班，不得按学生的学业成绩进行分班，不得为分班而对学生进行任何形式学业测试。

5.规范教学秩序，实行问责制度。严格执行国家规定的课程标准，科学安排作息制度，切实减轻学生过重课业负担。学校和教师不得占用学生法定休息时间集体补课或统一组织自习，不得利用早、晚自习和午休等时间上课、集体辅导或考试。不得以任何名义组织、要求学生参加校外有偿补课，或者组织、参与校外培训机构对学生有偿补课。严禁学校单独或与社会培训机构联合或委托举办以选拔生源为目的的各类培训班。严禁学校举办或参与举办（含租借场地）面向义务教育学生的各种辅导班，不得动员和组织学生参加社会上各类形式的辅导班。对违规的个人和学校按相关规定查处。

6.规范收费管理，健全完善监督机制。充分发挥纪检监察、物价、审计、财政和教育部门在治理义务教育择校乱收费中的职能作用，形成统一部署、各司其责、齐抓共管、协作联动的工作格局。加强学校财务管理和资产管理，严格执行国家和省有关学校收费的相关规定和要求，实行收费公示制度。加强学校服务性收费和代收费监管，坚决杜绝学校设立小金库和账外账。鼓励社会组织和个人向义务教育捐赠，学校或教育部门接受社会组织和个人捐赠时必须依法为其出具凭证，禁止收取与入学升学挂钩和变相挂钩的各种费用。

7. 规范教学评价，实行质量监测制度。大力倡导科学的教育发展观和政绩观，推行学业水平考试和综合素质评价，建立健全教育质量监测制度，着重关注学生的成长、进步状况和综合素质。教育行政部门不得以任何形式给学校下达升学指标，不得以考试成绩或升学率为依据进行排名、考评。学校不得给班级、任课教师下达升学任务，不得按考试成绩对学生、班级进行排名。

8. 规范特色学校建设，促进学校内涵发展。以全面实施素质教育为目标，以提高学生的整体素质和发展学生个性特长为核心，强化义务教育注重品行培养、激发学习兴趣、培养健康体魄、养成良好习惯的目标任务，整体规划和分步推进特色学校创建工作，促进学校基于标准化发展在教育和管理方面形成鲜明的个性，不断提高办学水平和育人成效。

三、建立健全义务教育均衡发展保障机制，营造推进教育公平良好社会环境

9. 加强教师队伍建设，加大力度统筹教师资源均衡配置。建立和完善县域内校长、教师定期交流的刚性约束机制，积极推进城镇教师支援农村教育、优质学校教师支援薄弱学校工作，城镇中小学教师在评聘高级职称时要有一年以上农村或薄弱学校任教经历。充分发挥名师引领作用，实行公办学校校长教师交流轮岗制度。加强农村教师继续教育培训，提高农村教师学历和能力水平。落实山区和农村边远地区义务教育学校教师岗位津贴政策。坚持选派优秀骨干教师到农村学校支教，积极开展送教下乡、送研下乡等活动。继续做好教师专业发展规划，提高教师运用现代教学手段能力，开展远程教学，推广“异地同步教学”模式。实现城乡教师资源共享，缩小校际师资力量差距，使每一所学校教育质量趋向均等。

10. 深化普通高中学校招生改革，实行“指标到校”分配方式。继续实行省一级普通高中学校招生指标合理分配到所属市（区）每所初中学校，并逐年提高分配比例。发挥优质普通高中学校招生指标合理分配的导向作用，充分调动义务教育阶段学校办学积极性，努力提升办学水平。“指标到校”具体实施办法由各市（区）教育行政部门制定。

11. 推进学校联盟或集团化办学模式,完善优质资源共建共享

机制。切实加大区域内教育资源整合力度,采取合并、托管、一校多区、集团办学和建立学校联盟等办学形式，推动学校之间的交流合作与共同发展，扩大优质教育资源的覆盖面和辐射带动范围。加大城乡学校结对帮扶力度，多渠道多形式开展帮扶活动，共建共享优质教育资源，逐步缩小区域、城乡、校际办学水平差距。

12. 推进小学升入初中改革，探索学区制和九年一贯对口招生。各市、区教育行政部门是小学升入初中工作的责任主体，要根据国家和省的政策规定，改进招生方式，科学制定本地规范义务教育阶段学校招生工作方案。要按照就近入学原则依街道、路段、门牌号、村组等，为每一所初中合理划定对口小学，而且要保持相对稳定。要整体研究小学招生工作与小学升入初中入学工作衔接，稳步推进小学升入初中入学改革。各市、区要积极应对招生改革中出现的困难，切实研究解决问题的办法。

13. 加强组织领导，加强宣传引导。各市、区政府加强组织领导，落实责任和措施，进一步规范义务教育阶段学校办学行为。教育行政部门“一把手”要负总责，分管领导具体负

责，明确岗位职责，多措并举、多渠道并用。建立教育及相关部门共同参与义务教育均衡发展工作协调机制，各相关部门按各自职能切实承担推进义务教育均衡发展的责任，优先保障财政投入，优先安排公共资源，加强联系配合，形成工作合力。充分发挥舆论引导和监督作用，利用报刊、网络、电视、电台等多种媒体做好政策宣传解读，在学校、居委会或村委会宣传栏张贴政策宣传资料，设立咨询、举报电话，加强教育部门、中小学校与家庭、社会之间的沟通交流，做好群众信访工作，主动接受学生、家长和社会监督，引导全社会关心和支持规范义务教育阶段学校办学行为工作。

江门市人民政府关于印发《江门市市场监管体系建设规划（2013—2016年）实施意见》的通知

江府〔2014〕15号

各市、区人民政府，市政府各部门、各直属机构：

现将《江门市市场监管体系建设规划（2013—2016年）实施意见》印发给你们，请认真组织实施。实施中遇到的问题，请径向市工商局反映。

江门市人民政府

2014年9月19日

江门市市场监管体系建设规划（2013—2016年）实施意见

为深入贯彻落实《广东省市场监管体系建设规划（2012—2016年）》部署，加快市场监管体系建设，努力营造法治化国际化营商环境，服务江门经济社会发展大局，推动江门“幸福侨乡”建设，现结合江门实际，制定本实施意见。

一、指导思想和基本原则

（一）指导思想。

以邓小平理论、“三个代表”重要思想、科学发展观为指导，紧紧围绕“三个定位，两个率先”总目标，坚持社会主义市场经济的改革方向，解放思想，改革创新，突出重点领域和关键环节建设，着力加快政府职能转变，注重体制机制创新，把发挥市场配置资源的基础性作用与加强政府市场监管职能结合起来，打造政府负责、部门协作、行业规范、公众参与的市场监管新格局。

（二）基本原则。

1．政府主导，共同推进。坚持政府统一领导，部门联合行动，社会各方参与，全社会协同推进体系建设，创新舆论监督、公众参与的形式和渠道，进一步强化社会监督，逐步形成多元共治的市场监管新格局。

2．改革创新，注重实效。推进市场准入制度改革，进一步加快政府职能转变，创新行政执法体制机制，着力解决当前市场监管体制机制中存在的突出问题，力争在重点领域和关键环节取得突破。

3．健全机制，规范监管。完善各项工作制度，注重长效机制建设。加强法制宣传，落实行政执法责任制，规范市场监管执法行为，优化市场法制环境。

4．全面推进，共建共享。全面推进市场监管各体系的建设，加强体系建设协作，实现各体系建设的信息互通、资源共享、机制对接和成果共用。

5．系统谋划，分步实施。坚持统筹规划与分步推进相结合，注重规划的整体设计和建设任务的阶段安排，细化体系构成，明确阶段目标，加强指导，落实责任，分步实施。

二、建设目标和实施步骤

（一）建设目标。通过坚持不懈的努力，解决社会和群众关注的突出问题，配合省建成统一、规范、共享的市场监管信息平台，建立科学高效的市场监管长效机制，营造公平、开放、竞争、有序的市场环境，初步形成政府负责、部门协作、行业规范、公众参与相结合的市场监管新格局，基本建立与江门经济发展相适应的市场监管体系。

（二）实施步骤。2013年，全面推进市场监管体系建设工作；2014年，市场监管体系体制机制建设取得明显成效；2015年，基本建成行政执法、行业自律、舆论监督、公众参与相结合的市场监管体系雏形；2016年，巩固完善市场监管体系建设成果，并对市场监管体系建设工作进行评估。

三、任务分工

江门市市场监管体系建设，具体实施10大体系工程，由市市场监管体系建设统筹协调小组负责统筹协调、牵头部门全面组织推动部门和单位具体实施。根据有关部门和单位的职责，提出如下分工：

（一）推进市场准入体系建设。

1．拓宽民间投资领域和范围。按照“非禁即入”的原则，拓宽民间投资的领域和范围，促进各类营商主体公平竞争。出台各行业准入细则，明确放宽市场准入领域的具体政策，落实各类企业公平待遇。制定推进垄断行业改革指导意见，为民间资本进入垄断行业创造条件。加快出台公共资源特许经营管理办法。鼓励引导非公有制企业通过并购和控股、参股等多种形式参与国有和集体企业的改组改制。（牵头单位：市发展改革局）

2．精简和规范市场主体准入前置行政审批事项。建立健全前置审批目录管理制度，对审批事项实行动态管理。对企业和社会组织能够自主决定、自担风险、自行调节、自律管理的事项，政府不再审批；对能通过事中、事后监管达到管理目的的事项，取消事前行政许可；除法律、行政法规或国务院决定规定外，取消其他各项涉及企业登记的前置性行政审批事项。（牵头单位：市编办、市工商局）

3．推进商事登记改革。总结评估商事登记改革工作经验，建立健全与我市经济社会发展相适应的商事登记制度。2014年3月在全市范围内全面推进商事登记改革；2014年5月份出台商事登记改革后续监管办法；2016年建立比较完善的商事登记制度。（牵头单位：市工商局、市编办）

4．推进工商登记服务方式创新。继续完善“网上登记、双向快递”服务，探索全程电子化商事登记模式，实现网上申报、网上受理、网上审核、网上查询、网上发照，推进商事登记申报材料和营业执照电子化。探索建立营业执照、组织机构代码证、税务登记证联合办理制度。2014年将企业年检和个体户验照制度废除改为年检报告制度。（牵头单位：市工商局、市经济和信息化局、市行政服务中心、市质监局、市国税局、市地税局）

5．推进商事登记及相关审批标准化建设。按照行政审批标准化建设的要求，科学合理放宽行政审批条件，减少审批材料，优化审批流程，缩短审批时限。创新审批服务方式，大力推进集中统一办理、同步审批和服务质量公开承诺，加快建立“告知承诺制”。规范统一商事主体登记条件、登记程序和登记事项、申请表格和提交材料、加强和规范办理流程公开，强化电子监察，逐步实现实时监控。（牵头单位：市工商局、市编办、市行政服务中心）

6．加强行政审批服务效能监察。进一步完善市、县电子监察系统，全程监督行政审批行为。建立网络监察制度，加强对重点涉企审批服务岗位工作效能的实时监督。在各级政府网上办事大厅分厅设立统一的行政审批效能投诉受理平台，健全网上行政审批效能投诉受理机制。健全行政效能监察考核体系，建立多元问责机制。推进机关作风建设，加强政风行风民主评议和群众满意度测评，定期公布群众评议结果。结合市网上办事大厅建设进度，对市直和各市、区网上办事窗口和分厅的重点涉企审批服务岗位进行效能监察，开展政府绩效管理试点工作。（牵头单位：市监察局、市编办）

7．完善企业信用分类监管制度。完善企业信用分类标准，健全分类指标体系。建立企业信用预警制度，加强企业经营行为引导，强化监管措施和管理机制。加强信用监管信息化运用，开发企业信用信息管理系统，建立信用信息数据库，2014年至2015年，建立完善的信用预警信息收集和发布制度。（牵头单位：市工商局）

8．统一商事主体信用信息公示系统数据标准、建设规范和运行管理规定，建设市级系统，实现准入与监管联动、跨部门信息共享，有效整合、运用商事登记、行政审批、执法监管等信息资源。逐步引入司法、信贷融资等信息资源。在汇集各地管理系统信息资源的基础上，建立全市集中统一的、面向社会公众的商事主体信用信息公示系统，依法公开企业信用信息、行政处罚结果信息、监管情况信息、信用修复信息等各项市场主体信用信息。（牵头单位：市经济和信息化局、市工商局、市行政服务中心）

9．建立完善信用约束机制。建立健全商事主体信用信息归集、披露、运用制度，推进跨部门多领域信用信息综合管理运用，完善激励、警示、惩戒制度。依法记录和整合股东、法定代表人及企业高管人员的个人信用信息，建立企业法定代表人“黑名单”制度，强化企业法定代表人任职限制措施，实现与银行信用评级体系、检察机关行贿犯罪档案查询等系统的有效衔接。对被载入经营异常名录的商事主体及其法定代表人（负责人）、股东或高管人员采取重点监管措施，完善以商事主体法定代表人（负责人）任职限制为核心内容的失信惩戒机制，形成“一处失信、处处受限”的信用监管效应。大力培育市场征信机构，充分发挥征信机构在提供信用产品、促进商务诚信建设方面的重要作用。综合运用“黑名单”信息，建立信用惩戒制度。（牵头单位：市发展改革局、市工商局、人行江门市中心支行）

（二）推进质量监管体系建设。

10．加强重点工业产品监管。突出重点产品、重点行业和重点区域，科学制订我市重点工业产品监督目录。争取地方财政支持，将重点工业产品监督抽查经费逐步纳入财政预算，根本上解决法律授权和监督检验公正性及有效性问题。强化分类监管，全面推进工业产品生产许可证获证企业分类监管工作。以组织机构代码实名制为基础，构建我市企业质量信用档案数据库，充分利用电子信息化技术，逐步实现质量信用信息的共享、公开等应用。（牵头单位：市质监局）

11．健全质量信用奖惩机制。建立我市工业产品质量失信“黑名单”管理制度。督促企业履行质量诚信主体责任，建立重大质量事件企业主动报告制度和产品质量追溯制度。完善销售者先行赔付制度、产品质量责任保险制度、惩罚性赔偿制度等质量责任追究制度。

（牵头单位：市质监局、市工商局）

12．建立生产及流通领域产（商）品质量监测机制，探索建立商品质量市场评价指标体系。强化地区、部门间监督抽查计划的协商、结果通报和信息共享，建立生产及流通领域产（商）品质量监督抽查协调机制，完善商品监督抽样检验程序及监测工作规范，研究制订《商品质量市场评价指标采集规范》，实现监督抽样检验结果共享结果互认共用，初步建成商品质量市场评价体系。（牵头单位：市质监局、市工商局）

13．加强流通领域商品质量监管。构建以“退市不合格商品”为核心的流通领域商品质量监管机制。实施监测商品专项检查制度，建立监测不合格商品数据库，建立完善各类监测商品的定点监管对象名录和商品质量信用信息登记及发布制度，加强监测结果和监测信息的统一管理和应用。强化行业自律，推进经营者建立质量安全承诺制度、商品质量进货查验和不合格商品下架退市制度。强化社会监督，发展商品质量义务监督员，落实举报奖励机制。（牵头单位：市工商局）

14．推进标准化体系建设。鼓励我市传统产业、优势产业和产业集群制订联盟标准，推动产业转型升级。推动企业将科技成果、专利转化为技术标准，促进科技成果标准化、产业化。加强企业标准化管理。鼓励企业采用国际标准或国外先进标准组织生产，参与国际先进标准、国家标准制修订。鼓励企业开展“标准化良好行为”创建活动及推行先进管理模式。鼓励企事业单位和科研院所积极承担国家级TC/SC/WG秘书处工作，推动社会各界参与国际标准化活动。（牵头单位：市质监局）

15．加强公共检测服务平台建设。加强国家摩托车及配件质量监督检验中心（广东）的建设，在战略性新兴产业领域开展建设国家质检中心可行性调研，争取有新的国家质检中心落户江门。加强我市已建成的水暖卫浴产品、电声产品、浆纸产品、不锈钢制品、换气扇、洗衣机等6个省级检验站的建设，提高技术机构规范化管理水平，支持公共检测平台服务于地方经济发展方式转变，助推地方产业转型升级。加强市级法定计量技术机构建设，提升计量技术水平，建立健全计量服务规范，助推省计量公共检测服务平台建设。（牵头单位：市质监局）

16．加强质量风险监控。加强风险信息的采集、报送和检测工作，对监测到存在较高风险的行业或产品，开展专项监督抽查和行业质量提升活动。加强风险监测工作的研讨、交流，提高风险监测预警、评估和研判能力。（牵头单位：市质监局）

17．加强监管执法机制建设。创新质量监管、行政许可和行政执法工作机制，严厉打击危害公共安全、人身健康及生命财产安全等质量违法行为，建立运转协调高效的质量监管执法长效机制。深入开展打假专项查处行动，健全行政执法部门之间的协作机制，建立完善行政执法与刑事司法的衔接机制，有效遏制假冒伪劣行为。（牵头单位：市打假办、市质监局）

18．提升服务业质量水平。推进服务质量标准化示范工程建设，鼓励服务行业采用现代经营模式，提高标准覆盖率，逐步实现服务标准化。建立行业服务规范。鼓励和引导行业协会建立符合行业实际的文明服务规范、服务提供规范和服务控制规范，促进服务业自我规范，提升服务水平。加强对旅游、物流、中介、餐饮等重点生产性服务业和生活性服务业的监督管理，完善服务质量投诉机制，建立服务行业顾客满意度评价制度，全面提升服务质量。（牵头单位：市质监局、市经济和信息化局、市旅游局）

（三）推进市场竞争秩序监管体系建设。

19．加强反不正当竞争执法监管。以严厉打击不正当竞争行为为重点，严格界定执法权

限，正确履行监管职责，规范市场经济秩序，积极引导经营者自律机制和社会监督机制。（牵头单位：市工商局）

20. 加大治理商业贿赂的力度。深入推进治理商业贿赂专项工作，按照标本兼治，打防并举，突出重点，统筹谋划，把握政策，维护大局的原则，深入推进反腐倡廉工作，加快建立健全打击和防止商业贿赂长效机制建设，进一步规范市场秩序。（牵头单位：市监察局、市工商局）

21. 加强知识产权保护和监管。大力推进实施知识产权战略纲要，完善知识产权领域行政监管执法体系、“两法衔接”工作机制、信息披露机制，进一步创新监管手段，推进规范知识产权服务和管理工作，加强培养知识产权人才，初步建立起统一规范、有序运行的知识产权综合监管体系。（牵头单位：市科技局）

22. 加大市场价格综合监管力度。进一步完善市场价格监管机制，充实监管力量，强化监管手段，加大监管力度，树立监管权威，拓展监管领域，全面履行好市场价格监管职能，有效维护市场价格秩序和广大消费者合法权益。（牵头单位：市发展改革局）

23. 加大打击传销综合治理力度。建立打传工作政府负责、部门协作、社会参与的工作机制，通过群防群控等措施，全面提高打击传销监管能力和水平，坚决遏制一切形式的传销活动，有效规范直销行为。（牵头单位：市工商局）

（四）推进行政执法体系建设。

24. 深化行政审批制度改革。一是大力精简行政审批事项，重点清理企业投资、社会事业、市场监管领域行政审批及非行政许可审批事项，大幅减少企业登记前置许可审批项目，到2015年，各级审批事项压减40%以上。建立健全行政审批监督管理制度，对行政审批进行动态评估、管理和调整。二是推进网上办事大厅建设，加强电子政务建设，推进市、县两级行政审批系统联网，办好各级网上办事大厅，完善网上审批服务平台，推动不同层级、不同部门之间实现网络互联互通、信息共享和业务协同，建立全市统一互联的集信息公开、网上办理、便民服务、电子监察于一体的全天候网上办事大厅。三是创新管理方式。在加大行政审批事项取消、转移力度的基础上，建立健全政府日常监管体系，由各相关部门分头逐项制定取消、转移事项的监管办法，创新管理服务的方式方法，将审批职责逐步调整充实到监管职责，变“重审批轻监管”为“宽准入严监管”，从以审批准入为主的事前监管，变为覆盖全过程的以查处执法为主的事前、事中、事后监管。四是构建政社共治格局。大力培育发展社会组织，推动社区自治组织建设，扩大社会参与，引入社会力量，建立“政府调控机制和社会协调机制互动，政府行政功能和社会自治功能互动，政府管理力量和社会调节力量互动”的共同治理网络。（牵头单位：市编办、市行政服务中心、市经济和信息化局、市监察局、市法制局、市民政局、市工商局）

25. 推进行政执法体制改革。根据省的统一部署，推进行政执法体制改革。合理界定各层级政府执法权限，推动行政执法重心下移。整合执法资源，推动跨部门、跨领域综合执法。积极推进政策制订、审查审批等职能与监督检查、实施处罚职能相对分开，监督处罚职能与技术检验检测职能相对分开。合理划分市场监管部门行政管理与行政执法职责。完善执法机制，加强执法部门间的协调配合和信息共享，对涉及多部门的事项实行联合执法。（牵头单位：市编办、市法制局）

26. 加强行政执法队伍建设。规范行政执法人员编制和经费管理。根据精简、效能的原则，核定行政执法机构的人员编制，规范使用省分配下达的行政执法专项编制，提高编制使用效率。行政执法所需的人员经费和业务经费纳入同级财政预算，由财政予以保障。行政执

法罚没收入全额上缴财政，严格执行缴罚分离、收支两条线制度。（牵头单位：市财政局）

27. 加强行政执法与刑事司法衔接工作。加强行政执法部门与公安、检察机关对执法中发现的涉嫌犯罪案件的移送、办理、监督、反馈等工作以及相互间的衔接与配合，强化对行政执法部门查办和移送涉嫌犯罪案件工作的监督，切实提高行政执法透明度，坚决纠正有案不移、有罪不究、以罚代刑等问题。推动行政执法与刑事司法衔接工作信息共享平台建设，实现违法犯罪案件的执法、司法信息互联互通，建立完善信息共享范围、录入时限和责任追究制度，形成预防和打击违法犯罪的合力。（牵头单位：市公安局、市检察院）

（五）推进行业自律体系建设。

28. 大力培育发展行业组织。结合政府职能转变，推进政府与行业协会商会分开。加大行业协会商会培育发展力度，促进行业协会商会发展，充分发挥行业协会商会行业自律的作用。引导同类型、同性质、同领域的行业协会商会建立枢纽（联合）型社会组织，实行协调指导、自律管理和自我服务。（牵头单位：市民政局、市工商联）

29. 推进政府职能转移和购买服务。编制出台政府转移职能目录、具备承接政府职能转移和购买服务资质的社会组织目录，厘清政府与行业协会商会的职能，按照公平、公正、公开原则，逐步将行业管理、行业规范和行业标准制订职能转移给行业协会商会等社会组织。（牵头单位：市编办、市民政局、市工商联）

30. 建立部门联合监管机制。政府职能部门依法履行对行业协会商会的服务指导和监督管理职能，依法承担相应管理责任，形成各司其职、各负其责、信息共享、协同监督、齐抓共管的联合监管机制。（牵头单位：市民政局、市工商联）

31. 完善行业组织自律监管机制。建立健全规范运作、诚信执业、信息公开、公平竞争、奖励惩戒、自律保障六大机制。推行行业协会商会监事监督制度，增强监事监督职能，扩大社会监督渠道，提高运作透明度，促进监事专责监督、会员自主监督、社会公开监督相结合的自律监督制度建设。（牵头单位：市民政局、市工商联）

32. 加强法律法规宣传教育。开展法律法规宣传活动，加强对会员守法经营、诚信经营、照章纳税的教育和监督，提升会员诚信、守法经营意识。（牵头单位：市民政局、市工商联）

33. 强化自律管理。充分发挥行业协会商会的作用，结合本行业特点制订行规行约，规范行业和会员的生产经营行为，组织制订行业管理、服务规范和技术标准。强化行业价格自律，制止垄断市场行为。规范行业竞争行为，维护市场秩序和社会公共利益。强化产品和服务质量自律，抵制制售假冒伪劣产品等违法行为。客观公正地调解会员与消费者之间的矛盾纠纷。（牵头单位：市民政局、市工商联）

34. 建立信息公开机制。引导行业协会商会建立信息披露机制和信息管理平台，建立会员信息动态记录、社会评价、诚信公示、失信惩戒和黑名单等信用管理制度，实现信息共享和社会监督。对失信违法的会员根据情节予以警告、取消会员资格或者除名，对诚信守法经营的会员予以公示，给诚信经营会员企业在信贷、招投标等方面出具诚信证明。（牵头单位：市民政局、市工商联）

（六）推进消费维权和社会监督体系建设。

35. 建设“12345”投诉举报平台。整合优化各职能部门的申诉举报热线平台功能，加强行政部门消费维权申诉、经济违法行为举报处理工作的规范化建设，为消费者维权和参与市场监管提供畅通的申诉举报渠道，促进行政机关及其工作人员依法、正确履行职责，形成

“集中接听登记、按职分转办理、定期反馈回访、应急指挥调度、信息汇总分析”的便民、高效、权威的消费维权和经济违法行为处理机制。2014年完善话务平台软件、硬件、人员配置、岗位培训机制和外包服务评价考核机制，2015年初步实现投诉举报平台与市场监管信息平台体系中其他信息系统之间的数据交换，与平台各成员单位申诉举报系统、外部信息系统之间的对接，形成全市一体化的工作制度及运行机制。（牵头单位：市工商局、市监察局、市行政服务中心、市经济和信息化局）

36．强化部门协作，提高行政效能。依托“12345”投诉举报平台，组织具有消费维权和经济违法行为查处职能的行政部门、司法机关、社团组织建立联席会议制度，加强部门协作；加强对“12345”平台受理转办业务单处理情况的效能督察，提高解决群众反映问题的处理效能。2014年建立消费维权和经济违法行为监督协调、协作机制。（牵头单位：市行政服务中心、市工商局、市监察局）

37．建立消费安全和经济违法突发事件预警处置机制。发挥“12345”平台信息收集作用和异动信息监测功能，依托投诉举报平台建立健全消费安全和经济违法突发事件预警防范和应急机制，制定突发事件监测制度、应急处置预案，明确应急处置的机构及职责，规范处置流程，预防和妥善处理突发事件。2014年在江门市城区范围内试点建立消费事件应急处置机制；2015年逐步推广，2016年全面建立安全突发事件应急处置机制。（牵头单位：市行政服务中心、市工商局、市监察局）

38．加强消费侵权热点和典型侵权行为治理。开展征集消费侵权热点问题和典型侵权案例活动，由具有消费维权和经济违法行为监督职能的成员单位负责收集本单位职能范围内的消费侵权热点问题和典型侵权行为及案例，每年提交上年度申诉举报数据分析报告，评选消费侵权典型案例和突出的消费侵权问题，研究提出治理对策，制定治理方案，开展专项治理。2014年初步建立消费侵权热点和典型侵权行为治理机制，形成有效治理消费侵权热点问题和典型侵权行为的工作格局。（负责单位：市工商局、市监察局）

39．建立社会监督网络体系。加强各级消费者权益保护组织建设，充分发挥其在消费维权和社会监督中的引领作用。建立和完善行业组织和经营者诚信经营、监督互助的自律体系，构建多元消费纠纷解决机制。指导市场、商场、超市、企业、景区等与民生消费密切相关的经营主体建立综合型的消费维权服务站；在消费集中区域和重点行业建立具有消费宣传教育、消费纠纷调解和社会监督功能的综合型消费维权服务站。健全社会监督网络，充分发挥行业协会、社会组织、志愿者的服务和监督作用。（牵头单位：市民政局、市消委会、市工商局、团市委）

40．健全行规行约监督机制。建立行规行约磋商和评议机制，推动企业守法自律、规范发展,规范格式合同条款，完善行规行约。2014年建立行规行约磋商和评议机制。（牵头责任单位：市民政局，市消委会）

41．加强“诉调对接”，强化司法保护。加强法院与行政部门、消费者权益保护组织的沟通，建立消费维权诉讼与调解工作的对接机制。在此基础上，综合社会各部门的消费者权益保护资源，构建多元消费纠纷解决机制，加强司法调解、行政调解、社团调解与人民调解的协调与合作。组织开展消费维权纠纷“诉调对接”试点工作，制定相关工作规程和制度。在试点工作基础上，研究确定我市消费维权纠纷“诉调对接”模式，制定诉调对接工作方案，全面推行消费维权诉调对接工作。（牵头单位：市中级法院）

42．加强消费教育和引导。建立新闻单位与消费维权组织、职能部门之间的协作机制，通过媒体发布消费提示、消费警示、曝光侵权行为、开展消费调查、举办消费咨询、讲座等多种形式，及时传递消费信息，关注消费者的知情权、受教育权,大力宣传消费维权法律知识、产品消费知识，引导消费者科学、合理消费。（牵头单位：市委宣传部、市消委会）

43. 加强舆论监督。建立舆论监督与行政监督、社会监督的联动机制，根据消费侵权热点和重大经济违法行为，制定联动监督计划，加大对消费侵权和经济违法行为的监督力度，加强对消费侵权热点和典型、重大经济违法行为的追踪、分析和评议，针对发现的消费陷阱、行业消费潜规则等侵权行为，发布消费警示，对重大、典型的经济违法，加强揭露和跟踪，曝光失信企业。（牵头单位：市委宣传部）

（七）推进市场监管法制体系建设。

44. 完善政策规定。建立完善政府法制机构与市场监管部门之间的立规反馈与沟通机制，及时掌握市场监管部门的立规需求，按照条件成熟、突出重点、统筹兼顾的原则，将市场监管行之有效的做法和措施列入立规计划。（牵头单位：市法制局）

45. 建立健全规范性文件制定监督机制。落实规范性文件制定公开征求意见和集体讨论决定制度。进一步落实规范性文件统一审查、统一发布制度及有效期制度，按省的部署逐步建立规范性文件统一编号制度，强化对下级人民政府规范性文件的备案监督，进一步完善公民、法人和其他组织审查建议的处理机制。（牵头单位：市法制局）

46. 建立规范性文件的评估制度。开展市场监管相关规范性文件实施情况的评估工作，对妨碍市场流通、公平准入的限制性规定以及与我市经济社会发展不相适应的规定，由文件起草部门或主要执行部门提出及时修改、废止或者宣布失效的意见；通过评估发现需要加强制度建设的，提请有权机关制定有关办法。（牵头单位：市法制局）

47. 清理现行市场监管规定。全面清理不适应市场监管需要的规定。制定机关应及时修改或者废止与上位法不一致或不合理的规范性文件，并向社会公布。通过即时清理和定期清理的方式，及时修改或者废止不适应我市经济社会发展的规范性文件。（牵头单位：市法制局）

48. 加强市场监管法制宣传。深入开展市场监管工作法制宣传，努力形成崇尚法治、依法经营、自觉维护法律权威的营商意识和氛围。创新法制宣传形式，多种形式开展法制宣传教育，提升全民和营商主体守法意识和依法维权意识，努力构建人人参与的市场监管法治格局。将与商事相关的法律法规和国际惯例作为普法的重要内容，突出做好领导干部、公务员、企业管理人员和职工等对象的普法工作。深入企业、商会、行会宣讲政府服务经济发展的规章制度和政策措施，为企业的健康快速发展提供有利的政策法律支持服务。（牵头单位：市委宣传部、市司法局）

（八）推进市场监管信息平台体系建设。

49. 制定市场监管信息标准、规范和数据质量保证制度。统筹市场监管业务信息系统建设规范，遵循全省统一的信息标准和技术规范，逐步制定我市市场监管信息平台建设相关的技术标准和规范，包括市场主体识别标识、监管信息目录规范、业务流程接口规范、数据资源和服务使用规范、电子监察接口规范等，实现各系统互联互通，信息共享。制定信息共享、信息公开和信息运行相关规则规范，确保市场监管信息能够及时、完整、有效地征集汇总和运用。（牵头单位：市经济和信息化局、市工商局及相关部门）

50. 建设市场监管信息基础平台。建设全市统一的市场监管信息基础平台，与社会信用信息平台互联互通。各成员单位依照各自的市场监管职责，共享市场监管过程中的信息，共用市场监管信息基础平台，完整记录市场监管的全过程，逐步实现各部门密切协作的市场监管新格局。2014年，完成需求分析工作，并制定本子系统的建设方案。深化市场监管信息平台体系建设关键领域的重点工作，完成系统开发并推广应用，重点推进以全市市场监管信息基础平台建设为核心的监管信息平台再造，初步形成市场监管信息平台体系运作机制。（牵头单位：市经济和信息化局、市工商局）

51．建设市场准入信息系统。统筹建设市场准入信息系统，建设市场经营主题数据库，并与相关信息系统实现数据互联共享。归集市场经营主题审批、登记注册和“黑名单”等信息，为其他市场监管信息系统提供基础数据，建立面向政府监管、社会监督和公众查询的市场主体信息公示平台。全面推行网上审批和办事，实现政务信息网上公开、网上审批、跨部门事项并联办理。2015年完成。（牵头单位：市工商局、市经济和信息化局）

52．建设质量监管信息系统。统筹建设质量监管信息系统，发挥社会组织等第三方已有质量风险监测平台作用，强化与质量信息公开服务平台的对接，强化市场准入和退出。推动落实企业质量安全主体责任。开展企业和产品质量信用信息登记，建立质量失信“黑名单”，实行按信用分类监管。2015年完成。（牵头单位：市质监局、市经济和信息化局）

53．建设市场竞争秩序监管信息系统。统筹建设市场竞争秩序监管信息系统，加强对欺行霸市、制假售假、商业贿赂、不正当竞争、价格违法、侵犯知识产权、传销等违法行为查处信息的归集管理，实现相关执法部门执法信息互联互通，提高执法部门监管的征对性和有效性。2015年完成。（牵头单位：市工商局、市经济和信息化局、市监察局）

54．建设消费维权和社会监督信息系统。统筹建设消费维权和社会监督信息系统，构建统一的消费维权申诉、经济违法行为举报和行政效能投诉信息数据库，归集全市投诉举报平台信息，实现数据互联互通共享。充分发挥行政部门、社会组织、社会公众、新闻媒体、司法机关等多方力量，积极构建行政监管、社会监督、行业自律、公众参与、司法保障等多元共治的消费维权和社会监督体系，进一步畅通维权诉求渠道，优化维权机制，降低维权成本，提高维权效能，强化社会对市场行为的监督。2015年完成。（牵头单位：市工商局、市经济和信息化局、市监察局）

55．建设食品安全监管信息系统。统筹食品安全监管信息系统建设，建立食品安全信息公开系统，食品生产经营企业及产品信息数据库，实现食品企业及产品的许可、注册、备案、标准等的统一监管和公众查询；建立食品安全诚信系统，与社会信用平台互联互通；建立全市统一的食品安全诚信数据库；建立食品企业及相关人员信用信息记录档案，完善食品生产经营企业和个人“黑名单”制度，实行信用分类监管；建立食品安全风险监测网络系统，实现数据共联共享；建立统一的食品安全信息追溯平台，统筹规划各类食品安全追溯，研究以推广建立电子台账为基础，以二维码追溯技术为手段的全程追溯体系；建立上下联系的应急指挥网络、健全全市食品安全应急管理体系。2015年完成。（牵头单位：市食品药品监管局、市卫生计生局、市经济和信息化局）

56．建设农资市场监管信息平台。加强现代信息技术在农资市场监管体系建设中的应用，整合各监管部门的农资商品信息数据，建立统一共享的农资产品监管信息平台，重点建设农资生产、经营、质量监管、价格管理信息系统，实现农资监管全程信息化，提升监管效能。2015年完成。（牵头单位：市农业局、市经济和信息化局）

57．建设网吧监管信息平台。推动网吧信息化管理，利用网络设立网吧监管体系专栏，内置网吧行业经营诚信经营档案，记录并公布网吧行业诚信经营情况。2015年完成。（牵头

单位：市文广新局、市经济和信息化局）

58．建设市场监管效能监察系统。与行政效能电子监察系统相结合，根据上级部署推进绩效评估工作，对案件处理和网上业务开展的效果进行动态评估、实时发布，督促相关部门提高工作效率。2015年完成。（牵头单位：市监察局、市编办、市经济和信息化局）

（九）推进食品安全监管体系建设。

59．建立健全食品安全监督执法机制。逐步完善食品安全监管体制，明晰各相关部门监管职责，消除职责交叉和监管空白。建立健全食品安全监管责任制，建立健全食品安全执法、资源共享、信息通报、隐患排查、应急联动、事故处置与联合办案等机制，建立健全公安机关与食品安全监管部门办案协作机制，完善食品安全违法违纪责任追究制度，建立严管、严治食品安全违法行为的法治秩序。（牵头单位：市编办、市食安办、市食品药品监管局、市公安局）

60．建立健全食品安全综合协调机制。完善食品安全综合协调机制，逐步建立完善市、县二级食品安全综合协调网络，强化市县之间、部门之间及地区之间的协调联动。（牵头单位：市食品药品监管局、市编办）

61．探索建立联合（综合）执法机制。以食品药品监管机构改革为契机，整合资源，不断创新食品安全监管方式，构建镇（村）食品安全监管网络，解决基层监管力量薄弱和分散的问题。（牵头单位：市编办、市食品药品监管局）

62．推进食品安全工作重心下移。充实基层监管队伍力量，强化县级市（区）人民政府对食品安全工作的属地管理责任，推动镇（街）一级食品安全监管力量建设，构建基层食品安全监督网络，将监管触角延伸至村居（社区）。到2016年底，基本建立食品安全综合协调机制和市、县级市（区）两级食品安全综合协调网络，充分整合各部门食品安全监管执法力量；食品安全工作重心下移和乡镇(街)一级食品安全监管力量建设基本完成。（牵头单位：市编办、市食品药品监管局）

63．推进食品安全诚信体系建设。推进食品工业企业诚信建设，实施“黑名单”制度。按照省的统筹部署，建立食品工业企业诚信信息平台。全面建立动态更新各类食品工业企业的食品安全信用档案，逐步实现信用档案电子化和全国联网。推进信用信息共享，建立实施“黑名单”制度，实施信用分类监管，建立食品监管部门与食品市场诚信公共服务平台牵头单位的信息通报机制。引导食品生产经营单位自律守法。强化食品生产经营者第一责任人意识和诚信意识，督促食品生产经营者细化并落实主体责任。充分发挥行业协会作用，加强行业管理，规范、引导、督促行业自律。开展食品安全示范点评选，发挥示范作用。在食用农产品种植养殖、水产品养殖、食品生产加工、保健食品生产加工、出口食品生产加工、餐饮服务消费、生猪屠宰、样板市场工程、商场和超市等9类食品企业开展食品安全示范点评选；对于出口食品企业开展“出口食品安全示范区”评选活动。（牵头单位：市食品药品监管局、市经济和信息化局、市农业局）

64．推进食品安全应急管理体系建设。制定完善应急预案。建立健全市、县级市（区）食品安全应急管理体系，各级各部门制定食品安全应急预案。加强市内外食品安全信息收集整理和上报工作。加强各级各有关部门食品安全应急专家队伍建设和技术培训，强化食品安全应急检测技术能力储备。加强食品安全事件稀缺检测试剂、急救药品等应急物资储备。完善应急物资调拨与紧急配送体系，规范食品安全事故处置应急装备配置。（牵头单位：市食品药品监管局）

65．推进食品安全追溯系统建设。完善食品安全追溯制度。统筹整合食品安全追溯系统，充分利用经济和信息化、农业、工商、质检、食品药品监管等部门的现有资源，确保各追溯系统相互兼容与信息共享。以重点品种追溯系统建设为试点，开展食品质量安全电子追溯建设，不断推进构建覆盖农村食品生产、加工、储运及销售全程的食品质量安全信息化追溯体系。完善生猪及肉品流通定向跟踪信息化监管系统。探索建立餐饮服务食品安全监管信息平台，在大型以上餐饮服务单位推行电子化台账管理。2016年，基本建成定向跟踪信息化监管系统。（牵头单位：市食品药品监管局、市农业局）

66．加快建设食品安全网。构建快速便捷、互联互通、资源共享的食品安全信息沟通机制和网络平台，完成覆盖食品安全全过程各环节的食品安全网建设。依托“12345”投诉举报平台，完善食品安全投诉举报机制。加快食品安全信息平台建设。根据国家和省规划的统一部署，2016年基本建立功能完善、标准统一、信息共享、互联互通的食品安全信息平台。建立食品安全舆情监测机制。加强舆情监测，了解和掌握有关食品安全的社会舆论动向，快速发现突发事件、重大案件，密切跟踪食品安全案件和突发事件的网上舆情动态，有效提高应对处置能力。（牵头单位：市食品药品监管局）

67．设立食品安全舆情监测系统。实时采集、统计和监控，了解和掌握有关食品安全的社会舆论动向，快速发现突发事件、重大案件，密切跟踪食品安全案件和突发事件的网上舆情动态，提高应对和处置能力。（牵头单位：市食品药品监管局）

68．完善食品安全风险监测体系。按照省的统筹部署，制定并组织实施《江门市食品安全风险监测网络建设方案》，建设以市级食品安全监管部门为骨干，县级市（区）级为辅助力量的多层次、跨领域、全过程的具有预警功能，涵盖食源性疾病、食品中化学污染物及有害因素以及食源性致病菌监测的网络。及时有效开展食品安全风险监测、预警和处置，降低食品安全问题带来的危害风险。（牵头单位：市卫生计生局）

69．提高食品安全检验检测能力和装备。加强食品快速检测能力建设，建立基层食品安全快检系统。按照“提高现有能力水平、按责按需、填平补齐、避免重复建设、实现资源共享”的原则，强化各级食品安全检验能力，积极稳妥推进检验资源整合，共享检验信息。（牵头单位：市食安办、市卫生计生局、市食品药品监管局、市财政局）

（十）推进金融市场监管体系建设。

70．建立健全维护区域金融稳定的协调机制。探索建立金融稳定协调机制，对各部门信息共享及联合开展工作等事宜做出明确规定。通过在事前以文本的方式明确有关各方的职责和义务，增强防范和化解金融风险的能力。（牵头单位：人行江门市中心支行）

71．健全地方政府融资规模控制监管机制。探索加强对地方政府融资规模控制的监管机制，适度控制地级市以下的地方政府融资平台贷款规模，落实存量贷款的风险缓释措施，确保债务总额与财政可支付能力相匹配。（牵头单位：市财政局）

72．完善地方法人金融机构资本质量控制机制。推动完善地方法人金融机构资本质量控制机制。在全面摸清地方法人金融机构资本质量状况的基础上，采取积极措施消除资本权利瑕疵，推动地方法人金融机构进一步做实资本。推动提高地方法人金融机构资本质量、内部控制水平，增强金融市场主体风险防控能力。（牵头单位：人行江门市中心支行）

73．完善融资性担保机构和小额贷款公司监管机制。完善对小额贷款公司、融资性担保公司等机构的监管机制，要建立健全小额贷款公司、融资性担保公司非现场监管系统，充实监管力量，加强监管信息共享，对风险隐患突出的小额贷款公司、融资性担保公司开展联合

检查。（牵头单位：市金融局）

74. 加强金融法制环境建设。大力整治非法金融活动，进一步做好反假币、反洗钱工作，打击和防控内幕交易、非法集资、非法证券、非法保险和非法期货经营等非法金融活动。完善金融监管、特别是地方性和新型金融机构的监管制度，营造良好的金融生态环境。建立金融机构合规经营评价体系和金融消费权益保护工作评价体系，建立金融纠纷专业化、多元化和高效、廉价解决机制。探讨建立和完善金融纠纷案件非诉解决机制，与地方司法机关签署合作备忘录，促进金融案件执行率。（牵头单位：市中级法院、人行江门市中心支行、江门银监分局、市金融局、市公安局）

75. 完善货币信贷执行机制。由人行江门市中心支行牵头，会同有关部门综合运用好差别存款准备金、再贷款、再贴现等货币政策工具，保持货币信贷总量合理适度增长，提高货币政策执行的针对性、灵活性和前瞻性。进一步提升信贷政策导向力，通过信贷政策指引和导向效果评估引导金融机构做好“三农”等领域的金融支持，加强信贷政策与产业政策协调配合，推动发展先进制造业和现代服务业，支持经济结构调整和发展方式转变。疏通货币政策的传导渠道，配合做好推进利率市场化的各项基础性工作。加强货币信贷调查研究和监测分析，为货币政策科学决策提供基础，增强货币信贷政策实施的科学性和信贷投放的合理性。（牵头单位：人行江门市中心支行）

四、组织实施

（一）加强组织领导。各级政府要切实加强组织领导，按照实施意见确定的建设目标、工作任务和年度安排制订具体工作方案，进一步分解任务，细化措施，落实责任，扎实做好本实施意见的组织实施工作。各牵头单位要加强工作指导，做好统筹协调，及时组织研究解决工作推进中遇到的问题，确保各项任务按时完成。

（二）加强保障机制。各地要将市场监管体系建设的经费纳入财政预算，保障相关建设项目的资金投入。各级政府要依照经济发展和财政收入增长水平，逐年增加市场监管体系建设工作的投入。

（三）坚持改革创新。各地在贯彻实施意见工作中，要进一步解放思想，要勇于创新，根据本地实际，综合考虑产业布局、经济发展基础和市场监管水平，在保证建设目标落实的基础上，创新市场监管体制机制，创新市场监管的方式、方法和手段，加大改革力度，全面推进我市市场监管体系建设。

（四）加强督导考核。坚持分类指导、分级督导，采取日常指导与明察暗访相结合、例行检查与专项督导相结合，全面了解掌握工作进度，及时发现和协调解决工作中遇到的困难和问题，确保市场监管体系建设工作有序开展。要及时总结、推广基层的成功做法和经验，指导面上工作，形成长效机制。

江门市人民政府办公室
关于印发江门市绿色建筑行动实施方案的通知

江府办〔2014〕34号

各市、区人民政府，市政府各部门、各直属机构，中直、省直驻江门有关单位：

□经市人民政府同意，现将《江门市绿色建筑行动实施方案》印发给你们，请认真组织实施。

江门市人民政府办公室

2014年10月9日

江门市绿色建筑行动实施方案

为进一步推动我市绿色建筑发展，实现建设领域节能减排，促进我市“资源节约型，环境友好型”社会建设，根据《国务院办公厅关于转发发展改革委、住房城乡建设部〈绿色建筑行动方案〉的通知》（国办发〔2013〕1号）、《广东省人民政府办公厅关于印发广东省绿色建筑行动实施方案的通知》（粤府办〔2013〕49号）的要求，结合我市实际，制定本实施方案。

一、开展绿色建筑的重大意义

绿色建筑是指在建筑的全寿命周期内，最大限度地节约资源（节能、节地、节水、节材）、保护环境和减少污染，为人们提供健康、实用和高效的使用空间，与自然和谐共生的建筑。

我市正处于城镇化快速发展时期，以绿色、生态、低碳理念指导城乡建设，开展绿色建筑行动，加大相关技术的推广应用，能够实现资源的高效利用和降低对环境的不良影响，有效改善人居环境，促进建筑产业优化升级。

二、工作目标

推动绿色建筑全面发展，合理确定符合我市实际的绿色建筑发展技术路线，建立健全绿色建筑标准体系，以政府投资建筑、保障性住房、大型公共建筑（单体建筑面积在2万平方米以上）为重点，逐步推行绿色建筑标准，切实提高绿色建筑在全市新建建筑中的比重。新建大型公共建筑、政府投资新建的国家机关、学校、医院、博物馆、科技馆、体育馆等公益性建筑，滨江新区、职教基地等城市发展新区以及纳入旧城改造范围内的单体面积超过1万平方米的新建民用建筑工程项目要全面执行绿色建筑标准。新建保障性住房逐步执行绿色建筑标准，执行绿色建筑标准的比例不低于25%，并逐年递增25个百分点，到2017年，全面执行绿色建筑标准。“十二五”期末，全市累计建成绿色建筑120万㎡以上，2020年底，绿色建筑占全市新建建筑比例达到30%以上，建筑建造和使用过程的能源资源消耗达到全省中上水平。

三、重点任务及分工

（一）大力实施低碳行动。

1.建立符合我市实际的低碳生态城市规划建设评价指标体系，将低碳生态的主要目标和技术指标落实到各层次法定城乡规划，以科学规划统筹低碳生态城市建设。（市城乡规划局、市发展改革局、市经济和信息化局、市国

土资源局、市环保局、市住房城乡建设局，各市、区政府。以下只列市有关单位，列第一位的为牵头单位）

2.完善绿道网络，着力建设城市步行、自行车绿道，加快城市轨道交通系统建设，积极发展大容量地面公共交通。（市住房城乡建设局、市交通运输局、市城乡规划局、市林业和园林局）

3.严格落实城市建筑密度、屋顶绿化面积比例、硬质地面透水面积比例、清洁能源利用率等指标要求，开展城市大广场、硬铺装和大面积玻璃幕墙改造，实施城市立体（屋顶、墙面、阳台）绿化工程，在市区开展立体绿化城市试点工作。（市城乡规划局、市发展改革局、市经济和信息化局、市环保局、市住房城乡建设局、市林业和园林局）

（二）创建绿色低碳社区试点。

执行省城市热岛效应改造相关技术指引，通过降低城市热岛效应实现城市整体降温，逐步开展低碳绿色社区创建活动，坚持因地制宜和城乡一体化发展原则，引导新建社区，特别是房地产住宅项目通过采用优化规划设计布局，利用自然通风和采光的被动式技术，倡导使用可再生能源、高能效家电，开展废弃物源头减量、垃圾分类、回收再利用等，达到绿色社区要求。选择居住人口多、综合能耗高、环境质量差的旧社区作为低碳改造试点，有序推进，实施全方位低碳生态化改造。（市城乡规划局、市发展改革局、市经济和信息化局、市环保局、市住房城乡建设局）

（三）扩大可再生能源建筑应用规模。

因地制宜积极推动太阳能、空气能、地热能等在建筑中的应用，力争在“十二五”期末基本普及太阳能热水利用。实行集中供应热水的医院、学校、酒店宾馆、游泳池、集体式工厂宿舍等热水消耗量大的建筑，具备太阳能集热条件的应采用太阳能集中热水系统，并实现与建筑一体化，太阳能产生热水量应不低于建筑生活热水消耗量的10%；鼓励12层以下（含12层）新建居住建筑安装太阳能热水系统；鼓励能耗较高的商业、酒店宾馆等新建公共建筑配置太阳能光伏发电系统，解决部分照明用电，优先采用用户侧并网方式，实现光伏发电自发自用，推广微电网并网技术，提高光伏发电对现有电网条件的适应能力。（市住房城乡建设局、市发展改革局、市经济和信息化局）

（四）推动既有建筑绿色节能改造。

积极开展国家机关办公建筑和大型公共建筑能耗统计、能源审计和能效公示等工作。加强公共建筑节能监管体系建设，建立市级能耗监测数据中心。制定既有建筑节能改造实施方案，依据能耗级别和实际情况制定改造计划，选择应用外窗节能、屋顶隔热、自然通风、建筑外遮阳、东西外墙垂直绿化、绿色照明等适合本地的节能技术，对高能耗建筑进行建筑节能改造。到“十二五”期末，完成50万m^2既有建筑节能改造，探索不同类型的既有建筑绿色节能改造途径，为全面实施既有建筑节能改造积累经验。（市住房城乡建设局、市发展改革局、市经济和信息化局）

（五）推广预装修住宅。

积极推广住宅预装修，引导装饰装修企业与开发企业联合，实现装修与建筑同步设计、施工、验收，减少施工环节，节约材料使用，提高房屋品质。通过政策引导，逐步提高预装修住宅的比例。（市住房城乡建设局）

（六）推广绿色建材和其他绿色建筑产品、技术。

巩固我市墙改成果，在建设工程中禁止使用粘土类制品，因地制宜发展蒸压加气混凝土砌块、陶粒混凝土砌块、蒸压泡沫混凝土砖、轻质墙板等自保温墙体材料及自保温配筋砌块剪力墙结构体系等外墙自保温体系；研究推广多功能复合一体化屋面、建筑外遮阳、自然通风、自然采光、屋面绿化、垂直绿化等节能技术；推广节能灯、节能空调、节能电梯等高效节能设备和产品；引导使用高性能混凝土、高强度钢筋。加强建材生产、流通和使用环节的质量监管和稽查，杜绝性能不达标的建材进入市场；积极支持绿色建材产业发展，组织开展绿色建材产业化示范。（市住房城乡建设局、市经济和信息化局、市工商局、市质监局）

（七）全面推进建筑垃圾资源化再利用。

落实建筑废弃物处理责任制，按照“谁产生、谁负责”的原则进行建筑废弃物的收集、运输和处理。研究出台江门市建筑废弃物综合利用管理办法，建立健全城市建筑垃圾资源化再利用的激励机制、扶持政策和工作方案，推行建筑垃圾分类处理和分级利用，并加快建筑垃圾资源再利用技术、装备的研发推广，加大对再利用产业的支持力度。（市住房城乡建设局、市经济和信息化局、市环保局）

（八）严格建筑拆除管理。

加强城市规划管理，维护规划的严肃性和稳定性。加强建筑维护管理，对符合土地利用总体规划并依法用地，符合城市规划和工程建设标准、在正常使用寿命内的建筑，除基本的公共利益需要外，不得随意拆除。拆除大型公共建筑要按有关程序提前向社会公示征求意见，接受社会监督。（市城乡规划局、市国土资源局、市住房城乡建设局、市“三旧”办）

四、保障措施

（一）强化工作责任。

各有关部门要加强组织领导，逐级分解落实目标任务，明确工作责任，建立部门间沟通协调机制，形成工作合力共同推动全市绿色建筑发展。根据省下达的目标任务，将我市目标任务分解到各市、区，将绿色建筑行动执行情况纳入市节能减排和提高城镇化发展水平检查的重要内容。

（二）制定激励政策。

研究政策激励措施，积极支持开展绿色建筑相关工作。根据省相关政策，由城乡规划部门会同国土资源、财政、住房城乡建设等部门研究制订容积率奖励政策，指导各地在设定土地使用权出让规划条件时明确绿色建筑比例。

市财政安排节能低碳专项资金，配合经济和信息化、发展改革、住房城乡建设等部门统筹安排资金用于促进建筑节能减排工作，推动建筑节能科技进步；对绿色建筑技术研究和评价标识制度建设等工作给予适当补助；对获得国家、省级星级评价标识并完成建设工程竣工验收备案、具有示范意义的绿色建筑，建设单位可通过市住房城乡建设局申请有关专项资金奖励，奖励金额按照项目的规模、认定阶段和星级，并结合本年的资金预算确定。各市、区要抓紧制订本地区发展绿色建筑的激励政策。

（三）建立全过程监管体系。

健全监管制度。严格落实绿色建筑指标体系要求，加强对建设、设计、施工图审查、施工、监理和工程质量检测等工程建设各方主体的管理，建立从规划、设计、施工、验收、评价等绿色建筑、预装修住宅建设全过程的监管制度，在设计方案审查、施工图设计审查中增加绿色建筑相关内容，对应执行绿色建筑标准而未通过审查的项目，不得颁发建设工程规划许可证和施工许可证。对应执行绿色建筑标准的项目，在项目立项时要标明绿色星级标准，建设单位应将绿色建筑建设的增量成本纳入投资估算，并在房屋施工、销售现场明示建筑节能、节水等性能指标。

加强运营管理。绿色建筑竣工后，要加强对建筑运行维护的管理，业主、使用单位或其委托的物业管理单位应当制定并实施与绿色建筑相对应的节能、节水等管理制度，提高管理水平，确保科学、合理、低耗的运行。

强化标识管理。根据省绿色建筑评价标识管理办法对全市绿色建筑建设项目进行设计阶段和运行阶段的评价标识。

（四）强化技术支撑。

研究完善从设计、施工、竣工验收、评价到运行维护等全过程的绿色建筑技术标准体系。建立绿色建筑技术支撑服务平台，鼓励大专院校、科研单位和具有研发能力的企业进行绿色建筑各环节关键技术的研究。积极扶持和引导绿色建筑勘察、设计、施工、检测、咨询、评估和第三方认证等绿色建筑技术服务行业的发展，提升江门市绿色建筑技术支撑力量和服务水平。

（五）加强宣传和培训。

通过报纸、电视、网络等媒体，大力开展绿色建筑的宣传，提高公众对绿色建筑的认知度，倡导绿色消费理念，普及绿色建筑知识，引导公众合理使用用能产品。加强舆论监督，营造良好的社会氛围。要加强培训，提高管理人员和专业技术人员掌握和应用绿色建筑的法律法规、标准规范、政策措施、科学技术的综合水平和能力，总结推广好的经验与做法，深化和推进绿色建筑的推广工作。

江门市人民政府办公室关于切实解决异地务工人员随迁子女接受教育问题的若干意见

江府办〔2014〕36号

各市、区人民政府，市政府各部门、各直属机构：

为深入贯彻《国务院关于深入推进义务教育均衡发展的意见》（国发〔2012〕48号）和《广东省人民政府转发省教育厅关于深入推进义务教育均衡优质标准化发展意见的通知》（粤府办〔2013〕32号）等文件精神，现就维护异地务工人员随迁子女（以下简称随迁子女）接受教育的合法权益，经市政府同意，提出以下意见：

一、坚持“以县为主”管理体制，高度重视随迁子女接受义务教育工作

（一）落实政府主体责任。

依法保障随迁子女接受义务教育的权利，是政府义不容辞的责任。党十八大报告提出“积极推动农民工子女平等接受教育”。各级政府和教育部门要认真贯彻落实党十八大精神，把解决随迁子女接受义务教育工作放在重要位置上，增强工作责任感和紧迫感，按照“以流入地政府管理为主、以全日制公办学校为主”的原则，加强领导、依法管理。

（二）加强部门协作，形成工作合力。

随迁子女义务教育工作是一项社会系统工程，需要全社会的大力关心和支持，需要政府统筹和各职能部门的共同努力。教育行政部门要依靠政府的办学力量，充分发挥统筹协调作用，主动与当地公安、发展改革、城乡规划、财政、人力资源社会保障等部门加强联系，密切配合，广泛交流随迁子女管理办法、工作经验和成效，及时对存在的问题进行分析，不断完善保障随迁子女平等接受义务教育的机制，形成齐抓共管的合力，更加扎实地推进随迁子女接受义务教育工作。

二、合理规划学校布局，积极为随迁子女接受义务教育创造条件

（三）学校规划建设要紧跟经济发展步伐。

做好学校规划，是经济发展的现实需要，又是吸引人才和劳动力资源的有力支撑。近年来，我市与周边城市建成立体交通网络，初步形成“大交通格局”。随着产业结构的不断优化，项目和平台建设的不断推进，我市支柱产业和新兴产业不断成长壮大，经济发展取得了长足的进步。在经济保持平稳持续发展的良好环境下，我市吸引了大批异地务工人员。教育行政部门要深入细致调研，科学预测异地务工人员变化趋势，迅速建立和完善相关机制，研究和落实应对措施，提前做好义务教育阶段公办学校建设规划，进一步加强学校基本设施建设，确保公办学校学位满足本地户籍人口和随迁子女的需求。

（四）学校规划建设要适应新型城镇化进程。

随着城镇化的发展，农村人口不断向城镇迁移，加上农村人口出生率逐步降低，农村学龄人口不断下降，各地对农村义务教育学校进行了布局调整和撤并。党的十八届三中全会明确提出“新型城镇化”概念，强调城镇化以人为核心。新型城镇化建设要大力推动城乡基本公共服务均等化，缩小城乡生活水平和生产条件的差距。做好农村学校规划，是新型城镇化建设的内在要求。因此，各地政府不仅要做好中心城区的学校规划，还要着力改善农村学校办学条件，保证农村公办学校学位满足需求。

（五）学校规划建设要符合国家重大政策精神。

为贯彻落实党的十八大关于全面深化改革的战略部署，国家逐步出台重要领域改革意见。义务教育阶段学校规划要具有科学性和前瞻性，与国家重大政策改革方向保持高度一致。《国务院关于进一步推进户籍制度改革的意见》（国发〔2014〕25号），提出建立居住证制度，居住证持有人享有与当地户籍人口同等基本公共教育权利。《广东省人民政府办公厅转发教育厅等部门关于做好进城务工人员随迁子女接受义务教育后在我省参加升学考试工作意见的通知》（粤府办〔2012〕137号），规定在普通高中就读符合条件的随迁子女自2016年起可在我省报名参加高考，与我省户籍考生同等录取。《江门市人民政府办公室转发市教育局等部门关于做好进城务工人员随迁子女接受义务教育后在我市参加中考工作实施意见的通知》（江府办〔2013〕19号），规定符合条件的随迁子女自2013年起可在我市参加中考。户籍制度改革和异地中考高考等政策实施后，必然吸引更多人口异地就业。各地政府在测算随迁子女入学人数以及发展趋势过程中，必须把政策变化作为一个重要因素来考虑。

三、加大投入力度，为随迁子女接受义务教育提供有力保障

（六）健全经费投入机制，保障学校的正常运作和发展。

按照“重点倾斜，集中投入”的原则，与学校规划布局相结合，统筹安排好异地务工农民工随迁子女接受义务教育中央财政奖励资金，按规划新建义务教育阶段标准化学校，增加公办学校学位，满足辖区内适龄儿童少年包括随迁子女在内学生接受义务教育的需求。引进大型企业的政府要对接受企业员工子女入学的学校给予大力扶持，特别是扶持接受企业员工子女入学的村办学校发展。多渠道筹措资金，加大对接受企业员工子女入学的学校的投入和建设，一方面适当减轻学校所在地村委村民的负担，另一方面妥善解决企业员工子女入学问题。

（七）保障接收随迁子女入学学校生均公用经费投入。

各地政府要把随迁子女接受义务教育列入当地年度教育经费预算，并确保应承担的资金及时足额拨付到位。公办学校按照上一年度教育事业统计义务教育阶段学校在校学生人数核拨学校公用经费和免课本费补助资金。民办学校按照公办义务教育学校的生均财政拨款标准，给予拨付相应经费；对符合条件的义务教育阶段民办学校学生，按照公办学校标准，纳入免费义务教育补助范围。

（八）保证专项资金专款专用。

统筹安排每年进城务工农民工随迁子女接受义务教育中央财政奖励资金专项资金，对接收随迁子女学生较多的地区给以倾斜，对公办学校接收学生较多的地区给予倾斜，对财力相对困难的地区予以倾斜。公办学校主要用于改善办学条件、增加学位，民办学校主要用于补充公用经费。

（九）扶持民办教育，推行政府购买学位。

坚持“积极鼓励，大力支持，正确引导，加强管理”的方针，把接收随迁子女入学的民办学校纳入辖区内义务教育阶段学校统一管理、统一规划，大力扶持接收随迁子女就读的民办学校。设立与辖区内民办教育发展相适应的民办教育专项资金，用于扶持非营利性民办学校发展。省民办义务教育专项资金要适当向接收随迁子女的民办学校倾斜，用于增加学位和完善教学设施。公办学校学位供给不足的地方可向符合条件的民办学校购买义务教育服务。

四、加强管理，建立健全综合管理机制

（十）不断完善义务教育阶段公办学校接受随迁子女入学的办法。

教育行政部门以监护人居住证地址为依据，尽可能按就近入学原则，安排随迁子女到全日制公办学校就读。公办学校不得拒绝接受由教育行政部门安排的随迁子女入读。每学期开学前，异地务工人员应向居住地教育行政部门申请办理其子女入学手续并提交有关证明材料，由教育行政部门统一办理相关手续。各市、区要充分挖掘公办学校潜力扩容，可设定城镇若干所学校为随迁子女入读的学校，正确引导异地务工人员择址居住，合理分流外来生源。

（十一）加强随迁子女的学籍管理。

随迁子女按规定办理入学注册手续后，学校负责建立学生学籍档案，并把其学籍资料录入全国中小学生学籍信息管理系统。学校要针对异地务工人员流动性大的特点，利用全国学籍管理系统，认真做好学生转入（或转出）的资料登记，存入学籍档案。学校要永久保管学生学籍档案，不得销毁；要加强与学生家长联系，及时了解随迁子女思想、学习、生活等情况，帮助他们尽快适应新的学习环境。教育行政部门要加强检查督促，定期统计异地学生流动情况，及时掌握学生流动去向，防止在校学生非正常流动和控制辍学现象。

（十二）阳光招生，统筹做好随迁子女升学考试管理服务。

在教育资源可承载的前提下，高中阶段学校招生录取工作应最大限度地满足随迁子女升学考试需求，坚持公平、公正、公开的原则，规范入学，阳光招生，主动接受监督，积极稳妥地推进随迁子女升学考试工作。要加强对随迁子女升学考试工作的监督检查，严格规范、公开透明地执行随迁子女升学考试政策，全力维护我市招生考试的良好秩序，将随迁子女升学考试政策落实到位。切实加强随迁子女考生报考资格审查，为符合条件的随迁子女及时提供相关信息，确保这项惠民政策落到实处。要防止假借随迁子女名义空挂学籍、“高考移民”等舞弊现象，禁止弄虚作假等行为的发生。经市、区招生考试办公室审核符合我市中考政策的随迁子女考生，可享有与本市户籍的初中毕业生同等的报考和录取资格。

五、加大宣传，营造全社会关心和支持随迁子女接受教育的良好环境

（十三）创新方法、畅通渠道、加大宣传。

教育行政部门要加大政策宣传力度，加强随迁子女就学政策的宣传解读，做好舆论引导，营造良好氛围，维护社会和谐稳定。通过网络、电视、电台、报纸等媒体以及在学校、村（居）委会宣传栏张贴资料等办法，宣传随迁子女在我市接受义务教育、升学考试的条件和办法。教育部门要配合各镇（街）做好动员、组织、督促本社区异地务工人员依法送子女接受义务教育，对未按规定送子女接受义务教育的父母或监护人进行批评教育，并责令其尽快送子女入学。

（十四）建立学校、社会、家庭三位一体的关爱体系。

学校要认真履行职责，充分利用家长学校等形式，定期对随迁子女家长进行家庭教育方面的辅导，促进学校教育与家庭教育的协调配合。积极鼓励机关团体、企事业单位和公民个人捐款、捐物，资助家庭困难的随迁子女入学就读，提高随迁子女接受义务教育的入学率。

各市、区人民政府要结合辖区实际，制定本地区切实解决异地务工人员随迁子女入学问题的实施细则。

江门市人民政府办公室
2014年10月16日

江门市人民政府关于印发江门市大气污染防治实施方案（2014–2017年）的通知

江府函〔2014〕132号

各市、区人民政府，市有关单位：

现将《江门市大气污染防治实施方案（2014—2017年）》印发给你们，请认真组织实施。

江门市人民政府
2014年6月21日

江门市大气污染防治实施方案（2014–2017年）

为贯彻落实《国务院关于印发大气污染防治行动计划的通知》（国发〔2013〕37号）和《广东省人民政府关于印发广东省大气污染防治行动计划（2014-2017年）的通知》（粤府〔2014〕6号）的要求，持续改善全市环境空气质量，特制定本实施方案。

一、工作目标

到2017年，力争全市细颗粒物（$PM_{2.5}$）年均浓度稳定达标，全市空气质量明显好转，重污染天气大幅度减少，优良天数逐年提高，全市可吸入颗粒物（PM_{10}）、细颗粒物（$PM_{2.5}$）年均浓度比2012年分别下降10%和15%，二氧化硫（SO_2）、二氧化氮（NO_2）年均浓度达标，臭氧（O_3）污染形势有所改善。

二、重点工作任务

（一）深化工业源治理，推进脱硫脱硝工作。

1.深入推进电厂污染减排。加强电厂二氧化硫减排工作，2014年底前全市现役燃煤机组脱硫设施全部取消烟气旁路；推动炉内脱硫工艺燃煤机组改造，更新改造不能稳定达标排放的脱硫设施。到2015年全市所有12.5万千瓦以上燃煤火电机组综合脱硫率达到95%以上。推进电厂降氮脱硝工程，推广燃气机组干式低氮燃烧技术，2014年底前全市12.5万千瓦以上现役燃煤火电机组（不含循环流化床锅炉发电机组）全部完成低氮燃烧和烟气脱硝改造，不能稳定达标排放的循环流化床锅炉发电机组要增加烟气脱硝设施，综合脱硝效率达到85%以上。从2014年7月1日起，全市所有燃煤机组执行《火电厂大气污染物排放标准》（GB13223-2011）烟尘特别排放限值（烟尘排放浓度低于20毫克/立方米）。（责任单位：市环保局、市发展改革局、市经济和信息化局、市质监局，江海区、新会区、台山市政府）

2.全面推动锅炉污染整治。严格新建锅炉准入审批。各市、区要把城市建成区划定为高污染燃料禁燃区，并逐步将高污染燃料禁燃区的范围由城市建成区扩大到近郊。高污染燃料禁燃区（含城市建成区）、集中供热管网覆盖范围内和经国家、省政府批准设定的各类工（产）业园区禁止新建使用高污染燃料的锅炉，其他区域禁止新建10蒸吨/小时及以下使用高污染燃料的锅炉。新建锅炉须使用清洁能源或配套先进污染治理设施，满足相关技术要求，确保稳定达标排放。（责任单位：市环保局、市发展改革局、市质监局、市经济和信息化局，各市、区政府）

全面整治高污染、分散小锅炉。通过扩大高污染燃料禁燃区、实施集中供热、煤改气改电等措施，2015年底前全市10蒸吨/小时及以下使用高污染燃料的小锅炉须完成淘汰或改燃清洁能源工作。（责任单位：市环保局、市发展改革局、市经济和信息化局、市质监局，各市、区政府）

大力推进在用锅炉烟气污染综合治理。2015年底前，完成全市10蒸吨/小时以上锅炉的治理任务。其中，位于城市建成区范围内的高污染燃料锅炉须淘汰或改燃清洁能源；位于城市建成区范围外10蒸吨/小时以上的锅炉要改进燃烧方式、改燃清洁能源或建设烟气治理设施，20蒸吨/小时及以上燃煤燃油锅炉要实施烟气脱硫改造并安装污染物在线监测系统，35蒸吨/小时及以上燃煤工业锅炉（循环流化床锅炉除外）要进行低氮燃烧改造，65蒸吨/小时及以上燃煤工业锅炉（循环流化床锅炉除外）要进行烟气脱硝工程建设及同步配套完善在线中控（DCS）系统。强化对已建烟气污染治理设施工业锅炉的排放监管，确保综合脱硫效率稳定达到70%以上。（责任单位：市环保局、市发展改革局、市经济和信息化局、市质监局，各市、区政府）

积极推行工（产）业园区集中供热，2014年9月底前，编制完成全市工业园区和产业集聚区集中供热规划，取消集中供热范围内在用的高污染燃料锅炉。2015年底前，全市有用热需求的工（产）业园区基本实现集中供热，全市集中供热量占供热总规模30%左右；2017年底前，全市有用热需求的产业集聚区全部实现集中供热，全市集中供热量占供热总规模80%左右。（责任单位：市发展改革局、市经济和信息化局、市环保局、市质监局，各市、区政府）

3.强化其他行业污染综合治理。推进水泥行业降氮脱硝工程及高效除尘设施建设，2000吨/日以上规模的现役新型干法水泥熟料生产线按要求完成低氮燃烧和烟气脱硝改造，2000吨/日以下（不含本数）规模的现役新型干法水泥熟料生产线逐步实施低氮燃烧改造。2015年底前，规模大于70万平方米/年且燃料含硫率大于0.5%的建筑陶瓷窑炉、平板玻璃生产企业必须改用清洁能源或安装烟气脱硫及高效除尘设施。（责任单位：市环保局，各市、区政府）

（二）削减挥发性有机物，着力控制臭氧污染。

1.推进工业源挥发性有机物排放治理。重点加大石油炼制与化工行业挥发性有机物（VOCs）的综合治理力度，全面推广泄漏检测与修复（LDAR）技术，2015年底前石油炼制企业应用LDAR技术，2017年底前全市石油化工、有机化工和医药化工等重点企业全面应用LDAR技术。强化石油炼制有机废气综合治理，工艺排气、储罐、废气燃烧塔（火炬）、废水处理等生产工艺单元应安装废气回收或末端治理装置。2015年底前石油炼制与化工企业完成有机废气综合治理。（责任单位：市环保局，各市、区政府）

2.实施典型行业挥发性有机物排放治理。涂料、油墨、胶粘剂、农药等生产企业应采用密闭一体化生产技术，统一收集挥发性有机物废气并净化处理，净化效率应大于90%。鼓励生产使用符合环保要求的水基型、非有机溶剂型、低有机溶剂型产品，提高环保型涂料使用比例。深化印刷、家具、表面涂装（汽车制造业）、制鞋、集装箱制造、电子设备制造等行业挥发性有机物排放达标治理工作，2015年底前完成重点企业治理任务。（责任单位：市环保局，各市、区政府）

加强油类（燃油、溶剂）储存、运输和销售过程中挥发性有机物的排放治理，储罐及运载工具应安装密闭收集系统，2014年底前全市加油站、储油库、油罐车以及化工企业储罐区完成油气回收治理及油气回收在线监控系统建设。（责任单位：市环保局、市经济和信息化局、市交通运输局、中石化江门分公司、中石油江门分公司、中油BP江门公司，各市、区政府）

3.开展生活源挥发性有机物排放控制。在建筑装饰装修行业推广使用符合环保要求的水性或低挥发性建筑涂料、木器漆和胶粘剂，逐步减少有机溶剂型涂料的使用。各市、区应建立涂料产品政府绿色采购制度，在政府投资的工程中优先采用水性或低挥发性产品。（责任单位：市住房城乡建设局，市公共资源交易中心，各市、区政府）

在服装干洗行业淘汰开启式干洗机，推广使用配备制冷溶剂回收系统的封闭式干洗机。（责任单位：各市、区政府）

加强餐饮油烟污染治理。2015年底前，全市建成区范围所有排放油烟的餐饮企业和单位食堂安装高效油烟净化设施，设施正常使用率不低于95%。推广使用高效净化型家用吸油烟机。各市、区主城区范围内不得从事露天烧烤或有油烟产生的露天餐饮加工。蓬江区要选择一个典型区域开展规模化餐饮企业在线监控试点，建立长效监管机制。（责任单位：市环保局、市城管局，各市、区政府）

（三）发展绿色交通，减少移动机械设备污染排放。

1.加强城市交通管理。实施公交优先发展战略，优化布设公交线网，加强步行、自行车交通系统建设，提高公共交通、步行、自行车出行比例，合理控制机动车保有量。大力实施新能源汽车推广应用示范工程，加快各行业老旧车辆更新，推广使用新能源和清洁能源车辆。大力发展绿色货运，推广甩挂运输。从2015年1月1日起，全市物流园区和货物流转集散地使用符合国Ⅲ以上排放标准的车辆进行货物运输。（责任单位：各市、区政府，市交通运输局）

2.提高新车环保准入门槛。加强新车登记注册和外地车辆转入管理，严格按国家环保达标车型目录进行新车登记和转移登记。（责任单位：市公安局，各市、区政府）

逐步提高新车排放标准，根据国家和省的统一安排，提前实施国Ⅴ轻型汽油车和国Ⅴ柴油车排放标准。（责任单位：市环保局、市公安局，各市、区政府）

全面实施道路运输车辆燃料消耗量限值标准和准入制度，不符合限值标准的新购车辆不得进入道路运输市场。（责任单位：市交通运输局，各市、区政府）

3.加强在用车辆污染防治。加强机动车环保监管能力建设，全面落实机动车环保定期检测与维护制度，建立完善机动车环保检测监管信息系统，各市、区机动车环保管理数据须与市环保局联网。2014年底前各市、区机动车环保定期检测率应达到80%以上。（责任单位：市环保局，各市、区政府）

加强机动车尾气抽检力度，建立机动车排气检测常态化监管机制，定期在主城区主要路段随机开展道路路检工作，重点对柴油车、营运车进行抽检，对超标车辆依法查处并督促整改；定期在公交车辆停放集中地开展公交车排气抽检工作；检验不合格的车辆名单应定期向社会公布。（责任单位：市环保局、市公安局、市交通运输局，各市、区政府）

加快机动车环保检验合格标志发放工作。2014年底前全市环保检验合格标志发放率应达到90%以上，未取得环保合格标志的车辆以及排气超标的车辆不得上路行驶。（责任单位：市环保局、市公安局，各市、区政府）

2015年底前完成全市超期未年检车辆清查专项行动，在检验有效期届满后连续3个机动车检验周期内未取得机动车检验合格标志的，依法予以强制报废。（责任单位：市公安局，各市、区政府）

研究缩短出租车强制报废年限，鼓励每年更换高效尾气净化装置。（责任单位：各市、区政府）

4.加快黄标车淘汰。对达到强制报废年限而未办理报废手续的车辆依法强制注销，并公告牌证作废。（责任单位：市公安局，各市、区政府）

全面推行黄标车限行措施，到2015年底各市、区黄标车限行区面积占城市建成区面积的比例不低于40%。（责任单位：市环保局、市公安局，各市、区政府）

严把黄标车限行关，在限行区域内推广设立电子执法系统，从2014年底开始对进入限行区的黄标车进行实时抓拍并依法处罚，同时定期通报查处情况，警醒黄标车主。（责任单位：市公安局，各市、区政府）

加大黄标车提前淘汰补贴力度，进一步实施《江门市营运“黄标车”提前淘汰奖励补贴方案》（江环〔2014〕14号），明确补助标准，对提前淘汰的黄标车给予资金补贴，确保到2015年底前基本淘汰全市所有“黄标车”。（责任单位：市环保局、市财政局、市公安局、市经济和信息化局、市交通运输局，各市、区政府）

5.加快油品质量升级。从2014年起，全市全面供应粤Ⅳ车用汽油和国Ⅳ车用柴油；实施粤Ⅴ油品标准，2014年底前全面供应粤Ⅴ车用汽油；2015年6月底前，全市全面供应国Ⅴ车用柴油。加强油品质量监督检查，加油站不得销售和供应不符合标准的车用汽、柴油。（责任单位：市经济和信息化局、市发展改革局、市环保局、市工商局、市质监局，各市、区政府）

6.推进船舶、港口及其他机械设备减排。新建邮轮码头须配套建设岸电设施，新建10万吨级以上的集装箱码头须配套建设岸电设施或预留建设岸电设施的空间和容量。2017年底前，全市原油、成品油码头完成油气综合治理。改善港口用能结构，加快流动机械、运输车辆和港口内拖车“油改电”、“油改气”进程，鼓励开展船舶液化天然气（LNG）燃料动力改造试点。2017年底前，基本完成沿海和内河主要港口轮胎式门式起重机（RTG）的“油改电”工作。从2014年1月1日起，实施国Ⅰ船用发动机排放标准；2017年底前工作船和港务管理船舶基本实现靠港使用岸电。加强非道路移动机械排放管理，开展施工机械环保治理，推进大气污染物后处理装置安装工作。（责任单位：市交通运输局、江门海事局、市海洋渔业局、市环保局，各市、区政府）

（四）强化面源整治，控制扬尘和有毒气体排放。

1.加强施工及道路扬尘污染治理。推广施工扬尘污染防治技术，建立扬尘源动态信息库和颗粒物在线监控系统。积极推进绿色施工，督促施工单位落实施工现场封闭围挡、设置冲洗设施、道路硬底化等扬尘防治措施，严禁敞开式作业。从2014年6月起，全市建筑工地必须做到施工现场按规定设置围墙、围挡；建筑物必须采用密目安全网全封闭围挡；工地大门进出口处地坪及主要道路必须硬化；未硬化的施工区域裸露地块必须采取绿化或覆盖等措施；拆除的建筑垃圾必须及时喷洒抑尘剂，并按有关规定及时密闭清运；车辆进出口必须设置洗车槽及沉淀池，未清洗干净的车辆不得驶出工地大门；市区内的建设工程施工现场应当使用预拌混凝土，严禁现场搅拌混凝土。各市、区主城区内施工工地渣土和粉状物料应逐步实现封闭运输并配备卫星定位装置。总建筑面积在10万平方米以上的施工工地须规范安装扬尘视频监控设备。将扬尘防治措施列入文明施工检查重点内容，对违反规定的行为采取扣分，取消“文明工地”评审资格、限期整改、责令停止施工等处理措施。对情节严重的施工企业予以通报批评，并录入企业信用档案，按规定进行信用扣分。（责任单位：市住房城乡建设局，各市、区政府）

管线工程、非全封闭的城市道路施工等工程应当使用路拦式围挡，施工现场道路应进行地面硬化。（责任单位：各市、区政府）

运输物料、渣土、垃圾的上路车辆采用密闭措施，保证物料不遗撒外漏，违规上路车辆依据相关规定处罚。（责任单位：市城管局、市交通运输局、市公安局、市住房城乡建设局，各市、区政府）

积极推行城市道路机械化清扫等低尘作业方式，推广“吸、扫、冲、收”清扫保洁新工艺，增加道路冲洗保洁频次，切实降低道路扬尘负荷。加大不利气象条件下道路保洁力度，增加洒水次数。（责任单位：市城管局，各市、区政府）

2.整治堆场扬尘污染。散货物料堆场应封闭存储或建设防风抑尘设施。1000吨级以下（不含本数）码头要使用干雾抑尘、喷淋除尘等技术降低粉尘飘散率，1000吨以上码头还要完成防风抑尘网建设和密闭运输系统改造。对长期堆放的废弃物，应采取覆绿、铺装、硬化、定期喷洒抑尘剂或稳定剂等措施。积极推进粉煤灰、炉渣、矿渣的综合利用，减少堆放量。2015年底前完成重点港区的扬尘治理设施建设或改造工作，2017年底前完成所有港区的扬尘治理设施建设或改造工作。（责任单位：各市、区政府）

3.严控生物质露天焚烧及有毒气体排放。禁止露天焚烧可能产生有毒有害烟尘和恶臭的物质或将其用作燃料，加强巡查，及时发现、制止并依法处理。（责任单位：市环保局、市城管局、市质监局，各市、区政府）

按要求分阶段对再生有色金属生产、废弃物焚烧和遗体火化等重点行业实施二恶英减排示范工程。把有毒空气污染物排放控制作为建设项目环评审批的重要内容。（责任单位：市环保局，各市、区政府）

（五）严格环境准入，控制大气污染物增量。

1.严格实施环评制度。健全规划环评与项目环评的联动机制，严格重大项目环评管理，将细颗粒物和臭氧达标情况纳入规划环评和相关项目环评内容。未通过环评审查的项目，严禁开工建设和运营。（责任单位：市环保局、市发展改革局，各市、区政府）

2.强化污染物总量控制。完善建设项目主要污染物排放总量管理办法，将二氧化硫、氮氧化物、烟粉尘和挥发性有机物排放是否符合总量控制要求作为环评审批的前置条件。对未完成大气主要污染物减排任务的地区实行区域限批，除民生工程外，一律暂停审批排放相应大气污染物的项目。（责任单位：市环保局，各市、区政府）

3.实行污染物削减替代。对排放二氧化

硫、氮氧化物的建设项目，实行现役源2倍削减量替代。对排放可吸入颗粒物和挥发性有机物的建设项目，逐步实行减量替代。（责任单位：市环保局，各市、区政府）

4.提高重点行业大气排放标准。按照环境保护部《关于执行大气污染物特别排放限值的公告》（2013年第14号）的要求，火电、水泥、化工等行业及燃煤锅炉建设项目执行国家大气污染物特别排放限值。（责任单位：市环保局，各市、区政府）

（六）优化产业布局，引导产业集聚发展。

1.调整产业发展格局。制订主体功能区产业发展指导目录，建立健全适应主体功能分区的重点行业准入机制，实施差别化产业政策，科学引导全市产业合理发展和布局。重点加强对石化、火电等重污染企业规划选址的科学论证。（责任单位：市发展改革局、市经济和信息化局、市国土资源局、市环保局，各市、区政府）

2017年底前，各市、区基本完成环境敏感地区及城市建成区内已建的化工、水泥、平板玻璃等重污染企业和污染排放不能稳定达标企业的环保搬迁和提升改造工作。（责任单位：市发展改革局、市经济和信息化局、各市、区政府）

2.推进产业集聚发展。坚持集聚发展和区域统筹协调，优先发展现代服务业，加快发展先进制造业，大力发展高新技术产业。严格落实产业园区项目准入和投资强度要求，积极促进产业向园区集中。（责任单位：市发展改革局、市经济和信息化局、市国土资源局、市财政局、市科技局，各市、区政府）

（七）发展绿色经济，淘汰压缩污染产能。

1.大力发展循环经济。着力推进特色产业园区循环化改造，推进能源梯级利用、废物交换利用、土地节约集约利用，促进企业循环式生产、园区循环式发展、产业循环式组合，构建循环工业体系。推动水泥等工业炉窑实施废物协同处置，推进再生资源利用产业发展。到2017年，单位工业增加值能耗比2012年降低20%以上，50%以上的各类国家级园区和30%以上的各类省级园区实施循环化改造。（责任单位：市经济和信息化局、市发展改革局、市环保局，各市、区政府）

2.全面推行清洁生产。对水泥、化工等重点行业进行清洁生产审核，针对节能减排关键领域和薄弱环节，实施清洁生产先进技术改造。到2017年，重点行业排污强度比2012年下降30%以上。（责任单位：市经济和信息化局、市发展改革局、市环保局，各市、区政府）

推进非有机溶剂型涂料和农药等产品创新，减少生产和使用过程中挥发性有机物排放。积极开发缓释肥料新品种，减少化肥施用过程中氨的排放。（责任单位：市农业局、市科技局，各市、区政府）

3.培育绿色环保产业。制定实施全市环保产业发展规划，建立健全有利于环保产业发展的政策体系。加强节能环保和绿色低碳技术交流合作，大力推动环保技术、产业发展，积极发展以节能降耗、污染治理和环境监测为重点的环保装备制造业。推进大气污染治理设施建设和运营的专业化、社会化、市场化，推行环境监测社会化，推进大气污染第三方治理，积极培育环保骨干企业。（责任单位：市经济和信息化局、市发展改革局、市环保局，各市、区政府）

4.严控高污染行业新增产能。建立高污染行业产能数据库，严格限制“两高”（高耗能、高排放）行业新增产能，新、改、扩建项目实行产能等量或减量置换。禁止新、扩建钢铁、石化、水泥（以处理城市废弃物为目的的除外）、平板玻璃（特殊品种的优质浮法玻璃项目除外）和有色金属冶炼等重污染项目，禁止新、扩建燃煤燃油火电机组和企业自备电站。实施严格的节能评估审查制度，新建高耗能项目单位产品（产值）能耗须达须达到国际先进水平、用能设备达到一级能效标准。（责任单位：市发展改革局、市经济和信息化局、市环保局，各市、区政府）

5.加快淘汰落后产能。提前一年完成国家和省下达的重点行业“十二五”落后产能淘汰任务，结合产业发展实际和空气质量状况，制订范围更宽、标准更高的2015-2017年淘汰政策和配套措施，进一步加快淘汰落后产能。对不能按期淘汰的企业，依法予以强制关停。对未按期完成淘汰任务的地区，暂停办理该地区火电、钢铁、水泥、石化等项目的核准、审批、备案等手续。（责任单位：市经济和信息化局、市发展改革局，各市、区政府）

6.压缩治理过剩产能。以节能环保标准促进“两高”行业过剩产能退出，制订扶持政策推动“两高”行业过剩产能企业转型发展，鼓励行业优强企业跨地区、跨所有制形式兼并重组，进一步压缩过剩产能。抓紧清理产能过剩行业违规在建项目，公布违规企业名单，制订限期整改方案。尚未开工的违规项目，一律不得开工；正在建设的要责令立即停止建设。（责任单位：市经济和信息化局、市发展改革局、市环保局，各市、区政府）

（八）调整能源结构，增加清洁能源供应。

1.实施煤炭消费总量控制。实行煤炭消费总量中长期控制目标责任管理，到2017年实现煤炭消费总量负增长。实施新建项目与煤炭消费总量控制挂钩机制，耗煤建设项目实行煤炭减量替代。通过燃用洁净煤、改用清洁能源、提高燃煤燃烧效率等措施，削减重点行业煤炭消费总量。（责任单位：市发展改革局、市经济和信息化局、市环保局，各市、区政府）

2.扩大天然气供应范围。按照高污染燃料禁燃区全覆盖、重点工业园基本气化的目标，加快推进气源工程建设。完善全市天然气主干管网规划和各市、区燃气管网规划，加快天然气管道项目建设，2015年底前天然气管网通达有用气需求的工业园区，2017年底前通达产业集聚区。到2017年底，全市基本完成燃煤锅炉、工业窑炉、单机10万千瓦以下自备燃煤电站的天然气等清洁能源改造任务。新增天然气优先保障居民生活或用于替代燃煤锅炉、窑炉，鼓励发展天然气分布式能源高效利用项目，限制发展天然气化工项目。（责任单位：市发展改革局、市经济和信息化局、市城管局、市质监局，各市、区政府）

3.推广使用其他清洁能源。积极有序发展水电，安全高效发展核电，加快开发地热能、风能、太阳能、生物质能、潮汐能等新能源和可再生能源。到2015年，台山核电站一期工程建成投入使用，非化石能源消费比重提高到20%以上。合理布局生物质能发电项目，在具备条件的地区建设高环保标准的垃圾焚烧发电设施，结合垃圾填埋场、畜禽养殖场、废水处理设施等建设沼气利用工程。（责任单位：市发展改革局、市城管局、市住房城乡建设局，各市、区政府）

4.提升工业燃料品质。严格控制煤炭硫份灰份，火电厂燃煤〖JP3〗含硫量控制在0.7%以下，工业锅炉和窑炉燃煤含硫量控制在0.6%〖JP〗以下、燃油含硫量控制在0.8%以下。提高洗选煤在煤炭消费中的比例。禁止进口高灰份、高硫份的劣质煤炭，限制进口高硫石油焦。应用推广煤炭清洁利用技术。（责任单位：市经济和信息化局，各市、区政府）

5.强化高污染燃料禁燃区管理。2014年9月底前，台山市、开平市、鹤山市和恩平市按要求完成本行政区域内高污染燃料禁燃区的划定工作，逐渐将禁燃区范围扩展到近郊。禁燃区内禁止燃烧原（散）煤、洗选煤、水煤浆、蜂窝煤、焦炭、木炭、煤矸石、煤泥、煤焦油、重油、渣油、可燃废物，禁止直接燃用生物质等高污染燃料，禁止燃用污染物含量超标的柴油、煤油、人工煤气等燃料，禁止新、改、扩建燃用高污染燃料的锅炉、窑炉和导热油炉等燃烧设施，已建成的不符合要求的各类燃烧设施要在2014年底前拆除或改造使用清洁能源。（责任单位：各市、区政府，市环保局、市经济和信息化局、市质监局）

（九）加大环境执法力度，提升环保监管效能。

1.加强监管能力建设。完善市、县、乡镇（街道）三级环境监管体系，加强环境监察队伍建设，提升环境监管能力。（责任单位：各市、区政府，市环保局、市财政局）

2014年底前，完成市级机动车排污监管平台建设任务。强化污染源监督性监测工作，把20蒸吨以上锅炉、典型行业挥发性有机物排放企业等纳入监督性监测范畴，试点实施重点企业挥发性有机物在线监测。（责任单位：市环保局、市财政局、各市、区政府）

2.加大监督检查力度。各市、区环境空气质量指标纳入环境保护考核评价指标体系，按照国家和省对大气污染防治工作的考核要求，定期督查各市、区工作进展情况，并对社会公开。对工作责任不落实、项目进度滞后、环境空气质量不合格的地区予以约谈问责。（责任单位：市环保局、市监察局、市发展改革局、市经济和信息化局、市公安局、市财政局、市住房城乡建设局、市交通运输局、市质监局）

3.从严整治环境违法行为。完善现场巡查、交叉执法、联合执法、抽查稽查等环保执法方式，加强环保部门与相关部门的执法联动和信息共享，健全环境违法违纪案件查处协作机制。突出监管重点，对各市、区重点环境问题进行挂牌督办，强力整治大气污染。坚决取缔小炼油、小锅炉等无证经营企业，重点打击重污染企业超标排放、施工扬尘管理不规范、生产销售不合格油品等行为。探索开展企业环境信用评价工作，完善环保信用体系建设。（责任单位：各市、区政府，市环保局、市发展改革局、市经济和信息化局、市监察局、市住房城乡建设局、市工商局、市质监局）

4.完善执法衔接机制。严格执行《最高人民法院、最高人民检察院关于办理环境污染刑事案件适用法律若干问题的解释》（法释〔2013〕15号），建立环保部门和公安部门执法联动机制，完善环境污染刑事案件的移送、受理、立案及重大案件会商、督办制度，依法加大对重大环境违法犯罪案件的综合惩处力度，严惩环境污染违法犯罪行为，进一步增强环境执法的震慑力。（责任单位：各市、区政府，市环保局、市公安局）

三、保障措施

（一）建立完善联防联控协作机制，统筹环境治理。

1.完善防控协调机制。建立以市政府主要领导任总召集人，市政府分管领导任召集人，各市、区政府和市有关部门主要领导为成员的江门市大气污染防治联席会议制度，定期召开全市大气污染防治工作会议，协调解决重大环境问题和跨区域大气污染纠纷，指导各级、各有关部门建立统一的大气污染防治政策。各市、区要建立统一规划、统一监测、统一监管、统一评估、统一协调的大气污染联防联控协商合作机制，针对细颗粒物和臭氧等突出问题，加强协调联动。（责任单位：市大气污染防治联席会议成员单位）

2.明确防治目标任务。各级政府对本行政区域内大气环境质量负总责。市政府与各市、区政府及市有关部门签订大气污染防治目标责任书，将可吸入颗粒物指标作为经济社会发展的约束性指标，构建以环境质量改善为核心的目标责任考核体系。根据国家和省的考核办法，每年对各市、区和市有关部门上年度大气污染防治工作任务完成情况进行考核；2015年进行中期评估，并依据评估情况调整治理任务；2017年对行动计划实施情况进行终期考核。考核和评估结果报经市政府同意后，向社

会公布。（责任单位：市大气污染防治联席会议成员单位）

3.分解落实责任主体。各市、区政府要根据我市大气污染防治总体部署及控制目标，建立“属地管理、分级负责，谁主管、谁负责”的责任体系，参照成立相应的议事协调机构，制定本行政区域内的总体实施方案和年度实施计划，确定年度控制指标和重点任务，分解落实工作任务，完善政策保障措施，确保任务明确、项目清晰、资金保障。每年3月15日前，各市、区政府向市政府报送上年度大气污染防治工作进展情况。（责任单位：各市、区政府）

各有关部门要密切配合、协调力量、统一行动，形成全市大气污染防治的强大合力。环保部门要加强指导、协调和监督，其他有关部门要制定有利于大气污染防治的投资、财政、税收、金融、价格、贸易、科技等政策，依法做好各自领域的相关工作。（责任单位：市大气污染防治联席会议成员单位）

4.加强工作责任追究。对未能通过年度考核的，由市政府约谈相关市、区政府及其部门主要负责人，提出整改意见并予以督促落实。对因工作不力、履职缺位等导致未能有效应对重污染天气的，以及干预、伪造监测数据和没有完成年度目标任务的，监察机关要依法依纪追究有关单位和人员的责任，环保部门要对有关地区和企业实施建设项目环评限批。（责任单位：市环保局、市监察局）

（二）建立健全预警应急机制，妥善应对重污染天气。

1.建立监测预警应急体系。完善全市大气环境监测网络，各市空气质量自动监测站要在2014年6月底前完成与市环境监测中心站数据传输实时联网，所有空气质量自动监测站要在2014年12月30日前完成使用超8年的监测仪器的更新换代，确保具备臭氧、二氧化硫、二氧化氮、可吸入颗粒物、细颗粒物和一氧化碳等六项指标监测能力。全市的地面气象观测站、区域站要按照相关规定做好日常运维工作，确保数据准确、传输及时。环保、气象部门要加强合作，建立健全大气重污染监测预警体系，共同推进空气质量预报工作。定期开展重污染天气预警演练，2015年底前完成大气重污染监测预警系统建设任务。（责任单位：市环保局、市气象局、各市、区政府）

2.完善应急处置机制。各市、区政府和各有关部门要根据《江门市大气重污染应急预案（试行）》抓紧制订本地区、本单位大气重污染应急分预案，明确责任主体、组织机构、工作职责、预警及响应程序、保障措施等，并及时向社会公布。各市、区政府要将大气重污染应急处置纳入本地区突发事件应急管理体系，实行主要负责人负责制。建立完善大气重污染预警机制，当达到应急预案启动条件时，要及时启动大气重污染应急响应措施，组织各有关方面按要求开展工作。（责任单位：市大气重污染应急指挥部成员单位）

（三）完善经济政策，加强科学研究。

1.完善资源环境价格体系。发挥资源价格杠杆作用，引导企业绿色生产、社会绿色消费。落实国家和省出台的差别化、阶梯式的资源价格政策，对已采用新技术进行除尘设施改造的现有火电机组实行电价支持政策。落实油品优质优价政策，加快油品质量升级步伐。（责任单位：市发展改革局、市财政局、市环保局，各市、区政府）

2.加大财税支持力度。统筹安排污染防治资金，采取“以奖代补”、“以奖促防”、“以奖促治”等形式，支持开展大气污染防治工作。（责任单位：市财政局、市环保局，各市、区政府）

全面落实合同能源管理财税优惠政策，积极探索污染治理设施投资、建设、运行一体化特许经营模式。落实排污费征收及减排扶持政策，逐步开征挥发性有机物、工地扬尘、加油站、经营性餐饮油烟排污费。（责任单位：市

环保局、市财政局、市发展改革局，各市、区政府）

3.创新环保金融政策。落实绿色信贷、绿色证券和环境污染责任保险等制度，将企业环境信息纳入银行征信系统，严格限制环境违法企业获得贷款或上市融资。加快推进二氧化硫等排污权、碳排放权有偿使用与交易试点工作。（市环保局、市金融局、市发展改革局，人民银行江门市中心支行、市保险行业协会，各市、区政府）

4.强化科技支撑。加强对灰霾、臭氧形成机理、来源解析、迁移规律等的基础研究，摸清我市大气污染成因、特征及变化规律，提高综合防治的科学性和针对性。鼓励环保企业开发脱硫脱硝、高效除尘、挥发性有机物控制、柴油机（车）排放净化、环境监测等方面的产品和设备，推广大气污染防治先进实用技术。（责任单位：市环保局、市科技局，各市、区政府）

（四）强化环境信息公开，完善全社会参与机制。

1.及时公开环境信息。到2014年底前，全市所有国控、省控空气质量监测站点实时向社会公众发布空气质量信息，逐步建立完善县控空气质量监测点环境信息公开制度。各市、区要建立重污染行业企业环境信息强制公开制度，及时主动公布新建项目环评审批、排污收费、监督执法处罚、重点企业污染物排放、治污设施运行等信息，定期发布重点污染源环保信用评级结果。（责任单位：市环保局、市经济和信息化局，各市、区政府）

2.动员全民参与。积极开展多种形式的宣传科普和教育培训，普及大气污染防治的科学知识，倡导文明、节约、绿色的消费方式和生活习惯，提高公众参与大气环境保护的积极性。通过开通举报专线电话、聘请大气污染防治特约监督员等措施，鼓励公众监督和举报大气环境污染行为，支持环保社会组织和环保志愿者开展社会监督活动。（责任单位：市环保局、市委宣传部、市教育局、市文广新局，各市、区政府）

本实施方案中的各项工作任务，各市、区政府为本行政区域内环境空气质量改善的责任主体，排第一顺位的责任单位为牵头单位。重点项目清单将根据省的任务安排另行下发。

江门市人民政府办公室关于印发《江门市年度食品安全工作考核评价办法（试行）》的通知

江府办函〔2014〕259号

各市、区人民政府，市政府各部门、各直属机构，中直、省直驻江门有关单位：

《江门市年度食品安全工作考核评价办法（试行）》已经市人民政府同意，现印发给你们，请认真贯彻执行。实施过程中遇到的问题，请径向市食品安全委员会办公室（市食品药品监管局）反映。

□□□□　　江门市人民政府办公室

2014年11月12日

江门市年度食品安全工作考核评价办法（试行）

为认真贯彻落实食品安全工作政府责任制，进一步强化食品安全目标责任管理，切实提高食品安全保障水平，根据《中华人民共和国食品安全法》、《国务院关于加强食品安全工作的决定》（国发〔2012〕20号）、《广东省人民政府办公厅关于印发〈广东省年度食品安全工作考核评价办法（试行）〉的通知》（粤办函〔2014〕368号）、《关于印发江门市食品安全责任目标考核办法的通知》（江食安委〔2012〕4号）等有关规定，制订本考核评价办法。

一、考核对象

各市、区人民政府。

二、考核组织

（一）江门市年度食品安全考核评价在江门市食品安全委员会统一领导下进行，由江门市食品安全委员会办公室（以下简称市食安办，设在市食品药品监管局）具体负责组织协调。

（二）市食安办按照国务院食品安全办公室、省食品安全委员会办公室和市委、市政府的工作部署，负责研究提出年度食品安全工作目标责任书和考核评价方案，按程序报市政府审批后印发实施。

（三）由市食安办按照年度考核评价方案，牵头组织市食品安全委员会成员单位以及有关专家组成考核评价工作组，采取平时检查和年终考核相结合的方式，对各市、区食品安全工作进行考核评价。

三、考核内容

（一）市政府与各市、区政府签订的食品安全工作目标责任书提出的工作任务；

（二）市食安办制订的年度食品安全考核评价方案提出的各项任务和指标，具体指标设置和分值根据当年工作重点确定，每年有所侧重，主要包括以下内容：食品安全情况、监管体制机制运行情况，资金投入和经费保障情况，工作部署和督导检查情况，依法履行监管职责情况，开展专项整治和隐患排查情况，监督抽检、风险监测及核查处置情况，食品安全事故应急处理体系和能力建设情况，食品安全信息管理情况，监督企业落实主体责任情况，食品安全事故查处及责任追究情况，宣传教育情况，以及市食品安全委员会安排的其他食品安全工作完成情况。

四、考核评分

江门市年度食品安全考核评价采取百分制，分为优秀、良好、合格、不合格四个等级，得90分以上的，评为优秀；得80分以上、90分以下的，评为良好；得60分以上、80分以下的，评为合格；得60分以下的，评为不合格（以上含本级，以下不含本级）。

有下列情形之一的，其当年考核评价结果为不合格，且列为下年度食品安全工作督导重点：

（一）在食品安全监督管理中未履行职责，导致发生重大、特别重大食品安全责任事故的；

（二）发生食品安全事件后，瞒报、谎报或者处置不力导致事态扩大，造成恶劣社会影响的。

五、考核程序

江门市年度食品安全考核评价按照“依法依规、客观公正、科学规范、求真务实、以考促管”的原则，采取自查自评和现场考核相结合、平时检查与年终考核相结合，责任落实与责任追究相结合，定期考核与不定期抽查相结合的方式进行。主要程序为：

（一）平时检查。

由市食安办按照市政府的工作部署和要求，结合食品安全工作实际，适时组织开展平时检查工作。平时检查主要采取抽检及明察暗访等形式，直接到有关单位进行现场检查，平时检查情况纳入年终考核评价结果。

（二）年终考核评价。

1. 自查自评。各市、区政府按照本办法和年度食品安全考核评价方案等文件要求，于每年12月上旬开始自查自评，并于每年12月20日前，将相关数据和年度工作总结（自查自评报告）等材料报送市食安办。

2. 资料审查。资料审查采取集中分组审查方式进行，由市年度食品安全考核评价工作组结合各市、区上报的数据和工作总结（自查自评报告）等材料进行评分，并将结果提交市食安办。

3. 现场考核。市年度食品安全考核评价工作组按照年度食品安全工作考核评价方案的部署和要求，对各市、区进行年终考核，年终考核主要采取听汇报、查资料、看现场、座谈会、暗查暗访、抽查企业等方式，并实地抽查两个镇（街），全面了解当地食品安全状况及监管措施落实情况。对于现场考核发现存在问题的，应及时向当地政府指出，并提出工作建议。

4. 综合评价。现场考核结束后，市年度食品安全考核评价工作组对各市、区自查自评、平时检查以及年终考核情况进行综合评分，并向市食安办提交综合考评及评分结果。

（三）考核评价结果的审定和公布。

市食安办对江门市年度食品安全考核评价工作组的综合考评情况及评分结果进行汇总并形成正式报告，报经江门市食品安全委员会领导审核后上报市政府审定。年度考核评价结果由市食安办向全市通报，考核优秀和良好的给予通报表扬，考核合格单位给予通报提醒，考核不合格单位实行“一票否决”。

考核结果纳入市委、市政府对各市、区政府和食品安全监管职能部门年度绩效考核评价指标之一，考核不合格的单位，按照市委、市政府关于社会治安综合治理工作实行“一票否决”的办法处理。

六、工作要求

（一）年度食品安全考核评价工作要及时、真实、全面，防止瞒报、弄虚作假等行为，对在考核评价工作中发现的弄虚作假、越权渎职等违法、违规、违纪行为，要依法追究相关人员的责任。

（二）各市、区政府要认真落实本级政府食品安全责任，并与所辖镇（街）签订食品安全工作目标责任书，将责任层层分解，落实到位。

（三）本办法自公布之日起施行，原《关于印发江门市食品安全责任目标考核办法的通知》（江食安委〔2012〕4号）作废。

江门市人民政府办公室关于印发《江门市建立多元化社会养老服务体系实施方案》等六个加强社会建设文件的通知

府办〔2014〕1号

各市、区人民政府，市各单位：

为贯彻落实《中共江门市委办公室江门市人民政府办公室关于印发〈江门市“大民政”工作方案〉的通知》（江办发〔2013〕14号）精神，经市人民政府同意，现将《江门市建立多元化社会养老服务体系实施方案》《江门市建立和完善社会组织参与社会管理工作体系实施方案》《江门市建设城乡社区服务体系实施方案》《江门市建设综合性社会救助体系实施方案》《政府向社会组织购买服务监督管理暂行办法》和《江门市“大民政”信息化建设工作方案》等六个配套文件印发给你们，请结合实际认真贯彻执行。

江门市人民政府办公室

2014年1月8日

江门市建立多元化社会养老服务体系实施方案

为深入推进“大民政”工作，着力构建多元化社会养老服务体系，根据我市实际，制定本实施方案。

一、工作背景

截至2012年底，我市60周岁以上的老人有62.7万人，占全市常住人口的14%，高于全省的平均水平（12.8%），人口老龄化日益严峻。为积极应对人口老龄化和高龄化带来的挑战，不断提高我市老人生存质量和生活水平，近年来，我市不断加大对养老事业的投入，从设施建设、产业发展、服务载体、政策措施等方面入手，努力构建以居家养老为基础、社区服务为依托、机构养老为支撑的社会养老服务体系，积极推动养老服务从“补缺型”向“适度普惠型”的方向转变，并取得了较好的成效。据统计，目前我市共建有养老机构137家，设置养老床位9966张，每千名老人拥有养老床位15.9张。其中，公办养老机构124家，养老床位7878张；民办养老机构13家，养老床位2088张。城市居家养老服务机构455个，覆盖率88.21%，农村居家养老服务机构2695个，覆盖率85.25%。但是，随着经济社会的发展，老人对养老产品的需求量不断增大，层次不断提高，养老事业发展遇到不少的挑战和瓶颈，老龄化问题日益突显。鉴于养老服务事业涉及面广，迫切需要整合各类社会资源，并借助建立“大民政”工作格局的契机，构建多元化的社会养老服务体系。

二、制定依据

根据《广东省2011-2015年社会养老服务体系建设规划》《广东省老龄事业发展“十二五”规划》《广东省人民政府办公厅印发关于

加快社会养老服务事业发展的意见的通知》（粤府办〔2012〕73号）、《广东省开展“社会养老服务体系建设年”活动暨启动“敬老爱老助老工程”实施方案》以及省社会养老服务体系建设工作会议的精神和省制定的养老体系建设目标任务，我省在“十二五”期间要加快发展社会养老服务体系，推动社会养老服务体系建设在规划布局、增量扩面、政策创制、机制创新、行业管理等领域取得明显进展，不断满足人民群众日益增长的养老服务需求，加快建立适度普惠型的老年福利制度和社会养老服务体系。

三、工作目标

至2015年底，全市形成“9064”的养老服务格局，即90%的老人实现通过家庭照顾养老；6%的老人由社区提供日间照料和托老服务；4%的老人入住养老机构。基本形成以居家为基础、社区为依托、机构为支撑的适度普惠型社会养老服务体系。居家和日间照料服务基本覆盖城市社区和半数以上的农村社区。[注1]

四、主要任务及分工

（一）科学编制社会养老服务场所布点和设施配套的规划。

统筹考虑、科学规划养老机构和社区养老服务配套设施的建设和发展，使其与城市建设、市政基础设施建设、公共服务设施建设等规划相衔接。对于新建城区和新建居住（小）区按标准要求配套建设养老服务设施；无养老服务设施或现有设施未达要求的老城区和已建成居住（小）区，通过购置、置换、租赁等方式开辟养老服务设施。按照人均用地指标0.1平方米至0.3平方米的标准，分区分级合理规划安排养老服务设施用地。

蓬江区、江海区要于2014年6月底前完成养老布点规划；新会区、台山市、开平市、鹤山市、恩平市要于2014年12月底前完成养老布点规划。[注2]（牵头单位：各市、区政府；责任单位：市民政局，市城乡规划局）

（二）加大居家养老服务建设力度。

积极构建以居家养老服务为主体的养老服务体系，进一步完善居家养老服务设施、丰富服务功能、提高服务覆盖面和服务水平。各市、区要按照《广东省居家养老服务规范化指引》和《社区老年人日间照料中心建设标准》（建标143-2010），加大力度建设有利于老人享受就近便捷优质服务的居家养老和日间照料活动中心，提供助餐、助浴、助洁、助急、助医等上门服务。至2015年要完成三项任务：

——各市、区均至少建成1个居家养老服务中心或居家养老指导中心；[注3]

——每个镇（街）建有一所为生活不能自理的老人提供临时托管或日间照料服务的福利设施；[注4]

——每个镇建设1个以上农村居家养老服务站或农村幸福院。其中，蓬江区、江海区两个区各镇要建设3个以上农村居家养老服务站或农村幸福院。（牵头单位：各市、区政府；责任单位：市民政局，市财政局）

（三）充分利用全市现有设施资源兴办养老服务设施。

2014年6月底，各市、区要梳理出面积达到300平方米以上且证照齐全的闲置国有资产，并根据养老布点规划综合考虑和合理选址，通过改造闲置物业或实行资产置换等方式建设各种养老服务设施，发展城乡养老服务业。（牵头单位：市国资委，市财政局，各市、区政府；责任单位：市民政局）

（四）加快完善城乡养老机构设施。

按照因地制宜、分步实施原则，根据《广东省养老机构规范化建设指引》标准要求，分层分类提供养老服务。一是组织实施现有城乡公办养老服务设施的整合改造工程。对具有改造条件的福利院进一步挖掘资源，加快扩建、改造步伐，力争在2015年前完成改造升级工作。对各镇、街的敬老院探索移交由市（区）级政府统筹管理，力争五年内通过资源整合，把具备条件的敬老院改造成集五保供养、居家养老、日间照料等多功能的区域性养老服务中心，跨区域托养五保老人。二是对现有的民办养老机构，通过民办公助等形式改造升级，提升服务水平，并做大、做强。三是各市、区要制定和落实优惠扶持政策措施，支持社会力量举办专业化养老机构，鼓励境外资本投资养老服务业。（牵头单位：各市、区政府；责任单位：市民政局，市财政局）

（五）推动医养融合发展。

各市、区要促进医疗卫生资源进入养老机构、社区和居民家庭。卫生行政部门要支持有条件的养老机构设置医疗机构，力争到2016年，蓬江、江海、新会三区30%的养老机构配有医疗服务；台山、开平、鹤山和恩平四市20%的养老机构配有医疗服务。对于养老机构提供的符合条件的医疗服务要逐步取得医保定点医疗机构资质。医疗机构要积极支持和发展养老服务，有条件的二级以上综合医院应当开设老年病科，增加老年病床数量，做好老年慢性病防治和康复护理。要探索医疗机构与养老机构合作新模式，逐步扩大家庭病床服务的覆盖面，同步引入有资质的医疗机构和社工机构参与家庭病床服务，充分运用政府购买服务的方式提升家庭病床的服务质量。（牵头单位：各市、区政府；责任单位：市卫生计生局，市人力资源社会保障局，市社保局，市财政局，市民政局，市残联）

（六）鼓励养老机构探索多元化的管理模式。

探索养老机构采取公建（办）民营、民办公助、政府购买服务等多元化的模式运行。对公办养老机构特别是政府举办的居家养老服务中心、完成改造升级的敬老院，采用公建（办）民营、政府购买服务等方式，引入社会公益组织和社工机构，参与养老机构的运营管理，提供专业和有针对性的养老服务。对民办养老机构，加大监管和评估力度，促进民办养老机构规范健康发展。（牵头单位：各市、区政府；责任单位：市财政局，市民政局）

（七）加强养老服务人才队伍建设。

加大对养老机构护理人员的培训力度，依托市职业训练指导中心等培训机构举办养老护理员培训班，壮大养老护理员专业队伍，提高护理员的综合素质。至2015年末，实现全市养老机构院长取得职业资质的持证上岗率达到100%、养老护理员持证上岗率达到90%以上，养老机构内直接服务于老人的医护及服务人员总数与生活能自理的入住老人数比例达到1:10以内，与生活不能自理的达到1:3以内的目标【注5】。培训所需经费由各市、区纳入当地财政预算。（牵头单位：市人力资源社会保障局，各市、区政府；责任单位：市民政局）

五、保障措施

（一）提高思想认识，精心统筹组织。

各地、各单位要高度重视，精心组织，将此项工作列入重要议事日程，把其提升到我市社会管理创新实现飞跃发展的一项重要策略，以及保障和改善民生的一个重要平台的战略高度统筹考虑，切实解决群众的民生需要。

（二）注重资源整合，加大资金投入。

要加大职能整合、资源整合、信息整合力度，密切配合，摒弃各自单位的利益保护壁垒，既要实现各相关部门之间的横向协调，也要实现各级之间的纵向联动。各级、各部门要统筹财政性资金加大对社会养老服务体系的建设，其中福利彩票公益金年度留存资金要按照不低于50%的比例集中用于社会养老服务体系建设，市级财政按照税收分成比例分担市区养老服务体系建设资金，实现多渠道、多方式筹集养老事业发展所需的资金。

（三）坚持实事求是，发挥社会效益。

建立多元化社会养老服务体系，最终目的是为全市老人提供广泛、优质的养老服务，因此，各地在推进养老建设工作过程中，要充分听取群众意见，大胆创新，建成实用性强、社会效益明显、辐射范围广的社会养老服务体系。

备注说明：

【注1】：依据为省民政厅、省发展改革委印发的《广东省2011-2015年社会养老服务体系建设规划》。

【注2】：依据为民政部颁布的《养老机构管理办法》。

【注3】、【注4】、【注5】：依据为省民政厅印发的《广东省开展“社会养老服务体系建设年”活动暨启动“敬老爱老助老工程”实施方案》。

江门市建立和完善社会组织参与社会管理工作体系实施方案

为适应“小政府、大社会”的社会发展需求，创新社会管理，建立和完善社会组织参与社会管理工作体系，根据全市“大民政”工作的部署，特制定如下实施方案：

一、工作背景

建立和完善社会组织参与社会管理工作体系是我市贯彻落实党中央、国务院、省委、省政府关于加强和创新社会管理有关精神的重要举措。目前，我市社会组织的发展尚处于初级阶段，与经济发展水平和人民群众日趋多层次、多样化的社会服务需求仍存在较大的差距，主要体现在：一是社会组织发展相对滞后。社会组织的规模、数量、结构与我市社会建设的需求仍有较大差距。二是我市社会组织发展不平衡、结构不合理。服务于弱势群体、困难群体的组织偏少，服务于农业农村、卫生保健、生态环保等方面的组织偏少。三是社会组织自身力量不强，无法发挥应有的作用。资金来源渠道、专业的人才队伍以及自律和内部管理制度等不够完善。四是管理机构力量比较薄弱。目前，江门市各级社会组织登记管理机关的机构设置、人员编制、工作经费等基础十分薄弱。尤其是省委、省政府出台政策，要求自2012年7月1日起，除法律法规规定的外，其他社会组织一律取消业务主管单位，改为业务指导单位后，进一步加大了社会组织登记管理机关的管理难度。五是政府向社会组织转移职能进度慢。

二、制定依据

《中共广东省委广东省人民政府印发〈关于进一步培育发展和规范管理社会组织的方案〉的通知》（粤发〔2012〕7 号）提出：到2015 年，珠江三角洲地区平均每万人要拥有社会组织8 个以上，初步形成发展有序、门类齐全、层次多样、覆盖广泛的发展格局，80%以上的社会组织具备现代社会组织的基本特征，大部分社会组织能够承担政府转移、委托、授权的职能，能够提供相应的公共产品和公共服务；到2015年，完成对全省社会组织的评估，等级评估经费由各级政府列入预算。

《中共广东省委办公厅广东省人民政府办公厅印发〈关于加快推进社会体制改革建设服务型政府的实施意见〉等七个加强社会建设文件的通知》（粤办发〔2011〕22号）提出：到2015年，每万人持证社工人数达到5人。

《关于印发社会管理创新五项重点工作实施方案的通知》（江社委〔2013〕19号）提出：2013年底前，各市、区要建立1个社会组织孵化基地，至2015年，每年进驻的社会组织不少于10个；2013年，各市、区要建立社会组织扶持发展专项资金，当年的专项资金不少于30万元，并在30万元的基础上，今后5年每年增长不低于10%；2013年，各市、区安排职能转移和购买服务专项资金不少于100万元，以后按实际需求逐年递增；2013至2015年，全市每年实现职能转移和购买服务项目不少于50项；抓好社会组织的基层党支部建设工作，至2015年底，实现应建尽建目标。

三、工作目标

到2015 年，建立与我市经济社会发展相协调的现代社会组织体系，大部分社会组织能够承担政府转移、委托、授权的职能，能够提供相应的公共产品和公共服务。到2020年，实现能够转移的政府职能全部向社会组织转移，社会组织参与社会管理工作体系正式确立，真正实现社会组织成为我市社会事务管理承接的主体力量。加大社工人才培养力度，促进我市社工人才大幅度增长。

（一）社会组织数量稳步增长。到2015 年，全市社会组织总量达到3100个以上，平均每万人拥有社会组织8个以上【注1】，初步形成发展有序、门类齐全、层次多样、覆盖广泛的发展格局。大力推动社工类社会组织发展，到2015年，平均每万人拥有持证社工人数5人以上【注2】。

（二）社会组织质量显著提升。社会组织专职工作人员队伍专业化、职业化水平明显提高；服务领域更加广泛，逐步实现专业服务标准化，社会服务多样化，社会服务层次全面提升。到2015年，80%以上的社会组织具备现代社会组织的基本特征【注3】，通过承担政府职能，提供相应的公共产品和公共服务的形式，能基本满足我市社会发展和人民群众参与社会服务、社会管理等多样化的需求。

（三）社会组织监管逐步规范。在积极培育发展社会组织的同时，严格依法监管，确保其健康有序发展，到2015年，基本形成法律监督、政府监督、社会监督、自我监督相结合的监管体系。

（四）社会组织党建保障有力。充分发挥社会组织党组织的政治保障和党员的先锋模范作用，形成组织健全、机制创新、服务领先的社会组织党建模式。

四、主要任务及分工

（一）加大力度培育和发展社会组织。

1、进一步加强社会组织孵化基地建设。各市、区要重视基地的建设，加大对基地的投入和管理力度，为入驻的社会组织无偿提供办公场所，免费提供孵化服务，扶持培育各种类型的社会组织，特别是慈善类、公益类的社会组织。至2015年，各市、区的孵化基地每年进驻的社会组织不少于10个【注4】。对入驻基地接受孵化的社会组织，要积极引导其发展，争取新成立的社会组织1-2年内就能孵化出壳，并单独开展业务，出壳后2年内成活率要达到80%以上。（责任单位：各市、区政府）

2、设立扶持发展社会组织专项资金。采取分类扶持方式对符合申请条件的社会组织给予补助，主要用于扶持工商经济类、社会工作类、公益慈善类、社会服务类和群众生活类等社会组织的发展。各市、区要在2013年度安排社会组织扶持发展专项资金30万元的基础上，往后5年内每年增长不低于10%【注5】。属于三区的财政投入，按财税分成比例由市、区共担。（牵头单位：各市、区政府；责任单位：市财政局，市民政局）

3、加大政府向社会组织转移职能力度。在进一步深化行政审批制度改革的基础上，加大政府向社会组织转移职能力度。政府各职能部门，要把所有能够实施转移的职能列出，分期分批进行政府购买服务。通过政府购买服务的形式，将行业展览会、博览会、产业展销会、招商引资等交给行业协会商会去办，实行市场化运作，将“政府搭台、企业唱戏”转化为“协会搭台、企业唱戏”。各市、区在2013年度安排社会组织转移职能和购买服务专项资金

100万元的基础上，往后按实际需求逐年递增。2014至2015年，全市每年实现向社会组织转移职能和购买服务的项目不少于50项【注6】。属于三区的财政投入，按财税分成比例由市、区共担。（牵头单位：市编办，市财政局，各市、区政府；责任单位：市有关单位）

4、扶持培育枢纽型社会组织。工会、共青团、妇联、残联等人民团体要积极搭建服务平台，增强党和政府对社会组织的领导和带动作用，创造条件在本领域培育发展一批机制健全、社会公信力强、有广泛代表性或较强影响力的枢纽型社会组织。（牵头单位：市总工会，团市委，市妇联，市残联，各市、区政府；责任单位：市社工委，市民政局）

5、加强社会组织党建工作。进一步创造条件建立党组织，加强党建工作，充分发挥党组织的战斗堡垒作用和党员的先锋模范作用，增强社会组织凝聚力和向心力。2014年底前，各市、区要成立社会组织党工委或“两新”组织党工委。抓好社会组织的基层党支部建设工作，至2015年底，实现应建尽建目标【注7】。同时要建立党建工作指导员制度，指定党建工作指导员负责指导、联系没有党员的社会组织入党积极分子的培养工作。（牵头单位：市委组织部；责任单位：市民政局）

（二）完善社会组织监管机制，推进社会组织诚信体系建设。

1、建立部门联合监管机制。建立和完善政府各职能部门各司其职、各负其责、信息共享、协同监督、齐抓共管的联合监管机制，各职能部门要依据各自职责齐抓共管，形成监管合力，依法履行服务指导和监督管理职能，承担相应管理责任，联合加强社会组织年度检查工作，到2015年，社会组织年检参检率要达到97%以上。民政部门负责社会组织的准入登记，业务指导单位（行业主管部门）负责实施业务指导和行业管理，主动协调解决社会组织发展中存在的问题，其他部门在职责范围内实施监督管理。（牵头单位：市民政局，各市、区政府；责任单位：市有关单位）

2、建立社会组织自律监管机制。建立健全规范运作、诚信执业、信息公开、公平竞争、奖励惩戒、自律保障六大机制，推行社会组织监事监督制度，增强监事监督职能，扩大社会监督渠道，提高运作透明度，促进监事专责监督、会员自主监督、社会公开监督相结合的监督制度建设。指导枢纽（联合）型社会组织通过服务引导、竞争合作的方式，整合资源、提高集约化程度，加强对同类型、同性质、同行业、同领域社会组织或聚合在同一服务链的社会组织实行统筹协调、监督指导和自律管理。（牵头单位：市民政局，各市、区政府；责任单位：市总工会，团市委，市妇联，市残联）

3、建立信息公开机制。建立全市统一的社会组织登记管理信息系统和信用信息系统，与“大民政”信息平台有效对接，实现信息共享和社会监督。重点围绕社会组织登记基本情况、业务开展、重大活动备案、等级评估、年检数据等信用信息进行记录、整合和应用，建立健全社会组织信用档案。同时为社会组织提供一个交流、反映诉求的平台。建立信用信息动态记录、社会评价、诚信公示、失信惩戒和黑名单等信用管理制度，将社会组织公益服务和自律建设情况纳入社会诚信管理体系。（牵头单位：市民政局，市经济和信息化局；责任单位：市发展改革局、市工商局，各市、区政府）

4、加大社会组织等级评估力度。制定一般社团和民办非企业单位等级评估评分细则，推进除行业协会商会之外其他社会组织的等级评估工作。通过社会和竞争方式，引入第三方评估，形成公开、公平、公正、科学规范有序的评估机制，完善社会组织的评估监管体制。争取到2015年符合条件的社会组织都参加等级评估【注8】，参加评估社会组织的等级在 3A 以上的比例达到50%以上。推动社会组织加强自身建设，提升质量和能力。市财政局和各市、区要将社会组织等级评估费用列入财政预算，2014-2015年，市本级每年安排20万元，各市、区每年安排10万元。（牵头单位：市民政局，市财政局，各市、区政府）

（三）广泛开展专业社会工作和志愿服务。

1、大力培育发展社工机构等社工工作平台。在现有基础上进一步加大力度扶持培育发展社工机构，通过简化登记程序、放宽准入条件、提供办公场所支持、推进政府购买服务、落实税收优惠政策等办法，促进民办社工机构进一步发展，拓展业务，以创建品牌社工机构带动社工服务整体提升；市直以及各市、区的事业单位要大力推动设置社工岗位，共同推动社工工作平台的建设。（责任单位：市民政局，各市、区政府；责任单位：市财政局，市人力资源社会保障局，市地税局，市直各事业单位）

2、出台推进专业社会工作人才队伍建设的政策制度。做好社工队伍发展的顶层设计，有计划、有步骤地出台一系列促进社工队伍发展的政策制度，为我市社会工作人才队伍建设提供有力的政策保障。2014年底前，出台《关于推进社会工作人才队伍建设的实施意见》和《江门市社会工作专业岗位设置及社会工作专业人员薪酬待遇指导意见》，以后根据政策实施情况，进一步予以修正完善。（牵头单位：市民政局；责任单位：市财政局，市人力资源社会保障局，各市、区政府）

3、加大社工人才培养力度。每年分批分层次开展普及社工知识的培训，鼓励相关从业人员踊跃报名参加全国社会工作职业水平考试，力争实现到2015年每万人拥有持证社工人数5人以上的目标任务【注9】。按照省规定的标准加强我市社会工作专业人才孵化培育基地建设，争取成为省级示范基地；选取部分事业单位或民办社工机构建立社工实训基地；加强我市高等院校的社工专业学生的培养，促进院校与社工机构或社区的实训对接；加强与国内、港澳优秀社工的学习交流合作，打造江门本土化的社工精英团队，带动我市社会工作服务水平的提升。（牵头单位：市民政局，各市、区政府；责任单位：各相关高校）

4、推动建立“社工＋义工”联动机制。通过建立“社工+义工”联动制度、培育联动队伍、搭建联动平台、创新联动项目、配套联动激励等措施，有效整合社工、义工人力资源，实现联动互补，共同推动我市社会工作发展，全面创新社会管理。（牵头单位：市社工委，各市、区政府；责任单位：市民政局，团市委，市义工联）

五、保障措施

（一）加强组织领导。加强社会组织管理的机构建设，并建立江门市社会组织参与社会管理工作联席会议制度，负责统筹、协调、解决社会组织参与社会管理工作中的重大事项，指导各市、区社会组织参与社会管理工作。联席会议由市委组织部、市社工委、市编办、市财政局、市民政局，以及各市、区政府组成。联席会议办公室设在市民政局，负责联席会议的日常工作。

（二）强化监督考核。加强责任考核，将社会组织参与社会管理列入地方党委、政府社会建设绩效考核的内容，作为促进我市社会管理创新的重要工作。

（三）加强协调配合。市有关单位、各市（区）政府要各司其职，密切配合，共同形成推动社会组织参与社会管理工作的强大合力，确保工作取得实效。

备注说明：

【注1】、【注3】、【注8】：根据《中共广东省委广东省人民政府印发〈关于进一步培育发展和规范管理社会组织的方案〉的通知》（粤发〔2012〕7 号）要求提出。

【注2】、【注9】：根据《中共广东省委办公厅 广东省人民政府办公厅印发〈关于加快推进社会体制改革建设服务型政府的实施意见〉等七个加强社会建设文件的通知》（粤办发〔2011〕22号）中的《关于加强社会工作人才队伍建设的实施意见》要求提出。

【注4】、【注5】、【注6】、【注7】：根据《关于印发社会管理创新五项重点工作实施方案的通知》（江社委〔2013〕19号）中的《培育和发展社会组织实施方案》要求提出。

江门市建设城乡社区服务体系实施方案

为贯彻落实全市“大民政”工作部署，进一步建立和完善城乡社区服务体系，特制定本实施方案。

一、工作背景

目前，全市共有村委会1051个，社区居委会265个。自2007年以来，我市积极推动城乡社区建设，高起点、高标准打造“六好”平安和谐社区，逐步建立了以社区党建为龙头的社区自治体系，兴建了一大批满足群众基本需求的社区服务设施，提升了以“一站式”公共服务、志愿服务等为亮点的社区服务水平。经过多年努力，我市先后五批共217个社区成功创建为广东省“六好”平安和谐社区，占社区总数的83%。但是，我市的社区建设也碰到了一些发展瓶颈，例如社区居委会行政化倾向问题制约了社区自治功能的发挥，工作经费紧张和人员待遇低削弱了社区工作人员队伍的活力，政府购买服务发展缓慢导致了社区社会组织培育发展滞后，等等。当前，全国各地不少地方都在大胆创新，探索基层社会管理体制改革的方向和路子，社区网格化管理就是其中一项积极的尝试，值得我市学习借鉴。

二、制定依据

《中共广东省委广东省人民政府关于加强社会建设的决定》（粤发〔2011〕17号）中提出，要加强基层服务管理，夯实社会建设基础。加快建设新型城市社区，强化街道社会建设职能，推行行政管理事项社区准入制度，整合政府各部门在社区的办事机构和管理资源，探索物业管理与社区居民自治相结合的模式。加强农村公共服务和社会管理，探索农村公共服务供给方式改革，推进农村公共服务设施规范化建设。增强城乡基层群众自治活力，理顺基层政府与基层自治组织关系，推进社区居委会直选，加强将非户籍常住人口纳入村（居）服务。

《广东省人民政府办公厅关于印发广东省城乡社区服务体系建设“十二五”规划的通知》（粤府办〔2012〕109号）提出，从服务城乡居民、建设幸福村居出发，坚持公益性和便利性，进一步健全我省城乡社区服务体系，切实推动社区服务精细化、专业化、信息化建设，努力推进基本公共服务均等化。理顺街道（镇）与社区的职责，完善基层政务服务体系，到2015年，全省街、镇普遍设置跨部门的综合政务服务平台，实行“一站式”政务服务。以城乡社区公共服务站和社会组织为载体，积极推广政府购买服务，加强社区社会保障、就业、健康计生、文化、体育、环保、安全服务，到2015年，大多数社区建有社区公共服务站、文体活动中心、健康计生服务中心、家庭服务中心、综治信访维稳工作站、小广场或公园等“六个一”基础设施，平均每个社区拥有5个社区社会组织。运用市场手段发展生活服务，重点发展家政服务、居家养老、社区照料、病患陪护服务等家庭服务业和购物、餐饮、维修、再生资源回收等便民利民服务，到2015年，珠江三角洲地区基本实现社区物业管理服务全覆盖。完善社区服务信息化建设，到2015年，城市社区80%以上、行政村50%以上的公共服务事项实现信息化办理，各地级以上市都建有社区服务网站群。选好配齐社区居委会成员，社区居委会专职工作者与社区常住人口户数比例达到1：300，依托社区服务中心、社区家庭服务中心等设施，开发社工岗位或购买社工机构服务。

《中共江门市委关于加强镇（街）领导班子和村（社区）“两委”班子建设若干问题的决定》（江发〔2012〕2号）提出，要着力提高村（社区）“两委”干部的收入水平，至2015年，工作报酬每人每月总收入不低于2500元。

《关于印发社会管理创新五项重点工作实施方案的通知》（江社委〔2013〕19号）提出，加快市（区）行政服务中心、镇（街）公共服务中心和村（社区）公共服务站建设，完善市、市（区）、镇（街）、村（社区）四级公共服务网络。村（社区）公共服务站是各镇（街）政府（办事处）在村（社区）设立的公共服务平台，承接政府延伸到基层的社会管理和公共服务职能，在村（社区）党组织的领导、村（居）委会的监督及镇（街）政府（办事处）的业务指导下，开展优抚安置、社会救助、医疗卫生、公共就业、社会保障、计划生育、文教体育、农技推广等公共服务。

三、工作目标

以群众需求为出发点，创新城乡社区管理服务方式，厘清社区事务管理事项，逐步推动社区网格化管理，加大向社会组织购买服务力度，建立完善社区综合信息服务平台，切实推动社区管理服务精细化、专业化、信息化发展，形成城乡统筹、主体多元、功能完善的社区网格化管理服务体系。

（一）创新社区管理方式。深化基层社会管理体制改革，基层政府与社区的职责明晰，2014-2015年，在各市、区开展社区网格化管理试点工作，并逐步推开，实现社区管理精细化、信息化。到2020年，全市全面建立城市社区网格化管理机制。

（二）拓展社区服务范畴。到2015年，实现社区公共服务全覆盖，社区便民服务、志愿服务蓬勃发展，大力引入社工机构或公益慈善类社会组织，促进服务方式多元化，服务对象覆盖社区各类群体，实现城乡统筹协调发展。

（三）增强社区自治功能。提高居民群众参与社区事务的积极性，逐步推行社区居委会直接选举。平均每个社区拥有5个以上社区社会组织【注1】。基本实现社区物业管理服务全覆盖，形成社区和小区双层自治体系。

（四）完善社区服务设施。合理规划社区服务设施的布局和数量，全市所有村（社区）完成公共服务站建设，全面实现“一站式”服务；到2015年，有条件的村（社区），要配套完成建设文体活动中心、健康计生服务中心、家庭服务中心、综治信访维稳工作站、小广场或公园。

（五）加强社区服务队伍建设。到2015年，全市的社区专职工作人员与社区常住人口户数的配比基本达到1:300【注2】，社区专职人员的待遇、素质显著提升，社区社工专业人才大幅度增长。重点鼓励村（社区）专职工作人员参加社工培训、考试，对持社工证的专职人员给予适当的补贴。

（六）加强社区党建工作。进一步夯实社区党建基础，建立健全基层党组织建设，建立完善“两代表一委员”（党代表、人大代表、政协委员）工作机制，充分发挥党组织在社区的领导核心作用。

四、主要任务及分工

（一）加强社区公共服务。

1．建设“市本级—市（区）—镇（街）—村（社区）”四级公共服务平台。

进一步完善全市78个镇（街）公共服务中心和1316个村（社区）公共服务站建设，完善相关制度，充实服务内容。2014-2015年，实现市本级和各市（区）、各镇（街）行政服务中心与村（社区）公共服务站的网络对接，真正实现市、市（区）、镇（街）、村（社区）四级公共服务“开放式办公、一站式服务”。（牵头单位：市社工委；责任单位：市编办、市监察局、市经济和信息化局、市民政局、市农业局，各市、区政府）

2．着力提升基本公共服务水平。

建立完善行政管理事项社区准入制度，属于街道（镇）、职能部门依法独立完成的行政性工作不再转移给村（社区），确需交由村（社区）协助实施的，以政府购买服务的形式，由村（社区）或相关社会组织来承接。规范村（社区）公共服务站协助政府职能部门开展劳动就业、社会保险、社会救助、医疗卫生、计划生育、社区教育、文化体育、环境保护、社区安全、农技推广等基本公共服务，为老年人、青少年、妇女、低保对象、矫正人员、优抚对象、残疾人、就业困难家庭、企业职工、外来人员等群体提供公共服务，实现困有所助、难有所帮、需有所应。（牵头单位：市社工委，市编办；责任单位：市人力资源社会保障局，市民政局，市卫生计生局，市教育局，市文广新局，市体育局，市环保局，市综治办，市公安局，市司法局，市总工会，团市委，市妇联，市残联，各市、区政府）

（二）探索建立村（社区）网格化管理机制。

1．开展社区网格化管理试点工作。

2014年，在蓬江、江海、新会三区各选一个社区进行试点，推行社区网格化管理，将社区管理、社区服务和社区自治纳入“网格”。到2015年，蓬江、江海、新会三区在总结试点的基础上，扩大试点范围，台山、开平、鹤山、恩平四市各选一个社区进行试点。（责任单位：各市、区政府）

2．建立网格信息服务平台。

将村（社区）的人口状况（包括户数、人数、妇女、儿童、老人等基础数据）、服务对象（重点是低保户、五保户、残疾人、优抚对象等）、公共设施状况、物业管理、地理信息等信息数据，纳入村（社区）网格综合信息服务平台。通过全方位、动态的社区信息采集，实现社区治理数字化、精细化、科学化和长效化的管理模式，为村（社区）居民提供民意反馈、便民信息查询等服务。（牵头单位：市民政局，市经济和信息化局；责任单位：市公安局，市卫生计生局，市城管局，各市、区政府）

3．科学划分网格单元，明确网格工作职责。

根据地理面积、人口结构、管理难度等因素，将村（社区）辖区划分为若干个单元网格，每个网格要明确专责管理人员。要建立专责管理人员定期入户走访制度，及时更新网格信息，使网格信息全面客观反映辖区村（居民）的实时信息。对村（居民）提出的各种要求，及时予以解决（解答）。（责任单位：各市、区政府）

4．统筹配置网格管理队伍。

每个网格配备管理员、协管员和监督员。网格管理员由社区居委会工作人员担任，协管员可由基层党支部书记、街道办事处挂点该社区的干部、社工、工商片管员、消防专员、城管专员、社区民警、治安巡逻员、业委会主任、楼栋长、挂片律师、志工等组成，监督员由街道社会事务办干事、网格党代表、居民代表组成。各市、区可根据辖区实际和社区特色，确定网格管理员、协管员和监督员的配备构成。（责任单位：各市、区政府）

5．完善网格化管理各项工作制度。

在网格化管理中，建立入户走访、工作台账动态调整、每周情况沟通、居民预约办事、情况（受理）反馈等工作制度。（责任单位：各市、区政府）

（三）进一步强化城乡社区自治功能。

1．逐步推行社区居委会直接选举。

动员社区居民积极参与社区事务，建立完善社区居委会直接选举制度，逐步提高社区居委会直选的比例。（牵头单位：市委组织部，市民政局；责任单位：各市、区政府）

2．培育发展社区社会组织。

采取降低门槛、简化程序、资金与场地扶持、人才培养、购买服务等措施，大力培育公益性、服务性、互助性的社区社会组织，重点培育以开展公益慈善、福利服务、文体娱乐、安全保卫、卫生环保等为主要内容的群众生活类社会组织。发挥社会组织参与社区事务管理的积极性，加快实施政府购买服务，到2015年，每个社区平均拥有5个以上社区社会组织，经常性组织开展社区活动。（牵头单位：市民政局；责任单位：各市、区政府）

3．完善小区治理模式。

普及物业管理服务，对新建住宅小区，老旧城区、郊区的社区，以及不具备条件的社区，实行分类指导，实现社区物业管理服务全覆盖。大力推动业主委员会建设，加强对业主委员会工作的指导和监督，探索社区居委会成员与业委会成员交叉任职。（牵头单位：市住房城乡建设局，市民政局；责任单位：各市、区政府）

（四）发展社区便民利民服务。

1．加快家庭服务中心建设。

以居家养老、残疾人居家养护、社区照料、社区教育、社区康复、社区互助等为重点，推进社区家庭服务中心建设。鼓励社会组织（社工机构）参与运营，完善社工、义工联动机制，提供多样化的社区服务。到2015年，每个街道至少建有1个以上家庭服务中心，有条件的街道要建有2个以上家庭服务中心；到2020年，城市地区建立布局合理的家庭服务中心网络，有条件的乡镇建有家庭服务中心。（牵头单位：市民政局；责任单位：各市、区政府）

2．推动外来人口融入社区。

为外来人口提供均等的医疗、计生、卫生、就业、教育、治安管理等服务，鼓励外来常住人口参加居住地社区居委会选举，加快外来人口社会融入。（牵头单位：市公安局；责任单位：市人力资源社会保障局，市卫生计生局，市教育局，市民政局，各市、区政府）

3．完善社区服务设施建设。

按照辖区面积与人口规模，合理规划社区服务设施的布局和数量，通过调剂、置换、购买、新建等方式落实建设任务，提倡资源共享。完善社区公共服务站、文体活动中心、健康计生服务中心、家庭服务中心、综治信访维稳工作站、小广场或公园等“六个一”工程。（牵头单位：市城乡规划局，各市、区政府；责任单位：市住房城乡建设局，市社工委，市文广新局，市卫生计生局，市民政局，市综治办，市体育局）

（五）建立综治维稳服务管理工作平台。

1．建立完善社区综治维稳机制。

建立健全社会矛盾的预防和调解机制，群众权益协调保障机制和社会稳定风险评估机制，扎实推进社会矛盾纠纷排查化解工作。动员和鼓励人民群众参与平安社会建设，做好新建小区、农村社区和改制社区的治安防控体系建设。（牵头单位：市综治办；责任单位：各市、区政府）

2．建立完善复退军人服务管理机制。

落实各项优抚政策，到2015年，各镇（街）要全面完成复退军人服务管理工作站建设，各村（居）委建立复退军人服务管理工作点，建立集管理、教育、帮扶和稳控一体化的防控体系。（牵头单位：市民政局；责任单位：各市、区政府）

（六）加强社区人才和社工人才队伍建设。

1．合理配备社区专职人员。

通过招聘、选调、委派等方式增配工作人员，使社区专职人员与社区常住人口户数比例基本达到1:300。（责任单位：各市、区政府）

2．提高社区专职人员综合业务素质和工作待遇。

逐步规范社区专职工作人员招聘、管理、考核、表彰工作，确保2015年村（社区）工作人员工作报酬每人每月总收入不低于2500元【注3】。支持社区专职人员参加各种职业资格培训和学历教育，重点鼓励参加社工培训和资格考试。（牵头单位：市民政局；责任单位：市人力资源社会保障局，市财政局，各市、区政府）

3．不断壮大社工人才队伍。

以社区服务中心、家庭综合服务中心为依托，从规范岗位设置、举办社工知识培训、落实激励机制三方面强化社工人才队伍。按照整合现有社区社会工作岗位、加快引进专业社会工作者、积极壮大社会组织的思路，对现有岗位进行调整，充分利用社区内部资源，推动社区建设和社区服务专业化、职业化、社会化；把社工人才免费培训纳入全市人才培训计划，重点针对村（社区）工作人员，市本级每年至少举办两期免费培训班，各市（区）每年至少要举办一期免费培训班，培训经费纳入各级财政预算；继续落实社工人才奖励机制，对获得社工职业资格的村（社区）专职工作人员，可由当地政府给予适当的补贴，并在选拔任用方面予以优先考虑。（牵头单位：市民政局；责任单位：市人力资源社会保障局，市财政局，各市、区政府）

（七）建立完善“两代表一委员”工作机制。

在村（社区）设立“两代表一委员”工作室，制定“两代表一委员”轮值制度，及时听取基层群众意见，了解基层情况，搭建基层与各级党委政府的沟通平台。（责任单位：市人大常委会办公室，市政协办公室，市委组织部，市社工委，各市、区政府）

五、保障措施

（一）加强组织领导。成立市城乡社区服务体系建设工作协调小组，负责统筹、协调、解决重大事项，指导各市（区）推进城乡社区服务体系建设。协调小组下设办公室，设在市民政局，负责日常工作。协调小组成员要各司其职、相互配合，形成强大的工作合力，真正把工作落到实处。

（二）创新体制机制。各级各有关部门要进一步解放思想，深入开展调查研究，积极创新社区管理体制机制，做好各项政策的衔接，实现城乡统筹布局、优势互补、联动发展。

（三）加大资金保障。充分发挥政府投入的主渠道作用，把社区工作经费、人员报酬、服务设施和社区信息化建设经费等纳入各级财政预算，建立健全民间资本、慈善捐赠、社会互助等多渠道的筹资机制，整合各类社会资源。

（四）建立监督评估制度。把城乡社区服务体系建设纳入各级政府工作的重要议事日程和绩效评估体系，细化工作任务，明确责任分工，抓好监测评估，确保各项目标任务落实到位。

备注说明：

【注1】：根据《广东省人民政府办公厅关于印发广东省城乡社区服务体系建设“十二五”规划的通知》（粤府办〔2012〕109号）要求，到2015年，平均每个社区拥有5个社区社会组织。

【注2】：根据《广东省人民政府办公厅关于印发广东省城乡社区服务体系建设“十二五”规划的通知》（粤府办〔2012〕109号）要求，选好配齐社区居委会成员，社区居委会专职工作者与社区常住人口户数比例达到1:300。

【注3】：根据《中共江门市委关于加强镇（街）领导班子和村（社区）“两委”班子建设若干问题的决定》（江发〔2012〕2号）要求，要着力提高村（社区）“两委”干部的收入水平，至2015年，工作报酬每人每月总收入不低于2500元。

江门市建设综合性社会救助体系实施方案

为深入推进“大民政”工作，构建综合性社会救助体系，根据我市实际，制定本实施方案。

一、工作背景

社会救助体系建设是一个庞大的系统工程，它涉及多个政府职能部门。目前，我市现行的各项社会保障和社会救助政策多由各职能部门独立实施，存在社会救助资源分散、管理多头等问题。要做好新形势下的社会救助工作，需要进一步整合救助资源，完善社会救助工作的管理体制与运行机制，建立部门联动、社会参与的多边救助机制，提高救助效率，切实保障困难群众的生活水平。

二、制定依据

主要依据《广东省人民政府关于印发提高我省底线民生保障水平实施方案的通知》（粤府〔2013〕111号）、《广东省农村五保供养工作规定》（省政府第143号令）、《广东省人民政府关于印发“十二五”期间深化医药卫生体制改革实施方案的通知》（粤府〔2012〕154号）、《广东省人民政府办公厅关于建立全省城乡低保最低标准制度的通知》（粤府办〔2013〕17号）、《广东省人民政府办公厅关于建立广东省社会救助工作联席会议的通知》（粤府函〔2013〕188号）、《江门市人民政府转发广东省人民政府转发国务院关于进一步加强和改进最低生活保障工作意见的通知》（江府〔2012〕59号）、《江门市人民政府办公室关于建立江门市社会救助工作联席会议的通知》（江府构〔2013〕30号）和《关于印发〈江门市贯彻落实广东省城乡低保补贴五保供养标准达到全国前十名水平的实施方案〉的通知》（江财社〔2013〕8号）等有关社会救助工作方针、政策法规制定本方案，进一步整合社会救助资源，提高我市社会救助水平。

三、工作目标

2014年，以全市社会救助工作联席会议制度为依托，建立救助申请家庭经济状况核对机制，进一步提高低保五保生活保障水平，不断推动社会救助信息化管理。2015年，通过整合分散于各职能部门的救助资源，建立以城乡低保、农村五保供养以及医疗、教育、住房、就业、司法、残疾人等救助制度为支撑，以临时救助、慈善援助等为补充的全方位、多层次、广覆盖的社会救助体系。

四、主要任务及分工

（一）提高低保五保生活保障水平。

落实低保五保标准自然增长机制，每年按省的要求对低保五保标准进行调整，确保低保补差水平达到省的要求，五保供养标准不低于当地上年度农民纯收入的60%【注1】。

2014年，各市（区）进一步提高低保补差水平，同时深化完善低保分类施保。各市（区）城镇低保月人均补差达到333元以上，农村达到147元以上。按省的要求调整五保供养标准，确保五保供养标准不低于当地上年度农民纯收入的60%。【注2】

2015年，按照当地上年度城乡居民消费性支出的一定比例制定低保标准，完善农村五保供养标准自然增长机制。

牵头单位：市民政局

责任单位：市财政局，各市、区政府

（二）提高重度残疾人和低保残疾人生活保障水平。

对重度残疾人护理补贴和低保残疾人生活津贴标准进行调整，确保各市、区按不低于省标准发放两项补贴。

牵头单位：市残联

责任单位：市财政局，各市、区政府

（三）研究出台残疾学生高中阶段免费教育政策。

研究出台残疾学生高中阶段免费教育政策，争取2015年全市实行残疾学生高中阶段免费教育。

牵头单位：市残联

责任单位：市教育局、市财政局，各市、区政府

（四）构建社会救助工作协调互动机制。

2014年，各市（区）建立社会救助工作联席会议制度，进一步加强我市社会救助工作的组织领导和统筹协调。在全市建立救助申请家庭经济状况核对机制，出台《江门市救助申请家庭经济状况核对办法》，采取政府购买服务等方式加强救助申请家庭经济状况核对工作。各地联合多部门建立城乡低保监管工作制度，对各地低保工作进行年度审计、督查。

2015年，启用救助申请家庭经济状况信息核对系统，将民政、人力资源社会保障、国土、住建、税务、公安交管、金融等政府部门以及有关行业协会的信息资源，进行有效整合共享，实现申请对象经济状况信息科学核对，确保困难家庭认定的准确，并建立困难家庭信息数据库和诚信体系，确保困难家庭认定和救助审批的科学性、准确性和规范性。各地进一步完善低保监管工作机制，落实监管分工和责任追究制度。

牵头单位：

市民政局：负责落实城乡困难群众的基本生活救助工作，组织实施城乡低保、五保、医疗救助、灾民救助、临时救助等工作。

责任单位：

市委宣传部：宣传社会救助政策，在全社会营造良好的舆论氛围。

市编办：协助建立救助申请家庭状况核对机制。

市发展改革局（市物价局）：负责将建立和完善社会救助体系纳入国民经济和社会发展规划，组织施行低收入群众临时价格补贴和价格上涨联动机制。

市经济和信息化局：为社会救助信息系统信息采集和共享事务提供技术支持，编制和修订信息共享技术标准。

市教育局：负责做好困难学生救助制度的落实，不断完善教育救助政策。

市公安局：负责提供城乡居民户籍、身份证等基础管理信息和社会救助申请家庭成员拥有车辆数量。

市财政局：负责对部门提出的社会救助资金进行审核，并结合市本级财力实际对实施社会救助工作所需的必要经费提出安排意见。

市人力资源社会保障局：协助提供困难群众享受社保补贴、就业援助等信息。

市社保局：协助提供困难群众参加社会保险的信息。

市住房城乡建设局：负责提供困难群众住房信息、城市居民个人缴存住房公积金等信息。

市农业局：研究农村扶贫政策，扶持农村困难群众发展生产。

市卫生计生局：协助提供社会救助申请家庭成员计划生育情况。

市地税局：经社会救助申请家庭成员同意并授权后，协助提供社会救助申请家庭成员个人所得税纳税情况。

市统计局：负责开展城乡社会救助调查，整理、汇总全市与社会救助工作有关的基本统计资料。

市金融局：经社会救助申请家庭成员同意并授权后，协调有关金融机构提供（包括银行存款、参加保险、持有股票、证券、公司债卷等投资类）资产信息。

人民银行江门市中心支行：经社会救助申请家庭成员同意并授权后，协助提供社会救助申请家庭成员银行存款信息。

江门银监分局：经社会救助申请家庭成员同意并授权后，协助有关金融机构提供社会救助申请家庭成员银行存款信息。

市保险行业协会：经社会救助申请家庭成员同意并授权后，协助提供社会救助申请家庭成员参加保险信息。

市证券期货行业协会：经社会救助申请家庭成员同意并授权后，协助提供社会救助申请家庭成员持有股票、证券、公司债券等投资类资产信息。

（五）合理整合利用各类社会救助资源。

探索研究各类社会救助资源整合管理模式，进一步完善社会救助政策，明确各部门社会救助职责，将救助对象分为生活救助、教育救助、医疗救助、残疾救助和其他救助五个类别，其中生活救助、医疗救助和其他救助由市民政局统筹管理，教育救助由市教育局统筹管理，残疾救助由市残联统筹管理，实现一口救助，避免重复救助、多头救助和遗漏救助等现象发生，确保社会救助公平公正。

2014年，在全市全面推广社会保障“一卡通”服务。一是通过社会保障卡实现身份认定、个人信息查询、消费支出、金融服务等功能。二是通过社会保障卡办理待遇发放，实现低保金、五保金、临时救助、抚恤优待、高龄津贴、失业保险金、重度残疾人护理补贴、低保残疾人生活津贴等社会保障服务“一卡通”，使全市城乡社会保障资金基本做到全部社会化发放。三是通过社会保障卡办理公共服务，如社保缴纳、住房公积金事务、低收入家庭业务、计生工作、就医就诊、校园管理等。

2015年，在全面铺开社会保障“一卡通”服务基础上，建立全市社会救助信息共享平台，依托政务信息数据库，整合各部门相关救助信息，实现救助部门全参与、救助内容全覆盖、救助信息全共享。进一步整合社会救助资源，实现统筹管理，一口管理。

牵头单位：

市民政局：负责建立全市社会救助信息共享平台，负责提供低保、五保、低收入家庭等困难群众的帮扶信息；对生活救助、医疗救助和其他救助进行统筹管理。

责任单位：

市委组织部：负责提供救助困难党员群众信息。

市经济和信息化局：协助建立全市社会救助信息共享平台，为社会救助信息系统信

息采集和共享事务提供技术支持，编制和修订信息共享技术标准。

市教育局：负责提供教育救助信息；对教育救助进行统筹管理。

市中级法院、市检察院、市司法局：负责提供司法援助信息。

市财政局：负责对部门提出的社会救助资金进行审核，并结合市本级财力实际对实施社会救助工作所需的必要经费提出安排意见。

市人力资源社会保障局：负责社会保障卡的综合管理工作，协调相关部门拓展社会保障卡的应用领域；协助提供困难群众享受社保补贴、就业援助等信息。

市社保局：协助提供困难群众参加社会保险的信息。

市住房城乡建设局：负责提供困难群众住房保障信息。

市农业局：负责提供扶持农村困难群众信息。

市卫生计生局：负责提供困难群众医疗服务帮扶信息。

市外侨局：负责提供困难归侨帮扶信息。

市总工会：负责提供困难职工帮扶信息。

团市委：负责提供困难青少年帮扶信息。

市妇联：负责提供困难妇女儿童帮扶信息。

市红十字会：负责提供困难群众救助信息。

市残联：负责提供困难残疾人帮扶信息；对残疾救助进行统筹管理。

（六）全面提升医疗救助管理服务水平。

2014年，全面推进医疗救助“一站式”结算服务工作，实现县级全覆盖。在此基础上，根据省的要求，进一步完善医疗救助政策，统一全市医疗救助标准，对救助对象在基本医疗保险政策范围医疗费用的自付部分救助比例达到70%[注3]以上。各市（区）按照当地城乡最低生活保障标准人月增加14%的比例预算安排基本医疗救助基金，同时在福利彩票公益金的地方留成部分中按照20%比例安排医疗救助资金。探索建立全市医疗救助和医疗保险同步结算平台，以医疗保险实时结算平台为依托，进行社保端、民政端和医院端系统及接口改造，实现医疗救助即时结算。（医疗救助对象主要包括本市户籍的城乡低保对象、农村五保对象和城镇“三无”人员。）

2015年，继续加大医疗救助资金投入，进一步提高资金使用效率，继续提高对救助对象在基本医疗保险政策范围医疗费用的自付部分的救助比例，加强重特大疾病医疗救助与大病保险的政策衔接，逐步提高人均医疗救助标准。

牵头单位：

市民政局：负责推进医疗救助“一站式”结算服务，落实医疗救助即时结算纳入医疗保险系统管理工作。

责任单位：

市经济和信息化局：配合做好医疗救助纳入医保实时结算系统建设。

市财政局：在市有关部门对医疗救助纳入社保部门医保实时结算系统建设经费进行审核后，结合市本级财力和年度信息化建设的实际对所需的必要经费提出安排意见。

市社保局：负责将医疗救助即时结算纳入医保实时结算平台社保端建设工作。

市卫生计生局：负责指导和督促医疗机构落实医疗救助结算工作。

（七）加强慈善组织网络建设。

积极构建市、县级市（区）、镇（街）三级慈善组织体系，鼓励有条件的行政村建立慈善组织，形成由政府部门负责监督管理、民间力量承担日常运营的慈善发展格局。加快发展慈善超市，创新救助模式，树立有影响力和示范效应的慈善救助品牌，提升社会关注度和参与度。优化江门市慈善会网站，科学设置页面，设立网络捐赠平台，畅通爱心捐赠通道，2015年前完成改版升级。

牵头单位：各市、区政府

责任单位：市民政局，市慈善会

五、保障措施

（一）加强组织领导。成立综合性社会救助体系建设工作领导小组，统筹、协调、解决综合性社会救助体系建设过程中的重大事项，研究制定联动机制、综合改革方案和社会政策。领导小组下设办公室，设在市民政局救灾和社会救助科，负责领导小组的日常工作。

（二）健全管理机制。进一步加强社会救助机制建设，建立社会救助工作联席会议制度和救助申请家庭经济状况核对机制，完善低保五保标准自然增长机制和医救医保衔接机制。

（三）创新管理方式。整合社会救助和社会保障资源，逐步实现社会救助管理方式与社会保障等其他管理方式并轨。做好各项社会救助和保障制度政策的衔接，打破部门和区域限制，大力推进社会救助一体化，全方位、多层次、广覆盖。

（四）加强资金保障。加大社会救助资金的投入力度，确保调整提高低保五保标准和补差水平的资金需要，切实做好综合性社会救助体系建设资金保障。

（五）加强协调配合。各级各有关部门要各司其职，加强沟通与协调，密切配合，形成合力，共同推进综合性社会救助体系建设，确保工作取得实效。

（六）推进信息化建设。要充分利用现代化信息技术，整合社会救助数据，规范社会救助业务，提高各级各有关部门信息交换效率，为社会救助的资源整合、情况核查、资金管理、数据统计等提供条件。

备注说明：

【注1】：主要依据为《广东省农村五保供养工作规定》（省政府第143号令）。

【注2】：主要依据为《广东省人民政府关于印发提高我省底线民生保障水平实施方案的通知》（粤府〔2013〕111号）和《广东省人民政府办公厅关于建立全省城乡低保最低标准制度的通知》（粤府办〔2013〕17号）。

【注3】：主要依据为《广东省人民政府关于印发"十二五"期间深化医药卫生体制改革实施方案的通知》（粤府〔2012〕154号）。

政府向社会组织购买服务监督管理暂行办法

第一章 总 则

第一条 为稳步推进政府向社会组织购买服务工作，加强对政府向社会组织购买服务的监督管理，规范政府向社会组织购买服务行为，根据《中华人民共和国政府采购法》以及《广东省实施〈中华人民共和国政府采购法〉办法》《财政违法行为处罚处分条例》、省政府办公厅印发《政府向社会组织购买服务暂行办法》等有关规定，制定本办法。

第二条 本办法适用于各级财政、监察、审计、社工委、民政和购买主体对本级政府向社会组织购买服务（以下简称购买服务）活动的监督管理。

第三条 本办法所称政府向社会组织购买服务的主体（以下简称购买主体），包括党政机关单位，纳入机构编制管理、经费由财政承担的群团组织，以及依法行使行政管理或公益服务职能、经费由财政全额保障的事业单位。

第四条 本办法所称购买服务监督管理，包括市财政局对下级财政部门和市直单位购买服务活动的监督与管理；各级政府监督管理部门对购买主体、承担政府购买服务的社会组织（以下简称社会组织）、采购代理机构等开展购买服务活动的监督与管理；购买主体对本单位开展购买服务活动的监督与管理。

第五条 本办法所称购买服务绩效评价包括购买主体购买服务的财政资金使用绩效和承接项目的社会组织服务绩效评估。

第六条 购买服务监督管理应当遵循以下原则：

（一）权责明确。各级财政部门牵头负责购买服务的监督管理工作；其他政府监督管理部门在各自职责范围内依法对购买服务当事人实施监督；购买主体应加强内部管理，建立健全决策、执行、监督相互制衡的约束机制，并按照合同约定对社会组织提供服务情况进行监督；

（二）规范有序。购买服务监督管理工作应依法进行，保障购买服务活动有序进行，维护购买服务当事人合法权益；购买服务活动应坚持公平、公开、公正原则，主动接受社会监督；

（三）提高效能。建立覆盖购买服务全过程的监督管理机制，创新监督管理方式方法，引入独立、专业、多元的外部监督力量，提高购买服务监督的社会参与度，提升监督效能。

第二章 监督管理机构及职责

第七条 购买服务的监督管理机构包括各级财政、监察、审计、社工委、民政和购买主体。

第八条 监督管理机构根据职能分工对政府购买服务工作进行监督：

（一）财政部门按规定对下列事项进行监督：

1. 购买主体计划编制、执行以及项目公开情况；

2. 购买服务财政性资金管理使用情况；

3. 根据财政资金绩效管理的要求对购买服务项目开展财政资金使用绩效评价；

4. 购买主体、社会组织、采购代理机构在购买服务实施过程中执行有关财政法律、法规情况；

5. 法律、法规规定的其他事项。

（二）监察部门依法对参与购买服务的国家行政机关、国家公务员和国家行政机关任命的其他人员实施监察。

（三）审计部门对购买服务工作中执行财政法律、法规情况以及财政性资金管理使用情况进行审计监督。

（四）民政部门对提供服务的社会组织资质情况进行审核监督；会同社工委指导、监督购买方开展服务项目绩效评估考核工作，根据购买方申请和服务提供机构的申诉，对考核评估结果进行复核。根据需要可以直接组织对服务项目进行考核评估。

第九条 购买主体按规定对下列事项进行监督：

（一）本单位负责购买服务相关机构及工作人员履职情况；

（二）社会组织履行合同约定提供服务情况；

（三）本单位购买服务资金使用管理情况；

（四）对购买服务项目开展绩效评价和考核评估；

（五）法律、法规规定的其他事项。

第三章 日常管理

第十条 购买服务日常管理包括购买服务统计报告、购买服务计划申报审批和参与购买服务的社会组织、采购代理机构的选定。

第十一条 购买服务统计报告包括：

（一）购买服务政策事项，是指购买服务政策措施的研究、制定、颁布、实施以及重大资金安排情况；

（二）购买服务项目事项，是指购买服务项目的组织、实施、验收、评估以及项目经费安排情况。

第十二条 市财政局、各市（区）财政局和市直单位按照职责分工做好购买服务统计报送工作：

（一）市财政局负责制订全市性购买服务事项报告制度，统一报送程序和格式，汇总分析全市购买服务实施情况；

（二）各市（区）财政局负责制订本地区购买服务事项报告制度，向市财政局报送本地区购买服务事项，汇总分析本地区购买服务实施情况；

（三）市直单位根据财政部门管理要求按时报送购买服务有关情况。

第十三条 购买服务统计报告报送方式：

（一）各市（区）财政局应于每年2月底前，将本地区上年度购买服务政策事项实施情况，并填列《XX市（区）政府向社会组织购买服务政策事项统计表》（附件1），以书面形式报上级财政部门；

（二）市直单位应于每年2月底前，将本单位上年度购买服务项目事项实施情况，并填列《XX年度政府向社会组织购买服务项目完成情况报表》（附件2），以书面形式报市财政部门。

各市（区）财政局、市直单位应加强管理，指定专人负责本地区、本单位购买服务事项报告工作，进一步提高材料报送质量。

第十四条 参与购买服务的社会组织、采购代理机构的选定按《中华人民共和国政府采购法》《广东省实施〈中华人民共和国政府采购法〉办法》《关于印发〈广东省财政厅关于政府向社会组织购买服务供应方竞争性评审的管理办法〉的通知》（粤财行〔2012〕367号）执行。

第四章 监督检查

第十五条 购买服务监督检查包括购买主体的监督检查和政府监督管理部门的监督检查。

第十六条 购买主体可以采取督促、检查、评价（评估）等方法，对第九条规定的事项进行监督。

重大事项或社会关注度高的购买服务事项，购买主体可委托会计师事务所、律师事务所、审计事务所、专业调查公司等第三方机构对本单位负责购买服务的相关机构及工作人员履职情况、社会组织履行约定提供服务情况等事项进行监督。

第十七条 购买主体应会同代理机构、服务供应方按规定向社会公布项目运行状况和项目信息，提高购买服务工作透明度，及时处理相关质疑和投诉。

第十八条 购买主体在实施监督过程中发现提供服务的社会组织未正确履行合同约定，应当按照合同约定要求提供服务的社会组织立即纠正违约行为。

第十九条 购买主体在实施监督过程中发现提供服务的社会组织存在违法行为的，应当要求提供服务的社会组织立即纠正违法行为，及时向政府监督管理部门报告并配合进行处理。

第二十条 政府监督管理部门的监督是指财政、监察、审计、社工委、民政等部门在各自职责范围内加强对购买服务行为的监督，依法查处购买服务活动中的违法违纪行为。

第二十一条 政府监督管理部门实施监督，可采取以下措施：

（一）向购买主体、社会组织、采购代理机构调取、查阅和复制与监督事项有关的资料；

（二）在证据可能灭失或者以后难以取得的情况下，根据有关的法律法规采取相应的保全证据措施。

第五章 结果运用

第二十二条 政府监督管理部门应当加强沟通和协作，有关机关已经作出的调查、检查、审计结论能够满足本部门履行职责需要的，应当加以利用。对不属于本部门职权范围的事项，应当按照规定程序移送有权机关处理。

第二十三条 监督部门应充分利用监督管理成果，建立服务供应方退出机制，推动政府购买服务工作的稳步发展。

第二十四条 购买主体发现下列情形之一的，可以准予提供服务的社会组织正常退出所承接的购买服务项目，依法办理合同终止手续：

（一）签订购买服务合同后，因不可抗力影响，服务能力丧失致使服务项目无法完成；

（二）因国家法律或政策影响，购买服务主体要求重新调整购买服务项目内容或要求，社会组织无法完成；

（三）双方协商一致同意终止合同；

（四）法律、法规规定的其他条件。

第二十五条 提供服务的社会组织正常退出所承接的购买服务项目后，符合条件的，可继续通过竞争性评审程序获得承接购买服务资格。

第二十六条 购买服务主体应当对正常退出的社会组织提供服务情况作出客观评价，由登记机关核实后记录在案，作为今后确定具备承接购买服务资质的社会组织的参考依据。

第二十七条 在获得承接政府购买服务资格但尚未签订购买服务合同过程中，政府监督管理部门发现社会组织有下列行为之一的，责令购买服务主体不得与其签订购买服务合同：

（一）弄虚作假、隐瞒真实情况骗取购买服务供应商资格的；

（二）与购买服务主体或者代理机构违规串通的；

（三）采用不正当手段使社会组织中标的；

（四）中标后在规定期限内，无正当理由不与购买服务主体签订合同的；

（五）其他违犯法律、法规规定的情形。

第二十八条 在合同履行期间有下列行为之一的，购买服务主体应当依据法律、法规和合同约定，解除与提供服务的社会组织的合同：

（一）社会组织因重大违法违规行为接受处罚、处分或移送司法机关处理，不适宜继续提供公共服务的；

（二）社会组织未按协议履行合同义务、服务质量不达要求且经购买服务主体督促后仍拒绝整改或整改后仍不符合要求的；

（三）社会组织其他严重违约情形。

第二十九条 购买服务主体解除与提供服务的社会组织的合同，应当书面通知社会组织。供应方有异议的，可以与购买主体协商，或请求人民法院或者仲裁机构确认解除合同的效力。

第三十条 社会组织退出所承接的购买服务项目的，应当在其购买合同终止或合同解除生效之日起20日以内整理项目实施（完成）情况及有关材料，并与购买服务主体或其指定第三方履行必要的交接手续。

社会组织无正当理由怠于整理相关材料或拖延交接工作，造成不良后果的，购买服务主体应当要求其采取补救措施，并有权要求赔偿损失。

第三十一条 监督管理和绩效评价结果的利用：

（一）结果作为政府转移职能、优化购买服务政策安排、以后年度预算安排、政府绩效管理的重要依据；

（二）结果反馈有关购买主体，用于检验购买服务实施效果，促使购买主体进一步改进购买服务工作，降低行政成本，提高行政效率，提升公共服务水平。对发现的问题，有关购买主体应制定切实可行的整改措施，并将落实整改情况及时报告同级财政部门；

（三）结果反馈有关社会组织，促进其提升服务水平，并作为社会组织诚信建设的重要内容，纳入社会组织诚信体系建设中，作为今后社会组织参与竞争向政府提供服务的重要依据；

（四）结果视具体情况采用适当的形式向社会公开。

第六章 管理责任

第三十二条 各级财政部门会同社工委、民政、监察、审计等职能部门不定期对各地区、各单位购买服务事项情况进行检查，对制度落实较好、工作有成效的地区和单位予以通报表扬，对制度不落实、工作落后的地区和单位予以通报批评，对存在过错的责任单位和责任人由纪检监察机关依法调查核实和问责。

第三十三条 任何单位和个人有权对购买服务工作中的违法行为进行检举和控告，受理部门应当按职能依法及时处理。

第三十四条 购买主体有如下行为的，由政府监督管理部门责令停止正在进行的违规行为，按照《财政违法行为处罚处分条例》处理：

（一）不如实提供有关资料，或拒绝、阻挠、拖延监督实施的；

（二）未按规定的程序和方式实施购买服务；

（三）在项目评审中弄虚作假、围标串标；

（四）截留、挪用、骗取购买服务资金；

（五）法律、法规规定的其他违反行为。

第三十五条 提供服务的社会组织有如下行为的，由购买主体或政府监督管理部门责令停止正在进行的违规行为，拒不执行的，按照《财政违法行为处罚处分条例》等规定，依法采取停拨财政资金等强制措施，已经拨付的，应责令暂停使用并予追回：

（一）不如实提供有关资料，或拒绝、阻挠、拖延监督实施的；

（二）出现本办法第二十七条和第二十八条的情形；

（三）挪用、骗取购买服务资金；

（四）法律、法规规定的其他违反行为。

第三十六条 因本办法第二十七条和第二十八条第（一）款情形，社会组织非正常退出其所承接的购买服务项目的，由登记机关将其行为记录在案。我市购买主体不得购买3年内出现非正常退出政府购买服务活动的社会组织服务。

第三十七条 监督人员实施监督过程中玩忽职守、滥用职权。徇私舞弊或者泄露国家秘密、商业秘密的，给予行政处分；涉嫌犯罪的，移送司法机关依法追究刑事责任。

第七章 附则

第三十八条 本办法由市财政局会同有关部门负责解释。各市（区）可根据本办法制定实施细则。

第三十九条 本办法自印发之日起执行。如上级有新规定，从其规定。

附件： 1. Xx市（区）政府向社会组织购买服务政策事项统计表

2. Xx年度政府向社会组织购买服务项目完成情况报表

附件1：

__________ 市（区）政府向社会组织购买服务政策事项统计表

购买服务工作制度及配套文件的研究制订情况	
购买服务目录的研究制定及调整情况	
存在问题	
经验总结和下阶段计划	

填报人： 联系电话： 填报日期：

__________ 年度政府向社会组织购买服务项目完成情况报表

填报单位：

序号	购买主体	项目名称	项目性质(代码)	项目受益对象	供应方	购买方式	预算金额	资金来源	实施时间	完成进度	服务标准和要求	绩效目标	满意度评价	考核结果

填报人： 联系电话： 填报日期：

备注：

①本表由市直行政机关、事业单位负责填报；本单位下属事业单位有符合条件的事项，由上级主管部门统一汇总报送。

②本表每年报送一次（每年2月底前）。报送单位加盖公章。

江门市“大民政”信息化建设工作方案

为深入开展“大民政”工作，推进我市“大民政”信息化建设，根据我市实际，制定本方案。

一、工作背景

以信息化促进民生事业发展，推动民生服务与信息化融合是深入贯彻落实科学发展观、构建“大民政”的重要举措。当前，我市民生领域信息化建设和政府职能转变的融合程度还不深，社会保障和社会管理信息资源还比较零散，缺乏统筹管理，交换共享和信息整合利用率较低，在重大民生领域还需要进一步深化信息化应用。随着“大民政”工作在履行政府社会管理和公共服务职能、保障民生、构建社会主义和谐社会中作用的凸显，加快“大民政”信息化建设进程非常必要。

二、制定依据

主要依据民政部印发的《民政信息化中长期规划纲要（2009-2020）》和《江门市国民经济和社会信息化“十二五”规划》等有关民政信息化工作方针、政策法规制定本方案，进一步整合“大民政”信息资源，统筹好“大民政”信息化建设和管理。

三、建设原则

（一）统筹规划，协调发展。

要适应信息化发展趋势，加大统筹规划的力度，避免重复建设，浪费资源，实现基础设施建设与信息开发相互促进，相互适应，协调发展。

（二）资源共享，加强协作。

要充分整合政务信息资源，加强部门协作，实现信息资源交换共享，强化资源利用效果，促进政府管理、服务能力和民生保障水平的全面提高。

（三）突出应用，强化服务。

要以需求为导向，面向应用，面向公众，围绕民生事业发展设计信息化应用项目，方便群众办事，提高工作效率。

四、工作目标

通过建立“大民政”统一的数据库、数据分析中心、综合的管理服务平台和各类应用系统，进一步整合社会保障和社会管理信息资源，构建社会保障管理服务多层次架构体系。为“大民政”工作在社会管理和公共服务中履行职责，维护社会稳定、构建和谐社会中发挥职能作用，提供强有力的信息技术支撑和保障。

五、主要任务及分工

（一）重点工程。

1. 建立全市民政信息管理平台。

在广东省民政统一软件和社会服务业统计软件的基础上，建设全市民政信息管理平台。整合各项业务信息，同步市、县级市（区）、街道（镇）、社区（村）四级数据，进一步提升数据收集、查询、汇总、分析、统计和应用等水平，提高民政信息化建设和数据资源共享程度，实现民政业务管理的信息化、规范化、集成化。

牵头单位：市民政局、市经济和信息化局

责任单位：市财政局，各市、区政府

2. 建立全市医疗救助和医疗保险同步结算

平台。

将医疗救助即时结算纳入医疗保险系统管理，以社会保险实时结算信息系统为依托，进行社保端、民政端和医院端系统及接口改造，实现医疗保险和医疗救助即时结算服务，进一步简化医疗救助流程，切实方便救助对象，减轻困难群众医疗负担。

牵头单位：市民政局、市社保局、市卫生计生局

责任单位：市经济和信息化局、市财政局

3．建立全市社会救助信息共享平台。

在全面推行社会保障“一卡通”的基础上，建立全市社会救助信息共享平台，依托政务信息数据库，整合各部门对困难群众生活救助、医疗救助、教育救助、残疾救助等相关救助信息，实现救助部门全参与、救助内容全覆盖、救助信息全共享，避免重复救助、多头救助和遗漏救助等现象发生，为下一步整合社会救助资源，实现统筹管理，一口管理打下基础。

牵头单位：市民政局、市经济和信息化局

责任单位：市委组织部、市教育局、市司法局、市中级法院、市检察院、市财政局、市人力资源社会保障局、市社保局、市住房城乡建设局、市农业局、市卫生计生局、市外侨局、市总工会、团市委、市妇联、市红十字会、市残联。

4．建立社区综合信息服务平台。

整合基层公共服务资源，将村（社区）的人口状况（包括户数、人数、妇女、儿童、老人等基础数据）、服务对象（重点是低保户、五保户、残疾人、优抚对象等）、公共设施状况、物业管理等信息，纳入村（社区）综合信息服务平台。通过全方位、动态的社区信息采集，实现社区治理数字化、精细化、科学化和长效化的管理模式，为村（社区）居民提供民意反馈、便民信息查询等服务。

牵头单位：各市、区政府

责任单位：市经济和信息化局、市民政局、市公安局、市卫生计生局、市城管局

5．完善“大民政”数据库建设。

进一步整合“大民政”信息资源，构建统一管理、统一服务的“大民政”基础数据库，集成基础性、通用性的社会保障和社会管理信息，促进信息资源共享和深度开发利用，实现“一数一源，一源多用”。

牵头单位：市经济和信息化局

责任单位：各市、区政府，市有关单位

6．完善电子政务服务体系。

以网上办事大厅为依托，加大对政府网站群、政务服务中心、政府服务热线、街道社区服务中心、档案服务中心、社会保障卡、公共服务终端等便民服务渠道的整合力度，规范网上行政办事服务流程，不断提升电子政务服务水平，促进公共服务均等化，实现一站办理、一网连通、一号服务、一卡通行。

牵头单位：市经济和信息化局

责任单位：各市、区政府，市有关单位

（二）建设步骤。

2014年：

遵循统一规划、统一标准的原则，认真制定各信息化重点工程项目实施方案，统筹管理“大民政”信息化标准化工作。依据相关标准，以基础数据库的建设和管理为中心，统筹实施“大民政”各项信息化项目。完成全市民政信息管理平台、全市医疗救助和医疗保险同步结算平台建设，并逐步推进全市社会救助信息共享平台、社区综合信息服务平台、“大民政”信息数据库和电子政务服务体系建设。

2015年：

完成全市社会救助信息共享平台和社区综合信息服务平台建设，完善电子政务服务体系，逐步启用“大民政”各类应用系统，将各类社会保障和社会管理信息数据纳入全市“大民政”信息数据库，建立社会保障和社会管理信息数据共享机制，实现部门之间信息共享和

综合利用，构建社会保障管理服务多层次架构体系。

六、保障措施

（一）加强组织领导。成立市“大民政”信息化建设工作领导小组，统筹、协调、解决“大民政”信息化建设过程中的重大事项。实现市、县级市（区）、街道（镇）、社区（村）四级联动、统一协调、密切配合，形成良好的信息化领导决策机制、管理与服务机制、建设、运行、维护保障机制。

（二）健全管理制度。进一步建立和完善各项“大民政”信息化建设管理制度，形成规范的信息化建设和运行机制。建立“大民政”数据管理制度，规范数据采集与汇交，维护与更新，交换与共享制度，实现数据资源的统一管理。建立健全信息安全与保密制度，确保系统和数据运行安全可靠，杜绝泄密事件发生。

（三）加大经费投入。将“大民政”信息化建设经费列入年度财政预算，稳定经费来源，并逐步加大对“大民政”信息化建设经费的投入。

（四）夯实基础建设。要加大信息化基础设施的建设力度，建设管理统一、服务共享的基础支撑环境。要重视和加强基层信息化投入和建设，保障各类应用终端设备的落实。

（五）加强协调配合。各部门要各司其职，加强沟通与协调，密切配合，形成合力，共同推进“大民政”信息化建设，确保工作取得实效。

（六）确保信息安全。全面加强信息安全保障体系建设，形成信息安全保障的长效机制，实行信息安全责任制，加强系统运行安全防范和维护管理，确保信息系统安全运行。

江门市人民政府办公室关于印发江门市区城市建筑垃圾管理办法的通知

江府办〔2014〕4号

各区人民政府，市有关单位：

《江门市区城市建筑垃圾管理办法》业经市政府十四届四十次常务会议审议通过，现印发给你们，请认真贯彻执行。执行过程中遇到的问题，请径向市城管局反映。

江门市人民政府办公室

2014年1月7日

江门市区城市建筑垃圾管理办法

第一章 总 则

第一条 为加强建筑垃圾处置和综合利用管理，提高城市环境卫生水平，保护生态环境，促进循环经济，根据有关法律、法规的规定，结合我市实际，制定本办法。

第二条 本办法适用于在江门市区（蓬江区、高新区及江海区、新会区）范围内建筑垃圾的倾倒、运输、中转、回填、消纳、综合利用等处置及监督管理活动。

本办法所称建筑垃圾是指新建、改建、扩

建和拆除各类建（构）筑物、管网、道路等所产生的弃土、弃料及其他废弃物。

第三条 市城管部门主管市区建筑垃圾管理工作，组织实施本办法；各区城管部门依照本办法规定，负责本行政区域内的建筑垃圾管理工作。街道办事处、镇人民政府负责本行政区域内居民装饰装修建筑垃圾管理工作，合理设置装饰装修建筑垃圾临时收集点。

公安、国土资源、环保、住房城乡建设、交通运输、城乡规划、公路、园林等部门按照各自职责，协同做好建筑垃圾管理工作。

第四条 建筑垃圾处置和综合利用坚持减量化、无害化、资源化、产业化和谁产生、谁承担处置责任的原则，促进清洁生产和循环经济的发展。

第五条 在固定受纳场倾倒建筑垃圾的单位和个人，应当按照市物价部门确定的标准缴纳建筑垃圾处理费。建筑垃圾处理费应当专项用于建筑垃圾消纳设施的运营、维护和项目建设。

建筑垃圾实行综合利用的，由建筑垃圾产生单位与综合利用企业协商确定处理费。

第二章 排放管理

第六条 建设工程应当在规划设计阶段，优先考虑工程区域内的挖填土石方平衡利用或不同工程间的建筑剩余土石方的交换利用，并编制建筑垃圾产生量及排放情况评估报告。评估报告应当包括建筑垃圾处置或者综合利用方案。

第七条 建设单位或施工单位在项目建设施工前，应当向住房城乡建设、城管部门提供建筑垃圾产生量及排放情况等相关信息。

住房城乡建设、城管部门应当将建筑垃圾产生量及排放情况等相关信息发布在公共资源交易中心及本部门网站上，为建设单位与建筑垃圾处置或者综合利用企业提供交易信息。

第八条 建设单位在场地平整施工前，应当向当地城管部门申请城市建筑垃圾处置核准。

装饰装修项目产生的建筑垃圾无需办理建筑垃圾处置核准，由装修人或装修施工企业投放到街、镇设置的临时收集点，没有临时收集点的，应委托具备建筑垃圾运输经营资质的单位有偿清运。

第九条 施工工期超过半年或者建筑垃圾排放量超过5万立方米的，建设单位应当按照建设工程文明施工管理的要求在建设施工现场安装管理监控系统，并接入市级视频管理应用平台实现共享。

第十条 对符合以下条件的，城管部门应当予以核准排放：

（一）提交书面申请（包括建筑垃圾运输的时间、路线和消纳场所名称）；

（二）施工单位与具备建筑垃圾运输资格的单位签订的《建筑垃圾清运合同（或协议）》（合同中必须列明所有运输车辆牌号）和运输单位与受纳场所签订的《建筑垃圾处置合同（或协议）》。清运合同与处置合同可合并为一，但必须由施工单位、运输单位、受纳场所三方共同签订；

（三）提供建筑垃圾产生量及排放情况等相关信息。

第十一条 核准文件应当载明如下内容：

（一）建设项目名称、地址、建设单位；

（二）建筑垃圾排放量；

（三）运输单位、所有运输车辆牌号、运输的时间、路线；

（四）建筑垃圾受纳场所的名称、地点；

建设单位、施工单位、运输单位应当严格按照核准文件的要求处置建筑垃圾。

第十二条 建设单位或者施工单位对产生的建筑垃圾应当按照有关规定设置围挡，做到施工出入口硬底化，配备相应的冲洗设施，及时督促经核准的运输车辆及时运输，保持工地和周边环境整洁。

施工单位应当在施工场地及出口配备专职

保洁人员，采取下列保洁措施并保证其正常运作：

（一）施工场地出入口按长15米、宽3米以上标准铺设硬底路面；

（二）设置洗车槽、高压冲水设备；

（三）设置连续、通畅的排水设施和沉淀设施，防止泥浆、污水、废水外流。

（四）冲洗车辆用水应按照《节水型城市》的要求，采用循环用水。

第十三条 施工单位应在24小时内组织清运工程施工过程中产生的建筑垃圾。建筑垃圾排放前，在确保周边设施安全的前提下，可堆放在同一工程用地范围内。工程竣工交付使用前，必须把建筑垃圾清理完毕。

第十四条 单位和个人装饰装修房屋产生的建筑垃圾，应当按照物业服务企业或者街道办事处指定地点临时堆放，并采取措施围挡、苫盖，并在48小时内进行清运。

第十五条 建设单位或者施工单位未经城管部门批准，不得将建筑垃圾临时堆放在道路或公共场地上；批准堆放的，应按照批准的地域堆放，并采用密扣式围蔽，不得妨碍车辆和行人通行。清理装修垃圾实行袋装，并及时清理。

第十六条 建设单位或个人应当委托有建筑垃圾运输资格的单位进行收集清运，不得擅自倾倒建筑垃圾。

第三章 运输管理

第十七条 建筑垃圾运输车辆应符合以下要求：

（一）经过年审，在审验有效期内，车厢底板、侧板、尾板齐全无缺损。

（二）具备交通运输部门核发的有效《道路运输证》。

（三）载重2吨（含2吨）以上的车辆，必须按规范设置密闭式防撒漏装置；2吨以下车辆必须设有帆布，遮盖全部建筑垃圾。

（四）建筑垃圾运输车辆应当按照强制推广应用卫星定位汽车行驶记录仪的要求安装卫星定位系统，并按照相关技术要求接入政府监控平台，保持正常使用。

第十八条 经区城管部门同意后，发放建筑垃圾运输资格文件和运输车辆《建筑垃圾准运证》，取得建筑垃圾清运许可的单位和建筑垃圾准运证的车辆可在江门市区范围内开展建筑垃圾清运业务。

第十九条 运输建筑垃圾应遵守以下规定：

（一）保持车辆整洁、密闭装载，不得沿途撒漏，禁止车轮、车厢外侧带泥行驶；

（二）将建筑垃圾运输至经批准的受纳、综合利用场地；

（三）运输车辆随车携带《建筑垃圾运输准运证》；

（四）禁止超载、超速运输建筑垃圾；

（五）建筑垃圾运输车辆按规定的时间和路线行驶。

第二十条 建筑垃圾运输车辆标志牌应当放在指定位置；不得出租、出借、倒卖、转让、涂改、伪造建筑垃圾运输车准运证、标志牌。

第二十一条 不得使用或雇请无建筑垃圾运输资格的车辆运输建筑垃圾。

第二十二条 建筑垃圾运输单位不再经营建筑垃圾运输业务时，应到区城管部门办理注销手续。

第四章 受纳管理

第二十三条 建筑垃圾固定受纳场由城乡规划、国土资源、环保等部门及政府投资建设管理单位负责统一规划、选址、建设，由城管部门负责监管。

建筑垃圾固定受纳场应有完备的排水设施和道路，并配备必要的机械设备和照明设施。入场的建筑垃圾应及时碾压推平。

第二十四条 因建设或恢复生态需对外接受建筑垃圾的，接收单位可持土地使用证明及相关资料，向区城管部门申请办理建筑垃圾临时受纳场地证。在取得建筑垃圾临时受纳场地证后，方可受纳建筑垃圾。

建筑垃圾临时受纳场应按照本办法关于施工场地及出口保洁管理的规定采取保洁措施。

第二十五条 不得出租、出借、倒卖、转让、涂改、伪造建筑垃圾临时受纳场地证。

第二十六条 建筑垃圾受纳场不得位于下列地区：

（一）地质结构不良、地层破碎、活动断层或有滑动崩塌危险的地区；

（二）水库集水区、河川行水区域内；

（三）水源水质水量保护区、自来水水源取水体水平一定距离范围内；

（四）设置基地其外缘地界与住宅区、古迹、医院、学校、文教设施的水平一定距离范围内；

（五）法律、法规规定不得设立受纳场的其他地区。

第二十七条 建筑垃圾运输车辆进入受纳场，须提供建筑垃圾排放核准证明或备案证明，并服从场地管理人员的指挥，按要求装卸，禁止未密闭加盖或未采取有效覆盖措施的建筑垃圾运输车进入受纳场装卸。

临时建筑垃圾受纳场无法继续受纳时，应在停止受纳前10个工作日内报原发证单位，原发证单位应及时调整受纳场，并书面通知排放单位。

第二十八条 建筑垃圾受纳场所不得受纳工业垃圾、生活垃圾、有毒有害垃圾及其他危险废弃物。建筑垃圾临时消纳场所不得受纳无回填利用价值的建筑垃圾；任何单位和个人不得将危险废物、生活垃圾混入建筑垃圾；不得擅自设立弃置场受纳建筑垃圾。

第五章 综合利用

第二十九条 鼓励建筑垃圾综合利用，鼓励建设单位、施工单位优先采用建筑垃圾综合利用产品。不能进行资源化利用的建筑垃圾应当交由建筑垃圾固定受纳场进行无害化处理。

第三十条 市城管、市住房城乡建设部门应建立建筑垃圾综合利用信息发布机制，并根据市区建筑垃圾产生情况，引导建设单位、建筑垃圾受纳场、综合利用生产加工企业通过信息发布平台、市建设工程交易中心加强建筑垃圾的交换利用。

第三十一条 建筑垃圾的利用单位应当建立接收登记制度，并设专人对接收建筑垃圾的情况进行登记管理。接收结束后，应当将接收登记的记录报城管部门备案。

第三十二条 住房城乡建设、城管、环保、科技等有关部门应当积极推广建筑垃圾的再利用工作。对技术成熟、经济使用的建筑垃圾再利用种类及其管理方式予以公告。

经公告再利用的建筑垃圾种类，再利用机构可以直接按照公告的管理方式进行再利用。

第三十三条 建设单位或者施工单位应当逐步实施建筑垃圾分类收集，最大限度地实现建筑垃圾资源化回收利用。

对已产生的建筑垃圾，应当争取就地处理、就地使用，尽量减少建筑垃圾的排放。对不能就地处理、就地使用的建筑垃圾，应当根据其建筑垃圾的类别运输至城管部门指定的地点或者向综合利用企业交售。

第三十四条 各类建筑项目需要回填建筑垃圾的，有关单位应向城管部门提出申请，由城管部门统一安排调度。

第三十五条 建筑垃圾综合利用企业应采取成熟的技术工艺从建筑垃圾中回收有用的物质和能源，根据建筑垃圾的种类进行分类处理和综合利用，综合利用后的废料应安全处置。

第三十六条 建筑垃圾综合利用所采用的技术、设备、材料，应当符合国家、省、市有关标准的要求，防止对环境造成污染。

第六章 监督检查

第三十七条 住房城乡建设部门应当将施工单位处置建筑废弃物的情况纳入建筑业企业

诚信综合评价体系进行管理。城管部门应当将建筑施工单位违规处置建筑废弃物的情况提供给住房城乡建设部门，由住房城乡建设部门按照规定程序记入企业信用档案。

城管部门应当建立健全建筑废弃物运输诚信综合评价体系，对运输企业和运输车辆实施市场退出机制。

第三十八条 各建筑垃圾核准、备案部门及排放、运输、受纳单位须做好台账登记工作，落实监管责任，跟踪到位、监管到位。

第三十九条 城管部门监督检查的主要内容包括：

（一）建筑垃圾处置核准的实施情况；

（二）建筑垃圾受纳场的运行情况；

（三）建筑垃圾运输车辆及道路运输污染情况；

（四）建筑垃圾车辆运输单位资质情况。

第四十条 住房城乡建设部门监督检查的主要内容包括：

（一）建筑垃圾产生量及排放情况等相关信息报送情况；

（二）施工现场建筑垃圾分类收集、回填情况。

第四十一条 公安交管部门监督检查的主要内容包括：

（一）建筑垃圾运输车辆及其交通违法行为；

（二）无牌无证、假牌假证的建筑垃圾运输车辆情况。

第四十二条 交通运输管理部门监督检查的主要内容包括：

（一）建筑垃圾运输单位营运资质的情况；

（二）建筑垃圾运输单位驾驶员的情况；

（三）建筑垃圾运输车辆安装使用监控仪器的情况。

第四十三条 环保部门负责对建筑垃圾处置项目环境污染防治情况进行监督检查。

第四十四条 城管、住房城乡建设、公安、交通运输、环保等部门应按照职责对管理范围内的建筑工地、建筑垃圾运输单位及车辆、建筑垃圾受纳场所等单位加强巡查、执法，并定期组织专项执法行动。

第七章 法律责任

第四十五条 根据广东省人大常委会批准实施的《广东省城市垃圾管理条例》的规定，市、区城管部门行使本办法规定的行政处罚权。

第四十六条 建设单位或者个人任意倾倒建筑垃圾的，依据《广东省城市垃圾管理条例》第三十二条第（九）项，责令其承担清运费用，并处以每立方米500元罚款，不足1立方米的按1立方米计算，总额最高不得超过5万元。

第四十七条 施工单位未及时清运工程施工过程中产生的建筑垃圾，造成环境污染的，依据《城市建筑垃圾管理规定》第二十二条第一款，责令限期改正，给予警告，处5000元以上5万元以下罚款。

第四十八条 将科研机构、医院、疗养院、屠宰场、生物制品生产的废弃物、工业固体废弃物和危险废物或生活垃圾混入建筑垃圾中运输或消纳的，依据《广东省城市垃圾管理条例》第三十二条第（六）项，责令其停止违法行为，限期改正，并处以1万元以上3万元以下罚款。

第四十九条 施工单位将建筑垃圾交给个人或者未经核准从事建筑垃圾运输单位处置的，依据《城市建筑垃圾管理规定》第二十二条第二款的，责令限期改正，给予警告，处1万元以上10万元以下罚款。

第五十条 处置建筑垃圾的单位在运输建筑垃圾过程中沿途丢弃、遗撒建筑垃圾的，依据《城市建筑垃圾管理规定》第二十三条、《广东省城市垃圾管理条例》第三十四条，由公安交管部门暂扣驾驶证；城管部门责令限期改正，给予警告，处5000元以上5万元以下罚款。

第五十一条 未领取准运证和专用车辆标志牌运输建筑垃圾的，依据《广东省城市垃圾管理条例》第三十二条第（三）项，对车主处以每车次2000元罚款。

第五十二条 涂改、倒卖、出租、出借或者以其他形式非法转让城市建筑垃圾处置、运输、受纳核准文件的，依据《城市建筑垃圾管理规定》第二十四条，责令限期改正，处5000元以上2万元以下罚款。

第五十三条 建筑垃圾储运消纳场受纳工业垃圾、生活垃圾和有毒有害垃圾的，依据《城市建筑垃圾管理规定》第二十一条，责令限期改正，给予警告，处5000元以上1万元以下罚款。

第五十四条 建筑垃圾受纳场未经核准擅自受纳建筑垃圾或受纳超出核准范围的建筑垃圾的，依据《城市建筑垃圾管理规定》第二十五条，责令限期改正，处 5万元以上10万元以下罚款。

第五十五条 行政机关有关工作人员滥用职权，玩忽职守，徇私舞弊的，由其所在单位或者上级主管机关给予行政处分，构成违法犯罪的，依法追究刑事责任。

第八章 附 则

第五十六条 本办法由江门市城市综合管理局负责解释。

第五十七条 本办法自2014年2月7日起施行，有效期5年。2004年2月27日颁布的《江门市区余泥渣土运输管理暂行办法》（江府办〔2004〕24号）同时废止。

江门市人民政府办公室关于印发江门市普通干线公路路域环境综合整治实施方案的通知

江府函〔2014〕6号

各市、区人民政府，市有关单位：

经市人民政府同意，现将《江门市普通干线公路路域环境综合整治实施方案》印发给你们，请认真贯彻执行。执行中遇到问题，请径向市交通运输局反映。

江门市人民政府办公室

2014年1月10日

江门市普通干线公路路域环境综合整治实施方案

为加强我市普通干线公路及公路建筑控制区管理工作，建立健全公路路域环境综合整治的长效监管机制，全面提升我市普通干线公路的通行能力、路况水平、安全水平和交通综合服务水平，根据《中华人民共和国公路法》《公路安全保护条例》《广东省普通干线公路路域环境综合整治实施方案》及《广东省交通综合行政执法机构与公路管理机构业务协作办法》（试行）等相关规定，结合我市实际，制定本实施方案。

一、整治范围和目标

（一）整治范围。

整治范围为全市普通国、省道公路，重点是《广东省人民政府关于印发加快推进全省交通基础设施建设工作方案（2013-2015年）的通知》（粤府〔2013〕30号）和《广东省“十二五”公路养护管理发展纲要》确定的普通干线公路改造（养护）示范工程。路域范围包括公路及公路用地（以下称路内）和公路建筑控制区〔以下称路外，指从公路两侧边沟（截水沟或者坡脚护坡道；无边沟的，防撞栏或者防撞墙外侧5米）外缘起算的以下间距：国道不少于20米，省道不少于15米〕。公路建筑控制区范围由各县（市、区）人民政府根据有关法规划定并公告，由公路管理机构设置标桩、界桩。

（二）整治目标。

从2014年1月至2015年12月，用2年左右时间，通过综合整治，消除公路路域“脏、乱、差、堵”等现象，努力创建“畅、安、舒、美”的交通环境。具体要求：

1.路内：路面干净整洁，边坡稳定、排水系统顺畅，绿色植物合理覆盖公路两侧边坡、分隔带等，交通标志前后500米无广告，无违法搭接道口和占用挖掘公路，无违法跨越和穿越公路的构造物，无违法非公路标志，无摆摊设点和打谷晒场，无堆积物占道。

2.路外：无违法违章建筑物与地面构筑物，穿越村镇路段应尽量采取半封闭或者隔离等措施，保障公路安全畅通。

二、主要整治内容和职责分工

公路路域环境综合整治工作由公路沿线县（市、区）人民政府负责具体组织实施，各有关部门密切配合，认真落实，确保按时完成综合整治任务。

（一）查处和清理路域范围内违法违规行为，对路域环境综合整治工作进行技术指导和协调。（交通运输和公路管理部门牵头，公安、环境保护、住房城乡建设、国土资源、城管、园林、工商等部门协助配合）。

1.沿线标志标线和交通安全设施整治：开展路域范围内道路交通标志标线和穿越公路行人过街设施使用情况排查，对存在安全隐患的要重新设计并整改。规范公路标志设置，增设展示地域自然、人文景观、公路服务设施和宣传交通安全文明等行业统一标志标牌，全面优化美化公路出行人文环境。对公路沿线非公路标牌，包括在路内以跨路门架等形式占用设置、在路外擅自设置或未按规范要求设置，以及弯道内侧设置明显影响行车视线的，必须拆除或迁移；对经许可设置但已破损陈旧的，要责成设置者限期刷新整修。对路域范围内居民房屋、围墙等设施上的广告、非公路宣传标语要进行覆盖和清理，对公路沿线误导行车或影响视线的商业性广告标语要进行覆盖或拆除。

2.交叉路口整治：平交道口及接入口设置要规范，平交道口要保证视距良好，间距合理，无遮挡视线的障碍物，干线要设置警示标志和道口标柱，支路要设置减速让行或停车让行标志并配套施划路面让行标线，明确主路优先通行权。干线公路之间、干线公路与其他县道的交叉路口要设置指路标志；道路接入干线公路的交叉口要进行硬化，硬化长度不少于30米；要在乡道道口处设置减速带。公路沿线各企事业单位包括工程施工单位、厂矿企业、废旧品收购点、垃圾填埋场、煤炭集散场等要负责做好开设道口的硬化和卫生保洁工作。对公路沿线的加油站、商业店铺等倚路经营的非公路设施，及与公路平行的场院要通过隔离墩或连续绿化平台实施有效隔离，做到出入口与公路搭接规范。

3.绿化景观整治：对公路绿化带和分隔带，要因地制宜，突出绿化特色，坚持人工造景与自然景观相结合，坚持“栽、管、护”相统一，进一步优化完善设置。穿越城区路段的绿化带和分隔带，要会同园林绿化主管部门共同实施，提升绿化美化和景观化效果，并与周边整体景观相协调。在交叉路口20米范围内的绿化隔离带，不得种植高大乔木类植物，灌木类的植物要保持离地高度在30厘米以内。对国省道路中央分隔带开口过多的，要依据相关规定予以封堵。

4.过镇、过村路段综合整治：公路过镇、过村路段要严格按照有关规划和管理要求，综合治理公路两侧新建集贸市场、厂矿企业、学校、开发区、住宅等，做到路宅分离、建设规范。加大街道景观环境整治力度，进行必要的亮化、绿化、美化。要清理乱贴乱画、乱吊乱挂现象和破旧牌匾，结合地方文化特色规范统一各类指示牌、标志牌、广告牌匾等，达到整洁、大方、美观的效果。结合道路升级改造及大中修工程，统一规划村镇段的排水设施，满足公路和市政排水需要。过镇、过村路段原则上应取消明沟式排水设施，逐步改为暗沟连通村镇外自然排水体系，由地方政府实施村镇段排水设施的日常养护。

5.沿线货物集散地整治：对公路两侧的建筑材料、煤场等散装货物集散地和建设工地进行清理规范，做好防护措施，防止造成公路污染和其他环境污染。出入口要实行硬铺装和水冲洗，散体物料运输车辆须冲净车身车轮，采取密闭措施确保无洒漏脱落才能进入普通干线公路行驶。

（二）做好路域环境综合整治过程中的治安维护工作，对破坏、阻挠、妨碍路域整治工作的违法人员依法进行处理；严格道路交通执法，制止在公路上违法停车、堵塞交通等行为，整治无证无牌车辆，切实维护公路交通秩序。（公安部门牵头，交通运输、公路等部门协助配合）

（三）查处和清理路外各类违法违章建筑物、构筑物和其他违法设施，不符合要求的坚决取缔，严格公路建筑控制区内外的建筑规划管理和审批。（城管部门牵头，住房城乡建设、国土资源、城乡规划部门协助配合）

（四）查处和清理路外未按规定设置的各类摆摊点、洗车点、广告牌等，全面规范商户经营行为。及时清理路外堆存的垃圾、渣土、杂物、废弃物，设置必要的垃圾箱（桶）、垃圾池，加强日常保洁、每天定时清运。（城管部门牵头，环境保护、交通运输、公路、工商等部门协助配合）

（五）查处和清理中型及以上公路桥梁和公路渡口上下游200米范围河道内采石取土、修筑堤坝、倾倒垃圾、压缩或者扩宽河床等危害公路、桥梁、渡口安全的各种违法行为。严禁在公路桥梁跨越河道上下游的法定范围内采砂。（水务部门牵头，工商、环境保护、交通运输、公路管理等部门协助配合）

（六）查处和清理公路隧道上方和洞口外100米范围内的采矿、采石、取土、倾倒废弃物等违法行为。（国土资源部门牵头，环境保护、住房城乡建设、交通运输、公路等部门协助配合）

（七）清理路外各类杂乱种植物，做好可绿化路段的生态绿化和美化，使公路绿化与周边环境和景观相协调，并结合地方公路景观带建设一并实施。（林业、园林部门牵头，环境保护、交通运输、公路等部门协助配合）

（八）控制穿越城区管养公路扬尘污染。积极推行城区管养公路机械化清扫，增加道路洒水次数，切实降低公路扬尘负荷。（责任单位：公路部门牵头，城管等部门协助配合）

三、工作要求

（一）加强组织领导。

成立市普通干线公路路域环境综合整治工作协调机制，由市交通运输局担任召集单位，市公安、国土资源、环境保护、住房城乡建设、水务、林业、城乡规划、城管、园林、公路、工商等部门参加，对整治工作进行具体部署，加强指导和监督检查，并及时研究协调解决遇到的问题。各市（区）、各有关部门要高度重视路域环境综合整治工作，建立相应工作协调机制，根据实际细化明确部门职责分工，并在人员经费等方面对综合整治工作给予必要保障，确保综合整治工作高标准、高质量按期完成。

（二）认真组织实施。

路域环境综合整治工作分3个阶段实施。2014年1月为调查摸底阶段，各市（区）要通过全面摸查制订路域环境整治实施方案、试行标准和工作任务分解表等，并报送市交通运输局备案。2014年2月至2015年9月为整治实施阶段，其中国道、重要省道干线要求在2014年9月底前完成整治工作并进行阶段总结，其他省道要求在2015年9月底前完成整治工作。2015年10月至12月为检查验收阶段，各单位开展自检自评，自检合格后由市交通运输局会市有关部门组织初步验收，初步验收合格后报请省交通运输厅总验收。对取得突出成绩市（区）及相关单位和个人进行表扬，对工作开展不力、措施不到位、效果不明显的责任单位，将给予通报批评和问责。

（三）加强舆论宣传。

各市（区）、各有关部门要吸取我省多年来实施公路“安保工程”和“文明样板路”等成功经验，充分利用各种媒体和宣传手段，对路域环境综合整治的重要性和必要性进行广泛宣传，提高公路沿线人民群众路域环境保护意识和护路爱路、文明出行公益意识，为路域环境综合整治创造良好的工作氛围，推动路域整治工作顺利实施。

（四）建立长效机制。

通过综合整治工作，全面总结公路路域环境整治的监管方式、工作机制和成效，形成全市普通干线公路路域环境整治技术指南和管理办法，在路面质量、通行能力、安全保障、出行服务及环保低碳等方面创造成功管理经验，努力构建适应现代公路养护管理要求的体制机制。建立健全路域环境综合整治与各地交通建设改扩建项目立项和养护资金拨付等直接挂钩激励机制，督促各地巩固和保持综合整治成果，为我市经济和社会发展创造良好的公路交通环境。

关于印发实施《江门市促进企业安全生产标准化建设规定》的通知

江安监管〔2013〕257号

各市（区）人民政府，市有关单位：

《江门市促进企业安全生产标准化建设规定》（以下简称《规定》）已由市政府十四届三十六次常务会议审议通过。经市人民政府同意，现将《规定》印发给你们，并提出以下意见，请认真贯彻执行。

一、各级、各有关部门要加强政策宣传和典型宣传，通过正面典型引导及反面典型警示，使广大企业充分知晓政策，切实提高对开展安全生产标准化建设的认识和积极性。

二、各有关部门要相互配合，密切沟通，齐抓共管，形成合力，严格按照《规定》要求，认真做好奖励补助、审批把关和行政执法等工作。

三、各市、区要结合本地实际，贯彻落实好《规定》，抓紧研究实施对安全生产标准化达标建设企业的奖励或补助。

安全监管局
市经济和信息化局
市人力资源和社会保障局
市国资委
市国税局
市工商局
市质监局
江门银监分局
2013年10月31日

江门市促进企业安全生产标准化建设规定

第一条 为推动安全生产监管手段的创新，全面顺利推进企业安全生产标准化建设工作，建立企业持续开展安全生产标准化建设的长效机制，推动全市安全生产形势持续稳定好转，根据《中华人民共和国安全生产法》《国务院关于进一步加强企业安全生产工作的通知》（国发〔2010〕23号）、《国务院安委会关于深入开展企业安全生产标准化建设的指导意见》（安委〔2011〕4号）和省安全监管局等部门联合印发《转发国家安全监管总局等部门关于全面推进全国工贸行业企业安全生产标准化建设的意见的通知》（粤安监管二〔2013〕3号）、《印发关于共同推进工贸行业企业安全生产标准化建设的工作意见的通知》（粤安监〔2013〕189号）等法律和政策规定，结合我市实际，制定本规定。

第二条 在江门市辖区内的交通运输、建筑施工、危险化学品、非煤矿山、烟花爆竹、民用爆炸物品、冶金、有色、建材、机械、轻工、纺织、烟草和商贸等行业（领域）的企业，适用本规定。

第三条 积极引导和协调金融信贷机构加大对企业的信贷支持力度，将企业达标水平作为信贷信用等级评定的重要依据之一。支持鼓励金融信贷机构向符合条件的安全生产标准化达标企业优先提供信贷服务；对未按国家有关规定开展安全生产标准化建设或达不到最低达标等级要求的企业，从严管理，严格控制贷款；对不具备基本安全生产条件的企业，不予贷款。

第四条 加大安全生产专项资金的支持力度，对开展安全生产标准化建设并经公告完成一级、二级安全生产标准化达标建设的企业，适当给予一次性的奖励或补助。三级企业的奖励或补助由各市（区）、各镇（街）另行研究实施。

第五条 落实工伤保险投保费率浮动制度。经公告认定达到国家规定等级的安全生产标准化企业，符合工伤保险费率下浮条件的，按规定下浮其工伤保险费率。

第六条 对在安全生产标准化创建过程购置并实际使用《安全生产专用设备企业所得税优惠目录》规定的安全生产专用设备的企业，在按规定办理相关备案手续后，该专用设备的投资额的10%可以从企业当年的应纳税额中抵免；当年不足抵免的，可以在以后5个纳税年度结转抵免。

第七条 将安全生产标准化达标企业作为政府采购产品的参考条件，并在同等条件下，对公告认定为一级、二级企业的产品，予以优先采购。

第八条 将安全生产标准化达标作为企业申报科研开发项目、技改资金和相关扶持政策的先决条件，并在符合相关要求的基础上，对公告认定为一级、二级企业，予以优先支持。对符合条件的安全生产标准化一级和二级企业作为上市后备企业进行优先培育。

第九条 将企业安全生产标准化建设情况作为安全监管部门出示企业安全生产证明意见的必要条件，对未开展或限期内未完成的企业，不予出具其评先评优、融资贷款、参加招投标和上市等方面的安全生产情况证明意见，不受理其提出的安全生产专项资金项目申请。

第十条 实行分类分级管理，及时向社会公告企业安全生产标准化达标水平信息，加强执法监察，强化对未开展安全生产标准化建设企业的监管。

第十一条 对安全生产标准化达标的企业，除法定检查、专项检查和涉及举报以外，各级安全生产执法主体在制定和实施本级部门执法计划时，适当减少其当期的日常安全巡查频次。对安全生产标准化不达标的，加强安全检查的频次、范围和行政执法。

第十二条 对安全生产标准化达标，发生轻微安全生产违法行为并及时纠正，没有造成危害后果的企业，依法从轻或减轻处罚。对规定时限内未实现安全生产标准化达标，发生安全生产违法行为和对事故发生负有责任的企业，依法从严处罚。对规定时限内未实现安全生产标准化达标，不具备安全生产条件，以及发生各类非法违法生产经营建设行为的企业，依法予以关闭和取缔。

第十三条 将企业安全生产标准化达标创建情况作为企业工业产品生产许可证和“3C”认证申请条件中涉及职业健康安全相关内容审查的重要参考依据。

第十四条 在企业年检中，严格审查企业提交的涉及安全生产的前置许可文件，发现因不具备基本安全生产条件被吊销相关前置许可文件的，责令其办理变更登记、注销登记，直至依法吊销营业执照。

第十五条 在规定时限内未实现安全生产标准化达标的企业，停止办理其新建、改建、扩建工程建设项目的安全设施“三同时”审批或备案手续。

第十六条 安全生产标准化达标企业创建驰名（著名）商标、百强企业、“守合同重信用”企业等荣誉，以及申报名牌产品、免检产品、质量信用产品、质量奖励、优秀品牌等资格和荣誉的，予以优先支持或推荐。对未开展或在规定时限内未实现安全生产标准化达标的企业，不予支持上述荣誉、资格的参评和推荐。

第十七条 将安全生产标准化达标纳入到市级以上诚信示范企业、先进单位(集体)、五一劳动奖状(奖章)、劳动模范等评优评先申报的重要参考依据，并对符合条件的安全生产标准化一级、二级企业，予以优先考虑。对在规定时限内未实现安全生产标准化达标的企业及其有关人员，不支持其参评上述荣誉。

第十八条 将企业开展安全生产标准化达标水平作为企业负责人年度业绩考核的重要依据。对安全生产标准化一级、二级和三级企业及其相关人员，优先推荐参加市以上安全生产先进单位和先进个人的评选。对在规定时限内未实现安全生产标准化达标的企业，取消参与市级以上安全生产先进单位、先进个人评选的资格。

第十九条 各市、区可结合本规定制定相关实施细则。

第二十条 本规定自2013年11月25日起施行，有效期5年。国家和省另有规定的，从其规定。

江门市人民政府办公室关于印发江门市国有建设用地使用权和矿业权网上挂牌交易规则的通知

江府办〔2014〕6号

各市、区人民政府，市直各单位：

《江门市国有建设用地使用权和矿业权网上挂牌交易规则》业经市政府十四届48次常务会议审议通过，现印发给你们，请认真贯彻执行。执行过程中遇到的问题，请径向市公共资源交易中心反映。

江门市人民政府办公室

2014年2月17日

江门市国有建设用地使用权和矿业权网上挂牌交易规则

第一章 总 则

第一条 为规范我市国有建设用地使用权和矿业权网上挂牌交易行为，确保土地使用权和矿业权交易的公开、公平、公正，根据《中华人民共和国土地管理法》《中华人民共和国城市房地产管理法》《中华人民共和国电子签名法》、国土资源部《招标拍卖挂牌出让国有建设用地使用权规定》《招标拍卖挂牌出让国有土地使用权规范》《探矿权采矿权招标拍卖挂牌管理办法（试行）》《广东省土地使用权交易市场管理规定》《广东省探矿权采矿权招标拍卖挂牌出让管理办法》《广东省矿业权交易管理暂行办法》等有关法律、法规、规章的规定，结合本市实际，制定本规则。

第二条 江门市及各市（县级）、区土地与矿业权交易机构（以下简称交易机构）以网上挂牌方式出让国有建设用地使用权和矿业权的，适用本规则。

第三条 本规则所称江门市国有建设用地使用权和矿业权网上挂牌交易（以下简称网上挂牌交易）是指交易机构在互联网上发布挂牌交易公告和须知，竞买人通过市、各市（县级）、区土地与矿业权网上挂牌（拍卖）交易系统（以下简称网上挂牌交易系统）参与网上挂牌交易的行为。

第四条 中华人民共和国境内外的法人、自然人和其他组织（以下简称申请人），均可通过网上挂牌交易系统，依法参加江门市国有建设用地使用权和矿业权网上挂牌交易活动，法律、法规、规章另有规定的和不符合土地、矿业权竞买资格条件的除外。

第五条 网上挂牌交易系统由网上申请（报名）系统、网上保证金转账系统、网上报价系统、网上限时竞价系统、网上签订成交确认书系统等部分组成。

第六条 网上挂牌交易应遵循如下程序：

（一）发布网上挂牌交易公告；

（二）申请人办理数字证书（CA认证）；

（三）申请人提出竞买申请；

（四）申请人交纳竞买保证金获得竞买资

格；

（五）竞买人网上报价及网上限时竞价；

（六）成交确认。

第七条 网上挂牌交易以最高报价且不低于底价的原则确定竞得人。

第二章 挂牌交易信息发布

第八条 网上挂牌交易公告、交易宗地或矿业权相关信息由交易机构通过网上挂牌交易系统、中国土地市场网、江门市及各市（县级）、区国土资源部门或公共资源交易中心门户网站、《江门日报》和交易机构办公场所等媒体和场所同步发布。

网上挂牌交易公告可以是单宗土地或矿业权公告，也可以是多宗土地或矿业权的联合公告。

第九条 国有建设用地使用权和矿业权网上挂牌出让的，交易机构应当至少在网上挂牌开始日前20日发布网上挂牌交易公告。网上挂牌时间不得少于10个工作日。

第十条 网上挂牌交易公告期间，公告内容发生变化的，交易机构应当按原公告发布渠道及时补充公告。涉及影响宗地或矿业权价格的重要变动，补充公告发布时间距网上挂牌交易活动开始时间少于20日的，网上挂牌交易活动相应顺延。

第三章 身份认证与竞买申请

第十一条 申请人应携带相关有效证件资料到广东省数字证书认证中心或有关受理点申请办理数字证书。申请人丢失数字证书或密码的，必须携带有效证件资料，到广东省数字证书认证中心或有关受理点重新申领。

第十二条 只有办理了数字证书的申请人，才能登陆网上挂牌交易系统参加网上挂牌交易活动。

第十三条 申请人应当详细阅读网上挂牌交易公告、交易须知、交易宗地或矿业权相关信息。申请人对网上挂牌交易相关文件有疑问的，可向交易机构咨询。申请人可现场勘踏网上挂牌交易的宗地或矿区，对宗地或矿区现状有异议的，应当在提交竞买申请前提出书面意见。竞买申请一经提交，即视为对宗地或矿区现状无异议。

第十四条 网上挂牌交易只接受网上竞买申请，不接受电话、邮寄、书面、口头等其他形式的申请。

第十五条 竞买申请提交后，网上挂牌交易系统将自动赋予申请人一个交纳竞买保证金账号。申请人须按有关规定向此账号足额交纳竞买保证金，网上挂牌交易系统在确认竞买保证金按时足额到账后自动赋予申请人竞买资格。

每笔竞买保证金只对应一宗土地或矿业权竞买，如需竞买多宗土地或矿业权，则须分别交纳竞买保证金。

竞买保证金交纳截止时间为网上挂牌交易截止时间前2个工作日。

第四章 网上报价

第十六条 竞买人（含联合竞买人，下同）通过网上挂牌交易系统进行报价。网上报价和网上限时竞价报价规则为：

（一）增价方式进行报价；

（二）竞买人可多次报价；

（三）初次报价不得低于起始价；

（四）每次报价应当比当前最高报价递增1个加价幅度；

（五）竞买人可按加价幅度的整数倍自行报价。

第十七条 竞买人应当谨慎报价，报价一经提交并经网上挂牌交易系统记录即视为有效报价，不得撤回。

第十八条 在网上挂牌期限截止前，竞买人应当进行至少1次有效报价，方有资格参加该宗地或矿业权的网上限时竞价。

第十九条 网上挂牌交易由系统设置交易项目底价，以确保成交价不低于底价。

第五章 网上限时竞价

第二十条 本规则所称网上限时竞价，是指在规定的网上挂牌期限截止时，有2个或者2个以上的竞买人报价，且经系统询问，有竞买人愿意参加网上限时竞价的，网上挂牌交易系统将以高于当前最高报价一个增价幅度的价格为网上限时竞价程序中的起始价，组织限时竞价，并按“报价最高且报价不低于底价者”的原则确定竞得人。

第二十一条 竞买人在网上挂牌期限截止前2小时应当登录网上挂牌交易系统，密切关注交易动态。网上挂牌期限截止后，有关竞买人应当在网上挂牌期限截止后5分钟内做出是否参加网上限时竞价的决定并提交网上挂牌交易系统，超过5分钟未提交的，则视为不参加网上限时竞价活动。

第二十二条 网上限时竞价程序：

（一）经网上挂牌交易系统询问完毕后，有竞买人愿意参加网上限时竞价的，网上挂牌交易系统开始第一次5分钟倒计时的限时竞价，竞买人应严格按照报价规则参加限时竞价。如在5分钟内的任一时点有新的报价，系统即从此时点起再顺延5分钟，供竞买人作新一轮竞价；

（二）5分钟限时竞价内没有新的报价，网上挂牌交易系统将自动关闭报价通道，确认当前最高报价为最终报价；

（三）网上挂牌交易系统及时显示网上挂牌竞价结果。

第六章　成交确认

第二十三条 网上挂牌期限截止后，网上挂牌交易系统将按照下列规定确定是否成交：

（一）网上挂牌期限内只有1个竞买人报价，且报价不低于底价的挂牌成交；

（二）网上挂牌期限内有2个或者2个以上的竞买人报价，经网上挂牌交易系统询问，无竞买人愿意参加网上限时竞价的，以报价最高者为竞得人，但报价低于底价者除外；

（三）网上限时竞价程序中报价最高且报价不低于底价者为竞得人；

（四）在网上限时竞价程序中无竞买人报价的，以网上挂牌交易截止时报价最高且报价不低于底价者为竞得人；

（五）在网上挂牌期限内无报价者或者报价均低于底价或者不符合其他条件的，挂牌不成交。

第二十四条　网上挂牌交易结果公布后，竞得人应当在网上挂牌交易结果公布后的5个工作日内持有关资料原件与交易机构签订《成交确认书》，凭《成交确认书》与网上挂牌交易委托人签订出让合同，并按合同约定支付成交价款。

第二十五条 宗地或矿业权成交后，竞得人交纳的竞买保证金转作宗地或矿业权成交价款。未竞得人交纳的竞买保证金将于网上挂牌交易活动结束之日起5个工作日内退还，不计利息。

第二十六条 交纳竞买保证金和支付宗地或矿业权成交价款的币种为人民币。

第七章 系统管理

第二十七条 交易机构负责维护网上挂牌交易系统的正常运行和系统日常数据录入。交易机构应当严格执行网络信息安全有关规定，采取措施维护网上挂牌交易系统安全。

第二十八条 市、各市（县级）、区国土资源部门对网上挂牌交易全过程进行监督。交易期间的网上挂牌交易系统服务器实行封闭管理。

第二十九条 为保障竞买人的利益，保护网络传输的安全，网上挂牌交易系统对网络信息的传输采用数据加密处理。

第三十条 网上挂牌交易系统服务器的维护须经市、各市（县级）、区国土资源部门或交易机构批准后方可操作。网上挂牌交易系统服务器的任何操作应详细记录、存档。

第三十一条 网上挂牌交易系统自动记录用户对网上挂牌交易系统的相关操作，任何人不得更改网上挂牌交易系统日志。

第三十二条 申请人在1天内连续5次输错密

码，网上挂牌交易系统自动锁定该用户的相关权限。权限锁定后如需解锁，必须由申请人提供相关证明，经交易机构核实后解除锁定。

第八章　应急处置

第三十三条 有下列情形之一的，应暂停、中止或终止网上挂牌交易活动：

（一）网上挂牌交易系统受到网络恶意入侵的；

（二）因网上挂牌交易系统遭受破坏或发生电力、网络故障等不可抗力的非交易机构因素，导致网上挂牌交易系统不能正常运行的；

（三）网上挂牌交易委托人根据有关规定要求暂停、中止或终止网上挂牌交易活动的；

（四）涉及土地或矿业权纠纷，不能及时解决的；

（五）司法机关依法要求暂停、中止或终止网上挂牌交易活动的；

（六）市、各市（县级）、区国土资源部门、交易机构认为应当暂停、中止或终止网上挂牌交易活动的其他情形。

第三十四条 出现本规则第三十三条第（一）项规定情形的，交易机构暂停网上挂牌交易活动后，应将情况及时报告市、各市（县级）、区国土资源部门和公安部门，待问题排查、清除后恢复交易。

出现本规则第三十三条第（二）项至第（六）项规定情形的，交易机构应报市、各市（县级）、区国土资源部门批准，在市、各市（县级）、区国土资源部门做出暂停、中止或终止网上挂牌交易活动的决定后，由交易机构通过原公告渠道发布暂停、中止或终止公告，并关闭网上挂牌交易系统竞价通道。

第九章 法律责任

第三十五条 竞得人逾期或拒绝签订《成交确认书》、《出让合同》的，或不按合同约定支付建设用地使用权或矿业权价款的，应承担违约责任，交易机构可取消其竞得资格，竞买保证金依法不予退回。

第三十六条 竞得人有下列行为之一的，竞得结果无效，并由有关部门依法处理，造成损失的，竞得人还应承担赔偿责任：

（一）提供虚假文件材料、隐瞒重要事实的；

（二）采取行贿、恶意串通等非法手段竞得的；

（三）竞得人以其他非法手段竞得的。

第三十七条 网上挂牌交易实行网上成交后审查制度。经审核竞得人不具备竞买资格的，取消其竞得资格，竞得结果无效；竞得人在竞买过程中存在违法违规行为的，竞得结果无效，竞买保证金依法不予退还。造成损失的，竞得人还应依法承担赔偿责任。

第三十八条 交易机构应将网上挂牌交易违法竞买人纳入不诚信用户名单，予以公示，并报同级信用信息管理部门备案。交易机构应取消其参加网上挂牌交易活动的资格。

第三十九条 竞买人应当尽量避免在挂牌期限截止前的最后1分钟内进行竞买申请、报价、竞价，以防止因网络延迟造成网上挂牌交易系统无法接受。

第四十条 若竞买人没有按时交纳竞买保证金，或竞买保证金在规定时间内未到账，或到账后没有及时在网上挂牌期限截止时进行有效报价的，所造成的一切损失和法律后果由竞买人自行承担。

第四十一条 竞买人在网上挂牌交易系统实施的所有行为，均被系统服务器自动记录，视为竞买人真实或经合法授权的行为，该行为所引起的法律责任由竞买人承担。

第四十二条 由于不可抗力、网络入侵等因素导致网上挂牌交易时间的变更、网络堵塞等故障，造成申请人不能及时完成网上注册、下载有关文件、提出竞买申请、交纳竞买保证金、获得竞买资格成为竞买人的，市、各市（县级）、区国土资源部门和交易机构除采取积极补救措施外，不承担由此产生的后果和责任。

第四十三条 竞买人应当妥善保管数字证书和密码。因竞买人电脑操作系统被侵入或其他自身原因导致数字证书遗失或密码泄漏等造成的责任，由竞买人自行承担。

第十章 附则

第四十四条 在网上挂牌交易期间，网上挂牌交易系统全天24小时开通，网上挂牌交易的起止时间以网上挂牌交易公告中公布的时间为准。有关数据记录的时间以数据信息到达网上交易系统服务器的时间为准。

第四十五条 申请人在参加网上挂牌交易活动之前，应当详细阅读、熟知和严格遵守本规则。

第四十六条 国有建设用地使用权和矿业权的网上挂牌转让交易可参照本规则执行。

第四十七条 本规则自2014年4月1日起施行，有效期5年。《江门市市区国有建设用地使用权和矿业权网上挂牌交易规则》（江国土资字〔2012〕106号）同时废止。本规则未尽事宜，国家法律、法规或规章有相应规定的从其规定。

江门市人民政府办公室关于印发江门市价格调节基金管理办法的通知

江府办〔2014〕7号

各市、区人民政府，市直各单位：

《江门市价格调节基金管理办法》业经市政府十四届49次常务会议审议通过，现印发给你们，请认真贯彻执行。执行过程中遇到的问题，请径向市发展改革局反映。

江门市人民政府办公室

2014年2月19日

江门市价格调节基金管理办法

第一章 总　　则

第一条 为规范我市价格调节基金征集、使用和管理，充分运用经济手段调控市场，保持市场价格总水平的基本稳定，根据《中华人民共和国价格法》《广东省实施〈中华人民共和国价格法〉办法》《广东省价格调节基金管理规定》《关于印发〈广东省财政厅广东省物价局 广东省地方税务局关于价格调节基金征收使用管理的暂行办法〉的通知》（粤财综〔2010〕98号）等有关规定，结合本市实际，制定本办法。

第二条 本办法适用于本市行政区域内价格调节基金的征集、使用和管理。

第三条 本办法所称价格调节基金，是指市及各市（县级）人民政府依法征集，用于平抑、调节与人民群众生产、生活密切相关的重要商品价格异常波动的专项资金。

第四条 价格调节基金的征集、使用和管理，应当遵循统筹兼顾、公开透明、公平与效率相统一的原则。

第五条 政府价格主管部门是价格调节基金的主管部门，负责价格调节基金的政策制定、计划安排和监督管理；财政部门负责价格调节基金的资金管理；地方税务部门负责价格调节基金的代征、代缴（其中对迁入城市居民户籍者由公安部门代征、代缴）；其他部门在各自职责范围内做好价格调节基金的相关工作。

第二章 征　　集

第六条 市及各市（县级）价格调节基金的征集项目和标准由市人民政府统一规定，本市价格调节基金征收的项目和标准是：

（一）对迁入城市居民户籍者，入户时按900元／人的标准一次性征收；

（二）对从事房地产开发的企业在销售环节，按商品房销售额的0.2%征收；

（三）对依法应计征水资源费的取水户（不含发电取水企业）按实际取水量0.03元／立方米征收(省管市征)，农业灌溉、牲畜家禽饲养、水产养殖和农药、化肥、农用薄膜生产取水暂缓征收；

（四）对本市行政区域内发电企业按上网销售电量0.002元/千瓦时征收；

（五）对汽车销售商按销售额的0.2%征收；

（六）市人民政府批准的其他征收项目。

第七条 价格调节基金征集规模应当与当地经济、社会发展状况和市场价格调控需要相适应。市政府价格主管部门可以根据本市的经济、社会发展状况和市场价格调控需要，提出征收项目和标准的调整方案，报市人民政府批准后向社会公布执行；各市（县级）人民政府需要调整征收项目和标准的，应当经市政府价格主管部门审核，报市人民政府批准后向社会公布执行。

第八条 价格调节基金委托地方税务部门统一代征（其中对迁入城市居民户籍者由公安部门代征）。

蓬江区、江海区、新会区委托代征的价格调节基金统一解缴到市财政部门设立的价格调节基金专户。各市（县级）委托代征的价格调节基金应及时足额缴入所在地财政部门设立的价格调节基金专户。

按照第六条第（四）项规定对本市行政区域内发电企业征收价格调节基金的，采取按比例就地分成方式，60%比例缴入市价格调节基金专户，40%比例缴入企业所在市（县级）价格调节基金专户。各市（县级）不得重复征收第六条第（四）项规定项目的价格调节基金。

第九条 地方税务部门代征价格调节基金统一使用税收票证，并以附注的形式注明为价格调节基金，地方税务部门代征的价格调节基金应于每月及时足额缴入指定的价格调节基金专户；公安部门代征的价格调节基金通过非税收入管理系统收缴，统一使用财政票据。

第十条 价格调节基金缴纳义务人应当严格按照规定按时足额缴纳价格调节基金。

第十一条 价格调节基金原则上不得减免。但符合下列情形之一的，缴纳义务人可以申请减缴、免缴或者缓缴价格调节基金：

（一）因遭受重大疫情、重大自然灾害、重大突发公共事件造成重大经济损失的；

（二）因其他不可抗力因素造成重大经济损失的；

（三）市人民政府规定的其他情形。

第十二条 申请减缴、免缴或者缓缴价格调节基金的，价格调节基金缴纳义务人应当提交下列材料：

（一）《价格调节基金减缴、免缴或者缓缴申请书》，主要内容包括申请单位名称、理由、相关财务报表以及申请减缴、免缴或缓缴的数额和起止时间等；

(二)申请单位法人登记证书（复印件）或者营业执照（复印件）；

(三)申请单位行政主管部门的意见。

第十三条 申请减缴、免缴或者缓缴价格调节基金的，缴纳义务人应当向同级政府价格主管部门提出申请，属蓬江区、江海区、新会区征收的价格调节基金的减缴、免缴或者缓缴由市人民政府审批。属各市（县级）征收的价格调节基金的减缴、免缴或者缓缴由各市（县级）人民政府审批。未经批准，不得减缴、免缴或者缓缴价格调节基金。

第十四条 政府价格主管部门应当会同同级财政、地方税务部门于每年5月底前完成对上一年度价格调节基金实缴数额的核查；价格调节基金缴纳义务人应积极配合核查，如实提交有关材料。

第十五条 经核查明确缴纳义务人实缴数额超过或少于应缴数额的，由同级政府价格主管部门向缴纳义务人出具清缴事项通知书，明确退款或补缴数额；缴纳义务人根据通知书要求向代征部门办理抵扣或补缴手续，对不能抵扣的按规定程序退还多收款项。

第三章 使　　用

第十六条 价格调节基金遵循“以收定支、专款专用”的原则，按照“量入为出、统筹规划、注重效益”编制支出预算，年末结余可结转下年使用。

第十七条 价格调节基金适用以下情形：

（一）对因执行政府依法采取的价格干预措施、紧急措施而受到经济损失的生产者、经营者给予适当补偿；

（二）为平抑基本生活必需品价格的异常波动而给予生产者、经营者适当价格补贴、贷款贴息等；

（三）对因基本生活必需品价格大幅度上涨或者政府提高价格而影响基本生活的低收入群体给予临时价格补贴；

（四）对因遭受自然灾害等不可抗力严重影响的基本生活必需品的生产者、经营者给予临时补贴；

（五）为调控价格、稳定市场，扶持农副产品的生产、经营、流通、储备和销售，对承担江门市定向供应任务的种养基地、冷藏储备基地和实行产销对接的平价商店（专区、市场），给予补贴、补助或者贷款贴息；对政府“菜篮子”工程项目建设给予补贴、补助或者贷款贴息；

（六）支持市场信息监测、发布以及有利于调控价格、稳定市场或者提高价格调控监管能力建设的资金；

（七）价格调节基金征收管理相关业务支出；

（八）政府为调控价格、稳定市场批准使用的其他情形。

第十八条 使用价格调节基金，应当由政府价格主管部门会同同级财政等有关部门提出，或者由需要使用价格调节基金的单位向所在地政府价格主管部门提出申请。使用市级价格调节基金的，由市人民政府审批；各市（县级）价格调节基金的使用由同级人民政府审批。批准使用价格调节基金的，要明确具体的使用对象、使用途径等。

第十九条 申请使用价格调节基金的，应当提交下列材料：

（一）申请使用价格调节基金书面报告，包括申请人名称、基本情况、申请项目名称、内容、资金数额以及申报理由等；

（二）申请人法人登记证书（复印件）或者营业执照（复印件）；

（三）价格调节基金的具体使用方案；

（四）申请人行政主管部门意见；

（五）要求提供的其他资料。

第四章 监督和管理

第二十条 市及各市（县级）政府财政部门会同同级价格主管部门在国有商业银行开设“价格调节基金专户”，实行“收支两条线”

管理，专户存储，独立核算，专款专用。价格调节基金专户管理银行应当每月向同级政府价格、财政主管部门报送价格调节基金的收支统计报表。

第二十一条 价格调节基金收支计划应纳入年度预算编制。市及各市（县级）政府价格主管部门应于每年10月份会同有关部门编制下一年度价格调节基金年度收支计划，由同级财政部门审核并报同级人民政府批准后下达年度收支预算，价格调节基金应当按批准后的年度收支预算执行。编制价格调节基金年度支出预算时，应充分考虑预留一定的资金作为应急事项支出预算。

第二十二条 市及各市（县级）政府价格主管部门会同同级财政部门，应当每年对价格调节基金使用项目进行审核、监督管理和审查，确保专款专用；审计、监察部门对价格调节基金的征集、解缴、入户、拨付、使用情况每年审计一次，审计结果应及时向社会公示。

第二十三条 征管费用支出包括代征部门的代征业务经费和价格调节基金主管部门的管理费用。代征部门代征业务经费参照代征地方教育附加的标准执行。蓬江区、江海区、新会区价格调节基金主管部门的管理经费由市人民政府确定；各市（县级）价格调节基金主管部门的管理经费由各市（县级）人民政府确定。

第二十四条 价格调节基金的缴纳义务人、使用单位等应当如实提供相关情况和资料，不得拒绝提供或者虚报、瞒报、谎报。

第五章 法律责任

第二十五条 违反本办法的行为按照《广东省价格调节基金管理规定》和粤财综〔2010〕98号文有关规定处理。

第六章 附　　则

第二十六条 价格调节基金征集、使用、管理的具体实施细则由市政府价格主管部门会同财政、地方税务等部门制定。

第二十七条 本办法自2014年7月1日起施行，有效期为5年。《印发江门市价格调节基金管理暂行办法的通知》（江府办〔2007〕71号）同时废止。

江门市人民政府办公室关于印发江门市价格调节基金管理办法的通知

江府办〔2014〕7号

各市、区人民政府，市直各单位：

《江门市价格调节基金管理办法》业经市政府十四届49次常务会议审议通过，现印发给你们，请认真贯彻执行。执行过程中遇到的问题，请径向市发展改革局反映。

江门市人民政府办公室

2014年2月19日

江门市价格调节基金管理办法

第一章 总　　则

第一条　为规范我市价格调节基金征集、使用和管理，充分运用经济手段调控市场，保持市场价格总水平的基本稳定，根据《中华人民共和国价格法》《广东省实施〈中华人民共和国价格法〉办法》《广东省价格调节基金管理规定》《关于印发〈广东省财政厅广东省物价局 广东省地方税务局关于价格调节基金征收使用管理的暂行办法〉的通知》（粤财综〔2010〕98号)等有关规定，结合本市实际，制定本办法。

第二条　本办法适用于本市行政区域内价格调节基金的征集、使用和管理。

第三条　本办法所称价格调节基金，是指市及各市（县级）人民政府依法征集，用于平抑、调节与人民群众生产、生活密切相关的重要商品价格异常波动的专项资金。

第四条　价格调节基金的征集、使用和管理，应当遵循统筹兼顾、公开透明、公平与效率相统一的原则。

第五条　政府价格主管部门是价格调节基金的主管部门，负责价格调节基金的政策制定、计划安排和监督管理；财政部门负责价格调节基金的资金管理；地方税务部门负责价格调节基金的代征、代缴（其中对迁入城市居民户籍者由公安部门代征、代缴）；其他部门在各自职责范围内做好价格调节基金的相关工作。

第二章 征　　集

第六条　市及各市（县级）价格调节基金的征集项目和标准由市人民政府统一规定，本市价格调节基金征收的项目和标准是：

（一）对迁入城市居民户籍者，入户时按900 元 / 人的标准一次性征收；

（二）对从事房地产开发的企业在销售环节，按商品房销售额的0.2%征收；

（三）对依法应计征水资源费的取水户（不含发电取水企业）按实际取水量0 .03 元 / 立方米征收(省管市征)，农业灌溉、牲畜家禽饲养、水产养殖和农药、化肥、农用薄膜生产取水暂缓征收；

（四）对本市行政区域内发电企业按上网销售电量0.002元/千瓦时征收；

（五）对汽车销售商按销售额的0.2%征收；

（六）市人民政府批准的其他征收项目。

第七条　价格调节基金征集规模应当与当地经济、社会发展状况和市场价格调控需要相适应。市政府价格主管部门可以根据本市的经济、社会发展状况和市场价格调控需要，提出征收项目和标准的调整方案，报市人民政府批准后向社会公布执行；各市（县级）人民政府需要调整征收项目和标准的，应当经市政府价格主管部门审核，报市人民政府批准后向社会公布执行。

第八条　价格调节基金委托地方税务部门统一代征（其中对迁入城市居民户籍者由公安部门代征）。

蓬江区、江海区、新会区委托代征的价格调节基金统一解缴到市财政部门设立的价格调节基金专户。各市（县级）委托代征的价格调节基金应及时足额缴入所在地财政部门设立的价格调节基金专户。

按照第六条第（四）项规定对本市行政区域内发电企业征收价格调节基金的，采取按比例就地分成方式，60%比例缴入市价格调节基金专户，40%比例缴入企业所在市（县级）价格调节基金专户。各市（县级）不得重复征收第六条第（四）项规定项目的价格调节基金。

第九条 地方税务部门代征价格调节基金统一使用税收票证，并以附注的形式注明为价格调节基金，地方税务部门代征的价格调节基金应于每月及时足额缴入指定的价格调节基金专户；公安部门代征的价格调节基金通过非税收入管理系统收缴，统一使用财政票据。

第十条 价格调节基金缴纳义务人应当严格按照规定按时足额缴纳价格调节基金。

第十一条 价格调节基金原则上不得减免。但符合下列情形之一的，缴纳义务人可以申请减缴、免缴或者缓缴价格调节基金：

（一）因遭受重大疫情、重大自然灾害、重大突发公共事件造成重大经济损失的；

（二）因其他不可抗力因素造成重大经济损失的；

（三）市人民政府规定的其他情形。

第十二条 申请减缴、免缴或者缓缴价格调节基金的，价格调节基金缴纳义务人应当提交下列材料：

（一）《价格调节基金减缴、免缴或者缓缴申请书》，主要内容包括申请单位名称、理由、相关财务报表以及申请减缴、免缴或缓缴的数额和起止时间等；

（二）申请单位法人登记证书（复印件）或者营业执照（复印件）；

（三）申请单位行政主管部门的意见。

第十三条 申请减缴、免缴或者缓缴价格调节基金的，缴纳义务人应当向同级政府价格主管部门提出申请，属蓬江区、江海区、新会区征收的价格调节基金的减缴、免缴或者缓缴由市人民政府审批。属各市（县级）征收的价格调节基金的减缴、免缴或者缓缴由各市（县级）人民政府审批。未经批准，不得减缴、免缴或者缓缴价格调节基金。

第十四条 政府价格主管部门应当会同同级财政、地方税务部门于每年5月底前完成对上一年度价格调节基金实缴数额的核查；价格调节基金缴纳义务人应积极配合核查，如实提交有关材料。

第十五条 经核查明确缴纳义务人实缴数额超过或少于应缴数额的，由同级政府价格主管部门向缴纳义务人出具清缴事项通知书，明确退款或补缴数额；缴纳义务人根据通知书要求向代征部门办理抵扣或补缴手续，对不能抵扣的按规定程序退还多收款项。

第三章 使　用

第十六条 价格调节基金遵循“以收定支、专款专用”的原则，按照“量入为出、统筹规划、注重效益”编制支出预算，年末结余可结转下年使用。

第十七条 价格调节基金适用以下情形：

（一）对因执行政府依法采取的价格干预措施、紧急措施而受到经济损失的生产者、经营者给予适当补偿；

（二）为平抑基本生活必需品价格的异常波动而给予生产者、经营者适当价格补贴、贷款贴息等；

（三）对因基本生活必需品价格大幅度上涨或者政府提高价格而影响基本生活的低收入群体给予临时价格补贴；

（四）对因遭受自然灾害等不可抗力严重影响的基本生活必需品的生产者、经营者给予临时补贴；

（五）为调控价格、稳定市场，扶持农副产品的生产、经营、流通、储备和销售，对承担江门市定向供应任务的种养基地、冷藏储备基地和实行产销对接的平价商店（专区、市场），给予补贴、补助或者贷款贴息；对政府“菜篮子”工程项目建设给予补贴、补助或者贷款贴息；

（六）支持市场信息监测、发布以及有利

于调控价格、稳定市场或者提高价格调控监管能力建设的资金；

（七）价格调节基金征收管理相关业务支出；

（八）政府为调控价格、稳定市场批准使用的其他情形。

第十八条 使用价格调节基金，应当由政府价格主管部门会同同级财政等有关部门提出，或者由需要使用价格调节基金的单位向所在地政府价格主管部门提出申请。使用市级价格调节基金的，由市人民政府审批；各市（县级）价格调节基金的使用由同级人民政府审批。批准使用价格调节基金的，要明确具体的使用对象、使用途径等。

第十九条 申请使用价格调节基金的，应当提交下列材料：

（一）申请使用价格调节基金书面报告，包括申请人名称、基本情况、申请项目名称、内容、资金数额以及申报理由等；

（二）申请人法人登记证书（复印件）或者营业执照（复印件）；

（三）价格调节基金的具体使用方案；

（四）申请人行政主管部门意见；

（五）要求提供的其他资料。

第四章 监督和管理

第二十条 市及各市（县级）政府财政部门会同同级价格主管部门在国有商业银行开设“价格调节基金专户”，实行“收支两条线”管理，专户存储，独立核算，专款专用。价格调节基金专户管理银行应当每月向同级政府价格、财政主管部门报送价格调节基金的收支统计报表。

第二十一条 价格调节基金收支计划应纳入年度预算编制。市及各市（县级）政府价格主管部门应于每年10月份会同有关部门编制下一年度价格调节基金年度收支计划，由同级财政部门审核并报同级人民政府批准后下达年度收支预算，价格调节基金应当按批准后的年度收支预算执行。编制价格调节基金年度支出预算时，应充分考虑预留一定的资金作为应急事项支出预算。

第二十二条 市及各市（县级）政府价格主管部门会同同级财政部门，应当每年对价格调节基金使用项目进行审核、监督管理和审查，确保专款专用；审计、监察部门对价格调节基金的征集、解缴、入户、拨付、使用情况每年审计一次，审计结果应及时向社会公示。

第二十三条 征管费用支出包括代征部门的代征业务经费和价格调节基金主管部门的管理费用。代征部门代征业务经费参照代征地方教育附加的标准执行。蓬江区、江海区、新会区价格调节基金主管部门的管理经费由市人民政府确定；各市（县级）价格调节基金主管部门的管理经费由各市（县级）人民政府确定。

第二十四条 价格调节基金的缴纳义务人、使用单位等应当如实提供相关情况和资料，不得拒绝提供或者虚报、瞒报、谎报。

第五章 法律责任

第二十五条 违反本办法的行为按照《广东省价格调节基金管理规定》和粤财综〔2010〕98号文有关规定处理。

第六章 附　　则

第二十六条 价格调节基金征集、使用、管理的具体实施细则由市政府价格主管部门会同财政、地方税务等部门制定。

第二十七条 本办法自2014年7月1日起施行，有效期为5年。《印发江门市价格调节基金管理暂行办法的通知》（江府办〔2007〕71号）同时废止。

江门市人民政府办公室关于印发江门市推进政府向社会转移职能工作实施方案的通知

江府办函〔2014〕27号

市各有关单位：

经市人民政府同意，现将《江门市推进政府向社会转移职能工作实施方案》印发给你们，请认真贯彻执行。在执行过程中遇到的问题，请径向市编办反映。

江门市人民政府办公室

2014年1月30日

江门市推进政府向社会转移职能工作实施方案

为做好我市加快转变政府职能工作，有序规范推进政府向社会转移职能，根据《中共广东省委办公厅广东省人民政府办公厅关于加快转变政府职能深化行政审批制度改革的意见》（粤办发〔2012〕24号）和《中共江门市委办公室江门市人民政府办公室关于印发〈江门市深化行政审批制度改革工作方案〉的通知》（江委办〔2012〕57号）等有关文件精神，结合我市实际，制定本实施方案。

一、指导思想

坚持社会主义市场经济改革方向，按照建设“小政府、大社会、好市场”的总体目标，创新社会管理和公共服务方式，以职能转变为核心，加大简政放权力度，积极稳妥向社会转移职能，充分发挥社会组织等社会主体在社会管理和公共服务中的作用，加快形成党委领导、政府负责、社会协同、公众参与、法治保障的社会管理体制。

二、基本原则

（一）分类实施原则。

根据转移职能是否可以实行市场竞争和实现竞争的程度，以及可降低社会成本的程度，采取合理的方式分类向社会转移职能并进行监管。

（二）公平公开原则。

采取有效的方式向社会公开，并通过公平、公正的方式，择优选择符合条件的社会主体承接转移的职能。

（三）积极稳妥原则。

根据市场发育程度和社会发展现状、监管机制建立健全程度等情况，分步实施，有序推进，特殊情况可设定过渡期，确保相关事项能“转得出、接得稳”。

（四）依法监管原则。

职能转出后，市政府有关部门要将工作重心转到依法制定标准和强化监管上，管理方式从注重事前审批向注重事中、事后监管转变，构建多元监管体系，加强自律管理，建立健全社会主体承接政府转移职能退出机制，确保转出去后能“管得住”。

三、转移内容和分类

（一）转移内容。

市政府有关部门可以将行规行约制定，行内企业资质认定及等级评定，行业调查、统计、培训、咨询、考核、宣传，社区事务、公益服务，产品检验检测，专业技术职称和执业资格评定等属于行业管理与服务、社会事务管理与服务、专业技术管理和服务等性质的职能向社会转移。

（二）事项分类。

1. 非竞争性事项。转移职能不宜通过竞争方式提供公共服务，或采取竞争方式提供服务成本很高，原则上只适宜由一个社会主体承接的，属于非竞争性事项。如企业资质认定、人员职业资格评定和执业资格注册、行业标准制订、行业准入审核等。

2. 适度竞争性事项。转移职能可以通过适度竞争提供服务，有效降低社会成本和促进行业发展，但过度竞争会造成服务质量下降或难以监管，可由特定的若干个社会主体承接的，属于适度竞争性事项。如社区事务、公益服务、著名商标认定、名牌产品评价、成果（产品）评审和认定、行业评比、等级评定等。

3. 充分竞争性事项。转移职能可以通过充分竞争提供服务，有效降低社会成本和促进行业发展，不限定社会主体承接的，属于充分竞争性事项。如宣传培训、业务咨询、行业统计、行业调查、法律服务。

四、承接主体

承接转移职能的社会主体主要是行业协会、商会等社会团体，也包括民办非企业单位、基金会等社会组织及市场中介组织。个别事项因社会组织及市场中介组织不具备条件的，也可以考虑暂转移给事业单位承接，作为过渡性安排。按照转移职能的分类，承接主体应当符合以下基本条件。

（一）承接非竞争性事项的社会主体，除应符合承接竞争性事项的条件外，还应符合以下基本条件：

1. 具有全行业代表性。

2. 实现行业自律管理，具有很高的社会公信力。

（二）承接适度竞争性事项的社会主体，应当符合以下基本条件：

1. 应当依法注册登记，具有独立承担民事责任的能力。

2. 具有健全的法人治理结构，完善的内部管理制度、信息公开制度和民主监督制度。

3. 具有独立的财务管理、财务核算和资产管理制度，以及依法缴纳税收、社会保险费的良好记录。

4. 具有承接该职能所必需的场所、设备、专业技术人员和相关资质。

5. 社会信誉良好，无不诚信纪录，近3年年检均合格。

6. 相关法律、法规、规章设定的其他条件。

（三）承接充分竞争性事项的社会主体，应当依法注册登记，具有独立承担民事责任能力，并具有承接该职能所必需的场所、设备、专业技术人员和相关资质。

（四）同等条件下通过民政部门评估评定的具有较高等级的社会组织原则上优先考虑。

五、转移程序

（一）确定事项。市政府有关部门在行政审批制度改革或者日常管理中，根据经济社会发展的需要和工作实际，向市编办提出拟转移的职能、方式、承接主体范围等并说明理由。市编办会同市财政局、市民政局、市法制局等部门进行评估和合法性审查，提出意见报市政府审定后，以适当的方式向社会公布。

（二）制定方案。已经市政府公布的转移事项，应当视具体情况制定以下实施方案。

1. 已具备承接条件能及时转移的事项。职能转出部门应当在转移职能事项公布之日起90个工作日内，根据转移职能的分类和转移方式制定实施方案，报市编办、市社工委、市发展改革局（市物价局）、市监察局、市财政局、市民政局、市法制局等部门备案。

2. 暂不具备承接条件需要培育发展社会组

织后方可承接的事项。职能转出部门应当在前述实施方案中提出培育发展相关社会组织的内容（包括时间、步骤），以加快培育相关社会组织，确保转移事项能“转得出、接得稳”。培育社会组织的时间一般不宜超过一年。

（三）组织实施。转移实施方案经报备且具备承接条件后，职能转出部门应当立即按以下步骤实施。

1.非竞争性事项。

（1）承接主体的确定。对非竞争性事项的转移，要按照省的统一部署，由职能转出部门牵头提出意见报市政府，提请省修改有关法规规章或争取省支持成立相关法定机构，将性质相同或相近的职能授权一家社会主体或法定机构承接。

（2）过渡性安排。非竞争性事项转移需要授权或设立法定机构的，在正式授权或设立法定机构之前，应当参照适度竞争性事项转移程序，择优选择一个符合条件的社会主体承接，逐步予以过渡。

（3）事项交接。承接主体确定后，职能转出部门应及时与承接主体进行衔接，于30个工作日内完成事项移交工作，并将交接事宜通过有效方式向社会公告。

2.适度竞争性事项。

（1）公告事宜。由职能转出部门通过在政府、民政部门等相关网站、电视、报纸等有效媒介向社会发布公告，列明转移的职能和方式、承接主体条件、承接要求、竞争程序和承接时限等相关内容。公告时间不少于10个工作日。

（2）报名竞争。由社会主体根据公告向职能转出部门提出承接申请，职能转出部门从中择优选择若干个或一个社会主体承担。

（3）公示名单。在拟定承接主体名单后，要通过有效方式向社会公示，公示时间不少于7个工作日。

（4）签订协议。在公示期内没有异议的，职能转出部门应及时与承接主体签订承接转移职能协议，明确双方权利义务以及取消承接资格的条件等内容。

（5）事项交接。职能转出部门应在签订协议后30个工作日内完成事项移交工作，并通过有效方式向社会公告交接事宜。

3.充分竞争性事项。

职能转出部门在职能转移实施方案报市编办备案后，只需向社会公告转移的事项、方式和承接主体的基本条件。

（四）监督评估。职能事项向社会转移后，职能转出部门应明确监管职责，制定后续监管措施，及时开展监督检查和考核评估工作，确保转移职能后承接主体开展相关工作的质量和绩效。转移职能的承接主体有调整的，职能转出部门应以有效方式及时向公众公布新承接主体名单，接受社会监督。

六、职责分工

向社会转移职能工作在市政府的统一领导下组织实施，市编办承担日常工作，各部门按职责分工开展相关工作。具体职责分工如下：

（一）市编办。

1.牵头审定市政府有关部门拟转移职能目录并报市政府批准。统筹协调同级有关部门、下级政府依职责分工开展转移职能工作。

2.组织转移职能的评估考核工作。

（二）市监察局。

1.对部门转移职能的全过程实施监督检查。

2.对转移职能工作不到位的部门实施问责。

3.建立投诉举报渠道，对社会反映的转移职能违纪违规问题调查处理，确保转移职能工作公开、公平、公正。

（三）市民政局。

1.加大力度培育发展社会组织，规范社会组织管理，提升社会组织承接转移职能事项的能力。

2. 建立社会组织自律建设监管体系，健全社会组织信息披露、重大事项报告、诚信评估、财务审计监督等制度。

3. 加强对社会组织的执法检查，推动社会组织依法办会，规范管理，公开透明，诚信自律，高效运作。

（四）市法制局。

1. 对转移职能进行合法性审查。

2. 根据省、市的统一部署，协助各部门提出修改完善相关政府规章、规范性文件的意见报市政府审定后报请上级政府，支持和配合出台转移职能工作的地方性法规、政府规章和规范性文件。

（五）市财政局。

1. 做好职能转移资金保障，确保有关事项“转得出、接得稳”。

2. 建立健全政府向社会组织购买服务制度，完善政府向社会组织购买服务目录和运行机制，监督、指导各类购买主体依法开展购买服务工作，牵头做好政府向社会组织购买服务的资金管理、监督检查等工作。

（六）市发展改革局（市物价局）。

1. 承接主体根据政府职能转移内容要实行经营服务性收费的，政府价格主管部门应当按照《广东省定价目录》规定权限和具体适用范围制定经营服务性项目政府指导价或政府定价，明确收费标准。

2. 指导承接主体开展价格和收费行为自律，规范各类价格及收费行为。

3. 组织指导对承接主体价格和收费行为的社会监督，受理和处理相关投诉举报及信访，查处违法收费行为和价格违法行为、价格垄断行为等。

（七）市审计局。

对转移职能所涉及的财政、财务收支情况开展审计监督，并进行审计评价。

（八）各职能部门。

1. 梳理本部门职能事项，积极创新管理方式，大力推动政府职能向社会转移。

2. 掌握本行业中能够承接政府转移职能的社会主体的情况。

3. 制订转移职能实施方案、培育发展社会组织实施方案并报有关部门备案。

4. 落实本部门向社会转移职能的具体实施和管理工作。

5. 制定转移职能后的工作标准和监管办法，联合市编办、市民政局加强对承接主体的资质审查、业务培训、指导和监督。

6. 指导下级对口业务部门开展转移职能工作。

七、实施要求

（一）关于转移时限。

经市政府公布的转移事项，已具备承接条件能及时转移的，职能转出部门应采取有效措施，确保有关职能事项在6个月内向社会转移到位；需培育发展社会组织后方可转移的，职能转出部门还应加快培育相关社会组织，有关职能事项向社会转移的完成时间一般不宜超过一年半。

（二）关于加强监管。

职能转出部门要同步制定转移职能后的监管办法，内容应当包括：

1. 职能转出部门和承接主体的权责利关系。在职能正式转移交接之前，相关工作仍暂由原职能转出部门实施，并承担管理责任；在交接之后，由承接主体负责，职能转出部门不再承担管理责任，但要承担监督责任。

2. 事项办理标准和程序。对转移的职能，要建立开展工作的裁量标准、执行标准等相关标准，明确操作指引、操作流程等相关程序性要求。

3. 评估指标和评估标准。职能转出部门就承接主体如何实施承接职能的情况进行评估，明确相关的评估指标和标准，以及具体的工作方案。

4. 监督检查。建立定期监督检查、不定期抽查、承接主体定期反馈执行情况等制度。明确承接主体遵守转移职能协议的义务。对适度竞争性事项，必要时可以通过制定规范性文件加强监管。加强社会监督，建立和畅通社会监督渠道。

（三）关于退出机制。

职能转出部门建立转移职能退出机制，在相关协议中明确具体的退出条款，对违反协议规定造成较大负面社会影响的社会组织，职能转出部门应当取消其承接资格，并追究违约责任；对履行转移职能过程中出现贪污腐败等严重违纪行为的社会组织，由有关部门依法追究行政或刑事责任。承接主体退出应当以有效方式公告。退出后职能转出部门必须按程序重新选定符合条件的主体继续承接。职能转出部门未按转移职能协议规定执行造成重大不良后果的，由纪检监察部门追究相关单位和人员责任。

（四）关于政策支持。

社会主体承接政府转移职能后，符合政策扶持条件的按有关规定办理。

（五）关于材料备案。

承接转移职能协议、监管办法等材料，须报市编办备案，并抄送市社工委、市发展改革局（市物价局）、市监察局、市财政局、市民政局、市法制局等部门。

各市、区政府参照市本级的做法，组织实施好本市、区的政府职能转移工作。

江门市人民政府办公室关于印发江门市“十二五”后半期主要污染物总量减排行动计划实施方案的通知

江府办函〔2014〕30号

各市、区人民政府，市有关单位：

经市人民政府同意，现将《江门市“十二五”后半期主要污染物总量减排行动计划实施方案》印发给你们，请认真贯彻执行。执行中遇到的问题，请径向市环保局反映。

江门市人民政府办公室

2014年2月10日

江门市 “十二五”后半期主要污染物总量减排行动计划实施方案

为完成省下达我市的“十二五”减排目标，到2015年，我市化学需氧量、氨氮、二氧化硫和氮氧化物须比2012年减排8.76%、12.35%、19.03%和31.33%以上（如无特别说明，本方案中“以上”“以下”均包含本数）；即在抵消新增量的基础上，需分别减排不少于9889吨、1491吨、11013吨和24792吨。

一、现阶段污染减排工作形势及存在问题

（一）污染减排时间紧任务重的态势不变。

截至2012年底，全市化学需氧量、氨氮、二氧化硫、氮氧化物排放量分别为11.29万吨、1.21万吨、5.79万吨、7.91万吨，分别比2010年下降8.45%、4.13%、-3.22%、-2.73%，完成“十二五”减排任务的51.3%、25.9%、-19.6%、-9.3%。各地“十二五”减排工作进展很不均衡，其中开平市、鹤山市和恩平市的化学需氧量、氨氮指标，江海区、台山市的二氧化硫和氮氧化物指标，鹤山市的二氧化硫和恩平市的氮氧化物指标相对2010年不降反升，减排形势不容乐观。

（二）污染减排发展到目前阶段出现瓶颈。

1.城镇生活污水处理仍需加大投入。经过多年投入，各市、区的城区和中心镇均已配套了生活污水处理厂，污水处理能力已经接近90万吨/天。但是重厂轻网现象仍较为普遍，管网建设滞后，造成相当部分生活污水厂进水浓度偏低，运行负荷提不上去。

2.工业减排潜力有限。我市火电行业的脱硫脱硝工程已全部完成；通过对超标企业的限期治理和对扩建项目以新带老为主的工业减排也基本完成，继续要求企业进一步进行工程减排将面临法律依据不足的情况。

3.我市小火电结构减排已于“十一五”完成，水泥结构减排已经接近尾声，剩余三家立窑水泥厂也已停产，并将于2014年彻底关闭。造纸、纺织印染、皮革行业的结构调整进展不大。

4.畜禽养殖业污染减排难度大。到2013年底，完成减排工程的养殖场只占规模化养殖总量的19.5%，且基本是较大规模的养殖公司完成的，数量众多的养殖场和养殖小区并未按规范配套治理措施。进一步推进污染减排面临点多面广，涉及到农民的切身利益，工作难度大。

5.锅炉整治缺乏配套措施。一方面，禁燃区刚完成调整，燃气管网铺设工程需要时间，禁燃区内锅炉、炉窑煤改气、油改气工程全面铺开有难度；另一方面，缺乏集中供热的整体实施方案，个案不多，难以大面积淘汰、改造治理难度较大、监管困难的小锅炉。

6.机动车保有量呈加速增长态势，机动车污染减排虽采取多项有力措施，但氮氧化物排放量仍然较大。

二、“十二五”后半期污染减排工作重点

“十二五”后半期，面对严峻的减排形势，完成污染减排任务已经进入攻坚阶段，要进一步加大各项减排措施的落实力度。面对上述困难，各市、区政府应迎难而上，重点做好以下工作：

（一）加强统筹协调，严格控制污染物新增量。

1.严格控制新上燃煤和非热电冷联供的燃气机组，坚持以热定电原则，供热范围内的燃煤、燃重油锅炉必须限期淘汰；严格限制高能耗、高排放行业新增产能，新、改、扩建项目实行产能等量或减量置换。

2.严格执行建设项目总量前置审核制度，把取得主要污染物排放总量指标作为建设项目环评审批的前置条件，把落实主要污染物排放总量指标作为试运行和验收的必要条件。进一步完善畜禽养殖业环保管理，新建规模化养殖场必须实现零排放。

3.科学规划城镇化，及早部署污水处理设施建设，强调纳污管网的配套建设。

（二）继续抓好现有减排工程，挖掘新的减排项目。

1.重点抓好污水处理厂和配套管网建设。加快杜阮污水处理厂、恩平污水处理厂二期的建设，规划建设开平污水处理厂二期工程；进一步推进建制镇污水处理厂建设工作，加快潭江流域村镇生活污水处理设施建设。加快推进已建成城镇生〖JP2〗活污水处理设施的配套管网建设，城市污水处理厂平均运行负荷率不低

于85%，县、镇级不低于80%（运行不足3年的不低于75%）；进出水化学需氧量和氨氮年平均浓度差分别达130mg/L（毫克每升）和13mg/L以上。

2.继续做好造纸、纺织印染行业的升级改造。借造纸行业排放标准提高和省经济和信息化委、省环境保护厅对印染企业进行准入管理的机会，改造一批和关停一批造纸、纺织印染企业。继续做大做强造纸工业园区，规划建设印染工业园，引导企业入园，集中供热集中治污。到2015年，单位工业增加值化学需氧量和氨氮排放强度均比2010年下降50%。

3.多措并举抓好工业锅炉的脱硫除氮工程。一方面，集中精力开展20蒸吨/小时以上工业锅炉的脱硫工程，严格按照国家认定的技术规范进行治理，确保综合脱硫效率稳定达到70%以上；65蒸吨/小时以上燃煤工业锅炉（非建城区内循环流化床锅炉除外）要进行烟气脱硝工程建设；减排企业必须配套DCS中控系统和连续自动烟气监控系统，数据与当地环保部门联网并开展季度有效性审核。另一方面，对于20蒸吨/小时以下锅炉，以连片整治和能源结构调整为主，加强工业园的建设，推广热电冷联供，淘汰供热范围内的小锅炉；推动城市建成区高污染燃料禁燃工作，禁止新建、改建、扩建燃用高污染燃料的锅炉、窑炉和导热油炉等燃烧设施，已建成的不符合要求的各类燃烧设施要在2014年拆除或改造使用清洁能源。

4.推动工业炉窑的脱硝工程。按照国家《陶瓷工业污染物排放标准》和《平板玻璃工业大气污染物排放标准》的要求，以达标排放为抓手，督促企业开展治理工程和进行低氮燃烧改造。新建建筑陶瓷窑炉、浮法玻璃生产线必须使用清洁能源；推动现有合法生产企业改用清洁能源或安装烟气脱硫设施，综合脱硫效率应达60%以上。推进大型浮法玻璃生产企业实施烟气脱硝，综合脱硝效率应达60%以上。

5.进一步推动农业源减排。提高畜禽养殖准入门槛，严格控制全市的养殖规模，减少畜禽养殖业污染物产生总量，从源头控制排放量；贯彻实施国务院《畜禽规模养殖污染防治条例》，开展畜禽养殖场的污染防治专项行动，加大宣传，强化执法，对无牌无证和治理设施未经验收擅自投入生产的规模化养殖场和养殖小区坚决予以查处；从广度和深度进一步推进农业源减排，大力推动所有生猪出栏量1000头以上和所有规模化肉蛋鸡养殖场和养殖专业户开展治理，对具备工程条件的养殖场（小区）落实治理工程，对不具备工程条件的养殖场（小区）开展以整合、关停、搬迁为主的综合整治；已经通过国家减排审核，但没有达到100%去除率的项目应进一步深化治理，争取达到100%的去除率；各市、区应规划建设一处或以上畜禽养殖废弃物集中式综合利用或无害化处理设施，鼓励和引导畜禽养殖专业户将废弃物委托给具备处理能力的单位进行集中处置和综合利用，提高废弃物综合利用和污染防治水平，降低对消纳土地需求的压力。

6.全面强化机动车污染控制，全面使用粤Ⅳ车用汽油、国Ⅳ车用柴油，降低机动车排放强度；通过依法淘汰、经济补偿、区域限行等措施，推动“黄标车”更新淘汰。

三、保障措施

（一）强化减排项目的调度。

现在距离“十二五”结束仅有不到两年时间，而根据减排核算的规则，生活和工业工程减排项目的减排量是以投入运行验收为时间节点，计算其后一年的减排量。也就是2015年中期建成验收的项目只计算半年的减排量，而年末建成验收的减排项目则不计入“十二五”的减排量。为完成我市“十二五”减排任务，充分发挥减排项目的减排效果，各市、区所有生活和工业工程减排项目计划完成时间应不晚于2015年的上半年。为预留整改余地，纳入2014年污染减排计划的项目总减排量应不少于“十二五”剩余任务量的80%。根据国家核查核算要求，不纳入减排计划的项目不计算减排量，必须加强对污染减排项目规划和组织实施。

（二）健全减排联动机制。

加强环保、农业、公安等部门的减排联动机制，继续开展规模化畜禽养殖场（区）和养殖专业户的畜禽养殖污染防治工作专项执法检查，推动畜禽养殖业规范管理；继续开展“黄标车”限行联合执法路检工作，加大“黄标车”违规行驶的打击力度；进一步完善污染减排数据统计及核查核算体系，建立发展改革、经济和信息化、公安、农业、环保、统计等部门统计数据的共享机制。

（三）加大减排财政政策扶持。

进一步加大减排资金投入力度，出台相关的财政扶持政策。安排专项资金，对畜禽养殖污染治理、工业锅炉治理和淘汰、“黄标车”提前报废等给予补助支持。

（四）进一步加大环境监管力度。

加强环保日常监管和监督执法，提高污染源稳定达标排放水平。强化对电厂、建材、造纸、印染、制革等重点排污企业和城镇生活污水处理厂的现场核查，开展畜禽养殖污染防治专项行动，严肃查处超标超总量排污、污染防治设施不正常运行、擅自停运及偷排偷放等行为。强化机动车尾气排放定期检验和抽检，对排气不合格的机动车严格按照《广东省机动车排气污染防治条例》的规定，依法强制报废。强化机动车限行区域的执法，切实执行“黄标车”限行政策。进一步强化环保执法后督察，推动违法企业及时有效落实整改措施。继续实施企业环保信用管理，定期开展污染源排放情况的评估，并向社会公告，鼓励有奖举报，充分发挥社会监督作用。

附件：江门市“十二五”后半期主要污染物总量减排重点项目表

附件

江门市“十二五”后半期主要污染物总量减排重点项目表

表1 城镇生活污水处理设施及配套管网建设项目表

序号	行政区域	项目名称
1	蓬江区	杜阮污水处理厂首期
2	江海区	高新区综合污水处理厂首期
3		江海污水处理厂截污管网二期工程
4	新会区	大泽镇污水处理厂
5		三江镇污水处理厂
6		罗坑镇污水处理厂
7		崖门镇污水处理厂
8		沙堆镇污水处理厂
9		睦洲镇污水处理厂
10	台山市	水步镇污水处理厂
11		四九镇污水处理厂
12		白沙镇污水处理厂
13		三合镇污水处理厂
14		大江镇污水处理厂

续表：

序号	行政区域	项目名称
15		大沙镇污水处理厂
16	开平市	开平污水处理厂二期
17		蚬冈镇污水处理厂
18		龙胜镇污水处理厂
19		百合镇污水处理厂
20		沙塘镇污水处理厂
21		塘口镇污水处理厂
22		月山镇污水处理厂
23	鹤山市	址山镇污水厂配套管网
24		雅瑶镇污水厂配套管网
25		共和镇污水厂配套管网
26	恩平市	君堂镇污水处理厂
27		良西镇污水处理厂
28		东成镇污水处理厂
29		恩平市污水处理厂二期
30		牛江镇污水处理厂
31		大田镇污水处理厂
32		圣堂镇污水处理厂

表2 已建城镇生活污水处理设施运行负荷及浓度目标表

序号	市、区	污水处理厂名称	设计处理能力(万吨/日)	2015年目标下限要求		
				运行负荷率(%)	化学需氧量进出水浓度差(mg/L)	氨氮进出水浓度差(mg/L)
1	蓬江区	江门市蓬江区荷塘镇生活污水处理厂	0.3	87	145	25
2	蓬江区	江门市碧源污水治理有限责任公司（丰乐污水处理厂）	4	85	157	15
3	蓬江区	江门市碧源污水治理有限责任公司（潮连生活污水处理厂）	0.5	75	130	13
4	蓬江区	江门市蓬江区棠下生活污水处理厂	4	75	130	13
5	江海区	江门市碧源污水治理有限责任公司（文昌沙水质净化厂）	20	80	137	14
6	江海区	江海污水处理厂	8	75	150	16
7	新会区	江门市新会区龙泉污水处理有限公司	10	98	201	18

续表：

序号	市、区	污水处理厂名称	设计处理能力(万吨/日)	2015年目标下限要求		
				运行负荷率(%)	化学需氧量进出水浓度差(mg/L)	氨氮进出水浓度差(mg/L)
8	新会区	今古洲北部污水处理厂	4	75	130	13
9	新会区	司前镇污水处理厂	0.5	75	130	13
10	新会区	江门市新会仁科环保有限公司（双水镇生活污水处理厂）	0.5	80	131	13
11	新会区	江门市新绿污水处理有限公司（古井镇生活污水处理厂）	0.25	86	131	18
12	台山市	台城污水处理厂	8	100	155	13
13	台山市	广海镇污水处理厂	0.4	75	130	13
14	台山市	海宴镇污水处理厂	0.2	75	130	13
15	台山市	斗山污水处理厂	0.4	80	165	13
16	台山市	王府洲污水处理厂有限公司	0.2	85	161	13
17	台山市	大江镇污水处理厂	0.2	75	130	13
18	开平市	开平迳头污水处理厂（开平正元水务有限公司）	5	100	173	12
19	开平市	开平水口镇污水处理厂	0.5	80	131	13
20	开平市	赤坎镇污水处理厂	0.5	75	130	13
21	开平市	苍城镇污水处理厂	0.5	75	130	13
22	鹤山市	鹤山市第二污水处理厂（鹤山市中南污水处理有限公司）	8	85	131	16
23	鹤山市	鹤山市杰洲水质净化厂	2	75	130	13
24	鹤山市	雅瑶镇污水处理厂	0.15	80	131	13
25	鹤山市	龙口镇污水处理厂	0.3	80	131	13
26	鹤山市	鹤山市共和南风污水处理有限公司	1	80	131	13
27	鹤山市	址山镇污水处理厂	0.3	80	131	13
28	鹤山市	桃源镇污水处理厂	0.3	75	130	13
29	鹤山市	鹤城镇污水处理厂	0.3	75	130	13
30	鹤山市	古劳镇污水处理厂	0.3	75	130	13
31	恩平市	恩平市污水处理厂	2	100	154	13
32	恩平市	沙湖镇污水处理厂	0.3	80	131	13

表3 规模化养殖场（小区）工程治理项目表

序号	市、区	养殖场(小区)名称	畜禽种类	饲养量
1	蓬江区	谢超鸿猪场	生猪	6000
2	蓬江区	德湾猪场	生猪	5000
3	蓬江区	宋润强猪场	生猪	5000
4	蓬江区	朱德松猪场	生猪	5000
5	蓬江区	文成发猪场	生猪	4000
6	蓬江区	江门市茂源农牧有限公司	生猪	3500
7	蓬江区	欧文江猪场	生猪	2500
8	蓬江区	张启伦猪场	生猪	2000
9	蓬江区	潭超武猪场	生猪	2000
10	蓬江区	陈广润猪场	生猪	2000
11	蓬江区	简福林猪场	生猪	2000
12	蓬江区	文成养猪场	生猪	1850
13	蓬江区	施健林猪场	生猪	1500
14	蓬江区	欧阳志坚猪场	生猪	1000
15	江海区	鹏飞畜牧有限公司	生猪	15000
16	江海区	吴泽余养殖场	生猪	4000
17	江海区	刘兆威养殖场	生猪	4000
18	新会区	江门市华业猪场有限公司	生猪	10468
19	新会区	江门市汇海饲料厂有限公司（新会分公司）	生猪	6000
20	新会区	江门市新会区三江洪门猪场	生猪	6000
21	新会区	江门市新会区崖门镇大湖健联养猪场	生猪	5000
22	新会区	大泽黄东就猪场	生猪	3000
23	新会区	江门市新会区双水张润森养殖场	生猪	2800
24	新会区	江门市新会区崖门镇龙兴猪场	生猪	2700
25	新会区	江门市新会区双水陆其立养殖场	生猪	2500
26	新会区	江门市新会区双水林社华养殖场	生猪	2200
27	新会区	江门市新马单农业资源开发有限公司	生猪	2100
28	新会区	江门市新会区崖门东润母猪场	生猪	2000
29	新会区	江门市新会区睦洲东成猪场	生猪	2000
30	新会区	江门市新会区崖门镇沃兴养猪场	生猪	1800
31	新会区	新会区崖门镇横水大塘美猪场	生猪	1500
32	新会区	黄新潮养殖场	生猪	1300
33	新会区	富明猪场	生猪	1300
34	新会区	罗坑邓有文养猪场	生猪	1200
35	新会区	李怀胜养殖场	生猪	1100
36	新会区	江门市新会区众仁畜牧养殖专业合作社	肉鸡	100000

续表：

序号	市、区	养殖场（小区）名称	畜禽种类	饲养量
37	新会区	山水奶牛场	奶牛	300
38	新会区	江门市新会区崖门镇丰乐猪场	生猪	3000
39	台山市	台山市环安种猪场	生猪	13500
40	台山市	斗山镇顺生畜牧场	生猪	12988
41	台山市	台山市长江食品有限公司烽火角猪场	生猪	10654
42	台山市	台山市端芬力根农场	生猪	10000
43	台山市	万和猪场	生猪	9700
44	台山市	林锐尧	生猪	7000
45	台山市	台山市长江食品有限公司岐山猪场	生猪	7000
46	台山市	台山市长江食品有限公司红岭猪场	生猪	6008
47	台山市	陈次旺	生猪	6000
48	台山市	谢振	生猪	5000
49	台山市	林英豪	生猪	4100
50	台山市	台山市长江食品有限公司端芬猪场	生猪	4000
51	台山市	黄光韶猪场	生猪	3500
52	台山市	广东省万和农牧有限公司	生猪	3000
53	台山市	刘国立	生猪	3000
54	台山市	陈昌胜	生猪	3000
55	台山市	李活强	生猪	2500
56	台山市	李炳荣	生猪	2500
57	台山市	邝光华	生猪	2000
58	台山市	韦家猪场	生猪	2000
59	台山市	张怀强	生猪	1000
60	台山市	庞建光	生猪	1000
61	台山市	台山市盛丰农业有限公司	生猪	1000
62	台山市	伍锡仪猪场	生猪	1000
63	台山市	河东家禽有限公司	蛋鸡	60000
64	台山市	台山市科朗现代农业有限公司	蛋鸡	60000
65	开平市	开平市赤水镇丰润养猪场	生猪	16000
66	开平市	开平市金山良种猪场	生猪	9000
67	开平市	开平市沙塘镇良种场大冲营分场	生猪	8760
68	开平市	丰润猪场	生猪	6000
69	开平市	开平市月山镇黄家庄养猪场	生猪	5200
70	开平市	广东广三保养猪有限公司开平种猪场	生猪	5000
71	开平市	王育军养殖场	生猪	4000
72	开平市	黎家亮	生猪	4000

续表：

序号	市、区	养殖场(小区)名称	畜禽种类	饲养量
73	开平市	开平市苍城镇建大农场	生猪	2600
74	开平市	张炳华养猪场	生猪	2400
75	开平市	开平市苍城镇大罗村大槐水库养殖场	生猪	2000
76	开平市	梁牛仔养猪场	生猪	2000
77	开平市	陈铭利养殖场	生猪	2000
78	开平市	永丰养猪场	生猪	2000
79	开平市	谭伟新养猪场（原华堂种猪场）	生猪	1600
80	开平市	开平市华信种猪场	生猪	1500
81	开平市	苏汉影养殖场	生猪	1500
82	开平市	开平市金鸡镇龙口养殖场	生猪	1300
83	开平市	梁桂龙	生猪	1200
84	开平市	冯容进养殖场	生猪	1200
85	开平市	现平市龙胜镇现龙村养殖场	生猪	1000
86	开平市	开平市金鸡镇锦湖山樵坑种养局势稳定	生猪	1000
87	开平市	张源庆养殖场	生猪	1000
88	开平市	梁活鼎养殖场	生猪	1000
89	开平市	张国有养殖场	生猪	1000
90	开平市	现龙村九眼井猪场	生猪	1000
91	开平市	开平市赤水顺祥养殖场	肉鸡	100000
92	开平市	节粮高效优质鸡标准化生态养殖示范	肉鸡	100000
93	开平市	开平市粤顺奶牛养殖场	奶牛	400
94	鹤山市	鹤山市鹤城镇营信猪场	生猪	14000
95	鹤山市	鹤山市钟氏华粮生态农业有限公司	生猪	12000
96	鹤山市	鹄谷猪场	生猪	8400
97	鹤山市	顺丰养殖场	生猪	7000
98	鹤山市	广东省新兴县食品集团有限公司鹤山合成分公司	生猪	6000
99	鹤山市	建新猪场	生猪	5800
100	鹤山市	伍福农场	生猪	5500
101	鹤山市	鹤山市雅瑶镇雄翔农牧有限公司	生猪	4500
102	鹤山市	鹤山市址山镇禾南掩洞农场	生猪	4200
103	鹤山市	鹤山市雅瑶镇宏晖生态养殖场	生猪	4200
104	鹤山市	鹤山市雅瑶镇李汝镜猪场	生猪	3750
105	鹤山市	鹤山市雅瑶镇南靖益能养殖场	生猪	3750
106	鹤山市	万禾猪场	生猪	3500
107	鹤山市	鹤山市双合途村猪场	生猪	3500
108	鹤山市	鹤城镇横凤猪场	生猪	3350

续表：

序号	市、区	养殖场(小区)名称	畜禽种类	饲养量
109	鹤山市	冯向民	生猪	3000
110	鹤山市	鹤山市雅瑶镇伍国智黄洞养殖场	生猪	3000
111	鹤山市	鹤山市雅瑶镇南靖中坚猪场	生猪	3000
112	鹤山市	杨添尧	生猪	2800
113	鹤山市	新辉猪场	生猪	2612
114	鹤山市	鹤山市雅瑶镇上南兴民猪场	生猪	2550
115	鹤山市	赐丰猪场	生猪	2500
116	鹤山市	莫宏铭	生猪	2400
117	鹤山市	上黄猪场	生猪	2340
118	鹤山市	康美养殖场	生猪	2300
119	鹤山市	丽华猪场	生猪	2300
120	鹤山市	永丰猪场	生猪	2300
121	鹤山市	鹤山市雅瑶镇高嘴山猪场	生猪	2250
122	鹤山市	鹤山市雅瑶镇昆东那水良种猪场	生猪	2230
123	鹤山市	胡伟文	生猪	2000
124	鹤山市	林欣胜	生猪	2000
125	鹤山市	鹤山市雅瑶大朗猪场	生猪	1500
126	鹤山市	李伟枝	生猪	1300
127	鹤山市	鹤山市桃源镇盈康猪场	生猪	1200
128	鹤山市	德丰养殖场	生猪	1100
129	鹤山市	兴华养殖场	生猪	1000
130	鹤山市	袁圣桂	生猪	1000
131	鹤山市	家福养殖场	肉鸡	200000
132	鹤山市	罗磊胜	肉鸡	100000
133	鹤山市	冼永坚	肉鸡	100000
134	鹤山市	李水连	肉鸡	50000
135	恩平市	平石种猪场	生猪	21200
136	恩平市	冯仕源养殖场	生猪	8000
137	恩平市	恩平市永兴养殖场	生猪	5820
138	恩平市	世纪农庄养殖场	生猪	5153
139	恩平市	恩平市长隆养殖场	生猪	5000
140	恩平市	恩平市金津养殖有限公司	生猪	4950
141	恩平市	润泽养殖场猪场	生猪	4800
142	恩平市	郁顺养殖场	生猪	4200
143	恩平市	恩平市东成镇金坑养殖场	生猪	4200
144	恩平市	苏尚满养殖场	生猪	4200

续表:

序号	市、区	养殖场(小区)名称	畜禽种类	饲养量
145	恩平市	恩平市东成镇东安侧仔田养殖场（余天松）	生猪	3250
146	恩平市	恒辉农庄	生猪	3220
147	恩平市	冯健强养殖场	生猪	3000
148	恩平市	陈雄养殖场	生猪	3000
149	恩平市	白沙洞农牧场	生猪	2555
150	恩平市	梁惠茜养殖场	生猪	2550
151	恩平市	文心猪场	生猪	2340
152	恩平市	颜国祥养殖场	生猪	2000
153	恩平市	恩平市君堂联丰农场猪场	生猪	2000
154	恩平市	吴炳文猪场	生猪	1600
155	恩平市	方锡培猪场	生猪	1542
156	恩平市	钟佳养殖场	生猪	1500
157	恩平市	吴明楚养殖场	生猪	1500
158	恩平市	恩平市树人农业发展有限公司	生猪	1500
159	恩平市	梁品森养殖场	生猪	1345
160	恩平市	祥兴养殖场	生猪	1300
161	恩平市	冯廷丰猪场	生猪	1300

表4 已治理规模化养殖场（小区）项目表

序号	市、区	养殖场(小区)名称	已认定去除率（%）	
			COD	氨氮
1	蓬江区	江门蓬江区白沙街龙湾志业畜牧场	97	89
2	蓬江区	蓬江区鸿业畜牧有限公司	97	89
3	蓬江区	蓬江区罗振侠猪场	90	70
4	新会区	江门市乐安珍农牧有限公司猪场	90	70
5	新会区	江门市乐安珍农牧有限公司沙西养鸡场	89	65
6	新会区	江门市乐安珍农牧有限公司沙角鸡场	89	65
7	新会区	江门市新会区大泽镇宝猪林养殖场	90	70
8	新会区	江门市新会区大泽龙门良种猪场	90	70
9	新会区	江门市新会区大泽镇联兴畜牧场	86	50
10	开平市	开平市沙塘镇良种场	90	70
11	开平市	开平市金鸡镇联兴养殖场	90	70
12	鹤山市	鹤山市鹤城镇城西五友猪场	90	70
13	鹤山市	鹤山市鹤城镇丽业农场	90	70
14	鹤山市	江门市民康农牧有限公司	90	70
15	鹤山市	鹤山市桃源镇建荣猪场	90	70

续表：

序号	市、区	养殖场(小区)名称	已认定去除率（%）	
			COD	氨氮
16	鹤山市	鹤山市双合三兴生态养殖场	90	70
17	恩平市	温氏公司东成绵湖养殖场	90	70
18	恩平市	恩平市翔鸿农牧发展有限公司养殖场	90	70
19	恩平市	谭伟昂养殖场	90	70
20	恩平市	温氏畜牧有限公司恩平分公司大槐猪场	86	50
21	恩平市	恩平市菲赛迪生态农业科技有限公司	90	70

表5 重点废水治理工程项目表

序号	市、区	企 业 名 称	项目内容	投运时间
1	蓬江区	江门市蓬江区荷塘盈兴洗水厂	深度治理+节水	2015
2	蓬江区	江门华昌纺织有限公司	深度治理+节水	2014
3	新会区	造纸行业整治	深度治理+节水	2014、2015
4	新会区	亚太森博（广东）纸业有限公司	治理回用	2014
5	新会区	江门市百晖纺织有限公司	深度治理+节水	2014
6	新会区	江门市宏美针织印染有限公司	深度治理+节水	2014
7	新会区	江门市新会信和染整有限公司	深度治理+节水	2014
8	新会区	江门市新会达华工贸实业有限公司	深度治理+节水	2014
9	新会区	江门市新会区顺和实业有限公司	深度治理+节水	2014
10	新会区	江门万濠科技弹性织物有限公司	深度治理+节水	2014
11	开平市	开平市平丰纺织有限公司	深度治理+节水	2015
12	开平市	开平市百德服装配料有限公司	深度治理+节水	2014
13	开平市	开平市润发大成纺织染整有限公司	深度治理+节水	2014
14	恩平市	恩平盈丰整染有限公司	深度治理+节水	2014
15	恩平市	恩平锦兴纺织印染企业有限公司	深度治理+节水	2014
16	恩平市	恩平金丰织染实业有限公司	深度治理+节水	2014

表6 企业自备电厂锅炉二氧化硫治理工程项目表

<table>
<tr><th>序号</th><th>市、区</th><th>企 业 名 称</th><th>机组编号</th><th>装机容量（MW）</th><th>脱硫措施</th><th>完成时间(年)</th></tr>
<tr><td>1</td><td rowspan="2">江海区</td><td rowspan="2">江门天诚溶剂制品有限公司北街（联营）发电厂</td><td>2</td><td>12</td><td rowspan="2">提高综合脱硫效率</td><td>2014</td></tr>
<tr><td>2</td><td>3</td><td>25</td><td>2014</td></tr>
<tr><td>3</td><td rowspan="4">新会区</td><td rowspan="2">新会粤新热电联供有限公司</td><td>1</td><td>25</td><td rowspan="2">提高综合脱硫效率</td><td>2014</td></tr>
<tr><td>4</td><td>2</td><td>25</td><td>2014</td></tr>
<tr><td>5</td><td rowspan="2">江门市新会区冠华针织厂有限公司</td><td>1</td><td>15</td><td rowspan="2">提高综合脱硫效率</td><td>2014</td></tr>
<tr><td>6</td><td>2</td><td>15</td><td>2014</td></tr>
</table>

续表：

序号	市、区	企 业 名 称	机组编号	装机容量（MW）	脱硫措施	完成时间(年)
7	新会市	江门市桥裕纸业有限公司	1	6	提高综合脱硫效率	2014
			2	6		
8		亚太森博（广东）纸业有限公司	1	80	提高综合脱硫效率	2014
9		江门市丰达纸业有限公司	1	15	提高综合脱硫效率	2014
10		维达纸业（中国）有限公司	1	8	提高综合脱硫效率	2014
11	开平市	广东永顺纸业有限公司	1	6	提高综合脱硫效率	2014
12	恩平市	恩平锦兴纺织印染企业有限公司	1	6	提高综合脱硫效率	2014
			2	6		

表7 企业自备电厂锅炉氮氧化物治理工程项目表

序号	市、区	企 业 名 称	机组编号	装机容量（MW）	脱硝措施	完成时间(年)
1	江海区	江门天诚溶剂制品有限公司北街（联营）发电厂	2	12	LNB+SNCR	2015
2	江海区	江门天诚溶剂制品有限公司北街（联营）发电厂	3	25	LNB+SNCR	2014
3	新会区	新会粤新热电联供有限公司	1	25	SNCR	2014
4	新会区	新会粤新热电联供有限公司	2	25	SNCR	2014
5	新会区	亚太森博（广东）纸业有限公司	1	80	SNCR	2014

表8 平板玻璃、陶瓷行业污染整治项目表

号 序	市、区	企 业 名 称	脱硝措施	完成时间(年)
1	蓬江区	江门市蓬江区荷塘新辉玻璃有限公司	综合脱硝率≥60%	2014
2	蓬江区	江门华尔润玻璃有限责任公司	综合脱硝率≥60%	2014
3	江海区	广东江门益胜浮法玻璃有限公司	综合脱硝率≥60%	2014

表9 各市、区燃煤锅炉分布表

市、区	4t/h及以下（台）	4–10t/h（台）	10–20t/h（台）	20t/h以上（台）	合计（台）
蓬江区	64	28	9	5	106
江海区	32	16	2	11	61
新会区	133	56	5	18	212
台山市	73	17	2	1	93
开平市	125	35	5	16	181
鹤山市	89	27	5	3	124
恩平市	30	11	4	1	46
合计	546	190	32	55	823

表10 淘汰落后产能企业名单项目表

序号	市、区	企业名称	淘汰生产线（设备）型号及数量（台、套）	产能（万吨）	淘汰年份
1	开平市	开平市广鸿建材有限公司	Φ3.0*10米机立窑生产线2条	20	2014年
2	恩平市	恩平市建桥水泥有限公司（恩平市横陂水泥厂）	Φ3.2*10米机立窑生产线1条	10	2014年
3	恩平市	恩平市金刚石建材有限公司	Φ3.0*10米机立窑生产线1条、Φ3.2*10米机立窑生产线1条	20	2014年

表11 营运类"黄标车"淘汰项目表

车型	大型客车	中型客车	小型客车	微型客车	重型货车	中型货车	轻型货车	微型货车	小计
2014年淘汰数量	78	141	4	0	1634	855	5599	0	8311
2015年淘汰数量	138	120	0	0	1591	662	4431	0	6942

江门市人民政府办公室关于印发《江门市危险化学物品运输车辆交通事故现场处置应急预案》的通知

江府办函〔2014〕28号

各市、区人民政府，市直各单位：

江门市《危险化学物品运输车辆交通事故现场处置应急预案》已经市人民政府同意，现印发给你们，请认真按照执行。执行过程中遇到的问题，请径向市公安局反映。□

江门市人民政府办公室

2014年1月29日

江门市危险化学物品运输车辆交通事故现场处置应急预案

为切实提高危险化学品道路运输车辆事故的应急处置能力，减少事故造成的人员伤亡、财产损失和环境破坏，维护道路交通安全和通行秩序，确保现场处置高效、有序进行，根据

《中华人民共和国道路交通安全法》《中华人民共和国突发事件应对法》《中华人民共和国安全生产法》《生产安全事故报告和调查处理条例》（国务院令第493号令）、《危险化学品安全管理条例》（国务院令第591号）和《广东省突发事件应对条例》《关于印发广东省危险化学品安全监督管理部门职责的通知》（粤府办〔2005〕14号）、《广东省突发事件现场指挥官制度实施办法（试行）》（粤府办〔2014〕1号）和《江门市突发事件总体应急预案》等有关法律、法规、规章和政策文件，制定本预案。

一、现场处置原则

统一指挥、分级负责；部门配合、加强协作；快速反应、高效运转；依靠科学、安全处置。

二、预案适用范围

危险化学品运输车辆道路交通事故是指危险化学品运输车辆在道路交通运输过程中发生的交通事故。本预案所涉及的危险化学品是指《危险化学品安全管理条例》（国务院令第591号）规定的具有毒害、腐蚀、爆炸、燃烧、助燃等性质，对人体、设施、环境造成危险的化学品。运输车辆在运输烟花、爆竹、放射性物品等过程中发生的道路交通事故处置，参照本预案执行。

三、危险化学品运输车辆事故分级

根据危险化学品运输车辆道路交通事故的可控性、严重程度和影响范围分3个级别：

（一）Ⅰ级事故：是指事态非常严重，事故造成危险、剧毒化学品严重泄漏、水体等环境污染，严重威胁到周边群众生命、财产安全，或者易燃、易爆危险化学品燃烧、爆炸，需要立即疏散事故现场周边居民，需实施跨区域交通组织分流。

（二）Ⅱ级事故：是指事态严重，事故造成危险化学品泄漏或处置时极可能造成泄漏，或导致易燃、易爆危险化学品燃烧、爆炸或者剧毒品可能污染周围环境等，双向交通中断需要分流和事故周边群众需要疏散。

（三）Ⅲ级事故：是指事态一般，事故没有造成危险化学品泄漏但处置困难，有可能造成危险化学品泄漏、燃烧、爆炸，对交通造成一定的影响。

四、应急指挥体系

（一）地市级指挥部：市政府设置危险化学品运输车辆事故现场应急处置指挥部，由市政府分管领导任总指挥，公安、安全监管部门领导任副总指挥，预防道路交通事故联席会议相关的成员单位及应急保障单位领导参与处置工作。负责处置Ⅰ级事故相关事宜。

（二）市、区（县级）级指挥部：各地设置危险化学品运输车辆事故现场应急处置指挥部，由当地市、区政府分管领导任总指挥，公安、安全监管部门领导任副总指挥，预防道路交通事故联席会议相关成员单位及应急保障单位领导参与处置工作，负责处置Ⅱ级事故相关事宜。

（三）现场指挥部：由事故发生地的交警大队或其上级公安机关领导，或上级公安交通管理部门领导担任现场指挥官，安全监管部门领导担任副指挥官，指挥开展应急处置工作，交通运输、城管（燃气办）等部门领导参与处置工作。

发生在高速公路上的事故，现场指挥官由高速交警大队或其上级公安交通管理部门领导担任，如达到Ⅱ、Ⅲ级事故，需报所属地段的辖区政府；如达到Ⅰ级事故，则需报江门市政府。

五、部门分组及主要职责

为使现场应急处置有序、安全开展，根据粤府办〔2005〕14号的要求和结合我市工作实际，各级指挥部设置以下相应工作组：

（一）现场交通组：由公安交管、公路路政等部门组成，公安交管部门领导任组长。负责现场安全防护、协助抢救受伤人员、事故现场勘查和调查取证、控制肇事司机等；组织疏导和撤离危险区域内的无关人员；设置事故现场警戒区，管制进出事故现场的人员和车辆；实施交通管制和分流措施，避免次生事故发生和减少交通拥堵。

（二）抢救治疗组：由卫生计生、消防、医疗、职防等部门单位组成，卫生计生部门领导任组长。负责组织和落实相关人员赶赴事故现场，抢救受伤人员和救治工作；在事故达到Ⅰ级、Ⅱ级时，根据需要对受污区域做好卫生防护工作。

（三）安全评估组：由安全监管、消防、交通运输、质监、城管（燃气办）、治安等部门组成，安全监管部门（涉液化石油气和天燃气则为燃气办）领导任组长。负责组织危险化学品安全管理专家、专业技术人员赶赴现场，对所运载的危险化学品、承压盛装容器的安全性进行评估，提出安全距离（区域）和拯救方案或控制措施，供指挥人员组织、协调、实施。

（四） 交通拯救组：由交通运输、质监、城管（燃气办）、公路管理等部门组成，交通运输部门领导任组长。负责组织和落实拯救、起重的车辆或相应的运输车辆及时赶赴事故现场，统筹并落实对事故现场的危险化学品的驳载、卸载、转移等工作；评估拯救作业量、难度、危险性和应急拯救费用处理。

（五）环境监测组：由环保、卫生计生、水务、城管、农业等部门组成，环保部门领导任组长。负责对事故现场被污染的土壤、水体、大气等进行监测，及时提供环境污染物监测结果，为正确救援和防止扩散提供依据。

（六）现场保障组：由属地的市、区（县级）政府及经济和信息化、电力、通信等部门单位组成，由属地的市、区（县级）政府领导任组长，负责事故现场应急电力、通信的保障，排除现场相关电力线路（设备）安全隐患；根据安全评估的情况，当地镇、街负责疏散现场周边群众，协助相关部门做好其他事宜。

六、应急响应

根据危险化学品运输车辆发生道路交通事故时达到的三个级别，对应实施Ⅰ级、Ⅱ级、Ⅲ级三个等级的应急响应：

（一）Ⅰ级响应：发生Ⅰ级事故，由事发地公安交管部门立即成立现场指挥部，现场指挥官开展组织协调处置工作，同时报告当地市、区（县级）政府、公安局，由当地市、区（县级）政府、公安局报告江门市政府、市公安局，并成立江门市级应急处置指挥部；视情况及时通知抢救治疗组、安全评估组、环境监测组、交通拯救组等到现场处置，并可通知现场保障组到现场协助。现场指挥官应向总指挥或副总指挥简明报告处理情况及后续处理方案，并根据总指挥或副总指挥意见继续履行指挥职责。

（二）Ⅱ级响应：发生Ⅱ级事故，由事发地公安交管部门立即启动现场指挥部，现场指挥官开展组织协调处置工作，同时报告当地市、区（县级）政府和公安局，并请求成立市、区（县级）级应急处置指挥部；视情况及时通知抢救治疗组、安全评估组、环境监测组、交通拯救组等到现场处置。现场指挥官应向总指挥或副总指挥简明报告处理情况及后续处理方案，并根据总指挥或副总指挥意见继续履行指挥职责。

（三）Ⅲ级响应：发生Ⅲ级事故，由事发地公安交管部门立即成立现场指挥部，现场指挥官负责指挥协调应急处置工作，同时报告当地市、区（县级）政府和公安局，并视情况及时通知相关的抢救治疗组、安全评估组、交通拯救组等到现场处置。

七、现场处置工作安排

（一）现场警戒。先期到达现场的公安交管、路政等人员要立即设置警戒区域，维护秩序，协助抢救伤员；并及时向上级部门报告情况。

（二）交通组织。公安交管、路政部门要指挥应急工作车辆和执行抢险救援任务各种车辆通行；要根据实际交通情况，采取管控或分流等措施，疏导事故现场及周边道路交通，最大限度地减少事故现场对交通安全的影响。

（三）安全评估。危险化学品安全管理专家、专业技术人员到达现场后要立即研究、分析，对安全性进行评估，提出安全距离（区域）和拯救方案或控制措施，供指挥人员组织、协调、指挥和实施。

（四）环境监测。当事故达到Ⅰ级或Ⅱ级事故时，需及时对事故现场周边环境的土壤、水体、大气等进行监测，提出意见供指挥人员协调、处置等。

（五）施救拯救。指挥人员根据危险化学品安全管理专家、专业技术人员提供的方案，现场指挥相关职能部门抢救伤员、排除危险和施救拯救；危险化学品安全管理专家、专业技术人员在现场协助指导拯救。

（六）群众疏散。当事故达到Ⅰ级或Ⅱ级事故时，根据安全评估专家提出的意见或方案，对一定区域内的群众组织疏散，保证现场周边群众撤离到安全地带。

（七）现场清理。公安交管部门在确保安全情况下对事故现场进行勘查，如属爆炸、燃烧现场，应知会公安部门其他警种参与勘查；拯救作业完毕后，路政、公路养护等部门清理现场，必要时放置相应的安全提示设施，公安交管部门检查后视路况安全程度再恢复交通。

八、落实预案的相关要求

（一）要落实部门职能责任。各地、各职能部门要根据本预案明确的职能职责，制定自身的应急处置预案或方案，明确和细化落实的人员、做法和责任，并适时组织相关职能部门开展实战演练，提高应急处置水平。

（二）要切实保障联络体系。应急处置的联系方式以预防道路交通事故联席会议成员单位及应急保障单位的分管领导报备的联系方式为准，因分管领导调动或调整没有报备联席会议办公室（公安交管部门）或因其他原因无法联系而影响应急反应的，由相关部门承担相应责任。

（三）要提高指挥处置效能。对现场指挥官发布的通知、指令，相关部门必须迅速响应及行动，落实应对工作措施或方案。各部门领导或专家等人员到达现场后要第一时间向现场指挥官报到。每次应急处置结束后，指挥部应就处置期间的各部门的联系报告、反应时间、反应措施、工作成效和改进方面进行总结，向政府及相关部门反馈。

（四）要建立技术专家信息。江门和各地都要建立危险化学品安全管理专家信息库，由安全监管部门和燃气办实行分类管理，保证能够调度相关专家人员及时赶赴事故现场，协助做好现场处置工作。

（五）要落实救援装备储备。各级安全监管、质监、城管（燃气办）部门要掌握本市辖区和周边地区危险化学品生产、经营、储存单位盛装容器、储存产品的种类、运输车辆状况的应急救援能力，配备必要的抢险救援器材等装备，保证能及时调度和赶赴事故现场。

江门市人民政府办公室转发市教育局关于进一步规范义务教育阶段学校办学行为意见的通知

江府办〔2014〕12号

各市、区人民政府，市有关单位：

《江门市教育局关于进一步规范义务教育阶段学校办学行为的意见》已经市人民政府同意，现转发给你们，请认真贯彻执行。执行中遇到的问题，请径向市教育局反映。

江门市人民政府办公室

2014年4月30日

江门市教育局关于进一步规范义务教育阶段学校办学行为的意见

江府办〔2014〕12号

为维护适龄儿童少年接受义务教育的合法权益，根据《中华人民共和国义务教育法》《中共中央关于全面深化改革若干重大问题的决定》（2013年11月12日）、《国务院关于深入推进义务教育均衡发展的意见》（国发〔2012〕48号）、《关于进一步做好小学升入初中免试就近入学工作的实施意见》（教基一〔2014〕1号）和《广东省人民政府办公厅转发省教育厅关于深入推进义务教育均衡优质标准化发展意见的通知》（粤府办〔2013〕32号）等法规政策，结合我市实际，现就进一步规范我市义务教育阶段学校办学行为提出以下意见。

一、推进义务教育均衡优质标准化发展，促进教育公平

1. 把深入推进义务教育均衡优质标准化发展摆到重要位置，作为当前和今后一段时期的重大任务。教育公平是社会公平的重要基础，教育公平的根本内涵是教育均衡发展。学校分布的不平衡、教育力量的不平衡、教育质量的不平衡等等，都影响着教育公平。党的十八大提出“大力促进教育公平，合理配置教育资源”的要求，我们必须认真贯彻落实党的十八大精神，充分认识推进义务教育均衡优质标准化发展的重要性和紧迫性，以促进教育公平为宗旨，以创建义务教育发展基本均衡县（市、区）及教育“创强争先”为切入点，想方设法排除当前的困难和阻力，进一步推进义务教育学校标准化建设，合理统筹配置区域校舍、教师、设备等教育资源，办好每一所义务教育阶段学校，整体提高义务教育办学水平和教育质量，依法保障适龄儿童少年公平享受义务教育公共资源。

2.坚持“以县为主”义务教育管理体制，落实政府办学责任。各市（区）政府要对推进本区域义务教育均衡发展负主要责任，要制订发展规划和具体实施方案。坚决执行《中共中央关于全面深化改革若干重大问题的决定》中关于“大力促进教育公平，健全家庭经济困难学生资助体系，构建利用信息化手段扩大优质教育资源覆盖面的有效机制，逐步缩小区域、城乡、校际差距。统筹城乡义务教育资源均衡配置，实行公办学校标准化建设和校长教师交流轮岗，不设重点学校重点班，破解择校难题，标本兼治减轻学生课业负担”的要求，加大力度推进义务教育均衡优质标准化发展，构筑实现教育公平的基石。要以党的群众路线教育实践活动为落脚点，把党密切联系群众的优势转化为推动教育加快发展的强大动力，树为民务实清廉新风，进一步规范义务教育学校办学行为，着力解决人民群众高度关注的教育问题，把惠及民生的教育政策落到实处。结合实际，立行立改，针对学校招生方式、学位分配、教育收费等问题，研究和采取切实可行的解决办法，不断推进教育公平，造福于民，造福于社会。

二、规范义务教育阶段学校办学行为，办人民满意的教育

3.规范招生管理，坚持免试就近入学。小学生入学和小学升入初中招生工作要公开透明，公办学校不得采取考试方式选拔新生；招收体育和艺术特长生的学校需经省级教育行政部门批准，并按批准项目招生；加强对民办学校招生工作指导与管理，依法落实民办学校招生和办学自主权，民办学校可以根据办学特色与需要自主、合理设置招生范围，根据实际情况，改革创新招生方式，选择符合学校办学特色的学生；切实做好异地务工人员随迁子女招生工作，将随迁子女纳入当地义务教育招生计划，随迁子女特别集中的地方，要扩大公办学校容量，鼓励社会力量办学，购买民办学校服务，满足随迁子女入学需求。

4.规范办校办班，坚持常态化管理。对义务教育阶段学校一视同仁，加快标准化学校建设，不得以任何名义变相将学校分为重点学校和非重点学校。义务教育学校门口不再悬挂等级学校牌匾，不得进行等级学校宣传。学校实行随机均衡编班，不得设置或变相设置重点班，不得按学生的学业成绩进行分班，不得为分班而对学生进行任何形式学业测试。

5.规范教学秩序，实行问责制度。严格执行国家规定的课程标准，科学安排作息制度，切实减轻学生过重课业负担。学校和教师不得占用学生法定休息时间集体补课或统一组织自习，不得利用早、晚自习和午休等时间上课、集体辅导或考试。不得以任何名义组织、要求学生参加校外有偿补课，或者组织、参与校外培训机构对学生有偿补课。严禁学校单独或与社会培训机构联合或委托举办以选拔生源为目的的各类培训班。严禁学校举办或参与举办（含租借场地）面向义务教育学生的各种辅导班，不得动员和组织学生参加社会上各类形式的辅导班。对违规的个人和学校按相关规定查处。

6.规范收费管理，健全完善监督机制。充分发挥纪检监察、物价、审计、财政和教育部门在治理义务教育择校乱收费中的职能作用，形成统一部署、各司其责、齐抓共管、协作联动的工作格局。加强学校财务管理和资产管理，严格执行国家和省有关学校收费的相关规定和要求，实行收费公示制度。加强学校服务性收费和代收费监管，坚决杜绝学校设立小金库和账外账。鼓励社会组织和个人向义务教育捐赠，学校或教育部门接受社会组织和个人捐赠时必须依法为其出具凭证，禁止收取与入学升学挂钩和变相挂钩的各种费用。

7. 规范教学评价，实行质量监测制度。大力倡导科学的教育发展观和政绩观，推行学业水平考试和综合素质评价，建立健全教育质量监测制度，着重关注学生的成长、进步状况和综合素质。教育行政部门不得以任何形式给学校下达升学指标，不得以考试成绩或升学率为依据进行排名、考评。学校不得给班级、任课教师下达升学任务，不得按考试成绩对学生、班级进行排名。

8. 规范特色学校建设，促进学校内涵发展。以全面实施素质教育为目标，以提高学生的整体素质和发展学生个性特长为核心，强化义务教育注重品行培养、激发学习兴趣、培养健康体魄、养成良好习惯的目标任务，整体规划和分步推进特色学校创建工作，促进学校基于标准化发展在教育和管理方面形成鲜明的个性，不断提高办学水平和育人成效。

三、建立健全义务教育均衡发展保障机制，营造推进教育公平良好社会环境

9. 加强教师队伍建设，加大力度统筹教师资源均衡配置。建立和完善县域内校长、教师定期交流的刚性约束机制，积极推进城镇教师支援农村教育、优质学校教师支援薄弱学校工作，城镇中小学教师在评聘高级职称时要有一年以上农村或薄弱学校任教经历。充分发挥名师引领作用，实行公办学校校长教师交流轮岗制度。加强农村教师继续教育培训，提高农村教师学历和能力水平。落实山区和农村边远地区义务教育学校教师岗位津贴政策。坚持选派优秀骨干教师到农村学校支教，积极开展送教下乡、送研下乡等活动。继续做好教师专业发展规划，提高教师运用现代教学手段能力，开展远程教学，推广“异地同步教学”模式。实现城乡教师资源共享，缩小校际师资力量差距，使每一所学校教育质量趋向均等。

10. 深化普通高中学校招生改革，实行“指标到校”分配方式。继续实行省一级普通高中学校招生指标合理分配到所属市（区）每所初中学校，并逐年提高分配比例。发挥优质普通高中学校招生指标合理分配的导向作用，充分调动义务教育阶段学校办学积极性，努力提升办学水平。“指标到校”具体实施办法由各市（区）教育行政部门制定。

11. 推进学校联盟或集团化办学模式,完善优质资源共建共享

机制。切实加大区域内教育资源整合力度,采取合并、托管、一校多区、集团办学和建立学校联盟等办学形式，推动学校之间的交流合作与共同发展，扩大优质教育资源的覆盖面和辐射带动范围。加大城乡学校结对帮扶力度，多渠道多形式开展帮扶活动，共建共享优质教育资源，逐步缩小区域、城乡、校际办学水平差距。

12. 推进小学升入初中改革，探索学区制和九年一贯对口招生。各市、区教育行政部门是小学升入初中工作的责任主体，要根据国家和省的政策规定，改进招生方式，科学制定本地规范义务教育阶段学校招生工作方案。要按照就近入学原则依街道、路段、门牌号、村组等，为每一所初中合理划定对

口小学，而且要保持相对稳定。要整体研究小学招生工作与小学升入初中入学工作衔接，稳步推进小学升入初中入学改革。各市、区要积极应对招生改革中出现的困难，切实研究解决问题的办法。

13. 加强组织领导，加强宣传引导。各市、区政府加强组织领导，落实责任和措施，进一步规范义务教育阶段学校办学行为。教育行政部门“一把手”要负总责，分管领导具体负责，明确岗位职责，多措并举、多渠道并用。建立教育及相关部门共同参与义务教育均衡发展工作协调机制，各相关部门按各自职能切实承担推进义务教育均衡发展的责任，优先保障财政投入，优先安排公共资源，加强联系配合，形成工作合力。充分发挥舆论引导和监督作用，利用报刊、网络、电视、电台等多种媒体做好政策宣传解读，在学校、居委会或村委会宣传栏张贴政策宣传资料，设立咨询、举报电话，加强教育部门、中小学校与家庭、社会之间的沟通交流，做好群众信访工作，主动接受学生、家长和社会监督，引导全社会关心和支持规范义务教育阶段学校办学行为工作。

江门市人民政府办公室关于印发《江门市档案馆收集档案资料范围实施细则》的通知

江府办〔2014〕13号

各市、区人民政府，市有关单位：

经市人民政府同意，现将新修订的《江门市档案馆收集档案资料范围实施细则》印发给你们，请认真贯彻执行。执行中遇到的问题，请径向市档案局反映。

江门市人民政府办公室

2014年5月9日

江门市档案馆收集档案资料范围实施细则

（2014年5月修订）

第一条 为科学界定江门市档案馆档案收集范围，加强国家档案资源建设，根据《中华人民共和国档案法》《中华人民共和国档案法实施办法》《广东省档案条例》和国家档案局《各级各类档案馆收集档案范围的规定》（国家档案局令第9号），结合本市实际，制定本实施细则。

第二条 市档案馆以邓小平理论、“三个代表”重要思想和科学发展观为指导，坚持以人为本，根据档案分级管理的原则，依法开展档案收集工作，把属于市档案馆收集范围的具有历史凭证作用和科学研究价值的各种门类、各种载体形态的档案收集进馆，建立覆盖广大人民群众、内容丰富、结构合理的馆藏档案资源体系。

第三条 市档案馆依法接收下列组织机构的档案：

1．市委及所属各部门；

2．市人大及其常设机构；

3．市政府及其所属各部门和单位；

4．市政协及其常设机构；

5．市中级法院、市检察院；

6．市各民主党派机关；

7．市各人民团体；

8．市属文化、教育、卫生、体育、科研等事业单位；

9．市属国有企业、国有控股企业。

市档案馆还接收以上机构的下属单位和临时机构形成的应移交进馆的档案。

市政府所属各部门的派出单位，其形成的档案一般作为派出单位全宗的组成部分。

第四条 市直各部门档案馆、专门档案馆要按有关规定定期向市档案馆移交本部门及其直属单位形成的履行行政管理职能的档案。

第五条 新中国成立前本行政区内各个历史时期政权机构、社会组织的档案，由市档案馆负责接收进馆。

第六条 市管干部的已故人员档案、列入市名人档案管理范围的名人档案、属于向市档案馆移交档案范围的各单位的已故干部和职工档案，列入市档案馆接收范围。

第七条 市档案馆应接收市直单位在主要业务活动中形成的涉及人民群众物质生活和精神文化生活的、能反映本部门本专业领域发展状况的专业档案，具体范围依据国家和省档案局有关规定。

第八条 中央、省各级机关和企业驻江单位所形成的档案，除上级档案行政管理部门与有关机关共同确定向上一级机关或主管部门移交以外的，由市档案馆负责接收。

第九条 本行政区内的重大活动、重要事件形成的重要新闻视频等声像档案、有保存价值的公务礼品等实物档案和其他相关门类、载体档案由市档案馆负责收集进馆。

第十条 市直机关、团体和事业单位发生撤销，由原单位负责整理，于撤并后两年内经市档案局（馆）检查验收后移交进馆；市属国有企业发生破产转制等情况时，其档案由原单位负责整理，待清算结束后，按照有关规定由市档案馆接收。以上单位的档案经协商同意，也可提前向市档案馆移交。

第十一条 经协商同意，市档案馆可收集或代为保管本行政区内社会组织、集体和民营企事业单位、家庭和个人形成的对国家和社会有利用价值的档案。

第十二条 市档案馆通过接受捐赠、购买、交换和复制等方式，将对国家和社会有利用价值的、反映江门历史文化记忆的档案资料征集进馆，其范围包括：

（一）江门地区各历史时期著名人物各种载体的档案；

（二）反映江门地区各历史时期重大活动、重要事件的口述历史档案；

（三）省内外、国内外有关机构保存的反映江门地区历史的各种语言文字和不同载体的档案；

（四）江门地区各历史时期编修的族谱、家谱；

（五）其他反映江门地区历史，与江门地区经济社会发展有关的历史文献资料。

第十三条 市档案馆接收纸质档案实体的同时，收集电子档案和纸质档案的数字化副本，并根据国家灾害备份的要求，建立电子文件备份中心，开展电子文件（档案）备份工作。

属于向市档案馆移交档案范围的各单位应按相关标准和保密要求移交电子档案或纸质档案的数字化副本。

涉密电子档案和纸质档案的数字化副本，应当严格按照保密规定进行保管、存储和使用。

第十四条 市档案馆接收保管期限为永久、长期、定期30年（含30年）以上的档案。

第十五条 市档案馆在收集档案时，应同时收集立档单位组织沿革、全宗介绍等有助于了解档案内容、立档单位历史的资料；收集有助于管理和利用档案所必需的专用设备。

第十六条 列入市档案馆收集范围的档案，按照有关法律、法规、规章的规定期限，可提前分期分批向市档案馆移交。

属于向市档案馆移交范围，但尚未达到移交年限的档案，由于保管单位的条件恶劣可能导致不安全或者严重损毁的，经市档案局（馆）和档案保管单位协商同意，可以提前移交进馆；专业性较强或者需要保密的档案，经市档案局（馆）审查和同意，可以适当推迟移交进馆时间。

第十七条 列入市档案馆收集档案范围的单位移交档案、资料，按如下规定和要求进行：

（一）文书档案按照国家档案局《机关文件材料归档范围和文书档案保管期限规定》（国家档案局令第8号）和本单位《文书档案保管期限表》要求，必须收集齐全；

（二）移交进馆的文书档案，档案质量应符合国家档案局《机关档案工作业务建设规范》、省档案局《广东省机关档案工作业务建设规范实施细则》和市档案局《江门市市直单位文书档案质量检查验收标准》的要求，并经市档案局（馆）检查验收出具《档案质量合格证》后，方可正式办理档案移交进馆手续；

（三）各门类档案按相关标准准确划分保管期限、国家秘密等级并进行规范整理，编制档案目录(包括立卷说明、案卷目录、卷内目录，或者归档说明、归档文件目录)，移交手工检索目录以及相应的电子目录；

（四）凡反映本单位主要职能活动和基本历史面貌的各种形态的档案，原则上向市档案馆移交。

第十八条 市档案馆在确定收集范围时，应通过调查研究，根据档案的实际价值，确定收集对象并编制档案移交单位的名册，建立科学的进馆序列。

第十九条 有关单位和部门对在档案接收与移交工作中成绩突出的单位及个人，应给予通报表扬。

第二十条 本细则由市档案局负责解释和组织实施。

第二十一条 本细则自公布之日起施行。《江门市档案馆收集档案资料的实施细则》（江府办〔2003〕91号）同时废止。

江门市人民政府办公室关于印发江门市社会保障（市民）卡管理办法的通知

江府办〔2014〕18号

各市、区人民政府，市政府各部门，中央、省垂直部门及驻江门有关单位：

《江门市社会保障（市民）卡管理办法》业经市政府第十四届55次常务会议审议通过，现印发给你们，请认真贯彻执行。执行过程中遇到的问题，请径向市人力资源社会保障局反映。

江门市人民政府办公室

2014年5月26日

江门市社会保障（市民）卡管理办法

第一章 总 则

第一条 为规范我市社会保障（市民）卡的使用和管理，维护持卡人合法权益，提高公共服务水平，根据《中华人民共和国社会保障卡管理办法》及有关规定，结合本市实际，制定本办法。

第二条 本办法所称社会保障（市民）卡（以下简称社会保障卡），是指经人力资源社会保障部、中国人民银行批准，由江门市人力资源社会保障部门面向社会发行，用于个人办理劳动就业、社会保险、医疗卫生、社会救助、抚恤优待、残疾人保障、老年人优待、人口与计划生育、校园管理等个人社会事务，享受社会保障、金融服务、住房公积金服务及其他社会公共服务的多功能智能卡。

第三条 本市行政区域内社会保障卡的申领、制作、发放、应用建设及其相关的管理活动，适用本办法。

第四条 社会保障卡的发放对象为本市户籍人员以及依法享受本市人力资源社会保障及其他公共服务的非本市户籍人员。

第五条 江门市信息化工作领导小组负责全市社会保障卡应用的统筹规划、协调推进工作。

市信息化工作主管部门负责社会保障卡应用体系建设，协调社会保障卡跨部门跨层级应用，并提供技术指导。

市人力资源社会保障局是社会保障卡的管理部门，负责社会保障卡发行和应用相关工作的组织实施和监督管理。市社会保障卡管理中心是社会保障卡经办机构，负责执行市社会保障卡管理部门拟定的社会保障卡建设规划及相关任务，具体负责全市社会保障卡的制作、发行、使用和维护的统筹、组织、管理等工作；协调相关部门拓展社会保障卡在本市的应用领域。

中国人民银行江门市中心支行、驻市银行业监督管理机构按照有关法律、法规和政策规定的职责对社会保障卡在金融应用方面进行指导和监督管理。

第六条 人力资源社会保障、社保、公安、财政、民政、卫生计生、交通运输、教育、住房城乡建设、公积金管理等部门（以下统称相关应用部门），应当积极推进社会保障卡应用建设，使社会保障卡在本部门信息系统及业务办理中有效使用，对负责建设、管理的功能应用，制订对应的具体管理规范，为相应网点正常服务提供必要的经费保障。

各市、区人民政府及其相关部门应配合做好本地区社会保障卡宣传、推广应用等管理工作。

第七条 社会保障卡服务网点由相关应用部门直接设立或委托设立，具体办理社会保障卡的应用业务，接受相关应用部门的监督管理。

社会保障卡经办机构金融服务网点（以下简称社会保障卡金融服务网点）具体办理社会保障卡的申领受理、制卡信息采集、发放、挂失、补办、注销等业务，落实社会保障卡相关应用设备的配置和维护工作。

第八条 社会保障卡金融服务网点、相关应用部门应依法、准确、完整地向社会保障卡经办机构提供其采集和更新的与社会保障卡功能应用有关的信息，社会保障卡经办机构有权依法使用其他部门提供的相关信息。社会保障卡所采集的有关信息可通过江门市电子政务数据交换中心共享给市有关部门及单位使用，各有关部门单位可向市信息化工作领导小组办公室提出信息共享申请。

第二章 社会保障卡的服务功能

第九条 社会保障卡的应用范围主要包括劳

动就业、社会保障、公共交通、医疗卫生、计生监督、公积金管理、教育培训、金融交易、小额电子支付等公共服务功能，上述应用将根据社会保障卡信息系统建设及业务拓展情况，分步实施、逐项启用。

第十条 社会保障卡具有以下主要功能：

1. 身份凭证。社会保障卡可作为本地就业服务、用工备案、就业扶持政策和参保登记、缴费申报、社会保险关系转移接续、医疗费用报销、待遇领取资格认证等业务办理的电子凭证。

2. 信息查询。以社会保障卡为验证载体，持卡人可登录“广东省网上办事大厅江门分厅的市民网页栏目”（http://smwy.jiangmen.gov.cn:8080/）或通过自助服务终端查询政府公共服务部门的本人相关信息，也可在网上办理有关政务服务。

3. 社保业务办理。凭卡可办理在本统筹地区的医疗费用实时结算，跨统筹区域医疗费用报销结算（具体操作按医疗保险相关规定）等社保业务；领取包括养老金、医疗保险个人账户金、失业保险金、工伤保险定期待遇、各项社会保险一次性待遇等社保待遇；通过社会保障卡银行代扣缴纳社会保险费。

4. 消费支付。持卡人对社会保障卡电子钱包充值后，可在出租车、图书借阅、公共停泊车、加油、超市购物、景点门票等社会公共事业及日常生活方面进行小额支付消费。

5. 银行金融卡。社会保障卡作为特殊的金融借记卡，可通过银行营业网点和具备银联功能的终端，由银行提供配套的个性化金融服务。

6. 健康记录与便捷就诊。社会保障卡可记录居民就诊信息，建立个人健康档案，持卡人可享受自助挂号、缴费、清单打印及网上预约挂号等服务。

7. 住房公积金事务。在本市缴存住房公积金的持卡人，持社会保障卡可查询个人住房公积金信息，办理住房公积金个人住房贷款、住房公积金提取及其他相关业务。

8. 工资及各种社会福利待遇发放。持卡人工资，以及个人或家庭民政低保、五保、医疗救助、临时救助、慈善援助等政府补贴、社会福利待遇可通过社会保障卡发放。

9. 计生事务管理。持卡人的计生信息更新至其社会保障卡个人信息中，便于规范落实计划生育相关政策及待遇发放。

10. 校园管理。学校可通过社会保障卡在校园内实现门禁、购物、就餐、借书等相关校园生活管理“一卡通”。

11. 其它由政府提供的公共服务。

第十一条 社会保障卡按照《社会保障（个人）卡规范》和《中国金融集成电路（IC）卡规范》（JR/T 0025-2010）标准统一制作。

第十二条 社会保障卡的政务、民生等各项公共服务功能由相关应用部门向市信息化工作主管部门提出申请，同时征询社会保障卡经办机构意见后，由市信息化工作主管部门审定。若申请未获通过，相关应用部门可向江门市信息化工作领导小组申请再次审查。实现各项公共服务功能所需的系统改造、网络通信及社会保障卡读写机具、自助终端及相关设备等费用，由相关应用部门落实。

社会保障卡经办机构具体负责统筹组织软件开发、设施配置、维护管理工作，有计划地向社会推广使用社会保障卡服务功能。

第三章 社会保障卡的应用

第十三条 社会保障卡只限本人使用。持卡人须妥善保管社会保障卡及使用密码，不得出让、转借。因遗失、出让或转借社会保障卡造成的损失，由持卡人自行承担。

第十四条 社会保障卡的有效期、密码管理、申领、挂失、换领、注销等业务要求，由社会保障卡管理部门牵头，会同相关部门另行制订具体管理规范。

第十五条 社会保障卡金融服务网点应设立

社会保障卡服务专窗，受理社会保障卡服务。

医保定点机构应当配备社会保障卡适用POS机和按要求配备读写终端，实现社会保障卡医保实时结算和医药费的刷卡消费。

相关应用部门应当在办公服务区域显要位置统一张贴社会保障卡业务标识，按照业务需求配备社会保障卡应用设备，以满足持卡人业务使用。

第十六条 持卡人可以凭卡申请查询本人卡内信息和相关应用部门提供的其他信息。社会保障卡金融服务网点、医保定点机构、相关应用部门应当依照信息公开的相关法律、法规、规章的规定，向持卡人提供相应业务办理的查询服务。

持卡人认为上述信息有误的，可依法向相关应用部门提出变更申请（需提交相关证明材料）。

第十七条 首次发卡以外的制卡工本费，按照物价部门批准的社会保障卡工本费收费标准执行。上级另有减免规定的，依照其规定执行。

任何单位不得以收取代理费等名义增加社会保障卡发行成本。

第十八条 社会保障卡管理部门、经办机构及其金融服务网点和相关应用部门应当采取必要的技术手段和管理措施，保护持卡人的个人隐私，确保社会保障卡的使用安全；在各自的职权范围内依法使用与社会保障卡有关的信息，未经持卡人同意，不得用于其他用途；在各自业务系统内对接社会保障卡应用时，应遵循相关技术规范，切实履行社会保障卡信息保密义务。

第四章 监督管理

第十九条 社会保障卡经办机构及其金融服务网点、相关应用部门应当建立和完善社会保障卡管理和使用操作流程、服务质量监督管理、查询投诉管理、安全管理、突发事件应急处置等制度。

相关应用部门应当对各自社会保障卡应用服务网点制订考核办法。社会保障卡经办机构应当对其金融服务网点、各医保定点医疗机构和定点药店的社会保障卡服务制订考核办法，加强检查监督，提高业务效率和服务质量。

第二十条 社会保障卡金融服务网点违反本办法有关规定，有下列情形之一的，由市社会保障卡经办机构通报，整改情况纳入年度考核评分；违犯法律、法规和规章有关规定的，由有关部门依法处理。

（一）不履行社会保障卡申领、发放、应用等业务受理和管理职责的；

（二）在社会保障卡申领、发放、应用的业务中，滥用职权、收受贿赂或存在不正当竞争的；

（三）拒绝受理职责范围内业务的咨询，造成投诉的；

（四）不按业务需求配备社会保障卡相关应用设备的；

（五）违法收取费用的；

（六）违法使用社会保障卡相关个人信息的；

（七）未依法采取安全保障措施造成个人隐私受侵害的；

（八）违反本办法规定的其他行为。

第二十一条 相关应用部门违反本办法的有关规定，有下列情形之一的，由监察机关、上级行政机关或主管部门责令改正；情节严重的，对直接负责的主管人员和其他责任人员依法给予处分；构成犯罪的，依法追究刑事责任。

（一）不履行相应的社会保障卡应用受理和管理职责的；

（二）拒绝受理职责范围内业务的咨询，造成投诉的；

（三）不按业务需求搭建社会保障卡应用环境，配备社会保障卡相关应用设备的；

（四）不遵守主管业务部门制订的用卡业

务规定的；

（五）违法收取费用的；

（六）违法使用社会保障卡相关个人信息的；

（七）未依法采取安全保障措施造成个人隐私受侵害的；

（八）违反本办法规定的其他行为。

第二十二条 公民、法人或者其他组织认为社会保障卡金融服务网点、相关应用部门在社会保障卡的发放、应用等管理过程中有第二十条、第二十一条规定的情况，可以通过社会保障卡经办机构或政府服务热线（12333、12345）进行投诉举报。

社会保障卡经办机构应当对上述反映的情况进行调查核实，调查情况报告社会保障卡管理部门，并按照有关规定协调整改。

公民、法人或者其他组织认为社会保障卡管理部门及经办机构或者相关应用部门在社会保障卡的发放、应用等管理过程中的具体行政行为侵犯其合法权益的，可以依法申请行政复议或者提起行政诉讼。

第二十三条 社会保障卡管理部门、经办机构、金融服务网点、相关应用部门及其工作人员在社会保障卡的发放和管理过程中给持卡人或其他利害关系人造成损失的，应当依法承担相应的赔偿责任。

第二十四条 冒领、冒用、盗用他人社会保障卡牟取非法利益，以及破坏社会保障卡应用系统的，由有关部门依法追究其法律责任。

第五章 附 则

第二十五条 本办法施行后，市政府各部门和各市、区政府不再发放用于个人办理社会事务、享受社会保障等社会公共服务的其它电子身份凭证；已经发放的，应当逐步纳入社会保障卡体系。

第二十六条 本办法自2014年6月26日起施行，有效期5年。

江门市人民政府办公室关于印发江门市贯彻《关于推广三资融合建设模式促进我省民营科技园发展的意见》工作方案的通知

江府办函〔2014〕111号

各市、区人民政府，市有关单位：

经市人民政府同意，现将《江门市贯彻〈关于推广三资融合建设模式促进我省民营科技园发展的意见〉工作方案》印发给你们，请遵照执行。执行过程中遇到的问题，请径向市科技局反映。

江门市人民政府办公室

2014年5月5日

江门市贯彻《关于推广三资融合建设模式促进我省民营科技园发展的意见》工作方案

为贯彻落实省政府办公厅《关于推广三资融合建设模式促进我省民营科技园发展的意见》（粤府办〔2012〕100号）的精神（以下称省意见），推动以土地资本、金融资本和产业资本相融合（以下称“三资融合”）的建设模式，加快我市民营科技园发展。特制定本工作方案。

一、指导思想

以科学发展观、党的十八届三中全会精神和省意见为指导，学习番禺节能科技园采取“三资融合”方式建设民营科技园的做法，推进民营科技园建设，并以其为载体培育民营科技企业、发展壮大民营科技经济，将民营科技园打造成为提高自主创新能力、推动产业转型升级、促进创业就业、建设幸福侨乡的重要平台和基地，为推动我市经济又好又快发展做出贡献。

二、主要目标

落实省意见精神，以江门高新区为试点，在全市逐步推广“三资融合”模式建设科技园区，以实现提高土地使用效益，破解民营科技园发展遇到的土地、资金等瓶颈问题，推动民营科技园的新一轮大发展，为全市集聚高端产业、吸引创新资源、加快产业转型升级探索一条新路，给全市经济发展带来新的契机和机遇。

三、主要任务

（一）发展民营科技园，壮大民营科技经济发展规模。

1.推动有条件的市、区建设民营科技园。江门高新区和各市、区要做好民营科技园与其他各类园区的统筹协调，按照产业集群、企业集聚、用地集约、科学有序的要求，依托区域产业优势，重点扶持建设产业特色鲜明、发展潜力较大的民营科技园。（责任单位：市科技局、市经济和信息化局、江门高新区管委会，各市、区政府）

2.引导民营科技园建设合理布局。根据我市产业转型升级、区域协调发展需要以及各市、区民营经济发展条件，遵循科技发展、园区建设等规律，制定民营科技园发展规划和行动计划，通过科学规划引导园区合理布局。（责任单位：市科技局、市经济和信息化局、江门高新区管委会，各市、区政府）

（二）增强土地资本效益，提升民营科技园土地集约化水平。

3.加强民营科技园建设用地规划。学习番禺节能科技园对土地资本的开发模式，推行以工业用地建设民营科技园。将民营科技园建设用地统一纳入城镇总体规划和土地利用总体规划。在坚持土地节约集约利用的原则下，每年在省下达给我市的土地利用计划指标中，优先安排民营科技园建设用地。支持通过“三旧”改造建设民营科技园区。（责任单位：市城乡规划局、市国土资源局，各市、区政府）

4.保障战略性新兴产业工业项目用地。对符合省优先发展目录的集约用地条件的战略性新兴产业工业项目，允许按不低于所在土地等级相对应工业用地出让最低标准的70%确定土地出让价格。（责任单位：市国土资源局、市科技局）

5.保障民营科技园研发、科研用地供给。在民营科技园中单独设立的研发中心、科研机构及产品设计产业用地，在符合相关规划条件的前提下，可按协议出让方式供地。（责任单位：市国土资源局、市科技局）

6.完善民营科技园公共配套住房建设。在异地务工人员集中的民营科技园，可以按照集约用地原则，集中建设单元型或宿舍型公共配套住房，面向用工单位或园内就业人员出租。（责任单位：市国土资源局、市住房城乡建设局，各市、区政府）

7.改进民营科技园企业产权登记。工业用地开发建设的省级民营科技园内按规划建设的房屋，可按房屋的幢、层、套、间等有固定界限的部分为基本单元进行产权登记，国家另有规定的除外。房屋登记后，可将房屋出租或将符合土地使用权变更情况的房屋转让，承租方或受让方以及再承租方、再次受让方仅限于符合入园条件的科技型企业（机构）或其股东。（责任单位：市住房城乡建设局）

8.简化民营科技园企业注册登记。除法律法规规定的专项许可经营项目外，在民营科技园统一提供的集中办公区设立企业的，可以申请以租赁的独立区域作为住所办理注册登记，并以租赁合同、房屋产权证明复印件作为住所使用证明，无法提供房屋产权证明的，可以由民营科技园管理委员会出具相关证明。（责任单位：市工商局、市住房城乡建设局）

（三）加强科技金融结合，解决科技企业融资发展瓶颈。

9.吸引金融资本投资。鼓励和支持各类金融机构在民营科技园内设立营业机构，稳健发展小额贷款公司、融资性担保公司等新型准金融机构。（责任单位：市金融局、市科技局、市财政局、江门高新区管委会，各市、区政府）

10.鼓励金融服务创新。加强对园内科技型中小企业的融资服务，鼓励金融机构在风险可控、成本可测、信息充分披露的前提下，创新金融产品和服务方式，鼓励民营科技园通过设立创业投资引导基金、私募股权投资基金等多种形式对具有发展潜力的企业进行股权投资。（责任单位：市金融局、市科技局、市财政局、江门高新区管委会，各市、区政府）

11.设立科技金融扶持资金。科技金融扶持资金将用于对园内企业的科技贷款贴息以及融资担保机构的担保补助等，对单个企业和融资担保机构的补贴实行年度总额控制。（责任单位：市金融局、市科技局、市财政局、江门高新区管委会，各市、区政府）

12.建设科技金融服务平台。鼓励民营科技园建立各类金融服务平台，为民营科技企业提供银行、担保、保险、上市、租赁等“一站式”融资服务，促进科技资源与金融资源的有效对接。鼓励民间资本发起设立金融中介服务机构，支持信用评级、资产评估、会计、法律等机构为园内民营科技企业提供全方位金融服务。（责任单位：市科技局、市财政局、市金融局，江门高新区管委会，各市、区政府）

（四）完善科技创新服务体系，提高企业自主创新能力。

13.促进科技成果转化。支持园区内企业加强自主创新能力建设，对获国家级批准立项和省级批准立项的科技计划项目的企业，给予配套资金扶持。支持引导园内企业加快研发机构建设和发展，努力提高民营科技企业自主创新能力，鼓励符合条件企业申报省级以上工程技术中心等，支持园区内企业申报设立市级以上企业工程技术研究开发中心，鼓励园内企业与国内外高等院校、科研院所开展产学研合作，加速科技创新成果在民营科技园内的转化和产业化。（责任单位：市科技局、市经济和信息化局，各市、区政府）

14.促进科技创新平台建设。支持民营科技园设立生产力促进中心或科技服务中心。通过园区各类科技创新服务平台，为企业开展技术研发、技术检测、技术交易、项目申报等科技创新服务，形成与园内科技创新链相匹配的科技服务链。鼓励民营科技园设立科技企业孵化器。支持园区建设电子商务平台、科技金融服务平台等科技服务公共平台。各级科技计划向民营科技园相关科技创新服务平台的建设倾斜。（责任单位：市科技局、市财政局、市经济和信息化局、江门高新区管委会，各市、区政府）

15. 加强知识产权保护和品牌建设。加大对民营科技园企业知识产权成果的保护力度，严厉打击各种侵权行为，健全知识产权保护机制。建立健全知识产权服务体系和专利经营体系，引导园内创新主体参与创制技术标准，支持企业以产业链为纽带形成标准联盟，对于参与国际、国家、地方标准制定的园内企业，有条件的地方可给予适当的资助或奖励。鼓励民营科技园企业通过技术创新不断提升产品和服务的科技含量和质量，加大培育自主品牌的投入力度，提升民营科技企业的产品信誉度和品牌实力，逐步扩大品牌的影响力。（责任单位：市科技局、市质监局、市财政局，各市、区政府）

（五）加大政策扶持力度，优化人才发展环境。

16. 进一步提高人才服务水平，理顺人才管理服务体制机制，凡在我市投资的园区内企业，重点引进和培养的高层次人才符合《关于加强高层次人才队伍建设的意见》（江发〔2010〕4号）的规定，按照标准给予各项奖励和扶持。（责任单位：市人力资源社会保障局、市科技局，各市、区政府）

17. 设立园区集体户口和管理制度，允许科研事业单位、民营科技园或具有一定规模、每年缴纳一定税额的民营科技企业设立集体户口，对符合入户条件的人员统一挂靠集体户口，为人才提供落户便利。（责任单位：市人力资源社会保障局、市科技局，各市、区政府）

18. 大力鼓励和支持民营科技企业人才参加职业资格考试和职称评定。提供人才招聘、人事代理、培训教育、流动党员管理等多样化的人才服务，为民营科技园引进创新创业人才设立便捷、高效的“绿色通道”。（责任单位：市人力资源社会保障局、市科技局，各市、区政府）

（六）加强对试点工作的支持，推进“三资融合”模式的全面开展。

19. 根据市政府工作会议纪要（〔2012〕19号、31号）要求，以江门高新区44号地块及现有工业厂房为我市“三资融合”的试点。为加快项目进程，对试点建设前期工作中的招商引资、考察论证等，以及后期的开展推进和实际操作等工作，授权高新区管委会直接组织实施。同时加大对试点工作的支持力度，营造有利于该项工作开展的氛围，并及时总结、推广经验。（责任单位：江门高新区管委会、市科技局）

四、各单位职责和分工

为加快推进建设工作，有效协调各相关部门职能，具体分工如下：

市科技局：作为牵头单位，承担原推进“三资融合”试点工作领导小组办公室职责，负责项目的统筹、策划、协调工作，负责推进科技和金融结合工作，提供技术支撑和创新平台建设。出台《扶持江门国家高新区总部科技园加快开发建设实施意见》及推动试验区建设的有关奖励扶持政策。

市经济和信息化局：负责引导园区产业规划，拟订企业开拓市场的政策措施，指导企业建立产品市场营销体系。组织协调园区信息化建设中的重大问题，指导协调电子商务发展，推动跨行业、跨部门的互联互通和重要信息资源的开发利用、共享。

江门高新区管委会：作为先行试点，制定试验区中长期发展规划，以江门高新区44号地块及现有工业厂房作为载体，积极探索“三资融合”模式开发建设江门高新区总部科技园。

各市、区政府：负责本辖区民营科技园项目的具体建设实施。

市财政局：负责根据国家、省、市文件要

求落实资金预算安排，并负责对资金的监管工作。

市人力资源社会保障局：负责研究制订园区人才的引进政策。

市国土资源局：负责园区工业用地的招拍挂工作。

市住房城乡建设局：负责园区工业用地的建设项目产权登记。

市环保局：负责园区项目的环评审批、把关。

市城乡规划局：负责园区项目的规划审批、把关。

市公安消防局：负责园区项目的消防审批、把关。

市金融局：负责园区金融产品创新和服务创新的先行先试，积极推动企业到资本市场上市融资，加快设立科技小贷公司和科技担保公司，引导金融服务机构入驻民营科技园。

市工商局：负责园区企业的登记审批、把关。

五、保障措施

（一）加强组织领导和联系。

将"三资融合"试点工作领导小组调整为"三资融合"工作领导小组，进一步加强"三资融合"工作的统筹规划和组织实施。由市政府主要领导任组长、分管副市长任副组长，市直相关单位及各市、区主要负责人为成员，领导小组办公室设在市科技局。领导小组将不定期召开小组成员会议，指导工作开展和通报建设工作最新进展情况。各相关部门要加强联系，建立联络员和工作通报机制，及时协调和研究解决工作推进过程中遇到的问题。

（二）加强分工落实和考核。

各单位要按照本方案的要求和责任分工，结合各自实际，制订工作实施计划，落实工作措施，将负责的任务列入本单位重点工作内容，定期将工作进展情况报领导小组办公室（市科技局）。

江门市人民政府办公室关于印发江门市推进社区教育工作实施意见的通知

江府办函〔2014〕174号

各市、区人民政府，市有关单位：

《江门市推进社区教育工作实施意见》已经市人民政府同意，现印发给你们，请认真组织实施。实施过程中遇到的问题，请径向市教育局反映。

江门市人民政府办公室

2014年7月15日

江门市推进社区教育工作实施意见

为贯彻落实国家、省中长期教育改革发展规划纲要，积极推动新时期我市社区教育发展，构建终身教育体系，促进学习型社会建设，结合我市实际，提出如下实施意见。

一、指导思想

以党的十八大精神为指导，深入贯彻落实

科学发展观，以教育改革发展和创新社会管理为动力，夯实教育物质基础，立足社区、依靠社区、服务社区，逐步完善与社区建设相适应的社区教育管理体制、运行机制和教育培训模式，大力发展社区教育，广泛开展各类教育培训，形成“人人皆学、处处可学、时时能学”的终身教育体系网络。

二、工作目标

（一）通过大力推进社区教育工作建设，到2015年，力争建设2个全国社区教育实验区和4个广东省社区教育实验区，逐步扩大社区教育覆盖面，社区教育有条件地延伸到农村地区并取得初步经验。全市初步形成开放型、结构合理、相互衔接的现代终身教育体系，奠定良好的学习型社会基础，基本形成具有特色的学习型社会框架。

（二）各市、区社区教育实验区的教育资源向社区居民开放，面向社区居民广泛开展各种形式的教育培训活动，到2015年，使社区居民年培训率逐步达到50%以上，逐步形成具有地方特色的社区教育管理体制和运行机制，积极创造具备社区教育机构、人员和经费等保障条件。

（三）各市、区要制定具体的社区教育发展规划、实施计划和工作措施，将社区教育发展规划列入当地区域经济与社会发展规划和教育发展规划中；各市、区要出台终身教育体系的指导性政策文件，明确社区教育和终身教育的主导责任；并把社区教育作为社区建设的重要内容。

（四）以建立的社区大学为龙头，建立市、县（市、区）、镇（街）、村（居）四级教育培训体系，积极搭建网上市民终身学习平台，为社区市民提供终身学习的资源和服务。到2015年，城乡居民接受终身教育的普及率达55%以上，45%以上镇（街）、社区、机关、企事业单位等建成学习型组织。

（五）统筹协调社区各类教育培训机构，完善社区职业技能培训网络。健全公民接受继续教育的体制机制，使历届未升入全日制学校的初中和高中毕业生普遍接受多种形式、不同年限的成人继续教育。

三、工作措施

（一）整合教育资源，构建社区教育网络体系。

共享社区教育资源。社区内普通中小学、幼儿园、中等职业学校、成人教育机构、高等学校等学校要面向居民开展教育培训服务，积极开发非教育培训机构教育资源和社区无形教育资源，建设社区教育资源学习圈，利用图书馆、文化馆、文化站、文化室、青少年宫、公园、绿道、体育场馆等等社会公共教育设施，实行教育资源社会共享。社区内各有关部门和单位积极支持，为学生提供社会实践机会和场所，为青少年校外教育活动提供支持和帮助。

组建江门社区大学。依托江门市广播电视大学组建江门社区大学，建成江门市远程开放教育服务中心，在县级市、区相应建立社区学院，并在镇（街）、村（居）分别建立市民学校和学习点（教学班），搭建市、县（市、区）、镇（街）、村（居）四级社区教育系统网络。充分利用江门广播电视大学的江门终身学习网、自学考试中心、奥鹏网院学习中心、继续教育网络、社区的党员远程教育等现代远程教育手段建立网络学习平台，积极推进市民终身教育网络建设，努力形成社区数字化学习氛围并取得明显学习效果。

（二）进一步加强学习型组织建设。

根据社区内不同类型组织的实际情况，制订相应的学习型组织基本要求和标准，积极创建学习型企业、学习型单位、学习型街道、学习型居委会、学习型楼组、学习型家庭等学习型组织，把社区教育与加强思想道德建设、文化阵地建设和社会风气整治、文化市场整治等结合起来，与学习型组织、文明单位创建、“六好”平安和谐社区等工作结合起来，不断促进社区居民提高文化素质，养成健康生活方式。开展评估促进工作，使学习型组织试点数逐年有明显增加。

（三）加强社区教育师资队伍建设。

建立适应社区教育管理要求的素质高、专兼职结合、兼职和志愿者相结合的社区教育管理队伍和师资队伍；专职人员主要在现有教育行政管理人员和教师队伍中统筹安排解决，专职社区教育教学人员在职务、职称、进修等方面应与其他全日制学校教育工作者一视同仁。各市、区要按照不少于常住人口十万分之五的比例配备社区工作者，镇（街）至少要有1名专职社区管理工作人员，镇（街）要建立社区教育辅导员小组。

（四）积极开展教育培训，形成开放式的社区教育。

加强与各市、区以及宣传、人力资源社会保障、民政、文化等部门的合作，重点抓好量大面广、受到社区市民普遍欢迎的各类短期培训活动，努力满足在职人员的岗位培训、下岗失业人员再就业培训、老年人群社会文化活动、弱势人群提高生存技能培训、外来人群适应城区社会生活培训等各类人群的学习需求，注重社区家长育儿和家庭教育的培训辅导，注重社区的儿童、青少年学生的德育工作和校外素质教育，注重市民的文化休闲教育，注重社区各类人员心理疏导和调适的教育培训。

要围绕社区居民的教育培训需求和推进“文明社区”“安全社区”“健康社区”“生态社区”“数字社区”等确定相关的培训课程和教材建设，注重社区教育课程和活动的研发，增强社区特色的课程和活动教育，积极创新培训形式，建立求学者先学习后就业、边学习边就业、学习就业交替进行的终身学习新模式，鼓励机关、团体、企事业单位、民办非企业单位以及其他组织建立带薪学习制度。每年接受社区教育服务的社区市民占全体市民的比例达50%以上；有培训就业愿望的在城市社区登记在册的下岗待业失业人员的培训率达70%以上，有培训愿望的在法定劳动年龄内的在农村社区的农民培训率达30%以上。

（五）加强社区教育的动员宣传工作。

要充分利用各类新闻媒体，加强对社区教育工作的宣传，总结推广各地发展社区教育的经验和做法，营造有利于社区教育发展的良好环境；促进社区和谐安全稳定，积极改善社区成员的精神生活质量和环境生活质量，增强社区市民的社区归属感和终身学习观念，营造社区市民积极向上的学习氛围，提高社区市民遵守社会公德自觉性、扶贫帮困、参加公益活动等公民整体素质。

（六）加强终身教育的理论与实践研究。

要加强社区教育的理论和实践研究，注意学习借鉴国外开展社区教育的有益经验和成功的做法，逐步形成有江门侨乡特色的社区教育理论。将江门社区大学建设成为江门市终身教育科研指导中心、学习型社会建设的资源开发中心、社区教育的远程支持服务中心和市民身边的一所没有围墙的社区大学。

四、保障机制

（一）组织领导和完善工作机制。

成立江门市社区教育工作领导小组。由市政府分管领导任组长，人事组织、宣传、社工委、发展改革、教育、科技、民政、财政、人力资源社会保障、文化、体育、农业、工会、共青团、妇联、五邑大学、江门职院、江门电大、市老干部大学等各相关部门和单位负责人为成员，负责统筹、协调、指导社区教育和学习型社会建设。各单位要按照分工各司其职，加强协调，密切配合，积极完善“党政统筹领导，教育部门主管，有关部门配合，社会积极支持，社区大学服务，社区自主活动，群众广泛参与”的社区教育管理体制和运行机制，推进实施江门市社区教育与终身教育体系建设工作。

（二）建立和完善经费投入机制。

坚持社区教育的公益性质，设立社区教育专项经费，稳定的经费投入。各级政府要将社区教育经费列入本级政府教育经费预算，并逐步建立社区教育经费与财政收入同步增长机制，蓬江区、江海区、新会区和鹤山市按社区常住人口每年人均不低于2元的标准设立社区教育专项培训经费，台山市、开平市和恩平市按社区常住人口每年人均不低于1.5元的标准设立社区教育专项培训经费；要充分发挥政府扶持和市场机制的双重作用，按照“政府拨一点、社会筹一点、单位出一点、个人拿一点”的办法，建立以政府投入为主，多渠道投入的社区教育经费保障机制。有关部门要统筹各类教育专项经费和培训资金，有针对性支持终身教育和学习型社会建设。进一步落实企业职工教育培训经费，鼓励企事业单位和其他社会组织支持终身教育与学习型社会建设，鼓励家庭及个人增加学习投入。社区内各类企业要认真落实关于职工工资总额1.5%－2.5%用于职工培训的规定，积极开展在职人员培训，特别是加强一线职工的岗位技能培训。要建立多渠道筹措经费机制，鼓励自然人、法人或其他组织捐助社区教育事业或社区教育机构。捐赠人捐赠财产用于社区教育事业的，依法享受税收优惠。

（三）加强对社区教育的检查、评估和咨询工作。

加强科学研究，制定和完善终身教育体系及学习型社会建设的评估体系。要有计划地开展对社区教育实验工作的检查评估工作，积极完善定期检查、评估和奖励制度；对取得突出成效的社区单位给予肯定和表扬。要广泛吸收社区教育的管理人员和专家学者，成立社区教育专家咨询委员会，参与实验区社区教育实验指导工作。

江门市人民政府办公室关于印发江门市绿色建筑行动实施方案的通知

江府办〔2014〕34号

各市、区人民政府，市政府各部门、各直属机构，中直、省直驻江门有关单位：

□　经市人民政府同意，现将《江门市绿色建筑行动实施方案》印发给你们，请认真组织实施。

江门市人民政府办公室
2014年10月9日

江门市绿色建筑行动实施方案

为进一步推动我市绿色建筑发展，实现建设领域节能减排，促进我市“资源节约型，环境友好型”社会建设，根据《国务院办公厅关于转发发展改革委、住房城乡建设部〈绿色建筑行动方案〉的通知》（国办发〔2013〕1号）、《广东省人民政府办公厅关于印发广东省绿色建筑行动实施方案的通知》（粤府办〔2013〕49号）的要求，结合我市实际，制定本实施方案。

一、开展绿色建筑的重大意义

绿色建筑是指在建筑的全寿命周期内，最大限度地节约资源（节能、节地、节水、节材）、保护环境和减少污染，为人们提供健康、实用和高效的使用空间，与自然和谐共生的建筑。

我市正处于城镇化快速发展时期，以绿色、生态、低碳理念指导城乡建设，开展绿色建筑行动，加大相关技术的推广应用，能够实现资源的高效利用和降低对环境的不良影响，有效改善人居环境，促进建筑产业优化升级。

二、工作目标

推动绿色建筑全面发展，合理确定符合我市实际的绿色建筑发展技术路线，建立健全绿色建筑标准体系，以政府投资建筑、保障性住房、大型公共建筑（单体建筑面积在2万平方米以上）为重点，逐步推行绿色建筑标准，切实提高绿色建筑在全市新建建筑中的比重。新建大型公共建筑、政府投资新建的国家机关、学校、医院、博物馆、科技馆、体育馆等公益性建筑，滨江新区、职教基地等城市发展新区以及纳入旧城改造范围内的单体面积超过1万平方米的新建民用建筑工程项目要全面执行绿色建筑标准。新建保障性住房逐步执行绿色建筑标准，执行绿色建筑标准的比例不低于25%，并逐年递增25个百分点，到2017年，全面执行绿色建筑标准。“十二五”期末，全市累计建成绿色建筑120万m²以上，2020年底，绿色建筑占全市新建建筑比例达到30%以上，建筑建造和使用过程的能源资源消耗达到全省中上水平。

三、重点任务及分工

（一）大力实施低碳行动。

1.建立符合我市实际的低碳生态城市规划建设评价指标体系，将低碳生态的主要目标和技术指标落实到各层次法定城乡规划，以科学规划统筹低碳生态城市建设。（市城乡规划局、市发展改革局、市经济和信息化局、市国土资源局、市环保局、市住房城乡建设局，各市、区政府。以下只列市有关单位，列第一位的为牵头单位）

2.完善绿道网络，着力建设城市步行、自行车绿道，加快城市轨道交通系统建设，积极发展大容量地面公共交通。（市住房城乡建设局、市交通运输局、市城乡规划局、市林业和园林局）

3.严格落实城市建筑密度、屋顶绿化面积比例、硬质地面透水面积比例、清洁能源利用率等指标要求，开展城市大广场、硬铺装和大面积玻璃幕墙改造，实施城市立体（屋顶、墙面、阳台）绿化工程，在市区开展立体绿化城市试点工作。（市城乡规划局、市发展改革局、市经济和信息化局、市环保局、市住房城乡建设局、市林业和园林局）

（二）创建绿色低碳社区试点。

执行省城市热岛效应改造相关技术指引，通过降低城市热岛效应实现城市整体降温，逐步开展低碳绿色社区创建活动，坚持因地制宜和城乡一体化发展原则，引导新建社区，特别是房地产住宅项目通过采用优化规划设计布局，利用自然通风和采光的被动式技术，倡导使用可再生能源、高能效家电，开展废弃物源头减量、垃圾分类、回收再利用等，达到绿色社区要求。选择居住人口多、综合能耗高、环境质量差的旧社区作为低碳改造试点，有序推进，实施全方位低碳生态化改造。（市城乡规划局、市发展改革局、市经济和信息化局、市环保局、市住房城乡建设局）

（三）扩大可再生能源建筑应用规模。

因地制宜积极推动太阳能、空气能、地热能等在建筑中的应用，力争在“十二五”期末基本普及太阳能热水利用。实行集中供应热水的医院、学校、酒店宾馆、游泳池、集体式工厂宿舍等热水消耗量大的建筑，具备太阳能集热条件的应采用太阳能集中热水系统，并实现与建筑一体化，太阳能产生热水量应不低于建筑生活热水消耗量的10%；鼓励12层以下（含12层）新建居住建筑安装太阳能热水系统；鼓励能耗较高的商业、酒店宾馆等新建公共建筑配置太阳能光伏发电系统，解决部分照明用电，优先采用用户侧并网方式，实现光伏发电自发自用，推广微电网并网技术，提高光伏发电对现有电网条件的适应能力。（市住房城乡建设局、市发展改革局、市经济和信息化局）

（四）推动既有建筑绿色节能改造。

积极开展国家机关办公建筑和大型公共建筑能耗统计、能源审计和能效公示等工作。加强公共建筑节能监管体系建设，建立市级能耗监测数据中心。制定既有建筑节能改造实施方案，依据能耗级别和实际情况制定改造计划，选择应用外窗节能、屋顶隔热、自然通风、建筑外遮阳、东西外墙垂直绿化、绿色照明等适合本地的节能技术，对高能耗建筑进行建筑节能改造。到“十二五”期末，完成50万m^2既有建筑节能改造，探索不同类型的既有建筑绿色节能改造途径，为全面实施既有建筑节能改造积累经验。（市住房城乡建设局、市发展改革局、市经济和信息化局）

（五）推广预装修住宅。

积极推广住宅预装修，引导装饰装修企业与开发企业联合，实现装修与建筑同步设计、施工、验收，减少施工环节，节约材料使用，提高房屋品质。通过政策引导，逐步提高预装修住宅的比例。（市住房城乡建设局）

（六）推广绿色建材和其他绿色建筑产品、技术。

巩固我市墙改成果，在建设工程中禁止使用粘土类制品，因地制宜发展蒸压加气混凝土砌块、陶粒混凝土砌块、蒸压泡沫混凝土砖、轻质墙板等自保温墙体材料及自保温配筋砌块剪力墙结构体系等外墙自保温体系；研究推广多功能复合一体化屋面、建筑外遮阳、自然通风、自然采光、屋面绿化、垂直绿化等节能技术；推广节能灯、节能空调、节能电梯等高效节能设备和产品；引导使用高性能混凝土、高强度钢筋。加强建材生产、流通和使用环节的质量监管和稽查，杜绝性能不达标的建材进入市场；积极支持绿色建材产业发展，组织开展绿色建材产业化示范。（市住房城乡建设局、市经济和信息化局、市工商局、市质监局）

（七）全面推进建筑垃圾资源化再利用。

落实建筑废弃物处理责任制，按照“谁产生、谁负责”的原则进行建筑废弃物的收集、运输和处理。研究出台江门市建筑废弃物综合利用管理办法，建立健全城市建筑垃圾资源化再利用的激励机制、扶持政策和工作方案，推行建筑垃圾分类处理和分级利用，并加快建筑垃圾资源再利用技术、装备的研发推广，加大对再利用产业的支持力度。（市住房城乡建设局、市经济和信息化局、市环保局）

（八）严格建筑拆除管理。

加强城市规划管理，维护规划的严肃性和稳定性。加强建筑维护管理，对符合土地利用总体规划并依法用地，符合城市规划和工程建设标准、在正常使用寿命内的建筑，除基本的公共利益需要外，不得随意拆除。拆除大型公共建筑要按有关程序提前向社会公示征求意见，接受社会监督。（市城乡规划局、市国土资源局、市住房城乡建设局、市“三旧”办）

四、保障措施

（一）强化工作责任。

各有关部门要加强组织领导，逐级分解落实目标任务，明确工作责任，建立部门间沟通协调机制，形成工作合力共同推动全市绿色建筑发展。根据省下达的目标任务，将我市目标任务分解到各市、区，将绿色建筑行动执行情况纳入市节能减排和提高城镇化发展水平检查的重要内容。

（二）制定激励政策。

研究政策激励措施，积极支持开展绿色建筑相关工作。根据省相关政策，由城乡规划部门会同国土资源、财政、住房城乡建设等部门研究制订容积率奖励政策，指导各地在设定土地使用权出让规划条件时明确绿色建筑比例。

市财政安排节能低碳专项资金，配合经济和信息化、发展改革、住房城乡建设等部门统筹安排资金用于促进建筑节能减排工作，推动建筑节能科技进步；对绿色建筑技术研究和评价标识制度建设等工作给予适当补助；对获得国家、省级星级评价标识并完成建设工程竣工验收备案、具有示范意义的绿色建筑，建设单位可通过市住房城乡建设局申请有关专项资金奖励，奖励金额按照项目的规模、认定阶段和星级，并结合本年的资金预算确定。各市、区要抓紧制订本地区发展绿色建筑的激励政策。

（三）建立全过程监管体系。

健全监管制度。严格落实绿色建筑指标体系要求，加强对建设、设计、施工图审查、施工、监理和工程质量检测等工程建设各方主体的管理，建立从规划、设计、施工、验收、评价等绿色建筑、预装修住宅建设全过程的监管制度，在设计方案审查、施工图设计审查中增加绿色建筑相关内容，对应执行绿色建筑标准而未通过审查的项目，不得颁发建设工程规划许可证和施工许可证。对应执行绿色建筑标准的项目，在项目立项时要标明绿色星级标准，建设单位应将绿色建筑建设的增量成本纳入投资估算，并在房屋施工、销售现场明示建筑节能、节水等性能指标。

加强运营管理。绿色建筑竣工后，要加强对建筑运行维护的管理，业主、使用单位或其委托的物业管理单位应当制定并实施与绿色建筑相对应的节能、节水等管理制度，提高管理水平，确保科学、合理、低耗的运行。

强化标识管理。根据省绿色建筑评价标识管理办法对全市绿色建筑建设项目进行设计阶段和运行阶段的评价标识。

（四）强化技术支撑。

研究完善从设计、施工、竣工验收、评价到运行维护等全过程的绿色建筑技术标准体系。建立绿色建筑技术支撑服务平台，鼓励大专院校、科研单位和具有研发能力的企业进行绿色建筑各环节关键技术的研究。积极扶持和引导绿色建筑勘察、设计、施工、检测、咨询、评估和第三方认证等绿色建筑技术服务行业的发展，提升江门市绿色建筑技术支撑力量和服务水平。

（五）加强宣传和培训。

通过报纸、电视、网络等媒体，大力开展绿色建筑的宣传，提高公众对绿色建筑的认知度，倡导绿色消费理念，普及绿色建筑知识，引导公众合理使用用能产品。加强舆论监督，营造良好的社会氛围。要加强培训，提高管理人员和专业技术人员掌握和应用绿色建筑的法律法规、标准规范、政策措施、科学技术的综合水平和能力，总结推广好的经验与做法，深化和推进绿色建筑的推广工作。

江门市人民政府办公室关于切实解决异地务工人员随迁子女接受教育问题的若干意见

江府办〔2014〕36号

各市、区人民政府，市政府各部门、各直属机构：

为深入贯彻《国务院关于深入推进义务教育均衡发展的意见》（国发〔2012〕48号）和《广东省人民政府转发省教育厅关于深入推进义务教育均衡优质标准化发展意见的通知》（粤府办〔2013〕32号）等文件精神，现就维护异地务工人员随迁子女（以下简称随迁子女）接受教育的合法权益，经市政府同意，提出以下意见：

一、坚持“以县为主”管理体制，高度重视随迁子女接受义务教育工作

（一）落实政府主体责任。

依法保障随迁子女接受义务教育的权利，是政府义不容辞的责任。党十八大报告提出“积极推动农民工子女平等接受教育”。各级政府和教育部门要认真贯彻落实党十八大精神，把解决随迁子女接受义务教育工作放在重要位置上，增强工作责任感和紧迫感，按照“以流入地政府管理为主、以全日制公办学校为主”的原则，加强领导、依法管理。

（二）加强部门协作，形成工作合力。

随迁子女义务教育工作是一项社会系统工程，需要全社会的大力关心和支持，需要政府统筹和各职能部门的共同努力。教育行政部门要依靠政府的办学力量，充分发挥统筹协调作用，主动与当地公安、发展改革、城乡规划、财政、人力资源社会保障等部门加强联系，密切配合，广泛交流随迁子女管理办法、工作经验和成效，及时对存在的问题进行分析，不断完善保障随迁子女平等接受义务教育的机制，形成齐抓共管的合力，更加扎实地推进随迁子女接受义务教育工作。

二、合理规划学校布局，积极为随迁子女接受义务教育创造条件

（三）学校规划建设要紧跟经济发展步伐。

做好学校规划，是经济发展的现实需要，又是吸引人才和劳动力资源的有力支撑。近年来，我市与周边城市建成立体交通网络，初步形成“大交通格局”。随着产业结构的不断优化，项目和平台建设的不断推进，我市支柱产业和新兴产业不断成长壮大，经济发展取得了长足的进步。在经济保持平稳持续发展的良好环境下，我市吸引了大批异地务工人员。教育行政部门要深入细致调研，科学预测异地务工人员变化趋势，迅速建立和完善相关机制，研究和落实应对措施，提前做好义务教育阶段公办学校建设规划，进一步加强学校基本设施建设，确保公办学校学位满足本地户籍人口和随迁子女的需求。

（四）学校规划建设要适应新型城镇化进程。

随着城镇化的发展，农村人口不断向城镇迁移，加上农村人口出生率逐步降低，农村学龄人口不断下降，各地对农村义务教育学校进行了布局调整和撤并。党的十八届三中全会明确提出“新型城镇化”概念，强调城镇化以人为核心。新型城镇化建设要大力推动城乡基本公共服务均等化，缩小城乡生活水平和生产条件的差距。做好农村学校规划，是新型城镇化建设的内在要求。因此，各地政府不仅要做好中心城区的学校规划，还要着力改善农村学校办学条件，保证农村公办学校学位满足需求。

（五）学校规划建设要符合国家重大政策精神。

为贯彻落实党的十八大关于全面深化改革的战略部署，国家逐步出台重要领域改革意见。义务教育阶段学校规划要具有科学性和前瞻性，与国家重大政策改革方向保持高度一致。《国务院关于进一步推进户籍制度改革的意见》（国发〔2014〕25号），提出建立居住证制度，居住证持有人享有与当地户籍人口同等基本公共教育权利。《广东省人民政府办公厅转发教育厅等部门关于做好进城务工人员随迁子女接受义务教育后在我省参加升学考试工作意见的通知》（粤府办〔2012〕137号），规定在普通高中就读符合条件的随迁子女自2016年起可在我省报名参加高考，与我省户籍考生同等录取。《江门市人民政府办公室转发市教育局等部门关于做好进城务工人员随迁子女接受义务教育后在我市参加中考工作实施意见的通知》（江府办〔2013〕19号），规定符合条件的随迁子女自2013年起可在我市参加中考。户籍制度改革和异地中考高考等政策实施后，必然吸引更多人口异地就业。各地政府在测算随迁子女入学人数以及发展趋势过程中，必须把政策变化作为一个重要因素来考虑。

三、加大投入力度，为随迁子女接受义务教育提供有力保障

（六）健全经费投入机制，保障学校的正常运作和发展。

按照“重点倾斜，集中投入”的原则，与学校规划布局相结合，统筹安排好异地务工农民工随迁子女接受义务教育中央财政奖励资金，按规划新建义务教育阶段标准化学校，增加公办学校学位，满足辖区内适龄儿童少年包括随迁子女在内学生接受义务教育的需求。引进大型企业的政府要对接受企业员工子女入学的学校给予大力扶持，特别是扶持接受企业员工子女入学的村办学校发展。多渠道筹措资金，加大对接受企业员工子女入学的学校的投入和建设，一方面适当减轻学校所在地村委村民的负担，另一方面妥善解决企业员工子女入学问题。

（七）保障接收随迁子女入学学校生均公用经费投入。

各地政府要把随迁子女接受义务教育列入当地年度教育经费预算，并确保应承担的资金及时足额拨付到位。公办学校按照上一年度教育事业统计义务教育阶段学校在校学生人数核拨学校公用经费和免课本费补助资金。民办学校按照公办义务教育学校的生均财政拨款标准，给予拨付相应经费；对符合条件的义务教育阶段民办学校学生，按照公办学校标准，纳入免费义务教育补助范围。

（八）保证专项资金专款专用。

统筹安排每年进城务工农民工随迁子女接受义务教育中央财政奖励资金专项资金，对接收随迁子女学生较多的地区给以倾斜，对公办学校接收学生较多的地区给予倾斜，对财力相对困难的地区予以倾斜。公办学校主要用于改善办学条件、增加学位，民办学校主要用于补充公用经费。

（九）扶持民办教育，推行政府购买学位。

坚持“积极鼓励，大力支持，正确引导，加强管理”的方针，把接收随迁子女入学的民办学校纳入辖区内义务教育阶段学校统一管理、统一规划，大力扶持接收随迁子女就读的民办学校。设立与辖区内民办教育发展相适应的民办教育专项资金，用于扶持非营利性民办学校发展。省民办义务教育专项资金要适当向接收随迁子女的民办学校倾斜，用于增加学位和完善教学设施。公办学校学位供给不足的地方可向符合条件的民办学校购买义务教育服务。

四、加强管理，建立健全综合管理机制

（十）不断完善义务教育阶段公办学校接受随迁子女入学的办法。

教育行政部门以监护人居住证地址为依据，尽可能按就近入学原则，安排随迁子女到全日制公办学校就读。公办学校不得拒绝接受由教育行政部门安排的随迁子女入读。每学期开学前，异地务工人员应向居住地教育行政部门申请办理其子女入学手续并提交有关证明材料，由教育行政部门统一办理相关手续。各市、区要充分挖掘公办学校潜力扩容，可设定城镇若干所学校为随迁子女入读的学校，正确引导异地务工人员择址居住，合理分流外来生源。

（十一）加强随迁子女的学籍管理。

随迁子女按规定办理入学注册手续后，学校负责建立学生学籍档案，并把其学籍资料录入全国中小学生学籍信息管理系统。学校要针对异地务工人员流动性大的特点，利用全国学籍管理系统，认真做好学生转入（或转出）的资料登记，存入学籍档案。学校要永久保管学生学籍档案，不得销毁；要加强与学生家长联系，及时了解随迁子女思想、学习、生活等情况，帮助他们尽快适应新的学习环境。教育行政部门要加强检查督促，定期统计异地学生流动情况，及时掌握学生流动去向，防止在校学生非正常流动和控制辍学现象。

（十二）阳光招生，统筹做好随迁子女升学考试管理服务。

在教育资源可承载的前提下，高中阶段学校招生录取工作应最大限度地满足随迁子女升学考试需求，坚持公平、公正、公开的原则，规范入学，阳光招生，主动接受监督，积极稳妥地推进随迁子女升学考试工作。要加强对随迁子女升学考试工作的监督检查，严格规范、公开透明地执行随迁子女升学考试政策，全力维护我市招生考试的良好秩序，将随迁子女升学考试政策落实到位。切实加强随迁子女考生报考资格审查，为符合条件的随迁子女及时提供相关信息，确保这项惠民政策落到实处。要防止假借随迁子女名义空挂学籍、“高考移民”等舞弊现象，禁止弄虚作假等行为的发生。经市、区招生考试办公室审核符合我市中考政策的随迁子女考生，可享有与本市户籍的初中毕业生同等的报考和录取资格。

五、加大宣传，营造全社会关心和支持随迁子女接受教育的良好环境

（十三）创新方法、畅通渠道、加大宣传。

教育行政部门要加大政策宣传力度，加强随迁子女就学政策的宣传解读，做好舆论引导，营造良好氛围，维护社会和谐稳定。通过网络、电视、电台、报纸等媒体以及在学校、村（居）委会宣传栏张贴资料等办法，宣传随迁子女在我市接受义务教育、升学考试的条件和办法。教育部门要配合各镇（街）做好动员、组织、督促本社区异地务工人员依法送子女接受义务教育，对未按规定送子女接受义务教育的父母或监护人进行批评教育，并责令其尽快送子女入学。

（十四）建立学校、社会、家庭三位一体的关爱体系。

学校要认真履行职责，充分利用家长学校等形式，定期对随迁子女家长进行家庭教育方面的辅导，促进学校教育与家庭教育的协调配合。积极鼓励机关团体、企事业单位和公民个人捐款、捐物，资助家庭困难的随迁子女入学就读，提高随迁子女接受义务教育的入学率。

各市、区人民政府要结合辖区实际，制定本地区切实解决异地务工人员随迁子女入学问题的实施细则。

江门市人民政府办公室

2014年10月16日

江门市人民政府办公室转发市教育局关于深入推进我市义务教育优质均衡发展意见的通知

江府办〔2014〕42号

各市、区人民政府，市政府各部门、各直属机构：

市教育局《关于深入推进我市义务教育优质均衡发展的意见》已经市政府同意，现转发给你们，请认真贯彻实施。实施过程中遇到的问题，请径向市教育局反映。

江门市人民政府办公室

2014年11月24日

关于深入推进我市义务教育优质均衡发展的意见

为贯彻落实《国务院关于深入推进义务教育均衡发展的意见》（国发〔2012〕48号）、《广东省人民政府关于推进我省教育“创强争先建高地”的意见》（粤府〔2013〕17号）和《广东省人民政府办公厅转发省教育厅关于深入推进义务教育均衡优质标准化发展的意见》（粤府办〔2013〕32号）相关要求，现就深入推进我市义务教育优质均衡发展提出以下意见：

一、明确义务教育均衡发展的总体要求

（一）指导思想。以邓小平理论、“三个代表”重要思想、科学发展观为指导，以立德树人为根本，全面实施素质教育，以学校标准化建设为主线，以统筹义务教育资源均衡配置为重点，以推进体制机制和方法改革创新为动力，以提高教育质量为核心，着力解决人民群众普遍关心的热点、难点问题，努力缩小区域之间、城乡之间、校际之间差距，办好每一所学校，促进每一个学生健康成长。

（二）主要目标。所有义务教育阶段学校达到国家和省规定的办学标准，县域内学校办学条件明显改善，教育质量、教师队伍素质、管理水平显著提升，学校之间的差距明显缩小。义务教育公平度、适合度大幅提升，学生、家长和社会对学校教育的满意度大幅提升。到2015年，基本消除薄弱学校和大班额现象，全市义务教育阶段学校达到省标准化学校标准，实现县域内义务教育基本均衡发展。到2018年，全市义务教育公平、质量、内涵、特色全面提升，群众对教育的满意度进一步增加，县域内义务教育实现优质均衡发展。

二、加大义务教育经费投入，全面改善办学条件

（三）建立义务教育经费稳定增长机制。依法保障义务教育经费投入，实行义务教育经费单列制度；确保义务教育财政拨款增长比例高于财政经常性收入增长比例，保证按照在校学生人数平均的义务教育费用逐步增长，保证教职工工资和学生人均公用经费逐步增长。2015年，义务教育生均公用经费小学达到1150元，初中达到1950元。对在校生规模不足

100人的义务教育学校和教学点，按100人核定公用经费补助资金。

（四）加快推进义务教育学校标准化建设。要按照国家和省的有关要求，把义务教育学校标准化建设与教育“创强争先”等工作相结合，对照省义务教育标准化学校标准，逐校逐项建立台账，重点加强学校教学及辅助用房、体育运动场地标准化建设，配齐配足教学仪器、设施设备和图书等，切实改善学校办学条件。到2015年，全市义务教育学校要100%达到省标准化标准，非完全小学和教学点应达到相应标准。大力引导和和支持民办义务教育学校标准化建设，力争2017年所有义务教育民办学校建成省标准化学校。已建成标准化的学校要着力加强内涵和特色建设，积极推进现代化学校建设，不断提高教育质量。

（五）加快推进教育信息化。构建利用信息化手段扩大优质教育资源覆盖面的有效机制，逐步缩小区域、城乡、校际差距。加快推进“宽带网络校校通”“优质资源班班通”“网络学习空间人人通”，促进教学、教研与教师培训以及教育管理和校园校车安全监控的信息化。加快建设优质数字教育资源公共服务平台，创新信息化资源应用方式，推进信息技术与教学的深度融合。

（六）保障特殊群体权益。坚持以流入地为主、以公办学校为主的“两个为主”政策，落实异地务工人员随迁子女就学待遇。在公办学校不能满足需求的情况下，可采取政府购买服务的方式，保障异地务工人员随迁子女在依法举办、确保质量的民办学校接受义务教育。把关爱农村留守学生工作纳入社会管理创新体系，优先满足农村留守学生进入寄宿制学校学习，建立农村留守学生普查登记和社会结对帮扶制度，健全安全保护预警应急机制。加快发展特殊教育，各市（区）要办好一所特殊教育学校，加强对随班就读学校相关教师的培训，提高特殊教育教师待遇。落实家庭经济困难学生资助政策，完善政府主导、学校联动、社会参与的资助体系。做好流浪未成年人教育安置工作。

三、加强师资队伍建设，优化配置教师资源

（七）科学核定教师编制。逐步实施城乡统一的教职工编制标准。积极采取有效措施，吸引优秀高校毕业生尤其是研究生到中小学任教。编制、财政和教育部门按照《关于印发〈广东省中小学教职员编制标准实施办法〉的通知》（粤机编办〔2008〕73号）文件精神，结合教育事业发展规划、生源变化和学校布局调整等情况，定期调整义务教育学校教职工编制。县级教育行政部门必要时商机构编制部门根据学校实际，在核定的教职工编制总额内及时调剂本行政区域内学校之间的编制，并向偏远地区、贫困地区和农村学校、薄弱学校适当倾斜，保证义务教育优质均衡发展需要。严禁挤占、挪用和截留中小学教职工编制。

（八）加快推进校长教师交流。重点推进义务教育阶段公办学校在编在岗教师在城乡学校之间、优质学校与薄弱学校之间、乡镇中心小学与村小学、教学点之间的校长教师交流，着重推进名师、骨干教师和优秀管理干部的交流。校长教师交流可采取定期交流、跨校竞聘、学区一体化管理、学校联盟、名校办分校、集团化办学、对口支援、乡镇中心学校教师走教等多种途径和方式。探索建立“县管校聘”的教师管理制度改革，使教师由“学校人”变成“系统人”，打破教师交流的管理体制障碍。专任教师在同一所学校连续任教达到本市（区）教育行政部门规定年限的均应交流。校长（含副校长）在同一所学校连任满2届或任职满10年（任职一届以4-5年计算，一届少于4年的以任职年限计算）原则上应交流。县域内每年专任教师交流人数不少于专任教师总数的5%。城区学校、优质学校每学年教师交流比例不低于符合交流条件教师总数的10%，其中骨干教师交流比例应逐步达到20%以上。强化师资流动的激励保障机制，人力资源社会保障社、财政、教育等有关部门要在岗位设置、职务(职称)晋升、聘用考核、薪酬待遇、评优评先等方面实行优惠政策，吸引和鼓励校长教师到农村学校、薄弱学校工作或任教。

（九）推进校长教师专业发展。建立校长任职资格准入和新任校长岗前培训制度，实行中小学校长全员培训，不断提升校长办学、治校能力。开展教师全员培训制度，完善市、县、校分层分类培训体系，促进每一名教师专业发展。加快推进强师工程和名师工程，鼓励设立名师工作室，发挥名师引领带动作用。加大教师培训投入，每年从教育事业费中按不低于中小学教师工资总额的2%和教育费附加中不低于5%的比例安排落实教师继续教育专项经费，中小学校要按学校年度公用经费预算总额的5%安排教师培训经费。加强紧缺学科教师、骨干教师、名校长、名教师、名班主任培训。重点开展农村教师培训和学习提升，造就一批乡村教育名家。严格落实山区和农村边远地区义务教育学校教师岗位津贴制度。

四、深化改革，推进义务教育办学模式和管理体制创新

（十）探索义务教育学校多元化办学模式。发挥优质学校的辐射带动作用，鼓励采取合并、托管、一校多区、集团化办学和建立学校联盟等办学形式及“老校+新校”“强校+弱校”“优质校+特色校”等模式，推动学校间交流合作，共同发展。重点探索推进教育发展共同体。深入开展义务教育“千校扶千校”计划和优质学校对口帮扶薄弱学校行动。到2015年，教育发展共同体要全面铺开，县域内所有学校实现结对帮扶。支持博物馆、科技馆、文化馆、图书馆、展览馆、青少年校外活动场所、综合实践基地等机构开展面向中小学生的公益性教育活动。

（十一）探索建立教育发展共同体。鼓励各市（区）结合实际、因地制宜开展校际合作，按照以镇（街）为片、位置相近、规模适量的原则，将辖区内中小学（幼儿园）、教学点等组建教育发展共同体，实现资源共享、优势互补、对口招生、共育特色、捆绑考核。探索在共同体内实现学校功能场室、设施设备等硬件资源共享；推进共同体内教师深度交流、教研合作、紧缺学科教师、课程、信息和管理等资源共享；发挥共同体内优质学校的辐射作用，带动薄弱学校发展，整体提升教育水平；探索在共同体内进行对口或一贯制招生，破解幼升小、小升初难题；探索适合学校发展和育人目标的共同体特色，实现共同体内特色共建共享；探索学校发展考核评价机制改革，试点共同体捆绑考核。各市（区）要结合督学责任区等相关工作，重点研究推进教育发展共同体工作。

（十二）着力解决城镇学校“大班额”问题。要统筹考虑城镇化发展、未来人口变动、城乡布局结构调整和人民群众的现实需要，把中小学校建设纳入城镇建设总体规划，认真解决人口集中的市区和城镇学位紧缺问题。各级政府要实行统筹规划，坚持有序推进，采取学校扩建改造、学生合理分流、严控招生规模、起始年级均衡分班等措施，解决城镇“大班额”问题。严格控制学校规模，实行标准班额办学，原则上小学班额不超过45人、初中班额不超过50人，有条件的地区要积极推进小班化办学。

（十三）切实做好义务教育招生入学工作。义务教育要坚持免试入学，不允许举行任何形式的考试。要坚持划片入学，按照就近入学原则为辖区内每一所小学和初中合理划定招生范围。探索试行学区制和九年一贯对口招生，推进热点中小学多校划片，并进行电脑随机派位确定生源，做到机会均等。要坚持“阳光”招生，切实做到招生工作信息公开、透明。要逐步扩大优质高中招生指标分配到初中的比例。

五、强化内涵和特色建设，提升义务教育质量和水平

（十四）把立德树人作为根本任务。树立科学的教育质量观，坚持德育为先，以素质教育为导向，加强社会主义核心价值体系教育，培养学生的社会责任感、创新精神和实践能力，促进学生德智体美全面发展和生动活泼主动发展。健全义务教育质量保障体系和学生学业质量评价体系，完善学业水平考试和综合素质评价办法，科学评价学校教育教学质量和办学水平。

（十五）规范学校办学行为。切实减轻学生过重课业负担，严格执行国家、省、市规范义务教育阶段学校办学行为的意见要求，不得举办或变相举办重点校、重点班，不得随意增加课程难度，不得随意增减课程或课时,不得利用节假日、双休日、课余时间组织学生集体补课或上新课,不得违反规定向学生和家长乱收费。严格落实学校安全工作责任,加强学校周边环境治理、学校内部安全管理和师生安全教育,确保师生安全。

（十六）全面深化课程和教学改革。全面实施素质教育，更加注重因材施教，开发、开设满足学生个性发展的校本课程，围绕课程开发创新实施载体，切实提高课程实施水平。加强学校课程改革领导力，着力提升校长课改的领导力和教师课堂教学的有效性。重视健康教育，开齐上好体育课、艺术课及各类实验课程，开展形式多样的阳光体育活动，确保学生每天1小时锻炼时间，每个学生至少掌握1项艺术特长和2项体育运动技能，体质健康测试合格率、优秀率分别达95%和20%以上。加强教研指导，完善教研专业化支撑体系。加强教研机构和队伍建设，实现教研工作重心下移，为学校提供高质量的专业支持。

（十七）注重学校品牌和特色建设。进一步明晰学校办学思路，加强现代学校制度建设，提高学校管理的精细化、科学化水平。整体构思校园文化建设，提升校园文化品味，优化育人氛围。创新开发课程文化，开展体现学生天赋、潜能和特长的社团文化活动，打造校园文化精品，培育学校鲜明特色，努力建设富有文化底蕴、具有内涵美感的学校环境。

六、加强组织领导，完善推进义务教育均衡发展的工作机制

（十八）强化组织推动。各市（区）、各有关部门和单位要坚持把义务教育作为基础教育改革发展的重中之重，把推进义务教育优质均衡发展作为义务教育改革发展的重中之重，充分认识推进义务教育优质均衡发展的重要性、长期性、艰巨性，切实增强责任感和紧迫感，真正做到义务教育发展规划优先、投入优先、资源配置优先。教育、发展改革、财政、人力资源社会保障、编制等部门要把义务教育均衡发展摆上重要议事日程，各负其责，密切配合，形成合力，切实支持和推进义务教育优质均衡发展工作。各市（区）要围绕突出问题，明确工作措施，实施重点攻关，努力保障适龄儿童少年接受更加公平、更高质量的义务教育。

（十九）强化督导评估。根据国家和省出台的义务教育均衡发展督导评估办法，加强对县级人民政府推进义务教育均衡发展情况、义务教育学校达到国家和省办学标准情况、县域内义务教育资源均衡配置情况开展综合督导评估，并突出县域教育热点、难点问题解决，并把督导评估结果作为评价县级人民政府教育工作实绩考核的重要内容。

关于印发《江门市企业劳动保障信用评级管理办法》的通知

江人社发〔2014〕696号

各市、区人力资源社会保障局（社会事务局），各有关单位：

为全面贯彻实施劳动保障法律法规，增强企业诚信守法的社会责任感，推动企业劳动保障信用体系建设，构建和谐劳动关系，根据《中华人民共和国劳动法》《中华人民共和国劳动合同法》《广东省劳动保障监察条例》等法律法规，我局制定的《江门市企业劳动保障信用评级管理办法》，业经市法制局审查同意，现印发给你们，请认真贯彻执行。对执行过程中如遇到问题，请及时向我局反映。

江门市人力资源和社会保障局

2014年12月25日

江门市企业劳动保障信用评级管理办法

第一章 总则

第一条 为全面贯彻实施劳动保障法律法规，增强企业诚信守法的社会责任感，构建和谐劳动关系，为我市社会经济发展创造良好的法治用工环境，根据《中华人民共和国劳动法》《中华人民共和国劳动合同法》《广东省劳动保障监察条例》等法律法规，以及《江门市建设社会信用体系工作方案》的要求，制定本办法。

第二条 本办法所称企业劳动保障信用评级，是指人力资源社会保障部门在企业申报劳动保障信用等级时，对企业在遵守劳动保障法律法规政策等相关信息进行综合评价，将企业认定为不同的劳动保障信用等级，并向社会公布的行为。

第三条 本办法适用于本市行政区域内生产经营活动处于正常状态的企业和有雇工的个体经济组织（以下称企业）。

第四条 江门市人力资源社会保障局负责全市企业劳动保障信用制度建设和综合管理工作。各市（县级）、区人力资源社会保障局根据管理权限，做好辖区内企业劳动保障信用的申报和评级管理工作。

第五条 企业劳动保障信用等级评定遵循公平、公正、公开的原则，执行统一的内容、标准、方法和程序进行，每年度集中申报、评级一次。评定结果在当地主流媒体或人力资源社会保障部门门户网站上公布。

第二章 评定内容和标准

第六条 劳动保障信用等级的评定内容为企业遵守劳动保障法律、法规、规章的情况。主要包括：

（一）开展就业登记备案和用工申报情况；

（二）制订内部劳动保障规章制度情况；

（三）订立劳动合同和集体合同情况；

（四）遵守禁止使用童工规定情况；

（五）遵守女职工和未成年工特殊劳动保护规定情况；

（六）遵守工作时间和休息休假规定情

况；

（七）支付劳动者工资、加班工资和执行最低工资标准情况；

（八）办理社会保险登记和申报缴费数额的情况；

（九）法律、法规规定的其他劳动保障监察事项。

第七条 劳动保障信用等级划分为3A、2A、A、B、C五个等级。

评定为A级的企业，连续2年具备A级条件的，可申报2A级；连续3年或以上具备A级条件的，可申报3A级。

（一）A级。申报企业在评定年度内严格执行劳动保障法律、法规、规章规定，并按要求依时通过网络、书面等方式开展就业登记备案和用工申报，同时具备下列条件的，评定为A级企业。

1. 劳动合同签订率达100%，并依法开展集体协商，签订集体合同；

2. 各项社会保险参保率达100%；

3. 无拖欠、克扣职工工资或低于最低工资标准发放职工工资的行为；

4. 无招收、使用童工的行为；

5. 无违反工时制度相关规定的行为；

6. 无劳动争议败诉案件；

7. 无经人力资源社会保障部门查处的违反劳动保障法律法规规章规定的行为；

8. 无因劳动关系事项引发的群体上访或突发事件；

9. 用工备案和申报资料完整准确。

（二）B级。申报企业在评定年度内基本执行劳动保障法律、法规、规章规定，按要求通过网络、书面等方式开展就业登记备案和用工申报，并符合下列条件的，评定为B级企业。

1. 劳动合同签订率达80%以上（含80%）；

2. 各项社会保险参保率达80%以上（含80%）；

3. 未按规定为职工办理社会保险登记或瞒报社会保险缴费工资总额或欠缴社会保险费但已进行整改；

4. 无拖欠、克扣职工工资或低于最低工资标准发放职工工资的行为；

5. 无招收、使用童工的行为；

6. 违反工时制度相关规定但已进行整改；

7. 企业劳动争议败诉案件在2宗以下（含2宗）；

8. 人力资源社会保障部门查处的违反劳动保障法律法规规章规定的行为在2项以下（含2项）并已进行整改；

9. 妥善处理因劳动关系事项引发的群体上访或突发事件，并未造成重大社会影响；

10. 用工备案和申报资料完整准确。

（三）C级。申报企业未能具备A级或B级企业条件的，评定为C级企业。

（四）对无申报劳动保障信用等级的企业，一律作“无信用等级”单位处置。

第八条 劳动保障信用等级实行动态管理。劳动保障信用等级被评定为B级及以上的用人单位，之后因发生劳动保障违法行为受到人力资源社会保障部门行政处理或行政处罚的，在原评定等级的基础上，下降一级劳动保障信用等级。有本办法第九条规定情形之一的，按照第九条规定执行。

第九条 B级及以上的企业发生下列情况之一，并经查实的，降为C级。

（一）拖欠1名劳动者3个月以上（含3个月）的劳动报酬，或者拖欠10名以上（含10名）劳动者的劳动报酬；

（二）医疗机构、药品经营单位等社会保险服务机构以欺诈、伪造证明材料或者其他手段骗取社会保险基金支出的；

（三）被人力资源社会保障部门行政处罚或行政处理2次或以上的；

（四）被人力资源社会保障部门查处违反劳动保障法律法规规章规定的行为在3项或以上的；

（五）拒不执行人力资源社会保障部门劳动保障监察行政处理、处罚决定书、调查询问通知书、限期改正指令书的；

（六）企业劳动争议败诉案件在3宗或以上的；

（七）因企业的原因引起劳动纠纷而导致群体突发性事件，并造成重大社会影响的；

（八）企业经营者、法定代表人、主要负责人欠薪逃匿的；

（九）建筑施工企业在工程施工期间工资保证金专户内资金已全部或部分提取用于支付拖欠工人工资，且未在30日内补足的；或故意制造拖欠工资假象，采取欺骗手段套取工资保证金专户资金的；

（十）在报送有关书面审查和信用评定材料时，存在瞒报、伪造、篡改书面材料行为的；

（十一）存在其他严重违反劳动保障法律、法规、规章行为的。

第十条 建筑、装潢、交通、市政等施工单位项目部，以及经营时间不到1年或用工人数不足7人的企业，人力资源社会保障部门不予进行劳动保障信用等级评定，仅做验讫（登记）处理。

对企业集团的劳动保障信用等级评定，其所属企业须有三分之二以上达到拟申报的劳动保障信用等级。

第三章 组织实施及评定程序

第十一条 劳动保障信用等级评定工作遵照客观、全面、公平、公正、公开的原则，按照自行申报、审查初评、公开征信、分级评定和对外公布的程序进行。

（一） 自行申报。企业在每年第1季度结束前，通过江门市人力资源和社会保障网上服务平台（http://rsfw.jiangmen.gov.cn），在提交《劳动（社保）年审报告》时，对照评级划分标准自行申报信用等级。

（二）审查初评。劳动保障信用等级评定工作与企业劳动（社保）年审工作一并开展。各级劳动保障监察机构根据企业《劳动（社保）年审报告》，结合日常劳动保障监察和投诉认定工作情况，对申报企业执行劳动保障法律、法规、规章的情况进行审查和初评。

（三）公开征信。各市（县级）、区人力资源社会保障局将拟定等级为A级及以上的企业名单，通过有关媒体、网站或人力资源市场向社会公示7天，征询社会公众意见。申报企业同时在企业内部向职工进行公示。对有异议的，应进行复审。

（四）分级评定。A级及以下的劳动保障信用等级由企业所在地人力资源社会保障局负责组织评定。2A级、3A级的劳动保障信用等级由企业所在地人力资源社会保障局提出初评意见，报江门市人力资源社会保障局组织公示和评定。

各级人力资源社会保障部门应成立企业劳动保障信用等级审评组，审评组根据初评意见及公开征信意见，对申报企业进行审评，确定其信用等级。审评组邀请经信、商务、住建、社保、工会、工商行政管理、工商联、国资委等涉企管理部门及有关人大代表、政协委员参加。

（五）对外公布。各市（县级）、区人力资源社会保障局应将评定结果通过媒体或门户网站向社会公布。对评定为A级及以上的企业，同时在江门市人力资源社会保障局门户网站和江门市人力资源市场信息网上公布。

第十二条 年度劳动保障信用等级评定之后，各级人力资源社会保障部门发现并经证实企业（包括该企业各类分支机构、项目部等）在评定年度内存在未记录的失信行为或其他违法行为，并足以影响其信用评级状况的，应及时对该企业的劳动保障信用等级进行重新评定。

对取得A、B信用等级的企业，由所属市（县级）、区人力资源社会保障局重新评定；对取得2A、3A信用等级的企业，由江门市人力资源社会保障局重新评定。劳动保障信用等级经重新评定后被降低信用等级的，由作出降低等级评定的人力资源社会保障部门向社会公布。

第十三条 江门市人力资源社会保障局有权抽查、复核各市（县级）、区人力资源社会保障局的劳动保障信用等级评定结果，发现与事实不相符的，应及时提出复审意见。各市（县级）、区人力资源社会保障局在收到复审意见后，应及时组织重新审核，并上报复审结果。

第四章 评定结果的使用

第十四条 各级党政部门向人力资源社会保障部门征信时，人力资源社会保障部门应如实提供相关企业的劳动保障信用等级。

对劳动保障信用等级B级及以下的企业，同时出具该企业在劳动保障信用建设中存在的问题。

第十五条 企业申请出具劳动保障信用等级证明的，对已评定信用等级的企业，相关人力资源社会保障部门应在2个工作日内提供。

对无信用等级的企业，各级人力资源社会保障部门不予出具劳动保障信用等级证明。

第十六条 对劳动保障信用等级A级及以上的企业，人力资源社会保障部门可给予以下激励措施：

（一）可预约办理各项人力资源社会保障业务。对企业有需要的，人力资源社会保障部门提供上门指导服务。

（二）企业参与各类招投标的，可向所在市（县级）、区人力资源社会保障局申请出具推荐函。2A级及以上企业可根据需要向江门市人力资源社会保障局申请出具推荐函。

（三）2A级及以上企业优先推荐参与各级和谐劳动关系企业评选表彰活动。2A级建筑施工企业按50%预存工资支付保证金，3A级建筑施工企业免予预存工资支付保证金。

第十七条 对B、C级企业，人力资源社会保障部门除实施常规劳动保障监察外，重点加强劳动保障法律法规的宣传和指导，帮助其提高劳动用工管理水平。

第十八条 对无信用等级的企业，企业所在市（县级）、区人力资源社会保障部门应采取以下措施加大劳动保障监察力度，依法规范其用工行为：

（一）对企业落实用工备案制度开展经常性执法检查，依法处罚违反劳动保障法律法规规章规定的行为。

（二）纳入欠薪风险重点监控对象，实行政府部门联动管理。

第十九条 各级人力资源社会保障部门在企业劳动保障信用信息采集、审核工作中，应当做到公开、公平、公正，做到全面采集信息、准确定性行为、及时监督检查，引导企业依法诚信用工。对在信用管理工作中玩忽职守、弄虚作假、徇私舞弊的工作人员，依照法纪追究责任。

各级人力资源社会保障部门及其工作人员在劳动保障信用评级管理过程中存在违犯法律、法规、规章和本办法规定的行为的，企业可向江门市人力资源社会保障局进行举报、投诉。

第五章 附则

第二十条 各市（县级）、区人力资源社会保障局可根据本办法制定具体实施细则。

第二十一条 本办法由江门市人力资源社会保障局负责解释。

第二十二条 本办法自2015年2月1日起施行，有效期5年。

附录

附　录

表137：

江门市市级以上非物质文化遗产名录

序号	类别	项目名称	保护单位	级别
1	传统音乐	台山广东音乐	台山市文广新局	国家级
2		大鳌咸水歌	新会区大鳌镇文化站	市级
3		开平民歌	开平市文广新局	
4	传统舞蹈	荷塘纱龙	蓬江区荷塘镇文化站	省级
5		鹤山狮艺	鹤山市文广新局	国家级
6	曲艺	开平卖鸡调	开平市文广新局	省级
7		恩平木鱼	恩平市文广新局	市级
8	传统体育、游艺与杂技	蔡李佛拳	新会区文广新局	市级
9		礼乐龙舟	江海区礼乐街道办事处	国家级
10		咏春拳	鹤山市文广新局	省级
11	传统技艺	新会葵艺	新会区文广新局	省级
12		白沙茅龙笔制作技艺	江门市非遗中心	国家级
13		新会鱼灯	新会区文广新局	国家级
14		双水山地风筝	新会区双水镇文化站	市级
15		外海面制作工艺	江海区外海街道办事处	市级
16		广合腐乳制作技艺	开平市广合腐乳有限公司	市级
17	民俗	台山浮石飘色	台山市文广新局	省级
18		跳禾楼	台山市文广新局	国家级
19		打龙船	台山市文广新局	市级
20		泮村灯会	开平市文广新局	市级
21		双水蕉树龙	新会区双水镇岭头村委会	国家级
22	民间文学	陈山香火龙习俗	鹤山市文广新局	市级
23		崖门海战流传故事	新会区古井镇文化站	省级
24	传统舞蹈	三江龙乡游龙	新会区三江镇文化站	省级
25		司前金龙	新会区司前镇文化站	市级
26	传统体育、游艺与杂技	台山排球	台山市文化馆	市级
27		古劳三夹腾龙	鹤山市非遗保护中心	市级
28		外海太虚拳	江海区外海街道文化站	市级

续上表：

序号	类别	项目名称	保护单位	级别
29	传统技艺	古井烧鹅	新会区古井镇文化站	市级
30		新会古典家具制作技艺	新会区古典家具行业协会	省级
31		金声狮鼓	开平市文化馆	省级
32		司徒浩毛笔	开平市文化馆	市级
33		台山大江古典家具制作技艺	台山市文化馆	省级
34		江门东艺宫灯	江门东艺宫灯有限公司	省级
35		台山冲蒌编织	台山市文化馆	市级
36		东古牌系列酱料制作技艺	鹤山市非遗保护中心	省级
37	民俗	新会陈皮	新会区非遗保护中心	省级
38		台山汶村庙会	台山市文化馆	市级
39		玉桥民间传统艺术节	鹤山市非遗保护中心	市级
40		恩平歇马励学制	恩平市文广新局	市级
41	民间文学	陈梦吉故事	新会区非遗保护中心	省级
42	传统音乐	恩平民歌	恩平市文广新局	省级
43		台山民歌	台山市文化馆	市级
44	传统技艺	小冈香制作技艺	开平市非遗保护中心	省级
45		马冈鹅	鹤山市非遗保护中心	市级
46	传统体育、游艺与杂技	周家拳	蓬江区非遗保护中心	市级
47	传统技艺	茶坑石雕刻技艺	恩平市文化馆	省级
48		大有凉果制作技艺	新会区	市级
49	民俗	洪圣庙会	蓬江区非遗保护中心	市级

（文广新局）

表138：江门市国家级重点文物保护单位

名 称	地 址	文物年代（份）
梁启超故居	新会区会城街道茶坑村	清
开平碉楼	开平各地	近现代

表139：

江门市省级重点文物保护单位

名称	地址	文物年代（份）
司谏进士坊	蓬江区荷塘镇南村	明嘉靖
陈白沙祠	蓬江区白沙大道西 37 号	明万历
陈垣故居	蓬江区棠下镇石头村	清
良溪罗氏大宗祠（含罗贵墓）	蓬江区棠下镇良溪村良北	清康熙
周源李公祠	蓬江区荷塘镇篁湾村	清同治
新宁铁路北街站旧址	蓬江区北街甘化厂职工生活区内	清末
江门海关旧址	蓬江区北街海傍街	民初
江门中山纪念堂	蓬江区中山公园	民国
陈少白故居	江海区外海街道南华里 1 号	民国
龙兴寺石塔	新会区会城街道马山	隋-唐
镇山宝塔	新会区会城街道圭峰山	元
新会学宫	新会区会城街道公园路	明-清
崖门炮台	新会区古井镇三崖村	清
张将军家庙	新会区双水镇豪山村	清
石咀林氏家庙	新会区罗坑镇石咀村	清
紫花岗摩崖石刻	台山市广海镇南湾海永无波公园内	明
台山县立中学	台山市东云社区石花路 1 号	民国
翁家楼	台山市端芬镇庙边村委会模范村	民国
浮月洋楼	台山市斗山镇墩头村委会浮月村	民国
陈宜禧故居	台山市斗山镇秀墩村委会美塘村	1922
汀江圩华侨近代建筑群	台山市端芬镇六乡村委会	1932
台山县政府大楼	台山市台城东云社区中山路三巷 6 号	1933
司徒美堂故居	开平市赤坎镇中股村委会牛路里第四巷 6 号对面	清末
风采堂	开平市三埠街道办事处荻海居委会东堤路 1 号风采中学内	民国
赤坎旧镇近代建筑群	开平市赤坎镇赤坎墟	民国
《大田洞摩崖石刻平瑶记》石刻	恩平市大田镇石山村委会石山	元
冯如故居		清
恩平县公立图书馆旧址	恩城街道办事处沿江路8号	1930

表140：

江门市市级重点文物保护单位

名 称	地 址	文 物 年代（份）
米氏太夫人墓	蓬江区杜阮镇杜阮村	南宋
马直北夫妇合葬墓	蓬江区杜阮镇亭园村“大马洒”山	南宋
尹氏宗祠	蓬江区杜阮镇木朗村	明
容氏宗祠	蓬江区荷塘镇良村三良学校内	明
舜举李公祠	蓬江区潮连街道富冈村	明
黄氏世宦祠	蓬江区杜阮镇龙榜村	明正统
钓台故址	蓬江区钓台路1号	明成化
卢氏大宗祠	蓬江区潮连街道卢鞭乡	明成化
陈白沙先生墓	蓬江区杜阮镇瑶村席帽山	明正德
陶梁民及其家眷墓	蓬江区杜阮镇贯溪村攀头岭	明嘉靖
潮连洪圣殿	蓬江区潮连街道富冈乡	明万历
名宦家庙	蓬江区潮连街道卢鞭乡	明万历
黎宏业墓	蓬江区荷塘镇三丫村龟山	明崇祯
文昌阁	蓬江区棠下镇中心村	清
南名谢公祠	蓬江区群星村丹井里	清
真壶陆公祠	蓬江区群星村中华里	清
叱石摩崖石刻	蓬江区杜阮镇的圭峰山北麓	清
莱山梁公祠	蓬江区棠下镇三堡村民委员会	清
“节孝流芳”坊	蓬江区棠下镇良溪村	清
篁庄欧阳氏祠堂	蓬江区环市街道篁庄社区	清
周氏六世祖祠	蓬江区棠下镇虎岭村民委员会	清
接龙桥	蓬江区棠下镇石头村民委员会	清（重修）
济川桥	蓬江区棠下镇中心村陈田围	清康熙
华丰古庙	蓬江区耙冲村	清乾隆
施氏大宗祠	蓬江区里村	清乾隆
木朗农会旧址	蓬江区杜阮镇木朗村上屋里	民国
永安按当铺旧址	蓬江区东南胜街54	民国
宝和按当铺旧址	蓬江区上步路10号	民国
美孚石油公司旧址	蓬江区北街海傍街65号	民国
北街天主教堂	蓬江区江北路67号	民国
马敏卿墓及其马氏祖祠	江海区外海街道牛山，祠在外海街道麻村	元
茶庵（六祖寺）	江海区外海街道西面五马归槽山	明万历
三座石拱桥	江海区礼乐街道威西村	清
白水带水月宫	江海区外海街道麻园乡白水带	清道光

续上表:

名 称	地 址	文 物 年代(份)
外海五大祠	江海区外海街道东升街	清咸丰
陈少白墓	江海区外海街道茶庵寺后五马归槽山	民国
江门造纸厂旧址	江海区礼乐街道文昌沙	民国
罗山嘴贝丘遗址	新会区会城街道都会村	新石器
下沙沙丘遗址	新会区古井镇下沙村	新石器
古陶瓷窑群遗址	新会区会城街道动物公园	隋唐
陶瓷窑遗址	新会区古井镇官冲村	唐
慧龙寺遗址	新会区司前镇昆仑村	唐
炼丹井	新会区会城街道炼丹街	北宋
仙涌山地藏院碑	新会区罗坑镇罗坑医院	宋
奇石	新会区古井镇官冲村	宋
杨太后陵	新会区罗坑镇卫生院	宋
黄道娘墓	新会区会城街道都会村	宋
温文宁墓	新会区崖门镇甜水村	宋
莲花井	新会区会城街道新盛街	元
林玄辅墓	新会区睦洲镇睦洲村充美里	元
古城遗址	新会区会城街道马山、象山、犀山	元-明
慈元庙旧址	新会区古井镇官冲村	明
凌云塔	新会区会城街道茶坑村	明
石戏台	新会区会城街道平安路	明
慈元庙碑刻	新会区古井镇官冲村	明
赵母林氏墓	新会区古井镇管咀村	明
石井及慈尊宫	新会区会城街道诗书街	明-清
建安郡王祠	新会区三江镇新江村	明-清
白石塔	新会区会城街道圭峰山	清
宏文社学	新会区会城街道茶坑村	清
文炳阁	新会区古井镇文楼村	清
“百岁流芳”石牌坊	新会区古井镇霞路村	清
宋宗室亲臣赵公祠	新会区古井镇霞路村	清
见龙桥	新会区双水镇富美村	清
文楼吴氏宗祠	新会区古井镇文楼村	清
洪圣始祖馆旧址	新会区崖门镇京梅村拱北里	清
黄竹坑华侨义冢墓群	新会区会城街道圭峰山	清
景堂图书馆旧址	新会区会城街道仁寿路	民国

续上表：

名称	地址	文物年代（份）
新会书院	新会区会城街道惠民西路	民国
抗战纪念塔	新会区会城街道天禄村	民国
金牛山华侨义冢墓群	新会区会城街道仁义村金牛山	民国
豪山奎阁	新会区双水镇豪山村	民国
桃荫别墅	新会区大鳌镇南沙村	民国
周恩来总理视察新会纪念室	新会区会城街道冈州大道中	现代
新鹤人民抗日游击大队部旧址	新会区司前镇白庙村	现代
革命烈士纪念碑	新会区会城街道黄云山	现代
梅阁烈士墓园	新会区沙堆镇梅阁村马鞍山	20世纪50年代
新会人民会堂	新会区会城街道南宁社区	20世纪50年代
香头坟伍隆起墓	台山市台城街道香雁湖村委会香头坟村黄牛拉车山上	南宋
巫公岩摩崖石刻	台山市海宴镇沙栏村委会通亨村	宋
方济各·沙勿略墓园	台山市川岛镇上川岛大洲村委会	明
凌云古塔	台山市台城街道新桥社区塔山	明
石花山摩崖石刻群	台山市台城街道东云社区石花山上	明-清
赵天锡故居	台山市斗山镇浮石村委会七坊村	清
绥靖伯庙	台城街道水南村委会水南圩	清
琴溪古桥	台山市北陡镇那琴居委会那琴圩西侧	清
陈宜禧铜像及纪念亭	台山市台城街道南塘社区北盛街	民国
台城礼拜堂	台山市台城街道南塘社区台西路186号	民国
台山溯源学校纪念堂	台山市台城街道东云社区中山路24号	民国
台城人民电影院	台山市台城街道环南社区人民路10号	民国
台城天桥大厦	台山市台城街道南塘社区台西路40～49号	民国
台城东风旅店	台山市台城街道南塘社区西荣街53号	民国
台城谭宅	台山市台城街道南塘社区台西路132号	民国
胥山纪念堂	台山市大江镇公益圩上海街1号	民国
黄光锐故居	台山市白沙镇龚边村委会田心村	民国
庙边学校	台山市端芬镇庙边村委会蓝田村	民国
赵灼故居	台山市斗山镇浮石村委会四坊村	民国
福临碉楼	台山市四九镇玄潭村委会福临村	民国
立德学校旧址	台城街道泡步村委会	民国
日新学校	台城街道板岗村委会	民国
蛮陂头水电站	台山市四九镇石笔潭风景区以南	20世纪50年代
得元梁公祠	开平市沙塘镇塘浪村委会永胜村	明武宗正德年间（1506～1522）

续上表:

名 称	地 址	文 物 年代(份)
周文雍烈士祖屋	开平市百合镇茅冈村委会宝顶村凤凰里	清
黄氏大宗祠	开平市水口镇红花路13号	清顺治元年(1644)
龙冈古庙	开平市水口镇红花村委会塘口村	清康熙元年(1660)
开平学宫	开平市苍城镇苍城墟居委会东门街	清康熙二十年(1681)
开元塔	开平市长沙街道办事处平冈村委会马山	清乾隆十六年(1751)
保厘塔	开平市苍城镇附城村委会牛牯坑山	清乾隆六十年(1795)
金章阁	开平市长沙街道办事处平冈村委会马山	清道光十三年(1843)
溯源家塾	开平市水口镇人民居委会中山东路96号	清道光二十六年(1846)
开平旧县委所在地	开平市赤坎镇上埠居委会前进路34号二楼	清末
中山楼	开平市塘口镇以敬村委会庆民村	1912
赤坎南楼	开平市赤坎镇南楼村委会腾蛟村潭江北岸	1913
邓一飞烈士祖屋	开平市赤坎镇护龙村委会东升村第二巷1号	中华民国八年(1919)
司徒氏通俗图书馆	开平市赤坎镇赤坎墟居委会堤东路17号	1925
关族图书馆	开平市赤坎镇上埠居委会堤西路	1931
合山桥	开平市百合镇齐塘村委会合山东侧	1934
立园	开平市塘口镇北义村委会庚华村	1936
抗日遗址——水口地堡	开平市水口镇泮南村委会太和里、沙岗头村	1941年3~9月间
周文雍烈士纪念碑	开平市百合镇茅冈村委会茅冈墟325国道旁	1958
坡亭	鹤山市沙坪街道坡山村石螺岗下	清
惠济桥	鹤山市沙坪街道玉桥村北龙口河上	清
兄弟义士坊	鹤山市址山镇四九村委会凌村	清
离明阁	鹤山市雅瑶镇隔朗村纱帽岗下	清
大凹关帝庙	鹤山市共和镇大凹村委会后	清
李家成故居	鹤山市古劳镇上升村委会二度桥村1~9号	清
节孝流芳坊	鹤山市雅瑶镇昆东村委会平岗村大桥坊	清
中国共产主义青年团鹤山县特别支部旧址	鹤山市雅瑶镇雅瑶村委会雅瑶罗经村	1923
鹤山县苏维埃政府旧址	鹤山市雅瑶镇昆东村委会平冈村	1927
中共鹤山西北区工委旧址	鹤山市龙口镇青文村委会瓦瑶村	1940
广东人民抗日解放军司令部旧址	鹤山市宅梧镇靖村村委会丛新下村	1945
铁夫画阁	鹤山市雅瑶镇陈山村委会侧	1983
郑念二墓	恩平市大田镇坳田村后背君子山前	宋
吴光集墓	恩平市良西镇北部二十四行的龙潭九凸	宋
唐仲一墓	恩平市君堂镇湴步头龟山	宋
朱人风古墓	恩平市良西镇龙山村委会烛山	元

续上表：

名称	地址	文物 年代（份）
云礼石头村	恩平市那吉镇那西村委会	明
水口桥	恩平市沙湖镇水口村	清
恩平学宫	恩平市第一中学内	清
官路桥	恩平市圣堂镇三山村委会	清
梁元桂故居	恩平市圣堂镇歇马举人村	清
秋官第	恩平市圣堂镇歇马举人村	清
缉熙堂祠堂	恩平市圣堂镇歇马举人村	清
振韬祖祠　（又名敦睦堂）	恩平市圣堂镇歇马举人村	清
唐明照故居	恩平市圣堂镇塘龙村	1918
牛皮圹农会旧址	恩平市东成镇迥龙里村	1926
天村党支部旧址	恩平市圣堂镇水塘天村东闸	1928
炯成楼	恩平市牛江镇仕洞村	1934
中共恩平县委旧址	恩平市牛江镇东边朗村	1938
广东人民抗日解放军司令部驻地旧址	恩平市大田镇朗底圩	1945
恩平县民主政府旧址	恩平市沙湖镇上凯岗村	1949
朗底革命烈士纪念碑	恩平市大田镇朗底圩侧	1978
上凯岗革命烈士纪念碑	恩平市沙湖镇上凯岗村东边的乞米石山	1985
恩平革命烈士纪念碑	恩平市恩城街道鳌峰山	1985
冯燊故居(圣堂天村)	恩平市圣堂镇天村	1988
大洲湾遗址	广东省台山市川岛镇大洲村委会大洲湾	明
新地村天主堂遗址	广东省台山市川岛镇大洲村委会新地村新地小学内	明-清
石笋村航海标志	广东省台山市川岛镇高笋村委会石笋村前	明
广海卫城城墙遗址	广东省台山市广海城居委会	明洪武二十七年（1394）
紫花岗烽火台	广东省台山市广海镇广海城居委会海永无波公园内	明

表141：　# 江门市国家级、省级森林公园

森林公园名称	级别	面积（公顷）	所在地	经纬度
圭峰山国家森林公园	国家级	3550.00	新会区	东经：112° 58′ 17″ ～113° 7′20″ 北纬：22° 38′ 24″ ～22° 45′ 12
北峰山国家森林公园	国家级	1161.60	台山市	东经：112° 52′ 30″ ～112° 59′29″ 北纬：22° 5′ 00″ ～22° 21′ 15″
广东潜龙湾森林公园	省级	2055.80	开平市	东经：112° 15′ ″ ～112° 45′ ″， 北纬：22° 25′ ″ ～22° 40′
广东河排森林公园	省级	3000.00	恩平市	东经：112° 02′ 25″ ～112° 15′15″ 北纬：22° 09′ 04″ ～22° 18′ 44″
广东大雁山森林公园	省级	220.43	鹤山市	东经：113° 01′ 14″ ～113° 06′23″ 北纬：22° 46′ 44″ ～22° 47′ 35

（市林业局）

表142：

江门市省级自然保护区

森林公园名称	面积（公顷）	所在地	经纬度
古兜山省级自然保护区	12990.4	台山市	东经：112° 53′ 30″ ～113° 03′ 25″ 北纬：22° 05′ ～22° 21′ 15″
上川岛猕猴省级自然保护区	2231.67	台山市	东经：112° 46′ ～114° 53′ 北纬：21° 41′ ～21° 45′
七星坑省级自然保护区	8060.3	恩平市	东经：111° 59′ 54″ ～112° 07′ 30″ 北纬：22° 06′ 56″ ～22° 16′ 14″
中华白海豚自然保护区	10747.7	台山市	保护区分 7 个结点： 结点 1：东经112° 59′ 30″ ， 北纬21° 50′ 29.4″ ； 结点 2：东经112° 59′ 30″ ， 北纬21° 46′ ； 结点 3：东经113° 4′ ，北纬21° 46′ ； 结点 4：东经113° 4′ ，北纬21° 53′ ； 结点 5：东经 113° 1′ 16.2″ ， 北纬 21° 53′ ； 结点 6：东经 113° 1′ 16.2″ ， 北纬 21° 51′ 21″ ； 结点 7：东经 113° 1′ 16.2″ ， 北纬21° 50′ 29.4″

（市林业局 市海洋与渔业局）

表143: 2014年江门市旅游景区（景点）一览表

序号	旅游景区名称	级别	地址	电话	传真
			蓬江区		
1	东湖公园		江门市港口路7号	3194770	3180296
2	五邑华博馆		江门市五邑华侨广场	3936219	3936268
3	陈白沙祠	省级文物保护单位	江门是白沙大道西	3560075	3936268
4	棠下公坑寺		江门市棠下镇	3582300	
5	叱石风景区		江门市杜阮镇	3671300	
6	陈垣故居	省级文物保护单位	蓬江区棠下镇石头村坑塘里	3582391	
7	良溪古村	省历史文化名村	蓬江区棠下镇	3582291	
8	洪圣公园		江门市潮连镇	3728527	
			江海区		
9	白水带公园		江门市外海镇	3863786	3820717
10	陈少白故居	省级文物保护单位	江门市外海镇南华里	3936219	3936268
11	茶庵公园		江门市外海镇	3791475	3741972
			新会区		
12	圭峰山国家森林公园		新会区圭峰山	6173326	6173313
13	小鸟天堂		新会区银湖大道中22号	6300783	6173326
14	梁启超故居		新会区会城镇茶坑村	6390437	
15	崖门古战场文化旅游区		新会区古井镇三崖村	6290288	6290388
16	古兜温泉旅游度假邨		新会区崖门镇石达村	6452883	6452899
17	新会现代农业基地		新会区会城镇天马村	6302410	6302410
18	崖门炮台		新会区古井镇三崖村	6292300	
19	崖们桥梁博物馆				
20	崖门渔家乐		新会区崖门镇崖南渔港	6456789	
21	银湖湾游艇俱乐部		新会区崖门镇（在建）		
22	新会学宫		新会区会城马山		
23	陈享故居		新会崖西京梅村拱北里		

续上表

序号	旅游景区名称	级别	地址	电话	传真
			台山市		
24	上川岛飞沙滩旅游区	4A景区	台山市川岛镇上川岛	5399328	5399689
25	下川岛王府洲旅游区		台山市川岛镇下川岛	5755188	5755633
26	富都温泉	4A景区	台山市都斛镇	5258888	8511688
27	康桥温泉	4A景区	台山市白沙镇郎南村	5813888	5552333
28	国华台电	全国工业旅游示范点	台山市铜鼓赤溪半岛铜鼓湾	5273882	5273882
29	凤凰峡军事漂流旅游区		台山市端芬镇大隆洞	5378888	5378788
30	北峰山国家森林公园	国家森林公园	台山市四九镇	5983896	5955098
31	海侨东南亚风情园		台山市海宴镇海侨农场	5743002	5743002
32	喜运来温泉		台山市三合镇	5843888	5843822
33	铜鼓黑沙滩旅游区		台山市赤溪半岛铜鼓湾	5277025	5278743
34	海角城旅游区		台山市赤溪镇铜鼓渔塘湾	5276999	5272228
35	浮月洋楼	省级文物保护单位	台山市斗山镇浮月村		
36	北陡浪琴湾		台山市北陡镇那琴村委会石山村	5781111	5778088
37	汀江圩华侨近代建筑群	省级文物保护单位	台山市端芬镇大同河畔		
38	陈宜禧故居	省级文物保护单位	台山市斗山镇美塘村		
			开平市		
39	自力村碉楼群	世界文化遗产地	开平市塘口镇自力村	2679078	2675722
40	锦江里碉楼群	世界文化遗产地	开平市蚬冈镇锦江里村	2522588	
41	马降龙碉楼群	世界文化遗产地	开平市百合镇百合墟东南面	2511338	2675722
	三门里碉楼群	世界文化遗产地	开平市赤坎镇芦阳村委会		
42	开平立园	4A景区	开平塘口镇北义乡	2677222	2675722
43	司徒美堂故居	省级文物保护单位	开平赤坎镇中股村牛路里		
44	赤坎旧镇近代建筑群	省级文物保护单位	开平市赤坎镇		
45	南楼	红色旅游景点	开平市赤坎镇腾蛟村	2679788	2675722
46	周文雍、陈铁军烈士陵园	红色旅游景点	开平市百合镇茅冈圩广湛公路旁		
47	开平碉楼温泉小镇		开平市赤水镇	2578888	2572888

续上表

序号	旅游景区名称	级别	地址	电话	传真
			开平市		
48	梁金山旅游区		开平市区西北郊		
49	开元塔		开平市长沙楼冈马山		
50	风采堂	省级文物保护单位	开平市三埠镇潭江畔		
			恩平市		
51	金山温泉	4A景区	恩平市那吉镇	7281188	7281222
52	锦江温泉	4A景区	恩平市大田镇	7333333	7333112
53	帝都温泉		恩平市良西镇	7396258	7396178
54	温泉乐园		恩平市那吉镇	7283333	7281456
55	盛林生态旅游区		恩平市大田镇		
56	石头村		恩平市那吉镇那西村云礼	7282328	7281122
57	举人村	中国历史文化名村	恩平市圣堂镇歇马村	7510138	7510198
58	冯如故居	省级文物保护单位	恩平市牛江镇杏圃村		
59	鳌峰山风景区		恩平市区北郊		
60	凤凰生态乐园		恩平市大田镇南下灌区	7323277	7323277
61	白马翠绿度假山庄		恩平市恩城南联白马山	7783288	7783638
62	河排森林公园	省级森林公园	恩平市大田镇河排林场		
63	大雁山风景区	省级森林公园	鹤山市沙坪镇	8821402	8821402
64	古劳水乡		鹤山市古劳镇		
65	祥兴农庄		鹤山市鹤城镇桔村	8380887	8380187

（市旅游局）

表144：2014年江门市获广东省著名商标名录

序号	商标注册人	商标名称	认定时间	核定使用商品名称
1	江门市金羚排气扇制造有限公司、江门市金羚风扇制造有限公司（延续）	金羚	2014年4月24日	排风扇
2	江门市制漆厂有限公司（延续）	蓬江	2014年4月24日	油漆，铝涂料，木器涂料
3	广东嘉宝莉化工有限公司（延续）	嘉宝莉	2014年4月24日	聚脂家俱漆，聚脂树脂
4	广东彩艳股份有限公司（延续）	大有	2014年4月24日	干果，密饯
5	台山市奥达电器有限公司（延续）	绿岛风	2014年4月24日	换气扇，电风扇
6	鹤山市华山泉食品饮料有限公司（延续）	华山泉	2014年4月24日	矿泉水
7	广东建成机械设备有限公司公司（延续）	久远	2014年4月24日	液化气汽车槽车
8	开平广中皇食品有限公司（延续）	广中皇	2014年4月24日	腐乳
9	广东华冠钢铁有限公司（延续）	HGS	2014年4月24日	钢板，镀锌钢板，烤漆钢板
10	江门市瑞荣泵业有限公司（延续）	IIIASTRA	2014年4月24日	水泵（潜水电泵）
11	鹤山市德塑实业有限公司（延续）	德塑	2014年4月24日	塑料管，管子接头
12	陈展新（延续）	ZHANYI	2014年4月24日	刺锈机（电脑绣花机）
13	广东邦民制药厂有限公司（延续）	邦民制药	2014年4月24日	人用药（注射用头孢地嗪钠、阿莫西林胶囊、心脉通片）
14	江门市四方精细化工有限公司（延续）	四方威凯	2014年4月24日	油漆（摩托车、工程机械），银涂料（汽车轮毂），清漆
15	江门市兴江转向器有限公司（延续）	图形	2014年4月24日	整体式动力转向器
				面粉（糕点粉）
16	广东开兰面粉有限公司（延续）	开兰	2014年4月24日	不干胶纸（广告不干胶纸）
17	鹤山市威诗柏胶粘制品有限公司（延续）	威诗柏	2014年4月24日	人用药（至咳宝片，金匮肾气片，红霉素肠溶片）
18	广东台城制药股份有限公司（延续）	特一 宁城	2014年4月24日	功放机
19	台山钟神音响科技有限公司（延续）	钟神	2014年4月24日	

续上表

序号	商标注册人	商标名称	认定时间	核定使用商品名称
20	广东红日星实业有限公司	红日星	2014年4月24日	工业用洗净剂，电镀电解溶液，磨料用辅助液
21	广东雅图化工有限公司	图形	2014年4月24日	油漆（汽车修补漆）
22	广东伟强铜业科技有限公司	伟强	2014年4月24日	铜，未加工或半加工铜，未加工或半加工黄铜
23	鹤山市鸿图铁艺实业有限公司	图形	2014年4月24日	金属楼梯基（楼梯间部件），金属围篱，窗用铁制品
24	鹤山市广明源照明电器有限公司	广明源	2014年4月24日	弧光灯（卤钨灯、卤素灯）
25	鹤山市新红阳实业有限公司	图形	2014年4月24日	家具
26	江门市得实计算机外部设备有限公司	得实	2014年4月24日	电子计算机及其外部设备（打印机）
27	广东彩洲卫浴实业有限公司	CAIZHOU	2014年4月24日	水龙头，浴室装置，淋浴器
28	恩平市奕马企业有限公司	3MR	2014年4月24日	无纺布
29	天地壹号饮料股份有限公司	天地壹号	2014年4月24日	无酒精饮料（醋饮料）
30	广东色色婚纱摄影有限公司	色色	2014年4月24日	摄影

（市工商局）

表145：

2014年江门市获中国驰名商标名录

序号	商标注册 人	商标名称	认定时间	核定使用商品名称
1	鹤山市东古调味食品有限公司	东古及图（指定颜色）	2014年1月13日	酱油、醋
2	鹤山市明可达实业有限公司	明可达	2014年1月18日	照明器
3	鹤山市新红阳实业有限公司	新悦	2014年9月4日	家具、茶几、电视机架
4	广东百强陶瓷有限公司	欧莱克	2014年12月29日	瓷砖

（市工商局）

表146：

2014年江门市获中国驰名商标名录

编号	产品名称	商标	企业名称	所属市区
1	干手器	Xin Da	台山捷达电器实业有限公司	台山
2	蒸汽挂烫机	贝尔斯顿	江门市贝尔斯顿电器有限公司	江海
3	地砖	嘉俊陶瓷	广东嘉俊陶瓷有限公司	恩平
4	内墙砖	嘉俊陶瓷	广东嘉俊陶瓷有限公司	恩平
5	陶瓷阀芯水龙头	彩洲	广东彩洲卫浴实业有限公司	开平
6	卫生陶瓷	图形	开平金牌洁具有限公司	开平
7	铝合金轮毂	迪生力	广东迪生力汽配股份有限公司	台山
8	纸巾纸	生活天	江门市新会区宝达造纸实业有限公司	新会
9	PU固化剂	图形	广东东旭化学工业制造有限公司	鹤山
10	卫浴用品涂料	君子蘭	鹤山市君子兰涂料有限公司	鹤山
11	LED充电手电筒	KENNEDE	广东金莱特电器股份有限公司	蓬江
12	化纤毛毯	图形	鹤山市美雅实业发展有限公司	鹤山
13	中小型电机	江晟	江门市江晟电机厂有限公司	蓬江
14	给水PE管材管件	德塑	广东德塑科技有限公司	鹤山
15	陶瓷阀芯水龙头	HUAYI华艺卫浴	广东华艺卫浴实业有限公司	开平
16	陶瓷阀芯水龙头	CAE	广东希恩卫浴实业有限公司	开平
17	汽车轮毂涂料	四方威凯	江门四方威凯精细化工有限公司	蓬江
18	不锈钢器皿	RI XING	新会日兴不锈钢制品有限公司	新会

（市质监局）

主 题 索 引

说　明

1. 本索引采用主题分析方法，按主题词汉语拼音顺序排列。

2. 本刊的《特辑》《江门之最》《大事记》《社会经济统计资料》《文献法规》和《附录》等篇目未作索引。

3. 索引的主题词后面的数字表示内容所在页码，数字后面的拉丁字母（a、b）表示该页自左至右的栏别。

A

B

C

D

E

F

G

H

J

S

T

W

X

Y

Z